Processo Penal

O GEN | Grupo Editorial Nacional – maior plataforma editorial brasileira no segmento científico, técnico e profissional – publica conteúdos nas áreas de concursos, ciências jurídicas, humanas, exatas, da saúde e sociais aplicadas, além de prover serviços direcionados à educação continuada.

As editoras que integram o GEN, das mais respeitadas no mercado editorial, construíram catálogos inigualáveis, com obras decisivas para a formação acadêmica e o aperfeiçoamento de várias gerações de profissionais e estudantes, tendo se tornado sinônimo de qualidade e seriedade.

A missão do GEN e dos núcleos de conteúdo que o compõem é prover a melhor informação científica e distribuí-la de maneira flexível e conveniente, a preços justos, gerando benefícios e servindo a autores, docentes, livreiros, funcionários, colaboradores e acionistas.

Nosso comportamento ético incondicional e nossa responsabilidade social e ambiental são reforçados pela natureza educacional de nossa atividade e dão sustentabilidade ao crescimento contínuo e à rentabilidade do grupo.

Flávio **Rolim**
Marcelo **Zago**
Nafêz Imamy **Cury**

Processo Penal
Decifrado

COORDENAÇÃO
Cláudia Barros
Filipe Ávila
Rogério Greco

3ª edição
revista, atualizada e reformulada

- Os autores deste livro e a editora empenharam seus melhores esforços para assegurar que as informações e os procedimentos apresentados no texto estejam em acordo com os padrões aceitos à época da publicação, e todos os dados foram atualizados pelos autores até a data de fechamento do livro. Entretanto, tendo em conta a evolução das ciências, as atualizações legislativas, as mudanças regulamentares governamentais e o constante fluxo de novas informações sobre os temas que constam do livro, recomendamos enfaticamente que os leitores consultem sempre outras fontes fidedignas, de modo a se certificarem de que as informações contidas no texto estão corretas e de que não houve alterações nas recomendações ou na legislação regulamentadora.

- Fechamento desta edição: 07.12.2022

- Os autores e a editora se empenharam para citar adequadamente e dar o devido crédito a todos os detentores de direitos autorais de qualquer material utilizado neste livro, dispondo-se a possíveis acertos posteriores caso, inadvertida e involuntariamente, a identificação de algum deles tenha sido omitida.

- **Atendimento ao cliente: (11) 5080-0751 | faleconosco@grupogen.com.br**

- Direitos exclusivos para a língua portuguesa
  Copyright © 2023 by
  Editora Forense Ltda.
  Uma editora integrante do GEN | Grupo Editorial Nacional
  Travessa do Ouvidor, 11 – Térreo e 6º andar
  Rio de Janeiro – RJ – 20040-040
  www.grupogen.com.br

- Reservados todos os direitos. É proibida a duplicação ou reprodução deste volume, no todo ou em parte, em quaisquer formas ou por quaisquer meios (eletrônico, mecânico, gravação, fotocópia, distribuição pela Internet ou outros), sem permissão, por escrito, da Editora Forense Ltda.

- Capa: Bruno Sales Zorzetto

- **CIP – BRASIL. CATALOGAÇÃO NA PUBLICAÇÃO
  SINDICATO NACIONAL DOS EDITORES DE LIVROS, RJ**

Z23p

    Zago, Marcelo
        Processo penal decifrado / Marcelo Zago, Flávio Rolim, Nafêz Imamy Cury; coordenação Cláudia Barros Portocarrero, Filipe Ávila, Rogério Greco. – 1. ed. – Rio de Janeiro: Método, 2023.
        696 p. ; 24 cm.   (Decifrado)

        Inclui bibliografia
        "Material suplementar na plataforma"
        ISBN 978-65-5964-647-0

        1. Direito penal – Brasil. 2. Processo penal – Brasil. 3. Serviço público – Brasil – Concursos. I. Roli, Flávio. II. Cury, Nafêz Imamy. III. Portocarrero, Cláudia Barros. IV. Ávila, Filipe. V. Greco, Rogério. VI. Título. VII. Série.

22-81503   CDU: 343.2(81)

Meri Gleice Rodrigues de Souza – Bibliotecária – CRB-7/6439

Sobre os Coordenadores

CLÁUDIA BARROS PORTOCARRERO

Promotora de Justiça. Mestre em Direito Público. Professora de Direito Penal e Legislação Especial na Escola da Magistratura dos Estados do Rio de Janeiro e Espírito Santo, na Escola de Direito da Associação e na Fundação Escola do Ministério Público do Rio de Janeiro. Professora de Direito Penal Econômico da Fundação Getulio Vargas. Professora em cursos preparatórios. Autora de livros e palestrante.
@claudiabarrosprof

FILIPE ÁVILA

Formado em Direito pela Universidade Estadual de Mato Grosso do Sul. Foi aprovado no concurso de Agente de Polícia PC/DF (2013), tendo atuado por aproximadamente quatro anos na área de investigação criminal de diversas delegacias especializadas no Distrito Federal (Coordenação de Homicídios-CH; Coordenação de Repressão aos Crimes Contra o Consumidor, a Propriedade Imaterial e a Fraudes-CORF; Delegacia de Proteção à Criança e ao Adolescente-DPCA; Delegacia Especial de Atendimento à Mulher-DEAM). Posteriormente, pediu exoneração do cargo e, atualmente, é professor exclusivo do AlfaCon nas disciplinas de Direito Penal e Legislação Criminal, com foco em concursos públicos. Na mesma empresa, coordenou a criação de curso voltado para a carreira de Delegado de Polícia.
@filipeavilaprof

ROGÉRIO GRECO

Procurador de Justiça do Ministério Público do Estado de Minas Gerais. Pós-doutor pela Università degli Studi di Messina, Itália. Doutor pela Universidad de Burgos, Espanha. Mestre em Ciências Penais pela Universidade Federal de Minas Gerais. Especialista em Teoria do Delito pela Universidad de Salamanca, Espanha. Formado pela National Defense University, Washington, Estados Unidos, em Combate às Organizações Criminosas Transnacionais e Redes Ilícitas nas Américas. Professor de Direito Penal e palestrante em congressos e universidades no País e no exterior. Autor de diversas obras jurídicas. Embaixador de Cristo.

Apresentação da Coleção

A *Coleção Decifrado* da Editora Método foi concebida visando, especialmente, ao público que se prepara para provas de concursos jurídicos (os mais variados), embora atenda perfeitamente às necessidades dos estudantes da graduação, os quais em breve testarão o conhecimento adquirido nas salas de aula – seja no Exame da Ordem ou em concursos variados.

Nessa toada, destacamos que o grande diferencial da coleção consiste na metodologia do "objetivo e completo".

Objetivo, àqueles que têm pressa e necessitam de um material que foque no que realmente importa, sem rodeios ou discussões puramente acadêmicas que não reflitam na prática dos certames.

Completo, porque não foge a nenhuma discussão/posicionamento doutrinário ou jurisprudencial que já tenha sido objeto dos mais exigentes certames. Para tanto, embora os autores não se furtem à exposição de seu posicionamento quanto a temas controversos, empenham-se em destacar a posição que, por ser majoritária, deverá ser adotada em prova.

Na formulação de cada obra, os autores seguiram padrão elaborado pelos coordenadores a partir de minudente análise das questões extraídas dos principais concursos jurídicos (magistratura, ministério público, delegado, procuradoria, defensoria etc.), indicando tópicos obrigatórios, sem lhes tirar a liberdade de acrescentar outros que entendessem necessários. Foram meses de trabalho árduo, durante os quais sempre se destacou que o **foco da coleção é a entrega de um conteúdo apto a viabilizar a aprovação do candidato em todas as fases das mais exigentes provas e concursos do país**.

Para tanto, ao longo do texto, e possibilitando uma melhor fluidez e compreensão dos temas, a coleção conta com fartos e atualizados julgados ("Jurisprudência destacada") e questões comentadas e gabaritadas ("Decifrando a prova").

Como grande diferencial contamos ainda com o **Ambiente Digital Coleção Decifrado** pelo qual é possível ter uma maior interação com os autores e é dado acesso aos diferentes conteúdos de todos os títulos que compõem a coleção, como informativos dos Tribunais Superiores, atualizações legislativas, *webinars*, mapas mentais, artigos, questões de provas etc.

Convictos de que o objetivo pretendido foi alcançado com sucesso, colocamos nosso trabalho à disposição dos leitores, futuros aprovados, que terão em suas mãos obras completas e, ao mesmo tempo, objetivas, essenciais a todos aqueles que prezam pela otimização de tempo na preparação.

Cláudia Barros Portocarrero, Filipe Ávila e Rogério Greco

Agradecimentos

Agradeço primeiramente a Deus pela brilhante oportunidade de vivenciar esta experiência; foram anos de trabalho que resultaram nesta obra. Agradeço à minha amada esposa, Ilana, e à minha princesa, Maitê, quem, sem nenhuma pretensão, é a maior força e incentivo que um pai pode experimentar. Por fim, agradeço à minha mãe, Sandra Regina, policial aposentada, exemplo de garra, força e determinação.

Flávio Rolim

Em primeiro lugar agradeço ao Grande Arquiteto do Universo, que guia meu caminho desde o meu nascimento. À minha mãe, meu espelho de vida e de retidão. A meu pai, meus irmãos, amigos, alunos e demais pessoas que me auxiliaram, mesmo que de maneira indireta, na concretização de mais esta obra.

Marcelo Zago

Dedico a Deus, que colocou o sopro da vida em cada um de nós e que, por sua misericórdia, sempre nos permite seguir em frente, depositando Nele nossa esperança.

Ao bom e único Deus que, diante das dificuldades que enfrentei na vida, mostrou-me o estudo como o único caminho que eu tinha para seguir e que me deu força para, por muitos anos, abrir mão da diversão, da convivência com as pessoas, do descanso, do sono, das férias e das viagens para que eu pudesse alcançar o conhecimento, que, embora voltado para outros caminhos, na sua infinita sabedoria me trouxe à conclusão desta obra. Esta é uma obra que se iniciou há dois anos e à qual pude dedicar todo o meu conhecimento e esforço de uma vida inteira de estudos para que eu pudesse ajudar você, meu caro leitor.

Sei que com o que deixo aqui, junto com meus amigos Marcelo Zago e Flávio Rolim, vou ter a felicidade de contribuir para diversas aprovações em concursos públicos e para que a justiça seja feita na mão dos vários juristas no País, leitores da nossa obra.

Uma vitória é feita de muitas vidas, e, na oportunidade em que agradeço a Deus por me permitir fazer parte da sua futura vitória, agradeço à minha filha, Valentina Cury, símbolo de amor e exemplo de virtude, disciplina e bondade, e à minha noiva, Ana Carolina Rios, que sempre está ao meu lado nos momentos mais difíceis com sua compreensão e seu lindo amor.

Por fim, agradeço aos meus irmãos amados, Nicolae e Tamyma, à minha mãe, ao meu pai e à memória do meu avô, Zulmiro Sinício, médico que morreu com o sonho inalcançado de ser advogado. Então, que esse sonho de fazer o que é justo, bom, belo e verdadeiro possa se realizar com esta minha dedicada contribuição na vida de vocês, meus amigos e minhas amigas Estudantes, Advogados(as), Delegados(as), Juízes(as) e Promotores(as).

Nafêz Imamy Cury

Sumário

1	**Introdução ao processo penal**..	**1**
1.1	Noções introdutórias..	1
1.2	Sistemas processuais penais..	3
	1.2.1 Sistema acusatório	3
	1.2.2 Sistema inquisitivo...	5
	1.2.3 Sistema misto ou francês ou acusatório formal....................	6
1.3	Fontes do direito processual penal	7
1.4	Lei processual penal no tempo e no espaço	9
	1.4.1 Lei processual penal no espaço..	10
	1.4.2 Lei processual penal no tempo	13
	1.4.2.1 Lei nº 9.099/1995	14
	1.4.2.2 Lei nº 9.271/1996	15
	1.4.2.3 Leis nº 11.689/2008 e nº 11.719/2008	15
	1.4.2.4 Lei nº 12.403/2011	15
	1.4.2.5 Normas processuais heterotópicas e normas processuais híbridas ou mistas...................................	16
1.5	Interpretação da lei processual penal...	18
	1.5.1 Quanto ao sujeito ou à origem...	18
	1.5.2 Quanto aos meios ou ao modo..	18
	1.5.3 Quanto aos resultados...	19
2	**Princípios do processo penal**...	**21**
2.1	Princípio da presunção de inocência ou da não culpabilidade	22

2.2 Princípio da igualdade processual ou da paridade de armas 23
2.3 Princípio da ampla defesa 24
2.4 Princípio da plenitude da defesa 26
2.5 Princípio do *favor rei, in dubio pro reo, favor libertatis* ou *favor inocente* 27
2.6 Princípio do contraditório 27
2.7 Princípio da publicidade 28
2.8 Princípio do juiz natural 30
2.9 Princípio da vedação de provas ilícitas 31
2.10 Princípio da economia processual, celeridade ou duração razoável do processo 32
2.11 Princípio do devido processo legal 33
2.12 Princípio da não autoincriminação ou do *nemo tenetur se detegere* 33
2.13 Princípio da iniciativa das partes ou *ne procedat judex ex officio* 36
2.14 Princípio do duplo grau de jurisdição 36
2.15 Princípio do juiz imparcial 37
2.16 Princípio do promotor natural 37
2.17 Princípio da obrigatoriedade da ação penal pública (ou legalidade processual), princípio da oportunidade, princípio da obrigatoriedade mitigada e princípio da indisponibilidade 38
2.18 Princípio da oficialidade e da oficiosidade 39
2.19 Princípio da autoridade 41
2.20 Princípio da intranscendência ou da pessoalidade 41
2.21 Princípio do *ne bis in idem* ou da vedação da dupla punição ou do duplo processo pelo mesmo fato 41
2.22 Princípio da busca da verdade real ou material 41
2.23 Princípio da oralidade 42
2.24 Princípio da identidade física do juiz 42
2.25 Princípio da concentração e da imediatidade 42
2.26 Princípio da indivisibilidade e princípio da divisibilidade 42
2.27 Princípio da comunhão da prova 43
2.28 Princípio do impulso oficial 44
2.29 Princípio da persuasão racional 44
2.30 Princípio da lealdade processual 45

3 Inquérito policial 47
3.1 Conceito, natureza jurídica e finalidade do inquérito policial 47

3.2	Do valor probatório do inquérito policial		48
3.3	Juiz das garantias		49
3.4	Da atribuição do inquérito policial e as funções de polícia judiciária, investigativa e administrativa		55
3.5	Da divisão de atribuições para o inquérito		57
3.6	Outras investigações criminais		60
	3.6.1	Inquérito por crime praticado por juiz ou promotor de justiça	60
	3.6.2	Inquérito policial militar	60
	3.6.3	Investigação feita por agentes da Administração Pública	61
	3.6.4	Investigação pelo Conselho de Controle de Atividades Financeiras (COAF)	61
	3.6.5	Investigação particular	61
	3.6.6	Inquérito da Comissão Parlamentar de Inquérito (CPI)	61
	3.6.7	Investigação presidida pelo Ministério Público	62
	3.6.8	Inquérito civil	64
	3.6.9	Investigação criminal defensiva	65
3.7	Acordo de não persecução penal		66
	3.7.1	Requisitos materiais positivos do acordo de não persecução penal	68
	3.7.2	Requisitos negativos do acordo ou hipóteses de vedação do acordo de não persecução penal	69
	3.7.3	Condições que o autor do delito deve se comprometer a cumprir	70
		3.7.3.1 Confessar formal e circunstanciadamente a prática do delito	72
		3.7.3.2 Reparação do dano ou restituição da coisa à vítima	73
		3.7.3.3 Renúncia voluntária a bens e direitos indicados pelo Ministério Público como instrumentos, produto ou proveito do crime	73
		3.7.3.4 Prestação de serviços à comunidade ou a entidades públicas	73
		3.7.3.5 Pagamento de prestação pecuniária	74
		3.7.3.6 Cumprimento por prazo determinado de outras condições estipuladas pelo Ministério Público	75
	3.7.4	Aspecto temporal para a celebração do acordo	75
	3.7.5	O acordo de não persecução penal seria um direito subjetivo do acusado ou discricionariedade do Ministério Público?	76
	3.7.6	Homologação do acordo e controle judicial	77
	3.7.7	Acordo de não persecução cível	78

3.8	Características do inquérito policial		80
	3.8.1	Documentado/escrito	80
	3.8.2	Sigiloso	80
	3.8.3	Oficial	82
	3.8.4	Inquisitorial	83
	3.8.5	Oficioso	83
	3.8.6	Discricionário	84
	3.8.7	Indisponível	85
	3.8.8	Temporário	85
3.9	Formas de instauração do inquérito policial		86
	3.9.1	Crimes de ação penal pública incondicionada	86
	3.9.2	Crimes de ação penal pública condicionada	92
		3.9.2.1 Crimes de ação penal pública condicionada à representação	93
		3.9.2.2 Crimes de ação penal pública condicionada à requisição do Ministro da Justiça	94
	3.9.3	Crimes de ação penal privada	95
3.10	*Notitia criminis*		96
	3.10.1	*Notitia criminis* de cognição imediata (ou direta, ou espontânea)	96
	3.10.2	*Notitia criminis* de cognição indireta (ou mediata, ou provocada, ou qualificada)	97
	3.10.3	*Notitia criminis* de cognição coercitiva	97
	3.10.4	*Delatio criminis*	97
	3.10.5	*Notitia criminis* inqualificada	98
3.11	Inquérito policial e autoridades dotadas de prerrogativa de foro		100
3.12	Diligências investigatórias realizadas no âmbito do inquérito policial		103
	3.12.1	Diligências investigativas ordinárias	103
		3.12.1.1 Análise das providências ordinárias	104
	3.12.2	Acesso aos dados cadastrais das vítimas e de suspeito	114
	3.12.3	Requisição de informações acerca das Estações de Rádio Base (ERBs)	116
	3.12.4	Identificação criminal	117
	3.12.5	Outras diligências policiais	118
3.13	Encerramento da investigação – conclusão do inquérito policial		118
	3.13.1	Prazo para a conclusão do inquérito policial	118

	3.13.2	Relatório do inquérito policial..	121
	3.13.3	Indiciamento	122
3.14	Arquivamento do inquérito policial..		123
	3.14.1	Arquivamento do inquérito policial (alterações do Pacote Anticrime – Lei nº 13.964/2019)...	124
	3.14.2	Decisão de arquivamento	125
	3.14.3	Coisa julgada na decisão de arquivamento.................................	126
	3.14.4	Procedimento do arquivamento..	129
	3.14.5	Arquivamento implícito e arquivamento indireto.....................	132
	3.14.6	Arquivamento em crimes de ação penal de iniciativa privada.........	133
	3.14.7	Recorribilidade contra a decisão de arquivamento.....................	134
	3.14.8	Arquivamento determinado por juiz absolutamente incompetente...	134
	3.14.9	Desarquivamento do inquérito policial	135
	3.14.10	Trancamento (ou encerramento anômalo) do inquérito policial	136
3.15	Termo Circunstanciado de Ocorrência (TCO)		137
3.16	Controle externo da atividade policial...		138

4 Ação penal 141

4.1	Conceito, características, fundamento constitucional e natureza jurídica da ação penal		141
4.2	Condições da ação		142
	4.2.1	Da possibilidade jurídica do pedido	144
	4.2.2	Interesse de agir	144
	4.2.3	Legitimidade de parte	146
	4.2.4	Justa causa...	148
	4.2.5	Justa causa duplicada e triplicada...	150
4.3	Condições específicas da ação...		151
4.4	Classificação das ações penais...		153
	4.4.1	Ação penal pública	154
	4.4.2	Ação penal pública incondicionada	154
	4.4.3	Ação penal pública condicionada..	155
	4.4.3.1	Da legitimidade do direito de representação (e de queixa)..	156
	4.4.3.2	Prazo decadencial para a representação	158
	4.4.3.3	Retratação da representação..	160

		4.4.3.4	Eficácia objetiva da representação	161
		4.4.3.5	Requisição do Ministro da Justiça	161
	4.4.4	Ação penal de iniciativa privada		162
		4.4.4.1	Ação penal exclusivamente privada	163
		4.4.4.2	Ação penal privada personalíssima	164
		4.4.4.3	Ação penal privada subsidiária da pública	164
4.5	Extinção da punibilidade nas ações penais de iniciativa privada: decadência, renúncia, perdão do ofendido e perempção			168
	4.5.1	Decadência		168
	4.5.2	Renúncia		169
	4.5.3	Perdão do ofendido		171
	4.5.4	Perempção		172
4.6	Outras denominações das ações no processo penal			173
	4.6.1	Ação penal popular		173
	4.6.2	Ação penal adesiva		174
	4.6.3	Ação de prevenção penal		174
	4.6.4	Ação penal secundária		174
	4.6.5	Ação penal de segundo grau		175
	4.6.6	Ação penal *ex officio*		175
	4.6.7	Ação penal extensiva		175
4.7	Princípios da ação penal (pública e privada)			176
	4.7.1	Princípio do *ne procedat iudex ex officio*		176
	4.7.2	Princípio do *ne bis in idem*		176
	4.7.3	Princípio da intranscendência		178
	4.7.4	Princípio da obrigatoriedade da ação penal pública		178
	4.7.5	Princípio da oportunidade ou conveniência da ação penal de iniciativa privada		179
	4.7.6	Princípio da indisponibilidade da ação penal pública		180
	4.7.7	Princípio da divisibilidade da ação penal pública e da indivisibilidade da ação penal privada		180
	4.7.8	Princípio da oficialidade e princípio da autoridade		182
	4.7.9	Princípio da oficiosidade		182
	4.7.10	Princípio da suficiência da ação penal		182
4.8	Ação penal em diversas espécies de crimes no nosso ordenamento jurídico			183
	4.8.1	Ação penal nos crimes contra a honra de funcionário público praticados no exercício de suas funções		183

	4.8.2	Ação penal nos crimes contra a dignidade sexual	183
	4.8.3	Ação penal nos crimes de injúria qualificada ou injúria racial	184
	4.8.4	Ação penal nos crimes de lesão penal leve e culposas na Lei Maria da Penha	185
	4.8.5	Ação penal nos crimes de estelionato (Pacote Anticrime)	185
4.9	Peça acusatória (denúncia ou queixa-crime)		185
	4.9.1	Requisitos (ou formalidades essenciais) da peça acusatória	186
	4.9.2	Exposição do fato criminoso com suas circunstâncias	188
	4.9.3	Qualificação do acusado	189
	4.9.4	Classificação do crime	189
	4.9.5	Rol de testemunhas	190
	4.9.6	Pedido de condenação	191
	4.9.7	Endereçamento	191
	4.9.8	Nome e assinatura	191
	4.9.9	Custas processuais	192
4.10	Denúncia ou queixa-crime genérica e denúncia ou queixa-crime alternativa		192
4.11	Prazo para oferecimento da denúncia		193
4.12	Prazo para o oferecimento da queixa-crime		194

5 Ação civil *ex delicto* — 197

5.1	Conceito	197
5.2	Sentença penal condenatória como título executivo	197
5.3	A fixação mínima dos danos	198
	5.3.1 Legitimidade para requerer o valor mínimo da indenização no juízo criminal	199
	5.3.2 Previsão na legislação extravagante de fixação do valor mínimo dos danos	200
5.4	Ação de conhecimento cível para reparação dos danos	201
5.5	Competência na ação civil *ex delicto*	202
5.6	Excludentes de ilicitude	203
5.7	A legitimidade da ação civil *ex delicto* de vítima pobre	204

6 Jurisdição e competência — 205

6.1	Conceito	205
6.2	Princípios da jurisdição	206

	6.2.1	Investidura	206
	6.2.2	Indeclinabilidade	206
	6.2.3	Inevitabilidade e irrecusabilidade	206
	6.2.4	Improrrogabilidade	207
	6.2.5	Indelegabilidade	207
	6.2.6	Juiz natural	207
	6.2.7	Inafastabilidade	207
	6.2.8	Devido processo legal	207
	6.2.9	Unidade	208
6.3	Competência		208
	6.3.1	Competência absoluta	208
	6.3.2	Competência relativa	210
6.4	Fixação da competência criminal		211
6.5	Teoria do juiz aparente		211
6.6	Competência territorial		213
6.7	Competência em razão da matéria (art. 74 do CPP)		218
	6.7.1	Competência do Tribunal do Júri	218
	6.7.2	Competência da Justiça Eleitoral	219
	6.7.3	Competência da Justiça Militar	219
	6.7.4	Competência da Justiça Federal	221
		6.7.4.1 Crimes políticos	224
		6.7.4.2 Crimes contra a União e suas entidades	225
		6.7.4.3 Crimes previstos em tratado ou convenção internacional, quando iniciada a execução no país, o resultado tenha ou devesse ter ocorrido no estrangeiro, ou reciprocamente	231
		6.7.4.4 Causas relativas a direitos humanos com a finalidade de assegurar o cumprimento de obrigações decorrentes de tratados internacionais de direitos humanos dos quais o Brasil seja parte	233
		6.7.4.5 Crimes contra a organização do trabalho	235
		6.7.4.6 Nos casos determinados por lei, os crimes contra o sistema financeiro e a ordem econômico-financeira	236
		6.7.4.7 *Habeas corpus* em matéria criminal de sua competência ou quando o constrangimento provier de autoridade cujos atos não estejam diretamente sujeitos a outra jurisdição	237

		6.7.4.8	Crimes cometidos a bordo de navios ou aeronaves, ressalvada a competência da Justiça Militar...................	238
		6.7.4.9	Crimes de ingresso ou permanência irregular de estrangeiro...	238
		6.7.4.10	Disputa sobre direitos indígenas..	239
		6.7.4.11	Delegação de competência federal (art. 109, § 3º)	240
6.8	Distribuição como alternativa à competência cumulativa supletiva			240
6.9	Conexão e continência...			241
	6.9.1	Conexão intersubjetiva		242
		6.9.1.1	Conexão intersubjetiva por simultaneidade ou ocasional ..	243
		6.9.1.2	Conexão intersubjetiva por concurso ou concursal.......	243
		6.9.1.3	Conexão intersubjetiva por reciprocidade	244
	6.9.2	Conexão objetiva ou material		245
		6.9.2.1	Conexão objetiva teleológica...	245
		6.9.2.2	Conexão objetiva consequencial.......................................	246
		6.9.2.3	Conexão objetiva instrumental...	246
	6.9.3	Continência...		246
		6.9.3.1	Continência por cumulação subjetiva	246
		6.9.3.2	Continência por cumulação objetiva...............................	247
6.10	Foro prevalente			247
	6.10.1	Competência prevalente do Júri		247
	6.10.2	Jurisdição da mesma categoria		247
	6.10.3	Jurisdição de categorias diversas		248
	6.10.4	Jurisdição comum e jurisdição especial...		249
6.11	Separação obrigatória de processos...			249
6.12	Separação facultativa de processos...			250
6.13	*Perpetuatio jurisdictionis*...			250
6.14	Autoridade da jurisdição prevalente			251
6.15	Prevenção...			252
6.16	Competência por prerrogativa de foro			252
	6.16.1	Casuística do foro dos governadores, deputados federais e estaduais, prefeitos, juízes e promotores		255
6.17	Prerrogativa de foro nas ações de improbidade administrativa			257
6.18	Exceção da verdade nos crimes contra a honra a envolver autoridade com foro por prerrogativa de função..			257

7	Questões e processos incidentes	259
7.1	Questões prejudiciais e preliminares	259
7.2	Exceções (exceções processuais)	262
	7.2.1 Exceção de suspeição	263
	7.2.2 Exceção de incompetência	265
	7.2.3 Exceção de ilegitimidade	266
	7.2.4 Exceção de litispendência	267
	7.2.5 Exceção de coisa julgada	267
7.3	Incompatibilidades e impedimentos	268
7.4	Conflito de jurisdição	269
	7.4.1 A questão do conflito de atribuições, do conflito de jurisdição ou do conflito virtual de competência	271
7.5	Restituição de coisas apreendidas	272
	7.5.1 Confisco alargado	273
7.6	Medidas assecuratórias	275
	7.6.1 Sequestro	275
	7.6.2 Hipoteca legal	277
	7.6.3 Arresto	278
7.7	Incidente de falsidade	280
7.8	Incidente de insanidade mental	280
8	**Prova**	**283**
8.1	Conceito	283
8.2	Diferença entre prova, fonte de prova, meios de prova e meios de obtenção de prova	283
8.3	Sistema de avaliação da prova	285
8.4	Distribuição do ônus da prova no processo penal, atividade probatória do juiz e gestão da prova	288
8.5	Licitude e ilicitude dos meios de prova e o princípio da atipicidade dos meios de prova	290
	8.5.1 Prova proibida, prova vedada ou prova inadmissível	293
	8.5.2 Prova ilícita por derivação (teoria dos frutos da árvore envenenada)	294
	8.5.3 Prova emprestada – um meio lícito de prova	298
	8.5.4 A teoria do encontro fortuito de provas – serendipidade	299
8.6	Gerações do direito probatório, a trilogia Olmstead-Katz-Kyllo	301

8.7	Finalidade, objeto da prova e situações que dispensam prova		303
8.8	Das provas em espécie		304
	8.8.1	Da cadeia de custódia	304
	8.8.2	Prova pericial	307
		8.8.2.1 Provas periciais em espécie	310
		8.8.2.2 A prova pericial e o sistema do livre convencimento	312
	8.8.3	Interrogatório	313
		8.8.3.1 Fases do interrogatório (o Aviso de Miranda; o interrogatório sub-reptício; o sistema presidencialista; o sistema do *cross examination*, interrogatório por videoconferência e a Síndrome de Maria Bethânia)	317
	8.8.4	Confissão	321
	8.8.5	Perguntas ao ofendido	325
	8.8.6	Das testemunhas	328
	8.8.7	Do reconhecimento de pessoas e coisas	337
	8.8.8	Acareação	339
	8.8.9	Documentos	339
	8.8.10	Indícios	340
	8.8.11	Busca e apreensão	340
9	**Sujeitos do processo**		**349**
9.1	Introdução		349
9.2	Juiz		350
	9.2.1	Imparcialidade do magistrado	350
	9.2.2	Impedimentos	352
	9.2.3	Suspeição	353
	9.2.4	Identidade física do juiz	355
9.3	Ministério Público		355
	9.3.1	Imparcialidade	357
	9.3.2	Impedimento e suspeição do representante do Ministério Público	357
	9.3.3	Promotor natural ou promotor legal	358
9.4	Acusado		358
9.5	Curador		360
9.6	Defensor		360
9.7	Assistente de acusação		362
9.8	Funcionários da Justiça e auxiliares do juízo		364

10	**Prisão, medidas cautelares e liberdade provisória**		**367**
10.1	A prisão provisória e a tutela cautelar no processo penal brasileiro		367
10.2	Medidas cautelares diversas da prisão		371
	10.2.1	Dos requisitos para aplicação das medidas cautelares diversas da prisão	372
	10.2.2	Espécies de medidas cautelares diversas da prisão previstas no CPP	377
	10.2.3	Medidas cautelares diversas da prisão previstas na legislação especial	382
	10.2.4	Sobre a discussão de um possível poder geral de cautela no processo penal	383
		10.2.4.1 Condução coercitiva como poder geral de cautela	384
10.3	Formalidades da prisão		385
10.4	Imunidades prisionais		390
	10.4.1	Diplomatas e cônsules	390
	10.4.2	Parlamentares federais e estaduais	390
	10.4.3	Magistrados e membros do Ministério Público	391
	10.4.4	Presidente da República	391
	10.4.5	Advogado	393
	10.4.6	Menores de 18 anos de idade	393
	10.4.7	Advogados públicos federais	394
10.5	Espécies de prisões cautelares		394
	10.5.1	Prisão em flagrante	394
		10.5.1.1 Espécies de prisão em flagrante	397
		10.5.1.1.1 Flagrante próprio, impróprio e presumido	397
		10.5.1.1.2 Flagrante preparado	399
		10.5.1.1.3 Flagrante comprovado	401
		10.5.1.1.4 Flagrante forjado ou urdido	403
		10.5.1.1.5 Flagrante esperado	403
		10.5.1.1.6 Flagrante diferido ou ação controlada	404
		10.5.1.2 Flagrante nos crimes permanentes, habituais, continuados, formais e em ação penal privada e pública condicionada	404
		10.5.1.3 Flagrante nos casos de apresentação espontânea do preso	406

	10.5.1.4	Lavratura do auto de prisão em flagrante..........................	407
	10.5.1.5	Audiência de custódia..	409
	10.5.1.6	Convalidação judicial da prisão em flagrante.................	415
	10.5.1.7	Liberdade provisória...	419
10.5.2	Prisão preventiva..		424
	10.5.2.1	Requisitos da prisão preventiva..	425
	10.5.2.2	Circunstâncias legitimadoras e circunstâncias impeditivas da prisão preventiva..	428
	10.5.2.3	Prazo da prisão preventiva..	431
10.5.3	Prisão temporária..		433
10.5.4	Prisão decorrente da decisão de pronúncia.....................................		437
10.5.5	Prisão decorrente de sentença penal condenatória recorrível.........		438
10.5.6	Prisão decorrente de condenação em segunda instância, execução provisória ou antecipada da pena privativa de liberdade.................		438
10.5.7	Execução provisória da pena privativa de liberdade proferida pelo Tribunal do Júri – inovações do Pacote Anticrime...........................		440

10.6 Prisão domiciliar.. 441

11 Comunicação dos atos processuais 443

11.1 Citação... 443

    11.1.1 Conceito e natureza jurídica... 443

11.2 Espécies de citação... 445

    11.2.1 Citação pessoal ou real... 445

    11.2.2 Citação por mandado... 448

    11.2.3 Citação por carta precatória.. 450

    11.2.4 Citação por carta rogatória.. 452

    11.2.5 Citação por carta de ordem... 454

    11.2.6 Citação do militar... 455

    11.2.7 Citação do funcionário público.. 455

    11.2.8 Citação do acusado preso.. 456

11.3 Citação ficta ou presumida... 457

    11.3.1 Citação por edital.. 457

    11.3.2 Citação por edital e reflexos do art. 366 do CPP............................. 460

    11.3.3 Citação por hora certa.. 464

11.4	Intimação e notificação	466
11.5	Revelia	470
12	**Sentença**	**473**
12.1	Conceito de sentença	473
12.2	Conteúdo da sentença	474
12.3	*Emendatio libelli* e *mutatio libelli*	477
12.4	Independência do juiz na sentença, sentença absolutória e sentença condenatória	481
12.5	Publicação e intimação da sentença	485
13	**Procedimentos (comum e especial)**	**487**
13.1	Considerações iniciais	487
13.2	Procedimento comum ordinário	488
	13.2.1 Oferecimento da denúncia ou queixa-crime	488
	13.2.2 Rejeição liminar da denúncia ou queixa	489
	13.2.3 Recebimento da inicial pelo magistrado, determinação de citação e resposta do acusado	490
	13.2.4 Verificação da possibilidade de julgamento antecipado do processo e absolvição sumária do réu	491
	13.2.5 Audiência de instrução, interrogatório e julgamento	493
	13.2.6 Requerimento de diligências e alegações finais	494
	13.2.7 Sentença	495
13.3	Procedimento comum sumário	496
	13.3.1 Oferecimento da inicial acusatória (denúncia ou queixa-crime)	496
	13.3.2 Rejeição liminar da denúncia ou queixa	496
	13.3.3 Recebimento da inicial pelo magistrado, determinação de citação e resposta do acusado	496
	13.3.4 Verificação da possibilidade de julgamento antecipado do processo e absolvição sumária do réu	497
	13.3.5 Audiência de instrução, interrogatório e julgamento	497
	13.3.6 Alegações finais orais	497
	13.3.7 Sentença	498
13.4	Procedimento comum sumaríssimo	498
	13.4.1 Dos conceitos básicos, princípios, objetivos e institutos dos crimes de menor potencial ofensivo	498

	13.4.2	Da fase preliminar..	500
	13.4.3	Do procedimento sumaríssimo propriamente dito........................	504
		13.4.3.1 Oferecimento da inicial acusatória (denúncia ou queixa-crime) oral em audiência preliminar.......................	504
		13.4.3.2 Citação do autor do fato..	505
		13.4.3.3 Audiência de instrução e julgamento............................	506
		13.4.3.4 Recursos..	507
		13.4.3.5 Execução...	507
		13.4.3.6 Disposições finais (suspensão condicional do processo)..	508
13.5	Procedimento especial do Tribunal do Júri (arts. 406 a 497)...............		511
	13.5.1	Primeira fase do processamento dos crimes do Tribunal do Júri....	513
	13.5.2	Decisões possíveis à primeira fase do procedimento................	514
		13.5.2.1 Decisão de pronúncia (art. 413 do CPP)......................	514
		13.5.2.2 Decisão de impronúncia (art. 414 do CPP).................	516
		13.5.2.3 Absolvição sumária (art. 415 do CPP).........................	517
		13.5.2.4 Desclassificação (art. 419 do CPP)...............................	518
	13.5.3	Segunda fase do processamento dos crimes do Tribunal do Júri.....	519
		13.5.3.1 Aspectos iniciais, preparação do processo para julgamento em plenário, jurados e suas funções.....................	519
		13.5.3.2 Desaforamento..	523
		13.5.3.3 Julgamento...	524
13.6	Procedimento especial dos crimes de responsabilidade dos funcionários públicos (arts. 513 a 518 do CPP)..		535
13.7	Procedimento especial dos crimes contra a honra (arts. 519 a 523 do CPP)...		536
13.8	Procedimento especial dos crimes contra a propriedade imaterial (arts. 524 a 530-I do CPP)...		537
13.9	Procedimento para restauração de autos extraviados (arts. 541 a 548 do CPP)..		538
13.10	Procedimento especial dos crimes falimentares (Lei nº 11.101/2005 – arts. 183 a 188)..		540
13.11	Procedimento dos crimes praticados com violência doméstica e familiar contra a mulher (Lei nº 11.340/2006)...		541
13.12	Procedimento especial da ação penal originária dos Tribunais (Lei nº 8.038/1990)..		543
13.13	Procedimento especial dos crimes da Lei de Drogas (Lei nº 11.343/2006)....		546

14	Nulidades (atos nulos, inexistentes e irregulares)	551
14.1	Espécies de nulidades	552
14.2	Princípios regentes das nulidades	554
	14.2.1 *Pas de nullité sans grief*	554
	14.2.2 Não há nulidade provocada pela parte	554
	14.2.3 Não há nulidade por omissão de formalidade que só interessa à parte contrária	555
	14.2.4 Não há nulidade de ato irrelevante para o deslinde da causa	555
	14.2.5 Princípio da causalidade	555
14.3	Momento de arguição das nulidades	556
14.4	Convalidação das nulidades	558
14.5	Hipóteses de nulidade absoluta	558
14.6	Hipóteses de nulidade relativa	559
	14.6.1 Nulidades na fase de instrução processual	560
	14.6.2 Nulidades no procedimento de aplicação de medida de segurança por fato não criminoso	561
	14.6.3 Nulidades posteriores à pronúncia	561
	14.6.4 Nulidades nos processos de competência dos tribunais	561
	14.6.5 Nulidades após decisão de primeira instância	562
	14.6.6 Nulidades na sessão de julgamento	562
14.7	Nulidades em espécie	563
	14.7.1 Incompetência, suspeição ou suborno do juiz	563
	14.7.2 Incompetência	563
	14.7.3 Suspeição	565
	14.7.4 Suborno	566
	14.7.5 Ilegitimidade da parte	566
	14.7.6 Falta de denúncia, queixa ou representação	568
	14.7.7 Falta de exame de corpo de delito	569
	14.7.8 Falta de nomeação de defensor	571
	14.7.9 Falta de intervenção do Ministério Público	572
	14.7.9.1 Falta de intervenção do Ministério Público nas ações penais públicas	573
	14.7.9.2 Falta de intervenção do Ministério Público nas ações penais privadas subsidiárias da pública	573
	14.7.10 Falta de citação, interrogatório ou prazos	574
	14.7.10.1 Falta de citação	574
	14.7.10.2 Falta de interrogatório	575
	14.7.10.3 Falta de prazo para as partes	576

	14.7.11	Falta de decisão de pronúncia no procedimento afeto ao Tribunal do Júri..	576
		14.7.11.1 Ausência de decisão de pronúncia	577
		14.7.11.2 Excesso de linguagem na decisão de pronúncia	577
		14.7.11.3 Leitura da pronúncia em plenário...................................	578
	14.7.12	Falta de intimação do réu para a sessão de julgamento....................	578
	14.7.13	Falta de intimação das testemunhas arroladas	579
	14.7.14	Falta do número mínimo de jurados	581
	14.7.15	Falta de sorteio de jurados e de sua incomunicabilidade	581
	14.7.16	Ausência ou vício na formulação de quesitos..................................	583
	14.7.17	Falta de acusação ou defesa na sessão de julgamento.....................	584
	14.7.18	Falta de sentença..	584
	14.7.19	Falta de recurso de ofício	585
	14.7.20	Falta de intimação da sentença e de decisões recorríveis................	586
	14.7.21	Falta de quórum para julgamento em tribunais...............................	587
	14.7.22	Omissão de formalidade essencial	588
	14.7.23	Carência de fundamentação	590
	14.7.24	Nulidades no inquérito policial..	591

15 Recursos.. 593

15.1	Teoria geral dos recursos		593
	15.1.1	Conceito e características	593
	15.1.2	Efeitos..	600
	15.1.3	Recurso de ofício	605
	15.1.4	Desistência do recurso pelo Ministério Público e defesa	606
	15.1.5	Desvio da Administração Pública no processamento do recurso....	607
	15.1.6	Múltipla legitimidade recursal..	608
	15.1.7	Pressupostos de admissibilidade dos recursos.................................	608
15.2	Dos recursos em espécie		612
	15.2.1	Recurso em sentido estrito	612
		15.2.1.1 Cabimento	613
		15.2.1.2 Processamento	618
		15.2.1.3 Efeitos...	620
	15.2.2	Apelação..	621
		15.2.2.1 Cabimento	622
		15.2.2.2 Processamento	624
		15.2.2.3 Efeitos...	626

15.2.3		Protesto por novo júri	627
15.2.4		Embargos de declaração	628
	15.2.4.1	Cabimento	628
	15.2.4.2	Processamento	629
	15.2.4.3	Efeitos	629
15.2.5		Embargos infringentes e de nulidade	630
	15.2.5.1	Cabimento	630
	15.2.5.2	Processamento	631
	15.2.5.3	Efeitos	631
15.2.6		Agravo em execução	632
	15.2.6.1	Conceito e cabimento	632
	15.2.6.2	Processamento	633
	15.2.6.3	Efeitos	633
15.2.7		Correição parcial	634
	15.2.7.1	Cabimento	634
	15.2.7.2	Processamento	635
15.2.8		Carta testemunhável	635
	15.2.8.1	Cabimento	636
	15.2.8.2	Processamento	636
	15.2.8.3	Efeitos	637

16	**Ações autônomas de impugnação**		**641**
16.1	Introdução		641
16.2	*Habeas corpus*		641
	16.2.1	Natureza jurídica	642
	16.2.2	Espécies de *habeas corpus*	643
	16.2.3	Cabimento	644
	16.2.4	Processamento	646
16.3	Revisão criminal		648
	16.3.1	Natureza jurídica	648
	16.3.2	Condições da ação	649
	16.3.3	Cabimento	651
	16.3.4	Processamento	654
	16.3.5	Efeitos	655
16.4	Mandado de segurança		656
	16.4.1	Cabimento	658
	16.4.2	Processamento	659

Referências **663**

Introdução ao processo penal

1.1 NOÇÕES INTRODUTÓRIAS

É cediço, em Teoria Geral do Estado, que, já há algum tempo, o Estado chamou para si a exclusividade do direito de punir, repudiando a vingança privada e outros sistemas congêneres. Nesse espeque, surgiu a necessidade de um instrumento para que o exercício desse direito de punir não se descambasse na pretensão individual dos governantes, se não que fosse a autêntica representação da vontade dos cidadãos do Estado, de modo a fomentar a aplicação de uma lei penal justa, pública e na igualdade de todos perante a Lei.

A mera existência de leis penais materiais, com seus tipos penais incriminadores, não se mostra suficiente para que o exercício de sua subsunção aos casos concretos, surgidos no dia a dia de uma sociedade, ocorra de forma escorreita. Necessita-se de um instrumento para tal desiderato. Esse instrumento é o processo penal.

Nas lições de Renato Brasileiro de Lima (2019), quando o Estado elabora seus tipos penais surge para esse o direito de punir no plano abstrato. A partir do momento que alguém pratica a conduta tipificada, esse direito de punir sai do plano abstrato e se transforma no direito de punir em concreto. Não obstante, esse direito de punir não pode ser imediatamente aplicado pelo Estado, pois o direito penal não é um **direito de coação direta**. Daí dizer-se que **a pretensão punitiva já nasce insatisfeita**, haja vista a necessidade do processo penal para que ela possa ser aplicada.

Não por menos é que Capez (2010) preconiza que o processo penal é uma hipótese de **jurisdição necessária**.

A par dos conceitos clássicos do processo penal, deve-se acrescentar que ele, no afã da aplicação da pretensão punitiva, deve **respeitar o ordenamento jurídico como um todo**. Em um Estado Democrático de Direito, a validade do poder do Estado se acha diretamente ligada ao respeito aos direitos fundamentais estampados na Constituição, sob pena de o Estado perder a própria legitimidade do poder que exerce. É nesse diapasão que o processo penal hoje possui uma **visão constitucional-garantista do processo**, no que se denominou **Processo Penal Constitucional**.

Exatamente nessa dicotomia entre a aplicação do direito de punir e as garantias individuais (direitos fundamentais) dos supostos algozes da lei é que se encontram os maiores desafios do processo penal moderno. Muitas vezes, o processo penal tem sido considerado pouco efetivo na proteção da sociedade diante de uma exacerbada atenção às garantias individuais, o que tem sido cunhado pela doutrina de **garantismo hiperbólico monocular** (FISCHER, 2009).

=Doutrina destacada=

O **Garantismo Hiperbólico Monocular** foi expressão cunhada pelo Procurador da República Douglas Fischer. Trabalhando sobre o tema garantismo integral, sob suas duas vertentes emanadas do direito alemão, respectivamente a **proibição do excesso** (*Übermaβverbot*) e a proibição de omissão ou de proteção deficiente (*Untermaβverbot*), o Professor Douglas trabalha na exacerbação do discurso garantista "unilateral" ou **monocular**, atento "apenas" ao aspecto da proibição do excesso. Isso tem desvirtuado a garantia de uma imunidade às arbitrariedades, concebendo uma equivocada garantia (potencial) de impunidade.

Segundo ele (FISCHER, 2009), "tem havido uma disseminação de uma ideia apenas **parcial** dos ideais garantistas (daí nos referirmos a um **garantismo hiperbólico monocular**) é porque muitas vezes não se tem notado que **não estão** em voga (reclamando a devida e necessária proteção) **exclusivamente** os direitos fundamentais, sobretudo os individuais. Se compreendidos sistemicamente e contextualizados à realidade vigente, há se ver que os pilares do garantismo não demandam a aplicação de suas premissas **unicamente** como forma de **afastar os excessos** injustificados do Estado à luz da Constituição (proteção do mais fraco). Quer-se dizer que não se deve invocar a aplicação exclusiva do que se tem chamado de **garantismo negativo. (...)** O **dever de garantir a segurança** não está em apenas **evitar** condutas criminosas que atinjam direitos fundamentais de terceiros, mas também (segundo pensamos) na devida apuração (com respeito aos direitos dos investigados ou processados) do ato ilícito e, em sendo o caso, na punição do responsável".

Convém ainda lembrar que as garantias dos acusados se acham não apenas na regulação de procedimentos (atos processuais) pela lei. Ao lado dessas existem o que o direito constitucional costuma cunhar de **garantias institucionais**. São estas a criação e regulação dos órgãos e instituições que vão aplicar o direito penal. Como o poder de punir deve ser aplicado exclusivamente pelo Estado, este o faz por seus órgãos pré-constituídos e com competências específicas, a exemplo do Poder Judiciário, Ministério Público, Polícias Civis, Polícia Federal, Polícias Militares e Rodoviária Federal.

É aqui que parte importante da doutrina vislumbra, com propriedade, que as finalidades (ou objetivos) do processo penal são: a aplicação da lei penal (objetivo principal); o estudo da ação penal e das atividades investigatórias (objetivo secundário); criação e organização dos órgãos de atuação nas fases policiais e judiciária (objetivo secundário).

Mas qual seria, então, diante de todo o exposto, o **conceito de processo penal**?

Para Norberto Avena (2010), "processo penal é o instrumento determinado pelo direito por meio do qual o Estado poderá exercer o poder jurisdicional que lhe foi conferido". Em outro giro, Julio Fabbrini Mirabete (2004) o define como "conjunto de atos cronologicamente concatenados (procedimento), submetido a princípios e regras jurídicas destinadas a compor as lides de caráter penal. Sua finalidade é, assim, a aplicação do direito penal objetivo".

Para nós, processo penal é o **instrumento** regulado por lei em uma série de atos (procedimento), por meio do qual o Estado pode exercer o direito de punir que lhe foi conferido, no espeque de atender aos dogmas garantistas do estado moderno estampados nos direitos fundamentais, nos princípios e, em especial, no axioma *nulla poena sine judicio; nulla poena sine judicio* (nenhuma pena pode ser imposta sem processo; nenhuma pena pode ser imposta senão pelo juiz).

SISTEMAS PROCESSUAIS PENAIS

Por sistemas processuais pode-se entender como o tipo de processo penal adotado em cada país. Esses sistemas se subdividem em três: sistema acusatório (adotado no Brasil), sistema inquisitivo e sistema misto.

1.2.1 Sistema acusatório

É o sistema inerente aos regimes democráticos. A característica que mais define esse sistema é o que se costuma chamar de ***actum trium personarum***. Isso significa uma separação das funções de acusar, defender e julgar. Todas essas realizadas por partes distintas, contrapondo-se acusação e defesa em igualdade de condições (**paridade de armas**) e a elas se sobrepondo um Juiz de modo equidistante e imparcial.

É o **sistema adotado no Brasil**, embora uma corrente minoritária capitaneada por Guilherme de Souza Nucci entende ter o Brasil adotado o sistema misto. Com efeito, nosso Código de Processo Penal datado de 1941 possui ainda alguns dispositivos de cunho inquisitivo, varridos para baixo do tapete com a Constituição de 1988, a exemplo da prática de atos adotados pelo juiz durante a fase de investigação.

Cumpre salientar, todavia, que a Lei nº 13.964/2019, denominada "Pacote Anticrime", com a redação que inseriu no nosso Código de Processo Penal (CPP) no art. 3º-A, pela primeira vez trouxe ao nosso ordenamento jurídico a previsão expressa de que o nosso sistema é o acusatório. Preconiza o referido dispositivo legal, *in verbis*: "**o processo penal terá estrutura acusatória**, vedadas a iniciativa do juiz na fase de investigação e a substituição da atuação probatória do órgão de acusação".

Salienta-se que o nome acusatório se origina do fato de que, nesse sistema, ninguém pode ser chamado a juízo sem que haja uma acusação formal (ainda que oral, como se permite nos juizados especiais) com todas as circunstâncias do fato criminoso. Como se percebe, o sistema acusatório é inerente a um sistema penal garantista, que vislumbra respeitar os direitos fundamentais, se prestando a formalidade de uma acusação a esse fim.

O sistema acusatório vigorou na antiguidade grega e romana, todavia ganhou seus contornos clássicos no direito inglês, no reinado de Henrique II, quando foi instituído, em 1166, o chamado *trial by jury*. Nesse, o julgamento popular se dividia em duas etapas: a da admissão da acusação e a da aplicação do direito material ao caso. Contudo, entrou em declínio a partir do século XIII, com o direito canônico (nas famosas inquisições da Igreja Católica).

O sistema acusatório reside essencialmente sobre dois pontos cruciais: **separação dos sujeitos processuais e gestão da prova**.

Como supracitado, a separação dos sujeitos processuais viceja na preocupação do sistema acusatório em velar pelas garantias fundamentais (direitos fundamentais). Com isso, almeja evitar que o Magistrado se contamine com o caso, criando entendimentos preconcebidos antes de dar oportunidade para a defesa expor todas as suas razões. Como ser humano, seria muito difícil para o juiz deixar se envolver igualmente nos argumentos da defesa como o seria pelos da acusação, se já tivesse turvado seu espírito pelas impressões como um evento criminoso sói despertar na alma humana.

Como se percebe, o sistema acusatório se vale apenas como um instrumento de proteção do Estado, no espeque de manutenção da ordem social, senão igualmente na proteção dos indivíduos contra o enorme poder do Estado estampado no direito de punir. Atende ao que a doutrina alemã chama de **garantismo integral**.

Dessa necessidade de separação dos sujeitos surge a necessidade de gestão das provas no processo. É exatamente na gestão da prova que o sistema acusatório vislumbra uma série de premissas para que o julgador não se contamine com os fatos e afete sua imparcialidade.

Assim, entende-se que a gestão das provas é função das partes, vedando-se a iniciativa probatória pelo juiz. É um **processo de partes**, em que a solução do caso se dá por uma **construção dialética** entre acusação e defesa, cabendo ao Juiz a função de **garante das regras do jogo**. A iniciativa probatória até pode ser realizada pelo juiz, mas apenas de forma **residual**, no curso do processo, em caráter excepcional, apenas para complementar provas não realizadas pelas partes. Viceja aí um cotejo do sistema acusatório com o princípio da busca da verdade real.

São **princípios essenciais** do sistema acusatório a **paridade de armas**, a **publicidade** e a **oralidade**. Com efeito, respectivamente, as partes devem estar em posição de igualdade; a publicidade de todos os atos garante que a sociedade fiscalize que realmente o Estado está cumprindo o sistema acusatório; e é exatamente a oralidade que contribui para a construção dialética da solução ao caso concreto, a partir do momento que permite que a informação chegue ao mesmo tempo de igual modo a todos os presentes, facilitando não apenas a imediata interação das partes no processo dialético, mas igualmente a interação destas com as testemunhas.

Salienta-se que a oralidade vislumbra favorecer o processo dialético, todavia, a presença de alguns atos escritos no processo não deve descaracterizar o sistema acusatório, caso sejam realmente necessários, se o processo dialético estiver preservado.

Alguns doutrinadores ainda reconhecem, a exemplo do ilustre Professor Guilherme de Souza Nucci (2008), uma liberdade de acusação, sendo essa reconhecida como o direito do ofendido ou de qualquer cidadão em oferecer a acusação. Não concordamos com tal posição. A acusação, seja esta exclusiva do Ministério Público, seja esta permitida ao ofendido ou a qualquer cidadão (queixa-crime), se trata de opção legislativa e política criminal, não sendo capaz de desnaturar o sistema acusatório, que viceja exatamente na separação rígida de três partes equidistantes e em igualdade de condições.

Podemos, assim, elencar as características essenciais do sistema acusatório:

- três partes distintas (acusação, defesa e julgador);
- liberdade e isonomia das partes;
- paridade de armas;
- publicidade;
- presença do contraditório (inerente ao próprio processo dialético);
- **prevalência** da oralidade;
- tem como regra a liberdade do réu (decorrência de ser um processo fundamentado em direitos fundamentais);
- iniciativa probatória pelas partes, sendo excepcional e subsidiária pelo juiz dentro da fase processual;
- sistema de livre produção de provas pelas partes;
- consequente maior participação popular na justiça criminal;
- acusado é sujeito de direitos;
- típico dos estados democráticos;
- busca da verdade real.

Decifrando a prova

(2018 – FCC – Câmara Legislativa do Distrito Federal – Consultor Legislativo) Uma reforma que pretenda incorporar traços do sistema acusatório na legislação processual penal vigente deve orientar-se no sentido de

A) concentrar a gestão da prova na pessoa do juiz.
B) ampliar os espaços de oralidade nos atos processuais.
C) reduzir a imediação judicial na produção da prova.
D) limitar a publicidade dos atos processuais.
E) ampliar a tarifação e a taxatividade das provas.

Gabarito comentado: a oralidade é uma das características do sistema acusatório como vimos alhures. Portanto, a letra B é o gabarito.

I.2.2 Sistema inquisitivo

Originado após a extinção do processo penal privado no começo da Monarquia Romana, teve suas feições melhor definidas na alta idade média, no século XIII, com o direito canônico. Frisa-se que, em uma segunda fase, Roma adotou o sistema acusatório, o que perdurou na Europa até o direito canônico instituir o sistema inquisitório.

A nota marcante desse sistema é o **juiz inquisidor**. Esse se caracteriza por concentrar em sua própria pessoa as funções de julgar, acusar e defender. Consequência disso é a falta de imparcialidade do juiz, já que, ao se imiscuir na atividade de acusar, fica vinculado psicologicamente a um resultado condenatório da demanda judicial.

Esse sistema se constrói sob a premissa de que se deve descobrir uma **verdade absoluta**, diferente do sistema acusatório em que a busca de uma verdade é um desiderato, mas não o fim de todo o processo. No sistema acusatório, ainda que se almeje chegar à verdade, esse objetivo não pode servir para passar por cima de valores mais caros, como a dignidade da pessoa humana e os direitos fundamentais.

Por sua vez, o sistema inquisitório permite qualquer meio para se buscar a verdade, valendo-se de tortura, de processo secreto, rigoroso. Chegou-se, inclusive, à época do direito canônico, de diante da impossibilidade de se alcançar a verdade dever-se-ia buscar essa verdade de Deus, de onde tivemos as famosas ordálias, segundo a qual o acusado era submetido a provas, como passar em cima do fogo, duelos, entre outros. Sendo considerado culpado caso não conseguisse sobreviver às provações.

O processo inquisitório até pode coexistir com formas orais e públicas, mas se diferencia do sistema acusatório por serem essas não vinculadas ao fim de um processo dialético, senão para a externação de uma "pseudo" justiça.

Diante de tudo isso, fica evidente as características do sistema inquisitório:

- concentração de todas as funções na mão do juiz inquisidor;
- iniciativa probatória pelo juiz;
- atividade probatória sem qualquer limite;
- verdade absoluta;
- ausência de imparcialidade no julgamento;
- vinculação psicológica do juiz à causa;
- ausência de contraditório;
- tortura;
- processo secreto;
- confissão do réu como rainha das provas;
- típico de Estados absolutistas;
- acusado objeto do processo e não sujeito de direitos.

1.2.3 Sistema misto ou francês ou acusatório formal

Trata-se de uma evolução do próprio sistema inquisitorial, surgido com o Código Napoleônico na França, em 1808.

Apresenta-se dividido em duas fases. Uma primeira fase tipicamente inquisitiva, sigilosa e escrita, e uma segunda fase acusatória, com todos os seus consectários supracitados.

A doutrina brasileira que defende ser o processo penal misto se debruça exatamente nessa perspectiva do nosso ordenamento em que possuímos em uma primeira fase um inquérito policial e, portanto, inquisitivo; e, no segundo momento, a ação penal de cunho acusatório.

Eugênio Pacelli de Oliveira (2008) rejeita esse posicionamento, seguido pela corrente majoritária. Segundo o respeitado autor, não se pode falar em processo misto no Brasil, haja vista que inquérito policial não é processo, senão um procedimento administrativo.

A despeito das posições alhures mencionadas, ousamos registrar nosso posicionamento. É bastante delicado afastar o sistema misto do Brasil sob a assertiva de que inquérito não se presta a classificar nosso sistema por ser procedimento administrativo, ou não processual. Para além da definição de uma suposta classificação jurídica de inquérito, devemos observar seus efeitos dentro do Estado brasileiro e para os direitos do acusado.

Pragmaticamente, o inquérito policial faz parte da persecução penal e traz efeitos importantes na vida do acusado. O indiciamento é ato privativo do Delegado de Polícia e, querendo ou não, traz estigmas na vida do indiciado, além de influir inequivocamente no convencimento do membro do Ministério Público. O inquérito, não obstante a necessidade preconizada no nosso Código de que as provas devem ser repetidas durante o processo, deixa sua marca em todo o processo, direcionando inclusive as provas a serem ali repetidas.

E é inequívoco que o procedimento do inquérito é predominantemente inquisitorial. Malgrado o respeito a alguns direitos fundamentais, como a necessidade de autorização judicial para a realização de algumas provas como a quebra do sigilo telefônico, dentre outras, no inquérito a participação do investigado é apenas passiva, com raras exceções pontuais. No final, uma autoridade do Estado, o Delegado de Polícia, decide em ato privativo sobre a existência de materialidade do fato e indícios de autoria. O que embora não vincule o Ministério Público, leva a este todo material de que vai dispor para iniciar o processo penal. Veja, sua pecha no processo penal é irretorquível.

Mas não é por isso que existe aí uma ofensa ao regime democrático de um Estado de Direito, se é isso o temor de alguns. Foi sim uma forma de cotejar a necessidade de proteção da sociedade diante dos crimes que ocorrem sob os mais espúrios e elaborados *modus operandi*, com os próprios direitos do acusado. É a conformidade da proteção da sociedade (direito difuso) com os direitos fundamentais de primeira geração do investigado/acusado.

Mas frisa-se que a nossa posição é vanguardista, e, para as provas de concurso público, o candidato deve adotar a posição majoritária de que o nosso sistema é todo acusatório. Mormente agora, diante da redação do art. 3º-A do CPP com a redação dada pelo Pacote Anticrime, o qual preconiza expressamente ser nosso processo penal de estrutura acusatória.

1.3 FONTES DO DIREITO PROCESSUAL PENAL

Por fonte do direito pode-se entender, como o próprio nome "fonte" sugere, o lugar de onde emana as normas jurídicas. As fontes do direito processual penal se dividem em duas: fonte de produção ou material; fonte formal ou de cognição.

- **Fonte material** (de produção): **refere-se à atividade legiferante**, ou seja, ao ente federativo responsável pela produção da norma. Por se tratar de assunto que se refere ao pacto federativo, sua regulação se encontra na Constituição Federal (CF). Com efeito, o art. 22, I, da CF, preconiza que compete à União legislar privativamente sobre direito processual penal, não obstante a permissão do parágrafo único de que lei complementar poderá autorizar os Estados a legislar sobre questões específicas sobre a matéria. Deve-se atentar para o fato de que "processo" penal não se confunde com "procedimento", este é de competência concorrente da União, dos Estados e do Distrito Federal. Cumpre ainda salientar que a Constituição Federal veda medida provisória sobre direito processual penal (art. 24, IV, da CF).

- **Fonte formal** (de cognição): é o meio em que a norma é revelada. Subdivide-se em fontes primárias (ou imediatas ou diretas) e em fontes secundárias (ou mediatas ou indiretas ou supletivas). As fontes primárias são os textos legislativos: leis ordinárias, constituição federal, tratados e convenções internacionais. Por sua vez, as fontes secundárias são aquelas que existem para o fim de colmatar a ausência das fontes primárias. A Lei de Introdução às Normas do Direito Brasileiro – LINDB (Decreto-lei nº 4.657/1942), em seu art. 4º, subdivide as fontes secundárias em **costumes, princípios gerais de direito** e **analogia**. O que se aplica ao processo penal por disposição expressa do art. 3º do CPP.
  - **Costumes** são regras de conduta **praticadas de modo geral**, com constância e uniformidade, pela sociedade, de modo a ensejar a **consciência de sua obrigatoriedade**.
  - **Princípios gerais de direito** "são premissas éticas extraídas da legislação e do ordenamento jurídico em geral" (MIRABETE, 2004, p. 58).
  - **Analogia** é uma "autointegração da lei. Na lacuna involuntária desta, aplica-se ao fato não regulado expressamente um dispositivo que regula hipótese semelhante" (MIRABETE, 2004, p. 58). Devemos atentar para não confundir analogia (ou aplicação analógica como fala o art. 3º do CPP) com interpretação analógica. Esta não é forma supletiva da lei, ou forma de preencher lacuna de lei, senão é fonte primária. É uma técnica legislativa em que o legislador enumera diversas hipóteses e as estende para todas as demais hipóteses semelhantes que podem vir a surgir no mundo dos fatos. Trata-se de uma **fórmula casuística**. A doutrina ainda diferencia a analogia em *legis* e *uris*, respectivamente quando a situação prevista para se fazer a analogia se acha na lei ou nos princípios jurídicos. Por fim, cumpre observara que no processo penal se admite tanto a **analogia *in bonam partem*** quanto a ***in malam partem***, pois não há aqui norma penal incriminadora, diferentemente do direito penal onde a analogia *in malam partem* é repudiada.

Decifrando a prova

(2018 – CESPE – ABIN – Oficial Técnico de Inteligência) O Código de Processo Penal, a jurisprudência e os princípios gerais do direito são considerados fontes formais diretas do direito processual penal.
( ) Certo   ( ) Errado
Gabarito comentado: os princípios gerais do direito são fontes formais indiretas ou secundárias do processo penal, e não diretas como afirma o enunciado. Portanto, a assertiva está errada.

1.4 LEI PROCESSUAL PENAL NO TEMPO E NO ESPAÇO

Por lei processual penal no tempo e no espaço se entende, respectivamente, ao âmbito de aplicação dos referidos dispositivos normativos dentro da sucessão de leis com vigência em diferentes datas, e dentro do território nacional ou internacional.

De imediato, frisa-se a importância de deixar assente na cabeça do leitor, mormente para os candidatos de concursos públicos, duas informações essenciais: à **lei processual no tempo** se aplica o princípio do *tempus regit actum*; no **espaço,** o princípio da **territorialidade**.

Algo muito comum de se fazer confusão, mormente diante da leitura dos institutos em distintas divisões do direito, é a aplicação da lei no tempo e no espaço no que se refere à lei penal e à lei processual penal. Ambos os institutos têm tratamento totalmente diferentes em ambas as searas.

No **direito penal** (material), em relação ao tempo se aplica o princípio da irretroatividade da lei penal mais gravosa, e em relação ao espaço se aplica o princípio da territorialidade e da extraterritorialidade (condicionada e incondicionada).

Em relação ao tempo, a diferença do direito penal para o processual penal se justifica pelo dogma garantista de que não há crime sem lei anterior que o defina (o que, por óbvio, impede que uma lei retroaja para incriminar fatos passados). Referido dogma não se aplica ao processo penal, haja vista este não criar condutas criminosas ou agravar as consequências jurídicas de uma conduta criminosa (o processo penal não afeta o *status libertatis* do indivíduo, pois é apenas instrumental). Por isso que, no processo penal, a lei processual pode ser aplicada imediatamente, sem a necessidade de se preocupar se está a instrumentalizar a aplicação de uma conduta pretérita ou futura.

Por sua vez, no espaço, a diferença se justifica por um motivo óbvio: a soberania nacional. O processo penal é a aplicação do *jus puniendi* estatal, no nosso caso do *jus puniendi* do Estado brasileiro. Cada país é dotado de soberania e esta só existe diante do respeito à soberania de outros países. O desrespeito à soberania de outros países enseja severos problemas diplomáticos e guerras. O Estado não pode exercer seu *jus puniendi* para além de suas fronteiras. Por exemplo, o Brasil não pode entrar na Argentina e ali instituir um tribunal (lei processual sob o aspecto de organizar os órgãos de persecução penal) e aplicar o CPP (lei processual sob o aspecto de instrumentalizar a aplicação do tipo penal) para condenar um brasileiro que ali matou um cidadão argentino.

Mesmo que um ato processual tenha que ser praticado em outro país, a exemplo de citações ou oitiva de testemunhas (o que ocorre por meio das cartas rogatórias), a lei processual a ser aplicada é do país onde a diligência tenha que ser cumprida.

A aplicação do *jus puniendi* é um ato de soberania de um Estado sobre seus nacionais. Por outro lado, o direito penal material não tem a mesma preocupação. Um país pode tipificar condutas criminosas de pessoas cometidas fora do território de um país, isso porque essas condutas, mesmo que cometidas fora do país, podem repercutir na própria soberania do país. E isso de dois modos: ou por estrangeiros ou nacionais (situações extremamente excepcionais) com atos ofensivos diretamente à soberania do país; ou por crimes cometidos fora do país por nacionais, e aqui não por ser um ato ofensivo à soberania do país diretamente, senão por decorrência do compromisso que o Estado tem para com seus nacionais de protegê-los de outras soberanias.

Mas, em qualquer dessas hipóteses, embora o país tipifique a conduta criminosa cometida fora de seu território (extraterritorialidade da lei penal), a aplicação dessa lei penal (*jus puniendi*) só poderá ocorrer se esse criminoso adentrar ao território nacional (a soberania de um país, em linhas gerais, diz respeito à sua autonomia, ao poder político e de decisão dentro de seu respectivo território nacional). E como já mencionado, essa aplicação dos tipos do direito penal material se dá por meio do processo penal, no qual, frisa-se, só se aplica o princípio da territorialidade (RIBEIRO, s.d.).

1.4.1 Lei processual penal no espaço

O art. 1º do Código de Processo Penal (CPP) adotou o princípio da territorialidade. É expresso em dizer que o "processo penal reger-se-á, em todo território por este Código". Em ato contínuo, traz a ressalva de que não será regido pelo CPP: os tratados, convenções e regras de direito internacional; as prerrogativas constitucionais pelo Presidente da República, dos Ministros de Estado nos crimes conexos e dos ministros do STF nos crimes de responsabilidade; os processos de competência da Justiça Militar; os processos de competência do tribunal especial; os processos por crimes de imprensa (a menção aos processos por crimes de imprensa resta sem aplicação prática, posto que declarada não recepcionada pela Constituição com a ADPF 130).

Observe-se que a ressalva trazida pelo art. 1º do CPP não se refere a uma exceção ao princípio da territorialidade da lei processual penal, mas sim a uma exceção à aplicação do CPP àquelas hipóteses. Isso significa que nas hipóteses ali elencadas será aplicada uma outra lei processual penal brasileira para aquelas situações, e não o CPP.

Podemos afirmar que não existem exceções ao princípio da territorialidade à lei processual penal pátria. A despeito de doutrinadores de renome, a exemplo do respeitado Professor Norberto Avena (2010), asseverarem que o princípio da territorialidade é a regra e que as hipóteses do art. 1º seriam exceções, não concordamos, com a devida vênia, com esse entendimento. O exercício do processo penal é ato de soberania (LIMA, 2019) e não pode ser aplicado em país alienígena. As hipóteses ali referidas se tratam de aplicação, para aqueles casos, de outra lei processual penal brasileira que não o CPP, a exemplo do Código de Processo Penal Militar (CPPM), como melhor se discriminará mais à frente.

Vislumbramos nas hipóteses ali elencadas até mesmo uma possibilidade de não aplicação do processo penal brasileiro a algumas situações, a exemplo das imunidades diplomáticas previstas nos tratados internacionais. Todavia, essas hipóteses de "excludente da jurisdição brasileira" não significam uma exceção à aplicação do princípio da territorialidade, pois o processo penal brasileiro não será aplicado em outro país, nem outro país irá aplicar seu processo penal dentro do Brasil. Trata-se sim, simplesmente, de uma situação de não aplicação da lei processual penal brasileira, pois esses crimes serão julgados em outro país por outra legislação processual penal, embora o crime tenha sido cometido no Brasil.

Salienta-se que, além das hipóteses ali elencadas de exceção à aplicação do CPP, outras existem no nosso ordenamento jurídico, o que se faz em razão do princípio da especialidade. São essas: crimes de competência originária dos Tribunais – Lei nº 8.038/1990; infrações de menor potencial ofensivo – Lei nº 9.099/1995; crimes falimentares – Lei nº 11.101/2005; Estatuto da Pessoa Idosa – Lei nº 10.741/2003; Lei Maria da Penha – Lei nº 11.340/2006; Lei de Drogas – Lei nº 11.343/2006. Embora muitas delas não afastem completamente o CPP, senão apenas regulando de forma diferente alguns procedimentos iniciais do processo penal, como se verá mais à frente no nosso curso. Em alguns manuais, encontra-se ainda a referência à lei de abuso de autoridade como mais uma exceção à não aplicação do CPP. Contudo, a nova lei de abuso de autoridade (Lei nº 13.869/2019), preconiza expressamente em seu art. 39 a aplicação do CPP aos crimes ali constantes.

De mais a mais, quanto às hipóteses mencionadas no art. 1º do CPP, convém fazer algumas observações importantes. Senão vejamos.

- **Tratados e convenções internacionais**
  Os tratados e convenções internacionais só são aplicáveis no país uma vez incorporados ao ordenamento jurídico interno. Uma vez incorporados, possuem o *status* de lei ordinária, norma supralegal ou norma constitucional, a depender da natureza do tratado e sua forma de incorporação ao ordenamento jurídico. Até mesmo a situação do tribunal penal internacional, cujo teor do art. 5º, § 4º, da CF preconiza que "o Brasil se submete à jurisdição do Tribunal Penal internacional a cuja criação tenha manifestado adesão", trata-se de uma forma de não aplicação do CPP para crimes ocorridos no Brasil e não de extraterritorialidade.

- **Prerrogativas constitucionais do presidente e dos ministros**
  Quanto às prerrogativas constitucionais do presidente e dos ministros, o afastamento do CPP se dá diante das normas preconizadas na Lei nº 1.079/1950 (infrações político-administrativas) e das demais normas atinentes aos processos nos tribunais. Tudo conforme se verá mais à frente, nos capítulos referentes à competência, processos nos tribunais e procedimentos.

- **Justiça Militar**
  O afastamento do CPP no tocante à Justiça Militar se dá em razão da aplicação do Código de Processo Penal Militar (CPPM) e do Código Penal Militar (CPM) aos referidos crimes. A vida castrense, seja no âmbito das Forças Armadas, seja no âmbito das Polícias Militares e bombeiros militares, se submete a um conjunto complexo de regime jurídico, completamente diferente daquele aplicado à sociedade em geral. Trata-se de um regime extremamente rígido, no escopo de regular suas relações pessoais internas. Isso no desiderato milenar de manter a ordem interna e defender o Brasil de ataques externos. Tudo se acha amparado no fundamento da hierarquia e disciplina estampados na CF, o que se perfaz na essência dessas instituições no mundo inteiro há milhares de anos.
  Os crimes militares são julgados, em regra, pelos próprios oficiais das respectivas Corporações. São justamente esses que conhecem as vicissitudes da manutenção da hierarquia e disciplina da tropa e que, para isso, passam por vários anos em forma-

ção nas academias de oficiais. Todavia, a despeito da referida ressalva apontada no art. 1º do CPP, o CPPM é expresso em afirmar que se aplica à justiça militar o CPP **subsidiariamente** nos casos omissos pela legislação castrense (CPPM, art. 3º, *a*).

- **Tribunal Especial**

    Por sua vez, a referência à Competência do Tribunal Especial é algo que está desatualizado no CPP. É que na égide da CF de 1937 existia a previsão do referido tribunal para julgar os crimes contra a segurança nacional, de modo que o CPP, que é de 1941, repetiu essa previsão. Não obstante, em momento posterior, os crimes contra a segurança nacional passaram a ser regulados pela Lei nº 7.170/1983, com previsão de julgamento pela Justiça Federal, na forma no art. 102, II, *b*, da CF de 1988 (não sendo recepcionado o art. 30 da Lei nº 7.170/1983 que trazia a previsão da justiça militar para os crimes ali previstos). Mais recentemente, a Lei nº 14.197/2021 revogou integralmente a Lei nº 7.170/1983. Com efeito, o Tribunal Especial não mais existe no nosso país.

- **Crimes de imprensa**

    Quanto aos crimes de imprensa, mister mencionar que com a ADF nº 130, o Supremo declarou a Lei nº 5.250/1967 não recepcionada, em sua integralidade, pela Constituição/1988. Os crimes de imprensa e o processo penal para eles estavam todos assentados na mencionada Lei. Com sua não recepção, perde razão a ressalva supracitada do art. 1º do CPP.

Por fim, cumpre citar que a doutrina costuma mencionar, com propriedade, algumas possíveis hipóteses, as quais, caso venham a ocorrer, poder-se-ia falar em **extraterritorialidade** do processo penal brasileiro. Assim, alenta a doutrina que poderia ser aplicada a lei processual penal de um país fora do seu território nas hipóteses de: a) território *nullius*; b) no caso de haver autorização de um Estado onde deva ser praticado o ato processual; c) em território ocupado por guerra. Contudo, frisa-se que nenhuma dessas hipóteses existe na atualidade para o nosso país.

Decifrando a prova

(2017 – IBFC – TJ/PE – Oficial de Justiça) Sobre a aplicação da lei processual penal no tempo e no espaço, analise os itens a seguir.

I. A lei processual penal entra em vigor e passa a ser aplicada imediatamente, mesmo nas hipóteses em que o delito já tenha sido cometido, o acusado já esteja sendo processado e extinga modalidade de defesa.

II. Aplica-se a lei processual penal brasileira quando o crime é cometido por cidadão brasileiro no exterior e ali o autor passa a ser processado.

III. Nos crimes cometidos em embarcações estrangeiras privadas estacionadas em portos brasileiros, aplica-se a lei processual penal de seu país de origem.

IV. O cumprimento de sentença penal condenatória emitida por autoridade estrangeira não se submete a exame de legalidade e correspondência de crimes, cabendo ao juiz criminal aplicá-la de imediato.

> Assinale a alternativa correta.
> A) Apenas I e II estão corretos.
> B) Apenas I e IV estão incorretos.
> C) Apenas II e III estão incorretos.
> D) Apenas III e IV estão corretos.
> E) I, II, III e IV estão incorretos.
> **Gabarito comentado:** as alternativas apresentadas estão em dissonância com o princípio da territorialidade da lei processual penal no espaço. Portanto, a letra E é o gabarito.

1.4.2 Lei processual penal no tempo

Com previsão no art. 2º do CPP, dispõe que a lei processual penal será aplicada desde logo, sem prejuízo da validade dos atos realizados sob a vigência da lei anterior. Temos aqui a adoção do princípio *tempus regit actum* para a lei processual penal. Princípio também chamado de **efeito imediato** ou da **aplicação imediata da Lei processual**.

Nas brilhantes lições de Norberto Avena (2010, p. 61), significa referido princípio que "é o tempo que rege a forma como o ato processual deve revestir-se". Diferentemente do direito penal que se aplica o princípio do *tempus delicti*, ou seja, o tempo do fato criminoso (anteriormente melhor explicado), a lei processual leva em consideração o *tempus regit actum*, ou seja, o momento da prática do ato processual.

Esse princípio aplicado ao processo brasileiro implica duas coisas (LIMA, 2019):

a primeira é que os **atos processuais já praticados sob a vigência da lei anterior são considerados válidos** e devem ser respeitados;

a segunda é que as normas processuais têm aplicação imediata, **regulando os atos pendentes e futuros**. (Grifos nossos)

Sobre o princípio do *tempus regit actum*, a doutrina (CINTRA, 2002, p. 98) aponta três sistemas a incidir sobre ele:

a. **Sistema na unidade processual**

Por esse sistema o processo deve ser visto como uma unidade processual, e não pela série de atos que perfazem o processo. Sob essa visão de processo, **uma única lei processual deve regê-lo por inteiro**. Assim a lei processual a ser aplicada será a lei do início do processo, ou seja, do recebimento da denúncia (primeiro ato processual). Será essa lei que regerá o processo inteiro, em razão de esse ser visto como uma unidade, sendo os demais atos mero desdobramento dos primeiros.

Por esse sistema a lei terá caráter ultrativo. Segundo essa visão de processo como unidade, caso uma lei processual nova pudesse ser aplicada, ela deveria retroagir ao primeiro ato processual, apresentando efeitos retroativos e ofendendo o próprio princípio do *tempus regit actum*.

b. Sistema das fases processuais

Esse sistema muito se aproxima do sistema da unidade processual, não obstante, vislumbra a referida unidade dentro das fases do processo e não do processo inteiro.

As fases do processo dividem-se em: fase postulatória, fase ordinatória, fase instrutória, fase decisória e fase recursal.

Assim, para cada uma dessas fases poder-se-ia aplicar uma lei processual diferente que viesse a surgir. Mas, a exemplo do sistema anteriormente citado, a lei processual teria ultratividade restrita a cada fase processual, não se admitindo aplicar uma nova lei processual uma vez iniciada determinada fase, sob pena de se vislumbrar um efeito retroativo da lei processual.

c. Sistema do isolamento dos atos processuais

Esse sistema vê o processo penal como um conjunto de atos autônomos que em seu conjunto perfazem o processo. Por esse motivo, para cada ato processual pode-se aplicar uma Lei processual superveniente, sem qualquer prejuízo dos atos preteritamente realizados. Nas palavras do festejado Professor Renato Brasileiro (2020a, p. 88), "a lei nova não atinge os atos processuais praticados na vigência da lei anterior, porém é aplicável aos atos processuais que ainda não foram praticados, pouco importando a fase processual que o feito se encontrar".

Este é exatamente o sistema adotado pelo CPP, conforme sua disposição expressa: "a lei processual penal aplicar-se-á desde logo, sem prejuízo da validade dos atos praticados sob a vigência da lei anterior" (CPP, art. 2º).

No nosso ordenamento temos inúmeros exemplos de normas processuais que se sucederam no tempo. Nesse ponto, cumpre tecer importantes observações sobre algumas delas, haja vista a possibilidade de sua incidência em concursos públicos e a necessidade de sua aplicação pelos operadores do direito nos Tribunais. Vejamos.

1.4.2.1 Lei nº 9.099/1995

A Lei nº 9.099/1995 preconiza, em seu art. 90, que as disposições da Lei dos Juizados Especiais Criminais não se aplicariam aos processos cuja instrução já estivesse iniciada. Dúvidas surgiram à época sobre o dispositivo, mormente diante do fato de se tratar de norma híbrida (o que se estudará no tópico a seguir).

O STF, na ADI nº 1.719-9, assentou o entendimento de que as disposições ali constantes, por terem caráter mais benéfico ao acusado (haja vista as diversas medidas despenalizadoras da Lei), deveriam retroagir para beneficiá-lo, em atenção ao art. 5º, XL, da CF. No mesmo diapasão, em respeito ao princípio da aplicação imediata das normas processuais, restou assente que o procedimento sumaríssimo seria aplicado aos processos em curso na forma do sistema do isolamento dos atos processuais. O que deixou o art. 90 como uma mera sombra atrás da Lei, sem qualquer aplicabilidade.

Outra celeuma em relação à Lei nº 9.099/1995 se deu com a entrada em vigor da Lei nº 9.839/1999, em sua redação inserta no art. 90-A da Lei nº 9.099/1995. Essa Lei de 1999 excluiu da aplicação da Lei nº 9.099/1995 os crimes militares. Por se tratar de norma processual de cunho material, por afetar o *status libertatis* do indivíduo, a regra a ser aplicada foi a do Código Penal. Destarte, por ser mais gravosa, só se aplicaria aos crimes militares cometidos a partir de 28 de setembro de 1999, como assente na decisão do STF no HC nº 79.390/RJ.

1.4.2.2 Lei nº 9.271/1996

Referida Lei conferiu nova redação ao art. 366 do CPP determinando que

> se o acusado, citado por edital, não comparecer, nem constituir advogado, ficarão suspensos o processo e o curso do prazo prescricional, podendo o juiz determinar a produção antecipada de provas consideradas urgentes e, se for o caso, decretar a prisão preventiva, nos termos do art. 312.

Ocorre que a redação antiga do dispositivo permitia ao acusado citado por edital seu julgamento à revelia com a mera nomeação de defensor técnico.

Diante desse quadro, e por referido dispositivo conter normas de direito material (suspensão do processo) e processual (suspensão da prescrição), logo norma híbrida como se verá adiante, o STF, no HC nº 83.864/DF, firmou o entendimento de que não haveria a aplicação imediata, de modo a só ser alcançados pela supracitada lei os fatos cometidos após sua vigência.

1.4.2.3 Leis nº 11.689/2008 e nº 11.719/2008

Trata-se de normas genuinamente processuais, que alteraram a redação de diversos dispositivos do CPP. Como o sistema do CPP é o sistema do isolamento dos atos processuais, concluiu-se que as novas leis do procedimento comum e do procedimento do júri, alteradas respectivamente pelas leis alhures mencionadas, não incidiriam aos atos já praticados, incidindo, contudo, nos atos ainda a serem realizados. Destarte, ainda que o recebimento da denúncia já tivesse corrido quando da vigência das referidas leis, suas aplicações aos atos ainda não realizados era a medida que se impor.

1.4.2.4 Lei nº 12.403/2011

Foi a lei que alterou diversos dispositivos no CPP nos artigos referentes às medidas cautelares de natureza pessoal, trazendo, inclusive, a previsão das medidas cautelares diversas da prisão.

Por se tratar de norma com consequente reflexo no *status libertatis*, referidas normas são alçadas à natureza de normas processuais de cunho material, aplicando-se a elas o princípio do Código Penal do *tempus delicti*. Assim, caso fossem mais benéficas deveriam retroagir, e caso maléficas só se aplicariam aos fatos futuros ao tempo do crime.

> **Decifrando a prova**
>
> **(2018 – VUNESP – PC/SP – Delegado de Polícia)** Tício está sendo processado pela prática de crime de roubo. Durante o trâmite do inquérito policial, entra em vigor determinada lei, reduzindo o número de testemunhas possíveis de serem arroladas pelas partes no procedimento ordinário. A respeito do caso descrito, é correto que

A) Não se aplica a lei nova ao processo de Tício em razão do princípio da anterioridade.

B) A lei que irá reger o processo é a lei do momento em que foi praticado o crime, à vista do princípio *tempus regit actum*.

C) Em razão do sistema da unidade processual, pelo qual uma única lei deve reger todo o processo, a lei velha continua ultra-ativa e, por isso, não se aplica a nova lei, mormente por ser esta prejudicial em relação aos interesses do acusado.

D) Não se aplica a lei revogada ao processo de Tício em razão do princípio da reserva legal.

E) Não se aplica a lei revogada porque a instrução ainda não se iniciara quando da entrada em vigor da nova lei.

Gabarito comentado: a lei que altera o número de testemunhas é norma estritamente processual, a aplicar-se o *tempus regit actum*, na forma do sistema do isolamento dos atos processuais. Portanto, a letra E é o gabarito.

1.4.2.5 Normas processuais heterotópicas e normas processuais híbridas ou mistas

As normas penais podem ser divididas entre normas penais processuais (objeto do nosso estudo) e normas penais materiais (objeto do direito penal).

As normas processuais são aquelas que regulam os procedimentos e a forma dos atos processuais penais. Já por normas materiais temos aquelas que asseguram direitos ou garantias. Muitas vezes, é bastante difícil diferenciar referidas normas. Para esse fim, a melhor solução é verificar se determinada norma afeta o estado de liberdade (*status libertatis*) do indivíduo ou não. Caso a norma entre na esfera desse estado de liberdade, seja por meio de prisão-pena, prisão preventiva, medidas cautelares diversas da prisão, normas de prescrição, dentre outras, estaremos diante de normas de cunho estritamente material, devendo a elas ser aplicados os institutos da retroatividade da lei mais benéfica.

Ocorre que, muitas vezes, uma lei de conteúdo eminentemente processual acaba por apresentar alguns dispositivos que não estão ali simplesmente para determinar um procedimento ou forma de um ato processual, senão apresentam conteúdo que afeta diretamente o estado de liberdade do acusado/investigado. Trata-se de uma lei processual que apresente matérias de direito material ou uma norma de direito penal material que apresente em seu conteúdo também matérias de direito processual penal.

Nessas situações, urge importância o instituto da lei no tempo. É que caso uma mesma lei superveniente venha a apresentar normas de direito material e outras de direito processual, deve-se de antemão realizar uma perfeita distinção de cada uma delas, para o fim de se aplicar a elas respectivamente os princípios do *tempus regit actum* (aplicação imediata da norma aos atos processuais ainda não realizados) e do *tempus delicti* (retroatividade da norma mais benéfica).

A distinção dos nomes normas híbridas ou mistas e normas heterotópicas reside em algo bastante simples.

Quando uma norma penal se acha dentro de um **diploma eminentemente processual**, ou vice-versa, temos aí o caso de uma norma heterotópica. Nas palavras de Norberto

Avena (2010, p. 65), o fenômeno da heterotopia é a hipótese em que "o conteúdo da norma lhe confere determinada natureza, encontrando-se ela veiculada em diploma de natureza distinta". Temos como exemplo: o direito ao silêncio do réu em seu interrogatório (caráter nitidamente assecuratório de direitos) previsto no art. 186 do CPP; ou as normas que disciplinam a competência da Justiça Federal, as quais – embora previstas na CF (que é norma de conteúdo nitidamente material) – possuem natureza evidentemente processual.

Por outro lado, por normas mistas ou híbridas se entendem aquelas que apresentem **duplicidade de conteúdo** (AVENA, 2010), de modo a incorporar tanto um conteúdo processual quanto um conteúdo material. Aplicando-se, dessarte, às normas de conteúdo material o princípio *tempus delicti*, e para as normas de direito processual o princípio *tempus regit actum*. Exemplos genuínos desse tipo de norma são a Lei nº 9.099/1995 e a Lei nº 10.259/2001 (Juizados Especiais Federais); não se pode afirmar que essa Lei seria um diploma material ou processual, pois açambarcado exaustivamente pelos dois tipos de normas indistintamente.

 Decifrando a prova

(2018 – CESPE – PC/MA – Investigador de Polícia) Acerca da aplicação da lei processual no tempo e no espaço e em relação às pessoas, julgue os itens a seguir.

I. O Brasil adota, no tocante à aplicação da lei processual penal no tempo, o sistema da unidade processual.

II. Em caso de normas processuais materiais – mistas ou híbridas –, aplica-se a retroatividade da lei mais benéfica.

III. Para o regular processamento judicial de governador de Estado ou do Distrito Federal, é necessária a autorização da respectiva casa legislativa – assembleia legislativa ou câmara distrital.

Assinale a opção correta.

A) Apenas o item I está certo.
B) Apenas o item II está certo.
C) Apenas os itens I e III estão certos.
D) Apenas os itens II e III estão certos.
E) Todos os itens estão certos.

Gabarito comentado: o item II atende ao princípio do *tempus delicti* para as normas processuais que apresentem conteúdo material. O item I está errado pois o Brasil adota o sistema do isolamento dos atos processuais, que é o modo de aplicação do princípio do *tempus regit actum* aos processos que já estão em curso e onde alguns atos processuais já foram realizados. Dessa maneira, se uma lei processual penal passa a vigorar estando o processo em curso, ela será imediatamente aplicada, sem prejuízo dos atos já realizados sob a vigência da lei anterior. Quanto ao item III, regra do art. 51, I, CRFB, prevista de forma expressa apenas para o Presidente da República, não comporta interpretação extensiva aos Governadores de Estado, visto que excepciona a regra geral que estabelece a ausência de condição de procedibilidade política para o processamento de ação penal pública. Portanto, a letra B é o gabarito.

1.5 INTERPRETAÇÃO DA LEI PROCESSUAL PENAL

Segundo Mirabete, interpretar é descobrir o verdadeiro conteúdo da norma jurídica, precedendo sempre à aplicação, processo pelo qual se submete o caso concreto à norma geral (MIRABETE, 2004, p. 74). Interpretar é atividade inerente a todo operador do direito, mormente diante do nosso complexo processo legislativo, o texto final, acaba na maioria das vezes sendo um misto de tantos interesses a emendas parlamentares diversas, de modo que apenas a interpretação pode retirar sentido de termos dúbios, contraditórios, obscuros e incompletos (NUCCI, 2008, p. 128).

A interpretação da lei processual se divide quanto ao sujeito que a realiza, quanto ao modo e quanto ao resultado.

1.5.1 Quanto ao sujeito ou à origem

Quanto ao sujeito que a realiza (ou à origem), divide-se em: **interpretação autêntica ou legislativa; jurisprudencial ou judicial;** e **doutrinária ou científica**.

- **A interpretação autêntica** procede da mesma origem da lei e tem força obrigatória (ou seja, é a interpretação realizada pelo próprio poder legislativo que a criou, por isso também o nome de "à origem"). Caso essa interpretação seja inserida no próprio texto da lei recebe ainda o nome de **contextual**, caso seja realizada por lei posterior, para esclarecer lei anterior, terá **efeito retroativo**. Tem força obrigatória.
- **A interpretação jurisprudencial** é realizada pelos juízes e tribunais, trata-se "do conjunto de manifestações judiciais sobre determinado assunto legal, exaradas num sentido razoavelmente constante" (MIRABETE, 2004, p. 75). Em regra, não tem força obrigatória, contudo caso se trate de Súmula Vinculante do STF ou decisões em controle concentrado de constitucionalidade terá sim força obrigatória.
- **A interpretação doutrinária ou científica** é aquela realizada pelos doutrinadores do direito em livros e artigos. Segundo Mirabete (2004, p. 75), "é o entendimento dado pelos escritores e comentadores do direto". É também conhecida por *communis opinio doctorum*. Não possui força obrigatória. A exposição de motivos do Código é também exemplo dessa interpretação, pois não tem natureza de lei.

1.5.2 Quanto aos meios ou ao modo

Dividem-se da seguinte forma:

- **Gramatical, Literal ou Sintática**: examina-se a letra fria da lei, no exame do exato significado das palavras na lei.
- **Sistemática**: trata-se da interpretação da lei como um sistema, de modo que ela deve ser coerente logicamente em seu inteiro conjunto, e não dos artigos de forma isolada, busca-se o sentido do texto que torne uma lei como um verdadeiro sistema e não por disposições isoladas. É consoante essa interpretação que a hermenêutica determina que o parágrafo de um texto deve ser lido com base no seu *caput*.

- **Lógica:** vale-se das regras de **raciocínio e conclusão** para alcançar o espírito da lei.
- **Histórica:** busca o contexto da lei dentro do processo legislativo, analisando os debates dos deputados, as emendas, o projeto de lei.
- **Teleológica:** é aquela que procura os fins para os quais a norma foi feita. Se busca o sentido e alcance da norma.
- **Teleológica-sistemática:** nas palavras do Professor Nucci (2008, p. 128), "é a interpretação que busca compor o sentido da norma em comparação com as demais que compõem o sistema em que está inserida". Como se observa, trata-se de uma interpretação sistemática tendo por sistema não apenas a lei que está inserida a norma, mas sim todo o ordenamento jurídico.

1.5.3 Quanto aos resultados

- **Declarativa:** o texto sob análise não é ampliado nem reduzido, buscando apenas "o significado oculto do termo ou expressão utilizado pela lei" (MIRABETE, 2004, p. 76). Almeja-se com ela apenas declarar o exato sentido da norma.
- **Restritiva:** restringe-se o alcance dos termos utilizados na lei. Aqui vale lembrar a regra de hermenêutica de que as normas restritivas de direito devem ser interpretadas restritivamente, bem como que as exceções devem ser interpretadas de forma restritiva.
- **Extensiva ou ampliativa:** é a interpretação que parte da premissa de que o legislador disse menos do que queria e por isso **se alarga o sentido dos termos legais**.
- **Analógica:** o intérprete se vale de um processo de semelhança com outros termos constantes da mesma norma para analisar o conteúdo de algum dispositivo duvidoso ou aberto. Não se deve confundir a interpretação analógica aqui tratada com **analogia**. Interpretação analógica é um método de interpretação, ou seja, a norma existe e precisa ser esclarecida. Analogia é para os casos em que não existe uma norma para regular tal situação, e, para suprir uma **lacuna da lei**, aplica-se uma outra norma semelhante.
- **Progressiva, adaptativa ou evolutiva:** em razão da constante evolução do direito e da sociedade, esse método de interpretação viceja para que sejam "abarcadas novas concepções ditadas pelas transformações sociais, científicas, jurídicas ou morais que devem permear a lei processual estabelecida" (MIRABETE, 2004, p. 76).

2 Princípios do processo penal

Por princípios do direito entende-se, nas palavras de Celso Antônio Bandeira de Melo (2010), o "mandamento nuclear de um sistema"; para Nucci (2008), "é um postulado que se irradia para todo o sistema, concentra o modo de pensar de um povo de modo a refletir os valores de uma sociedade". Assim, para nós, princípios são um conjunto de postulados perfeitos em uma realidade imaginada intersubjetiva[1], que orienta toda a construção de um dado sistema jurídico (no nosso caso o sistema processual penal), possuindo tanto uma força normativa (o que permite sua aplicação imediata), quanto interpretativa, de modo a orientar a correta aplicação das demais normas positivadas.

Como se percebe, são dos princípios que, sob um aspecto legislativo, se deve originar toda a positivação do direito. O direito conforma e é conformado pela sociedade, todavia deve sempre estampar seus valores e anseios dominantes. Por isso, a relevante importância dos princípios em um estado democrático de direito é o motivo de em nosso país ter ganhado caráter normativo no nosso ordenamento, mormente depois da democratização de 1988.

Doutrina destacada

O Ilustre Professor, de Coimbra, Canotilho (2003) traz o conceito de Natureza **normogenética dos princípios**: "os princípios estariam na **gênese das regras**, ou seja, estão na base ou constituem a *ratio* de regras jurídicas, desempenhando, por isso, uma função normogenética fundamentante". (Grifo nosso)

---

[1] Termo cunhado por Yuval Noah Harari no *best-seller* internacional *Sapiens*, uma breve história da humanidade, realidade imaginada intersubjetiva seria um conjunto de valores e crenças criadas igualmente na mente de todas as pessoas de uma sociedade, e que foi o que permitiu aos seres humanos uma convivência harmônica, comunicativa e sua integração de esforços em nível de centenas e milhares de pessoas. Nos estudos do autor foi o fato que diferenciou o *homo sapiens* dos outros animais do planeta.

Os princípios no processo penal podem ser de cunho constitucional ou processual penal, conforme se achem albergados pela constituição ou as leis ordinárias processuais penais respectivamente.

A doutrina ainda diferencia os princípios em expressos ou implícitos, conforme se achem positivados, ou consubstanciem-se em mero desdobramento ou irradiação dos positivados no nosso ordenamento.

Todavia, é certo que, no processo penal, os princípios, em especial os constitucionais, exercem uma grande influência sobre nosso Código que é de 1941, sob a égide de um regime antidemocrático. Assim, são os princípios que permitem uma leitura atualizada do nosso CPP, de modo a atender os dogmas da sociedade após 1988 e aos direitos fundamentais do homem.

2.1 PRINCÍPIO DA PRESUNÇÃO DE INOCÊNCIA OU DA NÃO CULPABILIDADE

Com previsão tanto na Constituição Federal (no art. 5º, LVII), quanto na Declaração Universal dos Direitos Humanos e no Pacto de São José da Costa Rica, todos os quais o Brasil é signatário, tem sua existência indissociavelmente ligada ao estado moderno, constando expressamente na Declaração dos Direitos do Homem e do Cidadão de 1789.

Ademais, Cesare Beccaria, em 1764, em seu movimento de humanização do direito penal, já alentava que "um homem não pode ser chamado réu antes da sentença do Juiz, e a sociedade só lhe pode retirar a proteção pública após ter decidido que ele violou os pactos por meio dos quais ela lhe foi outorgada" (BECCARIA, 1997, p. 69).

As diferenças das terminações "presunção de inocência" e "não culpabilidade" assentam em razão da diferença da redação cediça na CF e nas Declarações Internacionais. Enquanto nas declarações internacionais se usa a expressão "**toda pessoa acusada de delito tem direito a que se presuma inocente enquanto não se comprove legalmente sua culpa**", na CF se preconiza "**Ninguém será considerado culpado até o trânsito em julgado de sentença penal condenatória**".

É por essa diferença terminológica que o princípio estampado na carta magna é chamado **presunção de não culpabilidade**. Não obstante, não existe diferença entre as duas expressões. Os próprios Tribunais Superiores, ora usam a expressão "presunção de inocência" ora "presunção de culpabilidade", sem qualquer distinção. Algumas vozes minoritárias vislumbram certa diferença entre os dois termos, todavia a corrente majoritária é firme em asseverar não haver diferença entre eles, considerando uma eventual diferenciação inútil e contraproducente (BADARÓ, 2006). Eugênio Pacelli de Oliveira (2008, p. 35) prefere dar ao princípio outro nome, qual seja "**situação jurídica de inocência**". Segundo o autor, a inocência já nasce com o indivíduo, logo sendo impróprio o designativo "presunção".

Pois bem, como expresso na constituição e demais textos, referida presunção é um estado que todo indivíduo possui de não ser tratado como culpado antes de sentença transitada em julgado. Todavia, para sua aplicação ao caso concreto, a melhor dimensão do princípio só pode ser alcançada vislumbrando as suas duas regras fundamentais. São essas: a "regra probatória" e a "regra de tratamento". Nesse diapasão, podemos dividir o princípio da presunção de inocência ou de não culpabilidade em dois:

Regra probatória (*in dubio pro reo*)

Como regra probatória, o princípio da presunção de inocência se desdobra em duas situações dentro do processo: a primeira na necessidade de que **é da acusação o ônus de demonstrar a culpabilidade do acusado** (e não de o acusado demonstrar sua inocência que é presumida); a segunda de que, ao final do processo, havendo dúvidas acerca da valoração das provas deve-se impor uma decisão favorável ao acusado (aqui a presunção de inocência se confunde com o *in dubio pro reo*).

Deve-se atentar, contudo, para duas exceções ao *in dubio pro reo*. A primeira refere-se à revisão criminal. É que a presunção de inocência, da qual o *in dubio pro reo* é corolário, só existe até o trânsito em julgado da sentença penal condenatória. Assim, para a revisão criminal que se dá após o referido trânsito em julgado, viceja o princípio *in dubio pro societate*. A outra exceção refere-se à fase pré-processual, que vai do inquérito policial à denúncia. Nesse momento viceja o princípio *in dubio pro societate*, haja vista que na dúvida ou não sobre a autoria de um determinado delito deve prevalecer o interesse da sociedade em julgá-lo. Todavia, caso no final a dúvida persista, aí sim vicejará o *in dubio pro reo* como regra probatória para o julgamento.

Antonio Magalhães Gomes Filho (1994, p. 31) destaca **quatro consectários da presunção de inocência como regra probatória**:

- incumbência do acusador de demonstrar a culpabilidade do acusado;
- necessidade de comprovar a existência dos fatos imputados e não de demonstrar a inconsistência das desculpas do acusado;
- tal comprovação deve ser feita legalmente (devido processo legal);
- impossibilidade de se obrigar o acusado a colaborar na apuração dos fatos.

Regra de tratamento

Como dever de tratamento, o princípio da presunção de inocência atua em **duas dimensões**: uma interna e outra externa.

Internamente, implica a proibição de qualquer antecipação de pena. Logo, qualquer medida cautelar ou constritiva de direitos individuais (a exemplo da quebra do sigilo bancário, telefônico, violação de domicílio, entre outras) só deve ser aplicada se essencial ao sucesso do processo e de forma excepcional. Da mesma forma não se admite a execução provisória da pena (imposição de pena antes do trânsito em julgado).

Externamente, demanda uma proteção à imagem, à privacidade e à dignidade do acusado, tendo por fim evitar qualquer tipo de estigmatização.

2.2 PRINCÍPIO DA IGUALDADE PROCESSUAL OU DA PARIDADE DE ARMAS

Segundo esse princípio, as partes devem ter tratamento igualitário perante o juízo, devendo se valer das mesmas oportunidades perante o processo. Para a acusação e a defesa, é imperativo assegurar os mesmos direitos, possibilidades de alegação, de prova, de impugnação dentre outros.

Tem fundamento em sede constitucional no art. 5º, *caput*, da CF, em que se preconiza que todos são iguais perante a lei.

Consequência desse princípio é o disposto no art. 263 do CPP, que impõe que o réu deve ser defendido por advogado, pois sozinho não teria condições técnicas, ao contrário do seu oponente Ministério Público. Embora a necessidade de defesa técnica decorra igualmente de outros princípios como o da ampla defesa.

Cumpre mencionar que a paridade de armas **sofre mitigação** dentro do nosso sistema penal diante do princípio da presunção de inocência estampado no ***favor rei***, como anteriormente mencionado.

2.3 PRINCÍPIO DA AMPLA DEFESA

Tem previsão no art. 5º, LV, da CF, *in verbis*: "aos litigantes, em processo judicial ou administrativo, e aos acusados em geral são assegurados o contraditório e a ampla defesa, com os meios e recursos a ela inerentes".

Implica o princípio em um direito ou garantia que o réu possui de ter a sua disposição um amplo arsenal de instrumentos para rebater à acusação que lhe é imputada. A ampla defesa vislumbra compensar a fragilidade e a hipossuficiência do acusado perante o enorme poder do Estado. Vislumbra assim dar concretude ao princípio da igualdade sobredito sob o aspecto da igualdade material (os iguais devem ser tratados igualmente perante a lei e os desiguais na medida de suas desigualdades). Tanto é que no processo penal o réu dispõe de uma série de medidas que não são igualmente outorgadas à acusação, sendo elas a existência de alguns recursos privativos da defesa, a proibição da *reformatio in pejus*, a regra do *in dubio pro reo*, a revisão criminal que só assiste à defesa, dentre outros.

A ampla defesa está estritamente ligada ao princípio do contraditório, mas com ele não se confunde. Ao passo de muitas vezes o real exercício do direito de defesa estar ligado ao contraditório, no aspecto do direito à informação, ou seja, sem a informação dos atos do processo contrários ao acusado, não pode a defesa ser exercida a ampla defesa está ligada diretamente a um segundo aspecto do contraditório: a reação. Contudo, esses se diferenciam em um aspecto bastante simples, enquanto contraditório se aplica a ambas as partes do processo, a ampla defesa é instituto que só se aplica ao réu.

Podemos dividir o princípio da ampla defesa em duas vertentes: a **autodefesa** e a **defesa técnica**.

A autodefesa trata-se de defesa promovida pelo próprio réu sem assistência de advogado. Existe uma fase processual precípua para que ela ocorra: o interrogatório. Embora seja o interrogatório a ato processual destinado à autodefesa, ele é um direito da parte e, portanto, disponível para ela. Se a parte possui inclusive o direito ao silêncio, é elementar que de igual modo possa dispor do interrogatório.

Corolário do direito de autodefesa do interrogatório é a exigência de que o juiz para sentenciar deva cotejar em sua fundamentação as razões pessoais de defesa apresentadas pelo réu, e não somente as razões apresentadas por seu advogado (defesa técnica). Inclusive, no Tribunal do Júri, as razões de defesa pessoal do réu apresentadas em seu interrogatório devem fazer parte dos quesitos a serem julgados pelos jurados.

Cumpre mencionar que, embora o réu possa silenciar-se em seu interrogatório e até mentir, ele não pode fazer isso em relação à primeira parte do interrogatório. É que na primeira parte ocorre as perguntas sobre sua qualificação pessoal, e esta não está acobertada pelo direito ao silêncio. A falta com a verdade nesse momento ou o silêncio caracteriza aí a contravenção penal de recusa de dados sobre a própria identidade ou qualificação do art. 68 da Lei das Contravenções Penais (Decreto-lei nº 3.688/1941). No mesmo sentido, não está acobertado pelo direito ao silêncio a formulação pelo réu, na segunda parte do interrogatório, a imputação falsa de crime a outras pessoas ou mesmo a autoacusação falsa, caracterizando respectivamente os crimes dos arts. 339 e 341 do Código Penal.

A doutrina ainda traz uma importante distinção do direito de autodefesa. São elas: o **direito de audiência**, o **direito de presença** e a **capacidade postulatória autônoma do acusado**.

O direito de audiência refere-se ao direito de o réu ser ouvido no processo, o que ocorre, como já mencionamos, no interrogatório judicial. Por sua vez, o direito de presença consigna-se no direito de o réu se fazer presente nos diversos atos judiciais, seja de forma direta ou indireta (por meio de videoconferência). Não obstante este último, o **STJ** já se manifestou que **a ausência do réu na oitiva de testemunha não gera nulidade se o seu defensor técnico estava presente**. Por outro lado, o **STF**, no RE nº 602.543-QO/RS, deixou assentado que **inexiste nulidade pela ausência do réu preso em audiência de oitiva de testemunhas por carta precatória** se ele não se manifestou expressamente na intenção de participar.

Quanto à **defesa técnica**, caracteriza-se por aquela promovida por advogado ou defensor público. Essa é indispensável, de modo que caso o acusado não constitua advogado é obrigação do Magistrado nomear um defensor para o réu (múnus que em geral recai sobre as defensorias públicas, núcleos jurídicos das faculdades de direito ou advogados cadastrados no tribunal para esse mister).

É corolário da defesa técnica a oportunidade que sempre se deve dar ao réu para que constitua seu próprio advogado antes de o juiz nomear um. Assim, ocorre que, havendo ausência de defensor técnico no processo, seja por negligência ou morte, o juiz, sob pena de nulidade, deve intimar previamente o acusado para constituir um a sua escolha, sendo a nomeação pelo juiz sempre **subsidiária** ao acusado. Da mesma forma é que se assegura ao acusado constituir defensor de sua escolha a qualquer tempo ainda que revel. Nesse mesmo sentido é a Súmula nº 707 do STF: "constituiu nulidade a falta de intimação do denunciado para oferecer contrarrazões ao recurso interposto da rejeição da denúncia, não a suprindo a nomeação de defensor dativo".

Por ser tratar de uma garantia em favor do réu, é dever do magistrado fiscalizar a eficiência dessa defesa, de modo a poder declarar ao réu indefeso e nomear-lhe defensor dativo. Atenção especial deve ser dada à Súmula nº 523 do STF que expressa que a falta de defesa no processo penal constitui nulidade absoluta, mas sua deficiência só anulará o processo se houver prejuízo.

Foi diante dessa garantia constitucional que o STF deu declaração conforme ao art. 10 da Lei nº 10.259/2001 para excluir da previsão do juizado especial criminal a dispensa de advogado, restando a dispensa da defesa técnica nos juizados especiais apenas no tocante às ações civis.

Por último, no que tange à **capacidade postulatória autônoma** do acusado, o tema em uma primeira visão pode causar alguma estranheza. Ora, como o acusado pode postular sem advogado se a própria Constituição preconiza o advogado como essencial à administração da justiça (CF, art. 133)?

Ocorre que o CPP, em um sopesamento desse preceito com a ampla defesa, permitiu em alguns momentos ao acusado capacidade postulatória autônoma, como ocorre na impetração de *habeas corpus*, interposição de recursos, ajuizamento de revisão criminal e formulação de pedidos relativos à execução da pena.

Essas postulações autônomas do acusado não prejudicam sua defesa, senão ao contrário. Foi uma forma que o ordenamento jurídico encontrou de fortalecer e dar maior concretude à ampla defesa no processo penal.

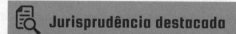

> O juiz tem poderes diante da omissão de alegações finais para oportunizar à parte a substituição do causídico ou, na inércia, para requerer que a Defensoria Pública ofereça as alegações finais.
>
> Se o advogado discordar de alguma decisão do juiz da causa na condução do procedimento ele não pode simplesmente se recusar a oferecer as alegações finais. A ampla defesa não engloba essa possibilidade. Não há dúvida da importância da ampla defesa como elemento central de um processo penal garantista. Todavia, esse princípio não tem o condão de legitimar qualquer atuação por parte da defesa.
>
> Se o advogado constituído, mesmo intimado para apresentar alegações finais, for omisso, o juiz tem poderes de intimar o réu para que substituta o causídico. Se o réu, mesmo intimado, ficar inerte, o magistrado poderá requerer que a Defensoria Pública ofereça as alegações finais (STJ, 6ª Turma, RMS nº 47.680/RR, Rel. Min. Rogerio Schietti Cruz, j. 05.10.2021, *Info.* nº 715).

2.4 PRINCÍPIO DA PLENITUDE DA DEFESA

Esse princípio é específico para o Tribunal do Júri, por força do art. 5º, XXXVIII, *a*, da CF.

Ele é um *plus* em relação ao princípio da ampla defesa, e se perfaz na possibilidade de o réu perante o tribunal popular apresentar não apenas argumentos técnicos, mas igualmente sentimental e social, de modo a influir o julgamento por esses preceitos. Salienta-se que no Tribunal do Júri aplica-se o sistema da íntima convicção dos jurados, sendo desnecessária a externação da motivação de suas decisões.

Duas outras implicações desse princípio no ordenamento jurídico são a possibilidade de tréplica para o réu (embora os Tribunais Superiores tenham firmado entendimento de que o réu aí não pode inovar na tese defensiva) e a possibilidade de o réu pedir mais tempo para os debates no júri, sem que isso gere igual direito para o Ministério Público.

2.5 PRINCÍPIO DO *FAVOR REI, IN DUBIO PRO REO, FAVOR LIBERTATIS* OU *FAVOR INOCENTE*

Referido princípio nada mais é do que um cotejo entre o direito de punir do Estado e o direito fundamental de liberdade que assiste a qualquer cidadão. Na harmonização dos dois preceitos, nasce o princípio de que na dúvida deve-se favorecer o réu, ou seja, na dúvida, o direito fundamental de liberdade deve prevalecer. Parte da máxima de que é melhor livrar dez culpados do que condenar um inocente.

Decorre ontologicamente do princípio da presunção de inocência, no seu aspecto da regra probatória, como se viu alhures. Sua previsão constitucional encontra-se albergada dentro da presunção de inocência, não havendo na Constituição uma referência literal ao nome *in dubio pro reo* ou aos seus sinônimos.

Esse princípio, em alguns casos pontuais, sucumbe, todavia, diante da prevalência do *jus puniendi* em relação ao direito de liberdade. Situação que faz emergir o princípio do *in dubio pro societatis*. São casos pontuais como a fase do oferecimento da denúncia, decisão de pronúncia e revisão criminal.

Possui consequência também na interpretação da norma jurídica, no sentido da regra de hermenêutica aplicada à seara penal de que na dúvida se deve privilegiar a interpretação que mais favoreça o réu.

Decifrando a prova

(2018 – CESPE – PC/MA – Delegado de Polícia Civil) O MP de determinado estado ofereceu denúncia contra um indivíduo, imputando-lhe a prática de roubo qualificado, mas a defesa do acusado negou a autoria. Ao proferir a sentença, o juízo do feito constatou a insuficiência de provas capazes de justificar a condenação do acusado.
Nessa situação hipotética, para fundamentar a decisão absolutória, o juízo deveria aplicar o princípio do
A) estado de inocência.
B) contraditório.
C) promotor natural.
D) *ne eat judex ultra petita partium*.
E) *favor rei*.
Gabarito comentado: o princípio do *favor rei* é um outro nome dado ao princípio do *in dubio pro reo*. Portanto, a letra E é o gabarito.

2.6 PRINCÍPIO DO CONTRADITÓRIO

Com a mesma previsão do art. 5º, LV, da CF, o princípio do contraditório se perfaz na ciência bilateral dos atos ou termos do processo, bem como na oportunidade de contrariá--los (ALMEIDA, 1973, p. 82). Trata-se de permitir a **discussão dialética** dos fatos da causa pela acusação e defesa. É o que a doutrina costuma chamar de **audiência bilateral** ou *audiatur et altera pars* (seja ouvida também a parte adversa).

O contraditório é composto, portanto, de três elementos: **direito à informação**, **direito de participação** e **direito de influência** (ou de interferência).

Por direito à informação se entende o direito das partes de ter conhecimento da existência da demanda e dos argumentos da parte contrária. Perfectibiliza-se por três atos processuais: **citação**, **intimação** e **notificação**.

No entanto, não basta esse mero conhecimento, exige-se para que o contraditório não seja apenas uma "farsa" dois outros direitos, o direito à informação e à influência. A esses elementos, somados de igual modo a isonomia (paridade de armas ou igualdade material) no direito à informação, participação e influência tem-se o que a doutrina tem chamado de **contraditório real**, **contraditório efetivo** ou **contraditório equilibrado**.

Por direito de participação compreende-se a possibilidade de as partes, diante das informações recebidas dos termos e atos do processo, poder se manifestar, reagir e expor sua contrariedade.

Todavia, não basta apenas ter o conhecimento dos fatos e se manifestar sobre eles. Para que o contraditório seja realmente efetivo exige-se o poder de influenciar a decisão do julgador. O direito de influência está intimamente ligado ao sistema da livre persuasão racional do juiz. Nesse sistema o juiz deve expor em seu julgado as razões de sua decisão. O direito de influência refere-se ao cotejo que o magistrado deve fazer na exposição de motivos de sua decisão açambarcando todos os argumentos apresentados pelas partes capazes de interferir na solução da lide penal. Trata-se de o juiz levar em consideração as manifestações das partes. O que, pelo sistema da livre persuasão racional, deve ser exposto na decisão, sob pena de nulidade, salvo se a decisão for favorável à parte que teve sua manifestação não analisada na sentença, nesse caso a ausência de nulidade se dá pelo princípio do *pas nullité sans grief*.

2.7 PRINCÍPIO DA PUBLICIDADE

A publicidade é inerente a um Estado democrático. Processos secretos sempre foram a marca de regimes ditatoriais, em que prevalece a vontade da classe política dominante a despeito da justiça, sendo muitas vezes referidos processos secretos apanágio para a tortura, barbárie e sobreposição e interesses escusos de uma minoria.

A publicidade permite o **controle pela população** da atividade judiciária, incrementa a **confiança na justiça**, **evita arbitrariedades**. É um freio contra a tirania judicial, fomenta o direito à informação e assegura a **independência judicial** contra ingerências externas e internas.

Luigi Ferrajoli afirmava ser o princípio da publicidade uma **garantia de segundo grau**, ou **garantia das garantias**. Isso, pois, a publicidade ser um critério de fiscalização das demais garantias constitucionais, permitindo a real eficiência de outras garantias, como a ampla defesa, o contraditório, a paridade de armas e a imparcialidade judicial. É um requisito elementar e evidente do modelo acusatório.

Está previsto no **art. 93, IX, da CF**, que preconiza que todos os julgamentos do Poder Judiciário serão públicos, e fundamentadas todas as decisões, sob pena de nulidade, podendo a lei limitar a presença, em determinados atos, às próprias partes e seus advogados, ou somente a estes, em casos nos quais a preservação do **direito à intimidade do interessado no sigilo não prejudique o interesse público à informação**. Tem igual sede no **art. 5º, XXXIII, da CF**, o qual determina que "todos têm direito a receber dos órgãos públicos informações de seu interesse particular, ou de interesse coletivo ou geral, que serão prestadas no prazo da lei, sob pena de responsabilidade, **ressalvadas aquelas cujo sigilo seja imprescindível à segurança da sociedade e do Estado**" (grifos nossos). Por fim, em mais um dispositivo do texto constitucional trata da publicidade, é o **art. 5º, LX**, dispondo que "**a lei só poderá restringir a publicidade dos atos processuais quando a defesa da intimidade ou o interesse social o exigirem**".

Como se observa, o princípio da publicidade é a regra, sendo as exceções pontuais, de modo a merecer a devida atenção do operador do direito. Essas exceções ao princípio da publicidade se dão em razão de não existirem direitos absolutos, exatamente pela necessidade que os direitos têm de conviver harmonicamente uns com os outros. É o que a melhor doutrina de direito constitucional costuma chamar de convivência harmônica dos direitos igualmente constitucionais. Nesse espeque, o princípio da publicidade pode ser restringido, mas, contudo, sem jamais perder seu núcleo essencial. É por isso que a despeito da restrição do princípio da publicidade este nunca pode ser oposto ao advogado da parte, posto aí estar o núcleo mínimo do direito à publicidade. Vilipendiar o princípio da publicidade em detrimento do advogado da parte é patente inconstitucionalidade.

Pois bem, a CF e o CPP trazem as seguintes exceções ao princípio da publicidade[2]:

- direito à **intimidade do interessado** ("desde que essa restrição não prejudique o direito público à informação", sendo desse dispositivo a razão de alguns atos processuais serem divulgados apenas com as iniciais dos nomes das partes);
- o sigilo seja imprescindível à **segurança da sociedade e do Estado**;
- defesa da **intimidade** (aqui sendo repetido mais uma vez) ou do **interesse social** o exigir;
- escândalo, inconveniente grave ou perigo de **perturbação da ordem** (CPP, art. 792, § 1º; nesses casos, o dispositivo prevê que "ato pode ser realizado de portas fechadas, limitando-se o número de pessoas que possam estar presentes").

Diante dessas exceções mencionadas, a doutrina costuma dividir a publicidade no processo penal em **ampla (ou geral)** e **restrita (ou específica)**.

Por **publicidade ampla, plena, popular, absoluta ou geral** entendem-se aqueles atos processuais que não albergam qualquer exceção ao princípio da publicidade. São os atos processuais abertos às partes e ao público em geral. Depreende-se dela às audiências e sessões de julgamento abertos ao público em geral, a consulta e extração de cópias dos autos por qualquer pessoa, dentre outras.

---

[2] A nosso sentir, essas exceções previstas na Constituição não impedem que outras sejam colmatadas no caso concreto, diante da técnica da conformidade dos direitos igualmente constitucionais.

> **Jurisprudência destacada**
>
> O STF, na ADI nº 2.970/DF, em 2006, declarou a inconstitucionalidade de dispositivo do regimento interno do Tribunal de Justiça do Distrito Federal e Territórios, que previa que, nos casos de foro por prerrogativa de função, o julgamento seria realizado em sessão secreta.

É cediço que não existem direitos absolutos, por isso o interesse público à informação (publicidade) deve ceder diante de outro interesse de caráter preponderante no caso concreto. Daí que se fala em **publicidade restrita, interna ou específica**, nos casos em que haja alguma limitação à publicidade dos atos processuais. Em casos assim, alguns atos ou todos eles serão realizados somente perante pessoas diretamente interessadas no feito e seus respectivos procuradores, ou somente a estes. Essa publicidade interna é chamada "segredo de justiça".

> **Decifrando a prova**
>
> **(2016 – VUNESP – TJ/SP – Titular de Serviços de Notas e de Registros)** Dos princípios constitucionais do processo penal a seguir enumerados, assinale o que admite que a legislação infraconstitucional estabeleça exceções.
> A) Princípio do contraditório.
> B) Princípio da publicidade.
> C) Princípio da presunção da inocência.
> D) Princípio da imunidade à autoacusação.
> **Gabarito comentado:** o art. 5º, LX, dispõe que "a lei só poderá restringir a publicidade dos atos processuais quando a defesa da intimidade ou o interesse social o exigirem". Portanto, a letra B é o gabarito.

2.8 PRINCÍPIO DO JUIZ NATURAL

Consagrado no art. 5º, LIII, da CF, referido princípio tem por escopo afastar qualquer espécie de Tribunais ou Juiz de Exceção, que são aqueles designados casuisticamente, *a posteriori*, e especificamente para julgar determinado caso. São situações típicas de Estados autoritários e inaceitáveis em um Estado democrático.

Pelo princípio do juiz natural entende-se que é a Lei ou a Constituição que deve escolher previamente o julgador a atuar em determinado feito, de modo geral e abstrato. Sua principal finalidade é garantir a **imparcialidade do juiz**.

Todavia, referido princípio não impede, como já decidiram os Tribunais Superiores, a criação de novas varas e a consequente remessa dos autos a este novo juízo, pois aí a criação se dá de forma geral e abstrata, não se voltando a um réu ou a um caso específico, de modo a estar preservada a imparcialidade do julgador.

> **Jurisprudência destacada**
>
> O STF já decidiu, no HC nº 102.193 e no HC nº 101.473, respectivamente: "a redistribuição do feito decorrente da criação de vara com idêntica competência com a finalidade de igualar os cervos dos juízos e dentro da estrita norma legal, não viola o princípio do juiz natural, uma vez que a garantia constitucional permite posteriores alterações de competência"; "a convocação excepcional de juízes de primeiro grau para integrar câmaras julgadoras em tribunais não ofende o princípio do juiz natural".

2.9 PRINCÍPIO DA VEDAÇÃO DE PROVAS ILÍCITAS

Com sede no art. 5º, LVI, da CF, determina que são inadmissíveis, no processo, as provas obtidas por meios ilícitos.

O art. 157 e seu § 3º do CPP preconizam que são inadmissíveis as provas ilícitas, devendo ser desentranhadas do processo, e uma vez preclusa essa decisão de desentranhamento a prova será inutilizada por decisão judicial, facultado às partes acompanhar o incidente de inutilização. Contudo, a despeito do normativo, já foi decidido, pelos Tribunais Superiores, que se a prova ilícita permanecer nos autos, mas ela não for utilizada pelo magistrado para prolação da sentença, não haverá qualquer nulidade da decisão (em decorrência do princípio *pas nullité sans grief*, ou seja, não será decretada nulidade sem prejuízo, como se verá adiante).

O CPP define provas ilícitas como aquelas que violam tanto normas constitucionais quanto legais. Não obstante a definição do CPP que não traz qualquer diferenciação, a doutrina diferencia prova ilícita de ilegítima. Para a doutrina, prova proibida, vedada ou inadmissível é gênero do que são espécies a prova ilícita e a prova ilegítima.

Por prova ilícita entende-se a violação de uma norma de direito material, por prova ilegítima aquela obtida pela violação de uma regra de direito processual.

Consagrando a teoria da Corte Norte-Americana do *fruits of poisonous tree*, o art. 157, § 1º, do CPP, veio trazer a previsão expressa da prova ilícita por derivação (**teoria dos frutos da árvore envenenada ou do efeito à distância**). São essas as provas que, embora admitidas de forma lícita, sejam derivadas de uma prova ilícita originária, salvo, contudo, se essa segunda prova não possuir **nexo causal** com a prova ilícita originária ou restar demonstrada que esta foi originária de uma **fonte independente** da prova ilícita originária. Referida matéria será tratada com mais vagar no Capítulo 8.

Resta, contudo, uma importante observação. A jurisprudência brasileira começa a apontar em alguns de seus julgados para uma teoria chamada **teoria da proporcionalidade**, ou **teoria da razoabilidade** ou **teoria do interesse predominante**. Segundo essa teoria a vedação da prova ilícita seria uma garantia do acusado, de modo que não poderia ser oponível em seu desfavor. Assim, caso o réu produza uma prova ilícita para sua absolvição, esta prova deveria ser admitida. Para uns, a admissão dessa prova ilícita dentro do processo seria um caso de legítima defesa do direito à liberdade do réu, para outros seria um caso de estado de necessidade, ou ainda inexigibilidade de conduta adversa. Existindo ainda os que preferem tratar o caso dentro da proporcionalidade ponderando valores igualmente constitucionais, *in casu*, o direito à liberdade do réu e o direito constitucional violado na produção da prova ilícita.

2.10 PRINCÍPIO DA ECONOMIA PROCESSUAL, CELERIDADE OU DURAÇÃO RAZOÁVEL DO PROCESSO

O princípio da economia ou da celeridade, na seara processual, se confunde com o princípio da duração razoável do processo, estampado no art. 5º, LXXXVIII, da CF, *in verbis*, "a todos, no âmbito judicial e administrativo, são assegurados a razoável duração do processo e os meios que garantam a celeridade de sua tramitação".

Referido princípio implica a resposta jurisdicional no mais breve espaço de tempo possível, bem como com os menores custos possíveis.

Trata-se de uma garantia para o acusado de não ficar submetido por longo período de tempo a um processo, na inquietação e desgaste naturais que esse enseja na vida do acusado/investigado. Se volta não apenas para a fase processual penal, senão de igual modo para a própria fase do inquérito, espécie de procedimento administrativo que esse representa. As lides penais encerram um drama na vida pessoal do réu e muitas vezes do próprio ofendido pelo evento criminoso, destarte, a duração razoável dessas lides é elementar para um Estado Democrático de Direito, no viés do respeito aos direitos fundamentais que assistem a todos.

Se perfaz não apenas em uma garantia para o acusado/investigado, mas se volta para toda a sociedade, no sentido que desperta um sentimento de confiança na prestação jurisdicional do estado e na credibilidade deste diante do seu monopólio do direito de punir. A prestação de uma justiça penal célere fomenta a pacificação social, um dos objetivos primeiros e razão de existir do Estado.

Contudo, vale observar nesse ponto as lições do sempre saudoso Francesco Carnelutti (2001, p. 18), quando afirma que "a justiça, se for segura, não será rápida, e, se for rápida, não será segura. É preciso ter a coragem de dizer, pelo contrário, também do processo: quem vai devagar, vai bem e longe". Por outo lado, preconiza Rui Barbosa (1921) "que a justiça tardia é injustiça". É nesse diapasão que o dispositivo constitucional determina a duração "razoável" e não rápida do processo. O que se busca evitar são os atos desnecessários e a morosidade sem fundamento para os atos processuais. Salienta-se que a estrutura dos órgãos judiciais, muitas vezes abarrotados de processos, não pode justificar a ofensa a esse princípio. Deve sim o Estado melhor se aparelhar para o fim de cumprir seu compromisso perante a sociedade que o constituiu e de zelar pelas garantias e direitos fundamentais de seus cidadãos.

Corolário desse princípio é a previsão no ordenamento dos prazos processuais, cartas precatórias itinerantes, tempo razoável das prisões cautelares, suspensão do processo por questões prejudiciais apenas para os casos de difíceis soluções, dentre outras.

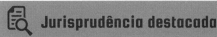

Com base no princípio da duração razoável do processo, o STF já decidiu (*Info.* nº 581) que os Tribunais de Justiça podem convocar juízes de primeiro grau para atuarem perante os órgãos *ad quem* por força da sobrecarga de trabalho, sem que isso implique violação ao princípio do juiz natural.

2.11 PRINCÍPIO DO DEVIDO PROCESSO LEGAL

Com origem, para a maioria da doutrina, no direito inglês, na Carta de João Sem Terra de 1215, havendo quem considere reminiscências desse princípio antes mesmo dessa data, recebeu o nome de *due process of law*.

Entre nós estampado no art. 5º, LIV, da CF, preconiza que "ninguém será privado da liberdade ou de seus bens sem o devido processo legal", trata-se de princípio que concretiza uma visão garantista do processo penal, como instrumento de efetivação de direitos fundamentais do réu face à força do Estado.

Referido princípio se desdobra em dois: devido processo legal material ou substancial; e devido processo legal formal, processual ou procedimental.

Sob o aspecto material liga-se ao respeito que o processo penal deve ter para com os direitos fundamentais do acusado e da sociedade. Para alguns, nesse ponto, ele coincide com o princípio da razoabilidade. Sob o aspecto procedimental, liga-se a necessidade de um rito previsto em lei, estampando prazos, oportunidade para acusação e defesa, ritos para os atos. Refere-se ao respeito às formas que a lei determina para os atos processuais. Sendo que esses devem ser formulados pelo Poder Legislativo em respeito ao aspecto material do devido processo legal.

2.12 PRINCÍPIO DA NÃO AUTOINCRIMINAÇÃO OU DO *NEMO TENETUR SE DETEGERE*

Com previsão expressa no art. 8º do Pacto de São José da Costa Rica, trata-se do **princípio constitucional implícito**, para muitos como desdobramento elementar do direito ao silêncio do art. 5º, LXIII, da CF, *in verbis*, "o preso será informado de seus direitos, entre os quais o de **permanecer calado**, sendo-lhe assegurada a assistência da família e de advogado" (grifo nosso), para outros como corolário do princípio constitucional explícito da ampla defesa e da presunção de inocência.

Nos ensinamentos de Renato Brasileiro de Lima (2019, p. 72), trata-se de uma modalidade de autodefesa passiva, exercida por uma inatividade do indivíduo. Consiste na proibição de qualquer coação ou intimidação contra o investigado/réu no sentido de fazê-lo colaborar com atos que possam ensejar sua condenação. Tem por escopo proteger o indivíduo contra os excessos praticados pelo Estado, resguardando-o de violência física e moral, bem como de métodos de sugestões ou dissimulações no seu interrogatório.

O titular do direito em epígrafe é qualquer pessoa, e não apenas a pessoa presa, como a certo tempo atrás já se chegou a defender. Desta sorte, assiste o *nemo tenetur se detegere* a qualquer pessoa que possa ser imputada a prática de uma infração penal, seja em processo judicial, inquérito policial ou comissão parlamentar de inquérito. Até mesmo a testemunha, que está obrigada a dizer a verdade sob pena do crime de falso testemunho (art. 342 do CP), caso em algum momento de suas declarações seja obrigada a relatar fatos que possa vir a incriminá-la, terá aí o direito de permanecer calada ou omitir determinado fato, como já decidiu o STF (HC nº 73.035/DF).

O princípio da não autoincriminação, como tem trabalhado a doutrina e se depreende até mesmo dos julgados dos Tribunais Superiores, deve ser analisado de duas formas: **comportamento ativo** e **comportamento passivo**.

Pelo *nemo tenetur se detegere* deve-se compreender pelo direito de o investigado/acusado não apresentar um **comportamento ativo** para o fornecimento de provas em seu desfavor. Assim, desobriga o réu do fornecimento de depoimentos em seu desfavor, confissão, fornecimento de padrões de sua escrita para exames grafotécnicos, padrões vocais, material genético para exame de DNA, dentre outros.

Contudo, referido princípio não alberga um **comportamento passivo** do réu. Trata-se daquelas formas de prova, que embora originárias da pessoa do acusado/investigado, não abrangem um fazer seu. Exemplo disso são os materiais gráficos colhidos de escritos já existentes do réu para cotejo em exame grafotécnico, fios de cabelo encontrados em uma escova no lixo para fins de exame de DNA, análise clínica da alcoolemia, dentre outros.

> **Jurisprudência destacada**
>
> No Rcl – QO 2.040/DF, *DJ* 27.06.2003, a Suprema Corte, em um caso emblemático com repercussão nacional, confirmou a legalidade da determinação de coleta de placenta no procedimento médico do parto da cantora chilena G.A., a fim de que fosse possível, posteriormente a realização do exame de DNA, de modo a dirimir dúvida de quem era o pai da criança. Caso que representa típico caso alhures consignado de colheita de prova do acusado/investigado mediante um **comportamento passivo** seu. A placenta foi colhida sem emprego de força, uma vez que esta é expelida do corpo humano como consequência natural do parto. Foi realizada mediante um procedimento médico que de toda sorte seria necessário.

Cumpre mencionar que a doutrina, neste diapasão de colheita de provas originária da pessoa do réu, divide, ainda, dentro de um aspecto probatório das **intervenções corporais**, as intervenções corporais invasivas e não invasivas.

As **intervenções corporais invasivas** estariam relacionadas a um **comportamento ativo** do réu. São as intervenções corporais que pressupõem penetração no corpo humano, por instrumentos ou substâncias, em cavidade natural ou não. São exemplos o exame de sangue, ginecológico, exame do reto, identificação dentária. Possuem o mesmo tratamento das provas que exigem um comportamento ativo do réu, com elas se confundindo, haja vista que exigem do réu um deixar fazer sobre seu próprio corpo. Destarte, vedadas por ofender o princípio da não autoincriminação.

Por sua vez, as **intervenções corporais não invasivas** se relacionam com as provas que exigem um mero **comportamento passivo** do réu. Consistem em uma verificação corporal em que não há penetração no corpo humano. São exemplos: a coleta da placenta expelida no parto, exame de DNA de chiclete jogado no lixo, exames de materiais fecais, fios de cabelo encontrados no chão, dentre outros. Essas provas são permitidas no direito, pois não são capazes de vilipendiar o princípio em epígrafe.

Importante observação que se deve fazer e que leva o operador do direito e candidato de concurso a algumas dúvidas se deve ao tratamento do princípio da não autoincriminação dentro da seara do direito penal e do direito civil.

Com efeito, o princípio da não autoincriminação, ou de não produzir prova contra si mesmo, tem aplicação tanto no âmbito do **processo penal** quanto do **processo civil**. Em ambos os institutos não se admite a produção forçada de provas invasivas. Todavia, as semelhanças param por aí, pois as consequências de um e de outro são totalmente diversas. E isso por um fato simples. Na seara civil, não vigora o **princípio da presunção de inocência**.

Dessa forma, no âmbito civil é possível que o agente se recuse a produzir provas contra si mesmo. Não obstante, por não vigorar aí o princípio da presunção de inocência, a controvérsia pode ser resolvida com o ônus da prova, podendo ser a recusa interpretada em seu prejuízo. O que de forma alguma ocorre no âmbito penal. Nesse sentido o art. 232 do Código Civil: "A recusa à perícia médica ordenada pelo juiz poderá suprir a prova que se pretendia obter com o exame".

Em arremate a tudo acima exposto sobre o referido princípio, convém mencionar os seus seis desdobramentos previstos dentro do nosso ordenamento:

a. **Aviso de Miranda**: preconiza o art. 5º, LXIII, da CF que o "preso será informado de seus direitos, entre os quais o de permanecer calado". A não observância dessa advertência no momento da prisão leva à nulidade de todas as provas colhidas advindas no não exercício do direito ao silêncio. Assim, as declarações do réu e todas as provas dela derivadas. O nome Aviso de Miranda remonta do caso julgado pela Corte norte-americana Miranda *v.* Arizona em 1966, em que a Corte firmou o entendimento de que nenhuma validade poderia ser conferida às declarações do preso, colhidas pela polícia, sem que tivesse o detido sido advertido antes do seu direito de permanecer calado. De modo a não se justificar o fato de que ninguém é dado desconhecer a lei, e por consequente de seu direito de permanecer calado.

b. **Direito ao silêncio ou direito de ficar calado**: como alhures mencionado, o direito ao silêncio na seara penal não pode ser tido como confissão. Trata-se de um direito do acusado no seu exercício da autodefesa (autodefesa passiva), de modo a poder ser utilizado como uma estratégia da defesa do réu.

c. **Direito de não ser constrangido a confessar a prática de ilícito penal**: com previsão no art. 8º, § 2º, *g*, do Pacto de São José da Costa Rica, o acusado não pode ser de forma alguma constrangido a confessar a prática de um delito.

d. **Inexigibilidade de dizer a verdade**: como rebate com muita propriedade Renato Brasileiro de Lima (2019, p. 76) à posição de alguns doutrinadores que defendem que no nosso ordenamento o réu teria o direito de mentir, a inexigibilidade de dizer a verdade não implica um direito de mentir, senão a mera tolerância da mentira. Não é por não existir no nosso ordenamento o crime de perjúrio que o réu teria um direito à mentira. O ilustre doutrinador traz ainda duas modalidades de mentira pelo réu, a mentira defensiva e a mentira agressiva. Se a primeira é tolerada, a segunda é criminalizada pelo nosso ordenamento. A mentira agressiva é aquela em que imputa falsamente a terceiro inocente a prática de um delito ou reputa uma autoacusação falsa, todas crimes no nosso ordenamento (respectivamente arts. 339 e 341 do CP).
e. **Direito de não praticar comportamento ativo que possa incriminar.**
f. **Direito de não produzir prova incriminadora invasiva.**

2.13 PRINCÍPIO DA INICIATIVA DAS PARTES OU *NE PROCEDAT JUDEX EX OFFICIO*

Por esse princípio veda-se que o juiz deflagre a ação penal por iniciativa própria (de ofício). É corolário do sistema acusatório e **se acha implícito** no art. 257, I, do CPP e no art. 5º, LIX, da CF, respectivamente a titularidade da ação penal pelo Ministério Público e a ação penal subsidiária da pública.

Protege-se com isso a imparcialidade do magistrado e veda-se o conhecido processo judicialiforme, que consistia na possibilidade de início da ação penal, nas contravenções penais, por meio do auto de prisão em flagrante ou por portaria do delegado de polícia ou do Juiz. Não sendo admitido no ordenamento jurídico.

Contudo, referido princípio comporta duas exceções em que se admite a iniciativa do juiz, são elas: os casos referentes à liberdade do indivíduo, em que o juiz vislumbrando qualquer irregularidade pode decretar a liberdade do acusado, como acontece no relaxamento da prisão em flagrante ou revogação da prisão preventiva (chamada essa ação do juiz de *habeas corpus* de ofício); e o procedimento da execução penal (art. 195 da Lei de Execuções Penais).

2.14 PRINCÍPIO DO DUPLO GRAU DE JURISDIÇÃO

É princípio que, embora consagrado implicitamente na Constituição como decorrência da própria estrutura do Poder Judiciário ao consagrar sua divisão em diversas instâncias, está expressamente previsto no Pacto de São José da Costa Rica, que possui *status* de norma supralegal no Brasil.

O princípio consagra um direito à irresignação da parte, no sentido de poder ter a decisão exarada por determinado magistrado revista por outros. Funciona também como forma de pressionar o Juiz a acertar na decisão, haja vista que terá sua decisão reavaliada por um tribunal composto por desembargadores mais experientes.

Salienta-se que há doutrinadores que, embora reconheçam estar o princípio implicitamente previsto na Constituição, também vislumbram certa contradição na Constituição em relação ao referido princípio. É que a Constituição, ao prever o foro para algumas autoridades direto no tribunal máximo do país (o STF), não estaria aí a consagrar um duplo grau de jurisdição para casos extremamente importantes.

2.15 PRINCÍPIO DO JUIZ IMPARCIAL

Com previsão expressa no Pacto de São José da Costa Rica, encontra-se **implicitamente** previsto na Constituição como desdobramento do **princípio do juiz natural**.

Além de estar investido da função jurisdicional (juiz natural), o magistrado não deve ter **vínculos subjetivos** com o processo. O magistrado deve ter neutralidade com os lados do processo de modo a garantir a isenção no julgamento.

Salienta-se, contudo, que a atuação neutra do magistrado é algo um tanto utópico. O magistrado tem uma cultura e um conjunto de valores que foram formados ao longo de sua vida, e não tem como ele se libertar desses nas suas decisões. O que se almeja, destarte, com o princípio da imparcialidade é uma decisão honesta do juiz, desvinculado pragmaticamente de qualquer dos lados, bem como com decisões devidamente motivadas.

Decifrando a prova

(2018 – FUNDATEC – DPE/SC – Analista Técnico) De acordo com os princípios constitucionais de processo penal, assinale a alternativa correta.

A) Conforme entendimento do Supremo Tribunal Federal, a imparcialidade do juiz pode ser de natureza subjetiva ou objetiva.

B) Ao acusado que estiver sob o patrocínio da Defensoria Pública para o exercício de sua defesa não será estendida a garantia da paridade de armas.

C) O princípio do contraditório abrange apenas a ciência dos atos processuais no âmbito do procedimento.

D) A ampla defesa é uma garantia própria do Tribunal do Júri.

E) Não existe previsão no Código de Processo Penal para o princípio da verdade real.

Gabarito comentado: com efeito, a imparcialidade do juiz pode ser de ordem subjetiva e objetiva, representando os casos de suspeição e impedimento previstos no CPP. Portanto, a letra A é o gabarito.

2.16 PRINCÍPIO DO PROMOTOR NATURAL

Mencionado princípio consagra a garantia de todo cidadão ser acusado por um órgão independente, vedando-se a designação de promotores *ad hoc*. Ou seja, vedando-se a designação de promotores designados casuisticamente para determinado caso ou pessoa.

Bulos (2010, p. 669) aduz que o princípio do promotor natural "estabelece que a ve estabelecer, previamente, as atribuições do Ministério Público. Não são mais s os cargos genéricos; todos eles devem ser fixos, com a esfera de competência prevista na legislação. Busca-se, assim, propiciar ao acusado o direito de ter o seu caso examinado por um **órgão livre e independente, à luz da legalidade**. Disso deflui o objetivo do promotor natural: abolir os procedimentos de ofício, **eliminando a acusação privada** e extirpando o **acusador público de encomenda**, escolhido pelo procurador-geral de justiça" (grifos nossos).

Para Eugênio Pacelli de Oliveira (2008, p. 444),

> a doutrina do promotor natural, portanto, sobretudo no que respeita ao aspecto da **vedação do promotor de exceção**, fundamenta-se no princípio da **independência funcional e da inamovibilidade** (funcional) dos membros do Ministério Público, exatamente para que a instituição não se reduza ao comando e às determinações de um único órgão da hierarquia administrativa, impondo-se, por isso mesmo, como garantia individual. É nesse ponto, precisamente, que o aludido princípio vai encontrar maior afinidade com o juiz natural. Este, orientado também para a exigência do juiz materialmente competente, além da vedação do tribunal ou juiz de exceção, constitui garantia fundamental de um julgamento pautado na imparcialidade.

É princípio **implícito** na Constituição, corolário do princípio da inamovibilidade dos membros do Ministério Público (MP) (CF, art. 128, § 5º, I, b), do princípio da independência funcional do MP (CF, art. 127, § 1º) e por analogia ao juiz natural.

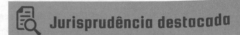

O STF tem oscilado sobre o reconhecimento ou não do princípio do promotor natural. Em um primeiro momento o Supremo reconheceu o referido princípio (HC nº 67.759-2/RJ), contudo em um momento posterior deixou de reconhecer o princípio sob a alegação de que violaria os princípios da unidade e indivisibilidade do MP (HC nº 83.463/RS e RE nº 387.974/DF). Mais recentemente, contudo, o STF voltou a aceitar o princípio com fulcro na inamovibilidade funcional e na independência funcional dos membros do MP (HC nº 95.447/SP e HC nº 103.038/PA).

2.17 PRINCÍPIO DA OBRIGATORIEDADE DA AÇÃO PENAL PÚBLICA (OU LEGALIDADE PROCESSUAL), PRINCÍPIO DA OPORTUNIDADE, PRINCÍPIO DA OBRIGATORIEDADE MITIGADA E PRINCÍPIO DA INDISPONIBILIDADE

O **princípio da obrigatoriedade** consiste no dever que recai sobre o Ministério Público de processar crimes de ação penal pública. Nas ações penais públicas, havendo indícios de autoria e prova da materialidade, o Ministério Público não tem a escolha de oferecer a denúncia ou não. Ele, segundo esse princípio, tem a obrigação de oferecer a denúncia, sob pena de cometer, o membro do Ministério Público, infração disciplinar, improbidade administrativa e, ainda, possivelmente, crime de prevaricação. Sem olvidar que o não oferecimento da denúncia pelo membro do Ministério Público no prazo legal abre para o ofendido o direito de apresentar a ação penal privada subsidiária da pública.

Referido princípio é considerado **princípio constitucional implícito**, decorrente do **princípio da legalidade** (art. 5º, XXXIX, da CF) e da **titularidade exclusiva da ação penal pública pelo MP** (art. 129, I, da CF).

No direito brasileiro, ao lado da ação penal pública incondicionada, temos também a **ação penal pública condicionada à representação** e a **ação penal privada**. Na ação penal pública condicionada à representação temos aí ainda a obrigatoriedade da propositura da ação pelo MP, todavia, subordinada a uma condição, qual seja, a representação feita pelo ofendido. Sem essa representação, o MP não pode oferecer a denúncia, mas, uma vez realizada essa representação, o oferecimento da denúncia se rege pelo mesmo princípio da obrigatoriedade. Contudo, sobre a realização dessa representação ou não pelo ofendido, viceja outro princípio, que é o **princípio da oportunidade**. Na ação penal privada, o ofendido não está obrigado a oferecer a **queixa-crime**, para o oferecimento dessa peça inicial (que se assemelha à denúncia do MP), vigora aí também o **princípio da oportunidade**.

Por **princípio da oportunidade**, que se aplica tanto à representação quanto à queixa-crime, entende-se que o ofendido tem a **discricionariedade** de oferecer a representação e a queixa-crime. É uma avaliação realizada pelo ofendido ao seu bel-prazer e juízo.

Fala-se ainda em **princípio da obrigatoriedade mitigada ou princípio da discricionariedade regrada**. Esse se refere ao instituto da transação penal da Lei nº 9.099/1995. Trata-se de mitigação do princípio da obrigatoriedade para a própria ação penal pública, no espeque de que se abre para o MP uma discricionariedade delimitada por certos parâmetros legais preconizados na supracitada lei. Uma vez preenchido os requisitos legais, surge para o MP o poder-dever de oferecer a transação penal evitando-se a ação penal.

Mais recentemente diversos outros institutos vieram a açambarcar a mitigação do princípio da obrigatoriedade da ação penal pública, prestigiando o princípio da obrigatoriedade mitigada ou da discricionariedade regrada, são eles a previsão legal do acordo de leniência da Lei nº 12.529/2011, colaboração premiada da Lei nº 12.850/2013 e o acordo de não persecução penal do art. 28-A do CPP.

Existe outro princípio muito próximo ainda do princípio da obrigatoriedade da ação penal pública. Trata-se do **princípio da indisponibilidade da ação penal pública**. Se o princípio da obrigatoriedade impõe que o oferecimento da denúncia é obrigatório, pelo princípio da indisponibilidade entende-se que uma vez iniciada a ação penal essa é indisponível para o MP. Isso quer dizer que não pode o MP desistir da ação penal em curso, haja vista ela ser indisponível para ele. O princípio também se aplica para os recursos interpostos para o MP. É que aí, embora a interposição do recurso não seja obrigatória para o MP, dado ser o recurso mero desdobramento do direito de ação, uma vez interposto não assiste ao MP desistir dele. Salienta-se que no nosso ordenamento o princípio da indisponibilidade é mitigado pela **suspensão condicional do processo** do art. 89 da Lei nº 9.099/1995.

2.18 PRINCÍPIO DA OFICIALIDADE E DA OFICIOSIDADE

Não se deve confundir os dois princípios. Por oficialidade entende-se que a atividade persecutória será exercida apenas por órgãos oficiais do Estado, sendo incabível ao particular exercê-la. E isso por um motivo bem simples, no estado moderno, o direito de punir é prerrogativa exclusiva e monopólio do Estado. Referido princípio só se aplica à ação penal pública, haja vista ele ser mitigado na ação penal privada.

A persecução penal é uma atividade obrigatória e exclusiva do Estado. Para a doutrina majoritária é realizada pela **Polícia Judiciária**, **Ministério Público** e pelo **juiz**. Todavia, mormente para os concursos das carreiras da Polícia Militar, deve-se entender estarem as Polícias Militares insertas dentro dos órgãos de persecução penal, regidas e albergadas pelo princípio da oficialidade que são. As **Polícias Militares**, como desdobramento lógico do policiamento ostensivo (preventivo) e manutenção da ordem pública (art. 144, § 5º, da CF), estão afetas à obrigatoriedade da prisão em flagrante (ao menos as primeiras fases do flagrante) e dos termos circunstanciados de ocorrência (TCO), elementos estes indissociavelmente integrantes da persecução penal.

Cumpre ainda salientar que o princípio da oficialidade mitigaria o princípio da paridade de armas ou da igualdade processual na ação penal pública, como asseveram algumas vozes. E isso pelo fato de que em razão de a acusação ser realizada por um órgão do Estado, o MP, com uma estrutura robusta e enorme aparato de promotores, estaria aí havendo uma desigualdade processual para com a defesa, realizada por um advogado ou poucos advogados postos ao lado do réu. É bem por isso, como já se alentou alhures, que alguns princípios e disposições vinculadas ao *favor rei* almejam algumas vantagens ao réu.

Já por **princípio da oficiosidade** compreende-se que as autoridades responsáveis pela persecução penal devem agir de ofício, sem qualquer necessidade de provocação. Acha-se esse princípio mitigado pela ação penal pública condicionada à representação.

Decifrando a prova

(2016 – CESPE – PC/PE – Delegado de Polícia) Em consonância com a doutrina majoritária e com o entendimento dos Tribunais Superiores, assinale a opção correta acerca dos sistemas e princípios do processo penal.

A) O princípio da obrigatoriedade deverá ser observado tanto na ação penal pública quanto na ação penal privada.
B) O princípio da verdade real vigora de forma absoluta no processo penal brasileiro.
C) Na ação penal pública, o princípio da igualdade das armas é mitigado pelo princípio da oficialidade.
D) O sistema processual acusatório não restringe a ingerência, de ofício, do magistrado antes da fase processual da persecução penal.
E) No sistema processual inquisitivo, o processo é público; a confissão é elemento suficiente para a condenação; e as funções de acusação e julgamento são atribuídas a pessoas distintas.

Gabarito comentado: em razão de todo forte aparato estatal que abarca a estrutura dos órgãos estatais na persecução penal, muitos vislumbram aí o vilipêndio à paridade de armas, diante do cidadão sozinho com seu advogado do outro lado. Portanto, a letra C é o gabarito.

2.19 PRINCÍPIO DA AUTORIDADE

Segundo este princípio, os órgãos investigantes e processantes devem ser autoridades públicas. Embora alguns doutrinadores assentem em seus manuais referido princípio (CAPEZ, 2007), este não consegue se diferenciar do princípio da oficialidade, alhures mencionado. E de igual modo se acha mitigado pela previsão legislativa e constitucional da ação penal privada.

2.20 PRINCÍPIO DA INTRANSCENDÊNCIA OU DA PESSOALIDADE

Decorre do preceito de que ninguém será processado sem dolo ou culpa (preceito conhecido como princípio da culpabilidade). Diferentemente do direito civil, o responsável civilmente pelo ato não pode ser responsabilizado por ele, senão apenas quem realizou a conduta criminosa. Por exemplo, os pais não podem ser responsabilizados penalmente pelos filhos menores sob sua guarda e autoridade.

2.21 PRINCÍPIO DO *NE BIS IN IDEM* OU DA VEDAÇÃO DA DUPLA PUNIÇÃO OU DO DUPLO PROCESSO PELO MESMO FATO

Consagrado expressamente no Pacto de São José da Costa Rica, referido princípio impede que uma pessoa seja processada duas vezes pelo mesmo fato (ou mesmo condenada duas vezes pelo mesmo fato). Desdobramento que é do princípio da legalidade e da dignidade da pessoa humana, o STF já decidiu que, havendo duas ações pelo mesmo fato, a segunda deve ser considerada absolutamente nula (*Info.* nº 646). Por outro lado, o STJ tem firme posicionamento de que, havendo duas condenações pelo mesmo fato, caso a segunda possua pena menor, deve essa prevalecer mesmo em detrimento do critério temporal em razão do princípio do *favor rei* (*Info.* nº 562).

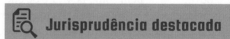

Jurisprudência destacada

> O ajuizamento de duas ações penais referentes aos mesmos fatos, uma na Justiça Comum Estadual e outra na Justiça Eleitoral, viola a garantia contra a dupla incriminação.
>
> Embora não tenha previsão expressa na Constituição Federal de 1988, a garantia do *ne bis in idem* é um limite implícito ao poder estatal, derivada da própria coisa julgada e decorrente de compromissos internacionais assumidos pelo Brasil. A Convenção Americana de Direitos Humanos e o Pacto Internacional sobre Direitos Civis e Políticos, incorporados ao direito brasileiro com *status* supralegal, tratam da vedação à dupla incriminação (STJ, 5ª Turma, REsp nº 1.847.488/SP, Rel. Min. Ribeiro Dantas, j. 20.04.2021, *Info.* nº 719).

2.22 PRINCÍPIO DA BUSCA DA VERDADE REAL OU MATERIAL

Como cediço, no processo civil viceja o jargão de que "o que não está nos autos não está no mundo". Isso em razão de no processo civil se aplicar o princípio da verdade subjetiva ou formal. Com efeito, na seara civil o juiz julga a lide com o que consta nos autos e com fulcro nas regras do ônus da prova. Todavia na seara penal tudo se dá diferente.

No âmbito penal vigora o princípio da verdade real. Diante desse o juiz não deve se contentar meramente com o que está nos autos. Tanto é que, caso ainda se convença de não ter conseguido alcançar a verdade dos fatos como aconteceram, pode **complementarmente** à iniciativa das partes determinar novas diligências de ofício antes de seu julgamento para dirimir dúvidas e chegar à verdade.

A doutrina moderna tem repudiado o nome verdade real. Com efeito, é impossível se chegar à verdade exata do que se aconteceu no passado. A verdade é a representação de fatos passados, e essa não existe como ser real, ou seja, idêntica ao que aconteceu. Por isso é que se tem preferido nomear o **princípio de busca da verdade**, pois a verdade que se busca é a melhor representação possível dos fatos passados e não a utopia de sua exatidão.

2.23 PRINCÍPIO DA ORALIDADE

Como forma de promover os princípios da imediatidade, da concentração e da identidade física do juiz, os atos realizados no processo devem priorizar a palavra oral à palavra escrita. No CPP, a oralidade está sedimentada nas alegações finais orais, na possibilidade da sentença oral, no registro audiovisual dos atos processuais, dentre outros. Isso porque a oralidade permite uma maior interação das partes com o Juiz atendendo os escopos do sistema acusatório.

2.24 PRINCÍPIO DA IDENTIDADE FÍSICA DO JUIZ

Consiste no fato de que o Juiz que preside a instrução do processo, tendo contato direto com as provas, deve ser aquele que julgará o feito. Está previsto no art. 399, § 2º, do CPP.

Exceções ao referido princípio, segundo a doutrina e jurisprudência, devem ser extraídas do revogado art. 132 do CPC de 1973, sem previsão no atual CPC de 2015, mas que, por questões de lógica, bem como pelo fato de que o referido princípio não é absoluto, devem ser ainda aplicadas, ao processo penal, são essas: se o juiz estiver convocado; juiz licenciado ou afastado por qualquer motivo; juiz promovido; ou se o juiz estiver aposentado.

2.25 PRINCÍPIO DA CONCENTRAÇÃO E DA IMEDIATIDADE

Por concentração se entende que a colheita das provas e o julgamento devem ocorrer em uma única audiência, ou em um menor número possível, haja vista que esta pode excepcionalmente ser cindida. É regra expressa nos arts. 400, § 1º, e 411, § 2º, do CPP.

Por imediatidade, compreende-se que o magistrado deve ter contato direto com a prova produzida, ou seja, um contato imediato com a prova em formação.

2.26 PRINCÍPIO DA INDIVISIBILIDADE E PRINCÍPIO DA DIVISIBILIDADE

O princípio da indivisibilidade encontra-se no art. 48 do CPP, *in verbis*, "A queixa contra qualquer dos autores do crime obrigará ao processo de todos, e o Ministério Público velará pela sua indivisibilidade".

De imediato, do próprio texto do CPP se percebe que é princípio que só se aplica à ação penal privada, como se depreende do termo **queixa** do dispositivo legal. É que na ação pública vigora o princípio da divisibilidade. E tudo isso por um motivo bem simples, senão vejamos.

O que se busca evitar com o princípio é que o particular se valha da brecha que o ordenamento pátrio lhe confere, para mover determinadas ações penais (ações penais privadas), para o fim da realização de uma vingança pessoal contra um ou outro desafeto, se desviando do caminho da justiça. O processo penal moderno não pode ser um ambiente para vinganças, senão apenas para cumprir os escopos do estado moderno, qual seja, a prevenção e a retribuição do crime, alcançando com essas o fim maior do Estado que é a pacificação social. Assim, pode-se afirmar que a razão de ser desse princípio é evitar a **vingança privada**.

Na ação penal pública, não se viceja essa mesma preocupação. Na ação penal pública, o órgão do MP já é, por natureza, imparcial. Isso por decorrência de toda estrutura de sua instituição e de diversas normas que vislumbram concretizar os princípios do promotor natural e do promotor imparcial. Nesse diapasão, o MP está focado no seu fim institucional de busca da justiça e não da vingança privada. É por isso que, para a ação movida pelo MP (a ação penal pública), o princípio que se aplica é o da divisibilidade. Até mesmo em decorrência do princípio da obrigatoriedade que rege a ação penal.

Pelo **princípio da indivisibilidade** se entende que o ofendido deve oferecer a queixa-crime contra todos os envolvidos no evento delitivo, de modo que ele não pode escolher contra quem oferecerá a ação penal privada. Já por **princípio da divisibilidade** se entende que o MP não precisa de imediato oferecer a denúncia contra todos, caso em relação a alguns não tenha ainda os necessários elementos de prova da materialidade e indícios de autoria. Permitindo, com isso, ao MP incluir novos agentes delitivos por meio do aditamento da denúncia ou oferecer contra eles nova ação penal, caso já tenha sido prolatada sentença final no feito.

Todavia, para as provas de concurso público uma observação se faz necessária. Embora o STF (HC nº 104.356/DF) tenha firme entendimento de que à ação penal pública se aplique o princípio da divisibilidade, para a doutrina predominante a ação penal pública seria regida pelo princípio da indivisibilidade. A nosso sentir, se equivoca essa corrente doutrinária. O MP é regido pelo princípio da obrigatoriedade da ação penal pública. Contudo, esse não deve se confundir com o princípio da indivisibilidade, como parece deixar transparecer essa forte corrente doutrinária. Para as provas de concurso deve-se ficar com o posicionamento do STF.

2.27 PRINCÍPIO DA COMUNHÃO DA PROVA

Pelo referido princípio entende-se que a prova uma vez produzida **pertence ao juízo** e pode ser utilizada por qualquer das partes e pelo juiz, pouco importando quem foi a parte que havia requerido a sua produção. Com fulcro nesse princípio é que se pode afirmar que **não há titular de uma prova**, senão meros proponentes (NUCCI, 2008, p. 109).

O art. 401, § 2º, do CPP consagra o princípio ao permitir que a **parte desista da oitiva** da testemunha por ela arrolada, ressalvando apenas a possibilidade de que o **magistrado determine de ofício** a colheita do depoimento desta mesma testemunha.

Parte da doutrina defende que mesmo a despeito do art. 401, § 2º, supracitado, se a parte insistisse no depoimento da testemunha que a parte contrária tenha desistido, o magistrado deveria estar obrigado a determinar a sua oitiva. Desse modo, não estaria essa oitiva vinculada a discricionariedade do magistrado no seu viés de determinar suplementarmente a produção probatória.

Contudo, outra corrente doutrinária, em posicionamento contrário, entende que o princípio da comunhão das provas apenas se aplica à prova já produzida, não existindo comunhão da prova antes da sua colheita. Para essa corrente, a desistência unilateral da testemunha pela parte seria corolário do sistema acusatório.

2.28 PRINCÍPIO DO IMPULSO OFICIAL

Por esse princípio, a ação penal uma vez iniciada é dever do juiz promover seu andamento até o seu fim. Decorre dos princípios da obrigatoriedade e da indeclinabilidade da ação penal. A função jurisdicional deve ser exercida até a sentença final, de modo a não se tolerar paralisações indevidas do processo. É dever do juiz impulsionar de ofício o andamento do processo e para o MP a proibição de desistir da ação penal.

Está expresso no art. 251 do CPP e aplicável tanto à ação penal pública quanto privada, não se permitindo paralisações indevidas em nenhuma das duas.

2.29 PRINCÍPIO DA PERSUASÃO RACIONAL

Também conhecido como princípio do livre convencimento motivado, é princípio voltado à cognição do magistrado. Por ele, o juiz forma seu convencimento nos autos de forma livre, mas com um temperamento. Embora o magistrado, segundo esse princípio, ser livre para formar seu convencimento sobre as provas e fatos que lhe apresentem para externar seu julgamento, tem ele o dever de motivar, fundamentar, em sua decisão, as razões que o levaram a entender as coisas de determinada forma.

O princípio está consagrado nos arts. 155 e 381, III, do CPP, bem como decorre do art. 93, IX, da CF, que determina que todas as decisões judiciais devem ser motivadas. Aplica-se igualmente ao processo civil.

É princípio típico dos Estados democráticos, haja vista que a motivação das decisões, para além de denotar a imparcialidade e o acerto das decisões, permitindo a insurgência contra elas com fulcro nos seus fundamentos, consagra a legitimidade da atuação judicial diante dos fatos de que os magistrados não são eleitos, e a motivação de suas decisões é a possibilidade do controle pelo povo (e não só pelos envolvidos) das funções do Poder Judiciário. É um controle democrático realizado *a posteriori* (CUNHA JÚNIOR, 2010).

Ao lado desse princípio existem ainda os **princípios da íntima convicção** e o **da prova tarifada**. Por íntima convicção se entende que o juiz pode decidir como bem entender, estando livre para isso, sem, contudo, ter a necessidade de fundamentar e expor as razões de sua decisão. Por prova tarifada, o juiz estaria vinculado a um critério matemático em que cada prova possuiria certo ponto e peso, de modo que a soma das provas coligidas por cada uma das partes seria o fator que decidiria a decisão, segundo um critério puramente objetivo.

O sistema brasileiro açambarca o princípio da persuasão racional. Todavia, no que tange às decisões do Tribunal do Júri, diante do qual o Júri popular não precisa externar os motivos de sua convicção, temos aí excepcionalmente o princípio da íntima convicção. O que não viceja nesse ponto nenhuma pecha antidemocrática, haja vista que é julgamento realizado pelo próprio povo, uníssono à soberania popular.

2.30 PRINCÍPIO DA LEALDADE PROCESSUAL

Refere-se ao dever de verdade imposto a todos que atuam no processo, bem como na proibição do emprego de meios ilícitos pelas partes. Referido princípio é desdobramento das regras de conduta impostas às partes pela boa-fé objetiva. Embora não previsto expressamente no CPP, tem previsão no CPC em seu art. 5º, aplicável ao CPP não apenas pelo seu cunho principiológico (princípio da boa-fé objetiva), senão pela própria interpretação extensiva do rol exemplificativo do art. 15 do CPC.

O STF já chegou a se debruçar sobre o tema (*Info.* nº 581). Asseverou a colenda corte que ofende a lealdade processual a atitude do advogado que formula 13 pedidos totalmente improcedentes em sede de agravo regimental, com a nítida intenção de impedir o trâmite regular do processo. O Supremo, no caso, reconheceu o abuso de direito de litigar comunicando o caso à OAB para as medidas devidas.

3

Inquérito policial

3.1 CONCEITO, NATUREZA JURÍDICA E FINALIDADE DO INQUÉRITO POLICIAL

É um **procedimento administrativo** destinado à colheita de informação que possa levar à prova da materialidade da infração penal e dos indícios de autoria. Procedimento que consiste em diversas diligências de natureza nitidamente **inquisitorial**, haja vista não apresentar espaço para o contraditório e a ampla defesa. O inquérito policial é de competência exclusiva da polícia investigativa (Polícias Civis dos Estados/DF e Polícia Federal) e **se destina ao Ministério Público** no escopo de formar sua convicção acerca de materialidade e indícios de autoria necessários para o oferecimento da denúncia na ação penal pública. Não obstante, pode-se ainda afirmar se destinar de igual modo à vítima nos crimes de ação penal privada para alcançar as provas pré-constituídas para a propositura da ação penal privada.

Renato Brasileiro de Lima (2019, p. 110), com a propriedade que lhe é peculiar, consigna o "Inquérito como um **procedimento** de **natureza instrumental**, porquanto se destina a esclarecer os fatos delituosos da notícia crime, seja para prosseguir com a ação penal seja para promover o seu arquivamento". Desse caráter instrumental, o renomado autor depreende uma dupla função: a) **preservadora**, no sentido de que a existência de um inquérito policial inibe a promoção de um processo temerário, resguardando, assim, a liberdade do inocente e evitando custos desnecessários para o Estado; b) **preparatória**, ao passo que fornece os elementos necessários para a promoção da ação penal, além de acautelar provas que poderiam desaparecer com o tempo.

Destarte, podemos enumerar as seguintes características do inquérito policial:

- é um procedimento administrativo;
- não é processo (pois dele não resulta sanção, bem como não tem partes);
- é inquisitivo;
- é preparatório para a ação penal.
- objetiva formar o convencimento do membro do Ministério Público (e excepcionalmente ao ofendido nos crimes de ação privada);
- finalidade de substanciar a materialidade delitiva e indícios de autoria;

- privativo da polícia judiciária (também cabível à polícia judiciária militar nos crimes militares – Inquérito Policial Militar, como se verá à frente);
- mera peça de informação não sujeita ao regime das nulidades;
- dispensável (como veremos à frente);
- não possui contraditório e ampla defesa.

3.2 DO VALOR PROBATÓRIO DO INQUÉRITO POLICIAL

O inquérito policial é mera peça informativa, de sorte que eventuais vícios não são capazes de contaminar o processo penal e uma eventual condenação. Por isso que se diz que o inquérito não se submete ao regime das nulidades. No inquérito, as provas produzidas servirão apenas para lastrear de materialidade delitiva e indícios de autoria uma eventual denúncia (ou queixa-crime). Destarte, as provas aí colhidas, por serem formadas sem contraditório e ampla defesa, não podem fundamentar uma condenação.

Todas as provas colhidas na fase do inquérito, caso se deseje utilizá-las para fins de um decreto condenatório, devem ser repetidas durante o processo penal, sob o manto do princípio do contraditório. Mas essa regra possui exceção. É que no tocante às **provas cautelares e não repetíveis**, essas podem servir para uma futura condenação, embora realizadas na fase do inquérito. Nesses casos ter-se-á o que se chama de **contraditório diferido ou postergado**, que é o contraditório realizado em outro momento que não o da produção da prova. Embora essas provas sejam realizadas de forma inquisitiva durante a fase do inquérito, elas serão durante o processo penal submetidas às partes para o fim de exercerem o contraditório sobre elas. É uma regra excepcional no sistema que se justifica pela necessidade premente de algumas provas que não poderiam aguardar a demora da persecução penal. Existe ainda uma terceira espécie de prova que, embora realizada durante o processo, terá validade para uma futura condenação, trata-se da prova antecipada. Passamos a discriminá-las.

Por **provas cautelares** entendem-se aquelas que não poderiam ser realizadas em outro momento, pois possivelmente os elementos da prova seriam perdidos. São regidas pela necessidade e urgência, requisitos esses de qualquer medida cautelar. Exemplo dessas provas é a interceptação telefônica, a busca domiciliar e a escuta ambiental.

Provas não repetíveis são aquelas que seriam impossíveis de serem realizadas na fase processual, por uma **impossibilidade material**. É exemplo delas o exame de corpo delito.

Por sua vez, **as provas antecipadas** são aquelas produzidas em um incidente pré-processual perante o próprio juiz. Nela, ao contrário das outras, o contraditório está presente no momento de sua formação, não necessitando se valerem da técnica do contraditório diferido como ocorre nas provas cautelares e não repetíveis. Na prova antecipada há efetiva participação das partes, contraditório e ampla defesa, de modo a poderem ser utilizadas na fase processual e para uma futura condenação.

Cumpre salientar que a Lei nº 11.690/2008, inserindo nova redação ao art. 156, I, do CPP, permitiu que o juiz determinasse ainda na fase da investigação a produção antecipada de provas consideradas urgentes e relevantes, atentando-se para a necessidade, adequação e proporcionalidade da medida.

Para alguns doutrinadores (LOPES JR., 2010, p. 262), a medida seria inconstitucional, ao passo que estaria instituindo o juiz instrutor e ferindo tanto a imparcialidade do julgador quanto o sistema acusatório. Todavia, preconiza a corrente majoritária que referido dispositivo seria sim constitucional. Ele teria dado maior concretude à busca da verdade real e a defesa da sociedade contra eventos criminosos, ao passo que buscaria preservar provas que se não fosse assim se perderiam e poderiam, inclusive, levar à impunidade do fato criminoso.

3.3 JUIZ DAS GARANTIAS

Juiz das garantias trata-se de fixação de competência de um juízo, distinto do juiz da causa, para acompanhar o procedimento do inquérito policial ou outra investigação criminal, no escopo de garantir os direitos fundamentais do acusado na fase da investigação, bem como sendo responsável para decidir sobre a prisão provisória, prisão temporária, medidas cautelares e autorização de provas que dependam de ordem judicial, dentre outras.

Temos essa figura do juiz das garantias na França, Itália, Estados Unidos, México e Panamá. Por exemplo, o juiz das garantias na França é chamado de juiz das liberdades e da detenção (*Le juge des libertés et de la détention*). Ele é responsável por analisar os pedidos formulados pelo **juiz de instrução**, autoriza o Ministério Público a praticar alguns atos em certos inquéritos, além de decidir sobre a retenção administrativa de estrangeiros.

A Lei nº 13.964, de 24 de dezembro de 2019 (Pacote Anticrime), inseriu o art. 3º-B e seguintes no CPP, instituindo no país o **juiz das garantias**. Não obstante, após alguns dias, esses artigos foram impugnados perante o Supremo Tribunal Federal (STF) por várias entidades. No dia 15 de janeiro de 2020, o Ministro Dias Toffoli por liminar prorrogou por 180 dias a implementação do juiz das garantias no julgamento das ADIs nº 6.298, 6.299 e 6.300, que pediam a declaração de inconstitucionalidade da norma. No entanto, em 22 de janeiro, atendendo à ADI nº 6.305, Luiz Fux derrubou a decisão de Toffoli e **suspendeu por tempo indeterminado** a Lei, pelas razões que discriminamos a seguir.

Consoante se acha literalmente no art. 3º-B do CPP, o juiz das garantias é responsável pelo controle da legalidade da investigação criminal e pela salvaguarda dos direitos individuais cuja franquia tenha sido reservada à autorização prévia do Poder Judiciário.

Trata-se da atribuição de uma **competência funcional por fase do processo** (LIMA, 2020a) a determinado órgão jurisdicional. Referida competência abarca uma fase específica da persecução penal que vai da instauração da investigação até o recebimento da denúncia ou queixa. O juiz que atuar durante essa fase (juiz das garantias) fica **impedido** de funcionar no processo **após o recebimento da peça acusatória**, quando então assume a competência para o processo o juiz da instrução e julgamento. Como se observa, a previsão no ordenamento jurídico do juiz das garantias fomenta inequivocamente a **imparcialidade do órgão julgador**. Isso no sentido de que, ao impedir a atuação do juiz de instrução e julgamento durante a fase de investigação, minimiza deveras sua contaminação subjetiva com a causa.

Diferentemente dessa noviça previsão, a sistemática anterior do CPP estranhamente preconizava nos arts. 75, parágrafo único, e 83 que a prática de qualquer ato decisório pelo juiz na fase de investigação tornava-o prevento para prosseguir no feito até o julgamento final.

A presença no nosso ordenamento do juiz das garantias atende ao que Leon Festinger, em um estudo da psicologia sobre o comportamento humano, chamou de **teoria da dissonância cognitiva** (*Theory of Cognitive Dissonance*). Segundo o autor, há uma tendência natural dos seres humanos à estabilidade cognitiva, intolerante a incongruências, que são inevitáveis no caso de tomada de decisões e de conhecimento de novas informações que coloquem em xeque a primeira impressão. Assim, o juiz que atua na fase da investigação e venha a atuar no julgamento, caso se depare diante do contraditório exercido na instrução, com novas informações antagônicas sobre os fatos, inarredavelmente se deparará com uma situação de tensão psicológica consigo mesmo, capaz de comprometer involuntariamente sua imparcialidade (LIMA, 2020a, p. 114).

Em reforço a essa imparcialidade do julgador, o art. 3º-C, § 3º, determina que "os autos que compõem **as matérias de competência do juiz das garantias** ficarão acautelados na secretaria desse juízo, à disposição do Ministério Público e da defesa, e **não serão apensados aos autos do processo** enviados ao juiz da instrução e julgamento, **ressalvados os documentos relativos às provas irrepetíveis, medidas de obtenção de provas ou de antecipação de provas**, que deverão ser remetidos para apensamento em apartado" (grifos nossos). Discute-se se a supracitada regra abrange os autos do inquérito policial.

Para uma corrente majoritária, o dispositivo não menciona o inquérito policial, e, ademais, ainda não houve a revogação do art. 12 do CPP que determina que os autos do inquérito acompanharão a denúncia ou queixa.

Para outra corrente, dever-se-ia outorgar uma interpretação extensiva ao preceito do art. 3º-C, § 3º, e afastar o apensamento dos autos do inquérito ou outros elementos de informação dos autos do Processo. Da mesma forma que a atuação do juiz na investigação contaminaria a imparcialidade do julgador, seu primeiro contato com os elementos da investigação também seriam hábeis a macular sua imparcialidade com fulcro no que se denomina **efeito da primazia**[1].

Elucida Renato Brasileiro de Lima (2020a, p. 104) que o juiz das garantias é algo que sempre existiu no nosso ordenamento jurídico. A novidade trata-se da divisão das funções de um juízo para a persecução penal e outro para a fase de instrução e julgamento. Uma verdadeira **cisão funcional** entre os momentos da investigação e julgamento. Em um Estado Democrático de Direito sempre existiu e sempre existirá uma autoridade judiciária competente para a tutela dos direitos e garantias fundamentais em qualquer fase da persecução penal, inclusive na fase da investigação. Todavia, até antes da inovação legislativa esse mesmo juízo seria aquele que iria presidir todo o resto do processo. Agora, há determinação expressa de impedimento para o juiz que de qualquer forma atuar na fase investigativa atuar na fase processual. Temos aí uma nova causa de impedimento no nosso ordenamento com previsão no art. 3º-D do CPP. Embora, cumpra lembrar que ainda não tem qualquer vigên-

---

[1] Para Renato Brasileiro de Lima (2020a, p. 181-182), de acordo com Riter, o efeito da primazia "revela que as informações posteriores a respeito de um indivíduo são, em geral, consideradas no contexto da informação inicial recebida, sendo esta, então, a responsável pelo direcionamento da cognição formada a respeito da respectiva pessoa e pelo comportamento que se tem para com ela".

cia dentro do nosso ordenamento jurídico, haja vista a suspensão dos dispositivos legais determinados pela ADI nº 6.305 do STF, de relatoria do Ministro Luiz Fux.

O art. 3º-B do CPP traz um rol exemplificativo de atribuições do juiz das garantias, assim: receber a comunicação imediata da prisão; receber o auto da prisão em flagrante para o controle da legalidade da prisão; zelar pela observância dos direitos do preso, podendo determinar que este seja conduzido à sua presença, a qualquer tempo; ser informado sobre a instauração de qualquer investigação criminal; decidir sobre o requerimento de prisão provisória ou outra medida cautelar; prorrogar a prisão provisória ou outra medida cautelar, bem como substituí-las ou revogá-las, assegurado, no primeiro caso, o exercício do contraditório em audiência pública e oral; decidir sobre o requerimento de produção antecipada de provas; prorrogar o prazo de duração do inquérito, estando o investigado preso, em vista das razões apresentadas pela autoridade policial; determinar o trancamento do inquérito policial quando não houver fundamento razoável para sua instauração ou prosseguimento; requisitar documentos, laudos e informações ao delegado de polícia sobre o andamento da investigação; decidir sobre os requerimentos de: interceptação telefônica, do fluxo de comunicações em sistemas de informática e telemática ou de outras formas de comunicação, afastamento dos sigilos fiscal, bancário, de dados e telefônico, busca e apreensão domiciliar, acesso a informações sigilosa, outros meios de obtenção da prova que restrinjam direitos fundamentais do investigado; **julgar o *habeas corpus* impetrado antes do oferecimento da denúncia**; determinar a instauração de incidente de insanidade mental; decidir sobre o recebimento da denúncia ou queixa; assegurar prontamente, quando se fizer necessário, o direito outorgado ao investigado e ao seu defensor de acesso a todos os elementos informativos e provas produzidos no âmbito da investigação criminal, salvo no que concerne, estritamente, às diligências em andamento; deferir pedido de admissão de assistente técnico para acompanhar a produção da perícia; decidir sobre a homologação de acordo de não persecução penal ou os de colaboração premiada, quando formalizados durante a investigação; outras matérias inerentes às atribuições definidas no *caput* deste artigo.

Introduzida a figura do juiz das garantias pelo Pacote Anticrime (Lei nº 13.964/2019) *com vacatio legis* de 30 dias, diversos problemas se mostraram imediatamente com a nova previsão legal. O primeiro deles referiu-se exatamente a esse exíguo prazo de 30 dias para o dispositivo começar a viger no Brasil, e desse modo obrigar a todos os tribunais do país. É sabido que em muitos locais do país, em comarcas do interior, tem-se apenas um juiz para presidir e julgar todas as demandas civis e penais cumulativamente. Ora, como se poderia em 30 dias mudar toda essa realidade nacional de maneira a exigir que mais um juízo atue nas comarcas onde mal se consegue fixar um único juiz?

É certo que a lei tentou prever situações como essas ao mencionar o art. 3º-D, parágrafo único, do CPP, o qual dispõe que "nas comarcas em que funcionar apenas um juiz, os tribunais criarão um sistema de rodízio de magistrados, a fim de atender [à exigência de implantação do juiz das garantias]". Não obstante, referida previsão padece de uma inconstitucionalidade infestável que é a inamovibilidade dos membros do Judiciário e da auto-organização do Poder Judiciário.

Assim tivemos duas decisões do Supremo sobre os dispositivos referentes ao juiz das garantias. Que foram atacados tanto do ponto de vista da inconstitucionalidade formal quanto material.

A primeira decisão foi de lavra do Ministro Dias Toffoli. Apreciando os pedidos na ADI nº 6.298/DF suspendeu a eficácia dos dispositivos referentes ao juiz das garantias (arts. 3º-B, 3º-C, 3º-D, *caput*, 3º-E e 3º-F do CPP) por 180 dias. Isso por entender o Ministro, com propriedade, que a *vacatio legis* de 30 dias seria insuficiente para os tribunais do país conseguirem se adequar à determinação da implantação do juiz das garantias.

Na mesma oportunidade o Ministro Dias Toffoli também conferiu interpretação conforme às normas relativas ao juiz das garantias dos arts. 3º-B e 3º-F. Com isso, esclareceu que a nova sistemática do juiz das garantias implementada pelo pacote anticrime não seria aplicada aos **processos de competência originária dos Tribunais**, do **Tribunal do Júri**, da **Justiça Eleitoral**, nos crimes de **violência doméstica e familiar contra a mulher**. Nessa decisão, o Ministro alargou a exceção prevista no art. 3º-C, o qual dispõe "A competência do juiz das garantias abrange todas as infrações penais, **exceto as de menor potencial ofensivo**" (grifo nosso).

Como se observa do referido preceito normativo, o juiz das garantias deveria abarcar todos os tipos de infrações penais, excluindo-se apenas aquelas de menor potencial ofensivo (contravenções e crimes com pena máxima não superior a dois anos). Excluir os crimes de menor potencial ofensivo se justifica pelos motivos de não haver, em regra, neles, a instauração de inquérito policial senão apenas o Termo Circunstanciado de Ocorrência (TCO). Desse modo, não há investigação que justificasse a presença de um juiz das garantias, mas sim apenas havendo mera colheita de dados por meio do TCO. Contudo, alargando essa exceção legal, o Ministro em liminar exclui a aplicação do juiz das garantias a diversos outros procedimentos, pelos seguintes motivos:

- **Processo de competência originária dos tribunais:** o Ministro Dias Toffoli afastou a aplicação do juiz das garantias dos processos nos tribunais por duas razões. A primeira porque eles são regidos pela Lei nº 8.038, que não foi alterada pelo Pacote Anticrime (Lei nº 13.964/2019). A segunda em razão às ações penais nos tribunais serem julgadas por órgãos colegiados, forma de julgamento que já garante um incremento à imparcialidade. A doutrina estranha essa decisão. Com efeito, a Lei nº 13.964/2019 manda aplicar o instituto a todos os tipos de crime, de modo a revogar tacitamente, inclusive, as previsões contrárias da Lei nº 8.038/1990 que rege o processo nos tribunais. Ademais, a decisão simplesmente pelo fato de ser colegiada não é capaz de garantir a imparcialidade do voto de todos os membros, mormente do relator que atuou na fase da investigação.

- **Tribunal do Júri:** no tocante ao Tribunal do Júri, o Ministro Dias Toffoli concedeu parcialmente a medida cautelar pleiteada para conferir interpretação conforme às normas do juiz das garantias. Assim, esclareceu que a nova sistemática implantada pelo Pacote Anticrime não seria aplicável aos processos de competência do Tribunal do Júri. Fundamentou-se na razão de que o veredito no Tribunal do Júri fica a cargo de um órgão coletivo, o Conselho de Sentença. Desse modo, operar-se-ia a mesma lógica dos tribunais, haja vista que o julgamento coletivo por si só já é um reforço da imparcialidade. Referido posicionamento tem sido criticado com muita propriedade, haja vista que no sistema do Júri que é bifásico, o Juiz de pronúncia, juiz sumariante pode sim se contaminar em sua decisão de pronúncia caso atue na fase da investigação. De igual modo, poderá se contaminar o juiz presidente no plenário do júri diante da dosimetria da pena que lhe será afeta. Em ambos os casos estando afetada a imparcialidade.

- **Justiça Eleitoral:** segundo o Eminente Ministro, a justiça eleitoral brasileira tem arquitetura ímpar, estruturada para conduzir o processo democrático, dotada de competências administrativas e jurisdicionais, não dispõe de quadro próprio de magistrados, sendo composta por membros oriundos de outros ramos da justiça, situação que poderá dificultar a aplicação do juiz das garantias, como no exemplo de um juiz estadual que, atuando na investigação de um crime na esfera estadual, perceba que houve ali crime eleitoral, fato que o tornaria impedido de atuar na esfera criminal eleitoral de modo a afetar os princípios da celeridade e preclusão que regem o processo eleitoral. Não obstante as razões do ministro, no que toca à justiça eleitoral outro óbice se apresenta. É o que determina o art. 121 da CF que será lei complementar que disporá sobre a organização e competência dos tribunais, dos Juízes de Direito e das juntas eleitorais. Com isso, contrariaria a disposição constitucional entender que a Lei ordinária do Pacote Anticrime seria capaz de repercutir seus efeitos na esfera eleitoral.

- **Contexto de violência doméstica e familiar contra a mulher:** afastou o Ministro por medida cautelar o juiz das garantias para os crimes praticados no contexto de violência doméstica e familiar contra a mulher por entender ser a violência doméstica um fenômeno dinâmico, caracterizado por uma linha temporal que inicia com a comunicação da agressão. Uma cisão rígida entre as fases de investigação e de instrução/julgamento impediria que o juiz conhecesse toda dinâmica do contexto da agressão, afetando a dinamicidade necessária para o efetivo amparo e proteção da violência doméstica. Renato Brasileiro de Lima (2020a, p. 157) critica, com a propriedade que lhe é sempre inerente, que não aplicar o juiz das garantias ao suspeito dos crimes de violência doméstica seria tratar esses como verdadeiros inimigos do estado, em relação aos quais não são aplicáveis direitos e garantias fundamentais, *in casu*, a imparcialidade de seu julgador. Nas suas palavras "caminha-se, assim, perigosamente, rumo a um verdadeiro direito penal do inimigo".

Não obstante o que expomos anteriormente nas decisões do Ministro Dias Toffoli, uma semana depois (22.01.2020), o relator prevento para todas as ações ajuizadas contra a Lei nº 13.964/2019 (ADIs nº 6.298, nº 6.299, nº 6.300 e nº 6.305) Ministro Luiz Fux revogou sua decisão monocrática e suspendeu *sine die* a eficácia, *ad referendum* do plenário, a implantação do juiz das garantias e seus consectários (arts. 3º-A, 3º-B, 3º-C, 3º-D, 3º-E, 3º-F do CPP). O que na prática acaba tendo o mesmo efeito concreto da decisão anterior, haja vista impedir também a sua aplicação aos processos dos Tribunais do Júri e da Justiça Eleitoral e em relação aos crimes de violência doméstica e familiar contra a mulher. Diferenciando-se, na prática, da decisão do Ministro Dias Toffoli apenas no tocante ao que este havia suspendido os dispositivos por um prazo de 180 dias e o Ministro Luiz Fux por um prazo indeterminado.

Nas ADIs supracitadas, em que o Ministro Luiz Fux é o relator prevento, impugna-se a inconstitucionalidade formal e material dos dispositivos. Em sua decisão o Ministro Luiz Fux trouxe as seguintes razões:

- inconstitucionalidade formal em face do vício de iniciativa relativo à competência legislativa do Poder Judiciário para alterar a organização e a divisão judiciária;
- inconstitucionalidade material em razão de violação à regra de autonomia financeira e administrativa do Poder Judiciário (CF, art. 99, *caput*), em razão da ausência de prévia dotação orçamentária para a implementação das alterações organizacionais acarretadas pela Lei (CF, art. 169, § 1º), e em razão da violação do novo regime fiscal da União instituído pela Emenda Constitucional n. 95 (ADCT, arts. 104 e 113);
- inconstitucionalidade formal do parágrafo único do art. 3º-D do CPP, introduzido pela referida Lei, em face de vício de iniciativa relativo à competência legislativa do Poder Judiciário para alterar a organização e a divisão Judiciária.

Concordamos com Renato Brasileiro de Lima (2020a, p. 110) no ponto em que as razões de inconstitucionalidade no que tange ao vício de iniciativa e às regras do regime financeiro (em especial a autonomia financeira do Poder Judiciário e a prévia ausência de previsão orçamentária) não se sustentam. Não há que se falar em vício de iniciativa diante da cisão de competência, bem como da nova causa de impedimento. Essas tratam de matéria eminentemente processual penal e não da criação de órgãos do Poder Judiciário ou sobre a organização judiciária. O processo penal, ao contrário das duas últimas, é matéria de iniciativa privativa da União (art. 22, I, da CF). Por outro lado, no que se relaciona ao art. 3º-D, parágrafo único, do CPP, *in verbis*, "nas comarcas em que funcionar apenas um juiz, os tribunais criarão um sistema de rodízio de magistrados", trata-se sim de matéria relativa à organização judiciária dos Tribunais, ofendendo assim o Poder de auto-organização do Poder Judiciário preconizados nos arts. 96 e 125 da CF.

Questão importante refere-se ao momento em que cessa a competência do juiz das garantias dentro da persecução penal. Diz a Lei que juiz das garantias pode atuar até o recebimento da denúncia. Preconiza o art. 3º-C do CPP "a competência do juiz das garantias abrange todas as infrações penais, exceto as de menor potencial ofensivo, **e cessa com o recebimento da denúncia ou queixa na forma do art. 399 deste Código**" (grifo nosso). Todavia, Renato Brasileiro de Lima (2020a, p. 167) assevera que a melhor leitura do dispositivo seria a aposição ao final do art. 396 em vez do art. 399. Com efeito, a análise da absolvição sumária não coaduna com a imparcialidade que o ato requer, de modo a não poder estar afeto ao juiz das garantias. A atuação do juiz das garantias deve terminar com recebimento da denúncia, momento em que os autos deverão ser direcionados para o juiz da instrução e julgamento. Ademais a doutrina e a jurisprudência são uníssonas em afirmar que o momento do recebimento da denúncia ocorre na fase do art. 396 e não do art. 399, a despeito da confusão na redação dos dispositivos com a redação dada pela Lei nº 11.719/2008 (STJ, HC nº 138.089/SC, j. 02.03.2010).

Questiona-se ainda sobre a aplicação das regras do juiz das garantias no tempo. Como se faria para aplicar as regras do juiz das garantias aos processos e investigações já em andamento?

Não há dúvidas de que se trata de matéria eminentemente processual penal, aplicando--se, destarte, o princípio do *tempus regit actum*. O Ministro Dias Toffoli, em sua decisão que fora revogada pelo Ministro Luiz Fux, deixou assente uma escorreita regra de transição que pode servir como importante marco interpretativo da matéria. Assim firmou que: para as investigações que estiverem em curso, o juiz da investigação tornar-se-á o juiz das garantias para o caso concreto, estando, com isso, impedido para a fase processual; por outro lado, para as ações penais já instauradas, a eficácia da lei não acarretará qualquer modificação do juiz competente, não se aplicando ao caso qualquer impedimento pelo fato de o magistrado ter atuado na fase da investigação. Com essas diretrizes apresentadas pelo Ministro, respeita-se o princípio do *tempus regit actum*.

3.4 DA ATRIBUIÇÃO DO INQUÉRITO POLICIAL E AS FUNÇÕES DE POLÍCIA JUDICIÁRIA, INVESTIGATIVA E ADMINISTRATIVA

As Polícias Judiciárias no Brasil são as Polícias Civis Estaduais, Polícia Civil do Distrito Federal e a Polícia Federal. São órgãos com assento constitucional, respectivamente, no art. 144, §§ 4º e 1º, da CF.

Não obstante o art. 4º, *caput*, do CPP e a própria jurisprudência (a exemplo da Súmula Vinculante nº 14 do STF, a qual estipula o amplo acesso aos autos em órgão de "Polícia Judiciária"), não estabelecerem diferença entre polícia judiciária e polícia investigativa, forte corrente doutrinária sustenta ao contrário. Com efeito, essa corrente sustenta com fulcro no art. 144, § 1º, e seus incisos (em especial o inciso IV) que polícia judiciária seria uma coisa e polícia investigativa seria outra.

Assim, por polícia judiciária se entenderia as atribuições afetas às Polícias Civis e á Polícia Federal de cumprir as ordens judiciais referentes aos mandados de prisão, busca e apreensão, condução coercitiva de testemunha, dentre outras. Relacionar-se-ia às funções de auxiliar o Poder Judiciário em suas "atividades de campo", ou seja, de executar as ordens judiciais com o emprego da força, seja a própria força física, seja a força moral diante da presença policial armada e treinada.

Por seu turno, polícia investigativa é função que se constitui às Polícias Civis e Polícia Federal de realizar a investigação propriamente dita, de modo a colher as informações e identificar as fontes de prova no escopo de alcançar a materialidade e autoria das infrações penais. É com fulcro na função de polícia investigativa que se atribui a **competência exclusiva das Polícias Civil e Federal para a condução do Inquérito Policial**. Contudo, como se observa da jurisprudência e parte da doutrina, tem-se adotado o termo **Polícia Judiciária como gênero**, que se desdobra nas funções de Polícia Judiciária em sentido estrito e Polícia Investigativa. Por isso em provas de concurso público deve-se atentar para o termo Polícia Judiciária, haja vista que o próprio art. 4º do CPP é expresso em atribuir o inquérito policial à "Polícia Judiciária".

A nosso sentir, dever-se-ia dar uma concepção mais técnica a toda essas supracitadas distinções, até mesmo como forma de conformar as disposições constitucionais com as demais emanações jurisprudenciais e doutrinárias. Para nós, não é tecnicamente escorreito falar em Polícia Judiciária e Polícia Investigativa. Isso deixa a impressão de que dentro das citadas polícias existem duas outras polícias, sendo uma investigativa e outra judiciária. O que não é verdade.

Na verdade, trata-se de funções de uma mesma polícia. Assim, tecnicamente seria mais apropriado reconhecer, respectivamente, as Polícias Civil e Federal como Polícias Judiciárias. E, desse modo, o termo Polícia Judiciária englobaria duas funções distintas: a **função investigativa** e a **função policial judiciária**. É certo, para nós, que a própria expressão Polícia Judiciária incorpora na designação a função investigativa também. E isso por um motivo simples. A função investigativa se volta para as próprias atribuições do Poder Judiciário, no sentido que se busca alcançar os elementos de materialidade e autoria para o início da ação penal.

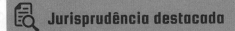

Com fulcro nessa atribuição constitucional exclusiva das Polícias Judiciárias (mais especificamente na sua função de polícia investigativa) foi que o STJ considerou irregular a participação de dezenas de funcionários da ABIN e de ex-servidores do SNI na operação "Satiagraha", cujo inquérito era conduzido pela Polícia Federal (STJ, HC nº 149.250/SP, 5ª Turma, *Dje* 05.09.2011).

Reforça esse entendimento de atribuição exclusiva das Polícias Judiciárias para a condução do inquérito policial a própria Lei nº 12.830/2013 que dispõe sobre a investigação criminal conduzida por Delegado de Polícia. Em seu art. 2º, § 6º, preconiza expressamente que o indiciamento é ato privativo do Delegado de Polícia. Como se verá mais à frente, o indiciamento constitui uma das possíveis fases do inquérito policial.

Ao lado da Polícia Judiciária temos também no art. 144 da CF a previsão da polícia administrativa. **Polícia administrativa** é a função afeta a certas instituições policiais para a realização de **atividades preventivas** de segurança pública, no escopo de impedir a prática de atos lesivos à sociedade. As Polícias Militares e as Polícias Rodoviárias Federais são polícias administrativas, porquanto se voltam a importante missão de prevenção criminal, as Polícias Militares no âmbito dos respectivos estados e distrito federal, e a Polícia Rodoviária Federal no âmbito das rodovias federais.

A polícia administrativa volta-se para a prevenção criminal por meio da presença ostensiva de seus membros. Ostensividade esta alcançada seja por meio de uniformes, viaturas e outros formas e instrumentos visualmente caracterizados. Cumpre salientar que cabe à polícia administrativa, além da prevenção criminal, também a **repressão imediata**. Esta é mero desdobramento da atividade de prevenção. Deparando-se essas forças policiais com um delito em flagrante são obrigadas a agir realizando o flagrante e dessa forma reprimindo a atividade criminosa. Temos como clássico exemplo dessa atividade de repressão imediata o acionamento das Polícias Militares por meio do telefone 190.

Existe um tema muito atual que os candidatos de concursos voltados principalmente para as carreiras policiais militares devem se atentar. Preconiza a Constituição quando se refere às atribuições constitucionais das polícias militares duas funções distintas, são elas: polícia ostensiva e preservação da ordem pública. Durante muito tempo a doutrina nunca trabalhou essas diferenças, chegando a tratar como sinônimos os termos polícia ostensiva e preservação da ordem pública. Todavia, essa interpretação sempre fora equivocada, haja vista a máxima interpretativa de que a Constituição não contém palavras inúteis.

Hoje temos diversos artigos (FERRIGO, 2011) preconizando que a função das Polícias Militares de manutenção da ordem pública é algo bem diferente de polícia ostensiva.

Destarte, por manutenção da ordem pública entende-se o conjunto de ações coativas capazes de manter a convivência harmoniosa e pacífica da sociedade, bem como prontamente intervir em qualquer situação que cause perturbação a essa ordem. Assim estaria afeta às Polícias Militares atividades como: coibir o parcelamento irregular do solo urbano, impedir invasões de terras públicas, repreender a ação de ambulantes, determinar dentro de limites legais os horários de funcionamento de bares e casas de diversões noturnas próximas às áreas residenciais, coibir a perturbação do sossego público diante de som alto. O que, convém ainda observar, atende em última análise à prevenção criminal, haja vista que as desordens públicas supracitadas dão ensejo a diversos crimes cometidos na sociedade (como se pode observar do próprio tráfico nas favelas do Rio de Janeiro).

Por fim, temos ainda a previsão no nosso ordenamento jurídico das Polícias Judiciárias Militares. Função esta afeta às forças armadas e aos militares dos Estados (Polícias Militares e bombeiros militares). Referem-se à presidência dos inquéritos policiais militares que são destinados para a apuração dos crimes militares na forma do Código Penal Militar (CPM) e do Código de Processo Penal Militar (CPPM). Cada uma dessas corporações é responsável para apurar as infrações penais militares cometidas por seus integrantes exercendo típica atividade de Polícia Judiciária. Fundamenta-se no dogma constitucional da hierarquia e disciplina que rege todas as instituições militares do país.

3.5 DA DIVISÃO DE ATRIBUIÇÕES PARA O INQUÉRITO

Como visto, tanto as Polícias Civis quanto a Polícia Federal são polícias judiciárias e, destarte, responsáveis pela presidência do inquérito policial. Mas quais são os tipos de crimes que serão de responsabilidade de uma ou outra polícia apurar por meio do inquérito policial?

Primeiramente, como já se adiantou acima, cabe assentar que em se tratando de crimes militares, a atribuição para a investigação recai sobre a autoridade de Polícia Judiciária Militar (oficial militar) a quem compete instaurar o inquérito policial militar (IPM). Caso se trate de militares estaduais, a competência criminal será das Justiças Militares estaduais e a presidência do inquérito de incumbência de um oficial da instituição a que pertença o militar (ou a polícia militar ou o bombeiro militar). Por outro lado, tratando-se de militares federais, seja no âmbito do exército, marinha ou aeronáutica, a competência será da Justiça Militar da União e a presidência do inquérito de oficial da respectiva corporação a que pertença o militar federal.

No que toca às infrações penais comuns (crimes não militares), caso se trate de infrações de competência da justiça federal, os chamados crimes federais, a atribuição para a investigação incide sobre a Polícia Federal. Na forma do art. 144, § 1º, da CF, à Polícia Federal incumbe a apuração de infrações penais contra a ordem política e social ou em detrimento de bens serviços ou interesses da união ou de suas entidades autárquicas e empresas públicas.

Nos crimes de competência da Justiça Eleitoral, que é considerada Justiça da União, a atribuição para a realização das investigações recai sobre a Polícia Federal. Não obstante, o Tribunal Superior Eleitoral no HC nº 439/2003, já se posicionou no sentido de que, verificando-se a prática de crime eleitoral em município onde não haja órgão da Polícia Federal, nada impede que a investigação seja conduzida pela Polícia Civil. Assim, pode-se afirmar que a atribuição da Polícia Federal para a instauração de inquéritos policiais para a apuração de crimes eleitorais não exclui a atribuição subsidiária da autoridade policial estadual, quando se verificar a ausência de órgão da Polícia Federal no local.

Por seu turno, tratando-se de crime afeto à justiça estadual, a investigação será conduzida pelas polícias civis dos respectivos Estados. Não obstante essa regra, a própria CF prevê também hipóteses onde a Polícia Federal também terá atribuição de investigar e instaurar inquérito policial para crimes da justiça estadual. É nesse diapasão que preconiza o art. 144, § 1º, I, da CF que a Polícia Federal incube também a apuração de infrações penais cuja prática tenha repercussão interestadual ou internacional e exija repressão uniforme, segundo dispuser a lei. Essa é a Lei nº 10.446/2002 que dispõe sobre infrações penais de repercussão interestadual ou internacional que exigem repressão uniforme.

Destarte, determina a Lei nº 10.446/2002 que, quando houver repercussão interestadual ou internacional que exija repressão uniforme, poderá o Departamento de Polícia Federal do Ministério da Justiça, sem prejuízo da responsabilidade dos órgãos de segurança pública arrolados no art. 144 da CF, em especial das Polícias Militares e Civis dos Estados, proceder à investigação, dentre outras, das seguintes infrações penais:

Art. 1º (...)

I – sequestro, cárcere privado e extorsão mediante sequestro (...), se o agente foi impelido por motivação política ou quando praticado em razão da função pública exercida pela vítima;

II – formação de cartel (...);

III – relativas à violação a direitos humanos, que a República Federativa do Brasil se comprometeu a reprimir em decorrência de tratados internacionais de que seja parte;

IV – furto, roubo ou receptação de cargas, inclusive bens e valores, transportadas em operação interestadual ou internacional, quando houver indícios da atuação de quadrilha ou bando em mais de um Estado da Federação;

V – falsificação, corrupção, adulteração ou alteração de produto destinado a fins terapêuticos ou medicinais e venda, inclusive pela internet, depósito ou distribuição do produto falsificado, corrompido, adulterado ou alterado (...);

VI – furto, roubo ou dano contra instituições financeiras, incluindo agências bancárias ou caixas eletrônicos, quando houver indícios da atuação de associação criminosa em mais de um Estado da Federação;

VII – quaisquer crimes praticados por meio da rede mundial de computadores que difundam conteúdo misógino, definidos como aqueles que propagam o ódio ou a aversão às mulheres.

Importante ainda mencionar que, com a Lei Antiterrorista, Lei nº 13.260/2016, a Polícia Federal passou ainda a ter atribuição para investigar quatro crimes preconizados nessa lei. São eles os crimes de terrorismo do art. 2º, organização terrorista do art. 3º, preparação ao terrorismo do art. 5º e financiamento ao terrorismo do art. 6º.

Pois bem, já devidamente consignado alhures as atribuições da Polícia Civil, Federal e Judiciária Militar, resta ainda determinar qual a respectiva delegacia caberá a investigação em razão do local da infração.

Essa atribuição da respectiva delegacia segue as mesmas regras para a fixação da competência territorial dos juízos. Assim, a atribuição para a investigação também será determinada pelo local da consumação da infração penal, ou em se tratando de tentativa pelo local onde foi praticado o último ato de execução.

Não obstante isso, o art. 22 do CPP permite a realização de diligências fora da circunscrição da autoridade policial desde que seja dentro da mesma comarca. Caso, contudo, se trate de comarca distinta, far-se-á necessária a expedição de carta precatória.

A despeito das regras de atribuição territorial supracitadas, não há impedimento para que as respectivas Polícias criem delegacias especializadas para determinados delitos de modo a uma única delegacia especializada abarcar a área de toda uma comarca. Assim ocorre com as delegacias especializadas de combate a entorpecente, organização criminosa, meio ambiente, dentre outras.

Decifrando a prova

(2018 – VUNESP – PC/SP – Delegado de Polícia) A respeito do inquérito policial, assinale a alternativa correta.

A) Para saber qual é a autoridade policial competente para um certo inquérito policial, utiliza-se o critério *ratione loci* ou *ratione materiae*.

B) A autoridade policial poderá arquivar autos de inquérito policial se convencida da inexistência da materialidade delitiva.

C) Logo que tiver conhecimento da prática da infração penal, autoridade policial poderá apreender os objetos que tiverem relação com o fato, após liberados pelos peritos criminais.

D) Como peça obrigatória para o oferecimento da denúncia, os autos de inquérito policial acompanharão a denúncia ou queixa.

E) O inquérito policial é um procedimento administrativo, de natureza acusatória, escrito e sigiloso.

Gabarito comentado: a atribuição das Delegacias de Polícia segue as mesmas regras para a fixação da competência territorial dos juízos. Assim a atribuição para a investigação também será determinada pelo local da consumação da infração penal, ou em se tratando de tentativa pelo local onde foi praticado o último ato de execução. Portanto, a letra A é o gabarito.

Por fim, algo de extrema importância deve ser frisado neste tópico. Ainda que uma investigação e a instauração de um inquérito ocorram à revelia de todas as regras acima, como por exemplo a Polícia Civil investigar um crime da Polícia Federal ou vice-versa, nenhum prejuízo advirá desta investigação. O inquérito policial é mera **peça informativa**, de valor probatório relativo, sendo a desobediência das divisões de atribuição acima mera irregularidade, que não é capaz de contaminar o processo penal e a condenação que ele der origem. Destarte, as regras acima servem para organizar a atividade policial no país e, ao criar critérios de atribuição, permitir uma possível responsabilização por prevaricação diante da inação da polícia responsável para o caso. Assim, é uma regra mais para impor a obrigação de agir dos órgãos policiais do que para gerar garantias para os indivíduos investigados.

3.6 OUTRAS INVESTIGAÇÕES CRIMINAIS

Ao lado do inquérito policial existem outras formas de investigação criminal. O inquérito policial seria uma das espécies do gênero investigação criminal. O próprio art. 4º do CPP traz a previsão de que a competência do inquérito policial não excluirá a competência atribuída por lei para a investigação por outras autoridades administrativas.

Temos, assim, outras investigações criminais, senão vejamos:

3.6.1 Inquérito por crime praticado por juiz ou promotor de justiça

Com previsão na Lei Orgânica da Magistratura (Lei Complementar nº 35/1979, art. 33, parágrafo único) e na Lei Orgânica do Ministério Público, referida investigação deverá ser presidida pelo órgão de cúpula do respectivo Tribunal de Justiça ou Procuradoria de Justiça.

Quando, no curso de investigação, houver indício da prática de crime por parte de magistrado ou membro do Ministério Público, a autoridade policial, civil ou militar remeterá os respectivos autos ao Tribunal, à Procuradoria ou a órgão especial competente, a fim de que prossiga na investigação.

3.6.2 Inquérito policial militar

Na forma do art. 8º do Código de Processo Penal Militar (CPPM), o inquérito policial militar é presidido pela Polícia Judiciária Militar. Possui as mesmas características e finalidades do inquérito policial comum, diferenciando-se no que toca à natureza dos crimes que lhe são afetos e à autoridade que o preside.

Com efeito, são responsáveis para apurar os crimes militares como os define o art. 9º do Código Penal Militar (CPM). No que tange à autoridade policial militar responsável por ele, o art. 7º do CPPM lista as autoridades conforme as respectivas circunscrições. Em linhas gerais, a autoridade de Polícia Judiciária Militar é o Comandante da Organização Militar em que o delito foi praticado, ou a qual pertença o militar infrator.

O próprio CPPM prevê, todavia, que as atribuições dessa autoridade poderão ser delegadas a oficiais da ativa. Essa autoridade que recebe a delegação do exercício de Polícia Judiciária Militar é denominada encarregado do inquérito policial militar.

Os dispositivos do CPPM que outorgam essas atribuições de Polícia Judiciária Militar já foram questionados perante o STF no RMS-AgR nº 26.509/ES, j. 07.08.2007, sob o argumento de que não foram recepcionados pela Carta Magna. Contudo, o STF entendeu que não é possível atribuir a investigação de fatos tipicamente militares à Polícia Civil ou à Polícia Federal.

3.6.3 Investigação feita por agentes da Administração Pública

Trata-se de procedimentos investigativos no escopo de levantar fatos e informações no escopo de as atividades administrativas cumprirem com seu poder disciplinar. São exemplos as sindicâncias e outros processos administrativos.

3.6.4 Investigação pelo Conselho de Controle de Atividades Financeiras (COAF)

Trata-se de política criada pela Lei nº 9.613/1998, no sentido de determinar que as instituições financeiras conheçam o perfil de seus correntistas (*know your costumer*) e comunique às autoridades competentes quando concluir pela incompatibilidade de movimentações financeiras que possam indicar crime de lavagem de capitais.

3.6.5 Investigação particular

Tem assento na Lei nº 13.432/2017, que passou a disciplinar sobre o exercício da profissão de detetive particular. Trata-se de novidade no ordenamento jurídico pátrio a regulamentação da atividade investigativa desempenhada por detetive particular.

A atuação do detetive particular não possui natureza criminal, como expõe o art. 2º da referida Lei. As investigações desempenhadas por detetives particulares buscam elucidar assuntos de interesse privado, considerando que a atividade investigativa relacionada a ilícitos de natureza criminal é prerrogativa exclusiva do Estado.

Bem por isso que o art. 10, inciso V, da Lei ressalta que é vedado ao detetive particular participar diretamente de diligências policiais. Ademais, impõe-se a ele o respeito ao direito à intimidade, à privacidade, à honra e à imagem das pessoas.

Importante ressaltar que, em relação às investigações conduzidas pelo Delegado de Polícia no âmbito do inquérito policial, o detetive particular poderia colaborar com a investigação policial. A previsão da colaboração do detetive na investigação policial em curso depende de expressa autorização pelo contratante e aceitação da referida colaboração pelo delegado de polícia, que poderá admiti-la ou rejeitá-la a qualquer tempo.

3.6.6 Inquérito da Comissão Parlamentar de Inquérito (CPI)

Preconiza a Carta Magna, no art. 58, § 3º, que as comissões parlamentares de inquérito terão poderes de investigação próprios das autoridades judiciais para promover a responsabilidade civil e criminal de infratores.

O inquérito das CPIs é um **procedimento administrativo de feição política**, de cunho investigatório, semelhante ao inquérito policial. Diferencia-se, contudo, deste por dois motivos: a um, em razão dos poderes investigatórios de seus membros que se equiparam aos poderes investigatórios dos juízes (ressalvadas apenas as medidas sujeitas à cláusula de reserva de jurisdição); a dois, por não assumir obrigatoriamente a natureza jurídica de ato preparatório de ações judiciais, sendo esta apenas uma consequência caso se vislumbre indícios de crime, situação em que comunicará ao Ministério Público como qualquer autoridade ou qualquer pessoa do povo.

Essas CPIs podem ser criadas pela Câmara dos Deputados ou pelo Senado Federal, em conjunto ou separadamente, mediante requerimento de **um terço de seus membros**, para a apuração de **fato determinado** e por **prazo certo**.

3.6.7 Investigação presidida pelo Ministério Público

Existe certa controvérsia sobre a investigação presidida pelo Ministério Público. Dentre essas investigações presididas pelo MP, uma delas se refere a fatos criminosos cometidos por seus membros, a qual encontra previsão e amparo legal na Lei Orgânica do MP, como se viu alhures. O problema que surge jaz exatamente nas demais investigações que não se referem a crimes cometidos por seus membros, haja vista que a previsão legal para a investigação desses se dá pelo inquérito policial. A Constituição Federal, inclusive, permite que o membro do MP possa requisitá-lo, contudo, não há previsão para esse mesmo órgão presidi-lo.

O STJ chegou inclusive a emitir súmula sobre a matéria, embora não a abordando diretamente. Nesse sentido, consta na **Súmula nº 234 do STJ** que "a participação de membro do Ministério Público na fase investigatória criminal não acarreta o seu impedimento ou suspeição para o oferecimento da denúncia".

Diante disso, parte da doutrina e dos Tribunais Superiores posicionavam-se contrariamente a esse poder investigatório do MP com base nos seguintes argumentos: a) uma investigação pelo MP contrariaria o sistema acusatório, ensejando um desequilíbrio ao princípio da paridade de armas no processo penal; b) a CF teria dotado o MP do poder de "requisitar" diligências e instaurar inquérito policial, mas não de presidi-lo; c) na forma do art. 144 da CF, a atividade investigatória seria exclusiva da polícia judiciária; d) não existe na lei um instrumento idôneo a permitir a condução de uma investigação pelo MP.

Por outro lado, parte da doutrina sempre admitiu essa investigação pelo MP segundo os seguintes argumentos: a) não haveria ofensa à paridade de armas porquanto os elementos colhidos não são provas, senão meros elementos de informação; b) segundo a teoria dos poderes implícitos, se a ação penal é de titularidade do MP dever-se-ia lhe conceder os poderes necessários para ele levar a fim esse mister; c) a CF concede à Polícia Federal no art. 144 a exclusividade para as funções de Polícia Judiciária, todavia, essa função não se confunde com a de polícia investigativa, a qual não há previsão de exclusividade.

Contudo, o STF, em julgamento histórico no **RE nº 593.727/MG**, de 14.05.2015, reconheceu a competência do MP para promover por autoridade própria, por prazo razoável, a investigação de natureza penal. Malgrado apenas de forma excepcional nas hipóteses exemplificativas de **abuso de autoridade, prática de delito por policiais, crimes contra a Administração Pública, inércia dos organismos policiais** e **procrastinação indevida no desempenho da investigação penal**.

Na referida decisão, o STF ainda observou que o MP na investigação deve obedecer: a reserva constitucional de jurisdição; as prerrogativas dos advogados estampadas na Súmula Vinculante nº 14; ritos claros no que se refere ao investigado; formalização do ato investigativo; comunicação imediata ao Procurador Chefe; autuação, numeração, controle, distribuição e **publicidade dos atos**; pleno conhecimento da investigação à parte; princípios e regras que orientam o inquérito e os procedimentos administrativos sancionatórios; ampla defesa, contraditório, prazo para conclusão, controle judicial.

O procedimento a ser usado pelo MP será o chamado de PIC – Procedimento investigatório criminal, regulamentado pela Resolução nº 181 do CNMP (o PIC, segundo a Resolução, é um procedimento sumário, desburocratizado, de natureza administrativa e inquisitorial presidido por membro do MP com atribuição criminal), já que o MP não pode presidir inquérito policial. A referida resolução ainda regulamenta exemplificativamente algumas providências e as hipóteses de arquivamento do PIC.

Decifrando a prova

(2019 – MPE/PR – Promotor Substituto) Sobre o inquérito policial, controle externo da atividade policial e poder investigatório do Ministério Público, analise as assertivas abaixo e assinale a alternativa incorreta:

A) O inquérito policial pode ser instaurado de ofício, por requisição do Ministério Público e a requerimento do ofendido em casos de crime de ação penal pública incondicionada.

B) O membro do *Parquet*, com atuação na área de investigação criminal, pode avocar a presidência do inquérito policial, em sede de controle difuso da atividade policial.

C) No exercício do controle externo da atividade policial, o membro do *Parquet*, pode requisitar informações, a serem prestadas pela autoridade, acerca de inquérito policial não concluído no prazo legal, bem assim requisitar sua imediata remessa ao Ministério Público ou Poder Judiciário, no estado em que se encontre.

D) O membro do Ministério Público pode encaminhar peças de informação em seu poder diretamente ao Juizado Especial Criminal, caso a infração seja de menor potencial ofensivo.

E) No inquérito policial, a autoridade policial assegurará o sigilo necessário à elucidação do fato ou exigido pelo interesse da sociedade e, no procedimento investigatório criminal, os atos e peças, em regra, são públicos.

Gabarito comentado: o inquérito policial é privativo das polícias judiciárias, o MP pode até requisitar sua instauração, mas jamais o presidir ou avocar a sua presidência. Portanto, a letra B é o gabarito.

(2018 – FCC – DPE/AM – Defensor Público – Reaplicação) O Ministério Público dispõe de atribuição para promover, por autoridade própria, e por prazo razoável, investigações de natureza penal, desde que respeitados os direitos e garantias que assistem a qualquer indiciado ou a qualquer pessoa sob investigação do Estado, observadas, sempre, por seus agentes, as

A) providências para a degravação da audiência realizada por meio audiovisual, quando solicitada pela defesa do investigado.
B) regras constitucionais do controle externo da atividade policial e a disciplina infraconstitucional estabelecida pelo Conselho Nacional do Ministério Público.
C) averiguações preliminares para verificar a inexistência de prévia investigação policial sobre os mesmos fatos.
D) hipóteses de reserva constitucional de jurisdição e, também, as prerrogativas profissionais de que se acham investidos, em nosso país, os advogados e defensores públicos.
E) hipóteses legais de sigilo das investigações até o oferecimento da denúncia.
Gabarito comentado: o MP na condução de investigações se submete às mesmas exigências constitucionais e legais a que estão sujeitos os Delegados de Polícia na condução do inquérito policial. Assim deve requerer autorização judicial para a realização de escutas telefônicas, dar acesso ao advogado constituído dos elementos de investigação já documentados etc. Portanto, a letra D é o gabarito.

3.6.8 Inquérito civil

O inquérito civil é um meio investigatório com o que se aparelhou o Ministério Público para a importante tutela, talvez do bem mais caro da nossa atual sociedade, que são os direitos difusos e coletivos. Sua previsão se acha no art. 8º, § 1º, da Lei nº 7.347/1985 – Lei da Ação Civil Pública, a qual dispõe que o MP poderá instaurar, sob sua presidência, inquérito civil, ou requisitar, de qualquer organismo público ou particular, certidões, informações, exames ou perícias.

Como o próprio inquérito policial, o inquérito civil é um procedimento administrativo, de caráter pré-processual e não obrigatório, destinado à colheita de informações e demais elementos indispensáveis ao exercício da ação civil pública. Diferencia-se, contudo, do inquérito policial pelo fato de ser o inquérito civil presidido não pela Polícia Judiciária, senão pelo Ministério Público. Bem como por ser voltado não para uma ação penal, mas sim para uma ação civil para a proteção do **patrimônio público e social**, do **meio ambiente** e de **outros interesses difusos e coletivos**.

Suas duas finalidades são: primeiro, obter elementos necessários para instruir uma eventual ação civil pública; segundo, evitar o ajuizamento de demandas temerárias (sem qualquer embasamento fático ou jurídico sólido).

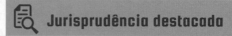

O STF, no RE nº 464.893/GO, j. 20.05.2008, chegou a julgar que embora o inquérito civil não esteja voltado para investigações criminais, descobertos, todavia, dados relativos a determinada infração penal, nada obsta que o Ministério Público ofereça a denúncia com base em tais elementos. Isso, pois, tendo em conta a desnecessidade de prévia instauração de inquérito policial para o oferecimento da inicial acusatória, reputa-se válido o recebimento da denúncia lastreado em *notitia criminis* extraída de inquérito civil público presidido pelo Ministério Público destinado à apuração de danos ao meio ambiente.

3.6.9 Investigação criminal defensiva

A investigação defensiva é um conjunto de atividades investigatórias, desenvolvidas em qualquer fase da persecução penal pelo defensor do acusado/investigado, com ou sem a assistência de especialistas técnicos ou de um investigador privado (como alhures descrito). Tem por objetivo a coleta de meios de prova para defesa do investigado/acusado no sentido de se contrapor à investigação ou à acusação[2].

A investigação defensiva se desenvolve de maneira diferente do inquérito policial. Hoje, no inquérito policial, permite-se, com fulcro no direito constitucional de petição, à defesa realizar pedidos de diligências investigativas à autoridade policial no escopo de se chegar à descoberta da verdade dos fatos. Contudo, a autoridade policial está livre para aceitar ou não o referido pedido de diligência, segundo seu juízo discricionário.

Ao contrário de tudo isso, a investigação defensiva se dá de maneira completamente independente do inquérito policial. É o defensor que delimita as estratégias investigativas que julgar conveniente para a defesa de seu cliente, não estando vinculado a qualquer autoridade pública, se limitando unicamente pelos critérios constitucionais e legais de obtenção de provas lícitas. Não obstante, a investigação defensiva não pode obstruir a investigação policial ou danificar provas, pois isso é conduta ilícita, tipificada, inclusive no art. 347 do CP como fraude processual.

Diferencia-se, contudo, a investigação defensiva também da investigação vista alhures do detetive particular. A investigação defensiva é realizada pelo advogado do acusado no interesse de sua defesa. A investigação por detetive particular além de ser realizada por profissional não necessariamente bacharel em direito, não se volta exclusivamente para os fins do processo criminal, podendo envolver também outros aspectos e fins como a proteção do segredo industrial, fidelidade conjugal, dentre outros. Inclusive o art. 2º da Lei nº 13.432/2017 dispõe que a profissão de detetive particular destina-se à coleta de dados e informações de **natureza não criminal**. Nada obsta, todavia, que a investigação criminal defensiva se valha dos serviços de um detetive particular para o levantamento de algumas informações necessárias à defesa do instigado na seara criminal, desde que ela não se imiscua em meios de investigação tipicamente criminais, como oitiva de testemunha, reconstituição do local do crime etc. Essas só poderiam ser realizadas pelo defensor.

Por exemplo, a investigação defensiva pode se voltar:

- para a comprovação de álibi;
- responsabilidade de terceiros e não do imputado;
- fatos que comprovem a excludente de ilicitude ou de culpabilidade;
- eliminação de erros de raciocínio que possam induzir a determinados fatos;
- demonstração de vulnerabilidade técnica ou material da investigação pública;

---

[2] A preservação do devido processo legal pela investigação defensiva. *Boletim do IBCCRIM*, nº 137, p. 7.

- exame do local e reconstituição do crime;
- identificação de possíveis peritos e testemunhas, dentre outras (LIMA, 2019, p. 189).

A despeito da importância da referida investigação defensiva no escopo de se atender a **paridade de armas** e equilibrar melhor a relação do poder do Estado na investigação com a defesa, até o presente momento não há previsão no nosso ordenamento jurídico para ela. Com efeito, existe previsão no projeto de lei do novo CPP (Projeto de Lei nº 156/2009). Em seu art. 13 o Projeto de Lei outorga a faculdade ao investigado, por meio de seu advogado ou defensor público, tomar a iniciativa de identificar fontes de prova em favor da defesa, podendo inclusive entrevistar pessoas.

3.7 ACORDO DE NÃO PERSECUÇÃO PENAL

O acordo de não persecução penal foi criado inicialmente no nosso ordenamento jurídico por meio de uma resolução do Conselho Nacional do Ministério Público. Trata-se da Resolução nº 181, de 7 de agosto de 2017, que em seu art. 18 prescreve que

> não sendo o caso de arquivamento, o Ministério Público poderá propor ao investigado acordo de não persecução penal quando, cominada pena mínima inferior a 4 (quatro) anos e o crime não for cometido com violência ou grave ameaça a pessoa, o investigado tiver confessado formal e circunstanciadamente a sua prática, mediante as seguintes condições, ajustadas cumulativa ou alternativamente: I – reparar o dano ou restituir a coisa à vítima, salvo impossibilidade de fazê-lo; II – renunciar voluntariamente a bens e direitos, indicados pelo Ministério Público como instrumentos, produto ou proveito do crime.

O acordo de não persecução penal cuida-se de um **negócio jurídico de natureza extrajudicial** celebrado entre o Ministério Público e o suposto autor do fato delituoso. Nesse negócio jurídico, o autor do fato delituoso acorda em sujeitar-se ao cumprimento de certas condições não privativas de liberdade em troca do compromisso de o Ministério Público não perseguir judicialmente o caso penal extraído da investigação, ou seja, não oferecer a denúncia.

Como até o surgimento do Pacote Anticrime (Lei nº 13.964/2019) o acordo estava presente apenas em resolução do CNMP, surgiu grande controvérsia acerca de sua constitucionalidade ou não.

Por um lado defendeu-se a inconstitucionalidade do acordo pelas seguintes razões: o acordo versa sobre matéria processual penal, porquanto trata de exceção ao princípio da obrigatoriedade da ação penal, logo de competência de a União legislar sobre o assunto na forma do art. 22, I, da CF; ademais, asseverou-se que não poderia se adotar o mesmo critério então adotado para a audiência de custódia (que também foi inserida inicialmente no nosso ordenamento por resolução do CNJ – Res. nº 213), pois a ADI nº 5.240/SP de 2015, que tratou da audiência de custódia, reconheceu que essa não contrariava o princípio da legalidade estrita em matéria processual penal em virtude de haver previsão já legal para a audiência de custódia no Pacto de São José da Costa Rica e poder se depreender do art. 656 do CPP, o que não existia para o acordo de não persecução penal.

Por outro lado, os que defendiam sua constitucionalidade preconizavam o seguinte: o STF, na ADC nº 12, se posicionou de que as resoluções do CNMP ostentam caráter normativo de natureza primária; a resolução do acordo de não persecução penal busca tão somente concretizar os princípios constitucionais da proporcionalidade, duração razoável do processo e o próprio sistema acusatório, tratando-se de regulamento autônomo; a resolução não ofende o art. 22, I, da CF, porquanto não se trata de matéria de processo penal, senão de procedimento administrativo de não exercício da pretensão punitiva; o acordo também teria amparo em norma de *status* supralegal, qual seja, as "Regras de Tóquio"- Resolução nº 45/110; por fim, o acordo teria respaldo no art. 28 do CPP que permite em sua redação original a promoção do arquivamento do inquérito sem indicar as respectivas hipóteses, além do fato de ser o acordo matéria de política criminal do MP.

Toda essa celeuma restou sufragada com o Pacote Anticrime, com a redação que deu ao art. 28-A do CPP. Dessa forma, não mais se discute hoje a (in)constitucionalidade do acordo de não persecução penal.

Conforme se acha agora no CPP, o Acordo de Não Persecução Penal (ANPP) traz os seguintes requisitos cumulativos, tanto sob um ponto de vista formal quanto material:

- acordo celebrado entre o MP e o suposto autor do fato delituoso;
- confissão formal e circunstanciada da prática do delito pelo suposto autor;
- cumprimento pelo autor de certas condições não privativas de liberdade;
- compromisso do *Parquet* de não oferecer a denúncia;
- infração penal sem violência ou grave ameaça;
- infração com **pena mínima** inferior a 4 (quatro) anos;
- não ser caso de arquivamento do procedimento investigatório;
- o acordo seja necessário e suficiente para a reprovação e prevenção do crime;
- formalizado por escrito;
- presença do defensor;
- homologação do acordo pelo Juiz.

O acordo de não persecução penal é uma espécie de **exceção do princípio da obrigatoriedade** da ação penal pública. Desse modo, guarda relação com o **princípio da oportunidade**, sendo um critério de seleção orientado pela intervenção mínima, ao passo que se permite ao MP estipular **regras de seleção** consoante a política criminal adotada pela instituição.

A doutrina (BRANDALISE; ANDRADE, 2018, p. 237) trabalha com o acordo de não persecução penal como uma espécie de **modelos de definição dos consensos**. Dizendo ainda se tratar o ANPP como uma espécie do que chamam **diversão**. Utilizam esse nome diversão por ser uma maneira **diversa** daquelas ordinariamente adotadas no processo penal, revelando uma opção de política criminal. Traz dessa forma três espécies de diversão: a) **diversão simples**: o processo penal é arquivado sem a oposição de quaisquer obrigações ao acusado, porquanto o processo penal seria inócuo (como exemplo teríamos a prescrição virtual); b) **diversão encoberta**: extingue-se a punibilidade se o autor do fato praticar determinados atos que impossibilitariam a persecução penal (por exemplo, teríamos a composição civil dos danos da Lei nº 9.099/1995); c) **diversão com intervenção**: o investigado/acusado fica sujeito ao cumprimento de algumas condições, as quais uma vez cumpridas ensejam o arquivamento do procedimento investigatório ou a extinção do processo (são os exemplos do próprio acordo de não persecução penal, transação penal, suspensão condicional do processo).

3.7.1 Requisitos materiais positivos do acordo de não persecução penal

Consoante os requisitos discriminados no art. 28-A do CPP, com redação dada pelo Pacote Anticrime, cumpre tecer ainda importantes observações sobre os requisitos materiais e cumulativos do acordo. Esses requisitos materiais perfazem um total de três, assim vejamos.

Um dos primeiros requisitos materiais a se analisar para a realização do acordo é a pena mínima cominada ao delito. Na forma do art. 28-A, *caput* e § 1º, do CPP, só se aplica o acordo de não persecução penal para os delitos cuja pena **mínima** cominada seja inferior a **4 (quatro) anos**, levando-se em conta para esse fim as causas de aumento e diminuição presentes no caso concreto. Salienta-se que o ANPP se aplica tanto aos crimes quanto às contravenções penais, tanto que a lei usou o gênero infração penal exatamente para abarcar as duas figuras.

Não basta, no entanto, a simples aferição da pena mínima. O ANPP, de igual modo, só se aplica aos crimes cometidos **sem violência ou grave ameaça à pessoa**. Frisa-se que a violência que impede a celebração do acordo **é aquela presente na conduta** e não no resultado, de modo a não haver impedimento à celebração do acordo aos delitos culposos. É nesse mesmo sentido o Enunciado nº 23 do Conselho Nacional de Procuradores-Gerais (CNPG), *in verbis*:

> É cabível o acordo de não persecução penal nos crimes culposos com resultado violento, uma vez que nos delitos desta natureza a conduta consiste na violação de um dever de cuidado objetivo por negligência, imperícia ou imprudência, cujo resultado é involuntário, não desejado e nem aceito pelo agente, apesar de previsível.

Por fim, o último requisito de natureza material é não ser o caso de arquivamento do procedimento investigatório. O ANPP só deve ser celebrado quando for viável o oferecimento da denúncia. A determinação legal visa evitar acordos em situações em que o investigado seja inocente, no sentido de evitar pressioná-lo para ele pagar de alguma forma pelo que ele não fez. Exige-se, nesse sentido uma postura do MP como parte imparcial que é fiscal da lei. Todavia, o CPP silencia acerca das hipóteses que autorizam o arquivamento do procedimento investigatório. Nada obstante, aplica-se para esse fim a **analogia** com as hipóteses de rejeição da peça acusatória e de absolvição sumária, previstas nos arts. 395 e 397 do CPP, respectivamente: ausência de pressuposto processual ou condição da ação; falta de justa causa; atipicidade da conduta; existência manifesta de causa excludente de ilicitude ou de culpabilidade (salvo inimputabilidade); existência de causa extintiva de punibilidade.

3.7.2 Requisitos negativos do acordo ou hipóteses de vedação do acordo de não persecução penal

A par dos requisitos materiais supracitados (requisitos positivos) temos de igual modo situações materiais as quais, uma vez presentes, o acordo não poderá ser celebrado. São os requisitos negativos do acordo, ou também chamados pela doutrina de hipóteses de vedação à celebração do acordo de não persecução penal (LIMA, 2020b, p. 227). São quatro essas hipóteses, todas constantes no art. 28-A, § 2º, do CPP, as quais passemos a discriminá-las.

Primeiramente, o art. 28-A, § 2º, do CPP veda a celebração do acordo se for cabível **transação penal**. Por opção legislativa a transação penal tem preferência sobre o ANPP, de sorte que se o agente fizer jus ao benefício do art. 76 da Lei nº 9.099/1995, não será cabível a celebração do acordo.

A segunda hipótese trazida pelo art. 28-A, § 2º, do CPP veda o acordo **se o investigado for reincidente ou se houver elementos probatórios que indiquem conduta criminal habitual, reiterada ou profissional, exceto se insignificantes as infrações penais pretéritas**. Quanto à figura do reincidente, o dispositivo refere-se à reincidência como delineada no direito penal e cediça nos arts. 63 e 64 do CP. Por conduta criminosa habitual, reiterada ou profissional, o legislador quis evitar a celebração do acordo com alguém que tem no crime seu meio de vida, que constitui do crime sua atividade rotineira, pois esse muito provavelmente voltaria a praticar novos delitos não se mostrando presente um dos objetivos do acordo que é ao lado da repressão, a prevenção de novos delitos. Questão mais tumultuada refere-se à exceção "se insignificante as infrações penais pretéritas".

Em um primeiro momento, argumentou-se se o legislador teria usado a expressão "se insignificantes as infrações penais pretéritas" como sinônimo do princípio da insignificância. Renato Brasileiro de Lima (2020b, p. 228), com sua sempre peculiar propriedade, assevera que caso o dispositivo tratasse do princípio da insignificância, sequer teria havido crime, já que tal postulado tem o condão de afastar a tipicidade material. Nesse sentido, defende o doutrinador que o texto legal quis se referir às infrações de menor potencial ofensivo. No mesmo sentido é o teor do **Enunciado nº 21 do CNPG**:

> Não caberá acordo de não persecução penal se o investigado for reincidente ou se houver elementos probatórios que indiquem conduta habitual, reiterada ou profissional, exceto se insignificantes as infrações penais pretéritas, **entendidas estas como delitos de menor potencial ofensivo**. (Grifo nosso)

Em terceiro, temos a vedação do acordo se o agente **já tiver sido beneficiado nos 5 (cinco) anos anteriores ao cometimento da infração, em acordo de não persecução penal, transação, ou suspensão condicional do processo**. Como se observa, almejou-se agraciar com o acordo os agentes que estivessem realizando certa infração penal pela primeira vez. Afastou-se, com isso, a aplicação do acordo não apenas ao reincidente, mas também àquele que, a despeito de não ter sido tecnicamente considerado reincidente, tiver cometido, em tese, qualquer infração penal anterior e, desse modo, sido beneficiado com uma transação penal, suspensão condicional do processo, ou o próprio acordo de não persecução penal.

Em quarto lugar temos a hipótese de vedação do acordo quando **os crimes forem praticados no âmbito de violência doméstica ou familiar, ou praticados contra a mulher por razões da condição do sexo feminino, em favor do agressor**. Nesse ponto, o legislador veda a celebração do acordo em duas situações: primeira, se for a violência cometida no âmbito doméstico ou familiar (isso na forma da Lei nº 11.340/2006, segundo a qual caracteriza-se pela violência física, psicológica, sexual, patrimonial ou moral, no âmbito da unidade doméstica, no âmbito familiar ou em qualquer relação íntima de afeto), pouco importando se a vítima é mulher ou homem, por exemplo, a violência cometida contra um pai idoso. Segundo, se a violência for cometida contra mulher por razões da condição do sexo feminino, hipótese que pouco importa se o delito foi praticado ou não no contexto doméstico e familiar.

A Resolução nº 181 do CNMP, em seu art. 18, trazia outras vedações não repetidas pelo noviço art. 28-A do CPP. Vedações que não se aplicam mais diante do texto legal. Só a título de curiosidade, a resolução veda o acordo: quando o dano causado pelo delito fosse superior a 20 salários mínimos; houvesse risco de prescrição da pretensão punitiva estatal em virtude da demora para o cumprimento do acordo; nos delitos hediondos ou equiparados; e, por fim, nos delitos militares que afetem a hierarquia e disciplina.

Algumas observações sobre essas vedações, não repetidas pelo art. 28-A do CPP, merecem ser feitas.

Acerca do risco da prescrição em razão da demora do acordo, o Pacote Anticrime tomou o cuidado de inserir no art. 116, IV, do Código Penal (CP), que a **"prescrição não corre enquanto não cumprido ou não rescindido o acordo de não persecução penal"**, de modo que se mostra desnecessária a repetição da vedação.

Quanto à vedação do ANPP aos crimes hediondos, estranhamente o Pacote Anticrime não trouxe referida vedação. Não obstante a vedação não estar presente na Lei, entende-se que não pode se aplicar o acordo aos crimes hediondos em razão de achar óbice na previsão do art. 28-A, segundo o qual só se autoriza a celebração do acordo quando ele for necessário e suficiente para a reprovação e prevenção do crime. Requisito este que não se revela presente em crimes de tamanha gravidade, como são os crimes hediondos e equiparados. Trazendo balizas mais sólidas ao art. 28-A, o Enunciado nº 22 do CNPG trouxe as mesmas razões:

> Veda-se o acordo de não persecução penal aos crimes praticados no âmbito de violência doméstica ou familiar, ou praticados contra a mulher no âmbito de violência doméstica ou familiar, ou praticados contra a mulher por razões da condição de sexo feminino, **bem como nos crimes hediondos e equiparados, pois em relação a estes o acordo não é suficiente para a reprovação e prevenção do crime**. (Grifo nosso)

No tocante aos crimes militares, com propriedade o Pacote Anticrime retirou a referida vedação a eles. Com efeito, a única vedação agora existente em relação aos crimes militares será se no caso concreto a medida não se mostrar necessária e suficiente para a reprovação ou prevenção do crime.

3.7.3 Condições que o autor do delito deve se comprometer a cumprir

Como alhures mencionado, um dos requisitos formais para a realização do acordo é exatamente o dever que o investigado deve assumir perante o Ministério Público de cumprir certas condições, de forma cumulativa ou alternativa. Tudo que será sedimentado em um documento (requisito formal da forma escrita), o qual trará todas as avenças do acordo estabelecido livremente entre o MP e o suposto autor do delito, contudo, dentro dos parâmetros trazidos pela lei.

Essas condições impostas pelo acordo **não se trata de pena**, justamente por lhes faltar o requisito essencial de qualquer pena: **a imperatividade**. No acordo, o suposto autor do delito se sujeita **voluntariamente** ao cumprimento de certas **condições não privativas de liberdade** em troca do não oferecimento da denúncia e extinção da punibilidade uma vez cumpridas as condições.

Cumpre aqui mencionar, em homenagem à pedagógica redação, o teor do Enunciado nº 25 do CNPG:

> O acordo de não persecução penal não impõe penas, mas somente estabelece direitos e obrigações de natureza negocial e as medidas acordadas voluntariamente pelas partes não produzirão quaisquer efeitos daí decorrentes, incluindo a reincidência.

Por razão de se tratar de um acordo, só se pode avençar condições que sejam relativas a direitos **disponíveis**. A liberdade mesmo não é um direito disponível, pois ninguém pode em qualquer acordo, a exemplo de um contrato civil, renunciar a sua liberdade em troca de qualquer outra vantagem, por exemplo. De igual modo, não se pode avençar condições que firam a dignidade da pessoa humana ou outros direitos fundamentais, pois são esses irrenunciáveis em sua própria essência.

Malgrado não serem essas condições espécies de pena, preconiza o art. 28-A, § 6º, que elas serão objeto de **fiscalização pelo juiz de execuções penais**. Assim, preconiza o dispositivo que "**homologado judicialmente** o acordo de não persecução penal, o juiz devolverá os autos ao Ministério Público para que **inicie sua execução perante o juízo de execução penal**" (grifos nossos). Como se verá com mais detalhes a seguir, embora o acordo seja homologado pelo juiz da causa (que nesse caso seria o juiz das garantias, haja vista se tratar de momento anterior à denúncia, mas que em virtude da suspensão do juiz das garantias por liminar do STF, ainda a matéria está afeta ao juiz que será o juiz de instrução e julgamento), a fiscalização de seu cumprimento vai para outro juízo, qual seja, o juízo de execuções penais.

Na forma do art. 28-A, § 10, do CPP, descumprida quaisquer das condições do acordo, o MP deverá comunicar o fato ao juízo, para fins de sua rescisão e posterior recebimento da denúncia. Embora a execução do acordo seja feita perante o juiz das execuções, **sua rescisão é de competência do juízo competente para a homologação e não do juízo da execução**.

Com a redação dada ao art. 28-A, § 11, do CPP **o descumprimento do acordo pelo investigado poderá ser utilizado como justificativa para o eventual não oferecimento da suspensão condicional do processo**. Essa previsão legislativa tem um motivo simples: se o investigado não teve senso de autodisciplina e responsabilidade para cumprir o acordo de não persecução penal, é evidente que não terá essa mesma disciplina para cumprir as condições da suspensão do processo.

Por fim, se o investigado cumprir o acordo de não persecução penal, na forma determinada pelo art. 28-A, § 12, do CPP não constarão de sua certidão de antecedentes criminais, exceto para os fins previstos no inciso III do § 2º do art. 28-A do CPP.

Pois bem, vamos às condições exemplificativas trazidas pela Lei.

3.7.3.1 Confessar formal e circunstanciadamente a prática do delito

Nas palavras de Renato Brasileiro de Lima (2020b, p. 231), "essa confissão seria a contribuição que o investigado faz à investigação criminal e em eventual futuro processo penal em caso de descumprimento das condições pactuadas".

Não existe aqui ofensa ao princípio da não autoincriminação ou ao direito ao silêncio. Esse princípio se refere a um direito e não a uma obrigação, de modo que o suposto autor do crime pode dele abrir mão. Não existe dever ao silêncio, mas sim um direito de exercitar esse. Desde que o investigado seja advertido quanto ao seu direito de não produzir provas contra si mesmo (o que a nosso sentir deve estar expresso no acordo), nem seja constrangido a celebrar o acordo, a confissão será devidamente válida. Não é por menos que a própria lei exige a presença do advogado (ou Defensor Público) no momento da celebração do acordo de não persecução penal.

Contudo, devemos alertar que uma vez descumprida as condições e oferecida à denúncia, essa confissão poderá ser usada contra o acusado.

Não obstante, como preconiza o próprio CPP no seu art. 197, não poderá haver condenação única e exclusivamente com base em confissão. Desde há muito não é mais a confissão a rainha das provas. Dessa sorte, na forma do próprio CPP, o magistrado deverá, no exercício de sua livre convicção motivada, cotejar essa confissão com as demais provas dos autos.

Frisa-se que o acusado pode até mesmo, quando do processo penal, apresentar outra versão dos fatos contradizendo a sua confissão (preconiza o art. 200 do CPP que a confissão é retratável e divisível). Situação que o juiz decidirá sopesando essas versões com as demais prova dos autos, podendo inclusive ficar com a segunda versão do acusado.

Percebe-se que essa exigência da confissão se reveste mais de um conteúdo moral do que relativo às provas processuais. A exigência de tal confissão, de certa forma, tem a natureza de vincular psicologicamente o investigado ao cerne do acordo, fomentando sua correção de maneiras e atuando na prevenção de cometimento de novos delitos pelo suposto autor.

Por fim, cumpre mencionar, que ninguém confessa acerca de determinado tipo penal, senão a respeito de fatos. Esse juízo de subsunção dos fatos ao tipo penal cabe ao magistrado no momento da sentença. Diante disso, é importante e, também, faz parte do acordo a precisa definição dos fatos que serão confessados. As partes têm liberdade para realizar os termos do acordo (embora uma liberdade regrada por dever seguir os parâmetros da lei), haja vista se tratar de um negócio processual, e desse mesmo modo a liberdade sobre os fatos que deverão ser confessados. Contudo, do caderno investigatório o membro do MP deve se ater aos fatos devidamente comprovados, não podendo transigir sobre eles no tocante à confissão.

3.7.3.2 Reparação do dano ou restituição da coisa à vítima

Essa reparação do dano, por não estar delimitada na redação do dispositivo, entende-se poder ser de qualquer natureza. Ou seja, não apenas o dano material, mas também o dano moral, estético, dentre outros.

É claro que esta condição não será imposta quando impossível à reparação do dano. Dentro dessa impossibilidade se vislumbra duas espécies, quais sejam, a impossibilidade material e a impossibilidade financeira.

Por impossibilidade material se entende por aqueles casos em que o delito não causa dano, a exemplo dos crimes contra a paz pública.

De outro lado, por impossibilidade financeira se entende aquelas situações em que o investigado não tem condições econômicas alguma de reparar o dano que causou, haja vista a sua **vulnerabilidade financeira**. Para nós, nos casos de danos de elevado valor, diante dos quais, embora o investigado tenha certa capacidade financeira, o valor for extremamente elevado de modo a impossibilitar a total reparação, deve o MP impor no acordo a reparação parcial do dano, dentro das capacidades do investigado. Isso em razão de ser o acordo um negócio processual outorgando certa margem de liberdade para as avenças, bem como ser a medida que mais atende o espírito da lei, ao impor a condição cogente de reparação do dano.

3.7.3.3 Renúncia voluntária a bens e direitos indicados pelo Ministério Público como instrumentos, produto ou proveito do crime

Aqui não se refere aos danos causados pelo investigado, mas sim as vantagens que obteve com sua suposta ação delitiva.

É uma máxima da política de direito penal que o crime não pode compensar. Destarte, seria uma situação absurda se o investigado pudesse, diante da celebração de um acordo, ficar para si com as vantagens do crime (vantagens essas, muitas vezes de valores altíssimos) ou com os instrumentos deste.

É dever de o Ministério Público indicar esses bens, impondo no acordo, a perda discriminada deles. Muitas vezes a real dimensão dos produtos e proveitos do crime são de difícil aferição. Nesse sentido, deve-se atentar o presidente do inquérito policial para a busca de seus elementos durante a investigação, de modo a fornecer maiores subsídios ao membro do *Parquet*.

3.7.3.4 Prestação de serviços à comunidade ou a entidades públicas

Segundo o dispositivo legal, o investigado deverá prestar serviços à comunidade ou a entidades públicas por período correspondente à pena mínima cominada ao delito, diminuída de um a dois terços, em local a ser indicado pelo juiz da execução.

Como se observa da redação do texto da Lei, não existe avença acerca do local de cumprimento dos serviços, senão apenas sobre a presença dessa condição ou não no acordo. Esses serviços, uma vez pactuados, serão realizados na forma do art. 46 do Código Penal, que preconiza uma hora de serviço por dia de condenação, atentando-se para a diminuição de um a dois terços do art. 28-A, III, do CPP.

Questão interessante e pouco trabalhada ainda pela doutrina ou jurisprudência diz respeito à imposição, pelo Ministério Público, dessa prestação de serviços para os acordos que envolvem infrações penais às quais o preceito secundário do tipo penal não prevê qualquer pena privativa de liberdade, a exemplo do crime do art. 304 do Código Eleitoral.

Pois bem, o art. 28-A, III, do CPP, traz a seguinte redação: "prestar serviço à comunidade ou a entidades públicas por período correspondente à **pena mínima cominada ao delito diminuída de um a dois terços**, em local a ser indicado pelo juízo da execução, na forma do art. 46 do Decreto-lei nº 2.848, de 7 de dezembro de 1940 (Código Penal) (grifo nosso)". Por sua vez, o art. 46 do CP, o qual faz remissão o referido inciso do art. 28-A do CPP, assim dispõe em seu § 3º: "As tarefas a que se refere o § 1º serão atribuídas conforme as aptidões do condenado, devendo ser cumpridas à razão de **uma hora de tarefa por dia de condenação**, fixadas de modo a não prejudicar a jornada normal de trabalho" (grifo nosso). De igual modo, o *caput* do mesmo art. 46 é expresso em dizer que a prestação de serviços à comunidade ou a entidades públicas só se aplica a infrações penais com privação de liberdade. Assim:

> **Art. 46.** A prestação de serviços à comunidade ou a entidades públicas é aplicável às condenações superiores a seis meses de **privação da liberdade**. (Grifo nosso)

Como se observa, a imposição de serviços à comunidade leva como critério para sua aplicação a referência aos dias de condenação (prisão ou detenção). Preconizando ainda o dispositivo legal do ANPP que, para o acordo, dever-se-á ser **reduzido de um a dois terços** o montante da **pena mínima** privativa de liberdade de referência. Isso para que os termos do acordo não se mostrem mais gravosos do que uma futura condenação (onde possivelmente haveria a substituição da pena privativa de liberdade por restritiva de direitos).

Diante dessas premissas, bem como em razão do próprio *caput* do art. 28-A determinar que as condições previstas em seus incisos devam ser aplicadas cumulativa e **alternativamente**, deve-se entender que nos casos de crimes os quais não seja cominada pena privativa de liberdade (superior a seis meses, na dicção do art. 46 do CP), não se deve impor a condição da prestação de serviços à comunidade ou a entidades públicas. Não obstante a dicção da Lei, entendimento de forma contrária poderia ensejar a imposição de condições no acordo de não persecução penal mais severas do que uma futura possível condenação. Fato que vilipendiaria os princípios da proporcionalidade e da razoabilidade.

3.7.3.5 Pagamento de prestação pecuniária

Devendo ser aplicada na forma no art. 45 do CP, por expressa previsão do inciso em epígrafe. Desse modo, este pagamento deve ser feito à entidade pública ou de interesse social a ser indicada pelo juízo da execução penal.

Deve destinar-se a prestação preferencialmente àquelas entidades que tenham como função proteger bens jurídicos iguais ou semelhantes aos aparentemente lesados pela infração penal.

3.7.3.6 Cumprimento por prazo determinado de outras condições estipuladas pelo Ministério Público

A exemplo do já previsto na suspensão condicional do processo da Lei nº 9.099/1995, no ANPP pode o Ministério Público estipular outras condições além das acima previstas. Determina o inciso que, para a imposição dessas outras condições, deverá o *Parquet* se atentar para o princípio da proporcionalidade, bem como para a compatibilidade da condição com a infração penal aparentemente praticada.

De igual modo, essa condição deve se mostrar, em uma análise em conjunto com as demais condições impostas no caso concreto, consentânea com a necessidade e suficiência para os fins de reprovação e prevenção do delito (art. 28-A, *caput*).

3.7.4 Aspecto temporal para a celebração do acordo

O acordo de não persecução penal tem como limite temporal o **recebimento** da denúncia. Uma vez **recebida a denúncia, não cabe mais a proposição do acordo.** Até o julgado mencionado a seguir, existiam pelo menos 5 (cinco) correntes sobre até que momento o ANPP poderia ser realizado. Havia, inclusive, para se ter uma ideia, correntes que pugnavam pela possibilidade do acordo até o trânsito em julgado. Todavia, os Tribunais Superiores pacificaram a matéria determinando o momento do recebimento da denúncia.

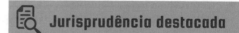

Jurisprudência destacada

A Lei nº 13.964/2019 ("Pacote Anticrime") inseriu o art. 28-A ao CPP, criando, no ordenamento jurídico pátrio, o Instituto do Acordo de Não Persecução Penal (ANPP).

A Lei nº 13.964/2019, no ponto em que institui o ANPP, é considerada lei penal de natureza híbrida, admitindo conformação entre a retroatividade penal benéfica e o *tempus regit actum*.

O ANPP se esgota na etapa pré-processual, sobretudo porque a consequência da sua recusa, sua não homologação ou seu descumprimento é inaugurar a fase de oferecimento e de recebimento da denúncia.

O **recebimento da denúncia** encerra a etapa pré-processual, devendo ser considerados válidos os atos praticados em conformidade com a lei então vigente.

Dessa forma, a retroatividade penal benéfica incide para permitir que o ANPP seja viabilizado a fatos anteriores à Lei nº 13.964/2019, **desde que não recebida a denúncia.**

Assim, mostra-se impossível realizar o ANPP quando já recebida a denúncia em data anterior à entrada em vigor da Lei nº 13.964/2019 (STJ, 5ª Turma, HC nº 607.003/SC, Rel. Min. Reynaldo Soares da Fonseca, j. 24.11.2020, *Info.* nº 683; STF, 1ª Turma, HC nº 191.464/AgR, Rel. Roberto Barroso, j. 11.11.2020).

O acordo de não persecução penal pode ser celebrado independentemente do procedimento investigatório.

De igual modo, não existe impedimento legal para que o acordo possa, inclusive, ser celebrado na mesma oportunidade da audiência de custódia, desde que em ato jurídico dela separado.

Como se sabe, por ocasião da audiência de custódia, não se admite que o preso seja indagado sobre o mérito da imputação. Com efeito, o ANPP, pressupõe a confissão formal e circunstanciada da prática delituosa (que é uma forma de indagação do mérito da imputação ao preso). Nesse espeque, não se poderá realizar a proposta do ANPP no mesmo ato da audiência de custódia, mas sim na mesma oportunidade.

Desta forma, uma vez concluída a audiência de custódia, pode o Ministério Público aproveitar a oportunidade de ali se encontrar o investigado e o magistrado responsável pela homologação do acordo, e, possuindo os elementos para tal, em ato após a audiência de custódia, mas na mesma oportunidade propor o acordo. Isso atende, inclusive, aos princípios da economia processual, da celeridade e da duração razoável do processo (LIMA, 2020b, p. 220).

Mas deve-se observar para tanto se o promotor e o juiz são respectivamente o promotor e o juiz natural para o caso. Celebrado o acordo, nessa hipótese deve o preso ser imediatamente colocado em liberdade.

Quanto à aplicação do ANPP no tempo sua aplicação deve ser imediata na forma do princípio do *tempus regit actum*. O ANPP é matéria de direito processual penal, podendo ser celebrado, inclusive, para fatos ocorridos antes da vigência da Lei nº 13.964/2019, desde que não recebida ainda a denúncia.

Nesse mesmo sentido é o Enunciado nº 20 do CNPG: "Cabe acordo de não persecução penal para fatos ocorridos antes da vigência da Lei nº 13.964/2019, desde que não recebida a denúncia".

3.7.5 O acordo de não persecução penal seria um direito subjetivo do acusado ou discricionariedade do Ministério Público?

O ANPP depende da convergência das partes, exatamente por se tratar de um negócio processual. Destarte, não se pode vislumbrar no acordo um direito subjetivo do investigado. Fosse assim, o juiz poderia determinar sua realização de ofício, o que lhe retiraria a característica do consenso, bem como da titularidade da ação penal pelo MP.

Trata-se na verdade do que se costumou chamar de **discricionariedade regrada ou oportunidade regrada** do Ministério Público. Os requisitos que permitem a celebração da avença estão na Lei. Da mesma forma, essa mesma Lei permite que o investigado se valha da forma do art. 28 do CPP, para fins de apreciação da oportunidade do acordo ao órgão superior do MP, caso tenha sido negado o consenso na origem.

Nessa toada é o Enunciado nº 19 do CNPG: "O acordo de não persecução penal é faculdade do Ministério Público, que avaliará, inclusive em última análise, se o instrumento é necessário e suficiente para a reprovação e prevenção do crime no caso concreto".

3.7.6 Homologação do acordo e controle judicial

À época da redação original da Resolução nº 181 do CNMP, o acordo de não persecução penal não contava com a previsão da homologação judicial da avença. Na verdade, não havia previsão de qualquer espécie de controle judicial para o acordo. Isso gerava certa insegurança jurídica para o investigado, pois não teria a certeza de que se ele cumprisse todas as condições o procedimento seria mesmo arquivado. Posteriormente, a referida resolução foi alterada de modo a prever o acordo judicial prévio sobre o acordo.

Agora com a previsão no CPP, o acordo firmado deve ser levado à homologação judicial, devendo o juiz designar uma audiência para verificar sua voluntariedade, por meio da oitiva do investigado, na presença do seu defensor, e sua legalidade (art. 28-A, § 4º). Nessa audiência não se faz necessariamente a presença do Ministério Público, até mesmo porque em tal audiência se verificará se houve algum tipo de constrangimento ao investigado pelo MP para fins de celebração do acordo.

Com os autos do acordo em mãos, abrem-se ao juiz das garantias as seguintes opções:

a. homologar o acordo de não persecução penal; quando devolverá o acordo ao MP para que inicie sua execução perante o juiz da execução penal;
b. devolver os autos ao MP para que seja reformulada a proposta quando o juiz considerar essa **inadequada**, **insuficiente** ou **abusiva**;
c. recusar a homologação do acordo quando não atender aos requisitos legais ou quando não for realizada a adequação mencionada no item anterior.

Na eventualidade deste último inciso, caso o juiz se recuse a homologação do acordo, abre-se tanto para o MP quanto para a defesa do investigado a oportunidade da interposição do **recurso em sentido estrito**, com a previsão específica que a Lei nº 13.964/2019 trouxe para a redação do art. 581, XXV, do CPP.

Por outro lado, como já mencionado alhures, se for o órgão do Ministério Público que se recusar, injustificadamente, a oferecer a proposta do acordo de não persecução penal, o investigado que tiver interesse no acordo pode requerer a remessa dos autos ao órgão superior, na forma do art. 28, *caput*, do CPP, com a redação determinada pela Lei nº 13.964/2019. Desse modo, a controvérsia será dirimida pelo Procurador-Geral de Justiça ou à respectiva Câmara de Coordenação e Revisão. Nesse caso, a instância superior do MP poderá, por ato próprio ou por designação de outro membro: oferecer a denúncia; complementar as investigações; reformular a proposta do acordo; manter o acordo, quando se vinculará a toda a instituição.

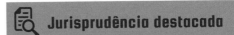
Jurisprudência destacada

O Poder Judiciário não pode impor ao Ministério Público a obrigação de ofertar acordo de não persecução penal (ANPP).

Não cabe ao Poder Judiciário, que não detém atribuição para participar de negociações na seara investigatória, impor ao MP a celebração de acordos.

Não se tratando de hipótese de manifesta inadmissibilidade do ANPP, a defesa pode requerer o reexame de sua negativa, nos termos do art. 28-A, § 14, do CPP, não sendo legítimo, em regra, que o Judiciário controle o ato de recusa, quanto ao mérito, a fim de impedir a remessa ao órgão superior no MP. Isso porque a redação do art. 28-A, § 14, do CPP determina a iniciativa da defesa para requerer a sua aplicação (STF, 2ª Turma, HC nº 194.677/SP, Rel. Min. Gilmar Mendes, j. 11.05.2021, *Info.* nº 1.017).

Decifrando a prova

(2021 – MPE-PR – Promotor de Justiça Substituto) Quanto ao tema do acordo de não persecução penal, segundo o disposto no Código de Processo Penal, analise as assertivas abaixo e assinale a alternativa:

I – A prática de novo crime após o começo do cumprimento do acordo de não persecução penal, dentre outras elencadas no Código de Processo Penal, é causa expressa de rescisão do benefício.

II – Homologado judicialmente o acordo de não persecução penal, o juiz devolverá os autos ao Ministério Público para que inicie sua execução perante o juízo de execução penal.

III – Não cabe a renúncia voluntária a bens e direitos indicados pelo Ministério Público como instrumentos, produto ou proveito do crime, como condição para o acordo de não persecução penal.

IV – Não poderá ser proposto o acordo de não persecução penal se for cabível transação penal de competência dos Juizados Especiais Criminais.

V – Não caberá acordo de não persecução penal no caso de ter sido o agente beneficiado por suspensão condicional do processo penal, nos 5 (cinco) anos anteriores à data da propositura do acordo de não persecução penal.

A) Apenas as assertivas I, II, e IV estão incorretas.
B) Apenas as assertivas IV e V estão incorretas.
C) Apenas as assertivas I, III, V estão incorretas.
D) Apenas as assertivas II, III e IV estão incorretas.
E) Apenas as assertivas II e III estão incorretas.

Gabarito comentado: a questão cobra a literalidade do que consta no art. 28-A do CPP. Portanto, a letra C é o gabarito.

3.7.7 Acordo de não persecução cível

À época da Resolução nº 181 do CNMP, muita divergência havia se se poderia albergar pelo acordo de não persecução penal a ação de improbidade administrativa. Defendia-se que não abarcar pelo acordo de não persecução a ação de improbidade administrativa poderia tornar o acordo com uma eficácia muito limitada e até mesmo totalmente desinteressante para o investigado. É que a ação de improbidade administrativa, muitas vezes acaba por ter um efeito sancionador muito mais severo que a ação penal, de sorte que o investigado se livraria da ação penal, mas estaria sujeito aos rigores de uma ação de improbidade, pesando ainda contra ele a força retórica da confissão do acordo de não persecução na seara penal.

Argumentava-se favoravelmente ao acordo de não persecução na esfera da ação de improbidade o respeito ao princípio da isonomia. Asseveravam essas vozes que tanto na esfera da ação de improbidade quanto na esfera penal estar-se-ia diante do **direito sancionador**. As razões da realização do acordo em um seriam exatamente as mesmíssimas razões para a celebração no outro, e, como cediço, onde existe a mesma razão deve existir o mesmo direito.

Contrariamente aos argumentos supracitados, defendia-se que o art. 17, § 1º, da Lei de Improbidade (Lei nº 8.429/1992) não admitia nenhuma espécie de acordo no tocante à aplicação das sanções político-administrativas, haja vista os bens jurídicos tratados na Lei de Improbidade serem indisponíveis.

Colocando uma pá de cal sobre toda essa celeuma, o Pacote Anticrime veio a inserir redação no art. 17, § 1º, da Lei de Improbidade, trazendo expressamente a previsão do acordo de não persecução para as infrações político-administrativas da Lei de Improbidade Administrativa. O acordo aí, todavia, tem outro nome, chama-se **acordo de não persecução cível**. Recentemente, a Lei nº 14.230/2021 revogou o art. 17, § 1º, da Lei nº 8.429/1992 e fez inserir todo o regramento do acordo de não persecução civil no art. 17-B, com seus incisos e parágrafos.

O acordo de não persecução civil pode ser formulado em qualquer momento da ação de improbidade, seja antes do oferecimento da inicial (no curso da investigação), seja depois. Inclusive, para acordos formulados após o oferecimento da inicial, o § 10-A do art. 17 permite a interrupção do prazo para a contestação por prazo não superior a 90 (noventa) dias, para que se chegue a um consenso do acordo.

O limite temporal para o oferecimento do acordo na ação de improbidade, anteriormente, ia só até o trânsito em julgado de eventual sentença condenatória. Todavia, seguindo recente decisão do STJ (AREsp nº 1.314.581/SP, j. 23.02.2021), a Lei nº 14.230/2021 trouxe a previsão no art. 17-B, § 4º, da Lei nº 8.429/1992, da possibilidade de o acordo ocorrer a qualquer momento, **inclusive na fase da execução**.

Acerca dos legitimados para o oferecimento do acordo, em sua redação original o projeto do Pacote Anticrime previa que só o MP poderia oferecer o acordo de não persecução cível, contudo, essa previsão foi vetada pelo Presidente da República. Não obstante, com a recente redação dada pela Lei nº 14.230/2021, essa previsão de legitimidade ativa exclusiva do Ministério Público para o acordo de não persecução civil voltou a vicejar.

Outra discussão importante e que provavelmente irá surgir refere-se ao alcance do acordo de não persecução penal na esfera do poder disciplinar da Administração Pública. Como se sabe as instâncias penais e administrativas são autônomas, de modo que nada impede que um servidor que cometeu um crime funcional venha a realizar um acordo de não persecução na seara penal e de improbidade administrativa, mas venha a responder disciplinarmente perante seu órgão.

Como se sabe, muitas vezes as infrações disciplinares ensejam sanções mais graves que as infrações penais. Exemplo disso é a sanção de perda do cargo pela Lei nº 8.112/1990, ou as punições disciplinares militares que ensejam penas de prisão administrativa.

Trata-se, na forma das duas anteriores, também do chamado **direito sancionador**, aplicando-se aqui as mesmas críticas tecidas à não aplicação do acordo nas ações de improbidade administrativa antes do Pacote Anticrime.

3.8 CARACTERÍSTICAS DO INQUÉRITO POLICIAL

3.8.1 Documentado/escrito

A doutrina costuma apontar que o inquérito policial deve ser escrito, optamos por tratá-lo como documentado, em razão da evolução tecnológica e da possibilidade de apresentar-se em meio digital.

O art. 9º do CPP traz expressamente essa previsão no seguinte sentido: "Todas as peças do inquérito policial serão, num só processado, reduzidas a escrito ou datilografadas e, neste caso, rubricadas pela autoridade".

Com isso, resta claro que, em regra, o procedimento do inquérito terá a forma escrita.

Quanto às demais possibilidades (gravação audiovisual, fotos etc.), o Código de Processo Penal (CPP), por ter entrado em vigor no ano de 1942, não faz menção à possibilidade de uso desses recursos tecnológicos. Malgrado, procedendo-se na interpretação progressiva o art. 405, § 1º, do CPP, que foi incluído em 2008, depreende-se a possibilidade do uso de tais recursos. Traz o dispositivo a seguinte previsão: "sempre que possível, o registro dos depoimentos do investigado, indiciado, ofendido e testemunhas será feito pelos meios ou recursos de gravação magnética, estenotipia, digital ou técnica similar, inclusive audiovisual, destinada a obter maior fidelidade das informações". Embora o texto legal se refira à fase processual, cabe tranquilamente sua aplicação à fase investigatória, mormente diante da maior segurança e fidelidade as provas que esses meios proporcionam.

Assim, observa-se que, atualmente, é amplamente admissível e até mesmo recomendável que, quando necessário à investigação, a autoridade policial se utilize de meios audiovisuais para a elucidação dos fatos apurados.

3.8.2 Sigiloso

O inquérito policial tem como principal característica o sigilo, diferentemente do Processo Penal que, em regra, tem como princípio a publicidade de seus atos. E isso porque enquanto o processo penal tem natureza eminentemente contraditória com todos os corolários desse sistema, o inquérito é essencialmente inquisitivo.

A publicidade no Processo Penal tem como base os arts. 93, IX, e 5º, XXXIII e LX, da CF, segundo os quais respectivamente:

> Art. 93. (...)
>
> IX – **todos os julgamentos dos órgãos do Poder Judiciário serão públicos**, e fundamentadas todas as decisões, sob pena de nulidade, podendo a lei limitar a presença, em

determinados atos, às próprias partes e a seus advogados, ou somente a estes, em casos nos quais a preservação do direito à intimidade do interessado no sigilo não prejudique o interesse público à informação; (...)

Art. 5º (...)

XXXIII – **todos têm direito a receber dos órgãos públicos informações de seu interesse particular**, ou de interesse coletivo ou geral, que serão prestadas no prazo da lei, sob pena de responsabilidade, ressalvadas aquelas cujo sigilo seja imprescindível à segurança da sociedade e do Estado; (...)

LX – **a lei só poderá restringir a publicidade dos atos processuais quando a defesa da intimidade ou o interesse social** o exigirem. (Grifos nossos)

O CPP, anterior à Constituição, já trazia em seu texto o princípio da publicidade dos atos no art. 792, *caput* e § 1º, nos seguintes termos:

Art. 792. As audiências, sessões e os atos processuais serão, em regra, públicos (...)

§ 1º Se da publicidade da audiência, da sessão ou do ato processual, puder resultar **escândalo, inconveniente grave ou perigo de perturbação da ordem**, o juiz, ou o tribunal, câmara, ou turma, poderá, de ofício ou a requerimento da parte ou do Ministério Público, determinar que o ato seja realizado a **portas fechadas**, limitando o número de pessoas que possam estar presentes. (Grifos nossos)

Como podemos perceber, para o processo judicial penal, a Constituição e o CPP têm como regra a publicidade dos atos processuais, constituindo-se como exceção a possibilidade de restrição da publicidade em favor da defesa da intimidade, interesse social, segurança da sociedade e do Estado.

No inquérito policial, muitas investigações dependem do sigilo para obter-se êxito, tendo em vista que o elemento surpresa pode ser instrumento indispensável para a colheita de elementos de informação. Desse modo, não seria dada a possibilidade ao investigado de mascarar os fatos, como ocorre em diversos processos judiciais. Por isso, o inquérito policial é regido, em regra, pelo sigilo, conforme o art. 20 do CPP: "**A autoridade assegurará no inquérito o sigilo necessário** à elucidação do fato ou exigido pelo interesse da sociedade" (grifo nosso).

O sigilo do inquérito não alcança o juiz e o Ministério Público. Da mesma forma, não alcança o advogado, por força do art. 7º, XIV, do Estatuto da OAB. Nesse mesmo sentido é a Súmula Vinculante nº 14 do STF:

É direito do defensor, no interesse do representado, **ter acesso amplo aos elementos de prova** que, **já documentados** em procedimento investigatório realizado por órgão com competência de polícia judiciária, digam respeito ao exercício do direito de defesa. (Grifos nossos)

Caso o acesso aos autos do inquérito seja negado ao advogado pelo Delegado de Polícia, se entender ser cabível poderá pleitear em juízo a adoção de medidas cabíveis, com fulcro no art. 7º, § 12, da Lei nº 8.906/1994 (Estatuto da OAB).

Assim, observamos que a grande regra é que **o inquérito seja sigiloso**, de outro modo, a **investigação conduzida pelo Ministério Público deverá ser pública**, nos termos do art. 15 da Resolução nº 181/2017, *in verbis*:

> **Os atos e peças do procedimento investigatório criminal são públicos**, nos termos desta Resolução, salvo disposição legal em contrário ou por razões de interesse público ou conveniência da investigação. (Grifo nosso)

Devemos ter atenção especial naquilo que concerne ao sigilo das investigações envolvendo organizações criminosas em razão do disposto no art. 23 da Lei nº 12.850/2013, vejamos a redação do dispositivo legal:

> **Art. 23.** O sigilo da investigação **poderá ser decretado pela autoridade judicial competente, para garantia da celeridade e da eficácia das diligências investigatórias**, assegurando-se ao defensor, no interesse do representado, amplo acesso aos elementos de prova que digam respeito ao exercício do direito de defesa, devidamente precedido de autorização judicial, ressalvados os referentes às diligências em andamento.
>
> **Parágrafo único.** Determinado o depoimento do investigado, seu defensor terá assegurada a prévia vista dos autos, ainda que classificados como sigilosos, **no prazo mínimo de 3 (três) dias** que antecedem ao ato, podendo ser ampliado, **a critério da autoridade responsável pela investigação**. (Grifos nossos.)

3.8.3 Oficial

A investigação deverá ser realizada por autoridades públicas. A atividade investigativa policial do inquérito jamais poderá ser delegada a particulares.

Assim, podemos concluir que à Polícia Federal e às Polícias Civis dos Estados e do Distrito Federal compete, na pessoa do Delegado de Polícia, salvo exceções legais (exemplo: inquérito policial militar), presidir o inquérito policial.

Lembre-se de que o juiz, não poderá, em nenhuma hipótese, presidir o inquérito policial, sob pena de violação às regras que regem o sistema acusatório. Poderá o juiz requisitar ao Delegado de Polícia a instauração do inquérito, nos termos do art. 5º, II, do CPP.

A esse respeito, requisição da instauração de inquéritos policiais por autoridade judiciárias, acreditamos que a referida ação não é mais possível, sob o prisma da releitura do sistema acusatório realizado essencialmente pelas novas disposições constantes da Lei nº 13.964/2019 (Pacote Anticrime).

Ressalta-se que, mesmo antes da edição do referido diploma, vários doutrinadores já se posicionavam contra a possibilidade de o juiz requisitar a instauração de inquéritos policiais, sob pena de violação ao sistema acusatório.

Com a edição da Lei nº 13.964/2019, essa corrente ganhou forças considerando o teor do seguinte dispositivo legal cediço no art. 3º-A do CPP: "O processo penal terá estrutura acusatória, **vedadas a iniciativa do juiz na fase de investigação** e a substituição da atuação probatória do órgão de acusação" (incluído pela Lei nº 13.964/2019) (grifo nosso).

Observa-se que, conforme as novas disposições expressas, é vedada a iniciativa do juiz na fase investigatória e a substituição da atuação probatória do órgão de acusação, razão pela qual entendemos que o dispositivo que autoriza ao magistrado a requisição de instauração de inquéritos policiais está superado.

Desse modo, caso a autoridade judicial, no exercício de sua atividade, se depare com informações a respeito da prática de crimes, deverá proceder da seguinte forma. Ou fará abertura de vistas ao Membro do Ministério Público ou mesmo a remessa das peças a esta autoridade. Ou fará a remessa das peças indiciárias ao Delegado de Polícia para que, conforme sua avaliação jurídica e considerando o seu poder/dever de investigação das infrações penais sujeitas à ação penal pública, instaure ou não o instrumento investigativo.

3.8.4 Inquisitorial

O inquérito é um procedimento **inquisitivo** (doutrina majoritária), não sendo possível a observância plena do contraditório e da ampla defesa nessa fase procedimental. Essa característica tem a finalidade de dar celeridade à colheita de elementos de informações aptos a futuramente embasar a formação do convencimento do órgão responsável pela acusação, assim como subsidiar a decisão do magistrado naquilo que diz respeito às medidas cautelares requeridas nessa fase procedimental.

O STF tem reafirmado a característica da inquisitoriedade do inquérito policial, vejamos:

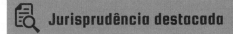

> Não é necessária a intimação prévia da defesa técnica do investigado para a tomada de depoimentos orais na fase de inquérito policial. Não haverá nulidade dos atos processuais caso essa intimação não ocorra. O inquérito policial é um procedimento informativo, de natureza inquisitorial, destinado precipuamente à formação da *opinio delicti* do órgão acusatório. Logo, no inquérito há uma regular mitigação das garantias do contraditório e da ampla defesa. Esse entendimento justifica-se porque os elementos de informação colhidos no inquérito não se prestam, por si sós, a fundamentar uma condenação criminal. A Lei nº 13.245/2016 implicou um reforço das prerrogativas da defesa técnica, sem, contudo, conferir ao advogado o direito subjetivo de intimação prévia e tempestiva do calendário de inquirições a ser definido pela Autoridade Policial (STF, 2ª Turma, Pet nº 7.612/DF, Rel. Min. Edson Fachin, j. 12.03.2019, *Info.* nº 933).

3.8.5 Oficioso

O art. 5º, I, do CPP impõe à autoridade policial o dever de agir de ofício nos crimes de ação penal pública incondicionada, procedendo a apuração do fato delitivo. *In verbis*: "Nos crimes de ação pública o inquérito policial será iniciado: I – de ofício".

As hipóteses de crimes de ação penal pública condicionada à representação e dos delitos de ação penal privada são as exceções.

A oficiosidade é a obrigação de a autoridade policial instaurar o inquérito quando toma conhecimento da infração penal considerada como fato típico.

Logicamente, quando, diante de crimes que exijam manifestação da vítima, essa instauração não poderá ocorrer de ofício, pois indispensável a manifestação da vítima no sentido de ver apurado aquele delito. É o que ocorre nos crimes de ação penal pública condicionada à representação ou em relação aos crimes de ação penal privada. Nesses casos, a atuação investigativa do Delegado de Polícia condiciona-se à iniciativa da vítima.

Esse fenômeno não afasta a oficiosidade do inquérito policial, pois, a partir da manifestação da vítima, a autoridade policial procederá de ofício na elucidação do delito.

3.8.6 Discricionário

A investigação criminal, conduzida pelo Delegado de Polícia, tem caráter discricionário. Isso significa que a autoridade policial possui liberdade para determinar, sempre nos limites da lei, como deverão ser realizados os atos e diligências para que o fato criminoso seja esclarecido. Trata-se da liberdade nos critérios de oportunidade e conveniência que serão eleitos pela autoridade policial. Como todo ato administrativo discricionário essa liberdade viceja apenas sobre os elementos do motivo e objeto. A forma do ato, a finalidade e a competência para o ato são sempre determinados pela Lei. Com efeito, a forma é escrita, a finalidade é o interesse público na elucidação dos fatos, e a competência é do delegado de polícia.

O art. 14, *caput*, do CPP merece destaque nesse momento, pois poderá o ofendido, o indiciado ou seus representantes legais requerer diligências, mas caberá ao Delegado definir se esses atos são importantes, ou não, para o prosseguimento da investigação, de acordo com seu projeto traçado ao início desta. Vejamos o texto da lei: "O ofendido, ou seu representante legal, e o indiciado poderão requerer qualquer diligência, que será realizada, **ou não**, a juízo da autoridade" (grifo nosso).

É importante reforçar que a autoridade policial não pode recusar a realizar diligências que sejam importantes e essenciais para a elucidação dos fatos, mas pode escolher o seu momento de acordo com a estratégia de investigação traçada. Isso decorre do seu **poder/dever de investigação eficiente** (como todo ato administrativo, mesmo os discricionários, a autoridade não pode se afastar dos princípios que os devem nortear). Sendo assim, nos casos em que as manifestações e requerimentos são explicitamente protelatórios, não deverão ser acatados pelo Delegado de Polícia.

Uma observação importante de ser feita. **O exame de corpo de delito não poderá ser indeferido pela autoridade policial ou judicial.** Vejamos o teor do art. 184 do CPP: "Salvo o caso de exame de corpo de delito, o juiz ou a autoridade policial negará a perícia requerida pelas partes, quando não for necessária ao esclarecimento da verdade".

3.8.7 Indisponível

A indisponibilidade é uma característica inerente à atividade desempenhada pelo Delegado de Polícia. Este não pode determinar o arquivamento dos autos, mesmo sem indícios suficientes de autoria e prova da materialidade, nos termos do art. 17 do CPP, *in verbis*: "a autoridade policial não poderá mandar arquivar autos de inquérito".

Mesmo que o inquérito tenha sido instaurado de ofício, sempre deverá ser concluído e encaminhado ao juízo. Somente a autoridade judiciária poderá ordenar o arquivamento do inquérito.

Nada impede, contudo, que depois de ordenado o arquivamento do inquérito pela autoridade judiciária, por falta de base para a denúncia, a autoridade policial possa proceder a novas pesquisas, se de outras provas tiver notícia. Esse é o ter do art. 18 do CPP.

3.8.8 Temporário

A Constituição Federal traz no art. 5º, LXXVIII, o princípio da duração razoável do processo. Esse princípio pode ser interpretado em sintonia com o art. 10, *caput*, do CPP, o qual preconiza que o inquérito **deverá terminar no prazo de 10 dias**, se o indiciado tiver sido **preso** em flagrante, ou estiver preso preventivamente, contado o prazo, nesta hipótese, a partir do dia em que se executar a ordem de prisão, ou no **prazo de 30 dias, quando estiver solto**, mediante fiança ou sem ela.

Quando o fato for de difícil elucidação, e o indiciado estiver solto, a autoridade poderá requerer ao juiz a devolução dos autos, para ulteriores diligências, que serão realizadas no prazo marcado pelo juiz.

Podemos concluir que, teoricamente, o inquérito tem duração de, no máximo, 30 (trinta) dias, mas há possibilidade de estender esse prazo, se o investigado estiver solto, para a realização de diligências indispensáveis, respeitando a razoável duração do processo.

O inquérito policial não pode ter seu prazo prorrogado indefinidamente, sob pena de ilegalidade em sua condução.

Em jurisprudência sobre o assunto, no âmbito do STJ, o Ministro Nefi Cordeiro nos ensina:

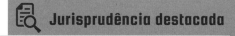

Jurisprudência destacada

1. A investigação criminal gera danos à pessoa, suportáveis pelo interesse da apuração da justa causa, mas não passíveis de eternização. 2. Tendo sido iniciadas investigações em 2012, e encontrando-se o inquérito policial, injustificadamente, sem conclusão desde 2017, porque não realizadas diligências requeridas pela acusação, e tendo o feito ficado paralisado para manifestação acerca da prorrogação do prazo para conclusão das diligências desde 06.04.2018, não revela ilegalidade a decisão do Tribunal local de reconhecer o excesso de prazo da investigação em junho/2018, já que constatada clara mora e indevido dano estatal, a justificar a concessão de *habeas corpus* para determinar seu trancamento. Incidência da Súmula nº 83/STJ (AgRg no AREsp nº 1.453.748/PR, 2019/0053269-0).

3.9 FORMAS DE INSTAURAÇÃO DO INQUÉRITO POLICIAL

A forma pela qual o inquérito é instaurado **varia**, sobretudo, conforme a **natureza do crime**. O art. 5º do CPP é o norte para entender as formas de instauração do inquérito, vejamos:

> **Art. 5º** Nos crimes de ação pública o inquérito policial será iniciado:
>
> I – de ofício;
>
> II – mediante requisição da autoridade judiciária ou do Ministério Público, ou a requerimento do ofendido ou de quem tiver qualidade para representá-lo.
>
> § 1º O requerimento a que se refere o nº II conterá sempre que possível:
>
> *a*) a narração do fato, com todas as circunstâncias;
>
> *b*) a individualização do indiciado ou seus sinais característicos e as razões de convicção ou de presunção de ser ele o autor da infração, ou os motivos de impossibilidade de o fazer;
>
> *c*) a nomeação das testemunhas, com indicação de sua profissão e residência.
>
> § 2º Do despacho que indeferir o requerimento de abertura de inquérito caberá recurso para o chefe de Polícia.
>
> § 3º Qualquer pessoa do povo que tiver conhecimento da existência de infração penal em que caiba ação pública poderá, verbalmente ou por escrito, comunicá-la à autoridade policial, e esta, verificada a procedência das informações, mandará instaurar inquérito.
>
> § 4º O inquérito, nos crimes em que a ação pública depender de representação, não poderá sem ela ser iniciado.
>
> § 5º Nos crimes de ação privada, a autoridade policial somente poderá proceder a inquérito a requerimento de quem tenha qualidade para intentá-la.

A partir do texto legal, abordaremos as diversas hipóteses.

3.9.1 Crimes de ação penal pública incondicionada

A regra é que os crimes sejam de ação penal pública incondicionada. Sendo assim, quando, no texto da lei, não houver previsão das expressões: "se procede mediante queixa" ou "se procede mediante representação ou requisição do Ministro da Justiça", fica subtendido que o crime será processado mediante ação penal pública incondicionada.

Nesses crimes o inquérito poderá ser instaurado das seguintes maneiras.

- **De ofício**

É o que leciona o art. 5º, I, do CPP. Nesses casos, a peça que dá início ao inquérito é uma **portaria**, subscrita pelo Delegado de Polícia e deve conter:

 ◊ o objeto da investigação;

◇ as circunstâncias já conhecidas acerca do fato criminoso (dia, horário, local etc.);
◇ as diligências iniciais a serem realizadas.

Trata-se da primeira peça prática processual passível de edição pelo Delegado de Polícia. Será a peça que instaura, aquela que **dá início à formalização da atividade investigativa**.

Em provas concursais, é interessante que o candidato demonstre, cite e siga as determinações do art. 5º do CPP. Assim, deve-se fazer referência expressa:

a. **Aos fatos** já constatados e que embasam e fundamentam a instauração do expediente investigativo. Nesse momento, o candidato deverá relatar, descrever os fatos ocorridos e explicar o motivo pelo qual, em tese, aquela conduta configura-se como crime. Também é importante definir qual crime é configurado.

b. **Ao que se busca investigar.** Deve aclarar qual é a finalidade da investigação, qual o objetivo final do expediente investigativo: definir autoria, encontrar os objetos produtos do crime ou mesmo recuperar ou encontrar os valores provenientes da infração.

c. **Às diligências iniciais** a serem realizadas, normalmente essas diligências são previstas em despachos. Nesse momento, o Delegado determinará a intimação de testemunhas, expedição de ofícios ou requisições de informações ou a juntada de documentos.

Esse procedimento deve ocorrer sempre que a autoridade tome ciência do fato delituoso por meio de notícia veiculada na imprensa, registro de ocorrência ou mesmo informações prestadas pela vítima ou testemunha do delito.

Nas hipóteses de prisão em flagrante, o próprio auto de prisão em flagrante (APF) funciona como peça inaugural do inquérito.

• **Mediante requisição da autoridade judiciária ou do Ministério Público**

O inciso II do art. 5º nos mostra a possibilidade de a autoridade judiciária ou o Ministério Público requisitarem a instauração de inquérito, razão pela qual deve a autoridade policial proceder com o início da investigação. Aqui, alguns pontos merecem ser discutidos, vejamos.

◇ A autoridade judiciária como requisitante da investigação policial. Conforme já analisamos anteriormente, não se coaduna com a ideia do sistema acusatório a requisição da instauração de inquérito policial por parte do magistrado.

◇ A requisição por parte do membro do Ministério Público, em tese, ainda é possível e ocorre na prática.

Um ponto de discussão surge nesse momento: a dúvida consiste em saber se o Delegado de Polícia seria obrigado a instaurar inquérito policial, diante de requisição do órgão ministerial.

A esse respeito há dois posicionamentos:

◊ **Obrigatoriedade da instauração do inquérito:** para essa corrente, entende-se que requisição é ordem. Destarte, uma ordem legal do membro do *Parquet*, a qual o Delegado não pode se furtar de cumprir, sob pena de desobediência. Após a requisição, o Delegado de Polícia estaria obrigado a instaurar o expediente investigativo, mesmo que o resultado seja o arquivamento, pois o princípio da obrigatoriedade impõe o dever de agir às autoridades diante de uma possível prática criminosa. Mas uma observação aqui ainda é importante. Caso o Delegado vislumbre não haver a mínima justa causa para a instauração do inquérito, deverá se manifestar fundamentadamente pela não instauração e encaminhar ao Ministério Público. Como cediço, mesmo sendo ordem, ordem ilegal não se cumpre. Atitude que ganha força com a nova previsão da Lei de Abuso de autoridade que passou a tipificar a conduta de instaurar inquérito policial indevidamente, como se verá seguir.

◊ **Não há obrigatoriedade da instauração do inquérito:** de acordo com esse posicionamento, o Delegado de Polícia, mesmo diante da requisição do Ministério Público, não estaria obrigado a instaurar o inquérito policial. São argumentos favoráveis a essa corrente:

▶ Não há hierarquia funcional entre o Ministério Público e as instituições de natureza policial, ainda que o MP exerça a atividade de controle externo.

▶ O Ministério Público é dotado de prerrogativa investigativa, assim, quando entender necessário, o próprio órgão poderia proceder às investigações.

▶ Diante da inexistência de indícios mínimos, a instauração indevida é conduta tipificada expressamente como abuso de autoridade.

Apesar da aparente divergência, a discussão, a nosso ver, é inócua e dispensável. Os órgãos policiais e o Ministério Público são instituições que atuam lado a lado e não antagonicamente.

Assim, diante da existência mínima de indícios, o Delegado de Polícia deve instaurar o inquérito policial, não por causa de ordem, requisição ou qualquer outra manifestação exarada pelo Órgão Ministerial, mas em decorrência do dever estatal atribuído legalmente às instituições policiais, do princípio da obrigatoriedade e da indisponibilidade da investigação.

Trata-se de obrigação imposta por lei às instituições policiais: há dever de investigação.

Assim, a remessa das informações a serem investigadas com indícios mínimos de infração ao Delegado de Polícia, com ou sem requisição, gera a obrigação de investigar.

Com efeito, em uma concepção de polícia democrática, considerando-se a devida investigação criminal, a função investigativa consubstancia-se em um **poder/dever**.

Por outro lado, caso a requisição ou as peças encaminhadas não demonstrem indícios mínimos de delito, não há que se falar em obrigatoriedade de instauração de inquérito.

Observe que, inclusive, conforme dito, a conduta de instaurar ou requerer a instauração de procedimento investigativo sem fundamentos idôneos pode configurar crime de **abuso de autoridade**, segundo expressa tipificação penal:

Art. 27. Requisitar instauração ou instaurar procedimento investigatório de infração penal ou administrativa, em desfavor de alguém, à falta de qualquer indício da prática de crime, de ilícito funcional ou de infração administrativa:

Pena – detenção, de 6 (seis) meses a 2 (dois) anos, e multa.

- **A requerimento do ofendido ou de quem tiver qualidade para representá-lo**

Essa forma de iniciar o inquérito ocorre quando a vítima ou quem a represente legalmente[3] faça requerimento dirigido à autoridade policial, contendo, sempre que possível, os seguintes requisitos (art. 5º, § 1º, do CPP):

◇ a narração do fato, com todas as circunstâncias;
◇ a individualização do indiciado ou seus sinais característicos e as razões de convicção ou de presunção de ser ele o autor da infração, ou os motivos de impossibilidade de o fazer;
◇ a nomeação das testemunhas, com indicação de sua profissão e residência.

Diferente da requisição, não há, no requerimento, qualquer celeuma acerca de sua obrigatoriedade ou não. Não é uma ordem legal a ser cumprida, mas tem caráter de solicitação, que será verificada pelo Delegado de Polícia, podendo ser indeferida, caso seja constatada a atipicidade da conduta descrita pelo requerente, ou até mesmo a prescrição evidente do delito.

O art. 5º, § 2º, do CPP traz a hipótese de recurso administrativo caso o Delegado indefira o pedido de abertura do inquérito. O recurso poderá ser dirigido ao Chefe de Polícia (em algumas unidades da federação é o Delegado-Geral de Polícia[4] ou Diretor-Geral de Polícia[5]). **A rejeição do requerimento não dá direito líquido e certo, não sendo possível impetrar mandado de segurança** para assegurar o referido direito.

> **Decifrando a prova**
>
> **(2018 – FCC – Prefeitura de Caruaru/PE – Procurador do Município)** Segundo o Código de Processo Penal, nos crimes de ação penal pública, o inquérito policial será iniciado de ofício, mediante requisição ou a requerimento do ofendido. O requerimento do ofendido conterá sempre que possível:

---

[3] A representação do ofendido pode se dar nas seguintes hipóteses:
a) representante legal (ascendente, tutor ou curador), no caso de incapacidade;
b) o curador especial, se o ofendido for menor de 18 (dezoito) anos, ou mentalmente enfermo, ou retardado mental, e não tiver representante legal, ou colidirem com os interesses do representante com os ofendidos;
c) o cônjuge, ascendente, descendente ou irmão (nesta ordem preferencial), no caso de falecimento ou declaração de ausência do ofendido;
d) ou por procurador.

[4] A exemplo do Estado de São Paulo.
[5] A exemplo do Distrito Federal.

I. a narração do fato, com todas as circunstâncias;

II. a individualização do indiciado ou seus sinais característicos e as razões de convicção ou de presunção de ser ele o autor da infração, ou os motivos de impossibilidade de o fazer;

III. a nomeação das testemunhas, com indicação de sua profissão e residência;

IV. o exame de corpo de delito, nas infrações que deixam vestígio.

Sobre o tema, está correto o que se afirma APENAS em

A) I, II e IV.
B) I, II e III.
C) II, III e IV.
D) I, III e IV
E) I e III.

Gabarito comentado: de acordo com o art. 5º, § 1º, do CPP, a letra B é o gabarito.

- **Notícia oferecida por qualquer do povo**

Encontra-se prevista no art. 5º, § 3º, do CPP. É a *delatio criminis* simples, que pode ser feita oralmente ou por escrito. É uma espécie de *notitia criminis*, por isso, caso seja verificada a procedência da informação, o Delegado de Polícia mandará instaurar inquérito para apurar oficialmente o fato delitivo.

A regra geral é que essa *notitia criminis* seja facultativa, mas **há casos em que se torna obrigatória**, por exemplo, **o art. 66 da Lei nº 3.688/1941** (Lei de Contravenções Penais), segundo o qual constitui a contravenção penal de omissão de crime o ato de:

◊ deixar de comunicar à autoridade competente:
  ▶ crime de ação pública, de que **teve conhecimento no exercício de função pública**, desde que a ação penal não dependa de representação;
  ▶ crime de ação pública, de que teve conhecimento **no exercício da medicina ou de outra profissão sanitária**, desde que a ação penal não dependa de representação e a comunicação não exponha o cliente a procedimento criminal.

Um ponto que merece ser discutido é a possibilidade ou não de reconhecimento da atipicidade material em decorrência da insignificância por parte da autoridade policial.

Sobre esse tema há séria divergência. Vejamos, inicialmente, as duas correntes:

◊ **1ª corrente**: não é possível ao Delegado de Polícia, analisar a insignificância (tipicidade material do delito), considerando que **se trata de matéria de mérito**, a qual depende da análise do magistrado e instrução probatória a esse respeito.
  ▶ Essa corrente entende que, assim como o Delegado de Polícia não poderia arquivar o inquérito, em virtude da indisponibilidade, não poderia deixar de instaurá-lo diante do princípio da obrigatoriedade.
  ▶ Essa corrente também alega que a análise realizada pelo Delegado de Polícia a respeito da tipicidade limita-se a sua vertente formal, pois se trata de juízo sumário e não exauriente a respeito da tipicidade.

- Assim, de acordo com essa corrente, o Delegado de Polícia não poderia, por exemplo, deixar de lavrar auto de prisão em flagrante, diante do reconhecimento da atipicidade material do fato ou mesmo negar-se a instaurar o inquérito em razão da atipicidade material do fato.

◊ **2ª corrente:** o Delegado de Polícia é autoridade dotada de plena **capacidade técnico-jurídica** para a análise exauriente a respeito da tipicidade, tanto em sua **perspectiva formal**, quando em sua **perspectiva material**.

Assim, diante de elementos claros e indubitáveis, o Delegado de Polícia poderia não instaurar o inquérito policial ou mesmo não lavrar auto de prisão em flagrante, diante do reconhecimento da **atipicidade material do fato**.

Sustentamos que o Delegado de Polícia pode e deve reconhecer a tipicidade material do fato, contudo, apresentamos corrente intermediária em relação às duas outras apresentadas.

Inicialmente, apresentamos análise para duas situações distintas:

◊ **Situações de flagrante:** nesse momento, busca-se esclarecer se o Delegado de Polícia poderia ou não deixar de lavrar o auto de prisão em flagrante diante do reconhecimento da insignificância.

Acreditamos que sim, veja que estamos a tratar de restrição da liberdade de indivíduos, **não se coaduna com a ordem democrática a prisão em flagrante de alguém que cometeu fato atípico, ainda que a atipicidade seja material**. Então, nesses casos, deve a autoridade, por portaria, instaurar o inquérito policial e, ao final, concluir em relatório sobre a atipicidade material do fato, remetendo o inquérito ao titular da ação penal para que:

- ofereça denúncia;
- promova o arquivamento do feito.

◊ **Situações não flagranciais:** nesses casos, acreditamos que **não seria possível ao Delegado deixar de instaurar o inquérito,** pois é o instrumento investigativo que irá consubstanciar ou não o entendimento a respeito da atipicidade material do fato.

Pensamos que o reconhecimento da atipicidade material exige análise investigativa mínima a ser desenvolvida no inquérito policial ou outro instrumento investigativo apto. Não é dado a nenhuma autoridade a capacidade de decidir sozinha a respeito da tipicidade ou atipicidade de determinado fato.

O juiz para decidir a respeito, necessita da proposição da ação penal pelo órgão acusador. O promotor, considerando a antiga redação do art. 28 do CPP e atualmente vigente, necessita de concordância judicial para arquivamento do inquérito, mesmo que por atipicidade material.

A nova redação do art. 28 do CPP (encontra-se com a eficácia suspensa) exige que a decisão do arquivamento seja submetida à revisão do órgão de controle ministerial.

Assim, não há motivos para permitir que o Delegado de Polícia em análise solitária e unilateral decida a respeito da atipicidade material do fato.

Apontamos, como solução, que o Delegado de Polícia deve, em todas as situações, instaurar inquérito policial por meio de portaria, deixando de lavrar o auto de prisão em flagrante, quando a situação for, hipoteticamente, flagrancial.

O instrumento investigativo irá colher elementos que fundamentem a posição a respeito da atipicidade material do fato: valor do bem, primariedade, ausência contumácia entre tanto outros. Diante dessas informações, **o Delegado de Polícia relatará o inquérito sem indiciamento e concluirá pela atipicidade material do fato,** remetendo o instrumento ao órgão acusatório.

O leitor deve se recordar que, de acordo com a literalidade do CPP, o Delegado de Polícia deve encaminhar o inquérito policial ao juiz e este encaminhará ao Ministério Público.

> **Art. 10.** O inquérito deverá terminar no prazo de 10 dias, se o indiciado tiver sido preso em flagrante, ou estiver preso preventivamente, contado o prazo, nesta hipótese, a partir do dia em que se executar a ordem de prisão, ou no prazo de 30 dias, quando estiver solto, mediante fiança ou sem ela.
>
> **§ 1º A autoridade fará minucioso relatório do que tiver sido apurado e enviará autos ao juiz competente.** (Grifo nosso)

- **Auto de Prisão em Flagrante Delito**

O Auto de Prisão em Flagrante Delito (APF) não encontra previsão legal no CPP, mas é a peça que dá início aos inquéritos no caso de prisão em flagrante, prevista no art. 302 do CPP.

> **Art. 302.** Considera-se em flagrante delito quem:
>
> I – está cometendo a infração penal;
>
> II – acaba de cometê-la;
>
> III – é perseguido, logo após, pela autoridade, pelo ofendido ou por qualquer pessoa, em situação que faça presumir ser autor da infração;
>
> IV – é encontrado, logo depois, com instrumentos, armas, objetos ou papéis que façam presumir ser ele autor da infração.

Após lavrar o auto, se a autoridade policial entender que ainda há diligências a serem realizadas, **poderá dar continuidade ao inquérito no próprio auto de prisão,** e, após finalizar, remeter os autos ao órgão ministerial para a continuidade dos atos relacionados à persecução penal.

3.9.2 Crimes de ação penal pública condicionada

Inicialmente deve-se pontuar que, nos crimes de ação penal pública condicionada, o inquérito policial poderá ser iniciado de **duas formas: representação do ofendido; ou requisição do Ministro da Justiça.**

3.9.2.1 Crimes de ação penal pública condicionada à representação

O art. 5º, § 4º, do CPP dispõe que o inquérito policial, nos crimes de ação penal pública condicionada à representação, não poderá sem ela ser iniciado.

Conhecida como *delatio criminis* **postulatória**, é a manifestação em que a vítima ou seu representante legal autoriza o Estado a tomar as providências necessárias à investigação e apuração judicial nos crimes que exigem essa formalidade.

Não é necessária a adoção de formalidades nessa autorização, a simples manifestação da vítima ou de seu representante, confirmando a continuidade da investigação, basta para cumprimento desse protocolo.

Como mencionam os coautores deste livro, Marcelo Zago e Flávio Rolim (2021), **nas peças práticas profissionais realizadas pelo Delegado de Polícia** é muito importante que o candidato **faça referência à representação**, quando se deparar com crimes sujeitos a essa formalidade (crimes de ação penal pública condicionados à representação).

O art. 39, § 1º, do CPP explica que a representação pode ser feita tanto à autoridade policial quanto ao juiz ou ao Ministério Público, que a encaminhará para a autoridade competente. Sendo essa representação oral, será reduzida a termo e assinada.

> **Art. 39.** O direito de representação poderá ser exercido, pessoalmente ou por procurador com poderes especiais, mediante declaração, escrita ou oral, feita ao juiz, ao órgão do Ministério Público, ou à autoridade policial.
>
> § 1º A representação feita oralmente ou por escrito, sem assinatura devidamente autenticada do ofendido, de seu representante legal ou procurador, será reduzida a termo, perante o juiz ou autoridade policial, presente o órgão do Ministério Público, quando a este houver sido dirigida.

A representação a ser formulada pelo ofendido ou seu representante legal está sujeito ao **prazo decadencial de 6 (seis) meses**.

> **CPP, art. 38**. Salvo disposição em contrário, o ofendido, ou seu representante legal, decairá no direito de queixa ou de representação, se não o exercer dentro do prazo **de seis meses, contado do dia em que vier a saber quem é o autor do crime**, ou, no caso do art. 29, do dia em que se esgotar o prazo para o oferecimento da denúncia. (Grifo nosso)

Se o direito de queixa não for exercido no prazo legal de seis meses (contado da ciência da autoria), ocorre a **extinção da punibilidade**.

No mesmo sentido, é interessante, **nas peças práticas profissionais**, que o candidato faça referência que a representação foi oferecida dentro do prazo decadencial acima exposto. Ressalta-se que o termo inicial do prazo é contado da data em que a vítima tomou conhecimento a respeito do autor.

De igual forma, caso a questão apresente algum crime cujo prazo decadencial tenha se escoado, é importante que o candidato faça referência a tal fato.

Importante atentar para os prazos quando a vítima for menor de 18 anos. Nesses casos, o seu representante legal fará a representação no prazo de seis meses. Se não o fizer, a partir do momento em que a vítima completar 18 anos, ela terá prazo igual para representar. Esses prazos são **contados separadamente**.

Esse raciocínio encontra-se na Súmula nº 594 do STF[6]: "Os direitos de queixa e de representação podem ser exercidos, independentemente, pelo ofendido ou por seu representante legal".

O Professor e Juiz Federal Márcio André Lopes Cavalcante (2019) traz, em seu livro de súmulas do STF e do STJ, o seguinte entendimento:

> Se esgotou o prazo de queixa ou representação para o representante da vítima menor de idade, mesmo assim ela poderá propor queixa ou representação, iniciando-se seu prazo a partir do momento que completa 18 anos.

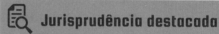

PROCESSO PENAL. RECURSO ORDINÁRIO EM *HABEAS CORPUS*. CRIMES CONTRA A LIBERDADE SEXUAL. TRÊS VÍTIMAS. TRANCAMENTO DA AÇÃO PENAL. EXTINÇÃO DA PUNIBILIDADE PELA DECADÊNCIA DO DIREITO DE REPRESENTAÇÃO. INOCORRÊNCIA. PRAZOS INDEPENDENTES PARA O OFENDIDO E SEU REPRESENTANTE LEGAL. CRIME COMETIDO COM ABUSO DO "PÁTRIO PODER" EM RELAÇÃO A UMA DAS VÍTIMAS. AÇÃO PENAL PÚBLICA INCONDICIONADA. RECURSO ORDINÁRIO DESPROVIDO. I – Os prazos para o exercício do direito de queixa ou representação correm separadamente para o ofendido e seu representante legal (Súmula nº 594/STF). II – Escoado o prazo para o representante de uma das vítimas, conserva-se o direito de representação da ofendida, a ser contado a partir da sua maioridade (Precedentes) (STJ, 5ª Turma, RHC nº 39.141/SP, Rel. Min. Felix Fischer, j. 25.11.2014).

AGRAVO REGIMENTAL. RECURSO ESPECIAL. DIREITO PENAL. CRIMES CONTRA OS COSTUMES. ART. 214 DO CP. DUPLA TITULARIDADE. PRAZO DECADENCIAL DE SEIS MESES, PARA A REPRESENTAÇÃO, A PARTIR DA MAIORIDADE DA VÍTIMA. ACÓRDÃO *A QUO* EM CONSONÂNCIA COM A JURISPRUDÊNCIA DESTE TRIBUNAL. SÚMULAS 7 E 83/STJ E 594/STF. 1. Na ocorrência do delito descrito no art. 214 do Código Penal – antes da revogação pela Lei nº 12.015/2009 –, o prazo decadencial para apresentação de queixa ou de representação é de 6 meses, após a vítima completar a maioridade, em decorrência da dupla titularidade, *lato sensu*, do direito de ação (Súmula nº 594/STF) (STJ, 6ª Turma, AgRg no REsp nº 1.189.268/SP, Rel. Min. Sebastião Reis Júnior, j. 28.02.2012).

3.9.2.2 Crimes de ação penal pública condicionada à requisição do Ministro da Justiça

É uma das formas de início do inquérito policial quando o crime exigir essa formalidade. Atualmente, a requisição do Ministro da Justiça é condição necessária para apuração dos crimes nas seguintes situações:

---

[6] Apesar de essa súmula ter por fundamento legal o art. 34 do CPP, que foi revogado tacitamente com a entrada em vigor do Código Civil de 2002, entendemos que ela ainda é válida.

- **cometidos por estrangeiro contra brasileiro fora do Brasil** (art. 7º, § 3º, *b*, do Código Penal); e
- **contra a honra cometidos contra o Presidente da República ou Chefe de Governo estrangeiro** (art. 141, I, c/c o art. 145, parágrafo único, ambos do CP).

Nesses dois casos, a requisição do Ministro da Justiça **não é propriamente considerada uma forma de início do inquérito policial,** pois o ofício que requisita a investigação é destinado inicialmente ao membro do Ministério Público. Se estiverem presentes os pressupostos legais (indícios suficientes de autoria e prova da materialidade de fato típico), o órgão de acusação já oferecerá a denúncia, conforme o art. 39, § 5º, do CPP.

> Art. 39. O direito de representação poderá ser exercido, pessoalmente ou por procurador com poderes especiais, mediante declaração, escrita ou oral, feita ao juiz, ao órgão do Ministério Público, ou à autoridade policial. (...)
>
> § 5º O órgão do Ministério Público dispensará o inquérito, se com a representação forem oferecidos elementos que o habilitem a promover a ação penal, e, neste caso, oferecerá a denúncia no prazo de quinze dias.

Caso não estejam presentes os pressupostos, o *Parquet* encaminhará as peças à autoridade policial para investigação através da instauração de inquérito policial.

Aqui ocorre a requisição de instauração indireta. O Ministro da Justiça envia para o Ministério Público, que remete as peças ao Delegado de Polícia. Havendo indícios, a autoridade policial instaurará o instrumento investigativo.

Note-se, pois, que nos casos de requisição do Ministro da Justiça, o inquérito policial será instaurado através de **portaria inaugural.**

3.9.3 Crimes de ação penal privada

Nos crimes de ação penal privada, o inquérito tem início por meio de **requerimento da vítima ou de seu representante legal.**

> CPP, art. 5º (...)
>
> § 5º Nos crimes de ação privada, a autoridade policial somente poderá proceder a inquérito a requerimento de quem tenha qualidade para intentá-la.

A autoridade policial só irá instaurar inquérito após requerimento da vítima ou seu representante legal, confirma o art. 30 do CPP:

> Art. 30. Ao ofendido ou a quem tenha qualidade para representá-lo caberá intentar a ação privada.

Nos casos em que a vítima está ausente ou veio a falecer, caberá ao seu cônjuge, ascendente, descendente ou irmão iniciar a representação.

> CPP, art. 31. No caso de morte do ofendido ou quando declarado ausente por decisão judicial, o direito de oferecer queixa ou prosseguir na ação passará ao cônjuge, ascendente, descendente ou irmão.

Não há forma específica para o requerimento de início do inquérito, mas deverá atender aos requisitos do art. 5º, § 1º, do CPP:

> § 1º O requerimento a que se refere o nº II conterá sempre que possível:
>
> *a)* a narração do fato, com todas as circunstâncias;
>
> *b)* a individualização do indiciado ou seus sinais característicos e as razões de convicção ou de presunção de ser ele o autor da infração, ou os motivos de impossibilidade de o fazer;
>
> *c)* a nomeação das testemunhas, com indicação de sua profissão e residência.

Neste caso também o inquérito policial será instaurado através de **portaria inaugural** e não de forma autônoma por meio do requerimento do ofendido. Nesses casos, cabe ao Delegado de Polícia analisar a compatibilidade e verossimilhança das alegações e, conforme a sua convicção técnico-jurídica, decidir se instaura ou não o instrumento investigativo.

3.10 NOTITIA CRIMINIS

Norberto Avena (2018, p. 215) conceitua a *notitia criminis* como "a notícia da infração penal levada ao conhecimento da Autoridade Policial". Para Nucci (2008, p. 152), é "a ciência pela autoridade policial da ocorrência de um fato criminoso".

Renato Brasileiro de Lima (2020a, p. 202) diz que "*Notitia criminis* é o conhecimento, espontâneo ou provocado, por parte da autoridade policial, acerca de um fato delituoso".

A doutrina costuma classificar a *notitia criminis* em duas grandes espécies:

- *notitia criminis* de **cognição imediata**;
- *notitia criminis* de **cognição mediata**.

Há divergência acerca de terceira classificação pouco explorada, a denominada *notitia criminis* de **cognição coercitiva**, que será abordada a seguir.

3.10.1 Notitia criminis de cognição imediata (ou direta, ou espontânea)

Nesses casos, a autoridade policial toma conhecimento pessoalmente do crime, de forma direta, **exercendo suas atividades rotineiras, normais ou costumeiras** (por meio de investigações realizadas, notícia veiculada na imprensa, serviços de Disque-Denúncia).

Nas palavras do Min. Antonio Saldanha Palheiro:

> É possível que a investigação criminal seja perscrutada pautando-se pelas atividades diuturnas da autoridade policial, *verbi gratia*, o conhecimento da prática de determinada conduta delitiva a partir de veículo midiático, no caso, a imprensa. É o que se convencionou a denominar, em doutrina, de *notitia criminis* de cognição imediata (ou

espontânea), terminologia obtida a partir da exegese do art. 5º, inciso I, do CPP, do qual se extrai que "nos crimes de ação pública o inquérito policial será iniciado de ofício".[7]

Vejamos outro precedente a respeito do tema:

> É possível a deflagração de investigação criminal com base em matéria jornalística (STJ, 6ª Turma, RHC nº 98.056/CE, Rel. Min. Antonio Saldanha Palheiro, j. 04.06.2019, *Info.* nº 652).

3.10.2 *Notitia criminis* de cognição indireta (ou mediata, ou provocada, ou qualificada)

Essa modalidade de notícia se configura quando o Delegado de Polícia toma conhecimento da prática de delito **por meio de provocação de terceiros**. Exemplo: vítima ou quem tem a qualidade para representá-la, Ministério Público, juiz ou mesmo terceiros.

3.10.3 *Notitia criminis* de cognição coercitiva

Há autores que enxergam a *notitia criminis* de cognição coercitiva dentro das duas outras classificações, pois é possível que a própria autoridade policial aborde o agente em flagrante delito, hipótese em que se configurará a denominada *notitia criminis* direta. Contudo, também pode ocorrer que terceiros prendam o infrator em flagrante e o apresentem à autoridade policial, hipótese em que se configurará a notícia-crime indireta ou provocada, nesses casos, alguns autores chamam essa modalidade de ***notitia criminis* de cognição coercitiva**.

Mais uma vez atentamos para o fato de que nas ações públicas condicionadas e privadas, a lavratura do auto de prisão em flagrante ou mesmo a portaria de instauração do inquérito só poderá ocorrer se estiver anexado aos autos a respectiva representação ou requerimento.

3.10.4 *Delatio criminis*

É uma **espécie de *notitia criminis***. Ocorre quando **qualquer pessoa do povo comunica** à autoridade policial a respeito de fato criminoso.

Há duas classificações mais conhecidas de *delatio criminis*: *delatio criminis* simples; e *delatio criminis* postulatória (LOPES JR., 2010, p. 273-274).

- A *delatio criminis* **simples** é conhecida, popularmente, como "queixa", que pode ser feita oralmente ou por escrito por qualquer pessoa do povo ao Delegado acerca da ocorrência de uma infração penal que caiba ação penal pública incondicionada.
- A *delatio criminis* **postulatória** é a manifestação que a vítima ou seu representante legal autoriza o Estado a tomar as providências necessárias à investigação e apuração judicial nos crimes que exigem essa formalidade (**crimes de ação penal pública condicionada à representação ou crimes de ação privada**).

---

[7] RHC nº 98.056/CE, Rel. Min. Antonio Saldanha Palheiro, 6ª Turma, j. 04.06.2019, *DJe* 21.06.2019.

3.10.5 Notitia criminis inqualificada

A *notitia criminis* inqualificada é a conhecida, popularmente, como **denúncia anônima**, muito importante no combate à criminalidade.

A Constituição Federal veda o anonimato (art. 5º, IV), por isso, quando o Delegado de Polícia tomar conhecimento a respeito de denúncias recebidas anonimamente, irá proceder às investigações preliminares, a fim de **verificar a veracidade das informações** e, se constatar a verossimilhança das alegações apontadas, somente assim, deverá iniciar o inquérito policial.

Nesse caso, **as investigações preliminares são essenciais**, de forma a garantir que pessoas não sejam indevidamente submetidas ao desgaste de robustas investigações policiais que, apesar de necessárias, trazem inegável incômodo às pessoas. Dessa forma, procedendo às investigações preliminares, o Delegado de Polícia preserva núcleo essencial da **dignidade da pessoa humana**, não sujeitando indevidamente pessoas a expedientes investigativos desarrazoados.

O STF já decidiu sobre o assunto. A denúncia anônima é aceita pelo nosso ordenamento jurídico, mas não pode sozinha servir de base para toda a investigação. Vejamos:

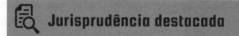

Jurisprudência destacada

"(...) As autoridades públicas não podem iniciar qualquer medida de persecução (penal ou disciplinar), apoiando-se, unicamente, para tal fim, em peças apócrifas ou em escritos anônimos. É por essa razão que o escrito anônimo não autoriza, desde que isoladamente considerado, a imediata instauração de *persecutio criminis*.

– Nada impede que o Poder Público, provocado por delação anônima ('disque-denúncia', p. ex.), adote medidas informais destinadas a apurar, previamente, em averiguação sumária, 'com prudência e discrição', a possível ocorrência de eventual situação de ilicitude penal, desde que o faça com o objetivo de conferir a verossimilhança dos fatos nela denunciados, em ordem a promover, então, em caso positivo, a formal instauração da *persecutio criminis*, mantendo-se, assim, completa desvinculação desse procedimento estatal em relação às peças apócrifas.

– Diligências prévias, promovidas por agentes policiais, reveladoras da preocupação da Polícia Judiciária em observar, com cautela e discrição, notadamente em matéria de produção probatória, as diretrizes jurisprudenciais estabelecidas, em tema de delação anônima, pelo STF e pelo STJ. (...)" (STF, 2ª Turma, RHC nº 117.988, Rel. p/ Acórdão Min. Celso de Mello, j. 16.12.2014).

"As notícias anônimas ('denúncias anônimas') não autorizam, por si sós, a propositura de ação penal ou mesmo, na fase de investigação preliminar, o emprego de métodos invasivos de investigação, como interceptação telefônica ou busca e apreensão. Entretanto, elas podem constituir fonte de informação e de provas que não podem ser simplesmente descartadas pelos órgãos do Poder Judiciário.

Procedimento a ser adotado pela autoridade policial em caso de 'denúncia anônima':

1) Realizar investigações preliminares para confirmar a credibilidade da 'denúncia';

2) Sendo confirmado que a 'denúncia anônima' possui aparência mínima de procedência, instaura-se inquérito policial;

3) Instaurado o inquérito, a autoridade policial deverá buscar outros meios de prova que não a interceptação telefônica (esta é a *ultima ratio*). Se houver indícios concretos contra os investigados, mas a interceptação se revelar imprescindível para provar o crime, poderá ser requerida a quebra do sigilo telefônico ao magistrado" (STF, 1ª Turma, HC nº 106.152/MS, Rel. Min. Rosa Weber, j. 29.03.2016, *Info.* nº 819).

Cabe mencionar, neste ponto, a impossibilidade de interceptação telefônica determinada apenas com base na denúncia anônima:

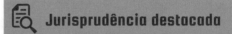

"(...) 4. A jurisprudência desta Corte tem prestigiado a utilização de notícia anônima como elemento desencadeador de procedimentos preliminares de averiguação, repelindo-a, contudo, como fundamento propulsor à imediata instauração de inquérito policial ou à autorização de medida de interceptação telefônica.

5. Com efeito, uma forma de ponderar e tornar harmônicos valores constitucionais de tamanha envergadura, a saber, a proteção contra o anonimato e a supremacia do interesse e segurança pública, é admitir a denúncia anônima em tema de persecução penal, desde que com reservas, ou seja, tomadas medidas efetivas e prévias pelos órgãos de investigação no sentido de se colherem elementos e informações que confirmem a plausibilidade das acusações.

6. Na versão dos autos, algumas pessoas – não se sabe quantas ou quais – compareceram perante investigadores de uma Delegacia de Polícia e, pedindo para que seus nomes não fossem identificados, passaram a narrar o suposto envolvimento de alguém em crime de lavagem de dinheiro. Sem indicarem, sequer, o nome do delatado, os noticiantes limitaram-se a apontar o número de um celular.

7. A partir daí, sem qualquer outra diligência, autorizou-se a interceptação da linha telefônica.

8. Desse modo, a medida restritiva do direito fundamental à inviolabilidade das comunicações telefônicas encontra-se maculada de nulidade absoluta desde a sua origem, visto que partiu unicamente de notícia anônima.

9. A Lei nº 9.296/1996, em consonância com a Constituição Federal, é precisa ao admitir a interceptação telefônica, por decisão judicial, nas hipóteses em que houver indícios razoáveis de autoria criminosa.

Singela delação não pode gerar, só por si, a quebra do sigilo das comunicações. Adoção da medida mais gravosa sem suficiente juízo de necessidade. (...)" (STJ, 6ª Turma, HC nº 204.778/SP, Rel. Min. Og Fernandes, j. 04.10.2012).

Há **recentes posicionamentos do STJ** a respeito das denúncias anônimas ou apócrifas, vejamos:

> **Jurisprudência destacada**
>
> **6ª Turma, STJ:** "A existência de denúncias anônimas somada à fuga do acusado, por si sós, não configuram fundadas razões a autorizar o ingresso policial no domicílio do acusado sem o seu consentimento ou determinação judicial" (STJ, 6ª Turma, RHC nº 83.501/SP, Rel. Min. Nefi Cordeiro, j. 06.03.2018, *Info.* nº 623).
>
> **6ª Turma, STJ:** "O ingresso regular da polícia no domicílio, sem autorização judicial, em caso de flagrante delito, para que seja válido, necessita que haja fundadas razões (justa causa) que sinalizem a ocorrência de crime no interior da residência. A mera intuição acerca de eventual traficância praticada pelo agente, embora pudesse autorizar abordagem policial em via pública para averiguação, não configura, por si só, justa causa a autorizar o ingresso em seu domicílio, sem o seu consentimento e sem determinação judicial" (STJ, 6ª Turma, REsp nº 1.574.681/RS, Rel. Min. Rogério Schietti Cruz, j. 20.04.2017, *Info.* nº 606).

Leonardo Barreto Moreira Alves (2018, p. 105-106) traz importante observação sobre o Disque-Denúncia e a Lei nº 13.608/2018:

> Ainda quanto à *Delatio Criminis* Anônima, vale a pena registrar a importância do sistema denominado "Disque-Denúncia", oficialmente reconhecido pelo Estado (em sentido *lato*), para fins de investigação criminal. Nesse sentido, a Lei nº 13.608/2018 afirma que os Estados são autorizados a estabelecer serviço de recepção de denúncias por telefone ("Disque-Denúncia"), preferencialmente gratuito, que também poderá ser mantido por entidade privada sem fins lucrativos, por meio de convênio (art. 2º).
>
> O informante que se identificar terá assegurado, pelo órgão que receber a denúncia, o sigilo dos seus dados (art. 3º).
>
> A União, os Estados, o Distrito Federal e os Municípios, no âmbito de suas competências, poderão estabelecer formas de recompensa pelo oferecimento de informações que sejam úteis para a prevenção, a repressão ou a apuração de crimes ou ilícitos administrativos (art. 4º, *caput*).
>
> Entre as recompensas a serem estabelecidas, poderá ser instituído o pagamento de valores em espécie (art. 4º, parágrafo único).

3.11 INQUÉRITO POLICIAL E AUTORIDADES DOTADAS DE PRERROGATIVA DE FORO

As autoridades públicas que são detentoras de prerrogativa de foro em **razão das funções que exercem** não podem ter contra si instaurado inquéritos policiais ou mesmo sofrer indiciamentos indiscriminadamente por autoridades policiais. Nesses casos, **as investigações devem ser conduzidas pelos respectivos tribunais possuidores da competência para julgamento** dessas autoridades.

Leonardo Barreto Moreira Alves (2018, p. 105-106) nos diz que a autoridade policial não poderá indiciar nem instaurar inquérito policial em face de autoridades que possuam prerrogativa de foro. Nesse caso, deverá ser instaurada a investigação pelo foro por prerrogativa de função. Se o delegado perceber que há participação de agente com foro por prerrogativa de função, deverá remeter os autos ao foro competente. De qualquer forma, o foro competente poderá requisitar investigações por parte da autoridade policial, mas fiscalizadas por ele e acompanhadas pelo Chefe do Ministério Público.

O nosso leitor deve estar bastante atento a esse tema em suas provas. Caso se depare em uma investigação, como uma interceptação telefônica, com a participação nas conversas de uma autoridade com prerrogativa de foro, a providência a ser tomada deve ser escolhida com bastante cuidado.

- Caso constate o **envolvimento da autoridade com a prática delituosa ou mesmo que haja indícios fortes de sua participação**, deverá remeter a investigação ao órgão responsável.
- Por outro lado, caso essa autoridade com prerrogativa **apenas mantenha diálogos com o investigado**, ou seja, citada nas conversas sem nenhuma correlação com a prática criminosa, a investigação deve ser mantida sob a tutela do Delegado de Polícia.

Vejamos posicionamentos importantes dos Tribunais Superiores a esse respeito:

Jurisprudência destacada

"Durante interceptação telefônica deferida em primeiro grau de jurisdição, **a captação fortuita de diálogos mantidos por autoridade com prerrogativa de foro não impõe, por si só, a remessa imediata dos autos ao Tribunal competente para processar e julgar a referida autoridade, sem que antes se avalie a idoneidade e a suficiência dos dados colhidos para se firmar o convencimento acerca do possível envolvimento do detentor de prerrogativa de foro com a prática de crime.** De fato, uma simples conversa, um encontro casual ou mesmo sinais claros de amizade e contatos frequentes de indivíduo sob investigação com uma autoridade pública não podem, por si só, redundar na conclusão de que esta última participaria do esquema criminoso objeto da investigação. Nem mesmo a referência a favores pessoais, a contatos com terceiros, a negociações suspeitas implica, de per si, a inarredável conclusão de que se está diante de práticas criminosas merecedoras de imediata apuração, notadamente quando um dos interlocutores integra um dos Poderes da República e, portanto, pode ter sua honorabilidade e imagem pública manchadas pela simples notícia de que está sob investigação. Nessa linha intelectiva, a remessa imediata de toda e qualquer investigação em que noticiada a possível prática delitiva de detentor de prerrogativa de foro ao órgão jurisdicional competente não só pode implicar prejuízo à investigação de fatos de particular e notório interesse público, como também representar sobrecarga acentuada aos tribunais, a par de, eventualmente, engendrar prematuras suspeitas sobre pessoa cujas honorabilidade e respeitabilidade perante a opinião pública são determinantes para a continuidade e o êxito de sua carreira. Portanto, é possível afirmar que, tão somente em um claro contexto tático do qual se possa com segurança depreender, a partir dos diálogos dos investigados com pessoa detentora de foro especial, que há indícios concretos de envolvimento dessa pessoa com a prática de crime(s), será imperativo o envio dos elementos de informação ao tribunal competente" (STJ, HC nº 307.152/GO, Rel. Min. Sebastião Reis Júnior, Rel. para acórdão Min. Rogerio Schietti Cruz, j. 19.11.2015, DJe 15.12.2015, Info. nº 575).

O STF também possui manifestação no mesmo sentido, vejamos:

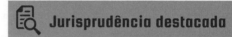

"A simples menção a nome de autoridade com prerrogativa de foro – seja em depoimentos prestados por testemunhas ou investigados, seja na captação de diálogos travados por alvos de censura telefônica judicialmente autorizada –, assim como a existência de informações, até então fluidas e dispersas a seu respeito, são insuficientes para o deslocamento da competência para o juízo hierarquicamente superior. Por conta disso, apontou com acertada a conduta do juízo de primeiro grau em não declinar a competência a este Tribunal, embora tivessem sido captados diálogos que demonstrassem o envolvimento de autoridade com prerrogativa de foro, considerando que não houve a constatação da existência de indícios da participação ativa e concreta do titular da prerrogativa em ilícitos penais" (STF, Rcl nº 25.497 AgR/RN, Rel. Min. Dias Toffoli, j. 14.02.2017, Info. nº 854).

É importante observar que o STF já negou o recebimento da denúncia oferecida pelo MPF em razão de o procedimento investigatório ter sido conduzido sem autorização e no âmbito do tribunal com prerrogativa de função.

A Primeira Turma do STF, no julgamento realizado em 12.08.2014, negou seguimento ao Inquérito nº 3.305, no qual um Deputado Federal era acusado de fazer parte de quadrilha destinada ao desvio de recursos públicos. A denúncia foi rejeitada em razão de o inquérito ter sido conduzido em primeira instância, mesmo depois da inclusão de parlamentar federal entre os investigados, usurpando a competência do Supremo Tribunal Federal. Conclui-se, pois, que a competência do Tribunal para processar autoridades com prerrogativa de foro inclui a fase de inquérito. Uma vez identificada a participação dessas autoridades, os autos devem ser imediatamente remetidos à Corte.

Em outra oportunidade, o STF, em 13.06.2016, anulou as gravações telefônicas travadas pelo ex-Presidente Lula e a então Presidenta Dilma Rousseff. Nessa hipótese, o STF invalidou as interceptações, considerando que, ao ter notícia do possível envolvimento de autoridade com prerrogativa de foro na infração penal (Presidente da República), os autos do inquérito deveriam ser remetidos ao STF e não continuarem tramitando perante a Justiça Federal (STF, Recl. nº 23.457/PR).

Ainda a respeito desse tema, é extremamente importante para provas práticas para o cargo de Delegado de Polícia que o candidato se atente para a decisão proferida na **Ação Penal 937** – questão de ordem, momento em que foram fixadas as seguintes teses:

"(i) o foro por prerrogativa de função aplica-se apenas aos crimes cometidos **durante o exercício do cargo e relacionados às funções** desempenhadas; e (ii) **após o final da instrução processual, com a publicação do despacho de intimação para apresentação de alegações finais, a competência para processar e julgar ações penais não será mais afetada** em razão de o agente público vir a ocupar outro cargo ou deixar o cargo que ocupava, qualquer que seja o motivo" (com o entendimento de que esta nova linha interpretativa deve se aplicar imediatamente aos processos em curso, com a ressalva de todos os atos praticados e decisões proferidas pelo STF e pelos demais juízos com base na jurisprudência anterior) (grifos nossos).

Assim, há limitação ao foro por prerrogativa de função:

- Somente se aplica às autoridades com prerrogativa que cometeram o **crime no exercício do mandato e relacionados à função exercida.**
- Momento fixado para perpetuação da jurisdição do foro: **publicação do despacho de intimação para a apresentação de alegações finais** (dado ser esse momento o marco seguro do fim da instrução processual).

3.12 DILIGÊNCIAS INVESTIGATÓRIAS REALIZADAS NO ÂMBITO DO INQUÉRITO POLICIAL

3.12.1 Diligências investigativas ordinárias

Os arts. 6º e 7º do CPP trazem exemplos de diligências investigatórias a serem realizadas pela autoridade policial quando tem conhecimento acerca da prática criminosa.

Art. 6º Logo que tiver conhecimento da prática da infração penal, a autoridade policial deverá:

I – dirigir-se ao local, providenciando para que não se alterem o estado e conservação das coisas, até a chegada dos peritos criminais;

II – apreender os objetos que tiverem relação com o fato, após liberados pelos peritos criminais;

III – colher todas as provas que servirem para o esclarecimento do fato e suas circunstâncias;

IV – ouvir o ofendido;

V – ouvir o indiciado, com observância, no que for aplicável, do disposto no Capítulo III do Título VII, deste Livro, devendo o respectivo termo ser assinado por duas testemunhas que lhe tenham ouvido a leitura;

VI – proceder a reconhecimento de pessoas e coisas e a acareações;

VII – determinar, se for caso, que se proceda a exame de corpo de delito e a quaisquer outras perícias;

VIII – ordenar a identificação do indiciado pelo processo datiloscópico, se possível, e fazer juntar aos autos sua folha de antecedentes;

IX – averiguar a vida pregressa do indiciado, sob o ponto de vista individual, familiar e social, sua condição econômica, sua atitude e estado de ânimo antes e depois do crime e durante ele, e quaisquer outros elementos que contribuírem para a apreciação do seu temperamento e caráter;

X – colher informações sobre a existência de filhos, respectivas idades e se possuem alguma deficiência e o nome e o contato de eventual responsável pelos cuidados dos filhos, indicado pela pessoa presa.

Art. 7º Para verificar a possibilidade de haver a infração sido praticada de determinado modo, a autoridade policial poderá proceder à reprodução simulada dos fatos, desde que esta não contrarie a moralidade ou a ordem pública.

Algumas dessas diligências são de natureza obrigatória, outras de natureza facultativa, ficando a cargo do Delegado de Polícia a adoção de medidas conforme o caso concreto. Vejamos uma a uma.

3.12.1.1 Análise das providências ordinárias

Preservação do local do crime

A primeira diligência a ser realizada, é considerada de **natureza obrigatória**, por ser uma das mais importantes, e assegura uma atuação mais eficiente do perito, devendo se buscar chegar o mais próximo possível da elucidação do fato criminoso. O art. 169 do CPP dispõe:

Art. 169. Para o efeito de exame do local onde houver sido praticada a infração, a autoridade providenciará imediatamente para que não se altere o estado das coisas até a chegada dos peritos, que poderão instruir seus laudos com fotografias, desenhos ou esquemas elucidativos.

Parágrafo único. Os peritos registrarão, no laudo, as alterações do estado das coisas e discutirão, no relatório, as consequências dessas alterações na dinâmica dos fatos.

Para que a investigação obtenha sucesso, é necessário que as diligências apuratórias sejam iniciadas o mais rápido possível, de forma que os fatos sejam apurados sem maiores influências externas.

Uma exceção ao art. 169 do CPP apresentado anteriormente é a hipótese prevista na Lei nº 5.970/1983, que contém apenas dois artigos, mas dispõe sobre como a autoridade policial deve agir em casos de acidente de trânsito.

Art. 1º Em caso de acidente de **trânsito**, a autoridade ou agente policial que primeiro tomar conhecimento do fato poderá autorizar, independentemente de exame do local, a imediata remoção das pessoas que tenham sofrido lesão, bem como dos veículos nele envolvidos, se estiverem no leito da via pública e prejudicarem o tráfego.

Parágrafo único. Para autorizar a remoção, a autoridade ou agente policial lavrará boletim da ocorrência, nele consignado o fato, as testemunhas que o presenciaram e todas as demais circunstâncias necessárias ao esclarecimento da verdade.

Art. 2º Esta lei entra em vigor na data de sua publicação, revogadas as disposições em contrário. (Grifo nosso)

Apreensão dos objetos após a liberação dos peritos criminais

Esta segunda diligência é de **natureza obrigatória**, caso haja objetos relacionados com o crime praticado e ajudem na elucidação do fato criminoso. Poderão ser apreendidos todos os objetos lícitos e ilícitos relacionados ao fato e que interessem à elucidação do crime.

O art. 11 do CPP diz:

> **Art. 11.** Os instrumentos do crime, bem como os objetos que interessarem à prova, acompanharão os autos do inquérito.

Assim, não poderão ser devolvidos todos os objetos que são de **interesse da investigação**. O art. 118 do CPP confirma:

> **Art. 118.** Antes de transitar em julgado a sentença final, as coisas apreendidas não poderão ser restituídas enquanto interessarem ao processo.

No art. 119 do CPP há referência aos **objetos que não poderão ser restituídos,** mesmo depois de transitar em julgado a sentença final, salvo se pertencerem ao lesado ou a terceiro de boa-fé. São citados no art. 91, inciso II, alíneas *a* e *b* do CP.

A restituição de objetos será cabível quando não existir dúvida a respeito do direito do reclamante. Assim explica o art. 120 do CPP:

> **Art. 120.** A restituição, quando cabível, poderá ser ordenada pela autoridade policial ou juiz, mediante termo nos autos, desde que não exista dúvida quanto ao direito do reclamante.
>
> **§ 1º** Se duvidoso esse direito, o pedido de restituição autuar-se-á em apartado, assinando-se ao requerente o prazo de 5 (cinco) dias para a prova. Em tal caso, só o juiz criminal poderá decidir o incidente.
>
> **§ 2º** O incidente autuar-se-á também em apartado e só a autoridade judicial o resolverá, se as coisas forem apreendidas em poder de terceiro de boa-fé, que será intimado para alegar e provar o seu direito, em prazo igual e sucessivo ao do reclamante, tendo um e outro dois dias para arrazoar.
>
> **§ 3º** Sobre o pedido de restituição será sempre ouvido o Ministério Público.
>
> **§ 4º** Em caso de dúvida sobre quem seja o verdadeiro dono, o juiz remeterá as partes para o juízo cível, ordenando o depósito das coisas em mãos de depositário ou do próprio terceiro que as detinha, se for pessoa idônea.
>
> **§ 5º** Tratando-se de coisas facilmente deterioráveis, serão avaliadas e levadas a leilão público, depositando-se o dinheiro apurado, ou entregues ao terceiro que as detinha, se este for pessoa idônea e assinar termo de responsabilidade.

Lembre-se de que todas as diligências de busca e apreensão[8] só serão válidas quando realizadas em obediência às disposições legais e constitucionais pertinentes.

Sobre a busca pessoal, o CPP, no art. 244, explica:

> **Art. 244.** A busca pessoal independerá de mandado, no caso de prisão ou quando houver fundada suspeita de que a pessoa esteja na posse de arma proibida ou de objetos ou papéis que constituam corpo de delito, ou quando a medida for determinada no curso de busca domiciliar.

Tratando-se de busca domiciliar, diz o art. 5º, XI, da CF:

> **Art. 5º** (...)
> XI – a casa é asilo inviolável do indivíduo, ninguém nela podendo penetrar sem consentimento do morador, salvo em caso de flagrante delito ou desastre, ou para prestar socorro, ou, durante o dia, por determinação judicial; (...)

Outro caso de busca é a realizada no escritório de advogado, disposta no art. 7º, II, do Estatuto da Advocacia (Lei nº 8.906/1994):

> **Art. 7º** São direitos do advogado: (...)
> II – a inviolabilidade de seu escritório ou local de trabalho, bem como de seus instrumentos de trabalho, de sua correspondência escrita, eletrônica, telefônica e telemática, desde que relativas ao exercício da advocacia; (...)

A exceção dessa inviolabilidade está presente no § 6º do mesmo artigo:

> **§ 6º** Presentes indícios de autoria e materialidade da prática **de crime por parte de advogado**, a autoridade judiciária competente poderá decretar a quebra da inviolabilidade de que trata o inciso II do *caput* deste artigo, em decisão motivada, expedindo mandado de busca e apreensão, específico e pormenorizado, a ser cumprido na presença de representante da OAB, sendo, em qualquer hipótese, vedada a utilização dos documentos, das mídias e dos objetos pertencentes a clientes do advogado averiguado, bem como dos demais instrumentos de trabalho que contenham informações sobre clientes. (Grifo nosso)

Colheita de elementos informativos e provas

É uma possibilidade dada à autoridade policial, que amplia o rol do art. 6º, de forma que o Delegado de Polícia não se limite quanto aos meios investigativos, tendo total liberdade, dentro dos limites legais, de reunir elementos que achar adequado à elucidação do fato criminoso, podendo reunir provas favoráveis à defesa ou acusação.

Um exemplo que pode ser citado são os casos de violência doméstica e familiar contra a mulher.

---

[8] A busca e apreensão será abordada de forma mais detida no Capítulo 8 deste livro.

Nesse sentido, é importante ressaltar importante inovação legislativa, a qual permite que ao Delegado de Polícia conceda medida protetiva de afastamento do lar em hipóteses excepcionais, essa medida será detalhada nos próximos capítulos desta obra, vejamos:

> **Lei nº 11.340/2006**
>
> **Art. 12-C.** Verificada a existência de risco atual ou iminente à vida ou à integridade física ou psicológica da mulher em situação de violência doméstica e familiar, ou de seus dependentes, o agressor será imediatamente afastado do lar, domicílio ou local de convivência com a ofendida:
>
> I – pela autoridade judicial;
>
> II – pelo delegado de polícia, quando o Município não for sede de comarca; ou
>
> III – pelo policial, quando o Município não for sede de comarca e não houver delegado disponível no momento da denúncia.
>
> § 1º Nas hipóteses dos incisos II e III do *caput* deste artigo, o juiz será comunicado no prazo máximo de 24 (vinte e quatro) horas e decidirá, em igual prazo, sobre a manutenção ou a revogação da medida aplicada, devendo dar ciência ao Ministério Público concomitantemente.
>
> § 2º Nos casos de risco à integridade física da ofendida ou à efetividade da medida protetiva de urgência, não será concedida liberdade provisória ao preso.

Oitiva do ofendido

O depoimento do ofendido é visto sempre com cautela, pois leva-se em conta o envolvimento pessoal e emocional com o fato criminoso, mas não deixa de ser imprescindível para a elucidação do crime, já que, nesses casos, a vítima é a pessoa mais próxima de todos os detalhes e possui as informações mais relevantes acerca dos fatos.

O ofendido não presta o compromisso de dizer a verdade, mas a lei determina que é possível a condução coercitiva, se for intimado e não comparecer.

> **CPP, art. 201.** Sempre que possível, o ofendido será qualificado e perguntado sobre as circunstâncias da infração, quem seja ou presuma ser o seu autor, as provas que possa indicar, tomando-se por termo as suas declarações.
>
> § 1º Se, intimado para esse fim, deixar de comparecer sem motivo justo, o ofendido poderá ser conduzido à presença da autoridade.

O ofendido, embora não cometa o crime de falso testemunho, poderá, contudo, ser responsabilizado pelo crime de **denunciação caluniosa** se der causa à investigação, imputando crime a quem sabe ser inocente:

> **CP, art. 339.** Dar causa à instauração de investigação policial, de procedimento investigatório criminal, de processo judicial, de processo administrativo disciplinar, de inquérito civil ou ação de improbidade administrativa contra alguém, **imputando-lhe crime, infração ético-disciplinar ou ato ímprobo de que o sabe inocente**. (Grifo nosso)

Oitiva do indiciado

O CPP traz à autoridade o **dever de ouvir o indiciado**, por isso, essa diligência é obrigatória sob a perspectiva da autoridade policial, devendo ser observadas as normas que tiverem pertinência com a natureza inquisitorial do procedimento investigativo (Título VII, Capítulo III, do CPP).

Logicamente, considerando o posicionamento jurisprudencial atual, o Delegado deve oportunizar a oitiva do investigado/indiciado, caso este opte em não prestar suas declarações ou nem mesmo comparecer perante a autoridade policial, não será possível a decretação de sua condução coercitiva.

Quatro pontos nos chamam atenção no Título VII, Capítulo III, do CPP, vejamos.

- Desnecessidade de curador especial ao investigado maior de 18 e menor de 21 anos.
- Não é imprescindível a participação do advogado no ato de oitiva do investigado. Logicamente, caso o investigado possua advogado, não seria possível a obstrução desse direito, sob pena de grave violação aos direitos constitucionais e legais atribuídos ao suposto autor do delito.
- O direito ao silêncio (art. 186 do CPP) é amplamente aplicável à fase investigatória, além de ter previsão constitucional (art. 5º, LXIII), decorre do princípio de *nemo tenetur se detegere*, o qual prevê que ninguém pode ser obrigado à autoincriminação.

A respeito da possibilidade da condução coercitiva do investigado, é necessário nos atentarmos para importante precedente do STF, vejamos a análise feita a seguir.

O CPP, ao tratar sobre a condução coercitiva, prevê o seguinte:

> **Art. 260.** Se o acusado não atender à intimação **para o interrogatório**, **reconhecimento** ou **qualquer outro ato** que, sem ele, não possa ser realizado, a autoridade poderá mandar conduzi-lo à sua presença. (Grifos nossos)

O STF declarou que a expressão "**para o interrogatório**", prevista no art. 260 do CPP, **não foi recepcionada pela Constituição Federal**. Assim, caso seja determinada a condução coercitiva de investigados ou de réus para interrogatório, tal conduta poderá ensejar:

- a responsabilidade disciplinar, civil e penal do agente ou da autoridade;
- a ilicitude das provas obtidas;
- a responsabilidade civil do Estado.

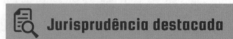

Jurisprudência destacada

É importante ressaltar que o STF modulou os efeitos dessa decisão, de modo que afirmou que o entendimento anterior não desconstitui (não invalida) os interrogatórios que foram realizados até a data do julgamento, ainda que os interrogados tenham sido coercitivamente conduzidos para o referido ato processual (STF, Plenário, ADPF nº 395/DF e ADPF nº 444/DF, Rel. Min. Gilmar Mendes, j. 13 e 14.06.2018, *Info.* nº 906).

Reconhecimento de pessoas ou objetos/instrumentos e acareação

Quanto ao reconhecimento, é importante ressaltar *ab initio* que pode ser realizado em relação a **pessoas** ou **objetos** e/ou **instrumentos** envolvidos na prática delituosa.

- ◆ **Reconhecimento de pessoas**

O reconhecimento é tratado nos arts. 226 a 228 do CPP. Trata-se de diligência que busca que determinada pessoa, na presença da autoridade, indique pessoa ou objeto que já tenha visto em algum momento anterior (TÁVORA; ALENCAR, 2017, p. 171).

No art. 226 do CPP, encontramos os requisitos que devem ser seguidos para conduzir o reconhecimento, veja:

> **Art. 226.** Quando houver necessidade de fazer-se o reconhecimento de pessoa, proceder-se-á pela seguinte forma:
>
> I – a pessoa que tiver de fazer o reconhecimento será convidada a descrever a pessoa que deva ser reconhecida;
>
> II – a pessoa, cujo reconhecimento se pretender, será colocada, se possível, ao lado de outras que com ela tiverem qualquer semelhança, convidando-se quem tiver de fazer o reconhecimento a apontá-la;
>
> III – se houver razão para recear que a pessoa chamada para o reconhecimento, por efeito de intimidação ou outra influência, não diga a verdade em face da pessoa que deve ser reconhecida, a autoridade providenciará para que esta não veja aquela;
>
> IV – do ato de reconhecimento lavrar-se-á auto pormenorizado, subscrito pela autoridade, pela pessoa chamada para proceder ao reconhecimento e por duas testemunhas presenciais.
>
> **Parágrafo único.** *O disposto no* nº III deste artigo não terá aplicação na fase da instrução criminal ou em plenário de julgamento.

Sempre que o fato sob investigação envolver identificação do suspeito, é interessante que o Delegado realize o reconhecimento, formalizando a diligência em ato próprio (Auto de Reconhecimento).

Observe que é possível a utilização de fotografias para a realização do reconhecimento pessoal. Considerando o princípio da **busca da verdade** e da **liberdade das provas**, permite-se, por analogia a utilização de fotografias para o reconhecimento. Nesse sentido:

Jurisprudência destacada

PROCESSUAL PENAL. *HABEAS CORPUS.* REVISÃO CRIMINAL. FURTO QUALIFICADO. RECONHECIMENTO FOTOGRÁFICO EM SEDE POLICIAL. INOBSERVÂNCIA DAS FORMALIDADES CONTIDAS NO ART. 226 DO CPP. RECONHECIMENTO PESSOAL FEITO EM JUÍZO. IRREGULARIDADE SANADA SOB O CRIVO DO CONTRADITÓRIO E DA AMPLA DEFESA. PRECEDENTES DO STJ E DO STF. ALTERAÇÃO DO REGIME INICIAL DE CUMPRIMENTO DA PENA. MATÉRIA NÃO ANALISADA PELO TRIBUNAL DE ORIGEM. SUPRESSÃO DE INSTÂNCIA. ORDEM PARCIALMENTE

> CONHECIDA E, NESSA EXTENSÃO, DENEGADA. **1. A jurisprudência do Superior Tribunal de Justiça admite a possibilidade de reconhecimento do acusado por meio fotográfico desde que observadas as formalidades contidas no art. 226 do Código de Processo Penal.** 2. Eventual irregularidade cometida no inquérito policial restou sanada na fase judicial, porquanto o juiz processante, ao realizar o reconhecimento pessoal do acusado na audiência de inquirição de testemunhas, o fez sob o crivo do contraditório e da ampla defesa. 3. Não tendo a controvérsia relativa à alteração do regime de cumprimento de pena sido objeto de debate e julgamento por parte do Tribunal de origem, o exame da matéria pelo Superior Tribunal de Justiça, em sede de *habeas corpus*, ocasionaria indevida supressão de instância. 4. Ordem parcialmente conhecida e, nessa extensão, denegada (STJ, HC n° 136.147/SP 2009/0090993-0, Rel. Min. Arnaldo Esteves Lima, j. 06.10.2019, *DJe* 03.11.2009 – grifo nosso).

Sobre o princípio da não autoincriminação e a condução coercitiva do investigado para o reconhecimento pessoal, Renato Brasileiro de Lima (2020a, p. 211) diz que:

> por força do direito de não produzir prova contra si mesmo (*nemo tenetur se detegere*), o investigado tem o direito de não colaborar na produção de prova sempre que se lhe exigir um **comportamento ativo**, um *facere*, daí por que não é obrigado a participar da acareação.

Depois complementa que

> o direito de não produzir prova contra si mesmo não persiste, portanto, quando o acusado for mero objeto de verificação. Assim, em se tratando de reconhecimento pessoal, ainda que o acusado não queira voluntariamente participar, admite-se sua execução coercitiva (LIMA, 2020a, p. 211).

• **Reconhecimento de objetos e/ou instrumentos**

Veja que além do reconhecimento de pessoas, é possível o reconhecimento de objetos e/ou instrumentos utilizados no crime ou mesmo os instrumentos que constituíram o produto da infração penal.

O CPP, no art. 227, diz:

> **Art. 227.** No reconhecimento de objeto, proceder-se-á com as cautelas estabelecidas no artigo anterior, no que for aplicável.

Acareação

No âmbito da investigação, ainda será possível a diligência investigativa denominada acareação. Nestor Távora e Rosmar Alencar (2009, p. 385) lecionam que "**acarear ou acaroar é pôr em presença, uma da outra, face a face, pessoas cujas declarações são divergentes**" (grifo nosso). Fernando Capez (2006, p. 158), por sua vez, conceitua a acareação como sendo "ato processual consistente na colocação face a face de duas pessoas que declaram diferentemente sobre um mesmo fato (...) destinando-se a ofertar ao juiz o convencimento sobre a verdade fática, reduzindo-se a termo o ato de acareação".

Os arts. 229 e 230 disciplinam a forma de proceder com a acareação:

> **Art. 229.** A acareação será admitida entre acusados, entre acusado e testemunha, entre testemunhas, entre acusado ou testemunha e a pessoa ofendida, e entre as pessoas ofendidas, sempre que divergirem, em suas declarações, sobre fatos ou circunstâncias relevantes.
>
> **Parágrafo único.** Os acareados serão reperguntados, para que expliquem os pontos de divergências, reduzindo-se a termo o ato de acareação.
>
> **Art. 230.** Se ausente alguma testemunha, cujas declarações divirjam das de outra, que esteja presente, a esta se darão a conhecer os pontos da divergência, consignando-se no auto o que explicar ou observar. Se subsistir a discordância, expedir-se-á precatória à autoridade do lugar onde resida a testemunha ausente, transcrevendo-se as declarações desta e as da testemunha presente, nos pontos em que divergirem, bem como o texto do referido auto, a fim de que se complete a diligência, ouvindo-se a testemunha ausente, pela mesma forma estabelecida para a testemunha presente. Esta diligência só se realizará quando não importe demora prejudicial ao processo e o juiz a entenda conveniente.

Determinar que se proceda a exame de corpo de delito e a quaisquer outras perícias, se for o caso

O art. 158 do CPP determina que:

> **Art. 158.** Quando a infração deixar vestígios, será indispensável o exame de corpo de delito, direto ou indireto, não podendo supri-lo a confissão do acusado.

O exame pericial é a regra, mas, não sendo possível a prova pericial, o art. 167 do CPP diz que:

> **Art. 167.** Não sendo possível o exame de corpo de delito, por haverem desaparecido os vestígios, a prova testemunhal poderá suprir-lhe a falta.

Lembre-se de que é facultado ao Delegado de Polícia deferir ou indeferir diligências requeridas pelo ofendido ou pelo investigado, mas o art. 184 do CPP faz uma ressalva aos exames periciais:

> **Art. 184. Salvo o caso de exame de corpo de delito,** o juiz ou a autoridade policial negará a perícia requerida pelas partes, quando não for necessária ao esclarecimento da verdade. (Grifo nosso)

O art. 159 do CPP estabelece as regras para a realização da perícia quanto aos seus responsáveis:

> **Art. 159.** O exame de corpo de delito e outras perícias serão realizados por perito oficial, portador de diploma de curso superior.
>
> § 1º Na falta de perito oficial, o exame será realizado por 2 (duas) pessoas idôneas, portadoras de diploma de curso superior preferencialmente na área específica, dentre as que tiverem habilitação técnica relacionada com a natureza do exame.

§ 2º Os peritos não oficiais prestarão o compromisso de bem e fielmente desempenhar o encargo.

O § 3º do art. 159 determina:

§ 3º Serão facultadas ao Ministério Público, ao assistente de acusação, ao ofendido, ao querelante e ao acusado a formulação de quesitos e indicação de assistente técnico.

Identificação do indiciado/investigado

A Constituição Federal traz, no seu art. 5º, inciso LVIII, a seguinte redação:

Art. 5º Todos são iguais perante a lei, sem distinção de qualquer natureza, garantindo-se aos brasileiros e aos estrangeiros residentes no País a inviolabilidade do direito à vida, à liberdade, à igualdade, à segurança e à propriedade, nos termos seguintes: (...)

LVIII – **o civilmente identificado não será submetido a identificação criminal**, salvo nas hipóteses previstas em lei; (Grifo nosso)

O ato normativo que delibera sobre a identificação criminal do civilmente identificado é a **Lei nº 12.037/2009,** que, em seu texto, amplia a identificação criminal para além da mera colheita de impressões digitais. Vejamos:

Art. 5º A identificação criminal incluirá **o processo datiloscópico e o fotográfico**, que serão juntados aos autos da comunicação da prisão em flagrante, ou do inquérito policial ou outra forma de investigação.

Parágrafo único. Na hipótese do inciso IV do art. 3º, a identificação criminal poderá incluir **a coleta de material biológico para a obtenção do perfil genético**. (Grifos nossos)

Juntada da folha de antecedentes criminais

Renato Brasileiro de Lima (2020a, p. 210) diz que:

A folha de antecedentes é a ficha que contém a vida pregressa do investigado, de onde constam dados como relação de inquéritos policiais já instaurados contra a sua pessoa e sua respectiva destinação.

Sobre a juntada da folha de antecedentes do indiciado, Nestor Távora e Rosmar Alencar (2009, p. 93) afirmam que é diligência relevante para:

esclarecer a vida pregressa, identificar eventual reincidência e fornecer os elementos informadores de envolvimento do suspeito em outras infrações.

É interessante observar que inquéritos policiais ou ações penais em curso não podem ser utilizados como maus antecedentes, vejamos precedente nesse sentido.

O STF já decidiu que

Inquéritos ou processos em andamento, que ainda não tenham transitado em julgado, não devem ser levados em consideração como maus antecedentes na dosimetria

da pena (HC nº 94.620, Rel. Min. Ricardo Lewandowski, Tribunal Pleno, j. 24.06.2015, Acórdão Eletrônico *DJe* 24.11.2015).

Nesse sentido, a Súmula nº 444 do STJ:

> É vedada a utilização de inquéritos policiais e ações penais em curso para agravar a pena-base (Súmula nº 444, 3ª Seção, j. 28.04.2010, *DJe* 13.05.2010).

Análise da vida pregressa do investigado

Norberto Avena (2018, p. 233) diz que essa diligência não se confunde com a anterior, veja:

> Trata-se da captação de fatos que, não podendo constar da folha de antecedentes policiais (seja por não se constituírem infrações penais, seja por se tratar de fatos que, mesmo criminosos, não chegaram a gerar a instauração de inquérito, *v.g.*, pela omissão da vítima em registrar a respectiva ocorrência policial), permitem detectar o caráter, a idoneidade moral e social do investigado, sua condição econômica, personalidade e outros dados que possam ser úteis na valoração do crime sob investigação e na dosimetria da pena a ser imposta no caso de sentença condenatória.

Nestor Távora e Rosmar Alencar (2009, p. 93) diz que essas pesquisas

> vão ajudar a aferir eventual qualificadora, algum privilégio, eventual causa de isenção de pena ou qualquer outra circunstância que venha a interferir na sua fixação.

As informações a respeito da vida pregressa do investigado são importantes para a formação da convicção da autoridade policial e, normalmente, são colhidas nos depoimentos prestados e outras diligências ao longo da investigação.

Colheita de informações a respeito dos filhos menores

Essa diligência visa resguardar os direitos dos filhos menores que estão inseridos em ambientes familiares com os investigados. Foi inserida no ordenamento por força do Estatuto da Primeira Infância – Lei nº 13.257/2016.

Dessa forma, as autoridades devem tomar as providências necessárias para que os menores dependentes não permaneçam sem o amparo do responsável durante o tempo em que se encontrar recolhido.

É importante que o nosso leitor conheça todas essas diligências, pois funcionam como um roteiro preliminar da investigação que será conduzida pelo Delegado de Polícia.

Reprodução simulada dos fatos (art. 7º do CPP)

Norberto Avena (2009, p. 248) explica que:

> Trata-se da reconstituição do crime, feita, se possível, com a colaboração do réu, da vítima e de eventuais testemunhas, cujo objetivo é constatar a plausibilidade das versões trazidas aos autos, identificando-se a forma provável de como o crime foi praticado.

Doutrina e jurisprudência entendem **não ser exigível a presença obrigatória do acusado** na reconstituição, de forma que este não é obrigado a produzir provas contra si.

Renato Brasileiro de Lima (2020a, p. 211) explica que:

> a recusa do acusado em se submeter a tais provas não configura o crime de desobediência nem o de desacato, e dela não pode ser extraída nenhuma presunção de culpabilidade.

A respeito da necessidade de intimação do advogado para o acompanhamento da diligência, o Professor Renato Brasileiro de Lima (2020a, p. 211) afirma que: "**não se faz necessária a intimação do investigado ou de seu advogado para participar da reconstituição do fato delituoso** feita em sede de investigação policial", mas se "a reprodução simulada dos fatos ocorre na fase judicial, a validade dessa prova estará condicionada à observância do contraditório e da ampla defesa" (grifo nosso).

Norberto Avena (2009, p. 249) compartilha do mesmo pensamento e acrescenta:

> reconstituição é providência que não se confunde com levantamento do local do fato. A primeira, prevista no art. 7º do CPP, importa em reproduzir, mediante simulação, a forma como ocorreu o crime, com participação dos próprios envolvidos ou utilização de terceiros em representação a eles. Já o segundo, contemplado nos arts. 6º, I, 164 e 169 do CPP, consiste no exame do lugar onde foi praticada a infração penal, extraindo-se fotografias, realizando-se desenhos e produzindo-se esquemas elucidativos desse local.

Decifrando a prova

(2018 – UEG – PC/GO – Delegado de Polícia) Dispensa-se a reserva de jurisdição:
A) para a decretação da prescrição.
B) para prisão temporária do investigado.
C) para declarar a cassação da fiança prestada.
D) para a realização de reprodução simulada dos fatos.
E) para requisição, a empresas concessionárias de telecomunicações, de disponibilização de meios técnicos adequados que permitam a localização dos suspeitos de delito em curso.

Gabarito comentado: a reprodução simulada dos fatos não exige ordem judicial para sua produção, pois não envolve o direito da intimidade previsto no art. 5º, X, da CF. Portanto, a letra D é o gabarito.

3.12.2 Acesso aos dados cadastrais das vítimas e de suspeito

Observe que o Delegado de Polícia, no curso da investigação, possui atribuição para requisitar, diretamente e em hipóteses legalmente previstas, **informações a respeito das vítimas ou dos suspeitos sob investigação**.

Essa atribuição requisitória contribui sobremaneira para o sucesso das diligências empreendidas, considerando a celeridade que tal medida proporciona ao auto investigativo.

Diante desse cenário, a Lei nº 13.344/2016 inseriu o art. 13-A no CPP. Vejamos sua redação:

Art. 13-A. Nos crimes previstos nos arts. 148, 149 e 149-A, no § 3º do art. 158 e no art. 159 do Decreto-lei nº 2.848, de 7 de dezembro de 1940 (Código Penal), e no art. 239 da Lei nº 8.069, de 13 de julho de 1990 (Estatuto da Criança e do Adolescente), o membro do Ministério Público ou o delegado de polícia poderá requisitar, de quaisquer órgãos do poder público ou de empresas da iniciativa privada, dados e informações cadastrais da vítima ou de suspeitos.

Parágrafo único. A requisição, que será atendida no prazo de 24 (vinte e quatro) horas, conterá:

I – o nome da autoridade requisitante;

II – o número do inquérito policial; e

III – a identificação da unidade de polícia judiciária responsável pela investigação.

A Lei nº 13.344/2016 introduziu no CPP o art. 13-A, estabelecendo que o membro do Ministério Público e o Delegado de Polícia poderão requisitar de quaisquer órgãos do Poder Público ou de empresas da iniciativa privada, dados e informações cadastrais da vítima ou de suspeitos, na investigação das seguintes infrações penais:

- crimes de sequestro e cárcere privado (art. 148 do CP);
- redução a condição análoga à de escravo (art. 149 do CP);
- tráfico de pessoas (art. 149-A do CP);
- extorsão praticada mediante restrição da liberdade da vítima (art. 158, § 3º, do CP);
- extorsão mediante sequestro (art. 159 do CP); e
- tráfico de crianças e adolescentes para o exterior (art. 239 da Lei nº 8.069/1990).

A requisição será atendida no prazo de 24 horas.

Norberto Avena (2009, p. 234) explica que o objetivo é "dispor à autoridade policial os instrumentos que lhe facilitem a obtenção, com o máximo de celeridade e eficácia possível, das provas necessárias à elucidação do fato sob investigação".

Essa previsão legal já se encontrava em outros dispositivos, tais como no art. 17-B da Lei nº 9.613/1998 (lavagem de dinheiro); no art. 15 da Lei nº 12.850/2013 (organizações criminosas); e no art. 2º, § 2º, da Lei nº 12.830/2013 (investigação criminal).

Os Tribunais Superiores, inclusive, já haviam se posicionado sobre a legalidade do **poder requisitório do Delegado**. Nesse sentido, é lícito ao Delegado, ao Ministério Público e mesmo a Comissões Parlamentares de Inquérito obterem elementos que não violem a intimidade do investigado. Renato Brasileiro de Lima (2018, p. 141) cita os seguintes exemplos:

a. Qualificação pessoal: é composta pelo nome, nacionalidade, naturalidade, data de nascimento, estado civil, profissão, número da carteira de identidade e número do registro cadastral de pessoas físicas da Receita Federal;
b. Filiação: consiste na indicação do nome do pai e da mãe;
c. Endereço: local de residência e de trabalho.

3.12.3 Requisição de informações acerca das Estações de Rádio Base (ERBs)

Renato Brasileiro de Lima (2020a, p. 211) explica que,

> por meio da estação rádio base (ERB), é possível saber a localização aproximada de qualquer aparelho celular ligado – não necessariamente em uso – e, consequentemente, de seu usuário.

O art. 13-B do CPP disciplina que:

> **Art. 13-B.** Se necessário à prevenção e à repressão dos crimes relacionados ao tráfico de pessoas, o membro do Ministério Público ou o delegado de polícia poderão requisitar, mediante autorização judicial, às empresas prestadoras de serviço de telecomunicações e/ou telemática que disponibilizem imediatamente os meios técnicos adequados – como sinais, informações e outros – que permitam a localização da vítima ou dos suspeitos do delito em curso.

Ao mesmo tempo que a lei faculta ao Delegado de Polícia ou ao membro do Ministério Público essa possibilidade de requisição, ela exige autorização judicial para a sua concessão.

Apesar da contraditória literalidade do dispositivo, observa-se que a "quebra de ERB", sujeita-se à **Cláusula de Reserva Jurisdicional temporária**, conforme as lições do Professor Henrique Hoffmann Monteiro de Castro (2017), o qual explica que o § 4º do art. 13-B

> cuida-se de **cláusula de reserva de jurisdição temporária**, verdadeira inovação no mundo jurídico, em que o decurso de lapso temporal (bastante apertado – 12 horas) faz desaparecer a necessidade de autorização judicial. Trata-se de previsão dúplice, exigindo-se no início ordem judicial e passando a dispensá-la pelo decurso de tempo. (Grifo nosso)

Vejamos o texto do dispositivo legal:

> **Art. 13-B, § 4º** Não havendo manifestação judicial no prazo de 12 (doze) horas, a autoridade competente requisitará às empresas prestadoras de serviço de telecomunicações e/ou telemática que disponibilizem imediatamente os meios técnicos adequados – como sinais, informações e outros – que permitam a localização da vítima ou dos suspeitos do delito em curso, com imediata comunicação ao juiz.

Assim, considerando o objeto do nosso estudo, a quebra da Estação Rádio Base, em regra, submete-se ao crivo judicial e, portanto, deve ser representada ao juiz quando necessária à investigação. Contudo, caso a autoridade judicial não se manifeste no período de 12 horas, o próprio Delegado de Polícia realizará a requisição diretamente à operadora.

Portanto, em relação à "quebra de ERB", a medida poderá ocorrer por meio:

- de ordem judicial, ocasião em que o Delegado de Polícia deverá representar por essa medida;
- requisição da autoridade policial, caso o magistrado não se manifeste no prazo de 12 horas. Nesses casos, haverá imediata comunicação ao juiz.

3.12.4 Identificação criminal

O objeto da inclusão deste tópico é contextualizar o nosso leitor a respeito das hipóteses em que será necessária a determinação dessa importante providência no âmbito da investigação. Nesse sentido, é imprescindível conhecer as determinações constitucionais e legais a respeito do tema.

A Constituição Federal assegura que nenhuma pena passará da pessoa do condenado, por isso, faz-se necessário e indispensável que o Estado conheça a identidade do investigado.

O Professor Renato Brasileiro de Lima (2018, p. 144) diz que

> a identificação criminal é o gênero do qual as espécies são a identificação datiloscópica – feita com base nas saliências papilares da pessoa –, a identificação fotográfica e a novel identificação do perfil genético.

E segue explicando:

> de modo algum se confundem a identificação criminal e a qualificação do investigado. A identificação criminal diz respeito à identificação datiloscópica, fotográfica e genética, e só é possível nos casos previstos em lei (CF, art. 5º, LVIII) (LIMA, 2018, p. 145).

Diferença entre a identificação criminal e a qualificação do investigado

É importante atentar-se para não confundir a qualificação do investigado com a sua identificação criminal. **A qualificação é providência ordinária, comum a todas as investigações. Já a identificação criminal é providência excepcional e somente cabível nas hipóteses legais e constitucionalmente previstas.**

Desse modo, a identificação criminal somente será necessária quando não for possível identificar civilmente o investigado ou, ainda, quando a identificação for indispensável para a investigação. Nesse último caso, será necessária ordem judicial.

Nesse sentido, os documentos aptos a atestar a identificação, encontram-se previstos no art. 2º da Lei nº 12.037/2009, o qual assim dispõe:

> Art. 2º A identificação civil é atestada por qualquer dos seguintes documentos:
> I – carteira de identidade;
> II – carteira de trabalho;
> III – carteira profissional;
> IV – passaporte;
> V – carteira de identificação funcional;
> VI – outro documento público que permita a identificação do indiciado.
> **Parágrafo único.** Para as finalidades desta Lei, equiparam-se aos documentos de identificação civis os documentos de identificação militares.

O rol desse artigo não é taxativo, visto que carteiras expedidas por órgãos fiscalizadores do exercício profissional, criados por lei federal, também são aceitas para fins de identificação civil. Há também a possibilidade de apresentar carteira nacional de habilitação (CNH), entre outros documentos, por isso a presença do inciso VI, abrindo o leque de possibilidades.

Considerando a excepcionalidade da medida, a identificação criminal somente poderia ser determinada nas hipóteses legalmente previstas.

O art. 3º da Lei nº 12.037/2009 lista as hipóteses em que, mesmo apresentando documento, ainda há possibilidade de ocorrer identificação criminal:

> **Art. 3º** Embora apresentado documento de identificação, poderá ocorrer identificação criminal quando:
>
> I – o documento apresentar **rasura** ou tiver **indício de falsificação**;
>
> II – o documento apresentado for **insuficiente** para identificar cabalmente o indiciado;
>
> III – o indiciado portar documentos **de identidade distintos, com informações conflitantes entre si**;
>
> IV – **a identificação criminal for essencial às investigações policiais,** segundo **despacho da autoridade judiciária competente,** que decidirá de ofício ou mediante representação da autoridade policial, do Ministério Público ou da defesa;
>
> V – constar de registros policiais **o uso de outros nomes ou diferentes qualificações**;
>
> VI – o **estado de conservação** ou **a distância temporal** ou **da localidade da expedição do documento** apresentado impossibilite a completa identificação dos caracteres essenciais. (Grifos nossos)

Dos mencionados arts. 2º e 3º, podemos destacar dois pontos:

- O **inciso IV**, diferente dos demais, para ser aplicado, depende de **prévia autorização judicial**, podendo incluir aqui a possibilidade de coleta de material biológico para o perfil genético. Nesse caso, a providência deverá ser requerida ao Poder Judiciário **por meio de representação**.
- Os **demais incisos** apresentam hipóteses em que a identificação poderá ser determinada nos **próprios despachos** a serem exarados pelo Delegado, considerando que se trata de medidas com previsão legal.

3.12.5 Outras diligências policiais

A par das diligências acima descritas, outras estão preconizadas nas legislações especiais, a exemplo da lei das interceptações telefônicas, do crime organizado, dentre outras, sendo matéria que é tratada nos manuais de legislação penal extravagante.

3.13 ENCERRAMENTO DA INVESTIGAÇÃO – CONCLUSÃO DO INQUÉRITO POLICIAL

3.13.1 Prazo para a conclusão do inquérito policial

Inicialmente, devemos assentar que a forma de contagem dos prazos do inquérito policial se trata de prazos processuais. Assim, segue a regra do art. 798, § 1º, do CPP, de modo a excluir o dia do início e incluir o dia do final. Se o último dia do prazo for feriado ou final de semana prorroga-se para o próximo dia útil. Na forma do art. 798, § 4º, do CPP, havendo ainda motivo de força maior a exemplo de greves dos servidores, acidente, obras urgentes etc., deve haver uma prorrogação na contagem do prazo para o primeiro dia útil (seja esse o dia do início ou do final).

Há de se observar ainda que, em data recente, a Lei nº 14.365/2022 inseriu a redação do art. 798-A no CPP, de modo a trazer expressamente a suspensão do curso do prazo processual entre os dias 20 de dezembro e 20 de janeiro, excepcionando dessa suspensão apenas os casos que envolvam a Lei Maria da Penha, réus presos, e as medidas consideradas urgentes. Essa inovação legislativa, todavia, não se aplica ao Inquérito Policial, haja vista que ela se refere apenas ao processo e não a fase pré-processual.

Cumpre salientar posicionamento de doutrina minoritária no sentido de que caso o investigado estivesse preso essa contagem do inquérito deveria ser feita na forma do art. 10 Código Penal. Isso pelo fato de que por envolver o direito de liberdade, a norma seria de direito material e não processual. Com isso, incluir-se-ia o dia de início (dia da prisão) e excluir-se-ia o dia do final. Todavia, para provas de concurso público essa posição não deve ser adotada.

Feitos esses prolegômenos, o primeiro ponto a se atentar quanto ao encerramento do inquérito refere-se ao prazo dentro do qual este deve ser levado a termo. Com efeito, o art. 10 do CPP devidamente regula esses prazos, vejamos:

> **Art. 10.** O inquérito deverá terminar no prazo de **10 dias, se o indiciado tiver sido preso em flagrante**, ou estiver preso preventivamente, contado o prazo, nesta hipótese, a partir do dia em que se executar a ordem de prisão, ou no prazo de **30 dias, quando estiver solto**, mediante fiança ou sem ela. (Grifos nossos)

Assim, em regra, o prazo para a conclusão do inquérito policial será de 10 dias se o indiciado estiver preso e de 30 dias se estiver solto. Se for preso preventivamente, conta-se 10 dias da data da prisão.

É interessante ressaltar que o referido prazo pode ser prorrogado nos termos do art. 10, § 3º, *in verbis*, "quando o fato for de difícil elucidação, e o indiciado estiver solto, a autoridade poderá requerer ao juiz a devolução dos autos, para ulteriores diligências, que serão realizadas no prazo marcado pelo juiz".

Importante observar que o Pacote Anticrime, Lei nº 13.964/2019, incluiu novo dispositivo no CPP, o qual permitiria a **prorrogação do inquérito policial, mesmo com o investigado preso**, senão vejamos:

> **Art. 3º-B.** O juiz das garantias é responsável pelo controle da legalidade da investigação criminal e pela salvaguarda dos direitos individuais cuja franquia tenha sido reservada à autorização prévia do Poder Judiciário, competindo-lhe especialmente: (...)
>
> VIII – prorrogar o prazo de duração do inquérito, estando o investigado preso, em vista das razões apresentadas pela autoridade policial e observado o disposto no § 2º deste artigo; (...)
>
> **§ 2º** Se o investigado estiver preso, o juiz das garantias poderá, mediante representação da autoridade policial e ouvido o Ministério Público, prorrogar, uma única vez, a duração do inquérito por até 15 (quinze) dias, após o que, se ainda assim a investigação não for concluída, a prisão será imediatamente relaxada.

Assim, ao menos de acordo com a literalidade do dispositivo legal, o juiz poderia prorrogar prazo do inquérito policial, mesmo com o investigado preso, pelo prazo de 15 dias.

Contudo, **esse dispositivo encontra-se com a eficácia suspensa** por força de medida cautelar em Ação Direta de Inconstitucionalidade proferida pelo Ministro Luiz Fux, devendo-se aguardar o julgamento do mérito da demanda. Para provas concursais, deve-se, ao menos por enquanto, seguir a regra anteriormente prevista, ou seja, **a improrrogabilidade do prazo com o investigado preso**, dispositivo que encontra exceções no texto legal.

Cumpre salientar que na legislação extravagante temos prazos diferenciados para a conclusão do inquérito. Vejamos a tabela:

	Indiciado preso	**Indiciado solto**
Polícia Civil Estadual	10 dias (improrrogável)	30 dias (prorrogável)
Polícia Federal	15 dias (+15, mediante autorização judicial – art. 66, Lei nº 5.010/1966)	30 dias (prorrogável)
Lei de Drogas	30 dias (+30, conforme deliberação judicial, ouvindo-se o Ministério Público, mediante pedido justificado da autoridade de polícia judiciária – art. 51, Lei nº 11.343/2006)	90 dias (+90, conforme deliberação judicial, ouvindo-se o Ministério Público, mediante pedido justificado da autoridade de polícia judiciária – art. 51, Lei nº 11.343/2006)
Inquéritos Militares	20 dias (art. 20 do CPPM)	40 dias (+20, desde que não estejam concluídos exames ou perícias já iniciados, ou haja necessidade de diligências indispensáveis à elucidação do fato – art. 20, *caput* e § 1º, do CPPM)
Crime contra a economia popular	10 dias, sem prorrogação (§ 1º do art. 10 da Lei nº 1.521/1951)	10 dias, sem prorrogação (§ 1º do art. 10 da Lei nº 1.521/1951)
Prisão temporária decretada em IP relativo a crimes hediondos e equiparados	30 + 30	Não se aplica

Decifrando a prova

(2019 – CESPE – TJ/BA – Juiz de Direito Substituto) Aldo, delegado de polícia, recebeu em sua unidade policial denúncia anônima que imputava a Mauro a prática do crime de tráfico de drogas em um bairro da cidade. A denúncia veio acompanhada de imagens em que Mauro aparece entregando a terceira pessoa pacotes em plástico transparente com considerável quantidade de substância esbranquiçada e recebendo dessa pessoa quantia em dinheiro. Em diligências realizadas, Aldo confirmou a qualificação de Mauro e, a partir das informações obtidas, instaurou IP para apurar o crime descrito no art. 33, *caput*, da Lei nº 11.343/2006 – Lei Antidrogas –, sem indiciamento. Na sequência, ele representou à autoridade judiciária pelo deferimento de medida de busca e apreensão na residência de Mauro, inclusive do telefone celular do investigado.

Acerca dessa situação hipotética, assinale a opção correta.

A) A instauração do IP constituiu medida ilegal, pois se fundou em denúncia anônima.

B) Recebido o IP, verificados a completa qualificação de Mauro e os indícios suficientes de autoria, o juiz poderá determinar o indiciamento do investigado à autoridade policial.

C) Em razão do caráter sigiloso dos autos do IP, nem Mauro nem seu defensor constituído terão o direito de acessá-los.

D) Como não houve prisão, o prazo para a conclusão do IP será de 90 dias.

E) Deferida a busca e apreensão, a realização de exame pericial em dados de telefone celular que eventualmente seja apreendido dependerá de nova decisão judicial.

Gabarito comentado: conforme art. 51, da Lei nº 11.343/2006, a letra D é o gabarito.

Questão interessante diz respeito ao prazo do inquérito caso sobrevenha no decorrer das investigações, de investigado solto, prisão temporária em crime hediondo.

Para a doutrina majoritária, nesses casos, o prazo de duração da prisão temporária deve ser somado ao prazo de conclusão do inquérito policial. Assim, se o indiciado está solto em uma investigação de crime hediondo, e a autoridade policial represente após 20 dias de investigação pela prisão temporária, o Delegado teria aí mais os 30 dias da prisão temporária do crime hediondo para concluir o inquérito, somando-se assim o total de 50 dias de prazo para a conclusão da investigação.

3.13.2 Relatório do inquérito policial

O relatório é o **resultado das investigações**. Nele, a autoridade policial demonstra todas as diligências empreendidas, as medidas investigativas, as perícias realizadas e todas as providências relacionadas ao fato no sentido de elucidá-lo, bem como as conclusões sobre a existência do crime e dos indícios de autoria. Encontra previsão legal no art. 10, §§ 1º e 2º do CPP, vejamos:

> § 1º A autoridade fará minucioso relatório do que tiver sido apurado e enviará autos ao juiz competente.
>
> § 2º No relatório poderá a autoridade indicar testemunhas que não tiverem sido inquiridas, mencionando o lugar onde possam ser encontradas.

No relatório, o Delegado não deve proferir nenhum juízo de valor, salvo nos crimes envolvendo entorpecentes da Lei nº 11.343/2006. Haja vista a previsão expressa na Lei de Drogas prevendo que no relatório a autoridade policial deve justificar as razões que levaram à classificação do delito.

Todavia, a presença ou a falta de juízo de valor no relatório, e até mesmo a própria falta do relatório, não enseja qualquer nulidade do inquérito. Perfaz-se apenas em mera irregularidade, caracterizando no máximo falta funcional do Delegado a ser apurada administrativamente no âmbito da respetiva corregedoria de polícia.

3.13.3 Indiciamento

Indiciamento é o ato administrativo formal e escrito segundo o qual o Estado comunica ao investigado que, a partir daquele momento, ele passa a ser o principal suspeito da prática do crime, diante do que ele passa a se tornar o foco das investigações. O indiciamento ocorre a partir do momento em que o inquérito policial alcança seu principal objetivo, qual seja, a descoberta da prova da materialidade do crime e dos indícios suficientes de autoria.

Em linhas gerais, pode-se dizer que o "indiciamento" é o ato formal em que o presidente do inquérito faz constar aos autos a existência do crime (prova da materialidade) e sobre quem recai os indícios consistentes de autoria (não se pode nesse momento falar em prova de autoria em razão do princípio da presunção de inocência, de modo que a prova de autoria só pode ser afirmada com o trânsito em julgado).

O indiciamento como se observa não é um ato discricionário do Delegado de Polícia, mas sim um ato administrativo vinculado. Ele só pode ser exarado quando presente o motivo emanado pela Lei (existência nos autos de prova de materialidade e indícios de autoria) e o objeto determinado pela Lei (ato de indiciamento). Desse modo é um **ato administrativo vinculado**.

Na forma da Lei nº 12.830/2013, em seu art. 2º, § 6º, "o indiciamento, **privativo do delegado de polícia**, dar-se-á por ato fundamentado, mediante análise técnico-jurídica do fato, que deverá indicar a autoria, materialidade e suas circunstâncias" (grifo nosso). Como se observa do texto da Lei, o ato de indiciamento não pode ser determinado nem pelo juiz nem pelo promotor de justiça, pois, a despeito de ser um ato vinculado, a competência para esse ato administrativo é exclusiva do Delegado de Polícia. Dessa mesma forma é a posição pacífica dos Tribunais Superiores (STF, HC nº 115.015).

Não obstante, o indiciamento não vincula a posição do *Parquet*, que pode até mesmo promover o arquivamento do inquérito policial a despeito do indiciamento. Em verdade, nem mesmo o relatório vincula o promotor, titular da ação penal que é, ou o juiz, que possui plena independência para julgar segundo sua livre convicção motivada.

O indiciamento é um ato que gera certo constrangimento à pessoa indiciada. Uma vez indiciada, consta contra a pessoa, em sua folha de antecedentes criminais, a menção a este ato e a suposta atribuição de sua autoria ao crime, ainda que o inquérito tenha sido arquivado.

No ato de indiciamento, o Delegado deverá, além de realizá-lo motivadamente como visto alhures, indicar objetivamente o tipo penal em que se encontra incurso o agente. Essa tipificação possui alguns efeitos práticos, sendo eles: indica os procedimentos a serem adotados na condução do inquérito; reflete na concessão ou não de fiança e no seu valor; influi no estabelecimento inicial da competência; indica a necessidade de exames complementares, dentre outros.

Importante aspecto refere-se ao **"desindiciamento"**. O indiciamento por ser ato administrativo que enseja efeitos deletérios ao indiciado pode ser sindicalizado judicialmente. Assim, havendo ilegalidade no indiciamento, o investigado poderá se valer do *habeas corpus* para solicitar o desindiciamento, caso que a doutrina chama de **desindiciamento coacto**. Por outro lado, como todo ato administrativo que ofenda a lei, pode ser revisto pela própria autoridade que o emitiu. Desse modo pode o Delegado de Polícia, por ato próprio, percebendo o equívoco, proceder ao desindiciamento, desvinculando a pessoa indiciada ao fato e de igual modo retirando o indiciamento de sua folha de antecedentes.

Tanto o indiciamento quanto o desindiciamento pode ser realizado a qualquer tempo, seja no transcurso do inquérito, seja no seu relatório final.

3.14 ARQUIVAMENTO DO INQUÉRITO POLICIAL

A incumbência de requerer o arquivamento do inquérito policial **é prerrogativa do Ministério Público**. Nas lições do Professor Renato Brasileiro de Lima (2018, p. 164):

> Incumbe exclusivamente ao Ministério Público avaliar se os elementos de informação de que dispõe são (ou não) suficientes para o oferecimento da denúncia, razão pela qual nenhum inquérito pode ser arquivado sem o expresso requerimento ministerial.

Nesse mesmo sentido é a jurisprudência:

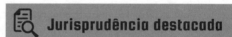

Jurisprudência destacada

HABEAS CORPUS. PROCEDIMENTO INVESTIGATIVO DA SUPOSTA PARTICIPAÇÃO DE SARGENTO DE POLÍCIA NA PRÁTICA DE ILÍCITOS. ARQUIVAMENTO, PELO JUÍZO, SEM EXPRESSO REQUERIMENTO MINISTERIAL PÚBLICO. REABERTURA DO FEITO. POSSIBILIDADE. INTEMPESTIVIDADE DO APELATÓRIO MANEJADO PELO MINISTÉRIO PÚBLICO. IRRELEVÂNCIA, DADA A EXISTÊNCIA DE RECURSO DE OFÍCIO (ART. 574 DO CPP). CRIAÇÃO DE NOVA COMARCA. INCOMPETÊNCIA DO JUÍZO. INEXISTÊNCIA. 1. O inquérito policial é procedimento de investigação que se destina a apetrechar o Ministério Público (que é o titular da ação penal) de elementos que lhe permitam exercer de modo eficiente o poder de formalizar denúncia. Sendo que ele, MP, pode até mesmo prescindir da prévia abertura de inquérito policial para a propositura da ação penal, se já dispuser de informações suficientes para esse mister de deflagrar o processo-crime. 2. É por esse motivo que incumbe exclusivamente ao *Parquet* avaliar se os elementos de informação de que dispõe são ou não suficientes para a apresentação da denúncia, entendida esta como ato-condição de uma bem caracterizada ação penal. Pelo que nenhum inquérito é de ser arquivado sem o expresso requerimento ministerial público. 3. A intempestividade do recurso interposto pela acusação não impede o Tribunal de segunda instância de rever o ato sentencial se, contra este, foi manejado recurso de ofício pelo próprio Juízo recurso de ofício (CPP, art. 574). 4. Se a criação de comarca é anterior ao oferecimento e ao recebimento da denúncia, imperiosa a remessa do feito ao Juízo que já era competente para o seu processamento. 5. Ordem denegada (HC nº 88.589/GO, Rel. Min. Carlos Britto, j. 28.11.2006).

O arquivamento é um ato complexo, que envolve prévio requerimento formulado pelo órgão do Ministério Público, e posterior decisão da autoridade judiciária competente. Portanto, pelo menos de acordo com a sistemática vigente no CPP, não se afigura possível o arquivamento de ofício do inquérito policial pela autoridade judiciária, nem tampouco o arquivamento dos autos pelo Ministério Público, sem a apreciação de seu requerimento pelo magistrado (LIMA, 2018, p. 165).

Especificamente no que toca a decisão de arquivamento do inquérito policial, jaz uma importante observação. O Pacote Anticrime, Lei nº 13.964/2019, alterou a redação do art. 28 do CPP. Não obstante, a vigência do referido dispositivo encontra-se suspensa por força de medida cautelar proferida nos autos da ADI nº 6.298. Passemos para a análise das referidas mudanças.

3.14.1 Arquivamento do inquérito policial (alterações do Pacote Anticrime – Lei nº 13.964/2019)

O novel dispositivo com a redação dada pelo Pacote Anticrime encontra-se com a eficácia suspensa em decorrência da ADI nº 6.298. Assim, para provas objetivas devemos ter como válida a antiga redação do art. 28 do CPP.

Vejamos os fundamentos adotados pelo STF para suspender a eficácia do dispositivo em sede liminar na referida Ação Direta de Inconstitucionalidade:

> Viola as cláusulas que exigem prévia dotação orçamentária para a realização de despesas (artigo 169, da Constituição), além da autonomia financeira dos Ministérios Públicos (artigo 127, da Constituição), a alteração promovida no rito de arquivamento do inquérito policial, máxime quando desconsidera os impactos sistêmicos e financeiros ao funcionamento dos órgãos do *Parquet*;
>
> A previsão de o dispositivo ora impugnado entrar em vigor em 23.01.2020, sem que os Ministérios Públicos tivessem tido tempo hábil para se adaptar estruturalmente à nova competência estabelecida, revela a irrazoabilidade da regra, inquinando-a com o vício da inconstitucionalidade. A *vacatio legis* da Lei nº 13.964/2019 transcorreu integralmente durante o período de recesso parlamentar federal e estadual, o que impediu qualquer tipo de mobilização dos Ministérios Públicos para a propositura de eventuais projetos de lei que venham a possibilitar a implementação adequada dessa nova sistemática;
>
> Medida cautelar deferida, para suspensão da eficácia do artigo 28, *caput*, do Código de Processo Penal.

As mudanças na sistemática do arquivamento do inquérito policial atendeu a algo já há muito defendido no meio jurídico. Como a titularidade da ação penal cabe ao Ministério Público, a inovação legislativa não mais se exige manifestação judicial para que se arquive o inquérito. A atribuição passa a ser exercida completamente dentro do Ministério Público. Cabe ao Promotor a promoção de arquivamento, o qual requer, como condição de eficácia da medida de arquivamento, a confirmação (homologação) dessa decisão por órgão de revisão do MP.

Trata-se de **ato jurídico composto**. Com efeito, é produto de duas manifestações de vontade, do Ministério Público: uma pelo Promotor de Justiça; e outra pela instância de revisão. Ambas dentro da própria estrutura do órgão ministerial.

Com a mudança, volta a discussão sobre a natureza jurídica da decisão de arquivamento.

Tudo indica prevalecer o posicionamento de Nucci (2020), que ganha força com a reforma, no sentido de que a decisão de arquivamento possui natureza administrativa. Vejamos as lições apresentadas pelo emérito professor, inclusive, antes da edição do Pacote Anticrime.

> Observa-se, entretanto, que o juiz pode, acolhendo parecer do Ministério Público, no sentido de haver insuficiência de provas para o oferecimento da denúncia, determinar o arquivamento como providência meramente administrativa.

Considerando as novas alterações, parece não mais haver dúvida a respeito da natureza administrativa da decisão de arquivamento, pois a decisão de arquivamento não mais se submete ao crivo judicial, em respeito ao sistema acusatório.

As mudanças trazidas pela Lei nº 13.964/2019 vão ao mesmo sentido do que a doutrina já clamava, em respeito ao princípio acusatório (PRADO, 2018, p. 153):

> A imparcialidade do juiz, ao contrário, exige dele justamente que se afaste das atividades preparatórias, para que mantenha seu espírito imune aos preconceitos que a formulação antecipada de uma tese produz, alheia ao mecanismo do contraditório, de sorte a avaliar imparcialmente, por ocasião do exame da acusação formulada, com o oferecimento da denúncia ou queixa, se há justa causa para a ação penal, isto é, se a acusação não se apresenta como violação ilegítima da dignidade do acusado. (...) Neste plano, a manutenção do controle, pelo juiz, das diligências realizadas no inquérito ou peças de informação, e do atendimento, pelo promotor de justiça, ao princípio da obrigatoriedade da ação penal pública, naquelas hipóteses em que, ao invés de oferecer denúncia, o membro do Ministério Público requer o arquivamento dos autos da investigação, constitui inequívoca afronta ao princípio acusatório.

3.14.2 Decisão de arquivamento

De acordo com a nova redação do art. 28 do CPP, cabe diretamente ao órgão do Ministério Público proceder ao arquivamento do inquérito policial, com comunicação à vítima, ao investigado e à autoridade policial.

Dessa decisão de arquivamento, o órgão do Ministério Público encaminhará os autos para a instância de revisão ministerial para fins de homologação.

Há previsão de um **recurso administrativo** à disposição da vítima, assim, ela poderá, no prazo de 30 (trinta) dias do recebimento da comunicação, submeter a matéria à revisão na instância de revisão ministerial.

Nos crimes praticados em detrimento da União, Estados, Distrito Federal e Municípios, a revisão do arquivamento do inquérito policial poderá ser provocada pela chefia do órgão a quem couber a sua representação judicial.

A Lei, em sua literalidade, conferiu apenas à vítima a possibilidade de provocar a instância ministerial de revisão, deixando de fora o investigado e a autoridade policial.

Outro ponto é que a Lei não mais trata da hipótese em que o juiz discorda do requerimento de arquivamento, pelo simples fato de que não cabe ao Juiz de Garantias discordar ou não da opinião do membro do Ministério Público. A decisão de arquivamento fica adstrita ao âmbito do Ministério Público, isto é, uma providência meramente administrativa, em observância ao sistema acusatório (art. 129, I, da CRFB e art. 3º-A do CPP).

Assim, a Lei nº 13.964/2019 **suprimiu o controle judicial** sobre o arquivamento da investigação preliminar e fortaleceu a atuação da vítima. O inquérito será remetido para homologação ao órgão de revisão no próprio MP e a vítima poderá se manifestar (em uma espécie de recurso administrativo) caso discorde do arquivamento.

Mais uma vez ressaltamos que as disposições acima analisadas não estão em vigor diante da suspensão da eficácia da atual redação do art. 28 do CPP.

Então, passemos ao estudo das regras em vigor, na forma da redação anterior ao Pacote Anticrime:

> **Art. 28.** Se o órgão do Ministério Público, ao invés de apresentar a denúncia, requerer o arquivamento do inquérito policial ou de quaisquer peças de informação, o juiz, no caso de considerar improcedentes as razões invocadas, fará remessa do inquérito ou peças de informação ao procurador-geral, e este oferecerá a denúncia, designará outro órgão do Ministério Público para oferecê-la, ou insistirá no pedido de arquivamento, ao qual só então estará o juiz obrigado a atender.

As razões que podem levar ao arquivamento do inquérito são: ausência de pressuposto processual ou de condição para o exercício da ação penal; falta de justa causa para a ação penal (por justa causa se entende a prova da existência do crime e os indícios mínimos de autoria); atipicidade do fato (o fato investigado não constitui crime, aqui se inclui o princípio da insignificância, causa de atipicidade material que é); causa manifesta de excludente da ilicitude, da culpabilidade (salvo inimputabilidade, pois aí haverá a imposição de medida de segurança, no que se chama sentença absolutória imprópria) ou da punibilidade (a exemplo da prescrição).

Importante observar em relação a essas hipóteses em que o inquérito pode ser arquivado, que, no tocante à causa excludente da ilicitude, essa só pode ocorrer se estiver fora de qualquer dúvida. Deve ser certa a presença da excludente de ilicitude. Nessa fase, não vigora o princípio do *in dubio pro reo*, mas sim o princípio do *in dubio pro societate*. Diante disso, havendo dúvidas a respeito da presença da excludente de ilicitude, o oferecimento da denúncia é medida que se impõe, não podendo aí o inquérito ser arquivado.

3.14.3 Coisa julgada na decisão de arquivamento

Sobre a coisa julgada da decisão que determina o arquivamento, importante atentar para a diferenciação entre coisa julgada formal e material. Segundo as lições de Renato Brasileiro de Lima (2020a, p. 240) sobre o tema:

- **Coisa julgada formal:** é a imutabilidade da decisão no processo em que foi proferida.
- **Coisa julgada material:** conceitua-se coisa julgada material a autoridade que torna imutável e indiscutível a decisão de mérito não mais sujeita a recurso.

A coisa julgada material pressupõe a coisa julgada formal, mas o inverso não acontece.

Com efeito, a decisão de arquivamento do inquérito pode estar coberta tanto pela coisa julgada formal quanto material. Importante mencionar que sempre haverá coisa julgada formal da decisão de arquivamento, contudo, nem sempre haverá coisa julgada material.

A decisão de arquivamento somente fará coisa julgada material se houve manifestação judicial a respeito do mérito da demanda. Por exemplo, caso o juiz adote como razão do arquivamento a inexistência do fato, haverá coisa julgada material, pois manifestou-se sobre o próprio mérito da imputação.

De outra forma, caso entenda que não há elementos suficientes para o início da fase processual da persecução, como, por exemplo, em razão da falta de prova de materialidade do delito ou de indícios suficientes de autoria, a referida decisão reveste-se da coisa julgada unicamente formal. A diferenciação, pragmaticamente, consiste no fato de que havendo coisa julgada meramente formal, nada impede que, havendo novos elementos, é possível a propositura da ação e desenvolvimento válido do processo. Por outro lado, reconhecida a coisa julgada material sobre a decisão de arquivamento, a ação penal não poderá mais ser intentada, ainda que surjam novos elementos.

Há apenas **duas hipóteses de coisa julgada formal.**

- Ausência de pressupostos processuais ou condições para o exercício da ação penal.
- Ausência de justa causa para o exercício da ação penal.

Em relação ao primeiro caso, ausência de condições da ação ou pressupostos processuais, vejamos o seguinte caso:

Maria, maior, capaz, vítima de um crime de ação penal pública condicionada à representação, ofereceu a representação num primeiro momento, mas depois se retratou, antes do oferecimento da denúncia. Se Maria resolver se retratar da retratação da representação, dentro do prazo decadencial de seis meses, nada impede que a denúncia seja oferecida pelo órgão ministerial, pois a decisão de arquivamento só faz coisa julgada formal.

Já em relação à ausência de justa causa (indícios mínimos), caso, depois do arquivamento, surjam elementos novos, será possível o oferecimento de denúncia.

Nesse sentido é a Súmula nº 524 do STF: "Arquivado o inquérito policial, por despacho do juiz, a requerimento do promotor de justiça, não pode a ação penal ser iniciada sem novas provas".

No mesmo sentido, aponta o art. 18 do CPP:

Art. 18. Depois de ordenado o arquivamento do inquérito pela autoridade judiciária, por falta de base para a denúncia, a autoridade policial poderá proceder a novas pesquisas, se de outras provas tiver notícia.

Por seu turno, em relação à **coisa julgada material, são quatro as hipóteses**, vejamos:

- Atipicidade da conduta delituosa.
- Existência manifesta de causa excludente de ilicitude.
- Existência manifesta de causa excludente da culpabilidade.
- Existência de causa extintiva da punibilidade.

Vejamos separadamente cada uma dessas hipóteses:

Atipicidade da conduta delituosa

Observe que, nesta situação, caso se conclua a respeito da atipicidade do fato, há manifestação a respeito do mérito da demanda, motivo pelo qual pesa sobre essa manifestação o manto da coisa julgada material.

Nesse sentido, o STF tem posição firmada:

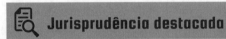

Jurisprudência destacada

Inquérito policial: decisão que defere o arquivamento: quando faz coisa julgada. A eficácia preclusiva da decisão que defere o arquivamento do inquérito policial, a pedido do Ministério Público, é similar à daquela que rejeita a denúncia e, como a última, se determina em função dos seus motivos determinantes, impedindo "se fundada na atipicidade do fato" "a propositura ulterior da ação penal, ainda quando a denúncia se pretenda alicerçada em novos elementos de prova. Recebido o inquérito" ou, na espécie, o Termo Circunstanciado de Ocorrência" tem sempre o Promotor a alternativa de requisitar o prosseguimento das investigações, se entende que delas possa resultar a apuração de elementos que deem configuração típica ao fato (CPP, art. 16; Lei nº 9.099/1995, art. 77, § 2º). Mas, ainda que os entenda insuficientes para a denúncia e opte pelo pedido de arquivamento, acolhido pelo Juiz, o desarquivamento será possível nos termos do art. 18 da lei processual. O contrário sucede se o Promotor e o Juiz acordam em que o fato está suficientemente apurado, mas não constitui crime. Aí "a exemplo do que sucede com a rejeição da denúncia, na hipótese do art. 43, I, CPP" a decisão de arquivamento do inquérito é definitiva e inibe que sobre o mesmo episódio se venha a instaurar ação penal, não importa que outros elementos de prova venham a surgir posteriormente ou que erros de fato ou de direito hajam induzido ao juízo de atipicidade (HC nº 80.560/GO, Rel. Min. Sepúlveda Pertence, j. 20.02.2001).

Existência manifesta de causa excludente de ilicitude

Quanto ao arquivamento fundado na existência de causa excludente de ilicitude, há dois posicionamentos sobre o tema, inclusive em sentido contrário exarados pelo STF e STJ, vejamos.

Para o STJ, o arquivamento do inquérito policial com base na existência de causa excludente da ilicitude faz coisa julgada material e impede a rediscussão do caso penal. O mencionado art. 18 do CPP e a Súmula nº 524 do STF realmente permitem o desarquivamento do inquérito caso surjam provas novas. No entanto, essa possibilidade só existe na hipótese em que o arquivamento ocorreu por falta de provas, ou seja, por falta de suporte probatório mínimo (inexistência de indícios de autoria e certeza de materialidade) (STJ, 6ª Turma, REsp nº 791.471/RJ, Rel. Min. Nefi Cordeiro, j. 25.11.2014, *Info.* nº 554) (ALVES, 2020, p. 177).

Já para o STF é sempre possível a reabertura das investigações. O referido tribunal entende que o arquivamento de inquérito policial em razão do reconhecimento de excludente de ilicitude não faz coisa julgada material. Logo, surgindo novas provas seria possível reabrir o inquérito policial, com base no art. 18 do CPP e na Súmula 524 do STF (STF, 1ª Turma, HC nº 95.211, Rel. Min. Cármen Lúcia, j. 10.03.2009; STF, 2ª Turma, HC nº 125.101/SP, Rel. orig. Min. Teori Zavascki, red. p/ o acórdão Min. Dias Toffoli, j. 25.08.2015, *Info.* nº 796) (ALVES, 2020, p. 177).

Existência manifesta de causa excludente da culpabilidade

Já que houve **pronunciamento de mérito** sobre a conduta do agente, a decisão estará revestida pela coisa julgada formal e material.

Existência de causa extintiva da punibilidade

Após a declaração da extinção da punibilidade pelo magistrado por meio de requerimento do Ministério Público, **não é possível a reabertura das investigações,** nem o oferecimento de denúncia, visto que a decisão faz coisa julgada formal e material. Todavia, aqui existe uma única exceção, trata-se do caso de extinção da punibilidade com base em certidão de óbito falsa. Nesse caso, conforme decidido pelos Tribunais Superiores sempre será possível a reabertura do inquérito e o oferecimento da ação penal.

3.14.4 Procedimento do arquivamento

Mais uma vez, chamamos a atenção do leitor de que a análise, nesse ponto, levará em consideração a antiga e atualmente vigente, redação do art. 28 do CPP, nos seguintes termos:

> **Art. 28.** Se o órgão do Ministério Público, ao invés de apresentar a denúncia, requerer o arquivamento do inquérito policial ou de quaisquer peças de informação, o juiz, no caso de considerar improcedentes as razões invocadas, fará remessa do inquérito ou peças de informação ao procurador-geral, e este oferecerá a denúncia, designará outro órgão do Ministério Público para oferecê-la, ou insistirá no pedido de arquivamento, ao qual só então estará o juiz obrigado a atender.

O arquivamento, nos delitos de ação penal pública incondicionada, como já analisado, consubstancia-se em ato complexo, praticado pela autoridade judicial, a requerimento do membro do Ministério Público. Havendo divergência entre o *Parquet* e o juiz, sobre o arquivamento do inquérito policial, o magistrado devolve a matéria ao Procurador-Geral, que terá a sua disposição três possibilidades de atuação:

- oferecer a denúncia, ele próprio;

- designar outro membro do MP para oferecer;
- insistir no pedido de arquivamento, hipótese na qual estará o juiz obrigado a atender.

Há diferentes procedimentos de arquivamento a depender da competência material do juiz que analisa. Vejamos, preliminarmente, o procedimento arquivamento no âmbito da Justiça Federal e da Justiça Comum do Distrito Federal:

- no âmbito da Justiça Federal, atuam os Procuradores da República;
- no âmbito da Justiça Comum do Distrito Federal, atuam os Promotores de Justiça do Distrito Federal.

A Lei Complementar nº 75/1993 regula a atuação do Ministério Público Federal e do Ministério Público do Distrito Federal e Territórios. Vejamos os arts. 62, IV, e 171, V.

- MPF:

    Art. 62. Compete às **Câmaras de Coordenação e Revisão:**

    IV – manifestar-se sobre o arquivamento de inquérito policial, inquérito parlamentar ou peças de informação, exceto nos casos de competência originária do Procurador-Geral; (Grifo nosso)

- MPDFT:

    Art. 171. Compete às **Câmaras de Coordenação e Revisão:**

    V – manifestar-se sobre o arquivamento de inquérito policial, inquérito parlamentar ou peças de informação, exceto nos casos de competência originária do Procurador-Geral; (Grifo nosso)

Renato Brasileiro de Lima (2017, p. 171) explica:

> (...) discordando o juiz federal (ou juiz comum do Distrito Federal) do pedido de arquivamento formulado pelo Procurador da República (ou pelo Promotor do MPDFT), deverá remeter os autos à Câmara de Coordenação e Revisão do Ministério Público Federal (ou do MPDFT). (...) a deliberação da Câmara de Coordenação e Revisão tem caráter meramente opinativo, cabendo ao respectivo Procurador-Geral a decisão final em tomo do arquivamento (ou não) do inquérito policial. Todavia, nada impede que o Procurador-Geral da República delegue a decisão final à Câmara de Coordenação e Revisão, nos termos do art. 50, I, da LC nº 75/1993. Aliás, é exatamente isso o que ocorre no âmbito do Ministério Público Federal.

Já no que concerne à Justiça Eleitoral, algumas observações são relevantes. Inicialmente, note que a Justiça Eleitoral não tem juízes e promotores próprios, assim são juízes e promotores estaduais designados que exercem essas funções junto à Justiça Eleitoral[9], a depender do caso concreto.

---

[9] No caso do Ministério Público, os Procuradores da República.

Assim, se realizado pedido de arquivamento pelo Promotor de Justiça do Estado ao Juiz Estadual, relacionados a crimes eleitorais, e o juiz discordar, ele fará remessa da comunicação ao Procurador Regional. Vejamos o art. 357, § 1º, do Código Eleitoral:

> **Art. 357.** Verificada a infração penal, o Ministério Público oferecerá a denúncia dentro do prazo de 10 (dez) dias.
>
> **§ 1º** Se o órgão do Ministério Público, ao invés de apresentar a denúncia, requerer o arquivamento da comunicação, o juiz, no caso de considerar improcedentes as razões invocadas, **fará remessa da comunicação ao Procurador Regional**, e este oferecerá a denúncia, designará outro Promotor para oferecê-la, ou insistirá no pedido de arquivamento, ao qual só então estará o juiz obrigado a atender. (Grifo nosso)

É importante ainda analisarmos o procedimento de arquivamento no âmbito da Justiça Militar da União o qual se submete às mesmas regras da Justiça Federal e da Justiça comum do Distrito Federal.

Renato Brasileiro de Lima (2017, p. 173) explica a exceção ao rito de arquivamento na Justiça Militar da União:

> A peculiaridade do procedimento do arquivamento no âmbito da Justiça Militar da União fica por conta da hipótese em que o Juiz-Auditor concorda com a promoção de arquivamento formulada pelo Promotor da Justiça Militar da União. Como vimos nos tópicos anteriores, o procedimento do arquivamento está relacionado apenas às hipóteses em que o juiz não concorda com a promoção ministerial. Ocorre que, na Justiça Militar da União, há um procedimento distinto para a hipótese em que o Juiz-Auditor concorda com o pedido de arquivamento formulado pelo Ministério Público.
>
> Caso o Juiz-Auditor venha a concordar com a promoção de arquivamento formulada pelo órgão do Ministério Público Militar, é obrigatória a remessa dos autos ao Juiz-Auditor Corregedor da Justiça Militar da União, a quem compete analisar a promoção de arquivamento novamente. Caso o Juiz-Auditor Corregedor concorde com o pedido de arquivamento, os autos do inquérito policial militar estarão definitivamente arquivados.
>
> Todavia, discordando da promoção de arquivamento, existe a possibilidade de interposição de correição parcial pelo Juiz-Auditor corregedor, a ser apreciada pelo Superior Tribunal Militar. (...)
>
> Do julgamento da correição parcial pelo Superior Tribunal Militar sobressaem duas possibilidades:
>
> a) se o Tribunal negar provimento ao recurso, os autos do IPM estarão arquivados;
>
> b) se o Tribunal der provimento ao recurso, remeterá a decisão final à chefia do Ministério Público Militar, cabendo ao Procurador-Geral da Justiça Militar dar a palavra final acerca do oferecimento (ou não) de denúncia, devendo antes colher a manifestação da Câmara de Coordenação e Revisão do Ministério Público Militar, nos exatos termos do art. 397, *caput*, do CPPM (equivalente ao art. 28 do CPP).

Em casos de autoridades com foro por prerrogativa de função, a decisão a respeito do arquivamento do feito é outorgada aos chefes dos ministérios públicos, sejam federais, sejam estaduais. Nessas hipóteses, especificamente, há peculiaridades no ato de arquivamento do inquérito policial, pois, nesses casos, não há órgão de cúpula incumbido da revisão do julgado, portanto, tecnicamente, trata-se de decisões administrativas que não se submetem ao crivo judicial e, consequentemente, não se encontram abrangidas pelo manto da coisa julgada material.

Renato Brasileiro de Lima (2017, p. 173) nos ensina:

> Em síntese, portanto, pode-se dizer que, nas hipóteses de atribuição originária do Procurador-Geral da República e do Procurador-Geral de Justiça, quando o arquivamento se fundar na inexistência de base empírica para o oferecimento da denúncia, não há necessidade de apreciação por parte do Poder Judiciário, já que seu acatamento por parte do Tribunal é compulsório. Porém, nos casos em que o pedido de arquivamento formulado pelo Ministério Público se lastrear na atipicidade dos fatos, que reputa apurados, ou na extinção de sua punibilidade, fundamentos estes capazes de produzir coisa julgada material, torna-se imperioso que o requerimento ministerial seja objeto de decisão jurisdicional do órgão judiciário competente.

3.14.5 Arquivamento implícito e arquivamento indireto

A doutrina classifica duas formas onde o arquivamento do inquérito não ocorre pelas vias normais. São elas o arquivamento indireto e o arquivamento implícito.

Entende-se por **arquivamento implícito** o fenômeno de ordem processual decorrente de o titular da ação penal deixar de incluir na denúncia algum fato investigado (arquivamento implícito objetivo) ou algum dos indiciados (arquivamento implícito subjetivo), sem expressa manifestação ou justificação deste procedimento. Este arquivamento se consuma quando o juiz não se pronuncia na forma do art. 28 do CPP, com relação ao que foi omitido na peça acusatória (JARDIM, 2002, p. 170).

É importante ressaltar que a legislação brasileira não prevê essa espécie de arquivamento, sendo esse conceito totalmente doutrinário.

Vejamos manifestação jurisprudencial nesse sentido:

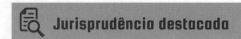

Jurisprudência destacada

(...) Inexiste dispositivo legal que preveja o arquivamento implícito do inquérito policial, devendo ser o pedido formulado expressamente, a teor do disposto no art. 28 do Código Processual Penal. Inaplicabilidade do princípio da indivisibilidade à ação penal pública (STF, 1ª Turma, RHC nº 95.141/RJ, Rel. Min. Ricardo Lewandowski, j. 06.10.2009, DJe 22.10.2009).

O Professor Renato Brasileiro de Lima (2020a, p. 255) nos ensina que "mesmo que o órgão do Ministério Público não tenha se manifestado expressamente em relação a determinado fato delituoso e/ou partícipe, nem tampouco tenha o juiz determinado a aplicação do art. 28 do CPP, não há que se falar em arquivamento implícito".

Por outro lado, o denominado arquivamento indireto, apesar da nomenclatura utilizada, não trata propriamente de arquivamento do feito. O arquivamento indireto, na verdade, trata da hipótese de falta de atribuição para a promoção da ação penal por determinado Promotor de Justiça. Nesses casos, deverá requerer ao magistrado a remessa dos autos ao Promotor com atribuição para tanto.

O Professor Leonardo Barreto Moreira Alves (2020, p. 174) nos alerta que essa modalidade de arquivamento ocorre

> no caso de o juízo perante o qual atue o órgão do Ministério Público que requereu o arquivamento do inquérito ser incompetente para processar e julgar futura ação penal envolvendo o crime ali tratado. Nessa hipótese, não tendo o órgão do Ministério Público atribuições para atuar no feito, deverá requerer a remessa dos autos ao juízo competente, onde atuará o Promotor com atribuições para o caso. Assim, haverá arquivamento apenas em relação ao juízo originário (no juízo derivado, o inquérito continuará tramitando normalmente), arquivamento, pois, indireto.

Havendo discordância entre o juiz e o Promotor, achando-se o juiz competente para julgar a ação, deve-se usar, por analogia, o art. 28 do CPP. Assim, remete-se os autos ao Procurador-Geral de Justiça. Se o Procurador-Geral de Justiça concordar com o juiz, oferecerá denúncia ou designará novo membro do Ministério Público para fazê-lo. Se o Procurador-Geral discordar e o juiz não remeter os autos ao juízo competente, providenciará cópia dos autos para enviar ao juízo competente (ALVES, 2020, p. 174).

Dessa forma, se o novo juiz também se julgar competente, haverá a suscitação do **conflito de competência** (ALVES, 2018, p. 157).

3.14.6 Arquivamento em crimes de ação penal de iniciativa privada

Nos crimes de ação penal privada, o arquivamento é pouco importante, haja vista que nessa situação basta ao ofendido não exercer seu direito de mover a ação penal mediante a queixa, todavia nada o impede de promover o arquivamento perante o juiz.

Nesses casos, a autoridade policial atua no interesse do titular da ação penal, a vítima. A investigação desses delitos fica condicionada ao interesse dela, assim caso esta deseje, o arquivamento do feito, essa medida seria impositiva, pois vigora, nesses casos, o princípio da oportunidade e da conveniência.

Renato Brasileiro de Lima (2018, p. 179) diz que há

> a possibilidade de arquivamento em crimes de ação penal de iniciativa privada (exclusiva e personalíssima), quando, a despeito das inúmeras diligências realizadas no curso da investigação policial, não se tenha logrado êxito na obtenção de elementos de informação quanto à autoria do fato delituoso, como, por exemplo, na hipótese de crimes contra a honra praticados pela internet. Nesse caso, enquanto não se souber quem é o autor do delito, o prazo decadencial não começará a fluir. Em uma tal situação, há de se admitir o

pedido de arquivamento do inquérito policial feito pelo ofendido, hipótese em que não haveria renúncia tácita, já que o autor da infração não teria sido identificado.

3.14.7 Recorribilidade contra a decisão de arquivamento

Na forma do art. 28 do CPP em vigor, a regra geral é que não cabe recurso contra a decisão judicial que arquiva o inquérito policial.

No entanto, há as seguintes ressalvas:

- crimes contra a economia popular ou contra a saúde pública: pode haver recurso de ofício (art. 7º da Lei nº 1.521/1951);
- contravenções do jogo do bicho e de corrida de cavalos fora do hipódromo: recurso em sentido estrito (Lei nº 1.508/1951, art. 6º, parágrafo único);
- investigação por parte do Procurador-Geral de Justiça: pedido de revisão ao Colégio de Procuradores, mediante requerimento do ofendido (art. 12, XI, da Lei nº 8.625/1993).

É importante ressaltar que a nova redação do art. 28, a qual se encontra suspensa por força de medida cautelar em ADI, anteriormente já analisada, possibilita o recurso administrativo em desfavor da decisão ministerial de arquivamento.

3.14.8 Arquivamento determinado por juiz absolutamente incompetente

Sobre o arquivamento do inquérito por juiz incompetente, vamos começar ilustrando com um exemplo para maior compreensão da matéria.

Imagine que um juiz estadual determinou o arquivamento de um inquérito policial que investigava crime da competência da justiça militar, ou seja, o juiz estadual não é competente para a análise do feito.

A dúvida consiste em saber se essa decisão estará ou não revestida pelo manto da coisa julgada. A resposta há de ser afirmativa. Se o inquérito fora arquivado, ainda que por um juízo absolutamente incompetente, **fará coisa julgada**. A coisa julgada, nessa hipótese, **poderá ser formal ou material, a depender do fundamento** adotado para o arquivamento.

Nesse sentido:

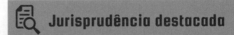

Jurisprudência destacada

(...) A decisão que determina o arquivamento do inquérito policial, quando fundado o pedido do Ministério Público em que o fato nele apurado não constitui crime, mais que preclusão, produz coisa julgada material, que – ainda quando emanada a decisão de juiz absolutamente incompetente –, impede a instauração de processo que tenha por objeto o mesmo episódio (...) (STF, 1ª Turma, HC nº 83.346/SP, Rel. Min. Sepúlveda Pertence, j. 17.05.2005, *DJ* 19.08.2005).

3.14.9 Desarquivamento do inquérito policial

Como alhures mencionado, é relevante relembrarmos que o desarquivamento do inquérito somente é possível nas hipóteses em que a decisão de arquivamento se encontra acobertada unicamente pela **coisa julgada formal**.

Nesses casos, a decisão de arquivamento leva em consideração os elementos existentes quando de sua prolação. Assim, haverá o desarquivamento caso se altere o panorama em que se fundou a decisão de arquivamento.

Renato Brasileiro de Lima (2018, p. 167) explica que arquivamento por falta de lastro probatório é uma decisão tomada com base na cláusula *rebus sic stantibus*, ou seja, assim caso não se alterem os pressupostos fáticos que serviram de amparo ao arquivamento, esta decisão deve ser perenizada. Modificando-se o embasamento fático, é possível o desarquivamento do inquérito policial.

A reabertura da investigação não pode ocorrer em razão da simples mudança de convicção dos órgãos incumbidos da persecução. A decisão de desarquivamento requer **indispensável inovação do cenário fático** em que se fundou. É indispensável o surgimento de notícia de prova nova ou, ao menos, novas linhas investigativas.

Nesse sentido, vejamos:

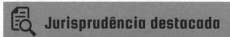

> (...) 4. Art. 18 do CPP. **Arquivamento de inquérito policial. "Novas pesquisas". Possibilidade de reabertura das investigações, se de outras provas houver notícia.** *Contrario sensu*, a reabertura não pode decorrer da simples mudança de opinião ou reavaliação da situação. É indispensável que haja novas provas ou, ao menos, novas linhas de investigação em perspectiva. 5. Impossibilidade de reabrir inquérito para aprofundar linhas de investigação que já estavam disponíveis para exploração anterior. O arquivamento da investigação, ainda que não faça coisa julgada, é ato sério que só pode ser revisto por motivos igualmente sérios e surgidos posteriormente. 6. Reabertura das investigações que decorreu do puro e simples inconformismo com o arquivamento requerido pelo Procurador-Geral da República, sem que uma linha de investigação nova tenha surgido após o arquivamento (Rcl nº 20.132 AgR-segundo/SP – São Paulo. Segundo AgRg na Reclamação, Rel. Min. Teori Zavascki. Rel. p/ acórdão Min. Gilmar Mendes, j. 23.02.2016 – grifo nosso).

Nesse sentido, duas questões são importantes:

- **Autoridade responsável pelo desarquivamento do inquérito policial**

Para esclarecer esse ponto, é interessante a leitura do art. 18 do CPP, vejamos:

> **Art. 18.** Depois de ordenado o arquivamento do inquérito pela autoridade judiciária, por falta de base para a denúncia, a autoridade policial poderá proceder a novas pesquisas, se de outras provas tiver notícia.

A doutrina se posiciona que tanto o *Parquet* quanto a autoridade policial, sabendo da existência de novas provas, poderá requerer o desarquivamento, mas só o membro do Ministério Público poderá oferecer a denúncia.

- **Conceito de provas novas capazes de fundamentar o desarquivamento do feito (LIMA, 2018, p. 169)**

Provas novas são aquelas que produzem a alteração do panorama probatório em que se fundou a decisão de arquivamento. Para serem hábeis de permitir o desarquivamento, essas provas devem ser tanto substancialmente novas quanto formalmente novas. Por prova formalmente nova entende-se por aquela que apresenta fatos até então desconhecidos. Todavia, não basta a prova ser apenas formalmente nova, pois a par de trazer fatos até então desconhecidos, esses fatos devem ter a idoneidade para alterar o juízo anteriormente proferido. Ou seja, essas provas novas devem ser capazes de permitir um novo entendimento; a isso se chama de prova materialmente nova.

Nesse sentido o STJ:

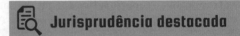

(...) três são os requisitos necessários à caracterização da prova autorizadora do desarquivamento de inquérito policial (art. 18 do CPP): a) que seja formalmente nova, isto é, sejam apresentados novos fatos, anteriormente desconhecidos; b) que seja substancialmente nova, isto é, tenha idoneidade para alterar o juízo anteriormente proferido sobre a desnecessidade da persecução penal; c) seja apta a produzir alteração no panorama probatório dentro do qual foi concebido e acolhido o pedido de arquivamento. Preenchidos os requisitos – isto é, tida a nova prova por pertinente aos motivos declarados para o arquivamento do inquérito policial, colhidos novos depoimentos, ainda que de testemunha anteriormente ouvida, e diante da retificação do testemunho anteriormente prestado –, é de se concluir pela ocorrência de novas provas, suficientes para o desarquivamento do inquérito policial e o consequente oferecimento da denúncia (STJ, 6ª Turma, RHC nº 18.561/ES, Rel. Min. Hélio Quaglia Barbosa, j. 11.04.2006, *DJ* 01.08.2005).

3.14.10 Trancamento (ou encerramento anômalo) do inquérito policial

O trancamento ou encerramento anômalo é uma medida de caráter excepcional e, para que seja aplicada, é necessário que se verifique a instauração de inquérito de caráter abusivo, de modo a constranger ilegalmente o investigado. Trata-se, na verdade, de ato ilegal e, portanto, passível de anulação e controle por parte da autoridade judicial por meio de *habeas corpus*.

Destarte, temos as seguintes hipóteses de cabimento do trancamento de inquérito (LIMA, 2020a, p. 256):

- quando **manifesta a existência da atipicidade formal ou material** (princípio da insignificância, inclusive);

- presença de **causa extintiva da punibilidade**;
- instauração de inquérito policial em crimes de **ação penal pública condicionada ou de ação penal privada sem prévia manifestação da vítima ou de seu representante legal**.

Observe que é admissível o manejo de *habeas corpus*, considerando que, ao menos em tese, seria possível o cerceamento de liberdade. Observe disposição constitucional sobre o tema:

> **CF, art. 5º** (...)
> LXVIII – conceder-se-á *habeas corpus* sempre que alguém sofrer ou se achar ameaçado de sofrer violência ou coação em sua liberdade de locomoção, por ilegalidade ou abuso de poder;

Nos casos em que não couber *habeas corpus*, poderá ser utilizado o Mandado de Segurança. Nesse sentido:

> **STF, Súmula nº 693:** Não cabe *habeas corpus* contra decisão condenatória a pena de multa, ou relativo a processo em curso por infração penal a que a pena pecuniária seja a única cominada.

Cumpre mencionar que a competência para apreciação do *habeas corpus* será determinada com **base na autoridade** coatora responsável pelo constrangimento ilegal e que determinou a abertura das investigações.

3.15 TERMO CIRCUNSTANCIADO DE OCORRÊNCIA (TCO)

Trata-se de **instrumento investigativo de menor complexidade** e conta com previsão no âmbito da Lei nº 9.099/1995. Nos dizeres dos Professores Nestor Távora e Rosmar Alencar (2009, p. 644), o Termo Circunstanciado é:

> investigação simplificada, com o resumo das declarações das pessoas envolvidas e das testemunhas, e eventualmente com a juntada de exame de corpo de delito para os crimes que deixam vestígios. Objetiva-se, como se infere, coligir elementos que atestem autoria e materialidade delitiva, ainda que de forma sintetizada.

O art. 69 da Lei nº 9.099/1995 dispõe a respeito do simplificado instrumento investigativo:

> **Art. 69.** A autoridade policial que tomar conhecimento da ocorrência lavrará termo circunstanciado e o encaminhará imediatamente ao Juizado, com o autor do fato e a vítima, providenciando-se as requisições dos exames periciais necessários.

Sendo assim, não é necessária a instauração de inquérito policial, o próprio termo serve como base para o exercício da ação.

O TCO dispensa qualquer formalidade. Atende aos princípios da celeridade e da simplicidade que norteia a Lei nº 9.099/1995. Destarte, o TCO nada mais é do que a própria ocorrência policial lavrada no balcão da delegacia e encaminhada ao poder Judiciário. O que permite ao MP dar início à ação penal ou a outros procedimentos da Lei nº 9.099/1995, como a transação penal ou a suspensão condicional do processo.

Importante mencionar que o TCO, por dispensar formalidades, pode ser lavrado pela Polícia Militar, conforme entendimento dos Tribunais Superiores. Fato é que, na prática, o TCO em nada se diferencia da própria ocorrência policial militar desde sempre lavrada pelo Policial Militar em serviço e que tem por objetivo o controle de sua atuação por sua própria instituição.

Com a permissão do TCO pela Lei nº 9.099/1995, o Policial Militar, sendo o caso de infração de menor potencial ofensivo, encaminha essa ocorrência ao Poder Judiciário, juntamente com o TCO (termo que assinado pelo suposto autor do delito permite a não lavratura do auto de prisão em flagrante). Sendo ainda caso de crime de ação penal pública condicionada à representação, deve o Policial Militar colher o termo de representação da vítima no mesmo ato.

A lavratura do TCO pela Polícia Militar permite que o policial não tenha que deslocar as partes à delegacia, resolvendo-se a situação no próprio local da ocorrência. Isso não apenas é menos desgastante para as partes envolvidas, quanto permite ao Policial Militar retornar rapidamente para seu policiamento preventivo. De igual modo, desonera as delegacias de polícia da preocupação de cuidar de crimes sem grandes complexidades, permitindo uma maior atenção na investigação de crimes mais complexos.

3.16 CONTROLE EXTERNO DA ATIVIDADE POLICIAL

O controle externo da atividade policial tem previsão no art. 129 da Constituição, nos seguintes termos:

> **Art. 129.** São funções institucionais do Ministério Público: (...)
>
> VII – exercer o controle externo da atividade policial, na forma da lei complementar mencionada no artigo anterior; (...)

Rodrigo Régnier Chemim Guimarães (2009, p. 80) conceitua o controle externo como

> conjunto de normas que regulam a fiscalização exercida pelo Ministério Público em relação à Polícia, na prevenção, apuração e investigação de fatos tidos como criminosos, na preservação dos direitos e garantias constitucionais dos presos que estejam sob responsabilidade das autoridades policiais e na fiscalização do cumprimento das determinações judiciais.

A Lei Complementar nº 75/1993 dispõe, nos seus arts. 9º e 10, sobre como será o controle exercido pelo Ministério Público da União:

Art. 9º O Ministério Público da União exercerá o controle externo da atividade policial por meio de medidas judiciais e extrajudiciais podendo:

I – ter livre ingresso em estabelecimentos policiais ou prisionais;

II – ter acesso a quaisquer documentos relativos à atividade-fim policial;

III – representar à autoridade competente pela adoção de providências para sanar a omissão indevida, ou para prevenir ou corrigir ilegalidade ou abuso de poder;

IV – requisitar à autoridade competente para instauração de inquérito policial sobre a omissão ou fato ilícito ocorrido no exercício da atividade policial;

V – promover a ação penal por abuso de poder.

Art. 10. A prisão de qualquer pessoa, por parte de autoridade federal ou do Distrito Federal e Territórios, deverá ser comunicada imediatamente ao Ministério Público competente, com indicação do lugar onde se encontra o preso e cópia dos documentos comprobatórios da legalidade da prisão.

A **Resolução nº 20 do CNMP**, de 28 de maio de 2007, regulamenta, no âmbito do Ministério Público, o controle externo da atividade policial. Veja:

Art. 1º Estão sujeitos ao controle externo do Ministério Público, na forma do art. 129, inciso VII, da Constituição Federal, da legislação em vigor e da presente Resolução, os organismos policiais relacionados no art. 144 da Constituição Federal, bem como as polícias legislativas ou qualquer outro órgão ou instituição, civil ou militar, à qual seja atribuída parcela de poder de polícia, relacionada com a segurança pública e persecução criminal.

Art. 2º O controle externo da atividade policial pelo Ministério Público tem como objetivo manter a regularidade e a adequação dos procedimentos empregados na execução da atividade policial, bem como a integração das funções do Ministério Público e das Polícias voltada para a persecução penal e o interesse público, atentando, especialmente, para:

I – o respeito aos direitos fundamentais assegurados na Constituição Federal e nas leis;

II – a preservação da ordem pública, da incolumidade das pessoas e do patrimônio público;

III – a prevenção da criminalidade;

IV – a finalidade, a celeridade, o aperfeiçoamento e a indisponibilidade da persecução penal;

V – a prevenção ou a correção de irregularidades, ilegalidades ou de abuso de poder relacionados à atividade de investigação criminal;

VI – a superação de falhas na produção probatória, inclusive técnicas, para fins de investigação criminal;

VII – a probidade administrativa no exercício da atividade policial.

Art. 3º O controle externo da atividade policial será exercido:

I – **na forma de controle difuso**, por todos os membros do Ministério Público com atribuição criminal, quando do exame dos procedimentos que lhes forem atribuídos;

II – **em sede de controle concentrado**, através de membros com atribuições específicas para o controle externo da atividade policial, conforme disciplinado no âmbito de cada Ministério Público.

Parágrafo único. As atribuições de controle externo concentrado da atividade policial civil ou militar estaduais poderão ser cumuladas entre um órgão ministerial central, de coordenação geral, e diversos órgãos ministeriais locais. (Grifo nosso)

Da lei, podemos extrair que existem duas formas de controle. Renato Brasileiro de Lima (2017, p. 197), com a propriedade que lhe é peculiar, define o controle difuso como "aquele exercido por todos os membros do Ministério Público com atribuição criminal, quando do exame dos procedimentos que lhes forem atribuídos. Aqui, é possível a adoção das seguintes medidas: a) controle de ocorrências com acesso a registros manuais e informatizados; b) prazos de inquéritos policiais; c) qualidade do inquérito policial; d) bens apreendidos; e) propositura de medidas cautelares".

Em ato contínuo, define o controle concentrado como aquele "exercido através de membros com atribuições específicas para o controle externo da atividade policial, conforme disciplinado no âmbito de cada Ministério Público". Em sede de controle concentrado, são inúmeras as medidas que podem ser adotadas pelo órgão do Ministério Público: ações de improbidade administrativa; ações civis públicas na defesa dos interesses difusos; procedimentos de investigação criminal; requisições; recomendações; termos de ajustamento de conduta; visitas às delegacias de polícia e unidades prisionais; comunicações de prisões em flagrante.

4 Ação penal

4.1 CONCEITO, CARACTERÍSTICAS, FUNDAMENTO CONSTITUCIONAL E NATUREZA JURÍDICA DA AÇÃO PENAL

A ação penal é um direito público subjetivo **de pedir ao Estado-Juiz a aplicação do direito penal (direito penal objetivo) a um caso concreto** (LIMA, 2019, p. 213).

Para uma parte minoritária da doutrina, a ação penal não se constituiria em um direito, senão em um poder. Isso em razão de que uma vez proposta a ação penal se impõe ao Estado-Juiz a obrigação de se manifestar sobre o caso concreto, bem como impõe a obrigação da parte contrária de suportar a ação penal no polo passivo. Destarte, seria assim um poder que o polo ativo teria em sujeitar o Estado e a outra parte aos meandros da ação penal.

Sobre sua natureza jurídica (para parte da doutrina chamado de características do direito de ação), a ação penal é um **direito público, subjetivo, abstrato, autônomo, instrumental (também chamado de determinado) e específico.** Assim vejamos.

- **Direito público:** é exercida contra o Estado. Mesmo nas ações de iniciativa privada, onde o Estado permite que seja o particular que ingressa com a ação, ela continua sendo um direito público, pois é voltada contra o Estado e não contra a outra parte. Tanto é assim que na peça acusatória utiliza-se a expressão "vem oferecer denúncia em relação a fulano de tal" e não "vem oferecer denúncia contra fulano de tal".
- **Direito subjetivo:** seu titular é sempre determinado (Ministério Público ou ofendido), e é esse que pode (tem o direito) de exigir do Estado-Juiz a prestação jurisdicional.
- **Direito autônomo:** porque o direito de ação não depende da existência de um direito material para que seja exercido. O direito de ação preexiste ao próprio direito de punir, e não precisa de este estar presente para que a ação possa ser exercida. Salienta-se que nem sempre o direito de ação foi autônomo. Há bastante tempo se entendia que o direito de ação era um mero desdobramento do direito penal material, como veremos mais à frente.

- **Direito abstrato:** no sentido de que o direito de ação independe do resultado do processo, ou seja, pouco importa a procedência ou improcedência da pretensão acusatória estampada na ação penal. Mesmo que a ação seja no fim julgada improcedente, o direito de ação terá existido.
- **Determinado ou instrumental:** a ação penal é um meio para que se possa aplicar o direito de punir do Estado. Nas palavras de Renato Brasileiro de Lima (2019, p. 214), o direito de ação seria "instrumentalmente conexo a um fato concreto, já que se pretende solucionar uma pretensão de direito material".
- **Direito específico:** parte da doutrina considera ainda a ação penal um direito específico, porque apresenta como conteúdo sempre um objeto específico que é o fato delituoso atribuído ao acusado (o fato delituoso atribuído ao acusado é o objeto da imputação).

Na forma da Constituição Federal (CF), a ação penal é um direito fundamental. Tem previsão no art. 5º, XXXV, da CF que preconiza que "a lei não excluirá da apreciação do Poder Judiciário lesão ou ameaça a direito". Essa previsão constitucional consagra tanto o direito de ação quanto um princípio deveras entrelaçado a esse mesmo direito: o princípio da inafastabilidade da jurisdição. São entrelaçados porque a **jurisdição** é provocada exatamente pelo **direito de ação**.

Questão interessante se refere ao fato de o direito de ação ser tratado tanto no Código Penal (CP) quanto no Código de Processo Penal (CPP). Isso decorre do fato de que o direito de ação se relaciona diretamente ao direito de punir do Estado, afetando indissociavelmente o *status libertatis* do indivíduo acusado. É nesse sentido que a doutrina assevera ter o direito de ação natureza mista, sendo tanto norma de direito penal quanto de direito processual penal. E isso traz um importante reflexo no ordenamento jurídico: ao direito de ação não se aplica o princípio das normas processuais penais no tempo do *tempus regit actum* ou da aplicação imediata da norma processual penal, mas sim os princípios do direito penal da irretroatividade da lei penal mais gravosa e da retroatividade da lei penal mais benéfica.

Uma última observação convém ser mencionada. Os processualistas de direito penal têm refutado o conceito de "lide" para a seara do processo penal. Para Carnelutti, em clássicas lições, lide se trata de um conflito intersubjetivo de direitos caracterizada por um pretensão resistida. Com efeito, referida definição não se mostra apropriada para o processo penal. Aqui a pretensão refere-se à liberdade individual, sendo a preservação dessa liberdade interesse tanto do acusado quanto do Estado, não podendo se falar, destarte, em conflito e muito menos em pretensão resistida quanto ao direito de liberdade que é o objeto subjacente de todo o processo penal.

4.2 CONDIÇÕES DA AÇÃO

Para a maioria da doutrina, as condições da ação no processo penal (condições genéricas da ação) não apresentam diferenças das mesmas condições da ação no processo civil. Na forma de uma teoria geral do processo (que abarcaria tanto o processo penal quanto civil), deve-se entender por condições da ação a referência dada a ela segundo a concepção eclética do direito de ação de Liebman, cunhado para o processo civil. Assim, o direito de ação seria o direito ao julgamento do mérito da causa (seja ele favorável ou desfavorável, pouco importando) que fica condicionado ao **preenchimento de certas condições**, aferíveis à luz da relação jurídica material deduzida em juízo. Essas condições a que se condicionam a ação penal são chamadas de condições da ação.

Consoante a supracitada teoria eclética, a existência do direito de ação não depende da existência do direito material, mas do preenchimento de certos requisitos formais chamados de condições da ação. Ainda que essas condições sejam aferidas à luz da relação jurídica de direito material discutida no processo, sendo analisadas preliminarmente e, uma vez ausentes, levando a uma sentença terminativa de carência da ação, elas não se confundem com o mérito da ação. Tanto que não faz coisa julgada material e permite que a demanda seja renovada corrigindo-se o vício que levou à extinção da ação sem julgamento do mérito pela primeira vez.

Essas condições da ação devem ser analisadas pelo juiz segundo o que os processualistas civis chamam de teoria da asserção, ou *in status assertionis*. O que isso significa? Significa que essas condições da ação devem ser analisadas pelo juiz apenas com base nos elementos fornecidos pelo próprio autor da ação penal, ou seja, devem ser analisadas da simples leitura da peça vestibular. O juiz deve exercer uma cognição meramente sumária para aferir a presença ou não das condições da ação. Uma cognição mais profunda das condições da ação só pode ser realizada após a instrução probatória e no momento da sentença do juiz. Nesse caso, teremos aí não uma sentença de carência da ação, mas sim uma sentença de mérito propriamente dita, que rejeita o pedido do autor, a fazer coisa julgada material. Citamos para ilustrar melhor essa situação o exemplo tomado por Renato Brasileiro de Lima (2019, p. 216): imagine que ao fim do processo o juiz constate que a denúncia fora oferecida em face de réu inocente, estaria presente aí a ausência de uma condição da ação, qual seja, a legitimidade passiva *ad causam*, contudo, em razão do momento processual ter permitido uma cognição exauriente, deve o juiz proferir sentença absolutória com julgamento do mérito de modo a formar cosa julgada material.

Por outro lado, é certo que uma doutrina minoritária rejeita a adoção ao processo penal de toda a sistemática civilista de ação. Para essa corrente dever-se-ia respeitar as categorias jurídicas próprias do direito penal. Assim, para essa corrente, seriam condições da ação: prática de fato aparentemente criminoso, punibilidade concreta, legitimidade de partes e justa causa.

Mas vamos seguir no estudo das condições da ação segundo a doutrina majoritária. É importante, contudo, frisar que as condições da ação dividem-se em duas: genéricas da ação e específicas da ação.

Por condições genéricas da ação penal compreendem-se aquelas que devem estar presentes em toda e qualquer ação penal. Por sua vez, condições específicas, também chamadas de condições de procedibilidade, seriam aquelas cuja presença apenas se faz necessária em determinadas infrações penais, como o exemplo da requisição do Ministério Público ou da representação do ofendido que só se aplicam aos crimes de ação penal pública condicionada.

Feitas essas considerações, vamos à análise detalhada de cada uma das condições genéricas da ação penal, que são quatro: possibilidade jurídica do pedido, interesse de agir, legitimidade de parte e justa causa.

Devendo-se lembrar sempre que a ausência de qualquer dessas condições da ação, analisada pelo juiz *in status assertionis* leva a uma **sentença terminativa de carência da ação** e não faz coisa julgada material, mas sim coisa julgada meramente formal.

4.2.1 Da possibilidade jurídica do pedido

Não se admite o exercício da ação penal se a providência requerida pela parte não fosse prevista pelo ordenamento jurídico (aspecto positivo) ou se fosse proibida pelo ordenamento jurídico (aspecto negativo). O pedido estampado na peça acusatória deve se referir a uma providência permitida em abstrato pelo direito objetivo. A isso se denomina possibilidade jurídica do pedido.

A apreciação da possibilidade jurídica do pedido não deve se confundir com o mérito da ação, ao contrário, **ela deve ser feita sobre a causa de pedir, considerada em tese e desvinculada de qualquer prova existente**. É no mesmo diapasão que a possibilidade jurídica do pedido **não se refere à tipificação do crime prevista na peça acusatória, mas sim aos fatos narrados na denúncia/queixa**. São exemplos de possibilidade jurídica do pedido a denúncia oferecida em relação a fato atípico (ainda que atipicidade material conforme o princípio da insignificância) ou então uma denúncia oferecida contra menor de 18 anos a ele imputando crime.

Diferentemente do processo civil em que a possibilidade jurídica do pedido é configurada sob aspecto negativo (ou seja, não ser a pretensão vedada pelo ordenamento), no processo penal sua configuração só pode se dar sob o aspecto positivo. Isso porque a imprescindibilidade é de que exista norma jurídica definindo a conduta imputada ao acusado como infração penal (crime ou contravenção). Dessa forma, pouco importa se o pedido seja vedado pelo ordenamento jurídico, como pedir uma pena de morte para um fato narrado como furto. Isso pois o acusado se defende de fatos e na sentença cabe ao juiz aplicar a pena ao fato comprovado dialeticamente sob o crivo da ampla defesa e contraditório, pouco importando o pedido cominado pela denúncia aos fatos por ela descritos.

Salienta-se que, com o novo CPC, de 2015, a possibilidade jurídica do pedido deixou de ali constar como condição da ação. A retirada dessa condição da ação atendeu a um reclame antigo da doutrina que argumentava não poder se diferenciar com uma precisão científica a possibilidade jurídica do pedido com o mérito da causa. Por essa mesma razão, doravante, **a doutrina majoritária sustenta que referida condição teria sido de igual modo retirada do processo penal**, persistindo no processo penal apenas a legitimidade, o interesse de agir e a justa causa.

4.2.2 Interesse de agir

Para que uma demanda possa ser proposta e assim mover todo o aparato do Poder Judiciário, **deve estar presente a utilidade da prestação jurisdicional requerida**. Ou seja, o juiz deve verificar em abstrato e de maneira hipotética se o autor da demanda não poderia obter o que se pretende e com o mesmo resultado por outro meio extraprocessual. Destarte, deve se depreender da inicial acusatória a necessidade de se recorrer ao Judiciário para obtenção do resultado pretendido.

A doutrina divide **o interesse de agir em três: interesse necessidade, interesse adequação** e **interesse utilidade**.

Quanto ao interesse **necessidade**, no processo penal não existe maiores questionamentos sobre o ponto. Em razão de o direito de punir ser monopólico do Estado, a aplicação da sanção penal deve sempre e necessariamente passar pelo devido processo legal, não podendo existir a aplicação de sanção penal sem o processo. Situação que está estampada no próprio brocardo *nulla poena sine judicio*. Desta feita, pode-se afirmar que o aspecto necessidade do interesse de agir está sempre implícito na ação penal condenatória.

No tocante à **adequação** compreende-se pelo **ajustamento** da providência judicial requerida à solução do conflito como estampado no pedido. Alguns doutrinadores (ALVES, 2021, p. 235) definem a adequação no processo penal como a "obrigatoriedade de que o órgão da acusação promova a ação penal nos moldes procedimentais do CPP e com base em prova pré-constituída". Para nós a adequação no processo penal refere-se mais a uma questão de pertinência entre os fatos descritos na denúncia e uma providência jurisdicional que o resolva. Essa providência jurisdicional requerida volta-se para dois fatores: a um, para uma medida requerida ao poder judiciário que resolva o problema descrito na causa de pedir da ação (a providência pleiteada não é adequada); a dois, para a escolha da ação que o ordenamento jurídico defina como apta para solucionar a pretensão requerida (a escolha da ação não é adequada, embora a providência nela requerida seja adequada).

Com razão a adequação é de pouca relevância para o processo penal, diferentemente do processo civil. É que no processo penal sempre que o MP ou o querelante pleiteiam o direito de punir o fazem sempre pelo mesmo meio, qual seja, a ação penal condenatória. Todavia, quando se exige o manejo de uma ação não condenatória no âmbito penal, fica mais fácil visualizar este interesse-adequação. Basta observar o teor da Súmula nº 693 do STF a qual prescreve: "Não cabe *habeas corpus* (HC) contra decisão condenatória a pena de multa, ou relativa a processo em curso por infração penal a que a pena pecuniária seja a única cominada". Nesse caso, se porventura a parte pleitear sua pretensão por meio do HC, ao invés de realizá-la por meio do mandado de segurança, ter-se-ia um caso de carência da ação penal por ausência do interesse-adequação.

Por fim, por **utilidade** na ação penal se compreende como a possibilidade de se aplicar ao fim do processo a sanção penal adequada, com o consequente exercício em concreto do *jus puniendi* do Estado. Por exemplo, não haverá utilidade para a ação penal quando já estiver extinta a punibilidade do réu. É com fulcro na utilidade que se sustentava a denominada pela doutrina "prescrição virtual ou em perspectiva", que se tratava de uma construção doutrinária segundo a qual dever-se-ia reconhecer a prescrição e considerar a carência da ação penal quando levando-se em consideração todas as condições de fixação da pena ao final do processo, como as condições pessoais, primariedade, condições da causa, dentre outros, pudesse se levar a visualizar a prescrição ao final do processo pela pena em concreto. Contudo, na forma da Súmula nº 438 do STJ, não se tem admitida essa modalidade de prescrição, mormente por falta de previsão legal para ela. No mesmo sentido, o STF no *Informativo* nº 788.

Exemplo interessante quanto ao interesse-utilidade refere-se ao **parcelamento do crédito tributário** (REFIS) **antes do recebimento da denúncia**. Na forma da respectiva legislação (art. 34 da Lei nº 9.249/1995 e art. 9º da Lei nº 10.684/2003), o pagamento do crédito tributário e contribuições sociais antes do recebimento da denúncia são causas de extinção da punibilidade. Todavia, em havendo parcelamento de tais créditos antes do recebimento da denúncia, preconiza os dispositivos legais a suspensão da prescrição criminal e a suspensão da pretensão punitiva do Estado. Dessa sorte, havendo denúncia desses crimes cujo objeto creditício fiscal esteja submetido a tal parcelamento, não haverá o interesse-utilidade para a demanda acusatória. De modo a restar caracterizada a carência da ação.

A Lei nº 13.254/2016 trouxe previsão semelhante ao instituir a **Regime Especial de Regularização Cambial e Tributária** de recursos, bens e direitos de origem ilícita, não declarados ou declarados incorretamente, remetidos, mantidos no exterior ou repatriados por residentes ou domiciliados no país. Em seu art. 5º, § 1º, estabelece que o **cumprimento integral das condições** impostas para adesão ao programa, **antes do trânsito em julgado** (decisão criminal final nas palavras da Lei) **extinguirá a punibilidade dos crimes** ali elencados. Diante dessa possível extinção da punibilidade ao final, a doutrina vem asseverar, com total propriedade, que durante o período de cumprimento das obrigações não haveria interesse-utilidade para a ação penal, ausente, destarte, a condição da ação penal.

O STJ, nos *Informativos* nºs 622 e 645, asseverou que não configura causa de extinção da punibilidade o pagamento de débito oriundo de **furto de energia elétrica** antes do recebimento da denúncia. Salientou a corte que não se pode equiparar o furto de energia elétrica com o inadimplemento tributário.

4.2.3 Legitimidade de parte

No direito em geral, ao qual não foge às regras o direito processual penal, o termo legitimidade apresenta quatro aspectos diferentes, os quais cumpre ao estudante do direito devidamente diferenciar. São eles a legitimidade *ad causam*, a legitimidade *ad processum*, a capacidade postulatória e a capacidade de ser parte.

De início já deixamos assentado que apenas a legitimidade *ad causam* se trata de condição da ação. Passemos à análise de cada um deles.

Legitimidade *ad causam* trata-se de uma **condição da ação**, refere-se à **pertinência subjetiva da ação**. Trata-se de uma situação prevista em lei que permite uma pessoa propor uma demanda judicial (polo ativo da ação) e a outra pessoa ocupar o polo passivo dessa demanda. Como se observa, a legitimidade *ad causam* apresenta-se dividida em duas: a legitimidade *ad causam* ativa e a legitimidade *ad causam* passiva.

A legitimidade ativa no processo penal cabe ao Ministério Público por força do art. 129, I, da CF (Ministério Público é o titular da ação penal) e ao ofendido ou seu representante legal nas hipóteses de ação penal privada. Como se verá mais à frente, a queixa-crime (que é a peça acusatória nos crimes da ação penal privada) também poderá ser oferecida por curador especial, pelos sucessores do ofendido, ou por entidades e órgãos da Administração Pública, direta ou indireta, ainda que sem personalidade jurídica e por associações especificamente destinadas à defesa dos interesses e direitos do consumidor.

Por sua vez, a **legitimidade passiva *ad causam*** sempre recai sobre o provável autor do fato criminoso. E é claro, um suposto autor com 18 (dezoito) anos ou mais, haja vista que os menores de 18 anos não cometem crimes, sendo plenamente inimputáveis e não sujeitos ao processo penal, senão a ação socioeducativa na forma do Estatuto da Criança e Adolescente – ECA.

No tocante à **legitimidade passiva *ad causam***, alguns autores defendem que no processo penal o tema autoria se confunde com o próprio mérito da ação penal condenatória. Dessa forma, para o processo penal apenas a legitimidade ativa *ad causam* teria relevância. Outra corrente continua a defender a relevância da legitimidade passiva *ad causam* para o processo penal, trazendo exemplos como um equívoco na digitação da denúncia de modo a imputar a infração a pessoa distinta da do suposto autor cediço nos cadernos do inquérito policial, ou até mesmo no caso de homônimos.

Salienta-se que a falta da legitimidade *ad causam* é caso de **sentença terminativa de carência da ação**, com a consequente rejeição da peça acusatória. Contudo, caso se vislumbre apenas durante o transcorrer do processo essa falta de legitimidade, será o caso de **nulidade absoluta do processo**, como preconiza o art. 564, II, do CPP.

A **legitimidade *ad processum***, por sua vez, já se trata não de uma condição da ação, mas sim de pressuposto processual de validade. Refere-se à capacidade de estar em juízo e exercer direitos e deveres processuais, de modo a praticar validamente os atos processuais. Seria exemplo ilegitimidade *ad processum* o menor de 18 (dezoito) anos oferecendo uma queixa-crime, o qual em razão de sua incapacidade civil tem que ser representado.

Essa legitimidade *ad processum* (também chamada de capacidade processual) não se confunde com a **capacidade postulatória**. A capacidade postulatória é a aptidão para poder postular perante o poder judiciário. Assim, o ofendido, embora tenha legitimidade *ad causam* e *ad processum* (caso seja maior de 18 anos) para apresentar a queixa-crime, não o pode fazer sem advogado, por lhe faltar a capacidade postulatória. Por outro lado, o Ministério Público é dotado de capacidade postulatória para oferecer a denúncia e demais atos processuais na esfera penal (e, também, na civil, como nos casos de ação civil pública).

Por seu turno, a capacidade de ser parte não se confunde com nenhum dos conceitos acima. Ela se refere ao direito da personalidade, permitindo ao sujeito adquirir direitos e contrair obrigações, sendo **pressuposto de existência do processo**.

Questão interessante se refere à possibilidade de legitimidade extraordinária no processo penal. Por legitimidade extraordinária entendem-se as situações em que alguém pode pleitear em nome próprio direito alheio. Essa possibilidade só existe quando a lei expressamente autoriza, pois a regra é que alguém só pode pleitear direito próprio em nome próprio (legitimidade ordinária). No âmbito do processo penal, para uma forte corrente doutrinária, teríamos o exemplo de legitimidade extraordinária à ação penal de iniciativa privada. Nesse tipo de ação, embora o Estado transfira para o ofendido a legitimidade para a propositura da ação, a titularidade do direito de punir continua sendo exclusiva do Estado. Desse modo, estaria o ofendido agindo em nome próprio na defesa do direito do Estado (interesse de outrem).

Por fim, fala-se ainda em legitimidade concorrente. Ela ocorre quando dois ou mais órgãos ou agentes estão igualmente legitimados para propor a peça acusatória. É o exemplo da ação penal privada subsidiária da pública, que, como veremos à frente, nela tanto o ofendido quanto o MP podem oferecer a ação penal. Também ocorre nos crimes contra a honra praticados por funcionário público no exercício de suas funções, nela a legitimidade concorre com o funcionário e o MP (uma vez realizada a representação), ambos podendo oferecer a ação penal (Súmula nº 714 do STF).

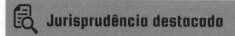

> O STF, no *Informativo* nº 714, afastou a **teoria da dupla imputação**, segundo a qual a ação contra a pessoa jurídica nos crimes ambientais e contra a ordem econômica e financeira e contra a economia popular devia ser proposta concomitantemente contra a pessoa jurídica e a pessoa física que atua em nome e em benefício do ente moral, formando-se assim um verdadeiro litisconsórcio passivo necessário na ação penal. Contudo, no supracitado HC, o STF não aceitou essa teoria, sob o argumento de que "ao se condicionar a imputabilidade da pessoa jurídica à da pessoa humana, estar-se-ia quase que a subordinar a responsabilização jurídico-criminal do ente moral à efetiva condenação da pessoa física".

4.2.4 Justa causa

Por justa causa se entende o lastro probatório mínimo que deve lastrear toda e qualquer peça acusatória. Vislumbra evitar demandas temerárias, levianas, e assim preservar a dignidade de um suposto acusado e evitar os deletérios efeitos que pesam sobre todo aquele que tem que suportar uma demanda processo penal contra si.

Exatamente por se tratar de um lastro probatório mínimo, a doutrina assevera que a justa causa se confunde com o *fumus comissi delicti*, por se tratar justamente da prova da materialidade e dos indícios suficientes de autoria.

Para alguns doutrinadores a justa causa poderia ser entendida como uma síntese de todas as condições da ação.

Durante bom tempo prevaleceu o entendimento, de doutrinadores como Frederico Marques, no sentido de que a justa causa estaria dentro do interesse de agir, de modo a não poder se caracterizar como uma condição autônoma do processo penal.

Todavia, com a reforma do CPP dada pela Lei nº 11.719/2008, se inseriu o inciso III ao art. 395, preconizando expressamente a justa causa como condição da ação, ao lado das outras já previstas no inciso II do mesmo artigo. Diante do que, não há mais que se discutir sobre a justa causa como sendo uma condição da ação.

Não obstante, uma parcela minoritária da doutrina defende que em razão de o CPP ter colocado a justa causa no inciso III do art. 395 e não junto com as demais condições da ação previstas no inciso II do artigo, ter-se-ia que a justa causa seria um fenômeno distinto das condições da ação. Sustentam ainda que não se poderia dentro do processo penal mudar as condições da ação já previstas no processo civil, transpondo-se o conceito de condições da ação, devidamente sedimentados na teoria geral do processo, para fazer incluir a justa causa entre elas.

Jurisprudência destacada

Como já decidiu o STF a justa causa é exigência legal para o recebimento da denúncia, instauração e processamento da ação penal, nos termos do art. 395, III, do Código de Processo Penal, e consubstancia-se pela somatória de três componentes essenciais: (a) TIPICIDADE (adequação de uma conduta fática a um tipo penal); (b) PUNIBILIDADE (além de típica, a conduta precisa ser punível, ou seja, não existir quaisquer das causas extintivas da punibilidade); e (c) VIABILIDADE (existência de fundados indícios de autoria). 3. Esses três componentes estão presentes na denúncia ofertada pelo Ministério Público, que, nos termos do art. 41 do CPP, apontou a exposição do fato criminoso, com todas as suas circunstâncias, a qualificação do acusado e a classificação do crime (STF, 1ª Turma, HC nº 129.678/SP, Rel. orig. Min. Marco Aurélio, red. p/ o ac. Min. Alexandre de Moraes, j. 13.06.2017).

Decifrando a prova

(2021 – MPDFT – Promotor de Justiça Adjunto) Considerando as afirmativas abaixo, é CORRETO afirmar que:

A) A extinção da punibilidade, nos casos de transação penal em crimes ambientais de menor potencial ofensivo, dependerá de laudo de constatação de reparação do dano ambiental, enquanto que a realização da suspensão condicional do processo para os crimes ambientais dependerá da prévia composição do dano ambiental.

B) A superveniência de sentença condenatória não esvai a alegação de inépcia da denúncia, pois, como o réu defende-se do fato nela descrito, sempre estará prejudicado o exercício do contraditório e da ampla defesa.

C) A litispendência, pressuposto processual que deve ser analisado para fins de recebimento da denúncia, configura-se quando duas ou mais ações penais forem dirigidas contra o mesmo acusado, com a imputação da prática de condutas e qualificações jurídicas idênticas.

D) A justa causa é exigência legal para o recebimento da denúncia, instauração e processamento da ação penal, consubstanciando-se pela somatória de três componentes essenciais, quais sejam, a tipicidade, a punibilidade e a viabilidade quanto à autoria.

E) Nas ações penais públicas condicionadas à representação da ofendida de que trata a Lei n° 11.340/2006 (Lei Maria da Penha), só será admitida a renúncia à representação perante o juiz, em audiência especialmente designada com tal finalidade, antes do oferecimento da denúncia e ouvido o Ministério Público.
Gabarito comentado: com previsão expressa no art. 395, III, do CPP, para parte da doutrina a tipicidade, a punibilidade e a viabilidade quanto a autoria caracterizariam justa causa. Portanto, a letra D é o gabarito.

4.2.5 Justa causa duplicada e triplicada

Nos crimes de Lavagem da Capitais, a doutrina cunhou a expressão **justa causa duplicada**. Isso, pois, em razão de nesses delitos exigir-se **indícios suficientes da infração penal antecedente**. O art. 2º, § 1º, da Lei de Lavagem, Lei n° 9.613/1998, estabelece que "a denúncia será instruída com indícios suficientes da existência da infração penal antecedente, sendo puníveis os fatos previstos nesta Lei, ainda que desconhecido ou isento de pena o autor, ou extinta a punibilidade da infração penal antecedente". Assim, a expressão surge exatamente da necessidade de na denúncia dos crimes de lavagens de capitais exigir-se na peça acusatória a demonstração da justa causa tanto do delito de lavagem quanto do delito antecedente.

Fala-se ainda em **justa causa triplicada**. Tratando-se dos crimes de lavagem de capitais pode ocorrer de a infração penal antecedente ter também outra infração penal antecedente da qual dependa sua existência. Tem-se, por exemplo, o delito antecedente do crime de lavagem de capitais de receptação. Este exige um crime antecedente para se aperfeiçoar, como um roubo ou furto. Chama-se justa causa triplicada em virtude de, na denúncia, necessitar-se demonstrar a justa causa (lastro probatório mínimo) da existência dos 3 (três) crimes.

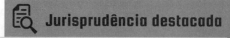

O STJ, no *Informativo* n° 657, decidiu que a denúncia do crime de lavagem de capitais não exige uma descrição exaustiva e pormenorizada do suposto crime prévio, bastando, com relação às condutas praticadas, a presença de indícios suficientes de que o objeto material da lavagem seja proveniente, direta ou indiretamente, de uma das infrações penais pretéritas.

O Tribunal Regional Federal da 4ª Região assentou, no HC n° 2007.04.00.003551-3, que não há necessidade de prova concreta da ocorrência da infração antecedente, bastando a existência de elementos indiciários de que o capital bloqueado provenha de alguma conduta ilícita.

Em outro giro, o STJ no HC n° 128.590/PR, de 15.02.2011, entendeu que não seria possível arguir a ausência de prova da infração antecedente praticada em outro país se havia, nos autos, depoimentos colhidos em juízo de um agente especial da *Drug Enforcement Administration* (DEA), comprovando a prática de tráfico internacional de drogas de organização criminosa da qual participava o acusado.

4.3 CONDIÇÕES ESPECÍFICAS DA AÇÃO

As condições específicas da ação penal são também chamadas de condições de procedibilidade. Referem-se a determinadas condições exigidas apenas para alguns casos de oferecimento da denúncia. Segundo Norberto Avena (2010, p. 156), referidas condições específicas "vinculam o próprio exercício da ação penal e que são exigidas em determinados casos a partir de previsão legal expressa".

São exemplos dessas condições especiais da ação a representação do ofendido e a requisição do Ministério Público.

Renato Brasileiro de Lima (2019, p. 235) traz ainda outros exemplos de condições específicas da ação penal. Nesse sentido, menciona como condições específicas: **a prova nova** para iniciar nova ação penal nos casos de arquivamento no inquérito policial ou da decisão de impronúncia, quando essa decisão de arquivamento ou impronúncia se der respectivamente por ausência de elementos probatória ou de probabilidade do fato e indícios suficientes de autoria; **laudo pericial** nos crimes contra a propriedade material que deixam vestígios (art. 525 do CPP); **qualidade de militar da ativa** para os crimes militares de deserção quando se trate de praça sem estabilidade (art. 457 e parágrafos do CPPM); a **autorização de dois terços da Câmara dos Deputados** para a instauração de processo contra o Presidente e Vice-Presidente da República e os Ministros de Estado (CF, art. 51, I); **trânsito em julgado da sentença** que, por motivo de erro essencial ou impedimento, anule o casamento, nos crimes de induzimento a erro essencial e ocultação de impedimento de casamento (art. 236, parágrafo único, do CP).

Salienta-se que, para parte da doutrina, os dois últimos exemplos constituem **condição objetiva de punibilidade e não condição específica da ação** (ALVES, 2021, p. 242).

> ### Decifrando a prova
>
> **(2021 – MPE/PR – Promotor de Justiça Substituto)** Considerando o exposto pela doutrina sobre o conceito de condições específicas para o exercício da ação penal, assinale a alternativa incorreta:
>
> A) É considerada condição específica para o exercício da ação penal a representação do ofendido nos crimes de ação penal pública condicionada à representação.
>
> B) É considerada condição específica para o exercício da ação penal a requisição do Ministro da Justiça nos crimes de ação penal pública condicionada à requisição.
>
> C) É considerada condição específica para o exercício da ação penal o laudo pericial nos crimes contra a propriedade imaterial, no caso de haver o crime deixado vestígios.
>
> D) É considerada condição específica para o exercício da ação penal o surgimento de prova nova após a preclusão da decisão de impronúncia em se tratando de crimes dolosos contra a vida.
>
> E) É considerada condição específica para o exercício da ação penal a prova nova quando o inquérito policial tiver sido arquivado com base no reconhecimento de uma excludente de antijuridicidade.

> **Gabarito comentado:** a prova nova é considerada condição específica da ação penal como vimos alhures, e é exigida para a retomada do Inquérito Policial arquivado e consequente denúncia, nos casos em que a decisão de arquivamento do inquérito não faz coisa julgada. Portanto, a letra E é o gabarito.

Por outro lado, não se deve confundir as condições específicas da ação com as chamadas condições de prosseguibilidade e com as condições objetivas de punibilidade.

No tocante às condições de prosseguibilidade, enquanto a condição específica da ação se faz presente para que o processo penal possa ter início, a condição de prosseguibilidade se faz necessária para que um processo que já está em andamento possa continuar seu curso normal. Exemplo dessa condição de prosseguibilidade é o caso de doença mental do acusado que sobrevém à infração penal. Nesse caso, o processo deve ficar suspenso (inclusive aí a prescrição continua a correr, o que se denomina crise de instância) até que o acusado recobre sua higidez mental. Esse restabelecimento das condições mentais do acusado é uma condição de prosseguibilidade.

Outro exemplo interessante de condição de prosseguibilidade se refere à Lei nº 9.099/1995. Quando de sua entrada em vigor, essa passou a exigir a representação para os crimes de lesão corporal culposa e lesão corporal leve, que antes eram de ação penal pública incondicionada. Dessa forma, entendeu-se que, aos processos instaurados após a sua vigência, a representação seria **condição específica da ação penal**. Contudo, para os processos que já estavam em andamento quando de sua entrada em vigor, estes só poderiam prosseguir se houvesse a representação feita nos autos supervenientemente. Neste último caso, a representação se constitui em **condição de prosseguibilidade**.

Quanto às condições objetivas de punibilidade, estas se relacionam ao direito penal, ao passo que as condições específicas da ação se relacionam ao direito processual penal. Por condição objetiva de punibilidade se entende como fatos externos a tipo penal que devem ocorrer para formação de um injusto punível. Essa condição se refere a acontecimentos futuros e incertos exigidos pela lei. Chamam-se objetivas por não envolverem relação com o dolo e culpa do agente (elementos subjetivos do injusto penal).

A constituição definitiva do crédito tributário é um bom exemplo de condição objetiva de punibilidade. Na forma da **Súmula Vinculante nº 24 do STF**, não se tipifica crime contra a ordem tributária (dos crimes previstos no art. 1º, I a IV, da Lei nº 8.137/1990) antes da constituição definitiva do crédito tributário.

> O STF, todavia, nos *Informativos* nºs 573 e 819, já decidiu que, a despeito da Súmula Vinculante nº 24, é possível a instauração de **inquérito policial** para a apuração de crime contra a ordem tributária, antes da constituição definitiva do crédito tributário (encerramento do processo administrativo fiscal), quando imprescindível para viabilizar a fiscalização e para evitar a impunidade. Ou seja, embora a constituição definitiva do crédito condicione a ação penal, não impede a investigação.

4.4 CLASSIFICAÇÃO DAS AÇÕES PENAIS

Em um contexto amplo, a classificação das ações penais segue a classificação geral trabalhada no âmbito do processo civil. Assim, tomando-se a classificação tradicional temos as ações de conhecimento, cautelar e de execução.

A ação penal de conhecimento consiste na pretensão de uma decisão sobre determinada situação jurídica disciplinada pelo direito penal. Ela pode se subdividir ainda em três subespécies: ação penal de conhecimento condenatória, constitutiva e declaratória. A constitutiva visa criar, modificar ou extinguir situação jurídica. Ocorre, por exemplo, na revisão criminal. A ação de conhecimento declaratória tem por objeto apenas a declaração da existência ou não de uma situação jurídica, por exemplo, o *habeas corpus* objetivando a declaração extinção da punibilidade. Já a ação condenatória, que será mais bem analisada em seguida, visa obter uma condenação ou uma medida de segurança. É por meio dela que se deduz a pretensão punitiva, subdividindo-se ainda em: ação penal pública incondicionada, ação penal pública condicionada, ação penal privada e ação penal privada subsidiária da pública.

No que toca à ação cautelar, segundo doutrina majoritária, essa não se mostra possível no processo penal, haja vista não existir no processo penal cautelar autônoma como no processo civil.

Por sua vez, as ações penais executivas no processo penal são, em linhas gerais, disciplinadas mormente pela LEP. Salienta-se que, no processo penal, a execução não está sujeita a princípio da demanda como no processo civil, haja vista que as penas privativas de liberdade e medidas de segurança podem se iniciar de ofício, por iniciativa do juiz. Embora exista a previsão de requerimento do MP para o início da execução das penas restritivas de direito, a despeito de também começarem de ofício.

Jurisprudência destacada

Discussão interessante sobre as demandas executivas no processo penal se trata das penas de multa. Anteriormente, o fato era regido pela Súmula nº 521 do STJ, segundo a qual a pena de multa constitui dívida de valor devendo ser executada pela Procuradoria da Fazenda Pública. Não obstante, em recente decisão proferida na **ADI nº 3.150,** o STF reconheceu, que por ser sanção penal, o MP é o principal legitimado para executar a cobrança de referidas multas fixadas em sentença penal condenatória perante o Juízo de Execuções Penais. Nesse diapasão, a atribuição da Fazenda Pública para executar referidas multas seria subsidiária, apenas sendo cabida caso o MP não inicie sua execução em 90 dias após o trânsito em julgado da condenação. Nesse caso, o juiz da vara criminal deve comunicar a Fazenda Pública para a execução.

Pois bem, feitas essas breves considerações sobre a classificação das ações penais, vamos para a análise aprofundada das ações penais condenatórias. Sobre as demais espécies de ações, serão devidamente tratadas mais à frente em capítulos específicos, quando iremos falar da revisão criminal, *habeas corpus* etc.

4.4.1 Ação penal pública

As ações penais públicas, cuja titularidade é sempre do Ministério Público, embora possa ser exercitada por outros personagens, se dividem em:

- ação penal pública incondicionada;
- ação penal pública condicionada;
- ação penal pública subsidiária da pública.

Cumpre mencionar que, ao lado das ações penais públicas acima descritas, classificam-se também como ações penais condenatórias as ações penais privadas (que logo serão analisadas na seção 4.4.4.1). A classificação de referidas ações penais se dá em razão da legitimação ativa de cada uma delas.

4.4.2 Ação penal pública incondicionada

Na forma do art. 129, I, da CF, o titular da ação penal pública incondicionada é o Ministério Público, e sua peça acusatória é a denúncia. O nome incondicionada refere-se ao fato de que a atuação do MP não depende da manifestação de vontade da vítima ou de terceiros, como ocorre na ação penal pública condicionada.

Consoante o art. 100 do CP, a ação penal é pública, salvo quando a lei expressamente determina que ela seja privativa do ofendido. No § 1º do mesmo artigo dispõe que, por sua vez, a ação pública é promovida pelo Ministério Público, dependendo quando a lei o exige de representação do ofendido ou de requisição do Ministro da Justiça. Não obstante, determina o art. 24, § 2º, do CPP, quando o crime for praticado em detrimento do patrimônio ou interesse da União, Estado e Município, a ação penal será pública (razão inclusive que se entende pela legitimidade concorrente nos crimes contra a honra de servidor público no exercício da função).

Para se saber a espécie de ação penal de determinada infração penal, deve-se analisar se o CP ou a Lei Penal Extravagante traz alguma previsão que afasta a regra geral da ação penal pública incondicionada. Essas previsões são preconizadas no próprio artigo do delito ou ao final do capítulo ou do título em que o crime estiver inserido. Assim, quando o delito for de ação penal pública condicionada à representação, teremos a expressão "**somente se procede mediante** representação". Quando for a ação condicionada à requisição, tem-se a expressão "**procede-se mediante requisição do Ministro da Justiça**". E, quando se tratar de crime de ação penal privada, haverá a expressão "**somente se procede mediante queixa**". Frisando-se mais uma vez que ausente qualquer dessas expressões a ação será a ação penal pública incondicionada, que é a regra.

Antigamente, antes da Constituição de 1988, existia algo chamado processo judicialiforme. Era um processo, em que determinados tipos penais permitiam que o Delegado de Polícia iniciasse o processo penal na delegacia ou que o juiz instaurasse um processo penal de ofício. Tratava-se de aberração jurídica a ofender não apenas a titularidade da ação pelo Ministério Público, mas a vários princípios do processo penal.

4.4.3 Ação penal pública condicionada

Recebe o nome de condicionada pelo fato de que para a ação penal condenatória ser iniciada necessita do implemento de uma condição especial da ação, qual seja, a **representação** do ofendido ou a **requisição** do Ministério Público.

A ação condicionada foi uma forma criada pelo direito para conciliar o dever de punir do Estado (e seu próprio interesse estampado na repressão e prevenção de delitos) com a dignidade da pessoa da vítima. Explica-se. Muitas vezes, a exemplo dos crimes contra a honra, a própria instauração do processo penal pode ser capaz de agravar ainda mais a ofensa do bem jurídico da vítima vilipendiado. É o que se chama de *strepitus iudicis*, ou seja, o escândalo do processo. Com a instauração do processo penal, o conhecimento do fato delituoso torna-se generalizado, agravando muitas vezes o patrimônio moral, social e psicológico da vítima, de modo a acabar por agravar as consequências do crime perpetrado.

Essa necessidade de representação também se estende para a instauração do inquérito policial. Embora não se trate de processo, é de igual modo capaz de generalizar ou estender o conhecimento do fato a outras pessoas, e, ademais, não faria sentido investigar um fato que (diante da falta de vontade do ofendido de representar) ao final não seria capaz de ensejar uma ação penal. Nesse sentido, se o crime a ser investigado for de ação condicionada, o inquérito policial também não poderá ser iniciado sem a devida representação.

Destarte, a representação se trata de uma discricionariedade do ofendido (ou seu representante legal), regida pelos princípios da **oportunidade e conveniência**. É livre ao ofendido ou seu representante a decisão sobre oferecimento da representação ou não.

Questão que chama atenção e trata da possibilidade da **renúncia à representação**. A renúncia, diferente da retratação (que analisaremos logo em seguida), é a abdicação de um direito antes de iniciado o seu exercício. A retratação ocorre depois do oferecimento da representação, desistindo o ofendido ou o seu representante legal de algo que já fez. A renúncia ocorre antes do oferecimento da representação. **A renúncia se trata de uma causa de extinção da punibilidade enumerada no art. 107, V, do CP**. O ordenamento jurídico prevê expressamente no art. 104 do CP a possibilidade de renúncia do direito de queixa (crimes de ação penal privada), mas não traz igual previsão para a representação. Diante desse silêncio da Lei, **a doutrina e a jurisprudência entendem que não é possível a renúncia da representação**. Até mesmo porque admitir-se a renúncia à representação seria acrescentar ao ordenamento uma nova hipótese de extinção da punibilidade em previsão legal.

Exceção à impossibilidade de renúncia ao direito de representação está na previsão do art. 74, parágrafo único, da Lei nº 9.099/1995. Preconiza a lei dos juizados que a **homologação da composição civil dos danos** acarreta a **renúncia ao direito de representação**.

A representação possui **natureza jurídica** de **condição específica da ação penal** (também chamada de condição de procedibilidade). A ausência da representação nos casos que a lei exige implica a rejeição da peça acusatória nos termos do art. 395, II, do CPP.

A representação dispensa qualquer formalidade. A despeito de o art. 39, § 2º, do CPP dizer que "a representação conterá todas as informações que possam servir à apuração do fato e da autoria", a ausência dessas informações não implicam o não recebimento da representação ou em sua inaptidão. Essa menção no CPP visa fomentar a representação de informações que de imediato já possam auxiliar a investigação ou servir de lastro probatório para o oferecimento da denúncia. Assim, por exemplo, admite-se a representação por meio de boletim de ocorrência, declarações escritas ou orais, carta encaminhada à autoridade policial, MP ou ao juiz etc.

Essa dispensa de formalidade na representação estende-se também para a definição de "representante legal" que exercerá a representação nos casos de incapacidade do ofendido. A jurisprudência entende que qualquer pessoa que seja de alguma forma responsável pelo menor poderá oferecer a representação, como os avós, irmãos, pessoa que dependa economicamente, dentre outros.

Consoante o art. 39 do CPP, o destinatário da representação será o juiz, membro do MP ou a autoridade policial.

O MP poderá dispensar o inquérito policial se com a representação forem fornecidos elementos suficientes que o habilitem a promover de imediato a ação penal. A representação não vincula a atuação do MP. O MP é o titular da ação penal pública e cabe a ele formar seu *opinio delicti* acerca da tipicidade dos fatos narrados pela vítima na representação. Caso conclua pela atipicidade dos fatos narrados, deve promover seu arquivamento.

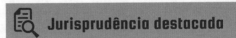

Jurisprudência destacada

A exigência de representação da vítima no crime de estelionato não retroage aos processos cuja denúncia já foi oferecida (STJ, 3ª Seção, HC nº 610.201/SP, Rel. Min. Ribeiro Dantas, j. 24.03.2021, *Info.* nº 691; STF, 1ª Turma, HC nº 187.341, Rel. Min. Alexandre de Moraes, j. 13.10.2020).

A 2ª Turma do STF possui entendimento diferente:
A alteração promovida pela Lei nº 13.964/2019, que introduziu o § 5º ao art. 171 do Código Penal, ao condicionar o exercício da pretensão punitiva do Estado à representação da pessoa ofendida, deve ser aplicada de forma retroativa a abranger tanto as ações penais não iniciadas quanto as ações penais em curso até o trânsito em julgado (STF, Plenário, HC nº 180.421-AgR/SP, Rel. Min. Edson Fachin, j. 22.06.2021, *Info.* nº 1.023).

4.4.3.1 Da legitimidade do direito de representação (e de queixa)

Trataremos juntos nesse tópico tanto a legitimidade do direito de representação quanto a legitimidade do direito de queixa. Isso, pois, pelo fato de tudo que se refere à legitimidade do direito de representação é igualmente regrado para o direito de queixa, sem qualquer distinção. Assim, quando o leitor se deparar neste tópico com o nome direito de representação deve entender estar aí também incluído o direito de queixa.

Segundo o art. 39 do CPP, o direito de representação (ou de queixa) poderá ser exercido pessoalmente ou por procurador com poderes especiais.

Na situação de incapacidade civil do ofendido, como nos casos dos menores de 18 anos, esse direito de representação será exercido por seu representante legal.

Esse representante legal poderá também exercer o direito de representação por meio de procurador com poderes especiais. Por procurador, entende-se a pessoa que recebe o mandato de outrem para exercer no nome do mandatário seus direitos. Trata-se do exercício de interesse alheio em nome alheio. Essa outorga de mandato se dá por um instrumento do direito civil chamado de procuração. Essa procuração para o direito de representação não basta ser uma procuração outorgando poderes genéricos. Necessita-se que nela conste expressamente a outorga do direito de exercer a representação **em face de tal fato e em face de tais autores e partícipes** que o ofendido ou seu representante tenham conhecimento. Diante disso é que se fala "procuração com poderes especiais". Frisa-se que esse procurador com poderes especiais não necessita ser um profissional da advocacia.

O estudante que está começando no estudo das ciências jurídicas deve tomar muito cuidado para não confundir a figura do representante legal com a figura desse procurador. **O Procurador age em nome alheio na defesa de interesse também alheio**, necessita de mandatado (procuração) outorgado pelo ofendido ou seu representante legal para poder agir, e, ademais, só pode exercer a representação em relação aos fatos e seu suposto autor estampados no documento de procuração. **O representante legal age em nome próprio na defesa de interesse alheio**, só atua nas restritas hipóteses de o ofendido ser menor, enfermo ou retardado mental, e, ainda, não necessita da outorga de nenhum instrumento jurídico para poder agir, dependendo apenas da ocorrência dos fatos descritos na lei (quais sejam, ser o ofendido menor de 18 anos, mentalmente enfermo ou retardado mental).

Qualquer pessoa com 18 (dezoito) anos de idade, desde que não seja mentalmente enferma ou retardada mental, tem capacidade plena para exercer o direito de representação.

Até a Lei nº 10.072/2003 (que revogou o art. 194 do CPP) existia a previsão legal de necessidade de **curador** para o ofendido com idade entre 18 (dezoito) e 21 (vinte e um) anos de idade, o que não mais vigora. Antes do novo Código Civil, e conforme também preconizam os arts. 34 e 50, parágrafo único, do CPP, em relação ao ofendido entre 18 (dezoito) e 21 (vinte e um) anos de idade, a legitimidade para a representação era concorrente entre o ofendido e seu representante legal. Nessa situação, qualquer um deles poderia exercer autonomamente o direito de representação. Isso porque, antes do novo Código Civil, os maiores de 18 (dezoito) e menores de 21 (vinte e um) anos eram considerados relativamente capazes. Diante desse fato, estampado no antigo Código Civil, havia esse entendimento da legitimidade concorrente também para outros institutos do processo penal como o direito de queixa ou o perdão do ofendido.

Todavia, com o art. 5º do Código Civil de 2002, que trouxe a capacidade civil plena para quem houvesse completado 18 (dezoito) anos, entendeu-se que os arts. 34 e 50, parágrafo único, do CPP foram tacitamente revogados. De igual modo, a vetusta Súmula nº 594 do STF, que traz a previsão de tal legitimidade concorrente, não mais se aplica.

Se o ofendido incapaz não possuir representante legal, ou se os interesses desse colidirem com os do ofendido, a queixa ou representação será exercida por curador especial, nomeado pelo juiz de ofício ou a requerimento do Ministério Público. Caberá a esse curador especial os critérios de oportunidade e conveniência para decidir se oferecerá ou não a representação.

Tratando-se de ofendido pessoa jurídica, por interpretação extensiva do art. 37 do CPP, a representação será exercida por seu representante designado nos respectivos contratos sociais ou estatutos. No silêncio destes, será exercida por seus diretores ou sócios-gerentes.

Os arts. 24, § 1º, e 31 do CPP trazem a previsão da **sucessão processual** respectivamente para o direito de representação e de queixa. A sucessão processual é fenômeno jurídico que ocorre quando da morte do ofendido ou quando da situação de este ser declarado ausente por decisão judicial. Surge no caso, por força da lei, e se perfaz em uma legitimação anômala para o direito de representação ou queixa. Diferentemente do "representante legal" para o direito de queixa ou representação, que não exige maiores formalidade como visto alhures, a legitimação na hipótese de sucessão processual traz um rol taxativo de legitimados anômalos e uma ordem que deve ser respeitada.

Assim, ocorrendo a morte do ofendido ou este declarado ausente, serão legitimados para oferecer a representação, exercer o direito de queixa ou continuar a ação privada, os seguintes legitimados segundo a respectiva **ordem de preferência**: primeiro o **cônjuge**, depois o **ascendente**, depois o **descendente**, e por último o **irmão**. Nas hipóteses de ação privada, contudo, qualquer um desses sucessores poderá prosseguir no processo já instaurado, caso o querelante desista ou abandone a instância (CPP, art. 36). Por outro lado, tanto no direito de queixa quanto no de representação, havendo divergência para oferecer a representação ou a queixa-crime, prevalecerá a vontade do sucessor que deseje representar ou oferecer a queixa.

Como se percebe acima, o rol dos sucessores traz o cônjuge, mas não traz a figura do companheiro(a). Isso porque o CPP tem sua redação anterior ao art. 226, § 3º, da CF. Diante disso, expoente parte da doutrina defende inserir o companheiro(a) no rol dos legitimados anômalos. Não obstante, outra corrente, a exemplo do renomado Professor Renato Brasileiro de Lima (2019, p. 267) refuta incluir o companheiro nesse rol, sob pena de indevida analogia *in malam partem*. Com efeito, essa inclusão no rol de sucessores produziria reflexos no direito de punir do Estado e, consequentemente, no *status libertatis* do indivíduo, cuidando-se de regra de direito material.

4.4.3.2 Prazo decadencial para a representação

Conforme o art. 38 do CPP, o direito de queixa ou representação está submetido a um **prazo decadencial**. Preconiza o artigo que o direito de queixa ou representação **decairá** se não for exercido dentro do prazo de **6 (seis) meses**, contado do dia em que: a) o autor vier a **saber quem** é o autor do delito; b) ou caso se trate de ação penal privada subsidiária da pública (art. 29 do CPP), do dia em que **se esgotar o prazo para o oferecimento da denúncia** pelo Ministério Público.

Como se percebe, o início da contagem desse prazo decadencial só começa a ocorrer a partir do momento em que o ofendido ou seu representante legal possa agir. Sem saber que é o autor do delito, não tem como o ofendido exercer seu direito de representação. Vai representar contra quem?

De igual modo ocorre no prazo da queixa da ação penal privada subsidiária. Nessa, o direito de o ofendido/representante legal exercer a queixa só surge após o término do prazo para que o Ministério Público ofereça a denúncia. O Ministério Público tem o prazo de 5 (cinco) dias caso se trate de réu preso, ou 15 (quinze) dias caso se trate de réu solto, para oferecer a denúncia. Passado esse prazo sem manifestação do MP, surge para o ofendido o direito de exercer a queixa, no que se chama de ação penal subsidiária da pública. A partir desse momento, o ofendido ou seu representante legal terão 6 (seis) meses para oferecer a denúncia.

Existe, contudo, uma exceção a essa regra do início do prazo decadencial estampado no art. 38 do CPP. No crime de induzimento a erro essencial e ocultação de impedimento cediços no art. 236 do CP, o direito de queixa não poderá ser exercido, e logo a ação penal não poderá ser intentada, senão depois de transitada em julgado a sentença que, por motivo de erro ou impedimento, anule o casamento. Logo, o prazo para o direito de queixa aí só se inicia após o trânsito da sentença de anulação do casamento, e não do conhecimento do fato criminoso, como a regra geral.

A Lei de Imprensa (Lei nº 5.250/1967) trazia outra exceção à regra geral de 6 (seis) meses de decadência do conhecimento do fato delituoso. Ela previa que o direito de queixa ou representação deveria ser exercido em 3 (três) meses da data da publicação ou da transmissão. Todavia, por força da decisão do STF na ADPF nº 130-7, todo o conjunto da Lei de Imprensa fora tido como não recepcionado pela CF.

Esse prazo de decadência, como já mencionado, se submete às regras de direito material e não processual. Com efeito, a decadência afeta o direito de liberdade do autor do delito, pois seu termo enseja a extinção da punibilidade do agente. Destarte, segue as regras de contagem do art. 10 do CP, incluindo-se no computo do prazo o dia do começo. Como a regra das contagens de prazos no nosso direito, contam-se os dias, os meses e os anos pelo calendário comum.

Diferentemente da prescrição, o prazo decadencial não se submete a interrupções ou suspensões. Ele é **fatal e improrrogável**. Ao contrário também dos prazos processuais, ele não se prorroga, assim, expirando-se em um domingo ou feriado não será estendido para o dia seguinte.

Sobre a decadência do direito de queixa e representação nas situações de inércia do representante legal do menor de 18 (dezoito) anos, com enfermidade mental ou retardo mental, temos duas correntes sobre o tema.

Para uma corrente doutrinária, a exemplo de Guilherme de Souza Nucci e Julio Fabbrini Mirabete, o prazo decadencial não flui enquanto não cessar a incapacidade, haja vista que não se pode falar em decadência de um direito que não poderia ser exercido. Nessas premissas, caso o representante legal não tenha exercido a queixa ou representação, subsiste para o incapaz ofendido o direito de oferecê-la dentro do prazo de seis meses a partir do momento que atinja a maioridade ou recobre a condição mental.

Para outra corrente, capitaneada por Renato Brasileiro e Eugênio Pacelli de Oliveira, o prazo decadencial seria um só. O representante exerce esse direito de queixa ou representação em sua plenitude. Expirado para o representante o prazo decadencial, o ofendido estaria impedido de realizá-la quando cessasse sua incapacidade. De igual modo, caso adquira a capacidade quando já tenha começado a fluir o prazo para o representante, o ofendido teria apenas o prazo remanescente para o exercício do direito. Exemplo: o menor com 17 anos e 11 meses, até que atinja a maioridade o representante teve um mês para exercer o direito de queixa ou representação em seu nome, então, restará para o ofendido ao completar 18 (dezoito) anos, apenas 5 (cinco) meses para exercer tal direito.

Nos casos de **sucessão processual** que, como visto alhures, ocorre com a morte do ofendido (ou sua declaração judicial de ausência), o direito dos sucessores (cônjuge, ascendente, descendente e irmão) ao oferecimento da queixa ou representação se dá apenas pelo prazo restante. Assim, se com a morte do ofendido já tenha se passado para ele 2 (dois) meses do conhecimento do fato delituoso, restará pra seus sucessores apenas o prazo de 4 (quatro) meses. Caso, contudo, os sucessores não tenham conhecimento ainda da autoria no momento da morte do ofendido, esse prazo de 4 (quatro) meses que lhes restam só será contado a partir do conhecimento da autoria por eles. No caso de nem eles nem o ofendido morto terem tido conhecimento da autoria, o prazo será integral de seis meses para os sucessores a partir do conhecimento dessa autoria. Isso porque aí o prazo sequer começou a correr para o finado, dado seu desconhecimento da autoria.

4.4.3.3 Retratação da representação

O art. 102 do CP e o art. 25 do CPP trazem a previsão de que "a representação será irretratável, depois de oferecida a denúncia". Retratar significa desistir de algo já exercido, voltar atrás, arrepender-se. Assim, na retratação do direito de representação, essa já foi oferecida, mas o ofendido ou seu representante legal decidem voltar atrás e retirar a referida representação.

Como deixam antever os dispositivos legais supracitados, bem como em razão de vigorar para o direito de representação o princípio da oportunidade e conveniência, é perfeitamente possível a retratação da representação. Apenas se deve observar o prazo limite para que a referida retratação seja efetuada. Esse termo é o **oferecimento da denúncia**. Uma vez oferecida a denúncia pelo Ministério Público, não existe mais a possibilidade da retratação da representação outrora efetuada. Atenta-se para o fato de que o **oferecimento da denúncia** não se confunde com o **recebimento da denúncia**, o recebimento é ato posterior. Provas de concurso público costumam tentar confundir o candidato nesses dois momentos.

Discute-se se uma vez efetuada a retratação de uma representação poderia o ofendido ou seu representante oferecer novamente a representação. A isso a doutrina chama de **retratação da retratação da representação**. Uma corrente minoritária rejeita essa possibilidade, argumentando que permitir a retratação da retratação seria "entregar ao ofendido uma arma poderosa para fins de vingança ou outros motivos inconfessáveis" (TOURINHO, 2009, p. 370). Não obstante, para a corrente majoritária, mesmo após o ofendido retratar-se de uma representação, poderá novamente vir a oferecer a mesma representação, desde, claro, que o faça dentro do prazo decadencial de 6 (seis) meses contados do conhecimento da autoria.

Regra diferente sobre a retratação da representação existe na **Lei Maria da Penha** (Lei nº 11.340/2006). Ao contrário da regra geral de que o oferecimento da retratação deve se dar até o oferecimento da denúncia, na Lei Maria da Penha a retratação será oferecida até o **recebimento da denúncia**. A Lei Maria da Penha, como forma de evitar que a mulher, ofendida, fosse pressionada por seu agressor a retirar a representação, criou um mecanismo específico. A Lei determinou que, caso a mulher deseje se retratar, o juiz designará uma audiência especialmente destinada a tal finalidade, assegurada a presença do juiz e ouvido o Ministério Público. O objetivo dessa audiência é a verificação pelo magistrado acerca da espontaneidade e liberdade na prática desse ato.

Salienta-se que a designação dessa audiência não pode ser determinada de ofício pelo juiz, muito menos é automática. Ela só ocorrerá caso haja prévia manifestação da ofendida antes do recebimento da denúncia.

4.4.3.4 Eficácia objetiva da representação

O processo penal não deve ser lugar para a realização de barganhas ou objetivos escusos. Diante disso, a representação se volta aos fatos delituosos e não na escolha de pessoas a quem se vai processar. É nesse sentido que, realizada a representação de um dos autores ou partícipes da infração penal, a representação deve se estender a todos os demais, pouco importando que estes não estejam constando do termo de representação. A isso se denomina **eficácia objetiva da representação**. Nome dado exatamente pelo fato de a representação se fazer acerca da oportunidade e conveniência na escolha dos fatos criminosos (natureza objetiva) e não das pessoas (natureza subjetiva).

Assim, o Ministério Público deverá estender a denúncia a todos os envolvidos no fato delituoso representado. Contudo, não está autorizado o Ministério Público estender a denúncia a outros fatos delituosos não constantes da representação. Por exemplo, representado determinado autor por um fato criminoso de injúria, não pode o Ministério Público imputar na denúncia os crimes de injúria, calúnia e difamação. Fazer isso seria descambar os limites materiais da representação, convolando uma ação condicionada em incondicionada.

4.4.3.5 Requisição do Ministro da Justiça

A ação penal pública condicionada pode ser condicionada tanto à representação do ofendido quanto à requisição do Ministro da Justiça, isso a depender do crime e da pessoa envolvida. Como cediço, nos crimes que dependem de representação vem acompanhando o tipo penal a expressão: "somente se procede mediante requisição do Ministro da Justiça".

Essa exigência de requisição vislumbra o mesmo objetivo da representação de evitar o escândalo do processo (*strepitus judicii* ou *strepitus processus*). Assim, evitar que o processo penal cause **inconvenientes políticos ou diplomáticos**.

Como exemplo de ação condicionada a requisição do Ministro da Justiça temos as hipóteses de crimes cometidos por estrangeiro contra brasileiro fora do Brasil, crimes contra a honra do Presidente da República ou Chefe de Governo Estrangeiro.

A requisição é dirigida ao Ministério Público (MP), na pessoa de seu respectivo Chefe.

A despeito do nome requisição, esta manifestação do Ministro da Justiça não pode ser entendida como ordem ao MP, que continua sendo o titular da ação penal e cabe a ele formar sua *opinio delicti*, verificando se os elementos apresentados pelo Ministro autorizam o oferecimento da denúncia.

Acerca da retratação da requisição existe divergência. Uma corrente assevera que não existe previsão na lei de retratação da requisição, haja vista que o art. 25 do CPP só faz referência à representação. De igual modo, essa corrente ainda argumenta que a requisição deve revestir-se de um ato sério, insuscetível de qualquer aspecto de volatilidade. Não obstante, prevalece o entendimento que, diante dos **mesmos princípios da oportunidade e conveniência** da representação, a requisição também estaria sujeita à retratação. Sendo dotada de igual forma de **eficácia objetiva**.

4.4.4 Ação penal de iniciativa privada

A titularidade do direito de punir é exclusiva do Estado, isso em toda e qualquer situação. Na ação penal de iniciativa privada não se foge a essa regra. Nesses tipos de ação, por motivos que logo discriminaremos, o Estado transfere para a vítima ou seu representante legal a legitimidade para a propositura da ação. Assim, diz-se que, nessas ações, o Estado transfere à vítima o *jus persequendi in judicio*, mas jamais o *jus puniendi*.

Nesse diapasão, no exercício da ação penal, a vítima ou seu representante agem em nome próprio na defesa de um interesse alheio, interesse esse perfeito no direito de punir que sempre é do Estado. A isso se chama **legitimação extraordinária ou substituição processual**.

O nome **iniciativa privada** dá-se exatamente pelo fato de que o início dessa ação penal (bem como todo seu transcurso até o trânsito em julgado) é exercido por ato da própria vítima mediante uma peça acusatória denominada queixa-crime. Ao contrário das ações penais públicas, em que o início da ação penal é exercido pelo próprio Estado por de seu representante legal, um membro do Ministério Público, por meio de uma peça processual chamada denúncia.

Ademais, na ação penal privada temos nomenclaturas específicas para a **peça acusatória**, para quem **oferece essa demanda** e **para o acusado**. Esses, nesse tipo de ação penal, chamam-se respectivamente: queixa-crime (peça acusatória); querelante (vítima ou representante legal autor da demanda); e querelado (acusado).

Quanto à legitimidade para a ação penal privada, esta matéria já foi abordada no tópico 4.4.3.1, já que as regras de legitimidade para a queixa-crime são as mesmas regras para o direito de representação na ação penal condicionada.

Todavia, ao contrário do direito de representação, que não envolve qualquer capacidade postulatória, tratando-se apenas de uma mera manifestação de vontade perante as autoridades competentes, a queixa-crime trata do exercício da própria ação penal no polo ativo da demanda. Destarte, para o oferecimento da queixa-crime exige-se a capacidade postulatória. Essa capacidade postulatória demanda a presença um profissional da advocacia devidamente habilitado na Ordem dos Advogados do Brasil. Para o exercício da queixa-crime em nome e no interesse da parte, esse advogado deve estar munido de procuração dada pelo ofendido ou seu representante legal com poderes especiais para mover esta determinada ação.

Nas hipóteses de ofendido hipossuficiente ou que não consiga prover as despesas do processo sem se privar dos recursos indispensáveis ao próprio sustento ou de sua família, o juiz deverá nomear defensor dativo. Este múnus ou recairá em membros da Defensoria Pública, ou em advogado nomeado pelo juiz onde não houver Defensoria.

As ações penais de iniciativa privada podem ser divididas em três espécies: exclusivamente privada, privada personalíssima ou privada subsidiária da pública. Passemos à análise detida de cada uma delas.

4.4.4.1 Ação penal exclusivamente privada

Por ação exclusivamente privada entende-se aquela que, embora o interesse seja predominantemente do ofendido, de modo que o Estado deixou ao seu critério exclusivo de oportunidade e a conveniência para a proposição ou não da ação penal, esse tipo de ação permite ainda hipóteses de sucessão processual. Nas ações exclusivamente privadas, caso o ofendido venha a óbito, ou seja, declarado ausente por sentença judicial, seu cônjuge, ascendente, descendente ou irmão, nessa ordem, **podem continuar ou iniciar** a ação penal. O direito de queixa passa em sua integralidade a esses sucessores enumerados pelo art. 31 do CPP.

Outra característica para as ações exclusivamente privadas é que elas permitem a figura do representante legal para os ofendidos menores de 18 (dezoito) anos, com enfermidade mental ou retardo mental.

Os motivos que levam o legislador brasileiro a dispor que determinados tipos de infrações penais estariam sujeitos à ação penal exclusivamente privada são, com muita propriedade, elencados por Renato Brasileiro de Lima (2019, p. 274), assim: "a) há certos crimes que afetam imediatamente o interesse da vítima e mediatamente o interesse geral; b) a depender do caso concreto é possível que o escândalo causado pela instauração do processo criminal cause maiores danos à vítima que a própria impunidade do criminoso (*strepitus judicii*); c) geralmente, em tais crimes, a produção da prova depende quase que exclusivamente da colaboração do ofendido, daí por que o Estado, apesar de continuar sendo o detentor do *jus puniendi*, concede ao ofendido ou ao seu representante legal a titularidade da ação penal".

Acrescentamos a esse rol o que a criminologia chama de vitimização secundária. O processo penal muitas vezes (em razão do *strepitus judicii*) leva, diante da exposição da vítima, a publicidade processual, a uma segunda ofensa aos mesmos valores outrora vilipendiados pelo crime, a isso se chama vitimização secundária. De igual modo a ação privada vislumbra evitar essa nova vitimização.

Em regra, quando se trata de ação privada temos a ação exclusivamente privada. **Excepcionalmente a ação privada será personalíssima**, e **diferencia-se da exclusivamente privada unicamente em razão da impossibilidade da sucessão processual, bem como da previsão do representante legal**. Como passamos a analisar.

> **Decifrando a prova**
>
> **(2020 – CESPE/CEBRASPE – MPE/CE – Promotor de Justiça de Entrância Inicial)** Em ação penal privada, pedido de suspensão condicional do processo
> A) não é cabível, assim como a transação penal, porque tanto esse pedido quanto a transação penal são exclusivos de ações penais públicas.

> B) é cabível, desde que oferecido pelo Ministério Público, por ser um direito público subjetivo do acusado.
> C) não é cabível, diferentemente da transação penal, haja vista expressa disposição legal.
> D) é cabível, desde que oferecido pelo ofendido.
> E) é cabível somente em favor do réu, haja vista a possibilidade de ofensa ao princípio da indivisibilidade da ação penal privada.
> **Gabarito comentado:** haja vista a prevalência do interesse privado na persecução penal dos crimes de ação penal privada. Portanto, a letra D é o gabarito.

4.4.4.2 Ação penal privada personalíssima

Como vimos, uma das razões que levaram o legislador a criar as ações exclusivamente privadas foi o fato de que, nas infrações penais sujeitas a esse tipo de ação, é o direito da vítima o imediatamente afetado e o interesse geral apenas mediatamente. Ademais, ter-se-ia, também, que nessas infrações o escândalo do processo seria mais gravoso do que a impunidade do autor do delito. Por sua vez, **nas ações personalíssimas temos essas razões elevadas exponencialmente**. Desse modo, apenas a vítima, sem a possibilidade de representantes legais ou sucessores, é que poderá exercer a ação penal. São crimes que afetam, como nenhum outro, a intimidade e interesses do ofendido, assim eleitos pelo legislador.

Nesse diapasão, não há nas ações personalíssimas a presença de representante legal para os incapazes, ou sucessores do ofendido falecido ou declarado ausente. Como consequência disso, temos que **a morte da vítima sempre irá ensejar a extinção da punibilidade nessas ações**. Extinção essa da punibilidade que poderá se dar ou pela **decad**ência, caso a ação penal ainda não tiver sido iniciada, quer pela **perempção** caso o processo já estivesse em andamento ao tempo do óbito.

Pergunta-se: e se o ofendido for menor de 18 anos, o que deve ser feito se as ações personalíssimas não admitem representante legal?

Ora, nessas situações deve-se aguardar que a vítima complete 18 anos ou reestabeleça sua capacidade mental. Enquanto isso não ocorrer, o prazo decadencial de 6 meses para o oferecimento da queixa-crime não começa a correr.

Mister salientar que **as causas de emancipação preconizadas no direito civil não produzem efeitos no direito penal**. Por exemplo, no caso de maior de 16 anos que se emancipe na forma da lei civil pelo casamento, continuará incapaz no processo penal para oferecer a queixa-crime, devendo aguardar completar a maioridade.

Hoje, no nosso ordenamento jurídico, temos apenas um tipo penal que se submete a ação penal privada personalíssima. Trata-se do crime de **induzimento a erro essencial e ocultação de impedimento ao casamento** (art. 236 do CP). Até o ano de 2005 tínhamos também o crime de adultério, mas foi revogado pela Lei nº 11.106/2005.

4.4.4.3 Ação penal privada subsidiária da pública

Para melhor compreender a ação penal privada subsidiária da pública é importante entendermos as razões pelas quais o legislador constitucional decidiu criá-las. Diferenciam-se essas razões dos motivos que levaram à criação das ações penais exclusivamente privadas e privadas personalíssimas. Enquanto as razões de ser destas últimas giram em torno da proteção à intimidade do indivíduo e da evitação de uma vitimização secundária, as daquelas se voltam para a melhor administração da Justiça.

Renato Brasileiro de Lima (2019, p. 274) elenca dois fundamentos para a existência das ações penais privadas subsidiárias da pública: a) **o princípio da inafastabilidade do controle jurisdicional** (art. 5º, XXXV, da CF, "a lei não excluirá da apreciação do Poder Judiciário lesão ou ameaça a direito"); b) **instrumento de fiscalização pelo ofendido do Ministério Público no exercício da ação penal pública**.

Diferentemente das demais ações privadas, a ação penal privada subsidiária da pública encontra previsão expressa no art. 5º, LIX, da CF, segundo o qual "**será admitida ação privada nos crimes de ação pública, se esta não for intentada no prazo legal**". Semelhante previsão se acha no art. 100, § 3º, do CP e no art. 29 do CPP.

Percebe-se, de antemão, que as ações penais privadas subsidiárias da pública se tratam de **direito fundamental** da vítima e verdadeira **cláusula pétrea**.

A ação subsidiária **só terá cabimento diante da inércia do Ministério Público**. É a partir do momento em que constatada a inércia do Ministério Público que se abre para a vítima ou seu representante legal a possibilidade de apresentar a **queixa-crime substitutiva** da denúncia do *Parquet*. Constatada a inércia do titular da ação penal, o ofendido ou seu representante legal terá o prazo decadencial de 6 (seis) meses para oferecer sua queixa-crime.

Inércia do Ministério Público não é apenas a falta da denúncia dentro do prazo legal (5 dias réu preso e 15 dias réu solto). O Ministério Público, a par do oferecimento da denúncia no prazo legal, pode adotar ainda outras cinco atitudes dentro desse mesmo prazo. Adotando qualquer uma dessas atitudes estará afastada a possibilidade da ação penal privada subsidiária. São elas: **não oferecimento da denúncia; não requisitar diligências; não requerer o arquivamento; não declinar a competência; não suscitar conflito de competência; não propor a transação penal na forma da Lei nº 9.099/1995**.

Destarte, o cabimento da ação penal privada subsidiária da pública depende da inércia absoluta do Ministério Público no prazo que tem para o oferecimento da denúncia. **Adotando o MP qualquer uma das medidas citadas, desde que dentro do prazo que tem para o oferecimento da denúncia, não caberá a ação penal privada subsidiária.**

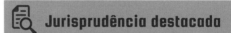

Jurisprudência destacada

O STF, no HC nº 74.276/RS, *Dje* 23.02.2011, trouxe uma interpretação estrita em relação ao que se deve considerar atuação do MP apta a afastar a ação penal subsidiária. Dessa forma, a Suprema Corte decidiu que posturas que formalmente demonstrem um agir do MP, mas que na realidade não passem de subterfúgios utilizados para mascarar a inércia do órgão, não podem ser consideradas um agir do *Parquet*. Concluiu a Corte que apenas diligências imprescindíveis é que poderiam obstaculizar o ajuizamento da ação penal privada subsidiária da pública. Nesse espeque, deve-se excluir como ação do MP, e permitir o ajuizamento da ação privada subsidiária, movimentações que seriam inúteis, ilegais ou destinadas a um não ajuizamento proposital da ação penal.

Salienta-se que a inércia do MP não descaracteriza a ação penal que continua sendo pública. Não é por menos que a ação penal subsidiária **também é chamada de ação penal supletiva ou ação penal acidentalmente privada.**

Assim, **mesmo caracterizada a inércia do MP, desde que não tenha sido oferecida ainda a queixa-crime, pode o órgão Ministerial ainda oferecer a denúncia.** Inclusive, como veremos em seguida, mesmo após o oferecimento da queixa-crime pode o membro do MP repudiá-la e oferecer a chamada **denúncia substitutiva**, ou ainda retomar a ação como parte principal, diante da desídia do querelante, na chamada **ação penal indireta**. Tudo isso pelo fato de que a inércia do MP não transforma a natureza da ação penal, que continua a ser pública, e de igual modo regida pelos princípios da indisponibilidade e da obrigatoriedade.

Como se pode observar, dentro do prazo que caberia a ação penal subsidiária da pública, o mesmo fato criminoso estaria também sujeito à ação penal pública. Desse modo, dentro do prazo decadencial de seis meses do ofendido, ter-se-ia uma **legitimidade concorrente**, do ofendido por meio da queixa-crime e do Ministério Público por meio da denúncia.

Salienta-se que nem todos os crimes estão sujeitos à ação penal privada diante da inércia do Ministério Público. Para que surja o direito à ação penal privada subsidiária exige-se, por decorrência lógica, que exista um ofendido determinado. Nos tipos penais onde o sujeito passivo é indeterminado, ofendendo, por exemplo, a coletividade, não haverá pessoa física ou jurídica que possa oferecer a respectiva queixa-crime. São exemplos de crimes com sujeito passivo indeterminado o porte ilegal de arma de fogo, o tráfico de drogas, a contravenção penal de perturbação do sossego, dentre outros.

O ofendido apto a propor a ação penal subsidiária pode ser também uma pessoa jurídica. Basta ser essa pessoa jurídica a ofendida pelo evento criminoso. Como pode acontecer nos crimes de difamação em que se pode ferir a honra objetiva da pessoa jurídica.

Duas leis, contudo, excepcionalmente, trazem a legitimidade para a ação penal privada subsidiária a quem não é o ofendido. Uma delas, inclusive, traz a legitimidade a quem sequer tenha personalidade jurídica (não é pessoa física nem jurídica). É o que ocorre nos crimes e contravenções envolvendo as relações de consumo da Lei nº 8.078/1990 e os crimes falimentares da Lei de Falências e Recuperação Judicial, Lei nº 11.101/2005.

Preconiza o **Código de Defesa do Consumidor** – CDC (Lei nº 8.078/1990), em seu art. 80, c/c o art. 82, III e IV, que "no processo penal atinente a tais delitos, as entidades e órgãos da Administração Pública, direta ou indireta, **ainda que sem personalidade jurídica**, especificamente destinados à defesa dos interesses e direitos protegidos pelo CDC, assim como as associações legalmente constituídas há pelo menos 1 (um) ano e que incluam entre seus fins institucionais a defesa dos interesses e direitos protegidos pelo CDC, dispensada autorização assemblear, poderão intervir como assistente do Ministério Público, sendo-lhes facultada também a propositura de ação penal privada subsidiária, se a denúncia não for oferecida no prazo legal pelo Ministério Público" (grifo nosso).

Por sua vez, a **Lei de Falências** (Lei nº 11.101/2005), em seu art. 184, parágrafo único, prescreve que qualquer **credor habilitado ou o administrador judicial** poderá oferecer ação penal privada subsidiária da pública, observado o prazo decadencial de seis meses.

Como todas as demais ações de iniciativa privada, **rege a ação penal privada subsidiária da pública os princípios da oportunidade e da conveniência**. Dessa forma, se sujeita à discricionariedade do ofendido (ou seu representante legal) o oferecimento ou não da queixa-crime. Importante, contudo, lembrar, como já dito acima, que durante o prazo decadencial de oferecimento da ação privada subsidiária, o Ministério Público também continua com a possibilidade para oferecer a denúncia (legitimidade concorrente). E, para este, a ação penal é sempre indisponível, regido pelo princípio da obrigatoriedade.

O prazo de seis meses para a ação penal privada subsidiária inicia-se a partir do dia em que se esgotar o prazo do Ministério Público para o oferecimento da denúncia. Como vimos, o prazo para a **ação penal exclusivamente privada**, de modo diverso, inicia-se a partir do momento em que **se tem conhecimento de quem seja o autor do delito**.

Todavia, ao contrário da ação penal exclusivamente privada e privada personalíssima, o término desse prazo decadencial de seis meses na ação penal privada subsidiária não enseja a extinção da punibilidade. Note-se que, operada a decadência para o ofendido, pode ainda o Ministério Público oferecer a denúncia caso não se tenha operado a prescrição. Não é por outro motivo que **a decadência na ação penal privada subsidiária da pública** recebe o nome de **decadência imprópria**, exatamente por ser uma decadência que não implica a extinção da punibilidade.

Na ação penal privada subsidiária da pública, dado seu caráter de ação pública, **o Ministério Público preserva amplos poderes**, os quais estão estampados no art. 29 do CPP e surgem tão logo a queixa-crime seja oferecida. Assim, oferecida a queixa-crime, tem o MP cinco possibilidades (poderes):

- **Rejeitar a queixa-crime** caso verifique a presença de inépcia da inicial, ausência de pressupostos processuais, condições da ação, ou ausência de justa causa (tudo na forma do art. 395 do CPP).
- **Aditar a queixa-crime** para fazer incluir na acusação tanto aspectos acidentais (aspectos formais) quanto aspectos essenciais (aspectos materiais). Aspectos acidentais são as informações relativas a circunstâncias de tempo, lugar e modo do delito. Vislumbra corrigir aspectos formais da peça acusatória. Aspectos essenciais, por sua vez, são informações relativas a fatos novos ou a outros acusados (corréus) não estampados na queixa-crime. Na ação penal subsidiária, por manter intacta sua natureza pública, sendo apenas acidentalmente privada, pode o MP aditá-la para nela fazer incluir tanto aspectos acidentais (formais) quanto essenciais (materiais). Difere da possibilidade de aditamento pelo MP nas demais ações privadas (ação exclusivamente privada e privada personalíssima), nas quais só pode o MP aditar para fazer incluir aspectos formais.
- **Intervir em todos os termos do processo** fornecendo elementos de prova, assim como interpondo recurso (art. 29 do CPP). Nas ações privadas subsidiárias, o Ministério Público é um verdadeiro **assistente litisconsorcial (ou interveniente adesivo obrigatório)**, devendo atuar em todos os termos da ação intentada pela parte ofendida, sob pena de nulidade (art. 564, III, *d*, do CPP).

- **Repudiar a queixa-crime subsidiária** até o seu **recebimento**. Esse repúdio da queixa-crime serve para que o Ministério Público demonstre que não houve inércia de sua parte ou para que substitua uma queixa-crime inepta. Prevalece na doutrina o entendimento segundo o qual o MP só poderia repudiar a queixa-crime caso viesse a oferecer **a denúncia substitutiva**. Desse modo, não pode o MP repudiar a queixa-crime e permanecer inerte ou requerer o arquivamento do inquérito policial, sob pena de burlar a previsão constitucional da ação penal privada subsidiária.
- **Oferecer a "ação penal indireta".** Compreende-se por **ação penal indireta** a retomada da ação penal privada subsidiária pelo Ministério Público diante de inércia ou negligência do querelante. Como se observa, diversamente do que pode ocorrer nas ações exclusivamente privadas e nas ações privadas personalíssimas, não existe a possibilidade de extinção da punibilidade pela perempção nas ações privadas subsidiárias da pública. Como se verá mais à frente, a perempção é a perda do direito de prosseguir no exercício da ação penal privada em razão de negligência do querelante.

4.5 EXTINÇÃO DA PUNIBILIDADE NAS AÇÕES PENAIS DE INICIATIVA PRIVADA: DECADÊNCIA, RENÚNCIA, PERDÃO DO OFENDIDO E PEREMPÇÃO

4.5.1 Decadência

A decadência aplica-se a todas as três espécies que vimos de ação penal privada. A decadência é a perda do direito de exercer a ação penal privada em virtude de seu não exercício no prazo legal. Cumpre lembrar que a decadência também ocorre em outro instituto do direito processual penal. Trata-se do direito de representação na ação penal pública condicionada (prazo igualmente de seis meses), como vimos anteriormente.

Preconiza o art. 38 do CPP:

> **Art. 38.** Salvo disposição em contrário, o ofendido, ou seu representante legal, decairá do direito de queixa ou de representação, se não o exercer dentro do prazo de seis meses, contado do dia em que vier a saber quem é o autor do crime, ou, no caso do art. 29, do dia em que se esgotar o prazo para o oferecimento da denúncia.

Todavia, existe uma exceção a essa regra do início do prazo decadencial estampado no art. 38 do CPP. No **crime de induzimento a erro essencial e ocultação de impedimento** cediços no art. 236 do CP, como já vimos, o direito de queixa não poderá ser exercido, e logo a ação penal não poderá ser intentada, senão **depois de transitada em julgado a sentença que, por motivo de erro ou impedimento, anule o casamento**. Logo, o prazo para o direito de queixa, nessa hipótese, só se inicia após o trânsito da sentença de anulação do casamento, e não do conhecimento do fato criminoso, como a regra geral.

Existe ainda um prazo decadencial específico também preconizado no CPP no que tange aos crimes contra a propriedade imaterial. O art. 529 do CPP dispõe que, nos crimes de ação penal privativa do ofendido, não será admitida queixa com fundamento em apreensão e em perícia, se decorrido o prazo de 30 dias, após a homologação do laudo pericial. Trata-se de um prazo de decadência dentro de outro prazo decadencial. Assim, o ofendido tem seus 6 meses do conhecimento da autoria para intentar sua queixa-crime. Todavia, homologado o laudo pericial nos crimes contra a propriedade imaterial, deverá ele oferecer sua queixa dentro do prazo de 30 dias.

Jurisprudência destacada

> Nos crimes contra a propriedade imaterial que deixam vestígios, depois que o ofendido tem ciência da autoria do delito, ele possui o prazo decadencial de 6 meses para a propositura da ação penal, nos termos do art. 38 do CPP.
>
> Se, antes desses 6 meses, o laudo pericial for concluído, o ofendido terá 30 dias para oferecer a queixa-crime.
>
> Assim, em se tratando de crimes contra a propriedade imaterial que deixem vestígio, a ciência da autoria do fato delituoso dá ensejo ao início do prazo decadencial de 6 meses (art. 38 do CPP), sendo tal prazo reduzido para 30 dias (art. 38) se homologado laudo pericial nesse ínterim (STJ, 6ª Turma REsp nº 1.762.142/MG, Rel. Min. Sebastião Reis Junior, j. 13.04.2021, Info. nº 692).

Esse prazo de seis meses é prazo de natureza material, fatal e improrrogável. Deve ser contado na forma do art. 10 do CP: "o dia do começo inclui-se no cômputo do prazo. Contam-se os dias, os meses e os anos pelo calendário comum".

Questão que pode surgir é o fato de o inquérito necessário para o oferecimento da queixa-crime não ser concluído no prazo de seis meses. Nesse caso, para que o ofendido não perca o direito à queixa-crime pela decadência, deve ele propor a demanda mesmo sem o inquérito, unicamente com as informações que possui, peticionando na queixa-crime que os autos do inquérito sejam acostados tão logo concluídos.

Consoante entendimento pacífico dos Tribunais Superiores, mesmo oferecida a queixa-crime **perante juízo incompetente**, seja incompetência absoluta ou relativa, se esta for oferecida dentro do prazo de seis meses, **estará superada a decadência**, segundo o entendimento de que foi exercido o direito de queixa-crime dentro do prazo legal.

Salienta-se que o prazo decadencial é superado com o oferecimento da denúncia, pouco importando se o juiz receba a peça acusatória em data bem posterior.

A decadência é causa extintiva da punibilidade na forma do art. 107 do CP.

4.5.2 Renúncia

Na forma do art. 107, V, do CP, a renúncia é outra causa extintiva da punibilidade, que só se aplica às ações penais exclusivamente privadas e privadas personalíssimas.

Na renúncia, o ofendido abdica do seu direito de queixa. É um ato unilateral e irretratável do ofendido ou de seu representante legal, independendo da aceitação do autor do crime.

Com efeito, a renúncia só pode ocorrer até o oferecimento da queixa-crime, haja vista que só se pode renunciar a um direito ainda não exercido. Assim a renúncia sempre será **extraprocessual**.

Não há de se falar em renúncia ao direito de queixa na ação penal privada subsidiária da pública. Como vimos, esse tipo de ação é apenas acidentalmente privada, de modo a não perder sua natureza pública. De nada adianta o ofendido querer renunciar ao seu direito de queixa-crime se essa renúncia não terá o condão de levar à extinção da punibilidade, dado que o Ministério Público poderá oferecer a denúncia até que ocorra a prescrição.

Como descrevemos acima, o CPP não trouxe a previsão da renúncia para o direito de representação ou requisição do Ministro da Justiça. Apenas o direito de queixa está sujeito à renúncia. Por sua vez, para o direito de representação, o CPP previu a possibilidade da **retratação** da representação. Contudo, devemos atentar para uma possibilidade existente no ordenamento jurídico de **renúncia à representação**. Trata-se do art. 74, parágrafo único, da Lei nº 9.099/1995, segundo o qual **a homologação do acordo de composição dos danos civis acarreta a renúncia ao direito de queixa ou "de representação"**.

Embora, tanto a **renúncia ao direito de queixa-crime**, quanto **à retratação do direito de representação** sejam formas de manifestação da vontade do não exercício dos respectivos direitos, bem como ambos se sujeitarem aos princípios da conveniência e da oportunidade do ofendido ou seu representante legal, diferenciam-se, não obstante, em vários outros aspectos. São esses:

- a renúncia ocorre antes do exercício da queixa-crime, por sua vez a retratação depois de se haver apresentado a representação;
- a renúncia é irretratável (uma vez apresentada não pode o ofendido querer voltar atrás), por outro lado, quanto ao direito de representação, permite-se a retratação da retratação;
- a renúncia opera a imediata extinção da punibilidade, enquanto a retratação não possui esse condão, de modo que apenas com o exaurimento do prazo decadencial de seis meses é que a decadência do direito de representação ocorrerá.

A renúncia pode ser expressa ou tácita. A renúncia expressa se dá por declaração assinada pelo ofendido ou seu representante legal (ou procurador com poderes especiais). A renúncia tácita ocorre diante de um ato do ofendido (ou seu representante legal) incompatível com a vontade de processar o autor do delito. Cita-se, como exemplo de renúncia tácita, o fato de o ofendido adquirir matrimônio com o autor do delito ou convidá-lo para ser padrinho do seu filho. **A renúncia tácita poderá ser provada por todos os meios de prova**.

Ainda sobre renúncia tácita, preconiza o art. 104, parágrafo único, do CP, que o fato de o ofendido receber indenização do autor do crime em razão do dano causado, não implica **renúncia tácita**. Contudo, caso se trate de crime de menor potencial ofensivo, destarte regido pela Lei nº 9.099/1995, devemos atentar que essa reparação civil, uma vez homologada pelo juiz, é causa de renúncia ao direito de representação. Está expresso no art. 74, parágrafo único, da Lei dos Juizados Especiais Criminais: **"Tratando-se de ação penal de iniciativa** privada ou de ação penal pública condicionada à representação, o acordo homologado acarreta a renúncia ao direito de queixa ou representação".

Como falamos no direito de representação nas ações públicas condicionadas, o direito penal não é espaço para barganhas e vinganças do ofendido. Tão qual o direito de representação, a renúncia oferecida contra um dos coautores do delito deve ser estendida aos demais, segundo o princípio da indivisibilidade. Isso no direito de representação, como vimos, chama-se **eficácia objetiva da representação**. No direito de renúncia recebe o nome de **extensibilidade da renúncia**.

Pode ocorrer de existir mais de uma vítima em um determinado delito. Nesses casos, se uma das vítimas oferecer a renúncia ao direito de queixa ao autor do delito, persiste ainda o direito da outra vítima a sua queixa-crime. As vítimas de um mesmo evento criminoso possuem **posições autônomas** no processo e, consequentemente, direitos autônomos.

Decifrando a prova

(2021 – MPDFT – Promotor de Justiça Adjunto) Considere as assertivas abaixo:

I. A renúncia ao exercício da ação penal privada consiste na abdicação do direito de sua propositura e depende de aceitação pela parte adversa.

II. O princípio da indivisibilidade da ação penal privada não se aplica à ação penal pública incondicionada, pois nesta é permitido o aditamento ou até o posterior oferecimento de outra denúncia pelo Ministério Público.

III. No processo e julgamento dos crimes contra a propriedade imaterial, no caso de haver o crime deixado vestígio, a queixa ou a denúncia não será recebida se não for instruída com o exame pericial dos objetos que constituam o corpo de delito.

A partir do que fora exposto, é possível dizer:
A) As assertivas I, II e III estão corretas.
B) As assertivas I e III estão corretas.
C) As assertivas I, II e III estão incorretas.
D) As assertivas I e II estão corretas.
E) As assertivas II e III estão corretas.

Gabarito comentado: a renúncia à ação penal privada não depende de aceitação da parte adversa. Portanto, a letra E é o gabarito.

4.5.3 Perdão do ofendido

O perdão do ofendido, ao contrário da renúncia ao direito de queixa-crime, **se opera após o oferecimento da queixa** (no curso do processo penal), sendo **ato bilateral** por depender da aceitação do acusado.

É causa extintiva da punibilidade nas ações penais exclusivamente privadas e privadas personalíssimas. Não cabe o perdão do ofendido nas ações penais privadas subsidiárias, dada sua natureza de ação penal pública sujeita ao princípio da indisponibilidade.

Dispõe o art. 106, § 2º, do CP que o perdão do ofendido pode ser concedido até o trânsito em julgado da ação penal.

Como se observa, **antes do oferecimento da queixa-crime** a forma que o ofendido dispõe para abdicar do direito à ação penal privada é a **renúncia**. **Após o oferecimento da queixa-crime** será o **perdão do ofendido**.

Embora o perdão do ofendido seja um ato bilateral, ou seja, depende da aceitação do acusado para produzir seus efeitos, essa aceitação não implica assunção de culpa pelo acusado, muito menos possuindo qualquer repercussão na esfera civil.

O acusado pode por diversos motivos não aceitar o perdão e querer continuar com a ação penal privada intentada pelo ofendido. Pode assim decidir por querer provar sua inocência ou para demonstrar que o querelante praticou o crime de denunciação caluniosa.

Contudo, mesmo que o ofendido não aceite o perdão, existe ainda uma forma para que o querelante provoque a extinção da punibilidade sem que o processo chegue a seu fim, produzindo os mesmos efeitos do perdão aceito. Trata-se da figura da perempção, pela qual o querelante pode provocar o fim do processo com a consequente extinção da punibilidade.

Como explicado acima ao tratarmos da renúncia, o direito das vítimas dentro da ação penal privada é autônomo. Da mesma forma que na renúncia, o perdão concedido por uma das vítimas não afeta o direito das demais em continuar com a ação privada.

O perdão, como a renúncia, pode ser expresso ou tácito. **Expresso** caso ocorra por declaração assinada pelo ofendido ou seu representante legal. **Tácito**, nos casos da prática de ato realizado pelo ofendido incompatível com o direito de recorrer.

Todavia, ao contrário da renúncia, o perdão pode ser processual ou extraprocessual. A renúncia, como supracitado, só pode ser extraprocessual, haja vista que só pode ocorrer antes do oferecimento da queixa-crime, quando ainda não há processo. De modo diverso, o perdão do ofendido pode ser concedido tanto no bojo do processo penal, quanto fora do processo penal em contrato ou proposição firmado pelas partes e levadas por uma delas ao processo.

A aceitação do perdão também pode ser expressa ou tácita. Na forma do art. 58 do CPP, **caso o acusado não se manifeste dentro de três dias sobre a aceitação do perdão ter-se-á o perdão por aceito, no que se chama aceitação tácita do perdão**. Como se depreende, a aceitação pode ser tácita, todavia a recusa ao perdão só pode se dar de forma expressa, já que o silêncio implica aceitação.

4.5.4 Perempção

A perempção é um instituto do direito processual que decorre da **negligência do autor da ação**. É uma verdadeira sanção processual diante da inação do querelante, a qual, na forma do art. 107, IV, do CP, enseja a **extinção da punibilidade** do autor do delito.

O CPP, no art. 60, dispõe que se considera perempta a ação penal somente "nos casos em que se procede mediante queixa". Como se observa da própria redação legislativa, o instituto da perempção no processo penal apenas se aplica para os casos de ação penal privada. E **somente para as ações penais exclusivamente privadas e privadas personalíssimas**. No caso da ação penal privada subsidiária da pública, embora esta também se proceda mediante queixa, a ela não se pode aplicar a sanção processual da perempção.

A ação penal privada subsidiária não perde sua natureza de uma ação penal pública diante da possibilidade da queixa-crime a partir da inércia do MP. Como toda ação penal pública, está a ação penal privada subsidiária sujeita ao princípio da indisponibilidade. Com isso, diante da negligência do querelante, o magistrado deve intimar o MP para assumir a ação penal (no que se chama ação penal indireta, como vimos anteriormente), e não aplicar o instituto da perempção ao caso. Referido entendimento é pacífico e decorre da interpretação do art. 60 em cotejo com o princípio da indisponibilidade.

Como mencionado, os ofendidos de um mesmo fato criminoso ocupam posições autônomas na ação penal privada. Com isso, a negligência de um dos querelantes, dando ensejo à perempção, não afeta os demais querelantes. Ademais, como salientamos, a perempção é uma sanção processual de modo a não poder ser aplicada a quem a ela não deu causa.

O CPP, art. 60, regula a perempção diante de quatro atitudes negligentes da parte autora da queixa-crime, são elas:

- Deixar o querelante de promover o **andamento do processo por 30 (trinta) dias seguidos**.
- Falecendo o querelante ou sobrevindo sua incapacidade, não comparecer para **prosseguir no processo, no prazo de 60 (sessenta) dias**, quem deva fazê-lo.
- **Não comparecer o querelante**, sem motivo justificado, a qualquer ato do processo que deva estar presente, **ou não formular pedido de condenação nas alegações finais**.
- **Sendo o querelante pessoa jurídica, esta se extinguir sem deixar sucessor**.

Questiona-se se o não comparecimento do querelante à audiência de conciliação no rito dos crimes contra a honra seria causa de perempção. Segundo o STF (HC nº 71.219/1994) não há de se falar em perempção nesses casos, devendo ser entendida a ausência do querelante como simples vontade de não conciliar.

4.6 OUTRAS DENOMINAÇÕES DAS AÇÕES NO PROCESSO PENAL

A doutrina costuma trazer algumas denominações curiosas para algumas as ações no âmbito penal. Assim, fala-se em ação penal popular, ação penal adesiva, ação de prevenção penal e ação penal secundária. Passemos à análise de cada uma delas.

4.6.1 Ação penal popular

A doutrina costuma classificar o *habeas corpus* e a possibilidade de qualquer cidadão oferecer denúncia contra certas autoridades nas infrações político-administrativas reguladas pela Lei nº 1.079/1950 como ação penal popular.

Renato Brasileiro de Lima (2019, p. 288) com propriedade repudia a referida classificação. Para o autor nenhuma das duas hipóteses podem ser consideradas espécies de ação penal condenatória popular. O *habeas corpus* não se trata de ação penal condenatória, mas sim de ação de natureza constitucional. Por outro lado, a **denúncia** oferecida por qualquer cidadão, preconizada na Lei nº 1.079/1950, arts. 41 e 75, não se trata do termo denúncia no sentido de peça acusatória. A palavra denúncia aí é utilizada no sentido de *notitia criminis*.

Destarte, para nós parece forçoso querer aproximar essas situações supramencionadas da ação popular do direito civil, caracterizada como aquelas suscetíveis de impetração por qualquer cidadão.

4.6.2 Ação penal adesiva

Segundo Nestor Távora e Rosmar Alencar (2010, p. 174), ação penal adesiva

> é a possibilidade de militarem no polo ativo, em conjunto, o Ministério Público e o querelante, nos casos onde houver hipótese de conexão ou continência entre crimes de ação penal de iniciativa pública e de ação penal de iniciativa privada. Trata-se de caso similar ao litisconsórcio do direito processual civil, interessando destacar que, no âmbito do processo penal, ao invés de uma petição única (litisconsórcio originário), a regra é que haja a propositura de denúncia pelo *parquet* e a de queixa pela vítima do delito conexo, surgindo assim um litisconsórcio impróprio em momento ulterior, qual seja, o da reunião das demandas.

Existe no direito alemão a previsão expressa de uma ação penal adesiva. Não obstante, nesse direito alienígena, essa expressão possui outra característica. A ação penal adesiva no direito alemão se aproximaria da atividade do assistente de acusação no Brasil.

4.6.3 Ação de prevenção penal

Trata-se de uma ação penal como qualquer outra, sendo a única diferença o objetivo de aplicar ao acusado ao final do processo não uma pena, mas sim uma medida de segurança. Como se sabe, os inimputáveis, ao tempo da ação ou omissão, devem ao final do processo ser absolvidos, com aplicação, contudo, de medida de segurança, no que se chama de absolvição imprópria.

Assim, a doutrina (TOURINHO, 2009, p. 516) assevera que a ação penal condenatória se bifurca em duas: **ação penal propriamente dita**, tendo por finalidade a aplicação de uma pena privativa de liberdade (e/ou restritiva de direitos); e **ação de prevenção penal**, tendo por finalidade a imposição de uma medida de segurança.

4.6.4 Ação penal secundária

Em algumas situações a lei prevê certa ação penal para determinado crime, todavia, diante de algumas circunstâncias especiais que possam surgir, passa a prever uma nova ação penal para a referida infração. A essa nova ação, a doutrina dá o nome de **ação penal secundária**.

Exemplo de ação penal secundária seria a ação penal no crime de injúria. No crime de injúria a ação penal é em regra de ação penal privada. Contudo, incidindo o evento criminoso na figura qualificada do crime de injúria, injúria racial, essa ação penal, secundariamente, se transforma em ação penal pública condicionada à representação do ofendido. Outro exemplo seria o crime de estelionato a depender da condição da vítima.

Cumpre advertir que nos crimes contra a honra de servidor público no exercício de suas funções a Súmula nº 714 do STF prevê uma **legitimidade concorrente**, permitindo tanto a queixa-crime pelo ofendido quanto a denúncia pelo MP. Essa situação **não se confunde com a ação penal secundária**, pois, nesta, a primeira espécie de ação é afastada diante de alguma circunstância especial, existindo apenas a segunda espécie de ação.

4.6.5 Ação penal de segundo grau

Nas ações penais contra autoridades com prerrogativa de foro, o oferecimento da ação penal se dá diretamente perante o Tribunal, não passando pelo juízo de primeira instância. São chamadas de **ações originárias** ou **ação penal de segundo grau**.

No direito processual penal existem outras hipóteses de ações penais originárias, mas não condenatórias. São as ações autônomas de impugnação. Essas são distribuídas diretamente nos tribunais, em alguns casos. São elas o *habeas corpus*, mandado de segurança em matéria criminal e a revisão criminal.

4.6.6 Ação penal *ex officio*

Até antes da Constituição de 1988 permitia-se o chamado processo *judicialiforme*. Este consiste na possibilidade de início da ação penal nas contravenções penais por meio de auto de prisão em flagrante ou por portaria expedida pelo delegado ou pelo magistrado, de ofício ou a requerimento do Ministério Público. Hoje, dentro do sistema acusatório não mais se admite tal situação. A reminiscência que ainda existia, art. 531 do CPP, foi revogada com a Lei nº 11.719/2008, bem como o art. 26, por sua vez revogado tacitamente.

A única espécie de ação penal *ex officio* que anda existe é o *habeas corpus*. Segundo o art. 654, § 2º, do CPP, qualquer juiz ou Tribunal pode dar ordem de *habeas corpus* de ofício (sem provocação das partes ou do MP) se constatar que alguém sofre ou está na iminência de sofrer coação ilegal à liberdade de locomoção.

4.6.7 Ação penal extensiva

O art. 101 do CP preconiza que "quando a lei considera como elemento ou circunstâncias do tipo legal fatos que, por si mesmos, constituem crimes, cabe ação pública em relação àquele, desde que, em relação a qualquer destes, se deva proceder por iniciativa do Ministério Público". É o que ocorre nos crimes complexos, em que se um dos crimes for de ação penal pública e o outro de ação privada, o crime decorrente da junção também será por extensão de ação penal pública. É o exemplo da injúria real.

4.7 PRINCÍPIOS DA AÇÃO PENAL (PÚBLICA E PRIVADA)

4.7.1 Princípio do *ne procedat iudex ex officio*

Também conhecido como princípio da iniciativa das partes ou do *nullum judicium sine actore*, significa que o juiz não pode dar início a um processo de ofício, ou seja, sem provocação da parte. É corolário do sistema acusatório, no sentido de que a acusação, defesa e juiz devem ter papéis distintos no processo.

Diante desse princípio, o antigo processo *judicialiforme* não mais tem cabimento. O processo *judicialiforme* vinha previsto na Lei nº 4.611/1965 (homicídio culposo e lesão corporal culposa) e nas contravenções penais. O processo judicialiforme era um processo penal condenatório cuja iniciativa podia se dar de ofício tanto pelo delegado de polícia quanto pelo juiz.

Com o advento da Constituição de 1988 outorgando a titularidade da ação penal pública ao Ministério Público, já se compreendia que referidos dispositivos não teriam sido recepcionados pela Constituição. Todavia, com as reformas do processo penal de 2008, referidos dispositivos foram revogados. Olvidou o legislador, contudo, de revogar também o art. 26 do CPP, que trazia semelhante previsão. Não obstante, diante da revogação de todos os demais dispositivos similares, a doutrina a e jurisprudência entenderam pacificamente por revogado tacitamente o art. 26.

4.7.2 Princípio do *ne bis in idem*

Segundo esse princípio **ninguém poderá ser processado mais de uma vez pelo mesmo fato criminoso (aspecto processual) ou ser apenado mais de uma vez pelo mesmo fato criminoso (aspecto penal).** Por força de sua própria definição, esse princípio é também conhecido como **princípio da inadmissibilidade da persecução penal múltipla**. No direito norte-americano, recebe a denominação **proibição do risco duplo**, chamado no idioma alienígena de *double jeopardy*.

Referido princípio, embora em um primeiro momento possa se aparentar com as consequências da coisa julgada, dela se diferencia diante se sua maior amplitude. Ao passo que a coisa julgada impede que se rediscuta fatos definitivamente julgados, o princípio do *ne bis in idem* impede não só que se promova nova ação para rediscutir novos fatos, mas também proíbe que tramitem duas ações simultaneamente sobre o mesmo fato contra o mesmo réu. Dessa forma referido princípio abarca tanto a coisa julgada quanto a litispendência.

Destarte, o princípio veda que se promovam ações idênticas, isso no sentido de evitar o que o direito norte-americano chama de risco duplo. Entende-se por ações idênticas quando figura no polo passivo o mesmo acusado e, concomitantemente, quando o fato delituoso atribuído ao agente em ambos os processos for idêntico.

Ilustremos o princípio com um exemplo. Imaginemos que certo agente tenha sido absolvido em dado processo por falta de provas com o trânsito em julgado. Diferentemente de um processo civil, no processo penal, diante do princípio em epígrafe, não será possível o oferecimento de nova denúncia ou queixa em relação ao mesmo fato criminoso (imputação), mesmo que surjam novas provas sobre o mesmo fato.

Questão interessante se refere à aplicação do referido princípio diante de uma sentença absolutória ou condenatória proferida por juiz incompetente.

Com efeito, não havendo ainda o trânsito em julgado dessa decisão, nada impede que se anule pelos tribunais de sobreposição a decisão absolutória ou condenatória proferida e se determine que outra seja proferida pelo juiz, dessa vez, competente. Isso pelo fato de que o que põe fim ao processo é o trânsito em julgado. Havendo mera anulação pelo Tribunal de sobreposição da decisão da instância anterior com consequente remessa dos autos ao juiz competente, não há de se falar em trânsito em julgado e de um processo novo, senão de mera continuação do mesmo processo, não incidindo a hipótese de aplicação do princípio no caso.

Situação diferente se refere a uma decisão com trânsito em julgado. Sendo essa decisão absolutória não se permite a proposição de nova ação mesmo diante de nulidade absoluta da condenação anterior. Isso não só por força do referido princípio, mas de igual forma por força da **vedação da revisão criminal** *pro societate* (que entendemos ser corolário do princípio do *ne bis in idem*). Nada obstante, sendo a primeira decisão transitada condenatória, nada impede a propositura de nova ação no sentido de obter a redução de pena ou absolvição do réu. Isso porque o princípio em comento se perfaz em uma garantia em favor do réu não podendo ser utilizado contra ele. Ademais como preconiza o direito norte-americano, nessa situação não haverá perigo duplo (*double jeopardy*), pois o réu não poderá ter sua situação piorada na segunda ação. Todavia, como forma de respeito à coisa julgada, essa segunda ação em benefício do réu só poderá ser manejada na forma da revisão criminal (como analisaremos em capítulo próprio).

Se **as imputações** deduzidas nas peças acusatórias se referirem a fatos distintos, não haverá o *bis in idem*, sendo perfeitamente possível o oferecimento de nova peça acusatória (STJ, 6ª Turma, HC nº 27.142/RS, *DJe* 28.08.2006).

Jurisprudência destacada

A 1ª Turma do STF, no HC nº 82.980/DF, *DJe* 23.10.2009, entendeu que "a absolvição, pelo Júri, da imputação da autoria material do crime de homicídio não faz coisa julgada impeditiva de o paciente responder em nova ação penal como participante, por autoria intelectual, do mesmo crime cuja autoria material é imputada a outrem".

A 2ª Turma do STF, no HC nº 91.505/PR, *DJe* 21.08.2008, em caso concreto em que fora aceita proposta de suspensão condicional do processo perante a Justiça Comum Estadual pela prática de crime militar, entendeu a 2ª Turma do Supremo que seria inadmissível a instauração de novo processo perante a Justiça Militar em relação à mesma imputação.

A 1ª Turma do STF, no HC nº 92.912/RS, *DJe* 20.11.2007, entendeu que Policial Militar que teria aceitado transação penal no âmbito dos Juizados Especiais Criminais pela prática do crime de abuso de autoridade, com ulterior declaração de extinção da punibilidade pelo cumprimento das condições, estaria sujeito ao oferecimento de denúncia perante a Justiça Militar pela prática dos crimes militares de lesão corporal leve e de violação de domicílio. Segundo o Supremo, na conduta imputada ao paciente haveria, em tese, infrações de natureza funcional e militar, cada qual com sua definição própria, repreendidas por legislações penais específicas e processadas por juízos de competências distintas.

Para a 5ª Turma do STJ, no HC nº 285.589/MG, *DJe* 17.09.2015, o agente que em uma primeira ação penal tiver sido condenado pela prática de crime de roubo contra uma instituição bancária não poderá ser, numa segunda ação penal, condenado por crime de roubo supostamente cometido contra o gerente do bando no mesmo contexto fático considerado na primeira ação penal, ainda que a conduta referente a este suposto roubo contra o gerente não tenha sido sequer levada ao conhecimento do juízo da primeira ação penal, vindo à tona somente no segundo processo.

O STF, no HC nº 84.525, *DJe* 16.11.2004 assentou forte jurisprudência de que a extinção da punibilidade pela **certidão de óbito falsa** do agente é ato inexistente não tendo o condão de impedir nova ação penal contra o mesmo agente. Não há aí no caso incidência do princípio do *ne bis in idem*.

4.7.3 Princípio da intranscendência

Segundo esse princípio a ação penal condenatória não pode passar da pessoa do suposto autor do crime para, por exemplo, incluir seus familiares que não tiveram participação na infração penal. A denúncia ou a queixa só podem ser oferecidas contra os supostos autores e partícipes do fato delituoso. É princípio decorrente do princípio da pessoalidade da pena, com assento no art. 5º da CF.

Difere do processo civil, em que a obrigação de reparação dos danos, inclusive dos danos decorrentes de infrações penais, faz responder os sucessores do falecido até as forças da herança.

4.7.4 Princípio da obrigatoriedade da ação penal pública

A ação penal pública é obrigatória. Não pode estar sujeita a ação penal pública a qualquer critério político ou de utilidade social, muito menos de qualquer juízo de discricionariedade. Havendo a infração penal com sua prova de materialidade e autoria, a promoção da ação penal pública é cogente. Decorre do próprio princípio republicano em que todos dentro de um Estado Democrático de Direito devem ser responsabilizados por seus atos ilícitos. Desse modo, não mais se admite velhos jargões como o *the king can do no wrong*.

Como se observa, o princípio da obrigatoriedade só se aplica à **ação penal pública**, pois a ação penal privada é submetida ao princípio da discricionariedade. Cumpre lembrar que a ação penal privada subsidiária da pública, por ser apenas acidentalmente privada, também se submete ao princípio da obrigatoriedade para o Ministério Público, como vimos alhures.

Uma expressiva corrente doutrinária aduz que o princípio da obrigatoriedade não tem *status* constitucional, sendo apenas extraído do art. 24 do CPP. Em provas de concurso público convém asseverar as duas posições, sendo a segunda posição a defesa de que o princípio possui fundamento constitucional implícito no princípio republicano.

O CPP prevê dois mecanismos de fiscalização da obrigatoriedade. O primeiro seria o art. 28 do CPP, que com a redação vigente, dada a suspensão pelo STF (ADI nº 6.298) da sua redação outorgada pelo Pacote Anticrime, pode o juiz encaminhar os autos do inquérito ao Promotor de Justiça caso não concorde com a proposta de arquivamento do MP. O outro seria a previsão da ação penal privada subsidiária.

Nosso ordenamento jurídico, todavia, prevê algumas exceções ao princípio da obrigatoriedade, são eles:

- transação penal do art. 76 da Lei nº 9.099/1995;
- parcelamento do débito tributário na forma do art. 83, § 2º, da Lei nº 9.430/1996;
- acordo de leniência dos arts. 86 e 87 da Lei nº 12.529/2011;
- colaboração premiada na nova Lei das Organizações Criminosas do art. 4º, § 4º, da Lei nº 12.850/2013;
- acordo de não persecução penal.

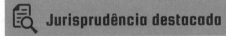

Prevalece no STJ o entendimento de que a assinatura do termo de ajustamento de conduta nos crimes ambientais não obsta a instauração do processo penal, pois esse procedimento ocorre na esfera administrativa, que é independente da penal. Logo, a assinatura de termo de ajustamento de conduta, com a reparação do dano ambiental e posterior arquivamento do inquérito civil público são circunstâncias que não se prestam para elidir a tipicidade penal, nem tampouco para obstar o prosseguimento da persecução penal (STJ, 6ª Turma, HC nº 187.043/RS, j. 22.03.2011).

4.7.5 Princípio da oportunidade ou conveniência da ação penal de iniciativa privada

Ao contrário do princípio da obrigatoriedade que rege a ação penal pública, a ação penal privada é regida pelo princípio da oportunidade e conveniência, ou seja, depende da discricionariedade da vítima ou de seu representante legal.

Por se submeter à liberdade de queixa da vítima, não existe qualquer mecanismo de controle sobre o exercício do direito de ação penal privada, como o art. 28 do CPP.

O presente princípio também se aplica à representação e à requisição do Ministro da Justiça.

4.7.6 Princípio da indisponibilidade da ação penal pública

Trata-se de um desdobramento do próprio princípio acima mencionado da obrigatoriedade. Diferencia-se do princípio da obrigatoriedade no sentido de que enquanto esta se refere à imposição de oferecimento da denúncia uma vez presentes as condições da ação penal, na indisponibilidade impõe-se que, uma vez oferecida a queixa, não pode o Ministério Público **desistir** da ação penal.

Como se observa, a obrigatoriedade se aplica na fase pré-processual, já a indisponibilidade aplica-se à fase processual. Uma obriga o início da ação penal, a outra, a continuidade da ação penal.

Uma importante observação sobre os dois princípios, todavia, merece ser feita. No tocante aos recursos não incide o princípio da obrigatoriedade. Destarte, não está o Ministério Público obrigado a recorrer, haja vista serem os recursos voluntários. Contudo, uma vez interposto um recurso, não pode o Ministério Público dele desistir, pois, a despeito de os recursos serem voluntários, são, contudo, indisponíveis, conforme preconiza o art. 576 do CPP. Logo, aos recursos, se aplica o princípio da indisponibilidade, mas não o da obrigatoriedade.

Existem algumas exceções ao princípio da indisponibilidade, são elas:

* suspensão condicional do processo do art. 89 da Lei nº 9.099/1995;
* ação penal de iniciativa privada exclusiva ou personalíssima que é disponível (princípio da disponibilidade). Disponibilidade que pode se operar pelo perdão do ofendido, perempção ou conciliação e termo de desistência da ação no procedimento dos crimes contra a honra no juiz singular na forma dos arts. 519 e 523 do CPP (como vimos todos acima).

4.7.7 Princípio da divisibilidade da ação penal pública e da indivisibilidade da ação penal privada

Ao passo que é certo, como já vimos, que à ação penal privada se aplica o princípio da indivisibilidade, no tocante à ação penal pública existe grande divergência doutrinária.

Não obstante, para os Tribunais Superiores prevalece a posição de que a ação penal pública se submete ao **princípio da divisibilidade**. Desse modo, "pode-se perfeitamente oferecer a denúncia contra determinado agente da infração penal, desmembrando-se o processo em relação a outros autores e partícipes, a fim de se coligir outros elementos probatórios hábeis à sua denunciação" (STJ, 6ª Turma, REsp nº 388.473/PR, j. 07.08.2003).

Como se observa, a divisibilidade da ação penal pública (para os Tribunais Superiores) se refere exclusivamente ao oferecimento da denúncia em momentos diferentes para agentes do mesmo crime, no escopo de se levantar maiores elementos probatórios para lastrear a denúncia em relação ao envolvimento de alguns deles. Não sendo, contudo, capaz de afastar o princípio da obrigatoriedade da ação penal pública.

Importante atentar que nada impede que a ação penal pública possa a qualquer momento ser aditada para a inclusão de novos autores e partícipes. Para isso, caso a constatação desses novos autores e partícipes se dê após a instrução processual, deverá haver a *mutatio libelli* subjetiva, como estudaremos em capítulo mais à frente. Diante desse instituto, não será necessariamente obrigatório novo processo para atender ao princípio da obrigatoriedade da ação penal pública sobre os novos autores e partícipes.

Para parte da doutrina, não se poderia falar em princípio da divisibilidade da ação penal pública, senão em princípio da indivisibilidade. Para a corrente doutrinária, havendo elementos probatórios quanto a coautores e partícipes, o Ministério Público está obrigado a oferecer denúncia em relação a todos, afinal vigora o princípio da obrigatoriedade, não se permitindo ao *Parquet* discricionariedade.

Para as provas objetivas de concursos públicos deve-se defender o **princípio da divisibilidade da ação penal pública e o da indivisibilidade apenas para a ação penal privada**.

Conforme o art. 48 do CPP, na ação penal privada, a "queixa contra qualquer dos autores do crime obrigará ao processo de todos, e o Ministério Público velará pela sua indivisibilidade".

Como já mencionado, o critério de oportunidade e conveniência para a ação penal pública só se refere ao direito de sua propositura. Uma vez oferecida a queixa, não pode ser o processo penal lugar para barganhas e escolhas contra quem se oferece a ação penal ou não. Uma vez optado por oferecer a queixa sobre dado fato delituoso, todos os seus autores e partícipes deverão constar no polo passivo da ação.

Cumpre lembrar que por força do princípio da indivisibilidade, a renúncia quanto ao direito de queixa contra qualquer dos agentes do crime implica renúncia tácita em relação a todos os envolvidos. A isso se dá o nome de **extensibilidade da renúncia**.

Discute-se como se poderia fiscalizar o princípio da indivisibilidade pelo Ministério Público já que o art. 48 é expresso no sentido de que o MP velará pela indivisibilidade da ação penal privada. A discussão se fomenta em razão de ser a ação exclusivamente privada e privada personalíssima de legitimidade exclusiva do ofendido e de seu representante legal.

Parte da doutrina defende que diante da omissão de algum dos envolvidos na queixa deveria o MP aditar esta no escopo de fazer incluir todos os autores e partícipes do mesmo fato delituoso.

Todavia, doutrina mais autorizada, acompanhada pelos Tribunais Superiores, entende que o MP não pode aditar a queixa-crime para fazer incluir outros agentes, haja vista a legitimidade exclusiva do ofendido ou seu representante legal na queixa-crime. O aditamento da queixa-crime é até admitido, mas apenas para completar elementos já trazidos pelo querelante (elementos circunstanciais apenas). Nesse sentido, deve o MP requerer ao magistrado a intimação do querelante para fazer incluir os demais agentes. Desatendida essa intimação, deve o magistrado reconhecer a **renúncia tácita da ação penal em relação a todos os envolvidos**, com consequente extinção da punibilidade.

Decifrando a prova

(2021 – CESPE/CEBRASPE – MPE/AP – Promotor de Justiça Substituto) A respeito da aplicação dos princípios norteadores do processo penal na ação penal, assinale a opção correta.

A) O princípio da indivisibilidade afasta a possibilidade de aditamento da queixa-crime.
B) Na ação penal pública, o oferecimento de denúncia em relação a um dos agentes, mas não aos outros, impõe a instauração de novo processo.
C) O princípio da obrigatoriedade da ação penal pública não comporta mitigação.
D) A ação penal privada subsidiária da pública caracteriza exceção ao princípio da oficialidade.
E) O pedido de absolvição do réu pelo Ministério Público encontra embasamento no princípio da disponibilidade da ação penal.

Gabarito comentado: segundo o princípio da oficialidade, a pretensão punitiva estatal deve se fazer valer por órgãos públicos e, por seu turno, a ação penal privada subsidiária é proposta pelo particular. Portanto, a letra D é o gabarito.

4.7.8 Princípio da oficialidade e princípio da autoridade

Pelo princípio da oficialidade a atribuição da persecução penal cabe exclusivamente aos órgãos do Estado. Assim, a investigação deve ficar a cargo da polícia investigativa, a promoção da ação penal ao Ministério Público e o julgamento ao Poder Judiciário. A ação penal privada tem na fase processual esse princípio mitigado, haja vista a possibilidade da queixa-crime pelo particular. Contudo, não se pode vislumbrar exceção ao princípio na fase investigatória, fase pré-processual, pois a investigação deve ser sempre exclusiva do Estado, haja vista diversos direitos fundamentais do investigado que podem estar envolvidos nessa fase.

Por sua vez o princípio da autoridade impõe que não basta ser a persecução penal realizada por órgãos do Estado, senão que os agentes desses órgãos imbuídos da persecução penal devam ser servidores públicos devidamente investidos, ou seja, que sejam autoridades públicas.

4.7.9 Princípio da oficiosidade

Impõe que os órgãos de persecução penal devem agir de ofício, ou seja, sem qualquer provocação, seja de ofendidos, seja de terceiros. Exceções ao princípio é a representação/requisição na ação penal pública condicionada e a queixa-crime na ação penal exclusivamente privada e privada personalíssima.

4.7.10 Princípio da suficiência da ação penal

Importante princípio na seara penal, preconiza que a ação penal tem capacidade por si só de prestar toda a tutela jurisdicional reclamada. Desse modo, é desnecessário a propositura de outras demandas para a solução de questões prejudiciais que surjam no desenrolar do processo penal.

Trata-se de princípio diretamente ligado às questões prejudiciais, o que será mais bem analisado em capítulo próprio, para se evitar repetições enfadonhas.

4.8 AÇÃO PENAL EM DIVERSAS ESPÉCIES DE CRIMES NO NOSSO ORDENAMENTO JURÍDICO

Existem alguns tipos penais no nosso ordenamento jurídico em que a ação penal foge da regra segundo a qual a ação penal será pública incondicionada. Mormente para os candidatos de concursos públicos, é importante estar atentos às exceções. Exceções essas ora construídas pela jurisprudência, ora por disposições legislativas próprias. Passemos a analisá-las.

4.8.1 Ação penal nos crimes contra a honra de funcionário público praticados no exercício de suas funções

O CP preconiza no art. 145, parágrafo único, que, nos crimes contra a honra de funcionários públicos praticados no exercício de suas funções, a ação penal deve ser pública condicionada à representação. Como se sabe, nos crimes contra a honra a regra é que a ação penal será exclusivamente privada.

Não obstante, o STF editou a Súmula nº 714 vislumbrando uma espécie de legitimidade concorrente entre o funcionário público e o Ministério Público. Desse modo, estaria tanto o ofendido, funcionário público, legitimado a oferecer a queixa-crime promovendo a ação penal exclusivamente privada, quanto o Ministério Público mover a ação penal pública condicionada à representação do funcionário público. Com isso, pode optar o funcionário público ofendido tanto por simplesmente oferecer a representação ao MP, quanto mover por si mesmo a ação penal exclusivamente privada.

Contudo, deve-se atentar para algo importante decidido pelo STF. No HC nº 84.659/MS, j. 29.06.2005, o STF afirmou que se o funcionário público optar por representar ao MP, estará preclusa a possibilidade de oferecimento da ação penal privada.

4.8.2 Ação penal nos crimes contra a dignidade sexual

A ação nos crimes contra a dignidade sexual até 2009 possuía um regramento bastante diferente do que se apresenta agora no nosso ordenamento. Duas leis vieram a mudar completamente esse cenário, sendo elas a Lei nº 12.015/2009 e a Lei nº 13.718/2018.

Antigamente, **até 2009**, a previsão era da **ação penal privada, como regra**, para os referidos crimes (crimes que eram até então chamados de crimes contra os costumes). Porém se a vítima ou seus pais não pudessem prover as despesas do processo sem se privar dos recursos indispensáveis à manutenção própria ou da família, a ação penal se tornava pública condicionada à representação do ofendido. E, ainda, se o crime fosse cometido com abuso do pátrio poder, ou da qualidade de padrasto, tutor, ou curador, o crime estava sujeito à ação penal pública incondicionada. Desse modo, para os referidos crimes contra os costumes havia três espécies de ação para o mesmo tipo penal, variando apenas diante de elementos circunstanciais, sendo esses: ação privada (como regra); ação pública condicionada (pobreza do ofendido), ação pública incondicionada (abuso do pátrio poder).

Com o surgimento da **Lei nº 12.015/2009**, os chamados crimes contra os costumes passou a se chamar crimes contra a dignidade sexual, apresentando-se com outras espécies de ação penal. Passou a ser a **regra** para os crimes contra a dignidade sexual a **ação penal pública condicionada** à **representação**. Todavia, seria a **ação penal pública incondicionada** caso se tratasse de ofendido **menor de 18 anos ou vulnerável**.

Quanto à vulnerabilidade que atrairia a ação penal pública incondicionada para os crimes contra a dignidade sexual, o STJ no *Informativo* nº 675, deixou assente que referida vulnerabilidade só seria aquela vulnerabilidade permanente do indivíduo. Desse modo, caso se tratasse de uma **vulnerabilidade temporária**, como aquela em que a pessoa tenha sido considerada incapaz de oferecer resistência apenas no momento dos atos libidinosos, não ensejaria a ação penal pública incondicionada, continuando a ação a ser condicionada à representação.

Outra questão tormentosa na jurisprudência tratou-se da vetusta Súmula nº 608 do STF. Segundo essa, "nos crimes de estupro praticado mediante violência real, a ação penal é pública incondicionada". Argumentou-se se, com o advento da Lei nº 12.015/2009, ainda persistiria o referido entendimento elaborado na lei anterior. Após idas e vindas, o STF firmou posicionamento (*Informativo* nº 892) asseverando que a Súmula nº 608 incidiria mesmo após o advento da Lei nº 12.015/2009.

Não obstante, todas essas discussões perderam sua razão de ser com o advento da Lei nº 13.718/2018. Essa impôs a **ação penal pública incondicionada para qualquer tipo penal dos crimes contra a dignidade sexual**, sem qualquer exceção.

Como as referidas alterações da ação penal são capazes de afetar o *status libertatis* do indivíduo, possuindo natureza de norma de direito material, a elas se adota o critério intertemporal da irretroatividade da lei mais gravosa, devendo os atos anteriores à vigência das novas leis serem regidos pela lei mais benéfica. Contudo, nos casos em que as leis anteriores já traziam a previsão da ação penal pública incondicionada, será aplicada normalmente a Lei nº 13.718/2018 para os crimes anteriores a sua vigência, pois ela não se mostrará mais gravosa nesses casos, mas sim de igual gravidade.

4.8.3 Ação penal nos crimes de injúria qualificada ou injúria racial

Até a **Lei nº 12.033/2009** os crimes de injúria em sua forma qualificada ou injúria racial estavam submetidos à ação penal privada.

Com o advento da supracitada lei, alterou-se a redação do parágrafo único do art. 145 do CP determinando a **ação penal pública condicionada à representação** para os referidos crimes de **injúria qualificada e injúria racial**.

Deve-se atentar para a aplicação da referida inovação legislativa no tempo. Por ser mais gravosa, a ação penal pública condicionada à liberdade do indivíduo, deve-se aplicar a previsão anterior da ação penal privada às duas figuras penais.

4.8.4 Ação penal nos crimes de lesão penal leve e culposas na Lei Maria da Penha

Como cediço, por força do art. 88 da Lei nº 9.099/1995, os crimes de lesão corporal leve e lesão corporal culposa passaram a ser perseguidos mediante a ação penal pública condicionada à representação.

Contudo, com a advento da Lei Maria da Penha (Lei nº 11.340/2006) vedou-se, por disposição expressa do seu art. 41, a aplicação de qualquer medida de cunho despenalizador da Lei nº 9.099/1995 aos crimes praticados no contexto de violência doméstica e familiar contra a mulher. Frisa-se que o art. 41 foi declarado constitucional pelo STF na ADI nº 4.424 e na ADC nº 19, superando-se os questionamentos de que afastar as medidas despenalizadoras da Lei nº 9.099/1995 à violência doméstica ofenderia os princípios da igualdade, proporcionalidade e dignidade da pessoa humana.

Destarte, as lesões corporais leves e culposas, cometidas no contexto de violência doméstica e familiar contra mulher, são de ação penal pública incondicionada, seguindo a regra do art. 100, *caput*, do CP.

4.8.5 Ação penal nos crimes de estelionato (Pacote Anticrime)

Os crimes de estelionato sempre foram submetidos à ação penal pública incondicionada. Esse panorama mudou com a Lei nº 13.964/2019, conhecida como "Pacote Anticrime".

Com a referida inovação legislativa, a regra para os crimes de **estelionato** passou a ser a ação penal pública condicionada à representação.

Contudo, **excepcionalmente**, persiste ainda a **ação penal pública incondicionada** para o referido delito nas hipóteses elencadas no art. 171, § 5º, I a IV, do CP, sendo elas:

- a vítima for a Administração Pública;
- a vítima for criança ou adolescente;
- a vítima for pessoa com deficiência mental;
- a vítima for maior de 70 (setenta) anos de idade ou incapaz.

A inovação legislativa segue a tendência de implementar a qualquer crime contra o patrimônio a ação penal pública condicionada à representação, sempre que não haja violência ou ameaça contra a pessoa. Isso em razão de tutelar os crimes contra o patrimônio interesse de ordem privada, devendo-se, destarte, respeitar o espaço íntimo da vítima e sua liberdade no interesse de deflagrar a persecução penal.

4.9 PEÇA ACUSATÓRIA (DENÚNCIA OU QUEIXA-CRIME)

Como vergastadamente já mencionado, o início da ação penal dá-se com o oferecimento da peça acusatória que pode ser uma denúncia ou uma queixa-crime. Outras formas de início da ação penal, como ocorria no denominado processo judicialiforme mediante o auto de prisão em flagrante ou portaria, não mais existem em nosso ordenamento jurídico.

A denúncia é a peça privativa do Ministério Público para ele iniciar a ação penal. Por sua vez, a queixa-crime é a peça privativa do ofendido, ou de seu representante legal ou de seu sucessor para que ele promova o início da ação penal privada (seja ela exclusivamente privada, privada personalíssima, ou privada subsidiária da pública).

Tanto a denúncia quanto a queixa-crime podem ser definidas como o ato processual mediante o qual **se dá conhecimento da prática de um fato delituoso ao Estado-Juiz, manifestando a vontade de se aplicar uma sanção penal ou uma medida de segurança** aos transgressores dos tipos penais existentes em nosso ordenamento jurídico. Salienta-se que, ao passo que o Ministério Público possui plena capacidade postulatória, isso não ocorre necessariamente com o particular legitimado à queixa-crime. Esse particular, caso ele mesmo não seja advogado inscrito nos quadros da OAB, padece de capacidade postulatória, devendo, destarte, nomear um advogado com poderes especiais para subscrever a queixa-crime.

Ademais, tanto a denúncia quanto a queixa são promovidas por meio de uma **petição, que deve ser subscrita em língua pátria**, e no caso da queixa-crime subscrita por advogado. Essa petição contendo, ainda, outros requisitos essenciais para sua aptidão de mover o Poder Judiciário, como se verá logo mais.

Cumpre, nesse momento, frisar que existe uma exceção a essa petição escrita. Trata-se da previsão legal do art. 77, *caput* e § 3º, da Lei nº 9.099/1995, segundo o qual tanto a denúncia quanto a queixa-crime podem ser **deduzidas oralmente**. Não obstante, devem ser reduzidas a termo, no escopo de que o acusado possa ter ciência da imputação, bem como se possa deixar registrado nos autos para que os demais atos processuais possam se realizar. Afinal, como já se referia o antigo adágio latim *verba volant, scripta manent*.

A ação penal é iniciada com o simples oferecimento da denúncia ou queixa-crime. Todavia, como já deixou assente o STF, o **ajuizamento da ação** se opera no momento do **recebimento da inicial** acusatória. Isso, pois, pelo fato de ser o recebimento da peça vestibular o que permite a citação do réu, o que na forma do art. 363, *caput*, do CPP faz completar a formação do processo, *in verbis*: "O processo [penal] terá completada a sua formação quando realizada a citação do acusado".

Pode ocorrer de em determinado evento criminoso haver dois ou mais crimes, sendo um deles sujeito à denúncia e o outro à queixa-crime. Nesse espeque, é perfeitamente possível que se instaure um **litisconsórcio ativo** entre o Ministério Público e o querelante, cada qual a oferecer sua respectiva peça acusatória. Nessa situação do mesmo evento criminoso, haveria a existência de conexão e/ou continência entre os crimes de ação penal pública e ação penal privada, de modo a ser recomendada a existência de um processo simultâneo (**simultâneos processos**). E, assim, devendo o Ministério Público oferecer a denúncia quanto aos crimes de ação penal pública e o ofendido o oferecimento da queixa-crime quanto ao delito de ação penal privada, sendo julgados ao mesmo tempo pelo mesmo juízo (LIMA, 2019, p. 306).

4.9.1 Requisitos (ou formalidades essenciais) da peça acusatória

O art. 41 do CPP traz como requisitos para a peça acusatória (denúncia ou queixa-crime), "a exposição do fato criminoso, com todas as suas circunstâncias, a qualificação do acusado ou esclarecimentos pelos quais se possa identificá-lo, a classificação do crime e, quando necessário, o rol de testemunhas".

A doutrina, a par desses requisitos legais, vem a acrescentar outros, quais sejam: o endereçamento da peça acusatória, redação em vernáculo, exposição das razões que levam a exposição de delinquência, subscrição da peça acusatória pelo Ministério Público ou pelo advogado do querelante (e nesse caso fazendo acompanhar a procuração com poderes especiais e recolhimento de custas processuais na forma do art. 806 do CPP).

Alguns doutrinadores incluem como requisitos essenciais da peça acusatória o pedido de condenação. Para parte da doutrina o pedido de condenação não seria um requisito obrigatório, haja vista que esse pedido estaria implícito na denúncia ou queixa. Não obstante, não se deve confundir esse fato com a necessidade de o querelante realizar o pedido de condenação nas alegações finais da queixa-crime sob pena de perempção, como vimos acima.

Assinala-se que **alguns desses requisitos são de observância obrigatória**, ensejando a **inépcia da peça acusatória** sua ausência. São eles: exposição do fato criminoso, individualização do acusado e a redação da peça em português.

Diante da referida inépcia da inicial deverá ocorrer à rejeição da peça acusatória, conforme previsão do art. 395, I, do CPP. A par da inépcia da peça acusatória, a renúncia também será rejeitada se faltar alguma condição da ação, pressuposto processual, ou justa causa.

No processo penal é bom estar atento para o fato de que não se faz, segundo entendimento majoritário, distinção entre rejeição e não recebimento da denúncia, sendo ambos considerados sinônimos. Contudo, defende uma corrente minoritária, com razão, que por rejeição dever-se-ia entender as decisões de mérito, e por não recebimento as decisões de caráter processual que não enfrentasse o mérito da demanda (a exemplo da inépcia). A diferente é significativa em suas consequências. Entender a rejeição como uma decisão de mérito implicaria não se permitir a reproposição da inicial acusatória, pois haveria aí coisa julgada material, devendo a decisão ser atacada por apelação. Ao contrário, o não recebimento, onde a coisa julgada se operaria apenas formalmente, permitir-se-ia a reproposição da peça acusatória uma vez corrigidos os vícios anteriores, em decisão atacada por recurso em sentido estrito.

Pelo fato de a corrente majoritária em nosso país não fazer distinção entre rejeição e não recebimento no processo penal, dessas decisões temos **como regra** a impugnação por meio de **recurso em sentido estrito**, no prazo legal de cinco dias. Contudo, deve-se atentar para a previsão diversa contida expressamente no art. 82 da Lei nº 9.099/1995, segundo a qual da rejeição da denúncia ou queixa nos **Juizados Especiais Criminais o recurso devido é a apelação.**

Nesse ponto, merece destaque a Súmula nº 709 do STF, *in verbis:* "Salvo quando nula a decisão de primeiro grau, o acórdão que provê o recurso contra a rejeição da denúncia vale, desde logo, pelo recebimento dela". O referido acórdão se refere ao *error in judicando* (erro de julgamento) na decisão de rejeição da denúncia ou queixa. É nesse caso que a decisão do acórdão substituirá a decisão de rejeição, já servindo o próprio acórdão como a decisão de recebimento da peça acusatória, prosseguindo, destarte, nos seus ulteriores termos perante o Juízo *a quo*. Todavia, caso a decisão de rejeição da peça inicial seja reformada pelo Tribunal de sobreposição por *error in procedendo* (erro no procedimento), deverá haver a anulação da decisão, retornando os autos ao juiz *a quo* para que ele profira outra.

Diante dessa possibilidade de que a reforma de decisão de rejeição da peça acusatória já possa valer pelo seu recebimento, deve o réu ser intimado para oferecer contrarrazões do recurso em sentido estrito (ou apelação no caso dos Juizados) interposto pela acusação. Nesse sentido é a Súmula nº 707 do STF: "Constitui nulidade a falta de intimação do denunciado para oferecer contrarrazões ao recurso interposto da rejeição da denúncia, não a suprindo a nomeação de defensor dativo". Devemos lembrar que no momento em que o juiz rejeita (não recebimento) a peça acusatória, o acusado não foi sequer citado ainda e sequer tem conhecimento do processo. É por isso que se sobreleva a importância da Súmula nº 707, a qual almeja integrar o acusado em um recurso de um processo do qual sequer ainda participa. Isso em respeito aos princípios da ampla defesa e contraditório perante uma decisão do Tribunal que pode ser prejudicial ao acusado.

Do recebimento da peça acusatória, ao contrário de sua rejeição que é atacada por recurso em sentido estrito, não existe previsão legal de recurso. Diante disso, é possível atacar a decisão de recebimento dessa peça inicial por meio de *habeas corpus*.

4.9.2 Exposição do fato criminoso com suas circunstâncias

Na peça acusatória, devem constar todos os **fatos relacionados ao tipo penal**, bem como às **qualificadoras** e as **causas de aumento de pena**, com as circunstâncias de tempo, lugar e modo de execução. Isso sob pena de inépcia da peça acusatória, haja vista esses fatos serem essenciais para que o acusado possa exercer seu direito ao contraditório e à ampla defesa, tendo o pleno conhecimento do que pesa contra ele no momento da citação.

No tocante às circunstâncias agravantes, essas podem ser reconhecidas de ofício pelo juiz, como preconiza o art. 385 do CPP. Por tal motivo, entende-se que elas podem inclusive não estar presentes na peça acusatória, não havendo qualquer inépcia diante de sua omissão. Não obstante, parte minoritária da doutrina entende que a previsão do supracitado artigo seria inconstitucional por violar o sistema acusatório e à imparcialidade do magistrado.

A exposição do fato criminoso na peça vestibular é elementar do sistema acusatório. **O acusado se defende da narrativa dos fatos e não da tipificação do delito**. A obrigação de provar a culpa no sistema acusatório é da acusação, limitando-se o acusado a se defender do narrado por esta na peça acusatória. Destarte, como se vê, a narrativa dos fatos vincula a defesa e o próprio juiz na persecução penal.

Uma narrativa dos fatos frágil, inócua ou sem a individualização das condutas torna a peça vestibular inepta, de modo a ser rejeitada. Caso seja essa peça inepta recebida por algum equívoco, haverá nulidade do feito. Como já se manifestou acertadamente o STF, a inépcia da inicial acusatória só pode ser suscitada até antes da prolação da sentença, pois, com o advento desta, só se pode questionar a própria decisão condenatória e não mais a denúncia ou queixa.

A narrativa dos fatos deve permitir ao acusado e seu defensor terem a consciência com precisão do fato imputado, de modo a não ter proferido contra si um decreto condenatório por fato diferente daquele constante de peça acusatória.

Para esse mister, como forma de proporcionar a devida reação do acusado, a narrativa deve permitir a verificação no fato narrado dos **elementos constitutivos do tipo penal, sem permitir a confusão** do fato narrado com outro, bem como contemple o **contexto temporal e circunstancial** do fato criminoso. É o que Antonio Scarance Fernandes (2002, p. 183) define como narrativa clara, precisa e completa.

O celebrado autor denomina **criptoimputação** quando essa narrativa dos fatos é contaminada por grave deficiência, não contendo os elementos mínimos de identificação do crime, fazendo-se mera alusão aos elementos do tipo penal abstrato.

4.9.3 Qualificação do acusado

Em geral, a qualificação do acusado, requisito essencial, deve ser feita por meio do seu sobrenome, nome, apelido, estado civil, naturalidade, data de nascimento, número da carteira de identidade, número do cadastro da pessoa física, profissão, filiação, residência etc. Ou seja, por todas as informações sobre sua pessoa que possam individualizá-lo das demais pessoas.

Preconiza o art. 259 do CPP que a "impossibilidade de identificação do acusado com o seu verdadeiro nome ou outros qualificativos não retardará a ação penal, quando certa a identidade física". Assim, na falta das qualificações acima citadas, pode-se realizar a identificação do acusado por meio de **apelidos, tatuagens, características físicas** (como uma deficiência física), dentre outras, **desde que sejam capazes de individualizá-lo**. Tudo isso sem prejuízo de sua melhor identificação no curso do processo ou da execução da sentença se for descoberta sua qualificação. Nesse espeque, na forma da última parte do art. 259 do CPP, far-se-á a retificação, por termo nos autos, sem prejuízo dos atos precedentes.

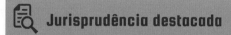
Jurisprudência destacada

Decidiu o STJ que a aposição de fotografia do acusado na denúncia viola normas constitucionais, como o direito à honra, à imagem e à dignidade da pessoa humana, sobretudo se já constar da ação penal a identificação civil e criminal do acusado (STJ, 6ª Turma, HC nº 88.448/DF, Min. Rel. Og Fernandes, j. 06.05.2010).

4.9.4 Classificação do crime

O acusado se defende de fatos e não de tipificação jurídica. O acusado não se defende do tipo penal, e nem poderia, pois essa é uma mera previsão em abstrato de fenômenos que ocorrem no mundo real. São sobre esses fatos do mundo real que vicejam as provas de acusação e defesa, os quais uma vez comprovados, são submetidos a um juízo de subsunção aos tipos penais.

Todavia, os fatos narrados na peça vestibular devem estar adequados à definição de algum tipo penal, pois, ao contrário, não haveria crime, e, muito menos, a necessidade de uma ação penal. Assim, exige-se que na peça acusatória seja realizada a definição jurídica do fato narrado, ou, em outras palavras, deve-se realizar a tipicidade do fato criminoso. Essa definição jurídica é a subsunção dos fatos narrados a algum artigo da lei penal, aduzindo na peça acusatória o artigo no qual subsumido os fatos, bem como o *nomen juris* do crime (caso exista essa previsão no tipo penal, por óbvio).

Não obstante, a subsunção equivocada do tipo penal não enseja inépcia da peça acusatória ou nulidade do processo, desde, claro, que o fato narrado na peça acusatória seja tipificado em algum tipo penal do nosso ordenamento jurídico. A esse respeito, deduz o CPP em seu art. 383 que o "juiz, **sem modificar a descrição do fato contida na denúncia ou queixa**, poderá atribuir-lhe **definição jurídica diversa**, ainda que, em consequência, tenha de aplicar pena mais grave" (grifos nossos). Ao que se denomina *emendatio libelli*.

Questiona-se sobre o momento correto de se realizar essa *emendatio libelli* pelo juiz. O STF entende que o magistrado não poderá alterar a classificação do delito descrito na peça acusatória quando de seu recebimento. Segundo o STF haveria aí violação da imparcialidade do magistrado e ofensa ao sistema acusatório, haja vista que o magistrado possui nesse momento os mesmos elementos que a acusação para realizar esse juízo. Destarte, **o momento para a realização do** *emendatio libelli* **é o da prolação da sentença**. Todavia, admite o mesmo Egrégio Tribunal excepcionalmente a *emendatio libelli* no momento do recebimento da denúncia/queixa, quando realizada ou para benefício do réu, a exemplo de se a nova tipificação permitisse benefícios como a suspensão condicional do processo, ou para se evitar nulidades, a exemplo de se realizar a correta fixação da competência ou do procedimento a ser adotado.

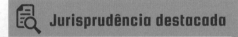

Jurisprudência destacada

O STJ, em 2015, decidiu, na mesma linha do STF, que é possível excepcionalmente a *emendatio libelli* no momento do recebimento da denúncia/queixa, desde que se trate de matéria de ordem pública, de enfrentamento necessário em qualquer fase processual, a exemplo da competência, inexistência de justa causa, trancamento da ação, transação penal, suspensão condicional do processo ou prescrição (STJ, *Info*. nº 553).

4.9.5 Rol de testemunhas

Na forma da redação do próprio CPP, o rol de testemunhas é elemento facultativo da denúncia ou queixa. Não obstante, entendia-se até certo tempo atrás que caso não apresentado o rol de testemunhas nesse momento haveria preclusão, não se podendo mais apresentar testemunhas de acusação, de modo que a acusação teria que ser feita apenas por outras provas (salvo a hipótese do art. 209 do CPP que permite ao juiz ouvir, de ofício, outras testemunhas além das indicadas pelas partes). Todavia, em 2015, no RHC nº 37.587/SC, o STJ, aplicando o princípio da cooperação estampado no CPC de 2015, entendeu ser perfeitamente **possível a emenda da petição acusatória para fazer incluir o rol de testemunhas**.

A quantidade de testemunhas que podem ser arroladas depende do procedimento a ser adotado, sendo: 8 (oito) no procedimento comum ordinário; 5 (cinco) no procedimento comum sumário; 8 (oito) na primeira fase do Júri; 5 (cinco) na segunda fase do Júri; 5 (cinco) no procedimento da Lei de Drogas; 3 (três) no procedimento sumaríssimo da Lei nº 9.099/1995; e 6 (seis) no processo penal militar.

4.9.6 Pedido de condenação

Nesse quesito basta que o autor da ação penal solicite simplesmente a condenação do acusado, sem necessidade de se pleitear ao magistrado que fosse aplicada tal ou qual pena. Por isso se diz que a exigência de pedido de condenação pode ser genérico. Como já mencionado, para uma corrente doutrinária majoritária o pedido de condenação está implicitamente contido na inicial acusatória, não necessitando sua menção expressa.

Nesse momento, deve-se inclusive realizar outros requerimentos que decorram da condenação do agente. Assim, deve-se nesse ponto pleitear o valor mínimo para reparação dos danos causados pela infração penal, ou o pedido de confisco alargado na forma da redação dada pela Lei nº 13.964/2019 (Pacote Anticrime) ao art. 91-A do CP, como se verá com mais vagar à frente.

De mais a mais, sendo o caso de inimputabilidade do agente e havendo provas suficientes sobre esse fato nos autos, pode o autor da ação penal formular o pedido de absolvição imprópria, a fim de que o juiz aplique a medida de segurança.

4.9.7 Endereçamento

É a indicação do órgão jurisdicional competente para o processamento e julgamento da peça acusatória. O erro no endereçamento não invalida a denúncia (STF, 2ª Turma, RHC nº 60.216/RO, j. 31.08.1982).

4.9.8 Nome e assinatura

A ausência da assinatura do autor da ação penal enseja a inexistência do ato. Para a doutrina, na ação penal privada, essa ausência de assinatura sempre ensejará a inexistência do ato. Todavia, conforme jurisprudência dos Tribunais Superiores, na ação penal pública, caso seja possível a identificação do membro do *Parquet* subscritor da acusação, a exemplo de oferecimento por esse de cota nos autos, ocorrerá mera irregularidade.

Lembrando-se que, no caso da ação penal privada, essa assinatura deve ser realizada por advogado munido de procuração com poderes especiais (salvo se o próprio querelante for advogado, caso em que possuirá capacidade postulatória).

Já decidiu o STJ no HC nº 84.397/DF, *DJ* 12.11.2004, que **as omissões na procuração da queixa-crime podem ser supridas até a prolação da sentença.**

4.9.9 Custas processuais

As custas processuais só são devidas as ações exclusivamente privada e privada personalíssima. Não haverá o pagamento de custas processuais na ação penal privada subsidiária da pública, pois esta, como já mencionado, a despeito de ser movida pelo particular ofendido não perde sua natureza de ação penal pública.

As custas processuais estão reguladas no art. 806 do CPP.

Quanto aos honorários advocatícios, é devida a fixação de seu pagamento tanto pelo querelado ao advogado do querelante quanto ao querelante ao advogado do querelado, a depender de quem saia **vencedor** da ação penal. Aplica-se às custas processuais e aos honorários advocatícios o princípio da causalidade.

4.10 DENÚNCIA OU QUEIXA-CRIME GENÉRICA E DENÚNCIA OU QUEIXA-CRIME ALTERNATIVA

A denúncia ou queixa deve ser sempre concisa, contendo apenas o necessário, acima discriminado, no desiderato de permitir o regular início do processo penal. A isso a doutrina denomina **concisão da denúncia ou queixa**.

A inicial acusatória não é espaço para se fazer referências a doutrinas e jurisprudências. O momento para essa maior exposição jurídica do caso em lide será o das alegações finais.

No entanto, essa concisão não pode ser lacônica, resumida ou sucinta ao ponto de não se permitir na peça **individualizar a autoria ou a participação de cada acusado**, ou, mesmo, sem a **narrativa clara, precisa e completa dos fatos criminosos** (exposição do fato). À peça vestibular com esses vícios se denomina **denúncia genérica** (ou queixa genérica), inadmitida no direito por violar o princípio da ampla defesa. Na denúncia genérica existe uma grave deficiência na imputação, seja em relação à individualização das condutas criminosas, seja em relação à narração dos fatos criminosos (exposição dos fatos); situação alcunhada pela doutrina de **criptoimputação**.

A denúncia genérica trata-se de inépcia (inaptidão) da peça acusatória, ensejando sua rejeição.

Essa **individualização das condutas dos autores e partícipes** se trata da questão de maiores questionamentos e debates nas jurisprudências acerca da **denúncia genérica**. É assente que essa individualização deve ser feita o tanto quanto possível. Situações como nos crimes societários (chamados crimes de gabinete) ou em crimes como uma rixa envolvendo milhares de torcedores em um campo de futebol, deve-se admitir a denúncia genérica, esperando-se que durante o processo, com provas mais robustas, o juiz possa se convencer com melhor propriedade da conduta de cada um dos envolvidos.

No tocante aos crimes societários, o Supremo já chegou a decidir pela admissão da denúncia, afastando a inépcia da peça vestibular, diante da mera ausência de indicação individualizada da conduta de cada indiciado. Admitiu o STF que nos crimes societários bastava a mera indicação de que os acusados de algum modo foram responsáveis pela condução da sociedade comercial sob a qual os delitos supostamente foram praticados (STF, 2ª Turma, HC nº 85.579/MA, *DJ* 24.06.2005).

Não obstante, têm os Tribunais Superiores, mais recentemente, afastado a possibilidade de denúncia genérica nos crimes societários. Os tribunais têm feito uma diferenciação entre a desnecessidade de pormenorizar e a ausência absoluta de vínculo do fato descrito com a pessoa do denunciado. Assim, nos crimes societários, nos quais a autoria nem sempre se mostra bem definida, haja vista o envolvimento de várias pessoas na condução da sociedade, é dever da acusação estabelecer, ao menos minimamente, a ligação de cada um dos envolvidos com o fato criminoso. O simples fato de ser sócio, gerente ou administrador da empresa não permite a instauração da persecução penal pelos crimes praticados no âmbito societário, se não se comprovar, ainda que mediante elementos a serem aprofundados no decorrer da ação penal, **a relação de causa e efeito entre as imputações e a função do denunciado na sociedade**. Isso sob pena de se acolher no direito brasileiro uma indevida responsabilidade penal objetiva. Por todos os diversos julgados nessa linha (STF, 2ª Turma, Inq. 3.644/AC, j. 09.09.2014).

Admitir a denúncia genérica seria admitir que o processo penal se iniciasse com uma imputação que não pode ser rebatida pelo acusado, em face da **indeterminação dos fatos que lhe foram atribuídos**.

Também não se admite a chamada **denúncia alternativa** (ou queixa alternativa). A denúncia ou queixa alternativa é aquela em que há alternância de imputação, ou seja, há pedidos alternativos. Por exemplo, imputa-se ao acusado o crime de roubo ou, assim não compreendendo o juiz, que lhe seja imputado o crime de furto. A denúncia alternativa (ou queixa alternativa) pode ser objetiva ou subjetiva. Objetiva quando a alternância da imputação se refere à dúvida sobre determinado fato criminoso. Subjetiva quando a alternância da imputação se refere à dúvida sobre a participação ou autoria.

A imputação alternativa é uma praxe no direito processual civil, onde se pode realizar, diante do princípio da eventualidade, pedidos alternativos. A mesma sorte não norteia o direito processual penal, onde a exposição dos fatos com o consequente pedido de condenação deles decorrentes deve ser certo, claro e completo.

Como já mencionado, o pedido de condenação, para a corrente majoritária, não se trata de requisito obrigatório da peça acusatória, pois se entende este estar implícito da exposição dos fatos criminosos. É no mesmo diapasão que a alternatividade da denúncia/queixa, que é rechaçada, se acha na alternância na exposição desses fatos, sem a necessária certeza da imputação, pouco importando que a mesma alternatividade se ache ou não também no pedido. A acusação que possibilita o exercício da ampla defesa e do contraditório no processo penal decorre da exposição dos fatos e não do pedido de condenação. Esse pedido de condenação no processo penal, como mencionado anteriormente, deve se resumir à simples menção à condenação, sem relacionar as penalidades que se pretende ver aplicada (pedido de condenação genérico).

4.11 PRAZO PARA OFERECIMENTO DA DENÚNCIA

O prazo para o oferecimento da denúncia varia conforme se ache o acusado preso ou solto. Estando o acusado preso, o prazo será de 5 (cinco) dias contados do dia em que o órgão do Ministério Público receber os autos do inquérito policial. Caso solto, o prazo será de 15 (quinze) dias.

É pacífico no STJ e no STF que os referidos prazos para o Ministério Público começam a contar da entrada dos autos (seja o inquérito, peças de informação ou representação do ofendido) na Promotoria de Justiça.

As consequências pelo descumprimento desses prazos também são diversas. Estando o acusado preso, o descumprimento do prazo implica a sua imediata soltura, bem como abre a oportunidade para o oferecimento da ação penal subsidiária da pública. Por sua vez, estando solto, esse prazo é impróprio, pois não acarreta sanções processuais, apenas permitindo o ensejo da ação penal privada subsidiária da pública. Em ambas as hipóteses, pode o Ministério Público oferecer a denúncia até que ocorra a prescrição.

O que de certa forma contraria a despeito da previsão do art. 41, IV, da Lei nº 8.625/1993 que preconiza a prerrogativa da intimação pessoal do membro do MP.

É deveras majoritário o entendimento de que esse prazo se trata de um prazo processual. Assim excluindo-se o dia do começo e incluindo-se o dia do final. Prorrogando-se o último dia do prazo, caso este se dê em feriado ou fim de semana (ou havendo motivo de força maior), até o próximo dia útil.

A despeito da regra geral do CPP, na legislação penal extravagante existem prazos diversos para o oferecimento da queixa-crime, vejamos:

- denúncia no Código Eleitoral: 10 dias;
- denúncia na Lei de Drogas: 10 dias;
- denúncia nos crimes contra a economia popular: 2 dias;
- denúncia nos crimes falimentares: 15 dias a contar da apresentação de relatório feito pelo administrador judicial, isso apenas se o acusado estiver solto. Caso o MP resolva apresentar a denúncia dispensando o relatório do administrador judicial, o prazo para a denúncia será o ordinário do CPP (15 dias réu solto, 5 dias réu preso).

Importante lembrarmos de que os prazos diferenciados trazidos com a lei de abuso de autoridade não foram repetidos pela nova Lei nº 13.869/2019. Diante disso, a nova lei de abuso de autoridade segue as regras ordinárias do ordenamento jurídico. Dessa sorte, os crimes nela previstos ou se sujeitará aos prazos do CPP ou, sendo de menor potencial ofensivo o delito, aos prazos da Lei dos Juizados Especiais Criminais.

4.12 PRAZO PARA O OFERECIMENTO DA QUEIXA-CRIME

Ao contrário da denúncia, cujos prazos acima mencionados estão delimitados apenas à prescrição do delito, na queixa-crime os prazos para seu oferecimento têm natureza decadencial, ensejando a extinção da punibilidade uma vez vencidos.

O prazo decadencial da queixa-crime, seja na ação exclusivamente privada, privada personalíssima ou privada subsidiária da pública será de 6 meses. Diferenciam-se, contudo, quanto ao seu início.

Em regra, esses prazos são **contados a partir do conhecimento da autoria do fato criminoso**. Em se tratando, todavia, de **ação penal subsidiária da pública**, o início da contagem ocorre **a partir do término do prazo do Ministério Público para o oferecimento da denúncia**. Não obstante essa regra geral, o ordenamento jurídico apresenta dois prazos de decadência especiais, vejamos.

O primeiro deles refere-se ao único crime existente ainda no nosso ordenamento jurídico de ação penal pública personalíssima. Trata-se do crime de **induzimento a erro essencial ou ocultação de impedimento do casamento**. Nesses crimes, o prazo decadencial **inicia-se a partir do trânsito em julgado da sentença que por motivo de erro essencial ou impedimento anulou o casamento**. Sendo a partir dessa data que se dá início ao prazo decadencial também de seis meses.

A segunda exceção trata dos **crimes contra a propriedade imaterial que deixam vestígios**, aos quais, segundo o art. 529 do CPP, deve-se oferecer a denúncia 30 dias a contar da homologação do laudo pericial sobre os vestígios. No entanto, esse prazo deve ser conciliado com o prazo de seis meses do art. 38 do CPP. Assim, entende-se que uma vez conhecido o infrator dá-se início ao prazo decadencial de seis meses, de modo que quando ficar pronto o laudo pericial a denúncia deve ser oferecida no prazo máximo de 30 dias. É, nas palavras de Nestor Távora e Rosmar Alencar (2010, p. 670), como se o prazo geral de seis meses fosse limitado pela homologação do laudo.

Existia, ainda, mais um prazo diferenciado no nosso ordenamento. Era a não recepcionada lei de imprensa. Essa previa o prazo de três meses para o oferecimento da queixa-crime a contar da transmissão ou da publicação. Contudo, com a ADPF nº 130, declarou-se essa não recepcionada em sua integralidade.

5 Ação civil *ex delicto*

5.1 CONCEITO

A ação *ex delicto* trata-se de uma ação civil, seguindo as normas do direito processual civil, cujo objetivo é obter uma indenização pelo dano causado pelo crime. O crime, como todo ato ilícito, obriga o causador do dano a sua reparação, seja ela na esfera patrimonial (dano material, tanto no espeque dos danos emergentes quanto dos lucros cessantes), seja moral.

A grande peculiaridade dessa ação civil funda-se em seu título executivo, perfeito na sentença penal condenatória.

5.2 SENTENÇA PENAL CONDENATÓRIA COMO TÍTULO EXECUTIVO

Como previsto no art. 63 do CPP, transitada em julgado a sentença penal condenatória, poderão promover-lhe a execução, no juízo cível, para o efeito da reparação do dano, o ofendido, seu representante legal ou seus herdeiros. No mesmo diapasão preconiza o Código Penal em seu art. 91, inciso I, que a obrigação de reparar o dano causado pelo delito é um dos efeitos da condenação. De igual modo, temos a previsão no art. 935 do Código Civil (CC), segundo o qual, não obstante ser a responsabilidade civil independente da penal, não se permite discutir ou questionar no juízo cível sobre a existência do fato, ou sobre quem seja seu autor, quando essas questões se acharem decididas no juízo criminal. Dessa forma, não se discutirá no juízo cível se a indenização é devida (*an debeatur*), mas apenas o quanto será devido (*quantum debeatur*).

Recrudescendo força às disposições citadas, o art. 515, VI, do Código de Processo Civil (CPC) outorga a natureza de título executivo judicial à sentença penal condenatória. Desse modo, pode-se entrar no juízo civil diretamente na fase de execução, procedendo-se no máximo à liquidação na execução para se aferir o quanto devido (*quantum debeatur*).

Deve-se atentar que a legitimidade para a propositura da ação civil *ex delicto* preconizado no art. 63 do CPP, como sendo do ofendido, seu representante legal, **ou seus herdeiros**, difere da sucessão na ação penal privada. Nesse espeque, o termo herdeiros alberga não só o cônjuge, ascendente, descendente ou irmão, mas sim todos os possíveis herdeiros existentes.

5.3 A FIXAÇÃO MÍNIMA DOS DANOS

Conforme a redação dada ao art. 63, parágrafo único, do CPP pela Lei n. 11.719/2008, transitada em julgada a sentença penal condenatória, a execução poderá ser efetuada pelo valor mínimo da reparação do dano fixado na referida sentença, sem prejuízo da liquidação para a apuração do dano efetivamente sofrido.

A inovação legislativa de 2008 traz a previsão da fixação, pelo juiz criminal, de um valor mínimo de indenização pelos danos causados pelo delito. Mitigou-se, assim, com a inovação legislativa, o sistema, até então adotado como regra geral no Brasil, da separação ou independência das instâncias cível e criminal. Segundo a doutrina, o Brasil passou a adotar o **sistema da confusão**, já que as pretensões cível e penal podem ser discutidas em ação única, no juízo criminal.

Nesse sentido, nada impede que depois, no juízo civil, diante de um conhecimento mais pormenorizado na fase de liquidação da execução, possa o ofendido, seu representante ou herdeiros pleitear a apuração mais real do valor dos danos efetivamente sofridos. Contudo, caso se aproveite do valor mínimo já fixado pelo juiz criminal na sentença penal condenatória, poderá obter uma execução mais célere no juízo cível, sem necessitar passar pela fase de liquidação.

Todavia, esse valor mínimo de indenização fixado na sentença penal condenatória pelo juiz criminal só poderá ocorrer se respeitadas duas situações. A primeira, refere se à obrigação de se oportunizar às partes a produção de provas a respeito da indenização, sob o princípio do contraditório. A segunda, diz respeito ao fato de que esse conhecimento do valor mínimo dos danos não pode tumultuar a instrução processual penal. É nesse viés que a doutrina assevera que só ocorrerá o **sistema da confusão** se o *quantum* indenizatório for de evidente aferição ou de complexidade mínima ou inexistente. Desta sorte, se a causa cível for tão ou mais complexa que a penal, o juiz criminal deverá remeter as partes à esfera cível (TÁVORA; ALENCAR, 2010, p. 183).

Diante da necessidade de se oportunizar o contraditório para essa fixação mínima dos danos, o magistrado só poderá fixar o valor mínimo da reparação do dano se houver pedido expresso nesse sentido na inicial acusatória. Não é em outro sentido o entendimento do STJ fixado no RE nº 1.286.810/RS, *in verbis*, "Para que seja fixado na sentença o valor mínimo para reparação dos danos causados à vítima, com base no art. 387, inciso IV, do Código Penal, deve haver pedido formal nesse sentido pelo ofendido, além de ser oportunizado a defesa pelo réu, sob pena de violação aos princípios da ampla defesa e do contraditório". No mesmo sentido o STF na Ação Penal nº 470.

A nova Lei de Abuso de Autoridade, Lei nº 13.869/2019, em seu art. 4º, inciso I, inclusive dispõe expressamente que a fixação mínima dos danos a ser fixada na sentença penal condenatória dependerá de **requerimento do ofendido**.

Malgrado a firme posição dos Tribunais Superiores, uma corrente minoritária da doutrina assevera que, diante da autorização legislativa de fixação mínima dos danos, estar-se-ia diante de um pedido implícito da acusação. Dessa forma, haveria a possibilidade de reconhecimento de ofício pelo juiz desse valor. Deve, segundo esse entendimento, a parte ré, defender-se de uma possível fixação do valor da indenização, independente de pedido da parte contrária. É o que a doutrina chama de **pedido *extra petita* autorizado**.

A doutrina alenta uma hipótese interessante em que essa execução do valor mínimo dos danos poderia ser feita no próprio juízo penal. Trata-se da situação em que o juiz penal fixa a indenização mínima e o réu tenha prestado fiança. Como se sabe, a fiança se presta, dentre outros motivos elencados na lei, à reparação dos danos à vítima. Diante disso, entende-se que excepcionalmente a execução poderia, nessa hipótese, ser feita na própria esfera penal, bastando ao ofendido requerer ao próprio juízo criminal o levantamento do valor da fiança para satisfação do seu direito (TÁVORA; ALENCAR, 2010, p. 185).

Sobre a aplicação dessa inovação legislativa de fixação mínima dos danos no juízo criminal no tempo, o STF na Revisão Criminal nº 5.437, em decisão do plenário, firmou entendimento de que se trata de norma penal mista, não podendo retroagir no tempo de modo a se aplicar aos fatos ocorridos antes de sua vigência.

5.3.1 Legitimidade para requerer o valor mínimo da indenização no juízo criminal

A legitimidade para requerer esse valor mínimo de indenização, se a ação penal for privada, será da vítima do delito, na condição de autor da ação penal.

Por outro lado, sendo a ação penal pública, a legitimidade continua a ser da vítima, devendo esta se habilitar nos autos como assistente da acusação para que possa formular requerimento nesse sentido. Excepcionalmente poderia o Ministério Público oferecer esse requerimento de fixação pelo juízo penal do valor mínimo da indenização. Isso ocorreria no caso de ser a vítima pobre e não haver Defensoria Pública estruturada no local.

Não obstante, existe entendimento, inclusive do STF (Ação Penal nº 470), segundo o qual o Ministério Público teria legitimidade, na ação penal pública, para esse pedido de fixação do valor mínimo da indenização em casos em que ocorresse prejuízo efetivo ao patrimônio público.

Salienta-se que esse pedido deve ser sempre feito na peça acusatória, não admitindo os Tribunais Superiores a formulação desse pedido apenas em alegações finais.

Havendo o pedido expresso na peça acusatória da ação penal pública de fixação do valor mínimo da reparação dos danos (feito pela vítima como assistente de acusação), a legitimidade do direito de recorrer pode variar conforme duas situações. Segundo a doutrina majoritária, se o magistrado deixa de reconhecê-la na sentença caberá a interposição de recurso de apelação tanto pela vítima quanto pelo Ministério Público. Em outro giro, caso o juiz reconheça o direito, mas o fixe em patamar que desagrade a parte, só a vítima poderá apelar, enquanto assistente de acusação, carecendo interesse ao Ministério Público, porquanto se trata de assunto meramente privado.

Decifrando a prova

(2021 – MPE-RS – Promotor de Justiça) De acordo com a legislação processual penal brasileira, assinale a alternativa correta.

A) A legitimidade ativa do Ministério Público, para o ajuizamento da ação civil *ex delicto*, depende de três fatores, quais sejam, que o titular do direito à reparação seja pessoa pobre, que ele requeira a atuação do Ministério Público e não haja Defensoria Pública na comarca onde a ação deverá ser ajuizada.

B) Faz coisa julgada no cível a sentença penal que reconhecer ter sido o ato praticado em estado de necessidade, em legítima defesa, em estrito cumprimento de dever legal ou em estado de violenta emoção.

C) Intentada a ação penal, o juiz da ação civil poderá suspender o curso desta, pelo prazo de um ano.

D) Transitada em julgado a sentença condenatória para a acusação, poderão promover-lhe a execução, no juízo cível, para o efeito da reparação do dano, o ofendido, seu representante legal ou seus herdeiros.

E) Nenhuma das alternativas anteriores está correta.

Gabarito comentado: para o ajuizamento da ação civil *ex delicto* pelo Ministério Público não se exige requerimento da pessoa pobre, bastando que essa seja pobre e não haja Defensoria Pública estruturada na região. Portanto, a letra E é o gabarito.

5.3.2 Previsão na legislação extravagante de fixação do valor mínimo dos danos

Três outros diplomas normativos trazem de igual modo a previsão de fixação mínima dos danos. São eles a Lei dos Crimes Ambientais, art. 20 da Lei nº 9.605/1998; a Lei de Abuso de Autoridade, art. 4º, I, da Lei nº 13.869/2019; e a Lei Maria da Penha, art. 9º, §§ 4º a 6º, da Lei nº 11.340/2006 com a redação dada pela Lei nº 13.871/2019.

A despeito dessas previsões legislativas, a fixação do valor mínimo dos danos já preconizadas no CPP já era capaz de determinar de igual modo essa situação. Contudo, a Lei Maria da Penha traz importantes previsões.

Preconiza a Lei Maria da Penha que

> Art. 9º (...)
>
> § 4º Aquele que, por ação ou omissão, causar lesão, violência física, sexual ou psicológica e dano moral ou patrimonial a mulher fica obrigado a ressarcir todos os danos causados, inclusive ao Sistema Único de Saúde (SUS), de acordo com a tabela do SUS, os custos relativos aos serviços de saúde prestados para o total tratamento das vítimas em situação de violência doméstica e familiar, recolhidos os recursos assim arrecadados ao Fundo de Saúde do ente federado responsável pelas unidades de saúde que prestarem os serviços.
>
> § 5º Os dispositivos de segurança destinados ao uso em caso de perigo iminente e disponibilizados para o monitoramento das vítimas de violência doméstica ou familiar amparadas por medidas protetivas terão seus custos ressarcidos pelo agressor.
>
> § 6º O ressarcimento de que tratam os §§ 4º e 5º deste artigo não poderá importar ônus de qualquer natureza ao patrimônio da mulher e dos seus dependentes, nem configurar atenuante ou ensejar possibilidade de substituição da pena aplicada.

Por fim, acentua a Lei que todo esse ressarcimento não poderá impor ônus de qualquer natureza ao patrimônio da mulher e dos seus dependentes, nem configurar atenuante ou ensejar possibilidade de substituição da pena aplicada.

5.4 AÇÃO DE CONHECIMENTO CÍVEL PARA REPARAÇÃO DOS DANOS

Como já mencionado, as esferas cível e penal são independentes. A despeito de a vítima poder se valer dos benefícios que o próprio processo penal pode trazer para a seara cível no escopo de uma maior facilidade na indenização dos danos, pode o ofendido na ação penal, ou seus representantes ou herdeiros, intentar diretamente a ação no Juízo Cível. Isso, em geral, pode ocorrer quando a vítima não queira esperar o trânsito em julgado do processo penal.

> **Decifrando a prova**
>
> **(2021 – CESPE/CEBRASPE – SEFAZ-CE – Auditor Fiscal Jurídico da Receita Estadual)** De acordo com a legislação processual penal brasileira, assinale a alternativa correta.
> Com a prisão em flagrante do autuado, foi instaurado inquérito pela Polícia Civil do Estado do Ceará para investigar crime de ação penal pública previsto no Código Penal e punido com pena de reclusão. A vítima reconheceu o preso, e este permaneceu calado. Concluídas as diligências, o delegado elaborou o relatório final.
> Considerando essa situação hipotética, julgue o item a seguir.
> A vítima poderá propor ação civil indenizatória em face do autuado antes do trânsito em julgado da ação penal, sem que haja violação do princípio da inocência.
> ( ) Certo ( ) Errado
> **Gabarito comentado:** as esferas cível e penal são independentes. Portanto, a assertiva está certa.

O art. 932 do CC traz um rol de responsáveis pela reparação civil dos danos, *in verbis*:

> **Art. 932.** São também responsáveis pela reparação civil:
>
> I – os pais, pelos filhos menores que estiverem sob sua autoridade e em sua companhia;
>
> II – o tutor e o curador, pelos pupilos e curatelados, que se acharem nas mesmas condições;
>
> III – o empregador ou comitente, por seus empregados, serviçais e prepostos, no exercício do trabalho que lhes competir, ou em razão dele;
>
> IV – os donos de hotéis, hospedarias, casas ou estabelecimentos onde se albergue por dinheiro, mesmo para fins de educação, pelos seus hóspedes, moradores e educandos;
>
> V – os que gratuitamente houverem participado nos produtos do crime, até a concorrente quantia.

Como se percebe, a responsabilidade civil *ex delicto* envolve não apenas o autor do delito, mas também os responsáveis civis, acima descritos no artigo. Isso se diferencia da responsabilidade penal, pois, em razão do princípio da intranscendência, a responsabilidade penal não pode passar da pessoa do criminoso.

O **responsável civil**, contudo, em razão dos princípios do contraditório, da ampla defesa e do devido processo legal, só poderá ser sujeito passivo, e responsabilizado pela indenização dos danos decorrentes do crime, **em uma ação de conhecimento civil**. Não se pode admitir a execução da sentença penal condenatória em seu prejuízo, haja vista que não foi parte no processo penal. Não pode o título executivo da sentença penal condenatória servir contra aquele que não figurou no polo passivo da demanda penal.

Nesse sentido, constata-se que almejando a vítima cobrar a indenização diretamente dos responsáveis civis do autor do delito, de nada adiantaria para ela esperar o trânsito em julgado da ação penal, pois esse título de nada valeria para se obter a responsabilização do responsável civil.

Ademais, prevalece o entendimento de que nem mesmo a prova da autoria e do fato criminoso vinculam o juízo civil na ação perante o responsável civil. Este, por não participar do processo penal, poderá arguir qualquer matéria de defesa durante a ação civil de conhecimento, inclusive rediscutir a autoria e a materialidade delitivas, ainda que elas já estejam assentadas na sentença penal condenatória transitada em julgado.

É nesse diapasão que a lei dos juizados especiais criminais, no desiderato de atender seus objetivos de conciliação e composição civil dos danos, traz em seus arts. 72 e 74 (Lei nº 9.099/1995) a previsão de notificação do responsável civil para comparecer à audiência preliminar, oportunidade em que poderá firmar acordo de composição civil dos danos, o que ensejará uma sentença homologatória, título executivo judicial que vinculará tal pessoa.

O art. 64, parágrafo único, do CPP, no escopo de evitar decisões contraditórias na esfera civil e penal, preconiza que o juiz da ação civil **poderá suspender o curso desta até o julgamento definitivo da ação penal**. No mesmo teor, o art. 315 do CPC dispõe que se o conhecimento do mérito depender de verificação da existência de fato delituoso, o juiz poderá determinar a suspensão do processo até que se pronuncie a justiça criminal. Não obstante, essa suspensão não poderá ser indefinida, na forma do § 2º do art. 315 do CPC, tramitando as ações civil e penal simultaneamente, a ação civil somente poderá ficar suspensa pelo prazo de até um ano.

Também o § 1º do mesmo artigo aduz que, se ainda a ação penal não tenha sido deflagrada, será possível a suspensão da ação civil, contudo, se a ação penal não for proposta no prazo de três meses, contado da intimação do ato de suspensão, cessará os efeitos desse, incumbindo ao juiz examinar incidentemente a questão prévia.

Como se deixa entrever da própria redação dos dispositivos, do termo "pode", essa suspensão da ação civil é **meramente facultativa**.

5.5 COMPETÊNCIA NA AÇÃO CIVIL *EX DELICTO*

O CPC traz regras distintas de competência para a ação de conhecimento e a ação de execução. Para a **ação de conhecimento** a previsão legislativa se encontra no art. 53, V, segundo o qual é competente o **foro do domicílio do autor ou do local do fato, para a ação de**

reparação de dano sofrido em razão de delito ou acidente de veículo, inclusive aeronave. Para a **ação de execução**, a previsão normativa se encontra no art. 516, parágrafo único, pelo qual o exequente poderá optar pelo juízo do atual domicílio do executado, pelo **juízo do local onde se encontrem os bens sujeitos à execução ou pelo juízo do local onde deva ser executada a obrigação de fazer ou de não fazer**, casos em que a remessa dos autos do processo será solicitada ao juízo de origem.

5.6 EXCLUDENTES DE ILICITUDE

Fazem coisa julgada no civil, além da prova de autoria e materialidade no processo penal, os casos de reconhecimento das excludentes de ilicitude do **estado de necessidade**, **legítima defesa**, **estrito cumprimento do dever legal** e **exercício regular de direito** (art. 65 do CPP).

A par dessas disposições CPP, o CC, em seu art. 188, recrudesce que não constitui ato ilícito (e desse modo não sujeito à indenização) os atos praticados em legítima defesa, no exercício regular de um direito reconhecido, a deterioração ou destruição da coisa alheia ou a lesão à pessoa a fim de remover perigo iminente.

Não obstante as previsões legais supracitadas, mister mencionar que referidas hipóteses não albergam: **a legítima defesa putativa**; o **erro na execução do crime** (*aberratio ictus*); **deterioração ou destruição de coisa alheia ou lesão a pessoa contra quem não foi o causador do perigo**; ou as **excludentes de culpabilidade**. Em todas essas hipóteses, caberá indenização pelo causador do ato, a despeito de o ato não ser considerado ilícito na esfera penal. Atenta-se para o fato de que na destruição, deterioração de coisa alheia ou lesão a pessoa para afastar perigo iminente **contra quem não foi o causador do perigo**, o agente que atuou em estado de necessidade e foi absolvido na justiça penal deverá indenizar, cabendo **ação regressiva** contra o causador do perigo para reaver aquilo que pagou.

Os candidatos a concursos públicos devem ficar atentos aos seguintes pontos importantes. Como já mencionado, as excludentes de ilicitude (com os devidos temperamentos acima descritos), a prova da inexistência do fato (provada a ausência de materialidade do delito) e a prova da inexistência de autoria (provado que o réu não concorreu para o fato criminoso) afastam a responsabilidade civil.

Mas, observa-se que apenas a prova desses fatos é que é apta a afastar a referida responsabilidade. A sentença penal que absolve o réu **por falta de prova** de materialidade ou de autoria (em razão do princípio do *in dubio pro reo* que só se aplica ao direito penal) não afasta a possibilidade de ação de conhecimento civil para fins de responsabilização do réu. De igual modo, a sentença penal absolutória fundada em prova de que o fato não constitui infração penal também não impede a ação civil de responsabilização civil. Pois, nesse último caso, embora o fato possa não ser um ilícito penal típico, poderá ser um ilícito civil indenizável, portanto.

As causas de extinção da punibilidade no direito penal também não impedem a responsabilidade civil. Nesse sentido, o STJ, no *Informativo* nº 666, decidiu que a decretação da prescrição da pretensão punitiva do Estado na ação penal não fulmina o interesse processual no exercício da pretensão indenizatória a ser deduzida no juízo cível pelo mesmo fato.

Nesse ponto, menciona o art. 200 do CC que quando a ação civil "se originar de fato que deva ser apurado no juízo criminal, não ocorrerá a prescrição antes da respectiva sentença definitiva". A partir do trânsito em julgado da sentença penal é que o prazo prescricional para a ação civil começa a correr. Nessa hipótese, a prescrição se opera consoante o prazo especificado no art. 206, § 3º, inciso V, do CC, em três anos.

Decifrando a prova

(2020 – CESPE – TJ/PA – Oficial de Justiça – Avaliador) Impede a propositura de ação civil indenizatória a decisão penal que
A) arquivar o inquérito policial.
B) julgar extinta a punibilidade do agente.
C) reconhecer a inexistência material do fato.
D) absolver o réu em razão de o fato imputado não constituir crime
E) absolver o réu em razão de não existir prova suficiente para sua condenação.
Gabarito comentado: a prova da (in)existência material do crime no juízo penal, dado a sua maior dilação probatória, faz coisa julgada no juízo civil. Portanto, a letra C é o gabarito.

5.7 A LEGITIMIDADE DA AÇÃO CIVIL *EX DELICTO* DE VÍTIMA POBRE

Na forma do art. 68 do CPP, se o titular do direito de reparação do dano for pobre, a execução da sentença penal condenatória ou a ação de conhecimento civil será promovida, a seu requerimento, pelo Ministério Público, que age como verdadeiro substituto processual.

Considera-se pobre aquele que não pode promover as despesas do processo, sem se privar dos recursos indispensáveis à sua manutenção ou de sua família, provando-se a pobreza pela simples declaração de próprio punho (art. 32, § 1º, do CPP).

O STF no RE nº 147.776/SP, instado a se manifestar sobre a constitucionalidade do art. 68 do CPP, no sentido de que referida previsão estaria em dissonância com as atribuições e vedações constitucionais do Ministério Público, declarou **a inconstitucionalidade progressiva** do dispositivo. Nesse sentido, o Ministério Público só tem legitimidade para o oferecimento da ação enquanto a Defensoria Pública não se estruturar adequadamente; caso isso venha a ocorrer, a legitimidade deixa de ser do Ministério Público, passando à Defensoria Pública, instituição constitucionalmente formatada para o exercício de funções desta natureza, nos termos do art. 134 da CF.

6   Jurisdição e competência

6.1   CONCEITO

A jurisdição e a competência, embora conceitos aparentemente próximos, não se confundem.

Por **jurisdição** entende-se o poder soberano do Estado de dizer o direito no caso concreto, desse modo, resolve o conflito em substituição à vontade das partes. **Competência**, por sua vez, é a medida da jurisdição, entendida como o espaço dentro do qual o poder jurisdicional pode ser exercido. Jurisdição todo juiz possui, mas competência não. Exemplificando o tema, imaginemos o STF e um Juiz de Direito de certa comarca. Embora ambos tenham jurisdição indistintamente, o STF tem competência sobre todo território nacional enquanto um Juiz de Direito tem competência apenas na comarca que exerce suas funções.

A jurisdição possui algumas importantes características que as definem, são elas:

- **Substitutividade:** a jurisdição atua substituindo a vontade das partes. Ela decide no lugar de ambas as partes impedindo a autotutela. É a substitutividade sem dúvida a principal característica da jurisdição, diferenciando-a de outros sucedâneos jurisdicionais.
- **Inércia:** trata-se do princípio *ne procedat judex ex officio*. Os órgãos jurisdicionais não podem agir por iniciativa própria, eles devem ser provocados por meio de petições e ações judiciais. A inércia é um importante basilar da jurisdição de modo a preservar a imparcialidade dos julgadores. Em situações excepcionais temos o descumprimento autorizado da inércia, como o caso do *habeas corpus ex officio* pelo magistrado.
- **Existência de lide:** lide é um conflito intersubjetivo de interesses caracterizado por uma pretensão resistida. Para que se possa haver jurisdição e a consequente substituição da vontade das partes é necessário que haja vontades opostas e conflitantes. Alguns doutrinadores modernamente têm afastado esse conflito de interesses da jurisdição penal. Segundo eles, diante da nova dimensão do Ministério Público de fiscal da lei, este deve perseguir não a condenação do réu, senão um provimento

justo, perseguindo, destarte, o mesmo interesse que a defesa da parte. Nesse espeque, para essa corrente doutrinária parece servir a jurisdição penal como um processo dialético para o fim de se chegar à verdade e à justiça e não para a solução de um conflito, segundo a definição de lide.
* **Aplicação do direito:** é o objetivo da substituição das partes. Na jurisdição se substitui a vontade das partes aplicando-se o direito a fim de promover a pacificação social.
* **Imutabilidade:** diferente dos demais poderes da República, o Poder Judiciário tem uma característica que é da essência para se garantir a pacificação social em uma sociedade. Essa é a definitividade de suas decisões, no sentido de se evitar discussões intermináveis e insegurança jurídica. A isso se dá o nome de imutabilidade de suas decisões, segundo as quais, uma vez transitadas em julgado (exaurido todas as vias recursais), não se cabe mais a discussão da justiça dessas. Essa imutabilidade apresenta raras exceções, como a revisão criminal.

6.2 PRINCÍPIOS DA JURISDIÇÃO

A jurisdição encontra-se ladeada de princípios que não só auxiliam sua melhor compreensão, haja vista a natureza normogenética dos princípios, como de igual modo balizam sua melhor aplicação. Assim, vejamos.

6.2.1 Investidura

O exercício da jurisdição dá-se por meio dos membros do Poder Judiciário. Nesse sentido, para exercê-las, devem estar devidamente investidos nessa função, consoante às regras do ordenamento jurídico. Essas regras regulam a investidura desses membros em geral pelas seguintes formas: por meio de concurso de provas e títulos; pelo quinto constitucional; e por indicação do poder executivo acompanhado de sabatina pelo poder legislativo para o caso dos membros dos Tribunais Superiores.

6.2.2 Indeclinabilidade

Trata-se da proibição da *non liquet*. Segundo o princípio, o juiz não pode deixar de julgar os casos que lhe forem apresentados. É segundo esse mesmo princípio que, diante da ausência em abstrato de uma norma para determinado fato, o juiz deve se valer das regras de integração do ordenamento jurídico.

6.2.3 Inevitabilidade e irrecusabilidade

Segundo o princípio, a jurisdição não se sujeita à vontade das partes. Essas são obrigadas a se sujeitarem a ela, havendo no ordenamento jurídico diversos mecanismos para esse desiderato, a exemplo: revelia, nomeação de defensor dativo para o réu que devidamente citado se negue a comparecer perante o processo e não nomeie defensor, condição coercitiva, mandados de prisão, dentre outros.

6.2.4 Improrrogabilidade

Não podem as partes escolher o juiz que bem lhes aprouver e, desse modo, se subtraírem a atuação do juiz natural.

6.2.5 Indelegabilidade

Decorrente do próprio princípio da investidura, não pode o juiz devidamente investido delegar a função jurisdicional a quem não a possua. Salienta-se que as cartas precatórias e de ordem são desdobramentos de funções a quem se acha investido de função jurisdicional, não implicando delegação de jurisdição, mas sim em **delegação de competência**.

6.2.6 Juiz natural

Entende-se por juiz natural, princípio e característica essencial para o exercício da jurisdição em um Estado Democrático de Direito, e dentro de um sistema acusatório, como o magistrado previamente designado, consoante às regras de competência do ordenamento jurídico, para o julgamento de determinado caso. O objetivo do princípio do juiz natural é evitar a designação de julgadores casuisticamente para determinado caso, escolhidos a dedo para julgar este ou aquele caso. Vislumbra garantir a imparcialidade do magistrado e das decisões judiciais. Visa evitar perseguições políticas usando-se da máquina do Estado e outros efeitos deletérios pelos detentores do poder. Tem previsão constitucional no art. 5º, LIII, da CF, "ninguém será processado nem sentenciado senão pela autoridade competente", e no seu inciso XXXVII, "não haverá juízo ou tribunal de exceção".

6.2.7 Inafastabilidade

Com previsão no art. 5º, XXXV, da CF, "a lei não excluirá da apreciação do Poder Judiciário lesão ou ameaça a direito". Difere, em essência, do princípio da indeclinabilidade ao passo que este é voltado ao magistrado e aquele ao legislador. Não pode o juiz deixar de julgar qualquer caso que se lhe apresente (indeclinabilidade), bem como não pode o legislador afastar casos por meio de lei da apreciação do Poder Judiciário (inafastabilidade), sob pena de ofensa de cláusula constitucional pétrea.

6.2.8 Devido processo legal

Na forma do art. 5º, LIV, da CF, "ninguém será privado da liberdade ou de seus bens sem o devido processo legal".

6.2.9 Unidade

Como se depreende do próprio conceito de jurisdição, esta é manifestação da soberania do país. Desse modo, ela é uma só pertencente a todo o Poder Judiciário. Desdobra-se apenas no tocante a sua aplicação na forma das regras de competência, que como visto é a medida da jurisdição a cada órgão jurisdicional, diferenciando-se, destarte, em sua aplicação e grau de especialização, podendo ser civil, federal, estadual, militar, eleitoral etc.

Para os candidatos a concursos públicos, é importante ter em mente as características e os princípios da Jurisdição. Isso ajudará não apenas nas provas objetivas, mas principalmente nas provas discursivas, em que quase sempre se acha espaço para complementar as respostas com fulcro neles.

6.3 COMPETÊNCIA

A competência é importante matéria para o processo penal. Como medida da jurisdição, distribui essa por todo território nacional, e isso tanto no aspecto espacial, quanto por especialização da matéria. As regras de competência permitem o regular exercício da jurisdição pelos magistrados e faz respeitar princípios como a imparcialidade, juiz natural e devido processo legal.

No processo penal, a competência pode ser absoluta ou relativa.

6.3.1 Competência absoluta

A competência absoluta tem como característica o fato de não permitir a prorrogação de competência, pois envolve um interesse público. Por sua natureza de interesse público na distribuição da jurisdição, pode ser arguida a qualquer tempo e em qualquer grau de jurisdição, e até mesmo de ofício. O desrespeito à competência absoluta, para a doutrina, enseja a nulidade absoluta do processo, tanto dos atos decisórios quanto instrutórios (veja a jurisprudência colacionada no quadro **Jurisprudência destacada**, a seguir).

Todos esses desdobramentos da competência absoluta têm sua razão em sua origem, que é, exatamente, o direito constitucional. As hipóteses de fixação da competência absoluta se acham todas dentro da Constituição.

É por esse mesmo motivo que todas essas regras são cogentes, imodificáveis pela vontade das partes. Por exemplo, uma autoridade com prerrogativa de foro não tem o poder de abrir mão desse foro e ser julgada pelo juízo singular.

Por seu cunho de norma constitucional, o prejuízo no desrespeito a uma regra de competência absoluta é sempre presumido. Seu desrespeito é inevitavelmente um atentado à Constituição.

Deve-se atentar para o fato de que a decisão de um juiz absolutamente incompetente não é considerada inexistente e sim dotada de nulidade absoluta. Com isso, essa decisão existirá e será válida até que sua nulidade seja declarada. Ou seja, a nulidade depende de um pronunciamento judicial para desconstituir a decisão. É nesse sentido que o STJ, no HC nº 18.078/RJ, *DJ* 24.06.2002, atribuiu plena eficácia à coisa julgada ainda que produzida em juízo absolutamente incompetente.

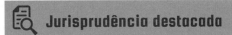

> A despeito do entendimento doutrinário de que na incompetência absoluta devem-se considerar nulos tanto os atos decisórios quanto instrutórios, a jurisprudência sempre teve um entendimento contrário. A jurisprudência entende que mesmo para os casos de incompetência absoluta no processo penal, somente os atos decisórios seriam anulados, sendo possível, por conseguinte, a ratificação dos atos não decisórios (STF, HC nº 71.278/PR, j. 31.10.1994).
>
> Esse entendimento do Pretório Excelso foi construído por analogia ao que ditava o art. 113, § 2º, do antigo CPC, praticamente repetido no art. 64, § 4º, do CPC de 2015, *in verbis*: "salvo decisão judicial em sentido contrário, conservar-se-ão os efeitos de decisão proferida pelo juízo incompetente, até que outra seja proferida, se for o caso, pelo juízo competente".
>
> Indo mais além, o STF, a partir do julgamento do HC nº 83.006/SP, *DJ* 29.08.2003, passou a admitir a possibilidade de ratificação pelo juízo competente inclusive quanto aos atos decisórios. Na dicção do STF, tanto a denúncia quanto o seu recebimento emanados de autoridades incompetentes *ratione materiae* são ratificáveis no juízo competente.
>
> No que tange ao oferecimento de nova denúncia perante o juízo competente, prevalece nos tribunais o entendimento de que não se faz necessário o oferecimento de nova peça acusatória pelo órgão do Ministério Público com atribuições para a demanda, bastando o *Parquet* ratificar a peça acusatória anteriormente oferecida, com eventual aditamento que se fizer necessário. Inclusive, nessa ratificação, não há necessidade de o Ministério Público competente reproduzir os termos da denúncia apresentada pelo Ministério Público incompetente, bastando que a eles se reporte (STF, HC nº 70.541/SP, *DJ* 18.03.1994).
>
> O STF entende que, em se tratando de órgãos do *Parquet* pertencentes ao mesmo Ministério Público e de mesmo grau funcional (por exemplo, Promotores de Justiça do mesmo Estado), sequer faz necessária a ratificação da peça acusatória, em virtude do princípio da unidade e da indivisibilidade do Ministério Público (STF, HC nº 85.137/MT, *DJ* 28.10.2005).
>
> O STF também entende que reconhecida a incompetência, caso não haja a ratificação da peça acusatória anteriormente oferecida, nem tampouco a apresentação de nova denúncia pelo órgão ministerial (salvo no caso do HC acima de se tratar de mesmo MP e no mesmo grau de jurisdição), ter-se-á a inexistência do processo, haja vista a ausência de demanda, verdadeiro pressuposto processual de existência da relação processual. Nas palavras do STF: "uma vez reconhecida a competência da justiça estadual para julgar o feito, cabia a ratificação da denúncia pelo Ministério Público local ou o oferecimento de nova peça, o que, no caso, não ocorreu. Não se pode acatar o argumento do acórdão impugnado no sentido de que houve ratificação implícita da peça acusatória. *Habeas corpus* deferido para anular o processo a partir da denúncia" (STF, HC nº 77.024/SC, *DJ* 21.08.1998).

Questão importante diz respeito à possibilidade de a denúncia recebida pelo juízo incompetente ter a capacidade de interromper o prazo prescricional. É tranquilo o posicionamento dos Tribunais Superiores no sentido de que o recebimento da denúncia ou da queixa por juízo absolutamente incompetente não tem o condão de interromper o curso do prazo prescricional, o que somente ocorrerá quando se der a ratificação da referida decisão pelo juízo competente, observada a compatibilidade procedimental (STF, HC nº 194.907/PE, j. 10.05.2011). Efetuado o recebimento por órgão jurisdicional absolutamente incompetente, o recebimento da denúncia é uma decisão nula e não pode gerar a consequência jurídica a que se refere o art. 117 do CP.

São três as situações de competência absoluta: **competência em razão da matéria**; **competência por prerrogativa de função**; **competência funcional**.

A **competência em razão da matéria**, conhecida como *ratione materiae*, é aquela que leva como razão de fixação da competência a natureza da infração a ser praticada, a matéria a ser julgada. É competência em razão da matéria a competência do Tribunal do Júri, a competência da Justiça Eleitoral; a competência da Justiça Militar, a competência da Justiça Federal.

A **competência por prerrogativa de função**, também denominada competência *ratione personae*, trata-se do chamado foro por prerrogativa de função (coloquialmente conhecido como foro privilegiado). Leva em consideração para a fixação da competência o cargo público ocupado por determinada pessoa que cometeu a infração penal.

A **competência funcional** é aquela estabelecida como forma de distribuição dos atos processuais. Ela se divide em três:

* **Por fase do processo:** é espécie de competência funcional onde dois juízes atuam em fases distintas do feito. Como exemplo, o juiz que instrui e sentencia a causa penal e aquele responsável pela fase de execução penal.
* **Por objeto do juízo:** espécie de competência funcional onde há distribuição de tarefas dentro de um mesmo processo. É o que ocorre no Tribunal do Júri, em que o juiz-presidente é responsável pelas questões de direito, ao passo que compete aos jurados a votação dos quesitos.
* **Por grau de jurisdição:** espécie de competência funcional que resulta do duplo grau de jurisdição, seja em razão do oferecimento dos recursos, seja em razão da competência originária dos tribunais.

6.3.2 Competência relativa

É competência que envolve prioritariamente o interesse particular das partes. Diante disso, permite a prorrogação da competência (situação em que um juiz inicialmente incompetente venha a se tornar competente) caso não seja arguida no tempo devido. Pelo mesmo fato de estar voltada para o interesse particular das partes, o seu desrespeito leva a **nulidade relativa, e esta apenas dos atos decisórios**. Não são nulos os atos instrutórios, os quais serão aproveitados no juízo competente. No processo penal os casos de incompetência relativa se dão em razão do local (*ratione loci*), competência territorial, destarte.

Para que haja a declaração de nulidade pela inobservância de uma regra de incompetência relativa deve-se comprovar o prejuízo. Diferentemente da incompetência absoluta, na incompetência relativa o prejuízo não é presumido.

Assim, para que seja declarada uma incompetência relativa exigem-se três requisitos concomitantemente: deve haver o **desrespeito a uma regra de competência territorial**; deve-se comprovar que esse desrespeito gera **prejuízo** a alguma das partes; e por fim deve ser **arguida em tempo oportuno** (*oportuno tempore*).

Malgrado o interesse particular que abarca a competência relativa, **no processo penal a incompetência relativa pode ser reconhecida de ofício pelo juiz**. Isso porque mesmo na incompetência relativa sempre haverá certa medida de algum interesse público (LIMA, 2019, p. 354). Não obstante, conforme a doutrina amplamente majoritária, o magistrado só poderá **declarar-se de ofício incompetente até a absolvição sumária**, ao passo que **a defesa deverá alegar a matéria até o prazo final de apresentação da resposta escrita à acusação**, que é de dez dias, sob pena de preclusão (rememora-se que preclusão é o padecimento da oportunidade de manifestação).

Importante se atentar que **a Súmula nº 33 do STJ**, que assevera que "a incompetência relativa não pode ser declarada de ofício", **só se aplica ao processo civil**, não tendo seu escopo sido redigido para o processo penal.

Por fim, tendo em vista que a incompetência relativa pode ser prorrogada, admitindo modificações, **a conexão e continência podem funcionar como critérios modificativos da competência relativa**, de modo a tornar competente para o caso concreto juiz que não seria sem elas.

6.4 FIXAÇÃO DA COMPETÊNCIA CRIMINAL

Diante das diversas competências da jurisdição, perante um fato delituoso deve-se perquirir qual será o juízo competente. Esse é um trabalho que passa por várias etapas, passando do geral para o particular, e, desse modo, concretizando gradativamente o poder de julgar (LIMA, 2019, p. 364).

Nesse sentido, deve-se inicialmente verificar se a infração penal é de competência da justiça brasileira. Posteriormente, analisando a natureza da infração penal, chegar-se-á à justiça competente para processar e julgar o feito (Justiça Militar, Justiça Eleitoral, Justiça do Trabalho, justiça política-crimes de responsabilidade, justiça comum federal e justiça estadual). Por fim, caso o acusado não faça jus ao julgamento por um órgão superior, observar-se-á a competência territorial, chegando-se, destarte, à vara, à câmara ou à turma competente.

O CPP traz no art. 69 critérios para a determinação da competência no processo penal comum, assim: lugar da infração; domicílio ou residência do réu; natureza da infração; distribuição; conexão ou continência; prevenção; prerrogativa de função.

6.5 TEORIA DO JUIZ APARENTE

Pode ocorrer, e é até comum, que todas as evidências de uma infração penal indiquem determinado juízo como o competente para o processamento de um delito e para a obtenção das provas cautelares.

Das evidências do crime que se têm no momento, realiza-se a análise do juízo competente para a autorização de realização das provas cautelares sujeitas à reserva de jurisdição. Ocorre, todavia, que, a despeito de todos os fatos e suas circunstâncias indicarem, de modo escorreito, uma determinada competência criminal, pode ocorrer de, durante o curso das investigações, serem obtidas novas provas (provas supervenientes) a demonstrar que, diante de circunstâncias do delito, até então desconhecidas, ou do envolvimento de pessoas com foro por prerrogativa de função, a competência absoluta do juízo seria outra.

É nessa situação que se aplica a **Teoria do Juiz Aparente**. Segundo ela, a produção de provas determinadas por juízo que se revele posteriormente incompetente **não será anulada** se, pelas **circunstâncias de fato existentes no momento de sua produção**, esse **juízo era aparentemente competente**.

Referida teoria se trata de um cotejo das regras de competência absoluta com os princípios da inafastabilidade de jurisdição e da responsabilidade penal. Se não fosse o referido princípio, muitos crimes ficariam sem solução diante da nulidade das provas colhidas mediante ordem de juiz incompetente. As regras de competência visam, além da distribuição da jurisdição, a imparcialidade do julgador. Na teoria do juiz aparente a imparcialidade está preservada.

Assim, como em um caso enfrentado pelo STF, se em um primeiro momento o crime é de tráfico de drogas de competência da Justiça Estadual, a ordem proferida por juiz estadual que permite a interceptação das comunicações telefônicas não será anulada e esta prova será tida como lícita, mesmo se com o transcorrer das investigações as circunstâncias fáticas se mostrem alteradas, evidenciando o caráter internacional desse crime, o que desloca o feito para a Justiça Federal – STF, *Informativo* nº 701 (ALVES, 2021, p. 317).

A Teoria do Juízo Aparente já foi por diversas vezes utilizada nas decisões do STF e do STJ.

O STJ, conforme consta no *Informativo* nº 612, decidiu que é legítima a obtenção de elementos relacionados à pessoa que detenha foro por prerrogativa de função por juiz que até aquele momento era competente para o processamento dos fatos. Assim, a homologação do acordo de delação premiada por juiz de primeiro grau de jurisdição que mencione autoridade com prerrogativa de foro no STJ não traduz em usurpação de competência desta Corte Superior. Na hipótese enfrentada pelo STJ, como as investigações até então se referiam a pessoa sem prerrogativa de foro e a informação de possível envolvimento de autoridade com prerrogativa de foro no STJ somente surgiu com a formalização do acordo de colaboração premiada, o juízo de primeiro grau de jurisdição era competente para sua homologação, não havendo, portanto, nulidade a ser declarada em relação ao ponto. Todavia, ocorrendo descoberta fortuita de indícios do envolvimento de pessoas com prerrogativa de foro, os autos devem ser encaminhados imediatamente ao foro prevalente, definido segundo o art. 78, III, do CPP, o qual é o único competente para resolver sobre a existência de conexão e continência e acerca da conveniência do desmembramento do processo.

(2021 – FUNDEP – Gestão de Concursos – MPE/MG – Promotor de Justiça Substituto)
Sobre jurisdição e competência, é CORRETO afirmar:

> A) O entendimento restritivo adotado pelo Supremo Tribunal Federal acerca do foro por prerrogativa de função não dispensa o Tribunal mais graduado de decidir sobre a própria competência, apreciando, ainda que em cognição não exauriente, o vínculo entre o crime praticado e o exercício das funções.
> B) No concurso entre a jurisdição comum e a militar, a separação dos processos é obrigatória, exceto nas hipóteses de conexão intersubjetiva.
> C) Havendo conexão entre crimes comuns e crimes eleitorais, a Justiça Eleitoral tem competência para processar e julgar apenas os últimos, sendo, portanto, hipótese de separação obrigatória de processos.
> D) A "Teoria do Juízo Aparente" foi desenvolvida para validar atos decisórios proferidos por juízo incompetente, não sendo aplicável às hipóteses de incompetência absoluta.
> **Gabarito comentado:** trata-se da aplicação do instituto denominado "Kompetenz Kompetenz", segundo o qual todo juiz tem competência para analisar sua própria competência. Portanto, a letra A é o gabarito.

6.6 COMPETÊNCIA TERRITORIAL

Como regra geral, a competência territorial é fixada pelo local da infração penal. Entende-se por local da infração, na forma do art. 70 do CPP, aquele em que ocorreu a consumação do delito ou, no caso de tentativa, o local em que foi praticado o último ato de execução. É a teoria do resultado no âmbito do processo penal.

Pode acontecer de ser **incerto o limite territorial** de duas ou mais jurisdições. Como na situação de um crime cometido na divisa de dois estados. Nessas hipóteses a competência firmar-se-á pela **prevenção** (art. 70, § 3º, do CPP). Por outro lado, se o local da infração for completamente desconhecido, a competência territorial será fixada pelo **domicílio do réu** (foro supletivo).

> ### Decifrando a prova
>
> **(2021 – CESPE/CEBRASPE – SERIS/AL – Agente Penitenciário)** Com relação ao processo penal brasileiro, julgue o item a seguir.
> Nos crimes praticados por funcionário público, a competência será, em regra, do local de residência do servidor.
> ( ) Certo ( ) Errado
> **Gabarito comentado:** a competência segue a regra geral do local da infração. Portanto, a assertiva está errada.

Nos casos de **crimes continuados ou permanentes**, praticados em território de mais de uma jurisdição, a competência também será firmada pelo critério da prevenção. Para Leonardo Barreto Alves (2021, p. 301), com razão, essas hipóteses de aplicação da prevenção diante de dúvida ou impossibilidade de se saber o local exato da infração, seriam a consagração no direito processual penal da **teoria da ubiquidade** ou mista ou eclética. Ou seja, considerar-se-ia o local da ação, ou omisso, e do resultado.

Nos **crimes à distância**, os quais a ação ou omissão ocorrem em um país e o resultado em outro, também há de se aplicar a teoria da ubiquidade, considerando-se praticado o crime no local onde ocorreu a ação ou omissão, no todo ou em parte, bem como onde se produziu ou deveria produzir o resultado. Nesses crimes, quando o último ato de execução for praticado fora do território nacional, será competente o juiz do lugar em que o crime, embora parcialmente, tenha produzido ou deveria produzir o resultado (art. 70, § 2º, do CPP).

Deve-se ter cuidado para não confundir o caso acima de crime à distância com crime plurilocal. Diferentemente dos crimes à distância, os crimes plurilocais ocorrem integralmente dentro do território nacional. A ação ou omissão dá-se em um local e o resultado em outro dentro do mesmo território nacional. Aos crimes plurilocais adota-se a regra geral de fixação da competência territorial que é a teoria do resultado.

Temos, ainda, mais uma situação no nosso ordenamento de aplicação do princípio da ubiquidade na competência territorial. Trata-se dos casos em que a lei penal brasileira permite a extraterritorialidade. O art. 7º do CP traz as situações previstas de aplicação da lei penal brasileira para crimes cometidos fora do território nacional. Casos em que será competente o juízo do local que tocar, o agente delitivo, por último o território nacional, pouco importando se é o local da ação ou da omissão ou do resultado.

 Jurisprudência destacada

No caso de importação da droga via correio, se o destinatário for conhecido porque consta seu endereço na correspondência, a Súmula nº 528/STJ deve ser flexibilizada para se fixar a competência no juízo do local de destino da droga, em favor da facilitação da fase investigativa, da busca da verdade e da duração razoável do processo.

Importação da droga via postal (Correios) configura tráfico transnacional de drogas (art. 33 c/c art. 40, I, da Lei nº 11.343/2006). A competência para julgar esse delito será do local onde a droga foi apreendida ou do local de destino da droga?

• Entendimento anterior do STJ: local de apreensão da droga.

Essa posição estava manifestada na Súmula nº 528 do STJ, aprovada em 13.05.2015:

Súmula nº 528-STJ: Compete ao juiz federal do local da apreensão da droga remetida do exterior pela via postal processar e julgar o crime de tráfico internacional.

• Entendimento atual do STJ: local de destino da droga.

Na hipótese de importação da droga via correio cumulada com o conhecimento do destinatário por meio do endereço aposto na correspondência, a Súmula nº 528/STJ deve ser flexibilizada para se fixar a competência no juízo do local de destino da droga, em favor da facilitação da fase investigativa, da busca da verdade e da duração razoável do processo (STJ, 3ª Seção, CC nº 177.882/PR, Rel. Min. Joel Ilan Paciornik, j. 26.05.2021, *Info.* nº 698).

Observação: Com força no julgado acima a própria Súmula nº 528 do STJ foi cancelada em 23.02.2022. Segundo o relator, Ministro Sebastião Reis Júnior, o cancelamento se justifica porque, após a aprovação da Súmula – em 2015 –, várias decisões do STJ adotaram entendimento em sentido contrário, e "mais prático".

Ele mencionou o Conflito de Competência nº 177.882, no qual se flexibilizou o enunciado sumular para estabelecer a competência do juízo do local de destino do entorpecente, proporcionando maior eficiência na colheita de provas e o exercício da defesa de forma mais ampla.

Por fim, muita atenção deve-se ter para o regramento especial do art. 63 da Lei nº 9.099/1995. Nas **infrações penais de menor potencial ofensivo** a competência territorial é firmada pela **teoria da atividade, ao contrário da regra do CPP** que é a **teoria do resultado**. Assim, será competente o juiz do local da ação ou omissão. A Lei nº 9.099/1995 possui um texto bastante confuso sobre esse regramento. Ela não fala da teoria da atividade ou do local da ação ou omissão. Ela fala que a competência para o julgamento será o local onde foi **praticada a infração**. Diante das divergências que surgiram dessa expressão, local da infração, majoritariamente se entende que ela está a se referir à teoria da atividade.

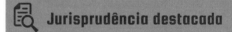

No crime de estelionato praticado mediante a falsificação de cheque, a fixação da competência será a do local da obtenção da vantagem ilícita (STJ, Súmula nº 48).

Nos crimes de contrabando e descaminho, o juízo competente é definido pela prevenção do Juízo Federal do lugar da apreensão dos bens (STJ, Súmula nº 151).

Importante atentar para a superação de antigo e sedimentado entendimento dos Tribunais Superiores acerca dos crimes de estelionato. Como decidido reiteradamente pelo STJ, nos crimes de estelionato em que se induz a vítima a depositar determinada quantia na conta do estelionatário (por exemplo, quando o estelionatário liga para a vítima e fala, falsamente, que está com um familiar seu e pede em troca o depósito de determinada quantia para sua liberação), o local do resultado que era considerado para a fixação da competência territorial era o da agência bancária em que o estelionatário recebeu o proveito do crime (e não o da agência da vítima) (*Informativos* nºs 565 e 663 do STJ). Todavia, com a Lei nº 14.155/2021, que entrou em vigor em 28.05.2021 e acrescentou o § 4º ao art. 70 do CPP, o qual dispõe que:

> § 4º Nos crimes previstos no art. 171 do Decreto-lei nº 2.848, de 7 de dezembro de 1940 (Código Penal), **quando praticados mediante depósito, mediante emissão de cheques sem suficiente provisão de fundos em poder do sacado ou com o pagamento frustrado ou mediante transferência de valores, a competência será definida pelo local do domicílio da vítima, e, em caso de pluralidade de vítimas, a competência firmar-se-á pela prevenção.** (Grifo nosso)

Como se trata de lei processual, esta deve ser aplicada de imediato, ainda que os fatos tenham sido anteriores, notadamente quando o processo ainda estiver em fase de inquérito policial, razão pela qual a competência no caso é do Juízo do domicílio da vítima.

Entende-se também superadas as Súmulas nº 521 do STF e nº 244 do STJ, que preconizavam que nos crimes de estelionato praticados mediante a emissão de cheque sem fundo, o juízo competente era o do local onde houvesse a recusa do pagamento do cheque. Com a inovação legislativa, a competência fixa-se pelo domicílio da vítima.

Jurisprudência destacada

O novo § 4º do art. 70 do CPP, que trata sobre a competência para julgar o crime de estelionato, aplica-se imediatamente aos inquéritos policiais que estavam em curso quando entrou em vigor a Lei nº 14.155/2021 (STJ, 3ª Seção, CC nº 180.832/RJ, Rel. Min. Laurita Vaz, j. 25.08.2021, *Info.* nº 706).

Decifrando a prova

(2021 – FCC – DPE/AM – Defensor Público) Roberta, residente na cidade de Maceió, estava em férias em Brasília e através de um amigo em comum conheceu Rubens, também a passeio na capital federal. Após conversarem, Rubens mostrou diversas fotos de um automóvel seu que estaria a venda, convencendo Roberta a adquiri-lo em 15.09.2018. Após a concretização do negócio, Roberta, em 25.09.2018 e já em Maceió, realizou o depósito bancário no valor de R$ 30 mil reais na conta de Rubens, domiciliado em São Paulo, mesmo local de sua agência bancária. Após a confirmação do pagamento e efetuado o saque na mesma data do depósito, Rubens indicou a concessionária onde o veículo se encontrava, na cidade de Santo André/SP, para onde a vítima se locomoveu em 30.09.2018 e percebeu se tratar de um golpe, não havendo nenhum veículo ou pessoa no local. Roberta registrou o boletim de ocorrência em Santo André, estando os autos ainda em fase investigativa. No caso relatado, em caso de denúncia criminal por estelionato em desfavor de Rubens, a competência será da Comarca de

A) São Paulo.
B) Maceió.
C) Santo André.
D) Brasília.
E) São Paulo ou Santo André, definido pela prevenção.

Gabarito comentado: o novo § 4º do art. 70 do CPP, com a redação dada pela Lei nº 14.155/2021, define a competência do domicílio da vítima para julgar os crimes de estelionato. Portanto, a letra B é o gabarito.

Pode ocorrer de na competência territorial **não se ter conhecimento do local da consumação do crime**. Para essa situação o CPP prevê em seu art. 72 uma **regra supletiva**, chamada de **foro supletivo**. Segundo o artigo do CPP, não se tendo conhecimento do local da consumação do crime será considerado o juízo do **local do domicílio ou residência do réu**. Se por acaso o réu tiver mais de um domicílio ou residência, a competência será firmada pela prevenção. Se o réu tiver residência incerta, ou ignorado o seu paradeiro, será competente o juiz que primeiro tiver conhecimento do fato criminoso. Observa-se que o CPP não adota a teoria da ubiquidade ou da atividade como foro supletivo, mas sim o local de domicílio ou residência do réu, o que nada tem a ver com a ação, omissão, ou resultado do crime.

Decifrando a prova

(2021 – MPM – Promotor de Justiça Militar – Adaptada) Assinale a opção correta. A competência do foro supletivo ou subsidiário se verifica, com base no CPP:
A) por prevenção.
B) por competência do lugar do serviço como regra específica para o militar.
C) quando não se tem certeza do lugar onde a infração se consumou, aplica-se a regra do domicílio ou residência do acusado.
D) quando a infração, iniciada em um local, consuma-se em outra jurisdição.
Gabarito comentado: de acordo com o art. 72 do CPP, a letra C é o gabarito.

Importante ainda ater-se à regra do art. 73 do CPP. Na **ação penal exclusivamente privada e privada personalíssima**, preconiza o dispositivo que **mesmo que conhecido o local da infração pode o querelante optar pelo foro do domicílio ou residência do réu**. Atenta-se que a regra não se aplica à ação privada subsidiária da pública, que segue as regras ordinárias de competência do CPP, haja vista sua natureza apenas acidentalmente privada, guardado todos os demais aspectos da ação penal pública no que tange ao seu processamento.

Decifrando a prova

(2021 – IDECAN – PEFOCE – Perito Legista – Farmácia) Luciano, nascido em Fortaleza-CE, mas residente em Sobral-CE, foi vítima de delito de injúria praticado por José. O delito foi cometido em Maceió-AL, sendo certo que José é natural de Natal-RN, mas reside em João Pessoa-PB. Nessa hipótese, assinale a alternativa correta.
A) A queixa-crime deve ser oferecida exclusivamente em Maceió-AL.
B) A queixa-crime poderá ser oferecida em Maceió-AL ou em João Pessoa-PB.
C) A queixa-crime deve ser oferecida exclusivamente em Sobral-CE.
D) A queixa-crime poderá ser oferecida em Sobral-CE ou João Pessoa-PB.
E) A queixa-crime poderá ser oferecida em Fortaleza-CE ou Natal-RN.
Gabarito comentado: o crime de injúria segue a regra geral do foro do local da infração. Portanto, a letra B é o gabarito.

Havendo **conexão ou continência** de crimes cometidos em locais distintos, o critério territorial seguirá a seguinte ordem para se fixar o foro prevalente: crimes conexos/continentes (concurso de crimes) nessa sequência: 1) local do crime com pena mais grave; 2) local do maior número de crimes; 3) prevenção.

6.7 COMPETÊNCIA EM RAZÃO DA MATÉRIA (ART. 74 DO CPP)

6.7.1 Competência do Tribunal do Júri

Hipótese de competência constitucional e cláusula pétrea, constante do art. 5º, XXXVIII, da CF, a competência do Tribunal do Júri envolve o julgamento dos **crimes dolosos contra a vida**. Observa-se que os crimes dolosos contra a vida não se trata apenas do homicídio, mas de outros crimes contra a vida com resultado doloso morte. **Assim, são de competência do Tribunal do Júri os crimes dos arts. 121 a 127 do CP, consumados ou tentados**. Outros crimes com resultado morte, ainda que dolosos, mas que não se acham dentro capítulo dos crimes contra a vida do CP, a exemplo do latrocínio, não são de competência do Tribunal do Júri.

Salienta-se que essa **competência prevista na CF do Tribunal do Júri** para julgar os crimes dolosos contra a vida, na forma da própria redação da CF, é uma **competência mínima**. Ou seja, lei ordinária pode estender ao Tribunal do Júri outros crimes. Todavia, nem uma emenda constitucional pode retirar da competência do Tribunal do Júri o julgamento dos crimes dolosos contra a vida, dada sua natureza de cláusula pétrea.

Contudo, embora não exista uma lei ordinária prevendo a competência do Tribunal do Júri para outros crimes, existe uma possibilidade de o Tribunal do Júri julgar crimes que não dolosos contra a vida. É a hipótese de conexão e continência prevista no art. 78, I, do CPP. Nessas hipóteses, o Tribunal do Júri também terá competência para o julgamento dos crimes conexos e continentes aos crimes dolosos contra a vida (sobre conexão e continência remete-se o leitor ao tópico próprio mais à frente).

Uma outra possibilidade de o Tribunal do Júri vir a julgar um crime que não o doloso contra a vida se refere à desclassificação desse crime feita pelo conselho de sentença. Se durante o plenário do conselho de sentença este entender que o crime não é um crime doloso contra a vida, o julgamento desse delito ora desclassificado será afeto ao juiz-presidente do Júri, bem como o julgamento dos crimes conexos e continentes que ali estavam. Isso ocorre na forma dos arts. 74, § 3º, e 492, § 1º, do CPP, por razões de economia processual eleitas pelo legislador ordinário. Todavia, se essa desclassificação é feita em outro momento (fase de pronúncia), os autos serão remetidos ao juízo originalmente competente (sobre desclassificação analisaremos mais à frente).

 Jurisprudência destacada

O STF entende que o homicídio cometido por motorista embriagado na direção de veículo automotor configura dolo eventual, de competência, destarte, do Tribunal do Júri (STF, *Info*. nº 904).

6.7.2 Competência da Justiça Eleitoral

A Justiça Eleitoral, na forma dos arts. 118 a 121 da CF, tem competência para o julgamento dos crimes eleitorais. O plenário do STF em 2019, no Inq. nº 4.435, decidiu que compete à Justiça Eleitoral o julgamento dos crimes comuns que forem conexos ou continentes com os crimes eleitorais, como o crime de falsidade ideológica eleitoral (conhecido caixa dois eleitoral tipificado no art. 350 do Código Eleitoral) praticado em conexão com corrupção, lavagem de dinheiro e organização criminosa. A Corte deixou assentado ainda que compete à Justiça Eleitoral analisar, caso a caso, a existência de conexão e continência de delitos comuns conexos com os delitos eleitorais e, em não havendo, remeter os casos à Justiça Competente.

Todavia, sempre quando houver dois ou mais crimes sendo que cada um deles possua previsão de competência firmada na Constituição Federal, não poderá haver a junção dos processos para julgamento decorrente de conexão e continência. Nesses casos, haverá a disjunção dos processos. Exemplo disso é o caso de conexão entre um crime eleitoral e um crime doloso contra a vida. Nessa hipótese, compete à Justiça Eleitoral julgar o crime eleitoral e ao Tribunal do Júri julgar o crime de homicídio.

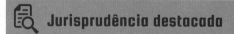

Jurisprudência destacada

O STJ decidiu que compete à Justiça Federal, e não à Justiça Eleitoral, processar e julgar o crime caracterizado pela destruição de título eleitoral, quando não houver qualquer vinculação com pleitos eleitorais e o intuito for, tão somente, impedir a identificação pessoal (*Info*. nº 555).

A Justiça Eleitoral é competente para processar e julgar os crimes eleitorais e os comuns que lhe forem conexos (STF, Plenário, Inq. nº 4.435, AgR-quarto/DF, Rel. Min. Marco Aurélio, j. 13 e 14.03.2019, *Info*. nº 933) (STJ, 5ª Turma, HC nº 612.636/RS, Rel. Min. Jesuíno Rissato – Desembargador convocado do TJDFT–, Rel. Acd. Min. Ribeiro Dantas, j. 05.10.2021, *Info*. nº 713).

A Justiça Eleitoral é competente para processar e julgar crime comum conexo com crime eleitoral, ainda que haja o reconhecimento da prescrição da pretensão punitiva do delito eleitoral.

Mesmo operada a prescrição quanto ao crime eleitoral, subsiste a competência da Justiça Eleitoral. Trata-se de aplicação lógica do disposto no art. 81 do CPP (STF, 2ª Turma, RHC nº 177.243/MG, Rel. Min. Gilmar Mendes, j. 29.06.2021, *Info*. nº 1.024).

6.7.3 Competência da Justiça Militar

Conforme apregoa o art. 125, §§ 3º a 5º, da CF, compete à Justiça Militar estadual processar e julgar os militares dos Estados nos crimes militares definidos em lei e as ações judiciais contra atos disciplinares militares. Ressalva-se, contudo, a competência do Tribunal do Júri quando a vítima for civil, cabendo ao tribunal competente decidir sobre a perda do posto e da patente dos oficiais e da graduação das praças.

Compete ao Juiz de Direito do juízo militar processar e julgar **singularmente** os crimes cometidos por militares **contra civis**, assim como as ações judiciais contra atos disciplinares militares.

Lei estadual poderá criar, mediante proposta do Tribunal de Justiça do Estado, a Justiça Militar estadual, que é constituída, em primeiro grau, pelos Juízes de Direito e pelos Conselhos de Justiça (grupo de oficiais da respectiva instituição que julgam ao lado do Juiz de Direito) e, em segundo grau, pelo próprio Tribunal de Justiça, ou por Tribunal de Justiça Militar nos Estados em que o efetivo militar seja superior a 20 mil integrantes.

Nosso ordenamento jurídico adotou para a definição de crime militar o critério *ratione legis*. Nesse diapasão, são crimes militares em tempo de paz os previstos no art. 9º do Código Penal Militar (CPM), e em tempo de guerra os previstos no art. 10 do mesmo diploma.

Quanto a essa competência da Justiça Militar prevista no art. 9º do CPM, importantes alterações foram trazidas pela Lei nº 13.491/2017.

Até o advento da referida legislação, os crimes que não estivessem previstos nos tipos penais do CPM eram considerados crimes comuns de competência da Justiça ordinária. Com a inovação legislativa, todos os crimes previstos na legislação penal, ainda que não previstos no CPM, mas praticados nas situações descritas no art. 9º do CPM, passaram a ser de competência da Justiça Militar.

Trouxe ainda a previsão de que os **crimes dolosos contra a vida** cometidos por militares das **forças armadas contra civil** serão de competência da **Justiça Militar da União**, se praticados no contexto do art. 9º. Malgrado, no que tange aos crimes dolosos contra a vida perpetrados por militares estaduais (policiais militares e bombeiros militares), ainda que no contexto do art. 9º, serão de competência do Tribunal do Júri. Essa diferenciação se justifica por motivos políticos, fomentados na ocasião em que o Exército Brasileiro realizava operações nos morros do Rio de Janeiro em decorrência das Olimpíadas e da Copa do Mundo, não havendo razões científicas para essa diferenciação com as Polícias Militares.

Com efeito, as inovações legislativas atendem aos pilares da hierarquia e disciplina que estruturam qualquer ordem militar. Na Justiça Militar, os subordinados são, ao lado do Juiz de Direito togado, julgados por outros quatro oficiais que são seus superiores. Os crimes praticados por militares em serviço envolvem, além da infração penal, outras vicissitudes relacionadas à hierarquia e disciplina. Assim, como o descumprimento de ordens durante a missão, à natureza dos serviços militares com fulcro na cadeia de comando no enfrentamento da criminalidade, dentre outras questões que ao serem também julgadas por seus superiores fomentam a higidez da estrutura militar no pronto acatamento de ordens e correição de atitudes.

A Lei nº 13.491/2017 é norma eminentemente processual de modo a ter aplicação imediata para os inquéritos policiais e as ações penais em andamento.

No tocante à **competência territorial da Justiça Militar Estadual,** ela é estipulada pelo **local em que o militar estadual exerce as suas funções**, pouco importando o Estado-membro onde houve a consumação do delito. Por exemplo, se um policial militar da Polícia Militar do Distrito Federal comete um crime militar em São Paulo ele será julgado no Justiça Militar do Distrito Federal e não na de São Paulo. Nesse teor, inclusive é a Súmula nº 78 do

STJ: "Compete à Justiça Militar processar e julgar policial de corporação estadual, ainda que o delito tenha sido praticado em outra unidade federativa".

Havendo conexão ou continência entre crime militar e crime comum, haverá disjunção do feito, cada justiça julgando o respectivo crime (Súmula nº 90 do STJ).

No tocante aos crimes militares federais existem hipóteses em que civis podem vir a cometer crime militar e serem julgados pela justiça castrense, fato que não ocorre na justiça militar estadual. Nesse sentido, a Súmula nº 53 do STJ: "Compete à Justiça Comum Estadual processar e julgar civil acusado de prática de crime contra instituições militares estaduais".

Até a Lei nº 9.299/1996, havia previsão no art. 9º, inciso II, *f*, do CPM no sentido de ser da competência da Justiça Militar o crime praticado por militar, com arma da corporação, mesmo fora de serviço. Referida lei revogou o dispositivo diante da primazia dos interesses em questão, haja vista o simples fato de um crime ter sido cometido com arma da corporação não seria capaz de afetar os interesses da justiça castrense e os princípios da hierarquia e disciplina.

> **Jurisprudência destacada**
>
> A Súmula nº 192 do STJ dispõe que "Compete ao Juízo das Execuções Penais do Estado a execução das penas impostas a sentenciados pela Justiça Federal, Militar ou Eleitoral, quando recolhidos a estabelecimentos sujeitos à administração estadual".
>
> No *Informativo* nº 626, o STJ, no mesmo diapasão, firmou que "com fundamento no teor da Súmula nº 192, compete à justiça estadual a execução de medida de segurança imposta a militar licenciado".

6.7.4 Competência da Justiça Federal

A competência da Justiça Federal vem expressamente elencada na Constituição. Tudo o que não for de competência da Justiça Federal (ou da Justiça Eleitoral ou Militar) será de competência da Justiça Estadual. É por isso que se diz que a **competência da Justiça Federal é expressa e taxativa** e a **competência da Justiça Estadual sempre residual**.

Cumpre salientar que não existe hierarquia entre a Justiça Federal e a Justiça Estadual, ambas fazem parte do que se denomina Justiça Comum. Todavia, entende-se que a Justiça Federal seria uma Justiça **especial** em relação à Justiça Estadual. E é nesse sentido que a Súmula nº 122 do STJ preconiza que havendo **conexão ou continência entre crime de competência da Justiça Federal e crime de competência da Justiça Estadual**, prevalece a competência da Justiça Federal.

A competência da Justiça Federal está prevista no art. 109 da CF. Compete a ela, dessa forma, o julgamento:

- dos **crimes políticos**;

- das infrações penais praticadas em detrimento de **bens, serviços ou interesses da União, bem como suas autarquias ou empresas públicas**, excluídas as contravenções penais e a competência da Justiça Militar e Eleitoral;
- dos crimes previstos em tratado ou convenção internacional, quando iniciada a execução no país, o resultado tenha ou devesse ter ocorrido no estrangeiro, ou reciprocamente;
- das causas relativas a direitos humanos com a finalidade de assegurar o cumprimento de obrigações decorrentes de tratados internacionais de direitos humanos dos quais o Brasil seja parte;
- dos crimes contra a **organização do trabalho**;
- dos casos determinados por lei, os crimes contra o sistema financeiro e a ordem econômico-financeira;
- do *habeas corpus*, em matéria criminal de sua competência ou quando o constrangimento provier de autoridade cujos atos não estejam diretamente sujeitos a outra jurisdição;
- dos crimes cometidos a bordo de navios ou aeronaves, ressalvada a competência da Justiça Militar;
- dos crimes de ingresso ou permanência irregular de estrangeiro;
- da execução de carta rogatória, após o *exequatur*, e de sentença estrangeira, após a homologação;
- das causas referentes à nacionalidade, inclusive a respectiva opção, e à naturalização;
- da disputa sobre direitos indígenas.

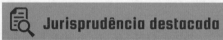

Jurisprudência destacada

Como descrito nos itens acima, todos preconizados nos incisos do art. 109 da CF, a Justiça Federal, em nenhuma hipótese, julga contravenção penal. Nesse teor recrudesce a Súmula nº 38 do STJ, *in verbis*: "Compete à Justiça Estadual Comum, na vigência da Constituição de 1988, o processo por contravenção penal, ainda que praticada em detrimento de bens, serviços ou direitos da União ou de suas entidades".

No *Informativo* nº 511, o STJ, no mesmo espeque, decidiu que é da competência da Justiça Estadual o julgamento de contravenções penais, mesmo que conexas com delitos de competência da Justiça Federal.

Questão muito cobrada em concursos públicos refere-se à competência em relação aos crimes cometidos em desfavor do Banco do Brasil e da Caixa Econômica Federal. Isso para tentar confundir o candidato. Deve-se observar que o Banco do Brasil é uma sociedade de economia mista, ao passo que a Caixa Economia Federal é uma empresa pública. Nesse sentido, apenas a Caixa Econômica Federal se submete à competência penal da Justiça Federal.

Jurisprudência destacada

Compete à Justiça Federal processar e julgar o crime de esbulho possessório de imóvel vinculado ao Programa Minha Casa Minha Vida.

A Caixa Econômica Federal, enquanto credora fiduciária e, portanto, possuidora indireta, não é a vítima do referido delito. Contudo, no âmbito cível, a empresa pública federal possui legitimidade concorrente para propor eventual ação de reintegração de posse, diante do esbulho ocorrido. A sua legitimação ativa para a ação possessória demonstra a existência de interesse jurídico na apuração do crime, o que é suficiente para fixar a competência penal federal, nos termos do art. 109, IV, da CF/1988.

Os imóveis que integram o Programa Minha Casa Minha Vida são adquiridos, em parte, com recursos orçamentários federais. Tal fato evidencia o interesse jurídico da União na apuração do crime de esbulho possessório em relação a esse bem, ao menos enquanto for ele vinculado ao mencionado Programa, ou seja, quando ainda em vigência o contrato por meio do qual houve a compra do bem e no qual houve o subsídio federal, o que é a situação dos autos (STJ, 3ª Seção, CC nº 179.467/RJ, Rel. Min. Laurita Vaz, j. 09.06.2021, *Info*. nº 700).

Não compete à Justiça Federal processar e julgar o desvio de valores do auxílio emergencial pagos durante a pandemia da Covid-19, por meio de violação do sistema de segurança de instituição privada, sem que haja fraude direcionada à instituição financeira federal. O caso concreto tratava-se de um furto mediante fraude perpetrado entre particulares exclusivamente, não envolvendo a Caixa Econômica Federal, embora fosse fraude de valores sobre o auxílio emergencial crime de furto mediante fraude que teria sido praticado por Pedro. A Justiça Estadual é competente para julgar esse delito (STJ, 3ª Seção, CC nº 182.940/SP, Rel. Min. Joel Ilan Paciornik, j. 27.10.2021, *Info*. nº 716).

A Justiça Federal é competente para processar e julgar os crimes ambientais e contra a vida decorrentes do rompimento da barragem em Brumadinho/MG.

No caso, há ofensa à bem e interesse direto e específico de órgão regulador federal e da União pelas seguintes razões:

1) as Declarações de Estabilidade da Barragem, apresentadas ao antigo DNPM (autarquia federal), seriam ideologicamente falsas;

2) os acusados teriam omitido informações essenciais à fiscalização da segurança da barragem, ao não fazê-las constar do SIGBM, sistema de dados acessado pela Agência Nacional de Mineração – ANM; e

3) com o rompimento da barragem, houve supostamente danos a sítios arqueológicos, que são classificados como bens da União (art. 20, X, da CF/1988) (STJ, 6ª Turma, RHC 151.405/MG, Rel. Min. Olindo Menezes, Desembargador convocado do TRF 1ª Região, j. 19.10.2021, *Info*. nº 714).

Decifrando a prova

(2021 – FUMARC – PC/MG – Delegado de Polícia Substituto) Num crime de estelionato praticado em Belo Horizonte contra uma agência bancária do Banco do Brasil S.A., no qual o agente obteve vantagem financeira, é CORRETO afirmar que a competência para a ação penal é da

A) Justiça Estadual ou da Justiça Federal, a depender da regra de prevenção.
B) Justiça Estadual ou da Justiça Federal, o que será definido a partir da autoridade policial responsável pela condução do inquérito, respectivamente, Polícia Civil ou Polícia Federal.
C) Justiça Estadual.
D) Justiça Federal.
Gabarito comentado: o Banco do Brasil é uma sociedade de economia mista, ao passo que a Caixa Econômica Federal é uma empresa pública. Nesse sentido, apenas a Caixa Econômica Federal se submete à competência penal da Justiça Federal. Portanto, a letra C é o gabarito.

6.7.4.1 Crimes políticos

O Supremo Tribunal Federal (*v.g.* RC n. 1.473/SP, Rel. Min. Luiz Fux, 1ª Turma, *DJ* 18.12.2017) assentou que "crimes políticos, para os fins do art. 102, II, *b*, da Constituição Federal, são aqueles dirigidos, subjetiva e objetivamente, de modo imediato, contra o Estado como unidade orgânica das instituições políticas e sociais e, por conseguinte, definidos na Lei de Segurança Nacional, presentes as disposições gerais estabelecidas nos arts. 1º e 2º do mesmo diploma legal". 2. "Da conjugação dos arts. 1º e 2º da Lei nº 7.170/1983, extraem-se dois requisitos, de ordem subjetiva e objetiva: i) motivação e objetivos políticos do agente, e ii) lesão real ou potencial à integridade territorial, à soberania nacional, ao regime representativo e democrático, à Federação ou ao Estado de Direito. Precedentes" (RC nº 1.472, Tribunal Pleno, Rel. Min. Dias Toffoli, Rev. Min. Luiz Fux, unânime, j. 25.05.2016).

Ocorre que, recentemente, a Lei nº 14.197/2021 revogou a Lei de Segurança Nacional, Lei nº 7.170/1983. Nessa mesma oportunidade, a Lei nº 14.197/2021 inseriu no CP o Capítulo I, que tratou dos "crimes contra a soberania nacional" (art. 359-I – atentado à soberania; art. 359-J – atentado à integridade nacional; e art. 359-H – espionagem); o Capítulo II, dos "crimes contra as instituições democráticas" (art. 359-L – abolição violenta do estado democrático de direito; e art. 359-M – golpe de estado); o Capítulo III, dos "crimes contra o funcionamento das instituições democráticas no processo eleitoral" (art. 359-N – interrupção do processo eleitoral; e art. 359-P – violência política; vetados os arts. 359-O e 359-Q); e o Capítulo IV, dos "crimes contra o funcionamento dos serviços essenciais" (art. 359-R – sabotagem – com fim específico de abolir o estado democrático de direito).

Questiona-se com a revogação da Lei de Segurança Nacional se os referidos tipos penais inseridos no CP poderiam ser considerados crimes políticos para fins de atrair a competência da Justiça Federal.

Respondendo a questão, Douglas Fischer (2021) assevera que "embora com nova conformação legislativa, todos eles trazem desde a origem o tratamento como crimes que atinjam os requisitos que então foram estipulados pelo STF como essenciais para a tipificação na LSN".

Nessa linha de entendimento, havendo o enquadramento de condutas nos tipos penais inseridos no CP pela Lei nº 14.197/2021, a competência será da Justiça Federal.

Cumpre observar que, para parte da doutrina, não haveria mais que se falar em crime político no Brasil porque essa categoria só existiria em regimes totalitários em que o cidadão luta contra a tirania do Estado. Para essa corrente, com a entrada em vigor da Lei nº 14.197/2021, revogando expressamente a Lei de Segurança Nacional, estaria de uma vez por todas extirpado do ordenamento jurídico brasileiro essa categoria de crimes políticos.

Apresentada a divergência, nós somos da opinião que os novos tipos penais inseridos no CP pela Lei nº 14.197/2021 devem ser considerados crimes políticos. Desse modo, a atrair a competência para a Justiça Federal.

Com efeito, são crimes que seguem as balizas outrora estampadas no art. 1º da revogada Lei nº 7.170/1983, ou seja, crimes que objetivam punir condutas que causam lesão ou perigo de lesão: à integridade territorial e à soberania nacional; ao regime representativo e democrático, à Federação e ao Estado de Direito; à pessoa dos chefes dos Poderes da União.

Os crimes trazidos pela Lei nº 14.197/2021 protegem bens jurídicos semelhantes, não fazendo sentido concluir que não seriam crimes políticos. O STF, por diversas vezes desde a instituição do regime democrático com a Constituição de 1988, foi firme em se posicionar que crimes políticos têm como escopo objetivo a ofensa a citados bens jurídicos. Por outro turno, a revogação da Lei nº 7.170/1983 não afasta o entendimento interpretativo sobre a definição de crime político, outrora firmado *ad referendum*, ao art. 1º da Lei nº 7.170/1983.

A única exceção que elencamos nos mencionados crimes da noviça legislação refere-se aos tipos penais assentados nos arts. 359-N e 359-P do CP. Referidos delitos não são capazes de causar lesão ou perigo de lesão: à integridade territorial e à soberania nacional; ao regime representativo e democrático, à Federação e ao Estado de Direito; à pessoa dos chefes dos Poderes da União. Trata-se de crimes eleitorais de competência da Justiça Eleitoral.

Por fim, na forma do art. 102, II, *b*, da CF, na hipótese de **julgamento de crime político por juiz federal não cabe recurso de apelação** contra eventual sentença absolutória ou condenatória, a ser julgada pelo respectivo Tribunal Regional Federal. O recurso cabível será o **recurso ordinário constitucional**, de competência do Supremo Tribunal Federal, que, nesse caso, funcionará como segunda e última instância.

6.7.4.2 Crimes contra a União e suas entidades

Na dicção da CF, será de competência da Justiça Federal as infrações penais praticadas em detrimento de **bens, serviços ou interesses da União, bem como suas autarquias ou empresas públicas, excluídas as contravenções penais** e a competência da Justiça Militar e Eleitoral.

Por **bens**, deve-se compreender o respectivo patrimônio da União e suas entidades. Pela expressão **serviços**, o vínculo a suas finalidades públicas. Por sua vez, pelo vocábulo **interesse** deve ser ele particular, específico e direto, caso contrário, se for um interesse genérico, a competência será da Justiça Estadual.

O dispositivo constitucional, ao se referir à União e suas autarquias e empresas públicas, demonstrou se referir a União como a Administração Pública federal direta, diferenciando-a da administração indireta. Com isso, o conceito **União** trazido pela seara do Direito Constitucional como a entidade federativa autônoma em relação aos Estados-membros e municípios, constituindo pessoa jurídica de direito público interno, com atribuições de soberania do Estado brasileiro, não se deve confundir com o conceito **União** utilizado para fins de fixação de competência constitucional. Deve-se compreender pelo termo **União** para a fixação de competência da Justiça Federal, apenas os órgãos da Administração federal direta (LIMA, 2019, p. 436).

Quando um crime for praticado em detrimento de órgãos que integram a União, o que abarca tanto o Poder Executivo, quanto os Poderes Legislativo e Judiciário a competência será da Justiça Federal.

Jurisprudência destacada

O STJ, no CC nº 101.444/RS, j. 03.06.2010, ao apreciar conflito de competência relativo a processo criminal em que se apurava furto de bens operacionais, no caso dormentes de linha férrea, antes pertencentes à Rede Ferroviária Federal S. A. (RFFSA), concluiu tratar-se de crime de competência da Justiça Federal, na medida em que a Lei nº 11.483/2007 transferiu para a União os bens imóveis e para o Departamento de Infraestrutura de Transportes (DNIT) os bens móveis e imóveis operacionais da extinta RFSA.

A fixação dessa competência da Justiça Federal exige que a lesão a bens, serviços e interesses da União seja certa. Nesse sentido, o STJ no CC nº 133.187/DF, j. 14.10.2015, aduziu que compete à Justiça Estadual, e não à Justiça Federal, processar e julgar tentativa de estelionato consistente em tentar receber, mediante fraude, em agência do Banco do Brasil, valores relativos a precatório federal creditado em favor de particular. Nesse caso, embora tenha se buscado resgatar precatório federal, se não há prejuízo em detrimento de bens, serviços ou interesses da União, a competência para processar e julgar a causa é da Justiça Estadual. O eventual prejuízo causado pelo delito praticado por quem almejava resgatar precatório federal seria suportado pelo particular titular do crédito.

A par da ofensa a bens, serviços e interesses da União, atrai de igual modo a competência da Justiça Federal os crimes cometidos em detrimento dos bens, serviços e interesses de suas autarquias e empresas públicas. Deve-se observar que as **Sociedades de Economia Mista**, embora também integrem a administração indireta da União, não atraem a competência da Justiça Federal. A ofensa a bens, serviços e interesses de Sociedades de Economia Mista é de competência da Justiça Estadual. Por outro lado, o termo Autarquia Federal abarca de igual modo as Fundações Públicas Federais, espécies de entidades autárquicas que são (STF, RE nº 215.741/SE, j. 30.03.1999).

Jurisprudência destacada

Consoante a Súmula nº 107 do STJ compete à Justiça Comum Estadual processar e julgar crime de estelionato praticado mediante falsificação das guias de recolhimento das contribuições previdenciárias, quando não ocorrer lesão à Autarquia Federal INSS.

As entidades de fiscalização profissional, conselhos profissionais a exemplo do CRO, CRM e outros, sempre foram considerados autarquias federais. No entanto, com a Lei nº 9.649/1998, essa natureza lhes foi retirada, dispondo a Lei em seu art. 58 que tais conselhos passariam a ser dotados de personalidade jurídica de direito privado, salvo em relação à Ordem dos Advogados do Brasil (OAB). Não obstante, o STF, na ADI nº 1.717, declarou a inconstitucionalidade desse art. 58, por entender que as entidades de fiscalização profissional exercem atividades típicas de Estado, abrangendo além de poder de polícia, o poder de tributar e punir. Diante disso, será de competência da Justiça Federal os crimes contra os bens, serviços e interesses dos conselhos profissionais. Mas se o crime for praticado contra o profissional, por óbvio, a competência será da Justiça Estadual.

Em relação à OAB, o STF, na ADI nº 3.026, asseverou que ela não se sujeitaria aos ditames impostos da Administração direita ou indireta (por exemplo, a exigibilidade de concurso público). A OAB, na visão do STF, é um serviço público independente, categoria ímpar no elenco das personalidades jurídicas existentes no direito brasileiro, não se imiscuindo com a categoria das autarquias especiais. Destarte, a OAB não está sujeita ao controle da Administração, a qual, segundo suas características de autonomia e independência, preconizada no texto constitucional como atividade indispensável à administração da justiça, não pode ser tida como congênere dos demais conselhos de fiscalização profissional. Não obstante a isso, o STF manteve inalterada a competência da Justiça Federal para julgar os crimes perpetrados contra a OAB e a seus bens, serviços e interesses.

No tocante às empresas públicas, temos como um exemplo recorrente, inclusive com farta jurisprudência a respeito, a Caixa Econômica Federal (atente-se que o Banco do Brasil é uma Sociedade de Economia Mista, cuja ofensa é de competência da Justiça Estadual). Conforme já decidido pelos Tribunais Superiores nas hipóteses de **fraude eletrônica**, situação em que o agente delitivo utiliza de fraude via internet (por meio de programas como TROJAN e outros denominados vírus eletrônicos) para subtrair valores da conta corrente de titularidade de correntista, a competência para julgar esse crime de furto qualificado pela fraude será da Justiça Federal, pois é a instituição financeira Caixa Econômica que suportará o prejuízo, haja vista sua obrigação, diante da responsabilidade objetiva das relações de consumo, de restituir a quantia subtraída ao correntista. No tocante à competência territorial da Justiça Federal, nesse caso, será do local onde mantida a conta corrente da qual foram subtraídos os valores, ou seja, da conta corrente sacada.

Observe-se que as concessionárias e permissionárias de serviços públicos não se enquadram dentro do conceito de Administração direta (União) nem indireta (autarquias e empresas públicas) para atrair a competência da Justiça de Federal. Por isso que a competência para os crimes de roubo em casa lotérica (permissionária que é de serviços públicos afetos à Caixa Econômica Federal) é da Justiça Estadual.

Lado outro, os crimes perpetrados contra a agência da Empresa Brasileira de Correios e Telégrafos – EBCT, empresa pública federal, será de competência da Justiça Federal. Todavia, como já decidido pelo STJ (CC nº 122.596/SC, j. 08.08.2012), caso objeto de franquia a exploração dos serviços da EBCT por particulares, a competência será da Justiça Estadual, pois será o particular franqueado que sofrerá os prejuízos do fato criminoso.

Questão interessante refere-se aos casos de Bancos Postais. Banco postal trata-se de um convênio firmado pelo Banco do Brasil com as Agências de Correio (EBCT), no qual esta última funciona como correspondente bancário do Banco do Brasil. Os crimes de tentativa de abertura de conta corrente mediante a apresentação de documento falso em agência do Banco do Brasil localizada nas dependências da Empresa de Correios e Telégrafos, que funciona como banco postal, será de competência da Justiça Estadual. No caso o aviltado pelo evento criminoso será o Banco do Brasil e não a EBCT, haja vista que a responsabilidade dos serviços prestados por bancos postais aos seus clientes continua sendo do Banco do Brasil.

No que se refere aos **crimes contra o meio ambiente**, uma análise mais profunda se faz necessária. Consoante a antiga lei ambiental, Lei nº 5.197/1967, "os animais de qualquer espécie, em qualquer fase do seu desenvolvimento e que vivem naturalmente fora do cativeiro, constituindo a fauna silvestre, bem como seus ninhos, abrigos e criadouros naturais **são propriedades do Estado**, sendo proibida a sua utilização, perseguição, caça ou apanha" (grifo nosso). À época, havia-se firmado o entendimento de que a palavra "Estado" acima transcrita se referia à União, e, desse modo, a fauna silvestre pertenceria à União de modo a atrair a competência para a Justiça Federal no espeque de ser um "bem" da União. Todavia, no tocante à fauna ictiológica (pesca), a competência ainda era da Justiça Estadual, por se tratar de contravenção penal.

Não obstante essa Lei de 1967, a Constituição de 1988 trouxe a previsão de que é competência comum dos três entes federativos a proteção das florestas, da fauna e da flora. Posteriormente, em 1998, a nova Lei ambiental não trouxe disposição semelhante a outorgar a propriedade da Fauna ao Estado. Não obstante, havia nessa Lei nº 9.605/1998 a previsão da competência privativa da Justiça Federal, que foi vetada e o veto mantido. Diante de tudo isso, assentou-se o entendimento pacífico de que a competência para o julgamento dos crimes ambientais é da Justiça Estadual, sendo da Justiça Federal apenas na hipótese de se vislumbrar ofensa aos bens, serviços e interesses da União.

Exemplo de casos em que os crimes ambientais serão de competência da Justiça Federal refere-se às Unidades de Conservação da Natureza da Lei nº 9.985/2000. Consoante disposições dessa Lei, essas Unidades de Conservação são protegidas e preservadas por uma autarquia de regime especial, o Instituto Chico Mendes de Preservação da Biodiversidade (ICMBIO) – cabe ao ICMBIO fomentar e executar programas de pesquisa, proteção, preservação e conservação da biodiversidade e exercer o poder de polícia ambiental para a proteção das Unidades de Conservação federais. Assim, os crimes perpetrados contra essas Unidades de Conservação afetarão diretamente os serviços dessa Autarquia Federal, atraindo a competência da Justiça Federal.

De outro modo, o fato de o IBAMA ser responsável pela fiscalização de áreas e pela autorização de desmatamento não indica, por si só, que exista interesse direto da Autarquia, se o crime for cometido em terra particular e, principalmente, fora de Unidade de Conservação da Natureza (STJ, REsp nº 480.411/TO, *DJ* 13.10.2003). Por outro lado, o ingresso de espécimes exóticas no país está condicionado à autorização do IBAMA, diante disso, firma-se a competência da Justiça Federal, haja vista a existência de interesse da autarquia federal (STJ, CC nº 96.853/RS, *DJ* 17.10.2008).

Atenção especial deve se dar à expressão constitucional do art. 225, § 4º, da CF. Ali se diz que a Floresta Amazônica, a Mata Atlântica, a Serra do Mar, o Pantanal Mato-grossense e a Zona Costeira fazem parte do **patrimônio nacional**. Diante da expressão patrimônio nacional podemos ser levados a crer que referidos ecossistemas pertencem à União, como se bens da União fossem. Mas o entendimento é equivocado. Ao se referir a patrimônio nacional **a locução revela a proclamação de defesa de interesses do Brasil diante de eventuais ingerências estrangeiras, concitando todos à defesa dos ecossistemas citados no mencionado artigo**, até porque há casos em que o particular será dono de parcelas de trechos contidos no mencionado artigo, como também dentro deles foram criados parques nacionais e municipais[1]. Destarte, **a expressão patrimônio nacional não se confunde com bem da União**. Desse modo, em regra, eventual crime cometido dentro desses ecossistemas será de **competência da Justiça Estadual**.

Por fim, ainda no que toca aos crimes ambientais, relativamente aos bens, serviços e interesses da União e suas entidades, citamos os entendimentos pacificados nos Tribunais:

- o **crime de extração ilegal de recursos minerais** é de competência da Justiça Federal, ainda que cometido em propriedade privada, eis que os recursos minerais, inclusive os do subsolo, são bens da União, constituindo propriedade distinta da do solo;
- o crime de **pesca do camarão em período de defeso no mar territorial** é de competência da Justiça Federal, eis que o mar territorial é bem da União;
- o crime ambiental em propriedade particular no **entorno de Unidade de Conservação** não atrai, por si só, a competência da Justiça Federal, eis que tais áreas não se enquadram na definição de Unidade de Conservação;
- o crime de **pesca proibida praticado em rio que faz a divisa entre dois Estados** é de competência da Justiça Federal, eis que são bens da União os lagos, rios e quaisquer correntes de águas em terrenos de seu domínio ou que banhem mais de um Estado, sirvam de limites com outros países, ou se estendam a território estrangeiro ou dele provenham;
- a manutenção em **cativeiro de espécie em extinção** é crime de competência da Justiça Federal, eis que afeta os serviços do IBAMA responsável para autorizar a captura de exemplares de espécies ameaçadas de extinção destinada a programa de criação em cativeiro ou formação de coleções científicas;
- o crime de **extração de areia em propriedade particular** sem a devida autorização do órgão competente é de competência da Justiça Estadual;
- o crime de realização de **obras e serviços potencialmente poluidores sem licença** ou autorização do órgão responsável (art. 60 da Lei nº 9.605/1998), perpetrado em terra particular é de competência da Justiça Estadual;
- o crime ambiental relacionado a **organismos geneticamente modificados**, a exemplo a soja transgênica, é de competência da Justiça Federal, haja vista a responsabilidade da autarquia federal CTNBio no controle e regulamentação;

---

[1] STF, 1ª Turma, RE nº 349.189/TO, Rel. Min. Moreira Alves, *DJ* 14.11.2002, p. 34.

- o **parcelamento irregular do solo urbano em terras da União** é de competência da Justiça Federal, eis afetar bem da União;
- o **crime ambiental de caráter transnacional** que envolva animais silvestres, ameaçados de extinção ou espécie exótica ou protegida por compromissos internacionais é de competência da Justiça Federal, eis o interesse da União no controle de entrada e saída de animais do território nacional.

Em resumo, diversos outros julgados, a semelhança das premissas já firmadas pelos julgados acima, reiteram a competência da Justiça Federal, assim: crimes envolvendo **espécie ameaçada de extinção**; crimes de **contrabando de animais** silvestres; peles, couros de anfíbios, ou répteis **para o exterior**; introdução ilegal de **espécie exótica** no país; pesca predatória no **mar territorial**; condutas que **ultrapassem os limites de um único Estado ou as fronteiras do país**.

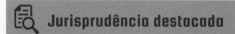

Se o crime ambiental for cometido em unidade de conservação criada por decreto federal, a competência para julgamento será *da J*ustiça Federal tendo em vista que existe interesse federal na manutenção e preservaç*ão da regiã*o. Logo, este delito gera possível lesão a bens, serviços ou interesses da União, atraindo a regra do art. 109, IV, da Constituição Federal. STJ, 3ª Seção, CC nº 142.016/SP. Por outro lado, não haverá competência da Justiça Federal se o crime foi praticado dentro de área de proteção ambiental criada por decreto federal, mas cuja fiscalização e administração foi delegada para outro ente federativo. No caso, embora o local do dano ambiental da Bacia do Rio São Bartolomeu, criada pelo Decreto Federal nº 88.940/1993, não há falar em interesse da União no crime ambiental sob apuração, já que lei federal subsequente delegou a fiscalização e administração da APA para o Distrito Federal (STJ, 3ª Seção, CC nº 158.747/DF, j. 13.06.2018).

Ainda sobre os bens, serviços e interesses da União, a Lei nº 13.260/2016, **Lei Antiterrorismo**, dispõe expressamente que as infrações penais ali previstas são praticadas contra interesse da União, o que, em tese, teria o condão de atrair a **competência da Justiça Federal**.

Para provas objetivas de concursos públicos, deve-se adotar o posicionamento de que a competência para o processo e julgamento dos crimes de terrorismo são da Justiça Federal. Todavia, para as provas discursivas e provas de sentença, deve-se ater à pecha de inconstitucionalidade que pesa sobre o dispositivo e que a doutrina bem assevera. Do mesmo modo que pode o magistrado, diante de um caso concreto que lhe apresente, reconhecer incidentalmente a inconstitucionalidade do dispositivo e declinar a competência para a Justiça Estadual.

Como aduz Renato Brasileiro de Lima (2019, p. 468), com a maestria que lhe é peculiar, a competência da Justiça Federal é delimitada pela própria Constituição em seu art. 109. Daí não se pode admitir que o legislador infraconstitucional, ao arrepio da Constituição, venha a ampliar a competência da Justiça Federal, salvo nas hipóteses em que o próprio constituinte outorga ao legislador ordinário tal atribuição, o que não ocorre no caso. Ademais, a CF, no art. 4º, VIII, aduz ser interesse dos três entes federativos o combate ao terrorismo, ao preconizar que a **República Federativa do Brasil** (logo os três entes) rege-se nas suas relações internacionais pelo repúdio ao terrorismo. Por outro lado, o simples fato de o terrorismo estar previsto em convenção internacional não tem o condão, por si só, de fixar a competência da Justiça Federal se o crime não tiver sua execução iniciada em um país e o resultado em outro.

Jurisprudência destacada

O STJ possui diversas súmulas sobre a competência da Justiça Federal, vejamos:

Súmula nº 62: "Compete à Justiça Estadual processar e julgar o crime de falsa anotação em Carteira de Trabalho e Previdência Social, atribuído à empresa privada".

Súmula nº 73: "A utilização de papel-moeda grosseiramente falsificada configura, em tese, o crime de estelionato, da competência da Justiça Estadual". Observação: deve-se atentar para o fato de que se o papel-moeda não for grosseiramente falsificado o crime será de moeda falsa, contra a fé pública, de competência da Justiça Federal, por lesar interesse da União na confecção das moedas.

Súmula nº 104: "Compete à Justiça Estadual o processo e julgamento dos crimes de falsificação e uso de documento falso relativo a estabelecimento particular de ensino".

Súmula nº 147: "Compete à Justiça Federal processar e julgar os crimes praticados contra funcionário público federal, quando relacionados com o exercício da função".

Súmula nº 151: "A competência para o processo e julgamento do crime de contrabando ou descaminho define-se pela prevenção do juízo federal da apreensão dos bens".

Súmula nº 165: "Compete à Justiça Federal processar e julgar crime de falso testemunho cometido no processo trabalhista".

Súmula nº 200: "O Juízo Federal competente para processar e julgar acusado de crime de uso de passaporte falso é do lugar onde o delito se consumou".

Súmula nº 208: "Compete à Justiça Federal processar e julgar prefeito municipal por desvio de verba sujeita a prestação de contas perante órgão federal".

Súmula nº 209: "Compete à Justiça Estadual processar e julgar prefeito por desvio de verba transferida e incorporada ao patrimônio municipal".

6.7.4.3 Crimes previstos em tratado ou convenção internacional, quando iniciada a execução no país, o resultado tenha ou devesse ter ocorrido no estrangeiro, ou reciprocamente

Trata-se aqui dos chamados crimes à distância, os quais a execução se inicia em um país e o resultado em outro. Todavia, não basta para atrair a competência da Justiça Federal o fato de se tratar de um crime à distância. Exige-se, ainda, que este crime tenha previsão de sua repressão em algum tratado ou convenção internacional que o Brasil tenha se comprometido.

Exemplo de crimes cuja repressão tenha previsão em tratado ou convenção internacional são os casos de tráfico internacional de drogas e o tráfico internacional de crianças.

Relativamente ao tráfico internacional de drogas, deve-se atentar para Súmula nº 522 do STF, que aduz: "Salvo ocorrência de tráfico para o Exterior, quando, então, a competência será da Justiça Federal, compete à Justiça dos Estados o processo e o julgamento dos crimes relativos a entorpecentes".

Em julgamento sobre a majorante do tráfico internacional de drogas, prevista no art. 40 da Lei nº 11.343/2006, o STF, como preconiza a Súmula nº 607, deixou assente que não necessita para caracterizar o tráfico internacional de drogas a efetiva transposição de fronteiras. Segundo o Tribunal Superior, basta apenas a prova de que a droga se destinava ao exterior, ainda que não consumada a transposição de fronteiras. Situação, destarte, que a competência será da Justiça Federal.

Em outro importante julgado que se acha no *Informativo* nº 673, o STJ deixou assente que a conduta de transportar folhas de coca configura o crime de tráfico de drogas, no que toca ao tráfico de matéria-prima destinada à preparação da droga, na forma do art. 33, § 1º, inciso I, da Lei de Drogas (Lei nº 11.343/2006). Dessa forma a competência será da Justiça Federal.

No mesmo *Informativo*, o STJ assentou que o pedido de *habeas corpus* preventivo para viabilizar, para fins medicinais, o cultivo, uso, porte e produção artesanal da *Cannabis* (maconha) bem como porte em outra unidade da federação, quando não demonstrada a internacionalidade da conduta, compete à Justiça Estadual.

No *Informativo* nº 755, o STF decidiu que o crime de **tráfico internacional de crianças**, tipificado no art. 239 do Estatuto da Criança e Adolescente (ECA), é de competência da Justiça Federal.

Por outro lado, o STF no CC nº 94.423/DF, j. 25.06.2008, decidiu que os crimes dos arts. 241 e 241-A do ECA, consistentes respectivamente em "vender ou expor à venda fotografia, vídeo ou outro registro que contenha cena de sexo explícito ou pornográfica envolvendo criança ou adolescente" e "Oferecer, trocar, disponibilizar, transmitir, distribuir, publicar ou divulgar, por qualquer meio, inclusive por meio de sistema de informática ou telemático, fotografia, vídeo ou outro registro que contenha cena de sexo explícito ou pornografia envolvendo criança ou adolescente", quando **envolverem a rede mundial de computadores (internet)**, serão julgados pela **Justiça Federal no local em que o material pornográfico foi publicado**, que é o local da consumação do delito, pouco importando o local onde se encontra o provedor em que tal material está armazenado ou onde houve sua efetiva visualização pelos usuários.

Importante atentar que nos casos em que os crimes supracitados (pornografia infantil) foram divulgados apenas por meio de mensagens de WhatsApp, *e-mail*, ou *chats* de redes sociais, a competência será da Justiça Estadual. Isso pelo fato de que nesses casos não se vislumbra internacionalidade da conduta, haja vista tratar-se de troca de informações privadas (STJ, *Informativo* nº 603).

Nada obstante, pode ocorrer de os atos de publicação de imagens de sexo ou pornografia infantil com abrangência internacional (exemplo, *sites* de relacionamento de abrangência internacional) não poderem identificar o responsável e o local da publicação. Nesses casos, utilizar-se-á o **critério da prevenção**, competindo ao juiz federal que primeiro tomar conhecimento do fato apurar o suposto crime de publicação de pornografia envolvendo a criança ou o adolescente (STJ, *Informativo* nº 532).

Como se observa, e já devidamente assentado pelo STF no RE nº 628.624, "compete à **Justiça Federal** processar e julgar os crimes consistentes em disponibilizar ou adquirir material pornográfico envolvendo criança e adolescente **quando praticados por meio da rede mundial de computadores**".

Posição importante firmada pelo STJ no CC nº 125.125/SP, j. 28.11.2012, refere-se à competência dos **crimes contra a honra praticados pela internet**. Com efeito, os crimes contra a honra não têm previsão de sua repressão em tratado ou convenção internacional. Desta feita, sua competência será da Justiça Estadual, mesmo diante da transnacionalidade que envolve os crimes perpetrados pela internet. Contudo, a Corte assentou o entendimento de que competência territorial da Justiça Estadual, nesses casos, firma-se pelo **local em que se localiza o provedor do *site* onde se hospeda o *blog***, no qual foi publicado o texto ofensivo à honra. Ao contrário dos crimes envolvendo pornografia ou pedofilia de criança e adolescente onde o local do crime se firma pelo local onde o conteúdo foi publicado e não do provedor.

Todavia, não são todos os crimes praticados na internet, ainda que com previsão em tratado e convenção internacional, que implicarão a competência da Justiça Federal. Alguns crimes, mesmo que cometidos pela rede mundial de computadores, não são hábeis a impingir a transnacionalidade do delito. Exemplo disso foi o julgamento do STF (*Informativo* nº 744) no qual se asseverou que compete à Justiça Estadual processar e julgar crime de incitação à discriminação cometido via internet, quando praticado contra pessoas determinadas e que não tenha ultrapassado as fronteiras territoriais brasileiras.

6.7.4.4 Causas relativas a direitos humanos com a finalidade de assegurar o cumprimento de obrigações decorrentes de tratados internacionais de direitos humanos dos quais o Brasil seja parte

Preconiza a CF que nas hipóteses de grave violação dos direitos humanos, o Procurador-Geral da República com a **finalidade de assegurar o cumprimento de obrigações decorrentes de tratados internacionais de direitos humanos dos quais o Brasil seja parte**, poderá suscitar, perante o STJ, em qualquer fase do inquérito ou processo, incidente de deslocamento de competência para a Justiça Federal.

Essa previsão constitucional (CF, art. 109, V-A, c/c art. 109, § 5º), que foi introduzida pela Emenda Constitucional nº 45/2004, a doutrina costumou chamar de **incidente de deslocamento de competência** ou de **federalização dos crimes envolvendo direitos humanos**.

Essa EC nº 45/2004 tem seu surgimento vinculado a um contexto maior. A partir do momento em que o Brasil subscreveu a **Convenção Americana sobre Direitos Humanos** (Decreto nº 678/1992), bem como reconheceu a competência da **Corte Interamericana de Direitos Humanos** (Decreto Legislativo nº 89/1998), a União passou a ficar sujeita à responsabilização internacional pelas violações de direitos humanos. Para que pudesse dispor de instrumentos jurídicos capazes de honrar com os compromissos firmados internacionalmente, a União instituiu no ordenamento constitucional o referido incidente de deslocamento de competência.

Diversas arguições de inconstitucionalidade vicejam acerca do dispositivo. Para Denilson Feitosa (2010, p. 456), a federalização dos crimes envolvendo direitos humanos serviriam apenas como retórica para desprestigiar as Justiças Estaduais, por meio do que se poderia fazer ante a propaganda internacional do Governo Federal no momento de garantir a efetividade dos direitos humanos ou proteger a República Federativa do Brasil. Por outro lado, as **ADIs nº 3.486 e nº 3.493**, ainda pendentes de julgamento, questionam o dispositivo sob as premissas de que a expressão vaga "grave violação dos direitos humanos" violaria o princípio do juiz natural e permitiria uma flexibilização insustentável das regras materiais de competência. De mais a mais, o incidente outorga uma discricionariedade inaceitável ao Procurador-Geral de Justiça para fins de fixação de competência (haja vista a iniciativa do incidente perante o STJ ser exclusiva dele).

No que tange ao seu processamento, **a legitimidade para a propositura do incidente de deslocamento de competência é exclusiva do Procurador-Geral da República**. Por outro lado, **a competência para seu processamento e julgamento é do STJ**, mais especificamente da 3ª Seção do STJ, composta pelas 5ª e 6ª Turmas (Resolução nº 6, de 06.12.2005, da Presidência do STJ).

São requisitos para o deslocamento de competência, de uma causa da Justiça Estadual para a Justiça Federal, a permitir a propositura da supracitada ação de deslocamento pelo Procurador Geral da República perante o STJ, os seguintes requisitos:

- **crime praticado com grave violação aos direitos humanos**;
- **assegurar o cumprimento de obrigações decorrentes de tratados internacionais de direitos humanos dos quais o Brasil seja parte**.

Como se percebe são esses dois requisitos que autorizam que o STJ subtraia uma causa de competência da Justiça Estadual e determine sua remessa para a Justiça Federal.

Não é qualquer violação dos direitos humanos que autoriza o deslocamento. Essa violação deve ser **grave**.

Não obstante, o STJ, no IDC nº 1/DF, j. 10.10.2005, no caso da irmã Dorothy Stang, que foi vítima de homicídio doloso no Estado do Pará, bem como no IDC nº 2/DF, julgado em 27.10.2010, firmou entendimento de que não basta a grave violação dos direitos humanos para que haja o deslocamento de competência. A par dos requisitos "grave violação dos direitos humanos" e "assegurar o cumprimento de obrigações decorrentes de tratados internacionais", exige o STJ que, no caso concreto, esteja presente pelo menos um dos seguintes requisitos:

- **inércia das autoridades locais;**
- **negligência;**

- falta de vontade política;
- falta de reais condições das instituições do Estado-membro para proceder à devida persecução penal.

Ou seja, nas palavras do STJ, **é necessário que haja algum empecilho na esfera estadual que dificultasse ou impedisse o êxito das investigações ou do processo**.

Por fim, cumpre frisar que o incidente de deslocamento de competência pode ocorrer em qualquer fase da persecução penal, inclusive durante a fase das investigações. Pode ocorrer de o incidente se dar ainda na fase do inquérito. Momento em que os autos do inquérito policial sairão das mãos da Polícia Civil estadual e serão encaminhados para a Polícia Federal.

6.7.4.5 Crimes contra a organização do trabalho

Acerca dos crimes contra a organização do trabalho, os Tribunais Superiores têm entendimento pacífico no sentido de que não é qualquer crime envolvendo relações de trabalho que incide a competência da Justiça Federal. Os crimes contra as relações de trabalho estão previstos no Título IV do CP, nos arts. 197 a 207.

Todavia, nem todos esses crimes serão de competência da Justiça Federal. Segundo o STF e o STJ, a competência da Justiça Federal sobre esses crimes só se dará caso haja **ofensa às instituições do trabalho** ou aos **direitos coletivos dos trabalhadores**. Pois só nessas hipóteses pode-se vislumbrar o vilipêndio contra a **organização do trabalho**, e não diante de meras relações de trabalho, quando a competência será da Justiça Estadual.

Desse modo, são da competência da Justiça Federal os crimes dos arts. 201, 202, 204, 206 e 207 do CP. O art. 205, dada suas disposições, será sempre da Justiça Estadual. Por outro lado, os crimes dos arts. 197, 198, 199, 200 e 203 do CP podem ser de uma ou outra justiça, caso atendam ou não as balizas acima firmadas pelos Tribunais Superiores.

Embora não consignado no Título IV do CP, o STJ, no CC nº 113.428/MG, e o STF, no RE nº 398.041/PA, assentaram que o crime do art. 149 do CP, **redução à condição análoga à de escravo**, é de competência da Justiça Federal. Nesse crime há violação à atividade do trabalhador em si, com consequente ofensa à dignidade humana do trabalhador.

Decifrando a prova

(2021 – CESPE/CEBRASPE – Polícia Federal – Delegado de Polícia Federal) Considerando a posição dos Tribunais Superiores em relação à competência criminal, julgue o item subsequente.

Compete à Justiça Federal processar e julgar o crime de redução à condição análoga à de escravo.

( ) Certo   ( ) Errado

Gabarito comentado: conforme o RE nº 398.041/PA, a assertiva está certa.

6.7.4.6 Nos casos determinados por lei, os crimes contra o sistema financeiro e a ordem econômico-financeira

Esses crimes têm respectivamente seus tipos penais elencados na Lei nº 7.492/1986 (crimes contra o sistema financeiro nacional) e nas Leis nº 8.137/1990 e nº 8.176/1991 (crimes contra a ordem econômico-financeira).

Como se observa do dispositivo constitucional, não basta o crime ser contra o sistema financeiro ou contra a ordem econômico-financeira para atrair a competência da Justiça Federal. Exige-se que uma Lei ordinária determine que referido crime seja de competência da Justiça Federal.

Nesse sentido, temos no art. 26 da Lei nº 7.492/1986 que os crimes contra o sistema financeiro nela previstos serão de competência da Justiça Federal. Por outro lado, nas leis contra a ordem econômico-financeira não temos a previsão em lei ordinária para a competência da Justiça Federal. Assim, nesses crimes, em regra, a competência será da Justiça Estadual, salvo se afetarem bens, serviços e interesses da União ou de suas entidades.

 Jurisprudência destacada

Os tribunais superiores têm entendido serem crimes contra o sistema financeiro e de competência da Justiça Federal as seguintes infrações:

Simulação de consórcio por meio de venda premiada operada sem autorização do Banco Central do Brasil – art. 16 da Lei nº 7.492/1986 (STJ, *Informativo* nº 637).

Oferta pública de contrato de investimento em criptomoedas, haja vista o referido contrato consubstanciar valor mobiliário, de modo a caracterizar os crimes da Lei nº 7.492/1986, em seus arts. 4º, 5º, 7º, II, e 16, de competência da Justiça Federal (STJ, *Informativo* nº 667).

Os crimes de pirâmide financeira em investimento de grupo em criptomoedas não se enquadram no conceito de atividade financeira, sendo, em verdade, crime contra a economia popular. Destarte, a competência será da Justiça Estadual, salvo se houver evasão de divisas ou lavagem de dinheiro em detrimento de bens, serviços ou interesses da União (STJ, *Informativo* nº 673).

Importante anotar que os crimes de lavagem de capitais, previstos na Lei nº 9.613/1998, ao contrário da impressão que muitos têm, são de competência da Justiça Estadual. Contudo, a Lei em seu art. 2º, III, determina que serão julgados pela Justiça Federal nas seguintes hipóteses:

- quando praticados contra o sistema financeiro e a ordem econômico-financeira;
- em detrimento de bens, serviços ou interesses da União, suas entidades autárquicas ou empresas públicas;
- quando a infração penal antecedente for de competência da Justiça Federal.

6.7.4.7 Habeas corpus em matéria criminal de sua competência ou quando o constrangimento provier de autoridade cujos atos não estejam diretamente sujeitos a outra jurisdição

Segundo o art. 108, I, *a* e *d*, da CF, compete aos Tribunais Regionais Federais processar e julgar os juízes federais na área de sua jurisdição, incluídos os da Justiça Militar e da Justiça do Trabalho, nos crimes comuns e de responsabilidade, e os membros do Ministério Público da União, ressalvada a competência da Justiça Eleitoral, bem como o *habeas corpus* quando a autoridade coatora for juiz federal.

O dispositivo do art. 109 traz à competência da Justiça Federal o julgamento do *habeas corpus* que envolveria supostos crimes que teriam a competência material para ser julgada no juízo federal. Para, além disso, também quando o *habeas corpus* se referir a constrangimento cometido por autoridades que deveria ali ser julgado em caso de crimes por elas cometidos. Assim, em cotejo do art. 108, supracitado, com o art. 109, **os *habeas corpus* contra ato de juízes federais, juízes militares, juízes do trabalho e os membros do Ministério Público da União serão julgados e processados pela Justiça Federal**. Em se tratando de juízes, mais especificamente, a competência será do Tribunal Regional Federal, dada o foro por prerrogativa de função que os juízes possuem de serem julgados pelos tribunais de segunda instância.

Questiona-se, diante da omissão normativa, de quem seria a competência para o julgamento de *habeas corpus* contra ato de membro do Ministério Público. Prevalece o entendimento de que o *habeas corpus* deve ser processado e julgado pelo respectivo Tribunal no qual o membro do Ministério Público tem foro por prerrogativa de função. A razão desse entendimento decorre do fato de que o julgamento do *habeas corpus* contra o membro do *Parquet* poderia resultar no reconhecimento de um crime que apenas o Tribunal poderia julgar. Desta sorte, se a autoridade coatora for um Procurador-Geral da República, o julgamento do *habeas corpus* caberá não ao juiz federal, mas sim ao Tribunal Regional Federal a quem competiria o julgamento de um crime que fosse cometido por esse Procurador.

O art. 109, VII, da CF dispõe, por sua vez, sobre o **Mandado de Segurança** de competência da Justiça Federal. Do mesmo modo do *habeas corpus*, a leitura da previsão constitucional deve ser realizada em cotejo com o art. 108, I, *c*, da CF. Dessa forma, tratando-se de mandado de segurança contra ato de juiz federal ou do próprio Tribunal, ao Tribunal Regional Federal caberá o seu processo e julgamento. Por outro lado, tratando-se de autoridade federal que não esteja sujeita diretamente à jurisdição do Tribunal Regional Federal, a competência será dos juízes federais de primeiro grau de jurisdição.

A Lei do Mandado de Segurança, Lei nº 12.016/2009, em seu art. 2º, traz previsão que pode se aplicar tanto ao mandado de segurança quanto ao *habeas corpus*. Preconiza que "considerar-se-á federal a autoridade coatora se as consequências de ordem patrimonial do ato contra o qual se requer o mandado houverem de ser suportadas pela União ou entidade por ela controlada".

6.7.4.8 Crimes cometidos a bordo de navios ou aeronaves, ressalvada a competência da Justiça Militar

Os crimes cometidos a bordo de navio ou aeronave serão de competência da Justiça Federal, desde que não se trate de navio ou aeronave militar. **No caso de navio ou aeronave militar a competência será da Justiça Militar respectiva.**

Todavia, não é qualquer embarcação civil que se enquadra no conceito de navio a atrair a competência da Justiça Federal. O conceito de navio vem previsto na Lei nº 2.180/1954, que em seu art. 11 determina que **a expressão navio só se refere às embarcações de grande porte**, capazes de realizar **viagens internacionais**. Os Tribunais Superiores ainda exigem que esse navio esteja em situação de deslocamento internacional ou de potencial deslocamento. Nesse diapasão, não será de competência da Justiça Federal os crimes cometidos a bordo de botes, jangadas, lanchas etc. A competência nesses casos será da Justiça Estadual.

Já **o termo aeronave é bem mais amplo**. Seu conceito vem previsto no art. 106 da Lei nº 7.565/1986, Código Brasileiro de Aeronáutica. Não se exige para caracterizar a expressão aeronave, de modo a atrair a competência da Justiça Federal, que seja ela de grande porte ou capaz de realizar viagens internacionais. Até mesmo pequenas aeronaves e com pequena autonomia serão de competência da Justiça Federal. Na forma do Código Brasileiro de Aeronáutica, "considera-se aeronave todo aparelho manobrável em voo, que possa sustentar-se e circular no espaço aéreo, mediante reações aerodinâmicas, apto a transportar pessoas ou coisas".

Foi no espeque da definição acima de aeronave que o STJ no *Informativo* nº 648 decidiu que compete à Justiça Estadual os julgamentos dos crimes cometidos a bordo de **balões de ar quente** tripulados, bem como dirigíveis (**aeróstatos**). Isso porque balões não se enquadram no termo aeronave, dado **não serem manobráveis**, mas apenas controlados em voo, guiados pela corrente de ar, e **sua sustentação não ocorrer por reações aerodinâmicas**, mas sim por impulsão estática decorrente do aquecimento do ar.

6.7.4.9 Crimes de ingresso ou permanência irregular de estrangeiro

Compete à Justiça Federal o processo e julgamento de todo e qualquer crime, previsto na legislação comum ou especial, cometido pelo estrangeiro com o intuito de regularizar o seu ingresso e permanência no Brasil. Atenta-se que o simples fato de um delito ter sido praticado por um estrangeiro não atrai a competência da Justiça Federal.

A condição de estrangeiro, para fins de atrair a competência criminal da Justiça Federal, só importa caso se trate de **crime relacionado ao ingresso ou permanência irregular no país** (STJ, CC nº 33.624/PE, *DJ* 05.05.2003).

Conforme a Lei de Imigração, Lei nº 13.445/2017, a entrada de estrangeiro no território nacional sem estar autorizado não configura crime, mas mera infração administrativa punida com deportação. Da mesma forma que permanecer no território nacional depois de esgotado o prazo legal da documentação migratória.

Por outro lado, no art. 338 do CP, temos o crime de reingressar no território nacional estrangeiro que dele foi expulso; no art. 309 do mesmo diploma, o crime de usar o estrangeiro para entrar ou permanecer no país, nome que não é seu, bem como a conduta de atribuir a estrangeiro falsa qualidade para promover-lhe a entrada em território nacional. Por fim, o art. 232-A do CP considera crime a conduta de promover, por qualquer meio, com o fim de obter vantagem econômica, a entrada ilegal de estrangeiro em território nacional ou de brasileiro em país estrangeiro. Todos esses de competência da Justiça Federal.

6.7.4.10 Disputa sobre direitos indígenas

Não é qualquer causa envolvendo indígena que será de competência da Justiça Federal. Somente será de competência da Justiça Federal as causas que envolver o **direito indígena** propriamente dito.

Pacificou-se na jurisprudência que **os crimes cometidos por ou contra indígena são, em regra, da competência da Justiça Estadual, salvo se o delito envolver a disputa sobre direitos indígenas**. Dispõe a Súmula nº 140 do STJ: "Compete à Justiça Comum Estadual processar e julgar crime em que o indígena figure como autor ou vítima".

Por direito indígena abstraímos o conceito do art. 231 da CF. Assim, "são reconhecidos aos índios sua organização social, costumes, línguas, crenças e tradições, e os direitos originários sobre as terras que tradicionalmente ocupam, competindo à União demarcá-las, proteger e fazer respeitar todos os seus bens".

Diante do exposto, o STJ no HC nº 77.280/RS, decidiu que se um chefe de uma tribo indígena for vítima de um crime doloso contra a vida, estando a infração relacionada à disputa sobre terras ocupadas pelos índios, estará fixada a competência do Tribunal do Júri Federal para o processo e julgamento do feito.

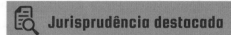

> O candidato de concurso público deve ficar atento a uma decisão da 5ª Turma do STJ. No RMS nº 30.675/AM o STJ concluiu que, mesmo em se tratando de indígena integrado à sociedade, haveria a necessidade de intervenção da FUNAI, o que, consequentemente, acarretaria a fixação da competência da Justiça Federal. Nesse diapasão a competência da Justiça Federal foi fixada não em razão de se tratar de disputa sobre direitos indígenas (art. 109, XI, da CF), mas em razão da intervenção da FUNAI no processo na forma do art. 109, I, da CF, *in verbis*: "as causas em que a União, entidade autárquica ou empresa pública federal forem interessadas na condição de autoras, rés, assistentes ou oponentes (...)".

Atente-se para os casos de crime de **genocídio contra indígenas**. Como já decidiu o STF, o feito será de competência do juiz federal singular (e não do júri federal). O crime de genocídio não se trata de um crime doloso contra a vida, de modo a não atrair a competência do Tribunal do Júri. Por outro lado, afeta os índios no espeque de seus direitos indígenas.

6.7.4.II Delegação de competência federal (art. 109, § 3º)

Além dessas disposições, o **art. 109, § 3º**, da Constituição traz a previsão de uma **competência delegada**. Assevera que "lei poderá autorizar que as causas de competência da Justiça Federal em que forem parte instituição de previdência social e segurado possam ser **processadas e julgadas na justi**ça **estadual quando a comarca do domicílio do segurado não for sede de vara federal**". Essa redação foi dada pela Emenda Constitucional nº 103/2019. Antes dela, havia a previsão de que além dessa hipótese de causas previdenciárias, a lei poderia permitir que outras causas fossem também processadas e julgadas pela Justiça Estadual, caso não houvesse sede de vara do juízo federal na comarca.

Dessa forma, chegou a existir uma possibilidade de competência delegada no âmbito penal. A antiga lei de drogas, Lei nº 6.368/1976, trazia a previsão legal no art. 27 de que os crimes de tráfico internacional de drogas poderiam ser julgados e processados na Justiça Estadual caso não houvesse na comarca sede de vara de juízo federal. Todavia, essa possibilidade apenas perdurou até o ano de 2006, haja vista que a atual Lei de Drogas (Lei nº 11.343/2006) não trouxe mais essa previsão. Destarte, mesmo antes da EC nº 103/2019, não mais havia exemplo dessa competência delegada no âmbito do processo penal.

Cumpre frisar que, mesmo no caso de uso de documento falso apresentado em ação previdenciária quando a Justiça Estadual estiver investida de delegação de competência federal, o STJ decidiu no CC nº 161.117/SP, j. 12.12.2018, que a competência para o processo penal continua a ser da Justiça Federal. Dessa forma, percebe-se que não existe mais possibilidade de competência delegada no âmbito do processo penal.

6.8 DISTRIBUIÇÃO COMO ALTERNATIVA À COMPETÊNCIA CUMULATIVA SUPLETIVA

A distribuição é um fenômeno criado pelo processo penal e que enseja também a fixação de competência. **A distribuição, em verdade, é um sorteio, realizado no âmbito interno dos Tribunais quando houver mais de um juízo igualmente competente para a matéria**. Trata-se de uma forma de dividir os trabalhos de forma, a mais igual possível, entre os juízes e turmas de um Tribunal.

Nesse diapasão, a distribuição fixará a competência quando existirem juízes igualmente competentes, dentro de um mesmo juízo, para o julgamento de determinada causa criminal. O desrespeito à fixação de competência por distribuição, por não se tratar de competência absoluta, dado não ser vinculado à matéria ou à pessoa, enseja mera nulidade relativa.

Salienta-se que **a distribuição pode ensejar a prevenção para a ação penal**. Isso ocorre quando, no decorrer da investigação, se exija algum ato judicial antes da propositura da ação penal. Exemplo disso são os casos de concessão de fiança pelo juiz, prisão preventiva, medidas cautelares, provas sujeitas a reserva constitucional de jurisdição etc. Nessas situações, o auto de prisão em flagrante ou a representação da autoridade investigativa será distribuída entre os juízes igualmente competentes. Esse juiz que recebeu essas peças ficará prevento para a ação penal, devendo o Ministério Público apresentar sua denúncia deste caso diretamente perante este juiz. O que se chama **distribuição por dependência**. Atenta-se que **referida regra não será aplicada ao juiz das garantias, o qual não fica prevento para o caso**.

Sempre houve acirrada crítica acerca dessa situação de o juiz que deferiu as medidas investigativas ficar prevento para a ação penal. Segundo uma teoria cunhada no processo penal com fulcro na psicologia, chamada de **teoria da dissonância cognitiva**, o juiz que profere decisões no inquérito policial, autorizando, por exemplo, interceptações telefônicas, prisões preventivas etc., teria sua imparcialidade comprometida quando julgamento da futura ação penal. A teoria da dissonância cognitiva afirma que o juiz, como ser humano, fica psicologicamente atrelado àquelas decisões anteriores e tende a manter a validade e conteúdo do que já afirmou anteriormente.

Por conta disso, o Pacote Anticrime que, diga-se de passagem, está com sua eficácia suspensa pela ADI nº 6.298/DF, trouxe a previsão do Juiz da Garantias. Desse modo, o juiz das garantias não teria atuação no processo penal, tendo sua atuação exclusiva para essas medidas na fase pré-processual. Seria ele o juiz que determinaria a prisão preventiva, busca e apreensão etc. Atuaria esse juiz até o recebimento da denúncia, momento em que o processo seria distribuído entre os juízes com atribuição para processar e julgar o feito.

Teríamos, diante da figura do juiz das garantias, uma **dupla distribuição**. A primeira entre os juízes destinados ao papel de juiz das garantias. A segunda entre os juízes responsáveis por processar e julgar o delito. Desse modo, a prevenção subsistiria apenas como critério para a definição do juiz das garantias, de modo que o juiz das garantias que já deferiu uma prisão preventiva, outra medida cautelar, ou provas, seria o competente para todas as demais medidas desse talante.

Todavia, diante da suspensão da ADI nº 6.298/DF, ainda se opera o critério da **distribuição por dependência**, devendo ser este o critério a ser observado nas provas de concursos públicos e na prática penal.

6.9 CONEXÃO E CONTINÊNCIA

As regras de competência são firmadas pela Constituição e pelas leis ordinárias. Como visto acima, busca distribuir a jurisdição, por entre diversos juízos no país. Tem por objetivo não apenas poder se efetivar o atendimento do grande número de demandas judiciais e, assim, auxiliar na organização da Justiça. Mas, de igual forma, trazer regras pré-fixadas no objetivo de garantir a imparcialidade da função jurisdicional no Brasil.

Ao lado das competências alhures mencionadas, temos ainda o que se costuma chamar de competência por conexão e continência.

A conexão e a continência, ao contrário das demais regras de competência acima, não tratam de fixação de competência. Ao contrário, trata-se de uma regra de **alteração de uma competência** já firmada. Não fosse a conexão e a continência, haveria o julgamento regular por parte de um juiz competente. Diante delas, o caso que seria julgado por esse juiz seria deslocado para outro juiz, que passa, então, a ser o juiz competente para a causa.

Como se poderá depreender logo mais ao detalharmos as espécies de conexão e continência, estas existem por motivos específicos. Em alguns casos, a reunião de processos que seriam julgados por juízes distintos é importante pelas seguintes razões:

- evitar decisões conflitantes (ou contraditórias) sobre um mesmo fato delituoso;
- facilitação na colheita e utilização das provas;
- celeridade e economia processual.

Como se pode observar das razões acima dos institutos, não existe justificativa para a reunião de processos, caso um deles já tenha sido julgado. Assim, a conexão e a continência não podem ser reconhecidas em qualquer fase da persecução penal, pois, se um dos processos já tiver sido julgado, estando já na fase recursal, ou em sede de execução penal, não subsistem razões para sua unificação. É nesse sentido a Súmula nº 235 do STJ: "A conexão não determina a reunião dos processos, se um deles já foi julgado".

A violação dos critérios de conexão e de continência enseja **nulidade meramente relativa**, e depende para sua decretação da demonstração do prejuízo. Isso por ter os institutos sede meramente em lei ordinária, sem estarem albergados dentro da Constituição.

Ademais, a conexão e a continência permitem a reunião apenas de processos e não de inquéritos policiais, ou de outros instrumentos investigativos. Cumpre, todavia, alertar sobre o apropriado entendimento de Nestor Távora e Rosmar Alencar (2010, p. 222). Segundo os autores, havendo utilidade, pode-se reunir inquéritos policiais em uma mesma delegacia, desde que exista autorização judicial nesse sentido, ouvido o Ministério Público.

A conexão e a continência, a par de ambas determinarem a reunião de processos e a alteração da competência, diferenciam-se nos seguintes aspectos. A conexão é o vínculo entre infrações penais sem que uma contenha a outra, por sua vez a continência é um vínculo em que se pode vislumbrar que um fato criminoso engloba outro fato criminoso. Ambas possuem regras bem definidas no CPP e se subdividem em diversas espécies.

A **conexão** pode ser **intersubjetiva**, **objetiva** (ou material) e **instrumental** (também chamada de probatória, processual ou ocasional).

A conexão intersubjetiva divide-se ainda em intersubjetiva por simultaneidade ou ocasional; por concurso ou concursal; e por reciprocidade.

A conexão objetiva ou material divide-se em: teleológica ou lógica ou finalista; e consequencial.

A conexão instrumental, probatória, processual ou ocasional não apresenta subdivisões.

Por sua vez, a continência pode ser: continência por cumulação subjetiva e continência por cumulação objetiva. Não apresentando outras subdivisões.

As hipóteses de conexão e continência estão entre os **arts. 76 a 77 do CPP**. Passemos à análise pormenorizada de cada uma delas.

6.9.1 Conexão intersubjetiva

A característica desse tipo de conexão é o fato de as infrações, pelos crimes que serão conexos, terem sido **praticadas por duas ou mais pessoas**. Recebe esse nome exatamente por envolver diversos sujeitos (intersubjetiva) no cometimento de duas ou mais infrações penais.

Uma observação importante. **Toda conexão exige a existência de pelo menos duas infrações penais ou mais.** Isso porque, como já dissemos, a conexão e a continência são a reunião de possíveis processos distintos perante um mesmo juiz (alterando dada competência). Um processo só existe para o julgamento de pelo menos uma infração penal. Logo, para que se possa reunir processos, deve haver mais uma infração penal sendo objeto de processos respectivos. A observação pode parecer ululante, todavia, muitos estudantes se perdem nesse ponto, chegando a confundir o mero concurso de pessoas em uma única infração penal com as hipóteses de conexão. Atenta-se que a continência difere levemente nesse ponto. Na continência, temos uma infração a englobar outras, a exemplo da própria coautoria que caracteriza espécie de continência por cumulação subjetiva.

6.9.1.1 Conexão intersubjetiva por simultaneidade ou ocasional

Como toda conexão intersubjetiva, ocorre pelo fato de as infrações penais (duas ou mais) terem sido praticadas por duas ou mais pessoas. Contudo, na conexão intersubjetiva por simultaneidade **não existe qualquer ajuste prévio entre essas pessoas** (esses agentes criminosos não se acham em concursos de pessoas).

É exatamente em razão dessa ausência de ajuste prévio entre os agentes delitivos que ela se chama conexão intersubjetiva ocasional. Os agentes se acham cometendo os diversos crimes por uma mera ocasião, acidentalmente, sem que tivessem combinado qualquer coisa anteriormente ou sequer se conhecessem. Os agentes são encontrados em uma mesma ocasião cometendo condutas criminosas. Logo, também é por isso que se exige outro requisito para que essa conexão exista, qual seja, as infrações terem sido praticadas **ao mesmo tempo**.

Assim caracteriza a conexão intersubjetiva por simultaneidade:

- duas ou mais infrações;
- **várias pessoas reunidas**;
- **sem ajuste prévio**;
- as infrações penais são **praticadas ao mesmo tempo**.

São exemplos desse tipo de conexão: o saque simultâneo a um mesmo estabelecimento comercial como ocorreu no início da pandemia do coronavírus em alguns países; o furto de mercadorias de um caminhão que tombou em uma rodovia pelas pessoas que ali perto se encontravam; vários torcedores, sem estarem previamente ajustados, depredam um estádio de futebol.

Observe que, nos exemplos citados, caso haja o ajuste prévio das pessoas, será o caso não da conexão intersubjetiva por simultaneidade ou ocasional, mas sim de conexão intersubjetiva por concurso ou, a depender, continência por cumulação subjetiva. Como veremos logo abaixo.

6.9.1.2 Conexão intersubjetiva por concurso ou concursal

Nesse caso, **as infrações** são cometidas por pessoas em **concurso de pessoas, embora diversos o tempo e o lugar**. Essa situação de várias pessoas cometendo vários crimes em situações de lugares e tempo diferentes costuma-se denominar pela doutrina de **concurso de agentes dilatado no tempo**. É exatamente o fato de as infrações por esses indivíduos serem cometidas em tempo e lugar diferentes que diferencia a conexão intersubjetiva por concurso da continência por cumulação subjetiva. Na continência por cumulação subjetiva, as infrações penais também ocorrem em concurso de agentes, todavia, na mesma situação de tempo e local (como veremos).

Exemplos de tipo de conexão: A pratica um furto de um documento, B o falsifica futuramente e C, com esse documento, pratica futuramente estelionato (típica situação de concurso por divisão de tarefas); outro exemplo seria um grupo de pessoas em concurso cometendo vários delitos em uma cidade, porém em bairros diferentes.

Assim, caracteriza a conexão intersubjetiva concursal:

- duas ou mais infrações;
- praticadas **em concurso de pessoas**;
- em **situações diversas de tempo e lugar**.

6.9.1.3 Conexão intersubjetiva por reciprocidade

Aqui, a relação entre as pessoas que cometem os diversos crimes se dá por essas se voltarem **umas contra as outras**. Ao contrário das hipóteses acima onde há o concurso de pessoas ou o simples fato de estarem as pessoas reunidas sem ajuste, mas em condutas convergentes e não divergentes como no presente caso.

Na conexão intersubjetiva por reciprocidade **há reciprocidade na violação dos bens jurídicos**.

Exemplo de tipo de conexão: lesões corporais recíprocas (típico caso de uma briga).

Observe-se que o crime de rixa não é um caso de conexão intersubjetiva por reciprocidade, e isso por um motivo bem simples: o crime de rixa é um crime único. Não há aí duas ou mais infrações penais, mas sim uma única infração que embora até possa apresentar condutas de violações recíprocas a bens jurídicos, essas são cometidas em concursos de pessoas em um único crime, sendo hipótese de continência por cumulação subjetiva.

Assim, caracteriza a conexão intersubjetiva por reciprocidade:

- duas ou mais infrações;
- várias pessoas umas contra as outras;
- violação recíproca a bens jurídicos.

> **Decifrando a prova**
>
> **(2021 – MPM – Promotor de Justiça Militar)** Quanto ao tema da conexão de causas no processo penal, identifique a ocorrência da conexão intersubjetiva por reciprocidade.
> A) Quando uma infração é praticada para facilitar ou ocultar outra, ou para obter impunidade ou vantagem.
> B) Quando a prova de uma infração ou de suas elementares influir na prova de outra infração.
> C) Quando várias infrações são praticadas por pessoas diferentes, umas contra as outras.

> D) Quando várias pessoas, previamente combinadas, praticam infrações diversas, em tempo e lugar diferentes.
>
> **Gabarito comentado:** a conexão intersubjetiva se dá quando as pessoas cometem diversos crimes umas contra as outras. Portanto, a letra C é o gabarito.

6.9.2 Conexão objetiva ou material

Nesse tipo de conexão, as infrações penais decorrem de uma mesma causa, sendo uma infração penal realizada em razão da outra. Aqui, não importa a relação entre as pessoas, mas sim a relação entre crimes, como passamos a melhor explicar diante de suas subespécies.

6.9.2.1 Conexão objetiva teleológica

Também chamada de lógica ou finalística, ocorre quando a primeira infração penal é realizada para facilitar uma segunda. A motivação da primeira infração penal se dá em razão da segunda. A primeira infração penal só ocorre para se realizar a segunda.

Exemplo: A mata B, segurança de um empresário C, para o fim de sequestrar C.

Características da conexão teleológica:

- duas ou mais infrações;
- a primeira é realizada em razão da segunda.

> **Decifrando a prova**
>
> **(2021 – FCC – DPE/RR – Defensor Público)** A competência no Processo Penal será definida pela conexão objetiva ou teleológica
>
> A) quando duas ou mais pessoas forem acusadas da mesma infração penal.
>
> B) se, ocorrendo duas ou mais infrações, houverem sido praticadas por várias pessoas, umas contra as outras.
>
> C) se, no mesmo caso, duas ou mais infrações houverem sido umas praticadas para facilitar ou ocultar as outras, ou para conseguir impunidade ou vantagem em relação a qualquer delas.
>
> D) quando a prova de uma infração ou de qualquer de suas circunstâncias elementares influir na prova de outra infração.
>
> E) se, ocorrendo duas ou mais infrações, houverem sido praticadas, ao mesmo tempo, por várias pessoas em concurso, embora diverso o tempo e o lugar.
>
> **Gabarito comentado:** a conexão objetiva ocorre quando a primeira infração penal é realizada para facilitar uma segunda, ocultar, conseguir impunidade, vantagem, ou a prova de uma influenciar na outra. Divide-se em teleológica, consequencial e instrumental. Cumpre observar que o enunciado se equivoca ao deixar transparecer que a conexão objetiva e a teleológica são sinônimas, quando na verdade a última é espécie da primeira. Portanto, a letra C é o gabarito.

6.9.2.2 Conexão objetiva consequencial

Aqui é a segunda infração (ou as infrações posteriores) que é realizada em razão da primeira. A segunda infração visa garantir a **ocultação**, a **impunidade** ou a **vantagem** da primeira infração.

Exemplo: A e B matam C, em seguida, A mata B para que fique sozinho com o produto do primeiro crime; A mata B e, em seguida, mata C, testemunha do primeiro crime.

Características da conexão objetiva consequencial:

- duas ou mais infrações;
- a segunda é cometida para garantir a ocultação, impunidade ou vantagem da primeira.

6.9.2.3 Conexão objetiva instrumental

Também chamada de probatória, processual ou ocasional, caracteriza-se quando a prova ou circunstâncias de uma infração influir em outra infração penal.

Exemplo: A comete furto, em seguida passa a coisa furtada para B, que assim comete receptação, nesse sentido há a conexão instrumental entre o furto e a receptação.

Características da conexão instrumental:

- duas ou mais infrações;
- **prova ou circunstância** de uma infração influir na outra.

Jurisprudência destacada

Apesar de ser possível, não há conexão obrigatória entre o delito de organização criminosa e os demais delitos cometidos em seu contexto, daí por que é admitida a tramitação simultânea das respectivas acusações em juízo diferentes (STF, 2º AgRg no Inq. nº 4.327/DF, Rel. Min. Edson Fachin, j. 19.12.2017).

6.9.3 Continência

Como já mencionado, ocorre quando um fato criminoso engloba (cumula) outro fato criminoso. Essa cumulação pode ser subjetiva ou objetiva, vejamos.

6.9.3.1 Continência por cumulação subjetiva

Nessa hipótese prevista no art. 77, I, do CPP, duas ou mais pessoas forem acusadas da mesma infração.

Exemplo: coautoria.

6.9.3.2 Continência por cumulação objetiva

Com previsão no art. 77, II, do CPP, ocorre quando provierem diversos resultados lesivos decorrentes de uma mesma conduta. São os casos de: concurso formal de crimes (art. 70 do CP); *aberratio ictus* (art. 73 do CP); e do *aberratio criminis* (art. 74 do CP). Em todas essas hipóteses há mais de um resultado lesivo, porém decorrente de uma esma conduta.

Os exemplos são os normalmente trabalhados no direito penal para o concurso formal, *aberratio ictus* e *aberratio criminis*.

6.10 FORO PREVALENTE

Na conexão e continência impõe-se a junção dos feitos, havendo uma prorrogação de competência de um dos juízes dos casos. Diante dessa prorrogação de competência necessita-se saber quem será o juiz competente.

Para essa análise, devemos nos atentar qual dos juízes tem sua regra de competência fixada na Constituição Federal. Se ambas as infrações conexas ou continentes tiverem assento na CF, determinar-se-á a disjunção dos feitos. Todavia, caso uma tenha sede na CF e outra apenas na lei ordinária, em regra, dever-se-á reunir os feitos perante a justiça que tenha sua competência fixada na CF. Exemplo disso é o caso de uma autoridade com foro por prerrogativa de função e um outro agente sem essa prerrogativa concorrendo juntos para um crime doloso contra a vida. Diante de estarem presentes dois casos com competência prevista na CF, deve ser a autoridade julgada no seu foro e o outro agente no Tribunal no Júri.

A despeito de o mencionado no parágrafo anterior ser uma regra geral que se pode adotar para a junção e disjunção dos casos de conexão e continência, nem sempre se dará dessa forma, como passamos detidamente a analisar diante das normas estampadas no art. 78 do CPP e na jurisprudência.

6.10.1 Competência prevalente do Júri

Havendo conexão ou continência entra uma competência do Júri e outra de órgão de jurisdição comum, prevalecerá a competência do Júri. Isso segundo a regra acima citada, dado a competência de o Júri ter previsão constitucional.

É segundo mesma regra geral que, se houver a competência do Júri e outra da Justiça Militar ou Eleitoral, deverá ocorrer à disjunção dos feitos. Isso pelo fato de todas elas terem acento constitucional.

6.10.2 Jurisdição da mesma categoria

Jurisdição da mesma categoria é aquela em que dois ou mais magistrados são competentes para julgar o mesmo tipo de causa. Nos casos de jurisdição de mesma categoria utilizar-se-á o seguinte critério, preconizado no art. 78, II, do CPP, para se definir quem será o juiz competente.

Primeiramente, deve-se analisar onde foi cometida a infração mais grave. O foro dessa infração reunirá as demais ações. Sendo as infrações da mesma gravidade, prevalecerá o foro onde foi cometido o maior número de infrações. Caso a gravidade e o número de infrações forem o mesmo, o foro será fixado pela prevenção.

6.10.3 Jurisdição de categorias diversas

São aquelas que envolvem órgãos jurisdicionais de diferentes hierarquias, sendo um de jurisdição superior e outro de jurisdição inferior.

É o critério que se aplica quando se tem concurso de agentes, um com foro por prerrogativa por função e outro sem. Nesse caso, segundo a regra geral, ambos seriam julgados pelo foro do agente com prerrogativa de função, dado esse foro ter previsão na Constituição. Existe, inclusive, súmula nesse sentido: "Não viola as garantias do juiz natural, da ampla defesa e do devido processo legal a atração por continência ou conexão do processo do corréu ao foro por prerrogativa de função de um dos denunciados" (Súmula nº 704 do STF).

> **Decifrando a prova**
>
> **(2021 – NC-UFPR – PC/PR – Delegado de Polícia)** Versa a Súmula nº 704 do STF que não viola as garantias do juiz natural, da ampla defesa e do devido processo legal a atração do processo do corréu ao foro por prerrogativa de função de um dos denunciados. Nesse contexto, quando duas ou mais pessoas forem acusadas pela mesma infração, a competência será determinada pelo(a):
> A) distinção.
> B) prevenção.
> C) domicílio da vítima.
> D) conjugação de autores.
> E) continência.
> **Gabarito comentado:** de acordo com o art. 77, I, do CPP, a letra E é o gabarito.

Não obstante a supracitada súmula, a reunião de processos nesses casos não é obrigatória. O STF, evoluindo sua jurisprudência, tem assentado que a extensão do foro por prerrogativa de função e agente que não o possui, na hipótese de concurso com agente detentor de foro, é medida restrita, somente justificada em situações em que as condutas se revelem intimamente ligadas, de modo que a disjunção resultaria, por si só, em prejuízo ao esclarecimento dos fatos ou ao andamento processual, tendo em conta ainda que a prerrogativa de foro é exceção constitucional aos princípios republicanos, demandado assim aplicação comedida.

Como se observa da nova postura do STF, a regra é o desmembramento dos inquéritos e ações penais originárias no tocante a coinvestigados ou corréus não detentores de foro por prerrogativa de função. Todavia, havendo utilidade para a elucidação dos fatos, andamento do processo, ou pela facilidade probatória, cabe ao próprio foro por prerrogativa de função decidir se é hipótese de reunião ou desmembramento do processo. Assim, havendo a descoberta fortuita de indícios de envolvimento de agente com foro por prerrogativa de função, os autos devem ser imediatamente encaminhados a esse foro, único órgão com competência para deliberar acerca da conexão e continência nesses casos.

Nos casos de concurso de agentes com foros por prerrogativa de função distintos, e ambos previstos na CF (como no caso de um governador que tem foro no STJ e um deputado federal que tem foro no STF), o STF também tem entendido de forma diversa da regra geral supracitada. Segundo a regra geral, diante de duas competências com previsão especificamente na Constituição, dever-se-ia operar a disjunção dos feitos. Segundo o STF e o STJ, na hipótese de agentes com foros por prerrogativa de função distintos, ambos os agentes devem ser julgados pelo órgão de jurisdição superior.

Diferentemente ocorre no concurso entre um foro por prerrogativa de função e a competência do Tribunal do Júri. Nesses casos, ocorrerá a disjunção dos feitos, segundo a regra geral, sendo a autoridade julgada no seu respectivo foro e os demais agentes sem foro no Tribunal do Júri. É a posição dos Tribunais Superiores.

6.10.4 Jurisdição comum e jurisdição especial

A jurisdição comum envolve a Justiça Estadual e a Justiça Federal. Por sua vez, a Justiça Eleitoral e a Justiça Militar têm natureza de jurisdição especial. Essa distinção se dá em razão da competência expressa dessas últimas, e a competência residual, das primeiras. Salienta-se, ainda que, em relação à Justiça Estadual e à Justiça Federal, esta última é considerada especial em relação à Justiça Estadual.

Essas distinções são importantes para se determinar o foro prevalente. Concorrendo um crime eleitoral e um crime comum, ambos serão julgados na Justiça Eleitoral. Por sua vez, concorrendo um crime militar e um crime comum deverá haver disjunção dos feitos, haja vista que a Justiça Militar, diferente da Eleitoral, só tem competência para julgar crimes militares (assim definidos no art. 9º do CPM).

Nos termos da Súmula nº 122 do STJ, no concurso entre a Justiça Estadual e a Justiça Federal prevalecerá a última, considerada especial em relação à primeira.

6.11 SEPARAÇÃO OBRIGATÓRIA DE PROCESSOS

O art. 79 do CPP traz as hipóteses de separação obrigatória de processos, de modo a afastar a regra da reunião obrigatória de processos prevista no art. 78 do CPP. São essas:

- **Jurisdição comum e jurisdição militar**: a Justiça Militar só julga os crimes assim definidos no art. 9º do CPM, havendo conexão desses com um crime sem sede naquele dispositivo a disjunção dos feitos se impõe. Nesse sentido, a própria Súmula nº 90 do STJ. Cumpre atentar que a recente Lei nº 13.491/2017 alargou o rol dos crimes albergados no art. 9º do CPM.

- **Justiça comum e Justiça da Infância e da Juventude**: a disjunção dos feitos ocorre porque o agente menor de 18 anos é julgado pela Justiça da Infância e da Juventude, dado que este não comete crime, senão ato infracional.
- **Superveniência de doença mental**: ocorrendo a superveniência de doença mental de um dos réus, ou seja, doença mental que surge apenas após a prática do crime, exige-se, na forma do CPP, a suspensão do processo até que esse réu se recupere. Nessa situação desaparece a conveniência de se manter os processos reunidos, prosseguindo o processo normalmente apenas em relação ao corréu sem a doença mental.
- **Fuga de um dos réus**: estando um dos réus foragido, o processo deve prosseguir normalmente em relação aos demais réus. O réu foragido será julgado apenas quando encontrado, pois o réu não pode ser julgado se citado por edital não comparecer aos autos nem constituir defensor. O que se denomina **crise de instância**. Ou seja, na crise de instância haverá disjunção dos feitos.

6.12 SEPARAÇÃO FACULTATIVA DE PROCESSOS

O art. 80 do CPP traz hipóteses em que a separação dos processos será facultativa. Nesses casos, a separação pode ser solicitada pelas partes e realizada até mesmo de ofício pelo juiz. São casos de separação facultativa de processos:

- **Infrações cometidas em tempo e lugar diferentes**: for conveniente a separação por não estarem presentes as razões supracitadas que justificam a reunião por conexão e continência.
- **Casos de excessivo número de acusados**: nessas situações, de igual modo, pode ocorrer de não se alcançar os fins da reunião de processos que justificam a conexão e continência. O excessivo número de acusados pode dificultar a instrução e afetar a celeridade e eficiência, aviltando o princípio da duração razoável do processo. De igual modo, pode prolongar prisões provisórias, o que não se admite.
- **Em face de motivo relevante**: um outro motivo que o juiz julgar motivadamente conveniente para a separação.

6.13 PERPETUATIO JURISDICTIONIS

A **perpetuação da jurisdição** é nome que se dá quando um juiz incompetente passa a ser competente, perpetuando a sua jurisdição. No caso de junção dos feitos por conexão e continência, se constatada a incompetência do juízo que exerceu a força atrativa, o que ocorre nos casos de absolvição ou desclassificação do crime que provocou a atração, por questões de economia processual, o crime atraído continuará a ser julgado por esse juízo. Esse fenômeno processual tem sua previsão no art. 81 do CPP.

Uma outra situação em que ocorre a *perpetuatio jurisdictionis* refere-se aos casos em que é criada uma nova vara criminal em certa comarca. Os processos relativos às infrações penais que deveriam ser remetidos para essa nova vara, caso as suas provas já tenham sido realizadas no antigo juízo, não devem ser remetidos para essa nova vara, permanecendo na anterior em razão das supracitadas razões de economia processual.

> **Jurisprudência destacada**
>
> O STJ decidiu que a redistribuição do feito, decorrente da criação de vara com idêntica competência com a finalidade de igualar os acervos dos juízos e dentro da estrita norma legal, não viola o princípio do juiz natural, uma vez que a garantia constitucional permite posteriores alterações de competência (STJ, HC nº 102.193/SP, Rel. Min. Laurita Vaz, j. 02.02.2010; e STF, HC nº 91.253/MS, *DJ* 14.11.2007).
>
> O STF, na conhecida chacina de Unaí, decidiu que a criação de vara federal na localidade de ocorrência de crime doloso contra a vida não enseja a incompetência do Juízo em que já se tenha iniciado a ação penal. Destarte, reconhecendo a regra geral da perpetuação da jurisdição do art. 81 do CPP (*Info.* nº 783).

Existem exceções à perpetuação da jurisdição. Essas exceções encontram-se no Tribunal do Júri. O Tribunal do Júri, como sabemos, divide-se em duas fases. A fase de pronúncia e a fase do Conselho de Sentença. Caso ocorra na primeira fase, a fase de pronúncia, absolvição sumária, impronúncia ou desclassificação do crime doloso contra a vida para crime não doloso contra a vida, o crime conexo e continente não será mais ali julgado, devendo ser remetido para o juiz competente. Tudo isso na forma do art. 81, parágrafo único, do CPP.

Por outro lado, na segunda fase do júri temos duas hipóteses distintas. Caso ocorra aí a desclassificação do crime doloso contra a vida pelo Conselho de Sentença, tanto o crime doloso contra a vida quanto os crimes conexos e continentes serão julgados pelo Juiz-Presidente do Júri. De outra sorte, caso o Conselho de Sentença julgue pela absolvição do réu pelo crime doloso contra a vida, será o próprio Conselho de Sentença que continuará julgando o crime conexo e continente. Destarte, como se percebe, na segunda fase do júri, os crimes conexos e continentes seguirão quanto a sua competência a mesma sorte do crime doloso contra a vida. Se o Conselho de Sentença julgar um, julgará os outros, se for o juiz-presidente que julgar, julgará todos os demais.

6.14 AUTORIDADE DA JURISDIÇÃO PREVALENTE

Pode ocorrer que, mesmo diante de um caso de conexão e continência, por displicência da distribuição no Tribunal (ou em razão de os elementos que autorizam a conexão ou continência só se mostrarem posteriormente), os processos sejam instaurados perante juízos diferentes. Nesses casos, o art. 82 do CPP **autoriza o juízo prevalente a avocar os processos conexos e continentes instaurados nos outros juízos**. Todavia, esse poder de avocação dos processos pelo juiz prevalente só poderá ocorrer caso não tenha havido **sentença definitiva** (aquela sentença que encerrou a primeira fase processual).

6.15 PREVENÇÃO

A **prevenção é um critério residual de fixação da competência**. Quando dois ou mais juízes poderiam conhecer do caso, e todos os demais critérios de competência não encontrarem solução para decidir onde se fixará a competência, esta será firmada pelo juiz que primeiro conhecer do caso. A isso se chama **prevenção ou juízo prevento**.

O juiz prevento é aquele que primeiro realizou algum ato decisório, mesmo que esta decisão tenha sido proferida em sede de inquérito policial, como no caso de uma busca e apreensão, interceptação telefônica, prisão preventiva etc.

Não obstante, cumpre frisar que as **decisões proferidas por magistrados de plantão não ensejam prevenção**.

6.16 COMPETÊNCIA POR PRERROGATIVA DE FORO

Também chamada de *ratione personae*, é a competência firmada em razão do exercício de alguns cargos de relevância pública que compõem a estrutura do Estado brasileiro. Almeja essa competência evitar influências indevidas nos julgamentos das pessoas ocupantes desses cargos, evitar pressões políticas, bem como garantir a estabilidade no desempenho dessas funções importantes para o Estado. Trata-se de uma competência originária, haja vista que os agentes detentores de foro serão processados originalmente nos respectivos Tribunais.

É de todo indevido vincular essa prerrogativa de foro à ideia de privilégios. Isso fere o princípio republicano. Em uma República, todos são iguais e responsáveis pelos seus atos ilícitos, não se admitindo distinções entre pessoas. Diante disso, a expressão foro privilegiado deve ser evitada.

Diante dessas premissas de que a prerrogativa de foro funciona como uma proteção ao cargo do agente delitivo, esta só persiste enquanto ele permanecer no cargo. A partir do momento em que ele deixa de exercer o cargo, perdem-se as razões de ainda existir essa regra especial de competência, devendo-se remeter os autos ao juiz singular, preservando-se a validade dos atos processuais praticados naquele juízo, até mesmo o recebimento da denúncia. É, inclusive, despiciendo qualquer ratificação de tais atos no novo juízo, pois nesses casos não há qualquer nulidade dos atos pretéritos.

Questão diferente funciona em razão da **renúncia ao cargo**. Os Tribunais Superiores nesse tocante sempre seguiram a regra acima. Contudo, na Ação Penal nº 396/RO, o STF reviu esse posicionamento. No julgamento do então Deputado Federal Natan Donadon, o réu, no intuito de protelar o andamento do processo e buscar a prescrição, após responder a todo o processo, veio a pedir renúncia do seu cargo nas vésperas do julgamento. Isso no escopo de ter o feito todo deslocado ao juízo de primeira instância e com esse retardo alcançar a prescrição. O STF, nesse caso, entendeu que se tratava aí de abuso de direito e que estaria o réu a escolher em qual instância seria julgado.

Diante disso, o STF começou a rever seu posicionamento e entendeu, no caso do Deputado Natan Donadon, na Ação Penal nº 396/RO, que o **deslocamento da competência em**

razão da renúncia do cargo não poderia ocorrer após o feito ter sido incluído na pauta para julgamento do Plenário da Corte.

Em um segundo momento o STF chegou a afirmar que o momento máximo para que o réu apresentasse sua renúncia e esta ensejasse a declinação de competência seria o **momento em que deveria encaminhar suas alegações finais** (Ação Penal nº 536/MG).

Contudo, em data recente, o STF em decisão de plenário solidificou o entendimento sobre a matéria, fato que tem sido seguido por todos os demais tribunais brasileiros, sendo a posição que deve ser adotada pelos candidatos nas provas de concursos públicos. Assim na **Ação Penal nº 937**, em sessão realizada no dia 03 de maio de 2018, o STF pacificou o entendimento de que o momento em que a renúncia pode ensejar a alteração da competência para o juízo de primeiro grau se dá **até a publicação do despacho de intimação para a apresentação de alegações finais** (e não mais no prazo das alegações finais).

De igual modo, nessa mesma oportunidade, o STF firmou outros importantes entendimentos. Assim, deve o candidato de concurso público atentar para os seguintes pontos assentados pela Corte na Ação Penal nº 937, e com base neles responder as questões das provas:

- O foro por prerrogativa de função é aplicável apenas às infrações penais praticadas **durante o exercício do cargo público** e apenas **enquanto o agente permanecer nele**.
- O foro por prerrogativa de função **apenas é aplicável às infrações penais que possuam relação com o cargo público** (por exemplo, infrações penais contra a esposa no lar conjugal não permite a prerrogativa de foro, sendo julgado pelo Juízo de primeiro grau).
- Com o término da instrução processual e a **publicação do despacho de intimação para a apresentação das alegações finais opera-se a** *perpetuatio jurisdictionis*.

Outro ponto polêmico diz respeito a duas situações: a um, em relação à subsistência do foro na hipótese em que o agente público pratica a infração penal no exercício da função, dela se afasta e vem a ocupar outro cargo público; a dois, nas hipóteses de reeleição para o mesmo cargo.

No primeiro ponto entende-se que a infração penal no exercício de cargo público anterior deverá ser remetida ou permanecer no juiz de primeiro grau. Como reconhecido pelo STF, o foro é válido apenas se a infração penal é cometida durante o cargo público, cessado o cargo, cessa o foro (ALVES, 2021, p. 355).

No que tange à reeleição, a doutrina e o STJ, no *Informativo* nº 649, e o STF, nos *Informativos* nºs 933 e 940, asseveram que, no caso de reeleições sucessivas, a jurisdição fixada deve se perpetuar. No caso não houve solução de continuidade dos mandatos. Todavia, se houver interregnos de mandatos, ou seja, os mandatos não forem sucessivos (como no caso de reeleição), o foro anterior não mais subsistirá, remetendo-se os autos ao juiz de primeiro grau, devendo lá permanecer ainda que o agente seja novamente eleito para o mesmo posteriormente.

Jurisprudência destacada

Outra questão se refere às hipóteses do que se denominam mandatos cruzados. Mandatos cruzados é o nome que se dá quando o parlamentar apenas troca de casa legislativa, contudo, dentro do mesmo poder. Por exemplo, quando o parlamentar pratica um crime como Senador, sai deste cargo e assume sucessivamente, sem solução de continuidade, o cargo de Deputado Federal. Nessas hipóteses, entende-se que deve ser mantido o foro por prerrogativa de função, pois, não existe aí solução de continuidade no exercício do cargo público (STF, 2ª Turma, Inq. nº 4.342, *DJE* 02.12.2019).

É inconstitucional norma de constituição estadual que estende o foro por prerrogativa de função a autoridades não contempladas pela Constituição Federal de forma expressa ou por simetria (STF, Plenário, ADI nº 6.501/PA, ADI nº 6.508/RO, ADI nº 6.515/AM e ADI nº 6.516/AL, Rel. Min. Roberto Barroso, j. 20.08.2021, *Info.* nº 1.026).

Extrapola a autonomia do Estado prevista, em constituição estadual, que confere foro privilegiado a Delegado Geral da Polícia Civil.

A autonomia dos Estados para dispor sobre autoridades submetidas a foro privilegiado não é ilimitada, não pode ficar ao arbítrio político do constituinte estadual e deve seguir, por simetria, o modelo federal (STF, Plenário, ADI nº 5.591/SP, Rel. Min. Cármen Lúcia, j. 20.03.2021, *Info.* nº 1.010).

Salienta-se que sempre que uma autoridade com prerrogativa de foro praticar uma infração penal, ainda que fora da jurisdição do tribunal na qual ela goza de foro, será sempre julgada por este tribunal. É como uma mancha do tribunal marcada nesse agente, aonde ele for, a competência do tribunal para julgar suas condutas criminais relacionadas ao cargo vai junto. Por exemplo, se um promotor de Justiça de Brasília praticar crime em são Paulo, será julgado pelo Tribunal de Justiça do Distrito Federal e Territórios.

 Jurisprudência destacada

Se um Senador, que responde ação penal no STF, foi eleito Deputado Federal, sem solução de continuidade, o STF permanece sendo competente para a causa (mantém-se a competência do STF nos casos de mandatos cruzados de parlamentar federal). A competência penal originária do STF para processar e julgar parlamentares alcança os congressistas federais no exercício de mandato em casa parlamentar diversa daquela em que consumada a hipotética conduta delitiva, desde que não haja solução de continuidade. Desse modo, mantém-se a competência criminal originária do STF nos casos de "mandatos cruzados" exclusivamente de parlamentar federal (STF, Plenário, Inq. nº 4.342-QO/PR, Rel. Min. Edson Fachin, j. 1º.04.2022, *Info* nº 1.049).

6.16.1 Casuística do foro dos governadores, deputados federais e estaduais, prefeitos, juízes e promotores

Primeiramente, cumpre mencionar que a regra constitucional que exige **a autorização do Poder Legislativo para processar e julgar os crimes de responsabilidade** (assim entendidos aqueles crimes comuns cometidos no exercício da função) do Presidente da República não pode se aplicar aos governadores de Estado, pois essa prerrogativa é exclusiva da mais alta autoridade do executivo do país, o Presidente da República, não se aplicando aos governadores de Estado. Mesmo que esses governadores tenham essa prerrogativa nas respectivas constituições estaduais, essa regra será inconstitucional, pois não existe simetria entre os governadores de Estado e o Presidente da República. Nesse sentido pacificou o Plenário do STF na ADI nº 5.540.

Cumpre mencionar que os Tribunais Superiores, antes do julgamento alhures, já chegaram a se posicionar no sentido de que, se esses governadores tivessem nas respectivas constituições estaduais a previsão de que seu processo e julgamento por crimes de responsabilidade necessitassem de prévia autorização da Assembleia Legislativa do seu Estado, essa norma seria válida. O que não mais vigora.

Nesse sentido é o teor da Súmula Vinculante nº 46 do STF, segundo a qual as unidades federativas não têm competência para editar normas que exijam autorização da Assembleia Legislativa para o início da ação penal perante o STJ em desfavor de governador por crime comum.

No que tange aos **prefeitos**, na forma do art. 29, X, da CF, eles são julgados originalmente pelos Tribunais de Justiça do Estado em que atuam. Por essa previsão estar na Constituição Federal, como vimos acima, essa prerrogativa de foro dos prefeitos prevalece ainda que estes cometam crime contra a vida. Cometendo, destarte, o prefeito crime contra a vida no exercício de sua função, será ele julgado perante o respectivo Tribunal e não pelo Tribunal do Júri.

Consoante à **Súmula nº 702 do STF**, se os prefeitos cometerem crime de competência da Justiça Federal, serão eles julgados pelos Tribunais Regionais Federais. Se cometerem crimes eleitorais, pelos Tribunais Regionais Eleitorais. Haja vista que a competência originária dos prefeitos no Tribunal de Justiça do Estado restringe-se aos crimes de competência da Justiça Estadual; nos demais casos, a competência originária caberá ao respectivo Tribunal de segundo grau. De acordo com o STF, essa mesma regra prevalece para os deputados estaduais (STF, HC nº 72.207/PA).

Cumpre observar nesse ponto as **Súmulas nº 208 e 209 do STJ**, segundo as quais se depreende que compete à Justiça Federal processar e julgar prefeito municipal por desvio de verba sujeita a prestação de contas perante órgão federal. De outro modo, compete à Justiça Estadual processar e julgar prefeito por desvio de verba **transferida e incorporada ao patrimônio municipal**. Exceção a essa regra o STJ firmou em questões relativas ao SUS. Em relação ao desvio de verbas do SUS, independentemente de se tratar de valores repassados aos Estados ou Municípios por meio da modalidade de transferência **fundo a fundo** ou mediante convênio, a competência será da Justiça Federal. É que em se tratando do SUS sempre haverá interesse da União diante da obrigatoriedade da Lei nº 8.080/1990, art. 33, § 4º, na fiscalização dessas verbas.

Frisa-se, mais uma vez, que o Tribunal de Justiça que julgará o prefeito é o do local em que ele exerce suas funções, pouco importando o local da infração penal.

Quanto aos **vereadores**, em regra, esses não possuem prerrogativa de foro. Todavia entende-se pacificamente que as constituições estaduais podem reconhecer a prerrogativa de foro para eles (STF, RE nº 464.935/RJ). Todavia, como a competência para o julgamento dos **vereadores** não vem prevista na Constituição Federal, senão na estadual, eles **sempre serão julgados pelo Tribunal do Júri** nos crimes dolosos contra a vida.

No que se refere aos **deputados estaduais**, estes possuem previsão expressa na Constituição de previsão de simetria para com os deputados federais. Esses, mesmo diante da prática de crime doloso contra a vida, serão julgados pelo Tribunal de Justiça do Estado em que atuam e não pelo Júri.

Os Magistrados e os membros do Ministério Público serão sempre julgados pelo Tribunal a que estão vinculados, ressalvada apenas a competência da Justiça Eleitoral. Dada essa previsão na CF, essa prerrogativa de foro sempre prevalecerá sobre o Tribunal do Júri.

Jurisprudência destacada

Compete aos tribunais de justiça estaduais processar e julgar os delitos comuns, não relacionados com o cargo, em tese praticados por Promotores de Justiça (STJ, 3ª Seção, CC nº 177.100/CE, Rel. Min. Joel Ilan Paciornik, j. 08.09.2021, *Info.* nº 708).

Decifrando a prova

(2021 – FGV – TJ/SC – Titular de Serviços de Notas e de Registros – Provimento) José, magistrado vinculado à Vara Criminal de Joinville, na condição de juiz auxiliar da Corregedoria do Tribunal de Justiça de Santa Catarina, compareceu a cartório extrajudicial localizado em Florianópolis para realizar diligência no exercício de sua função. Durante a diligência, veio a se desentender com Breno, funcionário do cartório que dificultava o ato, acabando por desferir socos e bater com a cabeça da vítima na quina de uma mesa. Em razão dos golpes, Breno veio a falecer.

Após oitiva de testemunhas, o Ministério Público entendeu que teria havido, por parte de José, dolo eventual em relação ao resultado morte, de modo que José deveria responder por homicídio.

Considerando apenas as informações expostas na situação hipotética apresentada, diante da conclusão do Ministério Público, deverá ser oferecida denúncia em face de José perante:

A) a Vara Criminal Comum da Comarca de Florianópolis;

B) o Tribunal de Justiça do Estado de Santa Catarina;

C) o Tribunal do Júri da Comarca de Florianópolis;

D) o Tribunal do Júri da Comarca de Joinville;

E) o Superior Tribunal de Justiça.

Gabarito comentado: trata-se de foro por prerrogativa de função. Portanto, a letra B é o gabarito.

6.17 PRERROGATIVA DE FORO NAS AÇÕES DE IMPROBIDADE ADMINISTRATIVA

A improbidade administrativa é uma ação de caráter nitidamente cível. Como já mencionado, a prerrogativa de foro é uma exceção dentro de uma República. Em nenhum momento a Constituição traz previsão de prerrogativa de foro para as ações cíveis, nem mesmo para as ações de improbidade administrativa.

Não obstante, a Lei nº 10.628/2002 inseriu no art. 84, § 2º, do CPP, foro por prerrogativa de função para a ação de improbidade administrativa. O STF, na ADI nº 2.797-2/DF, no entanto, declarou a inconstitucionalidade do dispositivo, pelos motivos supracitados.

A despeito de todo esse entendimento, curiosamente o STF em 2008, na Pet nº 3.211-QO/DF, decidiu, por maioria, que é da sua competência o julgamento de ato de improbidade administrativa praticado por atual Ministro do STF, à época Advogado-Geral da União. Esse entendimento deve ser considerado válido apenas para o caso que envolve Ministro do próprio STF.

6.18 EXCEÇÃO DA VERDADE NOS CRIMES CONTRA A HONRA A ENVOLVER AUTORIDADE COM FORO POR PRERROGATIVA DE FUNÇÃO

A exceção da verdade tem previsão para os crimes de calúnia, bem como para os crimes de difamação se o ofendido é funcionário público e a ofensa é relativa ao exercício de suas funções. Na forma do art. 85 do CPP, a exceção da verdade interposta contra agente com foro por prerrogativa de função será processada nesse foro.

Quanto ao **juízo de admissibilidade para a exceção da verdade,** o STJ decidiu no *Informativo* nº 522 que este pode ser feito pelo **juízo da ação penal de origem**. Esse juízo estaria, inclusive, autorizado a inadmiti-la caso ausentes os requisitos de admissibilidade. Não obstante, uma vez admitida, ao foro por prerrogativa caberá o julgamento quando oposta e admitida a exceção da verdade.

7 Questões e processos incidentes

Questões e processos incidentes referem-se às: questões prejudiciais e às exceções. As exceções, por sua vez, dividem-se em: suspeição; incompetência de juízo; litispendência; ilegitimidade de parte; coisa julgada. Estão previstas no Título IV do Código de Processo Penal (CPP).

7.1 QUESTÕES PREJUDICIAIS E PRELIMINARES

A despeito de o CPP trazer a previsão entre seus arts. 92 a 94 apenas das questões prejudiciais, a doutrina traz, ao lado dessas, como forma de técnica processual, as questões preliminares, diferenciando-as.

Por **questão prejudicial** compreende-se toda matéria que se relacione ao mérito e que, por esse motivo, precisa ser decidida antes desse. Ademais, é característica da questão prejudicial o fato de ela ser autônoma, haja vista que ela existe independente da questão principal e pode ser julgada por juízo distinto do juízo penal. Exemplo de questão prejudicial e de sua consequente autonomia é o julgamento do crime de furto de forma autônoma ao crime de receptação.

Por sua vez, as **questões preliminares** são absolutamente dependentes e sempre julgadas pelo juízo penal. A questão preliminar diz respeito ao próprio processo, no viés de seu regular desenvolvimento. Ela não se refere ao mérito da causa e tem como única consequência impedir o julgamento do mérito da causa, uma vez que seja reconhecida pelo magistrado. Exemplo de preliminar no processo penal é o julgamento das nulidades processuais. Como se percebe, as nulidades referem-se ao próprio processo, vícios dentro dos atos processuais, e não ensejam condicionantes ao mérito, senão ao regular desenvolvimento válido do processo.

As questões prejudiciais no direito brasileiro podem ser de duas formas: homogêneas ou não devolutivas, também chamadas de impróprias e imperfeitas, como podem ser heterogêneas ou devolutivas, também chamadas de próprias ou perfeitas. Por essa dicotomia, diz-se que o direito brasileiro adotou o **sistema misto ou eclético das questões prejudiciais**.

As **questões prejudiciais homogêneas** são aquelas que podem ser resolvidas dentro do mesmo ramo do direito, pois referem-se a mesma matéria da causa principal, sendo também de natureza penal. Exemplo de questão prejudicial homogênea é a exceção da verdade nos crimes de calúnia.

Questões prejudiciais heterogêneas referem-se à outra área do direito e são decididas por outro juízo que não o penal. Exemplo dela é a decisão sobre a posse na esfera cível, antes de decidir a respeito do crime de esbulho do art. 161, § 1º, do CP.

As questões prejudiciais podem ainda ser prejudiciais obrigatórias e prejudiciais facultativas.

As **questões prejudiciais obrigatórias** são tratadas no art. 92 do CPP. Este preconiza que, "se a **decisão sobre a existência da infração** depender da solução de controvérsia, que o juiz repute **séria e fundada**, sobre o **estado civil das pessoas**, o curso da ação penal ficará suspenso **até que no juízo cível seja a controvérsia dirimida** por sentença passada em julgado, sem prejuízo, entretanto, da inquirição das testemunhas e de outras provas de natureza urgente" (grifos nossos).

Por sua vez, a **questão prejudicial facultativa** está prevista no art. 93 do CPP. Este dispõe: "Se o reconhecimento da existência da infração penal depender de decisão sobre **questão diversa da prevista no artigo anterior**, da competência do juízo cível, e **se neste houver sido proposta ação para resolvê-la**, o juiz criminal **poderá**, desde que essa **questão seja de difícil solução** e **não verse sobre direito cuja prova a lei civil limite**, suspender o curso do processo, após a inquirição das testemunhas e realização de outras provas de natureza urgente" (grifos nossos).

Como se observa da prescrição legal, o que diferencia em essência a questão prejudicial obrigatória da facultativa é exatamente a matéria objeto de cada uma delas. A questão obrigatória refere-se sempre ao **estado civil das pessoas**, por sua vez, a questão facultativa refere-se a qualquer outra questão, que não seja sobre o estado civil das pessoas, e que deva ser decidida em outro juízo que não o penal. A despeito de ser denominada obrigatória, esta não será, pelo simples fato de se referir ao estado civil das pessoas, necessariamente encaminhada para sua solução no juízo civil. Só será encaminhada para esse juízo se o juiz da ação penal reputar essa questão **séria e fundada**.

Por questão **séria e fundada**, não quer a expressão legal se referir a uma discricionariedade do magistrado, mas sim que essa questão sobre o **estado civil das pessoas** deva estar devidamente presente nos autos de modo e ser decisiva, sua resolução, para a solução do mérito. Se o juízo criminal vislumbrar que a parte suscitou a questão prejudicial apenas para procrastinar o feito, não deve reconhecer a questão prejudicial. A razão de existir da prejudicial obrigatória viceja no fato de que o juízo criminal não tem competência para apreciar questões cíveis sobre o estado civil das pessoas.

Tanto a questão prejudicial obrigatória quanto a facultativa são subespécies das questões devolutivas ou heterogêneas, acima mencionadas. **As questões obrigatórias sempre acarretam a suspensão do processo já que o juízo criminal não tem competência para apreciá-las**, ao passo que as questões facultativas o juiz penal pode ou não remeter as partes ao juízo extrapenal. Sendo discricionário do juiz nesse último caso.

Além desse requisito que as diferenciam (estado civil das pessoas) outras exigências legais, respectivamente, devem ser observadas.

As **questões obrigatórias** devem dizer respeito à **existência da infração penal** e não às circunstâncias do crime. A suspensão do feito criminal tem duração indefinida, até que haja decisão transitada no juízo cível (pois falta competência do juízo criminal para apreciá-la), o que se denomina **crise de instância**. Por evidente, na forma do art. 116, I, do CP, o prazo prescricional também ficará suspenso. Por fim, devem elas se referir ao **estado civil das pessoas** e serem **sérias e fundadas**.

Atenta-se que as decisões transitadas no juízo cível sobre o **estado civil das pessoas** sempre farão coisa julgada no juízo penal.

Por seu turno, as **questões facultativas** têm por características: a **discricionariedade** do juízo criminal em suspender o processo (haja vista que ele tem competência para resolver a questão); digam respeito a qualquer **outra causa que não o estado civil das pessoas**; sejam de **difícil solução**; estejam sendo discutidas em **ação civil já instaurada**; refiram-se, como na questão obrigatória, à prova da existência da infração penal, e não meramente de suas circunstâncias; juiz marcará o prazo de suspensão do processo penal (este não é indefinido como na obrigatória, embora possa ser prorrogado); por fim, **não podem envolver direito cuja prova a lei civil limite** (requisito negativo).

No que tange ao requisito negativo de não envolver **direito cuja prova a lei civil limite**, esse se refere à diferença existente entre o processo penal e o processo civil. O processo penal, ao contrário do civil que viceja a verdade formal, é regido pelos princípios da busca da verdade (real) e da liberdade quanto aos meios de prova. Assim, o requisito negativo acima almeja evitar prejuízo à ampla defesa da parte que se fosse remetida ao juízo civil não poderia fazer uso de todas as provas como no processo penal.

Como se percebe, as questões facultativas não podem ensejar a suspensão do feito criminal se não existir processo civil onde já esteja a transcorrer a matéria prejudicial. Ao contrário, nas obrigatórias, se esta não estiver já a transcorrer no juízo civil, cabe ao Ministério Público promover a referida ação civil nas ações penais públicas ou ao querelante ajuizar a referida ação civil nas ações penais privadas (todavia ao querelante se trata de uma faculdade, haja vista o princípio da disponibilidade das ações penais privadas). Na **prejudicial facultativa**, cabe de igual modo a **intervenção do Ministério Público na ação civil**, todavia não para instaurá-la, pois esta já deve estar em andamento, mas sim para **promover seu rápido andamento**.

Tanto nas questões obrigatórias quanto nas facultativas haverá apenas a suspensão do processo penal e não do inquérito policial. De igual modo, em ambas as questões o prazo prescricional ficará suspenso e a decisão proferida no juízo civil fará coisa julgada no juízo penal. Ademais, a suspensão do curso da ação penal, em qualquer delas, será decretada de ofício pelo juiz ou a requerimento das partes. Da decisão que decreta a suspensão do processo, seja por questão prejudicial obrigatória quanto facultativa, está sujeita a recurso em sentido estrito (art. 581, XVI, do CPP). De outro lado, a decisão que não o decreta é irrecorrível, dando azo aos remédios constitucionais como o *habeas corpus* e o Mandado de Segurança em matéria criminal, ou mesmo correição parcial.

Uma última observação sobre as questões facultativas. O juiz, como já mencionado, marcará o prazo de suspensão que poderá ser razoavelmente prorrogado por ele se a demora não for imputada à parte. Todavia, uma vez expirado esse prazo, o juiz criminal retomará sua competência para analisar inclusive a questão prejudicial, fazendo prosseguir o processo. Nada impede que o querelante possa intervir nessa causa cível.

Decifrando a prova

(2021 – MPM – Promotor de Justiça Militar) Na temática das questões prejudiciais no processo penal, dentre as opções abaixo assinale a opção correta.
A) As questões prejudiciais heterogêneas não admitem a suspensão do processo.
B) O juiz da ação deve ser também o juiz da exceção, sejam as questões prejudiciais devolutivas ou não devolutivas.
C) As questões prejudiciais devolutivas absolutas devem obrigatoriamente ser apreciadas no juízo extrapenal.
D) Não cabe suscitar questão prejudicial após a distribuição de Apelação no juízo *ad quem*.
Gabarito comentado: conforme art. 92 do CPP, a letra C é o gabarito.

7.2 EXCEÇÕES (EXCEÇÕES PROCESSUAIS)

A origem da palavra exceção, do latim *exceptio*, tem por significado o meio pelo qual o demandado pode se defender em juízo, podendo ser traduzida como o próprio **direito de defesa**. Ou seja, exceção é defesa. Essas exceções são **divididas na doutrina** em **exceções processuais** e **exceções substanciais ou materiais**.

As **exceções processuais são sempre formas de defesa indireta**, assim chamadas porque não atacam o mérito. Por sua vez, **as exceções materiais ou substanciais** podem ser tanto diretas quanto indiretas. São diretas quando atacam o mérito a exemplo da negativa de autoria, inexistência do fato criminoso ou excludentes de ilicitude. Por outro lado, são indiretas quando atacam o mérito apenas lateralmente, indiretamente, asseverando um fato modificativo, impeditivo ou extintivo, a exemplo da prescrição.

As **exceções previstas sob essa nomenclatura no CPP**, entre os arts. 95 a 111, são exatamente as **exceções processuais** acima mencionadas. Essas exceções previstas no CPP, processuais e, logo, indiretas, são formas de defesa que **não atacam o mérito** da questão processual. Elas se voltam ao **objetivo de prolongar o trâmite processual** ou **estancar definitivamente o seu curso**.

O CPP prevê as seguintes exceções (todas exceções processuais): suspeição; incompetência de juízo; litispendência; ilegitimidade de parte; e por fim a coisa julgada. Deve o leitor atentar que toda vez que estivermos, daqui para frente, falando em exceções, estaremos nos referindo às exceções processuais, pois são a essas que o CPP liga o termo exceção. As classificações acima mencionadas (exceções processuais e materiais ou substanciais) são meramente doutrinárias.

A característica procedimental essencial das exceções é o fato de elas serem processadas em autos apartados, pois, em regra geral, não devem suspender o andamento da ação penal.

As exceções podem ser classificadas de duas formas: peremptórias ou dilatórias.

Por **exceções peremptórias** entendem-se aquelas que **provocam a extinção do processo**. Fenômeno que se denomina na doutrina e jurisprudência de **absolvição de instância**. São exceções peremptórias a litispendência e a coisa julgada.

Por sua vez, **exceções dilatórias**, como se depreende do próprio nome, apenas **procrastinam o feito**, proporcionando seu prosseguimento não obstante dilatando-o no tempo. Elas não absolvem a instância. São exceções dilatórias a suspeição, a incompetência, a ilegitimidade de partes.

As exceções estão diretamente ligadas a questões referentes aos pressupostos processuais e às condições da ação (TÁVORA; ALENCAR, 2010, p. 257). Diante disso, é inequivocamente possível que ambas as partes podem se valer delas. Tanto a acusação quanto a defesa podem fazer uso das exceções. A acusação pode se valer das exceções para velar pelo regular andamento do processo e prevenir futuras nulidades, por sua vez a defesa, além disso, pode buscar com as exceções a dilação do processo e alcançar a prescrição.

7.2.1 Exceção de suspeição

As causas de suspeição estão previstas no art. 254 do CPP. Essas causas serão pormenorizadamente estudadas no capítulo 9, logo a frente desta obra, atinente aos "Sujeitos Processuais", juntamente também com as causas de impedimento e incompatibilidade. Neste tópico, estudaremos apenas o procedimento da exceção de suspeição.

O CPP, no art. 112, prevê que as causas de **impedimento e incompatibilidade** devem ser arguidas pelas partes com observância do mesmo procedimento da exceção de suspeição. Embora daqui para frente iremos nos referir apenas ao procedimento de suspeição, deve o leitor incluir no termo suspeição as causas de impedimento e incompatibilidade, dado ser o mesmo procedimento. Então vamos lá!

De todas as cinco exceções previstas no CPP, ocorrendo a presença de mais de uma delas no mesmo processo, **a arguição da exceção de suspeição deve preceder a qualquer outra**. Salvo, lógico, se essa exceção só vir a surgir por motivo superveniente ao processo. Sem dúvida, a análise da imparcialidade do magistrado deve proceder a qualquer outra, pois capaz de contaminar de injustiça qualquer outra questão a ser analisada por esse magistrado no processo.

A atuação de juiz suspeito caracteriza nulidade meramente relativa. Destarte, deve ser alegada na primeira oportunidade dos autos sob pena de preclusão. Assim, tendo conhecimento o MP já durante o inquérito policial da suspeição (bem como o querelante), deve a acusação apresentar a exceção de suspeição por ocasião do oferecimento da denúncia (ou queixa-crime). Se a exceção for oposta pela defesa, essa deve ser arguida no momento da apresentação da resposta à acusação. Assumindo a competência o juiz suspeito no curso do processo, a exemplo de licença, promoção ou convocação do magistrado antecessor, devem as partes opor a exceção tão logo tomem conhecimento da falta de imparcialidade.

A suspeição pode ser arguida espontaneamente, de ofício, pelo próprio magistrado, ou a requerimento das partes.

O juiz, alegando a **suspeição de ofício**, a fará **por escrito declarando o motivo** legal de sua suspeição, intimando as partes e **remetendo imediatamente o processo a seu substituto**.

Caso seja a parte que requeira a suspeição, teremos aí a peça denominada exceção de suspeição. Esta consiste em petição assinada por ela própria ou por procurador com poderes especiais. Essa necessidade de a petição ser assinada também pela própria parte ou contendo procuração com poderes especiais se dá diante da gravidade que pode envolver a suspeição, podendo até mesmo caracterizar crime por parte do magistrado ou impor multa ao excipiente que a apresentar com malícia. O STJ exige procuração com poderes especiais mesmo se o réu for representado pela Defensoria Pública, e ainda que ele estiver ausente do distrito da culpa (*Info.* nº 560). Nessa petição, deve-se aduzir as razões e fazê-las acompanhar de prova documental ou rol de testemunhas.

Diante da exceção de suspeição apresentada pela parte, o magistrado tem duas possibilidades: ou reconhecer sua suspeição; ou não aceitar sua suspeição.

Uma vez **reconhecida a exceção de suspeição pelo magistrado** (juiz recusado), ele sustará a marcha processual, mandará juntar aos autos a petição do recusante com os documentos que a instruam, e, por despacho, se declarará suspeito ordenando a remessa dos autos ao seu substituto.

Na hipótese de o **magistrado não aceitar a suspeição**, ele mandará autuar a petição de exceção de suspeição em autos apartados e dará sua resposta em três dias, podendo instruí-la e oferecer testemunhas. Em seguida, determinará que os autos sejam remetidos, dentro de 24 horas, ao juiz ou tribunal a quem competir o julgamento. No tribunal, deve se seguir o trâmite previsto no art. 100, §§ 1º e 2º, do CPP. Sendo julgada procedente a suspeição, serão declarados nulos (nulidade relativa) os autos do processo principal, devendo o **magistrado recusado pagar as custas no caso de erro inescusável**. Por outro lado, se a suspeição for rejeitada, e evidenciar-se a malícia do excipiente, a este será imposta multa (a qual por não estar atualizada é inexequível).

Existe uma possibilidade de a exceção de suspeição sustar o processo principal até que seja julgada. Isso pode ocorrer quando a parte contrária reconhece a procedência da arguição de suspeição e requer a sustação.

Deve-se atentar que, caso a suspeição seja de magistrado de tribunal ou perante o próprio STF, o procedimento de suspeição seguirá o rito do art. 103 do CPP.

A exceção de suspeição pode envolver não apenas o juiz, mas também outras pessoas que participam do processo penal. Desse modo, é possível arguir-se a suspeição: do membro do Ministério Público, dos peritos, dos intérpretes, dos serventuários ou funcionários da Justiça, e dos jurados.

No caso de **suspeição do membro do MP** ao juiz é quem competirá a decisão. Antes, porém, deve ouvir o membro do *Parquet* e permitir a produção de provas em três dias. Da decisão do juiz que julgar essa exceção, seja qual for ela, não caberá recurso, o que pode abrir espaço para a apresentação de correição parcial, mandado de segurança ou *habeas corpus*.

No caso da arguição de **suspeição dos peritos, intérpretes e serventuários da justiça**, o juiz deve decidir de plano e sem recurso, à vista da matéria alegada e prova imediata.

Relativamente à suspeição dos jurados essa se dará de forma oral, decidindo de plano o presidente do Tribunal do Júri. Essa arguição será rejeitada se, negada pelo acusado, não for imediatamente comprovada.

No que tange às **autoridades policiais no transcurso do inquérito policial não é possível a arguição de suspeição delas**. Todavia, na forma do art. 107 do CPP, elas deverão declarar-se suspeitas quando ocorrer motivo legal de suspeição. Caso não haja essa declaração espontânea da autoridade policial, admite-se, por analogia ao art. 5º, § 2º, do CPP, o oferecimento de recurso administrativo ao Chefe de Polícia.

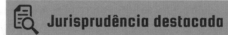

Jurisprudência destacada

A ausência de afirmação da autoridade policial de sua própria suspeição não eiva de nulidade o processo judicial por si só, sendo necessária a demonstração do prejuízo suportado pelo réu (STJ, 5ª Turma, REsp nº 1.942.942/RO, Rel. Min. Ribeiro Dantas, j. 10.08.2021, *Info.* nº 704).

Decifrando a prova

(2021 – CESPE/CEBRASPE – MPE/SC – Promotor de Justiça Substituto – Prova 1) A partir das disposições do ordenamento processual penal em vigor, julgue o próximo item.

A suspeição não poderá ser declarada nem reconhecida quando a parte injuriar o juiz ou, propositalmente, der motivo para criá-la.

( ) Certo ( ) Errado

Gabarito comentado: de acordo com o art. 256 do CPP, a assertiva está certa.

7.2.2 Exceção de incompetência

A exceção de incompetência é destinada à arguição da incompetência relativa. Todavia, nada impede que parte dela se utilize para arguir a incompetência absoluta. Ocorre que em se tratando de incompetência absoluta a parte pode alegá-la por meio de qualquer outra peça processual, ou por qualquer petição nos autos.

A exceção de incompetência, regrada entre os arts. 108 a 109 do CPP, pode ser oposta **verbalmente ou por escrito**, no prazo da defesa, sob pena de preclusão. Antes de decidir deve o juiz ouvir o Ministério Público. Ela não suspende o curso do processo principal.

Como todas as exceções previstas sob este capítulo no CPP, a exceção de incompetência é uma defesa processual e indireta, que, por sua vez, estende, procrastina, o feito processual.

Diferentemente do processo civil, a competência no processo penal é matéria de ordem pública, diante do que, mesmo a incompetência relativa, **pode ser reconhecida de ofício**

pelo juiz. A Súmula nº 33 do STJ, segundo a qual "a incompetência relativa não pode ser declarada de ofício", se aplica apenas ao processo civil.

Não obstante, assevera a doutrina que o magistrado só poderá declarar-se incompetente de ofício até momento da absolvição sumária. Esse é o entendimento predominante.

A incompetência absoluta, por sua vez, pode ser reconhecida a qualquer tempo e em qualquer fase do processo, seja de ofício pelo juiz, seja por iniciativa das partes.

Uma vez reconhecida a **incompetência relativa** pelo juiz, o feito deve ser remetido ao juiz competente. O juiz competente deve ratificar os atos instrutórios anteriores, pois eles são válidos. De outro lado, deve renovar os atos decisórios, pois estes são nulos. Em se tratando de incompetência absoluta, todos os atos, tanto os instrutórios quanto os decisórios, serão nulos, devendo ser refeitos perante o juiz competente.

Noutro giro, se a incompetência não for reconhecida pelo juiz, ele continuará no feito, tomando por termo a declinatória caso ela tenha sido formulada verbalmente.

Da decisão que reconhece ou julga procedente a incompetência, o art. 581, II e III, do CPP, traz a previsão de recurso em sentido estrito para ela. Contudo, a decisão que a julga improcedente é irrecorrível, podendo, todavia, ser impugnada por remédios constitucionais ou preliminar de futura apelação.

7.2.3 Exceção de ilegitimidade

A exceção de ilegitimidade pode ser arguida tanto para atacar a ilegitimidade *ad causam* quanto *ad processum*. Diante do oferecimento da peça acusatória, deve o juiz verificar a presença dos pressupostos processuais (entre eles a legitimidade *ad processum*) e das condições da ação (entre elas a legitimidade *ad causam*). A ausência de qualquer desses deve acarretar a rejeição da peça acusatória, consoante o art. 395, II, do CPP. Todavia, se a despeito da ausência de qualquer dessas ilegitimidades não ocorrer a rejeição da inicial acusatória, surge para a parte a possibilidade de oposição da exceção de ilegitimidade, na forma do art. 95, IV, do CPP.

Na forma do art. 110 do CPP, tanto para as exceções de ilegitimidade quanto para as exceções de litispendência e coisa julgada, devem ser aplicadas as disposições referentes às exceções de incompetência, no que for aplicável. Se a parte houver de opor mais de uma dessas exceções, deverá fazê-la numa só petição ou articulado.

Ademais, para todas essas exceções, a exemplo do que também ocorre na incompetência relativa, trata-se de matérias de ordem pública, podendo ser reconhecidas de ofício pelo juiz.

Não obstante tanto a ilegitimidade *ad causam* quanto a ilegitimidade *ad processum* serem igualmente arguidas por exceção, as consequências do reconhecimento de cada uma delas são diferentes. Em sendo reconhecida a ilegitimidade *ad causam*, todo o processo será nulo, haja vista a falta de pertinência subjetiva para a demanda (quanto ao autor, aquele que se diz titular do direito afirmado na inicial e, quanto ao réu, àquele que possui uma relação correspondente ao referido direito). Por outro lado, como preconiza o art. 568 do CPP, reconhecida a ilegitimidade *ad processum*, será possível o saneamento dos atos já praticados, desde que devidamente ratificados.

O **recurso** da decisão que acolhe essa exceção, na forma do art. 581, III, do CPP, é o recurso em sentido estrito. A decisão que não acolhe a exceção é irrecorrível, devendo ser atacada pelos remédios constitucionais ou por preliminar em futuro recurso de apelação.

7.2.4 Exceção de litispendência

A litispendência ocorre quando um **mesmo acusado** se acha respondendo a dois processos penais condenatórios distintos em relação a uma **mesma imputação**.

Por **mesma imputação deve-se entender a identidade de fatos delituosos atribuídos ao agente** em ambos os processos criminais, pouco importando que as tipificações que se tenha dado a eles nos processos distintos sejam diferentes. A litispendência (bem como a coisa julgada vista logo abaixo) tem por fulcro a concretização no processo penal do princípio do *ne bis in idem*, segundo o qual ninguém pode ser processado ou condenado duas vezes pela mesma infração penal.

Ao contrário do processo civil, em que para se identificar a litispendência, e, portanto, a identidade de ações, deve-se verificar se ambas possuem o mesmo pedido e a mesma causa de pedir, no processo penal basta serem o acusado e a imputação semelhantes no mesmo processo. Isso porque o pedido formulado na ação penal condenatória é sempre genérico de condenação, de modo a não servir para distinguir as ações penais. Do mesmo modo, ao contrário do processo civil, o fato de o polo ativo da demanda ser composto por partes distintas não impedirá o reconhecimento da litispendência, bastando que o acusado seja o mesmo.

Atente-se que sendo os acusados ou as imputações diferentes, a par de um desses elementos serem idênticos nos dois processos, poderemos ter o caso de reunião de processos perante um mesmo juiz, diante da conexão e continência. Mas não ocorre aí o fenômeno da litispendência, que exige a identidade de ambos os elementos e tem por consequência não a reunião de processos, mas sim a extinção de um deles.

Na forma do art. 110 do CPP, tanto para as exceções de litispendência quanto para as exceções de ilegitimidade de parte e coisa julgada devem ser aplicadas as disposições referentes às exceções de incompetência, no que for aplicável. Se a parte houver de opor mais de uma dessas exceções, deverá fazê-la numa só petição ou articulado.

Ademais, para todas essas exceções, a exemplo do que também ocorre na incompetência relativa, trata-se de matérias de ordem pública, podendo ser reconhecidas de ofício pelo juiz.

O **recurso** da decisão que acolhe a exceção de litispendência, na forma do art. 581, III, do CPP, é o recurso em sentido estrito. A decisão que rejeita a exceção é irrecorrível, devendo ser atacada pelos remédios constitucionais ou por preliminar em futuro recurso de apelação. Contudo, segundo dispõe o art. 593, II, do CPP, se a **litispendência for reconhecida de ofício pelo juiz será cabível apelação**.

7.2.5 Exceção de coisa julgada

A decisão judicial proferida, uma vez que dela não caibam mais recursos, seja porque todos os recursos cabíveis foram interpostos e decididos, seja porque não houve a interposição do recurso, torna-se imutável e indiscutível. Fenômeno este denominado coisa julgada.

À semelhança da exceção de litispendência, a coisa julgada exige que a **imputação (limite objetivo da coisa julgada)** em ambos os processos seja idêntica, e que ela tenha como réu o **mesmo acusado (limite subjetivo da coisa julgada)**. A diferença da litispendência para a coisa julgada é que na primeira ainda não há uma decisão transitada em julgado como na segunda, estando os processos idênticos ainda em andamento.

Na forma do art. 110, *caput*, do CPP, aplica-se à exceção de coisa julgada litispendência e ilegitimidade de parte o procedimento sobre a exceção de incompetência, no que for aplicável. Caso haja de se opor mais de uma dessas exceções deverão ser arguidas na mesma petição.

Preconiza o art. 110, § 2º, do CPP, que a exceção de **coisa julgada, somente poderá ser oposta em relação ao fato principal que tiver sido objeto de sentença**. Respeita o dispositivo os limites objetivos da coisa julgada, de modo a transitar em julgado o dispositivo da sentença, e não os fundamentos da decisão nem tampouco eventual questão prejudicial devolutiva relativa incidentalmente apreciada pelo juízo penal.

A coisa julgada é matéria de ordem pública e pode ser reconhecida de ofício pelo juiz.

O **recurso** da decisão que acolhe a exceção de coisa julgada, na forma do art. 581, III, do CPP, é o recurso em sentido estrito. A decisão que rejeita a exceção é irrecorrível, devendo ser atacada pelos remédios constitucionais ou por preliminar em futuro recurso de apelação. Contudo, segundo dispõe o art. 593, II, do CPP, se a **coisa julgada for reconhecida de ofício pelo juiz será cabível apelação**.

7.3 INCOMPATIBILIDADES E IMPEDIMENTOS

Incompatibilidade, impedimento e suspeição não se confundem. A suspeição perfaz-se em um vínculo subjetivo, uma relação do juiz com as partes do processo. O impedimento em um vínculo objetivo, relacionando-se a algum interesse ou ligação do juiz com objeto do processo. Por sua vez, incompatibilidade não se refere necessariamente a uma relação do juiz com o objeto ou sujeitos do processo. Trata-se, sim, de causas aptas a afastar um juiz do processo fomentadas por razões de conveniência e oportunidade, assentadas, em geral, nas Leis de Organização Judiciária.

Alguns doutrinadores veem nas incompatibilidades um critério residual apto a interferir na imparcialidade do magistrado (OLIVEIRA, 2008, p. 260). As incompatibilidades, assim, compreenderiam todas as hipóteses capazes de afetar a imparcialidade do julgador e que não estivessem previstas dentro dos casos expressos de suspeição (art. 254 do CPP) ou de impedimento (art. 252 do CPP).

As incompatibilidades têm previsão no art. 112 do CPP. Preconiza o diploma processual que O juiz, o órgão do Ministério Público, os serventuários ou funcionários de justiça e os peritos ou intérpretes abster-se-ão de servir no processo, quando houver incompatibilidade ou impedimento legal, que declararão nos autos. Se não se der a abstenção, a incompatibilidade ou o impedimento poderão ser arguidos pelas partes, seguindo-se o processo estabelecido para a exceção de suspeição.

Da decisão que reconhece referidas exceções caberá Recurso em Sentido Estrito. A decisão que não reconhece é irrecorrível, dando azo portanto ao Mandado de Segurança ou *habeas corpus*.

> **Decifrando a prova**
>
> **(2021 – FCC – DPE/GO – Defensor Público)** Há impedimento do juiz quando
> A) tiver aconselhado qualquer das partes.
> B) tiver funcionado como juiz de outra instância, pronunciando-se, de fato ou de direito, sobre a questão.
> C) for amigo íntimo ou inimigo capital de qualquer deles.
> D) ele, seu cônjuge, ascendente ou descendente, estiver respondendo a processo por fato análogo, sobre cujo caráter criminoso haja controvérsia.
> E) ele, seu cônjuge, ou parente consanguíneo, ou afim, até o terceiro grau, inclusive, sustentar demanda ou responder a processo que tenha de ser julgado por qualquer das partes.
> **Gabarito comentado:** de acordo com o art. 252, III, do CPP, a letra B é o gabarito.
>
> **(2021 – IDECAN – PEFOCE – Auxiliar de Perícia)** Carlos, desembargador relator no julgamento de apelação interposta pela defesa da ré Patrícia, observa que ele mesmo foi o autor da sentença condenatória objeto do recurso, prolatada quando ainda era o juiz titular da respectiva vara criminal, anteriormente à sua promoção a desembargador. Nesse contexto, assinale a alternativa correta.
> A) Carlos não poderá exercer a jurisdição, sendo hipótese de impedimento.
> B) Carlos não poderá exercer a jurisdição, sendo hipótese de suspeição.
> C) Carlos não poderá exercer a jurisdição, sendo hipótese de incompatibilidade.
> D) Não há óbice ao exercício da jurisdição por parte de Carlos, pois é autoridade previamente competente pelas regras processuais.
> E) Não há óbice ao exercício da jurisdição por parte de Carlos; apenas não poderá ser o relator do caso, mas pode atuar como vogal.
> **Gabarito comentado:** de acordo com o art. 252, III, do CPP, a letra A é o gabarito.

7.4 CONFLITO DE JURISDIÇÃO

A despeito de o CPP, nos arts. 113 e seguintes, se referir à expressão conflito de jurisdição, o termo é impróprio. Como explanado alhures, a jurisdição é uma só no território nacional, sendo distribuída em critérios de competência para fins de administração da Justiça. Sendo única a jurisdição, é logicamente impossível haver conflito dentro dela. Logo, onde se lê no CPP conflito de jurisdição, deve-se entender conflito de competência.

O CPP afirma que as questões atinentes à competência resolver-se-ão não apenas pela **exceção de incompetência**, mas também pelo **conflito de jurisdição**.

A diferença é que o conflito de jurisdição envolve necessariamente dois órgãos do Poder Judiciário, seja se declarando os dois igualmente competentes para a causa (conflito positivo de competência), seja se declarando ambos incompetentes para a causa (conflito negativo de competência).

O conflito de jurisdição é um instrumento previsto no CPP que visa o controle da competência. É um procedimento incidental no processo que se forma para resolver a controvérsia estabelecida por manifestações de diferentes órgãos jurisdicionais, que igualmente se declaram competentes ou incompetentes. É uma questão acessória ao processo.

Na forma do art. 114 do CPP, o conflito de jurisdição pode envolver duas situações distintas. Assim, o conflito de jurisdição é procedimento apto para resolver:

- quando duas ou mais autoridades judiciárias se considerem competentes (conflito positivo) ou incompetentes (conflito negativo) para conhecer do mesmo fato criminoso;
- quando entre elas surgir controvérsia sobre a unidade de juízo, junção ou separação de processos (em decorrência da conexão e continência).

Quanto ao procedimento do conflito de jurisdição, esse muda um pouco conforme o legitimado que exercer a iniciativa.

São legitimados para o conflito: a parte interessada (o que inclui o assistente de acusação); os órgãos do Ministério Público junto a qualquer dos juízos em dissídio; e quaisquer dos juízes ou tribunais da causa.

O conflito deve sempre ser julgado pelo tribunal hierarquicamente superior a que estão vinculados os juízes em conflito. Caso o conflito se dê entre juízes vinculados a tribunais diversos, ou entre um juiz e um tribunal a que o primeiro não esteja vinculado, a competência será do STJ, que é o tribunal de sobreposição comum aos dois.

Não obstante, havendo conflito entre juiz e o próprio tribunal a que está vinculado, ou ainda entre tribunais e o STF e o STJ, não há de se falar aí em conflito de competência, senão em avocação. A avocação consiste no poder que o tribunal de sobreposição possui de chamar para si a causa que julgue de sua competência. Por exemplo, na forma do art. 117 do CPP, o STF tem o poder de avocar para si o julgamento de uma causa em relação a qual possui competência para julgar, quando ela for interposta indevidamente perante juízes ou tribunais inferiores. Fato que se estende ao STJ.

Existia um antigo entendimento, estampado na Súmula nº 348 do STJ, que competia ao Superior Tribunal de Justiça o julgamento do conflito de competência entre juizado especial federal e juízo federal, ainda que da mesma seção judiciária. No RE nº 590.409/RS, o STF mudou o entendimento, decidindo que o julgamento do conflito de competência entre juizado especial federal e entre juízo federal vinculados ao mesmo Tribunal Regional será de competência deste. Apenas persistindo a competência do STJ caso seja o juizado especial federal e o juízo federal vinculados a Tribunais Regionais Federais diversos.

A forma de suscitar o conflito deverá ser sempre escrita. Recebe o nome de representação se oferecida por juízes e tribunais e de requerimento se interposta pela parte interessada. A petição deve vir acompanhada dos documentos comprobatórios, seguindo o procedimento previsto no art. 116 do CPP.

Quando negativo o conflito, os juízes e tribunais poderão suscitá-lo nos próprios autos do processo de modo que o processo não terá seguimento, ficando paralisado até que se decida o juízo competente. Sendo positivo o conflito, formar-se-ão autos em separado, com subsequente distribuição ao relator, que poderá determinar que se suspenda o andamento do processo. Por aplicação analógica do CPC, pode-se designar um dos juízos para resolver, em caráter provisório, as medidas urgentes.

7.4.1 A questão do conflito de atribuições, do conflito de jurisdição ou do conflito virtual de competência

O conflito de jurisdição envolve necessariamente dois órgãos do Poder Judiciário, como dois Juízes, ou dois Tribunais estaduais. Por sua vez, o conflito de atribuições é aquele existente entre autoridades administrativas, ou entre uma autoridade administrativa e uma autoridade judiciária, por exemplo, o conflito existente entre dois promotores de Justiça.

Relativamente em relação ao conflito de atribuições entre membros do mesmo Ministério Público, a questão é de fácil resolução. Nesses casos o conflito é resolvido pelo Procurador-Geral de Justiça no âmbito dos Ministérios Públicos estaduais, ou pela Câmara de Coordenação e Revisão caso se trate do MPF.

O problema todo ocorre quando se trata de conflito entre Ministério Público Estadual e Ministério Público Federal, ou entre Ministérios Públicos Estaduais diferentes.

Em tese teríamos nesses casos um conflito de atribuições a ser dirimido pelo STJ na forma do art. 105, I, *g*, da CF, já que se trataria aparentemente de um conflito entre autoridades administrativas de entes federativos diversos.

Ocorre, contudo, que os membros dos Ministérios Públicos oficiam perante juízes, e, diante disso, começou-se a discutir se estaria nessas situações alhures mencionadas presente um mero conflito de atribuições ou, senão, um conflito de jurisdição propriamente dito, o que se chamou de **conflito virtual de jurisdição ou em perspectiva**. Outra discussão que surgiu diante do tema foi se no caso não estaria presente um verdadeiro conflito interfederativo, haja vista tratar-se de conflito entre órgãos de entes federativos diversos.

Pois bem, em um primeiro momento, na Pet nº 1.503/MG, de 2006, o STF entendeu tratar-se de um verdadeiro conflito de competência (conflito virtual de competência) a ser decidido pelo STJ na forma do art. 105, I, *d*, da CF.

Posteriormente, em 2008, o STF mudou seu entendimento, e firmou sua própria competência nesses casos, por entender tratar-se de um verdadeiro **conflito federativo** a ser resolvido na forma do art. 102, I, *f*, da CF (ACO nº 889/RJ).

Posteriormente, em uma decisão esdrúxula, o STF chegou a afirmar que a competência, ainda que envolvesse Ministério Público Estadual e Ministério Público da União, seria de responsabilidade de o Procurador-Geral da República solucionar (STF, ACO nº 924/2016).

A atual posição do STF, que conta com os aplausos da doutrina, assevera que a competência para dirimir esses conflitos entre MPs de unidades federativas diversas é do Conselho Nacional do Ministério Público (CNMP) (STF, Pet nº 4.891, j. 15.06.2020).

Devemos advertir, todavia, que, em todo caso, se houver diante das manifestações do Ministério Público qualquer decisão judicial, estaremos diante de um conflito de jurisdição e não mais de conflito de competência. De modo que os ensinamentos acima só se aplicam aos procedimentos que tramitem exclusivamente dentro dos próprios Ministérios Públicos.

7.5 RESTITUIÇÃO DE COISAS APREENDIDAS

Diante de um evento criminoso, diversos bens podem ser apreendidos, seja em decorrência da prisão em flagrante, no caso dos instrumentos ou produto do crime, seja em decorrência de medidas de busca e apreensão no curso da investigação criminal ou na fase judicial. Esses bens, quando não seja o caso de seu perdimento em favor da União, podem ser restituídos. Essa restituição segue uma série de procedimentos previstos no CPP.

A regra geral é que a restituição desses bens não poderá ocorrer antes do trânsito em julgado se interessarem ao processo.

A restituição desses bens apreendidos pode, quando não houver dúvida sobre o direito do reclamante, a exemplo do produto de um furto a seu proprietário, ser realizada pela própria autoridade policial ou pelo juiz, mediante simples termo nos autos. Não necessitando nesses casos maiores formalidades procedimentais.

Contudo, caso haja dúvidas sobre o direito a esses bens, somente o juiz poderá autorizar a restituição. Nesses casos, haverá um procedimento a ser seguido. Os autos do pedido de restituição deverão ser autuados em apartado, conferindo-se ao requerente o prazo de cinco dias para a prova. O juiz então decidirá sobre a restituição.

O mesmo procedimento será seguido se as coisas forem apreendidas em poder de terceiro de boa-fé, que será intimado para alegar e provar o seu direito, em prazo igual e sucessivo ao do reclamante, tendo um e outro dois dias para arrazoar.

Em qualquer dos casos do procedimento do incidente do pedido de restituição a oitiva do Ministério Público é obrigatória.

Havendo dúvida sobre quem seja o verdadeiro dono, o juiz criminal remeterá as partes para o juízo civil, ordenando o depósito das coisas em mãos de depositário ou do próprio terceiro que as detinha, se for pessoa idônea. Caso sejam coisas facilmente deterioráveis, serão avaliadas e levadas a leilão público, depositando-se o dinheiro apurado, ou entregue ao terceiro que as detinha, se este for pessoa idônea e assinar termo de responsabilidade.

Relativamente aos **proventos da infração penal**, conforme os arts. 121 e 133 do CPP, eles serão avaliados e vendidos em leilão público, após o trânsito em julgado da sentença condenatória, recolhendo-se aos cofres públicos o que não couber ao lesado ou a terceiro de boa-fé. A mesma coisa ocorre com as demais coisas apreendidas, que serão avaliadas e alienadas em leilão público imediatamente após o trânsito em julgado da sentença condenatória. Nesse ponto cumpre atentar à redação dada pelo "Pacote Anticrime", Lei nº 13.964/2019, aos arts. 122 e 133 do CPP. **Antigamente, o leilão e a alienação das coisas apreendidas se davam apenas 90 (noventa) dias após a formação da coisa julgada, hoje essa alienação ocorre imediatamente após o trânsito em julgado.**

Os **instrumentos do crime**, cuja perda em favor da União for decretada, e as coisas confiscadas serão inutilizados ou recolhidos a museu criminal se houver interesse na sua conservação.

Na hipótese de decretação de perdimento de obras de arte ou de outros bens de relevante valor cultural ou artístico (o que ocorre bastante nos crimes de lavagem de capitais), se o crime não tiver vítima determinada, poderá haver destinação dos bens a museus públicos.

A Lei nº 7.716/1989, em seu art. 20, traz a previsão de que produtos do crime que utilizem a suástica serão confiscados.

Nas hipóteses dos crimes de reprodução de obra com violação de direito autoral, art. 530-G do CPP, o juiz determinará, na sentença, a destruição dos bens ilicitamente produzidos ou reproduzidos, assim como o perdimento em favor da Fazenda Nacional dos equipamentos aprendidos que se destinem à prática do ilícito.

No que tange aos recursos cabíveis diante do incidente de restituição de coisas apreendidas, contra a decisão do pedido de restituição caberá apelação.

7.5.1 Confisco alargado

A Lei nº 13.964/2019, conhecida como "Pacote Anticrime", acrescentou ao Código Penal (CP) o art. 91-A, criando o instituto denominado pela doutrina de **confisco alargado**.

A previsão legal consiste na perda decretada judicialmente dos produtos ou proveitos do crime, correspondentes à diferença entre o valor do patrimônio do condenado e aquele que seja compatível com o seu rendimento lícito.

Em outras palavras, enquanto anteriormente a perda só era permitida em relação aos produtos e proveitos que fossem comprovadamente provenientes do crime, com a inovação legislativa, impõe-se a perda dos produtos e proveitos do crime que, embora não se possa comprovar que sejam provenientes do delito, se presumem que provêm da atividade criminosa, e de igual modo devem ser perdidos. Essa presunção decorre da incompatibilidade dos referidos produtos e proveitos com a atividade lícita do réu.

Por exemplo, se o patrimônio compatível com a atividade lícita do condenado é estimado em quinhentos mil reais (o que se pode aferir diante de seu salário, declarações pretéritas do seu patrimônio no imposto de renda etc.), mas se percebe que seu patrimônio real está na casa dos cinco milhões de reais, o magistrado deve, ao condenar o réu, decretar a perda do valor de quatro milhões e quinhentos mil reais.

Todavia, não basta apenas para que esse confisco alargado se efetive que haja essa diferença patrimonial, exige-se, ainda, para que possa ocorrer, que a condenação se dê por infrações às quais a lei comine abstratamente pena máxima superior a seis anos de reclusão.

Destarte, são requisitos para o confisco alargado:

- infração com **pena máxima superior** a **seis anos** de **reclusão**;
- comprovação da **diferença patrimonial** com o patrimônio lícito do condenado.

Convém ressaltar que essa presunção de que referidos produtos e proventos são decorrentes do crime diante da incompatibilidade patrimonial não é uma presunção absoluta, mas sim uma **presunção relativa**. Nesse sentido, é ônus de pr**ova da acusa**ção demonstrar, a partir dos elementos de convicção colhidos na investigação, a evolução patrimonial do agente em desproporcionalidade às suas rendas lícitas. O Enunciado nº 15 aprovado na Primeira Jornada de Direito e Processo Penal do Conselho da Justiça Federal dispõe no mesmo sentido. Com efeito, não se pode exigir do autor da ação penal que comprove que sua diferença patrimonial tem origem lícita, pois, diante dos princípios do processo penal, o réu goza dessa presunção, a qual deve ser afastada pela acusação com a demonstração comprovada da disparidade patrimonial.

Diante dessa presunção (relativa) demonstrada pela acusação pode o acusado ainda ilidi-la, demonstrando a inexistência da apresentada incompatibilidade patrimonial.

Parte da doutrina vê nesse caso uma verdadeira inversão do ônus da prova. Haja vista que, a princípio, dispensar-se-ia que a acusação demonstrasse o **percurso dos bens**, **seu trânsito** e **sua origem**. Desse modo, bastaria a acusação demonstrar simplesmente a comprovada incompatibilidade patrimonial, impondo à defesa o ônus de demonstrar a origem lícita dos bens, seu percurso, e trânsito para fins de afastar a presunção relativa advinda da mera incompatibilidade patrimonial. Para muitos estaria aí presente uma patente violação do princípio da presunção de inocência.

A previsão legal, no intuito de evitar a dissimulação do patrimônio do condenado, estende o que se compreende por patrimônio seu. Assim, preconiza que se entende por patrimônio do condenado todos os bens:

- de sua titularidade, ou em relação aos quais ele tenha domínio e o benefício direto ou indireto, na data da infração penal ou recebidos posteriormente;
- transferidos a terceiros a título gratuito ou mediante contraprestação irrisória, a partir do início da atividade criminal.

É forte na doutrina o entendimento de que não se permite ao juiz decretar de ofício esse confisco alargado, até porque existe aí uma clara ampliação da demanda acusatória. A perda em análise deve ser requerida expressamente pelo Ministério Público, por ocasião do oferecimento da denúncia, com a indicação da diferença apurada. Nesse mesmo sentido, se depreende do Enunciado nº 2 do Grupo Nacional de Coordenadores do Centro de Apoio Criminal (GNCCRIM), nos seguintes termos:

> Nos casos de confisco alargado (art. 91-A), para efeito de indicação do valor a ser perdido (parágrafo 3º), basta a **apresentação de cálculo simplificado**, baseado nos dados disponíveis **no momento do oferecimento da denúncia**, sem prejuízo do incremento do *quantum* decorrente de eventuais provas que venham a ser aviadas aos autos no curso da instrução processual. (Grifos nossos)

O juiz deverá declarar, na forma do § 4º do art. 91-A, do CP o valor da diferença apurada e especificar os bens cuja perda for decretada.

O art. 91-A, em seu § 5º, traz ainda uma segunda previsão do que também pode se denominar confisco alargado. Trata-se de uma perda especificamente para os crimes envolvendo organização criminosa e milícias. Assim, prevê o dispositivo que serão declarados perdidos em favor da União ou do Estado, dependendo da justiça onde tramita a ação penal, os instrumentos utilizados para a prática de crimes de organizações criminosas e milícias, ainda que não ponham em perigo a segurança das pessoas, a moral ou a ordem pública, nem ofereçam sério risco para o cometimento de novos crimes.

7.6 MEDIDAS ASSECURATÓRIAS

As medidas assecuratórias são medidas tomadas no processo criminal com base em meros indícios veementes, não se exigindo prova cabal e inequívoca, com as seguintes finalidades:

- garantir uma futura indenização ou reparação à vítima;
- garantir o pagamento de despesas processuais;
- garantir o pagamento de penas pecuniárias;
- evitar que o acusado tenha lucro com a atividade criminosa.

As medidas assecuratórias de dividem em três: sequestro, hipoteca legal e arresto.

7.6.1 Sequestro

O sequestro é uma medida assecuratória, prevista nos arts. 125 a 133-A do CPP, bem como com previsão no Decreto-lei nº 3.240/1941 que trata especificamente do sequestro de bens de pessoa indiciada por crimes que resultam prejuízo para a Fazenda Pública.

O sequestro consiste em **reter os bens imóveis e móveis** do indiciado ou acusado, **ainda que em poder de terceiros**, quando **adquiridos com o proveito da infração penal**, para que deles não se desfaça durante o curso da ação penal, **a fim de se viabilizar a indenização da vítima ou impossibilitar ao agente que tenha lucro** com a atividade criminosa (NUCCI, 2008, p. 314).

O sequestro exige para sua efetivação **apenas indícios veementes da proveniência ilícita** dos bens. Como medida assecuratória que é, dispensa qualquer prova cabal ou inequívoca.

Diferentemente do sequestro previsto no CPP, o sequestro previsto no Decreto-lei nº 3.240/1941, que visa garantir a reparação do dano causado à Fazenda Pública, vítima de crime, **pode incidir até sobre os bens de origem lícita do acusado**, dispensando inclusive a necessidade de ser provento do crime.

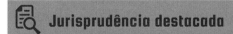
Jurisprudência destacada

"A teor da jurisprudência desta Corte, a medida de sequestro prevista no Decreto-lei nº 3.240/1941 visa garantir a reparação do dano causado à Fazenda Pública, vítima de crime, podendo incidir até sobre os bens de origem lícita do acusado. Precedentes. (...)" (STJ, AgRg no AREsp nº 1.182.173/MG, 2017/0253715-2, Rel. Min. Sebastião Reis Júnior, j. 05.04.2018, 6ª Turma, *DJe* 12.04.2018).

Como se observa, o sequestro é medida voltada para a apreensão dos **proveitos** da infração penal, **e não para a apreensão dos produtos ou instrumentos do crime** os quais são alvos da medida de **busca e apreensão** e não do sequestro.

O sequestro pode ser decretado tanto para a retenção de bens móveis quanto imóveis. Como se trata de uma medida voltada apenas para os proveitos do crime, no que tange aos bens móveis, a medida só será aplicada quando esses bens forem proveitos do crime, e não produtos ou instrumentos. Nesse sentido, o CPP preconiza que o sequestro de bens móveis só será realizado se não couber a busca e apreensão deles.

Relativamente aos bens imóveis, o CPP não faz essa mesma observação. Isso não apenas pela impossibilidade fática de busca e apreensão desses bens, mas de igual modo por ser na grande maioria das vezes os bens imóveis adquiridos com os valores arrecadados com o crime como forma de garantir e assegurar o lucro da atividade criminosa. Ou seja, verdadeiros proventos do crime.

O sequestro é uma medida que só pode, por óbvio, ser decretada pelo juiz. O magistrado pode decretá-la até mesmo de ofício, bem como a requerimento do Ministério Público ou representação da autoridade policial. Por se tratar de medida que entre suas finalidades tem por objetivo uma futura reparação ou indenização à vítima, o CPP também legitima o requerimento do ofendido para o sequestro. Trata-se de uma ampla legitimidade.

O sequestro pode ser decretado **em qualquer fase da persecução penal**.

Efetivado o sequestro, o juiz deverá ordenar a sua inscrição no Registro de Imóveis caso se trate de bens imóveis, ou no caso de bens móveis determinará seu recolhimento. A medida de sequestro deverá ser autuada em apartado nos autos, admitindo embargos de terceiros ou embargos do próprio acusado que pode ter o interesse de provar que não foram tais bens provenientes de valores auferidos com a infração penal. O terceiro pode alegar tê-los adquiridos de boa-fé.

Na forma do art. 130 do CPP, nesses embargos não poderá ser pronunciada decisão antes de passar em julgado a sentença condenatória. Todavia, o sequestro poderá ser levantado (ou seja, o acusado, o indiciado ou o terceiro volta a ter a disponibilidade do bem) em diversas hipóteses cediças no art. 131 do CPP, assim:

- se a ação penal não for intentada no prazo de 60 dias da diligência;
- se o terceiro prestar caução;
- se julgada extinta a punibilidade ou absolvido por sentença transitada.

A Lei nº 13.964/2019 trouxe nova redação ao art. 133 do CPP. Seguindo a previsão antiga, determina o artigo que transitada em julgado a sentença condenatória, o juiz, de ofício ou a requerimento do interessado, mandará fazer a avaliação e a venda dos bens em leilão público. A novidade do artigo fica por conta de dois pontos. O primeiro se refere à legitimidade do Ministério Público para requerer a avaliação e leilão dos bens. O segundo, ao destino do valor apurado com o leilão. Antigamente a previsão era de esse valor ser destinado ao Tesouro Nacional no que não coubesse ao lesado ou terceiro de boa-fé. A nova previsão refere-se ao recolhimento aos cofres públicos e com destinação ao Fundo Penitenciário nacional, exceto se houver previsão diversa em lei especial.

A Lei nº 13.964/2019 trouxe ainda uma novidade no art. 133-A do CPP. Consoante o dispositivo, o juiz poderá autorizar, se constatar o interesse público, a utilização do bem sequestrado, apreendido ou sujeito a qualquer medida assecuratória pelos órgãos de segurança pública previstos no art. 144 da CF, além do sistema prisional, do sistema socioeducativo, da força nacional de segurança pública e do Instituto Geral de Perícia, para o desempenho de suas atividades.

O § 1º do art. 133-A do CPP preconiza a prioridade do órgão de segurança pública participante das ações de investigação ou repressão da infração penal, no uso do bem. O § 2º alarga ainda mais a destinação de tais bens, permitindo que, fora das hipóteses acima mencionadas, o juiz poderá autorizar o uso do bem pelos demais órgãos públicos, se demonstrado o interesse público. Sendo esse bem veículo, embarcação ou aeronave, o juiz ordenará à autoridade de trânsito ou ao órgão de registro e controle a expedição de certificado provisório de registro e licenciamento em favor do órgão público beneficiário. Uma vez transitada em julgado a sentença condenatória com a decretação de perdimento de bens, ressalvado o direito do lesado ou terceiro de boa-fé, o juiz poderá determinar a transferência definitiva da propriedade ao órgão público beneficiário até então.

Cumpre lembrar ao leitor que no nosso ordenamento já existia uma previsão semelhante a essa de utilização dos bens apreendidos por órgãos públicos. Trata-se da Lei de Tóxicos (Lei nº 11.343/2006), no seu art. 62. Todavia, a inovação do art. 133-A do CPP não apenas alarga o rol de órgãos públicos passíveis da utilização dos bens, como estende a medida para qualquer infração penal, e não apenas para os crimes de tóxicos.

Da decisão que concede ou nega a medida de sequestro cabe **apelação**.

Decifrando a prova

(2021 – CESPE/CEBRASPE – MPE/SC – Promotor de Justiça Substituto – Prova 1) A partir das disposições do ordenamento processual penal em vigor, julgue o próximo item.

O sequestro de bens previsto no Decreto-lei nº 3.240/1941 pode alcançar até mesmo bens que não tenham qualquer relação conhecida com a prática dos crimes em apuração.
( ) Certo   ( ) Errado
Gabarito comentado: a medida de sequestro prevista no Decreto-lei nº 3.240/1941 visa garantir a reparação do dano causado à Fazenda Pública, vítima de crime, **podendo incidir até sobre os bens de origem lícita do acusado** – nesse sentido STJ, AgRg no AREsp nº 1.182.173/MG, 2017/0253715-2. Portanto, a assertiva está certa.

7.6.2 Hipoteca legal

A hipoteca legal, com previsão nos arts. 134 e 135 do CPP, vem instrumentalizar a previsão cediça no art. 91, I, do CP, bem como a previsão do art. 1.489, III, do Código Civil (CC).

O CP preconiza que é efeito da condenação tornar certa a obrigação de indenizar o dano causado pelo crime. O CC aduz que se conferirá hipoteca ao ofendido, ou aos seus herdeiros, sobre os imóveis do delinquente, para a satisfação do dano causado pelo delito e pagamento das despesas judiciais.

A hipoteca legal é medida, assim, que tem por objetivo assegurar a indenização do ofendido pela prática do crime, bem como o pagamento de custas e despesas processuais. **Refere-se à especialização de imóveis (e apenas imóveis) de origem lícita.**

Na forma do art. 140 do CPP, o ressarcimento do dano alcança as **despesas processuais e as penas pecuniárias, as quais terão preferência sobre a reparação do dano do ofendido**.

A hipoteca legal recai sobre os imóveis do indiciado e poderá ser requerida pelo ofendido em qualquer fase processual desde que haja **certeza da infração e indícios suficientes de autoria**. A despeito de a previsão legal se referir a indiciado, o que deixaria a entender a fase pré-processual, a doutrina majoritária é assente ao afirmar que a medida só poderá ser cabível na fase processual.

O STF vislumbra na hipoteca legal um poder geral de cautela do juiz, segundo o qual é possível por parte do magistrado a suplementação de ofício (*Info.* nº 708).

Não há previsão de requerimento de hipoteca legal pelo Ministério Público, e isso acertadamente. A um, porque o ressarcimento da Fazenda Pública é afeta à advocacia pública. A dois, porque, nas hipóteses de ofendido pobre, as excepcionais possibilidades de atuação do MP se refere a locais sem Defensoria Pública, estando em inconstitucionalidade progressiva essa atuação do *Parquet*.

O processo de especialização da hipoteca legal, que pode inclusive recair sobre imóvel sequestrado, ocorrerá em auto apartado. A especialização será cancelada se, por sentença irrecorrível, o réu for absolvido ou julgada extinta a punibilidade. **Passada em julgado a sentença condenatória, serão os autos de hipoteca remetidos ao juízo cível.**

Da decisão que concede ou nega a hipoteca legal cabe recurso de apelação.

7.6.3 Arresto

O arresto é medida assecuratória prevista entre os arts. 136 a 144 do CPP. Tem por objetivo, diferentemente do sequestro, tornar indisponível bem de origem lícita, para garantir futura indenização ao ofendido ou ao Estado. Como a especialização da hipoteca legal geralmente costuma demorar, o arresto se mostra conveniente para se tornar, de antemão, indisponível o bem, até que seja feita a inscrição do que for cabível no registro de imóveis.

A exemplo da hipoteca legal, as garantias obtidas com o arresto também servirão para cobrir as despesas processuais e as penas pecuniárias.

O arresto pode se voltar tanto para bens móveis quanto imóveis.

O arresto de imóveis, na forma do art. 136 do CPP, poderá ser decretado de início, revogando-se, porém, se no prazo de 15 dias não for promovido o processo de inscrição da hipoteca legal.

Por outro lado, é possível também o arresto de **bens móveis**, desde que, por óbvio, esses sejam **penhoráveis**. Na dicção do art. 137 do CPP, o arresto de **bens móveis** é uma **medida residual**, pois só será permitida se o responsável não possuir bens imóveis ou os possuir em valor insuficiente.

Da mesma forma que o processo de especialização da hipoteca e o sequestro, o arresto correrá em autos apartados. O arresto será levantado ou a hipoteca cancelada, se, por sentença irrecorrível, o réu for absolvido ou julgada extinta a punibilidade. Passados os autos da sentença condenatória, da mesma forma que ocorre com a hipoteca legal, os autos do arresto serão remetidos ao juízo cível, conforme o art. 143 do CPP.

A legitimidade para o Ministério Público para o arresto segue as mesmas observações feitas acima em relação à hipoteca legal. Os interessados podem requerer o arresto de bens móveis e imóveis, bem como o juiz pode decretá-lo de ofício, dado até mesmo seu poder geral de cautela como já se manifestou o STF.

Em 2012, a Lei nº 12.694/2012, conferindo redação ao art. 144-A e parágrafos do CPP, trouxe interessantes inovações. Veio possibilitar ao juiz determinar a alienação antecipada para a preservação do valor dos bens que estiverem sujeitos a qualquer grau de deterioração ou depreciação, ou quando houver dificuldade para sua manutenção. No mesmo diapasão, a referida Lei trouxe a previsão aos parágrafos 1º e 2º do art. 91 do CP, **permitindo a decretação da perda de bens ou valores equivalentes ao produto ou proveito do crime quando estes não forem encontrados ou quando localizados no exterior.** Inclusive, **as medidas assecuratórias poderão abranger esses valores equivalentes ao produto ou proveito do crime**, para fins de futura decretação da perda.

Regulamentando a inovação legislativa, o CNJ editou a Resolução nº 356/2020, que dispõe sobre o procedimento da alienação antecipada de bens apreendidos.

Da decisão que concede ou denega arresto **não cabe recurso**, suscetível, contudo, a mandado de segurança.

Cumpre atentar que a legislação especial traz regras semelhantes no tocante às medidas assecuratórias supracitadas, a exemplo da Lei Antiterrorismo (Lei nº 13.260/2016) e a Lei de Prevenção e Repressão ao Tráfico Interno e Internacional (Lei nº 13.344/2016). No tocante aos crimes previstos nessas Leis, o aplicador do direito deve se atentar em fundamentar as medidas assecuratórias nelas, dado o princípio da especialidade.

Decifrando a prova

(2021 – MPE/PR – Promotor de Justiça Substituto) Considerando o disposto no Código de Processo Penal, assinale a alternativa correta:

A) Caberá o sequestro dos bens imóveis, adquiridos pelo indiciado com os proventos da infração, desde que ainda não tenham sido transferidos a terceiro.

B) O arresto do imóvel poderá ser decretado de início, revogando-se, porém, se no prazo de 15 dias não for promovido o processo de inscrição da hipoteca legal.

C) Para a decretação do sequestro, há a necessidade de prova da proveniência ilícita dos bens.

D) Não cabe o sequestro de bens móveis.

E) O arresto será levantado se a ação penal não for intentada no prazo de 45 dias, contado da data em que ficar concluída a diligência.

Gabarito comentado: de acordo com o art. 136 do CPP, a letra B é o gabarito.

7.7 INCIDENTE DE FALSIDADE

O incidente de falsidade trata de um procedimento processual penal para fins de **constatação da autenticidade de um documento**, sobre o qual se desperta controvérsia. Na forma da Lei nº 11.419/2006, art. 11, abarca a expressão documento, logo suscetível ao incidente, os documentos produzidos eletronicamente. Pode, inclusive, conforme o § 2º do mesmo artigo, a arguição de falsidade do documento original ser processada eletronicamente na forma da lei processual em vigor.

Qualquer parte que atua no processo pode requerer o incidente, que deve ser apresentado por escrito. Caso o incidente seja apresentado por procurador, esse deve conter poderes especiais, na forma do art. 146 do CPP. Consoante o art. 147 do CPP pode o juiz reconhecer da falsidade de ofício.

Uma vez reconhecida a falsidade, o documento deverá ser retirado do processo. O juiz, então, determinará o envio dos autos do incidente ao Ministério Público para fins de adoção das providências cabíveis em relação a eventual conduta delitiva.

Em razão de se tratar de um reconhecimento incidental ao processo, não constando do dispositivo de sentença, qualquer que seja a decisão sobre o incidente não fará coisa julgada. Desse modo, essa decisão não afetará eventual futuro processo penal ou civil (art. 148 do CPP).

Qualquer que seja a decisão, do incidente de falsidade caberá recurso em sentido estrito, devendo subir ao Tribunal nos próprios autos do incidente, que se dão em autos apartados, não possuindo efeito suspensivo.

 Decifrando a prova

(2021 – VUNESP – TJ/GO – Titular de Serviços de Notas e de Registros – Provimento)
Assinale a alternativa correta no que se refere ao incidente de falsidade (CPP, arts. 145 a 148).
A) A decisão do incidente faz coisa julgada em detrimento de ulterior processo civil ou penal.
B) A arguição da falsidade pode ser feita pela parte ou procurador, independentemente de poderes especiais.
C) Pode ser a falsidade arguida por escrito ou oralmente, mediante redução a termo.
D) Pode ser instaurado por requerimento da parte ou de ofício, pelo juiz.
Gabarito comentado: de acordo com os arts. 145 e 147 do CPP, a letra D é o gabarito.

7.8 INCIDENTE DE INSANIDADE MENTAL

A insanidade mental do acusado possui consequências diversas dentro do direito penal e do direito processual penal a depender do momento em que ela se apresenta.

Assim, se o acusado era **ao tempo da infração penal** mentalmente enfermo **o processo terá seguimento para fins de sentença absolutória imprópria**, com possível aplicação de medida de segurança.

Se a doença mental **sobrevier à infração penal**, estando mentalmente sã ao tempo do delito o acusado, o **processo será suspenso** até que o acusado se restabeleça (ao que se dá o nome de crise de instância).

Todavia, se a insanidade mental **sobrevier à execução penal**, teremos duas possibilidades. Caso se trate de doença transitória, o condenado será transferido para o hospital penitenciário, sem alteração de sua pena. Todavia, se a doença for permanente, haverá a conversão da pena em medida de segurança.

O incidente de insanidade mental é procedimento para apurar tanto o grau de deficiência mental do acusado, ou seja, se ele é inimputável ou semi-imputável, bem como o momento em que adveio a insanidade mental.

Conforme já decidido pelo STJ no *Informativo* nº 675, o reconhecimento da inimputabilidade ou semi-imputabilidade do réu depende da prévia instauração de insanidade mental e do respectivo exame médico-legal nele previsto.

A instauração do procedimento se dá quando houver dúvida sobre a integridade mental do acusado. Pode ser feita de ofício pelo juiz ou a requerimento do Ministério Público, do defensor, do curador, ascendente, irmão ou cônjuge do acusado.

Sua instauração é possível na fase do inquérito policial por meio de representação da autoridade policial.

Uma vez instaurado o procedimento que se dá por meio de portaria do juiz, o magistrado nomeará curador em favor do acusado, determinará a suspensão do processo se iniciada a ação penal (mas não haverá a suspensão ou interrupção do prazo prescricional), sem prejuízo das diligências em andamento, que se dará com a presença de curador. As partes serão intimadas para oferecer quesitos. O acusado será submetido a exame médico legal e ao final o laudo pericial será juntado aos autos do incidente, apenso ao feito principal.

Para fins do exame, estando o acusado preso, será internado em manicômio judiciário, todavia, estando solto, e o requererem os peritos, em estabelecimento adequado que o juiz designar.

Existe um prazo estipulado no art. 150 do CPP, em seu § 1º, para a conclusão desse exame. Estipula o dispositivo que o exame não pode superar 45 dias. Não havendo prejuízo para a marcha processual, o juiz poderá autorizar sejam os autos entregues para facilitar o exame. Se os peritos concluírem que o acusado era, ao tempo da infração penal, irresponsável, o processo prosseguirá com a presença de curador.

A decisão que determina a instauração do incidente em comento é irrecorrível, cabível, todavia, mandado de segurança, ou *habeas corpus*, no caso de decisão que rejeita o incidente.

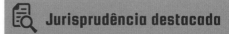

O STF decidiu que o incidente de insanidade mental é prova pericial constituída em favor da defesa, daí por que não é possível determiná-la compulsoriamente na hipótese em que ela se oponha à sua realização. Asseverou-se que, embora existisse nos autos indícios da inimputabilidade do réu, a defesa não solicitara a realização do exame pericial, motivo pelo qual aquele indivíduo não estaria obrigado a se submeter a esse exame. Diante dessa decisão, entende-se que o agente pode se recusar a se submeter ao incidente de insanidade mental (STF, *Info*. nº 838).

Decifrando a prova

(2021 – FGV – PC/RN – Delegado de Polícia Civil Substituto) No curso de investigação criminal para apurar a prática de crime sexual por parte de Adonis, a autoridade policial notou que o investigado apresentava sinais de insanidade mental. Nesse sentido, havendo dúvida sobre a integridade mental de Adonis, a instauração de incidente de insanidade mental:

A) não poderá ser determinada na fase de inquérito, pois incabível nesse momento.

B) poderá ser determinada na fase de inquérito diretamente pelo delegado de polícia, de ofício.

C) poderá ser determinada na fase de inquérito pelo juiz, mediante representação do delegado de polícia.

D) poderá ser determinada na fase de inquérito diretamente pelo delegado de polícia, mediante requerimento da parte.

E) poderá ser determinada na fase de inquérito pelo juiz, de ofício ou a requerimento da parte ou representação do delegado de polícia, devendo a autoridade policial nomear curador ao investigado.

Gabarito comentado: de acordo com o art. 149, § 1º, do CPP, a letra C é o gabarito.

8 Prova

8.1 CONCEITO

Etimologicamente, a palavra prova vem do latim *probatio* e *probus*. Traduz a ideia de verificação, inspeção, exame, confirmação, evidenciar algo. Terminologicamente significa demonstrar a veracidade de um enunciado sobre um fato tido por ocorrido no mundo real (LIMA, 2019, p. 605).

Parte da doutrina verifica na palavra **prova** três acepções em que a mesma palavra é utilizada. A primeira seria a **prova como atividade**, consistente em um conjunto de ações (atividades) desempenhadas pelas partes para se chegar à demonstração de certo fato. A segunda acepção seria **prova como resultado**, caracterizada pelo seu fim de formar a convicção do julgador do processo. E em terceiro lugar seria a **prova como meio**, no sentido de ser o conjunto de instrumentos capazes de promover a formação da convicção do julgador.

8.2 DIFERENÇA ENTRE PROVA, FONTE DE PROVA, MEIOS DE PROVA E MEIOS DE OBTENÇÃO DE PROVA

Prova, como mencionado alhures, refere-se à atividade, ao resultado ou ao meio hábeis a formar a convicção do julgador. Prova, contudo, não deve se confundir com fontes de prova, meios de prova e meios de obtenção de prova. Ao passo que prova refere-se a um aspecto abstrato diretamente relacionado à formação do convencimento do julgador acerca de um fato passado ocorrido no mundo real, as últimas três designações são instrumentalizações da persecução penal para essa primeira.

Fonte de prova são as pessoas ou coisa das quais se pode extrair a prova. Como se depreende do próprio significado da palavra fonte, fonte de prova é o lugar de onde jorram as informações do acontecimento que se quer provar. Podem ser classificadas em: fontes de provas pessoais, que abarcam as fontes como o perito, o ofendido, o acusado, ou as testemunhas; ou fontes de provas reais ou materiais, que abarcam qualquer documento, sejam eles uma foto, um papel escrito, um documento digital.

Fontes de provas referem-se a tudo aquilo que serve para esclarecer um fato delituoso. Derivam exclusivamente do fato delituoso e independem da existência do processo, pois são anteriores a ele. Por isso são consideradas extraprocessuais as fontes de provas. A introdução desses elementos no processo ocorre mediante os meios de prova.

Meios de prova são os instrumentos que permitem que as fontes de provas sejam introduzidas no processo. É uma atividade endoprocessual que se desenvolve perante o juiz, com o conhecimento e participação das partes (ampla defesa e contraditório), cujo objetivo é a fixação de dados probatórios no processo (LIMA, 2019, p. 611).

Exemplificando fontes de provas e meios de provas, temos que uma testemunha é uma fonte de prova, ao passo que suas declarações tomadas a termo no processo são o meio de prova.

Meios de obtenção de provas, por sua vez, referem-se à investigação, por isso que são também chamados de meios de investigação da prova. Eles se referem a procedimentos regulados por lei, com o objetivo de identificar fontes de provas.

Como aduz Renato Brasileiro de Lima (2019, p. 612), embora o CPP insira a busca pessoal e a busca domiciliar entre os meios de prova, tratam-se na verdade de meios de obtenção de provas, ou meios investigativos. Com efeito, seu objetivo não é a obtenção de elementos de prova, mais sim de fontes de provas, os quais, uma vez alcançados com sucesso, serão internalizados no processo mediante o respectivo meio de prova pertinente à fonte angariada com a medida investigativa. Por exemplo, uma busca domiciliar pode originar da apreensão de um documento, este é uma fonte de prova que, uma vez juntado aos autos do processo, funcionará como meio de prova.

Outros exemplos de meios de obtenção de provas (meios investigativos) são a interceptação telefônica e a infiltração de agentes policiais. Na interceptação telefônica, pode-se alcançar diversas fontes de provas, desde a identificação de testemunhas até a gravação das conversas telefônicas. Essa última é fonte de prova que, uma vez degravada e inserida nos autos do processo, servirá como meio de prova. Igual sorte assiste a infiltração de agentes policiais, medida investigativa que pode alcançar fontes de provas como identificação de testemunhas, documentos, objetos do crime (cujo meio de prova são o laudo pericial ou o termo de depoimento do perito) etc.

Como se pode observar, nem toda fonte de prova precisará de um meio de obtenção de provas para ser identificada. Diante disso, em regra, os meios de obtenção de provas têm por característica a surpresa e o sigilo. Diferente dos meios de provas que, por serem uma atividade endoprocessual, devem ser produzidos mediante o contraditório e a ampla defesa.

Importante mencionar que apenas os meios de prova podem ser considerados lícitos ou ilícitos. Sobre as fontes de prova não há de se falar em licitude ou ilicitude, haja vista que elas são pessoas ou coisas existentes no mundo, e a ilicitude só pode advir da sua forma de internalização no processo. Exemplo disso é um testemunho conseguido mediante tortura. A tortura em si é um ato ilícito e que deverá ser julgado criminalmente. Todavia, a fonte, ou seja, o testemunhante, é uma pessoa sobre a qual não há de se falar sobre ilicitude, mas, diante da forma como extraídas as informações dessa fonte, todos os meios utilizados para introduzir essas informações no processo (meios de prova) serão declarados nulos e determinado seu desentranhamento. Por outro lado, a ilegalidade quanto aos meios de obtenção de provas (medidas investigativas) terá por consequências o reconhecimento de sua inadmissibilidade no processo e de qualquer produção de meios de provas oriundos das fontes de provas alcançadas com essas medidas investigativas ilícitas.

8.3 SISTEMA DE AVALIAÇÃO DA PROVA

Como mencionado alhures, o destinatário da prova será o magistrado, pois destinada à formação de seu convencimento. Contudo, não podemos perder de vista que as partes também têm direito à prova, não apenas para fins de firmar em juízo suas convicções, mas de igual modo para o fomento da pacificação social mediante o incremento das provas ao processo dialético. É por isso que aduz a doutrina que **o destinatário direto das provas é o magistrado** e **os destinatários indiretos das provas são as partes**.

Dentro da ciência processual, possuímos **três sistemas distintos de avaliação das provas** por parte do seu destinatário direto, o magistrado, assim:

- **Sistema da íntima convicção ou da livre convicção, ou da certeza moral**: segundo esse sistema **a valoração das provas é totalmente livre pelo magistrado**, não havendo sequer a necessidade de o magistrado motivar seu entendimento perante elas ou mesmo qualquer motivação na decisão judicial. Esse sistema é aplicado no Brasil apenas em relação à decisão dos jurados no Tribunal do Júri, que respondem sigilosamente apenas sim ou não aos quesitos sem qualquer motivação de suas decisões.

- **Sistema da prova legal, ou das regras legais, ou sistema tarifário, ou da certeza moral do legislador**: nesse sistema a valoração das provas é determinada pelo legislador que atribui determinando ponto a cada uma delas. Ao final, somados esses pontos, irá se dizer em qual sentido seguirá a culpa ou inocência do réu. É uma valoração taxada ou tarifada da prova, que parte de um preestabelecimento determinando o valor para cada prova produzida no processo, ficando, assim, o juiz atado aos critérios fixados pelo legislador. Parte da doutrina vislumbra no Brasil um resquício desse sistema da prova tarifada no art. 158 do CPP, que exige o exame de corpo delito obrigatoriamente para a formação da materialidade da infração penal que deixar vestígios, vedando inclusive a confissão nesses casos. Todavia, seguimos o entendimento majoritário de que não se trata aí de prova tarifária, pois não há valor predeterminado para essa prova, que pode inclusive sucumbir diante de outras provas, desde que devidamente motivado pelo juiz. Trata-se sim de mera prova obrigatória, mas não de prova tarifada.

- **Sistema da persuasão racional, ou do convencimento racional, ou do livre convencimento motivado, ou da apreciação fundamentada, ou da prova fundamentada**: é o sistema adotado no Brasil, como preconizado diretamente pela Constituição no art. 93, IX. Segundo esse sistema a avaliação das provas é livre pelo juiz, todavia, não totalmente livre como no sistema da íntima convicção. No sistema da persuasão racional, exige-se do juiz um limite mínimo para sua livre apreciação das provas. E esse limite é justamente a obrigatoriedade de o juiz motivar, externalizar, em sua decisão, seu juízo de convicção acerca das provas produzidas no processo. Vem expressamente também previsto no art. 155 do CPP, nos seguintes termos, "o juiz **formará sua convicção pela livre apreciação da prova** produzida em contraditório judicial, não podendo **fundamentar sua decisão** exclusivamente nos elementos informativos colhidos na investigação, ressalvadas as provas cautelares, não repetíveis e antecipadas" (grifos nossos).

No sistema da persuasão racional, adotado no Brasil, o juiz decide de acordo com seu livre convencimento, devendo apenas cuidar de fundamentá-lo nos autos, com o fito de persuadir, pela exposição de seus motivos, as partes e a comunidade.

Todavia, em vista do princípio do contraditório, para seu convencimento, o juiz só pode utilizar para seu convencimento as provas produzidas ao longo do processo penal. Pois é nessa oportunidade que as provas são produzidas dialeticamente, com a oportunidade de as partes se manifestarem sobre elas em atenção aos princípios constitucionais da ampla defesa e do contraditório.

Contudo, existem **três hipóteses em que o magistrado pode formar seu convencimento sobre provas não formadas ao longo do processo penal**. Trata-se das **provas cautelares, não repetíveis** e **antecipadas**. Essas três formas de provas são chamadas de **elementos migratórios no processo penal**. São assim denominadas porque essas provas migram da investigação para o processo penal, de modo a permitir que o juiz as utilize em seu julgamento.

Passemos à análise de cada um desses elementos migratórios do processo:

- **Provas cautelares**: essas provas vicejam sobre a **necessidade e urgência** em sua formação. Essas provas, caso não sejam produzidas no momento exato, terão seus elementos perdidos, de modo que não poderão ser realizadas no futuro durante o processo penal. São exemplos dessas provas a busca e apreensão domiciliar e a interceptação telefônica. O princípio da ampla defesa e do contraditório nessas provas é realizado em momento posterior à sua formação, durante a ação penal, quando as partes poderão impugná-las ou mesmo requerer a produção de contraprova. A isso se dá o nome de contraditório diferido, também chamado de contraditório postergado.

- **Provas não repetíveis**: as provas não repetíveis vicejam sobre uma **impossibilidade material** de serem realizadas durante a fase processual, a exemplo do exame de corpo delito de um crime que deixa vestígios. A despeito de serem produzidas de forma inquisitiva, como nas provas cautelares, serão de igual modo submetidas ao contraditório diferido ou postergado.

- **Provas antecipadas**: as provas antecipadas diferem das anteriores significativamente. Ao tempo em que as anteriores são realizadas antes da ação penal e respeitados o contraditório e a ampla defesa em momento posterior, no que se denomina contraditório diferido, nas provas antecipadas o contraditório é real, realizado mediante um incidente judicial na fase pré-processual. Elas tramitam perante um magistrado com participação efetiva das futuras partes do processo. Exemplo de prova antecipada é o testemunho indispensável de uma pessoa que se acha em estado terminal, caso o juiz não autorize sua colheita naquele momento, pode ocorrer de quando da ação penal aquela pessoa não estar mais viva.

Dentro do nosso sistema da livre persuasão racional do juiz, o art. 155, parágrafo único, do CPP, traz uma limitação no que tange às **provas relativas ao estado das pessoas**. Malgrado no nosso ordenamento toda prova lícita poder ser utilizada no processo penal, no que tange ao estado das pessoas serão seguidas as restrições estabelecidas na lei civil. Dessa forma, o casamento, a morte, o nascimento só podem ser reconhecidos no processo penal mediante a respectiva certidão lavrada em cartório. É nesse sentido que a Súmula nº 74 do STJ preconiza: "Para efeitos penais, o reconhecimento da menoridade do réu requer prova por documento hábil".

Ainda sobre o sistema da persuasão racional, o CPC de 2015 trouxe inovação que deve valer para todo o sistema processual brasileiro, e não apenas para o processo civil. O **art. 371 do CPC** suprimiu a expressão **livre** que acompanhava o convencimento do juiz sobre as provas, com o seguinte texto legal: "O juiz apreciará a prova constante dos autos, independentemente do sujeito que a tiver promovido, e indicará na decisão as razões da formação de seu convencimento". A supressão do termo "livre", que a primeiro momento pode parecer sutil, traz modificação importante. Ela reforça a ideia segundo a qual, embora o juiz tenha liberdade na apreciação da prova, ele encontra limites para a sua fundamentação. Assim, **não pode fundamentar sua decisão com base em argumentos que não encontrem respaldo jurídico**. É o que a doutrina tem denominado de **liberdade regrada na apreciação das provas**.

Decifrando a prova

(2021 – MPE-PR – Promotor de Justiça Substituto) Quanto ao tema das provas, analise as assertivas abaixo e assinale a alternativa:

I – Provas cautelares são aquelas produzidas com a observância do contraditório real, perante a autoridade judicial, em momento processual diverso daquele legalmente previsto, ou até mesmo antes do início do processo.

II – Provas antecipadas são aquelas produzidas quando há risco do desaparecimento do objeto da prova em razão do decurso do tempo, em relação às quais o contraditório será diferido.

III – A interceptação telefônica é exemplo de prova cautelar.

IV – Fonte de prova é uma expressão utilizada para se referir às pessoas ou coisas pelo meio das quais se obtém a prova, ou seja, cometido o fato delituoso, tudo o que possa servir para elucidar a existência desse fato pode ser conceituado como fonte de prova.

V – A prova colhida em razão da suspensão do processo e do curso da prescrição em relação ao acusado citado por edital, que não tenha comparecido nem constituído defensor é um exemplo de prova antecipada.

A) Todas as assertivas estão corretas.
B) Apenas as assertivas I, III e IV estão corretas.
C) Apenas as assertivas III, IV e V estão corretas.

> D) Apenas as assertivas II, III e V estão corretas.
> E) Apenas as assertivas I, II e IV estão corretas.
> **Gabarito comentado:** de acordo com os arts. 155 e ss. do CPP, a letra C é o gabarito.

8.4 DISTRIBUIÇÃO DO ÔNUS DA PROVA NO PROCESSO PENAL, ATIVIDADE PROBATÓRIA DO JUIZ E GESTÃO DA PROVA

Na forma do art. 156, *caput*, do CPP, o ônus da prova incumbirá a quem a fizer. Em razão do princípio da presunção de inocência esse ônus recai sobre a acusação.

Prevalece na doutrina e jurisprudência, desde o RHC nº 1.330, do STJ, de 09.09.1991, o seguinte entendimento sobre a distribuição do ônus da prova entre acusação e defesa:

O autor da ação penal deve, destarte, demonstrar: a autoria; a materialidade delitiva, o dolo ou culpa do agente; qualificadoras; e causas de aumento de pena. Deve-se atentar que consoante o art. 385 do CPP as agravantes podem ser reconhecidas de ofício pelo juiz, de modo a não necessitar constar da acusação.

Por sua vez, desincumbindo-se a acusação de seu ônus da prova, é ônus da defesa: a prova da existência de excludentes de ilicitude; excludentes de culpabilidade; causas de extinção da punibilidade; e as causas de diminuição da pena.

Importante salientar que na Lei de Lavagem de Dinheiro (Lei nº 9.613/1998), bem como na novel previsão do confisco alargado (art. 91-A do CP), apresenta-se uma inversão das supracitadas regras do ônus da prova.

Na **Lei de Lavagem de Capitais**, a inversão do ônus da prova subsiste no fato de à acusação bastar que demonstre os índices suficientes da infração penal antecedente para que o juiz decrete as medidas assecuratórias de bens, direitos e valores. À defesa incube a prova plena da licitude de tais bens, dinheiro e valores para poder afastar a medida assecuratória. Não obstante, essa inversão não se aplica por ocasião da sentença, em que voltam a viger as regras supracitadas do ônus da prova.

No **confisco alargado**, o novel dispositivo legal realiza uma presunção de que a diferença patrimonial existente advém do fato de os bens serem produtos ou proveitos do crime, como visto alhures. Há uma inversão do ônus da prova, dispensando-se, a princípio, que a acusação demonstre o percurso dos bens, o seu trânsito e sua origem.

A Lei nº 11.690/2008 alterou o art. 156 do CPP, conferindo a seguinte redação aos seus incisos:

> Art. 156. A prova da alegação incumbirá a quem a fizer, sendo, porém, facultado ao juiz de ofício:
>
> I – ordenar, mesmo antes de iniciada a ação penal, a produção antecipada de provas consideradas urgentes e relevantes, observando a necessidade, adequação e proporcionalidade da medida;
>
> II – determinar, no curso da instrução, ou antes de proferir sentença, a realização de diligências para dirimir dúvida sobre ponto relevante.

A inovação legislativa incrementa o que se chama de poderes instrutórios do juiz, ou seja, poderes de o juiz produzir provas de ofício. A justificativa de se outorgar a iniciativa do juiz de produzir provas se dá em razão do princípio da busca da verdade real. Todavia, dois sérios questionamentos pesam sobre a inovação legal. A primeira seria sobre sua premissa de busca da verdade real, a segunda em relação a uma suposta ofensa ao sistema acusatório.

Sobre os questionamentos que o dispositivo buscaria a verdade real, uma corrente doutrinária afirma que ela justificaria o juiz determinar de ofício a produção de provas, bem como ao juiz manter a prova intacta e impedir que ela se perca. Desse modo, a permitiria um julgamento do feito a partir de uma certeza, evitando-se a aplicação de presunções como o *in dubio pro reo*. Por outro lado, parcela relevante da doutrina sustenta que sequer seria possível falar em verdade real, pois ela seria um grande mito, uma utopia, ao passo que não se pode reconstruir, com a precisão que a palavra denota, a verdade de fatos passados nos autos. Essa última corrente prefere falar em verdade do possível, haja vista que a noção de verdade é extremamente subjetiva.

No que tangencia ao argumento de ofensa ao sistema acusatório, parcela da doutrina afirma que tanto em relação ao inciso I quanto ao inciso II, do dispositivo legal, estar-se-ia a instituir a figura do juiz-instrutor, típico de um sistema inquisitivo.

Relativamente ao inciso I, Aury Lopes Jr. (2010, p. 262), com a propriedade que lhe é peculiar, assevera que o dispositivo não tem salvação, estando profundamente maculado com a pecha da inconstitucionalidade, pois nada justificaria ao magistrado produzir provas de ofício durante a investigação criminal.

Todavia, no que toca ao inciso II do art. 156 do CPP, é assente na doutrina que o dispositivo pode ser aplicado desde que essa produção probatória seja uma **atividade complementar do magistrado**, sem jamais almejar substituir a iniciativa das partes na produção das provas. Assim, o juiz antes de decidir e eventualmente aplicar o princípio do *in dubio pro reo*, após toda dilação probatória realizada pelas partes, poderia determinar a realização de diligências, e, apenas persistindo a dúvida, é que deveria aplicar o referido princípio.

É nesse sentido que os dispositivos poderiam conviver com o teor do art. 3º-A do CPP, com a redação conferida pela Lei nº 13.964/2019 (Pacote Anticrime), *in verbis*: "O processo penal terá **estrutura acusatória, vedadas a iniciativa do juiz na fase de investigação** e a **substituição da atuação probatória** do órgão de acusação" (grifo nosso).

> ### Decifrando a prova
>
> **(2022 – CESPE/CEBRASPE – DPE/RS – Defensor Público)** No que diz respeito ao processo penal, julgue o seguinte item.
> São característicos do sistema acusatório os dispositivos do Código de Processo Penal que facultam ao juiz, de ofício, ordenar, mesmo antes de iniciada a ação penal, a produção antecipada de provas consideradas urgentes e relevantes ou determinar, no curso da instrução, ou antes de proferir a sentença, a realização de diligências para dirimir dúvida sobre ponto relevante.
> ( ) Certo ( ) Errado

> **Gabarito comentado:** as ações de ofício pelo juiz são exceções ao sistema acusatório. Portanto, a assertiva está errada.

Doutrina destacada

Importante atentar, para as provas de concursos públicos, acerca das expressões: **Síndrome de Dom Casmurro**, também chamada de **Quadros Mentais Paranoicos**.

A Síndrome de Dom Casmurro ou Quadro mental paranoico refere-se a uma situação em que o juiz, no escopo de buscar a verdade real, toma certa decisão no seu íntimo e depois passa a adotar no processo penal uma série de comportamentos que busque a confirmar essa convicção. O magistrado começa a adotar **atos instrutórios de ofício**, ferindo inconscientemente sua imparcialidade.

Na obra de Machado de Assis, *Dom Casmurro*, o personagem Bentinho, casado com Capitu, passa a desconfiar que sua esposa o traíra com o seu amigo Escobar. Como se pode depreender do romance, tudo não teria passado de uma crise de ciúmes de Bentinho, que, criando uma paranoia diante da situação, passa a procurar qualquer detalhe que confirmasse o seu prejulgamento acerca do caso de sua esposa com seu amigo.

A obra de Machado de Assis reflete bem o quadro paranoico que pode ser criado na mente do juiz ao adotar **iniciativas probatórias**, por vezes, apenas no escopo de legitimar seu imaginário, buscando provas no processo para tornar verdadeiro seu pré-julgamento.

A doutrina costuma trabalhar com a expressão **Gestão de Provas**, que é o modo de produção da prova dentro de certo sistema processual penal. Assim, a gestão das provas no Brasil segue o **sistema acusatório**, pois **a atividade probatória está a cargo das partes do processo**, evitando-se a iniciativa do juiz, a não ser complementarmente.

Desse modo, pode-se afirmar que o Brasil adota, como regra geral, o **sistema acusatório de gestão de provas**.

Doutrina destacada

A doutrina costuma chamar de **prova diabólica** aquela prova que, segundo as regras do ônus da prova, se mostra impossível, ou extremamente difícil, a sua realização pela parte a quem incumbe a sua produção. Ocorre diante da necessidade de se provar um **fato negativo indeterminado**.

Tem-se chamado **prova duplamente diabólica** aquela que envolveria situações em que a impossibilidade ou dificuldade para sua colheita atingiria ambas as partes. São **situações de inesclarecibilidade**, a serem resolvidas pelo princípio do *in dubio pro reo*.

8.5 LICITUDE E ILICITUDE DOS MEIOS DE PROVA E O PRINCÍPIO DA ATIPICIDADE DOS MEIOS DE PROVA

No processo penal viceja o **princípio da atipicidade dos meios de prova**. Consoante esse princípio, **é possível a utilização no processo penal de todos os meios de provas lícitos** para formar a convicção do julgador. A despeito das limitações das provas no que se refere à prova conforme a lei civil do estado das pessoas e do exame pericial nos crimes que deixam vestígios, é certo que, mesmo nesses casos, outras provas serão válidas complementarmente ou na impossibilidade das primeiras.

Pode-se falar que existe um **direito fundamental à prova** que deriva do próprio devido processo legal. Todavia, como todo direito fundamental, o direito à prova não tem natureza absoluta. Sujeita-se às limitações da coexistência dos direitos igualmente fundamentais. Não é por outra razão que o **art. 5º, LVI, da CF, dispõe que são inadmissíveis, no processo, as provas obtidas por meios ilícitos.**

De modo a dar cumprimento ao supracitado dispositivo constitucional, o art. 157, § 3º, do CPP, assevera que preclusa a decisão de desentranhamento da prova declarada inadmissível, esta será inutilizada por decisão judicial, facultado às partes acompanhar o incidente. O juiz não poderá utilizar dessa prova para fundamentar sua sentença ou para direcionar seu convencimento nela, sob pena de nulidade do feito.

Já há muito se vinha questionando sobre o comprometimento da imparcialidade do magistrado que teve contato com a prova ilícita. Mesmo que a prova ilícita, posteriormente, seja desentranhada dos autos, não podendo o juiz fundamentar sua decisão com fulcro nela, é inafastável que ainda assim ela tenha deixado sua impressão no espírito do julgador. Diante disso, a Lei nº 13.964/2019, Pacote Anticrime, inseriu ao § 5º do art. 157 do CPP a seguinte redação: "o juiz que conhecer do conteúdo da prova declarada inadmissível não poderá proferir a sentença ou acórdão". Trata a redação legal da consagração no nosso ordenamento jurídico da aclamada pela doutrina **teoria da contaminação do entendimento**.

A **teoria da contaminação do entendimento** encontra seu amparo em outa teoria, mas, dessa vez, não uma teoria jurídica, senão uma teoria da psicologia. É a chamada **teoria da dissonância cognitiva**. Segundo Leon Festinger (1957), criador da teoria da dissonância cognitiva, um indivíduo passa por um conflito no seu processo de tomada de decisão quando pelo menos dois elementos cognitivos não são coerentes. A dissonância cognitiva é um construto cognitivo e emocional, que resulta em um estado de desconforto, angústia e/ou ansiedade causada quando há inconsistência entre as cognições. Essa inconsistência é capaz de levar o indivíduo a contrariar até mesmo o nível mais básico da lógica, podendo negar evidências, criar falsas memórias, distorcer percepções e ignorar afirmações científicas (SWEENEY; HAUSKNECHT; SOUTAR, 2000, p. 369-385).

Essa previsão legal do art. 157, § 5º, do CPP, tem sido defendida na doutrina, com razão, como mais uma causa de impedimento do juiz, que ampliaria o rol do art. 252 do CPP. Nesse diapasão, como qualquer outra causa de impedimento, deve o juiz que teve contato com a prova ilícita reconhecer seu afastamento do processo de ofício ou tê-la arguida por qualquer das partes na forma do processo estabelecido no art. 112 do CPP (que trata do procedimento da exceção de suspeição, o qual se aplica igualmente ao impedimento).

Conforme pacífico na doutrina, o não afastamento desse juiz que teve contato com a prova ilícita é causa de nulidade absoluta, desde, claro, que demonstrado prejuízo (conforme o princípio aplicado a toda nulidade absoluta do processo penal do *pas nullité sans grief*, como veremos no Capítulo 14 desta obra). Salienta-se, todavia, que, caso o juiz não venha a utilizar da prova ilícita para seu convencimento, não haverá nulidade do feito (ALVES, 2021, p. 412).

O art. 157, § 5º, do CPP refere-se a duas expressões que merecem atenção. São elas a referência à **prova inadmissível**, e ao fato de o juiz que meramente **conhecer** dessa prova.

É assente que a expressão prova inadmissível quer se referir exclusivamente à **prova ilícita**, não abrangendo a **prova ilegítima**. Como cediço, a prova ilícita é aquela que implica violação a direito fundamental do cidadão, por sua vez, a prova ilegítima é a que decorre de mero descumprimento de norma processual infraconstitucional. Nesse sentido, afirma o Enunciado nº 31 da PGJ-CGMP do Ministério Público do Estado de São Paulo:

> **A prova inadmissível a que se refere o § 5º do art. 157 do CPP é apenas a ilícita**, isto é, aquela cujo meio de obtenção viola proibição de natureza material ou preceito constitucional, não estando inserida na regra do referido dispositivo à prova ilegítima, assim entendida aquela que desobedeça norma processual infraconstitucional. (Grifo nosso)

Noutro giro, quanto ao fato de o dispositivo se referir à situação de o magistrado simplesmente "conhecer do conteúdo da prova" merece maior reflexão. Deve-se entender o dispositivo como não apenas o magistrado que tomou conhecimento formal da prova inadmissível, mas também como aquele que de qualquer modo contribui para sua produção, ou ainda que indiretamente a julgou admissível (CUNHA, 2020, p. 173).

A *contrario sensu* do que dispõe o artigo em epígrafe, caso o magistrado tenha refutado a prova inadmissível, ao invés de conhecê-la, não estará impedido de proferir a sentença ou acórdão.

É nesses termos o entendimento exarado pelo Enunciado nº 32 da PGJ do Ministério Público do Estado de São Paulo:

> o juiz, desembargador ou ministro dos tribunais superiores que conheceu do conteúdo da prova inadmissível, **não poderá proferir a sentença ou o acordão, salvo se tiver declarado a prova inadmissível**, logo a tomar conhecimento da sua ilicitude, pois nesse caso a imparcialidade do órgão julgador estará preservada. (Grifo nosso)

Observa-se ainda que embora o artigo se refira ao **juiz**, a expressão alberga qualquer julgador, seja ele o juiz, desembargador ou ministro.

Não obstante todo entendimento acima explanado, o Min. Luiz Fux, no julgamento das ADIs nºs 6.298, 6.299, 6.300 e 6.305, proferiu decisão monocrática para suspender cautelarmente, *sine die, ad referendum* do Plenário, a eficácia do art. 157, § 5º, do CPP. Registrou o Ministro a violação dos seguintes dispositivos constitucionais: princípio da legalidade, do juiz natural e da razoabilidade. Segundo o Ministro, a dispositivo carece de elementos objetivos e claros para a seleção do juiz sentenciante, o que permitiria eventual manipulação da escolha do órgão julgador.

Diante da supracitada suspensão do referido artigo, volta às causas de impedimento do art. 252 do CPP a ser um rol taxativo.

Doutrina destacada

Nos Estados Unidos, diante dos correntes atos de terrorismo, a exemplo do atentado às Torres Gêmeas, vem sendo adotada a chamada **teoria da bomba relógio** ou *ticking bomb scenario theory*. Trata-se da **legitimação da tortura** como fonte de prova em situações excepcionais de risco coletivo. Por exemplo, se um terrorista instala em um local uma bomba-relógio, não existindo outro meio para que ela seja localizada e desarmada, senão apenas com o uso da tortura, esta se justificaria. Teria essa teoria lastro no direito penal do inimigo do alemão Jakobs, todavia seu uso tem sido alvo de muitas críticas. Referida teoria é completamente insuscetível de aplicação no Brasil. Para muitos, o direito fundamental no país de não ser torturado, corresponde, inclusive, ao único direito absoluto do nosso ordenamento.

Ainda no que toca à atipicidade dos meios de prova, questão interessante refere-se à possibilidade de **prova obtida por meio de psicografia**. Forte entendimento pesa contra esse meio de prova, haja vista a característica constitucional de Estado Laico do Brasil, bem como ser uma prova que não permitiria o uso do contraditório e da ampla defesa. Todavia, registra-se que, em sede do Tribunal do Júri, dado os princípios da íntima convicção dos jurados e da plenitude da defesa que lhes são típicos, essa prova já fora utilizada por duas vezes em nosso país. Uma delas ocorreu em Goiânia/GO, em 1979, com base em uma carta psicografada de Chico Xavier, em que a vítima inocentava o réu, o que acabou ensejando sua absolvição. A outra ocorreu na cidade de Viamão no Rio Grande do Sul. Todas utilizadas exclusivamente em favor do réu.

8.5.1 Prova proibida, prova vedada ou prova inadmissível

O CPP define no art. 157, *caput*, que se consideram provas ilícitas tanto aquelas que violam normas de direito constitucional como aquelas que violam normas legais (infraconstitucionais). Observa-se que nem o CP nem a Constituição trazem diferenciações entre provas ilícitas e provas ilegítimas.

Não obstante, a doutrina, de forma pacífica, preconiza um gênero desses tipos de provas e suas espécies. Dessa forma, é gênero as provas proibidas, também chamadas de vedadas ou inadmissíveis. Por outro turno, são espécies desse gênero as provas ilícitas e as provas ilegítimas.

Por prova ilícita entende-se aquela que viola normas de direito material, e, consequentemente, vilipendiam normas constitucionais. Exemplo de provas ilícitas seriam a confissão obtida mediante tortura, a interceptação realizada sem autorização judicial, uma busca e apreensão domiciliar sem mandado judicial.

Por prova ilegítima compreendem-se aquelas violadoras de uma regra de direito processual, afetando apenas a legislação infraconstitucional diretamente. A ilegitimidade da prova viceja na não observância de seus critérios de formação devidamente disciplinados no CPP, a exemplo de um laudo pericial confeccionado por apenas um perito não oficial.

O melhor exemplo de provas ilegítimas são as denominadas pela doutrina de **provas irrituais**. **Prova irritual** é a prova típica, ou seja, a prova devidamente prevista em lei, que, a despeito disso, seja colhida sem a observância do modelo previsto para ela na referida disposição normativa. É um meio de prova em regra lícito, mas que não segue o rito determinado pela lei para sua produção. Pode ensejar em declaração de nulidade, desde que demonstrado prejuízo.

8.5.2 Prova ilícita por derivação (teoria dos frutos da árvore envenenada)

Entendem-se por prova ilícita por derivação os meios probatórios que, malgrado produzidos validamente em momento posterior, acham-se afetados pelo vício da ilicitude originária que a eles se transmite, contaminando-os.

Descaracterizaria por completo o preceito constitucional que veda as provas ilícitas caso se permitissem as demais provas que delas derivam. A utilização dessas provas derivadas das ilícitas seria uma forma de burlar a vedação das provas ilícitas.

Essa teoria das provas ilícitas por derivação surgiu no direito norte-americano em 1920, no caso SILVERTHORNE LUMBER CO *v.* US. Nesse julgamento, a Suprema Corte norte-americana reputou inválida uma intimação que tinha sido expedida com base em informações obtidas por meio de uma busca ilegal. Posteriormente, em 1939, no caso NARDONE *v.* US, foi dada a essa teoria das provas ilícitas por derivação o nome de teoria dos frutos da árvore envenenada (*fruits of poisonous tree*) também chamada de *taint doctrine*.

No Brasil começou-se a adotar a teoria em **1996 no julgamento no STF do HC nº 73.351**. O plenário da Corte, por maioria de votos, assentou o entendimento de que sem a edição de lei definidora das hipóteses e da forma indicada no art. 5º, XII, da CF, não pode o juiz autorizar a interceptação de comunicação telefônica para fins de investigação criminal. Assentou, ainda, que a ilicitude da interceptação telefônica – à falta da lei que, nos termos do referido dispositivo, venha a disciplíná-la e viabilizá-la – **contamina outros elementos probatórios eventualmente coligidos, oriundos, direta ou indiretamente, das informações obtidas na escuta.**

Apenas em 2008, com a Lei nº 11.690/2008, foi que a teoria dos frutos da árvore envenenada passou a constar expressamente no nosso ordenamento jurídico. Com a redação inserta no art. 157, § 1º, passou a prever: "são também inadmissíveis as provas derivadas das ilícitas, salvo quando não evidenciado o nexo de causalidade entre umas e outras, ou quando as derivadas puderem ser obtidas por uma fonte independente das primeiras".

As **provas ilícitas por derivação** também recebem o nome de **efeito à distância**, **teoria dos frutos da árvore envenenada** ou ainda *taint doctrine*.

Na linha da evolução dos julgados adotados pelo STF sobre as provas ilícitas por derivação, a Corte começou a adotar certos temperamentos acerca da ilicitude dessas provas. Assim, no HC nº 72.588/PB, *DJ* 04.08.2000, o STF firmou o entendimento de que provas obtidas por meios ilícitos contaminam única e exclusivamente aquelas que são exclusivamente delas decorrentes. Nesse sentido, asseverou a Corte ser possível a prolação de um decreto condenatório se comprovado que a prova ilícita, que contamina as demais provas que dela se originam, não tenha sido a prova exclusiva que desencadeou o procedimento penal, mas somente veio a corroborar as outras licitamente obtidas pela investigação policial (percebe-se ter o STF aí aplicado a teoria da fonte independente, sem, contudo, adotar esse nome, como explicaremos mais à frente).

Nesse diapasão, o CPP passou a consagrar expressamente esses temperamentos da ilicitude das provas ilícitas por derivação. O art. 157, do CPP, em seus parágrafos, assim, afasta a ilicitude da prova se ela não possuir **nexo causal** com a prova ilícita originária ou se ela puder ser obtida por uma **fonte independente**.

Quanto à prova não possuir nexo causal com a prova ilícita originária, quer se referir o CPP ao desdobramento dos atos investigatórios que sejam decorrência uns dos outros. Ou seja, que a prova não é uma prova derivada de outra, ou, em outras palavras, que simplesmente não é uma prova ilícita por derivação. Como com propriedade aduzem Ada Pellegrini Grinover, Antônio Magalhães Gomes Filho e Antônio Scarance Fernandes (2009, p. 133), "era perfeitamente desnecessária essa previsão normativa, na medida em que o conceito de prova derivada supõe, por si só, existência de uma relação de causalidade entre a ilicitude da primeira prova e a obtenção da segunda".

Por fonte independente, segundo o CPP, em uma redação equivocada como se demonstrará abaixo, seria aquela que por si só, seguindo os trâmites típicos e de praxe, próprios da investigação ou instrução criminal, seria capaz de conduzir ao fato objeto da prova (art. 157, § 2º, do CPP). Em verdade, fonte independente, seria aquela que, existindo outras provas no processo, independente de uma determinada prova ilícita, não haveria de se falar em contaminação, pois não se pode observar aí nem vinculação nem dependência.

Como se observa, o CPP consagra no ordenamento jurídico pátrio a **teoria da prova absolutamente independente** ou da fonte independente (*independent source limitation*).

Outros temperamentos à teoria da prova ilícita por derivação ainda são aceitos no direito brasileiro por força da doutrina e jurisprudência, embora não apresentem previsão legal diretamente (críticas à descoberta inevitável como se verá abaixo). Assim: **teoria da descoberta inevitável da prova**; **teoria da contaminação expurgada**; **teoria da boa-fé**; **teoria da proporcionalidade**; **teoria da exclusão da ilicitude da prova**.

Oriunda da jurisprudência da Suprema Corte norte-americana, a **teoria da descoberta inevitável**, *inevitable discovery* ou, ainda, da **exceção da fonte independente hipotética**, consiste no fato de que se a prova, que circunstancialmente decorre da prova ilícita, seria conseguida de qualquer maneira, pelos atos válidos de investigação, conforme os trâmites típicos e de praxe próprios da investigação ou da instrução criminal, ela deverá ser aproveitada, não se devendo considerar a contaminação dela. Assim, por exemplo, nas declarações de uma testemunha identificada por meio de uma interceptação telefônica ilícita, se tal testemunha inevitavelmente seria ouvida ao longo da investigação, pois várias outras testemunhas identificadas licitamente a indicaram, não há de se conceber a ilicitude dos seus testemunhos por decorrência da teoria da prova lícita por derivação.

Apesar de a análise da existência de uma fonte inevitável ser hipotética, ela não pode ocorrer com base em dados meramente especulativos, sendo indispensável a existência de dados concretos a confirmar que a descoberta seria inevitável. Somente com base em dados históricos é que se pode demonstrar que a descoberta é realmente inevitável. Não basta um juízo do possível, sendo necessário um juízo do provável (LIMA, 2019, p. 651).

Difere a descoberta inevitável da fonte independente por uma simples razão. Na fonte independente não haveria nexo causal entre a prova ilícita e as outras produzidas. Por sua vez, na descoberta inevitável há este nexo causal, não sendo ele, contudo, decisivo. A fonte independente parte de um juízo de certeza, a descoberta inevitável parte de um juízo hipotético, de algo provável.

Como já pode antever o leitor, o art. 157, § 2º, do CPP, ao tentar definir fonte independente acabou, equivocadamente, trazendo a definição de descoberta inevitável. Pois a prova que, por si só, seguindo os trâmites típicos e de praxe, próprios da investigação ou instrução criminal, seria capaz de conduzir ao fato objeto da prova, é definição de descoberta inevitável e não de fonte independente. É por isso que a doutrina entende que o CPP teria consagrado expressamente as duas limitações à ilicitude das provas derivadas, assim, trazendo expressamente o nome fonte independente e a definição de descoberta inevitável, sem, contudo, empregar este último designativo.

O STJ no julgado do HC nº 52.992/AL, j. 16.09.2010, adotou a teoria da descoberta inevitável.

A **teoria da contaminação expurgada**, igualmente chamada de conexão atenuada ou *purget taint limitation*, mancha purgada, nexo causal atenuado, vícios sanados ou tinta diluída, construída no direito norte-americano, trata de teoria que visa limitar o alcance das provas ilícitas por derivação quando o vínculo entre a prova derivada e a prova ilícita for tão tênue, insignificante, que não poderia levar à sua não admissão. A teoria defende uma atenuação do nexo causal diante das circunstâncias: grande decurso do tempo; circunstâncias supervenientes da cadeia probatória; menor relevância da ilegalidade; ou vontade dos envolvidos em colaborar com a persecução penal. Nesses casos, o veneno da ilegalidade originária teria se dissipado diante de um ato independente, interveniente, praticado pelo acusado ou por terceiro (QUEIJO, 2003, p. 386).

Por sua vez, a **teoria da boa-fé** ou *good faith exception*, também construída no direito dos Estados Unidos, haveria a produção de uma prova ilícita por agentes policiais, todavia, por não se observar má-fé na atuação desses agentes, ou seja, emanar de puro erro deles, não se reconheceria a pecha de ilicitude da prova e de suas demais provas derivadas. Foi reconhecida na Corte norte-mericana, em 1984, no caso US *v.* Leon, onde policiais cumpriram uma ordem judicial de juiz competente e imparcial, porém que não observou em sua decisão os requisitos legais.

Noutro turno, originária do direito alemão, temos a **teoria da proporcionalidade** ou **teoria do interesse predominante** (*Verhältnismäßigkeitsgrundsatz*). Essa teoria visa essencialmente equilibrar os direitos individuais com os interesses da sociedade, daí por que rejeita a vedação irrestrita do uso da prova ilícita. Trata-se de ponderar os interesses em jogo para fim de permitir sua utilização.

Percebe-se no Brasil uma **aceitação excepcional do princípio da proporcionalidade e apenas em favor do réu**. A doutrina pátria tem admitido o princípio da proporcionalidade como espécie de excludente de ilicitude. Para uns poderia ser utilizada em benefício dos direitos do réu inocente que produziu tal prova para sua absolvição, pois aí estaria agindo em uma legítima defesa de um direito seu, seu direito à liberdade. Outra corrente doutrinária vê na hipótese uma espécie de estado de necessidade. Outros vislumbram uma hipótese de inexigibilidade de conduta adversa.

Importante atentar para **algo que, muitas vezes, faz confusão na cabeça do estudante de direito**. Parte da doutrina, sem fazer referência à **teoria da proporcionalidade**, vem a defender uma suposta **teoria da exclusão da ilicitude da prova**. Malgrado, como visto acima, essa teoria muito se aproxima, ou, se não, até se confunde com a teoria da proporcionalidade do direito alemão. A teoria da proporcionalidade preconiza a aceitação de uma prova ilícita (e não apenas da prova derivada como nos casos da fonte independente, da descoberta inevitável, e da contaminação expurgada) diante de um critério constitucional de ponderação de direitos igualmente fundamentais no processo penal no que tange à elaboração das provas. A teoria da excludente da ilicitude da prova vem a defender a aceitação dessa prova ilícita sob o mesmo viés, mas partindo de critérios do direito penal, como se a prova ilícita fosse um ato criminoso acobertado por uma excludente de ilicitude ou de culpabilidade, a depender da doutrina. De toda sorte, em ambos os casos, o que se observa é o cotejo de dois valores com fundamento constitucional, fazendo-se sucumbir um deles e preservando a prova ilícita.

O sistema norte-americano preconiza, aos moldes do Brasil, que uma investigação em locais protegidos pela inviolabilidade domiciliar só pode ser considerada válida se amparada por autorização judicial. Atenuando o rigor dessa necessidade de autorização judicial no cumprimento de buscas e apreensões, a Suprema Corte norte-americana cunhou a expressão **doutrina da visão aberta**. Segunda essa, deve ser considerada lícita a prova colhida em busca e apreensão, se, embora essa não tenha relação nenhuma com o mandado de busca e apreensão deferido, fora encontrada no momento da diligência à plena vista do agente policial, sem que esse tenha que ter revirado gavetas ou procurado em lugares estranhos à diligência devidamente autorizada. Foi uma prova alcançada mediante a visão aberta do policial.

Decifrando a prova

(2021 – IDECAN – PEFOCE – Perito Legista – Farmácia) Policiais, durante investigação de delito de tráfico de entorpecentes, entraram ilegalmente na casa de Orlando, onde suspeitavam haver provas da materialidade do crime objeto da investigação em andamento. Na incursão ilegal, confirmaram as suspeitas e, com base na informação, a autoridade policial representou ao juiz pela expedição de mandado de busca e apreensão. O magistrado, de boa-fé, pois não tinha ciência da atitude anterior dos policiais, expediu o respectivo mandado e os policiais, de posse dele, entraram legalmente na residência de Orlando e lograram êxito em apreender elementos capazes de comprovar a materialidade do crime. Nessa hipótese, assinale a alternativa correta.

A) A busca e apreensão é uma prova lícita pois foi determinada pelo juiz competente de boa-fé.

B) A busca e apreensão não poderá ser considerada prova lícita, pois eivada de ilicitude derivada, devendo ser desentranhada.

C) A prova ilícita poderá ser admitida desde que seja a única possível para comprovar a responsabilidade penal do agente.

> D) Não há determinação legal de desentranhamento da prova derivada da ilícita, apenas da prova originalmente ilícita.
>
> E) Como não há nexo causal entre a incursão ilegal e o mandado de busca e apreensão, não há que se falar em desentranhamento da prova.
>
> **Gabarito comentado:** a cadeia probatória foi contaminada com a entrada ilícita na residência, gerando a ilicitude das provas derivadas. Portanto, a letra B é o gabarito.

8.5.3 Prova emprestada – um meio lícito de prova

Segundo Guilherme de Souza Nucci (2008 p. 390), prova emprestada é "aquela produzida em outro processo e, através da reprodução documental, juntada ao processo criminal pendente de decisão".

É um meio lícito de prova, mas, contudo, deve cuidar de atender certos requisitos para poder ser utilizada. São esses:

- **Mesmas partes:** as partes devem ser as mesmas nos dois processos. Salienta-se, todavia, como se anota abaixo, que o STJ dispensa esse requisito, desde que respeitado o contraditório.
- **Mesmo fato probando:** o fato que se quer provar deve ser o mesmo nos dois processos.
- **Contraditório:** a prova deve ser produzida sob o crivo do contraditório, assim não será válida uma prova produzida no inquérito policial e emprestada ao processo penal.
- **Preenchimento dos requisitos legais da prova:** caso a prova possua previsão legal de um rito específico para a sua produção, como ocorre com algumas provas típicas, ela deve obedecer a esse rito, pois, ao contrário, será ilegítima. Exemplo é a prova pericial que deve ser produzida por um perito oficial ou, na falta deste, por dois peritos não oficiais.

Uma vez atendidos esses requisitos, dentro do nosso sistema de atipicidade dos meios de prova, a prova emprestada será perfeitamente válida para fins de condenação. Pode ser utilizada, inclusive, uma prova do processo civil emprestada ao processo penal.

O próprio CPC de 2015, no art. 372, preconiza que o juiz poderá admitir a utilização de prova produzida em outro processo, atribuindo-lhe o valor que considerar adequado, observado o contraditório.

Importante julgado sobre o tema se acha no *Informativo* do STJ nº 543. O STJ decidiu que é admissível, assegurado o contraditório, a prova emprestada de processo do qual participaram as partes do processo para a qual a prova será trasladada. Asseverou, ainda, o STJ, que se deve fomentar a utilização da prova emprestada no processo penal, pois **atende ao princípio da economicidade, da eficiência e da duração razoável do processo**, haja vista que a prova emprestada garante o mesmo resultado útil em menor período. Defendeu também o STJ no referido julgado que a prova emprestada **não deve se restringir apenas aos**

processos em que figurem partes idênticas. Segundo o Tribunal Superior, o que importa aí é que seja assegurado o contraditório, ou seja, o direito das partes de se insurgir contra a prova e de refutá-la adequadamente.

A Súmula nº 591 do STJ expressamente permite a utilização da prova emprestada no processo administrativo disciplinar, ainda mesmo que as provas sejam oriundas do processo penal. Para tanto exige apenas o cumprimento dos requisitos: seja **autorizada pelo juízo competente do processo de onde a prova é originária** (seja penal ou cível); respeito ao contraditório e ampla defesa.

Importante observar, que a prova emprestada sempre ingressa no processo atual como **prova documental**. Ou seja, **a prova emprestada sempre será uma prova documental**, independentemente da natureza que ela possuía no processo originário. Por exemplo, uma perícia ou testemunho etc., colhido em um processo anterior, uma vez juntado ao processo posterior não terá natureza de prova pericial ou testemunhal, neste último terá sempre natureza de prova documental.

Por fim, na mesma finca dos frutos da árvore envenenada, se a prova produzida no processo originário for nula, esta contaminará a prova emprestada. Não obstante, deve-se atentar se essa nulidade foi absoluta ou relativa. Caso relativa, dado que esta nulidade só atinge os atos decisórios, a prova emprestada poderá sim ser utilizada. Contudo, caso absoluta, por contaminar tanto os atos decisórios quanto instrutórios, a prova emprestada restará completamente contaminada.

> **Jurisprudência destacada**
>
> É posição pacífica dos tribunais superiores de que **os dados obtidos pela Secretaria da Receita Federal, em regular procedimento administrativo fiscal, podem ser utilizados para fins de instrução processual penal**. O art. 6º da Lei Complementar nº 105/2001, que permite o fornecimento de informações das instituições financeiras e bancárias diretamente ao Fisco, foi declarado constitucional. Desse modo, uma vez que a colheita dessas provas na seara administrativa do Fisco é autorizada por lei, e é lícita independente de autorização judicial, a utilização dessa prova emprestada em outros processos deve ser entendida de igual modo lícita (STF, ARE nº 953.058/SP).

8.5.4 A teoria do encontro fortuito de provas – serendipidade

A teoria do encontro fortuito de provas, também chamada de encontro causal de provas, crime achado ou serendipidade, **trata-se de uma prova, inesperada, encontrada a partir da busca de uma outra prova autorizada judicialmente**.

Temos o exemplo clássico de uma busca e apreensão domiciliar, devidamente autorizada judicialmente, para apreender animais silvestres em investigação de crimes contra a fauna. Ocorre, todavia, que os policiais ao adentrarem na residência para apreenderem os animais silvestres, se deparam com outras provas, como documentos relativos à crime de corrupção, apreensão de drogas e armas.

A doutrina dominante sempre se posicionou no sentido de esse encontro fortuito de provas caracterizar a produção de uma **prova ilícita**. Para a doutrina, referida situação poderia até validar a prova em razão do flagrante permanente que envolve a posse de drogas e de armas de fogo, ou ainda adotando-se a teoria da visão aberta alhures explanada. Alguns da doutrina chegaram a defender que esse encontro fortuito poderia ser válido caso houvesse acentuada conexão entre os dois crimes, como no tráfico ilícito de entorpecentes e porte ilegal de arma de fogo (o que posteriormente veio a ser chamado de serendipidade de primeiro grau como veremos abaixo).

Todavia, os Tribunais Superiores começaram a rever essa posição da doutrina e firmaram entendimento pela licitude das provas colhidas em encontro fortuito.

Assim, tivemos o entendimento do STJ assentado no *Informativo* nº 539. O STJ asseverou que o fato de elementos indiciários acerca da prática de crime surgirem no decorrer da execução de medida de quebra de sigilo bancário e fiscal determinada para a apuração de outros crimes não impede, por si só, que os dados colhidos sejam utilizados para a averiguação da suposta prática daquele delito.

Nesse entendimento do STJ, não houve qualquer delimitação ou restrição relativos ao nexo causal, sendo admitido o encontro fortuito ainda que não houvesse qualquer nexo causal entre as provas. Embora o julgado se referisse à quebra de sigilo bancário e fiscal, o entendimento se aplica a todas as demais hipóteses de encontro fortuito de prova, como à escuta telefônica.

Nesse julgado, o STJ, pela primeira vez, referiu-se a esse encontro fortuito com a expressão **serendipidade**. Em uma compreensão mais aberta serendipidade pode ser traduzida como **encontro feliz**. **A expressão remonta ao conto do escritor inglês Horace Walpole, de 1754.** Nesse conto ocorrido em uma ilha chamada Serendipity, os três príncipes que ali moram sempre fazem descobertas de coisas que não procuravam.

Posteriormente a doutrina veio a criar a expressão **serendipidade de primeiro grau** e **serendipidade de segundo grau**. Serendipidade de primeiro grau refere-se a algo já preconizado anteriormente pela doutrina e mencionado alhures. Trata-se do encontro fortuito quando **há nexo causal** entre o crime apurado e o crime descoberto acidentalmente. **Serendipidade de segundo grau** ocorre, por sua vez, quando **não há o referido nexo causal** entre os crimes, não havendo o crime achado qualquer relação com a investigação do crime cuja prova fora autorizada judicialmente. Como se observa o STJ (bem como o STF, julgado abaixo) admite, indistintamente, a serendipidade tanto de primeiro quanto de segundo graus, sem qualquer restrição.

A doutrina ainda veio a cunhar o nome serendipidade objetiva e subjetiva. **Serendipidade objetiva** é a descoberta fortuita de fatos até então não apurados. **Serendipidade subjetiva** é a descoberta fortuita de agentes até então não envolvidos no crime. As duas sendo admitidas pelos Tribunais Superiores.

No **HC nº 129.678/SP, de 2017, o Ministro Alexandre de Moraes**, admitindo indistintamente a serendipidade de segundo grau ou de primeiro grau, veio a utilizar a expressão **crime achado** para se referir ao encontro fortuito. Crime achado seria a serendipidade objetiva, sendo a infração penal desconhecida e não investigada até o momento em que se descobre o delito.

8.6 GERAÇÕES DO DIREITO PROBATÓRIO, A TRILOGIA OLMSTEAD-KATZ-KYLLO

O direito probatório teve uma longa trajetória histórica no direito norte-americano, em que se pode identificar **três gerações do direito probatório**.

O direito à intimidade e à vida privada limita a liberdade dos órgãos de persecução penal no que tange aos meios investigatórios. As atividades investigatórias que sejam capazes de vilipendiar a intimidade e a vida privada do investigado devem estar sujeitas ao que se chama de **reserva constitucional de jurisdição**. Essa nada mais é do que a exigência de que essas atividades investigatórias estejam sujeitas à prévia autorização judicial toda vez que puder avíltar a intimidade e privacidade do investigado, direitos esses fundamentais consagrados constitucionalmente.

Nessa autorização judicial, mediante uma atividade que é exclusiva do Poder Judiciário em um Estado Democrático de Direito, em que o **poder** deve conter o **poder** a fim de evitar arbitrariedades do Estado em detrimento dos cidadãos, o magistrado, no caso concreto, verifica a relevância dos outros interesses constitucionais em jogo, e, diante um cotejo desses com os direitos à intimidade e à vida privada, relativiza esses últimos de modo a permitir a atividade investigatória, de modo a promover uma harmonia dos direitos igualmente constitucionais. Ou seja, de um lado o direito individual à intimidade e à vida privada, e, de outro, o direito difuso à segurança pública e individuais de propriedade, vida, honra, dentre outros.

Na primeira geração concebia-se a chamada **Teoria da Propriedade**, ou *Trespass Theory*, ou **Caso Olmstead**. Segundo ela, a proteção constitucional relativa à intimidade e à vida privada abrangeria apenas áreas tangíveis **e demarcáveis** do investigado, o que se resumia ao que se poderia conceber como adentramento a sua propriedade física. Assim, havendo a exigência de autorização judicial para as investigações apenas no que se referia a **coisas, objetos** e **lugares**.

O caso norte-americano que deu origem à teoria melhor facilita sua compreensão. Nos Estados Unidos, em 1928, a polícia, ao investigar um cidadão chamado Olmstead, teria instalado um equipamento para interceptação de comunicações telefônicas, sem prévia autorização judicial, fazendo-o diretamente na fiação da empresa telefônica, ou seja, no poste de telefonia na via pública. Como não houve a realização de qualquer tipo de busca no interior da casa de Olmstead, conclui-se que não teria havido violação ao direito à intimidade. Nesse momento, a Corte entendeu que não haveria ilicitude da prova, pois não houve a penetração em qualquer propriedade do acusado.

Quarenta anos depois, a Corte norte-americana reviu seu posicionamento, surgindo aí a **segunda geração do direito probatório** ou **da Teoria da Proteção Constitucional Integral**.

A **segunda geração** surgiu diante do caso Katz v. United States, em 1967. Alterando o entendimento firmado no caso Olmstead, a Corte concluiu que a proteção constitucional à vida privada teria o condão de abranger não apenas os itens tangíveis e demarcáveis, mas também a gravação de declarações orais. Alargou-se o que se entendia por privacidade, assim, para além do mero respeito à propriedade física do indivíduo (objetos, lugares e pertences) e passou a abranger também um objeto intangível, qual seja, as situações que envolviam uma **legítima expectativa de privacidade** pelo investigado.

No caso concreto, a prova do crime fora obtida a partir da instalação de um dispositivo de gravação externamente a uma cabine de telefone público. Diante do precedente do caso Olmstead, como a cabine telefônica era pública, não teria havido invasão ou ingresso à propriedade privada. A Corte, contudo, afirmou que, por mais que o indivíduo estivesse em uma cabine de vidro usando um telefone público, teria sim proteção à intimidade a partir do exato momento em que fechou a porta da cabine e pagou o valor que lhe permitira realizar a chamada. A partir desse momento teria o investigado uma legítima expectativa de que suas conversas estavam restritas ao âmbito de sua intimidade.

Passou assim da Teoria Proprietária (Olmstead) para a Teoria da Proteção Constitucional Integral (Katz). Ampliando a proteção constitucional **de coisas, lugares e pertences** para **pessoas e suas expectativas de privacidade**.

O último momento da trilogia ocorreu no caso **Kyllo, em 2001**, construindo-se a **terceira geração do direito probatório**.

Em 2001, a Corte norte-americana firmou o entendimento de que **o avanço da tecnologia não pode limitar o escopo e a abrangência da proteção constitucional outorgada à intimidade das pessoas**. Assim, a aplicação do direito deve acompanhar a evolução tecnológica em sua tutela do direito à intimidade, estendendo a proteção contra inovações tecnológicas capazes de burlar essa intimidade.

O julgado da Suprema Corte se deu no caso Danny Kyllo v. US. Os agentes de polícia começaram a desconfiar que Danny Kyllo cultivava maconha no interior de sua residência. Não obstante, esses agentes não tinham elementos de informação suficientes para conseguir um mandado judicial de busca e apreensão no domicílio. Diante disso, surgiu a ideia por parte dos policiais de utilizar um equipamento de captação térmica, pois, como se sabe, o cultivo de maconha demanda a utilização de lâmpadas de alta intensidade. Assim, os policiais começaram a monitorar, da via pública, emanações de calor do interior da residência de Kyllo. Com o registro dessas emanações de calor, que em muito exacerbava a temperatura do ambiente, os policiais conseguiram os indícios suficientes para conseguir um mandado de busca e apreensão na residência, onde apreenderam uma enorme quantidade de planta *Cannabis sativa L.*

Consoante o entendimento da Corte firmada até o caso Katz, a referida prova seria lícita, ainda que não precedida de autorização judicial. Não houve no caso invasão de domicílio e nem se poderia falar de expectativa de privacidade diante das emanações de calor, pois Kyllo não possuía qualquer pretensão de privacidade nessas emanações térmicas, tanto que nada fez para impedir isso.

Não obstante, a Suprema Corte concluiu que os **avanços tecnológicos** com a utilização de equipamentos pelo governo nas investigações que não são de uso público em geral deve ser precedida de prévia autorização judicial.

Com isso, a terceira geração do direito probatório é compreendida como "provas invasivas, altamente tecnológicas, que permitem alcançar conhecimentos e resultados intangíveis pelos sentidos e pelas técnicas tradicionais" (LIMA, 2019, p. 179).

8.7 FINALIDADE, OBJETO DA PROVA E SITUAÇÕES QUE DISPENSAM PROVA

Como já mencionado, **a finalidade da prova** é formar o convencimento do juiz acerca da verdade de um fato. Para alguns seria formar no juiz a convicção de uma "verdade real"; para uma corrente mais crítica, com propriedade e conforme explanado alhures, seria formar no juiz a convicção de uma "verdade do possível".

De outra forma, entende-se por **objeto da prova** os **fatos** que se pretendem provar. Em regra, não se exige a prova do direito, dado o princípio de que o "juiz deve conhecer o direito". Todavia, é possível que se exija a prova do direito quando estes versarem sobre: **normas de direito internacional**; **consuetudinários**, **estadual** e **municipal**. Salienta-se, contudo, que no que tange às leis estaduais e municipais essas só precisarão ser provadas caso se trate de unidade da Federação diversa daquela onde está o magistrado.

Como dissemos, os fatos devem ser provados consoante as regras de distribuição do ônus da prova. Malgrado, existem algumas exceções em que esses fatos não precisam ser provados, são elas (ALVES, 2021, p. 424):

- **Fatos notórios:** são aqueles conhecidos nacionalmente, e, por esse motivo, por ser de conhecimento de todos, dispensam que sejam provados. Também são chamados de **verdade sabida**. Deve-se advertir que fatos relativos a uma comunidade específica, de abrangência menor que uma comunidade nacional, devem ser provados e não podem ser considerados fatos notórios. Noutro giro, pontua a doutrina que os fatos notórios devem também ser fatos atuais, uma vez que o tempo pode fazer com que a notoriedade se perca, e por tal razão devem ser provados. Logo, fatos notórios são os atuais e conhecidos nacionalmente.

- **Fatos que contêm uma presunção legal absoluta (*juris et de jure*):** gozam de uma presunção, por força de lei, absoluta de veracidade, não comportando, destarte, prova em sentido contrário. Cita-se, por exemplo, a inimputabilidade do menor de 18 anos. Observa-se que as presunções legais relativas apenas ensejam a inversão do ônus da prova, sendo por sua vez demonstráveis.

- **Fatos impossíveis:** são aqueles que diante do bom senso comum são impossíveis de terem acontecido, logo não se exigindo prova. É o caso, por exemplo, de se afirmar que o acusado estava na Lua no momento do crime.

- **Fatos axiomáticos ou intuitivos:** são aqueles fatos que falam por si mesmos, dispensando prova diante da obviedade.

- **Fatos irrelevantes, impertinentes ou inúteis:** são fatos que não guardam qualquer relação com o caso, sendo indiferentes para o deslinde do processo.

Deve-se atentar que, ao contrário do processo civil, no processo penal os fatos incontroversos, aqueles alegados por uma parte e reconhecido pela outra, devem ainda sim ser provados. Isso em razão do princípio da "verdade real" (ou da verdade do possível) e dos direitos indisponíveis que vicejam no direito processual penal.

8.8 DAS PROVAS EM ESPÉCIE

Sobre as espécies de provas previstas no nosso ordenamento jurídico, temos as provas reguladas e com previsão no CPP e outras provas com previsão em leis especiais. A presente obra irá tratar apenas sobre as provas típicas previstas no CPP. As demais provas típicas, com previsão nas leis especiais, são tratadas nos manuais de legislação penal extravagante. Exemplo dessas provas com previsão na legislação extravagante são aquelas obtidas por meio de investigações especiais previstas nas Leis de Interceptação Telefônica, de Organização Criminosa Acordo de colaboração premiada, de quebra de sigilo de dados bancários e fiscais etc.

8.8.1 Da cadeia de custódia

Antes de adentrarmos as provas em espécie, importante anotarmos sobre a recente inovação legislativa que se refere à denominada **cadeia de custódia de provas**.

Trata-se de inovação legislativa dada pelo Pacote Anticrime, Lei nº 13.964/2019, que acrescentou os arts. 158-A a 158-F no CPP.

Já há algum tempo defendida por parte da doutrina, entende-se por **cadeia de custódia** o conjunto de todos os procedimentos utilizados para **manter e documentar a história cronológica do vestígio coletado** em locais ou em vítimas de crimes, para rastrear sua posse e manuseio a partir de seu reconhecimento até o descarte. O objetivo desse conjunto de procedimentos que se denomina cadeia de custódia é **garantir a autenticidade das evidências coletadas, de modo que essas não sejam adulteradas** no decorrer da persecução penal. Por exemplo, em uma prisão em flagrante de tráfico de drogas, a autoridade responsável deve embalar, etiquetar e lacrar a droga, documentando todo o procedimento, a fim de demonstrar que desde o momento em que a droga foi apreendida não houve perda de evidência, adulteração ou contaminação da prova apreendida.

Esse dever incumbe a todos os atores da persecução penal responsáveis pela custódia da prova e cabe ao fim ao Ministério Público a demonstração de que os procedimentos da cadeia de prova foram respeitados e a prova se acha inalterada. Isso sob pena de se considerar a prova ilícita, devendo ser desentranhada dos autos diante da inevitável dúvida quanto ao grau de confiabilidade da prova.

Na forma do CPP, **a cadeia de custódia incide em qualquer elemento probatório**, pouco importando a espécie de prova, seja ela drogas, a *res furtiva*, documentos, mídias digitais, dentre outros.

A cadeia de custódia **inicia-se** com a preservação do local do crime, com os procedimentos policiais, ou com as perícias. Determina o art. 158-A, § 2º, que **o agente público** que reconhecer um elemento como de potencial interesse para a produção da prova pericial **fica responsável por sua preservação**.

Cumpre salientar que antes mesmo da Lei nº 13.964/2019, o STJ já havia, no HC nº 160.662/RJ, RHC nº 59.414/SP e no RHC nº 77.836/PA, se manifestado reconhecendo o instituto da cadeia de custódia e a inadmissibilidade da prova em caso de sua quebra. Definiu o STJ que **a cadeia de custódia consiste no caminho que a prova deve percorrer até sua análise pelo magistrado**, de modo que qualquer interferência indevida durante esse trâmite pode resultar na sua imprestabilidade.

Nessa toada, o CPP detalha todo esse caminho que a prova deve percorrer. Destarte, consoante o art. 158-B do CPP, as etapas do rastreamento do vestígio compreendido como cadeia de custódia abrange:

- **o reconhecimento:** ato de distinguir um elemento como de potencial interesse para a produção da prova pericial;
- **o isolamento:** ato de evitar que se altere o estado das coisas, devendo-se isolar o ambiente imediato, mediato e outros elementos relacionados aos vestígios;
- **a fixação:** descrição detalhada do vestígio conforme se encontra no local de crime ou no corpo de delito; valendo-se de fotos, filmagens, croqui etc.;
- **a coleta:** ato de recolher o vestígio para perícia;
- **o acondicionamento:** procedimento onde cada vestígio coletado é embalado individualmente, de acordo com suas características físicas, químicas e biológicas, com anotação da data, hora e nome do responsável pela coleta;
- **o transporte:** transferência do vestígio de um lugar para outro de modo a manter suas características originais e o controle de sua posse;
- **o recebimento:** ato formal de transferência de posse;
- **o processamento:** exame pericial em si;
- **o armazenamento:** guarda dos vestígios em condições adequadas, para fins inclusive de contraperícia;
- **o descarte:** liberação dos vestígios conforme a legislação vigente, a qual pode prever autorização judicial (exemplo da Lei de Drogas).

Esse detalhamento da forma de cumprimento da cadeia de custódia, como preconiza o próprio CPP (art. 158-C, § 1º), deverá ficar a cargo do órgão central de perícia oficial de natureza criminal. De igual modo, o CPP determina que todo instituto de criminalística deverá ter uma central de custódia destinada à guarda e controle de vestígios, cuja gestão deve ser vinculada diretamente ao supracitado órgão central de perícia oficial de natureza criminal.

O art. 158-C, § 2º, do CPP, tipifica como fraude processual a entrada em locais isolados bem como a remoção de quaisquer vestígios de locais de crime antes da liberação por parte do perito responsável.

Indicamos a leitura atenta dos arts. 158-A a 158-F do CPP, dado que em provas de concursos públicos deve-se cobrar a literalidade dos dispositivos.

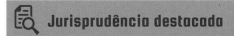

Jurisprudência destacada

As irregularidades constantes da cadeia de custódia devem ser sopesadas pelo magistrado com todos os elementos produzidos na instrução, a fim de aferir se a prova é confiável. Dessa forma, segundo entendimento da Corte, o simples fato de ter havido irregularidades na cadeia de custódia não enseja a ilicitude ou nulidade das provas colhidas (STJ, 6ª Turma, HC nº 653.515/RJ, Rel. Min. Laurita Vaz, Rel. Acd. Min. Rogerio Schietti Cruz, j. 23.11.2021, *Info.* nº 720).

Decifrando a prova

(2021 – FAPEC – PC/MS – Delegado de Polícia) A Lei nº 13.964/2019, popularmente conhecida como Pacote Anticrime, introduziu no Código de Processo Penal disciplina acerca do procedimento da cadeia de custódia. De acordo com o que dispõe o Código, assinale a alternativa INCORRETA.

A) A etapa de reconhecimento consiste no ato de distinguir um elemento como de potencial interesse para a produção da prova pericial.

B) O armazenamento é o procedimento referente à guarda, em condições adequadas, do material a ser processado, guardado para realização de contraperícia, descartado ou transportado, com vinculação ao número do laudo correspondente.

C) O recebimento é ato formal de transferência da posse do vestígio, que deve ser documentado com, no mínimo, informações referentes ao número de procedimento e unidade de polícia judiciária relacionada, local de origem, nome de quem transportou o vestígio, código de rastreamento, natureza do exame, tipo do vestígio, protocolo, assinatura e identificação de quem o recebeu.

D) A coleta dos vestígios deverá ser realizada exclusivamente por perito oficial, que dará o encaminhamento necessário para a central de custódia, salvo quando for necessária a realização de exames complementares.

E) O transporte consiste no ato de transferir o vestígio de um local para o outro, utilizando as condições adequadas (embalagens, veículos, temperatura, entre outras), de modo a garantir a manutenção de suas características originais, bem como o controle de sua posse.

Gabarito comentado: de acordo com o art. 158-C, a letra D é o gabarito.

(2021 – FAPEC – PC-MS – Perito Papiloscopista) Conforme a doutrina de Renato Brasileiro de Lima, "A cadeia de custódia visa assegurar a idoneidade dos objetos e bens apreendidos, de modo a evitar qualquer tipo de dúvida quanto à sua origem e caminho percorrido durante a investigação criminal e o subsequente processo criminal" (DE LIMA, R. B. *Manual de processo penal*. 9. ed. ver., ampl. e atual. Salvador: JusPodivm, 2021. p. 609).

Acerca da cadeia de custódia e recentes alterações introduzidas pela Lei nº 13.964/2019 (Pacote Anticrime) no Código de Processo Penal, assinale a alternativa correta.

A) O início da cadeia de custódia dá-se somente com a preservação do local de crime.

B) Vestígio é todo objeto ou material bruto, apenas visível e constatado, que se relaciona à infração penal.

C) A coleta dos vestígios deverá ser realizada obrigatoriamente por perito oficial.

D) É permitida a entrada em locais isolados, bem como a remoção de quaisquer vestígios de locais de crime, antes da liberação por parte do perito responsável, sendo tipificada como fraude processual a sua realização.

E) O recipiente para acondicionamento do vestígio será determinado pela natureza do material, e todos os recipientes deverão ser selados com lacres, com numeração individualizada, de forma a garantir a inviolabilidade e a idoneidade do vestígio durante o transporte.

Gabarito comentado: de acordo com o art. 158-D, a letra E é o gabarito.

8.8.2 Prova pericial

A prova pericial é a prova produzida por pessoas dotadas de conhecimentos científicos específicos. Trata-se de **prova técnica** que tem por fim determinar a existência de certos fatos.

Como mencionamos alhures, o exame de corpo de delito, espécie de prova pericial, trata-se de uma **prova obrigatória** (para alguns sendo resquício do sistema tarifário de provas varrido para debaixo do tapete). **Toda vez que a infração penal deixar vestígios, obrigatoriamente deverá ser realizado o exame de corpo de delito.**

Admite-se o oferecimento da inicial acusatória desacompanhada do exame de corpo de delito, desde que ele seja produzido ao longo do feito. Excepcionalmente, a lei pode outorgar à prova pericial a natureza de condição de procedibilidade para ação penal, como ocorre nos crimes contra a propriedade imaterial que deixam vestígios e nos crimes da Lei de Tóxicos (cujo laudo de constatação da droga é obrigatório para a prisão em flagrante e para o oferecimento da denúncia).

Na forma do art. 158 do CPP, o exame de corpo de delito pode ser feito de forma indireta. Ocorrerá o exame indireto quando os vestígios desaparecerem, a exemplo de uma lesão corporal já cicatrizada. Nesses casos, a perícia será realizada não sobre o objeto do corpo de delito diretamente, como ocorre no exame de corpo de delito direto. Mas, sim, sobre outros meios de prova que podem aferir a existência material do crime, a exemplo da ficha clínica do hospital, laudos e atestados médicos, fotografias, filmes, ou até mesmo pela prova testemunhal. Ademais, frisa-se que tanto o STJ quanto o STF entendem que **o exame de corpo delito pode ser feito sem a confecção formal de um laudo pericial**, como a própria oitiva dos peritos.

Em razão da natureza técnica que é da essência das provas periciais, essas deverão ser confeccionadas por pessoas com conhecimentos científicos sobre a matéria e devidamente habilitadas. Essas pessoas são chamadas de **peritos**, e, conforme a própria disposição do art. 275 do CPP, são considerados auxiliares da justiça, investidos por força de lei mediante concurso público, sujeitando-se às mesmas causas de suspeição dos juízes (como já vimos acima).

A prova pericial sofreu algumas alterações com a Lei nº 11.690/2008. Conforme a redação inserta no art. 159, do CPP, **a prova pericial deve ser realizada por apenas um perito oficial** portador de diploma superior, e não mais dois como antigamente.

Não obstante, dispõe o art. 159, § 7º, do CPP que sendo a **perícia complexa** entendida como aquela que **abrange mais de uma área do conhecimento**, o juiz pode designar mais de um perito oficial, bem como, dado a paridade de armas, as partes podem indicar mais de um assistente técnico.

A função de perito oficial de natureza criminal é regulada pormenorizadamente pela Lei nº 12.030/2009. Essa dispõe em seu art. 2º que, "no exercício da atividade de perícia oficial de natureza criminal, é assegurado **autonomia técnica, científica e funcional**, exigido concurso público, com formação acadêmica específica". Lembrando-se que o CPP ainda exige curso superior para o perito oficial.

O art. 159, § 1º, do CPP, traz a hipótese para o caso de não haver peritos oficiais. Nessas situações, o juiz deverá nomear **duas pessoas** portadoras de **diploma de curso superior**

preferencialmente na área específica. São os chamados peritos não oficiais. Eles deverão ainda prestar compromisso de bem desenvolver sua atividade, não obstante, a ausência desse compromisso é mera irregularidade, não anulando o laudo pericial.

> ### Decifrando a prova
>
> **(2021 – IDECAN – PEFOCE – Perito Legista – Farmácia)** Marcos foi aprovado, em primeiro lugar, no concurso para Perito Criminal da Polícia Civil do Estado X. Em entrevista ao jornal local especializado em concursos públicos, Marcos esclareceu que estudava mais de quatro horas por dia e, entre as suas técnicas de estudo, estavam os mnemônicos (consiste na elaboração de suportes como esquemas, gráficos, símbolos, palavras ou frases relacionadas com o assunto que se pretende memorizar). Instado pela repórter a revelar aos assinantes a questão que mais tinha tomado tempo dele na prova, em virtude do nível de dificuldade, Marcos mencionou a questão que tratava do tema exame de corpo de delito e perícias em geral.
> A respeito desse tema, assinale a afirmativa INCORRETA.
> A) Considera-se cadeia de custódia o conjunto de todos os procedimentos utilizados para manter e documentar a história cronológica do vestígio coletado em locais ou em vítimas de crimes, para rastrear sua posse e manuseio a partir de seu reconhecimento até o descarte.
> B) Vestígio é todo objeto ou material bruto, visível ou latente, constatado ou recolhido, que se relaciona à infração penal.
> C) Toda central de custódia deve possuir os serviços de protocolo, com local para conferência, recepção, devolução de materiais e documentos, possibilitando a seleção, a classificação e a distribuição de materiais, devendo ser um espaço seguro e apresentar condições ambientais que não interfiram nas características do vestígio.
> D) Na falta de perito oficial, o exame será realizado por uma pessoa idônea, portadora de diploma de curso superior preferencialmente na área específica, entre as que tiverem habilitação técnica relacionada com a natureza do exame.
> E) Quando a infração deixar vestígios, será indispensável o exame de corpo de delito, direto ou indireto, não podendo supri-lo a confissão do acusado.
> **Gabarito comentado:** de acordo com o art. 159, § 1º, a letra D é o gabarito.

Na forma do art. 159, § 3º, do CPP, permite-se ao Ministério Público, ao assistente de acusação, ao ofendido, ao querelante e ao acusado **formularem quesitos** e **indicarem assistentes técnicos**. Observa-se que a legitimidade para isso é bem ampla, alcançando inclusive pessoas que não são partes no processo como o ofendido. Por outro lado, dispõe o CPP que **as partes** podem, além de formular os referidos quesitos, requerer a oitiva dos peritos em audiência de instrução e julgamento. Nessa oitiva, para a qual os peritos devem ser intimados com antecedência de dez dias (recebendo os quesitos e questões formuladas), os peritos podem ser arguidos sobre os dados das provas obtidas, bem como sobre os quesitos formulados.

Não cabe ao assistente técnico a produção de laudo pericial, ele tem a função de apenas ratificar ou infirmar, mediante parecer técnico, a prova pericial produzida. A admissão do assistente técnico pode se dar antes ou durante a perícia. Conforme o Pacote Anticrime, essa admissão deveria ser realizada pelo juiz das garantias, não obstante, por força de decisão do STF, essa figura do juiz das garantias está suspensa. Anota-se que o Pacote Anticrime, no art. 3º-B, XVI, do CPP, inovou sobre essa possibilidade de o assistente técnico poder acompanhar a perícia. Antes, ele só poderia ser admitido a ingressar no feito após a conclusão dos exames e a elaboração do laudo pericial, conforme previsão ainda constante do art. 159, § 4º, do CPP, que por equívoco do legislador ali continua, embora revogado tacitamente pelo art. 3º-B, XVI, do CPP. O assistente técnico também deve possuir curso superior.

O perito tem o prazo de 10 (dez) dias para a elaboração do laudo pericial, que pode ser prorrogado excepcionalmente a requerimento do perito. Os quesitos devem ser entregues pelas partes até o ato da diligência pelo perito. Consoante doutrina majoritária, na fase do inquérito policial, em razão de sua natureza inquisitiva, não teria o **investigado** o direito de formular quesitos, a despeito de uma corrente minoritária entender que o Delegado poderia autorizar a formulação desses quesitos.

Se o objeto ou o material a ser analisado for encontrado em comarca diversa daquela onde se situa a autoridade policial ou o juiz, o exame pericial poderá ser feito por **carta precatória**. Compete, em regra, ao juiz deprecado ou a autoridade policial do local da diligência a nomeação do perito.

Salienta-se que **a Lei nº 13.964/2019, Pacote Anticrime**, inovou ao criar no país o **Banco Nacional de Perfis Balísticos**, com redação inserta na Lei de Armas, Lei nº 10.826/2003. Assim, os dados relacionados à coleta de registros balísticos serão armazenados neste banco, que tem por objetivo cadastrar armas de fogo e armazenar características de classe individualizadoras dos projéteis e de estojos de munição deflagrados por arma de fogo.

Decifrando a prova

(2021 – FGV – PC/RJ – Perito Legista) Em relação à prova pericial no delito de furto qualificado pelo rompimento de obstáculo, é correto afirmar que:

A) não pode ser substituída por outro meio de prova caso os vestígios do delito tenham desaparecido ou se tornem indisponíveis;

B) não pode ser substituída pela prova testemunhal caso o delito apurado não deixe vestígios sensíveis;

C) pode ser substituída pela prova documental se o produto do furto detiver origem controlada e puder ser individualizado;

D) pode ser substituída pela prova testemunhal caso o produto do furto tenha sido restituído à vítima ou a seu real proprietário;

E) pode ser substituída por outro meio de prova se as circunstâncias do crime não permitirem a confecção do laudo.

Gabarito comentado: a prova pericial é obrigatória, mas pode ser substituída por outros meios de prova diante de sua impossibilidade. Portanto, a letra E é o gabarito.

> **Jurisprudência destacada**
>
> Os Estados podem optar por garantir a autonomia formal aos institutos de criminalística ou podem integrá-los aos demais órgãos de segurança pública, sem que isso importe ofensa material à Constituição.
>
> A existência, nos quadros da Administração Pública estadual, de órgão administrativo de perícias não gera obrigação de subordiná-lo à polícia civil (STF, Plenário, ADI nº 6.621/TO, Rel. Min. Edson Fachin, j. 07.06.2021, *Info.* nº 1.020).

8.8.2.1 Provas periciais em espécie

O CPP, ao lado do exame de corpo delito, enumera outras modalidades de prova pericial, como a autópsia (ou necropsia), a exumação, o exame complementar, o exame do local da infração, o exame laboratorial, a perícia em furto qualificado, o laudo de avaliação, o exame de local de incêndio, o exame grafotécnico e o exame dos instrumentos do crime.

A **autópsia ou necropsia** é o exame feito nas partes internas de um cadáver, com o objetivo de constatar ou comprovar a causa morte. Deve ser realizado com o tempo mínimo de seis horas para se evitar qualquer engano letal. Não obstante, esse prazo pode ser dispensado se a morte for evidente e o perito assim declarar nos autos. Nos casos de morte violenta, assim entendidas como aquelas não naturais, como o suicídio, o art. 162 do CPP, no parágrafo único, preconiza que bastará o simples exame externo do cadáver para constatar a morte, se não houver infração penal para apurar. Por outro lado, quando as lesões externas permitirem precisar a causa da morte, como em um caso de decapitação (fato axiomático), se não houver a necessidade de exame interno para verificar circunstância relevante, bastará também o simples exame externo do cadáver. Assim, pode-se afirmar que o simples **exame externo do cadáver** é permitido no nosso ordenamento em duas situações: **morte violenta e fato axiomático**.

> **Decifrando a prova**
>
> **(2021 – FGV – PC/RJ – Perito Legista)** Quando da ocorrência de fato violento no curso de operações policiais, a autoridade policial, ao tomar conhecimento da ocorrência de lesão corporal ou homicídio decorrente de oposição à intervenção policial, deverá observar as seguintes diretrizes básicas:
>
> A) requisitar imediato deslocamento de equipe de apoio policial, para garantir o isolamento da vítima ou do corpo da vítima, caso ainda não tenha sido providenciado;
>
> B) requisitar o concurso da Polícia Técnico-Científica, que deverá recolher para perícia todo material capaz de determinar a causa e a autoria do respectivo fato;
>
> C) em caso de lesão corporal, a vítima deve ser socorrida prioritariamente pela polícia, devendo ser acompanhada, sempre que possível, por membro da família;

> D) caberá à Polícia Técnico-Científica dirigir-se ao local, independentemente de provocação, para o colhimento de todas as provas disponíveis;
> E) requisitar aos policiais envolvidos, quando necessárias à formação de seu convencimento, as perícias pertinentes, inclusive laudos prévios, quando viáveis.
> **Gabarito comentado:** de acordo com o art. 158-A, § 2º, a letra B é o gabarito.

A **exumação**, por sua vez, é a modalidade pericial onde se desenterra o cadáver, tirando-o da sepultura. Em razão do direito fundamental dos vivos de respeito aos seus finados, a exumação exige autorização legal e justificativa. A exumação ao arrepio dos requisitos legais enseja a contravenção penal do art. 67 da Lei de Contravenções.

A exumação pode ser feita para a realização de uma autopsia, se surgir dúvidas sobre a causa morte, ou para o refazimento da perícia, ou para completar dados já colhidos (ALVES, 2021, p. 438).

Cabe à autoridade policial ou ao juiz determinar a realização da exumação, devendo sempre ser conduzida pela autoridade policial. Como o **Ministério Público** pode requisitar diretamente diligências à autoridade policial, entende-se que ele pode determinar a exumação.

Os arts. 163 a 166 do CPP trazem os procedimentos a serem seguidos na exumação, inclusive no que tange a dúvidas sobre a identidade do cadáver, quando deve-se lavrar auto de reconhecimento ou identidade, com a descrição de seus sinais e indicações.

O **exame complementar** é uma modalidade pericial aplicada nos crimes de lesão corporal. Como cediço, nesses crimes, a evolução das lesões causadas no decorrer do tempo, como deformidade permanente ou a incapacidade para o trabalho, refletem no preceito secundário do crime. Para isso, o laudo complementar é um segundo exame pericial realizado, passado certo tempo do primeiro exame de corpo de delito, para avaliar a extensão das lesões corporais causadas.

No exame complementar, caso desapareçam os vestígios do crime, como no caso de lesão corporal grave que resulte na incapacidade da vítima para as ocupações habituais por mais de 30 dias, esse exame complementar pode ser suprido pela prova testemunhal.

O **exame do local do crime** tem previsão no art. 169 do CPP. Deve ser realizado tão logo o crime ocorra para que não haja alteração dos elementos ali presentes, deve, para tanto, o agente público providenciar para que não se altere o estado das coisas até a chegada dos peritos. A alteração dos vestígios no local do crime, antes da liberação dos peritos, caracteriza fraude processual.

O **exame laboratorial** é a forma pericial que demanda aparelhos específicos e elementos característicos de laboratórios. Determina o CPP no art. 170 que os peritos, ao final do exame, guardarão material suficiente para, caso necessário, realizar nova perícia ou contraprova. Esse material será armazenado na central de custódia. Exemplo desse tipo de exame é o de identificação de substâncias entorpecentes ilícitas da Lei de Drogas. Cumpre salientar que essa lei traz algumas peculiaridades em relação ao regramento do CPP.

Na **Lei de Tóxicos** (Lei nº 11.343/2006), o auto de prisão em flagrante e a denúncia poderão ser oferecidos com o simples **laudo de constatação** caracterizando a natureza e quantidade da droga. Esse laudo deve ser firmado por um perito oficial ou, na falta deste, por pessoa idônea. O perito que subscrever esse laudo não ficará impedido de participar da elaboração do laudo definitivo, o qual deverá ser firmado por dois peritos. Não obstante, se o laudo de constatação já for lavrado por perito oficial, dispensa-se o laudo definitivo.

No crime de **furto qualificado pelo rompimento de obstáculo, destruição ou escalada**, referida alusão deve ser feita por meio de perícia que deve demonstrar os instrumentos utilizados, os meios e a época em que o fato teria sido praticado. É regulado pelo art. 171 do CPP.

O laudo de avaliação das coisas destruídas, deterioradas ou que constituam produto de crime é realizado nos crimes patrimoniais. Essa avaliação, que pode ser direta ou indireta, tem previsão no art. 172, parágrafo único, do CPP, e objetiva avaliar a dimensão dos danos à coisa, seu valor, bem como demonstrar a materialidade desses danos.

A perícia prevista no art. 173 do CPP, **exame de local de incêndio**, objetiva consignar aos autos a causa e o lugar em que o incêndio houver começado. De igual modo, o resultado para a vida, para o patrimônio, a extensão do dano, seu valor e demais circunstâncias.

O **exame de reconhecimento grafotécnico**, também chamado de caligráfico, vislumbra a comparação de letras nos escritos do investigado a fim de se averiguar se determinados escritos ou assinaturas foram provenientes do punho do investigado. Dado o princípio da não autoincriminação, o investigado não pode ser obrigado a fornecer padrões de sua escrita, todavia, pode-se colher escritos pretéritos em contratos, cédulas bancárias etc. para fins de comparação dos padrões gráficos.

Parcela da doutrina assevera que a ausência injustificada do acusado para fornecer seus padrões gráficos poderia implicar sua condução coercitiva. Contudo, como veremos a frente na parte do **interrogatório**, o STF não tem permitido mais a condução coercitiva do investigado para fins de interrogatório, o que deve se estender para o exame grafotécnico.

O art. 175 do CPP traz a perícia do **exame dos instrumentos do crime**. Esse é o exame realizado sobre os objetos utilizados pelo autor da infração penal para fins de sua verificação e capacidade de ocasionar o resultado pretendido pelo autor. É o que ocorre nos exames em facas, armas de fogo etc.

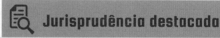

Jurisprudência destacada

Súmula nº 574, STJ: "Para a configuração do delito de violação de direito autoral e a comprovação de sua materialidade, é suficiente a perícia realizada por amostragem do produto apreendido, nos aspectos externos do material, e é desnecessária a identificação dos titulares dos direitos autorais violados ou daqueles que os representem".

Salienta-se que essa súmula foi confeccionada diante dos casos que julgavam CDs e DVDs piratas.

8.8.2.2 A prova pericial e o sistema do livre convencimento

No nosso ordenamento viceja o sistema do livre convencimento motivado. Nesse sentido não existe grau de valor entre as provas muito menos nenhuma prova tem o condão de vincular a decisão do magistrado. O juiz, em sua decisão, é livre para julgar e outorgar a cada prova o valor que bem entender para o deslinde do caso. A única exigência que se faz é que fundamente as razões por que sopesou determinada prova em detrimento de outras.

Não é diferente nas provas periciais. O juiz, mesmo a despeito de ser uma prova que exige conhecimentos técnicos específicos, pode muito bem refutá-las para fazer prevalecer uma prova testemunhal ou outras que se encaminham em direção completamente oposta a elas.

Diz-se que no Brasil adotamos o **sistema liberatório** da apreciação dos laudos periciais, ao contrário do **sistema vinculado**. Esse sistema liberatório é que permite ao juiz rejeitar no todo ou em parte as perícias apresentadas (art. 182 do CPP), desde que fundamentada sua decisão no conjunto probatório.

Embora o **exame pericial de corpo de delito** seja um **exame obrigatório**, ao contrário dos demais exames periciais que não possuem essa exigência (também é obrigatório o exame de constatação da lei de tóxicos e o exame pericial nos crimes contra a propriedade imaterial), o juiz não está vinculado a suas conclusões. Ou seja, o juiz e a autoridade policial devem determinar sua produção, mas o magistrado não precisará seguir o laudo do perito. Por isso que refutamos o exame de corpo de delito como uma prova tarifada, reconhecendo-o apenas como uma prova obrigatória.

Sobre essa situação do exame de corpo de delito ser uma prova obrigatória, outro desdobramento dela decorre. O juiz ou a autoridade policial, nos exames periciais, podem indeferi-los se entenderem irrelevante para a solução do caso. Contudo, em se tratando do exame pericial de corpo de delito, essa possibilidade de indeferimento não assiste ao juiz e à autoridade policial. Referida perícia uma vez requerida é de deferimento cogente.

Jurisprudência destacada

Conforme entendimento do STJ, na linha do que explanamos acima, é possível a condenação por uso de documento falso (art. 304 do CP) com o simples fundamento em documentos e testemunhos constantes no processo (no caso também foi acompanhado de confissão do acusado) sendo desnecessária a prova pericial para a comprovação da materialidade do crime (*Informativo* nº 553).

8.8.3 Interrogatório

O **interrogatório**, durante um longo tempo da história mundial, buscou a confissão do réu. Essa **confissão** conseguida mediante o interrogatório chegou a ser considerada a **rainha das provas**, dado ser tida como o mais importante meio de prova. Basta remontarmos à época da inquisição da igreja católica, às sociedades da antiguidade, ou aos sistemas ditatoriais atuais. Todavia, como já se deixa antever, essa primazia pelo interrogatório levava quase sempre a atos de tortura no único escopo de se obter uma confissão e justificar um suposto direito de punir.

Situação recente conhecida mundialmente se refere à prisão de Guantánamo. Ali surgiram duas expressões para se referir à tortura dentro do processo: **interrogatórios duros** ou **guantanamização do processo penal**. Sob o argumento de segurança do Estado diante dos ataques de 11 de setembro de 2001, foram frequentes na prisão de Guantánamo interrogatórios colhidos por meio de tortura, submetendo-se os presos a diversos maus-tratos para confessarem eventuais crimes.

Como forma de evitar que as forças estatais se locupletassem do interrogatório para punir, bem como dos métodos desumanos que este muitas vezes enseja para se obter a confissão, determinou o art. 197 do CPP que a simples confissão não pode permitir a condenação. Desse modo, afirma o dispositivo: "o valor da confissão se aferirá pelos critérios adotados para os outros elementos de prova, e para a sua apreciação **o juiz deverá confrontá-la com as demais provas do processo**, verificando se entre ela e estas existe compatibilidade ou concordância".

Observa-se que a confissão é apenas um dos resultados do interrogatório. Desse modo o interrogatório pode alcançar outros resultados como a delação de outros coautores, esclarecimentos dos fatos, e ser meio de defesa.

No nosso ordenamento, dado os resquícios de regimes antidemocráticos, por longos anos o interrogatório foi concebido como apenas um meio de provas da acusação. Diante da maior conotação garantista que tem ganhado o processo penal no nosso país, o interrogatório passou a ser concebido também como **meio de defesa**.

Isso foi uma importante mudança de paradigma e atendeu a uma maior concretização da justiça e de decisões mais acertadas dentro do processo penal. Reconhecer o interrogatório também como meio de defesa representa conceber o réu como **sujeito de direitos** e não como um **objeto do processo**. Atende, assim, à dignidade da pessoa humana e insere ao interrogatório uma **natureza híbrida**, sendo ao mesmo tempo **meio de prova** quanto **meio de defesa**.

Concebido como meio de defesa, da forma como já se manifestou o STJ e o STF, o interrogatório é uma oportunidade que o réu possui para apresentar perante o magistrado a sua versão pessoal dos fatos delitivos narrados na peça acusatória. É uma **autodefesa**, a qual, juntamente com a defesa técnica produzida pelo advogado do réu, compõe o direito constitucional da ampla defesa. Nesse ínterim, o juiz deve cotejar em sua decisão tanto as razões de defesa apresentadas pelo advogado do réu quanto suas razões pessoais apresentadas no interrogatório, sob pena de nulidade da decisão, dada a ofensa ao contraditório real.

O interrogatório tem as seguintes características: **ato personalíssimo**, regido pela **judicialidade**, pela **espontaneidade** e pela **disponibilidade**.

Por **ato personalíssimo** entende-se que o interrogatório só pode ser prestado pelo próprio réu, de modo que nem por procuração pode ele ser substituído.

Por **judicialidade** compreende-se que ele deve ser prestado necessariamente na presença do juiz.

É com fulcro na judicialidade que o art. 6º, V, do CPP, diz que **no inquérito policial** a **oitiva do investigado** será realizada conforme as regras do interrogatório judicial **no que for aplicável**. Não deve o inquérito policial perder sua natureza inquisitiva, mesmo diante da oitiva do acusado. Não é por menos que só se aplicam à fase do inquérito os regramentos do interrogatório no que for compatível com sua natureza, a exemplo das duas fases do interrogatório, abaixo explicadas. Dessa maneira, a oitiva do investigado na fase do inquérito não deve se chamar interrogatório, pois tecnicamente é uma designação incorreta, pois interrogatório só existe perante o magistrado.

A **espontaneidade** refere-se ao fato de que o réu não pode ser constrangido ou compelido a prestar seu depoimento, sob pena de nulidade absoluta do ato. A espontaneidade é desdobramento do princípio constitucional do direito ao silêncio do art. 5º, LXIII, da CF.

Entende-se que é em decorrência da espontaneidade que o réu não pode ser submetido ao **detector de mentira**, mesmo que aceite se submeter a ele. A utilização de detector de mentira é nulidade insanável do feito (TÁVORA, 2010, p. 351).

É por decorrência também do princípio constitucional do direito ao silêncio que o interrogatório é sempre **disponível**. Ou seja, não é obrigatório ao réu, podendo calar-se ou até mesmo mentir, sem que seu silêncio seja interpretado em seu desfavor. Contudo, na primeira fase do interrogatório, destinado à qualificação do acusado, não pode o réu mentir ou se negar a falar, pois todos estão obrigados a se identificar. O direito ao silêncio abrange apenas os fatos, mas jamais a qualificação do acusado, visto que essa não se relaciona a não autoincriminação. O réu não se autoincrimina apenas manifestando sua qualificação. O não fornecimento de sua qualificação implica contravenção penal do art. 68 da Lei de Contravenções Penais. Por outro lado, caso o réu atribua a si outra identidade, ele cometerá o crime de falsa identidade (art. 307 do CP).

O direito ao silêncio e consequentemente à mentira do réu não permite aquilo que a doutrina denomina de **mentiras agressivas**. Assim entendida como aquela mentira na qual o réu imputa um fato criminoso a terceiros, diante do que ele deverá responder pelos crimes de denunciação caluniosa ou falsa comunicação de crime.

Incorre, de igual modo, nas respectivas penas, o réu que realiza uma autoimputação falsa de crime (art. 341 do CP), pouco importando se essa autoimputação seja realizada perante o juiz, a autoridade policial, ou sob o subterfúgio da autodefesa.

Súmula nº 522, STJ: "A conduta de atribuir-se falsa identidade perante autoridade policial é típica, ainda que em situação de alegada autodefesa".

Questão há muito criticada é a previsão do art. 260 do CPP, que permite a **condução coercitiva do acusado** para o interrogatório. Nas **ADPFs nº 399 e nº 444**, o STF deixou assentado que o referido artigo não foi recepcionado pela Constituição Federal de 1988, violando o **direito ao silêncio**, a **liberdade de locomoção**, a **não autoincriminação** e a **presunção de inocência**. Frisou a Corte que a **condução coercitiva para o interrogatório** sujeita a autoridade responsável à responsabilidade disciplinar, civil e penal. No mesmo diapasão, caracteriza a responsabilidade civil do Estado e a ilicitude das provas obtidas.

Nesse julgado, todavia, o STF não chegou a se manifestar acerca da **condução coercitiva** do acusado para fins de **reconhecimento de pessoas** ou para fins de **identificação criminal**. Situação que vem sendo admitida pela doutrina e jurisprudência por caracterizar apenas uma produção passiva de provas pelo réu, o que não vilipendia o direito a não autoincriminação.

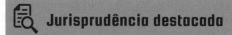

> Nas oitivas do investigado perante as Comissões Parlamentares de Inquérito da Câmara dos Deputados, o STF firmou que fica a cargo do investigado a decisão de comparecer ou não, não se sujeitando à condução coercitiva. Na mesma toada, assegurou o STF ao investigado, que queira comparecer, os seguintes direitos: direito ao silêncio; assistência por advogado durante o ato; não ser submetido ao compromisso de dizer a verdade; não sofrer constrangimentos físicos ou morais no exercício dos direitos anteriores (STF, *Info.* n° 942).

Caso o réu resida fora da jurisdição onde tramita o feito, seu interrogatório deverá ser realizado por meio de carta precatória, que deve ir acompanhada das perguntas a serem feitas. Frisa-se que o STF, em 2003 no HC n° 82.933-3/SP, considerou que a falta de interrogatório é nulidade meramente relativa do feito, devendo haver a demonstração de prejuízo. A nosso ver, diante na natureza de meio de defesa outorgada, recentemente, ao interrogatório pelo STF, a falta de oportunidade para o interrogatório deve caracterizar uma nulidade absoluta do feito, com a presunção de prejuízo, haja vista que a defesa do réu é composta, conjuntamente, de defesa técnica e autodefesa.

Situação que reforçou deveras a natureza do interrogatório como meio de defesa refere-se ao momento do interrogatório. Até 2008, o interrogatório perfazia um dos primeiros atos do processo, sendo citado o réu para o interrogatório. Com a redação conferida pela Lei n° 11.719/2008 ao art. 400 do CPP, o interrogatório foi concebido como último ato de instrução praticado na audiência de instrução e julgamento. Com o interrogatório sendo feito por último, pode o réu melhor exercer nele sua autodefesa, pois terá conhecimento das oitivas das testemunhas e demais provas produzidas. A despeito de a redação do art. 400 do CPP se referir apenas ao procedimento ordinário e sumário do CPP a jurisprudência o tem estendido para os demais procedimentos, inclusive da Justiça Militar, da Lei de Drogas e dos feitos de competência originários do STF (respectivamente STF: HC n° 127.900/AM; HC n° 121.953/MG; e Ação Penal n° 528).

Na linha do art. 185, § 5°, do CPP, o interrogatório deve necessariamente ser acompanhado por defensor, mesmo que dativo diante da ausência de defensor constituído. Por ser um exercício do direito de defesa a falta de defensor impõe a nulidade absoluta do feito. É permitido ao defensor inclusive formular perguntas ao interrogando. Ainda, na dicção do artigo em comento, o réu terá direito a entrevista reservada com o seu defensor, sob pena de nulidade absoluta.

Jurisprudência destacada

O art. 186 do CPP estipula que, depois de devidamente qualificado e cientificado do inteiro teor da acusação, o acusado será informado pelo juiz, antes de iniciar o interrogatório, do seu direito de permanecer calado e de não responder perguntas que lhe forem formuladas.

O interrogatório, como meio de defesa, implica ao imputado a possibilidade de responder a todas, nenhuma ou a apenas algumas perguntas direcionadas ao acusado, que tem direito de poder escolher a estratégia que melhor lhe aprouver à sua defesa.

Verifica-se a ilegalidade diante do precoce encerramento do interrogatório do réu, após manifestação do desejo de não responder às perguntas do juízo condutor do processo, senão do seu advogado, sendo excluída a possibilidade de ser questionado pelo seu defensor técnico (STJ, 6ª Turma, HC nº 703.978/SC, Rel. Min. Olindo Menezes, Desembargador convocado do TRF 1ª Região, j. 05.04.2022, *Info.* nº 732).

8.8.3.1 Fases do interrogatório (o Aviso de Miranda; o interrogatório sub-reptício; o sistema presidencialista; o sistema do *cross examination*, interrogatório por videoconferência e a Síndrome de Maria Bethânia)

A doutrina divide o interrogatório em três partes. A primeira parte seria a **fase preliminar**, a segunda, a **fase de qualificação**, e por último a **fase dos fatos**. Não obstante, **o CPP divide o interrogatório expressamente em duas partes**: sobre a pessoa do acusado e sobre os fatos.

A fase preliminar é a conhecida fase do **Aviso de Miranda**. Nela, o juiz deve advertir o réu sobre o seu direito ao silêncio. O início do interrogatório sem a advertência expressa realizada pela autoridade policial ou o juiz de que o réu está sendo interrogado e tem o direito ao silêncio caracteriza o chamado **interrogatório sub-reptício**. O STF no HC nº 80.949/RJ, *DJ* 14.12.2001, assentou que o interrogatório realizado sem as formalidades legais, o que inclui a ausência de advertência da autoridade competente ao agente delitivo do seu direito ao silêncio, podendo ocorrer tanto na fase policial como em juízo, caracteriza interrogatório sub-reptício, e provoca a nulidade do feito.

O **Aviso de Miranda** foi um instituto criado no direito norte-americano sob a expressão *Miranda Warning* ou *Miranda Rights*. Sua origem remonta ao julgamento do caso Miranda *v.* Arizona pela Suprema Corte norte-americana, em 1966. Na ocasião, a Corte decidiu, por 5 votos a 4, que as declarações prestadas pela pessoa presa à polícia não teriam o menor valor a não ser que ela fosse claramente informada: 1) que tem direito de ficar calada; 2) que tudo o que for dito pode ser utilizada contra ela no tribunal; 3) que tem direito à assistência de um defensor constituído ou nomeado.

O art. 5º, LXIII, da nossa Constituição, na toada do Aviso de Miranda, prevê que o preso será informado de seus direitos, entre os quais de permanecer calado, sendo-lhe assegurada a assistência da família e de advogado. Contudo, o STF, ao contrário do direito norte-americano, não exige que todas essas informações sejam manifestadas ao preso. O Supremo exige apenas que, por ocasião do interrogatório, o acusado seja informado do seu direito ao silêncio. Assim, como já afirmou o Supremo, a conversa gravada, por uma câmara escondida, do delegado com o preso, não se presta para fins de prova, se o preso não tivesse sido informado do seu direito ao silêncio.

Segundo o STJ, no RHC nº 67.730/PE, j. 26.04.2016, a ausência da advertência quanto ao direito ao silêncio é causa apenas de nulidade relativa, dependendo de demonstração do prejuízo.

Superada essa fase preliminar do aviso ao direito ao silêncio, inicia-se a **primeira parte do interrogatório**.

A primeira parte diz respeito à qualificação do acusado. Aqui o acusado não pode se calar ou mentir. Tem fundamental importância para a dosimetria da pena, pois permite ao juiz aferir as circunstâncias do art. 59 do CP.

Por força da redação dada pela Lei nº 13.257/2016 (**Estatuto da Primeira Infância**) ao art. 185, § 10, do CPP, o interrogatório deverá constar a informação sobre a presença de filhos, respectivas idades e se possuem alguma deficiência e o nome e o contato de eventual responsável pelos cuidados dos filhos, indicado pela pessoa presa.

Realizada a qualificação do acusado inicia-se a **segunda parte do interrogatório**. Consoante o art. 187, § 2º, do CPP, essa é a parte em que o acusado é arguido e pode falar sobre os fatos, oportunidade em que também poderá apresentar sua autodefesa. É nessa parte que se trabalha o mérito da causa, assistindo ao acusado o direito ao silêncio, inclusive mentir, desde que essa mentira não enseje uma autoincriminação ou uma imputação falsa de crime a terceiros, como mencionado alhures.

O STJ, no HC nº 628.224, de 2020, proferiu interessante decisão acerca de algo bastante discutido na doutrina. É certo que no interrogatório o réu pode calar-se sobre os fatos. Argumenta-se, todavia, se poderia o réu calar-se quanto às perguntas formuladas pelo juiz e pela acusação, de modo a responder apenas as perguntas formuladas pelo seu defensor. É o que a doutrina denomina direito ao **silêncio parcial no interrogatório**. Para alguns doutrinadores, isso seria uma prática contrária e proibida pelo ordenamento, pois se estaria a formar uma prova sem efetivamente ser submetida ao crivo do contraditório, o que a tornaria ilícita. No julgado em epígrafe, o STJ entendeu que o acusado pode se recusar a responder as perguntas realizadas pelo juiz e pelo Ministério Público, respondendo somente ao seu advogado se assim o desejar. Asseverou o STJ que a autodefesa no interrogatório manifesta-se de forma livre, desimpedida e voluntária.

O interrogatório, tão logo passou a ser também um meio de defesa, não é mais um ato privativo do juiz. Com efeito, no interrogatório, deve ser oportunizada a participação das partes, de forma a formular perguntas dirigidas ao réu.

Dado o princípio da **individualidade do interrogatório**, se houver mais de um réu, cada um deles deve ser interrogado separadamente, como preconiza o art. 191 do CPP.

Discute-se na doutrina se o interrogatório adotaria o sistema do *cross examination* em analogia ao art. 212 do CPP, ou ainda teria aplicação o sistema presidencialista expressamente previsto no art. 188 do CPP.

A oitiva das testemunhas é regulada pelo art. 212 do CPP, que, com a redação determinada pela Lei nº 11.690/2008, preconiza que as perguntas podem ser feitas diretamente pelas partes, não admitindo o juiz aquelas que puderem induzir a resposta, não tiverem relação com a causa ou importarem na repetição de outra já respondida. Compete ao magistrado, nesse sistema do *cross examination* (exame cruzado) a **função de fiscal da inquirição**. O juiz somente realizará perguntas de **forma complementar às partes**, com vistas aos pontos não esclarecidos por elas.

A inovação legislativa, todavia, não alterou o art. 188 do CPP que trata do interrogatório. Na forma desse artigo, a inquirição do réu é realizada diretamente pelo juiz ao acusado. Não cabe às partes se dirigirem diretamente ao réu. Ao fim da inquirição, o juiz perguntará a elas se restou algum fato a ser esclarecido, formulando o juiz ao réu as perguntas aventadas pelas partes, caso as entenda pertinentes e relevantes. Trata-se do denominado **sistema presidencialista**.

Com a noviça característica de meio de defesa do interrogatório, uma doutrina minoritária defende que o art. 188 do CPP teria sido tacitamente revogado. Dever-se-ia, assim, adotar ao interrogatório, por analogia, o art. 212 do CPP. Todavia, prevalece o entendimento na doutrina e jurisprudência que o interrogatório continua a ser regido pelo sistema presidencialista. Com efeito, a inquirição do réu diretamente pelo juiz não é capaz de macular a natureza de meio de defesa do interrogatório. Ao contrário, continua o réu a poder apresentar sua versão dos fatos, sua autodefesa, bem como a formulação de perguntas pelas partes por intermédio do juiz.

Contudo, especial atenção deve se dar ao art. 474, §§ 1º e 2º, do CPP. No Tribunal do Júri, adota-se o **sistema do *cross examination***, de modo que as perguntas podem ser feitas pelas partes diretamente ao réu. Não obstante, as perguntas dos jurados necessariamente serem feitas por intermédio do juiz.

Em seu interrogatório, se o acusado negar a acusação, no todo ou em parte, lhe é facultado prestar outros esclarecimentos e indicar provas. Por outro lado, se confessar a autoria, ser-lhe-á perguntado sobre os motivos e circunstâncias do fato e se outras pessoas concorreram para a infração e quais sejam.

Se o réu estiver preso, no denominado **interrogatório de réu preso**, ele poderá ser feito de três formas: **no próprio estabelecimento prisional, por videoconferência e por requisição**.

Preferencialmente, o interrogatório do réu preso será feito no próprio estabelecimento prisional, em sala própria, com as garantias de segurança do juiz, do membro do Ministério Público e dos auxiliares. Deve contar, ainda, como é elementar, com a presença do defensor e com a publicidade do ato.

Não obstante a regra geral citada, segundo a qual o interrogatório de réu preso deve ser realizado com a presença do juiz e das partes no estabelecimento prisional, a Lei nº 11.900/2009 trouxe a previsão aos arts. 185, § 2º, e seguintes do CPP. Trata-se do interrogatório por videoconferência, meio virtual, on-line ou eletrônico.

É sabido que os presídios brasileiros, infelizmente, raramente dispõem da segurança necessária para garantir a vida e a integridade física do juiz e demais partes do processo para o interrogatório em seu interior. Diante disso, o dispositivo legal permite que o interrogatório de réu preso seja excepcionalmente realizado por videoconferência nas hipóteses de risco à segurança pública e gravíssimas questões de ordem pública.

Parte da doutrina defende a inconstitucionalidade dessa previsão do interrogatório por videoconferência. Segundo essa parcela da doutrina, a presença física do acusado perante o juiz seria essencial para a formação do seu convencimento e para o pleno exercício da ampla defesa. O próprio STF, no HC nº 88.914/SP, anteriormente à previsão legislativa, já chegou a se posicionar pela inadmissão do interrogatório por videoconferência, por entender não haver até então previsão legal.

Todavia, referidos posicionamentos contrários ao interrogatório por videoconferência restam sufragados diante da previsão legal. Inclusive, recentemente, diante da pandemia do coronavírus, com a necessidade de distanciamento social, a videoconferência se mostrou deveras importante.

A resistência que resta ao interrogatório por videoconferência é alcunhada por parte da doutrina de **Síndrome de Maria Bethânia**. A cantora, na canção "Olhos nos olhos", no trecho "olhos nos olhos, quero ver o que você diz...", alenta sobre essa vontade de que se interrogue a pessoa olhando diretamente em seus olhos, para se depreender melhor o que ela diz em cotejo com suas reações ("olhos nos olhos, quero ver o que você faz"). Seria um suposto direito consagrado ao réu de o juiz perceber fisicamente suas reações como forma de avaliar por inteiro o real alcance do seu depoimento. Malgrado, essa corrente, que padece da **Síndrome de Maria Bethânia**, parece ignorar as inovações tecnológicas que permitem com qualidade um contato muito próximo entre os participantes de uma transmissão (ALVES, 2021, p. 454).

Conforme o CPP, no interrogatório por videoconferência, as partes deverão ser intimadas com 10 dias de antecedência. Será permitido ao réu o direito de assistir a todos os outros atos referentes à audiência, se entrevistar com seu defensor, bem como ter contato com ele a todo tempo por meio telefônico. A sala de videoconferência será fiscalizada pelos corregedores, pelo juiz, pelo Ministério Público e pela OAB.

A **videoconferência** pode ser realizada em qualquer ato que dependa da participação de pessoa presa, e não apenas para o interrogatório. Destarte, pode ser realizada para a **acareação**, **reconhecimento de pessoas e coisas**, **inquirição de testemunha**, ou **tomada de declarações** do ofendido.

Para além de risco à segurança pública e gravíssimas questões de ordem pública, a videoconferência poderá ser decretada diante das seguintes e excepcionais situações (art. 185, § 2º):

> I – prevenir risco à segurança pública, quando exista fundada suspeita de que o preso integre organização criminosa ou de que, por outra razão, possa fugir durante o deslocamento;
>
> II – viabilizar a participação do réu no referido ato processual, quando haja relevante dificuldade para seu comparecimento em juízo, por enfermidade ou outra circunstância pessoal;
>
> III – impedir a influência do réu no ânimo de testemunha ou da vítima, desde que não seja possível colher o depoimento destas por videoconferência, nos termos do art. 217 deste Código;
>
> IV – responder à gravíssima questão de ordem pública.

Caso não seja possível a realização do interrogatório do réu preso no estabelecimento prisional ou por videoconferência, ele deverá ser feito na forma do art. 185, § 7º, do CPP, por meio de **requisição do réu preso em juízo**.

Nessa hipótese, o Estado deverá providenciar o encaminhamento do acusado à sede do Juízo para que seja realizado o ato processual.

O interrogatório, como regra geral, é regido pelo princípio da oralidade. Preconiza o CPP que interrogatório de surdo será realizado por meio de perguntas escritas, respondidas oralmente. O interrogatório do mudo será feito por meio de perguntas orais, com respostas escritas. Não sabendo o interrogando ler ou escrever, intervirá no ato intérprete ou pessoa habilitada a entendê-lo. Nessa última hipótese (interrogado não saiba escrever, bem como não pode ou não quer assinar), de forma alguma será feita a colheita de suas impressões digitais em seu depoimento, fazendo-se consignar meramente por termo a ausência de assinatura.

Caso o acusado não saiba falar a língua nacional, o interrogatório será feito por meio de intérprete. Aqui, não importa se o juiz e os demais presentes na audiência saibam o idioma estrangeiro. Necessariamente ele exige um intérprete por força do art. 193 do CPP.

Salienta-se que se o interrogado for inimputável por doença mental ou não possua plena capacidade ser-lhe-á, pelo juiz, nomeado curador especial. Frisa-se que a figura de curador especial prevista para os maiores de 18 anos e menores de 21 anos não mais persiste, posto que o art. 194 do CPP, que trazia a previsão, foi revogado pela Lei nº 10.792/2003.

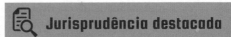

Jurisprudência destacada

Não se admite condenação baseada exclusivamente em declarações informais prestadas a policiais no momento da prisão em flagrante. A CF/1988 determina que as autoridades estatais informem os presos que eles possuem o direito de permanecer em silêncio (art. 5º, LXIII). Esse alerta sobre o direito ao silêncio deve ser feito não apenas pelo Delegado, durante o interrogatório formal, mas também pelos policiais responsáveis pela voz de prisão em flagrante. Isso porque a todos os órgãos estatais impõe-se o dever de zelar pelos direitos fundamentais.

A falta da advertência quanto ao direito ao silêncio torna ilícita a prova obtida a partir dessa confissão (STF, 2ª Turma, RHC nº 170.843-AgR/SP, Rel. Min. Gilmar Mendes, j. 04.05.2021, *Info.* nº 1.016).

8.8.4 Confissão

Entende-se por confissão o reconhecimento por parte do réu dos fatos narrados na exordial acusatória (denúncia ou queixa-crime).

Como mencionamos alhures, a confissão pode ser um dos resultados obtidos com o interrogatório. O CPP, entre os arts. 197 a 200 traz disposições específicas para a confissão e a elenca entre os meios de prova típicos. Com efeito, a confissão, embora possa ser obtida por meio do interrogatório, não é a única forma pela qual possa ser produzida.

Não há uma forma prevista em lei para a confissão. Ela pode ser realizada por qualquer forma, seja por documento assinado em cartório, termo nos autos, uma carta direcionada ao juiz etc. Viceja para a confissão a informalidade, não obstante ela necessita ser necessariamente expressa de alguma forma. Não se admite a confissão tácita, pois isso contraria a presunção de inocência e o direito ao silêncio. A revelia no processo penal não pode levar a presunção de veracidade dos fatos narrados pela acusação.

A confissão apresenta importantes **características**, são elas:

- **Divisível:** o juiz pode utilizar para seu convencimento e julgamento apenas parte da confissão, ou seja, pode reconhecer a confissão em relação a alguns fatos confessos e não a outros.
- **Retratável:** o réu, no decorrer do processo, pode se retratar da confissão, mudar de ideia, voltar atrás. A retratação da confissão, por óbvio, exige um reconhecimento pretérito dos fatos pelo réu, de modo que a simples negação dos fatos que lhe são imputados não é retratação, senão se essa negação vir posteriormente ao reconhecimento dos mesmos fatos. A retratação da confissão, dentro do sistema por nós adotados do livre convencimento motivado, não vincula o juiz, que pode, ainda assim, se valer da confissão anteriormente realizada, desprezando o teor da retratação no todo ou em parte.
- **Informal:** como mencionamos acima, não existe uma forma específica para a confissão, ela pode se dar dentro do interrogatório, por termo nos autos etc. Todavia, essa informalidade não permite uma confissão tácita, haja vista que o silêncio do acusado não pode ser interpretado em seu desfavor. Por isso é que, embora seja informal, a confissão deve ser expressa.
- **Expressa:** a confissão deve ser fruto de uma manifestação de vontade do réu, não se permitindo que seja alcançada por presunções. A confissão não se presume.
- **Pessoal:** a confissão só pode ser feita pelo próprio réu. Não se admite que seja feita por preposto ou mandatário.
- **Voluntária:** deve ser produzida livremente pelo réu, sem qualquer coação.
- **Judicial:** a confissão deve ser realizada na fase processual, ainda que realizada de forma extraprocessual, quando será tomada por termo nos autos. A confissão feita no âmbito do inquérito policial dever ser confirmada em juízo.

A doutrina classifica ainda a confissão **quanto a seus efeitos**, assim pode ser:

- **Simples:** quando o réu apenas confirma os fatos narrados na peça acusatória.
- **Complexa:** confessa mais de um fato delitivo, objetos do mesmo processo.
- **Qualificada:** entende-se por confissão qualificada quando o réu a par de assumir os fatos narrados na acusação, assevera em sua defesa uma excludente de ilicitude ou outro fato extintivo da punibilidade. É o caso, por exemplo, de alguém que confessa a prática de um homicídio, mas aduz que o fez em legítima defesa, ou seja, o réu não assume propriamente a responsabilidade penal a ele imputada, mas fará jus à

atenuante prevista no art. 65, III, *d*, do CP. É chamada pela doutrina de **ponte de bronze**. Todavia, como preconiza a **Súmula nº 545 do STJ**, quando a confissão for utilizada para a formação do convencimento do julgador, o réu fará jus à atenuante prevista no art. 65, III, *d*, do CP.

Doutrina destacada

O que são as chamadas pontes do direito penal e processual penal? Inicialmente surgiu uma expressão cunhada por Franz Von Liszt de "ponte de ouro". Trata-se da situação defendida por Liszt para que o agente se arrependa de alcançar a consumação do delito, devendo o direito penal "abrir uma ponte" para que o sujeito regresse pelo caminho que começou a percorrer no *inter criminis*. Assim, o agente, diante de um fato cujo resultado material é perfeitamente alcançável, desiste de prosseguir na execução ou atua positivamente no intuito de impedir a ocorrência do resultado. Nosso ordenamento concebeu a "ponte de ouro" no art. 15 do CP, nos institutos do arrependimento eficaz e da desistência voluntária.

Posteriormente, a doutrina penal e processual penal começou a denominar outras formas que foram surgindo no ordenamento para que o sujeito pudesse atenuar sua responsabilidade penal por ato próprio. Dessa forma, os doutrinadores foram criando as expressões: **pontes de prata, de bronze, de diamante, de barro, de ouro antecipada**. Assim, são elas:

- **Ponte de ouro:** trata-se da **desistência voluntária** e do **arrependimento eficaz** previstos no art. 15 do CP. Na ponte de ouro, como preconizam os institutos mencionados, ocorrerá ou à exclusão da tipicidade, ou o agente responderá apenas pelos atos já praticados.
- **Ponte de prata:** trata-se da figura prevista no art. 16 do CP. É o **arrependimento posterior**. Este prevê uma redução de pena, mas deve ser verificado que tal instituto apenas será aplicado a crimes cometido sem violência ou grave ameaça.
- **Ponte de bronze:** é a confissão qualificada acima mencionada. Dessa forma, o agente confessa a prática delituosa, mas, por outro lado, alega teses defensivas discriminantes ou exculpantes.
- **Ponte de barro:** trata-se da confissão espontânea. Na forma do CP, art. 65, III, *d*, que a confissão espontânea da autoria do crime, perante autoridade, é circunstância que sempre atenua a pena. Salienta-se que a jurisprudência aceita a atenuante supracitada tanto para a confissão voluntária quanto para a confissão espontânea, indistintamente.
- **Ponte de diamante ou ponte de prata qualificada:** segundo o saudoso doutrinador Luiz Flávio Gomes, o instituto nada mais é que uma nova nomenclatura à colaboração premiada. Como se observa, é instituto voltado ao processo penal, ao contrário da ponte de ouro na seara do direito penal, como idealizada por Liszt. O agente poderá ser beneficiado, acaso seja de valor sua contribuição, com redução da pena, regime mais brando de cumprimento de pena, perdão judicial e, inclusive, não oferecimento de denúncia.
- **Ponte de ouro antecipada:** não obstante a necessidade de os atos executórios terem sido iniciados para a incidência da ponte de ouro, em atenção às inovações legislativas, no tocante à Lei nº 13.260/2016 (antiterrorismo), criou-se a possibilidade de incidência do instituto na fase preparatória do crime de terrorismo. É a chamada Ponte de Ouro **antecipada**, conforme se interpreta em razão da inteligência do artigo 10 da referida lei, *in verbis*: "Mesmo antes de iniciada a execução do crime de terrorismo, na hipótese do art. 5º desta Lei, aplicam-se as disposições do art. 15 do Decreto-lei nº 2.848, de 7 de dezembro de 1940 – Código Penal".

Jurisprudência destacada

Súmula nº 630, STJ: "A incidência da atenuante da confissão espontânea no crime de tráfico ilícito de entorpecentes exige o reconhecimento da traficância pelo acusado, não bastando a mera admissão da posse ou propriedade para uso próprio".

CONFISSÃO PARCIAL. UTILIZAÇÃO PARA A CONDENAÇÃO. ATENUANTE CONFIGURADA. RECONHECIMENTO E APLICAÇÃO OBRIGATÓRIOS. (...) 1. A confissão realizada em juízo sobre a propriedade da droga é suficiente para fazer incidir a atenuante do art. 65, III, *d*, do Código Penal, quando expressamente utilizada para a formação do convencimento do julgador, pouco importando se a admissão da prática do ilícito foi espontânea ou não, integral ou parcial (STJ, 5ª Turma, HC nº 186.375/MG, Rel. Jorge Mussi, *DJe* 01.08.2011).

 Decifrando a prova

(2021 – FAPEC – PC/MS – Delegado de Polícia) Acerca do interrogatório do acusado e da confissão, é INCORRETO afirmar:

A) diz o CPP que, excepcionalmente, por decisão fundamentada, o juiz pode determinar o interrogatório do réu preso por sistema de videoconferência quando visar, por exemplo, a viabilizar a sua participação no referido ato processual à vista de relevante dificuldade para seu comparecimento em juízo, por enfermidade ou outra circunstância pessoal.

B) para o Superior Tribunal de Justiça, é válida a realização do interrogatório do réu por videoconferência, em razão da dificuldade de deslocamento do acusado até o local da audiência, bem como pelo risco à segurança pública, haja vista a insuficiência de agentes para realizar a escolta.

C) o STJ entende que a confissão qualificada, compreendida como aquela em que o acusado admite a prática do fato delituoso, mas alega ter agido sob o manto de uma excludente de ilicitude ou de culpabilidade, não autoriza a aplicação da atenuante prevista na alínea *d* do inciso III do art. 65 do Código Penal, mesmo que utilizada para corroborar o acervo probatório e fundamentar a condenação.

D) dispõe do CPP que a confissão é divisível e retratável, sem prejuízo do livre convencimento do juiz, fundado no exame das provas em conjunto.

E) à luz do CPP, no interrogatório do surdo, as perguntas lhes são apresentadas por escrito e ele as responderá oralmente.

Gabarito comentado: o STJ entende que, se a confissão for utilizada de qualquer forma para fundamentar a condenação, o réu terá direito à atenuante em questão. Portanto, a letra C é o gabarito.

 Jurisprudência destacada

O STJ, em obediência ao disposto no § 2º do art. 185 da Lei nº 11.900/2009, julgou válida a decisão do juiz de primeiro grau que apresentou fundamentação apta a justificar a necessidade

> da adoção do interrogatório do recorrente pelo sistema de videoconferência, notadamente para se evitar a delonga na prestação jurisdicional, considerando sobretudo os problemas constantes na escolha de réu preso (STJ, 5ª Turma, AgRg no RHC nº 85.853/AL, 2017/0145491-0, Rel. Min. Joel Ilan Paciornik, j. 15.03.2018, *DJe* 02.04.2018).

8.8.5 Perguntas ao ofendido

O Código de Processo Penal (CPP) e o Código Penal (CP) estabelecem uma expressa diferença entre testemunhas, vítimas (ou ofendido), e acusado. O CPP regula o depoimento do ofendido no art. 201 e seus parágrafos. Por sua vez, o CP, ao tratar do falso testemunho no art. 342, não elenca a figura do ofendido ou vítima entre as elementares do tipo penal[1]. Fato que se recrudesce pelo art. 203 do CPP, diante do que o ofendido, por não ser testemunha, não tem o compromisso de dizer a verdade. Não obstante, não pode a/o vítima/ofendido, sob essa qualidade, imputar acusação falsa a alguém, pois está sujeita ao crime de denunciação caluniosa, previsto no art. 339 do CP.

Preconiza o § 1º do art. 201 do CPP a possibilidade de condução coercitiva do ofendido. Nesse sentido, se intimado para esse fim, deixar de comparecer sem motivo justo, o ofendido poderá ser conduzido à presença da autoridade. Ou seja, o ofendido tem o dever de depor, não se lhe perfilando uma mera faculdade. Salienta-se, todavia, entendimento de uma **parte minoritária da doutrina**, que, não sem propriedade, assevera que a condução coercitiva não teria sido recepcionada pela Constituição. Segundo essa corrente, quando a Constituição elencou a restrição da liberdade, o fez apenas diante da prisão em flagrante e demais prisões cautelares ou definitivas, não estando açambarcadas aí outras formas de restrição da liberdade, mormente diante de quem não seja suposto autor de crime.

Diante da ausência injustificada do ofendido, poderá ele ainda ser responsabilizado pelo crime de desobediência (art. 330 do CP).

Salienta-se que não assiste ao ofendido o direito ao silêncio, salvo se seu depoimento puder incriminá-lo, a exemplo do crime de lesões corporais recíprocas.

Conforme já assentado pela jurisprudência, a não oitiva do ofendido, arrolado pelas partes ou de ofício pelo juiz, enseja mera nulidade relativa do feito, a depender de comprovação de prejuízo. No caso emblemático ocorrido na **Boate Kiss**, na noite de 27.01.2013, em Santa Maria/RS, em incêndio que provocou a morte de 242 pessoas e outras 680 feridas, o STF entendeu que não seria obrigatória a oitiva de todas as vítimas do homicídio tentado. O juiz originário dispensou a oitiva de todas as vítimas, o que foi validado pelo STF com fulcro no sistema da livre persuasão racional do juiz e da nulidade meramente relativa que envolve a ausência do depoimento do ofendido.

---

[1] De fato, o CP, no art. 342, apenas elenca a figura da testemunha, perito, contador, tradutor ou intérprete como elementar do tipo penal, *in verbis*: "**Art. 342.** Fazer afirmação falsa, ou negar ou calar a verdade como testemunha, perito, contador, tradutor ou intérprete em processo judicial, ou administrativo, inquérito policial, ou em juízo arbitral".

Malgrado a situação acima descrita, em alguns casos a doutrina e jurisprudência asseveram um importante papel no processo penal no tocante ao depoimento da vítima. Alguns crimes ocorrem na presença quase que exclusiva da vítima e do autor do delito. Exemplo disso são os crimes de estupro ou um roubo em lugar ermo. **Nesses casos, o depoimento da vítima pode ter um sobrevalor para fins da condenação.** Não obstante, o magistrado deve verificar com cuidado o meio de prova, dado o interesse da vítima na condenação do seu agressor.

É conhecido o fato bíblico trazido para o processo penal como **Síndrome da mulher de Potifar**. Potifar, mulher de um general do exército egípcio, se encanta por José do Egito, filho de Jacó, outrora jogado no poço por seus irmãos, e vendido como escravo por eles para o Egito. José, homem de grande integridade, "entendido" e "sábio" (Bíblia, Gên. 41:39), se recusa em ceder ao assédio da mulher de Potifar, no escopo de manter sua fé, castidade e integridade pessoal. Diante da rejeição de José, a mulher de Potifar imputa-lhe falsamente a prática de crime de estupro, diante do que José foi levado à prisão.

A passagem bíblica representa um desejo de vingança da mulher rejeitada. Esta, vilipendiada em sua autoestima e vaidade, passa a tentar prejudicar a pessoa que a rejeitou, geralmente imputando-lhe crimes contra a dignidade sexual.

É nesse sentido que **a Síndrome da mulher de Potifar, no processo penal, impõe ao juiz, bem como ao Delegado de Polícia** antes de instaurar o inquérito policial, a realização de diligências preliminares, informais, e sua análise com outras provas.

Ao contrário do interrogatório, adota-se à oitiva do ofendido o sistema do *cross examination*. Embora com previsão expressa apenas para o depoimento do ofendido no Júri (art. 473 do CPP), mas pacificamente adotado por analogia ao procedimento comum, sumário e sumaríssimo, a participação das partes na oitiva do ofendido dá-se de forma direta, com formulação de perguntas a ele sem intermediação do juiz.

Na linha do que já tinha sido introduzido para a Lei Maria da Penha, a Lei nº 11.690/2008 trouxe para a situação de qualquer ofendido, e não só apenas para a mulher vítima de violência doméstica, a previsão de que **a vítima seja intimada sobre o ingresso e a saída do réu a prisão, a designação de data para a audiência, a sentença e respectivos acórdãos que a mantenham ou modifiquem, desde a fase do inquérito até a execução penal.** Essa intimação poderá ser feita tanto no endereço do ofendido quanto por meio eletrônico, se ele assim o entender. A inovação legislativa também trouxe a previsão de o ofendido, enquanto não presta depoimento, poder aguardar a sua chamada em espaço reservado, bem como a possibilidade de o juiz, caso entenda necessário, determinar o acompanhamento do ofendido por equipe multidisciplinar, seja na área psicossocial, de assistência jurídica ou de saúde (o que será custeado pelo ofensor, ou na impossibilidade deste pelo Estado). Referidas previsões normativas encontram-se no art. 201, §§ 2º a 5º, do CPP.

A despeito do interesse de punir do Estado, este não deve se olvidar de preservar os direitos à intimidade, à vida privada, à honra e à imagem da vítima. Muitas vezes o próprio movimento do processo penal pode ser capaz de gerar uma segunda vitimização para o ofendido. É o que se chama de *strepitus iudicis* no processo penal (escândalo do processo).

Atento a essa situação, o art. 201, § 6º, do CPP, preconiza **a possibilidade de o juiz determinar o segredo de justiça em relação aos dados, depoimentos e outras informações** constantes dos autos a seu respeito. O que pode ser provocado pelo ofendido por meio de simples petição aos autos, por meio do direito constitucional de petição do art. 5º, XXXIV, da Constituição Federal.

Como já mencionado no tópico do interrogatório alhures, prevê o art. 217 do CPP que se o réu, com sua presença, puder causar humilhação, temor, ou sério constrangimento ao ofendido, o que inequivocamente poderá prejudicar a verdade do seu depoimento, a **inquirição do ofendido poderá ser feita por videoconferência**, e, na impossibilidade dessa, o juiz determinará a **retirada do réu** da sala de audiências, prosseguindo-se a inquirição unicamente com a presença do defensor do seu defensor.

Interessante questão trata-se da **oitiva de criança e adolescente vítimas de crime**. Dada a sua especial condição de pessoa em desenvolvimento, a sua oitiva em juízo, comprovadamente, pode causar uma série de danos a sua integridade física e psíquica (vitimização secundária), bem como levar a um fenômeno psicológico denominado implantação de falsas memórias.

A vitimização secundária pode ser entendida como uma violência institucional causada pelo próprio aparato estatal que, durante a investigação e o processo criminal, ao invés de proteger a vítima, acaba agravando os danos primários e causando danos secundários, que são muitas vezes mais traumáticos que o próprio ato que a vitimou.

Noutro giro, em uma inquirição, a criança pode ser sugestionada. Desse modo, pode vir, diante de um processo psicológico natural suscetível a essa idade, a acreditar em fatos que, na verdade, nunca ocorrem com ela. Passa, assim, a recordar situações que nunca vivera. Esse fenômeno é denominado de **implantação de falsas memórias**. Faz parte do funcionamento normal da memória, decorrendo da inquirição do menor, dando-lhe caráter de prova, que provém unicamente de suas palavras, obtidas através de diversas entrevistas, com viés sugestivo. Adverte os estudos da psicologia que, as falsas memórias, podem ser mais detalhadas e relatadas com mais segurança e emoção do que as memórias verdadeiras.

Diante disso, torna-se de indelével importância a utilização de técnicas cognitivas voltadas à oitiva e recuperação da memória infantil. O profissional que realiza a escuta da criança deve ser capacitado, dominando as técnicas de entrevista, voltados ao desenvolvimento proveniente de cada fase da criança, as síndromes decorrentes do crime de que foi vítima (o que se agrava e se torna mais complexo nos crimes sexuais) e a aplicação de técnicas cognitivas para a recuperação da memória, para que a criança não se sinta inibida, humilhada, ou seja induzida a relatar fatos que não ocorreram.

O procedimento envolvendo um profissional habilitado para a oitiva do menor denomina-se **depoimento sem dano**. Foi, inicialmente, implementado pela praxe forense nos crimes sexuais envolvendo menores, e acabou sendo aceito pelo STJ (*Informativo* nº 556). Posteriormente, o depoimento sem dano veio a ser disciplinado pela **Lei nº 13.431/2017**, que o denominou **depoimento especial** (o que não se confunde com **escuta especializada** prevista no art. 7º da mesma lei e que se dá perante órgão da rede de proteção e não perante juiz e autoridade policial como no depoimento sem dano/depoimento especial).

No **depoimento sem dano**, ou **depoimento especial**, o depoimento do menor é tomado por meio de um técnico, podendo ser ele um psicólogo ou assistente social. É realizado em uma sala especial, conectada por equipamento de vídeo e áudio à sala de audiência, em tempo real. Por meio de um ponto eletrônico a autoridade judicial ou policial direciona as perguntas que são encaminhadas ao menor pelo técnico. É aplicado ao menor tanto em caso de ele ser vítima de crime quanto testemunha de crime. Ou seja, aplica-se de igual modo à prova testemunhal. No caso da pessoa entre 18 e 21 anos de idade o **depoimento especial/ sem dano** é facultativo.

A **Lei Maria da Penha**, com redação dada pela Lei nº 13.505/2017, adota, em seu art. 10-A, § 2º, procedimento muito semelhante ao depoimento sem dano para os casos de mulher vítima ou testemunha de delitos envolvendo violência doméstica e familiar.

8.8.6 Das testemunhas

Os arts. 202 e seguintes do CPP trazem a previsão da prova testemunhal. "Testemunha é a pessoa que declara em juízo o que sabe acerca dos fatos, em face das percepções colhidas sensorialmente acerca dos mesmos" (TÁVORA, 2010, p. 369). Como se depreende de imediato, a prova testemunhal só pode ser assim considerada se prestada perante um juiz. A oitiva de pessoas na fase policial deve ser repetida em juízo (ALVES, 2021, p. 469).

Conforme Amanda Patussi Emerich (2013),

> A prova testemunhal recebe o título de "**prostituta das provas**", pois, assim como aquelas mulheres são conhecidas pela sociedade por sua duplicidade e sua lábia para levar homens à perdição, a prova testemunhal é baseada na palavra humana, e devido à falibilidade humana, inúmeras inverdades já foram pronunciadas em um tribunal, levando juízes a terem seus julgamentos distorcidos por pessoas de boa oratória e pouco senso moral. (Grifo nosso)

Atento a essa situação de prostituta das provas alentada desde há muito tempo pela doutrina, o CP criminaliza o falso testemunho, com pena de reclusão de 2 a 4 anos e multa. Assim, o art. 343 do CP preconiza: "Dar, oferecer ou prometer dinheiro ou qualquer outra vantagem a testemunha, perito, contador, tradutor ou intérprete, para fazer afirmação falsa, negar ou calar a verdade em depoimento, perícia, cálculos, tradução ou interpretação".

Na forma do art. 202 do CPP, **toda e qualquer pessoa poderá ser testemunha** no processo penal. Nisso, o processo penal difere do processo civil, que traz a exceção das pessoas incapazes, impedidas e suspeitas (art. 447 do CPC).

Consoante o art. 203 do CPP, **a testemunha tem o compromisso de dizer a verdade**. Como expressamente declarado no artigo, a **testemunha fará, sob palavra de honra, a promessa de dizer a verdade** do que souber e lhe for perguntado, devendo declarar seu nome, sua idade, seu estado e sua residência, sua profissão, lugar onde exerce sua atividade, se é parente, e em que grau, de alguma das partes, ou quais suas relações com qualquer delas. Deve relatar o que souber, explicando sempre as razões de sua ciência ou as circunstâncias pelas quais possa avaliar sua credibilidade.

Frisa-se que, ao contrário do que muitos depreendem equivocadamente, não é o fato de prestar compromisso de dizer a verdade que enseja o crime de falso testemunho no CP. O compromisso de dizer a verdade não é elementar do tipo penal do art. 343 do CP, senão o fato simplesmente de ser testemunha, perito, contador, tradutor ou intérprete. O compromisso de dizer a verdade, declarado formalmente na audiência pela testemunha, tem um efeito meramente retórico e psicológico para envolver a testemunha na verdade de seu depoimento, não ensejando qualquer nulidade a sua inobservância.

A testemunha não tem o direito ao silêncio, o crime de falso testemunho abarca não somente a mentira em suas elementares do tipo, mas de igual modo o seu silêncio, ou seja, a testemunha calar a verdade. A testemunha tem a obrigação de depor. Exceção a esse fato, conforme posição do STF no HC nº 79.812/SP, ocorre quando em seu depoimento a testemunha seja impelida a relatar fatos que possam incriminá-la. Nesses casos, assiste a testemunha o direito de calar-se, em respeito ao direito fundamental da não autoincriminação (*nemo tenetur se detegere*).

Dispõe o art. 211, *caput*, do CPP, o procedimento a ser adotado pelo magistrado diante do falso testemunho. Nesse diapasão, aduz que se o magistrado, **após a sentença final**, reconhecer a prática do crime de falso testemunho deverá **encaminhar cópia do depoimento à autoridade policial para a instauração de inquérito**. O momento da **sentença final** trazido pelo dispositivo dá-se em razão da possibilidade que outorga o art. 342, § 2º, do CP, à testemunha mentirosa de, antes da sentença no processo em que ocorreu o ilícito, se retratar ou declarar a verdade, situação que ensejará a extinção da punibilidade. Deve constar da própria sentença esse encaminhamento dos autos à autoridade policial para a instauração de inquérito, ou, já restando elementos suficientes para a autoria e materialidade do referido delito, o que sói ocorrer, encaminhar cópia dos autos ao Ministério Público para oferecimento da denúncia.

Caso a sentença seja proferida na própria audiência em que o falso testemunho foi prestado, preconiza o art. 211, parágrafo único, do CPP, a possibilidade de prisão em flagrante da testemunha mentirosa. Ocorrendo o falso testemunho no plenário do Júri, deve ser realizado quesito específico sobre o falso testemunho e, uma vez reconhecido pelos jurados, o magistrado poderá determinar sua prisão em flagrante. Salienta-se que se não houver o reconhecimento do crime de falso testemunho pelos jurados, nada poderá ser feito. Ocorrendo o flagrante, a testemunha será imediatamente apresentada à autoridade policial para recolhimento à prisão provisória (ou posterior conversão por medida cautelar alternativa pelo juízo competente).

O CPP traz previsões de **dispensa do dever de depor** (art. 206), **dispensa do dever de prestar compromisso** (art. 208) e pessoas proibidas de depor (art. 207).

A **dispensa do dever de depor** refere-se aos ascendentes, descendentes, afim em linha reta e cônjuge, ainda que separado (o que deve incluir o companheiro).

A **dispensa do dever de prestar compromisso** são para as pessoas doentes, deficientes mentais, menores de 14 anos, bem como as pessoas dispensadas do dever de depor supracitadas. Essas, quando não for possível obter-se de outro modo a prova do fato e de suas circunstâncias, poderão prestar depoimento, situação em que não estarão compromissadas.

Malgrado o CPP não traga uma denominação específica para essas testemunhas não compromissadas, a doutrina denomina tais pessoas de **declarantes ou informantes**. Esses declarantes e informantes, salvo nos casos do Júri, não integram o número legal de testemunhas. Para parcela da doutrina, essas pessoas que não prestam compromisso de dizer a verdade não cometeriam falso testemunho. Realizamos acima críticas sobre esse fato, dado o compromisso de dizer a verdade não ser elementar do tipo penal do art. 342 do CP.

O art. 207 do CPP traz o rol das **pessoas que estão proibidas de depor**. São proibidas de depor as pessoas que, em razão de função, **ministério, ofício ou profissão, devam guardar segredos**. São os casos dos padres, pastores, médicos, psicólogos, psiquiatras etc. O sigilo desses fatos incide apenas sobre fatos passados, não valendo para fatos futuros. A única possibilidade de o magistrado ouvir essas pessoas proibidas de depor ocorre se a parte interessada as desobrigar e, mesmo assim, se tais pessoas quiserem. Situação em que poderão depor, inclusive, sob o compromisso de dizer a verdade e pena de falso testemunho.

Em legislações especiais encontramos outras vedações ao depoimento de certas pessoas. O Estatuto da OAB preconiza que os advogados, ainda que autorizados pela parte interessada, podem se recusar a depor. Os deputados e senadores, como aduz o art. 53, § 6º, da CF, não estão obrigados a depor acerca de informações recebidas ou prestadas no exercício do mandato, nem sobre pessoas que lhes confiaram ou deles receberam informações (mas se a informação não foi obtida em virtude do exercício do cargo, volta a existir o dever de depor). Os magistrados e membros do MP estão impedidos de atuar na persecução penal e, simultaneamente, figurar como testemunha. Por fim, o depoimento do corréu sobre fatos que atinjam seu coautor estão protegidos pelo princípio da não autoincriminação.

O momento de se arrolar as testemunhas deve ocorrer na **peça inicial** ou na resposta escrita à acusação, sob pena de preclusão. São as chamadas **testemunhas numerárias**, testemunhas arroladas pelas partes, compromissadas ou que integram o número legal (ALVES, 2021, p. 471).

O número de testemunhas que as partes podem arrolar apresentam limites de acordo com o tipo de procedimento. Inclusive é por isso que são denominadas testemunhas numerárias. A razão de o ordenamento jurídico impor um limite ao número de testemunha fundamenta-se na duração razoável do processo e na gestão do processo penal. Um número ilimitado de testemunhas levaria a uma enorme extensão da instrução, muitas vezes com depoimentos desnecessários, apenas repetindo a oitiva de relatos já devidamente sedimentados por outras testemunhas. Ademais, não impor limite ao número de testemunhas poderia dar azo à indicação de um enorme número de testemunhas com fins meramente protelatórios.

Com isso, o número máximo de testemunhas: no procedimento comum ordinário são 8 testemunhas (art. 401 do CPP); no procedimento comum sumário são 5 testemunhas (art. 532 do CPP); e no procedimento sumaríssimo dos juizados especiais são 3 testemunhas (Lei nº 9.099/1995); primeira fase do procedimento do júri são 8 testemunhas (art. 406, § 3º, do CPP); segunda fase do procedimento do júri são 5 testemunhas (art. 422 do CPP); procedimento da Lei de Drogas são 5 testemunhas (art. 54, III, da Lei nº 11.343/2006); procedimento do processo penal militar são 6 testemunhas (art. 77, *h*, do CPPM).

Atenta-se que, a despeito desse número limite de testemunhas, a critério do juiz poderão ser ouvidas outras testemunhas. São as chamadas **testemunhas extranumerárias** e encontra previsão legal no art. 209, *caput*, do CPP. Segundo o dispositivo, o juiz poderá, de ofício, determinar a oitiva de outras testemunhas. Salienta-se que essas testemunhas são também compromissadas.

A doutrina costuma dividir essas testemunhas extranumerárias, também chamadas de testemunhas do juiz, em **testemunhas referidas** e **testemunhas de beatificação**.

Testemunhas referidas ou referenciais são aquelas pessoas referidas pelas testemunhas numerárias em seus depoimentos. Fica a critério do juiz a sua intimação para oitiva, e tem por objetivo a "busca pela verdade real" (verdade do possível).

Por sua vez, as **testemunhas de beatificação**, também chamadas de **laudadores** ou **testemunhas de canonização**, são aquelas testemunhas que nada sabem sobre os fatos, todavia, vão a juízo falar bem do comportamento e da conduta social do réu. Essas testemunhas de beatificação, com assento no art. 209, § 2º, do CPP, têm importante papel para a fixação da dosimetria da pena na primeira fase, e, de igual modo, auxiliam o espírito do julgador no sopesamento de versões divergentes dos fatos.

Ao lado das testemunhas de beatificação, a doutrina coloca ainda as chamadas testemunhas inócuas. Essas, além de nada saberem sobre os fatos criminosos, também nada sabem da pessoa do criminoso, seja no sentido de poder aferir seu comportamento, temperamento ou conduta social. Não obstante, tanto as **testemunhas inócuas** quanto as **testemunhas meramente de beatificação** não constarão de modo algum no número legal de testemunhas, ainda que arroladas pelas partes na peça inicial, pois nada podem dizer acerca do que interessa à decisão da causa (art. 209, § 2º, do CPP).

Observe-se que essas testemunhas arroladas de ofício pelo juiz devem se dar de modo complementar a atuação das partes, dado o respeito que se deve ter ao sistema acusatório. Devem ter por escopo suprir as omissões sobre o esclarecimento de alguns fatos ou dúvidas que ainda persistam na instrução probatória.

Com a recente redação do art. 3º-A do CPP, dada pela Lei nº 13.964/2019, vozes têm surgido sobre a impossibilidade dessa determinação de oitiva de testemunhas de ofício pelo juiz. Explica-se. Ao dispositivo vedar expressamente a substituição do juiz da atuação probatória do órgão de acusação, teria revogado tacitamente o art. 209 do CPP. No entanto, esse é ainda entendimento minoritário.

A doutrina ainda trabalha com o termo **testemunhas impróprias**, também chamadas de **instrumentárias** ou **fedatárias**. Ao contrário das **testemunhas próprias**, que são aquelas que depõem sobre os fatos delitivos em si ou sobre a pessoa do acusado, as testemunhas impróprias não depõem sobre fatos, mas sim se comprometem opondo suas assinaturas acerca da regularidade formal de determinado ato jurídico por elas presenciado. São exemplos desse tipo de testemunha imprópria ou fedatária no processo penal:

- Art. 6º, V, do CPP, quando duas testemunhas assinam o termo de que tenham ouvido a leitura da oitiva do investigado no inquérito policial.
- Art. 245, § 7º, do CPP, quando na busca e apreensão domiciliar duas testemunhas assinam o auto de formalização da diligência.

- Art. 304, § 2º, do CPP, quando na lavratura do auto de prisão em flagrante delito assinam duas testemunhas de apresentação se não existirem testemunhas presenciais.
- Art. 304, § 3º, do CPP, quando assinam duas testemunhas que ouviram a leitura do auto, na presença do preso que se recusar, não souber ou não puder assinar.

Pode ocorrer muitas vezes de certa pessoa, embora não tenha presenciado os fatos, ou captado qualquer das impressões dele diretamente com um dos seus cinco sentidos, ouvir de alguém, que presenciou os fatos, informações sobre o ocorrido. Essa testemunha, diante do sistema da persuasão racional, é válida e pode ser utilizada pelo juiz na condenação ou absolvição. Não obstante, deve ser vista com cautela, dada sua maior distância com os acontecimentos em si. Na doutrina essa **testemunha de ouvir dizer** é denominada *hearsay testimony*, *hearsay witness*, *hearsay rule*, **testemunha indireta** ou, ainda, **depoimento de** *auditu*.

Jurisprudência destacada

O STJ já decidiu que o testemunho por ouvir dizer (*hearsay rule*), produzido somente na fase inquisitorial, não serve como fundamento exclusivo para a decisão de pronúncia (STJ, REsp nº 1.373.356/BA, *DJe* 28.04.2017, *Info*. nº 603).

Não é cabível a pronúncia fundada exclusivamente em testemunhos indiretos de "ouvir dizer". Muito embora a análise aprofundada dos elementos probatórios seja feita somente pelo Tribunal do Júri, não se pode admitir, em um Estado Democrático de Direito, a pronúncia baseada, exclusivamente, em testemunho indireto (por ouvir dizer) como prova idônea, de *per si*, para submeter alguém a julgamento pelo Tribunal Popular (STJ, 5ª Turma, HC nº 673.138/PE, Rel. Min. Reynaldo Soares da Fonseca, j. 14.09.2021, *Info*. nº 709. No mesmo sentido: STJ, 6ª Turma, REsp nº 1.649.663/MG, Rel. Min. Rogerio Schietti Cruz, j. 14.09.2021).

Em recente julgado, o STJ decidiu que o art. 155 do CPP, ao proibir que a condenação se fundamente apenas em elementos colhidos durante a fase inquisitorial, tem aplicação também para as sentenças proferidas no Júri. As qualificadoras de homicídio fundadas exclusivamente em depoimento indireto (*Hearsay Testimony*) e na fase inquisitorial, violam o art. 155 do CPP, que deve ser aplicado aos veredictos condenatórios do Tribunal do Júri (STJ, 5ª Turma, REsp nº 1.916.733/MG, Rel. Min. Ribeiro Dantas, j. 23.11.2021, *Info*. nº 719).

Os arts. 10 e 14 da Lei nº 12.850/2013 e o art. 53, I, da Lei nº 11.343/2006, respectivamente Lei das Organizações Criminosas e Lei de Tóxicos, trazem a previsão de uma testemunha que se cunhou chamar de **testemunhas da coroa**. Trata-se do **testemunho dos agentes infiltrados**. Esses são policiais disfarçados, inseridos dissimuladamente dentro de uma organização criminosa ou associação para o tráfico, e que acompanham o cometimento de determinado delito. Desse modo, podem ser chamados a testemunhar sobre esses fatos em juízo, sendo, por assim denominados, testemunhas da coroa. O depoimento dessas testemunhas da coroa, todavia, é algo que se deve evitar, para fins de garantir a segurança desses agentes. Deve-se preferir o fornecimento de informações e identificação de outras fontes de provas que por eles possam ser indicadas.

A supracitada Lei de Organizações Criminosas traz também a figura do **testemunho anônimo**. Trata-se da parte que não tem conhecimento dos **dados que qualificam o depoente**. Conforme redação do art. 5º, II, da Lei nº 12.850/2013, o colaborador tem o direito de ter nome, qualificação, imagem e demais informações pessoais preservadas, sendo que a conduta de "revelar a identidade, fotografar ou filmar o colaborador" sem sua prévia autorização por escrito é definida como crime pelo art. 18 da mesma Lei. No afã de conciliar o contraditório e a ampla defesa com esse importante meio especial de investigação, o STF já decidiu que o defensor do corréu tem o direito de conhecer a identidade do colaborador, todavia, deve manter essa informação reservada sem repassá-la aos membros da organização criminosa. Devemos nos lembrar de que o advogado, para além do dever de defender seu cliente, exerce um múnus público, e, conforme o art. 133 da CF, é figura indispensável à administração da justiça.

Observa-se que não se deve confundir o testemunho anônimo, acima mencionado, com o testemunho oculto. São coisas completamente diferentes. Testemunho oculto é aquele em que o depoente não mantém qualquer contato visual com os demais corréus, embora sua identidade seja conhecida.

As testemunhas devem ser ouvidas de *per si*, separadamente, para que não tomem conhecimento do teor do depoimento umas das outras, e assim não se reduza a credibilidade desse meio de prova. O art. 210, parágrafo único, do CPP, determina que seja disponibilizado espaço reservado para a garantia da incomunicabilidade das testemunhas. Nada obstante, caso uma testemunha entre em contato com a outra haverá mera irregularidade e não contaminará em nada o processo.

Adota-se na oitiva das testemunhas o sistema do *cross examination*, na forma do art. 212, *caput*, do CPP, as perguntas serão formuladas às testemunhas diretamente pelas partes, com a fiscalização constante do juiz, que poderá indeferir aquelas que puderem induzir a resposta, não tiverem relação com a causa ou importarem na repetição de outra já respondida, o que constará do termo de audiência.

As perguntas são feitas em certa ordem. Primeiro são feitas pela parte que as arrolou (*direct examination*), depois as perguntas serão formuladas pela parte contrária (*cross examination*). A adoção dos sistemas do *direct examination* e do *cross examination* no depoimento das testemunhas decreta a extinção do sistema presidencialista, que só viceja ainda no nosso ordenamento para as partes no que tange ao interrogatório (ALVES, 2021, p. 477).

Salienta-se que no Tribunal do Júri, os jurados não podem fazer perguntas diretamente ao ofendido e às testemunhas, vigorando também aí o sistema presidencialista.

Continuando, após as perguntas diretas pelas partes é que o juiz poderá formular as suas perguntas complementares. Contudo, a inversão dessa ordem de perguntas, segundo posicionamento do STJ, caracteriza nulidade meramente relativa, a ser demonstrado prejuízo (HC nº 144.909/PE, j. 04.02.2010).

Como se posicionou o STF no HC nº 111.815, essa ordem de perguntas acima descrita (*cross examination* e *direct examination*) consagra o sistema acusatório de colheita de prova testemunhal, já que deixa, sobretudo, a cargo das partes a colheita da prova.

O depoimento da testemunha deve sempre respeitar o princípio da oralidade, sendo **sempre oral**. A testemunha poderá, na forma do art. 204 do CPP, **consultar breves apontamentos escritos** (por exemplo, hora, data ou endereço do ocorrido), mas não poderá trazer seu depoimento por escrito. Excepcionalmente, conforme encontra-se no *Informativo* nº 431, o STJ já admitiu a possibilidade de a vítima de crime contra a dignidade sexual, menor de idade, dado seu abalo psicológico, prestar depoimento por escrito, o que deverá ser confeccionado na audiência de instrução e julgamento, na presença do juiz.

A testemunha em seu depoimento não deve apresentar suas impressões pessoais, o que deve ser coibido pelo juiz (art. 213 do CPP), salvo quando inseparáveis da narrativa dos fatos. Por impressões pessoais entendem-se comentários subjetivos sobre a pessoa do criminoso ou aos fatos que não se relacionam a mera descrição de como esses aconteceram.

Como determina o art. 215 do CPP, o juiz deve sempre transcrever da forma mais fidedigna possível o depoimento das testemunhas, reproduzindo suas palavras, as expressões por ela utilizadas, os erros de português (que devem ser incluídos por aspas), regionalismos etc.

O depoimento da testemunha será reduzido a termo, assinado por ela, pelo juiz e pelas partes. Sempre que possível o registro deve ser feito pelos meios ou recursos de gravação magnética, estenotipia, digital, ou técnica similar, inclusive audiovisual (art. 405, § 1º, do CPP). Não sabendo ou não podendo a testemunha assinar, pedirá alguém que o faça por ela, depois de lido na presença de ambos (art. 216 do CPP). Se a testemunha não conhecer a língua nacional, será nomeado intérprete para traduzir as perguntas e respostas, não podendo o juiz, mesmo conhecendo a língua estrangeira, suprimir esse intérprete. Aos surdos e mudos, as perguntas serão realizadas por escritos e as respostas orais ou vice-versa, da mesma forma como se mencionou acima para o interrogatório.

As pessoas impossibilitadas de comparecerem para depor, por velhice ou enfermidade, podem ser ouvidas no local em que se encontram. Se a testemunha houver de se ausentar, ou, nos casos de enfermidade ou velhice, se inspirar receio de que ao tempo da instrução criminal não mais exista, poderá o juiz de ofício ou a requerimento das partes tomar-lhe o depoimento antecipado.

O art. 217, como já mencionado acima no interrogatório, estabelece a inquirição de testemunha ou do ofendido por videoconferência, caso o juiz perceba que a presença do réu possa causar humilhação, temor ou sério constrangimento àqueles, prejudicando a verdade do depoimento. Apenas se não for possível o depoimento por videoconferência é que se deve determinar a retirada do réu da sala de audiências, devendo o defensor continuar acompanhando o ato.

Com a redação dada pela Lei nº 11.900/2009 ao art. 222, § 3º, do CPP, restou esvaziada a figura da **carta precatória**, pois é possível a oitiva de pessoas que residam fora do juízo por videoconferência. A carta precatória é um documento do juiz da causa direcionado ao juiz do local onde a testemunha se encontra. Ocorre nos casos em que a testemunha resida fora da jurisdição do juiz da causa. Deve ser expedida com prazo razoável e não suspenderá o curso do processo, embora não seja possível ao juiz julgar o feito antes de findo o prazo fixado para sua colheita. A qualquer tempo, todavia, será juntada aos autos.

Como mencionado alhures, as partes serão intimadas apenas acerca da expedição da carta precatória, não sendo obrigatória a intimação pelo juízo deprecado da data da realização da oitiva da testemunha, devendo o advogado acompanhar tal designação por meio da imprensa oficial (Súmulas nº 155 do STF e nº 273 do STJ). A presença do réu no depoimento da testemunha no juízo deprecado é facultativa. Mesma coisa não se pode dizer de seu defensor. Caso este não compareça, será nomeado defensor *ad hoc* para acompanhar o ato.

A doutrina cunhou o nome de **prova fora da terra** para se referir àquela produzida fora do juízo em que tramita o feito no qual ela será utilizada. Exemplo clássico dessa **prova fora da terra** é a carta precatória. Não há ofensa nessas provas ao princípio da identidade física do juiz, caso estejam previstas no próprio ordenamento jurídico como no caso da carta precatória ou rogatória.

Aliás, conforme redação dada pela Lei nº 11.900/2009 ao art. 222-A do CPP, a **carta rogatória**, que é aquela direcionada ao juízo de outro Estado soberano, agora somente será expedida se demonstrada previamente a sua imprescindibilidade, arcando a parte requerente com os custos do envio, já que é possível a colheita do depoimento da testemunha por meio virtual.

Interessante questão diz respeito à **substituição das testemunhas** no processo penal. Os dispositivos que previam essa possibilidade, arts. 397 e 405 do CPP, foram alterados pela Lei nº 11.719/2008. Desse modo passou a inexistir previsão no CPP para a referida substituição de testemunhas.

No entanto, o art. 408 do CPC/1973 e o art. 451 do CPC/2015 permitem essa substituição de testemunhas. Destarte, esses dispositivos legais, consoante doutrina e jurisprudência pacíficas (*Informativo* do STF nº 764), são autorizados por aplicação analógica ao processo penal, com força inclusive no art. 3º do CPP.

Contudo, essa **substituição somente poderá ser feita se a parte agiu de boa-fé**, não utilizando desse expediente para arrolar testemunhas inexistentes e procrastinar o feito. O STF firmou entendimento de que, operada a preclusão consumativa de pretensão probatória com a apresentação do rol de testemunhas, a sua posterior substituição só é permitida nos casos de **não localização, falecimento ou enfermidade** que inviabilize o depoimento.

Caso a testemunha, devidamente intimada, não compareça, sem justificativa, à audiência de instrução e julgamento, o juiz pode requisitar à autoridade policial a sua apresentação ou determinar que seja conduzida pelo oficial de justiça, com o auxílio de força pública caso necessário. Situações que se denominam **condução coercitiva**. Além da condução coercitiva, a testemunha faltante está sujeita à multa prevista no art. 458 c/c art. 436, § 2º, do CPP, perfeita no valor de 1 (um) a 10 (dez) salários mínimos, bem como às custas de diligência e ao crime de desobediência (art. 219 do CPP).

Qualquer testemunha deve comunicar ao juízo, no prazo de um ano, a mudança de residência, sujeitando-se, pela simples omissão, a todas essas penas do não comparecimento. Conforme se depreende do próprio art. 222 do CPP, a testemunha não está obrigada a comparecer ao juízo situado em local em que não reside, para esses casos será ela ouvida por carta precatória ou videoconferência.

O art. 221 do CPP traz a previsão de certa prerrogativa de algumas autoridades públicas, quando necessitem prestar depoimento na qualidade de testemunha, de serem ouvidas em dia, local e horário previamente ajustados com o juiz. Essas autoridades são: o Presidente e o Vice-Presidente da República; os Senadores e Deputados Federais; os Ministros de Estado; os Governadores de Estados e Territórios; os Secretários de Estado; os Prefeitos do Distrito Federal e dos Municípios; os Deputados às Assembleias Legislativas Estaduais; os membros do Poder Judiciário; os Ministros e Juízes dos Tribunais de Contas da União, dos Estados, do Distrito Federal; bem como os do Tribunal Marítimo.

Salienta-se que, como exceção à oralidade do depoimento das testemunhas, o Presidente e o Vice-Presidente da República, os presidentes do Senado Federal, da Câmara dos Deputados e do Supremo Tribunal Federal **poderão optar pela prestação de depoimento por escrito**, caso em que as perguntas, formuladas pelas partes e deferidas pelo juiz, ser-lhes-ão transmitidas por ofício. Não se deve confundir esse rol das pessoas que podem prestar depoimento por escrito com o abrangente rol das pessoas que podem ajustar dia e hora para seu depoimento.

Essas prerrogativas alhures mencionadas, na dicção do STJ, não assistem a essas mesmas autoridades caso elas estejam na condição de investigados ou acusados (*Informativo* nº 547).

Consoante o art. 221, §§ 2º e 3º, do CPP, o **militar** deverá ser requisitado à autoridade superior e o **funcionário público** deverá ser intimado por mandado devidamente comunicado ao chefe da repartição pública onde ele exerce suas funções.

O art. 214 do CPP traz a possibilidade do chamado **contradita de testemunha**. A parte pode contraditar a testemunha, ou seja, pugnar pelo repúdio ao seu depoimento, no caso de circunstâncias ou defeitos que tornem a testemunha suspeita de parcialidade ou indigna de fé. A prova dos requisitos da contradita deve ser feita imediatamente após a qualificação da testemunha contraditada. Feita a contradita, o juiz deverá ouvir a parte contrária e a testemunha, proferindo julgamento e decidindo se excluirá a testemunha ou irá ouvi-la sem o compromisso de dizer a verdade.

Ocorrendo dúvidas sobre a identidade da testemunha, o juiz procederá à verificação pelos meios a seu alcance, podendo tomar-lhe o depoimento desde logo (art. 205 do CPP).

A Lei nº 9.807/1999 introduziu ao ordenamento jurídico um **regime de proteção à testemunha**. Esse sistema de proteção às testemunhas outorga diversos direitos às testemunhas que possam correr risco de vida ou a sua integridade física, desde proteção policial do Estado, mudança de identidade, depoimento antecipado etc. Texto de Lei que merece ser lido na íntegra.

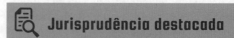

Jurisprudência destacada

Não cabe ao juiz, na audiência de instrução e julgamento de processo penal, iniciar a inquirição de testemunha, cabendo-lhe, apenas, complementar a inquirição sobre os pontos não esclarecidos (STF, 1ª Turma, HC nº 187.035/SP, Rel. Min. Marco Aurélio, j. 06.04.2021, *Info*. nº 1.012).

8.8.7 Do reconhecimento de pessoas e coisas

Procedimento voltado para a identificação de coisas ou pessoas envolvidas no fato delituoso, importantes para a apuração da existência e responsabilidade do crime.

O reconhecimento de pessoas aplica-se não só à identificação do suposto autor do crime, mas de igual modo ao reconhecimento de testemunhas e até mesmo do ofendido. Tem previsão no art. 226 do CPP, e pode ser feita tanto na fase policial como na fase judicial.

O reconhecimento de pessoas não se volta apenas à identificação visual. O denominado no âmbito policial **clichê fônico** é procedimento voltado para se referir ao reconhecimento fonográfico do agente delitivo. É o reconhecimento do investigado ou acusado por meio de sua voz, observando-se as peculiaridades dela, como timbre, pronúncia, regionalismos etc. Não se confunde com o exame pericial no qual o perito irá atestar a autenticidade da voz (ALVES, 2021, p. 480).

Na forma do CPP, o procedimento de reconhecimento de pessoas ou coisas dá-se primeiramente descrevendo a pessoa ou objeto e, em segundo momento, colocando as pessoas ou coisas lado a lado de outras com características semelhantes para ser feita a identificação. Se forem várias as pessoas que irão realizar a identificação, cada uma deverá ser feita em apartado. De tudo deverá ser lavrado termo para juntada aos autos.

O art. 226, III, do CPP, preconiza que uma parte não veja a outra em caso de aquela estar com receio da presença desta. Todavia, em respeito à ampla defesa, contraditório e publicidade, referida disposição normativa não pode se aplicar em juízo ou em Plenário do Júri (art. 226, parágrafo único, do CPP).

O STF admite o reconhecimento de pessoas ou coisas por meio fotográfico (HC nº 74.267-0, *DJ* 28.02.1997). Nessa linha, a doutrina admite também o reconhecimento de pessoas por meio de vídeos e pela voz (clichê fônico).

No HC nº 598.886/SC, j. 27.10.2020, o STJ, mudando entendimento, decidiu que o reconhecimento por fotografia não poderia embasar uma condenação. Segundo o STJ, as premissas objetivas do art. 226 do CPP, que regulam o reconhecimento de pessoas, não são mera recomendação do legislador, senão normas de cumprimento obrigatório. Destarte, o reconhecimento por fotografia deve ser entendido apenas como um início de produção do reconhecimento de pessoas, e não um fim em si mesmo.

Cumpre mencionar que não se admite como meio de prova o **retrato falado**. Este serve apenas como instrumento de auxílio às investigações.

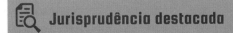

Jurisprudência destacada

O art. 226 do CPP estabelece formalidades para o reconhecimento de pessoas (reconhecimento pessoal). O descumprimento dessas formalidades enseja a nulidade do reconhecimento.

O reconhecimento (fotográfico ou presencial) efetuado pela vítima, em sede inquisitorial, não constitui evidência segura da autoria do delito, dada a falibilidade da memória humana, que se sujeita aos efeitos tanto do esquecimento, quanto de emoções e de sugestões vindas de outras pessoas que podem gerar "falsas memórias", além da influência decorrente de fatores, como, por exemplo, o tempo em que a vítima esteve exposta ao delito e ao agressor; o trauma gerado pela gravidade do fato; o tempo decorrido entre o contato com o autor do delito e a realização do reconhecimento; as condições ambientais (tais como visibilidade do local no momento dos fatos); estereótipos culturais (como cor, classe social, sexo, etnia etc.).

Diante da falibilidade da memória seja da vítima seja da testemunha de um delito, tanto o reconhecimento fotográfico quanto o reconhecimento presencial de pessoas efetuado em sede inquisitorial devem seguir os procedimentos descritos no art. 226 do CPP, de maneira a assegurar a melhor acuidade possível na identificação realizada.

Tendo em conta a ressalva, contida no inciso II do art. 226 do CPP, a colocação de pessoas semelhantes ao lado do suspeito será feita sempre que possível, devendo a impossibilidade ser devidamente justificada, sob pena de invalidade do ato.

O reconhecimento fotográfico serve como prova apenas inicial e deve ser ratificado por reconhecimento presencial, assim que possível. E, no caso de uma ou ambas as formas de reconhecimento terem sido efetuadas, em sede inquisitorial, sem a observância (parcial ou total) dos preceitos do art. 226 do CPP e sem justificativa idônea para o descumprimento do rito processual, ainda que confirmado em juízo, o reconhecimento falho se revelará incapaz de permitir a condenação, como regra objetiva e de critério de prova, sem corroboração do restante do conjunto probatório, produzido na fase judicial (STJ, 5ª Turma, HC nº 652.284/SC, Rel. Min. Reynaldo Soares da Fonseca, j. 27.04.2021).

O descumprimento das formalidades exigidas para o reconhecimento de pessoas (art. 226 do CPP) gera a nulidade do ato; o réu condenado será absolvido, salvo se houver provas da autoria que sejam independentes. A desconformidade ao regime procedimental determinado no art. 226 do CPP deve acarretar a nulidade do ato e sua desconsideração para fins decisórios, justificando-se eventual condenação somente se houver elementos independentes para superar a presunção de inocência (STF, 2ª Turma, RHC nº 206.846/SP, Rel. Min. Gilmar Mendes, j. 22.02.2022, *Info.* nº 1.045).

É inválido o reconhecimento pessoal realizado em desacordo com o modelo do art. 226 do CPP, o que implica a impossibilidade de seu uso para lastrear juízo de certeza da autoria do crime, mesmo que de forma suplementar. Em recente caso julgado pelo STJ, o réu havia sido condenado, exclusivamente, com base em reconhecimento fotográfico realizado pela vítima e sem que nenhuma outra prova (apreensão de bens em seu poder, confissão, relatos indiretos etc.) autorizasse o juízo condenatório. Além disso, a autoridade policial induziu a vítima a realizar o reconhecimento – tornando-o viciado – ao submeter-lhe uma foto do paciente e do comparsa (adolescente), de modo a reforçar sua crença de que teriam sido eles os autores do roubo. Tal comportamento, por óbvio, acabou por comprometer a mínima aproveitabilidade desse reconhecimento. Estudos sobre a epistemologia jurídica e a psicologia do testemunho alertam que é contraindicado o *show-up* (conduta que consiste em exibir apenas a pessoa suspeita, ou sua fotografia, e solicitar que a vítima ou a testemunha reconheça se essa pessoa suspeita é, ou não, autora do crime), por incrementar o risco de falso reconhecimento. O maior problema dessa dinâmica adotada pela autoridade policial está no seu efeito indutor, porquanto se estabelece uma percepção precedente, ou seja, um pré-juízo acerca de quem seria o autor do crime, que acaba por contaminar e comprometer a memória.

Ademais, uma vez que a testemunha ou a vítima reconhece alguém como o autor do delito, há tendência, por um viés de confirmação, a repetir a mesma resposta em reconhecimentos futuros, pois sua memória estará mais ativa e predisposta a tanto (STJ, 6ª Turma, HC nº 712.781/RJ, Rel. Min. Rogerio Schietti Cruz, j. 15.03.2022, *Info.* nº 730).

8.8.8 Acareação

Com previsão no art. 229 do CPP, a acareação é um meio de prova utilizado para quando houver divergências entre as declarações de testemunhas, acusados ou ofendidos. Parte da confrontação, em depoimento, entre qualquer dessas pessoas, tem por objetivo verificar qual a versão melhor representa a verdade dos fatos.

Na acareação, os acareados são perguntados para que expliquem os pontos de divergência das declarações já anteriormente prestadas, reduzindo-se a termo. Pode ser feita tanto na fase policial quanto judicial, de ofício ou por provocação. Salienta-se que o agente delitivo pratica o ato se quiser, bem como pode se valer do direito ao silêncio nele, dado o princípio de que ninguém pode ser obrigado a produzir prova contra si mesmo.

> **Decifrando a prova**
>
> **(2021 – FCC – DPE/AM – Defensor Público)** Sobre as provas no processo penal, é correto:
> A) O interrogatório do réu é ato único, não podendo ser renovado pelo magistrado de ofício ou a pedido das partes.
> B) A confissão informal realizada perante os agentes da lei é suficiente a ensejar o desfecho condenatório.
> C) A acareação é admitida entre acusado e vítima, mas é vedada entre corréus, diante da não obrigação destes em dizer a verdade.
> D) O juiz negará a realização do exame de corpo de delito requerida pela parte quando não for necessária ao esclarecimento da verdade.
> E) A busca pessoal não dependerá de mandado quando a medida for determinada no curso de busca e apreensão domiciliar.
> **Gabarito comentado:** de acordo com o art. 244 do CPP, a letra E é o gabarito.

8.8.9 Documentos

Por **documento** entende-se qualquer escrito, instrumento ou papel, público ou particular. Na forma do art. 232, parágrafo único, do CPP, à fotografia de documento, devidamente autenticada, dar-se-á o mesmo valor da original.

São, assim, considerados documentos desenhos, fotos, gráficos, *e-mails* etc.

Será sempre possível a juntada de documentos no processo penal em qualquer fase, desde que submetidos ao contraditório. Exceção a isso ocorre no procedimento do Tribunal do Júri, no qual não é admitida a utilização de documento em plenário, se não tiver sido apresentado com a antecedência mínima de três dias, dando-se ciência a outra parte. Na mesma linha é que não se admite a leitura de jornais, ou qualquer outro escrito, bem como a exibição de vídeos, gravações, fotografias laudos, croqui ou qualquer outro assemelhado, cuja matéria versar sobre fato submetido à apreciação e julgamento dos jurados, salvo se já constar anteriormente nos autos ou não versar sobre a matéria discutida em juízo.

Os documentos anônimos também serão admitidos em juízo, a exemplo de uma carta anônima, desde que não sejam falsos ou não tenham origem ilícita.

As cartas particulares podem ser exibidas em juízo pelo respectivo destinatário para a defesa de direito seu, ainda que não haja consentimento do signatário (art. 233, parágrafo único, do CPP).

Consoante o art. 234 do CPP, é permitido ao juiz requisitar, de ofício, documento cuja existência tenha chegado ao seu conhecimento, quando necessário para resolver dúvida sobre ponto relevante.

Os documentos particulares só terão sua letra e firmas submetidas a exame pericial se contestada a sua autenticidade. As públicas-formas, que são cópias de escritos avulsos extraídos por oficial público, só terão valor quando conferidas com o original, em presença da autoridade (art. 237 do CPP).

Com fincas no art. 238 do CPP, os documentos originais, juntos a processos findos, quando não exista motivo relevante que justifique a sua conservação nos autos, poderão, mediante requerimento, e ouvido o Ministério Público, ser entregues à parte que os produziu, ficando traslado nos autos.

8.8.10 Indícios

A expressão indício vem expressa no art. 239 do CPP. Segundo o dispositivo, considera-se indício a circunstância conhecida e provada, que, tendo relação com o fato, autorize por indução concluir-se a existência de outra ou outras circunstâncias.

Dado o processo de indução que leva a uma prova indiciária, exige-se que o magistrado se utilize das regras da experiência. Exemplo de indícios é o álibi.

Os indícios podem ser utilizados como prova para a condenação, pois são meios de prova como qualquer outro.

8.8.11 Busca e apreensão

Com previsão entre os arts. 240 a 250 do CPP, a busca e apreensão é um meio de prova cautelar, já que visa o "acautelamento do material probatório, de coisa, de animais e até de pessoas, que não estejam ao alcance espontâneo da justiça" (PACELLI, 2008, p. 369).

Divide-se em **busca e apreensão pessoal** e **busca e apreensão domiciliar**. É um meio de prova típico que encontra previsão respectivamente: arts. 240, § 2º, e 244 do CPP (pessoal); art. 240, § 1º, do CPP (domiciliar).

Por ser um meio de prova que em qualquer de suas modalidades implica restrição a direitos fundamentais, seja no aspecto da inviolabilidade pessoal, seja no aspecto da inviolabilidade domiciliar, perfaz-se em um meio de prova excepcional, que implica fundadas razões quanto à necessidade e urgência.

A grande diferença, todavia, da busca e apreensão pessoal da domiciliar viceja na inviolabilidade domiciliar com assento no art. 5º, XI, da CF. Na forma do dispositivo Constitucional, "a casa é asilo inviolável do indivíduo, ninguém nela podendo penetrar sem consentimento do morador, salvo em caso de flagrante delito ou desastre, ou para prestar socorro, ou, **durante o dia, por determinação judicial**". O conceito de casa pode ser extraído do art. 150, § 4º, do CP.

Destarte, conforme expresso no art. 244 do CPP, a **busca e apreensão pessoal** não **exige mandado judicial, nem se limita a diligência a qualquer hora do dia**. Fundamenta-se no poder discricionário da autoridade policial, seja policial militar, civil, federal ou penal. Discricionariedade, contudo, regrada, haja vista que se fundamenta na fundada suspeita de que a pessoa esteja na posse de arma proibida, objetos ou papéis que constituam corpo de delito.

Nesse ponto cumpre salientar que a busca pessoal só pode ser realizada por autoridade do Estado, investida de poder de polícia para tanto. Como julgou o STJ, a revista pessoal realizada por agente de segurança privada é conduta ilícita, bem como as provas dela obtidas também são ilícitas. O agente objeto da revista pessoal, nesses casos, não tem a obrigação de sujeitar-se a ela, ante a inexistência de disposição legal autorizadora desse ato, o que representa inequívoco constrangimento ilegal. No caso, o STJ julgou uma abordagem realizada por integrantes da segurança da Companhia Paulista de Trens Metropolitanos (CPTM), reconhecendo a ilicitude da abordagem e das provas obtidas (*Informativo* nº 651).

A doutrina (LIMA, 2019, p. 758) diferencia, no entanto, a **busca pessoal por razões de segurança** da **busca pessoal de natureza processual penal**. Enquanto esta última é a regulamentada pelo CPP para fins de investigação criminal, a primeira trata daquela revista realizada por seguranças particulares em **festas, boates, aeroportos** etc. Entende-se que esta revista tem **caráter contratual**, de modo que, se a pessoa não quiser se submeter a ela, não poderá se valer do serviço ofertado pelo estabelecimento nem tampouco frequentá-lo. Não obstante, essa revista deve ser executada de maneira razoável, sem expor as pessoas a constrangimento ou humilhação, sob pena de constrangimento ilegal ou crime mais grave (como no caso de um homem revistar uma mulher em uma boate tocando suas partes íntimas).

Observa-se que a busca e apreensão pessoal, ao ponto em que objetiva a apreensão de armas, é importante medida a ser adotada pelas autoridades policiais no momento da prisão. Isso para a segurança das autoridades policiais, de terceiros e do próprio investigado, que pode sacar de arma de fogo ou elemento cortante no momento da prisão e sua condução.

No entanto, nos demais casos, consoante se pode depreender das decisões dos Tribunais Superiores, a busca e apreensão pessoais exigem uma fundada suspeita com base em evidências concretas. Desse modo, já julgou o STJ que, a busca íntima, realizada em mulher com base unicamente em denúncia anônima de tentar entrar com drogas em presídio, sem diligências prévias para se averiguar a veracidade, enseja a ilicitude das provas obtidas e do flagrante realizado (*Informativo* nº 659).

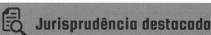

Sobre a revista pessoal preconizada no art. 244 do CPP e bastante utilizada pelas forças policiais, em especial pelas polícias militares na função constitucional de policiamento preventivo e repressão imediata, os Tribunais Superiores têm trazido constantes restrições sobre a discricionariedade de sua implementação. Fomentando uma verdadeira discricionariedade regrada

> sobre o instituto. Recentemente decidiu o STJ que policiais não podem fazer a revista pessoal unicamente pelo fato de acharem que o suspeito demonstrou nervosismo ao avistá-los. De acordo com o art. 244 do CPP, a execução da busca pessoal sem mandado, como medida autônoma, depende da presença de fundada suspeita da posse de objetos que constituam corpo de delito. Como a lei exige fundada suspeita, não é suficiente a mera conjectura ou desconfiança.
>
> Assim, não é possível realizar busca pessoal apenas com base no fato de que o acusado, que estava em local conhecido como ponto de venda drogas, ao avistar a viatura policial, demonstrou nervosismo. A percepção de nervosismo por parte de agentes públicos é dotada de excesso de subjetivismo e, por isso, não é suficiente para caracterizar a fundada suspeita para fins de busca pessoal (STJ, 6ª Turma, REsp nº 1.961.459/SP, Rel. Min. Laurita Vaz, j. 05.04.2022, *Info.* nº 732).

O art. 249 do CPP determina que a busca em mulher será feita por outra mulher, se não importar em retardamento ou prejuízo da diligência.

No *Informativo* nº 933 do STF, decidiu a Suprema Corte que as crianças e adolescentes do sexo feminino vítimas de violência deverão ser obrigatoriamente examinadas por legista mulher, desde que não importe retardamento ou prejuízo à diligência.

A busca e apreensão domiciliar, por seu turno, acha-se sujeita à **cláusula de reserva constitucional de jurisdição**. Nesse espeque, por força do art. 5º, XI, da CF, só pode ser deferida com base em ordem judicial, fundamentada e escrita. A previsão do art. 241 do CPP, segundo a qual se dispensaria mandado judicial caso a diligência fosse cumprida por autoridade policial, não foi recepcionada nesse ponto pela Constituição de 1988.

Em virtude dessa reserva constitucional de jurisdição, não se admite também a efetivação da medida, por conta própria, por **Comissão Parlamentar de Inquérito**, a despeito dos poderes de investigação próprios das autoridades judiciárias, a elas outorgadas pela Constituição. Deve a CPI, ou, até mesmo, a condução de investigação pelo Ministério Público, se sujeitar ao mandado judicial de busca e apreensão domiciliar caso almeje a diligência.

A medida gira em torno da inviolabilidade da residência. Nesse diapasão o STJ decidiu que não há nulidade na busca e apreensão efetuadas por policiais, sem prévio mandado judicial, em apartamento que não revela sinais de habitação, nem mesmo de forma transitória ou eventual, se a aparente ausência de residentes no local se alia à fundada suspeita de que o imóvel é utilizado para a prática de crime permanente (*Informativo* nº 678).

Interessante questão trata das situações em que policiais, diante de flagrante delito (o que lhes permite entrar sem mandado judicial no domicílio), se deparam com provas de crime no seu interior. A **teoria dos campos abertos** ou **teoria da primeira vista** (*plain view doctrine*), postula que, na hipótese de uma prova se encontrar à vista da autoridade competente para a sua colheita, dispensa-se a necessidade de mandado judicial para a sua produção. O mandado de busca e apreensão pode, assim, ser dispensado, nos casos em que um agente policial se encontre, legalmente, em posição na qual ele pode perceber, com qualquer um dos seus cinco sentidos, determinado objeto, sendo o caráter incriminador deste objeto imediatamente aparente. Todavia, exige-se que além de o **objeto estar exposto**, não haja qualquer **expectativa legítima de privacidade** na situação. Como exemplo é o que ocorre quando um policial sente o cheiro de "maconha" sendo queimada, ou apreende uma arma de fogo ao ouvir o estampido (ALVES, 2021, p. 487).

Conforme o *Informativo* nº 908 do STF, a **busca e apreensão domiciliar de autoridade com prerrogativa de foro** enseja mandado judicial proferido pelo juízo do foro privilegiado, sob pena de inutilização e desentranhamento dos autos de todas as provas obtidas por meio da referida diligência.

Prevê o art. 242 do CPP que a ordem judicial pode ser expedida de ofício ou a requerimento das partes. O art. 240, § 1º, do CPP, por sua vez, traz as hipóteses de cabimento da busca e apreensão domiciliar em rol meramente exemplificativo.

O mandado de busca e apreensão **não pode ser genérico**, como a ordem para se buscar todas as casas de uma favela ou rua. Por outro lado, já entendeu o STF, no RHC nº 117.767, que um só mandado de busca e apreensão domiciliar pode ser usado em duas oportunidades distintas, desde que dentro de um lapso temporal razoável.

Doutrina destacada

Fishing expedition consiste em "uma investigação especulativa indiscriminada, sem objetivo certo ou declarado, que 'lança' suas redes com a esperança de 'pescar' qualquer prova, para subsidiar uma futura acusação. Ou seja, é uma investigação prévia, realizada de maneira muito ampla e genérica para buscar evidências sobre a prática de futuros crimes. Como consequência, não pode ser aceita no ordenamento jurídico brasileiro, sob pena de malferimento das balizas de um processo penal democrático de índole Constitucional" (MELO E SILVA, 2017).

Nas palavras do Min. Gilmar Mendes, a prática da *fishing expedition* consiste em "investigações genéricas para buscar elementos incriminatórios aleatoriamente, sem qualquer embasamento prévio" (HC nº 163.461).

Assim, as *fishing expeditions* são "investigações meramente especulativas ou randômicas, de caráter exploratório, também conhecidas como diligências de prospecção, simplesmente vedadas pelo ordenamento jurídico brasileiro" (Min. Celso de Mello, RE nº 1.055.941/SP).

Na doutrina alemã, Bernd Schunemann chama de "efeito hidra", consistente na busca permanentemente ampliada (estendida) e com isso invasiva, com a finalidade de alcançar vestígios de fatos que inclusive se desconhece (SCHÜNEMANN, 2005, p. 33, apud ROSA; MENDES (s.d.)).

 Jurisprudência destacada

Além de violar prerrogativas da advocacia, a deflagração de amplas, inespecíficas e desarrazoadas medidas de busca e apreensão em desfavor de advogados pode evidenciar a prática de *fishing expedition* (STF, 2ª Turma, Rcl nº 43.479/RJ, Rel. Min. Gilmar Mendes, j. 10.08.2021, Info. nº 1.025).

> Se a polícia entra na residência especificamente para efetuar uma prisão, ela não pode vasculhar indistintamente o interior da casa porque isso seria "pescaria probatória", com desvio de finalidade. Admitir a entrada na residência especificamente para efetuar uma prisão não significa conceder um salvo-conduto para que todo o seu interior seja vasculhado indistintamente, em verdadeira pescaria probatória (*fishing expedition*), sob pena de nulidade das provas colhidas por desvio de finalidade (STJ, 6ª Turma, HC nº 663.055/MT, Rel. Min. Rogerio Schietti Cruz, j. 22.03.2022, *Info*. nº 731).

Como determinado no dispositivo constitucional supracitado, a busca domiciliar deve ser executada de dia, salvo se o morador decidir que deva ser realizada durante a noite. Ademais, havendo o consentimento do morador, sequer se fará preciso a ordem judicial de busca e apreensão.

Sobre a expressão "dia" sempre houve certa divergência sobre qual o período seria compreendido na expressão. Para uns, seria entre o alvorecer e anoitecer, para outros, entre as 6h e as 18h. Todavia, com a recente tipificação da Lei de Abuso de Autoridade, Lei nº 13.869/2019, à conduta descrita em seu art. 22, § 1º, III, de quem cumpre este mandado após as 21h ou antes das 5h, passou-se a entender como a expressão dia, para o cumprimento do mandado de busca domiciliar, o referido período. Adotou a lei o critério de que a expressão dia deve ser compreendido no período usualmente de descanso das pessoas, que perfaz em geral esse horário.

Na execução do mandado, o agente deverá lê-lo ao morador ou a quem o represente, intimando-o, em seguida, a abrir a porta. Havendo desobediência, será a entrada forçada com o arrombamento da porta. A força de igual modo pode ser utilizada contra coisas existentes na casa que estejam a obstaculizar o que se procura.

Não havendo morador na residência, o vizinho será intimado a acompanhar o ato, procedendo-se ao arrombamento. De toda sorte, a medida deve ser realizada com urbanidade, de modo que não moleste os moradores mais do que o necessário.

Conforme disposição do **Estatuto da OAB, art. 7º**, e do **art. 243, § 2º, do CPP**, não é possível a **apreensão de documentos em poder do defensor**, salvo quando constituir elemento do corpo de delito. Garante-se a inviolabilidade do escritório do advogado ou de seu local de trabalho, bem como de seus instrumentos de trabalho, correspondência escrita, eletrônica, telefônica e telemática, desde que relativas ao exercício da advocacia. Inviolabilidade essa que não se aplica no caso de haver indícios de autoria e materialidade da prática de crime por parte do advogado.

Já decidiu o STJ, *Informativo* nº 557, pela licitude de apreensão de drogas e armas de fogo em escritório de advocacia, em tese, pertencentes a advogado.

No Inquérito nº 2.424, foi autorizado judicialmente o ingresso sigiloso em escritório de advocacia, inclusive no período noturno, com fim de registro de informações úteis e instalação de equipamento de captação ambiental. O STF entendeu que a medida não implicaria ofensa ao direito fundamental ao domicílio, tendo em vista a suspeita grave da prática de crime por advogado, no escritório, sob pretexto da profissão. Percebe-se que, nessa decisão, o STF, sem se valer da noviça expressão outorgada pelo Pacote Anticrime, validou o denominado **Mandado de "Busca Exploratória"**.

Por fim, salienta-se que a nova medida investigatória trazida pelo Pacote Anticrime embora se pareça com a busca e apreensão domiciliar com ela não deve se confundir. Trata-se da **busca exploratória**. A busca exploratória é a permissão conferida, por meio de ordem judicial, a agentes policiais ou executores para realizarem diligência sem qualquer arrecadação ou apreensão de elementos informativos considerados pertinentes para as investigações. Ela almeja exclusivamente efetuar o registro de elementos ambientais ou promover a instalação de equipamentos de captação ambiental, de forma discreta. Ao contrário do art. 245 do CPP, que regula a busca domiciliar, a busca exploratória deve ser sigilosa, não atendendo ao que determina o dispositivo do CPP que impõe a intimação do morador do teor do mandado judicial.

Jurisprudência destacada

É válida, com base na teoria da aparência, a autorização expressa para que os policiais fizessem a busca e apreensão na sede de empresa investigada, autorização essa dada por pessoa que, embora tenha deixado de ser sócia formal, continuou assinando documentos como representante da empresa.

Embora tal teoria tenha encontrado maior amplitude de aplicação jurisprudencial na seara civil, processual civil e no CDC, nada há que impeça sua aplicação também na seara penal (STJ, 5ª Turma, RMS nº 57.740/PE, Rel. Min. Reynaldo Soares da Fonseca, j. 23.03.2021, *Info.* nº 690).

A prova da legalidade e da voluntariedade do consentimento para o ingresso na residência do suspeito incumbe, em caso de dúvida, ao Estado, e deve ser feita com declaração assinada pela pessoa que autorizou o ingresso domiciliar, indicando-se, sempre que possível, testemunhas do ato. Em todo caso, a operação deve ser registrada em áudio-vídeo e preservada a prova enquanto durar o processo.

Principais conclusões do STJ:

1) Na hipótese de suspeita de crime em flagrante, exige-se, em termos de *standard* probatório para ingresso no domicílio do suspeito sem mandado judicial, a existência de fundadas razões (justa causa), aferidas de modo objetivo e devidamente justificadas, de maneira a indicar que dentro da casa ocorre situação de flagrante delito.

2) O tráfico ilícito de entorpecentes, em que pese ser classificado como crime de natureza permanente, nem sempre autoriza a entrada sem mandado no domicílio onde supostamente se encontra a droga. Apenas será permitido o ingresso em situações de urgência, quando se concluir que do atraso decorrente da obtenção de mandado judicial se possa objetiva e concretamente inferir que a prova do crime (ou a própria droga) será destruída ou ocultada.

3) O consentimento do morador, para validar o ingresso de agentes estatais em sua casa e a busca e apreensão de objetos relacionados ao crime, precisa ser voluntário e livre de qualquer tipo de constrangimento ou coação.

4) A prova da legalidade e da voluntariedade do consentimento para o ingresso na residência do suspeito incumbe, em caso de dúvida, ao Estado, e deve ser feita com declaração assinada pela pessoa que autorizou o ingresso domiciliar, indicando-se, sempre que possível, testemunhas do ato. Em todo caso, a operação deve ser registrada em áudio-vídeo e preservada tal prova enquanto durar o processo.

5) A violação a essas regras e condições legais e constitucionais para o ingresso no domicílio alheio resulta na ilicitude das provas obtidas em decorrência da medida, bem como das

demais provas que dela decorrerem em relação de causalidade, sem prejuízo de eventual responsabilização penal do(s) agente(s) público(s) que tenha(m) realizado a diligência (STJ, 5ª Turma, HC nº 616.584/RS, Rel. Min. Ribeiro Dantas, j. 30.03.2021; STJ, 6ª Turma, HC nº 598.051/SP, Rel. Min. Rogério Schietti Cruz, j. 02.03.2021, *Info*. nº 687).

Realizada a busca e apreensão, apesar de o relatório sobre o resultado da diligência ficar adstrito aos elementos relacionados com os fatos sob apuração, deve ser assegurado à defesa acesso à íntegra dos dados obtidos no cumprimento do mandado judicial. O MP pode escolher quais elementos obtidos na busca e apreensão serão utilizados pela acusação; no entanto, o material restante deve permanecer à livre consulta do acusado, para o exercício de suas faculdades defensivas. Trata-se da aplicação do princípio da "comunhão das provas", segundo o qual, uma vez produzidas as provas, essas pertencem ao processo e não individualmente a qualquer das partes (STJ, 6ª Turma, RHC nº 114.683/RJ, Rel. Rogério Schietti Cruz, j. 13.04.2021, *Info*. nº 692).

A busca e apreensão de bens em interior de veículo é legal e inerente ao dever de fiscalização regular da PRF, em se tratando do flagrante de transporte de vultosa quantia em dinheiro e não tendo o investigado logrado justificar o motivo de tal conduta (STJ, 6ª Turma, RHC nº 142.250/RS, Rel. Min. Sebastião Reis Júnior, j. 28.09.2021, *Info*. nº 711).

Não existe exigência legal de que o mandado de busca e apreensão detalhe o tipo de documento a ser apreendido, ainda que de natureza sigilosa (STJ, 6ª Turma, RHC nº 141.737/PR, Rel. Min. Sebastião Reis Junior, j. 27.04.2021, *Info*. nº 694).

É lícita a entrada de policiais, sem autorização judicial e sem o consentimento do hóspede, em quarto de hotel não utilizado como morada permanente, desde que presentes as fundadas razões que sinalizem a ocorrência de crime e hipótese de flagrante delito. O quarto de hotel regularmente ocupado seja, juridicamente, qualificado como "casa" para fins de tutela constitucional da inviolabilidade domiciliar (art. 5º, XI), a exigência, em termos de *standard* probatório, para que policiais ingressem em um quarto de hotel sem mandado judicial não pode ser igual às fundadas razões exigidas para o ingresso em uma residência propriamente dita (STJ, 6ª Turma, HC nº 659.527/SP, Rel. Min. Rogerio Schietti Cruz, j. 19.10.2021, *Info*. nº 715).

A violação de domicílio com base no comportamento suspeito do acusado, que empreendeu fuga ao ver a viatura policial, não autoriza a dispensa de investigações prévias ou do mandado judicial para a entrada dos agentes públicos na residência. Para que os policiais façam o ingresso forçado em domicílio, resultando na apreensão de material apto a configurar o crime de tráfico de drogas, isso deve estar justificado com base em elementos prévios que indiquem que havia um estado de flagrância ocorrendo no local.

No caso em tela, a violação de domicílio teve como justificativa o comportamento suspeito do acusado – que empreendeu fuga ao ver a viatura policial –, circunstância fática que não autoriza a dispensa de investigações prévias ou do mandado judicial para a entrada dos agentes públicos na residência, acarretando a nulidade da diligência policial.

Além disso, a alegação de que a entrada dos policiais teria sido autorizada pelo agente não merece acolhimento. Isso porque não há outro elemento probatório no mesmo sentido, salvo o depoimento dos policiais que realizaram o flagrante, tendo tal autorização sido negada em juízo pelo réu. Segundo entende o STJ, é do estado acusador o ônus de comprovar que houve consentimento válido do morador para que os policiais entrem na casa. Assim, o estado acusador é quem deve provar que o morador autorizou a entrada, não sendo suficiente a mera palavra dos policiais (STJ, 6ª Turma, HC nº 695.980/GO, Rel. Min. Antonio Saldanha Palheiro, j. 22.03.2022, *Info*. nº 730).

A indução do morador a erro na autorização do ingresso em domicílio macula a validade da manifestação de vontade e, por consequência, contamina toda a busca e apreensão (STJ, 6ª Turma, HC nº 674.139/SP, Rel. Min. Rogerio Schietti Cruz, j. 15.02.2022, *Info.* nº 725).

 Decifrando a prova

(2021 – FAPEC – PC/MS – Delegado de Polícia) Considerando o que dispõe o Código de Processo Penal e o entendimento dos tribunais superiores sobre a busca e apreensão, assinale a alternativa correta.

A) Dispõe o CPP que a busca pessoal dependerá de mandado judicial, exceto no caso de prisão ou quando houver fundada suspeita de que a pessoa esteja na posse de arma proibida.

B) De acordo com o CPP, a busca pessoal em mulher deverá ser feita por outra mulher, mesmo que haja retardamento ou prejuízo da diligência, o que deve ser suportado pela polícia, em homenagem à intimidade e à integridade corporal da mulher a ser revistada.

C) Para o Supremo Tribunal Federal, não é nula a entrevista realizada pela autoridade policial com o investigado, durante a busca e a apreensão em sua residência, mesmo que não tenha sido assegurado a ele o direito à prévia consulta a seu advogado e sem que ele tenha sido comunicado sobre seu direito ao silêncio e de não produzir provas contra si mesmo. Isso porque tais garantias são imprescindíveis apenas por ocasião de seu interrogatório formal.

D) De acordo com o Superior Tribunal de Justiça, não há nulidade na busca e na apreensão efetuada por policiais, sem prévio mandado judicial, em apartamento que não revela sinais de habitação, nem mesmo de forma transitória ou eventual, se a aparente ausência de residentes no local se alia à fundada suspeita de que o imóvel é utilizado para a prática de crime permanente.

E) Entende o STF que a denúncia anônima, isoladamente, não autoriza o emprego de método invasivo de investigação como a interceptação telefônica, mas possibilita que a autoridade policial represente ao Poder Judiciário pela expedição de mandado de busca domiciliar, tendo em vista que, por meio de tal diligência, é possível reunir elementos que confirmem as informações iniciais e subsidiem a instauração do inquérito policial. Isto porque a inviolabilidade do domicílio não pode ser entendida como um escudo para a prática de infrações penais no interior das residências.

Gabarito comentado: a alternativa D é a correta pois seu enunciado está conforme o HC nº 588.445/STJ.

9 Sujeitos do processo

9.1 INTRODUÇÃO

Iniciamos os nossos estudos sobre os sujeitos do processo e, com isso, passaremos a compreender melhor sobre a relação processual existente no âmbito do processo penal.

Para que exista uma relação processual é necessário que existam, essencialmente, três sujeitos: juiz, acusador e réu. No processo penal, o acusador oferece a acusação e movimenta a máquina judicial para a prestação jurisdicional; contra o acusado é exercida a pretensão punitiva, e ao juiz compete a aplicação do direito ao caso concreto.

Com base nesse aspecto, Távora e Alencar (2009) esclarecem que essa visão é válida para o processo penal condenatório, não podendo se perder de vista que outros processos, no âmbito penal, podem ser desenvolvidos sem o objetivo condenatório, como em medidas cautelares ou em *habeas corpus*.

Deve-se entender por sujeito processual aquele que atua no processo e, desse modo, pode-se compreender que não só o juiz, o autor e o acusado são sujeitos processuais, mas também os auxiliares da Justiça, as testemunhas, dentre outros. Essa matéria é tratada pelo legislador no Título VIII do Código de Processo Penal (CPP) (arts. 251 a 281).

A doutrina faz uma classificação dos sujeitos processuais em:

- **Sujeitos essenciais ou principais:** são também chamados de sujeitos da relação processual, pois sem a presença deles não se pode falar em relação processual. No âmbito do processo penal, o juiz, o acusado e o acusador (Ministério Público ou querelante) figuram como sujeitos essenciais.
- **Sujeitos colaterais, acessórios ou secundários:** a ausência dessas pessoas não interfere na validade da relação processual, são intervenientes eventuais no processo. São elas: assistente da acusação e terceiros interessados (herdeiro, ofendido e seu representante legal etc.).

Antes de efetivamente falarmos a respeito dos sujeitos processuais, é relevante esclarecermos a respeito da **natureza jurídica do processo.** Nesse sentido, na atualidade, a doutrina majoritária tem adotado a natureza jurídica definida por Oskar Von Bullow, em 1964, em sua obra *A teoria das exceções processuais e os pressupostos processuais*. De acordo com a referida teoria, o processo pode ser definido como: **relação jurídica autônoma e abstrata, de direito público e estabelecida de forma angular e equidistante entre o juiz e as partes**.

A relação jurídica é autônoma, pois independe do direito penal, apesar de ser o objetivo jurídico do processo a materialização do direito penal diante do caso concreto. É abstrata em razão de estar à disposição de todos, mesmo que não exercida no caso concreto. É de direito público, pois é exercida contra o Estado.

Após essa breve explanação passaremos ao estudo dos sujeitos processuais que são apontados pelo legislador no Título VIII do CPP (arts. 251 a 281).

9.2 JUIZ

A autoridade judiciária é responsável por conduzir o processo e, ao final, proferir uma decisão. Doutrinariamente, afirma-se que o juiz não é sujeito do processo e sim o próprio Estado-juiz, tendo em vista haver a existência da característica da **substitutividade**. Nesse momento, a vontade do Estado, representada pelo juiz, substitui a vontade das partes naquilo que lhe foi submetido a decidir.

Por força do que dispõe o art. 251 do CPP, ao juiz cabe os **poderes de polícia ou administrativos** para que se mantenha a ordem dos atos processuais. Vejamos o que dispõe o referido artigo.

> **Art. 251.** Ao juiz incumbirá prover à regularidade do processo e manter a ordem no curso dos respectivos atos, podendo, para tal fim, requisitar a força pública.

No exercício dessa função pelo magistrado, o legislador em outros artigos no ordenamento jurídico vem ratificar tal poder, como se pode perceber no estudo literal do art. 497, I, do CPP aplicado no Júri, onde cabe ao juiz "regular a polícia das sessões e prender os desobedientes", e do art. 794 do CPP, em que se determina que "a polícia das audiências e das sessões compete aos respectivos juízes ou ao presidente do tribunal, câmara ou turma".

Decifrando a prova

(2021 – CESPE/CEBRASPE – MPE/SC – Promotor de Justiça Substituto – Prova 1) A partir das disposições do ordenamento processual penal em vigor, julgue o próximo item.
No curso das audiências, o juiz tem poder de polícia administrativa, ou seja, poder de restringir a liberdade das pessoas presentes, com o fim de assegurar o curso regular do ato processual.
( ) Certo ( ) Errado
Gabarito comentado: de acordo com o art. 251 do CPP, a assertiva está certa.

9.2.1 Imparcialidade do magistrado

A imparcialidade é característica fundamental do perfil do juiz, que consiste em não haver vínculo subjetivo com o processo a fim de que se garanta uma total isenção e que se resguarde o devido processo legal. Essa característica decorre da vedação ao tribunal ou juízo de exceção contido no art. 5º, XXXVII, da CF/1988.

Como já analisado quando se abordou sobre princípios referentes ao processo penal, trataremos da imparcialidade do juiz sob a perspectiva dos arts. 252 a 256 do CPP, analisando as causas de impedimento e de suspeição do juiz.

A imparcialidade do magistrado é garantida inclusive em diversos dispositivos constitucionais, podemos citar as garantias de **vitaliciedade, inamovibilidade** e **irredutibilidade de subsídios,** nos termos do art. 95 da CF:

> **Art. 95.** Os juízes gozam das seguintes garantias:
>
> I – vitaliciedade, que, no primeiro grau, só será adquirida após dois anos de exercício, dependendo a perda do cargo, nesse período, de deliberação do tribunal a que o juiz estiver vinculado, e, nos demais casos, de sentença judicial transitada em julgado;
>
> II – inamovibilidade, salvo por motivo de interesse público, na forma do art. 93, VIII;
>
> III – irredutibilidade de subsídio, ressalvado o disposto nos arts. 37, X e XI, 39, § 4º, 150, II, 153, III, e 153, § 2º, I.

Ainda buscando garantir a referida imparcialidade do magistrado, a Constituição Federal estabelece uma série de vedações aos magistrados, vejamos:

> **Art. 95.** (...)
>
> **Parágrafo único.** Aos juízes é vedado:
>
> I – exercer, ainda que em disponibilidade, outro cargo ou função, salvo uma de magistério;
>
> II – receber, a qualquer título ou pretexto, custas ou participação em processo;
>
> III – dedicar-se à atividade político-partidária;
>
> IV – receber, a qualquer título ou pretexto, auxílios ou contribuições de pessoas físicas, entidades públicas ou privadas, ressalvadas as exceções previstas em lei;
>
> V – exercer a advocacia no juízo ou tribunal do qual se afastou, antes de decorridos três anos do afastamento do cargo por aposentadoria ou exoneração.

Importante observação que deve ser feita refere-se ao papel do juiz moderno.

Muito se questiona a respeito da possibilidade de o magistrado atuar de ofício na produção probatória.

Inicialmente, é extremamente importante observarmos as alterações promovidas pelo Pacote Anticrime, especialmente naquilo que diz respeito à limitação da atuação probatória de ofício do magistrado. Nesse sentido, observa-se o teor do art. 3º-A do CPP:

> **Art. 3º-A.** O processo penal terá estrutura acusatória, vedadas a iniciativa do juiz na fase de investigação e a substituição da atuação probatória do órgão de acusação. (Incluído pela Lei nº 13.964, de 2019)

Observa-se que, consoante as alterações promovidas pela Lei nº 13.964/2019 (Pacote Anticrime), são vedadas ao juiz a iniciativa do juiz na fase investigatória e a substituição da atuação probatória do órgão de acusação.

Desse modo, podemos observar duas proibições autônomas:

- **Vedação da iniciativa do juiz na fase investigatória.** Lembre-se de que a fase investigativa é procedimento de índole administrativa, motivo pelo qual não há, nessa fase, observância plena dos princípios do contraditório ou da ampla defesa. Assim, não é dado ao juiz a prerrogativa de autuar de ofício na fase inquisitorial investigativa, sob pena de ver-se contaminado subjetivamente para julgar o eventual processo dali decorrente.
- **Vedação à substituição da atividade probatória do órgão de acusação.** Nesse ponto, devemos tomar alguns cuidados. Veja que não há tecnicamente vedação a que o juiz atue na produção probatória, o que não é permitido é que o juiz substitua a atuação probatória do órgão de acusação, atuando como juiz inquisidor.

Assim, a atuação do magistrado deve ser secundária, ele não poderá ser o protagonista na produção probatória, mas sim o seu destinatário para que, com imparcialidade, venha a julgar o réu. Dessa forma, acreditamos que lhe foram atribuídos poderes instrutórios residuais, supletivos, subsidiários, somente visíveis após a atuação probatória das partes e quando ainda persistir dúvida sobre matéria relevante e imprescindível para a solução da lide.

Já que estamos tratando dos princípios relativos à atividade do juiz, pergunta-se: o **princípio da identidade física do juiz**, o que é? Possui previsão legal?

Começaremos pelo fim. Há, sim, previsão legal:

> **CPP, art. 399.** Recebida a denúncia ou queixa, o juiz designará dia e hora para a audiência, ordenando a intimação do acusado, de seu defensor, do Ministério Público e, se for o caso, do querelante e do assistente. (Redação dada pela Lei nº 11.719, de 2008.)
>
> § 1º O acusado preso será requisitado para comparecer ao interrogatório, devendo o poder público providenciar sua apresentação.
>
> § 2º O juiz que presidiu a instrução deverá proferir a sentença. (Incluído pela Lei nº 11.719, de 2008.)

Trata-se de princípio previsto no art. 399, § 2º, do CPP, ou seja, o juiz responsável pela instrução processual será, em regra, o juiz responsável pela sentença do processo. Entende-se que o juiz que participou da instrução probatória conheceria melhor o processo, teve contato com as testemunhas e provas produzidas e, portanto, estaria mais bem habilitado para decidir aquela demanda.

9.2.2 Impedimentos

Os impedimentos estão ligados aos fatos e circunstâncias objetivas que estão no processo e que impedem o exercício da jurisdição por aquele juízo, sob a ótica da imparcialidade. Sobre os casos de impedimento, deve-se falar que há presunção absoluta de parcialidade quando constatado determinado caso apontado pelo legislador nos dispositivos referentes do CPP. Ademais, conforme entendimento jurisprudencial e doutrinário majoritário, as hipóteses de impedimentos dispostas nos arts. 252 e 253 do CPP são taxativas. Analisaremos agora esses dispositivos:

> **Art. 252.** O juiz não poderá exercer jurisdição no processo em que:
>
> I – tiver funcionado seu cônjuge ou parente, consanguíneo ou afim, em linha reta ou colateral até o terceiro grau, inclusive, como defensor ou advogado, órgão do Ministério Público, autoridade policial, auxiliar da justiça ou perito;
>
> II – ele próprio houver desempenhado qualquer dessas funções ou servido como testemunha;
>
> III – tiver funcionado como juiz de outra instância, pronunciando-se, de fato ou de direito, sobre a questão;
>
> IV – ele próprio ou seu cônjuge ou parente, consanguíneo ou afim em linha reta ou colateral até o terceiro grau, inclusive, for parte ou diretamente interessado no feito.
>
> **Art. 253.** Nos juízos coletivos, não poderão servir no mesmo processo os juízes que forem entre si parentes, consanguíneos ou afins, em linha reta ou colateral até o terceiro grau, inclusive.

Conforme se depreende da leitura dos arts. 252 e 253, há impedimento nos tribunais e turmas recursais de magistrados que possuem entre si relação de parentesco **até o terceiro grau**, sendo consanguíneo ou afim, em linha reta ou colateral.

Por fim, quanto às hipóteses de impedimento, pode-se falar que, analogicamente, também se aplicam ao processo penal as causas de impedimentos previstas no art. 144 do CPC.

Nesse contexto, é importante relembramos mais um ponto alterado pelo Pacote Anticrime, vejamos:

> **CPP, art. 157.** (...)
>
> § 5º O juiz que conhecer do conteúdo da prova declarada inadmissível não poderá proferir a sentença ou acórdão. (Incluído pela Lei nº 13.964, de 2019.)

Entendemos que o referido dispositivo introduziu em nosso sistema mais uma hipótese de impedimento. É interessante relembrar que o referido dispositivo legal se encontra com a eficácia suspensa.

9.2.3 Suspeição

Via de regra, o que torna o juiz suspeito são circunstâncias subjetivas relacionadas a **fatos exteriores ao processo**, que podem afastar a imparcialidade. Sobre a suspeição, o art. 564, I, do CPP determina suspeição como causa de nulidade do processo, entendendo a doutrina majoritária como **caso de nulidade relativa**.

Como já afirmado alhures, em todas essas situações há um vício externo, no sentido de que elas envolvem um vínculo estabelecido entre o juiz e a parte ou entre o juiz e a questão discutida no feito (NUCCI, 2008, p. 541).

Diferentemente dos dispositivos que contêm as causas de impedimento, as causas de suspeição encontram-se presentes, **exemplificadamente**, no art. 254 do CPP.

> **Art. 254.** O juiz dar-se-á por suspeito, e, se não o fizer, poderá ser recusado por qualquer das partes:
>
> I – se for amigo íntimo ou inimigo capital de qualquer deles;
>
> II – se ele, seu cônjuge, ascendente ou descendente, estiver respondendo a processo por fato análogo, sobre cujo caráter criminoso haja controvérsia;
>
> III – se ele, seu cônjuge, ou parente, consanguíneo, ou afim, até o terceiro grau, inclusive, sustentar demanda ou responder a processo que tenha de ser julgado por qualquer das partes;
>
> IV – se tiver aconselhado qualquer das partes;
>
> V – se for credor ou devedor, tutor ou curador, de qualquer das partes;
>
> VI – se for sócio, acionista ou administrador de sociedade interessada no processo.

O legislador determinou que nas hipóteses de impedimento ou suspeição em que há relação de parentesco, a dissolução do casamento terá o condão de fazer cessar o impedimento e a suspeição do magistrado, a não ser que sobrevenha dependentes. Vejamos:

> **Art. 255.** O impedimento ou suspeição decorrente de parentesco por afinidade cessará pela dissolução do casamento que lhe tiver dado causa, salvo sobrevindo descendentes; mas, ainda que dissolvido o casamento sem descendentes, não funcionará como juiz o sogro, o padrasto, o cunhado, o genro ou enteado de quem for parte no processo.

Ainda que não existam filhos, não funcionará como juiz:

- o sogro;
- o padrasto;
- o cunhado;
- o genro;
- o enteado.

Ademais, o legislador tratou no art. 256 do CPP sobre a impossibilidade de se declarar ou reconhecer a suspeição provocada pela própria parte.

> **Art. 256.** A suspeição não poderá ser declarada nem reconhecida, quando a parte injuriar o juiz ou de propósito der motivo para criá-la.

Desse modo, esse dispositivo busca garantir a boa-fé processual no sentido de que ninguém poderá se valer da sua própria torpeza.

Por fim, nos valemos de quadro esquemático retirado da obra do Professor Leonardo Barreto Moreira Alves (2021, p. 35):

Causas de impedimento	Causas de suspeição
Rol taxativo.	Rol exemplificativo.
Causas objetivas: o vínculo existente é entre o juiz e o litígio.	Causas subjetivas: o vício é externo, existindo vínculo entre o juiz e a parte ou entre o juiz e a questão discutida no feito.
Presunção absoluta de parcialidade.	Presunção relativa de parcialidade.
Causa de nulidade absoluta.	Causa de nulidade relativa.

Salienta-se ainda que, contra a decisão judicial que não reconhece a incompatibilidade ou o impedimento, não há recurso previsto em lei, podendo ser oferecido, porém, o *habeas corpus* ou mandado de segurança em matéria criminal, a depender do direito que esteja em jogo.

9.2.4 Identidade física do juiz

Está disposto no art. 399, § 2º, do CPP o princípio da identidade física do juiz determina que o magistrado que presidiu a instrução deverá também proferir a sentença. Sobre esse princípio, deve-se entender que não possui uma condição absoluta, uma vez que poderá haver situações em que não será a mesma autoridade judiciária a acompanhar a produção de provas e a proferir a sentença como, por exemplo, nos casos de licença, férias ou qualquer outro motivo legal.

9.3 MINISTÉRIO PÚBLICO

A Constituição Federal estabelece que o Ministério Público é instituição essencial a função jurisdicional do Estado, não fazendo parte de nenhum dos três poderes: Legislativo, Executivo e Judiciário. Ademais, a Constituição é expressa em incumbir ao Ministério Público a defesa da ordem jurídica, do regime democrático e dos interesses sociais e individuais indisponíveis.

O art. 127 da Magna Carta expõe os princípios institucionais (unidade, indivisibilidade e independência funcional) e normas que tratam da proposta orçamentária da referida instituição:

> **Art. 127.** O Ministério Público é instituição permanente, essencial à função jurisdicional do Estado, incumbindo-lhe a defesa da ordem jurídica, do regime democrático e dos interesses sociais e individuais indisponíveis.
>
> § 1º São princípios institucionais do Ministério Público a unidade, a indivisibilidade e a independência funcional.
>
> § 2º Ao Ministério Público é assegurada autonomia funcional e administrativa, podendo, observado o disposto no art. 169, propor ao Poder Legislativo a criação e extinção de seus cargos e serviços auxiliares, provendo-os por concurso público de provas ou de

provas e títulos, a política remuneratória e os planos de carreira; a lei disporá sobre sua organização e funcionamento.

§ 3º O Ministério Público elaborará sua proposta orçamentária dentro dos limites estabelecidos na lei de diretrizes orçamentárias.

§ 4º Se o Ministério Público não encaminhar a respectiva proposta orçamentária dentro do prazo estabelecido na lei de diretrizes orçamentárias, o Poder Executivo considerará, para fins de consolidação da proposta orçamentária anual, os valores aprovados na lei orçamentária vigente, ajustados de acordo com os limites estipulados na forma do § 3º.

§ 5º Se a proposta orçamentária de que trata este artigo for encaminhada em desacordo com os limites estipulados na forma do § 3º, o Poder Executivo procederá aos ajustes necessários para fins de consolidação da proposta orçamentária anual.

§ 6º Durante a execução orçamentária do exercício, não poderá haver a realização de despesas ou a assunção de obrigações que extrapolem os limites estabelecidos na lei de diretrizes orçamentárias, exceto se previamente autorizadas, mediante a abertura de créditos suplementares ou especiais.

O CPP reserva os arts. 257 e 258 para tratar do Ministério Público como sujeito do processo, com isso, iremos nos ater ao estudo desses dois dispositivos.

Art. 257. Ao Ministério Público cabe:

I – promover, privativamente, a ação penal pública, na forma estabelecida neste Código; e

II – fiscalizar a execução da lei.

O primeiro inciso do art. 257 apresenta aquilo que está disposto no art. 129, I, da CF/1988. Portanto, é competência privativa do *Parquet* promover a ação penal pública.

Art. 129. *São funções institucionais do Ministério Público:*

I – promover, privativamente, a ação penal pública, na forma da lei; (...)

Com relação ao inciso II do art. 257, cabe ao Ministério Público a função de fiscal da ordem jurídica. Com isso, fundamentando nesse dispositivo, é possível que o *Parquet* pleiteie a absolvição do acusado se observada uma das hipóteses do art. 386 do CPP, mesmo sendo um órgão tipicamente acusador, uma vez que não enxergando a prática do crime pela pessoa acusada, poderá pedir pela absolvição deste, que é considerado inocente.

Assim, diante das disposições constitucionais, o Ministério Público deixa de ser visto unicamente em sua vertente acusatória e passa a ser visto como órgão incumbido de fiscalizar a ordem jurídica.

 Decifrando a prova

(2021 – CESPE/CEBRASPE – DEPEN – Cargo 8 – Agente Federal de Execução Penal) Julgue o item a seguir, relativos a direito processual penal.

> O *habeas corpus* não poderá ser impetrado pelo Ministério Público.
> ( ) Certo   ( ) Errado
> **Gabarito comentado:** o *habeas corpus*, embora seja um remédio constitucional exclusivo da defesa, pode ser impetrado pelo MP em favor do réu, dentro de sua incumbência de fiscal da ordem jurídica. Portanto, a assertiva está errada.

9.3.1 Imparcialidade

Embora haja atuação do MP na ação penal pública como sendo órgão acusador, ainda se fala em imparcialidade uma vez que há discricionariedade na análise dos elementos que lhes são submetidos, tendo assim liberdade na apreciação dos fatos e do direito aplicável. Desse modo, o *Parquet* deverá formar seu convencimento sem qualquer valoração prévia uma vez que não havendo a imparcialidade desde a primeira análise do caso, poderá ocasionar a condenação de um inocente.

Contudo, diante da existência de indícios referentes à autoria, à prova da materialidade e à ausência de causas extintivas da punibilidade, diante do princípio da obrigatoriedade da ação penal pública, o Ministério Público deverá promover a inicial acusatória. Assim, a liberdade é valorativa, diante da existência de elementos, haverá o dever de propositura da ação.

> **Decifrando a prova**
>
> **(2021 – CESPE/CEBRASPE – MPE/SC – Promotor de Justiça Substituto – Prova 1)** Acerca dos aspectos processuais no direito penal, julgue o item subsequente.
> O pedido de absolvição em sede de alegações finais impede que o Ministério Público recorra da sentença absolutória proferida que acolheu o referido pedido.
> ( ) Certo   ( ) Errado
> **Gabarito comentado:** o MP em sede recursal não fica vinculado ao pedido de absolvição em primeira instância. Portanto, a assertiva está errada.

9.3.2 Impedimento e suspeição do representante do Ministério Público

O art. 258 do CPP determina que os arts. 252 e 254, do referido Código, que tratam das hipóteses de impedimento e suspeição do juiz, também se aplicam, quando compatíveis, aos órgãos do Ministério Público.

> **Art. 258.** Os órgãos do Ministério Público não funcionarão nos processos em que o juiz ou qualquer das partes for seu cônjuge, ou parente, consanguíneo ou afim, em linha reta ou colateral, até o terceiro grau, inclusive, e a eles se estendem, no que lhes for aplicável, as prescrições relativas à suspeição e aos impedimentos dos juízes.

É importante anotar, sobre impedimentos e suspeição, que a **Súmula nº 234 do STJ** veio sedimentar o entendimento jurisprudencial no sentido de que

A participação do membro do Ministério Público na fase investigatória criminal não acarretará em impedimento ou suspeição para o oferecimento da denúncia.

Sobre o procedimento de impugnação e suspeição do membro do Ministério Público, estabelece o art. 104 do CPP:

> **Art. 104.** Se for arguida a suspeição do órgão do Ministério Público, o juiz, depois de ouvi-lo, decidirá, sem recurso, podendo antes admitir a produção de provas no prazo de três dias.

Decifrando a prova

(2021 – FUMARC – PC/MG – Delegado de Polícia Substituto) De acordo com o Código de Processo Penal, é CORRETO afirmar:
A) A lei prevê a extensão das hipóteses de impedimentos e suspeição dos juízes aos membros do Ministério Público, naquilo que for aplicável.
B) As causas de impedimento descritas no CPP têm natureza exemplificativa.
C) Da decisão que não admitir o assistente do Ministério Público caberá recurso em sentido estrito.
D) O assistente do Ministério Público, nos casos da ação pública, poderá ser admitido antes do recebimento da denúncia.
Gabarito comentado: de acordo com o art. 258 do CPP, a letra A é o gabarito.

9.3.3 Promotor natural ou promotor legal

Falar do princípio do promotor natural é falar de vedação a designação arbitrária de um promotor para patrocinar determinado caso específico. Desse modo, **promotor natural deve ser aquele que está, de forma prévia, estatuído em lei**.

Para que se fale em promotor natural, exige-se a presença dos **seguintes requisitos**:

- investidura no cargo de Promotor de Justiça;
- regras objetivas e impessoais fixando previamente a atribuição do órgão de execução;
- lotação por titularidade e inamovibilidade.

Ademais, cumpre esclarecer que o princípio não cria óbice, barreira à criação de grupos especializados para o combate a determinadas infrações penais.

9.4 ACUSADO

Acusado é todo sujeito ativo da prática de uma infração penal, que pode ser autor, coautor ou partícipe. Deve-se observar que para que determinada pessoa seja considerada como acusado, ela, sujeito ativo da infração, deverá possuir capacidade para figurar no processo penal.

Sobre capacidade, pode-se falar que os menores de 18 anos, por expressa previsão constitucional, não poderão sofrer uma sanção penal, tendo em vista que são considerados inimputáveis para fins penais, gozando de presunção absoluta de inimputabilidade. Quanto aos menores de 18 anos deverão se aplicar as disposições do Estatuto da Criança e do Adolescente. Conforme analisado nos estudos de direito penal, sabe-se que essa é a única hipótese de inimputabilidade marcada pelo critério biológico.

O art. 26 do CP dispõe sobre as outras hipóteses de inimputabilidade, como desenvolvimento mental incompleto ou retardado se ao tempo da conduta era inteiramente incapaz de entender o caráter ilícito do fato ou de determinar-se de acordo com esse entendimento.

Deve-se observar que, por compreensão do art. 26, parágrafo único, do CP, os relativamente incapazes estarão sujeitos à pena que pode ser reduzida de um a dois terços.

Abordando o que dispõe o art. 259 do CPP, sendo possível haver uma identificação fática do acusado, a impossibilidade de identificação de seu nome ou outros qualificativos não irá retardar a ação penal.

> **Art. 259.** A impossibilidade de identificação do acusado com o seu verdadeiro nome ou outros qualificativos não retardará a ação penal, quando certa a identidade física. A qualquer tempo, no curso do processo, do julgamento ou da execução da sentença, se for descoberta a sua qualificação, far-se-á a retificação, por termo, nos autos, sem prejuízo da validade dos atos precedentes.

Sobre a presença do acusado, pode-se observar que se faz importante para a prática de alguns atos processuais como, por exemplo, interrogatório, reconhecimento, pois sem a sua presença o ato não poderá ser realizado. Segundo o que determina o art. 260 do CPP, o acusado que não vier a atender à intimação para prática desses atos que sem ele não poderão ser realizados, terá a autoridade judiciária o poder de mandar conduzi-lo a sua presença. Vejamos o teor do dispositivo legal:

> **Art. 260.** Se o acusado não atender à intimação para o interrogatório, reconhecimento ou qualquer outro ato que, sem ele, não possa ser realizado, a autoridade poderá mandar conduzi-lo à sua presença.

O STF, ao enfrentar o tema **condução coercitiva**, posicionou-se da seguinte forma: O STF declarou que a expressão **"para o interrogatório" prevista no art. 260 do CPP não foi recepcionada pela Constituição Federal.**

Assim, não se pode fazer a condução coercitiva do investigado ou réu com o objetivo de submetê-lo ao interrogatório sobre os fatos (STF, Plenário, ADPF nº 395/DF e ADPF nº 444/DF, Rel. Min. Gilmar Mendes, j. 13 e 14.06.2018, *Info.* nº 906).

Faz-se imprescindível esclarecer, no entanto, que neste julgado paradigmático o STF não se posicionou a respeito da condução coercitiva para reconhecimento de pessoa, hipótese que é aceita por grande parte da doutrina, ou mesmo para fins de identificação criminal, quando possível.

Ademais, ainda analisando a figura do acusado, cumpre reforçar o entendimento que prevalece no sentido de ser possível que a pessoa jurídica seja sujeito ativo de crimes ambientais, devendo responder criminalmente pela prática dos referidos delitos. Ademais, adentrando um pouco mais nesse assunto, o entendimento jurisprudencial atual está no sentido de superação da teoria da dupla imputação, uma vez que a pessoa jurídica poderá responder sozinha pela prática do delito ambiental, não necessitando que, no mesmo polo do processo, figure a pessoa física que presentava a empresa.

9.5 CURADOR

Sobre a figura do curador, verifica-se que o art. 262 do CPP determina que seja nomeado, ao menor de 18 anos, um curador.

> **Art. 262.** Ao acusado menor dar-se-á curador.

Como falado em tópico anterior, ao menor de idade há uma presunção absoluta de inimputabilidade por incapacidade de culpabilidade, falando-se na aplicação do Estatuto da Criança e do Adolescente e não do Código Penal e do Código de Processo Penal. Dessa forma, entende-se que o referido dispositivo fora tacitamente revogado.

9.6 DEFENSOR

No processo penal, o defensor é uma garantia do acusado que não se pode postergar. A Constituição Federal o consagra como sendo indispensável à administração da justiça (art. 133 da CF). Seguindo esse raciocínio, temos o art. 261 do CPP que estabelece importância e que exige que a todo acusado seja garantida uma defesa técnica.

> **Art. 261.** Nenhum acusado, ainda que ausente ou foragido, será processado ou julgado sem defensor.
> **Parágrafo único.** A defesa técnica, quando realizada por defensor público ou dativo, será sempre exercida através de manifestação fundamentada.

O defensor é o profissional habilitado que tem a função de promover a defesa técnica do acusado no processo penal. Pela leitura do dispositivo acima, podem-se observar algumas modalidades de defensor, são elas:

- **Defensor constituído:** é aquele que foi contratado pelo acusado para patrocinar a defesa técnica no processo, sendo que a constituição dos seus poderes se dá, em regra, por meio de outorga de procuração. O art. 266 estabelece que a constituição poderá ser feita de forma *apud acta*, sendo aquela dada nos próprios autos da causa se o acusado indicar determinado advogado na ocasião do seu interrogatório. Ocorre que essa norma não encontra mais aplicabilidade, uma vez que o interrogatório não é mais o primeiro ato da instrução.

    Art. 266. A constituição de defensor independerá de instrumento de mandato, se o acusado o indicar por ocasião do interrogatório.

- **Defensor dativo:** nas comarcas que são desprovidas da atuação da Defensoria Pública, o juiz nomeia advogados para patrocinar a defesa dos acusados.
- **Defensor público:** com base no art. 134 da CF/1988, são incumbidas à Defensoria Pública a orientação jurídica e a defesa dos necessitados. Desse modo, será prestada assistência jurídica de forma gratuita e integral por um Defensor público aos acusados que comprovarem não possuírem recursos suficientes.
- **Defensor *ad hoc*:** é o advogado nomeado pelo juiz para atuar em um determinado ato processual. Se faz necessária a sua existência quando o defensor não comparece com justo motivo, mesmo tendo havido a notificação para a realização do ato.
- **Defensor curador:** é nomeado para patrocinar o indígena que não está adaptado ou o acusado depois de instaurado incidente de insanidade mental.

Retomando os apontamentos sobre o art. 261 do CPP, fundamentando o entendimento no princípio da ampla defesa, tem-se que a ausência de nomeação do defensor do acusado constituído para fase procedimental, interrogatório, é encarado como caso de **nulidade absoluta**.

> **Art. 261.** Nenhum acusado, ainda que ausente ou foragido, será processado ou julgado sem defensor.
>
> **Parágrafo único.** A defesa técnica, quando realizada por defensor público ou dativo, será sempre exercida através de manifestação fundamentada. (Incluído pela Lei nº 10.792, de 1º.12.2003.)

Assim, **a falta de defesa técnica enseja a nulidade do feito, já a sua deficiência gera a nulidade relativa.**

O art. 265 do CPP trata do abandono do processo pelo defensor, da ausência justificada em audiência e da prova da existência de impedimento, vejamos:

> **Art. 265.** O defensor não poderá abandonar o processo senão por motivo imperioso, comunicado previamente o juiz, sob pena de multa de 10 (dez) a 100 (cem) salários mínimos, sem prejuízo das demais sanções cabíveis.
>
> § 1º A audiência poderá ser adiada se, por motivo justificado, o defensor não puder comparecer.
>
> § 2º Incumbe ao defensor provar o impedimento até a abertura da audiência. Não o fazendo, o juiz não determinará o adiamento de ato algum do processo, devendo nomear defensor substituto, ainda que provisoriamente ou só para o efeito do ato.

Observe que os advogados não poderão ter relação de parentesco com o magistrado conforme leitura do art. 267 do CPP, que determina que não poderão funcionar como defensores os parentes do juiz.

> **Art. 267.** Nos termos do art. 252, não funcionarão como defensores os parentes do juiz.

> **Decifrando a prova**
>
> **(2021 – FCC – DPE/AM – Defensor Público)** Um motorista de aplicativo, dono do próprio veículo, sofre um acidente e o passageiro acaba ferido. Após ser ouvido na delegacia de polícia, o motorista é surpreendido com um mandado de citação em um processo no qual é denunciado pelo crime de lesão corporal. Ele não contrata advogado e a Defensoria Pública
> A) não pode atendê-lo, pois seu patrimônio supera o patamar de atendimento institucional na esfera criminal.
> B) não pode atendê-lo, pois se trata de crime de menor potencial ofensivo, que não exige defesa técnica.
> C) irá atendê-lo, desde que sua renda seja inferior a três salários mínimos mensais.
> D) irá atendê-lo.
> E) deve aguardar a prolação de sentença condenatória, para então ingressar no feito como *custos vulnerabilis*.
> **Gabarito comentado:** no processo penal a presença de defesa técnica ao réu é obrigatória, não apresentado advogado espontaneamente pelo acusado o juiz nomeará defensor, função desempenhada pela Defensoria Pública. Portanto, a letra D é o gabarito.

9.7 ASSISTENTE DE ACUSAÇÃO

Conforme está preconizado no art. 268 do CPP, em todos os termos da ação penal pública, poderá intervir como assistente do Ministério Público o ofendido ou o seu representante legal, ou, na falta deste, o cônjuge, o ascendente, o descendente ou o irmão.

> **Art. 268.** Em todos os termos da ação pública, poderá intervir, como assistente do Ministério Público, o ofendido ou seu representante legal, ou, na falta, qualquer das pessoas mencionadas no art. 31.

Ainda em relação ao assistente de acusação, vejamos a redação do art. 31 do CPP:

> **Art. 31.** No caso de morte do ofendido ou quando declarado ausente por decisão judicial, o direito de oferecer queixa ou prosseguir na ação passará ao cônjuge, ascendente, descendente ou irmão.

Assistente da acusação é aquele que está interessado na condenação do acusado no processo penal. A respeito da natureza do interesse do assistente de acusação, a corrente majoritária tem entendido que o escopo da assistência não visa tão somente a condenação em sentença irrecorrível, mas uma condenação justa e proporcional ao delito que foi cometido.

Os legitimados à assistente de acusação deverão estar representados por advogados se não forem habilitados, uma vez que para estar no processo precisam de capacidade postulatória. Ademais, pode-se compreender pela leitura do art. 268 do CPP que só será admitida a habilitação do assistente de acusação no curso da ação, desse modo em uma fase investigatória, pré-processual, não será possível a intervenção do assistente de acusação.

A intervenção do assistente no processo penal só será possível enquanto não transitar em julgado a sentença, devendo, segundo o legislador, receber a causa no estado em que se encontrar.

> **Art. 269.** O assistente será admitido enquanto não passar em julgado a sentença e receberá a causa no estado em que se achar.

Pela leitura dos arts. 268 e 269, pode-se entender que não será possível haver a habilitação do assistente de acusação: na fase investigatória, no curso da execução da pena e em sede de ação penal privada. Na ação penal privada, ofendido é o titular da ação penal privada, desse modo não haverá assistência.

O art. 270 do CPP prevê que o sujeito que é corréu, no mesmo processo, não poderá intervir como assistente da acusação.

> **Art. 270.** O corréu no mesmo processo não poderá intervir como assistente do Ministério Público.

Decifrando a prova

(2021 – CESPE/CEBRASPE – SERIS/AL – Agente Penitenciário) Com relação ao processo penal brasileiro, julgue o item a seguir. O corréu no mesmo processo não poderá intervir como assistente do Ministério Público.
( ) Certo   ( ) Errado
Gabarito comentado: de acordo com o art. 270 do CPP, a assertiva está certa.

Com relação aos poderes do assistente de acusação, o legislador nos arts. 271 e 311 do CPP prevê que poderá haver a proposição de meios de prova, participar de debate oral, requerer a prisão preventiva ou medidas cautelares diversas da prisão etc.

> **Art. 271.** Ao assistente será permitido propor meios de prova, requerer perguntas às testemunhas, aditar o libelo e os articulados, participar do debate oral e arrazoar os recursos interpostos pelo Ministério Público, ou por ele próprio, nos casos dos arts. 584, § 1º, e 598.
>
> **§ 1º** O juiz, ouvido o Ministério Público, decidirá acerca da realização das provas propostas pelo assistente.
>
> **§ 2º** O processo prosseguirá independentemente de nova intimação do assistente, quando este, intimado, deixar de comparecer a qualquer dos atos da instrução ou do julgamento, sem motivo de força maior devidamente comprovado.

Vejamos a redação do art. 311 do CPP:

> **Art. 311.** Em qualquer fase da investigação policial ou do processo penal, caberá a prisão preventiva decretada pelo juiz, a requerimento do Ministério Público, do querelante ou do assistente, ou por representação da autoridade policial.

Pela leitura do art. 271 do CPP é possível haver a interposição de recurso pelo assistente da acusação na hipótese de inércia do MP, sendo a decisão, a ser impugnada, de natureza absolutória, extintiva de punibilidade ou de impronúncia. O prazo recursal do assistente de acusação é o mesmo do Ministério Público, 15 dias, e só iniciará após o término do prazo do membro do MP.

Sobre a possibilidade de recorrer de decisão que concede *habeas corpus*, o Supremo Tribunal Federal entende que o assistente do MP não poderá recorrer. Nesse sentido a **Súmula nº 208 do STF**: "O assistente do Ministério Público não pode recorrer, extraordinariamente, de decisão concessiva de *habeas corpus*".

Sobre a admissão do assistente da acusação no processo penal, o legislador, no CPP, assim expõe:

> **Art. 272.** O Ministério Público será ouvido previamente sobre a admissão do assistente.
>
> **Art. 273.** Do despacho que admitir, ou não, o assistente, não caberá recurso, devendo, entretanto, constar dos autos o pedido e a decisão.

Desse modo, pode-se constatar que para que haja a admissão do assistente deverá haver a oitiva do MP. Uma vez preenchidos os requisitos do art. 268 do CPP deverá ser admitido o assistente, mesmo com a discordância do *Parquet*. Do despacho que admite ou inadmite o assistente de acusação não caberá recurso.

Decifrando a prova

(2021 – IDECAN – PEFOCE – Engenharia Civil) Kátia foi vítima de tentativa de feminicídio. Habilitou-se, portanto, como assistente de acusação e, por intermédio de seu advogado, enquanto assistente de acusação, poderá praticar os atos listados nas alternativas a seguir, À EXCEÇÃO DE UMA. Assinale-a.
A) propor meios de prova;
B) formular quesitos para a perícia e indicar assistente técnico;
C) requerer a decretação da prisão preventiva do réu;
D) formular perguntas às testemunhas, posteriormente ao Ministério Público;
E) aditar a denúncia formulada pelo Ministério Público.
Gabarito comentado: de acordo com o art. 271 do CPP, a letra E é o gabarito.

9.8 FUNCIONÁRIOS DA JUSTIÇA E AUXILIARES DO JUÍZO

Funcionários da Justiça são aqueles funcionários públicos a serviço do Poder Judiciário. São exemplos de funcionários da Justiça: escrivães-diretores, escreventes, oficiais de justiça, dentre outros.

Sobre o tema da suspeição dos funcionários da Justiça, o legislador no art. 274 do CPP determina que as mesmas prescrições aplicáveis aos juízes também incidem sobre os funcionários, naquilo que for aplicável.

Art. 274. As prescrições sobre suspeição dos juízes estendem-se aos serventuários e funcionários da justiça, no que lhes for aplicável.

Quanto aos auxiliares do juízo, pode-se dizer que são aqueles que não são servidores do Poder Judiciário, mas colaboram com o juiz na prestação de esclarecimentos ou de conhecimentos especializados. São auxiliares: intérpretes (detêm conhecimento sobre idioma estrangeiro) e peritos (*expert* em assuntos específicos). Eles poderão ser oficiais ou *ad hoc*, designados para determinado caso específico.

Sobre os auxiliares do juízo, reservou-se os arts. 275 a 281 do CPP. Quanto a esses dispositivos, é necessário se fazer uma breve leitura, não havendo comentários que adicionem informação àquilo que está previsto nos dispositivos.

Art. 275. O perito, ainda quando não oficial, estará sujeito à disciplina judiciária.

Art. 276. As partes não intervirão na nomeação do perito.

Art. 277. O perito nomeado pela autoridade será obrigado a aceitar o encargo, sob pena de multa de cem a quinhentos mil-réis, salvo escusa atendível.

Parágrafo único. Incorrerá na mesma multa o perito que, sem justa causa, provada imediatamente:

a) deixar de acudir à intimação ou ao chamado da autoridade;

b) não comparecer no dia e local designados para o exame;

c) não der o laudo, ou concorrer para que a perícia não seja feita, nos prazos estabelecidos.

Art. 278. No caso de não comparecimento do perito, sem justa causa, a autoridade poderá determinar a sua condução.

Art. 279. *Não poderão ser peritos:*

I – os que estiverem sujeitos à interdição de direito mencionada nos ns. I e IV do art. 69 do Código Penal;

II – os que tiverem prestado depoimento no processo ou opinado anteriormente sobre o objeto da perícia;

III – os analfabetos e os menores de 21 anos.

Art. 280. É extensivo aos peritos, no que lhes for aplicável, o disposto sobre suspeição dos juízes.

Art. 281. Os intérpretes são, para todos os efeitos, equiparados aos peritos.

Súmula nº 208, STF: O assistente do Ministério Público não pode recorrer, extraordinariamente, de decisão concessiva de *habeas corpus*.

Súmula nº 210, STF: O assistente do Ministério Público pode recorrer, inclusive extraordinariamente, na ação penal, nos casos dos arts. 584, § 1º, e 598 do Código de Processo Penal.

Súmula nº 234, STJ: A participação de membro do Ministério Público na fase investigatória criminal não acarreta o seu impedimento ou suspeição para o oferecimento da denúncia.

10 Prisão, medidas cautelares e liberdade provisória

10.1 A PRISÃO PROVISÓRIA E A TUTELA CAUTELAR NO PROCESSO PENAL BRASILEIRO

A prisão é o cerceamento do direito de ir, vir e ficar, mediante o recolhimento da pessoa ao cárcere.

Desde milhares de anos, a prisão sempre foi aplicada pela humanidade como uma mera forma de custódia. O indivíduo ficava encarcerado até que uma pena lhe sobreviesse, em geral, penas de banimento, mutilações e morte. Todavia, **o caráter da prisão como pena é algo mais recente**.

Na história do mundo têm-se notícias de que a pena de prisão, não apenas como custódia, mas como pena, já era aplicada no Egito antigo. O governo do faraó era divino e evitava penas cruéis e arbitrárias. As prisões conhecidas também impunham aos encarcerados o trabalho forçado. As prisões são descritas como fortalezas contendo celas e masmorras ou como casas de trabalho (MONOGRAFIAS BRASIL ESCOLA, 2021).

Na Antiguidade, a primeira instituição penal foi o **Hospício de San Michel**, em Roma, a qual era destinada primeiramente a encarcerar "meninos incorrigíveis", e era denominada **Casa de Correção**.

Contudo, a prisão como pena surgiu no mundo moderno pela influência da Igreja Católica na Idade Média. Vislumbrava-se o recolhimento do pecador (ou delinquente, que também era um pecador) a um cárcere como forma de ali, isolado e em silêncio, expiar seus pecados e arrepender-se. Teve sua origem nos mosteiros da Idade Média, "como punição imposta aos monges ou clérigos faltosos, fazendo com que se recolhessem às suas celas para se dedicarem, em silêncio, à meditação e se arrependerem da falta cometida, reconciliando-se com Deus" (MESQUITA, 2012).

Essa ideia inspirou a construção da primeira prisão destinada ao recolhimento de criminosos, a *House of Correction*, construída em Londres entre 1550 e 1552, difundindo-se de modo marcante no século XVIII. Malgrado a privação da liberdade, como pena, no direito leigo, tenha se iniciado na Holanda, no século XVI, quando em 1595 foi construído **Rasphuis** de Amsterdã.

No Brasil, hoje, temos duas espécies de prisões: a **prisão-pena**, verdadeira sanção penal para a retribuição da infração cometida; e a **prisão provisória ou cautelar**, chamada de **prisão sem pena**, que é decretada antes do trânsito em julgado da sentença condenatória, e possui como espécies a prisão em flagrante, prisão preventiva e a prisão temporária.

A prisão-pena é regulada pelo Código Penal e pela Lei de Execuções Penais, já a prisão cautelar é regrada pelo Código de Processo Penal e pela Lei nº 7.960/1989 (esta última regula a prisão temporária). Na presente obra trataremos apenas das prisões cautelares (e outras medidas cautelares substitutivas dessas), já que a prisão-pena é matéria afeta ao direito penal.

A cautelaridade no processo penal é essencial. A demora na prestação jurisdicional fulminaria a pretensão que se visa com o processo penal. Por exemplo, de nada adiantaria uma sentença condenatória à pena de prisão se o acusado já estivesse se evadido do distrito da culpa. Ou, ainda, querer garantir a ampla defesa na produção de prova testemunhal se, ao tempo da instrução, a testemunha já estivesse morta. Destarte, **as medidas cautelares no processo penal são instrumentos outorgados pelo legislador para contornar os efeitos deletérios do tempo.**

O nosso Código de Processo Penal remonta a um tempo anterior à Constituição de 1988, resultado disso é um conjunto de reformas legislativas e dispositivos não recepcionados (quase todos já alterados) que deixaram o tema de prisões cautelares no Brasil, de suas medidas alternativas, bem como das demais medidas cautelares, um tanto atécnicas. Fato que tem sido colmatado pela doutrina e jurisprudência.

Não obstante essa falta de técnica, a doutrina aponta uma classificação das medidas cautelares no processo penal brasileiro (LIMA, 2019, p. 860). Dessa forma, as medidas cautelares podem ser divididas em três: **medidas cautelares de natureza patrimonial**; **medidas cautelares relativas à prova**; e **medidas cautelares de natureza pessoal**. As cautelares de **natureza patrimonial** estão relacionadas à reparação do dano e perdimento de bens, a exemplo das medidas assecuratórias previstas nos arts. 125 a 144-A do CPP. Cautelares **relativas às provas** são aquelas que visam assegurar a utilização no processo dos elementos probatórios e evitar seu perecimento, a exemplo da busca domiciliar ou da produção antecipada de prova testemunhal. Por fim, cautelares de **natureza pessoal** são todas medidas privativas ou restritivas da liberdade de locomoção, ora com maior restrição (*v.g.*, prisão preventiva), ora com menor restrição (*v.g.*, medidas cautelares diversas da prisão).

Decifrando a prova

(2021 – IDECAN – PEFOCE – Perito Legista – Farmácia) O Código de Processo Penal previu medidas cautelares reais e pessoais. As medidas cautelares reais são as que recaem sobre a coisa, como, por exemplo, a busca e apreensão e o arresto. Já as medidas cautelares pessoais são aquelas que recaem sobre a pessoa e se subdividem em prisões cautelares e medidas alternativas à prisão, com a finalidade de assegurar a eficácia da investigação criminal ou da instrução penal por meio de restrições à liberdade ou a direitos do investigado.

A seguir estão relacionadas algumas medidas cautelares previstas no Código de Processo Penal, **à exceção de uma**. Assinale-a.

A) monitoração eletrônica;
B) comparecimento periódico em juízo;
C) suspensão do exercício de função pública;
D) prisão temporária;
E) prisão preventiva.
Gabarito comentado: a prisão temporária não está prevista no CPP, senão em legislação penal especial. Portanto, a letra D é o gabarito.

No presente capítulo trataremos das medidas cautelares de natureza pessoal, pois as duas outras já foram tratadas nos capítulos 7 e 8 deste livro.

Como mencionado, diante do longo tempo do nosso Código de Processo Penal e das consequentes reformas legislativas no escopo de se atender o respeito aos direitos fundamentais e garantir outros instrumentos para acautelar o processo penal, surgiram alguns pontos um pouco confusos na normatização das medidas cautelares de natureza pessoal. Entender a evolução histórica nos auxiliará na compreensão. O que passamos a fazer.

Durante muito tempo, o sistema processual penal brasileiro ofereceu ao magistrado apenas duas opções de medidas cautelares de natureza pessoal. Essas eram: ou a prisão cautelar ou a liberdade provisória. A isso se denominava **bipolaridade das medidas cautelares de natureza pessoal**, ou **bipolaridade cautelar do sistema brasileiro**.

Entender essa dicotomia auxilia na própria compreensão da expressão liberdade provisória hoje em dia. Expressão que hoje, diante no nosso conjunto normativo de medidas cautelares pessoais, se mostra bastante estranha.

Conforme o sistema original do CPP, o acusado preso em flagrante respondia ao processo com total privação da liberdade, permanecendo preso cautelarmente. A única saída que existia para o acusado preso em flagrante que estava respondendo a um processo penal era pleitear por **liberdade provisória**. Essa poderia ser dada de duas formas: liberdade provisória sem fiança e liberdade provisória com fiança. A fiança serviria como estímulo para que o acusado ou investigado comparecesse a todos os atos do processo e não fugisse do distrito da culpa, sob pena de perder o valor oferecido.

Ocorre que a própria expressão liberdade provisória, apesar de ainda existir, sempre foi bastante criticada. A liberdade provisória partia da premissa de que a prisão era a regra e a liberdade era a exceção. Com efeito, nos primórdios do nosso CPP, antes de 1988, realmente funcionava assim. Não obstante, diante de uma maior observância dos direitos fundamentais, percebeu-se que a prisão antes do trânsito em julgado deveria sempre ter uma natureza cautelar. Nesse sentido, só poderia ser aplicada caso fosse realmente necessária para garantir os fins do processo penal e a realização da justiça dentro do Estado.

Nessa linha de entendimento, passou-se a perceber que provisória deveria ser a prisão e não a liberdade, como o nome sugere. No entanto, ainda hoje está presente no nosso ordenamento a expressão **liberdade provisória**, medida que visa conseguir a soltura do **preso em flagrante** por motivos de restarem desaparecidos ou inexistentes os pressupostos que impingem sua necessidade. Difere, nesse ponto da medida de **relaxamento da prisão** que se volta para os casos de prisão ilegal. Ambas as medidas, todavia, podem ser pleiteadas pela defesa por meio de simples petição nos autos ou *habeas corpus*.

No entanto, com a nova **previsão de audiência de custódia a ser realizada em 24 horas** após a prisão em flagrante, o instituto da liberdade provisória perdeu sua utilidade, a não ser que se consiga vislumbrar a aplicação da medida antes desse prazo, o que na prática se mostra inviável. Como cediço, na audiência de custódia, ou o juiz concede a soltura do preso em flagrante, ou converte a prisão em flagrante em preventiva. A partir desse momento é cabível não o pedido de liberdade provisória, senão o pedido de **revogação da prisão preventiva** por inexistente a adequação e necessidade da medida.

Eugênio Pacelli de Oliveira (2008, p. 413) leciona que o CPP, que é de 1941, na configuração de seu sistema de prisões antes do trânsito em julgado, partia de uma premissa básica: a prisão em flagrante delito autorizava o juízo de antecipação da responsabilidade penal, com força suficiente para a manutenção da custódia do aprisionado como decorrência única da situação de flagrante. Por isso, a atribuição do predicado "provisória" para a liberdade e não para a prisão.

Contudo, desde essa época de 1941 já havia exceções. Como, por exemplo, na hipótese do *caput* do art. 310 do CPP e de crimes afiançáveis. Prestada a fiança, quando cabível, o aprisionado poderia então gozar de uma liberdade denominada previamente provisória. É dizer, na dicção do Professor Pacelli de Oliveira (2008, p. 413): "provisória porque provavelmente a condenação, ao final do processo, viria pôr fim àquela situação de liberdade tolerada".

O sistema do CPP, elaborado em 1941, foi **construído a partir de um juízo de antecipação de culpabilidade**, na medida em que a fundamentação da custódia (prisão) se referia apenas à lei, e não a uma razão de cautelaridade.

Exemplo desse sistema era a previsão dos arts. 282 e 594 do CPP, ou seja, da prisão em razão da simples decisão de pronúncia ou em decorrência da prolação de sentença penal condenatória. Essas eram denominadas prisões processuais.

A minirreforma do nosso CPP de 1941, trazida em 2008 com as Leis nºs 11.689, 11.690 e 11.719, pôs fim em definitivo a essas prisões decorrentes da mera decisão de pronúncia ou de sentença condenatória. Na esteira do que já vinha sendo reconhecido pela jurisprudência como forma de não recepção pela Constituição de 1988.

Em primeiro lugar, referidas leis revogaram o art. 594 do CPP, que determinava a prisão automática e antes do trânsito em julgado daquele que, condenado, não fosse primário e de bons antecedentes. Em segundo lugar, a redação dada pela Lei nº 11.719/2008 ao art. 387 do CPP determinou expressamente que o juiz "**decidirá, fundamentadamente**, sobre a manutenção ou, se for o caso, a imposição de prisão preventiva ou de outra medida cautelar, sem prejuízo do conhecimento de apelação que vier a ser interposta" (grifo nosso) (parágrafo único do art. 387 – posteriormente o tema passou a ser tratado no § 1º do art. 387). Por fim, foram revogados implicitamente o art. 595 do CPP, que proibia o conhecimento da apelação do réu em fuga e, também, o art. 311, na parte em que se permitia a decretação da prisão preventiva apenas ao final da instrução criminal, já que essa não guardava qualquer compatibilidade com um sistema de cautelaridade das prisões antes do trânsito em julgado.

Em relação ao Tribunal do Júri, as reformas dadas pela Lei nº 11.689/2008 ao art. 413 do CPP exigiram ordem escrita e fundamentada para manutenção do réu já preso, para a decretação da prisão preventiva, ou para a prisão decorrente de pronúncia. De igual modo o art. 387, § 1º, do CPP, também assim o determinou para os demais procedimentos.

Todas essas alterações já eram aclamadas pela doutrina e jurisprudência como fruto de duas premissas cogentes trazidas pela Constituição de 1988: a presunção de inocência e a garantia de que toda prisão seja efetivamente fundamentada e por ordem escrita da autoridade competente.

10.2 MEDIDAS CAUTELARES DIVERSAS DA PRISÃO

Medidas cautelares são quaisquer medidas decretadas judicialmente de forma antecipada com a finalidade de resguardar determinado resultado útil futuro. Dada essa natureza de instrumentalidade para o resultado do processo penal, não sendo um fim em si mesmo, as medidas cautelares, quaisquer que sejam elas, exigem para sua decretação os requisitos do *fumus comissi delicti* e do *periculum libertatis*. Requisitos mais bem explicados adiante.

Com efeito, no processo penal, até pouco tempo, a prisão processual era a única espécie de medida cautelar de natureza pessoal.

A partir do advento da Lei nº 12.403/2011, a prisão processual passou a ser apenas uma das espécies do gênero "medidas cautelares pessoais".

A noviça lei trouxe uma nova modalidade de prisão processual e outras nove modalidades de medidas cautelares diversas da prisão.

A nova modalidade de prisão processual trata-se da denominada **prisão domiciliar**, regulada nos arts. 317 e 318 do CPP. As demais cautelares de natureza pessoal, introduzidas no ordenamento estão regradas entre os arts. 319 e 320 e compreendem: a) **comparecimento periódico em juízo**; b) **proibição de acesso ou frequência** a determinados lugares; c) **proibição de manter contato** com pessoa determinada; d) **proibição de ausentar-se da comarca**; e) **recolhimento domiciliar** no período noturno e nos dias de folga; f) **suspensão do exercício da função** pública, atividade econômica ou financeira; g) **internação provisória**; h) **fiança**; i) **monitoração eletrônica**; j) **proibição de ausentar-se do país com recolhimento do passaporte**.

Decifrando a prova

(2021 – FCC – DPE/GO – Defensor Público) A prisão domiciliar prevista no Código de Processo Penal
A) é incompatível com os institutos da detração e remição da pena.
B) pode ser decretada em conjunto com a medida cautelar de fiança.
C) deve ser decretada quando ausentes os requisitos da prisão preventiva.
D) pode ser imposta ao acusado homem, desde que seja o único responsável pelos cuidados de filho de até 14 anos de idade.

> E) deve ser imposta à mulher gestante em caso de cometimento de crime com violência ou grave ameaça.
> **Gabarito comentado:** a fiança pode ser aplicada em conjunto com outra medida cautelar, desde que compatível. Portanto, a letra B é o gabarito.

A despeito de inserir redação ao CPP, a Lei nº 12.403/2011 tem a natureza de norma processual mista ou híbrida. Ela é capaz de afetar diretamente o *status libertatis* do réu, ensejando sua liberdade ao passo que permite a troca da prisão preventiva por outra medida menos gravosa. Diante disso, sendo benéfica ao réu deve ser **aplicada retroativamente**. Foi por esse motivo que, à época de início de vigência da Lei, todos os processos foram revistos, a fim de se avaliar a necessidade ou a possibilidade de substituição da prisão preventiva por outra medida provisória.

Diante da referida Lei, a doutrina salienta que a prisão preventiva no Brasil se tornou medida de **extrema** ou *ultima ratio* dentro do sistema cautelar, pois apenas cabível quando inviável ou infrutífera outras medidas cautelares diversas da prisão.

10.2.1 Dos requisitos para aplicação das medidas cautelares diversas da prisão

A primeira observação que se deve fazer acerca da aplicação das medidas cautelares é a **judicialidade**, ou princípio da judicialidade. Tão quanto às prisões cautelares, as medidas cautelares alternativas à prisão impõem que somente o magistrado pode decretá-las. É o que se denomina **cláusula de reserva de jurisdição**. Decorre da própria tripartição de poderes e do respeito aos direitos fundamentais.

Como introduzido pelo Pacote Anticrime, o juiz competente para deferi-las, durante a etapa da investigação criminal, é o juiz das garantias, conforme art. 3º-B, V, do CPP. Dispositivo que até o momento se encontra suspenso por decisão do STF.

O CPP, no seu **art. 282**, traz os seguintes requisitos para que seja decretada qualquer das medidas cautelares pessoais diversas da prisão: a) **necessidade** para a aplicação da lei penal, para a investigação criminal, instrução criminal, ou para evitar a prática de novas infrações penais; b) **adequação** da medida à gravidade do crime, circunstâncias do fato e condições pessoais do indiciado ou acusado.

Como se observa, o art. 282 ao trazer expressamente os termos "necessidade" e "adequação" consubstancia no âmbito das medidas cautelares o **princípio da proporcionalidade**, na linha de suas três vertentes elencadas, pela primeira vez, por Paulo Bonavides (2008, p. 396). Destarte, o princípio da proporcionalidade abarca assim: **necessidade**, **adequação** e **proporcionalidade em sentido estrito**.

A **proporcionalidade-necessidade** refere-se ao fato de que as medidas cautelares só poderão ser aplicadas se realmente imprescindíveis para os fins do processo. Esses fins do processo que as medidas cautelares visam preservar estão discriminados no art. 282, como necessidade para a **aplicação da lei penal**, a necessidade para a **investigação** criminal, a necessidade para a **instrução** criminal, e a necessidade para **evitar a prática de infrações penais**. Com fulcro na necessidade é que se entende por proporcional uma medida que, a par de vilipendiar alguns direitos fundamentais, é necessária para garantir outros. Uma medida cautelar que não seja necessária jamais será proporcional.

Contudo, para ser proporcional não basta apenas ser necessária, deve a medida escolhida também ser **adequada**. Por **proporcionalidade-adequação**, entende-se a **aptidão** da medida cautelar para preservar o fim do processo que a **necessidade** indicou. O art. 282 do CPP orienta a análise da adequação da medida cautelar sob três aspectos: **gravidade do crime; circunstância do fato;** e **condições pessoais do indiciado ou acusado**. Por exemplo, se a **necessidade** demonstrou que o acusado almeja fugir e assim corre-se o risco de não conseguir aplicar a lei penal, de nada adianta uma medida cautelar de proibição de manter contato com pessoa determinada, sendo a medida cautelar mais adequada ou **proibição de ausentar-se da comarca**, ou o **recolhimento domiciliar** no período noturno e nos dias de folga, ou a **monitoração eletrônica**, ou, ainda, **recolhimento de passaporte**. Medidas que serão escolhidas com fulcro na proporcionalidade em sentido estrito.

Por fim, proporcionalidade em sentido estrito é exatamente a ponderação dos direitos que serão sacrificados para acautelar o processo penal. É um juízo de sopesamento das medidas açambarcadas como necessárias e adequadas, em que se almeja sacrificar o mínimo possível um direito fundamental do investigado/acusado, sem olvidar dos direitos da sociedade à segurança pública com a aplicação de um direito penal eficiente.

Interessante notar que essa expressa referência ao princípio da proporcionalidade (*lato sensu*) no CPP sedimenta a atenção a algo bastante comentado atualmente pela doutrina e jurisprudência. Trata-se do cotejo entre a **proteção deficiente** e a **proibição de excesso**, respectivamente chamado no direito alemão de *Untermaßverbot* e *Ubermaßverbot*. A proteção deficiente e a proibição de excesso são as duas facetas da proporcionalidade em sentido amplo. Podem se resumir, no âmbito das medidas cautelares, na necessidade de se proteger os direitos fundamentais sem se olvidar da necessidade de se proteger a sociedade contra fatos criminosos. A fim e a cabo, visa não apenas evitar medidas cautelares excessivas, mas de igual modo combater o que se têm denominado **garantismo hiperbólico monocular**, já mencionado neste livro.

Segundo as lições de Ingo Sarlet (2009, p. 397), "o princípio da proporcionalidade possui como que uma dupla face, atuando simultaneamente como critério para o controle da legitimidade constitucional de medidas restritivas do âmbito de proteção de direitos fundamentais, bem como para o controle da omissão ou atuação insuficiente do Estado no cumprimento dos seus deveres de proteção".

Importante o leitor se atentar para essas premissas relativas à incorporação do princípio da proporcionalidade no processo penal, pois já foi questão de inúmeras provas de concurso escritas e orais pelo país. De igual modo, é conhecimento essencial para a boa prática forense.

Observa-se que a inovação legislativa, que trouxe as medidas cautelares diversas da prisão, tem seus requisitos de aplicação muito semelhantes aos requisitos já trazidos anteriormente no art. 312 do CPP para a aplicação da prisão preventiva. E não podia ser diferente, a partir do momento que o CPP, numa leitura constitucional do processo penal, incorporou o entendimento da natureza meramente cautelar da prisão preventiva antes do trânsito em julgado, a proporcionalidade é indelével, embora não com seu nome expresso como agora nas medidas cautelares diversas da prisão.

Nesse escólio, quando o art. 282, I, do CPP traz a expressão "**necessidade para a aplicação da lei penal**", nada mais representa do que a previsão do art. 312 do CPP da necessidade de "**assegurar a aplicação da lei penal**". Quando diz "**necessidade para a investigação ou a instrução criminal**", coincide com a expressão utilizada para a prisão preventiva de "**conveniência da instrução criminal**". Ao falar da "**necessidade de evitar a prática de infrações penais**", refere-se à mesmíssima hipótese da prisão preventiva para fins da "**garantia da ordem pública e da ordem econômica**".

Consoante firmado pela jurisprudência e doutrina, não apenas pela similitude das razões de necessidade de aplicação, mas da mesma forma pela igual natureza cautelar, **as medidas cautelares diversas da prisão somente poderão ser aplicadas nas situações que permitiriam o decreto de prisão cautelar**. Sendo, na verdade, como que substitutivas da prisão cautelar por alcançarem o mesmo objetivo de forma menos gravosa.

Nessa linha, o STJ no HC nº 282.509, em 2013, decidiu que

> as medidas alternativas a prisão preventiva não pressupõe, ou não deveriam pressupor, a inexistência de requisitos ou do cabimento da prisão preventiva, mas sim a existência de uma providência igualmente eficaz para o fim colimado com a medida cautelar extrema, porém com menor grau de lesividade à esfera de liberdade do indivíduo. (...). Trata-se de uma escolha comparativa, entre duas ou mais medidas disponíveis – *in casu*, a prisão preventiva e algumas das outras arroladas no art. 319 do CPP.

Em igual sentido, o STF no *Informativo* nº 783.

Assim, não se pode permitir que as medidas cautelares alternativas dos arts. 319 e 320 do CPP sirvam como opção judicial para os casos que não se permita a prisão cautelar. Ou seja, se não cabível no caso prisão cautelar, não se poderá impor qualquer outra medida cautelar pessoal.

O Pacote Anticrime – Lei nº 13.964/2019, com a redação que conferiu ao art. 282, § 6º, do CPP – reforçou o disposto anteriormente. Assim, preconiza que "**a prisão preventiva somente será determinada quando não for cabível a sua substituição por outra medida cautelar**" (grifos nossos). O que a doutrina reconhece como a "medida de **extrema ou *ultima ratio* da prisão preventiva**".

Consoante o art. 282, § 1º, do CPP, as medidas cautelares alternativas à prisão podem ser aplicadas **isoladas** ou **cumulativamente**. Ou seja, o juiz consoante os critérios da necessidade, adequação e proporcionalidade em sentido estrito por aplicar uma, duas ou mais medidas cautelares diversas da prisão.

A mesma Lei nº 13.964/2019 introduziu ao art. 282, § 4º, do CPP, o que se tem denominado **fungibilidade das medidas cautelares**. Assim, reza o dispositivo legal que

> no caso de descumprimento de qualquer das obrigações impostas, o juiz, mediante requerimento do Ministério Público, de seu assistente, ou do querelante, poderá substituir a medida, impor outra em cumulação, ou, em último caso, decretar a prisão preventiva, nos termos do parágrafo único do art. 312 deste Código.

Ou seja, as medidas cautelares podem a qualquer tempo ser substituídas umas pelas outras no curso da persecução penal no escopo de acautelar o processo. Apenas anota-se o equívoco da redação do dispositivo ao se referir ao parágrafo único art. 312 do CPP. Esse parágrafo não mais existe, e onde se lê parágrafo único do art. 312, deve-se ler § 1º do art. 312.

A nova redação desse art. 282, § 4º, merece algumas importantes considerações.

Primeiro, cumpre frisar que a redação do referido artigo exclui a possibilidade de o juiz proferir qualquer dessas medidas cautelares de ofício. Inovação que deve ser elogiada por atender ao sistema acusatório, afastando-se resquícios de um sistema inquisitivo varrido para debaixo do tapete.

Segundo, o dispositivo traz a previsão da iniciativa não só do Ministério Público para aplicação das medidas, mas de igual forma do assistente da acusação e do querelante. Quanto ao querelante não se mostram maiores questões, afinal ele é o autor e titular da ação penal privada. Apenas cabendo frisar que a figura do querelante apenas surge com o início da ação penal privada, o que se dá com o recebimento da queixa-crime. Por outro lado, quanto ao assistente à acusação percebe-se que o art. 282, § 4º, alargou as hipóteses taxativas de sua atuação previstas no art. 271 do CPP. De igual modo, o assistente apenas atua na fase da ação penal, o que se dá com o recebimento da denúncia. Assim, na fase da investigação apenas o MP seria legitimado para o requerimento das medidas cautelares diversas da prisão.

Nesse ponto surge nossa terceira questão sobre o referido artigo. Ao contrário do previsto para o requerimento da prisão preventiva, o dispositivo se olvidou de trazer a previsão da autoridade policial para requerer a aplicação de medidas alternativas diversas da prisão. Fato que se mostra, muitas vezes, de indelével importância para a investigação criminal. Não obstante, quem pode o mais deve poder o menos. Ora, se cabe à autoridade policial representar pela prisão preventiva, deve-se admitir da mesma forma sua representação pela aplicação das medidas cautelares alternativas a essa prisão preventiva. Nesse diapasão, cumpre outorgar uma interpretação extensiva ao referido art. 282, § 4º.

Malgrado, pode-se, ainda, extrair essa autorização de representação da autoridade policial do art. 282, § 2º, *in verbis*: "As medidas cautelares serão decretadas pelo juiz a requerimento das partes ou, quando **no curso da investigação criminal, por representação da autoridade policial** ou mediante requerimento do Ministério Público" (grifos nossos).

O CPP exige que o juiz, antes de decidir sobre a fixação de alguma medida cautelar, respeite o contraditório e a ampla defesa. Desse modo, deve determinar a intimação da parte contrária, para se manifestar no prazo de **cinco dias**, acompanhada essa intimação de cópia do requerimento e das peças necessárias. Todavia, os autos devem permanecer em juízo (art. 282, § 3º, do CPP). Essa manifestação deve-se dar **por escrito**, conforme redação trazida pelo Pacote Anticrime.

É apenas **excepcionalmente**, diante das hipóteses de urgência ou de perigo de ineficácia da medida, que **o juiz poderá proferir decisão sem a referida intimação da parte contrária** (ou seja, *inaudita altera pars*). Contudo, mesmo diante dessa situação, o contraditório e a ampla defesa devem ser respeitados, intimando-se a parte para se manifestar posteriormente à decretação da medida (o que se denomina **contraditório diferido ou postergado**).

Aqui existe certa divergência entre a decretação da prisão preventiva e das medidas cautelares alternativas. **O CPP para o decreto de prisão preventiva não exige nenhum contraditório ou ampla defesa**, nem mesmo diferido. Estranhamente, o STJ, acompanhado pelo Enunciado nº 31 do GNCCRIM, entendeu que **os dispositivos trazidos pelo art. 282, § 3º, só se aplicam às medidas cautelares do art. 319 do CPP e não à prisão preventiva**. Destarte, deve-se atentar para as provas de concursos públicos, mormente para as questões objetivas, que a prisão preventiva não exige qualquer tipo de contraditório, nem intimação para se manifestar em cinco dias antes da decretação da prisão preventiva, nem o contraditório diferido ou postergado.

Conforme o art. 282, § 5º, do CPP, com a redação dada pela Lei nº 13.964/2019 (Pacote Anticrime), na mesma linha do já disposto no art. 316, *caput*, do CPP, assevera-se que as medidas cautelares alternativas estão submetidas à cláusula *rebus sic stantibus*. Ou seja, são válidas enquanto as circunstâncias fáticas que ensejaram a medida ainda existirem. Alterando-se as circunstâncias de fato, podem não apenas ensejar a revogação da medida, mas de igual modo sua substituição por outra. Assim preconiza a disposição legal: "O juiz poderá, de ofício ou a pedido das partes, revogar a medida cautelar ou substituí-la quando verificar a falta de motivo para que subsista, bem como voltar a decretá-la, se sobrevierem razões que a justifiquem".

Deve-se observar que a lei não permite ao juiz decretar medida cautelar de ofício, mas **permite sua substituição de ofício pelo magistrado**. É que, diante da mera substituição ou revogação da medida pelo juiz, não se pode vislumbrar ofensa à sua imparcialidade. Nesse caso, o juiz atua como garante dos direitos do cidadão, apenas adequando uma decisão da qual já foi provocado.

Questão bastante polêmica na doutrina e na jurisprudência do STF e STJ refere-se à possibilidade de o juiz, uma vez revogada a medida, vir novamente decretá-la de ofício. Não existindo uma posição sedimentada nesse sentido.

Frisa-se, mais uma vez, que todas essas decisões se proferidas ao longo da investigação criminal, conforme introduzido pelo Pacote Anticrime, serão de competência do juiz das garantias. Previsão essa, todavia, que se acha suspensa por decisão do STF, como já mencionado nesta obra.

O art. 283, § 1º, do CPP adverte que não se poderá aplicar essas medidas cautelares às infrações a que não for cominada, seja isolada, cumulativa ou alternativamente, pena privativa de liberdade. Consequência disso, segundo a doutrina majoritária, implica na não admissão de medida cautelar em infração de menor potencial ofensivo. As infrações de menor potencial ofensivo impõem diversas medidas que afastam a pena de prisão, como a transação penal, conciliação e suspensão condicional do processo. Ademais, na mesma linha dos quesitos da necessidade, adequação e proporcionalidade em sentido estrito anteriormente mencionados, não se pode vislumbrar uma medida cautelar mais gravosa que as possíveis soluções finais do processo. Isso se denomina **princípio da homogeneidade**.

Também se entende que em relação aos crimes culposos, dada à previsão do art. 313, I, do CPP, no sentido de que a eles não se admitirá a decretação de prisão preventiva, também não se poderá decretar outras medidas cautelares pessoais. Exceção a isso é quando se puder antever a possibilidade concreta de imposição de pena privativa de liberdade ao final do processo, diante das condições pessoais do agente, em especial reincidente.

Contra a decisão que aplicar ou deixar de aplicar medida cautelar caberá recurso em sentido estrito por interpretação extensiva do art. 581, V, do CPP. Da decisão que aplica a medida, segundo o STF (*Informativos* nºs 772, 888 e 984), é cabível o manejo de *habeas corpus*, eis que se ela for descumprida, há o risco de decretação da prisão preventiva.

> **Decifrando a prova**
>
> **(2021 – CESPE/CEBRASPE – MPE/AP – Promotor de Justiça Substituto)** Acerca das medidas cautelares diversas da prisão, assinale a opção correta.
>
> A) O servidor público em desfavor do qual for decretada a suspensão do exercício da sua função pública ficará privado dos respectivos vencimentos enquanto perdurar a medida.
>
> B) A internação provisória do acusado inimputável ou semi-imputável tem aplicação em qualquer delito punível com pena privativa de liberdade superior a quatro anos.
>
> C) O recolhimento domiciliar no período noturno e na folga laboral impõe cumulação obrigatória com a medida cautelar de monitoração eletrônica.
>
> D) No curso de investigação criminal, o juiz poderá decretar, de ofício, medidas cautelares.
>
> E) É incompatível a instauração do contraditório prévio com a medida de proibição de o acusado ausentar-se do país.
>
> **Gabarito comentado:** dada a natureza das medidas cautelares, o contraditório deve ser diferido. Portanto, a letra E é o gabarito.

10.2.2 Espécies de medidas cautelares diversas da prisão previstas no CPP

Como medidas alternativas à prisão cautelar, a Lei nº 12.403/2011, outorgando redação aos arts. 319 e 320 do CPP, trouxe uma série de outras medidas coercitivas no escopo de evitar essa medida mais gravosa de todas que é a prisão. A prisão cautelar se tornou a "extrema ou a *ultima ratio*". Assim, preconizou a Lei supracitada no art. 319 do CPP, nove medidas cautelares diversas da prisão e no art. 320 a possibilidade de retenção do passaporte (o que não passa também de uma décima medida cautelar diversa da prisão).

Importante frisar que, no mesmo espeque que as medidas cautelares alternativas, só podem ser aplicadas se no caso concreto estar-se-iam, de igual modo, presentes os requisitos da prisão preventiva. Essas apenas sendo aplicadas por serem menos gravosas e alcançarem a mesma necessidade da prisão preventiva. Uma vez descumpridas qualquer dessas medidas, poderá ser decretada a prisão preventiva. Esse é teor inclusive do art. 282, § 4º, do CPP.

Passemos então a discorrer sobre cada uma das medidas cautelares em espécie.

- **Comparecimento periódico em juízo:** é medida que almeja dois objetivos precípuos, verificar que o acusado/investigado permanece à disposição do juízo e obter informações acerca de suas atividades cotidianas. É medida adequada para o acusado/investigado que não possua vínculos com o local, bem como risco de não ser encontrado. O acusado/investigado deve comparecer, em período de tempo fixado pelo juiz, perante a Secretaria do Juízo para informar onde está residindo e a atividade que exerce. Entende-se que, caso ele resida em outra comarca, poderia o acompanhamento da medida ser feito no juízo em que resida, expedindo-se carta precatória.

- **Proibição de acesso ou frequência a determinados lugares:** é a medida adequada para os casos em que o investigado/acusado deva permanecer distante de dado local para que evite o risco de cometer novas infrações (a exemplo de impedir que um integrante de torcida organizada entre em estádio de futebol), bem como quando se almeje proteger determinada prova, especialmente oral, contra investidas de ameaça ou suborno. Em razão da expressão "acesso ou frequência", tanto um único ato de entrada quanto a repetição sistemática dessa entrada a certos lugares abarcam a medida. Essa proibição deve ser específica, não podendo o magistrado proibir de forma genérica a entrada em locais sem especificá-los. Observa-se que a expressão preconizada no art. 282, inciso I, ao trazer a orientação sobre o que se depreende necessidade para fins de aplicação de medida cautelar alternativa, quando diz "**nos casos expressamente previstos em lei,** *para evitar a prática de infrações penais*" é referenciado, além de outros dispositivos, por este.

- **Proibição de manter contato com pessoa determinada:** é medida adequada para as situações em que o agente esteja ameaçando a vítima ou a ofendendo ainda que apenas por ligações telefônicas, ou para evitar que o agente venha a tentar fazer contato com a testemunha para influenciar seu depoimento. Observa-se que essa proibição de manter contato não se refere apenas à vítima, podendo ser aplicada também para não se manter contato com testemunha. Não há restrição para o tipo de contato que pode ser proibido (pessoal, telefônico, *e-mail*, WhatsApp etc.), qualquer contato pode ser proibido, devendo, contudo, o juiz especificá-lo na decisão. Dentro dessa medida, para impedir o contato, pode o magistrado impor distância mínima de aproximação da vítima, testemunha, ou de suas residências. É importante que o magistrado para averiguar o descumprimento da medida não leve apenas a palavra da vítima, mas o conjunto probatório de seu descumprimento. Ademais, essa aproximação deve ser consciente, caso seja casual ou acidental não há de se falar em descumprimento da medida.

- **Proibição de ausentar-se da comarca:** o dispositivo legal indica expressamente que a medida seria aplicada quando necessária para a instrução ou investigação criminal. No entanto, nada impede que a medida seja igualmente aplicada quando necessária para a aplicação da lei penal, diante de risco de fuga do acusado/investigado. A expressão "comarca" deve abarcar tanto a ausência do distrito da culpa, estado da federação, quanto à ausência do país. Tanto é assim que o art. 320 menciona a previsão de recolhimento de passaporte. Para dar efetividade a essa medida, prevê esse mesmo art. 320 do CPP que referida proibição de ausentar-se do país deverá ser comunicada pelo magistrado às autoridades encarregadas de fiscalização de entrada e saída do território nacional.

- **Recolhimento domiciliar no período noturno e nos dias de folga:** medida menos gravosa que a prisão domiciliar, pois permite que o investigado/acusado possa exercer atividade laborativa durante o dia. É medida que foca na autodisciplina e senso de responsabilidade do acusado, no sentido de não perder seu emprego e rotina de vida, sujeita-se a não se ausentar da residência no período noturno e dias de folga. A medida só deve ser aplicada caso o investigado/acusado tenha residência e trabalho fixos. Admitindo-se de igual modo a medida para quem apenas seja estudante. Sugere a doutrina que a medida seja aplicada conjuntamente com a monitoração eletrônica, para fins de maior fiscalização de cumprimento da medida (LIMA, 2019, p. 1064). Não obstante, a monitoração eletrônica deve ser aferida caso a caso pelo juiz, para fins de que não se perca o objetivo de autodisciplina da medida, que impõe certa ausência de fiscalização no sentido de se fomentar a responsabilidade do condenado. Importante observar que não se deve confundir recolhimento domiciliar com prisão domiciliar. Na prisão domiciliar o investigado, acusado ou sentenciado devem se recolher de forma permanente em sua residência, com saídas autorizadas pelo juízo. Já o recolhimento domiciliar é uma medida cautelar diversa da prisão preventiva prevista no art. 319, V, do CPP, consistindo na permanência do investigado ou acusado em sua residência no período noturno e nos dias de folga, cabendo àquele que tem residência e trabalho fixos.
- **Suspensão do exercício da função pública ou de atividade econômico-financeira:** é medida adequada para os casos de crimes praticados por funcionários públicos se valendo do exercício da função pública, ou de pessoas que desempenham atividades de natureza econômica ou financeira, valendo-se dessas funções para praticar crimes. São exemplos os crimes de peculato, concussão, gestão temerária de instituição financeira, lavagem de capitais etc. A medida segue a linha da previsão já existente na Lei de Drogas em seu art. 56, § 1º. A leitura do art. 319, VI, do CPP, pode deixar a entender que a medida só poderia ser decretada para atender à necessidade de manutenção da ordem pública ou econômica, no sentido de evitar reiterações delituosas. Não obstante, essa não é a melhor interpretação. Nada impede que o magistrado também decrete a medida para os fins de necessidade de aplicação da lei penal e para a investigação ou instrução criminal. Assim, a medida de suspensão das funções tanto pode ser aplicada para evitar a prática de novas infrações quanto para as hipóteses em que o acusado se valha dessas funções para destruir provas, pressionar testemunhas, ou obstruir de qualquer forma a busca da verdade. Consoante a ADI nº 5.526/DF, j. 11.10.2017, o STF decidiu que, em relação a mandado eletivo de membro de Poder Legislativo, a medida cautelar de suspensão da função pública deve ser submetida à deliberação da Casa Legislativa respectiva, em 24 horas, nos termos do art. 53, § 2º, da CF. Isso em respeito ao princípio da separação de poderes, de modo a proteger a função parlamentar contra abusos e pressões dos demais poderes. Salienta-se que, conforme decidiu o STF por unanimidade no RE nº 482.006/MG, j. 07.11.2007, a medida cautelar que afaste o servidor público do exercício de suas funções não pode implicar a suspensão ou redução de seus vencimentos, sob pena de estar a antecipar a pena com a aplicação de uma medida cautelar.

- **Internação provisória:** a despeito de anteriormente, mesmo diante da ausência previsão legal expressa, já se admitir a internação provisória uma vez presentes os pressupostos da prisão preventiva e a periculosidade do acusado/investigado (STJ, RHC nº 11.329/BA), a medida cautelar somente veio sedimentada no ordenamento com a redação dada pela Lei nº 12.403/2011 ao art. 319, VII, do CPP. Assim, hoje temos a medida cautelar alternativa a prisão de internação provisória, adequada para as situações de crimes praticados com violência ou grave ameaça, quando os peritos concluírem ser inimputável ou semi-imputável o acusado/investigado e houver risco de reiteração criminosa. O dispositivo não faz distinção de doença mental anterior ou que sobreveio ao crime. Desse modo, a medida cautelar pode ser aplicada em ambas as hipóteses, mas jamais como medida de segurança provisória. Para aplicação dessa medida exige-se o prévio laudo pericial sobre ser o acusado inimputável ou semi-imputável, o que deve ocorrer por meio do incidente de insanidade mental, cuja realização, por força do art. 149 do CPP, somente pode ser determinada pela autoridade judiciária. Por acarretar restrição a liberdade de locomoção, o lapso temporal em que o acusado/investigado inimputável ou semi-imputável fica submetido à internação provisória deve ser levado em conta na detração penal, seja no cômputo do *quantum* da pena privativa de liberdade, seja no cômputo do prazo mínimo de aplicação de medida de segurança.
- **Fiança:** a fiança sempre foi tratada no ordenamento jurídico como medida de contracautela, funcionando como substitutivo da prisão em flagrante, quando decretada a liberdade provisória com fiança. Ou seja, somente era imposta caso houvesse uma prisão em flagrante. Com a vigência da Lei nº 12.403/2011, a fiança passou também a funcionar como medida cautelar autônoma, imposta, isolada ou cumulativamente, nas infrações que a admitem, para assegurar o comparecimento a atos processuais, evitar obstruções no processo, ou em caso de resistência injustificada a ordem judicial. É medida que se afigura necessária para aplicação da lei penal, para a investigação ou instrução criminal, e nos casos previstos, para evitar a prática de infrações penais. Por óbvio, embora possa ser aplicada cumulativamente com outras medidas cautelares, não se mostrará compatível com a prisão preventiva, prisão domiciliar ou internação.
- **Monitoração eletrônica:** é o uso de dispositivo não ostensivo afixado ao corpo da pessoa para que se saiba a localização geográfica do agente, de modo a permitir o controle judicial de seus atos. O monitoramento eletrônico foi instituído inicialmente no país em 2010 com a Lei nº 12.258/2010 que alterou dispositivos da Lei de Execuções Penais (LEP). Esse monitoramento era chamado de monitoramento-sanção, haja vista que apenas aplicado aos condenados definitivamente beneficiados com saídas temporárias e em prisão domiciliar. Trata-se do sistema denominado *back-door*, pois visa retirar antecipadamente do sistema prisional as pessoas que possuam condições de terminar o cumprimento da pena fora da cadeia. Todavia, com a entrada da Lei nº 12.403/2011 instituiu-se o monitoramento eletrônico como medida cautelar. A esse monitoramento eletrônico como medida cautelar alternativa a prisão denomina-se sistema *front-door*, pois almeja evitar

o ingresso na prisão. Entende-se que se deve aplicar ao monitoramento eletrônico cautelar as mesmas disposições preconizadas para ele na LEP, assim deve ter o condenado os deveres de receber a visita, responder ao contato e cumprir orientação dos servidores responsáveis pela monitoração, bem como abster-se de remover, violar ou danificar o dispositivo.

Jurisprudência destacada

Em recente julgado, define o STJ que é possível considerar o tempo submetido à medida cautelar de recolhimento noturno, aos finais de semana e dias não úteis, supervisionados por monitoramento eletrônico, com o tempo de pena efetivamente cumprido, para detração da pena. O recolhimento noturno, diferentemente da prisão preventiva, tem restrições pontuais ao direito de liberdade. Por essa razão, o STJ afirmou que o cálculo da detração considerará a soma da quantidade de horas efetivas de recolhimento domiciliar com monitoração eletrônica, as quais serão convertidas em dias para o desconto da pena (STJ, 3ª Seção, HC nº 455.097/PR, Rel. Min. Laurita Vaz, j. 14.04.2021, *Info.* nº 693).

Não se justifica a prisão preventiva se, considerando o *modus operandi* dos delitos, a imposição da cautelar de proibição do exercício da medicina e de suspensão da inscrição médica, e outras que o Juízo de origem entender necessárias, forem suficientes para prevenção da reiteração criminosa e preservação da ordem pública (STJ, 5ª Turma, HC nº 699.362/PA, Rel. Min. Jesuíno Rissato, Desembargador convocado do TJDFT, Rel. Acd. Min. João Otávio de Noronha, j. 08.03.2022, *Info.* nº 728).

A escolha pelo Magistrado de medidas cautelares pessoais, em sentido diverso das requeridas pelo Ministério Público, pela autoridade policial ou pelo ofendido, não pode ser considerada como atuação *ex officio* (STJ, 6ª Turma, AgRg no HC nº 626.529/MS, Rel. Min. Rogerio Schietti Cruz, j. 26.04.2022, *Info.* nº 735).

Decifrando a prova

(2021 – FGV – TJ/RO – Analista Judiciário – Pedagogo) Roberto, preso pela suposta prática de crime, foi apresentado ao juiz de direito que, analisando o caso concreto, decretou uma das medidas cautelares diversas da prisão previstas no art. 319 do Código de Processo Penal. O Manual de Gestão para as Alternativas Penais, ao abordar esse tema, reproduz o art. 319. Assinale a alternativa abaixo que corresponde a uma dessas medidas:
A) perda de bens e valores;
B) prestação de serviço à entidade pública credenciada;
C) comparecimento periódico em juízo;
D) prisão domiciliar;
E) prestação de serviços à comunidade.
Gabarito comentado: de acordo com o art. 319, I, do CPP, a letra C é o gabarito.

10.2.3 Medidas cautelares diversas da prisão previstas na legislação especial

Mesmo antes da redação dada pela Lei nº 12.403/2011 ao CPP, já tínhamos na legislação penal extravagante medidas cautelares alternativas, diversas da prisão, para resguardar os fins do processo penal. Ocorre que essas medidas eram aplicadas apenas em relação a algumas espécies de crimes e não de forma geral como agora se aplica com as inovações do CPP. A grande maioria dos crimes, assim, ficava sujeita à dicotomia da cautelaridade de medidas pessoais. Ou seja, ou se aplicava uma prisão cautelar (prisão preventiva ou prisão temporária) ou se aplicava a liberdade provisória com fiança.

Não obstante as inovações do CPP, referidas medidas cautelares já há muito previstas na legislação penal extravagante continuam válidas, bem como outras surgiram posteriormente. Pelo que passamos a especificá-las.

- **Decreto-lei nº 201/1967 – Crimes de Responsabilidade de Prefeitos:** o art. 2º, II, do Decreto-lei, traz a possibilidade de o Tribunal de Justiça respectivo, ao receber a denúncia, manifestar-se motivadamente sobre o afastamento do prefeito do exercício do cargo. É medida similar ao afastamento da função pública prevista no art. 319, VI, do CPP.
- **Código de Trânsito Brasileiro – CTB:** o CTB, em seu art. 294, traz a medida de natureza cautelar pessoal de suspensão da permissão ou da habilitação para dirigir veículo automotor, ou a proibição de sua obtenção. Segundo o CTB, a medida pode ser aplicada pelo juiz de ofício, a requerimento do Ministério Público ou mediante representação da autoridade policial. A previsão legal vincula essa suspensão ou proibição à necessidade de garantia de ordem pública.
- **Lei Maria da Penha – Lei nº 11.340/2006:** consoante o art. 22 desta Lei, nos casos de violência doméstica e familiar contra a mulher, poderá o juiz aplicar ao agressor, isoladas ou cumulativamente, as medidas de suspensão/restrição da posse porte de arma de fogo, afastamento do lar ou local de convivência, proibição de aproximação ou contato da ofendida, seus familiares ou testemunhas, proibição de frequência a determinados lugares, restrição ou suspensão de visitas aos filhos menores, prestação de alimentos (esta última, na verdade, medida cautelar de natureza patrimonial e não pessoal com as demais).
- **Lei de Drogas – Lei nº 11.343/2006:** prevê para os crimes previstos em seus arts. 33, *caput* e § 1º, 34 a 37, a possibilidade de o juiz ao receber a denúncia decretar o afastamento cautelar do denunciado de suas atividades, o que deverá ser comunicado ao órgão respectivo se for funcionário público. Como se observa, é medida que se aplica apenas na fase processual da persecução penal, não havendo previsão para a fase da investigação.
- **Lei Orgânica da Magistratura – Lei Complementar nº 35/1979:** traz em seu art. 29 a previsão de, ao receber a denúncia ou queixa contra o magistrado, poder o Tribunal, ou seu órgão especial, por decisão motivada de dois terços de seus membros, determinar o afastamento do cargo do magistrado denunciado.

- **Lei de Improbidade Administrativa – Lei nº 8.429/1992:** prevê a possibilidade de afastamento cautelar do agente público do exercício do cargo, emprego ou função, quando a medida se fizer necessária à instrução processual. Todavia, os Tribunais Superiores mantinham o entendimento de que a medida se limitava aos casos de improbidade administrativa (ação civil), não se aplicando ao processo penal.
- **Lei Henry Borel – Lei nº 14.344/2022:** a Lei Henry Borel é recente inovação legislativa de 24 de maio de 2022 surgida em razão da morte do menino Henry. A exemplo da Lei Maria da Penha, traz diversas medidas cautelares no escopo de proteger as crianças e adolescentes contra a violência doméstica e familiar. São elas: suspensão da posse ou a restrição do porte de armas; afastamento do lar, domicílio ou local de convivência com a vítima; proibição de aproximação da vítima, com seus familiares, das testemunhas e com notificantes ou denunciantes, com fixação de limite mínimo de distância entre estes e o agressor; proibição de frequentação de determinados lugares; restrição ou a suspensão de visitas à criança e ao adolescente; prestação de alimentos provisionais e provisórios; comparecimento a programas de recuperação e reeducação; acompanhamento psicossocial.

10.2.4 Sobre a discussão de um possível poder geral de cautela no processo penal

Diante da impossibilidade de o legislador prever todas as providências cautelares necessárias para as diversas situações fáticas possíveis nos casos concretos, tem-se o denominado poder geral de cautela do juiz. Esse poder nada mais é do que medidas cautelares inominadas, aquilatadas pelo juiz diante da necessidade e adequação ao caso concreto, sem que estejam previstas no ordenamento jurídico.

O CPC traz a previsão expressa do poder geral de cautela do juiz no seu art. 297. Todavia, semelhante previsão legal não se acha no processo penal. Esse fato fomenta certa divergência na doutrina sobre a existência ou não de um poder geral de cautela do juiz no processo penal.

Parte da doutrina defende que no processo penal não existem medidas cautelares inominadas e consequentemente qualquer poder geral de cautela do juiz. Destarte, por não haver previsão em lei, aplicar por analogia o art. 297 do CPC ao processo penal vilipendia os princípios da legalidade e da taxatividade. O processo penal é um instrumento de limitação do poder punitivo estatal, destarte, a utilização de medidas cautelares atípicas (ou seja, não previstas em lei) viola o devido processo legal, direito fundamental do cidadão. Nesse sentido de impossibilidade de medidas cautelares atípicas no processo penal, o STJ, no HC nº 42.994/SP, *DJ* 21.11.2005, entendeu que não seria possível a determinação de retenção de passaporte (o que hoje, com a Lei nº 12.403/2011, tem previsão legal).

Por outro lado, parte da doutrina (LIMA, 2019, p. 1080) assevera a possibilidade de medidas cautelares atípicas no processo penal caso a medida atípica seja menos gravosa que a medida cautelar com previsão legal. É que nessas situações a função de garantia do princípio da legalidade não estaria aviltado. Ademais, o art. 3º do CPP permite a aplicação subsidiária do CPC e, por conseguinte, do poder geral de cautela do seu art. 297. Nesse sentido, seria possível a alternatividade ou a redutibilidade (flexibilidade) das medidas cautelares pessoais do direito processual penal, se a medida alternativa ou mitigada tem idoneidade equivalente. Em 2008, o STF, no HC nº 94.147/2008, admitiu a utilização do poder geral de cautela no processo penal, com a imposição de medidas cautelares inominadas.

No entanto, a presente discussão, diante do largo rol de medidas cautelares alternativas previstas no art. 319 do CPP, com a redação dada pela Lei nº 12.403/2011, restou esvaziada.

10.2.4.1 Condução coercitiva como poder geral de cautela

A condução coercitiva pode ser achada nos seguintes artigos do CPP:

- **Art. 260**, no que tange à **condução coercitiva do acusado**, ao aduzir que: "se o acusado não atender à intimação para o interrogatório, reconhecimento ou qualquer outro ato que, sem ele, não possa ser realizado, a autoridade poderá mandar conduzi-lo à sua presença".
- **Art. 201, § 1º**, no que tange à **condução coercitiva do ofendido**, assim: "se, intimado para esse fim, deixar de comparecer sem motivo justo, o ofendido poderá ser conduzido à presença da autoridade".
- **Arts. 218 e 461, § 1º**, no que tange à **condução coercitiva da testemunha**, nesse sentido: "se, regularmente intimada, a testemunha deixar de comparecer sem motivo justificado, o juiz poderá requisitar à autoridade policial a sua apresentação ou determinar seja conduzida por oficial de justiça, que poderá solicitar o auxílio da força pública" (art. 218).
- **Art. 278**, no que tange aos peritos: "no caso de não comparecimento do perito, sem justa causa, a autoridade poderá determinar a sua condução".
- **Art. 411, § 7º**, relativamente à **condução coercitiva ao Tribunal do Júri**: "Nenhum ato será adiado, salvo quando imprescindível à prova faltante, determinando o juiz a condução coercitiva de quem deva comparecer".

Condução coercitiva é a condução compulsória ao juiz ou à autoridade policial para fins de colher depoimentos, reconhecimento de pessoas, identificação criminal etc. É cabível tanto a condução coercitiva de testemunhas, do ofendido e do acusado (embora quanto a este último o STF decidiu recentemente que não caberia sua condução coercitiva para fins de interrogatório, como veremos adiante).

Todas essas conduções coercitivas anteriormente delineadas são típicas e previstas no CPP. Todas elas dependem de prévia intimação da parte conduzida e sua recalcitrância em atender a referida intimação. Chama-se de **condução coercitiva típica ou dependente de intimação**. Por outro lado, temos a chamada **condução coercitiva autônoma**, que é uma construção doutrinária e jurisprudencial, segundo a qual o acusado seria conduzido sem que fosse previamente intimado. Seu objetivo seria evitar situações em que para o mesmo fim o investigado pudesse ser submetido à prisão temporária. Observa-se que ela só se aplica para o acusado, não sendo crível para testemunhas, peritos, ofendidos etc., todos os quais devem ser previamente intimados e dentro das hipóteses legais previstas anteriormente.

Essa condução coercitiva autônoma tem a natureza jurídica de medida cautelar pessoal. É por isso que não se pode admiti-la para quem não seja investigado/acusado. Não se pode aplicar medida cautelar no processo penal em desfavor de testemunha ou ofendido, pois seria uma ofensa a direitos fundamentais sem qualquer suporte constitucional. Essa condução coercitiva típica de testemunhas e ofendidos tem a natureza jurídica de dever de cooperação com a justiça imposta a todos e emana de determinação legal expressa.

Para doutrinadores como Vladimir Aras (2011), a **condução coercitiva autônoma** derivaria do poder pessoal de cautela do juiz.

Frisa-se que algumas correntes afirmam que a condução coercitiva não teria sido recepcionada pela Constituição (seja ela a condução coercitiva autônoma ou dependente de intimação), que elencou todas as hipóteses de restrição da liberdade de ir e vir do cidadão, a exemplo da prisão em flagrante, preventiva e prisão pena. Para essa corrente, admitir a condução coercitiva seria como que autorizar uma restrição da liberdade tal qual a prisão em flagrante, diferindo dessa apenas pelo menor tempo em que a liberdade estaria cerceada.

Para Vladimir Aras (2011), a condução coercitiva autônoma ou atípica deriva do poder geral de cautela do juiz, sendo uma medida cautelar pessoal substitutiva das prisões processuais, não prevista no art. 319 do CPP. Segundo o autor, quando inadequadas ou desproporcionais à prisão preventiva ou à temporária, nada obstaria que a autoridade judiciária mandasse expedir mandados de condução coercitiva. A condução coercitiva deve ser cumprida por agentes policiais, sem exposição pública, para que prestem declarações à Polícia ou ao Ministério Público, imediatamente após a condução do declarante ao local do depoimento. Essa condução coercitiva autônoma dispensaria a prévia intimação da pessoa conduzida. Foi exemplo do caso ocorrido na Operação Lava Jato, quando se realizou a condução coercitiva de investigado para prestar depoimento à Polícia Federal no Aeroporto de Congonhas.

Por outro lado, para o Doutrinador Rômulo de Andrade Moreira (2010), falar em condução coercitiva como medida cautelar autônoma seria inapropriado. Seria um erro dogmático que põe em risco os direitos e garantias fundamentais. Na dicção do autor, não há de se falar em um poder geral de cautela no processo penal, pois toda cautelar pessoal exige "tipicidade processual".

O Plenário do STF, contudo, recentemente ao julgar as ADPFs nºs 399 e 444, reconheceu a não recepção pela Constituição do termo "para interrogatório" do art. 260, *caput*, do CPP, que trata da condução coercitiva. Conforme a Corte, a condução coercitiva para interrogatório violaria o direito constitucional ao silêncio, à liberdade de locomoção, não autoincriminação e presunção de inocência.

Contudo, deve-se observar que o referido julgado tratou de vedar apenas a condução coercitiva para interrogatório, não se manifestando sobre as demais conduções coercitivas, como a condução para reconhecimento de pessoas, identificação criminal, ou de testemunhas e vítimas (ofendido) de crimes.

10.3 FORMALIDADES DA PRISÃO

Todas as diversas modalidades de prisão cautelar previstas no nosso ordenamento jurídico têm algumas formalidades comuns para sua efetivação. São elas:

Necessidade de ordem judicial: toda prisão cautelar só pode ser aplicada mediante ordem judicial escrita e fundamentada. Trata-se de cláusula constitucional de reserva de jurisdição, como se impõe de igual modo a interceptação telefônica etc. A única exceção se refere à prisão em flagrante. A qual, embora dispense a ordem judicial para sua efetivação, podendo ser mesmo efetivada por qualquer do povo, impõe no prazo de 24 horas sua conversão em prisão preventiva pelo juiz na chamada audiência de custódia (como veremos a seguir). Tudo isso se acha expresso na redação do art. 283, *caput*, do CPP, com a redação dada pela Lei nº 12.403/2011 e posteriormente alterada pela Lei nº 13.964/2019 (Pacote Anticrime).

Respeito à inviolabilidade domiciliar: conforme o art. 283, § 2º, do CPP, a prisão pode ser efetuada em qualquer dia e hora, respeitadas apenas as restrições à inviolabilidade do domicílio. O art. 5º, XI, da CF determina a inviolabilidade domiciliar como regra, excepcionando-a apenas nos casos de penetração com o consentimento do morador, flagrante delito, desastre para prestar socorro, ou durante o dia por ordem judicial. Nessa última hipótese, a recente Lei de abuso de autoridade, Lei nº 13.869/2019 veio a expressar por meio de Lei em nosso ordenamento jurídico o que se entende pela expressão "dia". Assim, em seu art. 22, § 1º, III, tipificou como crime a conduta de quem cumpre mandado de busca e apreensão domiciliar após as 21 horas ou antes das 5 horas. Passa-se com isso a entender como dia o período compreendido entre as 5 horas e 21 horas. Nesse sentido, reza o art. 293 do CPP que, sendo noite, a autoridade deve intimar o proprietário a cumprir o mandado. Caso ele se negue a cumprir, deve a autoridade aguardar do lado de fora da casa, cercando todas as saídas, tornando a casa incomunicável, e a partir das 5 horas da manhã proceder com a entrada domiciliar e efetuar a prisão. O STF no *Informativo* nº 806 adotou posicionamento dominante na doutrina de que a expressão "flagrante delito" da Carta Magna a permitir a entrada em domicílio quis se referir apenas aos casos de flagrante próprio (flagrante dos incisos I e II do CPP). Na mesma oportunidade, afirmou a corte que a invasão de domicílio pelas forças policiais exige a certeza da situação de flagrante, de que o delito está sendo praticado naquele momento. Não se permitindo o ingresso para a realização de diligências complementares à prisão em flagrante delito, pois, nesses casos, no entendimento seguido pela Corte, seria "muito fácil a invasão de domicílio pela polícia, a pretexto de que iria se verificar se o procurado, que lá se encontraria, não estaria com a arma do crime, situação que faria presumir ser ele o autor do delito" (NUCCI, 2008, p. 576).

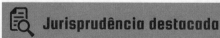

Sobre a entrada em domicílio pela Polícia, desprovido de mandado judicial ou consentimento do morador, temos recentes julgados, que se deve ter especial atenção, são eles:

Informativo **nº 606, STJ:** Decidiu que não configura justa causa a **mera intuição** da autoridade policial de eventual traficância praticada por indivíduo, **fundada unicamente em sua fuga de local** supostamente conhecido como ponto de venda de drogas ante iminente abordagem policial (REsp 1.574.681/RS, Rel. Min. Rogério Schietti Cruz, por unanimidade, julgado em 20.04.2017, *DJe* 30.05.2017).

Informativo nº 666, STJ: Decidiu que a existência de denúncia anônima da prática de tráfico de drogas somada à fuga do acusado ao avistar a polícia, por si sós, não configuram fundadas razões a autorizar o ingresso policial no domicílio do acusado sem o seu consentimento ou sem determinação judicial. No caso, as razões para o ingresso no imóvel teria sido a **natureza permanente do tráfico**, a **denúncia anônima** e a **fuga do investigado ao avistar a polícia**. Nenhum desses capaz de permitir o ingresso no domicílio pela polícia sem o consentimento do morador. Vejamos. Nos termos já decidido pela Sexta Turma do STJ, a fuga do investigado ao avistar policiais, por si só, não configura justa causa para autorizar a mitigação do direito a inviolabilidade de domicílio. No mesmo sentido, a mera denúncia anônima, desacompanhada de outros elementos preliminares indicativos de crime, não autoriza o ingresso da polícia no domicílio. De igual modo, mesmo diante da conjugação desses dois fatores agregados a um suposto crime permanente, não justifica o ingresso no domicílio pela polícia, caso não haja uma **prévia investigação policial** para verificação das informações recebidas. Mas nesse julgado o STJ trouxe outra informação importante para a interpretação de sua decisão. Asseverou o STJ que não se está a exigir diligências profundas, mas breve averiguação, como "campana" próxima à residência para verificar a movimentação na casa e outros elementos de informação que possam ratificar a notícia anônima recebida (RHC 89.853/SP, Rel. Min. Ribeiro Dantas, Quinta Turma, por unanimidade, julgado em 18.02.2020, *DJe* 02.03.2020).

HC nº 10.899/GO, STJ: Se, durante a perseguição, o agente ingressar em residência, própria ou de terceiro, caracterizada a situação de flagrância, por **não ter sido interrompida tal perseguição** (flagrante próprio), o executor poderá adentrar em tal imóvel de dia ou de noite.

Excepcionalidade do emprego de força para cumprimento da prisão: na forma do art. 284 do CPP, o emprego da força no cumprimento da prisão é uma medida excepcional, utilizada apenas para conter eventual resistência ou tentativa de fuga. Havendo emprego de força, deve ser lavrado auto de resistência, com a assinatura de duas testemunhas. De todo modo, a força deve ser proporcional à resistência. O emprego da força pelo policial nessas circunstâncias afasta qualquer alegação de prática de crime por ele, estando amparada ou pela legítima defesa, no caso de resistência ativa, ou estrito cumprimento do dever legal, no caso de resistência passiva. Já o preso que resiste ao cumprimento de uma ordem legal poderá incidir nos tipos penais de resistência (art. 329 do CP), desobediência (art. 330 do CP) ou evasão mediante violência contra a pessoa (art. 352 do CP).

Local da lavratura da prisão em flagrante: na forma do art. 290, *caput*, do CPP, se o réu, sendo perseguido, passar ao território de outro município ou comarca, o executor poderá lhe efetuar a prisão no lugar onde o alcançar, apresentando-o imediatamente à autoridade local, que, depois de lavrado, se for o caso, o auto de flagrante, providenciará para a remoção do preso. Recrudesce o § 2º do artigo que, quando as autoridades locais tiverem fundadas razões para duvidar da legitimidade da pessoa do executor ou da legalidade do mandado que apresentar, poderão pôr em custódia o réu, até que fique esclarecida a dúvida. Observe-se que, no caso de cumprimento de mandado judicial de prisão em outro município, o preso será levado até a comarca ou circunscrição da autoridade que representou pelo mandado, para fins de recolhimento ao cárcere e formalização nos autos.

Prisão realizada fora do país ou no território nacional fora da jurisdição do juiz processante: a prisão realizada fora do país atenderá às leis ou tratados de extradição. Se o réu, por outro lado, estiver em território nacional, fora da jurisdição do juiz processante, será deprecada sua prisão, constando do precatório o inteiro teor do mandado (art. 289 do CPP). Havendo urgência, consoante ainda o art. 289 do CPP, no seu § 1º, o juiz poderá requisitar a prisão por qualquer meio de comunicação, do qual constará o motivo da prisão e o valor da fiança arbitrada, se for o caso. A autoridade a quem se fizer a requisição tomará as precauções necessárias para averiguar a autenticidade da comunicação. O juiz processante deverá providenciar a remoção do preso no prazo máximo de 30 dias, contados da efetivação da medida. Na forma do art. 299 do CPP, a requisição de captura às autoridades policiais poderá ser feita por qualquer meio de comunicação (antes o artigo se restringia à via telefônica), à vista do mandado judicial, tomadas, por essa autoridade requisitada, as precauções necessárias para averiguar a autenticidade desta.

Formalidades específicas relativas ao mandado de prisão: o art. 285 e ss. do CPP apresentam uma série de requisitos relativos à formalidade do mandado de prisão. Assim preconiza que o mandado será lavrado pelo escrivão e assinado pela autoridade, designará o preso, inclusive com sua alcunha e sinais característicos, mencionará a infração penal, declarará o valor da fiança, será dirigido à autoridade que deva executá-lo. O art. 286 preconiza que o mandado será passado em duplicado, dando-se uma via ao preso e pegando-se o recibo do preso em outra. Ninguém será recolhido à prisão sem que seja exibido o respectivo mandado ao diretor ou carcereiro. O juiz competente providenciará o imediato registro do mandado de prisão em banco de dados mantido pelo Conselho Nacional de Justiça para essa finalidade (art. 289-A).

Prisão especial: os arts. 295 e 296 do CPP trazem um rol de pessoas que teriam direito à prisão especial, o que se aplica apenas às prisões processuais, salvo algumas exceções como o preso que à época do crime era funcionário da administração da justiça criminal, magistrado e membro do MP. O advogado tem direito à prisão especial, a qual, todavia, somente é válida até o trânsito em julgado da sentença. Segundo o Estatuto da OAB, essa prisão especial do advogado deve-se dar em sala de Estado Maior, ou na sua falta em prisão domiciliar. Assentou o STF na Rcl nº 11.515/SP que inexistindo sala de Estado Maior na localidade, é direito público subjetivo do advogado ser recolhido em prisão domiciliar. Salienta-se que sala de Estado Maior é um tipo de instalação destinado nas instituições militares ao grupo de oficiais das unidades do Exército, Marinha, Aeronáutica, Policiais Militares e Bombeiros Militares, que assessoram seu Comandante. Salienta-se que o Conselho Tutelar passou a deixar de ter, com a Lei nº 12.696/2012, direito à prisão especial. O Advogado Público Federal, conforme Lei nº 13.327/2016, art. 38, possui direito à prisão especial ou sala de Estado Maior, bem como ser recolhido em dependência separada de estabelecimento prisional para o cumprimento de pena após sentença transitada. Frisa-se que, conforme a Lei de Execuções Penais, os presos provisórios devem sempre ficar separados dos presos condenados definitivamente. Noutro giro, o militar preso em flagrante, nos casos de crimes militares, será recolhido ao quartel da instituição a que pertencer.

Prisão em época eleitoral: na forma do art. 236 do Código Eleitoral, nenhuma autoridade poderá, desde 5 dias antes e até 48 horas depois do encerramento da eleição, prender ou deter qualquer eleitor, salvo em flagrante delito, em virtude de sentença penal condenatória transitada em julgado por crime inafiançável, ou por desrespeito a salvo-conduto. Por sua vez, os membros de mesas receptoras e os fiscais de partido não poderão ser presos ou detidos, quando no exercício de suas funções, salvo em flagrante delito. Os candidatos gozarão da mesma garantia desde 15 dias antes da eleição. A doutrina entende que nos períodos alhures descritos também não serão cabíveis nem prisão temporária nem as medidas cautelares estatuídas no art. 319 do CPP, mesmo a despeito de o Código Eleitoral não se referir a elas (OLIVEIRA, 2008, p. 46).

Uso de algemas: consoante a Súmula Vinculante nº 11 do STF:

> só é lícito o uso de algemas em casos de resistência e de fundado receio de fuga ou de perigo à integridade física própria ou alheia, por parte do preso ou de terceiros, justificada a excepcionalidade por escrito, sob pena de responsabilidade administrativa, civil e penal do agente, sem prejuízo da responsabilidade civil do Estado.

Decidiu o STF interpretando a própria súmula que a apresentação do custodiado algemado à imprensa pelas autoridades policiais não afronta o mencionado verbete (*Informativo* nº 827). Recentemente, a **Lei nº 13.434/2017** também cuidou do uso de algemas, inserindo um parágrafo único ao art. 292 do CPP, **vedando o uso de algemas** em mulheres **grávidas** durante os **atos médico-hospitalares preparatórios para a realização do parto** e durante **o trabalho de parto**, bem como em mulheres durante o período de **puerpério imediato**.

Decifrando a prova

(2021 – CESPE/CEBRASPE – SERIS/AL – Agente Penitenciário) Com relação ao processo penal brasileiro, julgue o item a seguir.

É ilegal o uso de algemas em mulheres presas grávidas durante os atos médico-hospitalares preparatórios para a realização do parto e durante o trabalho de parto, bem como em mulheres durante o período de puerpério imediato.

( ) Certo   ( ) Errado

Gabarito comentado: de acordo com o art. 292, parágrafo único, do CPP, a assertiva está certa.

Jurisprudência destacada

O STF assumiu o entendimento de que o princípio constitucional da autodefesa não alcança aquele que se atribui falsa identidade perante autoridade policial com o objetivo de ocultar maus antecedentes. Incide no crime de falsa identidade (art. 307 do CP) quem prática tal conduta. (STF, RE nº 640.139). No mesmo sentido, a Súmula nº 522 do STJ: "A conduta de atribuir-se falsa identidade perante autoridade policial é típica, ainda que em situação de alegada autodefesa".

Decifrando a prova

(2020 – CESPE –TJ/PA – Analista Judiciário – Direito) De acordo com o entendimento do STF, o uso de algemas
A) é uma excepcionalidade e deve ser justificado previamente, de forma oral ou por escrito.
B) é restrito à prisão penal, sendo inadmissível na prisão cautelar, devido ao princípio da inocência.
C) ensejará responsabilidade disciplinar, civil e penal da autoridade que o determinar, caso seja injustificado.
D) ensejará a anulabilidade da prisão e dos atos subsequentes, caso seja injustificado.
E) é lícito somente nas hipóteses de fundado receio de fuga e de perigo à integridade física de terceiros.
Gabarito comentado: de acordo com a Súmula Vinculante nº 11, a letra E é o gabarito.

10.4 IMUNIDADES PRISIONAIS

10.4.1 Diplomatas e cônsules

Os **agentes diplomáticos** compreendem os embaixadores, secretários da carreira diplomática, seus familiares, bem como funcionários de organizações internacionais.

Conforme regrado pela Convenção de Viena de 1961, se algum desses agentes praticarem algum crime em território nacional, não serão processados no Brasil, mas apenas em seus países de origem.

Trata-se da denominada **causa excludente de jurisdição**, pois tais agentes serão responsabilizados por seus crimes perante a jurisdição e leis de seu país. No caso de esses agentes praticarem crimes no Brasil, deverá ser comunicado por via diplomática seu país de origem.

Diante das mesmas razões, **não se imporá prisão em flagrante** a eles. Diante de um caso de flagrante, deverá ser lavrada ocorrência policial e encaminhados os autos ao Itamaraty para fins de comunicação ao país de origem do agente diplomático. Todavia, deve ser o agente imediatamente liberado.

Ao **Cônsul** se aplica a mesma regra, mas com temperamento. Aos Cônsules a referida imunidade ou excludente de jurisdição só se aplica aos crimes cometidos no **exercício de suas funções e no território de seu consulado**. Essa imunidade dos Cônsules está prevista na Convenção de Viena de 1963.

10.4.2 Parlamentares federais e estaduais

As imunidades parlamentares são regradas pelo art. 53 e seus parágrafos da CF. Os parlamentares federais e estaduais são **invioláveis, civil e penalmente, por quaisquer de suas opiniões, palavras e votos**. Nos demais crimes, **só serão presos em flagrante por crime inafiançável**, devendo o auto de prisão em flagrante ser encaminhado, dentro de 24 horas, à respectiva Casa Legislativa que, por voto da maioria de seus membros, resolverá sobre a prisão e autorizará ou não a formação de culpa (em votação que não é secreta, como o era antes da Emenda Constitucional nº 35/2001).

O STF tem revestido essa previsão constitucional com diversos julgados.

Em 2015, o STF decretou a prisão preventiva do Senador Delcídio do Amaral. Embora não se tratasse de prisão em flagrante, referia-se a crime de igual modo **inafiançável** (crime do art. 2º, *caput* e § 1º, da Lei nº 12.850/2013) em que estavam **presentes os motivos cautelares** para o decreto de prisão preventiva. Aduz, ainda, o STF que, embora estivesse a Corte decretando a prisão preventiva, estavam também presentes todas as hipóteses para uma possível prisão em flagrante, pois se tratava de **crime permanente**. Por fim, afirmou a Corte que a regra do art. 53, § 2º, da CF que só permitiria a prisão de parlamentares por flagrante de crime inafiançável, **não é absoluta**, e deve comportar temperamentos.

Em 2006, o STF na chamada **Operação Dominó**, deflagrada em Rondônia, em que o Tribunal reconheceu a prisão em flagrante realizada contra Deputados Estaduais, dispensou a necessidade de comunicação do fato à Assembleia Legislativa do Estado. Justificou-se tal dispensa ao preconizado na CF pelo fato de a quase totalidade dos membros daquela Assembleia Legislativa estarem indiciados em algum tipo de crime.

Por fim, conforme *Informativo* nº 135, o STF cancelou sua Súmula nº 4, que preconizava que "Não perde a imunidade parlamentar o Congressista nomeado a Ministro de Estado". Consoante o novo entendimento, **o parlamentar que for afastado de suas funções para exercer cargo no executivo não faz jus à imunidade parlamentar.**

No tocante aos vereadores, parlamentares municipais, esses não gozam de qualquer tipo de imunidade.

10.4.3 Magistrados e membros do Ministério Público

Os magistrados e membros do MP possuem a prerrogativa, conforme respectivamente a Lei Complementar nº 35/1979, art. 33, II, e a Lei nº 8.625/1993, art. 40, III, de somente serem presos em flagrante por crime inafiançável.

Outrossim, mesmo diante dessa hipótese, logo após a prisão em flagrante devem ser imediatamente encaminhados (para o MP especificamente a Lei nº 8.625/1993 diz que será encaminhado no prazo de 24 horas) ao Presidente do Tribunal, no caso dos magistrados, ou ao Procurador-Geral, no caso de membro do MP.

10.4.4 Presidente da República

Preconiza o art. 86, §§ 3º e 4º, da CF duas regras relativas à imunidade do Presidente da República.

Diz o § 3º que "Enquanto não sobrevier sentença condenatória, nas infrações comuns, o Presidente da República não estará sujeito a prisão". Por sua vez o § 4º assevera que "O Presidente da República, na vigência de seu mandato, não pode ser responsabilizado por atos estranhos ao exercício de suas funções".

Essas regras, aparentemente confusas e pouco explicativas, são tratadas pela doutrina e jurisprudência da seguinte forma. Do § 3º extrai-se o único entendimento de que o Presidente da República **não estará sujeito a nenhum tipo de prisão cautelar**. A menção a "infrações comuns" quer simplesmente se contrapor a infrações político-administrativas.

Todavia, a previsão do § 4º vem limitar ainda mais a responsabilidade do Presidente da República, a retirar do amplo conjunto das denominadas infrações comuns (ou seja, todas as infrações que não sejam político-administrativas, o que engloba os crimes e contravenções) aquelas entendidas como crimes não funcionais (estranhos ao exercício da função presidencial).

Assim, pode-se extrair do § 4º duas regras.

A primeira de que o Presidente da República, durante o seu mandato, **não poderá ser denunciado, processado ou condenado por infrações penais (seja crime ou contravenção) que não tenham relação com seu cargo de Presidente**. Ou seja, o Presidente, enquanto perdurar seu mandato, não poderá ser responsabilizado por um homicídio contra sua esposa, ou um atropelamento de trânsito, por exemplo, mas poderá ser responsabilizado por um crime de corrupção no exercício de suas funções.

A segunda regra que se pode retirar do dispositivo é que o Presidente da República **poderá ser responsabilizado pela prática de infrações penais, mesmo antes do término do mandato, se o delito cometido tiver relação com o exercício de suas funções** (*propter officium*).

Essa garantia que assiste ao Presidente da República é chamada de **irresponsabilidade penal relativa do Presidente da República**. Conforme já se manifestou o STF, essa imunidade do Presidente da República é uma **"imunidade (ou irresponsabilidade) temporária"**. Isso porque, tão logo acabe seu mandato, o Presidente poderá vir a ser processado por todos os crimes (ainda que estranhos à função) que cometeu.

No Inquérito nº 672-6/DF, o Ministro Celso de Mello registrou importantes conclusões sobre o tema. Asseverou que

> impõe-se advertir que, mesmo na esfera penal, a imunidade constitucional em questão somente incide sobre os atos inerentes à *persecutio criminis in judicio*. **Não impede, portanto, que, por iniciativa do Ministério Público, sejam ordenadas e praticadas, na fase pré-processual do procedimento investigatório, diligências de caráter instrutório destinadas a ensejar a *informatio delicti* e a viabilizar, no momento constitucionalmente oportuno, o ajuizamento da ação penal**. (Grifos nossos)

Registra-se, ainda, que essa imunidade do Presidente segundo a qual ele não poderá ser responsabilizado por atos estranhos ao exercício de suas funções, **não exclui a responsabilidade civil, administrativa e tributária**. Pela forma didática, cumpre ressaltar mais uma vez a argumentação do Ministro Celso de Mello no Inquérito nº 672:

> essa norma constitucional – que ostenta nítido caráter derrogatório do direito comum – reclama e impõe, em função de sua própria excepcionalidade, exegese estrita, do que deriva a sua **inaplicabilidade a situações jurídicas de ordem extrapenal**. Sendo as-

sim, torna-se lícito asseverar que o Presidente da República não dispõe de imunidade, quer em face de procedimentos judiciais que visem a definir-lhe a responsabilidade civil, quer em face de procedimentos instaurados por suposta prática de infrações político-administrativas (ou impropriamente denominados crimes de responsabilidade), quer, ainda, em face de procedimentos destinados a apurar, para efeitos estritamente fiscais, a responsabilidade tributária do Chefe do Poder Executivo da União. (Grifos nossos)

> **Decifrando a prova**
>
> **(2021 – FUMARC – PC/MG – Delegado de Polícia Substituto)** A respeito da prisão em flagrante, é **incorreto** afirmar:
> A) A realização de audiência de custódia se restringe aos casos de prisão em flagrante delito.
> B) Nos crimes permanentes, a prisão em flagrante pode ser efetuada enquanto não cessar a permanência.
> C) O Presidente da República não pode ser preso em flagrante delito por mais grave que seja o crime praticado.
> D) Se o autor do delito não foi preso no local da infração e não está sendo perseguido, sua apresentação espontânea perante a autoridade policial impede a prisão em flagrante.
> **Gabarito comentado:** por previsão expressa do CPP, também se estende à prisão preventiva. Portanto, a letra A é o gabarito.

10.4.5 Advogado

O advogado quando comete algum crime no exercício da profissão só será preso em caso de crime inafiançável (art. 7º, § 3º, da Lei nº 8.906/1994), e, para a lavratura do auto de prisão em flagrante, o advogado terá direito a presença um representante da OAB, sob pena de nulidade.

Nos crimes cometidos fora do exercício da profissão, o advogado poderá ser preso normalmente como qualquer pessoa do povo, apenas exige o Estatuto da OAB que sua prisão seja comunicada expressamente à respectiva seccional da OAB (art. 7º, IV, da Lei nº 8.906/1994).

10.4.6 Menores de 18 anos de idade

O adolescente recebe um tratamento especial no nosso ordenamento jurídico, dado a sua peculiar condição de pessoa em desenvolvimento. Conforme os arts. 106 e 107 do ECA, o adolescente só poderá ser privado de sua liberdade quando em flagrante de ato infracional ou por ordem escrita e fundamentada do Juiz. A apreensão do adolescente por ato infracional e o local onde se encontre devem ser imediatamente comunicados à autoridade judiciária competente, bem como à família do menor ou à pessoa por ele indicada.

10.4.7 Advogados públicos federais

Conforme o art. 38, III, da Lei nº 13.327/2016, os advogados públicos federais não podem ser presos ou responsabilizados pelo descumprimento de determinação judicial no exercício de suas funções. Na forma do inciso IV, do mesmo dispositivo legal, somente podem ser presos ou detidos por ordem escrita do juízo competente, ou em flagrante de crime inafiançável, caso em que a autoridade policial lavrará o auto respectivo e fará imediata comunicação ao juízo competente e ao Advogado-Geral da União, sob pena de nulidade.

10.5 ESPÉCIES DE PRISÕES CAUTELARES

10.5.1 Prisão em flagrante

A própria etimologia da palavra flagrante já denota qual espécie de prisão estamos a tratar. O termo flagrante provém do latim *flagrare*, cujo significado é queimar, arder. Em outras palavras, flagrante é o crime que queima, que ainda acontece ou acaba de ocorrer. Flagrante significa o que é manifesto ou evidente, o que se pode observar no exato momento que ocorre.

Na definição de Nucci (2008, p. 587), a prisão em flagrante "é a modalidade de prisão cautelar, **de natureza administrativa**, realizada no instante que se desenvolve ou termina de se concluir a infração penal" (grifo nosso).

Sua natureza de prisão administrativa se dá justamente pelo fato de dispensar ordem judicial para sua efetivação. Conforme permitido pelo art. 5º, LXI, da CF, a prisão em flagrante, por se dar diante de um crime que está a ocorrer, de forma manifesta e evidente para qualquer um, dispensa ordem judicial expressa e fundamentada, **podendo ser efetivada por qualquer um do povo, inclusive.**

Contudo, conforme doutrina dominante, a prisão em flagrante possui a **natureza jurídica de ato complexo**. Isso porque em um segundo momento essa prisão deve ser submetida a análise de um juiz a respeito de sua legalidade, assumindo a partir daí uma natureza judicial.

Conforme o art. 3º-B, I e II, do CPP, com a redação outorgada pela Lei nº 13.964/2019, o juiz a atuar nesse momento seria o juiz das garantias. Todavia, a referida previsão do juiz das garantias se acha suspensa por decisão do STF, conforme já analisamos no capítulo 6, sobre "Competências", neste livro. Não obstante, essa prisão em flagrante será avaliada em 24 horas na audiência de custódia, como veremos com mais vagar a seguir.

Aspecto importante que decorre dessa natureza de ato jurídico complexo da prisão em flagrante se refere à **autoridade coatora para fins de impetração de *habeas corpus***. Enquanto a prisão em flagrante estiver em sua fase administrativa, a autoridade coatora será o Delegado de Polícia, devendo ser impetrado o *habeas corpus* perante o juiz de 1º grau. Contudo, desde o momento que o juiz é comunicado da prisão em flagrante, ele se torna a autoridade coatora, devendo o *habeas corpus* ser impetrado perante o Tribunal a que estiver vinculado.

Para expressiva corrente doutrinária, a prisão em flagrante é uma "**medida pré-cautelar**, posto que não tem por escopo tutelar o processo ou o seu resultado final. Senão ela se destina a colocar o preso à disposição do juiz, para que tome as providências cabíveis" (GOMES, 2011, p. 90). A prisão em flagrante teria inicialmente natureza de medida pré-cautelar, possibilitando a análise da necessidade da manutenção do encarceramento como medida de proteção do futuro processo. A prisão em flagrante se tornaria prisão processual (cautelar) somente a partir do momento em que o juiz a converte em prisão preventiva. Essa precariedade da prisão é marcada pela possibilidade de ser realizada por autoridade policial ou particulares, além do fato de ser efêmera, sendo imprescindível a análise judicial em até 24 horas, ocasião em que o juiz analisa sua legalidade e decide sobre a sua manutenção.

Conforme doutrina dominante, para a realização da prisão em flagrante, exige-se apenas a **aparência de tipicidade**. A tipicidade é o *fumus boni juris* suficiente para essa modalidade de prisão. Não se exige para o flagrante qualquer valoração acerca da ilicitude ou culpabilidade do fato.

Uma corrente mais tradicional da doutrina afirma que a autoridade policial possui um juízo apenas sobre a tipicidade do fato, não lhe dizendo respeito avaliar a tipicidade material, a antijuridicidade ou culpabilidade. Ou seja, à autoridade policial caberia apenas o juízo de tipicidade formal da conduta. Segundo esse entendimento, também não caberia a ela realizar juízo sobre o princípio da insignificância (tipicidade material).

Não obstante, atualmente tem cada vez mais prevalecido o entendimento no sentido de que a autoridade policial, como bacharel em Direito, tem amplas condições de avaliar todos os elementos que integram o fato delitivo, seja a tipicidade formal, material, a ilicitude do fato ou culpabilidade. Ademais, a divisão do crime em tipicidade, ilicitude e "culpabilidade", consoante à teoria analítica do crime, presta-se para efeitos meramente didáticos. Crime é crime, e deve englobar todas essas vertentes, caso contrário não se pode falar em crime.

Esse entendimento, não apenas mais consentâneo com o ordenamento jurídico, atende melhor aos postulados de garantia do direito penal. Ora, qual a lógica de um Delegado de Polícia, diante de um caso patente de legítima defesa, realizar a prisão em flagrante de alguém que agiu devidamente amparado pela autorização de autodefesa que a lei lhe outorgou. O Delegado lavrar o auto de prisão em flagrante nesse caso estaria a aviltar o direito fundamental de liberdade do cidadão sem justa causa. De igual modo, estaria referida atitude da autoridade em dissonância com as características da necessidade e proporcionalidade em sentido estrito, exigidas para toda medida cautelar pessoal do processo penal.

Nesse diapasão, a autoridade policial estaria apta a relaxar a prisão em flagrante com base no art. 304, § 1º, do CPP.

Na prisão em flagrante não há de falar em *periculum in mora* exigida para toda cautelar. É que na prisão em flagrante esse *periculum in mora* resta patente da situação de flagrância, de o crime estar a acontecer naquele momento perante os olhos do condutor da ocorrência, de o crime estar a "queimar". Na prisão em flagrante o *periculum in mora* **é presumido**.

Salienta-se que nos casos dos crimes de menor potencial ofensivo, na forma da Lei nº 9.099/1995, art. 69, parágrafo único, **não se poderá impor prisão em flagrante nos casos de o autor do fato delituoso assumir o compromisso de comparecer em juízo**. De igual modo, na hipótese do **crime de uso ou porte de entorpecente ou planta para consumo pessoal**. Na mesma linha, preconiza o art. 301 da Lei nº 9.503/1997 (Código de Trânsito

Brasileiro), que em acidente de trânsito que resulte vítima, se o condutor do veículo prestar pronto e integral socorro à vítima, não se imporá a prisão em flagrante.

Conforme o art. 301 do CPP, "qualquer do povo poderá e as autoridades policiais e seus agentes deverão prender quem quer que seja encontrado em flagrante delito". Esse dispositivo legal é o que a doutrina denomina de **flagrante facultativo** e **flagrante obrigatório**.

Flagrante facultativo é aquele realizado por qualquer pessoa do povo. Essas pessoas não estão obrigadas a realizar a prisão em flagrante, sendo apenas uma prerrogativa que a lei lhes outorga caso presenciem um fato criminoso. Encontra amparo na Constituição quando em seu art. 144, *caput*, aduz que a segurança pública é dever do Estado, mas também **responsabilidade de todos**. Trata-se de mera faculdade conferida pela lei, haja vista que não se pode exigir dos cidadãos atitudes heroicas, que arrisquem suas vidas, no escopo de auxiliar na segurança pública. A prisão realizada por qualquer do povo nessas hipóteses trata-se de exercício regular de um direito, na forma do art. 23, III, do CP. Caso essa prisão seja ilegal, ou seja, fora das hipóteses de flagrante, o condutor poderá estar sujeito ao crime de constrangimento ilegal, sequestro, ou até cárcere privado.

O **flagrante obrigatório** ou compulsório é imposto às autoridades policiais, aí incluídos as polícias civis, polícias militares, polícias rodoviárias federais, polícias ferroviárias e polícias federais. Todas previstas no art. 144 da CF. Decorre do próprio dever do Estado de prestar segurança pública cediço no art. 144, *caput*, da CF. A não realização da prisão em flagrante por esses agentes do Estado enseja sua responsabilidade criminal e funcional. Criminalmente, a depender, pode o agente responder tanto por omissão imprópria, caso dessa omissão advenham outros resultados criminosos pelo autor do crime, ou prevaricação. O agente do Estado que realiza o flagrante age em estrito cumprimento do dever legal, na forma do art. 23, III, do CP. Não obstante, a prisão efetuada ilegalmente por agente do Estado caracterizará crime de abuso de autoridade do art. 9º, *caput*, do CP.

Conforme STJ, REsp nº 1.455.326, os membros das guardas civis não têm o dever de realizar a prisão em flagrante, sendo-lhes mera faculdade como qualquer um do povo.

É predominante o entendimento de que esse dever imposto às demais forças policiais apenas persiste quando esses integrantes estejam de serviço. Em períodos de férias, licenças, folgas da escala de serviço etc., esses agentes policiais apenas atuam como qualquer do povo.

Questão interessante é como fica a prisão em flagrante nos crimes de ação penal pública condicionada à representação e de ação penal privada. Afinal, é necessário expressa manifestação do ofendido para a efetivação da prisão em flagrante como é para o início do inquérito policial ou da ação penal?

A resposta é não. Para a efetivação da prisão em flagrante não se exige a prévia manifestação do ofendido. Na prisão em flagrante, primeiramente, ocorre apenas a apreensão física do autor do crime. Posteriormente, quando esse autor estiver na delegacia de polícia, ocorrerá a lavratura do auto de prisão em flagrante, em que se documentará toda a diligência colhendo a oitiva das testemunhas, ofendido, e versões do autor do crime. Assim, nesse segundo momento, exige-se a expressa manifestação do ofendido para efeitos da lavratura. Entender de forma contrária inviabilizaria a prisão em flagrante nos crimes de ação condicionada e privada.

Com efeito, prevalece entendimento de que se o ofendido não estiver presente e for incapaz de dar o consentimento, a prisão em flagrante poderá ser lavrada, devendo-se, todavia, buscar a colheita da manifestação do ofendido em 24 horas. Esse prazo de 24 horas é construção doutrinária que tem por fulcro o prazo atribuído no CPP para a entrega na nota de culpa (art. 306, § 2º, do CPP).

Salienta-se que para essa lavratura do auto de prisão em flagrante o que se exige é apenas a manifestação do ofendido, ainda que informal, embora de maneira expressa e sacramentada (NUCCI, 2008, p. 590), para que não haja dúvidas sobre seu intento na prisão em flagrante. Observa-se que nesse momento não se exige a **representação**, essencial para a ação penal pública condicionada ou a **queixa-crime**, peça inicial da ação penal privada. O que se exige é uma simples manifestação de vontade, que pode assumir qualquer forma ou nome nos autos, desde que inequívoca.

Embora não regulado pela lei, é pacífico o entendimento de que uma vez preso o autor de crime de ação penal privada ou pública condicionada, o processo deverá ser instaurado em cinco dias (prazo que o promotor teria para oferecer a denúncia na ação incondicionada tratando-se de réu preso). O não cumprimento desse prazo deve implicar a colocação do agente delitivo em liberdade, pois não é crível que a prisão desse agente pudesse ser mantida pelos seis meses que a vítima tem para oferecer a representação ou iniciar a queixa-crime.

Sem a manifestação do ofendido, deve o preso ser colocado imediatamente em liberdade.

> **Decifrando a prova**
>
> **(2021– IDECAN – PC/CE – Escrivão de Polícia Civil)** Conceitua-se o flagrante delito como a prisão ocorrida no momento do cometimento do crime, no instante em que o sujeito pratica os elementos descritos no tipo penal. Portanto, ocorre a prisão em flagrante no momento em que o indivíduo é surpreendido cometendo a infração penal, seja ela tentada ou consumada. Como espécie de medida cautelar, a prisão em flagrante possui determinadas características, À EXCEÇÃO DE UMA. Assinale-a.
>
> A) jurisdicionalidade;
> B) provisoriedade;
> C) homogeneidade;
> D) acessoriedade;
> E) informalidade.
>
> **Gabarito comentado:** a prisão em flagrante deve ser lavrada em "auto de prisão em flagrante", formalidade essencial. Portanto, a letra E é o gabarito.

10.5.1.1 Espécies de prisão em flagrante

10.5.1.1.1 Flagrante próprio, impróprio e presumido

Conforme o art. 302 do CPP, a prisão em flagrante se divide em três espécies, assim chamadas: flagrante próprio (que se divide em dois), flagrante impróprio e flagrante presumido. Tudo a depender tão quanto próximo esteja ou não da conduta delituosa, ou seja, da realização dos núcleos do tipo penal. Refere-se à distância do ardor ou queima da infração penal em que a prisão em flagrante é realizada.

Flagrante próprio: também chamado de flagrante perfeito, real ou verdadeiro, é o flagrante que verdadeiramente ainda está a queimar. Tem previsão nos incisos I e II do CPP e abarca dois momentos delitivos. O primeiro (inciso I) é quando o agente é surpreendido cometendo a infração penal. O segundo (inciso II) é quando o agente é surpreendido quando acabou de cometê-la. Essa expressão "acabou de cometê-la", do inciso II, deve ser interpretada de forma restritiva, entendendo-a como absolutamente imediata a conduta delitiva, sem qualquer intervalo de tempo.

Flagrante impróprio: também chamado de imperfeito, irreal ou quase flagrante, é previsto no inciso III do art. 302 do CPP. Trata-se de prisão realizada não no exato momento do crime ou imediatamente após a realização da conduta, mas sim em um momento posterior a esses dois. Na forma da redação do CPP, é o flagrante que ocorre quando o agente é **perseguido logo após** cometer a infração penal, em situação que faça presumir ser ele o autor do ilícito. Esse flagrante exige a conjugação de três fatores, sendo eles um **requisito de atividade**, um **requisito temporal** e um **requisito circunstancial**. A atividade é a necessidade de estar presente uma perseguição. O critério temporal é o momento logo após o cometimento da infração penal. E, por fim, o requisito circunstancial refere-se a estar presente uma situação que permita presumir ser aquele agente o autor do delito. Deve-se entender pela expressão logo após o lapso temporal que permeia o acionamento do agente policial e seu comparecimento ao local com consequente início da perseguição. Como já decidiu o STJ (HC nº 55.559/GO), a **sequência cronológica dos fatos** é que permite demonstrar a presença da hipótese do flagrante impróprio. No caso elucidativo do instituto julgado pela Corte, a polícia fora acionada às 5h da manhã, logo após a prática do crime, vindo a localizar o autor do crime às 7h da manhã em frente à casa de sua mãe (já dormindo) com objetos do crime, o que restou caracterizado o flagrante impróprio. Ainda, extrai-se do art. 290, § 1º, do CPP, uma melhor interpretação e balizas mais concretas para a expressão "**perseguido logo após**". Assim, como se extrai do art. 290, § 1º, deve-se entender ainda existir a situação de "perseguição logo após" tanto quando se tenha avistado o agente, o perseguido, mesmo que logo após o tenha perdido de vista (art. 290, § 1º, *a*), como na situação de que havendo informações/indícios fidedignos de que o autor do crime tenha passado em tal ou qual direção for no seu encalço (art. 290, § 1º, *b*). Essa prisão pode ser efetuada em qualquer lugar onde encontrado o autor nessas hipóteses, ainda que em outro Estado da federação. Dessa forma, o entendimento popular de que o flagrante só pode ser realizado nas 24 horas não passa de clichê de filme americano. Esse prazo para o flagrante não existe em nosso ordenamento jurídico. O que se exige é unicamente a perseguição **ininterrupta** que tenha começado logo após a prática do crime, e nessa situação pode perdurar ainda que por vários dias.

Flagrante presumido: também denominado flagrante ficto ou assimilado, é o flagrante que ocorre no momento **logo depois** em que o agente comete a conduta delituosa, sendo encontrado com os instrumentos, armas, objetos e papéis que façam presumir ser ele o autor da infração (art. 302, IV, do CPP). Diferentemente do flagrante chamado impróprio, mencionado anteriormente, no flagrante presumido o CPP não exige que haja qualquer tipo de perseguição. De todos, esse é o flagrante que se acha mais distante da "chama" do crime. A prisão do agente aqui decorre do simples fato de, por ser ele encontrado "logo depois" com coisas vinculadas a uma suposta conduta delituosa, permitir depreender **veementes indícios** de autoria ou participação. Aqui o agente é preso com fulcro em indícios. Questão bastante discutida na doutrina se refere a expressão **logo depois**. Parte da doutrina sustenta que a expressão logo indicaria um prazo mais elástico que a expressão **logo após** empregada no flagrante impróprio. Não obstante, concordamos com a corrente que sustenta não haver diferença nenhuma entre a expressão "logo após", do inciso III, e a expressão "logo depois", do inciso IV (LIMA, 2019, p. 961). A única diferença que se pode depreender dos dois tipos de flagrante é a existência de perseguição em um, e o encontro de coisas do crime, sem que tenha havido perseguição, no outro. Em ambos deve haver um lapso de tempo máximo, que denote um momento imediato à realização da conduta delituosa. Do fato de em um haver perseguição e em outro haver mero encontro com as coisas do crime, pode-se até depreender se vislumbrar um lapso de tempo um pouco mais alongado no segundo. Todavia, isso não se depreende das expressões sinônimas "logo após" e "logo depois", nem permite um lapso de tempo tão alongado a ponto de que se tenha perdido qualquer resquício do "ardor", da "queima" ou "chama" do crime. Essa imediatidade com o crime deve ser aferida no caso concreto, não havendo um tempo certo a ser aferido em minutos ou horas, embora não seja crível denotar essa imediatidade em dias.

Decifrando a prova

(2021 – MPM – Promotor de Justiça Militar) Assinale nas assertivas adiante qual traduz corretamente situação de flagrante irreal.
A) O agente é preso logo depois de cometer a infração com instrumentos, armas ou objetos que faça-se acreditar ser ele o autor da infração.
B) Há perseguição logo após o cometimento da infração em situação que faça presumir a autoria.
C) Ocorre quando o flagrante torna-se "crime impossível" devido a ação da autoridade policial, que impede que o crime se realize.
D) Ocorre quando a autoridade instiga o agente ao delito para o fim de efetuar sua prisão em estado de flagrância, mas impede que o delito se consume.
Gabarito comentado: de acordo com o art. 302, III, do CPP, a letra B é o gabarito.

10.5.1.1.2 Flagrante preparado

Fora dessas espécies de flagrante previstas expressamente no CPP e que definem o que se pode entender por flagrante ou não, a doutrina trabalha ainda com outras nomenclaturas relativas ao flagrante de situações que não se referem essencialmente ao tempo do flagrante, mas sim a situações em que não se pode vislumbrar o flagrante. Temos entre elas o flagrante preparado.

O **flagrante preparado** também chamado de **flagrante provocado, crime de ensaio** ou **crime de experiência**, trata-se, em verdade, de uma forma ilícita de flagrante. É um flagrante diante de um **crime impossível**. Explica-se.

Nessa espécie vedada de flagrante o agente policial (ou até mesmo o particular) provoca o cometimento do delito e ao mesmo tempo adota todas as medidas necessárias para se evitar o resultado, preordenando a prisão em flagrante.

No exemplo trazido por Nucci (2008, p. 593), nesse flagrante, um policial disfarçado, ao lado de inúmeros outros camuflados, exibe um relógio de alto valor em via pública, aguardando que alguém tente assaltá-lo. Apontada a arma para a pessoa que serve de isca, os demais policiais prendem o agente. Não existe crime aí, pois sua consumação se mostra impossível.

Outro exemplo, trazido por Nestor Távora e Rosmar Alencar (2010, p. 464), é o caso de policial disfarçado que encomenda a um falsário uma certidão de nascimento ficta, e, no momento da celebração da avença, com a entrega do dinheiro e o recebimento do documento falsificado, realiza o flagrante.

Elucidativo exemplo ainda é trazido por Renato Brasileiro de Lima (2019, p. 961). Suponha-se que, após prender o traficante e com ele apreender seu computador pessoal no qual consta um cronograma de distribuição de drogas, a polícia passe a efetuar ligação para os usuários, simulando a venda da droga. Quando os usuários comparecem ao local marcado, a polícia efetua a prisão em flagrante pelo crime do art. 28 da Lei nº 11.343/2006.

Como alenta a doutrina há muito tempo, com as mais diversas construções frasais, o flagrante preparado nada mais é do que uma espécie de um circo, armado por agentes policiais (ou particulares), em que o suposto autor do delito é o palhaço de toda a encenação, atuando de forma inconsciente nessa comédia e cooperando, diante do ardil armado, para a identificação de sua autoria e de sua autodestruição.

O flagrante preparado tem, inclusive, sua vedação na **Súmula nº 145** do STF, *in verbis*: "**Não há crime quando a preparação do flagrante pela polícia torna impossível a sua consumação**" (grifos nossos).

Observa-se que para o flagrante preparado a súmula exige dois requisitos. O primeiro é a presença de um **agente provocador**, aquele agente policial (que nada impede que seja também um particular dado que qualquer do povo pode prender em flagrante) que provoca ou induz o cometimento do delito com sua atuação pretérita. O segundo é o **impedimento de sua consumação**, quando o agente provocador monta um aparato ou uma série de medidas preordenadas para que o resultado não venha a acontecer, tornando assim o crime impossível.

Salienta-se que diante desse último requisito, "o impedimento da consumação", não há sequer em se falar em tentativa, pois o preordenamento da atuação das forças policiais em volta do crime é de tal monta que em hipótese alguma seria possível advir o resultado. Por isso é chamada essa suposta tentativa de **tentativa inidônea**, tentativa impossível, tentativa inadequada, tentativa inútil ou ainda quase crime.

Questão pouco discutida na doutrina diz respeito se o flagrante preparado exigiria os dois requisitos cumulativamente ou se a presença de qualquer um deles seria capaz de consubstanciar a ilicitude do flagrante.

Para Renato Brasileiro de Lima (2019, p. 962), interpretando a referida Súmula nº 145 do STF, mesmo que o agente tenha sido induzido à prática do delito pela polícia, porém operando-se a consumação do ilícito, haverá crime e a prisão será considerada **legal**.

Todavia, filiamo-nos a corrente diversa. Para a presença de um flagrante ilícito pela preparação ou provocação, havendo seja a provocação pela polícia (agente provocador), seja o impedimento preordenado da consumação, restará caracterizado o flagrante preparado. Quanto ao primeiro requisito, não se pode vislumbrar qualquer admissibilidade das provas colhidas pela polícia quando é ela mesmo que prepara a realização da conduta criminosa. Todas as provas daí advindas, inclusive as por derivação (frutos da árvore envenenada), serão necessariamente nulas. Ademais, não se pode admitir que o Estado atue fomentando condutas criminosas, casos em que, para além de ferir aspectos éticos que devem ser seguidos por agentes do Estado, poderia caracterizar inclusive a participação desse agente, na forma de induzir ou instigar, no delito que ele almeja realizar o suposto flagrante.

Com isso, para nós, percebe-se que o flagrante preparado, em qualquer dos dois requisitos assentados na súmula, fere os princípios constitucionais, a um só tempo, da não autoincriminação, da presunção de inocência, do direito penal do fato, do devido processo administrativo na persecução penal, da boa-fé objetiva (que exige um *standard* de conduta, bem como parâmetros éticos, também dos agentes do Estado). E em qualquer das hipóteses, isoladas ou cumulativamente, será um flagrante ilícito.

Quanto à presença meramente do segundo requisito, de modo a caracterizar um crime impossível diante da ação preordenada de particulares, aduz a **Súmula nº 567 do STJ** que "sistema de vigilância realizado por monitoramento eletrônico ou por existência de segurança no interior de estabelecimento comercial, por si só, não torna impossível a configuração do crime de furto".

Por outro lado, quanto ao primeiro requisito da súmula, ou seja, a figura do **agente provocador**, impõe frisar que **só estará caracterizada a ilicitude de sua atuação caso seja ele o primeiro a induzir o "contato" do autor do crime com o delito**. Por exemplo, no caso dos crimes de tráfico de drogas, que contêm 18 núcleos do tipo, caso um policial se passe por usuário e solicite a droga a um traficante, não haverá flagrante preparado, pois antes da provocação do agente (no verbo "vender" pelo traficante), o crime já estava consumado consoante os núcleos do tipo "trazer consigo" ou "manter em depósito" (esse flagrante que preexiste a ação do agente policial a doutrina o denomina **flagrante comprovado**, que veremos a seguir).

10.5.1.1.3 Flagrante comprovado

Essa denominação dada pela doutrina de flagrante comprovado é mais nova e ganhou força com o Pacote Anticrime (Lei nº 13.964/2019). Chama-se comprovado porque preexiste à ação do agente policial.

Embora tanto no **flagrante provocado** quanto no **flagrante comprovado** se mostre a presença de um agente policial, diferem-se esses, em essência, porque neste último não se pode vislumbrar a presença de um agente provocador. No flagrante comprovado, o agente policial atua participando de certa forma na cena do crime, mas em um crime que já preexistia, exercendo a mera função de colheita de provas desse crime. Esse agente policial se denomina agente disfarçado em contraposição ao agente provocador do flagrante provocado.

É o caso do exemplo clássico, já colecionado anteriormente. Nos crimes de tráfico de drogas, que contêm 18 núcleos do tipo, caso um policial se passe por usuário e solicite a droga a um traficante, não haverá flagrante preparado, pois antes da provocação do agente (no verbo "vender" pelo traficante), o crime já estava consumado consoante os núcleos do tipo "trazer consigo" ou "manter em depósito". Sendo, assim, caso de flagrante comprovado, pois a ação delituosa já preexistia e o agente atuou na mera função de colheita de provas, não se havendo falar em provocação de um crime que já estava consumado quando de sua ação.

Nessa espécie de flagrante denominada pela doutrina, não se observa um agente que faz surgir a ideação ou deliberação a levar o indivíduo a executar o delito. A atuação do agente policial aqui não é a verdadeira causa do crime. No flagrante comprovado, o dolo do autor da infração penal já existia, daí por que sua vontade não se mostra viciada pelo Estado (ALVES, 2021, p. 115).

O Pacote Anticrime (Lei nº 13.964/2019), conferindo redação ao art. 33, § 1º, IV, da Lei nº 11.343/2006 (Lei de Tóxicos), aos arts. 17, § 2º, e 18, parágrafo único, da Lei nº 10.826/2003 (Estatuto do Desarmamento), trouxe pela primeira vez, ao nosso ordenamento jurídico, essa previsão legal do denominado **agente disfarçado**. Trata-se de **nova técnica de investigação** trazida pelo Pacote Anticrime.

Na Lei de Tóxicos temos, com a redação dada, uma nova conduta típica. Assim, é crime a conduta de quem "vende ou entrega drogas (...), sem autorização ou em desacordo com a determinação legal ou regulamentar, a **agente policial disfarçado**, quando presentes elementos probatórios razoáveis de conduta criminal preexistente" (grifo nosso).

Por outro lado, a redação do Estatuto do Desarmamento, art. 17, § 2º, ficou assim: "quem vende ou entrega arma de fogo, acessório ou munição, sem autorização ou em desacordo com a determinação legal ou regulamentar, a agente policial disfarçado, quando presentes elementos probatórios razoáveis de conduta criminal preexistente". Na mesma linha se dá a redação do art. 18, parágrafo único.

Como se deixa notar, essas duas redações expressamente se referem a "agentes disfarçados" e ao tempo em que criminalizam especificamente condutas voltadas contra eles, assentam a licitude de sua atuação dentro do ordenamento jurídico. Isso não é nenhuma novidade, haja vista que essa atuação policial sempre foi aceita. Agora não apenas tem previsão legal como se introduziu um nome para essa atuação policial: **agente disfarçado**.

O **agente disfarçado** não deve se confundir com o **agente infiltrado**, previsto na Lei de Organizações Criminosas. O agente infiltrado é um meio especial de investigação onde um agente policial é inserido dissimuladamente em uma organização criminosa a fim de levantar provas por meio de interação com os seus membros, envolvimento com as pessoas e participação nas atividades do grupo. O agente infiltrado implica uma imersão policial no seio de um grupo criminoso. Por sua vez, o agente disfarçado não possui qualquer envolvimento ou imersão com o grupo criminoso. Seu contato com o grupo se resume a comprar ou receber os objetos de um crime preexistente a fim de colher provas, não havendo qualquer contato com o grupo para além desse momento. O agente disfarçado não se envolve com o grupo, não exerce atividade decorrente da divisão de tarefas da organização, não conquista a confiança do grupo e não provoca o acontecer típico. Sua atuação, embora haja um mínimo de contato com o fato criminoso ao comprar ou receber drogas ou armas, se resume exclusivamente à **comprovação de um crime preexistente** a sua atuação. Daí o nome flagrante comprovado.

Outra importante distinção que se deve atentar é acerca do **agente de inteligência**. Agente de inteligência não se confunde nem com agente infiltrado nem com agente disfarçado. Ele não se imiscui na atividade criminosa nem compra ou recebe produto de crime preexistente. O agente de inteligência tem uma **atuação meramente preventiva e genérica**, buscando o levantamento de informações sobre fatos sociais relevantes ao governo. Em geral são integrantes da Agência Brasileira de Inteligência (ABIN), não sendo agentes policiais, mas nada impede essa mesma atuação por forças das Polícias Militares (por exemplo, para subsidiar a atuação da Polícia Militar do Distrito Federal em grandes manifestações na Esplanada dos Ministérios) ou da Força Nacional.

No HC nº 147.837, o STF teve a oportunidade de declarar a ilicitude de provas colhidas sob o subterfúgio de ação de agentes de inteligência, quando na verdade o que se constatou fora a imersão desses agentes em organização criminosa (verdadeiro agente infiltrado) sem autorização judicial.

10.5.1.1.4 Flagrante forjado ou urdido

Trata-se de flagrante de um crime que nunca existiu, que foi criado de forma totalmente artificial por agentes policiais ou particulares. O único comportamento que existe para dar azo ao crime é dos agentes policiais, não havendo qualquer comportamento criminoso por parte do preso. É o caso de policial plantando drogas ou armas no veículo, casa, ou corpo de uma pessoa, prendendo-o em seguida pelo suposto porte desses materiais.

É um flagrante completamente ilegal e que caracteriza abuso de autoridade e denunciação caluniosa do agente forjador.

10.5.1.1.5 Flagrante esperado

Também denominado **intervenção predisposta da autoridade policial**, nesse flagrante não há interferência alguma de um agente policial. Trata-se do simples conhecimento pela polícia de que um crime será cometido em breve, deslocando-se os agentes ao local do fato e aguardando (campana ou tocaia) o início dos atos executórios para a efetivação da prisão em flagrante. A polícia (ou particular) simplesmente espera que o crime aconteça, efetuando a prisão tão logo se inicie.

Nada impede, todavia, que diante de um flagrante esperado, a polícia, diante da implementação de um esquema tático infalível de proteção ao bem jurídico, impeça completamente a consumação do delito. Nesse caso, a polícia por sua ação tornará o crime impossível.

10.5.1.1.6 Flagrante diferido ou ação controlada

Também chamado de flagrante prorrogado ou postergado, consiste na possibilidade, que a polícia recebe por lei em relação a alguns crimes, de retardar a realização da prisão em flagrante para obter maiores dados e informações a respeito do crime. Se não fosse essa autorização legal, poderiam os agentes policiais incidir em crime de prevaricação ou omissão imprópria.

A doutrina traz o exemplo de um agente policial que se infiltra em uma organização criminosa, percebendo imediatamente a ocorrência de um flagrante por parte apenas de um dos membros da facção. Ele poderia efetivar o flagrante nesse momento, mas isso impossibilitaria que ele descobrisse mais informações sobre a organização e os envolvidos no crime. Nesse caso, consoante a autorização da lei para o flagrante diferido, o agente pode retardar o flagrante para realizá-lo no momento mais oportuno do ponto de vista da formação de provas e levantamento de informações.

O flagrante diferido (ação controlada) tem previsão no nosso ordenamento para os crimes de **drogas** (Lei nº 11.343/2006), de **lavagem de capitais** (Lei nº 9.613/1998) e para os crimes envolvendo **organizações criminosas** (Lei nº 12.850/2013).

Observa-se alguma diferença da sistematização do flagrante diferido nessas leis. Nas Leis de **Drogas** e de **Lavagem de Capitais** exige-se para que ocorra o flagrante diferido pelas forças policiais **prévia autorização judicial** (e oitiva do MP). Ademais, na Lei de Tóxicos há ainda mais um requisito para deferimento da medida pelo juiz, qual seja, o **conhecimento do provável itinerário da droga e dos eventuais agentes do delito e colaboradores**.

Por sua vez, **a Lei de Organizações Criminosas não exige autorização judicial** (nem oitiva do MP). Exige a lei para a concretização do flagrante diferido **apenas uma prévia comunicação ao juiz** competente, que, se for o caso, estabelecerá os seus limites e comunicará o Ministério Público.

Salienta-se que, fora dessas três hipóteses trazidas pela lei, não existe nenhuma outra possibilidade de os agentes do Estado deixarem de efetivar a obrigação de efetuar a prisão em flagrante.

10.5.1.2 Flagrante nos crimes permanentes, habituais, continuados, formais e em ação penal privada e pública condicionada

Crime permanente é aquele cuja consumação se prolonga no tempo, como nos crimes de tráfico de drogas (nos núcleos "manter" e "ter em depósito"), nos crimes de sequestro etc. Em todos esses a ação é um ato contínuo através do tempo, não sendo uma conduta estanque como em outros tipos penais. Esse fato traz consequências sobre o momento da prisão em flagrante.

Na forma do art. 303 do CPP, "nas infrações permanentes, entende-se o agente em flagrante delito enquanto não cessar a permanência". Como se denota, referida disposição normativa não era sequer necessária. Ora, o crime prolonga no tempo seus atos de execução de modo que em qualquer fase dessa distensão temporal estará presente o momento flagrancial do art. 302, I, do CPP, visto alhures.

Essa situação de constante flagrante do crime permanente permite, inclusive, a entrada em domicílio para a efetivação da prisão em flagrante a qualquer tempo. Como no exemplo do crime de tráfico de drogas, na modalidade "manter em depósito", enquanto a droga estiver dentro da residência o crime estará em execução, permitindo, destarte, a entrada na residência e a prisão em flagrante do dono da droga a todo tempo.

Não obstante, em se tratando de crime envolvendo drogas, o STF tem trazido importantes balizas a esse flagrante em tal crime permanente. Como já mencionado anteriormente, a Corte aduz que a **mera intuição da autoridade policial de eventual traficância praticada por indivíduo, fundada unicamente em sua fuga do local, ou denúncia anônima, não permite o ingresso em domicílio, sem o consentimento escrito do morador, para prisão em flagrante, ainda que a droga seja encontrada lá dentro.** Diante de denúncia anônima, o STF exige uma investigação prévia para permitir a entrada em domicílio, ainda que seja uma investigação bem superficial.

Observa-se da decisão importantes limites a essa entrada em domicílio fundada em postulados garantistas, o que deve ser observado com atenção pelos agentes policiais. Não obstante, não tenha a decisão se referido também ao crime permanente de posse de armas de fogo, deve-se estender de igual modo os referidos temperamentos a essa entrada em domicílio. O não acatamento dessas premissas pode ensejar responsabilidade civil, administrativa e penal do agente policial.

Por seu turno, **crime habitual** é aquele cuja consumação ocorre por meio da prática de várias condutas, em sequência, de forma a evidenciar um modo de vida do agente delitivo. A reiteração de condutas é que forma o tipo penal. São exemplos dessa espécie de crime o curandeirismo, o exercício ilegal da profissão etc. O problema da prisão em flagrante nessas espécies de crime é que não se pode vislumbrar a precisão do momento da consumação do crime para se determinar o flagrante. Nesse ponto, temos duas correntes doutrinárias sobre a possibilidade ou não do flagrante.

Para uma corrente majoritária, **não seria possível a prisão em flagrante**, pois impossível se determinar o momento da consumação. Para outra corrente, havendo a interrupção do *iter criminis* poderia ser constatada a tentativa, de modo a permitir a prisão em flagrante.

Por fim, **crime continuado** é uma ficção jurídica, criada por critérios de política criminal e com previsão no art. 71 do CP. Trata-se do agente que, mediante mais de uma ação ou omissão, pratica dois ou mais crimes da mesma espécie e, pelas condições de tempo, lugar, maneira de execução e outras semelhantes, devem os atos criminosos subsequentes ser havidos como continuação do primeiro. Nos crimes continuados há várias condutas criminosas que, por uma ficção jurídica criada por critérios de política criminal, entendem-se por crime único. Nesse sentido a sentença condenatória aplicará a pena de um só crime, exasperada de um sexto a dois terços.

Quanto ao flagrante nos crimes continuados não existe nenhuma novidade. Diante do fato de nesses delitos existirem várias condutas criminosas independentes, o flagrante poderá ser efetuado diante de cada uma delas. O reconhecimento do crime continuado será realizado apenas na fase judicial do processo para fins de que o juiz realize a dosimetria da pena conforme seus critérios. A doutrina apelida esse flagrante nos crimes continuados de

flagrante fracionado, o que, diga-se de passagem, não se observa muita utilidade prática, ou mesmo nenhuma.

Os **crimes formais**, também chamados de crimes de consumação antecipada, são aqueles que possuem previsão de um resultado naturalístico que, no entanto, não precisa ocorrer para que haja a sua consumação. É exemplo do crime de concussão, que se consuma com a mera exigência da vantagem indevida, sendo o seu recebimento mero exaurimento. A prisão em flagrante não mostra maiores desdobramentos nos crimes formais.

O flagrante nos crimes formais é perfeitamente possível. Deve-se observar apenas que **o momento da prisão em flagrante se dá no tempo da consumação e não do exaurimento**. Esperar o tempo do exaurimento pode se mostrar perdido o momento do flagrante, posto que fora das hipóteses do art. 302 e seus incisos do CPP. Por exemplo, nos crimes de concussão ou corrupção ativa, o flagrante deve ser realizado no exato momento da exigência ou solicitação da vantagem indevida. Muitas vezes, o momento do efetivo recebimento dessa vantagem, que pode se dar bem posterior a conduta de exigir e solicitar, pode se mostrar uma situação em que não há mais o flagrante.

Nos **crimes de ação penal pública condicionada e ação penal privada,** o Código de Processo Penal não traz restrições ou qualquer observação em relação ao flagrante. Entende-se, assim, que nessas situações as etapas da captura e condução do flagrante devem acontecer normalmente. Apenas para a lavratura do auto de prisão em flagrante é que se exigirá a manifestação de vontade da vítima no sentido de dar continuidade à persecução penal. Entende-se que essa manifestação da vítima pode se dar em até 24 horas, prazo este previsto para a entrega de nota de culpa.

10.5.1.3 Flagrante nos casos de apresentação espontânea do preso

Com a antiga redação do art. 317 do CPP, depreendia-se que a apresentação espontânea do preso à autoridade policial impediria sua prisão em flagrante, malgrado fosse ainda possível a sua prisão preventiva. Nesses casos de apresentação espontânea, a doutrina e jurisprudência eram assentes em afirmar que deveria o Delegado de Polícia lavrar o auto de apresentação, não se justificando a prisão em flagrante.

Com a reforma de 2011 ao CPP, a Lei nº 12.403/2011 alterou a redação do art. 317, não havendo mais qualquer previsão legal sobre o tema no nosso ordenamento.

No silêncio da lei, a doutrina tem preferido deixar a questão em aberto, dependendo da análise do caso concreto.

Com isso, a apresentação espontânea pode evitar a prisão em flagrante por dois motivos: ou por não estar presente um dos requisitos do art. 302 do CPP, ou em razão de o autor do crime ter se comportado de forma a colaborar com a apuração dos fatos de modo a afastar-se com isso o *periculum in mora* (NUCCI, 2008, p. 599).

Contudo, não se permite que a apresentação espontânea evite a prisão em flagrante. Em casos graves, que demonstrem a urgente necessidade da segregação cautelar imediata do autor do crime, como no caso de um indivíduo que mata cruelmente várias pessoas e, logo em seguida, adentra a delegacia apresentando-se, a prisão em flagrante deve ser imposta.

10.5.1.4 Lavratura do auto de prisão em flagrante

Como já mencionado, o flagrante pode ser concebido como um ato administrativo perfeito em quatro partes, são elas: captura, condução coercitiva, lavratura do auto de prisão em flagrante e recolhimento à prisão. Como o flagrante dispensa ordem judicial escrita e fundamentada, a lei exige uma série de formalidades que deve ser seguida à risca, sob pena de relaxamento do flagrante. Essas formalidades voltam-se para a terceira etapa do flagrante que é a lavratura do auto. As demais etapas não exigem maiores formalidades.

Toda a formalização do flagrante se dá na etapa da lavratura do auto de prisão em flagrante. Deve constar desse auto o **depoimento do condutor**, que é a pessoa que apresenta o preso à autoridade policial, **depoimento de duas testemunhas** do fato criminoso (testemunhas numerárias). Na ausência dessas, o art. 304, § 2º, do CPP permite que se supra sua falta com as chamadas testemunhas instrumentais ou indiretas. Essas nada presenciaram acerca do fato criminoso, apresentando depoimento exclusivamente sobre a apresentação do preso à autoridade policial, sendo por isso também chamadas de testemunhas de apresentação. Em qualquer desses róis de testemunhas admite-se que seja incluído o próprio condutor.

Não existe dentro das formalidades de lavratura do auto de prisão em flagrante a necessidade de colheita do depoimento da vítima. Todavia, caso seja possível, o depoimento dessa vítima é aconselhável, pois permite robustecer as versões dos fatos que envolveram o flagrante. Devemos lembrar que, caso seja crime de ação penal privada ou pública condicionada, deve-se colher a manifestação de vontade da vítima.

Outra formalidade é a **oportunidade que se deve dar ao preso para que preste depoimento**. Em razão do direito ao silêncio esse depoimento não é obrigatório. Não obstante, uma vez realizado esse interrogatório, ele deve seguir as regras previstas para o interrogatório judicial, no que for aplicável.

Não existe na lavratura do auto de flagrante delito qualquer direito à ampla defesa ou ao contraditório. A presença do advogado acompanhando a lavratura, embora seja admitida, não é obrigatória. Mesmo não existindo previsão para o contraditório e a ampla defesa, pode o Delegado, se julgar conveniente, autorizar perguntas às testemunhas, condutor e vítima.

Não sabendo o conduzido assinar, não quiser ou não puder fazê-lo, sua assinatura será suprida pela assinatura de duas testemunhas, que tenham ouvido a leitura do auto na presença do preso.

Salienta-se que a falta de oitiva do preso nas hipóteses em que ele esteja completamente impedido, como, por exemplo, no caso em que tenha trocado tiros com a polícia, não viciará o flagrante.

Cada uma das pessoas ouvidas na lavratura do auto de prisão em flagrante será imediatamente liberada depois de prestar seu depoimento (art. 304, § 3º, do CPP). Não se exige, como anteriormente, que todos tenham que aguardar a conclusão completa da lavratura do auto para só assim assinarem e serem liberados.

O art. 304 do CPP traz uma ordem de inquirição que deve ser seguida, sob pena de relaxamento da prisão. Ouve-se primeiro o condutor da ocorrência (muitas vezes policiais militares que precisam retornar aos seus afazeres na rua). Em seguida ouvem-se as testemunhas (podendo-se inserir nesse mesmo momento a oitiva da vítima caso seja possível, mas que não é obrigatória). E, por fim, o conduzido.

A autoridade policial deve comunicar ao juiz a prisão efetivada no prazo de 24 horas (art. 306, § 1º, do CPP). O descumprimento desse ato pela autoridade policial enseja crime de abuso de autoridade com previsão típica no art. 12, *caput*, da Lei nº 13.869/2019.

Nesse mesmo prazo, caso o autuado não informe o nome de seu advogado, deverá ser encaminhada cópia integral para a Defensoria Pública (art. 306, § 1º, do CPP).

Preconiza o art. 290 do CPP que a **competência para a lavratura do auto** de prisão em flagrante é da autoridade policial da circunscrição onde foi efetuada a prisão. Caso não seja ela também a autoridade com competência para a apuração do crime, deve remeter os autos à autoridade que o seja (art. 304, § 1º). Observa-se dessa disposição que a prisão, com a lavratura de seu auto, pode ocorrer em um lugar e o inquérito policial em outro. Ademais, nos termos do art. 308 do CPP, não havendo autoridade no lugar em que se estiver efetuado a prisão, o preso será logo apresentado à do lugar mais próximo.

Nos termos da Súmula nº 397 do STF, a autoridade competente para a lavratura do auto de prisão em flagrante pode ser uma autoridade parlamentar, nos casos de crimes ocorridos nas dependências da casa legislativa. Aduz a Súmula que "O poder de polícia da Câmara dos Deputados e do Senado Federal, em caso de crime cometido nas suas dependências, compreende, consoante o regimento, a prisão em flagrante do acusado e a realização do inquérito".

O art. 307 do CPP traz previsão de como se deve proceder nos casos de crimes cometidos na presença da autoridade ou contra esta. Quando o fato for praticado em presença da autoridade, ou contra esta, no exercício de suas funções, constarão do auto a narração deste fato, a voz de prisão, as declarações que fizer o preso e os depoimentos das testemunhas, sendo tudo assinado pela autoridade, pelo preso e pelas testemunhas e remetido imediatamente ao juiz a quem couber tomar conhecimento do fato delituoso, se não o for a autoridade que houver presidido o auto.

O Estatuto da Primeira Infância trouxe ao art. 304, § 4º, do CPP, mais uma formalidade. Exige-se agora, da lavratura do auto de prisão em flagrante, que se faça constar informações sobre a existência de filhos, respectivas idades e se possuem alguma deficiência e o nome e o contato de eventual responsável pelos cuidados dos filhos, indicado pela pessoa presa.

Finalizando as formalidades do auto de prisão de prisão em flagrante, o art. 304, § 1º, do CPP, assevera que "**resultando das respostas fundada a suspeita contra o conduzido**, a autoridade mandará recolhê-lo à prisão, exceto no caso de livrar-se solto ou de prestar fiança, e prosseguirá nos atos do inquérito ou processo, se para isso for competente" (grifos nossos). Desse dispositivo se depreende uma outra situação. De sua leitura é possível deduzir que não restando das respostas suspeita contra o conduzido, deve a autoridade policial não efetuar a sua prisão, soltando-o. A doutrina denomina isso de **relaxamento da prisão em flagrante pela autoridade policial**. Em todo caso, deve ser instaurado inquérito policial.

> **Decifrando a prova**
>
> **(2020 – NEMESIS – Câmara de Conchal/SP – Advogado)** Das alternativas a seguir, assinale aquela que não constitui um ato que deva ser praticado pela autoridade competente no momento da lavratura de um auto de prisão em flagrante, segundo o Código de Processo Penal:
> A) relaxar a prisão ilegal;
> B) ouvir o condutor e colher sua assinatura;
> C) proceder ao interrogatório do acusado;
> D) proceder à oitiva das testemunhas da infração;
> E) fornecer ao condutor o recibo de entrega do preso.
> **Gabarito comentado:** o relaxamento da prisão é medida aplicada para a prisão ilegal, e só pode ser realizada pelo juiz. Portanto, a letra A é o gabarito.

10.5.1.5 Audiência de custódia

Dentre as formalidades já mencionadas acerca do auto de prisão em flagrante está a necessidade de comunicação imediata da prisão e do local onde se encontre o preso ao juiz competente, ao Ministério Público e à família do preso ou à pessoa por ele indicada.

Conforme redação dada ao art. 3º-B, I, do CPP pelo Pacote Anticrime (Lei nº 13.964/2019), é o juiz das garantias a autoridade competente mencionada anteriormente, para fins de recebimento da comunicação imediata da prisão em flagrante (dispositivo que se acha suspenso por força da Medida Cautelar na ADI nº 6.299, de lavra do Ministro Luiz Fux).

Quanto a essa comunicação imediata da prisão em flagrante ao juiz competente, muito antes da criação do juiz das garantias pelo Pacote Anticrime, tivemos uma outra importante inovação em nosso ordenamento jurídico. Trata-se da conhecida **audiência de custódia**.

Em fevereiro de 2015, o Conselho Nacional de Justiça, o Tribunal de Justiça de São Paulo e o Ministério da Justiça criaram o Projeto Audiência de Custódia. Esse projeto tinha como objetivo dar efetividade a essa comunicação imediata ao juiz da prisão em flagrante, pois a mera comunicação sem um juiz que realizasse efetivamente o controle da legalidade dessa prisão em flagrante esvaziava a previsão legal e as garantias outorgadas pela Constituição.

Nesse desiderato, o Projeto Audiência de Custódia visava garantir que os presos em flagrante fossem apresentados a um Juiz de Direito em 24 horas, no máximo.

Para concretizar o cumprimento desse prazo estipulou-se, assim, que deveria ser criada estrutura multidisciplinar nos Tribunais de Justiça. Essa estrutura receberia os presos em flagrante e efetuaria uma primeira análise sobre o cabimento e a necessidade de manutenção dessa prisão ou a imposição de medidas alternativas ao cárcere.

Almejava o projeto garantir que o preso em flagrante fosse apresentado em até 24 horas ao magistrado, devendo ser entrevistado por ele em uma audiência de custódia, em que seriam ouvidas também as manifestações do Ministério Público, da Defensoria Pública ou do advogado do preso.

Nessa audiência o juiz analisará a prisão sob o aspecto da legalidade, da necessidade e da adequação da continuidade da prisão ou da eventual concessão da liberdade, com ou sem a imposição ou de outras medidas cautelares. Além disso, analisará se houve eventuais ocorrências de tortura ou de maus-tratos, entre outras irregularidades, no decorrer da prisão em flagrante.

Essa audiência de custódia, embora implementada por atos administrativos dos órgãos supracitados, já era, contudo, prevista em pactos internacionais assinados pelo Brasil. Por exemplo, no Pacto Internacional de Direitos Civis e Políticos, no item 3 do art. 9º, é expresso que "qualquer pessoa presa ou encarcerada em virtude de infração penal deverá ser conduzida, **sem demora**, à presença do juiz ou de outra autoridade habilitada por lei a exercer funções judiciais" (grifos nossos). Por seu turno o Pacto de São José da Costa Rica, no item 5 do art. 7º aduz que "toda pessoa presa, detida ou retida deve ser conduzida, **sem demora**, à presença de um juiz ou outra autoridade autorizada por lei a exercer funções judiciais" (grifos nossos). Todas as normas de caráter supralegal no Brasil.

A audiência de custódia já era utilizada, com força nos diplomas internacionais supracitados, em diversos países da América Latina e na Europa, onde a estrutura responsável pelas audiências de custódia recebe o nome de Juizado das Garantias.

A audiência de custódia, destarte, passou a ser implementada não só no Estado de São Paulo, mas também em outros Estados da Federação, a exemplo de Minas Gerais, por meio de acordos de cooperação firmados pelo Conselho Nacional de Justiça (CNJ) e órgãos do Judiciário e do Executivo.

Em setembro de 2015, a audiência de custódia passou a ter regulamentação ampla e detalhada a partir da Recomendação nº 28 do Conselho Nacional do Ministério Público (CNMP). Em dezembro de 2015, o CNJ editou a Resolução nº 213, posteriormente alterada pela Resolução nº 268, de novembro de 2018.

A partir dessa Resolução do CNJ, as audiências de custódias passaram a ter um funcionamento uniforme no país.

Cumpre mencionar que a Resolução do CNJ criou ainda o Sistema Audiência de Custódia (SISTAC). Trata-se de um sistema de informática desenvolvido pelo CNJ e distribuído gratuitamente por ele para todos os Tribunais do País, cuja finalidade é a coleta de dados e a produção de estatísticas sobre a entrada no sistema carcerário, fazendo referência ainda às denúncias de maus-tratos e tortura.

A Resolução impôs a todos os Tribunais de Justiça do país que implementassem a audiência de custódia no âmbito de suas respectivas jurisdições dentro do prazo de 90 dias, contados a partir do dia 1º.02.2016, data de entrada em vigor da Resolução.

Embora a referida Resolução nº 213/2015 do CNJ fora apreciada no STF na ADPF nº 347 e na ADI nº 5.240, confirmando sua regularidade, muitos juízes do país ainda deixavam de realizá-la, argumentando que ela seria não um dever, senão mera faculdade, pois não estava prevista em lei no sentido estrito (ALVES, 2021, p. 128).

Contudo, recentemente a Lei nº 13.964/2019 (Pacote Anticrime) pôs fim a essa discussão e trouxe expressamente nos arts. 287 e 310 do CPP a previsão legal da audiência de custódia. Não obstante, referidas resoluções ainda possuem validade e devem ser utilizadas como regulamentação, interpretação e supressão de lacunas dos referidos artigos do CPP.

O *caput* do art. 310 do CPP afirma que após receber o auto de prisão em flagrante, em 24 horas após a realização da prisão, o juiz deverá promover a audiência de custódia, com a presença obrigatória do próprio agente preso, seu advogado ou membro da Defensoria Pública na ausência dele, além do membro do Ministério Público.

Importante dispositivo é o teor do art. 310, § 3º, do CPP. Preconiza que "A autoridade que deu causa, sem motivação idônea, à não realização da audiência de custódia no prazo estabelecido no *caput* deste artigo responderá administrativamente, civil e penalmente pela omissão". Com isso, supera-se de uma vez por todas o entendimento de que a audiência de custódia seria uma mera faculdade do juiz. **A audiência de custódia é uma obrigação** imposta ao Estado, e constitui uma **garantia fundamental instrumental** ou assecuratória. Nesse sentido, inclusive, decidiu o STF no HC nº 188.888/MG, j. 06.10.2020, que a audiência de custódia constitui **direito público subjetivo**, de **caráter fundamental**.

Quanto à responsabilidade penal por omissão prevista no final da redação do art. 310, § 3º, do CPP, insta observar que a Nova Lei de Abuso de Autoridade (Lei nº 13.869/2019) se esqueceu de trazer a tipificação da conduta de não realização de audiência de custódia sem motivação idônea como crime de abuso de autoridade. Diante dessa omissão legislativa, a responsabilidade penal prevista no CPP, para a autoridade que deixa de realizar audiência de custódia, configura o crime de prevaricação do art. 319 do CP.

Conforme expressamente consta do art. 310, § 4º, do CPP (suspenso por decisão cautelar do STF), a não **realização de audiência de custódia** no prazo de 24 horas, sem motivação idônea, denota a **ilegalidade da prisão**, a ser relaxada pela autoridade competente, **sem prejuízo da possibilidade de imediata decretação de prisão preventiva**. No entanto, em relação a esse dispositivo legal, em 22 de janeiro de 2020, o Ministro Luiz Fux, na **ADI nº 6.305**, proferiu decisão monocrática, em sede de medida cautelar, para suspender a eficácia *sine die*, *ad referendum* do Plenário da Corte, da liberalização da prisão pela não realização da audiência de custódia no prazo de 24 horas. Segundo o Ministro, a ilegalidade da prisão e seu relaxamento pela não realização da audiência de custódia em 24 horas **fere o princípio da razoabilidade**, pois desconsidera as dificuldades práticas e logísticas de diversas comarcas do país.

Assim, pode-se afirmar que a audiência de custódia é obrigatória, ensejando sua não realização, sem motivação idônea, responsabilidade administrativa, civil e penal da autoridade. Todavia, não poderá a ausência dessa audiência ocasionar o relaxamento da prisão, dada a cautelar na ADI nº 6.305.

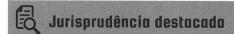

Em decisão recente, reafirmou o STF que a falta de audiência de custódia constitui irregularidade, não afastando a prisão preventiva, uma vez atendidos os requisitos do artigo 312 do Código de Processo Penal e observados direitos e garantias versados na Constituição Federal (STF, 1ª Turma, HC nº 195.287/AC, 0110475-36.2021.1.00.0000, Rel. Marco Aurélio, j. 1º.03.2021, data de public. 07.04.2021).

> A superveniência da realização da audiência de instrução e julgamento não torna superada a alegação de ausência de audiência de custódia (STF, 2ª Turma, HC nº 202.579-AgR/ES e HC nº 202.700-AgR/SP, Rel. Min. Nunes Marques, redator do acórdão Min. Gilmar Mendes, j. 26.10.2021, *Info.* nº 1.036).
>
> Não se mostra razoável, para a realização da audiência de custódia, determinar o retorno de investigado à localidade em que ocorreu a prisão quando este já tenha sido transferido para a comarca em que se realizou a busca e apreensão.
>
> Em regra, a audiência de custódia deve ser realizada na localidade em que ocorreu a prisão. No caso, porém, o Investigado já foi conduzido à Comarca do Juízo que determinou a busca e apreensão, há aparente conexão probatória com outros casos e prevenção daquele Juízo, de forma que não se mostra razoável determinar o retorno do Investigado para análise do auto de prisão em flagrante, notadamente em razão da celeridade que deve ser empregada em casos de análise da legalidade da custódia (STJ, 3ª Seção, CC nº 182.728/PR, Rel. Min. Laurita Vaz, j. 13.10.2021, *Info.* nº 714).

Decifrando a prova

(2022 – CESPE/CEBRASPE – DPE/RS – Defensor Público) No que diz respeito ao processo penal, julgue o seguinte item.

O STF fixou o entendimento de que a falta de audiência de custódia constitui irregularidade que não conduz à automática revogação da prisão preventiva, cabendo ao juízo da causa promover análise acerca da presença dos requisitos autorizadores da medida extrema; entretanto, tal entendimento não afasta a impossibilidade de conversão imediata da prisão em flagrante em prisão preventiva sem que haja prévia representação da autoridade policial ou requerimento do Ministério Público ou do querelante, conforme a jurisprudência da Suprema Corte.

( ) Certo ( ) Errado

Gabarito comentado: de acordo com o decidido pelo STF no HC nº 195.287, a assertiva está certa.

Embora o art. 310 do CPP trate da audiência de custódia apenas em relação à prisão em flagrante, não podemos olvidar que o art. 287 do CPP, com redação também dada pelo Pacote Anticrime, traz a previsão da necessidade da audiência de custódia quando a prisão for decorrente de mandado. Ou seja, prisão decorrente de prisão preventiva ou temporária. Nesse sentido, a redação do **art. 287** do CPP: "Se a infração for inafiançável, a falta de exibição do mandado não obstará a prisão, e o preso, em tal caso, será imediatamente apresentado ao juiz que tiver expedido o mandado, para **realização de audiência de custódia**" (grifos nossos). Embora o artigo fale em crime inafiançável, a doutrina de forma pacífica afirma que também se aplica para os crimes afiançáveis.

Assim, a audiência de custódia se aplica não apenas às hipóteses de prisão em flagrante, mas também para as prisões preventivas e temporárias.

Tem ganhado cada vez mais força na doutrina o entendimento de que a audiência de custódia, para além de sua aplicação às prisões cautelares, também se aplica às prisões definitivas. Esse entendimento é reforçado pela disposição expressa do art. 13, *caput*, da Resolução nº 213/2015 do CNJ, que prevê a audiência de custódia tanto para o mandado de prisão cautelar quanto definitiva.

Nesse sentido, o STF, após idas e vindas sobre o cabimento ou não da audiência de custódia em relação à prisão preventiva, temporária e definitiva, veio a sedimentar o tema na Rcl nº 29.303-Agr/RJ, de 10.12.2020.

Nessa decisão, o Ministro Luiz Edson Fachin, que, diga-se de passagem, já havia decidido anteriormente ao Pacote Anticrime sobre a aplicação da audiência de custódia unicamente para a prisão em flagrante (conforme se acha no *Informativo* nº 930), veio a decidir, em decisão monocrática, sobre a aplicação da audiência de custódia a todas as modalidades de prisão. Asseverou o Ministro que, por força agora de lei, tem-se a obrigatoriedade da realização da audiência de apresentação (nome também dado à audiência de custódia), também nas prisões decorrentes de cumprimento de mandado expedido pela autoridade judiciária. Continua em sua decisão dizendo que, nesse contexto, não há dúvidas da imprescindibilidade da audiência de custódia, quer em razão da prisão em flagrante, quer também nas demais modalidades de prisão por conta de previsão expressa na legislação processual penal.

Nessas premissas, deferiu medida liminar, *ad referendum* do Plenário, para determinar a realização, no prazo de 24 horas, de audiência de custódia em todas as modalidades prisionais, inclusive prisões temporárias, preventivas e definitivas (STF, Rcl nº 29.303-AgR/RJ, Rel. Min Edson Fachin, j. 10.12.2010).

Decifrando a prova

(2021 – FUMARC – PC/MG – Delegado de Polícia Substituto) A respeito da prisão em flagrante, é INCORRETO afirmar:

A) A realização de audiência de custódia se restringe aos casos de prisão em flagrante delito.

B) Nos crimes permanentes, a prisão em flagrante pode ser efetuada enquanto não cessar a permanência.

C) O presidente da República não pode ser preso em flagrante delito por mais grave que seja o crime praticado.

D) Se o autor do delito não foi preso no local da infração e não está sendo perseguido, sua apresentação espontânea perante a autoridade policial impede a prisão em flagrante.

Gabarito comentado: embora o art. 310 do CPP trate da audiência de custódia apenas em relação à prisão em flagrante, não podemos olvidar que o art. 287 do CPP, com redação também dada pelo Pacote Anticrime, traz a previsão da necessidade da audiência de custódia quando a prisão for decorrente de mandado. Portanto, a letra A é o gabarito.

(2021 – CESPE/CEBRASPE – PC/SE – Agente de Polícia Judiciária) No que tange à implantação das audiências de custódia no Estado de Sergipe e às modalidades de prisão previstas no ordenamento jurídico brasileiro, julgue o item a seguir.

> As audiências de custódia devem ser feitas em todas as modalidades de prisão, o que alcança, também, a prisão temporária.
> ( ) Certo ( ) Errado
> **Gabarito comentado:** embora o art. 310 do CPP trate da audiência de custódia apenas em relação à prisão em flagrante, não podemos olvidar que o art. 287 do CPP, com redação também dada pelo Pacote Anticrime, traz a previsão da necessidade da audiência de custódia quando a prisão for decorrente de mandado. Portanto, a assertiva está certa.

Questão interessante recai sobre a possibilidade ou não da realização da audiência de custódia por videoconferência.

O Pacote Anticrime, com a redação dada ao § 1º do art. 3º-B do CPP, em sua redação originária, vedava a realização da audiência de custódia por videoconferência. Contudo, essa previsão foi alvo de veto presidencial no projeto de Lei. Não obstante, no dia 19.04.2021, o Senado Federal confirmou a derrubada parcial do veto nº 56/2019, que afastou 24 dispositivos da Lei nº 13.964/2019, dentre eles o veto à vedação da audiência de custódia por videoconferência.

Desse modo, encontra-se agora expressa no art. 3º-B, § 1º, do CPP, a vedação da realização da audiência de custódia por videoconferência, *in verbis*:

> § 1º O preso em flagrante ou por força de mandado de prisão provisória será encaminhado à presença do juiz de garantias no prazo de 24 (vinte e quatro) horas, momento em que se realizará audiência com a presença do Ministério Público e da Defensoria Pública ou de advogado constituído, **vedado o emprego de videoconferência**. (Grifo nosso)

Entende-se que a apresentação pessoal do preso na audiência de custódia é fundamental para coibir práticas de tortura e maus-tratos. A transmissão de sons e imagens (videoconferência) não tem condições de remediar as vantagens que o contato e a relação direta entre juiz e jurisdicionado proporcionam. Diante do contato pessoal e das possíveis interações interpessoais, juiz e preso, proporcionadas por esse contato pessoal, o juiz teria maiores condições de aferir a plausibilidade das afirmações do preso, bem como aferir melhor se existiria alguma coação ao preso ou medo deste em falar a verdade.

Por outro lado, o veto presidencial à proibição da videoconferência fundamentou-se na incoerência do CPP que permitia a videoconferência a diversos atos processuais. De igual modo, asseverou o perigo de que tal proibição poderia causar à garantia da razoável duração do processo e a celeridade dos atos processuais. Por fim, aduziu a preocupação real com um possível aumento de despesas, mormente em juízos de vara única, com apenas um magistrado, e a consequente necessidade de pagamento de diárias e passagens para outros magistrados auxiliarem na realização de audiências de custódia ou na necessidade de contratação de novos juízes.

Por ocasião da pandemia do Coronavírus, o CNJ, que tinha entendimento contrário à realização da audiência de custódia por videoconferência, passou a admiti-la. Em 26 de novembro de 2020, o órgão editou a Resolução nº 357/2020 que, alterando o art. 19 da Resolução CNJ nº 329/2020, passou a admitir a realização de videoconferência para as audiências de custódia, quando não fosse possível sua realização em 24 horas de forma presencial.

Não obstante, diante da derrubada do veto presidencial em 19 de abril de 2021, e a vigência da **vedação da audiência de custódia por videoconferência**, na forma do art. 3º-B, § 1º, do CPP, resta sem aplicação a Resolução do CNJ, pois contrária, agora, à Lei.

> **Jurisprudência destacada**
>
> O STF entende que a decisão judicial proferida na audiência de custódia é de mero juízo de verossimilhança e não faz coisa julgada material nem habilita a parte pedir o trancamento da ação penal. Se o magistrado, por exemplo, durante a audiência de custódia, decide pela atipicidade do fato, aplicando o princípio da insignificância e relaxando a prisão em flagrante, apenas o faz para fins de prisão cautelar, não produzindo este julgado, portanto, coisa julgada material quanto ao delito em si e à própria persecução penal, não justificando, pois, o trancamento da ação penal (STF, HC nº 157.306).

10.5.1.6 Convalidação judicial da prisão em flagrante

Durante muito tempo a jurisprudência sempre entendeu que, ao receber o auto de prisão em flagrante, a autoridade judiciária não estaria obrigada a fundamentar a manutenção da prisão cautelar do agente. Na praxe forense, as decisões do magistrado se limitavam a dizer: "flagrante formalmente em ordem – aguarde-se a vinda dos autos principais".

Isso permitia que a pessoa permanecesse encarcerada pelo simples fato de ter sido presa em flagrante. Não havia qualquer necessidade de se analisar sobre a necessidade ou não da custódia cautelar e, se não houvesse um pedido de advogado pela liberdade provisória, a pessoa ficaria presa até o fim do processo ou absolvição em sentença de primeira instância.

Ou seja, nessa época, o juiz ao receber o auto de prisão em flagrante deveria analisar apenas se tivesse ocorrido alguma ilegalidade, seja formal, seja material, na prisão em flagrante. Reconhecida a legalidade do flagrante, a pessoa ficaria presa por todo o processo, salvo se houvesse um pedido feito por advogado de liberdade provisória, quando só aí o juiz deveria analisar se a pessoa deveria ser posta em liberdade. Inclusive, foi diante dessa situação que se inseriu no art. 306, § 1º, do CPP a necessidade de comunicação da prisão em flagrante à Defensoria Pública. Nesse tempo, a liberdade provisória tinha ainda um importante papel, que restou sem grandes consequências práticas após as reformas que sobrevieram ao CPP, como veremos.

Esse panorama mudou radicalmente em 2011, seguindo o que já havia sido defendido pela doutrina com fulcro nos direitos fundamentais e da natureza cautelar da prisão em flagrante.

Com a Lei nº 12.403/2011, foi conferida nova redação ao art. 310 do CPP, obrigando o magistrado a aferir a necessidade ou não da manutenção da prisão do preso em flagrante. Nesse sentido, caso vislumbrasse a necessidade da custódia cautelar do agente, esse permaneceria preso não em razão da prisão em flagrante, mas em razão da presença dos requisitos que ensejam a prisão preventiva.

Ou seja, a partir de então, a prisão em flagrante para se perpetuar deveria ser convertida em prisão preventiva. É por isso que se afirma pacificamente que a prisão em flagrante deixou de ser uma medida cautelar e passou a ser uma **medida pré-cautelar**. Exatamente pelo fato de que essa prisão só existe pelo pequeno período de tempo (24 horas) em que deverá ser apreciada pelo magistrado, o qual, verificando a necessidade da custódia, manterá o preso em cárcere não mais por força do flagrante, senão pela conversão desse flagrante em prisão preventiva.

A nova redação do art. 310 assevera que, ao receber o auto de prisão em flagrante, o juiz deverá fundamentadamente **ou relaxar a prisão ilegal**, **ou converter a prisão em flagrante em preventiva**, quando presentes seus requisitos, e se revelarem inadequadas ou insuficientes às medidas cautelares diversas da prisão; **ou conceder liberdade provisória**, com ou sem fiança.

O relaxamento da prisão refere-se às hipóteses de ilegalidade da prisão como já visto. Todavia, a inovação fica por conta da necessidade da conversão desse flagrante em preventiva e da necessidade de manifestação fundamentada do magistrado sobre a concessão ou não da liberdade provisória (agora concessão ou não da liberdade provisória mediante decisão expressa e fundamentada do magistrado ao receber o auto de prisão em flagrante, e não mais, como anteriormente, apenas diante da provocação de advogado).

Quanto à conversão da prisão em flagrante em preventiva, o art. 310 diz que o juiz converterá "a prisão em flagrante em preventiva, quando presentes os requisitos constantes do art. 312 deste Código, e se revelarem inadequadas ou insuficientes às medidas cautelares diversas da prisão".

No mesmo diapasão, a Lei nº 12.403/2011 conferiu nova redação ao art. 321 do CPP, aduzindo que ausentes os pressupostos que autorizam a decretação da prisão preventiva, o juiz deverá conceder liberdade provisória, impondo, se for o caso, as medidas cautelares previstas no art. 319 do CPP.

Observa-se que se impõe ao Estado o ônus da prova da necessidade da manutenção da prisão, sob pena de violação da presunção de inocência. De uma leitura apressada do art. 310, II, do CPP, pode-se ter uma conclusão equivocada de que o magistrado pode converter a prisão em flagrante de ofício independentemente de provocação do titular da ação penal.

Não obstante, como já trabalhamos anteriormente nesta obra ao tratar das medidas cautelares, analisamos que não é possível que o juiz determine de ofício a imposição de medidas cautelares de natureza pessoal, aí incluída a prisão, durante a fase pré-processual, mas somente na fase processual, sob pena de evidente violação ao sistema acusatório (LIMA, 2019, p. 980). Deve-se fazer uma leitura sistemática do art. 310, II, do CPP. Nesse sentido, o art. 310 deve ser lido em consonância com os arts. 282, § 2º, e 311 do CPP que preveem que, na fase investigatória, ao juiz só é dado decretar uma medida cautelar se for provocado nesse sentido.

Como salienta o sempre festejado Professor Renato Brasileiro de Lima (2019, p. 980), para que se torne possível a conversão da prisão em flagrante em preventiva, o que não pode ocorrer de ofício, sob pena de violação do sistema acusatório, é indispensável prévia representação da autoridade policial, referendada pelo membro do Ministério Público, ou a requerimento do Ministério Público, ou do ofendido nos casos de ação penal privada.

> **Decifrando a prova**
>
> **(2021 – FCC – DPE/SC – Defensor Público)** Em uma situação hipotética, em 25 de setembro de 2021, em audiência de custódia, o Ministério Público de Santa Catarina, ao analisar a prisão em flagrante de Guilherme, acusado do crime previsto no artigo 157, § 2º, V (roubo circunstanciado pela restrição de liberdade da vítima), opinou pela concessão da liberdade provisória sem qualquer ônus cautelar, tendo a Defensoria Pública de Santa Catarina concordado com tal pleito. O magistrado, convicto da necessidade de custódia preventiva do réu, agirá com acerto se
>
> A) conceder liberdade provisória ao réu sem qualquer ônus, diante da impossibilidade de decretação de ofício tanto da prisão preventiva quanto das medidas cautelares diversas da prisão.
> B) converter a prisão em flagrante em preventiva, pois decisões repetidas do Superior Tribunal de Justiça permitem a atuação de ofício.
> C) enviar os autos ao Procurador-Geral de Justiça para que se manifeste em 24 horas, nos termos do art. 28 do Código de Processo Penal, devendo o réu aguardar solto a manifestação.
> D) converter a prisão em flagrante em preventiva, pois o roubo circunstanciado pela restrição da vítima é crime hediondo e, portanto, inafiançável, demandando a medida cautelar pessoal.
> E) conceder liberdade provisória ao réu, atrelada a outra medida cautelar prevista em lei, e diversa da prisão e da fiança, eis que inafiançável o delito.
>
> **Gabarito comentado:** o art. 310 deve ser lido em consonância com os arts. 282, § 2º, e 311 do CPP que preveem que, na fase investigatória, ao juiz só é dado decretar uma medida cautelar se for provocado nesse sentido. Portanto, a letra A é o gabarito.

Dentro desse paradigma, aduz o doutrinador a necessidade de uma mudança do papel da autoridade policial por ocasião da lavratura do auto de prisão em flagrante, que não pode mais se limitar ao mero registro da prisão em flagrante e subsequente remessa do APF à autoridade judiciária. Deve, agora, a autoridade policial verificar se há elementos concretos que recomendem a manutenção da prisão do agente e arregimentar o maior número de informações para fins de auxiliar o magistrado na conversão da prisão em flagrante em preventiva (LIMA, 2019, p. 979).

Renato Brasileiro de Lima (2019, p. 981) defende ainda que a despeito de o art. 310, II, do CPP, se referir à conversão da prisão em flagrante em preventiva unicamente, nada impede que seja feita sua conversão em prisão temporária. Desde que presente requerimento do MP ou representação da autoridade policial e presentes os requisitos da prisão temporária. Afinal, onde há a mesma razão deve haver o mesmo direito.

Por fim, outro detalhe importante do art. 310, II, do CPP, refere-se à menção da presença dos requisitos do art. 312 do CPP para se converter a prisão em flagrante em preventiva, sem mencionar, contudo, a presença dos requisitos do art. 313 do CPP, também impostos à prisão preventiva.

Para a corrente majoritária, para que ocorra a conversão da prisão em flagrante em preventiva devem estar presentes tanto os requisitos do art. 312 do CPP quanto os requisitos do art. 313 do CPP. Entendimento contrário estaria a criar no ordenamento jurídico diversas espécies de prisão preventiva, uma condicionada à observância do art. 313 do CPP, outra não. Deve-se realizar uma interpretação sistemática do art. 310, II, do CPP, pois, como cediço, a interpretação literal é a pior de todas. Com isso, para que ocorra a conversão da prisão em flagrante em preventiva devem estar presentes tanto os requisitos do art. 312 quanto os requisitos do art. 313 do CPP, caso contrário deve-se impor a liberdade provisória.

Jurisprudência destacada

Depois da Lei nº 13.964/2019 (Pacote Anticrime), não é mais possível que o juiz, de ofício, converta a prisão em flagrante em prisão preventiva. Não é mais possível a conversão da prisão em flagrante em preventiva sem provocação por parte ou da autoridade policial, do querelante, do assistente, ou do Ministério Público, mesmo nas situações em que não ocorre audiência de custódia. A Lei nº 13.964/2019, ao suprimir a expressão "de ofício" que constava do art. 282, § 2º, e do art. 311, ambos do CPP, vedou, de forma absoluta, a decretação da prisão preventiva sem o prévio requerimento das partes ou representação da autoridade policial (STJ, 3ª Seção, RHC nº 131.263, Rel. Min. Sebastião Reis Júnior, j. 24.02.2021, *Info.* nº 686; STF, 2ª Turma, HC nº 192.532-AgR, Rel. Gilmar Mendes, j. 24.02.2021).

Em recente e interessante julgado entendeu o STJ que embora não seja possível que o juiz, de ofício, decrete a prisão preventiva; se logo depois de decretar, a autoridade policial ou o MP requererem a prisão, o vício de ilegalidade que maculava a custódia é suprido. O posterior requerimento da autoridade policial pela segregação cautelar ou manifestação do Ministério Público favorável à prisão preventiva suprem o vício da inobservância da formalidade de prévio requerimento (STJ, 5ª Turma, AgRg no RHC nº 136.708/MS, Rel. Min. Felix Fischer, j. 11.03.2021, *Info.* nº 691).

Decifrando a prova

(2021 – VUNESP – TJ/SP – Juiz Substituto) Surpreendido na posse e na guarda de substância entorpecente ilícita, José da Silva foi preso em flagrante delito, por incurso no artigo 33 da Lei de Drogas. Acolhendo representação do d. representante do Ministério Público, a prisão em flagrante foi convertida em prisão preventiva ao fundamento de que "o crime de tráfico de drogas é grave e vem causando temor à população obreira, em razão de estar relacionado ao aumento da violência e da criminalidade, estando, muitas vezes, ligado ao crime organizado. Além disso, é fonte de desestabilização das relações familiares e sociais, gerando, ainda, grande problema de ordem de saúde pública em razão do crescente número de dependentes químicos. O efeito destrutivo e desagregador do tráfico de drogas, este associado a um mundo

Capítulo 10 ♦ Prisão, medidas cautelares e liberdade provisória   419

de violência, desespero e morte para as suas vítimas e para as comunidades afetadas, justifica tratamento jurídico mais rigoroso em relação aos agentes envolvidos na sua prática". Diante desse quadro, é correto afirmar que

A) presentes os requisitos da prisão preventiva, como exigido pelo art. 312 do CPP, a efetivação da prisão processual se insere na discricionariedade e na convicção íntima do magistrado, como evidenciado na fundamentação da decisão lançada, e, por isso, deve subsistir pelos próprios fundamentos.

B) o crime de tráfico de drogas, por disposição legal, é equiparado a hediondo, pelo que prevalece a prisão preventiva do réu, formalmente perfeita, ficando sua liberdade condicionada à análise do mérito da imputação por ocasião da sentença definitiva.

C) os fundamentos contidos no decreto de prisão preventiva são verdadeiros e decorrem de assertivas sobejamente conhecidas, razão pela qual, aliados à comprovada materialidade do crime e à sua autoria, justificam a prisão preventiva, cumprindo, assim, o Poder Judiciário sua função conjunta com os demais Poderes no combate à criminalidade e na proteção à sociedade.

D) não subsiste a prisão preventiva, como decretada, pois o d. magistrado utilizou-se de assertivas genéricas, sem estabelecer nexo com a conduta ou a personalidade do flagrado a justificar sua prisão em detrimento de outras cautelares, o que é expressamente vedado por lei processual, uma vez que, pela abstração do texto ou pelos fundamentos utilizados, podem ser eles utilizados em qualquer processo em que seja descrito o crime de tráfico.

Gabarito comentado: a prisão preventiva deve ser lastreada em requisitos da cautelaridade demonstrados diante do fato concreto, e não de meras conjecturas em abstrato. Portanto, a letra D é o gabarito.

10.5.1.7 Liberdade provisória

A **liberdade provisória** é verdadeira medida de contracautela. Vislumbra atacar a **desnecessidade** da prisão em flagrante legal. A liberdade provisória não se aplica às demais modalidades de prisão, como a prisão preventiva e temporária. Para essas, a **desnecessidade** da prisão é atacada pela **revogação** da prisão. Todavia, seja em relação à prisão em flagrante, seja em relação à prisão temporária e preventiva, caso se trate de **prisão ilegal**, para todas elas o instituto cabível para atacá-las é o **relaxamento da prisão**. Frisa-se que, para qualquer dessas hipóteses de prisão, legal ou ilegal, elas podem ser atacadas por *habeas corpus*, decidindo o juiz, utilizando as nomenclaturas liberdade provisória, revogação ou relaxamento, respectivamente. Mas nada impede que seja apresentado ao magistrado diretamente uma petição com os nomes pedido de relaxamento, pedido de liberdade provisória, ou pedido de revogação.

Decifrando a prova

(2021 – IDECAN – PEFOCE – Perito Legista – Farmácia) João foi preso em flagrante delito e não foi apresentado a nenhuma autoridade policial mesmo após 72 horas do flagrante, sem envio do respectivo auto de prisão em flagrante, nem mesmo qualquer fundamentação

> ou justificativa para tal. Carlos foi preso em flagrante delito e, apresentado ao juiz no tempo correto, em audiência de custódia, mostra que possui trabalho e endereço fixos, não representa risco à sociedade, não vai fugir ou destruir provas e comparecerá sempre que necessário. Pedro está cumprindo pena e, não obstante ter atingido os requisitos legais previstos para o livramento condicional, teve o pedido do benefício negado pelo juiz competente; ato contínuo, a defesa de Pedro interpôs o respectivo agravo em execução, mas o Tribunal de Justiça, apreciando o recurso, negou-lhe provimento e manteve a negativa do benefício do livramento condicional.
> Nessa hipótese, para João, Carlos e Pedro, respectivamente, caberá
> A) *habeas corpus*; liberdade provisória; *habeas corpus*.
> B) liberdade provisória; relaxamento de prisão; *habeas corpus*.
> C) relaxamento de prisão; *habeas corpus*; *habeas corpus*.
> D) *habeas corpus*; liberdade provisória; liberdade provisória.
> E) relaxamento de prisão; liberdade provisória; *habeas corpus*.
> **Gabarito comentado:** o relaxamento da prisão é medida cabível diante da prisão ilegal; a liberdade provisória é medida cabível diante da ausência de requisitos da cautelaridade. Portanto, a letra E é o gabarito.

O nome "liberdade provisória" só pode ser entendido diante de seu contexto histórico. Soa inclusive estranho o adjetivo provisório para o nome liberdade, haja vista que, como sabemos, nossa Constituição de 1988 trouxe a liberdade como regra e a prisão como exceção, ao açambarcar os princípios da presunção de inocência, devido processo legal e a sedimentação do sistema acusatório.

Ocorre que nem sempre foi assim. Cabe destacar a evolução história da Constituição e do Código de Processo Penal. A Constituição de 1937 e o Código de Processo Penal de 1940 disciplinavam sobre liberdade provisória, desse modo: sem fiança quando o réu livrar-se solto; liberdade provisória sem fiança quando presentes excludentes de ilicitude; liberdade provisória com fiança onde não fosse o caso de prisão provisória inafiançável; liberdade provisória com fiança onde fosse o caso de prisão provisória inafiançável, porém esta não fosse decretada; prisão provisória inafiançável facultativa nos casos do art. 313 do CPP e prisão provisória inafiançável obrigatória nos casos do art. 312 do CPP.

Nesse tempo, caso o réu fosse preso em flagrante (flagrante legal), em regra permaneceria no cárcere até que houvesse um pedido, acatado pelo juiz, de liberdade provisória, ou, então, após uma sentença de absolvição. Observa-se que, em geral, o réu preso em flagrante, pela simples força da prisão em flagrante, deveria responder a todo o processo preso. O único modo de escapar disso era se presente uma das hipóteses trazidas taxativamente pela lei para a liberdade provisória, bem como se houvesse um pedido de advogado nesse sentido.

Contudo, desde a Lei nº 12.403/2011, que reformou o Código de Processo Penal, tudo isso mudou. A prisão em flagrante tornou-se medida pré-cautelar, devendo ser convertida em prisão preventiva para se perpetuar durante o processo (e para além do prazo de 24 horas agora com a audiência de custódia e o Pacote Anticrime). O juiz, por imposição legal, tornou-se obrigado a avaliar de ofício se presente a possibilidade da liberdade provisória, não precisando de qualquer provocação por advogado. Por fim, a liberdade provisória deveria ser conferida sempre que não estivessem presentes os requisitos para a conversão em preventiva, e não mais diante das parcas hipóteses trazidas taxativamente pela Lei.

Percebe-se que a liberdade provisória no nosso ordenamento jurídico ficou, com as recentes reformas, sem muita aplicação prática. Como se não bastasse o nome "provisório", que se mostra contraditório ao nosso atual sistema constitucional.

Não obstante, o instituto de liberdade provisória ainda existe e, como sempre, sob duas modalidades: **liberdade provisória com fiança** e **liberdade provisória sem fiança**.

A **fiança** trata-se de garantia real que consiste no pagamento em dinheiro ou na entrega de valores ao Estado, para assegurar que o réu, sob pena de perder esses valores, não fuja e compareça a todos os atos do processo.

A fiança no processo penal tem uma **dupla finalidade**. Ela assegura a liberdade provisória do indiciado ou réu durante o curso do inquérito policial ou do processo penal e possibilita o pagamento de despesas que o réu deve arcar (custas processuais, indenização do dano causado pelo crime, prestação pecuniária e da multa em caso de condenação).

A doutrina alenta que, hoje em dia, a liberdade provisória com fiança é instituto totalmente desmoralizado e quase sem nenhuma aplicação prática. É que a Lei nº 12.403/2011 autorizou, com a redação dada ao art. 312 do CPP, a liberdade provisória sem fiança se ausentes os motivos da prisão preventiva, dispositivo este que pode ser aplicado mesmo aos crimes inafiançáveis (como veremos a seguir).

Mas duas vantagens ainda podem se vislumbrar com a liberdade provisória com fiança. A primeira refere-se ao fato de que na liberdade provisória com fiança a oitiva do Ministério Público é posterior ao decreto judicial que a concede (quando o *Parquet* poderá então pugnar pelo reforço da fiança ou recorrer contra a decisão que a concedeu), ao contrário da liberdade provisória sem fiança que a oitiva do MP antecede a concessão da fiança. A segunda é que só na liberdade provisória com fiança a autoridade policial pode autorizá-la (e se ainda se tratar de infração cuja pena privativa de liberdade máxima não seja superior a quatro anos). Observa-se que, diante dessas situações descritas, o réu poderá ser posto em liberdade bem antes do prazo de 24 horas da audiência de custódia, em especial nos casos em que o Delegado de Polícia pode autorizá-la, situação em que o réu muitas vezes sequer colocará o pé em qualquer cárcere. Não obstante, observa-se que é um benefício de poucas horas.

Atenta-se para o caso específico de prisão em flagrante pelo crime de descumprimento de medida protetiva de urgência do art. 24-A da Lei nº 11.340/2006 (Lei Maria da Penha). Nessa hipótese de prisão em flagrante, independentemente da pena máxima cominada ao crime, que é inferior a quatro anos, só o juiz poderá conceder a fiança. Ou seja, para esse crime a autoridade policial não poderá conceder a liberdade provisória.

Sobre as situações em que caberiam a liberdade provisória com fiança ou a sem fiança, já vimos uma hipótese, qual seja, a do Delegado de Polícia nas infrações penais de pena máxima não superior a quatro anos. Aí só cabe a liberdade provisória com fiança. Não é dado ao Delegado de Polícia conceder a liberdade provisória sem fiança, em hipótese alguma.

Mas existem hipóteses em que o CPP considera expressamente quais são os crimes inafiançáveis. Esses estão previstos nos arts. 323 e 324 do CPP. No entanto, esses dispositivos legais acabam evidenciando certa contradição dentro do nosso sistema processual. Como se acha no art. 321 do CPP, mesmo os crimes inafiançáveis admitem a liberdade provisória sem fiança, caso ausentes os requisitos da prisão preventiva. Ora, se é permitida a liberdade provisória de qualquer jeito, qual a razão de se prever crimes inafiançáveis?

Mas, continuando, estatui o art. 323 do CPP que não serão passíveis de fiança os crimes de: racismo; tortura; tráfico ilícito de drogas; terrorismo; os definidos como crimes hediondos; crimes de grupos armados, civis ou militares, contra a ordem constitucional e o Estado Democrático.

Por sua vez o art. 324 do CPP afirma não ser possível fiança: aos que, no mesmo processo, tiverem quebrado fiança anteriormente concedida ou infringido sem motivo justificável qualquer das obrigações a que se referem os arts. 327 e 328 do CPP; em caso de prisão civil ou militar; quando presentes os motivos que autorizam a decretação da prisão preventiva.

Atenta-se que temos duas disposições legais que vedam a fiança em algumas contravenções penais. São elas: o Decreto-lei nº 6.259/1944 que impede a fiança nas contravenções dos arts. 45, 49 e 58, e a Lei nº 7.291/1984 que proíbe fiança para a contravenção penal de aposta de corrida de cavalo fora do hipódromo (art. 50, § 3º, *b*, da Lei de Contravenções).

Em outro giro, o Código de Trânsito Brasileiro, Lei nº 9.503/1997, impõe, em seu art. 301, que **não se exigirá fiança**, nem se imporá flagrante, ao condutor de veículo que em acidente de trânsito preste pronto e integral socorro a vítima. De igual modo, nos crimes de menor potencial ofensivo, ao autor que for imediatamente encaminhado ao juízo ou assumir o compromisso de a ela comparecer, não se imporá a prisão em flagrante **nem se exigirá a fiança** (atenta-se que não se aplica essas disposições da Lei nº 9.099/1995 nos crimes de violência doméstica e familiar contra a mulher).

Quanto ao valor da fiança, com a redação dada pela Lei nº 12.403/2011 ao art. 325, I e II, do CPP, estabeleceu-se os seguintes parâmetros: a) de 1 (um) a 100 (cem) salários mínimos para infrações com pena máxima não superior a 4 (quatro) anos; b) 10 (dez) a 200 (duzentos) salários mínimos, quando o máximo da pena privativa de liberdade cominada for superior a 4 (quatro) anos. Todavia, se a situação econômica do preso assim recomendar, a fiança poderá ser: a) dispensada, na forma do art. 350 do CPP; b) reduzida até o máximo de 2/3 (dois terços); c) aumentada em até 1000 (mil) vezes. Observa-se que para a aferição desse patamar de 4 (anos) deve-se observar as causas de aumento e diminuição de pena, bem como a somatória resultante do concurso material de crimes e a exasperação do concurso formal e do crime continuado.

Os critérios para fixação desses valores são estabelecidos pelo art. 326 do CPP, assim: natureza da infração, condições pessoais de fortuna, vida pregressa, indicativos de periculosidade, provável valor final das custas. A redução ou o aumento do valor da fiança consoante esses critérios podem ser feitos tanto pelo juiz quanto pela autoridade policial. Não obstante, a não aplicação da fiança ao agente pobre, na forma do art. 350 do CPP, só pode ser feita pelo juiz.

Conforme o art. 330 do CPP, a fiança pode ser fornecida em depósito em dinheiro, pedras, objetos ou metais preciosos, título da dívida pública ou hipoteca inscrita em primeiro lugar. A execução da hipoteca, caso seja necessário, é promovida no juízo civil pelo Ministério Público (art. 348 do CPP).

Concedida a fiança, o beneficiário ficará submetido a algumas condições: comparecer perante a autoridade todas as vezes que for intimado para atos do inquérito ou do processo; não mudar de residência sem prévia permissão da autoridade processante, não se ausentar por mais de oito dias de sua residência sem comunicar o local onde será encontrado. No descumprimento dessas condições a fiança será **quebrada**.

Como encontra-se no art. 355 do CPP, caso a autoridade policial se recuse ou demore a fixar a fiança, o preso ou alguém por ele pode provocar o juiz por simples petição para que estabeleça a fiança no prazo de 48 horas.

A doutrina trabalha com algumas denominações relativas à fiança conforme suas consequências previstas no CPP. Assim:

- **Fiança sem efeito:** no art. 337 do CPP, ocorre quando o indiciado ou réu é determinado a reforçar o valor da fiança e deixa de fazê-lo. Situação em que a fiança atualizada lhe será integralmente restituída.
- **Fiança inidônea:** no art. 338 do CPP, é a fiança que não poderia ter sido concedida, ou porque a lei proíbe ou porque não presentes os requisitos legais. Devendo, destarte, ser cassada em qualquer fase do processo.
- **Cassação da fiança:** ocorre quando a fiança é deferida para uma situação que não a comportava, a exemplo de fiança inidônea e inovação na classificação do delito. O valor deve ser restituído para quem recolheu.
- **Reforço da fiança:** ocorre quando o valor recolhido é insuficiente. A negativa no reforço faz com que ela seja julgada sem efeito.
- **Quebra da fiança:** ocorre quando o réu: deixa de comparecer a ato do processo; obstrui o andamento do processo; descumpre medida cautelar cumulativa; pratica nova infração dolosa. A consequência da quebra da fiança é a perda da metade do seu valor.
- **Restauração da fiança:** diante da cassação da fiança cabe recurso em sentido estrito, o qual provido a fiança será restaurada.
- **Perda da fiança:** é a perda total da fiança que ocorre se o condenado não se apresentar para o início do cumprimento da pena definitiva.
- **Restituição da fiança:** nas hipóteses de o réu não infringir as condições e se o condenado se apresentar para o cumprimento da pena, dela sendo descontados os valores das custas, da indenização da vítima e da multa.

A outra modalidade de liberdade provisória é a **liberdade provisória sem fiança**, nas hipóteses de: o réu livrar-se solto; presente causa excludente de ilicitude; ausentes o requisitos da prisão preventiva; réu pobre que não puder arcar com o valor da fiança; infração de menor potencial ofensivo o agente comparecer imediatamente ou juizado ou assumir termo de a ele comparecer; condutor de veículo que preste integral e imediato socorro à vítima; infração penal de uso de entorpecentes.

> **Decifrando a prova**
>
> **(2021 – INSTITUTO AOCP – PC/PA – Investigador de Polícia Civil)** De acordo com o atual Código de Processo Penal, assinale a alternativa correta.
> A) A prisão domiciliar consiste no recolhimento do indiciado ou acusado em sua residência ou em casa de albergado, podendo dela ausentar-se com autorização judicial.
> B) Não será concedida fiança nos crimes cometidos por grupos armados, civis ou militares, contra a ordem constitucional e o Estado Democrático.
> C) Nos crimes de tortura, a fiança só poderá ser concedida por órgão judiciário colegiado.
> D) A autoridade policial somente poderá conceder fiança nos casos de infração cuja pena privativa de liberdade máxima não seja superior a três anos.
> E) Se assim recomendar a situação econômica do preso, a fiança poderá ser reduzida em dois terços ou suspensa, mas não dispensada.
> **Gabarito comentado:** de acordo com o art. 323 do CPP, a letra B é o gabarito.

10.5.2 Prisão preventiva

É uma prisão cautelar. Mitiga o estado de inocência, por isso a necessidade sempre de ordem escrita e fundamentada de autoridade judiciária. Ao contrário da prisão temporária, pode ser decretada a qualquer momento.

Com a Lei nº 13.964/2019, a prisão preventiva não pode ser decretada de ofício pelo juiz (art. 311 do CPP). A prisão deve ser provocada por requerimento do MP ou querelante ou representação da autoridade policial. Salienta-se que o assistente da acusação passou a ter legitimidade para requerer a prisão preventiva na fase processual.

> **Decifrando a prova**
>
> **(2021 – CESPE/CEBRASPE – SERIS/AL – Agente Penitenciário)** Em relação às alterações promovidas pela Lei nº 13.964/2019, que modificou, entre outros normativos, o Código Penal e o Código de Processo Penal, julgue o item subsequente.
> Considere que um juiz de primeiro grau, no curso da ação penal, tenha determinado a prisão preventiva do acusado, sem prévia manifestação do Ministério Público, em razão da prática de crime hediondo com resultado morte. Nessa situação, foi equivocada a providência da autoridade judiciária, dadas as novas regras da prisão cautelar.
> ( ) Certo ( ) Errado
> **Gabarito comentado:** não cabe ao magistrado decretar prisão preventiva de ofício. Portanto, a assertiva está certa.

Da decisão que concede a prisão preventiva ou da que negue sua revogação caberá *habeas corpus*. Da decisão que se negue a decretá-la ou que a revogue caberá o recurso em sentido estrito.

A decisão que decreta a prisão preventiva, como preconiza o art. 315 do CPP, deve ser motivada e fundamentada. A doutrina diferencia os dois termos. Assim entende por decisão motivada a exposição das razões lógicas de decidir. Por decisão fundamentada a indicação de provas do caso concreto na decisão.

Essa fundamentação (e, também, motivação para quem vislumbre uma diferença entre os termos) deve estar presente no momento em que o juiz decreta a prisão preventiva, sob pena de nulidade. A omissão não poderá ser suprida pela apresentação de futura informação no *habeas corpus*, devendo ser relaxada à prisão.

A prisão preventiva sempre apresentará um caráter provisório, como é elementar diante de sua natureza cautelar.

Diante dessa provisoriedade da prisão preventiva, havendo alteração das circunstâncias fáticas que ensejaram sua decretação, ela deverá ser revogada. De igual modo, caso as mesmas circunstâncias fáticas voltem a aparecer ou se apresentem outras, ela pode ser novamente decretada. Assim, a prisão preventiva estará sempre submetida à cláusula *rebus sic stantibus*.

O STF e o STJ, respectivamente nos *Informativos* nºs 862 e 609, entenderam que a celebração do acordo de colaboração premiada, por si só, não legitima a revogação da prisão preventiva. Na mesma toada, o descumprimento do acordo ou o insucesso na sua realização não pode ser isoladamente considerado motivo para reestabelecer ou decretar prisão preventiva.

Para que seja possível a decretação de uma prisão preventiva, há duas exigências: **requisitos da prisão preventiva** e **circunstâncias legitimadoras ou não impeditivas**. Como passamos a ver.

10.5.2.1 Requisitos da prisão preventiva

Com a redação dada ao art. 312 do CPP, com a Lei nº 13.964/2019, são três os requisitos da prisão preventiva: prova do crime (e não indícios suficientes da existência do crime), indício suficiente de autoria e indícios suficientes do perigo gerado pelo estado de liberdade, uma das necessidades da prisão preventiva indicada no art. 312 do CPP, quais sejam, garantia da ordem pública, garantia da ordem econômica, conveniência da instrução criminal e garantia da aplicação da lei penal, ou descumprimento das obrigações impostas por outras medidas cautelares (art. 282, § 4º, do CPP).

Na prisão preventiva, a prova da existência do crime e os indícios de autoria representam o *fumus comissi delicti* dessa medida cautelar. O *periculum libertatis* viceja exatamente na necessidade prevista no art. 312 anteriormente mencionado: garantia da ordem pública, garantia da ordem econômica, conveniência da instrução criminal e garantia da aplicação da lei penal. Bastando a presença de apenas um deles.

Críticas são feitas sobre o requisito "indícios suficientes do perigo gerado pelo estado de liberdade". O Enunciado nº 35 PGJ/CGMP, do MPSP, sobre esse requisito dispõe:

> a expressão indícios suficientes do perigo gerado pelo estado de liberdade, contido no *caput* do art. 321 CPP, refere-se ao *periculum libertatis*, que se apresenta por meio do

risco à ordem pública, à ordem econômica, à instrução criminal ou à futura aplicação da lei penal, que já são requisitos para a decretação da prisão preventiva.

Por garantia da **ordem pública** entende-se a indispensabilidade de se manter a ordem na sociedade, quando abalada por um delito. Na prática, registra-se o risco à ordem pública nos casos que despertam grande clamor ou temor público, vilipêndio a credibilidade do Judiciário, e longa ficha de antecedentes do agente.

A 3ª Turma do STJ, no *Informativo* nº 585, decidiu que a prática de ato infracional durante a adolescência pode servir de fundamento para a decretação da prisão preventiva, sendo indispensável que o juiz observe os seguintes critérios: particular gravidade concreta do ato infracional; distância temporal do ato infracional; comprovação do ato infracional anterior.

Como é assente na jurisprudência dos Tribunais Superiores, todos esses requisitos devem ser **aferidos no caso concreto**. Desse modo, **não serve a mera gravidade em abstrato do crime** (ou seja, o fato de ser um crime punido com altas penas, ser hediondo, periculosidade presumida do agente, ou ainda a presunção de um clamor social decorrente da mera conduta grave em abstrato) para justificar a prisão preventiva (por tódos, STF, HC nº 95.483/MT e STJ, *Informativo* nº 426).

A Lei nº 13.964/2019, com a redação dada ao art. 312, § 2º, do CPP, além de trazer expressamente que a decisão que decretar a prisão preventiva deve ser motivada e fundamentada em receio de perigo, trouxe também a determinação de que essa decretação **deve se fundamentar na existência concreta de fatos novos ou contemporâneos**. Com isso fica claro que o que justifica a prisão preventiva são fatos novos, não podendo o juiz se utilizar de fatos pretéritos, pois estes não são capazes de evidenciar o perigo gerado pelo estado de liberdade do acusado.

Esses fatos novos e contemporâneos devem ser utilizados tanto para a aferição de possível cometimento de novos delitos quanto para se aferir a periculosidade do agente solto.

O requisito da garantia da ordem pública para a prisão preventiva é com certeza bastante subjetivo. Com efeito, a doutrina sugere que se utilize um **trinômio** para se aferir esse requisito, sendo ele: **gravidade da infração** (em concreto), **repercussão social**, **periculosidade do agente** – aferível em fatos novos ou contemporâneos (NUCCI, 2008, p. 605).

A **garantia da ordem econômica** nada mais é do que a mesma garantia da ordem pública, mas com um viés voltado para o sistema econômico-financeiro.

Foi introduzida no nosso ordenamento pela Lei nº 8.884/1994 (Lei Antitruste). Essa garantia da ordem econômica decorre da necessidade de o agente causador de seríssimo abalo à situação econômico-financeira de uma instituição financeira ou mesmo do Estado permaneça em liberdade, demonstrando à sociedade a impunidade.

Noutro giro, a Lei nº 7.492/1986 (Lei Contra o Sistema Financeiro Nacional) determina em seu art. 30 que nos crimes nela previstos, além das hipóteses do art. 312 do CPP, a prisão preventiva também poderá ser decretada por foça da **magnitude da lesão causada pela infração**. No entanto, o STF entende que esse dispositivo legal só poderá ser invocado como argumento de reforço (*obter dictum*) da prisão preventiva, cujos requisitos em concreto devem ser aqueles estampados no art. 312 do CPP.

Cumpre ressaltar que o **Pacote Anticrime trouxe redação ao art. 313, § 2º, do CPP**, trazendo importantes balizas, já sedimentadas anteriormente na doutrina, aplicáveis, em especial, para a prisão preventiva para garantia da ordem pública e econômica. Nesse sentido, aduz o dispositivo legal: "Não será admitida a decretação da prisão preventiva com a finalidade de antecipação de cumprimento de pena ou como decorrência imediata de investigação criminal ou da apresentação ou recebimento de denúncia". Observa-se que o dispositivo não traz nenhuma novidade, dado que apenas assenta a natureza cautelar da prisão preventiva, seja qual for seu requisito.

O requisito da **conveniência da instrução criminal** busca atender a lisura do desenvolvimento do processo ou da investigação criminal. Visa tutelar essencialmente a formação das provas. Desse modo evita que o réu ameace testemunhas, coaja membros da justiça, ou destrua provas.

A prisão preventiva por conveniência da instrução criminal não pode servir como forma de coagir o acusado a alguma postura ativa perante o processo. Por exemplo, não se deve permitir a decretação da prisão preventiva como forma de pressionar o agente a celebração do acordo de colaboração premiada. De igual modo, o mero descumprimento dos ajustes do acordo não deve, por si só, impor a prisão preventiva. Qualquer dessas hipóteses seria odiosa antecipação de culpa e vilipêndio da natureza cautelar da preventiva.

Por **garantia de aplicação da lei penal** objetiva-se garantir o resultado útil do processo, permitindo a aplicação do direito de punir pelo Estado. Trata-se do caso em que o suposto autor do delito demonstre por evidências que intenta fugir do país ou do distrito da culpa. Essas evidências devem ser demonstradas em concreto. Não se admite a aplicação desse requisito pelo simples fato de o réu não ter comparecido ao interrogatório. Já decidiu o STF que a fuga do réu do distrito da culpa, por si só, não legitima o decreto de custódia cautelar (*Informativo* nº 615).

O **descumprimento de qualquer das obrigações impostas por força de outra medida cautelar** apenas reforça que a prisão preventiva é a *ultima ratio* dentre as medidas cautelares existentes. Vale lembrar, como já mencionamos, que as medidas cautelares só podem ser aplicadas caso possível o decreto da prisão preventiva, mas que, por existir outra medida cautelar que alcance o mesmo objetivo de forma menos gravosa, essa é imposta. É essa a hipótese alcunhada pela doutrina de **prisão preventiva subsidiária ou substitutiva**.

O STJ, no HC nº 229.052, já decidiu que o simples descumprimento de medida cautelar não pode ensejar o decreto da prisão preventiva, devendo estar presentes os requisitos do art. 312 do CPP. Pode parecer estranho o presente julgado, já que para a aplicação de qualquer medida cautelar alternativa devem estar presentes, naquele momento, todos aos requisitos legais que permitiriam a decretação da preventiva. Todavia, o que objetiva o STJ é reforçar que mesmo que haja o descumprimento de medida cautelar alternativa, deve o juiz fundamentar o decreto de prisão preventiva, e não simplesmente convertê-la de modo automático. Desse modo, cabe ao juiz analisar se ainda estão presentes os requisitos da preventiva que outrora fundamentaram a medida cautelar descumprida, posto que esses podem ter desaparecido.

Como em toda prisão cautelar, na prisão preventiva subsidiária não pode ser decretada de ofício, devendo ser provocada por requerimento ou representação. Fato que ficou assente com a redação dada pela Lei nº 13.964/2019 ao art. 282, § 4º, do CPP.

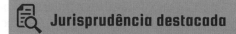

Conquanto os Tribunais Superiores admitam a prisão preventiva para interrupção da atuação de integrantes de organização criminosa, a mera circunstância de o agente ter sido denunciado pelos delitos descritos na Lei nº 12.850/2013 não justifica a imposição automática da custódia prisional.

Com efeito, deve-se avaliar a presença de elementos concretos, previstos no art. 312 do CPP, como o risco de reiteração delituosa ou indícios de que o grupo criminoso continua em atividade, colocando em risco a ordem pública (STJ, 5ª Turma, HC nº 708.148/SP, Rel. Min. Joel Ilan Paciornik, Rel. Acd. Min. João Otávio de Noronha, j. 05.04.2022, *Info.* nº 732).

10.5.2.2 Circunstâncias legitimadoras e circunstâncias impeditivas da prisão preventiva

Como mencionado alhures, para que seja possível a decretação da prisão preventiva, para além dos requisitos constantes no art. 312 do CPP, deve estar presente também uma das hipóteses do art. 313 do CPP. Assim, a prisão preventiva exige um dos requisitos do art. 312 e uma das hipóteses do art. 313.

Conforme assente na doutrina, o **art. 312 preconiza um juízo de legalidade** da prisão preventiva, ao passo que o **art. 313 um juízo de necessidade** dessa medida cautelar. Isso enseja uma diferença também prática. Enquanto a não observância de um dos requisitos do art. 312 enseja o relaxamento da prisão preventiva, posto que ilegal, o art. 313 enseja a revogação da prisão preventiva, posto que legal, mas desnecessária, não atendendo aos pressupostos da cautelaridade.

O art. 313 encerra as denominadas **hipóteses de cabimento da prisão preventiva ou também chamada circunstâncias legitimadoras**. São elas as seguintes hipóteses que devem estar presentes de forma autônoma, não necessitando serem cumulativas (STJ, HC nº 216.132):

- Crimes dolosos punidos com pena privativa de liberdade máxima superior a 4 (quatro) anos.
- Se tiver sido condenado por outro crime doloso, em sentença transitada em julgado, salvo se decorrido o prazo de depuração de 5 (cinco) anos da reincidência.
- Crime envolvendo violência doméstica e familiar contra a mulher, criança, adolescente, pessoa idosa, enfermo ou pessoa com deficiência, para garantir as medidas protetivas de urgência.

♦ Quando houver dúvida sobre a identidade civil da pessoa ou quando esta não fornecer elementos suficientes para esclarecê-la, devendo o preso ser colocado imediatamente em liberdade após a identificação, salvo se outra hipótese recomendar a manutenção da medida.

Das hipóteses citadas, depreende-se de imediato que a prisão preventiva não será cabível nas contravenções penais e, a princípio, nem em crimes culposos, haja vista que o inciso I exige que seja crime doloso. Não obstante, excepcionalmente se autoriza a prisão preventiva em crimes culposos quando se puder antever a possibilidade concreta de imposição de pena privativa de liberdade ao final do processo, diante das condições pessoais do agente, mormente sendo ele reincidente. Inclusive, o próprio art. 313, em seu § 1º, vislumbra a possibilidade de prisão preventiva em crimes culposos para fins de identificação do agente delitivo e limitada a esse tempo exíguo.

Observa-se que o inciso I do art. 313 do CPP demonstra efetivar o **princípio da homogeneidade** (corolário do princípio da proporcionalidade) da prisão preventiva. Explica-se. Segundo o princípio da homogeneidade, uma prisão cautelar não pode se mostrar mais gravosa do que a pena que o condenado supostamente teria ao fim do processo ao ser condenado definitivamente. Nesse sentido, atenta-se que a previsão de pena máxima superior a quatro anos acha-se alinhada com as hipóteses em que seria cabível a substituição da pena privativa de liberdade por restritiva de direitos (art. 44 do CP). Por esse mesmo motivo, a doutrina não admite a prisão preventiva em infração de menor potencial ofensivo bem como para a aceitação de suspensão condicional do processo.

Nesse mesmo sentido, o STJ, no *Informativo* nº 523, já decidiu que justamente pela aplicação do princípio da homogeneidade é ilegal a manutenção da prisão provisória na hipótese em que seja plausível antever que o início do cumprimento da reprimenda, em caso de eventual condenação, dar-se-á em regime menos rigoroso que o fechado. Não obstante, posteriormente o STJ veio a decidir que seria compatível a prisão cautelar mantida pela sentença condenatória e o regime inicial semiaberto fixado em decisão, devendo, contudo, o réu cumprir a respectiva medida provisória em estabelecimento prisional compatível com o regime inicial estabelecido na sentença (*Informativos* nºs 540 e 554). Assim, deve ser adotado esse segundo entendimento no sentido de se aplicar o **modo de execução intermediário** fixado na sentença recorrível.

Atenta-se que esse inciso I fala em **pena máxima superior a 4 (quatro) anos**. Com isso não se admite a prisão preventiva para crimes com pena **igual a 4 (quatro) anos**. Para os casos de crime continuado ou em concurso formal ou material deve-se aplicar os critérios de soma ou exasperação da pena. No mesmo sentido para as qualificadoras ou causas de aumento de pena.

Quanto ao inciso II, uma importante observação se refere à reincidência reativamente ao uso de entorpecentes do art. 28 da Lei nº 11.340/2006. É firme no STJ (5ª Turma, *Informativo* nº 636) o entendimento de que o uso de drogas não é capaz de gerar reincidência (haja vista a falta de pena privativa de liberdade), pois as contravenções penais que têm pena de prisão simples por previsão legal não têm o condão de gerar reincidência (o art. 63 do CP é expresso em se referir à prática de crime ao definir reincidência).

> **Jurisprudência destacada**
>
> **Súmula nº 636, STJ:** "A folha de antecedentes criminais é documento suficiente a comprovar os maus antecedentes e a reincidência".

O inciso III serve como uma medida coercitiva para o descumprimento de medida protetiva de urgência. Atenta-se para o fato de que o inciso não se refere apenas aos casos previstos na Lei Maria da Penha, senão a qualquer tipo de violência doméstica e familiar também a menores, enfermos, pessoas idosas ou com deficiência.

No tocante à Lei Maria da Penha, especificamente, o STJ entendia, na linha de uma jurisprudência pacífica em relação ao crime do art. 330 do CP, que o descumprimento das medidas protetivas não poderia ensejar o crime de desobediência, haja vista que eram previstas outras medidas, como multa e requisição de força policial, dentre outras. Diante desse entendimento, em 3 abril de 2018 foi publicada a Lei nº 13.641, introduzindo na Lei Maria da Penha, em seu art. 24-A, a previsão de um tipo penal específico para o caso de descumprimento das medidas protetivas de urgência, com detenção de 3 meses a 2 anos.

Recentemente a Lei Henry Borel (Lei nº 14.344/2022) trouxe a exemplo da Lei Maria da Penha a hipótese de prisão preventiva para os casos de violência doméstica e familiar contra criança e adolescente. Sua previsão consta nos arts. 17, *caput* e parágrafo único, e 21, III, da Lei. Determina que em qualquer fase do inquérito policial ou da instrução criminal caberá a prisão preventiva do agressor decretada pelo juiz mediante requerimento do MP ou representação da autoridade policial.

Todavia, chama a atenção o inciso III do art. 21 da Lei que, ao tratar das medidas protetivas de urgência, traz previsão a prisão preventiva do agressor quando houver indícios de ameaça à criança ou ao adolescente vítima ou testemunha de violência. Não obstante o fato de que a construção jurisprudencial dos Tribunais Superiores irá trazer melhores balizas para essa previsão legal, podemos depreender de imediato que a referida Lei traz um novo requisito ao lado dos demais previstos no art. 312 do CPP.

Assim, ao lado dos requisitos da garantia da ordem pública, ordem econômica, conveniência da instrução criminal e garantia de aplicação da lei penal, teríamos agora a prisão preventiva diante da ameaça à criança ou ao adolescente vítima ou testemunha de violência. Contudo, deve-se atentar para o princípio da homogeneidade alhures mencionado, pois nem mesmo a prisão preventiva para esse fim pode se descurar de se mostrar mais gravosa que uma futura condenação.

Em uma análise mais detida podemos observar que a prisão preventiva da Lei Henry Borel se encontraria dentro do próprio requisito já existente do requisito da prisão preventiva para a conveniência da instrução criminal. Como mencionado anteriormente, a preventiva para a conveniência da instrução criminal vislumbra, entre outras hipóteses, evitar ameaça a testemunha e destruição de provas.

Na mesma linha do supracitado sobre a Lei Maria da Penha, que em seu art. 24-A trouxe previsão de um tipo penal específico para o caso de descumprimento das medidas protetivas de urgência, com detenção de 3 meses a 2 anos, a Lei Henry Borel trouxe no seu art. 25 idêntica previsão legal e com idêntico preceito secundário.

A doutrina alenta, na leitura do art. 282, § 4º, do CPP, três modalidades de prisão preventiva que se mostram importantes diante do caráter didático. A primeira é a **prisão preventiva substitutiva** de medida cautelar. A segunda é a **prisão preventiva por conversão da prisão em flagrante**. A terceira é a **prisão preventiva autônoma**.

No tocante à prisão preventiva subsidiária ou substitutiva, prevalece em sede de doutrina que ela poderia ser decretada com a mera presença dos requisitos do art. 312 do CPP. Desse modo, dispensaria a presença das hipóteses do art. 313 do CPP.

Por sua vez, a prisão preventiva por conversão da prisão em flagrante, também chamada de **prisão preventiva derivada**, exige a presença tanto do art. 312 quanto do art. 313 do CPP. A despeito de posição doutrinária minoritária ao contrário, o STJ sedimentou no RHC nº 41.235/MG esse entendimento. Salienta-se, como já mencionado que, a partir do Pacote Anticrime, mesmo essa prisão preventiva por conversão necessita de provocação, não podendo ser realizada de ofício pelo juiz. É esse o entendimento do STF no julgado paradigmático no HC nº 188.888/MG.

Por **circunstâncias impeditivas** compreende-se a previsão do art. 314 do CPP, o qual proíbe o decreto de prisão preventiva, em qualquer de suas modalidades, se patente uma causa excludente de ilicitude.

10.5.2.3 Prazo da prisão preventiva

Antes do advento da Lei nº 13.964/2019, não havia prazo fixo estabelecido em lei para a duração da prisão preventiva. Entendia-se que esta deveria perdurar enquanto presentes sua necessidade e requisitos, atentando-se, todavia, para a proporcionalidade e razoabilidade de sua duração. Era o que se chamava princípio da duração razoável da prisão cautelar.

A jurisprudência e doutrina tendiam a trabalhar essa duração razoável da preventiva em cima do prazo normal de duração do processo até o encerramento da instrução criminal. Fazia-se, assim, um somatório de cada um dos atos do procedimento previstos na legislação processual. Diante do que se podia compreender como o direito à razoável duração do processo previsto no art. 5º, LXXVIII, da CF.

Em geral, esses prazos eram indicados, com certa flexibilidade e divergência entre doutrinadores, como sendo de 86 dias na Justiça Estadual e 107 dias na Justiça Federal para a conclusão da instrução criminal. Na forma da Súmula nº 52 do STJ, encerrada a instrução criminal, ficaria superada a alegação de constrangimento por excesso de prazo. O mesmo STJ, ainda temperando esses prazos, assentou na Súmula nº 64 que não constitui constrangimento ilegal o excesso de prazo na instrução provocado pela defesa.

Frisa-se que a Lei nº 12.850/2013, em seu art. 22, parágrafo único, determina que, em casos que versem sobre organizações criminosas, a instrução criminal deverá ser encerrada em prazo razoável, o qual não poderá exceder a 120 dias, quando o réu preso, prorrogáveis em até igual período, por decisão fundamentada, devidamente motivada pela complexidade da causa ou por fato procrastinatório atribuível ao réu.

Em julgado paradigmático, o STJ, no RHC nº 39.057, asseverou que esse excesso de prazo sobre a somatória dos atos do procedimento deve ser analisado com razoabilidade e diante das peculiaridades do caso concreto. Com isso, entendeu como justificável a dilação probatória e o excesso de prazo nas seguintes situações: a) complexidade dos crimes envolvidos; b) complexidade das diligências necessárias à instrução; c) quantidade de réus ou defensores distintos; d) incidentes processuais.

Tentando encerrar o assunto, a Lei nº 13.964/2019, com a redação inserida no art. 316 do CPP, passou a impor que o decreto de prisão seja revisto quanto à necessidade de manutenção a cada 90 dias mediante decisão fundamentada, de ofício, sob pena de ilegalidade da prisão.

Jurisprudência destacada

A inobservância do prazo nonagesimal do art. 316 do CPP não implica automática revogação da prisão preventiva, devendo o juízo competente ser instado a reavaliar a legalidade e a atualidade de seus fundamentos (STF, Plenário, SL nº 1.395/MC, j. 15.10.2020).

O transcurso do prazo previsto no parágrafo único do art. 316 do Código de Processo Penal não acarreta, automaticamente, a revogação da prisão preventiva e, consequentemente, a concessão de liberdade provisória.

A exigência da revisão nonagesimal quanto à necessidade e adequação da prisão preventiva aplica-se até o final dos processos de conhecimento.

O parágrafo único do art. 316 do CPP se aplica para:

- o juízo em 1ª instância: SIM

- o TJ ou TRF: SIM (tanto nos processos de competência originária do TJ/TRF – foro por prerrogativa de função – como também durante o tempo em que se aguarda o julgamento de eventual recurso interposto contra decisão de 1ª instância).

- o STJ/STF: em regra, não. Encerrado o julgamento de segunda instância, não se aplica o art. 316, parágrafo único, do CPP. Exceção: caso se trate de uma ação penal de competência originária do STJ/STF.

Em conclusão, o art. 316, parágrafo único, do CPP aplica-se:

a) até o final dos processos de conhecimento, onde há o encerramento da cognição plena pelo Tribunal de segundo grau;

b) nos processos onde houver previsão de prerrogativa de foro.

Por outro lado, o art. 316, parágrafo único, do CPP não se aplica para as prisões cautelares decorrentes de sentença condenatória de segunda instância ainda não transitada em julgado (STF, Plenário, ADI nº 6.581/DF e ADI nº 6.582/DF, Rel. Min. Edson Fachin, redator do acórdão Min. Alexandre de Moraes, j. 08.03.2022, *Info.* nº 1.046).

> Não existe o dever de revisão previsto art. 316, parágrafo único, do CPP, caso o acusado esteja foragido. Quando o acusado encontrar-se foragido, não há o dever de revisão *ex officio* da prisão preventiva, a cada 90 dias, exigida pelo art. 316, parágrafo único, do Código de Processo Penal. A finalidade do dispositivo é a de evitar o gravíssimo constrangimento experimentado por quem está com efetiva restrição à sua liberdade. Somente o gravíssimo constrangimento causado pela efetiva prisão justifica o elevado custo despendido pela máquina pública com a promoção desses numerosos reexames impostos pela lei.
>
> Não seria razoável ou proporcional obrigar todos os Juízos criminais do país a revisar, de ofício, a cada 90 dias, todas as prisões preventivas decretadas e não cumpridas, tendo em vista que, na prática, há réus que permanecem foragidos por anos (STJ, 5ª Turma, RHC nº 153.528/SP, Rel. Min. Ribeiro Dantas, j. 29.03.2022, *Info.* nº 731).

10.5.3 Prisão temporária

A prisão temporária não tem sua previsão no Código de Processo Penal, mas sim em uma lei processual especial. Trata-se da **Lei nº 7.960/1989**. Embora o CPP faça menções a ela.

Após a Constituição de 1988, a antiga prisão para averiguação não foi mais recepcionada. Com isso, em 1989, para fins de melhor tutelar a investigação e substituir a prisão para averiguação, foi criada a prisão temporária.

É uma modalidade de prisão cautelar que **se aplica exclusivamente na fase da investigação criminal**, não podendo ser aplicada na fase processual.

Inicialmente, em razão da previsão expressa do art. 1º da Lei nº 7.960/1989, no sentido de que esta prisão apenas se aplicaria no inquérito policial, entendia-se não ser cabível a prisão temporária a outras modalidades de investigação.

Contudo, em 2011, a Lei nº 12.403/2011, com a redação dada ao art. 283 do CPP, passou a trazer expressamente a previsão de que a prisão temporária seria cabível em qualquer tipo de investigação criminal. Recentemente o Pacote Anticrime veio a alterar novamente o art. 283 do CPP, suprimindo a expressão investigação criminal. Não obstante, mesmo diante de não haver previsão expressa quanto à prisão temporária em qualquer modalidade de investigação, subsistindo apenas a previsão para o inquérito policial, a doutrina ainda aponta a possibilidade dessa prisão em qualquer investigação criminal.

Diante da nova redação do art. 3º-B do CPP, a prisão temporária deverá ser apreciada e decretada pelo juiz das garantias.

Exige-se para essa prisão a presença das hipóteses taxativas do art. 1º da Lei nº 7.960/1989. São elas:

- imprescindível para a investigação do inquérito policial (inciso I do art. 1º);
- o indiciado não tiver residência fixa ou não fornecer elementos necessários ao esclarecimento de sua identidade (inciso II do art. 1º);
- estar presente um dos seguintes crimes graves (inciso III do art. 1º):
  ◇ homicídio doloso;

- sequestro ou cárcere privado;
- roubo;
- extorsão;
- extorsão mediante sequestro;
- estupro;
- atentado violento ao pudor;
- rapto violento;
- epidemia com resultado de morte;
- envenenamento de água potável ou substância alimentícia ou medicinal qualificado pela morte;
- quadrilha ou bando;
- genocídio;
- tráfico de drogas;
- crimes contra o sistema financeiro;
- crimes previstos na Lei de Terrorismo;
- crimes hediondos ou equiparados (art. 2º, § 4º, da Lei nº 8.072/1990).

Dos incisos anteriormente dispostos, é assente que sempre se deve exigir o inciso III em qualquer hipótese. Desse modo, para que seja cabível a decretação da prisão temporária é importante estar presente o inciso **III junto com o inciso I** ou o **inciso III junto com o inciso II**. A prisão temporária só pode ser decretada para um dos crimes constantes do rol taxativo do inciso III, conjugado com uma das necessidades elencadas pela Lei nos incisos I e II.

Quanto a esse rol taxativo do inciso III, é importante advertir que em relação aos crimes hediondos a previsão legal deles para a prisão temporária encontra-se no art. 2º, § 4º, da própria Lei dos Crimes Hediondos (Lei nº 8.072/1990), que complementa o inciso III do art. 1º da Lei nº 9.760/1989. Recentemente, inclusive, esse rol dos crimes hediondos foi modificado pelo Pacote Anticrime, que alterou os incisos I a III do art. 1º da Lei nº 8.072/1990 e acrescentou ainda os incisos IX e os incisos I a V do parágrafo único.

Decifrando a prova

(2021 – FCC – DPE/AM – Defensor Público) Acerca das disposições da legislação processual sobre prisão:

A) A prisão em flagrante delito deve ser imediatamente relaxada quando inexistir perigo gerado pelo estado de liberdade do agente somado a ausência de perigo à ordem pública.

B) A decretação da prisão temporária é incabível em crimes de furto, ainda que cometidos em concurso de agentes e mediante arrombamento.

C) O magistrado deve suspender o processo e decretar a prisão preventiva do acusado que, citado por edital, não comparecer e não constituir advogado.

D) A partir da entrada em vigor do chamado Pacote Anticrime, o juiz não mais poderá relaxar a prisão em flagrante quando o agente for reincidente ou portar arma de fogo de uso restrito.

E) Não se admite a prisão preventiva quando houver dúvida sobre a identidade civil da pessoa, mas caberá a prisão temporária para tanto, desde que fundamentada e a pedido do órgão acusatório.

Gabarito comentado: o crime de furto não está no rol taxativo da prisão temporária. Portanto, a letra B é o gabarito.

Embora a jurisprudência tenha entendimento de que a prisão temporária possui **regulamentação própria e autônoma** da Lei nº 9.760/1989, não sendo influenciada pelas regras da prisão cautelar do CPP, diante do advento da Lei nº 12.403/2011, referido entendimento deve ser visto *cum grano salis*.

Nesse diapasão, alenta-se que a prisão temporária deveria observar os requisitos da adequação e necessidade do art. 282, I e II, do CPP. Não obstante a prisão temporária não tenha sido diretamente modificada pela Lei nº 12.403/2011, diante da proporcionalidade, deve ser verificado se os objetivos buscados pela prisão temporária não seriam alcançados de igual modo com uma das medidas menos gravosas das medidas cautelares alternativas. Nesse sentido é a recente decisão do STF mencionada:

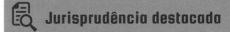

Recentemente o STF, na oportunidade em que reconheceu a constitucionalidade da Prisão Temporária, trouxe os seguintes requisitos cumulativos que devem estar presentes para a decretação da prisão temporária. Preconizou a Corte que deve se aplicar à prisão temporária as previsões do art. 282, II, do CPP (princípio da proporcionalidade) e do art. 312, § 2º, do CPP (princípio da atualidade da prisão cautelar). Não obstante não se faz necessário para a prisão temporária os requisitos do art. 313 do CPP. Deve-se ter especial atenção a esses novos requisitos exigidos pelo STF, dado serem questões certas de concursos públicos. Assim, para o STF, a decretação de prisão temporária somente é cabível quando:

(i) for imprescindível para as investigações do inquérito policial;

(ii) houver fundadas razões de autoria ou participação do indiciado;

(iii) for justificada em fatos novos ou contemporâneos (art. 312, § 2º, do CPP);

(iv) for adequada à gravidade concreta do crime, às circunstâncias do fato e às condições pessoais do indiciado (art. 282, II, do CPP) e

(v) não for suficiente a imposição de medidas cautelares diversas (STF, Plenário, ADI nº 4.109/DF e ADI nº 3.360/DF, Rel. Min. Carmen Lúcia, Rel. para o acórdão Min. Edson Fachin, j. 11.02.2022, *Info.* nº 1.043).

A prisão temporária tem seu **prazo** expressamente determinada pela lei. Assim, a regra é que a prisão temporária deve ter a duração máxima de **cinco dias**, podendo ser prorrogada por mais cinco dias, mediante decisão judicial fundamentada em extrema e comprovada necessidade (art. 2º, *caput*, da Lei nº 7.960/1989). Não existe a possibilidade de renovação automática da prisão temporária, vencido o primeiro prazo, se já não houver decisão fundamentada do juiz para sua prorrogação, o réu deve ser colocado em liberdade imediatamente pela autoridade policial. A isso se denomina princípio da inadmissibilidade de renovação automática.

Mas esse **prazo** possui um regramento diferente para os **crimes hediondos e equiparados**. Nesses crimes, o prazo da prisão temporária será de **30 dias**, prorrogáveis por mais 30 dias, mediante decisão judicial fundamentada em extrema e comprovada necessidade.

Salienta-se que não há óbice para que o juiz fixe a prisão temporária abaixo do prazo legal, já que este é o prazo máximo de duração da custódia cautelar. De igual modo, há entendimento doutrinário, com o qual concordamos, no sentido de que, fixada a prisão temporária abaixo do prazo máximo, sua renovação poderia se dar acima do segundo limite legal, desde que não ultrapasse o tempo global decorrente do somatório da primeira decretação e da renovação.

Assim, por exemplo, se a primeira prisão temporária fora decretada pelo prazo de 3 dias, ou caso hediondo 20 dias, nada impediria que a prorrogação se desse no prazo de 7 e 40 dias, respectivamente, posto que estaria respeitado o prazo global máximo. Todavia, de forma alguma se pode permitir que a primeira decretação se dê acima do prazo inicial fixado em Lei, 5 ou 30 dias se hediondo. Assim, esse limite global máximo só pode ser cotejado na prorrogação da medida.

Existe certa polêmica sobre o **prazo da prisão temporária e o prazo de conclusão do inquérito policial**.

Prevalece que o prazo de duração da prisão temporária deverá ser somado ao prazo de conclusão do inquérito, no caso de o investigado vir a ser preso temporariamente ao seu fim. Por exemplo, se o investigado passou 28 dias do transcurso do inquérito policial solto e venha a ser preso nesse momento pela temporária, a autoridade policial poderá prorrogar o inquérito por mais três dias, ou oito dias, se houver a prorrogação da temporária. Sendo crimes hediondos e equiparados esse prazo do inquérito pode se estender por até 90 dias, considerando que o prazo global nesses casos pode chegar a 60 dias, que serão somados com os 30 dias do inquérito. Ou seja, entende-se que se deve acrescentar o prazo restante da temporária ao prazo de conclusão do inquérito policial (TÁVORA, 2010, p. 492).

Importante atentar que se a autoridade policial encerrar as investigações antes do fim do prazo da prisão temporária, o investigado deve ser colocado imediatamente em liberdade (salvo se sobrevir imediata decretação de prisão preventiva). Isso porque a prisão temporária visa tutelar a investigação, concluída essa não existe mais motivo justificável para a prisão temporária.

A prisão temporária sempre deverá decorrer de provocação da autoridade judiciária, seja mediante representação do Delegado de Polícia (instado o MP a se manifestar antes de juiz decidir, na forma do art. 2º, § 1º, da Lei nº 7.960/1989), seja por requerimento do Ministério Público. O juiz tem o prazo de 24 horas para decidir.

O ofendido não possui legitimidade para esse requerimento, seja nos crimes de ação privada, seja como assistente a acusação nos crimes de ação penal pública (haja vista que o assistente só pode ser admitido na fase processual e não na investigação).

O mandado de prisão deve conter expressamente o prazo em que deve ocorrer a prisão temporária (que deve ser expressa ao dia do seu fim). Encerrado o prazo determinado judicialmente da prisão temporária, a autoridade policial deve imediatamente colocar o preso em liberdade, independentemente de qualquer outra determinação judicial. A não observância dessa premissa faz incorrer a autoridade policial em crime de abuso de autoridade. O dia do cumprimento do mandado de prisão é incluso no computo do prazo da prisão temporária.

A doutrina predominante afirma que a autoridade policial pode colocar o investigado em liberdade antes do término do prazo da prisão temporária, caso se mostre já alcançado seu objetivo na investigação que preside. Como já mencionado alhures, para colocar o investigado em liberdade em qualquer hipótese da prisão temporária, a autoridade policial não precisa de autorização judicial.

O art. 3º da Lei nº 7.960/1989 é expresso em dizer que o preso temporário deverá obrigatoriamente permanecer **separado dos demais detentos**.

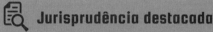

Em recente decisão o colegiado do Supremo Tribunal Federal fixou critérios mais rígidos para a decretação da prisão temporária, a maioria dos ministros decidiu fixar os seguintes critérios para fundamentar a prisão temporária: (1) for imprescindível para as investigações do inquérito policial, (2) houver fundadas razões de autoria ou participação do indiciado, (3) for justificada em fatos novos ou contemporâneos que fundamentem a medida e (4) for adequada à gravidade concreta do crime.

Seis dos 11 ministros votaram para proibir o uso desse tipo de prisão para as chamadas "averiguações", ou seja, quando a liberdade do investigado é restrita para checar fatos (ADIs nºs 4.109 e 3.360).

10.5.4 Prisão decorrente da decisão de pronúncia

Até a Lei nº 11.689/2008 existiam dois dispositivos relativos a uma determinada prisão cautelar conhecida como **prisão decorrente da decisão de pronúncia**.

Recebia esse nome em razão da previsão constante do art. 408, § 2º, do CPP, interpretado a *contrario sensu*. Conforme se depreendia à época, se o réu fosse pronunciado, ele deveria sofrer duas consequências, quais sejam submeter-se ao júri popular e ser recolhido imediatamente à prisão.

O art. 585 do CPP, como corolário da **prisão decorrente da decisão de pronúncia**, também trazia a previsão de que o réu, uma vez pronunciado, só poderia recorrer dessa decisão de pronúncia se fosse recolhido à prisão.

Essas previsões legais representavam inequívoca antecipação de pena, não guardando ressonância com a cautelaridade dessa custódia. A Lei nº 11.689/2008 pôs fim a isso. Revogou expressamente o art. 408, § 2º, do CPP, conferindo-lhe nova redação, e de forma tácita, o art. 585 do CPP, como já decidiu o STF no *Informativo* nº 579.

À época, parte da doutrina chamava esse tipo de prisão (ao lado da prisão decorrente de sentença penal condenatória recorrível, que veremos adiante) de prisões processuais. Essa doutrina fazia um esforço hermenêutico para diferenciar essas prisões das prisões em flagrante, preventiva e temporária, tidas como prisões cautelares. Segundo esse entendimento doutrinário, as prisões decorrentes de pronúncia e de sentença condenatória recorrível não podiam ser tidas como prisões cautelares, haja vista que haviam sido decretadas após a instrução processual e a demonstração de provas em juízo sob o crivo do contraditório. E não com fulcro no mero *fumus comissi delicti* como nas prisões cautelares.

Não obstante, referida argumentação não conseguia superar o princípio constitucional da presunção de inocência, segundo o qual ninguém será considerado culpado antes da sentença penal condenatória transitada em julgado.

Diante de tudo isso, caso seja necessária a imposição de prisão para o réu pronunciado, essa, hoje em dia, só pode ser imposta mediante a prisão preventiva, observados todos os seus requisitos legais dos arts. 312 e 313 do CPP.

10.5.5 Prisão decorrente de sentença penal condenatória recorrível

Aplicam-se para a decisão decorrente de sentença penal condenatória recorrível os mesmos comentários alhures descritos sobre a prisão decorrente de pronúncia. Eram tidas como prisões processuais ao lado das prisões cautelares.

Várias leis, ao lado da antiga redação do art. 594 do CPP, como a Lei de Drogas no art. 59 (Lei nº 11.343/2006), a antiga lei do crime organizado no art. 9º (Lei nº 9.034/1995), a antiga redação do art. 3º da Lei de Lavagem de Capitais (Lei nº 9.613/1998), o art. 31 da Lei Contra o Sistema Financeiro Nacional (Lei nº 7.492/1986), determinavam que o réu deveria ser recolhido à prisão diante de sentença condenatória recorrível, não podendo sua apelação ser conhecida enquanto ele não se recolhesse à prisão.

No mesmo diapasão, o art. 595 do CPP previa a deserção do recurso de apelação para os casos em que o réu condenado fugisse.

A Lei nº 11.719/2008 revogou os arts. 594 e 595 do CPP. Desse modo, qualquer que seja a sentença condenatória recorrível, a prisão só poderá ser interposta com fulcro nos requisitos e hipóteses de admissibilidade, respectivamente nos arts. 312 e 313 do CPP.

Ou seja, hoje não se pode mais falar em qualquer espécie de prisões processuais, subsistindo apenas as prisões cautelares: temporária, preventiva e flagrante (essa última agora concebida como pré-cautelar, como já explanado).

10.5.6 Prisão decorrente de condenação em segunda instância, execução provisória ou antecipada da pena privativa de liberdade

A prisão decorrente de condenação em segunda instância é também chamada de execução provisória da pena. Recebe esse nome exatamente por ser a execução de uma pena ainda não transitada em julgado, logo, passível de modificações no transcorrer de sua execução (por força de recursos especial ou extraordinário). Trata-se, sem dúvida, de uma verdadeira execução de pena, embora com caráter provisório, não revestida de qualquer caráter de cautelaridade, como necessidade e urgência. Tanto é assim que ela deveria obedecer às regras da Lei de Execuções Penais (LEP), inclusive com os institutos de progressão de regime (Súmula nº 717 do STF).

Essa espécie de prisão decorria do entendimento de que os recursos das decisões de segunda instância, recurso especial para o STJ e recurso extraordinário para o STF, não dispunham de efeito suspensivo. Desse modo, mesmo na pendência deles a decisão prolatada poderia ser executada. Reforçava esse entendimento o fato de que nesses recursos aos Tribunais Superiores não se permite discutir as provas do processo e consequentemente os fatos que ensejaram a condenação do réu, pois referidos recursos se restringem a matérias de direito exclusivamente.

Por outro lado, pesava em desfavor dessa prisão decorrente de decisão condenatória em segunda instância o princípio da presunção de inocência. Este não se contenta com a mera decisão de um Tribunal de segundo grau, só atacável com recursos sem efeito suspensivo. O princípio da presunção de inocência, cediço no art. 5º, LVII, da CF, exige que a execução da pena só pode ocorrer diante de uma decisão condenatória que não admita mais qualquer recurso. Caso contrário, estar-se-ia antecipando uma culpa ao se permitir a execução de uma pena ao condenado em dissonância com o que determina a Constituição: "ninguém será considerado culpado até o trânsito em julgado de sentença penal condenatória".

O STF oscilou por diversas vezes sobre a possibilidade ou não dessa prisão. De forma bastante didática, Leonardo Barreto Moreira Alves (2021, p. 176) elenca quatro momentos distintos de posicionamento do STF sobre o tema:

- **Até 05.02.2009** o STF entendia pela **constitucionalidade**.
- **Até 17.02.2016**, por força do HC nº 84.078/MG, o STF entendia pela **inconstitucionalidade**.
- **Até 07.11.2019**, diante do julgamento do HC nº 126.292/SP, o STF voltou a decidir pela **constitucionalidade** de execução provisória.
- A partir de 07.11.2019, com o julgamento das ADCs nºs 43, 44 e 54, o STF firmou o entendimento pela **inconstitucionalidade da execução provisória – atual posição da Corte.** (Grifos nossos)

Diante do art. 637 do CPP, que expressamente preconiza que o recurso extraordinário não tem efeito suspensivo, sempre se admitiu a execução provisória da pena no nosso país. Inclusive com reforço das Súmulas nºs 716 do STF e 267 do STJ.

Todavia, esse entendimento perdurou até fevereiro de 2009. Nesta data, no julgamento do paradigmático HC nº 84.078/MG, pelo STF, restou assentado que execução provisória da pena seria inconstitucional por ofender o princípio da não culpabilidade ou da presunção de inocência do art. 5º, LVII, da CF. Diante disso, caso se vislumbrasse uma inafastável necessidade de segregação do réu condenado, dever-se-iam estar presentes os requisitos e pressupostos da prisão preventiva constantes dos arts. 312 e 313 do CPP.

De forma surpreendente, o STF, em 17 de fevereiro de 2016, em decisão plenária mudou radicalmente seu entendimento. No julgamento do HC nº 126.292/SP, o STF, por fortes razões de celeridade processual diante da demora do julgamento dos recursos extraordinários e consequente retardo no trânsito em julgado, veio a relativizar a garantia da presunção de inocência.

Levou a Corte em consideração que não existem direitos absolutos. A presunção de inocência, a ampla defesa e o acesso ao duplo grau de jurisdição não poderiam servir como obstáculos para o cumprimento de uma pena fixada em segunda instância.

Recentemente houve nova reviravolta. Nos julgamentos das ADCs nºs 43, 44 e 54, em 7 de novembro de 2019, o STF veio a entender novamente pela inconstitucionalidade da execução provisória da pena em razão do princípio da presunção de inocência. Consequentemente, a Corte na oportunidade asseverou a constitucionalidade da redação, vigente à época, do art. 283, *caput*, do CPP:

> ninguém poderá ser preso senão em **flagrante delito** ou por ordem escrita e fundamentada da autoridade judiciária competente, em decorrência de **sentença condenatória transitada em julgado** ou, no curso da investigação ou do processo, em virtude de **prisão temporária** ou **prisão preventiva**. (Grifos nossos)

Ao mencionar o art. 283 em seu julgado, o STF quis firmar as únicas modalidades de prisão que são permitidas no nosso ordenamento jurídico, quais sejam: **flagrante delito**, **sentença condenatória transitada em julgado**, **prisão temporária** e **prisão preventiva**.

Importante atentar que nessa última decisão o STF não veio a falar da execução provisória da pena restritiva de direitos. Todavia, na linha do que sempre entendeu até então, a Corte deve seguir o posicionamento no sentido da **inconstitucionalidade da execução provisória da pena restritiva de direitos**. Ademais, consta da **Súmula nº 643 do STJ que** "a execução da pena restritiva de direitos depende do trânsito em julgado da condenação". Outro ponto que não entrou no julgado é a **execução provisória da pena privativa de liberdade proferida pelo Tribunal do Júri.** Dada a importância do tema e a recente inovação legislativa trazida pela Lei nº 13.964/2019, passamos a discorrer sobre ela no subtópico a seguir.

Por fim, cumpre noticiar que existem três projetos de Emenda à Constituição correndo no Congresso Nacional com o objetivo de permitir a execução da pena diante de uma condenação em segunda instância. Os projetos almejam tornar o recurso especial e extraordinário ações revisionais de competência originária do STJ e do STF e com isso permitir o trânsito em julgado já em segunda instância (PECs nºs 410/2018, 05/2019 e 199/2019).

10.5.7 Execução provisória da pena privativa de liberdade proferida pelo Tribunal do Júri — inovações do Pacote Anticrime

A execução provisória das condenações proferidas pelo Júri sempre teve um forte posicionamento favorável dos Tribunais Superiores acerca de sua possibilidade. Isso principalmente em razão do princípio constitucional da soberania dos veredictos (art. 5º, XXXVIII, *c*, da CF), corolário que é da soberania popular.

O HC nº 140.449, da 1ª Turma do STF, já havia assentado entendimento nesse sentido. Não obstante, posteriormente, no HC nº 174.759, o Ministro Celso de Mello, em decisão monocrática, ter julgado pelo não cabimento da execução provisória diante da mera decisão do Tribunal do Júri, sem trânsito em julgado.

Ocorre que no julgamento das ADCs nºs 43, 44 e 54, que em decisão *erga omnes* determinou a impossibilidade da execução provisória das condenações em segunda instância, não foi apreciada a execução provisória das decisões emanadas do Tribunal do Júri. Muito embora, na ocasião, o Ministro Dias Toffoli ter advertido a Corte da necessidade de uma decisão também nesse sentido.

Diante de todo esse contexto, surgiu uma importante inovação legislativa sobre o tema. Trata-se da Lei nº 13.964/2019 (Pacote Anticrime). Com a redação que inseriu no art. 492 e seus incisos do CPP, trouxe a previsão expressa determinando a execução provisória de condenações proferidas em primeiro grau pelo Tribunal do Júri **se a pena aplicada for igual ou superior a 15 anos de reclusão** (art. 492, inciso I, *e*, do CPP).

O art. 492, em seu § 3º, passou a contar ainda com a previsão de que o **Juiz Presidente do Tribunal do Júri poderá, excepcionalmente, deixar de autorizar a execução provisória** em comento, **se houver questão substancial** cuja resolução pelo Tribunal ao qual competir o julgamento do recurso **possa plausivelmente levar à revisão da condenação**.

Noutro giro, o art. 492, § 4º, passou a dispor que a **apelação** interposta contra decisão condenatória do Tribunal do Júri a uma pena igual ou superior **15 anos** de reclusão **não terá efeito suspensivo**. Podendo, contudo, na forma do § 5º do mesmo artigo, excepcionalmente, o órgão *ad quem* (tribunal que julgará o recurso) outorgar efeito suspensivo a essa apelação, quando cumulativamente: a) não verificar propósito meramente protelatório no recurso; e b) o recurso levantar questão substancial que possa resultar na absolvição, anulação da sentença, novo julgamento, ou redução da pena para patamar inferior a 15 anos de reclusão.

Questiona-se sobre a constitucionalidade da referida inovação legislativa.

Para uma corrente, as mesmas razões de inconstitucionalidade que determinaram o julgamento das ADCs nºs 43, 44 e 54 deveriam se impor também a essa execução provisória das decisões do Júri. O princípio da presunção de inocência não seria compatível com a execução da sentença decorrente de mera decisão dos jurados, sem o trânsito em julgado.

Para outra corrente, diversas disposições constitucionais acerca do Tribunal do Júri justificariam esse tratamento diferenciado, são elas: a soberania dos veredictos; a soberania popular; a máxima efetividade dos direitos e garantias fundamentais (dado ser o Júri uma garantia fundamental); a segurança jurídica proveniente da filtragem decorrente do rito escalonado do Júri.

10.6 PRISÃO DOMICILIAR

A prisão domiciliar não se trata de uma nova modalidade de prisão cautelar, mas sim de uma nova forma de cumprimento da prisão preventiva. Ela se aplica exclusivamente aos restritos casos previstos no art. 318 do CPP.

O dispositivo legal diz que a prisão preventiva será substituída pela prisão domiciliar. Nesse sentido, é que o juiz deve inicialmente decretar a prisão preventiva do agente delitivo para em seguida e na mesma decisão permitir que o agente cumpra a custódia em regime domiciliar se presente uma das hipóteses do art. 318 do CPP.

A doutrina assevera de forma pacífica que, embora o art. 318 do CPP se refira apenas à prisão preventiva, nada impede que se aplique a prisão domiciliar para a prisão temporária.

Importante observar, como já mencionamos alhures, que a prisão domiciliar não deve se confundir com a medida cautelar alternativa de recolhimento domiciliar do art. 319, V, do CPP. Ao passo que a primeira é apenas uma forma de cumprimento da prisão preventiva, a segunda é cautelar alternativa que se restringe ao recolhimento do agente no período noturno e dias de folga, desde que ele tenha trabalho fixo e residência.

Com a recente Lei nº 13.769/2018 surgiu a previsão expressa da aplicação concomitante das medidas alternativas previstas no art. 319 do CPP com a prisão domiciliar. O que já tinha sido admitido pelo STF na operação Lava Jato, quando se determinou a medida cautelar de tornozeleira eletrônica com a prisão domiciliar. É o que consta agora no noviço art. 318-B do CPP.

O art. 318 do CPP autoriza a substituição da prisão preventiva pela prisão domiciliar nas seguintes hipóteses:

- agente maior de 80 anos;
- extremamente debilitado por motivo de doença grave;
- imprescindível aos cuidados de pessoa menor de 6 anos de idade ou com deficiência;
- gestante;
- mulher com filho até 12 anos de idade incompletos;
- homem, caso seja o único responsável pelos cuidados do filho de até 12 anos de idade incompletos.

Deve-se observar que a LEP no art. 117 traz também a previsão de prisão domiciliar para o apenado que cumpre pena em regime aberto, com requisitos mais flexíveis do que os previstos para a prisão preventiva.

Como decidido pelo STF no HC nº 177.164/PA, j. 18.02.2020, o disposto no art. 318 do CPP tem sua aplicação apenas para os casos de prisão preventiva (e temporária segundo a doutrina), não sendo possível sua aplicação quando se trata de execução de título condenatório transitado em julgado. Nessa hipótese, ter-se-á a incidência do art. 117 da LEP, apenas.

Assevera o parágrafo único do art. 318 do CPP como é elementar que para a substituição o juiz exigirá prova idônea dos requisitos estabelecidos no art. 318.

A substituição **não representa direito subjetivo do preso**.

Todavia, na linha do que havia sido julgado pelo STF no HC nº 143.641, j. 20.02.2018, a Lei nº 13.769/2018, ao inserir a redação no art. 318-A do CPP, passou a prever que a prisão preventiva imposta à mulher gestante ou que for mãe ou responsável por criança ou pessoas com deficiências será substituída por prisão domiciliar, desde que: o crime seja sem violência ou grave ameaça; não tenha sido cometido contra seu filho ou dependente. Hipóteses em que a prisão domiciliar **será direito público subjetivo da mulher**.

A inovação legislativa contempla o **princípio da proteção integral** da pessoa menor de idade.

Comunicação dos atos processuais

No âmbito deste estudo, analisou-se que os direitos penal e processual penal estabelecem entre si relação de mutualismo ou instrumentalidade. O direito material é responsável por estabelecer as condutas consideradas criminosas, ao passo que o direito processual estabelece as regras e procedimentos, sempre com observância dos direitos e garantias fundamentais, responsáveis por possibilitar o complexo de normas materiais.

O desenvolvimento regular do processo pressupõe que as partes envolvidas na relação processual sejam comunicadas dos atos praticados. É justamente esse o tópico que se passa a analisar: comunicação dos atos processuais. Analisaremos, inicialmente, três tipos de comunicação: a citação, a intimação e a notificação.

II.I CITAÇÃO

II.I.I Conceito e natureza jurídica

A citação é o ato de gênese da dialética processual, por meio dela o réu é **chamado** ao processo para ingressar na relação processual e exercitar a sua prerrogativa de defesa, consubstanciado os princípios constitucionais do contraditório e da ampla defesa.

Trata-se de garantia prevista inclusive em diplomas internacionais. A Convenção Americana sobre Direitos Humanos, especificamente no art. 8º, nº 2, *b*, contém a seguinte previsão:

> 2. Durante o processo, toda pessoa tem direito, em plena igualdade, às seguintes garantias mínimas: (...)
>
> b. comunicação prévia e pormenorizada ao acusado da acusação formulada; (...)

No âmbito do Código de Processo Penal, o art. 363 apresenta importante previsão a respeito da **triangularização da relação processual**. Note que, até o momento da citação, a relação entre a acusação e o magistrado é linear, compondo-se apenas de duas partes. A partir da citação válida, o réu é atraído para o interior do processo possibilitando que essa relação assuma forma triangular, colocando as partes em situação equidistante do magistrado. Nesse sentido, vejamos a literalidade do art. 363 do CPP: "O processo terá completada a sua formação quando realizada a citação do acusado".

O conceito de citação pode ser obtido por meio do art. 238 do CPC, vejamos: "Citação é o ato pelo qual são convocados o réu, o executado ou o interessado para integrar a relação processual".

É importante observar que, no âmbito do processo penal, a citação é realizada uma única vez no início do processo, diferentemente do que ocorre no âmbito do processo civil, não é necessário novo ato de comunicação para o cumprimento da sentença, que no caso do processo penal ocorre com a execução da pena.

A esse respeito, observa-se valorosas lições apresentadas pelo Professor Renato Brasileiro de Lima (2020a, p. 1367) a respeito dos efeitos da citação válida:

> No processo penal, a situação é distinta, já que o único efeito da citação é estabelecer a angularidade da relação processual, fazendo surgir a instância. Forma-se, assim, a relação angular que instala em um ponto a acusação, noutro o juiz a quem o pedido é endereçado e, por último, o acusado, que, citado, passa a compor essa relação, formando-se o *actum trium personarum*. Há quem entenda que, nos mesmos moldes que ocorre no âmbito processual civil, a litispendência só estaria caracterizada no processo penal a partir da citação válida no segundo feito. Prevalece, no entanto, o entendimento de que a litispendência está presente desde o recebimento da segunda peça acusatória, independentemente da citação válida do acusado, já que o CPP nada diz acerca do assunto Ao contrário do processo civil, o que torna prevento o juízo no processo penal é a distribuição (CPP, art. 75) ou a prática de algum ato de caráter decisório, ainda que anterior ao oferecimento da peça acusatória, quando houver dois ou mais juízes igualmente competentes ou com jurisdição cumulativa (CPP, art. 83). Ademais, não é a citação válida que interrompe a prescrição, mas sim o recebimento da peça acusatória pelo juízo competente, nos exatos termos do art. 117, inciso I, do Código Penal.

Conforme salientado anteriormente, a citação é o ato de gênese da relação angular do processo de modo que a falta ou o vício na citação ofendem a própria natureza da relação processual. Por essa razão, a ausência de citação válida é causa de nulidade absoluta:

> **CPP, art. 564.** A nulidade ocorrerá nos seguintes casos: (...)
>
> III – por falta das fórmulas ou dos termos seguintes: (...)
>
> *e)* a citação do réu para ver-se processar.

Desse modo, a ausência ou o vício não sanado de citação geram a nulidade de todos os atos praticados no âmbito do processo, a esse fenômeno denomina-se **circundação**. Trata-se do ato que reconhece ausência ou vício insanável da citação gerando a nulidade, *ab initio*, da relação processual.

Renato Brasileiro de Lima (2020a, p. 1716) esclarece que

> tamanha a importância da citação que o próprio CPP estabelece que sua falta configura nulidade absoluta (CPP, art. 564, III, *e*). Logo, se a citação não existiu ou, tendo existido,

estava eivada de nulidade, o processo estará nulo *ab initio*. Denomina-se circundação o ato pelo qual se julga nula ou de nenhuma eficácia a citação; quando anulada diz-se que há citação circunduta.

Nucci (2016, p. 611) correlaciona diretamente o ato de citação com o exercício do contraditório e da ampla defesa:

> trata-se de um corolário natural do devido processo legal, funcionalmente desenvolvido através do contraditório e da ampla defesa (art. 5º, LIV e LV). Aliás, podemos dizer que a citação é o instrumento mais evidente tanto do contraditório como da ampla possibilidade de defesa, pois sem ciência da ação penal seria inviável qualquer manifestação do réu.

11.2 ESPÉCIES DE CITAÇÃO

A citação é diversamente classificada pela doutrina, basicamente pode-se classificar a citação em real ou pessoal e ficta ou presumida, vejamos o seguinte quadro:

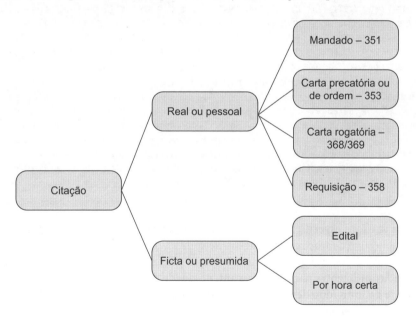

11.2.1 Citação pessoal ou real

No âmbito do processo penal, a regra é que a citação ocorra pessoalmente e por mandado entregue por oficial de justiça, diferentemente daquilo que ocorre no âmbito do processo civil, ocasião em que se admite que a citação seja realizada por meio de representante legal ou mesmo de procurador.

É evidente que, considerando a instrumentalidade das formas, é possível que o réu compareça voluntariamente à relação processual nomeando advogado para a demanda por exemplo, ainda que não tenha havido citação. Nesse caso, considerando o inequívoco conhecimento do processo, não há que falar em nulidade referente à citação.

Apesar da evidente evolução no que concerne aos processos digitais, ao menos em regra, a Lei nº 11.419/2006 veda a citação eletrônica no processo penal:

> **Art. 6º** Observadas as formas e as cautelas do art. 5º desta Lei, as citações, inclusive da Fazenda Pública, excetuadas as dos Direitos Processuais Criminal e Infracional, poderão ser feitas por meio eletrônico, desde que a íntegra dos autos seja acessível ao citando.

Apesar dessa disposição legal, recentemente o STJ enfrentou relevante tema a respeito da possibilidade ou impossibilidade de citação via WhatsApp.

Jurisprudência destacada

HABEAS CORPUS. AMEAÇA NO CONTEXTO DE VIOLÊNCIA DOMÉSTICA. AÇÃO PENAL. RÉU SOLTO. CITAÇÃO POR MANDADO. COMUNICAÇÃO POR APLICATIVO DE MENSAGEM (WHATSAPP). INEXISTÊNCIA DE ÓBICE OBJETIVO. DECLARAÇÃO DE NULIDADE LIMITADA AOS CASOS EM QUE VERIFICADO PREJUÍZO CONCRETO NO PROCEDIMENTO ADOTADO PELO SERVENTUÁRIO. ART. 563 DO CPP. PRECEDENTES DESTA CORTE. CIRCUNSTÂNCIAS DO CASO QUE INDICAM A NECESSIDADE DE RENOVAÇÃO DA DILIGÊNCIA. 1. Em se tratando de denunciado solto – quanto ao réu preso, há determinação legal de que a citação seja efetivada de forma pessoal (art. 360 do CPP) –, não há óbice objetivo a que Oficial de Justiça, no cumprimento do mandado de citação expedido pelo Juízo (art. 351 do CPP), dê ciência remota ao citando da imputação penal, inclusive por intermédio de diálogo mantido em aplicativo de mensagem, desde que o procedimento adotado pelo serventuário seja apto a atestar, com suficiente grau de certeza, a identidade do citando e que sejam observadas as diretrizes estabelecidas no art. 357 do CPP, de forma a afastar a existência de prejuízo concreto à defesa (STJ, 5ª Turma, HC nº 641.877/DF, Rel. Min. Ribeiro Dantas, j. 09.03.2021, *Info.* nº 688).

Nessa situação específica, apesar de o STJ ter anulado a citação operacionalizada por meio de aplicativo de troca de mensagens eletrônicas, o referido tribunal manifestou-se no sentido de que é possível a realização de citação pelo aplicativo, **desde que sejam adotadas medidas suficientes para atestar a autenticidade do número telefônico, bem como a identidade do indivíduo destinatário do ato processual** (CAVALCANTE, 2022).

Outro tópico de tensão na doutrina diz respeito à citação do inimputável. O questionamento que surge é o seguinte: seria possível a realização de citação válida do inimputável?

A esse respeito formaram-se duas correntes. Renato Brasileiro de Lima (2020a, p. 1368) sustenta que, havendo indícios a respeito da inimputabilidade do réu, o oficial de justiça deve descrever essa circunstância no verso do mandado e suscitar[1] a instauração judicial do

---

[1] A instauração do incidente ocorre por determinação judicial.

incidente de insanidade mental. Uma vez constatada a inimputabilidade, a citação ocorreria por intermédio do curador especial designado.

Em sentido contrário, Walfredo Cunha Campos (2018, p. 596) propõe a aplicação analógica do art. 245 do CPC. Fundamenta a sua tese no embaraço processual resultante da demora do laudo pericial a respeito da constatação ou não da imputabilidade do réu. Nesse sentido, haveria dúplice nomeação de curador, a primeira realizada para a realização do ato citatório e, posteriormente, após a conclusão do incidente, caso atestada a inimputabilidade, a nomeação de curador para o processo.

Observe as lições apresentadas:

1ª – o Oficial de Justiça descreve a ocorrência (o que o leva a crer que o citando sofre das faculdades mentais);

2ª – para examinar o citando, o juiz nomeia médico, que apresenta laudo em 5 dias;

3ª – no caso de pessoa da família do citando apresentar declaração de médico que ateste a incapacidade do citando, será dispensada a nomeação de médico;

4ª – reconhecida a impossibilidade de o acusado compreender o ato citatório, seja pelo laudo médico ou pela declaração de médico do citando apresentada por sua família, o juiz nomeará curador ao citando, o qual será citado em nome do acusado;

5ª – procedida a citação, abre-se a oportunidade para o oferecimento de resposta à acusação pela defesa, determinando o juiz a instauração do incidente de insanidade mental.

Haverá, na possibilidade por nós aventada, dois momentos distintos de nomeação de curador: uma nomeação restrita ao ato citatório, e outra, decorrente da conclusão do laudo pericial no sentido da inimputabilidade do acusado, para assisti-lo, genericamente, em todos os atos processuais. Para exercer as funções de curador nessas etapas procedimentais diversas pode ser nomeada a mesma pessoa (*v.g.*, advogado do réu), ou pessoas distintas (por exemplo, para a citação, o pai do acusado, e para acompanhar o processo até o fim, o advogado do réu).

Nos filiamos ao primeiro posicionamento, pois apesar da demora que a conclusão do laudo pericial poderia resultar, a constatação da inimputabilidade e a posterior designação de curador especial ficam condicionadas à instauração do referido incidente processual.

Outro tópico de poderia suscitar dúvida em relação ao tema diz respeito à citação de pessoas jurídicas quando responsabilizadas pela prática de ilícitos penais. Nesses casos, a citação deverá ser feita na pessoa de seu representante legal ou de algum diretor com poderes para receber citação.

Decifrando a prova

(2021 – FGV – TJ/RO – Analista Judiciário – Oficial de Justiça) Um Oficial de Justiça, após procurar o réu em seu domicílio por duas vezes, sem o encontrar, e suspeitando de que este está se ocultando para evitar sua citação, intimou o vizinho do citando, vez que nenhum parente do réu foi encontrado, afirmando que voltaria no dia útil imediato, às 7 horas, a fim de

> efetuar a citação. Assim, no dia útil seguinte, e no horário designado, o oficial de justiça leu ao réu o mandado e lhe entregou a contrafé. Nesse cenário, é correto afirmar que a citação:
> A) foi ficta e se operou de forma válida. O juiz, em caso de revelia, deverá nomear curador especial ao réu;
> B) é inválida, vez que o vizinho não poderia ser intimado para o ato, o que inviabiliza sua convalidação;
> C) foi pessoal e se operou de forma válida. O juiz, em caso de revelia, não nomeará curador especial ao réu;
> D) se operou de forma inválida, mas se convalidou quando o oficial de justiça entregou a contrafé ao réu;
> E) se operou de forma inválida, vez que os atos processuais não podem ser praticados às 7 horas.
> **Gabarito comentado:** de acordo com o art. 362 do CPP, a letra C é o gabarito.

II.2.2 Citação por mandado

Conforme analisado anteriormente, trata-se da regra no ordenamento jurídico brasileiro a citação pessoal por mandado, operacionalizada por Oficial de Justiça, conforme disposição contida no art. 351 do CPP: "A citação inicial far-se-á por mandado, quando o réu estiver no território sujeito à jurisdição do juiz que a houver ordenado".

Nucci (2016, p. 611) fala a esse respeito no sentido de que a citação por mandado "é a forma usual de citação, valendo-se o juiz do oficial de justiça, que busca o acusado, dando-lhe ciência, pessoalmente, do conteúdo da acusação, bem como colhendo o seu ciente (art. 351, CPP)".

O mandado citatório deve revestir-se de requisitos de validade, denominados pela doutrina de **requisitos de validade intrínsecos**. Esses elementos encontram previsão no art. 352 do CPP. São elementos necessários considerando que é o mandado citatório o instrumento responsável por informar o réu a respeito da existência de uma acusação contra ele, assim como convocá-lo para exercer sua prerrogativa defensiva.

Veja a literalidade do dispositivo:

> **Art. 352.** O mandado de citação indicará:
> I – o nome do juiz;
> II – o nome do querelante nas ações iniciadas por queixa;
> III – o nome do réu, ou, se for desconhecido, os seus sinais característicos;
> IV – a residência do réu, se for conhecida;
> V – o fim para que é feita a citação;
> VI – o juízo e o lugar, o dia e a hora em que o réu deverá comparecer;
> VII – a subscrição do escrivão e a rubrica do juiz.

Note que, atualmente, considerando que o interrogatório do réu é o último ato da instrução, não faz mais sentido a previsão contida no inciso VI, pois, somente no desenrolar do processo e no último ato da instrução, haverá a apresentação do réu para, caso assim queira, ser interrogado sobre os fatos.

A esse respeito Renato Brasileiro de Lima (2020a, p. 1366) explica que

> quanto à finalidade da citação no procedimento comum ordinário e sumário, e na primeira fase do procedimento do júri, convém destacar que, antes da reforma processual de 2008, a citação era feita para que o acusado comparecesse em juízo a fim de ser interrogado, porquanto o interrogatório era o primeiro ato da instrução processual. Com as mudanças produzidas pelas Leis nºs 11.698/2008 e 11.719/2008, a citação passou a ser feita para fins de apresentação da resposta à acusação. De fato, de acordo com o art. 396 do CPP, recebida a peça acusatória, deve o juiz ordenar a citação do acusado para responder à acusação, por escrito, no prazo de 10 (dez) dias. Na mesma linha, o art. 406, *caput*, prevê que o juiz, ao receber a denúncia ou a queixa, ordenará a citação do acusado para responder à acusação, por escrito, no prazo de 10 (dez) dias.

Além dos requisitos intrínsecos, relacionados às informações que devem constar no mandado, existem ainda **requisitos de validade extrínsecos** relacionados à forma de cumprimento do ato citatório, note as disposições legais:

> **CPP, art. 357.** São requisitos da citação por mandado:
>
> I – leitura do mandado ao citando pelo oficial e entrega da contrafé, na qual se mencionarão dia e hora da citação;
>
> II – declaração do oficial, na certidão, da entrega da contrafé, e sua aceitação ou recusa.

É importante ainda ressaltar que existem restrições previstas no CPC a respeito da forma dos dias e horas em que a citação poderá ser realizada. Tem prevalecido na doutrina que essas restrições não são extensíveis ao processo penal:

> **CPC, art. 244.** Não se fará a citação, salvo para evitar o perecimento do direito:
>
> I – de quem estiver participando de ato de culto religioso;
>
> II – de cônjuge, de companheiro ou de qualquer parente do morto, consanguíneo ou afim, em linha reta ou na linha colateral em segundo grau, no dia do falecimento e nos 7 (sete) dias seguintes;
>
> III – de noivos, nos 3 (três) primeiros dias seguintes ao casamento;
>
> IV – de doente, enquanto grave o seu estado.

Diferentemente do que ocorre no âmbito do processo civil, não existem restrições relativas ao cumprimento do mandado citatório penal, salvo aquelas restrições advindas da inviolabilidade de domicílio, por exemplo. Milita, nesse sentido, o art. 797 do CPP:

> **Art. 797.** Excetuadas as sessões de julgamento, que não serão marcadas para domingo ou dia feriado, os demais atos do processo poderão ser praticados em período de férias, em domingos e dias feriados. Todavia, os julgamentos iniciados em dia útil não se interromperão pela superveniência de feriado ou domingo.

Para fechar esse raciocínio, apresenta-se as lições exaradas pelo Professor Nucci (2016, p. 613):

> qualquer dia e hora são admissíveis no processo penal para a citação. Obviamente, não se realiza durante a noite, se o réu estiver em seu domicílio, por conta, inclusive, da inacessibilidade garantida, constitucionalmente, ao local (art. 5º, XL, CF). Fora daí, pouco importa ser noite ou dia. A nosso ver, a citação criminal é sempre urgente, motivo pelo qual não previu o Código de Processo Penal obstáculos à sua efetivação, tal como fez o Código de Processo Civil de 2015, no art. 244.

Decifrando a prova

(2021 – FGV – TJ/PR – Juiz Substituto) Sobre a possibilidade de citação por meio de aplicativo de mensagens, em meio ao contexto de pandemia, é correto afirmar que:

A) não é possível, em razão de impedimento de ordem formal, haja vista a competência privativa da União para legislar sobre processo;

B) é excepcionalmente possível, desde que o Tribunal tenha expedido norma para regulamentar a citação eletrônica em situações determinadas;

C) não é possível, em razão de impedimento de ordem material, por ausência de previsão legal e possível malferimento do devido processo legal, do contraditório e da ampla defesa;

D) é excepcionalmente possível, desde que adotados os cuidados para se comprovar a autenticidade do número telefônico contatado e a identidade do destinatário das mensagens;

E) não é possível, ainda que atingida sua finalidade e demonstrada a ciência inequívoca do réu, em razão do rigor das formas no processo.

Gabarito comentado: conforme Resolução nº 378/2021 do CNJ, em seu art. 2º, diante do contexto da Pandemia do Coronavírus, admite-se a citação, notificação e a intimação por qualquer meio eletrônico. No mesmo sentido STJ, HC nº 644.543/DF, j. 09.03.2021. Portanto, a letra D é o gabarito.

II.2.3 Citação por carta precatória

Inicialmente, é importante asseverar que a citação por carta precatória ocorre nos casos em que o réu se encontra fora da competência territorial do juízo, mas em local certo e sabido. Veja a previsão legal (art. 353 do CPP): "Quando o réu estiver fora do território da jurisdição do juiz processante, será citado mediante precatória".

Os elementos integrantes da carta precatória estão previstos no art. 354 do CPP:

> Art. 354. A precatória indicará:
>
> I – o juiz deprecado e o juiz deprecante;
>
> II – a sede da jurisdição de um e de outro;
>
> III – o fim para que é feita a citação, com todas as especificações;
>
> IV – o juízo do lugar, o dia e a hora em que o réu deverá comparecer.

Recebida a carta precatória pelo juízo deprecado, e estando em devida forma, o juiz exarará o cumpra-se e determinará a expedição de mandado, seguindo as demais regras referentes à citação por mandado, previstas nos arts. 352 e 357 do CPP – com todos os requisitos correspondentes.

Cumprido o mandado no juízo deprecado, a carta precatória será devolvida ao juízo deprecante.

>   **Art. 355.** A precatória será devolvida ao juiz deprecante, independentemente de traslado, depois de lançado o "cumpra-se" e de feita a citação por mandado do juiz deprecado.

Caso o juízo deprecado constate que o réu não se encontra no território sujeito a sua jurisdição, poderá ele mesmo encaminhar a carta ao juiz que detenha tal competência. Não é necessário o retorno da carta ao juiz de origem. Essa medida constitui o que a doutrina denomina de **carta precatória itinerante**.

>   **Art. 355.** (...)
>
>   **§ 1º** Verificado que o réu se encontra em território sujeito à jurisdição de outro juiz, a este remeterá o juiz deprecado os autos para efetivação da diligência, desde que haja tempo para fazer-se a citação.

O § 2º do art. 355 do CPP trata a respeito das hipóteses em que o réu se oculta para não ser citado, observe:

>   **Art. 355.** (...)
>
>   **§ 2º** Certificado pelo oficial de justiça que o réu se oculta para não ser citado, a precatória será imediatamente devolvida, para o fim previsto no art. 362.

O art. 362 contém a seguinte previsão: "Verificando que o réu se oculta para não ser citado, o oficial de justiça certificará a ocorrência e procederá à citação com hora certa, na forma estabelecida nos arts. 227 a 229 da Lei nº 5.869, de 11 de janeiro de 1973 – Código de Processo Civil".

Apesar da previsão contida no art. 355, § 2º, do CPP, atualmente, caso o oficial de justiça no território do juízo deprecado observe que o réu se oculta para não ser citado, o próprio oficial certificará essa circunstância e realizará a citação por hora certa, após a citação, devolverá o mandado e a carta precatória.

O Professor Renato Brasileiro de Lima (2020a, p. 1370) também leciona nesse sentido e alerta que,

>   diante das alterações produzidas pela reforma processual de 2008, especial atenção deve ser dispensada ao art. 355, § 2º, do CPP. Segundo o referido dispositivo, certificado pelo Oficial de Justiça que o réu se oculta para não ser citado, a precatória será imediatamente devolvida ao juízo deprecante, para o fim previsto no art. 362. Na redação original do CPP, o art. 362 dizia que se o réu não fosse encontrado, seria citado por edital, com o prazo de 5 (cinco) dias. Ocorre que, por força da Lei nº 11.719/2008, o art. 362 sofreu importante modificação, passando a prever a possibilidade de citação por hora certa no processo penal. Destarte, verificando que o réu se oculta para não ser citado, o Oficial

de Justiça certificará a ocorrência e procederá de imediato à citação por hora certa, na forma dos arts. 227 a 229 do CPC (arts. 252 a 254 do novo CPC). Após aperfeiçoada a citação por hora certa, aí sim deve ser devolvido o mandado ao cartório a fim de que a precatória seja restituída ao juízo deprecante.

Analisaremos logo a frente o tema referente à citação por hora certa.

O art. 356 do CPP prevê a possibilidade de a carta precatória, nos casos de urgência, ser transferida por meio telegráfico:

> **Art. 356.** Se houver urgência, a precatória, que conterá em resumo os requisitos enumerados no art. 354, poderá ser expedida por via telegráfica, depois de reconhecida a firma do juiz, o que a estação expedidora mencionará.

Nesse sentido, Renato Marcão (2016, p. 909) ensina que

> havendo urgência, a precatória poderá conter em resumo os requisitos enunciados no art. 354 do CPP. Também em caso de comprovada urgência, adotadas as cautelas necessárias visando à comprovação de sua autenticidade e origem, é possível que a precatória seja enviada via fax. Por igual razão e com as mesmas cautelas, é possível o encaminhamento da precatória por meio eletrônico, situação em que a assinatura do juiz deverá ser eletrônica, na forma da Lei (CPC/2015, art. 263). Pode, em síntese, ser expedida por qualquer meio de comunicação eficaz a que se possa atribuir credibilidade.

11.2.4 Citação por carta rogatória

A citação por carta rogatória encontra guarida naquelas hipóteses em que o réu está no exterior e lugar certo e sabido. Caso o réu esteja em lugar ignorado, não sabido, não é cabível a citação por carta rogatória, sendo admissível a citação por edital.

Essa possibilidade encontra-se disposta no art. 368 do CPP, vejamos: "Estando o acusado no estrangeiro, em lugar sabido, será citado mediante carta rogatória, suspendendo-se o curso do prazo de prescrição até o seu cumprimento".

A respeito da forma da remessa da carta rogatória, Nucci (2016, p. 923) esclarece que "o juiz deve encaminhar ao Ministério da Justiça a rogatória, buscando a sua remessa, pelo Ministério das Relações Exteriores, à sede diplomática ou ao Estado estrangeiro". A remessa da precatória, carta de ordem ou rogatória pode ser feita por meio eletrônico (art. 7º da Lei nº 11.419/2006).

A respeito do procedimento para a emissão e receptação da carta rogatória, Nucci (2016, p. 923) explica que

> o Ministério da Justiça é o órgão receptor dos pedidos de cartas rogatórias, embora seja o Ministério das Relações Exteriores o responsável pelo encaminhamento da carta rogatória ao exterior. Na maioria dos casos, o pedido deve ser encaminhado diretamente ao Ministério da Justiça, que fará uma triagem do que será efetivamente remetido ao órgão diplomático. O procedimento está previsto, inclusive, na Portaria nº 26, de 14 de agosto de 1990, do Ministério da Justiça.

Conforme se extrai da leitura do dispositivo legal, a emissão da carta precatória suspende o transcurso do prazo prescricional até o seu cumprimento.

A esse respeito o STJ possui precedente no *Informativo* nº 691 no sentido de que "o termo final da suspensão do prazo prescricional pela expedição de carta rogatória para citação do acusado no exterior é a data da efetivação da comunicação processual no estrangeiro, ainda que haja demora para a juntada da carta rogatória cumprida aos autos".

Veja interessante julgado exarado pelo STJ a esse respeito no ano de 2021:

Jurisprudência destacada

Cinge-se a controvérsia sobre quais os corretos marcos de início e fim da suspensão do prazo de prescrição no caso de citação por carta rogatória, considerando o disposto no art. 368 do CPP.

De um lado, sustenta-se que a data de cumprimento da carta rogatória é da sua juntada aos autos, o que afastaria a prescrição, enquanto do outro lado, entende-se que tal data equivale à efetiva citação no estrangeiro, o que conduziria à extinção da punibilidade.

A diferença decorre do considerável lapso temporal entre a realização da comunicação processual no estrangeiro e a juntada aos autos. Ambas as interpretações são razoáveis, mas isso acontece justamente em razão da imprecisão do texto legal, da sua omissão legislativa em estabelecer os marcos iniciais e finais exatos para a suspensão da prescrição. Esta opção legislativa por vagueza termina aumentando a margem de discricionariedade do julgador, especialmente em caso como este, sobre o qual, ao que tudo indica, além de não haver precedente vinculante, não há jurisprudência dominante acerca do tema nos Tribunais Superiores. Assim, diante da divergência doutrinária e jurisprudencial, deve prevalecer o entendimento de que a fluência do prazo prescricional continua não na data em que os autos da carta rogatória der entrada no cartório, mas sim naquela em que se der o efetivo cumprimento no juízo rogado. Vale ressaltar que a questão é hermenêutica e não de integração da norma jurídica, sendo que a Súmula nº 710/STF estabelece que no processo penal os prazos contam-se da data da intimação, e não da juntada aos autos do mandado ou da carta precatória ou de ordem, valendo o mesmo raciocínio para a carta rogatória. Tal entendimento tem por base a regra específica do art. 798, § 5º, *a*, do CPP, que diferencia a sistemática adotada para os processos criminais em relação aos processos cíveis (REsp nº 1.882.330/SP, Rel. Min. Ribeiro Dantas, 5ª Turma, por unanimidade, j. 06.04.2021).

É importante diferenciar a carta rogatória emitida para a citação do réu, daquela emitida para a intimação da testemunha. Ambas as situações são tratadas de forma distinta pela norma processual. A possibilidade de emissão de carta rogatória para a intimação de testemunha encontra-se prevista no art. 222-A do CPP: "As cartas rogatórias só serão expedidas se demonstrada previamente a sua imprescindibilidade, arcando a parte requerente com os custos de envio".

Note que, conforme disposição legal, as cartas rogatórias para intimação da testemunha, para que sejam emitidas, devem cumprir dois requisitos:

1. Demonstração prévia da imprescindibilidade da emissão da carta precatória.

2. A necessidade de que a parte requerente arque com os custos do envio.

Renato Brasileiro de Lima (2020a, p. 1373) relata que essa disposição legal não se aplica à emissão de carta precatória para citação. Para o nobre professor

> esse preceito não é aplicável à citação de acusado no estrangeiro, porquanto a imprescindibilidade da citação é evidente e dispensa o prévio recolhimento das custas. De fato, independentemente de o acusado residir no Brasil ou no estrangeiro, é evidente que tem direito à citação. Portanto, é de se concluir que o dispositivo legal acima citado tem aplicação restrita à oitiva de testemunhas. Esse entendimento é corroborado pela própria localização topográfica do referido preceito, o qual está situado no Capítulo VI do Título VII ("Da Prova") do CPP, o qual trata "das testemunhas".

Dando continuidade à análise, o CPP também dispõe que as citações realizadas em legações estrangeiras (embaixadas e consulados) serão operacionalizadas por meio de carta rogatória:

> Art. 369. As citações que houverem de ser feitas em legações estrangeiras serão efetuadas mediante carta rogatória.

A doutrina tem entendido que, nessa situação específica, não há suspensão do prazo prescricional, considerando que não há mandamento legal nesse sentido e não se admite analogia *in malam partem*.

Por fim, há de se ressaltar que a citação por rogatória é medida incompatível com o procedimento simplificado no âmbito dos juizados especiais criminais. Desse modo, do mesmo modo em que não se admite a citação por edital no âmbito dos juizados especiais criminais, não é possível a citação por carta rogatória.

Decifrando a prova

(2022 – CESPE/CEBRASPE – DPE/RS – Defensor Público) No que diz respeito ao processo penal, julgue o seguinte item.

No cumprimento de cartas rogatórias para a inquirição de testemunhas, sendo o Brasil o Estado requerido, a depender de qual seja o país rogante, conforme os acordos de cooperação vigentes, deverão ser observadas as regras processuais próprias do Estado rogante para a realização do ato.

( ) Certo   ( ) Errado

Gabarito comentado: embora a carta rogatória objetive um processo judicial no exterior sua realização dentro do Brasil seguirá as regras dos atos processuais do CPP e CPC. Portanto, a assertiva está errada.

II.2.5 Citação por carta de ordem

As cartas de ordem constituem-se como determinações emanadas por tribunais no sentido de que sejam cumpridas diligências por juízos subordinados.

Eugênio Pacelli (2008, p. 630) esclarece que

> por carta de ordem deve-se entender a determinação, por parte de tribunal, superior ou não, de cumprimento de ato ou de diligência processual a serem realizados por órgãos da jurisdição inferior, no curso de procedimento da competência originária daqueles. É o que ocorre, por exemplo, relativamente à citação (e também às intimações), quando quem houver de ser citado não residir no local da sede da jurisdição do tribunal. Até atos processuais instrutórios podem ser delegados pelos e/ou aos tribunais, conforme se observa, por exemplo, no disposto no art. 239, § 1º, do Regimento Interno do Supremo Tribunal Federal.

Pode-se citar, a título de exemplo, os processos que tramitam perante tribunais em razão de foro por prerrogativa de função. É possível que o tribunal determine que o juízo a ele subordinado cumpra, por exemplo, por meio de seu aparato próprio, a citação, a intimação ou outras diligências processuais.

II.2.6 Citação do militar

O procedimento para a citação do militar encontra-se esculpido no âmbito do art. 358 do CPP: "A citação do militar far-se-á por intermédio do chefe do respectivo serviço".

Conforme se extrai da leitura do dispositivo, a citação do militar ocorrerá por meio do chefe do respectivo serviço. Nessa situação, o chefe será o destinatário do documento e terá a incumbência de proceder à citação de seu subordinado. A doutrina aponta como fundamento para a adoção do referido procedimento a evitação de trânsito de pessoas em área militar e, portanto, sujeito a regras mais rígidas.

II.2.7 Citação do funcionário público

O procedimento para a citação do militar encontra-se previsto no art. 359 do CPP: "O dia designado para funcionário público comparecer em juízo, como acusado, será notificado assim a ele como ao chefe de sua repartição".

Nesse caso especificamente, a citação será realizada pelo próprio oficial de justiça ao servidor público, contudo, o chefe de sua repartição deverá ser notificado para que organize a substituição do servidor que tenha que se ausentar. Essa medida busca contemplar um dos pilares básicos do serviço público que é a continuidade.

Renato Brasileiro de Lima (2020a, p. 1371) esclarece que essa medida somente é imprescindível nos casos em que o servidor tenha que se ausentar da unidade funcional, caso a citação seja realizada para que o agente apresente resposta à acusação, o renomado professor relata que a notificação do chefe será desnecessária.

> Destarte, caso determinado funcionário público figure como acusado em um processo penal, se a citação for realizada apenas com o objetivo de apresentação da resposta à acusação (CPP, art. 396, *caput*), é dispensada a expedição de qualquer notificação ao Chefe da Repartição, já que não haverá necessidade de afastamento do servidor de suas

funções para tanto. Todavia, tão logo haja a rejeição de eventual pedido de absolvição sumária (CPP, art. 397), designando o juiz a data para a realização da audiência una de instrução e julgamento (CPP, art. 399), deverá ser determinada a expedição de ofício ao chefe do órgão em que o acusado estiver lotado. Como o art. 359 do CPP visa evitar prejuízo ao bom andamento do serviço público, há de se concluir que sua aplicação não será necessária caso o funcionário esteja, por qualquer motivo, afastado de suas funções.

II.2.8 Citação do acusado preso

A citação do réu preso deve ocorrer pessoalmente. Observa-se que, nessa situação, o réu encontra-se com sua liberdade tolhida por força do Estado, desse modo, não há de prosperar o argumento de que o réu não fora encontrado para ser citado.

O CPP estabelece no seu art. 360: "Se o réu estiver preso, será pessoalmente citado".

A esse respeito inclusive há verbete sumulado no âmbito do STF, vejamos:

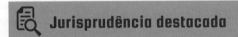 Jurisprudência destacada

Súmula nº 351, STF: "É nula a citação por edital de réu preso na mesma unidade da Federação em que o juiz exerce sua jurisdição".

Tem prevalecido, em sede doutrinária, que, ainda que o réu esteja em outra unidade da federação, a citação há de ser pessoal. Nesses casos, o juízo inicialmente deprecaria o mandado e, no local do juízo em que o réu estiver recolhido, realiza-se a citação pessoal.

Renato Brasileiro de Lima (2020a, p. 1372) assevera que

> como a nova redação conferida ao art. 360 do CPP pela Lei nº 10.792/2003 não estabelece qualquer distinção quanto ao fato de o acusado estar preso na mesma unidade da Federação (ou não), nos parece que está ultrapassado o enunciado constante da Súmula nº 351 do STF ("é nula a citação por edital de réu preso na mesma unidade da Federação em que o juiz exerce a sua jurisdição").

Renato Brasileiro de Lima (2020a, p. 1.372) relata que, mesmo que o réu esteja em outra unidade da federação, mantém-se o dever de o Estado proceder à citação pessoal do réu.

> Ora, se o acusado está preso, independentemente da unidade federativa em que estiver recolhido, isso significa dizer que se encontra à disposição do Estado. Logo, é obrigação do Poder Judiciário tomar conhecimento disso, procedendo à citação pessoal do preso, nos termos do art. 360 do CPP, sob pena de evidente violação à ampla defesa. Para fins de ser respeitado o direito à citação pessoal daquele que está preso, são irrelevantes eventuais alegações do Poder Público concernentes à dificuldade de comunicação entre os estados-membros. Afinal, razões de mera desorganização administrativa não têm – nem podem ter – precedência sobre as inafastáveis exigências de cumprimento e respeito ao contraditório e à ampla defesa (CF, art. 5º, LV).

Por fim, é importante asseverar que o STJ, se o acusado estiver preso em outra unidade da Federação, entende que é possível a citação por edital, tal qual disposto na Súmula nº 351 do STF, desde que comprovado o esgotamento dos recursos disponíveis para localizar o acusado.

> ### Decifrando a prova
>
> **(2021 – CESPE/CEBRASPE – PGE/CE – Procurador do Estado)** Acerca das citações e intimações previstas no Código de Processo Penal, assinale a opção correta à luz do entendimento doutrinário e jurisprudencial pertinente.
>
> A) Para o comparecimento em juízo, o funcionário público acusado de suposta prática de crime deverá ser intimado do dia e local, não havendo exigência de notificação ao chefe da repartição.
>
> B) A citação de funcionário que resida em consulado estrangeiro situado na mesma comarca do juízo criminal e que não detenha imunidade penal no Brasil terá de ser feita mediante mandado, a ser cumprido por oficial de justiça, o qual deverá cumprir e citar o réu pessoalmente.
>
> C) É vedada a citação editalícia de réu que estiver preso no mesmo estado da Federação onde o juiz exerce a sua competência. Em face de tal vedação, a citação que for feita nesses moldes será nula.
>
> D) A citação por edital é uma forma ficta de dar conhecimento da demanda penal ao réu e, por isso, deve indicar o nome do juiz; o nome do réu, se conhecido; a finalidade da citação; o juízo e o dia, a hora e o lugar onde o réu deverá comparecer; o prazo e, especialmente, a transcrição integral da denúncia, a fim de dela dar amplo conhecimento, sob pena de nulidade.
>
> **Gabarito comentado:** o STJ entende que se o acusado estiver preso em outra unidade da Federação, é possível a citação por edital, tal qual disposto na Súmula nº 351 do STF, desde que comprovado o esgotamento dos recursos disponíveis para localizar o acusado. Portanto, a letra C é o gabarito.

11.3 CITAÇÃO FICTA OU PRESUMIDA

A primeira modalidade de citação ficta ou também denominada presumida é a citação por edital.

11.3.1 Citação por edital

A citação por edital encontra previsão nos arts. 361 e 363, § 1º, ambos do CPP, veja as disposições legais:

> Art. 361. Se o réu não for encontrado, será citado por edital, com o prazo de 15 dias.

> Art. 363. (...)
> § 1º Não sendo encontrado o acusado, será procedida a citação por edital.

A citação por edital constituiu-se em efetiva ficção jurídica de modo que presume que, com a publicação de editais, o réu toma conhecimento da ação penal que se desenvolve contra ele. Objetiva-se evitar a paralisação total do processo, em razão de o réu não ter sido encontrado para ser citado.

Nesse sentido, Eugênio Pacelli (2008) relata que

> a citação por edital, também conhecida como citação ficta, constitui expediente cujo objetivo seria impedir a paralisação da ação penal, quando não encontrado o acusado nos endereços disponíveis. Trata-se, na realidade, de verdadeira ficção, na medida em que parte do pressuposto de ser efetivamente possível ao réu tomar conhecimento da existência de uma acusação penal pela simples publicação da notícia em periódico com circulação local e/ou a sua (da notícia) afixação na sede do juízo.

A citação por edital trata-se de medida excepcional, considerando que parte de uma presunção de ciência por parte do réu, somente admissível quando nenhuma das outras formas de citação revelarem-se possíveis.

Dois verbetes sumulares do STF tratam a respeito do tema:

 Jurisprudência destacada

Súmula nº 351, STF: "É nula a citação por edital de réu preso na mesma unidade da federação em que o juiz exerce a sua jurisdição".

Súmula nº 366, STF: "Não é nula a citação por edital que indica o dispositivo da lei penal, embora não transcreva a denúncia ou queixa, ou não resuma os fatos em que se baseia".

O art. 365 do CPP revela os elementos integrantes do edital de citação:

> **Art. 365.** O edital de citação indicará:
>
> I – o nome do juiz que a determinar;
>
> II – o nome do réu, ou, se não for conhecido, os seus sinais característicos, bem como sua residência e profissão, se constarem do processo;
>
> III – o fim para que é feita a citação;
>
> IV – o juízo e o dia, a hora e o lugar em que o réu deverá comparecer;
>
> V – o prazo, que será contado do dia da publicação do edital na imprensa, se houver, ou da sua afixação.
>
> **Parágrafo único.** O edital será afixado à porta do edifício onde funcionar o juízo e será publicado pela imprensa, onde houver, devendo a afixação ser certificada pelo oficial que a tiver feito e a publicação provada por exemplar do jornal ou certidão do escrivão, da qual conste a página do jornal com a data da publicação.

Partindo-se da leitura do dispositivo legal, observa-se que o edital de citação é composto de elementos intrínsecos e extrínsecos. Os primeiros dizem respeito aos elementos que integram o mandado e estão previstos nos incisos do art. 365, já o segunda relata diligências e medidas que devem ser adotadas para dar publicidade ao edital, encontram previsão no parágrafo único do mesmo dispositivo.

A respeito das formalidades referentes à publicação do edital (**requisitos intrínsecos**), a jurisprudência tem entendido que os requisitos (afixação do edital e publicação na imprensa) são alternativos e não cumulativos.

Assim, caso no local não haja imprensa, será suficiente a afixação do edital em juízo, por outro lado, se houver a publicação na imprensa, será dispensável a afixação.

Gustavo Badaró (2017, p. 520) leciona a esse respeito dizendo que

> se no local não houver órgão de impressa, será dispensável a publicação, bastando a afixação do edital. Por outro lado, se houve publicação na imprensa, tem-se considerado dispensável a afixação do edital no local de costume. Ou seja, os requisitos legais cumulativos foram transformados pela jurisprudência em alternativos. Basta a afixação do edital ou a publicação. A afixação deverá ser certificada pelo oficial. A expressão "oficial" não significa Oficial de Justiça, podendo ser feita pelo escrivão.

É importante asseverar que a citação por edital é um procedimento demorado e formal de modo que é incompatível com a ideia de celeridade presente no âmbito do Tribunal do Júri. Dessa maneira, se em um feito submetido ao JECRIM (Juizados Especiais Criminais), o réu não for encontrado para ser citado, a providência será a remessa dos autos ao juízo criminal comum. Vejamos dispositivos que fundamentam essa premissa:

> **Lei nº 9.099/1995, art. 66.** A citação será pessoal e far-se-á no próprio Juizado, sempre que possível, ou por mandado.
>
> **Parágrafo único.** Não encontrado o acusado para ser citado, o Juiz encaminhará as peças existentes ao Juízo comum para adoção do procedimento previsto em lei.
>
> **CPP, art. 538.** Nas infrações penais de menor potencial ofensivo, quando o juizado especial criminal encaminhar ao juízo comum as peças existentes para a adoção de outro procedimento, observar-se-á o procedimento sumário previsto neste Capítulo.

Decifrando a prova

(2021 – CESPE/CEBRASPE – TJ/RJ – Técnico Judiciário) Considere que um oficial de justiça não tenha localizado o réu, para realizar a citação pessoal na ação penal, no endereço que constava dos autos. Nesse caso,
A) o oficial de justiça deverá proceder à citação por hora certa, a ser cumprida, no máximo, em três dias.
B) o juiz decretará à revelia do réu e dará seguimento à ação penal.
C) será feita a citação por edital e, caso o réu não compareça, a ação penal ficará suspensa.
D) será citada a Defensoria Pública para realizar a defesa técnica do réu.
E) a falta de citação pessoal interromperá o prazo prescricional até a localização do réu.
Gabarito comentado: de acordo com o art. 361 do CPP, a letra C é o gabarito.

II.3.2 Citação por edital e reflexos do art. 366 do CPP

Originalmente, a redação atribuída ao art. 366 do CPP permitia, ante o não comparecimento do réu ao interrogatório, quando citado por edital, o prosseguimento do processo à sua revelia, sendo suficiente para suprir a sua ausência a nomeação de defensor dativo.

A Lei nº 9.271/1996 altera a redação do art. 366 do CPP, o qual conta com a seguinte redação:

> **Art. 366.** Se o acusado, citado por edital, não comparecer, nem constituir advogado, ficarão suspensos o processo e o curso do prazo prescricional, podendo o juiz determinar a produção antecipada das provas consideradas urgentes e, se for o caso, decretar prisão preventiva, nos termos do disposto no art. 312.

Vejamos as razões expostas pelo Exmo. Sr. Ministro de Estado da Justiça Alexandre de Paula D. Martins à época e que fundamentam a alteração do dispositivo:

> (...) 4. Em relação à citação por edital, art. 366, cogita-se da suspensão do processo e do próprio curso da prescrição para a hipótese do não comparecimento do acusado. Tal hipótese, sem dúvida, leva à incerteza quanto ao conhecimento, pelo acusado, da acusação a ele imputada, o que pode motivar a alegação, posterior, de cerceamento de defesa. Com efeito, os princípios da ampla defesa e do contraditório adotados pelo ordenamento jurídico brasileiro, e a previsão da Constituição Federal de que "ninguém será privado da liberdade ou de seus bens sem o devido processo legal" (art. 5º, LIV) conferem o respaldo legal à nova pretensão do art. 366, ainda mais quando a ela se acrescenta (parágrafo 1º) a autorização para que se produzam, antecipadamente, as provas consideradas de maior urgência.

O objetivo da alteração legislativa é evitar que o réu eventualmente fosse julgado e condenado sem que, ao menos, tivesse ciência de que contra si desenvolve-se um processo.

Dessa maneira, presentes três premissas concomitantes – citação por edital, não comparecimento do réu e não constituição de advogado – suspende-se o processo e conjuntamente o curso do prazo prescricional.

A título de aprofundamento, nota-se que essa norma é classificada como híbrida ou mista, pois, apesar ser norma processual, influi diretamente na pretensão punitiva estatal (suspensão do curso do prazo prescricional).

É extremamente importante não confundir a situação descrita no art. 366 com aquela prevista no art. 367, ambos do CPP. Veja a literalidade do art. 367 do CPP:

> **Art. 367.** O processo seguirá sem a presença do acusado que, citado ou intimado pessoalmente para qualquer ato, deixar de comparecer sem motivo justificado, ou, no caso de mudança de residência, não comunicar o novo endereço ao juízo.

Na situação descrita no art. 366 do CPP, não há citação real, mas somente a citação ficta por edital, já nas circunstâncias descritas do art. 367 do CPP, há citação pessoal do réu, o qual opta por não comparecer e participar da relação processual. Na segunda hipótese, o CPP determina o prosseguimento do processo.

Retornando especificamente ao art. 366 do CPP (suspensão do processo e do prazo prescricional), resta saber por quanto tempo o curso do prazo prescricional ficará suspenso.

A esse respeito, existia séria divergência entre o STF e STJ, vejamos as lições esclarecedoras prestadas pelo Professor Renato Brasileiro de Lima (2020a) a esse respeito:

> Na medida em que o dispositivo não fixa quando deveria cessar a suspensão da prescrição, parte da doutrina passou a sustentar que o dispositivo teria criado nova hipótese de imprescritibilidade, com ofensa à Constituição, que teria limitado os delitos imprescritíveis à prática de racismo e à ação de grupos armados, civis ou militares, contra a ordem constitucional e o Estado Democrático (CF, art. 5º, XLII e XLIV). Com o objetivo de dar interpretação conforme ao dispositivo, surgiram duas orientações:
>
> a) admite-se como tempo máximo de suspensão da prescrição o tempo máximo de prescrição admitido pelo Código Penal – 20 (vinte) anos –, quando, então, deverá ser declarada extinta a punibilidade;
>
> b) admite-se como tempo máximo de suspensão da prescrição o tempo de prescrição pela pena máxima em abstrato do crime da denúncia, após o que a prescrição voltaria a correr novamente. Exemplificando, supondo a prática de um crime de furto simples (CP, art. 155, *caput*), cuja pena máxima é de 4 (quatro) anos, a prescrição poderia ficar suspensa por até 8 (oito) anos, que é o prazo da prescrição da pretensão punitiva abstrata previsto no art. 109, IV, do CP. Decorrido o prazo de 8 (oito) anos, a despeito de o processo permanecer suspenso pelo menos enquanto o acusado não fosse encontrado, a prescrição voltaria a fluir novamente. Nessa linha, o STJ editou a Súmula 415, com o seguinte teor: **O período de suspensão do prazo prescricional é regulado pelo máximo da pena cominada**.
>
> Em que pese o entendimento sumulado do STJ, o Supremo Tribunal Federal tem precedentes antigos no sentido de que a suspensão da prescrição deve perdurar por prazo indeterminado. Na visão do Supremo, a indeterminação do prazo da suspensão não constitui hipótese de imprescritibilidade, não impede a retomada do curso da prescrição, apenas a condiciona a um evento futuro e incerto, situação substancialmente diversa da imprescritibilidade. Ademais, a Constituição Federal se limita, no art. 5º, XLII e XLIV, a excluir os crimes que enumera da incidência material das regras da prescrição, sem proibir, em tese, que a legislação ordinária criasse outras hipóteses. Também não se afigura possível sujeitar o período de suspensão de que trata o art. 366 do CPP ao tempo da prescrição em abstrato, pois, do contrário, o que se teria seria uma causa de interrupção, e não de suspensão da prescrição. (Grifo nosso)

Desse modo, podemos sintetizar três correntes doutrinárias e jurisprudenciais a respeito do tema:

1. A suspensão do prazo prescricional ocorre por prazo indefinido. Posicionamento já adotado pelo STF.
2. A suspensão do prazo prescricional ser regulada pelo máximo da pena fixada. Assim, calcula-se hipoteticamente a prescrição, baseada no máximo de pena imputado e obtendo-se esse prazo, esse será o prazo pelo qual o processo ficará suspenso. Esse é o posicionamento adotado pelo STJ.

3. A suspensão do prazo prescricional perdura pelo período de 20 anos, considerando que se trata do maior prazo prescricional previsto no ordenamento jurídico.

Recentemente, o STF, no julgamento do Recurso Extraordinário nº 600.851/DF, em repercussão geral – acórdão publicado em 23.02.2021 –, pacificou o tema e fixou a seguinte tese:

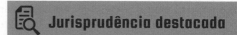 **Jurisprudência destacada**

Tema nº 438/STF: "Em caso de inatividade processual decorrente de citação por edital, ressalvados os crimes previstos na Constituição Federal como imprescritíveis, é constitucional limitar o período de suspensão do prazo prescricional ao tempo de prescrição da pena máxima em abstrato cominada ao crime, a despeito de o processo permanecer suspenso".

Na ementa do julgado, podem ser encontrados os seguintes fundamentos:

1. Ressalvados os crimes de racismo e as ações de grupos armados contra a ordem constitucional e o Estado Democrático listados no art. 5º, incisos XLII e XVIV, da Constituição Federal, a regra geral no ordenamento jurídico brasileiro é de que as pretensões penais devem ser exercidas dentro de marco temporal limitado. Histórico da prescrição no Direito pátrio. Precedente do Supremo Tribunal Federal.

2. A vedação de penas de caráter perpétuo, a celeridade processual e o devido processo legal substantivo (art. 5º, incisos XLVII, *b*; LXXVIII; LIV) obstam que o Estado submeta o indivíduo ao sistema de persecução penal sem prazo previamente definido.

3. Com exceção das situações expressamente previstas pelo Constituinte, o legislador ordinário não está autorizado a criar outros casos de imprescritibilidade penal.

4. O art. 366 do Código de Processo Penal, ao não limitar o prazo de suspensão da prescrição no caso de inatividade processual oriunda de citação por edital, introduz hipótese de imprescritibilidade incompatível com a Constituição Federal.

5. Mostra-se em conformidade com a Constituição da República limitar o tempo de suspensão prescricional ao tempo máximo de prescrição da pena em abstrato prevista no art. 109 do Código Penal para o delito imputado. Enunciado sumular nº 415 do Superior Tribunal de Justiça.

6. Afronta as garantias do devido processo legal, da ampla defesa e do contraditório (art. 5º, incisos LIV e LV, da Constituição Federal) o prosseguimento do processo penal em caso de inatividade processual decorrente de citação ficta. Direito subjetivo à comunicação prévia e pormenorizada da acusação formulada contra si, assim como à autodefesa e à constituição de defensor. Previsões da Convenção Americana Sobre Direitos Humanos (art. 8º, item 2, alíneas *b* e *d*) e do Pacto de Direitos Civis e Políticos (art. 14, item 3, alíneas *a* e *d*).

Dando continuidade à análise, caso o réu, mesmo durante o curso da suspensão, compareça e tome ciência da imputação, o processo terá prosseguimento. Vejamos o texto legal:

Art. 363. (...)

§ 4º Comparecendo o acusado citado por edital, em qualquer tempo, o processo observará o disposto nos arts. 394 e ss. deste Código.

Outro ponto que merece análise diz respeito à decretação da prisão preventiva e a produção antecipada de provas. Doutrina e jurisprudência entendem que não basta a mera suspensão do processo para fundamentar a prisão preventiva do réu e a determinação da produção antecipada de provas, exigindo-se a demonstração concreta de urgência e necessidade das medidas, além do atendimento dos mandamentos legais previstos nos arts. 312 e ss. do CPP, especificamente em relação à prisão preventiva.

A esse respeito, veja a Súmula nº 455 do STJ:

> **Jurisprudência destacada**
>
> **Súmula nº 455, STJ:** "A decisão que determina a produção antecipada de provas com base no art. 366 do CPP deve ser concretamente fundamentada, não a justificando unicamente o mero decurso do tempo".

A respeito do recurso cabível e apto para impugnar a decisão que defere a produção antecipada de provas, vejamos a notícia do *Informativo* nº 640 do STJ:

> **Jurisprudência destacada**
>
> É cabível recurso em sentido estrito para impugnar decisão que indefere produção antecipada de prova, nas hipóteses do art. 366 do CPP (*Informativo* nº 640 do STJ, publicado em 15.02.2019, decorrente do EREsp nº 1.630.121).

Por fim, deve-se ressaltar que **o art. 366 do CPP não é aplicável a todos os procedimentos, já que existem diplomas legais que, taxativamente, afastam a aplicação do dispositivo**. Nesse sentido, veja:

Lei de Lavagem de Capitais – Lei nº 9.613/1998

Art. 2º (...)

§ 2º No processo por crime previsto nesta Lei, não se aplica o disposto no art. 366 do Decreto-lei nº 3.689, de 3 de outubro de 1941 (Código de Processo Penal), devendo o acusado que não comparecer nem constituir advogado ser citado por edital, prosseguindo o feito até o julgamento, com a nomeação de defensor dativo.

Código de Processo Penal Militar

Art. 292. O processo seguirá à revelia do acusado que, citado, intimado ou notificado para qualquer ato do processo, deixar de comparecer sem motivo justificado.

Art. 412. Será considerado revel o acusado que, estando solto e tendo sido regularmente citado, não atender ao chamado judicial para o início da instrução criminal, ou que, sem justa causa, se previamente cientificado, deixar de comparecer a ato do processo em que sua presença seja indispensável.

11.3.3 Citação por hora certa

A citação por hora certa encontra respaldo naquelas situações em que o réu se oculta para não ser citado e encontra previsão no art. 362 do CPP, veja:

Art. 362. Verificando que o réu se oculta para não ser citado, o oficial de justiça certificará a ocorrência e procederá à citação com hora certa, na forma estabelecida nos arts. 227 a 229 da Lei nº 5.869, de 11 de janeiro de 1973 – Código de Processo Civil.

Com a edição do novo CPC, as disposições a respeito da citação por ora certa, atualmente, encontram-se previstas no art. 252 e ss. do CPC.

Art. 252. Quando, por 2 (duas) vezes, o oficial de justiça houver procurado o citando em seu domicílio ou residência sem o encontrar, deverá, havendo suspeita de ocultação, intimar qualquer pessoa da família ou, em sua falta, qualquer vizinho de que, no dia útil imediato, voltará a fim de efetuar a citação, na hora que designar.

Parágrafo único. Nos condomínios edilícios ou nos loteamentos com controle de acesso, será válida a intimação a que se refere o *caput* feita a funcionário da portaria responsável pelo recebimento de correspondência.

Art. 253. No dia e na hora designados, o oficial de justiça, independentemente de novo despacho, comparecerá ao domicílio ou à residência do citando a fim de realizar a diligência.

§ 1º Se o citando não estiver presente, o oficial de justiça procurará informar-se das razões da ausência, dando por feita a citação, ainda que o citando se tenha ocultado em outra comarca, seção ou subseção judiciárias.

§ 2º A citação com hora certa será efetivada mesmo que a pessoa da família ou o vizinho que houver sido intimado esteja ausente, ou se, embora presente, a pessoa da família ou o vizinho se recusar a receber o mandado.

§ 3º Da certidão da ocorrência, o oficial de justiça deixará contrafé com qualquer pessoa da família ou vizinho, conforme o caso, declarando-lhe o nome.

§ 4º O oficial de justiça fará constar do mandado a advertência de que será nomeado curador especial se houver revelia.

Art. 254. Feita a citação com hora certa, o escrivão ou chefe de secretaria enviará ao réu, executado ou interessado, no prazo de 10 (dez) dias, contado da data da juntada do mandado aos autos, carta, telegrama ou correspondência eletrônica, dando-lhe de tudo ciência.

A citação por hora certa também se constitui como modalidade de citação ficta, na qual há presunção de que o réu teve ciência do processo que se desenvolve contra ele. Apesar dessa suposta ciência, o STF entendeu ser constitucional a citação por hora certa.

Jurisprudência destacada

RECURSO EXTRAORDINÁRIO. PROCESSO PENAL. CITAÇÃO POR HORA CERTA. ARTIGO 362 DO CÓDIGO DE PROCESSO PENAL. CONSTITUCIONALIDADE. NEGADO PROVIMENTO AO RECURSO EXTRAORDINÁRIO. 1. É constitucional a citação por hora certa, prevista no art. 362, do Código de Processo Penal. 2. A conformação dada pelo legislador à citação por hora certa está de acordo com a Constituição Federal e com o Pacto de São José da Costa Rica. 3. A ocultação do réu para ser citado infringe cláusulas constitucionais do devido processo legal e viola as garantias constitucionais do acesso à justiça e da razoável duração do processo. 4. O acusado que se utiliza de meios escusos para não ser pessoalmente citado atua em exercício abusivo de seu direito de defesa. Recurso extraordinário a que se nega provimento (RE nº 635.145, Rel. Min. Marco Aurélio, Rel. p/ Acórdão: Min. Luiz Fux, Tribunal Pleno, j. 1º.08.2016).

É extremamente importante observar que, **diferentemente do que ocorre com a citação por edital que determina a suspensão do processo e do prazo prescricional, a citação por hora certa possibilita o prosseguimento normal do processo**. Observe:

> Art. 362. (...)
> **Parágrafo único.** Completada a citação com hora certa, se o acusado não comparecer, ser-lhe-á nomeado defensor dativo.

A esse respeito, Eugênio Pacelli (2021, p. 630) relata que:

> se citado por hora certa, o réu não oferecer defesa, deverá o juiz nomear defensor a ele, para a apresentação da defesa escrita, no mesmo prazo de 10 (dez) dias (art. 396-A, CPP). Nesse sentido, passível de crítica a redação do parágrafo único do art. 362, CPP, na parte em que determina a nomeação de defensor dativo ao acusado, citado por hora certa, que não comparecer! Comparecer onde e quando, se o mandado é para apresentação de defesa escrita? Evidentemente, comparecendo ele perante o juiz, ou constituindo advogado, antes da audiência de instrução, nada impede que o juiz renove o prazo de defesa escrita, adotando o mesmo procedimento previsto para a citação editalícia (art. 363, § 4º, CPP). No entanto, se o comparecimento ocorrer já na audiência de instrução, deve-se prosseguir no processo em seus ulteriores termos, com inquirição de testemunhas e interrogatório.

A doutrina prevalente entende que a norma em análise é puramente processual de modo que se aplica imediatamente, inclusive, em relação aos processos que já estavam em curso.

Já em relação à aplicabilidade aos juizados especiais, prevalece que a citação por hora certa é compatível com o procedimento célere estabelecido para os juizados especiais criminais. Nestor Távora (2016, p. 1458) assevera que

> a citação por hora certa, em tese, guarda compatibilidade com o rito dos juizados especiais criminais, eis que foi instituída para conferir efetividade a princípios como o da celeridade e o da economia processual, também sufragados no texto da Lei nº 9.099/1995. Todavia, percebendo-se que o ato pode ocasionar procrastinação do procedimento, deve-se remeter os autos ao juízo comum.

A esse respeito, há enunciado editado pelo FONAJE, por ocasião do XXV Fórum Nacional de Juizados Especiais – São Luís/MA, que dispõe: "Enunciado nº 110 – No Juizado Especial Criminal é cabível a citação com hora certa".

Norberto Avena (2017, p. 874) posiciona-se em sentido contrário:

> considerando os termos peremptórios do art. 66 da Lei nº 9.099/1995, pensamos também ser inadmissível, em sede de Juizado Especial, a citação por hora certa instituída pelo art. 362 do CPP (alteração da Lei nº 11.719, de 20.06.2008), e destinada ao acusado que, presumidamente, estiver se ocultando para evitar a citação. A matéria, contudo, é controvertida.

Decifrando a prova

(2021 – VUNESP – TJ/SP – Juiz Substituto) Constata-se a aplicação, por analogia, das normas de processo civil ao Código de Processo Penal não só de forma subsidiária, mas também de forma expressa. Como exemplo de aplicação da forma expressa, afirma-se como correta
A) a citação por hora certa.
B) a instauração dos incidentes de resolução de demandas repetitivas.
C) o processamento dos embargos infringentes.
D) as medidas assecuratórias do sequestro e a hipoteca legal.
Gabarito comentado: de acordo com o art. 362 do CPP, a letra A é o gabarito.

II.4 INTIMAÇÃO E NOTIFICAÇÃO

Inicialmente, considerando a lacuna normativa do Código de Processo Penal Brasileiro, valemo-nos da definição extraída do Código de Processo Civil. De acordo com este diploma, intimação é o ato pelo qual se dá ciência a alguém dos atos e dos termos do processo.

Basicamente, as intimações e a notificação são instrumentos por meio dos quais comunicam-se atos processuais às partes, advogados, peritos, testemunhas etc.

Ordinariamente, a doutrina não costuma diferenciar a intimação da notificação, contudo quando o faz refere-se à intimação para comunicar atos que já foram praticados e a notificação em relação a atos que ainda devam ser praticados.

Renato Brasileiro de Lima (2020a, p. 1386) explica que

> na prática, não há qualquer relevância na distinção entre intimação e notificação. Na verdade, pelo que se percebe da própria redação do CPP e da legislação especial, é comum a utilização equivocada de tais expressões. De todo modo, pelo menos sob um ponto de vista doutrinário, é possível trabalhar com a seguinte distinção:
>
> a) **Intimação:** é a comunicação feita a alguém no tocante a ato já realizado. A título de exemplo, podemos citar a intimação da degravação de audiência, a intimação de sentença prolatada pelo magistrado etc.
>
> b) **Notificação:** diz respeito à ciência dada a alguém quanto à determinação judicial impondo o cumprimento de certa providência. Exemplos: notificação para que a testemunha compareça em juízo para prestar seu depoimento; notificação do acusado para que compareça à audiência una de instrução e julgamento para fins de reconhecimento pessoal.

Aury Lopes Jr. (2020, p. 837) também entende que os termos não sinônimos e propõe a seguinte diferenciação:

> A notificação é a comunicação da existência de uma acusação, gerando a chance (no léxico goldschmidtiano) de oferecimento de uma defesa prévia ao recebimento da denúncia. O art. 55 da Lei n. nº 11.343 estabelece que, oferecida a denúncia, "o juiz ordenará a notificação do acusado para oferecer defesa prévia, por escrito, no prazo de 10 (dez) dias". No mesmo sentido, o art. 514 do CPP determina, no rito dos crimes de responsabilidade dos funcionários públicos, que o juiz "ordenará a notificação do acusado, para responder por escrito, dentro do prazo de 15 (quinze) dias". A intimação é a comunicação de determinado ato processual feita ao acusado, testemunha ou pessoas que devam tomar conhecimento do ato, como peritos, intérpretes e demais auxiliares da justiça. Em relação aos últimos (testemunhas e demais pessoas que participem do processo), a intimação poderá revestir um caráter coercitivo, verdadeiro dever de agir ou comparecer. Tal dever ou carga inexiste em relação ao imputado pelos motivos já explicados anteriormente.

O CPP dispõe no seguinte sentido a respeito das intimações e notificações:

> **Art. 370.** Nas intimações dos acusados, das testemunhas e demais pessoas que devam tomar conhecimento de qualquer ato, será observado, no que for aplicável, o disposto no Capítulo anterior.
>
> § 1º A intimação do defensor constituído, do advogado do querelante e do assistente far-se-á por publicação no órgão incumbido da publicidade dos atos judiciais da comarca, incluindo, sob pena de nulidade, o nome do acusado.
>
> § 2º Caso não haja órgão de publicação dos atos judiciais na comarca, a intimação far-se-á diretamente pelo escrivão, por mandado, ou via postal com comprovante de recebimento, ou por qualquer outro meio idôneo.
>
> § 3º A intimação pessoal, feita pelo escrivão, dispensará a aplicação a que alude o § 1º.
>
> § 4º A intimação do Ministério Público e do defensor nomeado será pessoal.

A partir da leitura do dispositivo legal, podem ser extraídas as seguintes premissas:

- Em regra, as intimações e notificações devem seguir todas as determinações anteriormente analisadas e relativas à citação, salvo naquelas hipóteses em que a Lei contém determinação em sentido contrário.
- A intimação do defensor constituído, do advogado do querelante e do assistente será feita através de publicação no *Diário da Justiça*, tendo, por requisito de validade, a necessidade de constar o nome do acusado – sob pena de nulidade.
- Em caso de inexistência de órgão de imprensa oficial na Comarca, a intimação far-se-á diretamente pelo escrivão, por mandado, ou via postal com comprovante de recebimento, ou por qualquer outro meio idôneo.
- A intimação pessoal dispensa publicação.

É importante a leitura da Lei nº 11.419/2006, responsável por tratar da informatização dos processos judiciais:

Art. 4º Os tribunais poderão criar *Diário da Justiça eletrônico*, disponibilizado em sítio da rede mundial de computadores, para publicação de atos judiciais e administrativos próprios e dos órgãos a eles subordinados, bem como comunicações em geral.

§ 1º O sítio e o conteúdo das publicações de que trata este artigo deverão ser assinados digitalmente com base em certificado emitido por Autoridade Certificadora credenciada na forma da lei específica.

§ 2º A publicação eletrônica na forma deste artigo substitui qualquer outro meio e publicação oficial, para quaisquer efeitos legais, à exceção dos casos que, por lei, exigem intimação ou vista pessoal.

§ 3º Considera-se como data da publicação o primeiro dia útil seguinte ao da disponibilização da informação no *Diário da Justiça eletrônico*.

§ 4º Os prazos processuais terão início no primeiro dia útil que seguir ao considerado como data da publicação.

§ 5º A criação do *Diário da Justiça eletrônico* deverá ser acompanhada de ampla divulgação, e o ato administrativo correspondente será publicado durante 30 (trinta) dias no diário oficial em uso.

Art. 5º As intimações serão feitas por meio eletrônico em portal próprio aos que se cadastrarem na forma do art. 2º desta Lei, dispensando-se a publicação no órgão oficial, inclusive eletrônico.

§ 1º Considerar-se-á realizada a intimação no dia em que o intimando efetivar a consulta eletrônica ao teor da intimação, certificando-se nos autos a sua realização.

§ 2º Na hipótese do § 1º deste artigo, nos casos em que a consulta se dê em dia não útil, a intimação será considerada como realizada no primeiro dia útil seguinte.

§ 3º A consulta referida nos §§ 1º e 2º deste artigo deverá ser feita em até 10 (dez) dias corridos contados da data do envio da intimação, sob pena de considerar-se a intimação automaticamente realizada na data do término desse prazo.

§ 4º Em caráter informativo, poderá ser efetivada remessa de correspondência eletrônica, comunicando o envio da intimação e a abertura automática do prazo processual nos termos do § 3º deste artigo, aos que manifestarem interesse por esse serviço.

§ 5º Nos casos urgentes em que a intimação feita na forma deste artigo possa causar prejuízo a quaisquer das partes ou nos casos em que for evidenciada qualquer tentativa de burla ao sistema, o ato processual deverá ser realizado por outro meio que atinja a sua finalidade, conforme determinado pelo juiz.

§ 6º As intimações feitas na forma deste artigo, inclusive da Fazenda Pública, serão consideradas pessoais para todos os efeitos legais.

Art. 6º Observadas as formas e as cautelas do art. 5º desta Lei, as citações, inclusive da Fazenda Pública, excetuadas as dos Direitos Processuais Criminal e Infracional, poderão ser feitas por meio eletrônico, desde que a íntegra dos autos seja acessível ao citando.

Art. 7º As cartas precatórias, rogatórias, de ordem e, de um modo geral, todas as comunicações oficiais que transitem entre órgãos do Poder Judiciário, bem como entre os deste e os dos demais Poderes, serão feitas preferencialmente por meio eletrônico.

Bonfim (2015, p. 506) explica a sistemática de contagem dos prazos a partir dos *Diários de Justiça eletrônicos* e esclarece que

> com a criação dos *Diários da Justiça eletrônicos* pela Lei nº 11.419, de 19 de dezembro de 2006, as intimações pela imprensa oficial dar-se-ão da seguinte forma: a data da publicação será o primeiro dia útil seguinte ao da disponibilização da informação no *Diário da Justiça eletrônico* (art. 4º, § 3º) e os prazos processuais terão início no primeiro dia útil seguinte ao considerado como data da publicação (art. 4º, § 4º). Assim, se a intimação de uma decisão for disponibilizada no *Diário da Justiça* em uma segunda-feira, dia útil, deve-se considerar como dia da publicação a terça-feira subsequente, se for dia útil, iniciando-se o prazo para a prática do ato (um recurso ou uma manifestação, por exemplo), a partir da quarta-feira, também se for dia útil.

No que concerne às intimações dos membros do Ministério Público, essas serão sempre pessoais, trata-se de prerrogativa assegurada inclusive na Lei Orgânica do Ministério Público (Lei nº 8.625/1993):

Art. 41. Constituem prerrogativas dos membros do Ministério Público, no exercício de sua função, além de outras previstas na Lei Orgânica: (...)

IV – receber intimação pessoal em qualquer processo e grau de jurisdição, através da entrega dos autos com vista; (...)

A esse respeito, há interessante tese fixada no âmbito do STJ a respeito da fluência do prazo processual para o Ministério Público. Trata-se de tese firmada em recurso repetitivo aplicável inclusive à Defensoria Pública:

> **🔍 Jurisprudência destacada**
>
> **Tese:** O termo inicial da contagem do prazo para impugnar decisão judicial é, para o Ministério Público, a data da entrega dos autos na repartição administrativa do órgão, sendo irrelevante que a intimação pessoal tenha se dado em audiência, em cartório ou por mandado (REsp nº 1.349.935/SE, Rel. Ministro Rogerio Schietti Cruz, 3ª Seção, j. 23.08.2017).

Essa mesma prerrogativa é assegurada pelo Código de Processo Penal aos defensores nomeados (dativos). A Lei Complementar nº 80/1994 regulamenta a Defensoria Pública da União, do Distrito Federal e dos Territórios e apresenta previsão semelhante a respeito da intimação dos defensores:

> Art. 44. São prerrogativas dos membros da Defensoria Pública da União:
>
> I – receber, inclusive quando necessário, mediante entrega dos autos com vista, intimação pessoal em qualquer processo e grau de jurisdição ou instância administrativa, contando-se-lhes em dobro todos os prazos; (...)

II.5 REVELIA

A revelia é tema inerente à matéria processual, contudo, **os reflexos da revelia civil são distintos dos da revelia penal**. A revelia no âmbito cível é aferida pela ausência de contestação, ao passo que no processo penal a revelia envolve aquelas situações em que o réu citado ou intimado não comparece ao processo e naquelas hipóteses em que muda de residência sem comunicar ao juízo. Nesse sentido, a literalidade do art. 367 do CPP:

> Art. 367. O processo seguirá sem a presença do acusado que, citado ou intimado pessoalmente para qualquer ato, deixar de comparecer sem motivo justificado, ou, no caso de mudança de residência, não comunicar o novo endereço ao juízo.

Observa-se que o instituto da revelia tem o condão de vincular o réu ao processo de modo que ele participe da relação processual e possa ser encontrado durante toda a tramitação do processo. Caso não cumpra esses deveres deverá sofrer as consequências da revelia.

Os efeitos da revelia no âmbito do processo civil encontram-se estampadas no bojo do art. 344 do CPC:

> Art. 344. Se o réu não contestar a ação, será considerado revel e presumir-se-ão verdadeiras as alegações de fato formuladas pelo autor.

Desse modo, considerando que, na maioria das vezes, os direitos em litígio no âmbito do processo civil são disponíveis, a declaração de revelia tem como efeito a presunção de veracidade dos fatos alegados pela parte contrária.

É intuitivo que essa presunção de veracidade não poderia ser aplicada no âmbito do processo penal, considerando os direitos indisponíveis sobre os quais ele versa e, até mesmo no processo civil, quando diante de direitos indisponíveis, a presunção de veracidade não se aplica, nesse sentido o art. 345, II, do CPC:

> **Art. 345.** A revelia não produz o efeito mencionado no art. 344 se: (...)
> II – o litígio versar sobre direitos indisponíveis;

Desse modo, pode-se questionar qual seria concretamente o efeito da decretação de revelia no âmbito do processo penal. A consequência concreta seria, nos termos legais, a sequência do procedimento penal "**sem a presença dele**". Para parte da doutrina, a decretação da revelia também geraria a desnecessidade de intimação para os atos processuais subsequentes, como ocorre no processo civil:

> **Art. 346.** Os prazos contra o revel que não tenha patrono nos autos fluirão da data de publicação do ato decisório no órgão oficial.
>
> **Parágrafo único.** O revel poderá intervir no processo em qualquer fase, recebendo-o no estado em que se encontrar.

É importante ressaltar que essa desnecessidade de intimação para os demais atos processuais não se aplica à sentença que é regida por mandamento próprio contido no art. 392 do CPP:

> **Art. 392.** A intimação da sentença será feita:
>
> I – ao réu, pessoalmente, se estiver preso;
>
> II – ao réu, pessoalmente, ou ao defensor por ele constituído, quando se livrar solto, ou, sendo afiançável a infração, tiver prestado fiança;
>
> III – ao defensor constituído pelo réu, se este, afiançável, ou não, a infração, expedido o mandado de prisão, não tiver sido encontrado, e assim o certificar o oficial de justiça;
>
> IV – mediante edital, nos casos do nº II, se o réu e o defensor que houver constituído não forem encontrados, e assim o certificar o oficial de justiça;
>
> V – mediante edital, nos casos do nº III, se o defensor que o réu houver constituído também não for encontrado, e assim o certificar o oficial de justiça;
>
> VI – mediante edital, se o réu, não tendo constituído defensor, não for encontrado, e assim o certificar o oficial de justiça.
>
> § 1º O prazo do edital será de 90 dias, se tiver sido imposta pena privativa de liberdade por tempo igual ou superior a um ano, e de 60 dias, nos outros casos.
>
> § 2º O prazo para apelação correrá após o término do fixado no edital, salvo se, no curso deste, for feita a intimação por qualquer das outras formas estabelecidas neste artigo.

Acerca da presença do advogado, tema diretamente correlacionado à ampla defesa, é interessante ressaltar que, mesmo nos casos em que tenha sido decretada a revelia, não se dispensa a presença de advogado, mesmo nos casos de revelia, a esse respeito dispõe o art. 261 do CPP: "Nenhum acusado, ainda que ausente ou foragido, será processado ou julgado sem defensor".

Esse fenômeno ocorre em razão da indisponibilidade da defesa técnica no âmbito do processo penal, tema tratado nos capítulos iniciais desta obra.

 Jurisprudência destacada

Súmula nº 155, STF: "É relativa a nulidade do processo criminal por falta de intimação da expedição de precatória para inquirição de testemunha".

Súmula nº 310, STF: "Quando a intimação tiver lugar na sexta-feira, ou a publicação com efeito de intimação for feita nesse dia, o prazo judicial terá início na segunda-feira imediata, salvo se não houver expediente, caso em que começará no primeiro dia útil que se seguir".

Súmula nº 431, STF: "É nulo o julgamento de recurso criminal, na segunda instância, sem prévia intimação, ou publicação da pauta, salvo em *habeas corpus*".

Súmula nº 707, STF: "Constitui nulidade a falta de intimação do denunciado para oferecer contrarrazões ao recurso interposto da rejeição da denúncia, não a suprindo a nomeação de defensor dativo".

Súmula nº 708, STF: "É nulo o julgamento da apelação se, após a manifestação nos autos da renúncia do único defensor, o réu não foi previamente intimado para constituir outro".

Súmula nº 710, STF: "No processo penal, contam-se os prazos da data da intimação, e não da juntada aos autos do mandado ou da carta precatória ou de ordem".

12 Sentença

12.1 CONCEITO DE SENTENÇA

A sentença é uma espécie de decisão judicial que possui duas características que a qualificam. A primeira é sua natureza **terminativa**, ou seja, ela põe fim ao processo. A segunda é sua natureza **definitiva**, o que significa que ela analisa o mérito da causa, de modo a abordar a pretensão punitiva do Estado, julgando procedente ou improcedente a imputação. Observa-se que a característica da definitividade abarca dois aspectos: a pretensão punitiva e a procedência da imputação.

O art. 381 do CPP traz a definição precisa do que se considera sentença no processo penal, abarcando seu aspecto terminativo e definitivo. Com efeito, a sentença é o objetivo precípuo que se busca concretizar com o processo penal. Ela pode ser **condenatória** (caso em que se julgue procedente a imputação da peça acusatória) ou **absolutória** (caso se julgue improcedente a imputação da peça acusatória). Existe ainda a possibilidade de essa sentença ser denominada **absolutória imprópria**. Recebe esse nome da doutrina em razão de ao mesmo tempo em que absolve o réu impõe a ele uma medida de segurança. Isso exatamente porque essa absolvição se dá exclusivamente em razão do reconhecimento da inimputabilidade do réu.

A sentença é um ato jurisdicional. Assim considerada por manifestar a expressão concreta do poder do Estado de dizer o direito. Todavia, a sentença não é o único ato jurisdicional no processo penal. Temos também: despachos, decisões interlocutórias e decisões definitivas. Não só pelo fato de essa distinção entre esses atos jurisdicionais já ter sido cobrada em provas de concursos públicos, inclusive provas discursivas, passamos a trazer a definição desses atos, dado sua importância também para os recursos no processo penal.

Assim, por **despachos** compreendem-se as decisões proferidas pelo magistrado com vistas a impulsionar o andamento do processo. Como já mencionamos no capítulo 2, referente aos princípios, é por meio dos despachos que o juiz atende ao princípio do impulso oficial do processo, segundo o qual, uma vez provocado, é dever do Poder Judiciário resolver a lide concluindo de ofício o devido processo legal. Não existe qualquer decisão sobre mérito ou questão controvertida no despacho. Eles apenas determinam a realização de atos previstos no ordenamento jurídico, a exemplo da designação de audiência, intimação das partes, juntada de documentos, determinação a serventuários da justiça etc. Durante muito tempo, enquanto os processos eram físicos (hoje todos os processos começam a ser completamente digitalizados), esses despachos muitas vezes eram realizados a caneta, de próprio punho, pelo juiz.

Decisões interlocutórias por sua vez caracterizam-se por conter em si a solução de uma questão controversa, resolvendo e decidindo determinada contraposição de interesses das partes no processo. Tais quais as sentenças, podem as decisões interlocutórias ter natureza terminativa, ou seja, a aptidão de pôr fim ao processo. Todavia, diferentemente das sentenças, as decisões interlocutórias não analisam o mérito do processo, que é justamente a decisão da pretensão punitiva estatal. Ao contrário das sentenças, as decisões interlocutórias não têm a natureza definitiva.

Mas nem sempre as decisões interlocutórias terminam o processo ou uma fase dele. Elas podem simplesmente decidir dada questão controversa sem pôr fim ao processo ou a um procedimento. E é nisso que as decisões interlocutórias se dividem em duas espécies. São elas: decisões interlocutórias simples e decisões interlocutórias mistas.

Decisões interlocutórias simples dirimem uma questão controversa, diversa da pretensão punitiva, mas não colocam fim ao processo ou procedimento. São exemplos desse tipo de decisão judicial a decretação da prisão preventiva, a decretação da interceptação telefônica, a busca e apreensão etc.

Decisões interlocutórias mistas, também chamadas de **decisões com força de definitiva ou ainda sentenças formais**, a par de decidir uma questão controversa como nas decisões interlocutórias simples, colocam fim ao processo (como nas sentenças, podem ser terminativas, mas não são definitivas) ou a uma fase dele. É o caso das decisões que decretam a pronúncia, impronúncia, acolhimento de exceção de coisa julgada etc.

Decisões definitivas, por sua vez, se aproximam muito das sentenças. Malgrado, ao contrário delas, não avaliam a procedência ou improcedência da imputação, mas se restringem exclusivamente ao julgamento da possibilidade do exercício da pretensão punitiva estatal. Em outras palavras, são as decisões que reconhecem alguma causa extintiva da punibilidade (mérito em sentido amplo), a exemplo da prescrição. Por isso, terminam o processo sem que se tenha a oportunidade de julgar a procedência ou improcedência da imputação feita na peça acusatória (mérito em sentido estrito). Com efeito, elas põem fim ao processo.

12.2 CONTEÚDO DA SENTENÇA

O **art. 381 do CPP** impõe que a sentença contenha obrigatoriamente:

I – nomes das partes ou, quando não possível, as indicações necessárias para identificá-las;
II – a exposição sucinta da acusação e da defesa;
III – a indicação dos motivos de fato e de direito em que se fundamentar a decisão;
IV – a indicação dos artigos de lei aplicados;

V – o dispositivo;

VI – a data e assinatura do juiz.

Esses são chamados requisitos intrínsecos da sentença. Eles constituem elemento essencial desse ato jurisdicional, caracterizando a ausência de qualquer deles nulidade absoluta da sentença na forma do art. 564, IV, do CPP.

Esses requisitos, desde há muito, são divididos pela doutrina e praxe forense em três partes distintas da sentença: relatório, fundamentação e dispositivo.

O **relatório** é a parte da sentença que abarca as exigências constantes dos incisos I e II do art. 381 do CPP. Nele deve constar a qualificação, a identificação das partes, a imputação inicial e a exposição sucinta dos fatos. Por meio do relatório permite-se verificar que o magistrado tem conhecimento preciso dos fatos arrolados na causa, delimitando-os e dando coerência lógica a todos os fatos constantes das peças de acusação e defesa, bem como das levantadas na instrução processual.

Observa-se que, por força do princípio da celeridade, prevê o art. 81, § 3º, da Lei nº 9.099/1995 que nos crimes de menor potencial ofensivo dispensa-se o relatório na sentença, mencionando o juiz os elementos de sua convicção.

A **fundamentação** é a motivação do juiz. É a exposição do raciocínio lógico do magistrado que o está a levar a decidir, de tal forma, de modo a acolher ou rejeitar a pretensão punitiva do Estado. No relatório o magistrado faz o cotejo das provas colhidas, confirmando os fatos arrolados em determinado sentido. Ato contínuo, o juiz realiza o cotejo dos direitos que devem ser aplicados no caso apresentado, externando sua interpretação e delimitação deles. Subsumi, então, os fatos confirmados pelas provas ao direito interpretado. A fundamentação abarca os incisos III e IV do art. 381 do CPP.

É na fundamentação que se concretiza o sistema adotado no Brasil da livre persuasão racional ou livre convencimento motivado do juiz. De igual modo, a motivação das decisões judiciais prevista no art. 93, IX, da CF.

> **Jurisprudência destacada**
>
> As decisões judiciais não precisam ser extensas, analíticas, bastando que possuam fundamentos suficientes para justificar suas conclusões (STF, AgRg no ARE nº 1.023.693/DF, Rel. Min. Roberto Barroso, j. 02.05.2017).

O Pacote Anticrime, de forma idêntica ao já previsto no CPC de 2015, no art. 489, § 1º, inseriu ao CPP, no **art. 315, § 2º**, a previsão legal do que não se pode configurar fundamentação suficiente. Nesse sentido, **não se considera fundamentada qualquer decisão judicial**, seja ela interlocutória, sentença ou acórdão, que:

I – limitar-se à indicação, à reprodução ou à paráfrase de ato normativo, sem explicar sua relação com a causa ou a questão decidida;

II – empregar conceitos jurídicos indeterminados, sem explicar o motivo concreto de sua incidência no caso;

III – invocar motivos que se prestariam a justificar qualquer outra decisão;

IV – não enfrentar todos os argumentos deduzidos no processo capazes de, em tese, infirmar a conclusão adotada pelo julgador;

V – limitar-se a invocar precedente ou enunciado de súmula, sem identificar seus fundamentos determinantes nem demonstrar que o caso sob julgamento se ajusta àqueles fundamentos;

VI – deixar de seguir enunciado de súmula, jurisprudência ou precedente invocado pela parte, sem demonstrar a existência de distinção no caso em julgamento ou a superação do entendimento.

Jurisprudência destacada

Fundamentação *per relationem* ou *aliunde*: a fundamentação *aliunde* ou *per relationem* trata-se de motivação extraída de outro processo e utilizada pelo magistrado como sua própria razão de decidir. Embora criticada pela doutrina, o STJ a admite. Assim, segundo a Corte, a fundamentação *per relationem* se trata de técnica de decisão, além de configurar medida de economia processual, sem implicar violação aos princípios do contraditório, ampla defesa, devido processo legal ou do juiz natural. Não obstante, assevera o STJ que a fundamentação *per relationem* não pode se limitar a ratificar a sentença e a adotar o parecer ministerial, sem sequer transcrevê-los, deixando de afastar as teses defensivas ou de apresentar fundamento próprio, casos em que se vislumbra verdadeira falta de fundamentação e consequente nulidade absoluta (STJ, *Informativo* nº 557).

No mesmo sentido, o STF também admite a fundamentação *per relationem* (STF, AgRg no HC nº 142.435/PR, j. 09.06.2017).

Decifrando a prova

(2021 – NC/UFPR – PC/PR – Delegado de Polícia) T.A. foi processado e julgado por infração ao art. 180, § 1º, do Código Penal (receptação qualificada – pena de reclusão de 3 a 8 anos e multa). Ao final, foi condenado a uma pena de 5 anos em regime inicialmente fechado, justificada na reincidência específica. A sentença refutou a tese de insuficiência probatória alegada pela defesa e deixou de apreciar pedido de desclassificação, acatando de forma integral e remissiva os argumentos da acusação expostos nas alegações finais. A partir da narrativa, assinale a alternativa correta.

A) A sentença de T.A. poderá ser anulada, pois a motivação deixa de apreciar pedido de desclassificação formulado pela defesa.

B) A falta de valoração da prova ou ausência de apreciação de argumento invocado pela defesa de T.A. é sanável a partir de embargos declaratórios.

C) A defesa de T.A. poderá alegar que a motivação *per relationem* acarreta a nulidade da sentença por vício de fundamentação.

> D) A falta de motivação é nulidade sanável, que pode ser reconhecida por meio de apelação, revisão criminal ou mediante *habeas corpus* a ser manejado pela defesa de T.A.
> E) É discricionariedade do juiz refutar os argumentos ou considerar as provas invocadas insuficientes, não acarretando nulidade a simples ausência de valoração de prova produzida unilateralmente pela defesa de T.A.
> **Gabarito comentado:** assevera o STJ que a fundamentação *per relationem* não pode se limitar a ratificar a sentença e a adotar o parecer ministerial, sem sequer transcrevê-los, deixando de afastar as teses defensivas ou de apresentar fundamento próprio, casos em que se vislumbra verdadeira falta de fundamentação e consequente nulidade absoluta (STJ, *Informativo* nº 557). Portanto, a letra C é o gabarito.

Por fim, o **dispositivo** é a conclusão da sentença. É no dispositivo que consta o mandamento da sentença e a decisão em si. É no dispositivo que, diante das premissas arroladas no relatório e na fundamentação, o juiz determina a condenação do réu, aplicando a devida pena, ou a absolvição. O dispositivo é a parte da sentença em que se sedimenta o trânsito em julgado, ou seja, a imutabilidade da decisão quando finda as vias recursais.

Uma última importante observação. Nos casos do **Tribunal do Júri, não são necessários o relatório e a fundamentação**. E isso por motivos simples. Quanto ao relatório, ele já consta nos autos do processo na decisão de pronúncia e na ata de julgamento em plenário. Relativamente à fundamentação, no Júri não se aplica o sistema da motivação racional do juiz, senão o sistema da íntima convicção dos jurados. Todavia, no Júri a aplicação da pena é competência do juiz togado, devendo a fundamentação da dosimetria da pena estar devidamente presente no dispositivo.

Como veremos no capítulo 15 ("Dos Recursos"), diante da obscuridade, ambiguidade, contradição ou omissão da sentença, o ordenamento jurídico preconiza uma possibilidade de integração ou aclaramento dessa decisão. É o chamado recurso de embargos de declaração.

12.3 EMENDATIO LIBELLI E MUTATIO LIBELLI

Os institutos da *emendatio libelli* e da *mutatio libelli* encontram-se respectivamente nos arts. 383 e 384 do CPP. São institutos que existem em razão de o juiz não poder inovar, por iniciativa própria, o processo. O Poder Judiciário, no escopo de garantir a imparcialidade dos seus julgados, deve obedecer ao caro princípio da inércia de jurisdição. Suas decisões devem ser provocadas e, por consequência, devem estar adstritas ao princípio da correlação entre acusação e sentença, também chamado de princípio da congruência.

De nada adiantaria a inércia de jurisdição se fosse possível ao juiz, ao final do processo, proferir sua sentença sem as balizas dos fatos traçados na peça acusatória e sobre a qual recaem a instrução processual, o contraditório e a ampla defesa.

A *emendatio libelli* e a *mutatio libelli* diferenciam-se por haver ou não inovação dos fatos outrora traçados na peça acusatória. Com efeito, o réu defende-se de fatos (princípio da consubstanciação) e não de definição jurídica. Ao passo que na *emendatio libelli* há apenas mera adequação típica dos fatos ao direito, na *mutatio libelli* há verdadeira inovação dos fatos, e é aqui que viceja todo o problema.

A mera mudança do tipo penal ao qual se subsumi os fatos não é capaz de aviltar ou vilipendiar em nada os princípios do processo penal. Com efeito, o réu se defende de fatos e não de definições jurídicas. Essa mera subsunção dos fatos ao direito pode ser feita livremente pelo juiz, segundo o princípio *iura novit curia* (o juiz deve conhecer o Direito). Por outro lado, a alteração no curso do processo dos **fatos narrados** na inicial **ofende os princípios da ação (ou da demanda), da ampla defesa, do contraditório, da congruência, da inércia, do devido processo legal**. Por isso a importância feita pelo ordenamento jurídico da mera emenda da inicial acusatória (*emendatio*) para a verdadeira mudança da inicial (*mutatio*).

A *emendatio libelli* é a adequação feita pelo juiz, de ofício, dos fatos narrados na peça acusatória à correta tipificação legal. Ocorre quando o autor da ação penal, MP ou querelante, se equivoca na tipificação penal dos fatos. Diante disso o juiz pode corrigir essa tipificação sem que tenha que haver aditamento da inicial ou oitiva da defesa.

Todavia, diante dessa reformulação da tipificação dos fatos, *emendatio libelli*, pode ser que passe a ser possível a proposta de suspensão condicional do processo. Conforme a Súmula nº 337 do STJ deve ser "cabível a suspensão do processo na desclassificação do crime e na procedência parcial da pretensão punitiva". De igual modo, operando-se a desclassificação do crime para crime que é de competência de outro juízo, a este devem ser remetidos os autos.

 Jurisprudência destacada

Conforme entendimento do STF, o momento correto para o juiz realizar a *emendatio libelli* é o da prolação da sentença. E isso porque o magistrado, quando recebe a denúncia ou queixa, possui os mesmos elementos que o querelante e o Ministério Público, daí por que não deve alterar a classificação do delito que ali conste, sob pena de ofender sua imparcialidade e o sistema acusatório. Não obstante, o mesmo STF entende que, caso seja necessário à correção da tipificação jurídica dos fatos para benefício do réu, como ocorreria se a nova tipificação permitisse o benefício da transação penal ou suspensão condicional do processo, ou, ainda, fosse necessária para a correta fixação do juízo competente ou do procedimento a ser adotado, deve-se permitir a realização da *emendatio* já no momento do recebimento da denúncia (STF, HC nº 87.324/SP; e STF, HC nº 115.831/MA).

Seguindo o mesmo entendimento, o STJ exarou um julgado bastante didático quanto ao tema em 2015. Disse o Tribunal que "matérias de ordem pública, de enfrentamento necessário em qualquer fase processual – como competência, inexistência de justa causa, trancamento da ação penal, transação penal, suspensão condicional do processo ou prescrição – podem exigir como fundamento inicial o adequado enquadramento típico dos fatos acusatórios, como descritos, assim independendo da instrução" (STJ, *Informativo* nº 553).

Decifrando a prova

(2021 – FGV – TJ/SC – Titular de Serviços de Notas e de Registros – Remoção) Após instrução probatória e apresentação de alegações finais pelas partes, no momento de proferir sentença, o magistrado competente entendeu que a conduta narrada na denúncia e provada melhor se adequaria à capitulação jurídica diversa daquela que constava na inicial acusatória.

> Com base nas informações expostas, é correto afirmar que o magistrado:
>
> A) não poderá condenar o réu por crime diverso do que consta na inicial sem que haja correção da capitulação por parte do Ministério Público, exigindo-se nova instrução probatória, ainda que não alterados os fatos;
>
> B) não poderá condenar o réu por crime diverso do que consta na inicial em razão do princípio da correlação, bem como não poderá ocorrer aditamento da denúncia por parte do Ministério Público;
>
> C) poderá condenar o réu como incurso nas sanções penais do crime que entende ter sido efetivamente praticado, ainda que mais grave, desde que considere os fatos descritos na denúncia;
>
> D) poderá condenar o réu pela prática de crime diverso do imputado na denúncia, considerando os fatos descritos na inicial, desde que o novo delito seja de menor ou igual gravidade;
>
> E) poderá condenar o réu por crime diferente do imputado, desde que haja aditamento da denúncia, sendo desnecessária nova instrução probatória ou oitiva da defesa.
>
> **Gabarito comentado:** com efeito, trata-se de hipótese de *emendatio libelli*. Portanto, a letra C é o gabarito.

Salienta-se que, diferentemente da *mutatio libelli*, a *emendatio libelli* não encontra óbice para ser realizada inclusive na fase recursal, desde que, claro, não implique *reformatio in pejus*.

A **mutatio libelli**, por seu turno, em atenção ao princípio da ação ou da demanda (cujo princípio da congruência é corolário), exige que o fato imputado ao réu, na peça inicial acusatória, guarde exata correspondência com o fato reconhecido pelo juiz na sentença. Qualquer necessidade de alteração ou inovação desses fatos no curso do processo deve vir acompanhada de alteração superveniente da própria peça acusatória, por meio do **aditamento da denúncia**.

Consoante o princípio da ação ou da demanda o magistrado está adstrito aos termos do narrado na denúncia, de modo que não pode decidir aquém, além ou fora do ali exposto.

Nos termos do art. 384 do CPP, se após a instrução probatória surgir nos autos prova a respeito de elemento ou circunstância da infração penal, ou seja, respectivamente, elementares ou qualificadoras, não contida na peça acusatória, o Ministério Público terá o prazo de cinco dias para formular o aditamento da peça acusatória. Por sua vez, em respeito à ampla defesa e ao contraditório, a defesa terá iguais cinco dias, subsequentes, para se manifestar. Podendo arrolar testemunhas, provas e todas as demais matérias de defesa. Tanto o MP quanto a defesa poderão arrolar até três testemunhas.

Aceito o aditamento pelo juiz, a requerimento das partes o juiz deverá designar dia e hora para a continuação da audiência, com a inquirição das testemunhas, novo interrogatório, realização de debates e julgamento.

Até a Lei nº 11.719/2008 esse aditamento só era obrigatório caso o novo crime decorrente dos novos fatos levantados na instrução tivesse pena superior ao crime anterior. O que era um tanto sem sentido, haja vista que poderia haver uma condenação sem que as partes se manifestassem a respeito, violando-se caros princípios processuais constitucionais.

Com a Lei nº 11.719/2008, com a redação conferida ao art. 384 do CPP, esse aditamento se impõe independentemente se a *mutatio libelli* se refira a crime mais grave ou menos grave que o anterior.

A doutrina alenta sobre duas modalidades de aditamento. São eles o aditamento próprio e o impróprio.

Por **aditamento próprio** entende-se quando há acréscimo ou alteração de elementos não constantes da denúncia. Esse aditamento pode ser **objetivo ou real** quando essas elementares se refiram a fatos, ou **subjetivo ou pessoal** quando se refiram a acréscimo de coautores e partícipes até então desconhecidos.

No **aditamento impróprio** não há propriamente acréscimo de qualquer fato ou sujeito, senão apenas correções de alguma falha na denúncia. Devendo-se simplesmente retificar esses dados relativos a fatos descritos na inicial. Aqui não se trata propriamente de *mutatio libelli*.

Para doutrina autorizada, o aditamento na ação penal privada só seria possível caso se trate de aditamento impróprio. Para essa corrente, admitir o aditamento próprio na ação penal privada, seja ele real ou pessoal, violaria os **princípios da oportunidade e da conveniência da ação penal privada**. Descobrindo na ação penal privada a existência de fato novo, deveria o querelante ajuizar nova queixa-crime, observado, obviamente, o prazo decadencial de seis meses.

Ademais, diante do **princípio da indivisibilidade da ação penal privada**, se havia elementos indicando a presença de coautores e partícipes, não incluídos na inicial acusatória, não haveria que se falar em aditamento da queixa-crime, mas sim em extinção da punibilidade em relação a todos diante da renúncia tácita. Noutro giro, se esses elementos subjetivos não existissem ao tempo do oferecimento da queixa-crime, apenas surgindo posteriormente o conhecimento deles, a medida sugerida por essa corrente doutrinária é a formulação de nova queixa-crime em relação a esses sujeitos, mas não o aditamento dessa peça inicial. Inclusive, sob pena de renúncia tácita em relação a todos e extinção da punibilidade, inclusive dos réus do processo já em trâmite, caso não formulada essa nova queixa-crime no prazo decadencial de seis meses (LOPES JR., 2010, p. 407).

Todavia, referido entendimento só se aplica à ação penal exclusivamente privada e privada personalíssima. **No que tange à ação penal privada subsidiária da pública, aplicam-se as mesmas regras da *mutatio libelli* da ação penal pública.** É que na ação penal privada subsidiária, a natureza de ação privada é apenas acidental diante da inércia do MP, continuando o MP o titular da ação penal.

Observa-se que, desde a Lei nº 11.719/2008, **a iniciativa para o aditamento** da denúncia é exclusivamente do Ministério Público. Não cabe ao juiz provocar o MP para fins de aditamento da denúncia, sob pena de grave ofensa ao sistema acusatório. Fato que ganhou reforço com a previsão dada pelo Pacote Anticrime ao art. 28 do CPP, segundo o qual cabe agora exclusivamente ao órgão ministerial o arquivamento da denúncia, de modo a restar prejudicado o disposto no art. 384, § 1º, que faz ainda menção ao art. 28 do CPP. Desse modo, não feito espontaneamente o aditamento pelo MP, só resta ao juiz, caso discorde dos fatos descritos na inicial, absolver o réu pelos fatos ali descritos.

Advirta-se, ainda, que a mudança no curso do processo para as **formas culposas ou dolosas** representam *mutatio libelli*, pois envolve a análise de fatos e não mera adequação jurídica típica destes, necessitando de aditamento da denúncia.

Atenta-se que, se o conhecimento de fatos novos apenas envolve a **exclusão** de uma das elementares do tipo, não há a aplicação do instituto da *mutatio libelli*, podendo o juiz, na sentença, condenar pelo tipo penal mais simples. É que, nessa hipótese, o tipo penal mais complexo, constante da inicial acusatória, abrange todas as elementares do tipo penal mais simples, não havendo, nesse caso, nenhuma ofensa ao princípio da demanda, ampla defesa e contraditório. É o exemplo da denúncia pelo crime de roubo, em que no curso da instrução verifica-se não ter havido a violência ou a grave ameaça descrita na inicial acusatória. Nesse caso, o juiz pode, sem qualquer problema, condenar o réu diretamente no crime de furto, sem necessidade de *mutatio libelli*. Observa-se que esse caso não se trata também de *emendatio libelli*, pois não se refere a mero equívoco de adequação típica, mas, sim, a prova de fatos novos que faz excluir determinada elementar do tipo.

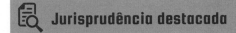

> O réu denunciado por crime na forma consumada pode ser condenado em sua forma tentada, mesmo que não tenha havido aditamento da denúncia. É que a tentativa não é figura autônoma, pois a vontade contrária ao direito existente na tentativa é igual à do delito consumado. Os fatos contidos na descrição do delito consumado são os mesmos do contido no delito na forma tentada, limitando-se o magistrado a definição jurídica diversa da que constou na denúncia, dispensando a aplicação da *mutatio libelli* (STJ, *Informativo* nº 557).

Conforme entendimento pacífico dos Tribunais Superiores, **recebimento do aditamento** da denúncia por força da *mutatio libelli* (acréscimo de novo fato) é **causa de interrupção da prescrição** tal qual o recebimento da denúncia, mas somente em relação ao fato novo aditado.

Como na denúncia, a decisão que recebe o aditamento é irrecorrível, cabível, destarte, **habeas corpus**. Por outro lado, da decisão que rejeita o aditamento cabe recurso em sentido estrito por interpretação extensiva do art. 581, I, do CPP, que trata do recurso da decisão que inadmite a denúncia.

Conforme Súmula nº 453 do STF, diferente da *emendatio libelli*, a *mutatio libelli* não pode ser aplicada na fase recursal, pois aí haveria supressão de instância.

Na sentença, o magistrado deve fazer menção expressa à aplicação da *emendatio libelli* e da *mutatio libelli* tanto no relatório quanto na fundamentação.

12.4 INDEPENDÊNCIA DO JUIZ NA SENTENÇA, SENTENÇA ABSOLUTÓRIA E SENTENÇA CONDENATÓRIA

O juiz, uma vez devidamente provocado e consequentemente atendido o princípio da inércia de jurisdição e da demanda, é livre para decidir acerca da condenação ou absolvição dos fatos previstos na exordial acusatória.

Assim, mesmo que o Ministério Público venha a pugnar em alegações finais, diante do que depreendeu da audiência de instrução, pela absolvição do réu, pode o juiz proferir sentença condenatória sem qualquer impedimento. O princípio da demanda impõe que o juiz condene ou absolva o réu acerca dos fatos descritos na inicial acusatória (ou de seus aditamentos, em caso de *mutatio libelli*), mas não o vincula ao entendimento final do MP. A isso a doutrina denomina **independência do juiz na sentença**, e tem previsão no art. 385 do CPP.

O mesmo raciocínio, todavia, não se aplica à ação penal exclusivamente privada e privada personalíssima. Em razão do instituto da perempção previsto para a ação penal privada (art. 60, III, do CPP), caso o querelante pugne nas alegações finais pela absolvição, ou não requeira a condenação do réu, o juiz deverá obrigatoriamente decretar na sentença a extinção da punibilidade.

Por força dessa independência do juiz na sentença, o art. 385 do CPP, recrudescido pelo aval da doutrina majoritária, permite ao juiz reconhecer circunstâncias agravantes que não foram alegadas em qualquer momento pelas partes do processo. Apenas para fins didáticos, cumpre salientar que, para uma doutrina minoritária, essa iniciativa de o juiz reconhecer agravantes não alegadas pela acusação estaria a aviltar o sistema contraditório.

Como já mencionado, a sentença pode ser absolutória ou condenatória.

Consoante o **art. 386 do CPP**, em rol taxativo, compreende-se **sentença absolutória**:

I – estar provada a inexistência do fato;

II – não haver prova da existência do fato;

III – não constituir o fato infração penal;

IV – estar provado que o réu não concorreu para a infração penal;

V – não existir prova de ter o réu concorrido para a infração penal;

VI – existirem circunstâncias que excluam o crime ou isentem o réu de pena, ou mesmo se houver fundada dúvida sobre sua existência;

VII – não existir prova suficiente para a condenação.

Atenta-se que, a despeito da absolvição, em alguns casos, não restará afastada a possibilidade da ação de responsabilidade civil.

Nesse sentido é que os arts. 65, do CPP, e ss., devem ser lidos em conjunto com o art. 188 do CPC.

Assim, **faz coisa julgada no cível** a sentença penal absolutória que reconhecer ter sido o ato praticado mediante qualquer causa **excludente de ilicitude** (legítima defesa, estado de necessidade, estrito cumprimento do dever legal, exercício regular do direito), bem como que reconheça a **inexistência material do fato** ou que reste comprovado que o **réu não concorreu para a infração** penal (prova cabal de ausência de materialidade e de autoria).

Importante atentar que nas sentenças absolutórias que reconheçam excludentes de culpabilidade ou punibilidade não afastam a possibilidade de oferecimento de ação civil indenizatória. De igual modo, permitem a indenização civil as sentenças absolutórias fundadas em excludentes de ilicitude putativas e *aberratio ictus*.

Noutro giro, a sentença absolutória que se fundamente em dúvidas quanto a excludente de ilicitude, ou dúvidas sobre a existência material do fato, ou dúvidas quanto à prova de autoria ou participação, não faz coisa julgada no civil, de modo a permitir a ação de responsabilidade civil. Isso porque essas absolvições se dão em razão do *in dubio pro reo,* postulado exclusivo do processo penal.

Outra importante observação deve ser feita acerca da excludente de ilicitude do estado de necessidade. Se a pessoa lesada ou o dono da coisa deteriorada ou destruída, diante da ação em estado de necessidade, não for o causador do perigo, terá direito à indenização do agente que foi absolvido por estado de necessidade. Este, por sua vez, terá ação regressiva para reaver o que pagou.

Passemos para a **sentença condenatória**.

A sentença condenatória deve necessariamente conter os mandamentos essenciais para a aplicação da pena. Esses estão previstos no art. 387 e seus incisos. Assim, o juiz, ao proferir sentença condenatória:

> I – mencionará as circunstâncias agravantes ou atenuantes definidas no Código Penal, e cuja existência reconhecer;
>
> II – mencionará as outras circunstâncias apuradas e tudo o mais que deva ser levado em conta na aplicação da pena, de acordo com o disposto nos arts. 59 e 60 do Decreto-lei nº 2.848, de 7 de dezembro de 1940 – Código Penal;
>
> III – aplicará as penas de acordo com essas conclusões;
>
> IV – fixará valor mínimo para reparação dos danos causados pela infração, considerando os prejuízos sofridos pelo ofendido;
>
> V – atenderá, quanto à aplicação provisória de interdições de direitos e medidas de segurança, ao disposto no Título XI deste Livro;
>
> VI – determinará se a sentença deverá ser publicada na íntegra ou em resumo e designará o jornal em que será feita a publicação.

Dentre esses incisos, a previsão do inciso IV foi dada pela Lei nº 11.719/2008. Trouxe a nova redação a importante previsão de que a sentença condenatória fixará o valor mínimo para a reparação dos danos causados pela infração penal, considerados os prejuízos sofridos pelo ofendido.

É inovação que atende aos primados da vitimologia no processo penal. Trata-se de uma postura do processo penal que tem ganhado força, no sentido de dar uma maior atenção à vítima e não focar todas as atenções ao criminoso. O objetivo do processo penal é a pacificação social, e a atenção à vítima nesse processo é de elementar importância. O papel da vítima na seara penal, desde que o Estado há muito tempo chamou para si a exclusividade do direito de punir, perdeu completa importância e atenção. É certo que o Estado muitas vezes não consegue atender a promessa que fez de punir os delitos, ressocializar e repreender as ações criminosas a contento, de modo a ficar a vítima aviltada pelo crime e desassistida no seu contrato social. A vitimologia, dentre outras funções, atenta para isso e eleva a figura e o cuidado da vítima no processo penal.

Diante do dispositivo legal e na forma do art. 63, parágrafo único, do CPP, transitada em julgado a sentença condenatória, a execução poderá ser efetuada pelo valor mínimo da reparação do dano fixado na sentença condenatória, sem prejuízo da liquidação para a apuração do dano efetivamente sofrido. Igual previsão encontra-se na Lei dos Crimes Ambientais (Lei nº 9.605/1998) e na nova Lei de Abuso de Autoridade (Lei nº 13.869/2019).

A inovação legislativa mitigou o sistema da independência ou separação das instâncias cível e criminal, passando a consagrar o denominado **sistema da confusão**.

Tanto o STJ quanto o STF exigem para a fixação desse valor mínimo da indenização a existência de pedido formal a esse respeito na denúncia. Os Tribunais Superiores refutam o entendimento de parcela minoritária da doutrina no sentido de que esse pedido de fixação do valor mínimo dos danos estaria implícito na inicial acusatória por força de lei ("julgamento *extra petita* autorizado"). Para o STF e o STJ a ausência de pedido formal expresso da vítima, junto a inicial acusatória, ensejaria um julgamento *extra petita* do juiz, sem debate das partes a respeito e em vilipêndio aos princípios da ampla defesa e do contraditório.

Importante observar que esse pedido deve ser feito pela própria vítima, a qual deve se habilitar como assistente de acusação para que possa formular tal pedido na ação penal pública, ou realizar junto a queixa-crime na qualidade de querelante na ação penal privada.

Apenas excepcionalmente se admite que esse pedido seja formulado pelo Ministério Público na ação penal pública. As duas hipóteses em que isso pode ocorrer são: nos casos de vítima pobre em local em que a Defensoria Pública não se acha estruturada; e nos crimes contra a Administração Pública onde o MP pode formular o pedido junto a denúncia em favor do patrimônio público aviltado.

Observa-se que esse valor arbitrado no juízo penal é apenas um valor mínimo, de modo que o ofendido pode pedir a complementação desse valor em processo civil de liquidação da sentença penal condenatória. Não obstante, podem ocorrer casos em que o juízo penal possua elementos suficientes para arbitrar o exato valor dos danos sofridos pela vítima, e assim proceda.

Fixado o valor mínimo da condenação no juízo penal, a execução desses valores deve ocorrer no juízo civil, configurando a referida sentença penal título executivo judicial. Todavia, Nestor Távora e Rosmar Rodrigues Alencar (2010, p. 185) apontam uma hipótese em que essa execução poderia ocorrer diretamente no juízo penal. Trata-se do caso em que o réu condenado tenha prestado fiança. Nessa hipótese, a execução poderia ser feita diretamente no juízo penal, bastando que o réu requeira ao juízo criminal o levantamento do valor da fiança para a satisfação do seu direito.

Superado esse tema do ressarcimento do valor mínimo dos danos causados, importante ressaltar a inovação legislativa trazida pela Lei nº 12.736/2012 ao § 2º do art. 387 do CPP. Com a inovação legal, o instituto da **detração penal** deve ser aplicado pelo juiz que proferiu a sentença e não mais pelo juiz da execução penal. O referido artigo ao determinar que "o tempo de prisão provisória, de prisão administrativa ou de internação no Brasil ou no estrangeiro será computado para fins de determinação do **regime inicial** de pena privativa de liberdade" (grifos nossos) deixa claro a competência do juiz do processo penal para fazer esse cômputo, haja vista que é dele a competência para aplicar a pena e fixar o regime inicial de cumprimento da pena. Observa-se que o juízo do processo penal deve fixar o regime inicial de cumprimento de pena para só depois fazer a detração penal.

Por fim, como determina o art. 388 do CPP, **forma da sentença**, esta deverá ser datilografada e rubricada todas as folhas pelo juiz.

> **Decifrando a prova**
>
> **(2021 – FCC – TJ/GO – Juiz Substituto)** Quanto à sentença penal, o Código de Processo Penal dispõe:
> A) O juiz, ao proferir sentença condenatória, fixará valores mínimo e máximo para reparação dos danos causados pela infração, considerando os prejuízos sofridos pelo ofendido que tiverem sido apurados na instrução processual.
> B) Ao proferir sentença condenatória, o juiz decidirá, fundamentadamente, sobre a manutenção ou, se for o caso, a imposição de prisão preventiva ou de outra medida cautelar, sem prejuízo do conhecimento de apelação que vier a ser interposta.
> C) Na sentença absolutória, o juiz ordenará a cessação das medidas cautelares e provisoriamente aplicadas, salvo se devidamente justificada a necessidade de sua manutenção para fins de reparação do dano na esfera cível.
> D) O juiz, sem modificar a descrição do fato contida na denúncia, poderá atribuir-lhe definição jurídica diversa, apenas se a pena aplicada for menos grave.
> E) Se existirem circunstâncias que excluam o crime ou isentem o réu de pena, o juiz absolverá o réu por inexistência de prova suficiente para a condenação.
> **Gabarito comentado:** de acordo com o art. 387, § 1º, do CPP, a letra B é o gabarito.

12.5 PUBLICAÇÃO E INTIMAÇÃO DA SENTENÇA

Preconiza o art. 389 do CPP que a publicação da sentença ocorre com a sua entrega em mãos do escrivão, e não com sua publicação na imprensa oficial. É a entrega da sentença do juiz ao escrivão que torna a sentença de mero ato individual do juiz para um ato processual. Uma vez entregue essa sentença ao escrivão, logo tornada pública, ela em regra não poderá mais ser alterada, salvo duas exceções a seguir relacionadas. Ou seja, a publicação torna a sentença imutável.

Uma vez entregue a sentença nas mãos do escrivão, este lavrará nos autos o respectivo termo, registrando em livro próprio. Não obstante, se a sentença for prolatada de forma oral em audiência ou lida no Júri, dispensa-se a certidão nos autos, pois a ata da audiência ou o termo de julgamento do Júri faz suas vezes.

Essa imutabilidade da sentença publicada só pode ser relativizada em duas hipóteses. A primeira se trata dos embargos de declaração, diante de seu possível efeito infringente (como será estudado no capítulo dos recursos). A segunda é a correição da sentença para retificação de meros erros materiais, sem que haja alteração do mérito.

Deve-se observar que a publicação da sentença não deve se confundir com a intimação dela às partes. A publicação tem o efeito de tornar a sentença imutável. A intimação tem o objetivo de levar às partes a certeza de seu conhecimento, de modo a poderem exercer seu direito de indignação e às vias recursais.

Na forma do art. 390 do CPP, o escrivão, após a publicação da sentença (entrega da sentença em suas mãos, ou da audiência se proferida oralmente), tem o prazo de três dias para comunicar a sentença ao Ministério Público. É prerrogativa do MP a intimação pessoal e o não cumprimento desse prazo pelo escrivão o sujeita à sanção disciplinar de cinco dias de suspensão.

O querelante ou assistente de acusação será intimado pessoalmente ou na pessoa de seu advogado. Não sendo nenhum deles encontrado, a intimação se dará por meio de edital afixado no local de costume com prazo de dez dias.

No que tange ao réu, a intimação da sentença está prevista no art. 392 do CPP, nos seguintes termos:

> I – ao réu, pessoalmente, se estiver preso;
>
> II – ao réu, pessoalmente, ou ao defensor por ele constituído, quando se livrar solto, ou, sendo afiançável a infração, tiver prestado fiança;
>
> III – ao defensor constituído pelo réu, se este, afiançável, ou não, a infração, expedido o mandado de prisão, não tiver sido encontrado, e assim o certificar o Oficial de Justiça;
>
> IV – mediante edital, nos casos do nº II, se o réu e o defensor que houver constituído não forem encontrados, e assim o certificar o Oficial de Justiça;
>
> V – mediante edital, nos casos do nº III, se o defensor que o réu houver constituído também não for encontrado, e assim o certificar o Oficial de Justiça;
>
> VI – mediante edital, se o réu, não tendo constituído defensor, não for encontrado, e assim o certificar o Oficial de Justiça.

Diante do direito à ampla defesa do réu no processo penal, diferentemente do processo civil, a intimação da sentença deve sempre ser feita ao réu e ao seu advogado constituído. Não obstante, se o réu estiver foragido, havendo contra ele mandado de prisão, a intimação poderá ser feita exclusivamente a seu defensor, pela imprensa oficial, desde que seja defensor constituído. No caso de defensor dativo, a intimação se dará por edital.

Como já se manifestou o STJ no *Informativo* nº 583, se o réu vier a ser preso durante o curso do prazo de intimação por edital da sentença condenatória, essa intimação fica prejudicada e deve ser efetuada pessoalmente, pois o réu preso deve ser intimado pessoalmente na forma do inciso I do art. 392 do CPP.

13

Procedimentos (comum e especial)

13.1 CONSIDERAÇÕES INICIAIS

Os procedimentos podem ser divididos em **comum** e **especial**, segundo o art. 394 do CPP, sendo o procedimento especial aquele previsto para situações de legislações específicas, já o comum é o rito modelo (padronizado) do Código de Processo Penal, aplicado residualmente.

Nesse sentido, *mutatis mutandis*, com a lógica do princípio da especialidade, **o procedimento especial tem preferência sobre o procedimento comum em situações específicas**.

São exemplos de **procedimento especial:**

- **procedimento dos crimes de responsabilidade** de servidores públicos (arts. 513 a 518 do CPP);
- **procedimento dos crimes contra a honra** (arts. 519 a 523 do CPP);
- **procedimento relativo aos processos de competência do Tribunal do Júri** (arts. 406 a 497 do CPP);
- **procedimento da Lei de Drogas** (Lei nº 11.343/2006);
- **procedimento dos crimes de competência originária** dos tribunais (Lei nº 8.038/1990), entre outros.

Já os **procedimentos comuns** podem ser divididos em **três espécies**, a depender: 1) da quantidade de pena em abstrato prevista para o tipo penal incriminador; 2) da natureza da infração penal. São eles:

- **procedimento comum ordinário:** aplicado no processamento de crimes cuja pena máxima abstrata seja igual ou superior a quatro anos (art. 394, § 1º, I, do CPP);
- **procedimento comum sumário:** adequado ao processamento de crimes cuja pena máxima abstrata seja inferior a quatro anos, exceto as apuradas pelo rito sumaríssimo (art. 394, § 1º, II, do CPP);

• **procedimento comum sumaríssimo:** proposto às infrações de menor potencial ofensivo, de competência dos Juizados Especiais Criminais (art. 61 da Lei nº 9.099/1995).

Há, ainda, delitos que, embora sejam processados pelo procedimento comum, não terão o regramento anteriormente descrito (art. 394, § 1º, do CPP), em virtude de previsão expressa nesse sentido nas leis específicas. Exemplos: 1) **Estatuto da Pessoa Idosa** (Lei nº 10.741/2003);[1] 2) **Crimes afetos à Lei Maria da Penha** (Lei nº 11.340/2006);[2] 3) **Crimes falimentares** (Lei nº 11.101/2005).[3]

Somado a isso, o art. 394, § 4º, do CPP dispõe:

> **Art. 394.** O procedimento será comum ou especial. (...)
>
> § 4º As disposições dos **arts. 395 a 398 deste Código** aplicam-se a todos os procedimentos penais de primeiro grau, ainda que não regulados neste Código. (Grifo nosso)

Percebe-se que, conforme a redação transcrita, as disposições dos arts. 395 a 397 do CPP (uma vez que o art. 398 foi revogado pela Lei nº 11.719/2008) serão aplicadas a todos os procedimentos penais de primeiro grau, **inclusive aos procedimentos especiais**.

No entanto, conforme aponta Norberto Avena (2020, p. 785), verifica-se que **essa aplicação não é absoluta**, sobretudo no que se refere à "impossibilidade jurídica de conciliação das regras preexistentes no ordenamento jurídico com o que dispõe a nova redação dos arts. 396 e 397".

Ditas essas linhas iniciais, passemos ao estudo dos procedimentos.

13.2 PROCEDIMENTO COMUM ORDINÁRIO

Conforme salientado no ponto anterior, o procedimento comum ordinário será aplicado no processamento de crimes cuja **pena máxima abstrata seja igual ou superior a quatro anos** (art. 394, § 1º, I, do CPP).

O referido procedimento é dividido nas seguintes etapas:

13.2.1 Oferecimento da denúncia ou queixa-crime

No caso de réu preso, a exordial deve ser oferecida no prazo de 5 dias, já no caso de réu solto, o prazo é de 15 dias (art. 46 do CPP).

A inicial de acusação deve trazer os requisitos do art. 41, bem como arcabouço probatório mínimo sobre a existência, circunstâncias do crime e indícios de autoria.

---

[1] Nos crimes cuja pena máxima não ultrapasse quatro anos será aplicado o rito sumaríssimo (art. 94).

[2] Não se aplica aos crimes praticados com violência doméstica e familiar contra a mulher a Lei nº 9.099/1995 (art. 41).

[3] Será aplicado o procedimento sumário (art. 185 da Lei nº 11.101/2005 c/c arts. 531 a 536 do CPP).

Nesta peça poderão ser arroladas até oito testemunhas[4] por fato imputado. Ou seja, caso haja quatro crimes imputados a um ou diversos autores, poderão ser arroladas até 32 testemunhas. Caso haja apenas um fato imputado a mais de um autor, a quantidade de testemunhas não aumenta, permanecendo em oito.

13.2.2 Rejeição liminar da denúncia ou queixa

O art. 395 do CPP trata das causas de rejeição da denúncia ou queixa, listando suas causas. Vejamos:

> Art. 395. A denúncia ou queixa será rejeitada quando:
> I – for manifestamente inepta;
> II – faltar pressuposto processual ou condição para o exercício da ação penal; ou
> III – faltar justa causa para o exercício da ação penal.
> **Parágrafo único.** (Revogado.)

A inépcia da inicial dá-se em situações excepcionais, quando lhe faltarem os requisitos previstos no art. 41 do CPP:

> Art. 41. A denúncia ou queixa conterá **a exposição do fato criminoso, com todas as suas circunstâncias, a qualificação do acusado ou esclarecimentos pelos quais se possa identificá-lo, a classificação do crime** e, quando necessário, o **rol das testemunhas**. (Grifos nossos)

Somado a isso, há requisitos pontuados pela doutrina como: 1) endereçamento ao juízo competente; 2) assinatura do membro do MP ou do advogado do querelante; 3) redação em vernáculo.

A **falta de pressuposto processual ocorre quando não há**: 1) competência do juízo; 2) partes que possam se apresentar validamente em juízo (em nome próprio ou alheio); e 3) originalidade de ação.

Já as condições para o exercício da ação penal guardam relação não apenas com as condições de procedibilidade (representação do Ministério Público e a requisição do Ministro da Justiça nos crimes que exigem essa condição), mas, também, às **condições gerais da ação** vinculadas à: 1) presença da legitimidade para a causa (*ad causam*) ativa e passiva; 2) possibilidade jurídica do pedido de condenação; e 3) interesse de agir.

Com relação à justa causa para exercício da ação penal, como visto, se refere à existência de arcabouço probatório mínimo para a acusação, apontando, ao menos em linhas iniciais, prova da existência do fato definido como crime e indícios de autoria e circunstâncias (mesmo que preliminares) do delito.

---

[4] Sem contar as não compromissadas, a vítima e os peritos que atuaram no caso, estes dois últimos em razão de não serem testemunhas.

Uma vez oferecida a denúncia, o juiz, antes de recebê-la, verificará as condições anteriormente listadas (art. 395 do CPP), ocasião em que, presente ao menos uma das situações, rejeitará liminarmente a inicial (art. 369 do CPP).

13.2.3 Recebimento da inicial pelo magistrado, determinação de citação e resposta do acusado

Se regular a denúncia, o magistrado a receberá,[5] determinando a citação do réu para apresentar sua resposta no prazo de 10 dias, podendo arguir preliminares e alegar tudo o que possa interessar à defesa, oferecer documentos e justificações, especificar as provas pretendidas e arrolar testemunhas, qualificando-as e requerendo sua intimação, quando necessário (art. 396-A do CPP).

Em relação ao número máximo de testemunhas a serem arroladas, de forma similar, serão oito para cada imputação (excluindo-se as não compromissadas). A diferença reside no fato de que, na resposta à acusação, poderão ser arroladas **oito testemunhas para cada réu**.[6] Sendo assim, se forem cinco fatos imputados ao autor, este pode arrolar até 40 testemunhas. Noutro exemplo, se for apenas um fato imputado, mas dois réus, cada qual poderá arrolar até oito testemunhas.

Segundo entendimento do STJ, caso o defensor não arrole testemunhas neste momento processual, não poderá fazê-lo em momento posterior, pois ocorreria a preclusão consumativa. De igual forma, via de regra, não é possível a substituição de testemunhas arroladas, a não ser em situações excepcionais,[7] cujos argumentos serão analisados pelo magistrado.

Parte da doutrina afirma que o recebimento da denúncia ocorreria tão somente após a resposta à acusação prevista no art. 396-A do CPP. Esse entendimento advém da interpretação do art. 399 do CPP que, ao tratar de fase que segue à resposta à acusação, se refere ao recebimento da exordial. Vejamos:

> Art. 399. Recebida a denúncia ou queixa, o juiz designará dia e hora para a audiência, ordenando a intimação do acusado, de seu defensor, do Ministério Público e, se for o caso, do querelante e do assistente.

Em resposta a esse posicionamento, Norberto Avena (2020, p. 789) destaca que a falha de redação não estaria no art. 396, mas sim no art. 399. Justifica o autor:

> Isso porque, após a apresentação da resposta do acusado, contempla o art. 397 a possibilidade de absolvição sumária do imputado caso ocorram as situações nele previstas. Ora, compreender que o recebimento da peça vestibular somente ocorre na fase do art. 399 importa concluir, também, que será possível ao magistrado absolver sumariamente

---

[5] Com o recebimento da denúncia haverá interrupção da prescrição, segundo o art. 117, I, do CP.
[6] Excluídas as não compromissadas.
[7] Como, por exemplo, testemunha da qual se tomou conhecimento após a prática do ato processual da resposta à acusação.

com base no art. 397, antes de recebida a denúncia ou a queixa e antes de se ter, propriamente, um processo, o que se afigura juridicamente impossível.

Concordamos com o posicionamento do mestre, afinal não há lógica em se absolver sumariamente o imputado se não pesasse contra ele qualquer acusação formal com base no recebimento da denúncia, que é o ato que completa a relação processual segundo o art. 363 do CPP. Neste sentido é a jurisprudência do STJ.[8]

Caso o réu se oculte para não ser citado pelo oficial de justiça, este certificará a ocorrência e realizará citação por hora certa, nos termos do art. 362 do CPP.

Se, eventualmente, o réu era incapaz na época da prática da infração penal e este estado persiste no momento da citação, pode-se realizar a **citação imprópria**, entendida como aquela realizada na pessoa do curador nomeado ao acusado.

Em se tratando de réu em **local incerto e não sabido**, a citação será **realizada por edital** (prazo de 15 dias), ocasião em que o prazo para a apresentação da resposta bem como o prazo prescricional (art. 366 do CPP) serão suspensos até que o réu compareça pessoalmente ou constitua defensor (art. 396, parágrafo único, do CPP).

O STJ firmou entendimento que, na situação relatada, o prazo prescricional não pode ser suspenso *ad eternum*, pois isso causaria nova hipótese de imprescritibilidade além das previstas no art. 5º, XLII e XLIV, da Constituição Federal. Nesse sentido foi editada a Súmula nº 415, que assim dispõe: **"O período de suspensão do prazo prescricional é regulado pelo máximo da pena cominada".**

Destarte, se o crime cometido pelo réu for o de roubo simples – que prevê pena máxima de 10 anos de reclusão –, este será o parâmetro para aferição do prazo da prescrição (16 anos, segundo o art. 109, II, do CP), bem como para o prazo da suspensão do processo. Decorrido esse período sem o comparecimento do réu ou constituição de defensor, o prazo prescricional volta a correr.

Caso o autor, ao tempo do fato, possua menos de 21 anos, deve-se aplicar à suspensão do processo a redução do prazo da prescrição do art. 115 do CP. No exemplo anteriormente citado (roubo simples), aos menores de 21 anos na data do fato, a suspensão do processo duraria 8 anos, voltando a correr em seguida.

Se o autor, devidamente citado, não apresentar resposta à acusação no prazo legal, o juiz nomeará defensor para oferecê-la, dando-lhe vista pelo prazo de 10 dias (art. 396-A do CPP).

13.2.4 Verificação da possibilidade de julgamento antecipado do processo e absolvição sumária do réu

Após protocolizada a resposta pelo réu, por meio de advogado ou defensor dativo, o juiz verificará a possibilidade de julgar antecipadamente o feito, absolvendo sumariamente o acusado com fulcro no art. 397 do CPP. Vejamos o artigo:

---

[8] STJ, HC nº 358.115/SC, *DJ* 21.02.2017.

Art. 397. Após o cumprimento do disposto no art. 396-A, e parágrafos, deste Código, o juiz deverá absolver sumariamente o acusado quando verificar:

I – a existência manifesta de causa excludente da ilicitude do fato;

II – a existência manifesta de causa excludente da culpabilidade do agente, salvo inimputabilidade;

III – que o fato narrado evidentemente não constitui crime; ou

IV – extinta a punibilidade do agente.

Por serem as situações citadas autoexplicativas não vamos adentrar em cada uma delas.

Vale ressaltar que, caso o juiz tenha dúvidas acerca da presença de uma das situações listadas, deve-se abster de absolver sumariamente o réu, porquanto nesse momento impera o princípio do *in dubio pro societate*.

Segundo posicionamento do STJ, é possível ao magistrado, caso verifique apenas nesse momento alguma causa de rejeição da denúncia ou queixa (art. 395 do CPP), que reconsidere sua decisão anterior de recebimento da exordial e a rejeite.[9]

Caso o juiz absolva sumariamente o acusado, caberá o recurso de apelação previsto no art. 593, II, do CPP. Não seria o caso de apelação baseada no art. 593, II, porquanto, embora se trate de uma decisão com exame de mérito, a absolvição sumária não possui natureza de sentença, mas de uma decisão interlocutória mista terminativa.

Em se tratando de decisão que não absolva sumariamente o réu, não há possibilidade de recurso segundo a posição majoritária,[10] exceto no caso de extinção da punibilidade, no qual caberá recurso em sentido estrito nos termos do art. 581, IX, do CPP.

> **Decifrando a prova**
>
> **(2020 – FCC – TJ/MS – Juiz Substituto)** Cabível a absolvição sumária
> A) se demonstrada a existência de causa de exclusão do crime, mas unicamente no procedimento do júri.
> B) se provado, no procedimento comum, não ser o acusado autor ou partícipe do fato.
> C) por inimputabilidade, em determinada situação, no procedimento do júri.
> D) se demonstrada, no procedimento comum, a manifesta existência de qualquer causa excludente da culpabilidade.
> E) sempre que demonstrada, no procedimento do júri, a existência de causa de isenção de pena.
> **Gabarito comentado:** de acordo com o art. 415, parágrafo único, do CPP, a letra C é o gabarito.

---

[9] STJ, 5ª Turma, AgRg no REsp nº 1.291.039/ES, 2011/0263983-6, Rel. Min. Marco Aurélio Bellizze, j. 24.09.2013.

[10] Corrente minoritária sustenta que seria cabível o recurso em sentido estrito, sem efeito suspensivo, por interpretação extensiva do art. 581, IV, do CPP.

13.2.5 Audiência de instrução, interrogatório e julgamento

Passada a fase anterior, o juiz designará dia e hora para a **audiência única**[11] **(em prazo de até 60 dias** – art. 400, *caput*, do CPP), ocasião em que determinará a intimação do acusado, de seu defensor, do Ministério Público e, se for o caso, do querelante e do assistente (art. 399 do CPP) e ainda da vítima (art. 201, § 2º, do CPP).

Importante repisar o afirmado no **tópico 13.2.3**, no sentido de que a redação do art. 399 do CPP é atécnica na medida em que afirma que o juiz tomará as providências anteriormente citadas na ocasião do recebimento da denúncia.

Uma vez presentes todos os intimados, o juiz deverá seguir a **sequência**:

- **Oitiva das declarações do ofendido:** nos termos do art. 201 do CPP, sempre que possível será o ofendido qualificado e ouvido acerca das circunstâncias do crime, quem presuma ser o autor deste e acerca das provas que possa indicar.
- **Inquirição das testemunhas de acusação e, após, das arroladas pela defesa:** segundo a doutrina dominante, é possível a qualquer das partes a desistência da oitiva das testemunhas por si arroladas, não havendo necessidade de aquiescência da parte adversa. As perguntas serão realizadas diretamente pelas partes às testemunhas, não admitindo o juiz as indagações que possam induzir a resposta, não guardarem relação com o caso ou, ainda, que já tenham sido respondidas. Caso o juiz entenda necessária a complementação de respostas para seu entendimento, este poderá realizar as indagações após as partes.
- **Esclarecimento dos peritos:** deve ser previamente requerida a intimação dos *experts* pela parte interessada (art. 400, § 2º, do CPP). Essa oitiva em juízo não afasta a possibilidade da aplicação da previsão do art. 159, § 5º, do CPP.
- **Acareações:** Nestor Távora e Rosmar Alencar (2017, p. 734) lecionam que "acarear ou acaroar é pôr em presença, uma da outra, face a face, pessoas cujas declarações são divergentes". Importante ressaltar que, para eficácia da aplicação da acareação é necessário que não haja comunicação prévia entre os acareados.
- **Reconhecimento de pessoas e coisas:** o reconhecimento de pessoa ou coisa é meio de prova na qual alguém identifica ou reconhece algo ou alguém que já tinha visto ou já conhecia anteriormente à prática da diligência. Observa-se que o Código de Processo Penal apresenta, nos arts. 226 e ss., o procedimento a ser adotado para a prática do ato.
- **Interrogatório do acusado:** este é o último ato da audiência, que será dividido em duas partes (art. 187 do CPP): 1) sobre a pessoa do acusado e 2) sobre os fatos. O procedimento completo encontra-se nos arts. 185 a 196, merecendo destaque o art. 185, § 2º, que trata do interrogatório do réu via videoconferência e o art. 191, que reza que, havendo mais de um réu, serão interrogados separadamente.

---

[11] Nesta audiência, que poderá ser desmembrada em várias a depender do caso, zelará o magistrado pela célere marcha processual, podendo indeferir considerações irrelevantes, impertinentes e protelatórias (art. 400, § 1º, do CPP).

De acordo com o art. 405, *caput*, do CPP do ocorrido em audiência deverá ser lavrado termo em livro próprio, assinado pelo juiz e pelas partes, no qual se conterá breve resumo dos fatos ocorridos. Segundo previsão do art. 405, §§ 1º e 2º, do CPP, sempre que possível o registro dos depoimentos do acusado, vítima e testemunhas será realizado por meio de gravação magnética, estenotipia, digital ou técnica similar, inclusive audiovisual – neste último caso será encaminhado às partes cópia do registro original, sem necessidade de transcrição.

13.2.6 Requerimento de diligências e alegações finais

Encerrada a instrução, o magistrado facultará à acusação (Ministério Público, querelante e assistente) e, após a defesa, a possibilidade de requerer diligências cuja necessidade advenha de circunstâncias ou fatos apurados na instrução (art. 402 do CPP). O juiz pode indeferir as diligências consideradas irrelevantes, impertinentes e protelatórias, não cabendo, via de regra, recurso dessa decisão.[12]

Caso não seja requerida nenhuma diligência em audiência (ou indeferida(s) pelo juiz), o magistrado abrirá prazo para a apresentação de alegações finais, primeiro à acusação e depois à defesa, pelo prazo de vinte minutos, prorrogáveis por mais dez (art. 403 do CPP). Se houver mais de um acusado, haverá prazo individual. Caso haja assistente de acusação, este terá dez minutos para suas alegações logo após o Ministério Público (nessa situação o prazo da defesa também será acrescido de dez minutos).

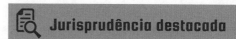

Jurisprudência destacada

O juiz tem poderes diante da omissão de alegações finais para oportunizar à parte a substituição do causídico ou, na inércia, para requerer que a defensoria pública ofereça as alegações finais.

Se o advogado discordar de alguma decisão do juiz da causa na condução do procedimento ele não pode simplesmente se recusar a oferecer as alegações finais. A ampla defesa não engloba essa possibilidade. Não há dúvida da importância da ampla defesa como elemento central de um processo penal garantista. Todavia, esse princípio não tem o condão de legitimar qualquer atuação por parte da defesa.

Se o advogado constituído, mesmo intimado para apresentar alegações finais, for omisso, o juiz tem poderes de intimar o réu para que substitua o causídico. Se o réu, mesmo intimado, ficar inerte, o magistrado poderá requerer que a Defensoria Pública ofereça as alegações finais (STJ, 6ª Turma, RMS nº 47.680/RR, Rel. Min. Rogerio Schietti Cruz, j. 05.10.2021, *Info*. nº 715).

---

[12] Em casos excepcionais, do deferimento caberá correição parcial ou mandado de segurança e do indeferimento, apelação, caso o juiz prolate a sentença em audiência; ou, postergando o juiz a prolação da sentença a momento posterior ao da audiência, caberá *habeas corpus*, mandado de segurança ou correição parcial.

Passada esta etapa, o juiz prolatará sentença ainda em audiência ou, nos casos de maior complexidade e/ou muitos acusados, abrirá prazo de cinco dias para a apresentação de memoriais e sentenciará em dez dias. Vejamos:

CPP, art. 403. Não havendo requerimento de diligências, ou sendo indeferido, serão oferecidas alegações finais orais por 20 (vinte) minutos, respectivamente, pela acusação e pela defesa, prorrogáveis por mais 10 (dez), proferindo o juiz, a seguir, sentença. (...)

§ 3º O juiz poderá, considerada a complexidade do caso ou o número de acusados, conceder às partes o prazo de 5 (cinco) dias sucessivamente para a apresentação de memoriais. Nesse caso, terá o prazo de 10 (dez) dias para proferir a sentença.

Consoante o art. 404, *caput,* do CPP, no caso de o juiz deferir diligências requeridas pelas partes, a audiência será finalizada sem as alegações finais orais.

Entendemos que é inconstitucional, por violação ao sistema acusatório, a previsão constante no artigo supracitado de determinação de diligências *ex officio* pelo juiz. Em reforço a este argumento foi introduzido no CPP o art. 3º-A pela Lei nº 13.964/2019. Vejamos:

Art. 3º-A. O processo penal terá estrutura acusatória, vedadas a iniciativa do juiz na fase de investigação e a substituição da atuação probatória do órgão de acusação.

Destaque-se, no entanto, que o referido dispositivo, até o fechamento desta obra, teve sua eficácia suspensa por medida cautelar deferida pelo STF nas ADIs nºs 6.298, 6.300 e 6.305, o que, na nossa opinião, não enfraquece o argumento da inconstitucionalidade do dispositivo, ante o argumento acima exposto.

Uma vez concluídas as diligências requeridas e deferidas, serão as partes notificadas para a apresentação de alegações finais por meio de memoriais escritos, no prazo de cinco dias, após o qual o juiz prolatará a sentença no prazo de dez dias (art. 404, parágrafo único, do CPP).

> **Jurisprudência destacada**
>
> Viola o princípio constitucional da ampla defesa o indeferimento de prova nova sem a demonstração de seu caráter manifestamente protelatório ou meramente tumultuário, especialmente quando esta teve como causa situação processual superveniente.
>
> É possível a aplicação ao processo penal, por analogia, do art. 435 do CPC (STJ, 6ª Turma, HC nº 545.097/SP, Rel. Min. Rogerio Schietti Cruz, j. 28.09.2021, *Info.* nº 711).

13.2.7 Sentença

Como visto, a regra é que o juiz prolate a sentença em audiência, podendo, no entanto, prolatá-la posteriormente em casos complexos ou que envolvam muitos acusados (*vide* tópico anterior).

Vale destacar que o juiz que presidiu a instrução é que será o responsável por proferir a sentença, conforme o art. 399, § 2º, do CPP. Nota-se aqui o princípio da identidade física do juiz. Evidentemente existem situações que irão excepcionar esta regra, a exemplo do afastamento do juiz por algum motivo (doença, promoção, aposentadoria etc.), no qual o sucessor assumirá tal responsabilidade.

13.3 PROCEDIMENTO COMUM SUMÁRIO

Conforme já abordado, o procedimento sumário será utilizado para o processamento dos crimes cuja pena privativa de liberdade máxima cominada em abstrato seja **inferior a quatro anos** (art. 394, § 1º, II, do CPP), excluindo-se as infrações penais de menor potencial ofensivo,[13] entendidas como contravenções penais e crimes cujas penas máximas sejam inferiores a dois anos. Neste último caso, via de regra, aplicar-se-á o procedimento comum sumaríssimo, que abordaremos no tópico seguinte.

A marcha do procedimento comum sumário pode ser dividida da seguinte forma:

13.3.1 Oferecimento da inicial acusatória (denúncia ou queixa-crime)

Será observado o mesmo procedimento descrito no art. 41 do CPP. A diferença reside no número de testemunhas arroladas. Conforme já explicitado, no rito comum ordinário serão até oito testemunhas, já no procedimento comum sumário, serão **até cinco testemunhas**. Tal qual no procedimento comum ordinário, além de se excluírem do rol das testemunhas aquelas não sujeitas ao compromisso, o número de testemunhas dar-se-á pelo número de imputações, ou seja, se houver duas imputações ao mesmo réu, o número máximo de testemunhas sobe para dez.

13.3.2 Rejeição liminar da denúncia ou queixa

O juiz deve observar se não estão presentes as situações previstas nos arts. 395 a 397, aplicadas a qualquer dos ritos segundo previsão expressa do art. 394, § 4º, do CPP.

13.3.3 Recebimento da inicial pelo magistrado, determinação de citação e resposta do acusado

Uma vez passada a análise anterior, verificando o magistrado não estarem presentes requisitos que autorizem a rejeição da inicial acusatória, esta deve ser recebida, ocasião em que o juiz determinará a citação do acusado para apresentar **resposta no prazo de 10 dias.**

---

[13] Exceto aquelas que necessitem de citação por edital ou de complexidade do caso (arts. 66 e 77, § 2º, ambos da Lei nº 9.099/1995), além de situações que envolvam concurso de crimes quando as penas máximas sejam superiores a dois anos.

Na referida resposta o acusado, tal qual no procedimento comum ordinário, poderá arguir preliminares e alegar tudo mais que possa interessar à sua defesa, arrolando no máximo cinco testemunhas (excluindo-se do rol as não compromissadas).

Caso o acusado não seja localizado, a depender da situação, realizar-se-á a citação por edital (arts. 261 e 363, § 1º, do CPP) ou por hora certa[14] (art. 362 do CPP).

13.3.4 Verificação da possibilidade de julgamento antecipado do processo e absolvição sumária do réu

Da mesma forma que no procedimento comum ordinário, o juiz analisará a possibilidade de julgamento antecipado do processo e absolvição sumária do acusado nos termos do art. 397 do CPP.

13.3.5 Audiência de instrução, interrogatório e julgamento

Não sendo o caso de absolvição sumária do réu, o juiz agendará, no máximo 30 dias, a audiência de instrução.

Na referida audiência o juiz promoverá: a) a oitiva do ofendido (se possível); b) a declaração das testemunhas arroladas pela acusação e defesa; c) esclarecimento dos peritos (caso se aplique); d) eventuais acareações; e e) reconhecimento de pessoas e coisas.

Na sequência, haverá o interrogatório do réu e, após, os debates orais.

Importante pontuar que, nesse rito, segundo o art. 535, via de regra, nenhum ato será adiado, salvo quando imprescindível a prova faltante, determinando o juiz a condução coercitiva de quem deva comparecer.

13.3.6 Alegações finais orais

Consoante o art. 534, *caput*, do CPP, as alegações finais serão orais, tendo a palavra, acusação e defesa (nessa ordem) pelo prazo de 20 minutos, prorrogáveis por mais 10. Havendo mais de um acusado, o tempo previsto será individual (art. 534, § 1º, do CPP).

Norberto Avena (2020) sustenta, com base na paridade de armas, que, caso à defesa seja concedido tempo superior (mais de um réu, por exemplo), este mesmo tempo deve ser acrescido à acusação.

Com todo o respeito ao ilustre mestre, ousamos discordar, uma vez que o processo penal, pela essência do embate entre Estado x Cidadão, já carrega naturalmente, via de regra, disparidade de armas, cujo constituinte e o legislador (além da jurisprudência) tentam matizar através de princípios como o *favor rei*, por exemplo.

Caso exista assistente da acusação habilitado, este terá, logo após o Ministério Público, o tempo de 10 minutos para sua manifestação oral, caso em que este tempo será acrescido ao da defesa.

---

[14] Em caso de verificação de ocultação proposital do acusado.

Excepcionalmente pode o magistrado, em razão das circunstâncias do art. 403, § 3º, do CPP,[15] substituir as alegações finais orais por memoriais escritos, desde que não haja prejuízo para as partes.

13.3.7 Sentença

Da mesma maneira que no rito comum ordinário, no rito comum sumário deverá o juiz, via de regra, proferir a sentença em audiência. A exceção são os casos complexos ou com o número expressivo de réus.

Por analogia, a identidade física do juiz também será a regra no rito comum sumário, exceto situações excepcionais, como a exemplo do afastamento do juiz por algum motivo (doença, promoção, aposentadoria etc.), no qual o sucessor assumirá tal responsabilidade.

13.4 PROCEDIMENTO COMUM SUMARÍSSIMO

Conforme já apontado, o procedimento sumaríssimo aplica-se às infrações de menor potencial ofensivo, na forma da lei, segundo o art. 394, § 1º, III, do CPP. A citada Lei é a 9.099/1995, que instituiu os Juizados Especiais Criminais (JECRIMs). O procedimento será orientado pelos princípios e objetivos descritos no art. 62 da referida lei. Vejamos:

> **Art. 62.** O processo perante o Juizado Especial orientar-se-á pelos critérios da oralidade, simplicidade, informalidade, economia processual e celeridade, objetivando, sempre que possível, a reparação dos danos sofridos pela vítima e a aplicação de pena não privativa de liberdade.

Antes, porém, de adentrarmos especificamente no procedimento sumaríssimo propriamente dito, necessário se faz conhecer conceitos básicos, princípios e institutos aplicados a crimes de menor potencial ofensivo, nos termos da Lei nº 9.099/1995.

Destarte, para fins didáticos, vamos dividir o presente tópico em três: o primeiro trará o arcabouço teórico necessário para o entendimento do processamento das infrações de menor potencial ofensivo; já o segundo abordará a fase preliminar (audiência preliminar – arts. 72 a 76 da Lei nº 9.099/1995); o terceiro tratará do procedimento sumaríssimo propriamente dito (arts. 77 a 83 da Lei nº 9.099/1995).

13.4.1 Dos conceitos básicos, princípios, objetivos e institutos dos crimes de menor potencial ofensivo

Como já abordado, o referido procedimento aplica-se aos feitos que tramitam perante o Juizado Especial Criminal, nos termos da Lei nº 9.099/1995, bem como da Lei nº 10.259/2001, que implementou os juizados especiais criminais na esfera federal.

---

[15] Número excessivo de réus ou complexidade da causa.

Trata-se de competência, em razão da matéria, prevista nos arts. 60 e 61 da Lei nº 9.099/1995, pois o juizado possui competência para conciliação, julgamento e execução de infrações penais de menor potencial ofensivo, que englobam, portanto, contravenções penais[16] e crimes de menor potencial ofensivo, definidos, como visto, como aqueles cujas penas máximas não sejam superiores a 2 (dois) anos, cumulada ou não com a pena de multa (art. 61).

Segundo entendimento do STF,[17] o fato de o crime eventualmente possuir pena alternativa de multa não implica necessariamente o procedimento pelo rito sumaríssimo, mas apenas quando a pena máxima abstrata for inferior a dois anos.

Ressalte-se que a infração penal de menor potencial ofensivo continuará sendo processada nos juizados especiais criminais, mesmo que tal infração possua procedimento previsto em lei especial (alteração do art. 61 da Lei nº 9.099/1995 pela Lei nº 11.313/2006). Por exemplo: o crime do art. 28 da Lei nº 11.343/2006.

Ainda quanto à competência, o STF, na ADI nº 5.264, decidiu que o julgamento das infrações de menor potencial ofensivo pelos juizados especiais criminais é relativo e não exclusivo, declarando o art. 60, parágrafo único, constitucional.

> **Art. 60.** O Juizado Especial Criminal, provido por juízes togados ou togados e leigos, tem competência para a conciliação, o julgamento e a execução das infrações penais de menor potencial ofensivo, respeitadas as regras de conexão e continência.
>
> **Parágrafo único.** Na reunião de processos, perante o juízo comum ou o Tribunal do Júri, decorrentes da aplicação das regras de conexão e continência, observar-se-ão os institutos da transação penal e da composição dos danos civis.

Com efeito, o STF asseverou que o referido dispositivo não viola o princípio do juiz natural e que a CF não prevê em seu texto a competência exclusiva dos juizados especiais para julgamento de infrações de menor potencial ofensivo.

Não resta dúvida que, diante da constitucionalidade do dispositivo apontada pelo STF, eventual conexão ou continência de infração de menor potencial ofensivo com crime da competência do Tribunal do Júri, será de competência deste último o julgamento de ambas as infrações.

Importante frisar, no entanto, conforme se depreende da leitura do parágrafo único do art. 60 da Lei nº 9.099/1995, que os institutos da transação penal e da composição dos dados civis serão observados. Em caso de impossibilidade de aplicação dos referidos institutos, o procedimento aplicado será aquele do crime que atraiu a competência.[18]

---

[16] Apenas no âmbito da justiça estadual, uma vez que a justiça federal de primeiro grau não possui competência para tanto (art. 109, IV, da CF).
[17] HC nº 109.353.
[18] O mesmo raciocínio se aplica ao crime do art. 28 da Lei nº 11.343/2006, quando cometido em conexão ou continência com os crimes dos arts. 33 a 37 da mesma lei.

No que se refere à competência territorial (art. 63 do CPP), é competente o juízo do local da prática da infração penal de menor potencial ofensivo, ou seja, a teoria aplicada seria a da atividade,[19] diferente do disposto no art. 70, *caput*, do CPP – que adota a teoria do resultado.

A Lei nº 9.099/1995 traz em seu texto (art. 62) os seguintes princípios norteadores: 1) **oralidade**; 2) **simplicidade**; 3) **informalidade**; 4) **economia processual**; e 5) **celeridade**. E os seguintes **objetivos do juizado**: 1) **reparação dos danos** sofridos pela vítima, sempre que possível;[20] 2) **aplicação de pena não privativa de liberdade**.

Os referidos princípios podem ser, *mutatis mutandis*, observados desde a esfera pré-processual, na elaboração do Termo Circunstanciado de Ocorrência – TCO (art. 69, *caput*, da Lei nº 9.099/1995), procedimento bem mais simples, informal e célere que o inquérito policial. Traz o resumo das declarações das pessoas envolvidas e das testemunhas e eventualmente a juntada de exames de corpo de delito e documentos que não carecem de análise aprofundada, além do compromisso de o suposto autor do fato em comparecer à audiência no Juizado Especial quando designada.

Embora não seja obrigatória a instauração de TCO em substituição ao inquérito – sobretudo em investigações que, em que pese se trate de crime de menor potencial ofensivo, sejam mais complexas – é a regra, pois consagra todo o sentimento da Lei nº 9.099/1995.

Em se tratando de situação flagrancial de infração de menor potencial ofensivo, se o autor do fato for imediatamente encaminhado ao juizado ou assumir o compromisso de lá comparecer, não se imporá prisão em flagrante ou se exigirá fiança.

Por fim, ainda a título preliminar, faz-se mister recordar que, por expressa previsão legal, não se aplicam os institutos previstos na Lei nº 9.099/1995 aos crimes cometidos no contexto de violência doméstica e familiar contra a mulher (art. 41 da Lei nº 11.340/2006).

De igual modo, recentemente a Lei Henry Borel, Lei nº 14.344/2022, inseriu nova redação ao art. 226, § 1º, do Estatuto da Criança e do Adolescente, Lei nº 8.069/1990, determinando que aos crimes cometidos contra a criança e o adolescente, independente da pena prevista, não se aplica a Lei 9.099/1995.

13.4.2 Da fase preliminar

A fase preliminar (audiência preliminar) está disciplinada pelos arts. 72 a 76 da Lei nº 9.099/1995.

Trata-se de fase pré-processual, sendo possível o oferecimento e aplicação **de três institutos importantes**.

O primeiro deles é a composição civil dos danos (art. 74). Nada mais é que um acordo firmado por autor do fato e vítima para reparação dos danos sofridos por esta por ação decorrente da prática da infração penal de menor potencial ofensivo praticado por aquele. Trata-se, como visto, de um dos objetivos da Lei nº 9.099/1995 previsto no art. 62.

---

[19] Segundo a doutrina majoritária.
[20] Denominada por Claus Roxin de terceira via do Direito Penal.

É imprescindível, no entanto, a homologação judicial do acordo para que haja os efeitos. Essa homologação dar-se-á por meio de sentença irrecorrível que constituirá título executivo judicial, podendo ser, caso necessário, executado em juízo cível. Sendo a pena oferecida a de multa, o juiz poderá reduzi-la até a metade.

Um dos efeitos gerados após a homologação do acordo é a renúncia ao direito de queixa ou representação nos crimes de ação penal privada ou pública condicionada à representação.

Em se tratando de crime de ação penal privada em que não haja acordo, recomenda-se que o juiz suspenda a audiência, informando à vítima sobre a necessidade de oferecer queixa-crime antes do decurso do prazo decadencial, caso queira. A referida queixa pode ser oferecida oralmente na própria audiência, sendo reduzida a termo.

Sendo a queixa oferecida dentro do prazo, segue-se à designação de audiência com a possibilidade de transação penal pelo Ministério Público,[21] ainda anterior ao recebimento da inicial acusatória. Aceita a transação pelo querelado, a queixa-crime deve ser considerada prejudicada.

Caso não seja obtida a composição civil dos danos, ao ofendido será oportunizado o direito de representação verbal (segundo instituto), nos termos do art. 75, *caput*, da Lei nº 9.099/1995. O parágrafo único do mesmo artigo reza que, não oferecida a representação na audiência preliminar, não se implicará decadência do direito, podendo ainda ser este exercido no prazo legal.

O terceiro instituto se refere à possibilidade de transação penal (art. 76 da Lei nº 9.099/1995), conceituado por Renato Brasileiro de Lima (2020a, p. 1566) como: "um acordo celebrado entre o Ministério Público (ou querelante, nos crimes de ação penal privada) e o autor do fato delituoso, por meio do qual é proposta a aplicação imediata de pena restritiva de direitos ou multa, evitando-se, assim, a instauração do processo".

Importante pontuar que ao Ministério Público não é lícito formular proposta se não presentes prova da materialidade de fato definido como infração penal de menor potencial ofensivo e indícios suficientes de autoria por parte do autor do fato.

No caso de crimes de ação penal pública condicionada à representação, o Ministério Público só pode ofertar a transação penal se oferecida a representação por parte do ofendido.

Perceba-se que a regra geral é o oferecimento da transação penal ocorrer antes do oferecimento da denúncia ou queixa. Contudo, há três exceções em que a transação será oferecida posteriormente: na hipótese de 1) *emendatio libelli*;[22] 2) *mutatio libelli*;[23] e 3) réu que, citado por edital no Juízo Comum, comparece em juízo.[24]

---

[21] Segundo a doutrina, mesmo no caso de ação penal privada, o Ministério Público poderia oferecer transação penal.

[22] A fim de não sermos repetitivos, remetemos o leitor aos tópicos anteriores desta obra que abordam esse conceito.

[23] Idem.

[24] Avena (2020, p. 825) traz o seguinte caso ilustrativo: caso seja iniciado o procedimento no juizado especial e o autor não comparecer à audiência, o MP poderá oferecer denúncia oral. Não sendo o autor localizado, os autos serão remetidos ao juízo comum, segundo o art. 66, parágrafo único, da

O art. 76, § 2º, da Lei nº 9.099/1995 lista situações em que não é possível o oferecimento de transação penal. Vejamos:

> **Art. 76.** Havendo representação ou tratando-se de crime de ação penal pública incondicionada, não sendo caso de arquivamento, o Ministério Público poderá propor a aplicação imediata de pena restritiva de direitos ou multas, a ser especificada na proposta. (...)
>
> **§ 2º** Não se admitirá a proposta se ficar comprovado:
>
> I – ter sido o autor da infração condenado, pela prática de crime, à pena privativa de liberdade, por sentença definitiva;
>
> II – ter sido o agente beneficiado anteriormente, no prazo de cinco anos, pela aplicação de pena restritiva ou multa, nos termos deste artigo;
>
> III – não indicarem os antecedentes, a conduta social e a personalidade do agente, bem como os motivos e as circunstâncias, ser necessária e suficiente a adoção da medida.

Entretanto, caso o autor do fato preencha os requisitos, o Ministério Público deve ofertar a possibilidade. Trata-se **não de um direito público subjetivo** para o autor do fato, mas de um **poder-dever** do Ministério Público, sendo esta a posição do STF.[25] A transação constitui uma **mitigação ao princípio da obrigatoriedade** da ação penal pública, ou seja, aplicar-se-ia o **princípio da discricionariedade regrada ou obrigatoriedade mitigada**.

Pergunta interessante é: e se, mesmo diante disso, o membro do Ministério Público não propor a transação ao autor do fato? Nessa situação, após as alterações implementadas pela Lei nº 13.964/2019, segundo a doutrina majoritária, seria o caso de requerimento ao juiz para aplicação do art. 28-A, § 14, do CPP, por analogia.[26] Vejamos:

> **Art. 28-A.** Não sendo caso de arquivamento e tendo o investigado confessado formal e circunstancialmente a prática de infração penal sem violência ou grave ameaça e com pena mínima inferior a 4 (quatro) anos, o Ministério Público poderá propor acordo de não persecução penal, desde que necessário e suficiente para reprovação e prevenção do crime, mediante as seguintes condições ajustadas cumulativa e alternativamente: (...)
>
> **§ 14.** No caso de recusa, por parte do Ministério Público, em propor o acordo de não persecução penal, o investigado poderá requerer a remessa dos autos a órgão superior,[27] na forma do art. 28 deste Código.

Lei nº 9.099/1995, para fins de citação por edital. Localizado o imputado, no âmbito da Justiça Comum, o procedimento não retornará ao JECRIM, entretanto caberá ao Ministério Público analisar a possibilidade de transação penal.

[25] HC APn nº 634/RJ.

[26] Anteriormente a este entendimento advindo das alterações do Pacote Anticrime, entendia-se pela aplicação analógica da Súmula nº 696 do STF: "Reunidos os pressupostos legais permissivos da suspensão condicional do processo, mas se recusando o Promotor de Justiça a propô-la, o Juiz, dissentindo, remeterá a questão ao Procurador-Geral, aplicando-se por analogia o art. 28 do Código de Processo Penal".

[27] Entenda-se por órgão superior o Procurador-Geral de Justiça (na esfera estadual) ou Câmara de Coordenação e Revisão (na esfera federal).

Uma vez oferecida a transação penal pelo Ministério Público, o autor do fato pode aceitá-la, rejeitá-la ou, ainda, oferecer contraproposta, ressaltando, neste último caso, a natureza de acordo do instituto. Caso aceite, não se trata de assunção de culpa,[28] razão pela qual a transação não gera reincidência ou maus antecedentes, não gera efeitos extrapenais previstas no art. 91 do CP (como a perda ou confisco de bens utilizados na prática do delito), não deve constar em certidões, sendo registrada internamente apenas para fins de controle da impossibilidade de nova transação futura se da anterior contar menos de cinco anos (art. 76, § 2º, II, e art. 76, §§ 4º e 6º, todos da Lei nº 9.099/1995).

Há certa controvérsia sobre a natureza da decisão de que homologa a transação. Para parte da doutrina tratar-se-ia de uma decisão de **natureza condenatória imprópria**, porquanto, embora aplique pena, não geraria os efeitos tradicionais de condenação. Para outra parcela doutrinária, teria **natureza declaratória**. Alguns afirmam, por fim, ser uma simples **decisão homologatória de transação penal**, nem condenatória, nem declaratória. Esta última nos parece a mais adequada.

Havendo homologação pelo juiz, caberá recurso de apelação (art. 76, § 5º, da Lei nº 9.099/1995). No caso de rejeição da homologação, segundo entendimento doutrinário, caberá apelação, bem como *habeas corpus* ou, ainda, mandado de segurança em matéria criminal.

Há divergência doutrinária acerca da possibilidade de o assistente da acusação recorrer da decisão homologatória. Pode-se apontar que essa discussão só faria sentido se a transação fosse oferecida após a denúncia (nas hipóteses excepcionais abordadas anteriormente), pois não há falar-se em assistente da acusação antes disso. Todavia, vencido esse ponto inicial, cumpre advertir que só se vislumbra a possibilidade de recurso pelo assistente da acusação em casos excepcionais, como, por exemplo, homologação de transação penal ofertada pelo Ministério Público a sujeito já beneficiado pelo instituto há menos de cinco anos, em violação clara à restrição imposta pelo art. 76, § 2º, II, da Lei nº 9.099/1995.

A decisão que homologa a transação faz coisa julgada formal, pois fato posterior de injustificado descumprimento pode desconstitui-la. Neste caso, mesmo passado o prazo do recurso da decisão de homologação, será possível o oferecimento da denúncia pelo Ministério Público ou requisição de instauração de inquérito policial. Com efeito, é o que reza a Súmula Vinculante nº 35 do STF. Vejamos:

> A homologação da transação penal prevista no art. 76 da Lei nº 9.099/1995 não faz coisa julgada material e, descumpridas suas cláusulas, retoma-se a situação anterior, possibilitando-se ao Ministério Público a continuidade da persecução penal mediante oferecimento de denúncia ou requisição de inquérito policial.

Diferentemente do transcrito, caso se trate de proposta para aplicação de multa, esta deve ser executada, segundo o STF (AP nº 470 e ADI nº 3.150), pelo próprio Ministério Público no juízo da execução penal, consoante procedimento da LEP e, subsidiariamente,

---

[28] Ao contrário do *guilty-plea* norte-americano, que exige confissão.

pela Fazenda Pública, caso houvesse inércia do MP pelo prazo de 90 (noventa) dias após intimado para a finalidade.[29]

Ocorre que, para fins de competência, a referida decisão do STF deve ser analisada à luz do art. 60, *caput*, da Lei nº 9.099/1995.[30] Dessa forma, o **próprio juizado** e não o juízo de execuções penais seria o competente para a execução da pena de multa.

Cumpridos os termos da transação, ocorre a extinção da punibilidade do agente. Não sendo o caso de transação penal ou em virtude de rejeição desta, passa-se ao procedimento sumário propriamente dito, que se verá no tópico a seguir.

13.4.3 Do procedimento sumaríssimo propriamente dito

O procedimento sumaríssimo propriamente dito foi disciplinado pelos arts. 77 e 81 da citada lei e possui, em suma, as seguintes fases:

13.4.3.1 Oferecimento da inicial acusatória (denúncia ou queixa-crime) oral em audiência preliminar

Na fase preliminar, em se tratando de situações que impeçam o oferecimento de transação penal ao autor do fato (art. 76, § 2º, da Lei nº 9.099/1995) ou ainda nas situações em que a transação penal for ofertada, mas não aceita, caberá ao juiz, no prosseguimento da audiência, conceder a palavra ao Ministério Público ou ao ofendido para que **ofereça a denúncia ou queixa-crime oral**, que será reduzida a termo na audiência preliminar. Nesse momento devem ser arroladas as testemunhas da acusação (até cinco, em analogia ao rito comum sumário, uma vez que a lei não traz essa informação).

Caso haja alegações acerca da incompetência do Juizado Especial Criminal, a acusação deve se abster de oferecer a inicial oral e deverá requerer a **declinação da competência ou suscitado o conflito negativo de competência**.

Também precede ao oferecimento da denúncia o **requerimento de diligências investigatórias** para melhor esclarecimento dos fatos, que serão cumpridas pela autoridade policial por meio de procedimento específico para a finalidade, ou, em razão da complexidade, número de envolvidos e/ou ausência de maiores elementos para a formação de convicção, por meio de inquérito policial.

Uma vez oferecida a denúncia ou queixa oral, o magistrado pode **rejeitá-la** caso verifique algumas das situações listadas no art. 395 do CPP, quais sejam: a) inépcia da inicial; b) falta de pressuposto ou condição de ação penal; e c) falta de justa causa para o exercício da ação.

---

[29] Esse entendimento se sustentava mesmo após as alterações da Lei nº 13.964/2019 (Pacote Anticrime).

[30] Não se aplica o art. 51 do Código Penal (mesmo alterado pela Lei nº 13.964/2019), em razão do princípio da especialidade.

No que tange ao art. 396 do CPP, no entanto, é necessário cautela na análise quando conjugado ao art. 81 da Lei nº 9.099/1995. Com efeito, o **art. 396 do CPP** afirma que a **resposta do acusado** será ofertada **após o recebimento da inicial acusatória**, já o **art. 81, da Lei nº 9.099/1995** afirma que a **resposta** será **antes da denúncia ou queixa**.

Sobre este ponto surgem **duas correntes**. A **primeira** sustenta que seriam dois momentos distintos, ou seja, o suposto autor do fato deveria ofertar duas respostas: uma antes do recebimento da inicial[31] e outra após.[32] A **segunda** corrente afirma que não se aplica ao procedimento sumaríssimo o disposto no art. 396 do CPP, devendo ser oferecida a resposta ao acusado apenas antes do recebimento da inicial. Esta última corrente, majoritária na jurisprudência, é a que, em nossa opinião, melhor se adequa à celeridade do procedimento sumário.[33]

Norberto Avena (2020) sustenta que, na resposta à acusação (antes do recebimento da inicial, adotando-se a segunda corrente), o suposto autor do fato pode alegar também as situações que gerariam absolvição sumária (art. 397 do CPP), devendo ser analisadas as referidas alegações antes do recebimento da denúncia ou queixa-crime, não havendo motivo ao juiz para novamente realizar essa análise após o recebimento da inicial.

Ousamos discordar desse posicionamento com todo o respeito ao mestre. Assim como o Professor Avena destaca, acreditamos, por ser eminentemente favorável ao acusado, ser possível a ele a alegação das situações previstas no **art. 397 do CPP**,[34] no entanto, não nos parece ser momento anterior ao recebimento da inicial (cujo um dos efeitos é a formação da relação processual) aquele adequado para a análise e eventual absolvição sumária.

13.4.3.2 Citação do autor do fato

Caso o acusado esteja presente na audiência preliminar, ele será citado e cientificado da data da audiência de instrução e julgamento, sendo também cientificados o Ministério Público, o ofendido, o responsável civil e seus advogados, nos termos do art. 78, *caput*, da Lei nº 9.099/1995.

Em se tratando de acusado ausente na audiência, este será citado pessoalmente e cientificado da data de audiência de instrução e julgamento. Na ocasião, o acusado deverá levar suas testemunhas ou apresentar requerimento para intimação no prazo mínimo de cinco dias antes da sua realização (art. 78, § 1º, da Lei nº 9.099/1995).

Não é possível em sede de Juizado Especial Criminal a citação por edital (art. 361 do CPP) ou por hora certa (art. 362 do CPP). Em não sendo localizado o acusado, os autos devem ser encaminhados ao juízo comum (art. 66 da Lei nº 9.099/1995), seguindo-se o rito sumário.

---

[31] Podendo alegar inclusive as situações do art. 395 do CPP.
[32] Na qual pode alegar as situações do art. 397 do CPP.
[33] Somado a isso, Norberto Avena (2020) sustenta que, aparentemente, esta foi a intenção do legislador na edição da Lei nº 11.719/2008 que, ao modificar o art. 396 do CPP, cita tão somente procedimento ordinário e sumário, não se referindo ao sumaríssimo.
[34] Inclusive em razão da própria celeridade que eventual absolvição sumária geraria, coadunando-se com o arcabouço principiológico inerente ao procedimento sumaríssimo.

13.4.3.3 Audiência de instrução e julgamento

Na data pré-designada pelo magistrado, caso não tenha sido possível a conciliação em audiência preliminar (composição civil dos danos e oferecimento de transação penal), o juiz deve tentar fazê-la.[35] Não sendo possível, haverá a seguinte sequência de atos:

- **Resposta à acusação:** na verdade, a obrigação do magistrado, sob pena de nulidade processual, é facultar ao acusado o oferecimento da resposta à acusação. Conforme salientado em tópico anterior para onde remetemos o leitor, cabe cautela na análise do art. 396 do CPP conjugado com o art. 81 da Lei nº 9.099/1995. Embora o art. 81 da Lei nº 9.099/1995 se refira à resposta oral em audiência, é comum a apresentação da resposta por escrito, cuja aceitação pelo juiz se condiciona à possibilidade de exame imediato.
- **Rejeição ou recepção da inicial:** conforme apontado no tópico anterior, uma vez oferecida a resposta à acusação, o magistrado, verificando uma das situações dos arts. 395 e 397 do CPP, poderá rejeitar a denúncia ou queixa, sendo o recurso cabível para essa decisão a apelação (art. 82 da Lei nº 9.099/1995). Em não se tratando de uma dessas situações, o juiz receberá a inicial. Parcela majoritária da jurisprudência considera que essa decisão não precisa ser motivada, porquanto funcionaria como mero juízo de admissibilidade.
- **Oitiva do ofendido e testemunhas e interrogatório do acusado:** trata-se da produção da prova oral. As testemunhas da acusação[36] serão arroladas na inicial, já as do réu, trazidas em audiência ou intimadas por meio de correspondência, com aviso de recebimento pessoal, por oficial de justiça ou qualquer outro meio idôneo de comunicação (art. 78, § 3º, conjugado ao art. 67, todos da Lei nº 9.099/1995). No caso do acusado, este deve trazer em audiência suas testemunhas[37] ou requerer suas intimações no prazo anterior de cinco dias da audiência. Segundo o art. 80 da Lei nº 9.099/1995, nenhum ato será adiado, determinando o juiz, quando imprescindível, a condução coercitiva de quem deva comparecer. É possível, ainda, a expedição de carta precatória no âmbito dos Juizados Especiais Criminais. Ouvidas as testemunhas, ocorrerá o interrogatório do acusado.
- **Debates orais:** uma vez realizada a produção da prova oral, o juiz abrirá a oportunidade para os debates orais.
- **Sentença:** terminada a fase anterior, o magistrado proferirá a sentença em audiência. Obviamente a decisão deve ser motivada (art. 93, IX, da CF), mas dispensa relatório (art. 81, § 3º, da Lei nº 9.099/1995).

---

[35] Não é possível ao magistrado, no entanto, em contrariedade ao MP oferecer a proposta de transação penal.
[36] No máximo cinco, por analogia ao procedimento sumário.
[37] Idem.

13.4.3.4 Recursos

Segundo o art. 82 da Lei nº 9.099/1995, da decisão que rejeita a denúncia ou queixa, bem como da sentença, caberá, no prazo de 10 dias recurso de apelação,[38] dirigido à Turma Recursal composta por três magistrados em exercício no primeiro grau de jurisdição.

> **Decifrando a prova**
>
> **(2021 – FGV – PC/RN – Delegado de Polícia Civil Substituto)** A Lei nº 9.099/1995 dispõe sobre os Juizados Especiais Criminais, próprios para o julgamento dos delitos de menor potencial ofensivo, prevendo regramento e institutos próprios. De acordo com a referida legislação e outras subsequentes:
> A) os crimes de menor potencial ofensivo sempre serão julgados no Juizado Especial Criminal;
> B) caberá recurso de apelação contra a decisão que rejeitar a denúncia;
> C) não será possível a suspensão condicional do processo quando não oferecida ou aceita a transação penal;
> D) a sentença deverá, obrigatoriamente, conter relatório, fundamentação e parte dispositiva;
> E) consideram-se infrações de menor potencial ofensivo aquelas em que a pena máxima não é superior a dois anos e não possuem a elementar violência ou grave ameaça à pessoa.
> **Gabarito comentado:** de acordo com o art. 82 da Lei nº 9.099/1995, a letra B é o gabarito.

As contrarrazões também devem ser ofertadas no prazo de 10 dias.

Segundo o art. 83 da Lei nº 9.099/1995 é possível – em caso de obscuridade, contradição ou omissão na sentença ou acórdão – o oferecimento do recurso de embargos de declaração, por escrito ou oralmente, no prazo de cinco dias.[39] Os embargos interrompem o prazo para a interposição de recurso (art. 83, § 2º). Os erros materiais podem ser corrigidos de ofício pelo magistrado (art. 83, § 3º).

13.4.3.5 Execução

Consoante o art. 84 da Lei nº 9.099/1995 se aplicada exclusivamente a pena de multa, o cumprimento se dará por meio do pagamento na Secretaria do Juizado. Uma vez efetuado o pagamento, o juiz declarará extinta a punibilidade. Nesse caso, a condenação não constará dos registros criminais, exceto para fins de requisição judicial (art. 84, parágrafo único).

Caso não paga a multa, esta constitui-se dívida de valor, a ser executada, como abordado em tópico anterior, segundo o STF (AP nº 470 e ADI nº 3.150), pelo próprio Ministério Público no juízo da execução penal,[40] consoante procedimento da LEP e, subsidiariamente,

---

[38] As razões do recurso necessariamente precisam conter o pedido expresso de modificação da decisão.
[39] Atente que o prazo se difere do prazo de dois dias previsto nos arts. 382 e 619 do CPP.
[40] Uma vez que, segundo entendimento pacífico, não perderia sua essência de sanção penal.

pela Fazenda Pública, caso houvesse inércia do MP pelo prazo de 90 dias após intimado para a finalidade.[41]

Ocorre que, para fins de competência, a referida decisão do STF deve ser analisada à luz do art. 60, *caput*, da Lei nº 9.099/1995.[42] Dessa forma, o **próprio juizado** e não o juízo de execuções penais seria o competente para a execução da pena de multa.

Em se tratando de pena privativa de liberdade ou restritiva de direitos ou, ainda, caso haja multa cumulada com estas, o juízo competente será o competente – juízo de execução penal (art. 86 da Lei nº 9.099/1995).

13.4.3.6 Disposições finais (suspensão condicional do processo)

Uma vez finalizadas as etapas do procedimento sumário propriamente dito, a Lei nº 9.099/1995 trata das "disposições finais", dentre as quais, a suspensão condicional do processo (art. 89), chamada pela doutrina de *sursis* **processual**.

Segundo o *caput* do citado artigo, nos casos de crimes em que a **pena mínima** cominada for **igual ou inferior a um ano**, ao oferecer a denúncia, o Ministério Público poderá propor a **suspensão condicional do processo de dois a quatro anos**. O acusado não pode estar sendo processado ou ter sido condenado por outro crime[43] e devem estar presentes os requisitos autorizadores do *sursis* (art. 77 do CP).

Caso a proposta seja aceita pelo acusado e seu defensor, o juiz, ao receber a denúncia, poderá suspender o processo, submetendo o acusado a período de prova, sob as seguintes condições previstas nos incisos do § 1º do art. 89.

I – reparação do dano, salvo impossibilidade de fazê-lo;

II – proibição de frequentar determinados lugares;

III – proibição de ausentar-se da comarca onde reside, sem autorização do juiz;

IV – comparecimento pessoal e obrigatório a juízo, mensalmente, para informar e justificar suas atividades.

As condições citadas, denominadas **condições legais**, não podem ser dispensadas pelo juiz. No entanto, este pode especificar outras condições que devem ser cumpridas pelo acusado e a que ficará subordinada à suspensão (**condições judiciais**), desde que adequada ao fato supostamente praticado e à situação pessoal do acusado (art. 89, § 2º).[44]

Durante o prazo da suspensão do processo, não correrá a prescrição do crime (art. 89, § 6º).

---

[41] Esse entendimento se sustenta mesmo após as alterações da Lei nº 13.964/2019 (Pacote Anticrime).

[42] Não se aplica o art. 51 do Código Penal (mesmo alterado pela Lei nº 13.964/2019), em razão do princípio da especialidade.

[43] Segundo os Tribunais Superiores, em analogia ao art. 64, I, do CP, pode ocorrer a suspensão condicional do processo na hipótese de condenação anterior, se decorrer período superior a 5 (cinco) anos entre a data da extinção da pena ou seu cumprimento e a infração posterior.

[44] Todos esses requisitos são tidos como constitucionais pelo STF (*Informativo* nº 903).

Uma vez expirado o período de prova com o cumprimento das condições especificadas, ocorrerá a extinção da punibilidade do suposto autor do fato (art. 89, § 5º). O STF (RHA nº 28.504/PA) decidiu, no entanto, que a extinção da punibilidade não ocorre de forma automática após o término do período de prova sem revogação da suspensão condicional do processo, mas depende de certificação de que o acusado cumpriu as condições determinadas e que não veio a ser denunciado por novo delito durante o período de prova.

Segundo o § 3º do art. 89 da Lei nº 9.099/1995, se o acusado vier a ser processado por outro crime ou não efetuar, injustificadamente, a reparação do dano sofrido pela vítima, haverá a revogação da suspensão (**revogação obrigatória**). O parágrafo seguinte (§ 4º) trata do caso de **revogação facultativa** no caso de o acusado vier a ser processado, durante o período de prova, por contravenção penal ou descumprir alguma das condições impostas.[45]

Tal qual a transação penal, o *sursis* processual, **não é um direito público subjetivo para o acusado**,[46] mas, sim, um **poder-dever do Ministério Público**, ou seja, uma vez preenchidos os requisitos impostos (pelo juiz e/ou por lei), deverá aplicar o instituto e propor a suspensão.

O mesmo raciocínio já abordado na ocasião da transação penal, portanto, se impõe em relação à negativa do membro do MP em oferecer a suspensão condicional do processo.

Segundo a doutrina majoritária, seria o caso de requerimento ao juiz para aplicação do art. 28-A, § 14, do CPP, por analogia. Vejamos:

> **Art. 28-A.** Não sendo caso de arquivamento e tendo o investigado confessado formal e circunstancialmente a prática de infração penal sem violência ou grave ameaça e com pena mínima inferior a 4 (quatro) anos, o Ministério Público poderá propor acordo de não persecução penal, desde que necessário e suficiente para reprovação e prevenção do crime, mediante as seguintes condições ajustadas cumulativa e alternativamente: (...)
>
> § 14. No caso de recusa, por parte do Ministério Público, em propor o acordo de não persecução penal, o investigado poderá requerer a remessa dos autos a órgão superior,[47] na forma do art. 28 deste Código.

Solução semelhante anterior à Lei nº 13.964/2019 encontra-se na Súmula nº 696 do STF: "Reunidos os pressupostos legais permissivos da suspensão condicional do processo, mas se recusando o Promotor de Justiça a propô-la, o juiz, dissentindo, remeterá a questão ao Procurador-Geral, aplicando-se por analogia o art. 28 do Código de Processo Penal".

Oferecida a proposta de suspensão, o acusado pode negá-la, ocasião em que o processo prosseguirá em seus ulteriores termos (art. 89, § 7º, da Lei nº 9.099/1995).

---

[45] O STF (*Informativo* nº 668), por critério de proporcionalidade, decidiu que, no caso de processamento pelo crime previsto no art. 28 da Lei nº 11.343/2006 (porte de drogas para consumo pessoal), a revogação será facultativa e não obrigatória.

[46] Embora em julgado isolado constante no *Informativo* nº 513 o STF tenha admitido ser sim um direito público subjetivo do acusado.

[47] Entenda-se por órgão superior o Procurador-Geral de Justiça (na esfera estadual) ou Câmara de Coordenação e Revisão (na esfera federal).

Tal qual visto na transação penal, a suspensão condicional do processo só gera efeitos a partir da homologação judicial, decisão da qual caberá recuso em sentido estrito.[48]

Não se aplica o instituto da suspensão condicional do processo na Justiça Militar.

Jurisprudência destacada

Importante destacar, por fim, as seguintes súmulas que se aplicam ao instituto:

Súmula nº 243, STJ: "O benefício da suspensão do processo não é aplicável em relação às infrações penais cometidas em concurso material, concurso formal ou continuidade delitiva, quando a pena mínima cominada, seja pelo somatório, seja pela incidência da majorante, ultrapassar o limite de um ano".

Súmula nº 337, STJ: «É cabível a suspensão condicional do processo na desclassificação do crime e na procedência parcial da pretensão punitiva".

Súmula nº 536, STJ: "A suspensão condicional do processo e a transação penal não se aplicam na hipótese de delitos sujeitos ao rito da Lei Maria da Penha".

Súmula nº 723, STF: "Não se admite a suspensão condicional do processo por crime continuado, se a soma da pena mínima da infração mais grave com o aumento mínimo de um sexto for superior a um ano".

Decifrando a prova

(2021 – NC/UFPR – PC/PR – Delegado de Polícia) Sobre os Juizados Especiais Criminais (Lei nº 9.099/1995), assinale a alternativa correta.

A) A autoridade policial responsável pela lavratura do termo circunstanciado deverá encaminhá-lo imediatamente ao Juizado, cabendo ao juiz, ao receber o termo, a requisição de exames periciais necessários.

B) A existência de outro inquérito policial em curso contra o acusado constitui obstáculo ao oferecimento de suspensão condicional do processo.

C) Na hipótese de concurso material de crimes, será firmada a competência do Juizado Especial Criminal quando a pena máxima individual de cada um dos crimes não for superior a dois anos.

D) A transação penal será proposta nos crimes em que a pena mínima cominada for igual ou inferior a um ano, independentemente da pena máxima cominada, desde que presentes os demais requisitos legais.

E) No Juizado Especial Criminal, todas as provas serão produzidas na audiência de instrução e julgamento, podendo o juiz limitar ou excluir as que considerar excessivas, impertinentes ou protelatórias.

Gabarito comentado: de acordo com o art. 33 da Lei nº 9.099/1995, a letra E é o gabarito.

---

[48] Por interpretação extensiva do art. 581, I, do CPP.

13.5 PROCEDIMENTO ESPECIAL DO TRIBUNAL DO JÚRI (ARTS. 406 A 497)

O procedimento especial do Tribunal do Júri está disciplinado pelos arts. 406 a 497 e foi estruturalmente modificado pela Lei nº 11.689/2008.

Os princípios constitucionais do Tribunal do Júri estão previstos no art. 5º, XXXVIII, da CF. Vejamos:

> **Art. 5º** Todos são iguais perante a lei, sem distinção de qualquer natureza, garantindo-se aos brasileiros e aos estrangeiros residentes no País a inviolabilidade do direito à vida, à liberdade, à igualdade, à segurança e à propriedade, nos termos seguintes: (...)
>
> XXXVIII – é reconhecida a instituição do júri, com a organização que lhe der a lei, assegurados:
>
> *a)* a plenitude de defesa;
>
> *b)* o sigilo das votações;
>
> *c)* a soberania dos veredictos;
>
> *d)* a competência para o julgamento dos crimes dolosos contra a vida; (...)

Entende-se plenitude da defesa como uma acepção mais macro do princípio da ampla defesa. Isso significa que todos os meios lícitos disponíveis para a defesa do réu, mesmo que não pautados em critérios científicos ou até mesmo razoáveis segundo alguns, podem ser alegados. É o exemplo da leitura de cartas psicografadas no plenário do júri, o que aconteceu no emblemático caso da Boate Kiss, no Rio Grande do Sul.

Em razão da plenitude da defesa, é lícito, portanto, que a defesa técnica, à vista da robustez da prova colacionada pela acusação, tente gerar nos jurados alguma dúvida, apresentando teses jurídicas ou não que podem não ter qualquer ligação entre elas, inclusive. É o que **se chama de Síndrome do Piu-Piu no Processo Penal**.[49] No afã de se tentar gerar dúvida, é possível à defesa a apresentação da chamada **testemunha de viveiro**, ou seja, aquela não mencionada no inquérito ou na primeira fase do júri, criada e cultivada pela defesa, é arrolada para depor em plenário, trazendo inclusive situações inverídicas (ALVES, 2021).

Ainda sobre esse ponto, há de se registrar que na **ADPF nº 779, o STF, por unanimidade, firmou o entendimento de que a alegada tese da "legítima defesa da honra"**[50] é **inconstitucional** e fere os princípios da dignidade da pessoa humana, da proteção à vida e da igualdade de gênero.

Sobre o sigilo das votações (e consequentemente incomunicabilidade dos jurados), insta salientar que o direito brasileiro se difere do sistema norte-americano, em que há ampla discussão da causa. A citada incomunicabilidade é fiscalizada nos momentos de recesso da

---

[49] Em razão do personagem do desenho animado que diz: "Acho que vi um gatinho" ao ver o gato Frajola. Nesta construção (síndrome do Piu-Piu) realizada pelo escritor Olavo de Carvalho, o que importa é a palavra "acho" como última ação desesperadora a fim de criar dúvida àquele que o encurrala.

[50] Traição conjugal alegada como justificadora do crime doloso contra a vida.

sessão do júri pelos oficiais de justiça e se refere apenas a situações relacionadas à causa, não de assuntos naturais do cotidiano.[51]

O princípio constitucional da soberania dos veredictos informa que, uma vez tomada a decisão pelos jurados, esta não pode ser modificada pelo juiz togado ou pelo tribunal que avalie eventual recurso. Por esta razão que, no caso de julgamento de recurso de apelação contra decisão dos jurados manifestamente contrária à prova dos autos, o Tribunal de Justiça deve anular o julgamento, devendo ser designado outro júri. Não pode, portanto, o Tribunal de Justiça substituir a função dos jurados, condenando ou absolvendo o réu ou, ainda, acrescendo ou suprimindo alguma circunstância qualificadora etc.[52]

É de competência constitucional do Tribunal do Júri o julgamento dos crimes dolosos contra a vida (arts. 121 a 127 do CP), sejam tentados ou consumado (art. 5º, XXXVIII, *d*, da CF). Trata-se de competência mínima, uma vez que pode ser ampliada por legislação infraconstitucional.[53]

Importante repisar que nem todos os crimes cujos resultados podem ceifar vidas são de competência do Tribunal do Júri, mas apenas os descritos nos arts. 121 a 127 do CP, vale dizer: homicídio (incluindo o feminicídio), induzimento, instigação ou auxílio a suicídio ou a automutilação, infanticídio e aborto. Não são, portanto, crimes de competência do Tribunal do Júri: latrocínio,[54] lesão corporal seguida de morte, estupro seguido de morte, tortura seguida de morte, maus-tratos seguido de morte etc.

Segundo o art. 78, I, do CPP, além dos crimes dolosos contra a vida é de competência do Tribunal do Júri o julgamento dos crimes que lhes são conexos ou continentes.

O Tribunal do Júri trata-se de órgão heterogêneo, porquanto possui, além de um juiz de direito togado (presidente),[55] 25 jurados (art. 447 do CPP) (TÁVORA e ALENCAR, 2017).

Serão sorteados 7 dentre os 25 jurados.[56] Estes comporão o **conselho de sentença**. Os juízes sorteados são denominados juízes leigos, ou seja, juízes de fato que vão, por meio da votação de quesitos, decidir se o réu deve ser absolvido ou condenado.

Não há hierarquia entre o juiz presidente e os jurados, cada um possui sua função, razão pela qual diz-se que o Tribunal do Júri é um **órgão horizontal**. Trata-se, ainda, de **órgão temporário**, uma vez que tem funcionamento apenas alguns períodos do ano.[57]

---

[51] Já decidiu o STJ que, em razão da quebra de incomunicabilidade dos jurados, deve ser declarado nulo o júri em que, durante a fala do Ministério Público, um dos jurados se manifestou que haveria crime, sendo repreendido pelo presidente (*Informativo* nº 630).

[52] Conforme apontam Távora e Alencar (2017, p. 1232), este princípio não é absoluto, pois o Tribunal de Justiça pode absolver o réu injustamente condenado pelo júri em sentença criminal transitada em julgado.

[53] Não pode, no entanto, ser reduzida.

[54] Neste sentido, a Súmula nº 603 do STF: "A competência para o processo e julgamento de latrocínio é do juiz singular e não do Tribunal do Júri".

[55] Cujas atribuições são previstas no art. 497 do CPP.

[56] Devendo estar presentes na sessão ao menos 15 jurados (art. 463, *caput*, do CPP).

[57] A lei de organização judiciária de cada Estado define os períodos de reunião.

No Brasil, o Tribunal do Júri segue o **modelo tradicional** de composição, pois o julgamento da causa cabe aos jurados, devendo o juiz presidente (na segunda fase) exercer as funções dispostas no art. 497 do CPP.

Em contraposição a este modelo, há o **modelo escabinado**, em que juízes leigos e de carreira, compondo órgão colegiado, decidem conjuntamente a causa, sem hierarquia entre eles. Alves (2021, p. 312) afirma:

> Presentes em países como Alemanha, França, Itália, Suíça, Suécia, Bélgica, Portugal, Espanha, Grécia, Dinamarca, Bulgária, Polônia, Romênia e Argélia, o modelo escabinado tem aplicação no Brasil apenas no âmbito da Justiça Militar, na qual é conferida competência ao Conselho de Justiça, órgão colegiado formado por juiz de direito (juiz togado) e juízes militares, sendo que estes últimos são superiores hierárquicos dos militares julgados como réus. Essa formação do órgão colegiado garante um julgamento técnico-jurídico (realizado pelo juiz em relação ao direito) e um julgamento técnico-profissional (feito por juízes militares) e, por consequência, ao menos em tese, produzindo decisões ponderadas e eficazes.

O processamento dos crimes de competência do Tribunal do Júri é **bifásico**,[58] ou seja, dividido em dois momentos distintos e com caraterísticas próprias. Para fins didáticos, vamos abordar as fases de maneira separada.

13.5.1 Primeira fase do processamento dos crimes do Tribunal do Júri

A primeira fase, denominada fase de **fase de instrução preliminar**; ou **formação da culpa**; ou **sumário da culpa**; ou **juízo de admissibilidade**; ou **juízo de acusação** (*judicium accusationis*) tramita perante o juiz-presidente do Tribunal do Júri, com exclusividade e tem como objetivo e confirmação de competência do Tribunal do Júri.

Visa ainda a simplificar o procedimento aos jurados, que como dito, são leigos. Essa fase se assemelha a uma espécie de filtro das questões jurídicas a fim de que os jurados decidam, de maneira consciente, sobre a absolvição ou condenação do réu.[59]

Esta fase é bastante parecida com a do procedimento comum ordinário, para onde remetemos o leitor. Há, no entanto, algumas diferenças listadas por Alves (2021, p. 314):

> **A manifestação do autor da ação penal ocorre após a resposta escrita do réu (art. 409 do CPP).** Vejamos: "Art. 409. Apresentada a defesa, o juiz ouvirá o Ministério Público ou o querelante sobre preliminares e documentos, em 5 (cinco) dias".
>
> **Há prazo máximo de 10 dias para a realização da audiência de instrução e julgamento (art. 410 do CPP).** *Ipsis litteris*: "Art. 410. O juiz determinará a inquirição das

---

[58] Nucci (2020, p. 1444) afirma que se trata de procedimento **trifásico** – existindo a **fase de preparação do processo para julgamento em plenário**, como fase autônoma, entre a fase de formação de culpa e a do julgamento em plenário.

[59] Ou desclassificação, se for o caso.

testemunhas e a realização das diligências requeridas pelas partes, no prazo máximo de 10 (dez) dias".

Não existe fase de diligência do art. 402 do CPP.

Alegações finais necessariamente orais (art. 411, §§ 4º a 6º do CPP). Embora seja o correto, caso apresentada de maneira escrita haverá mera irregularidade se as alegações forem aceitas pelo magistrado. Segundo entendimento do STF, a falta de alegações finais – inclusive por parte da defesa – gera nulidade relativa (desde que a parte tenha sido regularmente intimada para a providência, obviamente), dependendo, pois, da demonstração de prejuízo e é sujeita à preclusão se não alegada no prazo do art. 571 do CPP.

Prazo de 90 dias para conclusão da primeira fase (art. 412 do CPP).

A etapa do art. 397 do CPP (absolvição sumária) não se aplica no âmbito do Tribunal do Júri,[60] **em razão do princípio da especialidade.** (Grifos nossos)

13.5.2 Decisões possíveis à primeira fase do procedimento

Ao término da primeira fase anteriormente apontada, há quatro decisões passíveis ao magistrado: pronúncia, impronúncia, absolvição sumária e desclassificação.[61]

Neste momento decisório, segundo a **doutrina majoritária e posicionamento do STJ**, vigora o princípio do *in dubio pro societate*. No entanto, no ARE nº 1.067.392 a 2ª Turma do **STF** decidiu que se aplica, mesmo nesta situação, em razão da presunção de inocência, o princípio do *in dubio pro reo*.

Em razão da relevância das citadas decisões, vamos abordá-las em subtópicos.

13.5.2.1 Decisão de pronúncia (art. 413 do CPP)

A decisão de pronúncia é a única das quatro possibilidades previamente citadas que implicam a continuidade do processo. Trata-se de **decisão interlocutória mista não terminativa**.

Para fins de análise, o magistrado está vinculado tão somente à inicial acusatória (e eventual aditamento desta) e não ao que eventualmente for requerido nas alegações finais do autor da ação penal.

Segundo o art. 413 do CPP, quando o juiz se convencer da **materialidade do fato** e da existência de **indícios suficientes de autoria ou de participação**, fundamentadamente, pronunciará o acusado.

Em relação à fundamentação da decisão, o art. 413, § 1º, do CPP reza que esta deve se limitar à indicação de materialidade do fato e de indícios suficientes de autoria[62] ou de

---

[60] STJ, RHC nº 52.086/MG.

[61] Embora a Seção II, do Capítulo II do Título I do Livro II, do CPP apenas se referir expressamente às três primeiras possibilidades.

[62] Caracterizando o dolo. Inclusive o dolo eventual (*Informativo* nº 623 do STJ).

participação, devendo o juiz realizar tipificação prévia, além de especificar eventuais circunstâncias qualificadoras e causas de aumento de pena. Segundo a doutrina, devem constar ainda as normas de extensão da tipicidade, como tentativa (art. 14, II, do CP) e concurso de pessoas (art. 29 do CP), por exemplo. Já as circunstâncias judiciais, causas de diminuição de pena, agravantes e atenuantes não devem ser incluídas na decisão de pronúncia.

As teses da defesa, como negativa de autoria, ausência de dolo ou presença de excludente de ilicitude ou de culpabilidade também devem ser analisadas de maneira superficial. Este cuidado se impõe a fim de não influenciar os jurados na ocasião de seu veredicto.

Perceba-se, pois, que a decisão de pronúncia não deve enfrentar os temas de maneira peremptória, mas sim apontar mera probabilidade (e não certeza), evitando-se, com isso, o **excesso de linguagem**[63] ou **eloquência acusatória**,[64] sob pena de anulação da decisão e dos atos processuais que dela advierem.[65]

Ainda sobre a fundamentação da decisão de pronúncia, o STJ[66] decidiu que a pronúncia do acusado não pode ter como base **exclusivamente**[67] em elementos colhidos na fase do inquérito policial, com fulcro no art. 155 do CPP.

Os crimes pronunciados são apenas os dolosos contra a vida e não os crimes conexos. No entanto, uma vez realizada a pronúncia em relação àqueles, estes são levados a júri, desde que haja, obviamente, arcabouço probatório mínimo para tanto.

A pronúncia tem **eficácia preclusiva** para a acusação, ou seja, ela determina os limites a serem observados na segunda fase do procedimento do júri.

Caso o magistrado, no momento da análise, verifique a autoria ou participação de pessoas não incluídas na acusação, deve abrir vistas ao Ministério Público, pelo prazo de 15 dias, para que adite a inicial (art. 417 do CPP). O mesmo raciocínio se aplica se ocorrer situação posterior que altere a classificação do delito, como, por exemplo, a morte da vítima de homicídio tentado durante o curso do processo (art. 421, § 1º, do CPP). Após, o juiz deve decidir (art. 421, § 2º, do CPP) – embora seja prudente ouvir a defesa antes.

Da decisão que pronuncia o réu cabe recurso em sentido estrito, nos termos do art. 581, IV, do CPP.

Importante rememorar que tanto a decisão de pronúncia quanto a decisão confirmatória de pronúncia pelo tribunal interrompem a prescrição (art. 117, II e III, do CP), mesmo que o Tribunal do Júri desclassifique o delito (Súmula nº 191 do STJ).

Durante a decisão de pronúncia, o juiz deve analisar a **necessidade** de prisão do acusado (prisão decorrente da decisão de pronúncia) e, de forma motivada, enfrentar o tema. Perceba-se que a prisão não funciona como simples efeito da pronúncia (art. 413, § 3º, do

---

[63] *Informativo* nº 597 do STJ.
[64] *Informativo* nº 613 do STJ
[65] *Informativos* nºs 561 do STJ e 795 do STF.
[66] *Informativo* nº 638.
[67] É possível, no entanto, segundo decisões anteriores do STJ, que a pronúncia se apoie em elementos da fase inquisitorial somados a elementos submetidos ao contraditório da fase judicial.

CPP). Se o crime for afiançável, o juiz deve arbitrar o valor da fiança para a concessão ou manutenção da liberdade provisória (art. 413, § 2º, do CPP).

A intimação da decisão de pronúncia deve ser realizada: a) **pessoalmente** ao acusado, ao defensor nomeado (inclusive a Defensoria Pública) e ao Ministério Público; b) **por meio da imprensa** ao defensor constituído, ao querelante e ao assistente no Ministério Público (art. 420 do CPP). O parágrafo único do art. 420 do CPP, incluído pela Lei nº 11.689/2008, reza que será intimado por edital o **acusado solto** que não for encontrado.[68]

Decifrando a prova

(2022 – FGV – TJ/AP – Juiz de Direito Substituto) Em relação ao procedimento dos crimes dolosos contra a vida, é correto afirmar que é:

A) inadmissível a pronúncia do réu, sem qualquer lastro probatório produzido em juízo, fundamentada exclusivamente em elementos informativos colhidos na fase inquisitorial.

B) admissível a pronúncia do réu, sem qualquer lastro probatório produzido em juízo, fundamentada exclusivamente em elementos informativos colhidos na fase inquisitorial.

C) inadmissível a pronúncia do réu, com lastro probatório produzido em juízo, fundamentada supletivamente em elementos informativos colhidos na fase inquisitorial.

D) admissível a pronúncia do réu, sem qualquer lastro probatório produzido em juízo, desde que haja pedido de produção de provas em plenário.

E) inadmissível a pronúncia do réu, com lastro probatório produzido em juízo, sem que haja a reprodução perante o Conselho de Sentença.

Gabarito comentado: os elementos produzidos na fase inquisitorial não podem ser utilizados como prova no processo penal, pois são confeccionados sem ampla defesa e contraditório judicial. E a decisão de pronúncia se lastreia em provas válidas. Portanto, a letra A é o gabarito.

13.5.2.2 Decisão de impronúncia (art. 414 do CPP)

A decisão de impronúncia, como já dito, é uma das quatro possibilidades conferidas ao juiz no momento da análise do término da primeira fase do Tribunal do Júri. Ocorre quando o magistrado não se convence da materialidade do fato ou da existência de indícios suficientes de autoria ou participação no delito doloso contra a vida imputado ao acusado (art. 414 do CPP).

Trata-se de **decisão interlocutória mista de terminativa**. Em razão desta natureza, dispõe o art. 414, parágrafo único, do CPP que, havendo novas provas, enquanto não ocorrer a extinção da punibilidade, poderá ser oferecida nova denúncia ou queixa subsidiária.

---

[68] Destarte, não existe mais a hipótese de crise de instância (suspensão do processo) por falta de intimação pessoal do acusado em caso de crime inafiançável. Não deve ser aplicado o art. 366 do CPP neste caso.

É uma hipótese de coisa julgada *secundum eventum litis*.

O recurso cabível contra a decisão de impronúncia é a apelação,[69] nos termos do art. 416 do CPP.

Não se deve confundir a pronúncia com a **despronúncia**. Esta ocorre em duas situações: 1) quando, diante do recurso em sentido estrito interposto contra a decisão de pronúncia, o juiz se retrata e submete o acusado ao júri popular; 2) quando o juiz não se retrata da pronúncia, mas o tribunal, ao julgar o recurso em sentido estrito interposto modifica a decisão e determina o arquivamento dos autos.

13.5.2.3 Absolvição sumária (art. 415 do CPP)

Trata-se de decisão que analisa e julga o mérito da ação. Funciona como verdadeiro **julgamento antecipado da lide,** gerando, portanto, **coisa julgada material,** impedindo, com isso, nova imputação sobre os mesmos fatos descritos na inicial acusatória. Há, pois, **juízo de certeza** e não de mera probabilidade.

O art. 415 do CPP descreve quatro hipóteses em que o juiz deve absolver sumariamente o réu. Vejamos:

Art. 415. O juiz, fundamentadamente, absolverá desde logo o acusado, quando:

I – provada a inexistência do fato;

II – provado não ser ele autor ou partícipe do fato;

III – o fato não constituir infração penal;

IV – demonstrada causa de isenção de pena ou de exclusão do crime.

Segundo o parágrafo único do art. 415 do CPP, o disposto no inciso IV transcrito não se aplica ao caso de inimputabilidade,[70-71] salvo quando esta for a única tese defensiva. A razão do dispositivo é simples: a alegação de inimputabilidade pode gerar a aplicação de medida de segurança ao acusado. Em caso de existir tese defensiva concomitante à alegação de inimputabilidade, aquela deve ser enfrentada pelo júri antes da verificação de inimputabilidade que, como dito, poderá culminar na aplicação de medida de segurança. Caso a única tese defensiva seja a inimputabilidade, poderá ocorrer a chamada **absolvição sumária imprópria**, com a aplicação de medida de segurança.

A fim de exemplificar, poderíamos pensar no caso de um inimputável que cometeu o fato em legítima defesa própria. A pergunta que surge é: agindo de acordo com o direito, é justo aplicar a ele medida de segurança? Certamente a resposta é não, razão pela qual o

---

[69] Não há possibilidade de retratação por parte do juiz antes de encaminhar o recurso.

[70] Nesse caso, o processo deve prosseguir para que seja aplicada medida de segurança ao acusado – absolvição sumária imprópria.

[71] Recordando que semi-imputabilidade não pode conduzir à absolvição do réu, uma vez que não isenta de pena, mas gera tão somente sua redução de um a dois terços (art. 26, parágrafo único, do CP).

júri deve enfrentar a tese de legítima defesa antes de ser enfrentada a questão da inimputabilidade que, reconhecida, culminará em absolvição sumária imprópria, com consequente aplicação de medida de segurança.

Contra a decisão de absolvição sumária é cabível o recuso de apelação (art. 416 do CPP).[72]

Caso a inicial acusatória narre, além de crime doloso contra a vida, outro conexo, o juiz, ao absolver sumariamente o réu por aquele, deve remeter cópia ao juízo competente para o julgamento deste.

13.5.2.4 Desclassificação (art. 419 do CPP)

De acordo com o art. 419 do CPP, caso o juiz se convença, discordando da acusação, da existência de crime diverso daqueles de competência do Tribunal do Júri estabelecida pelo art. 74, § 1º, do CPP deve remeter os autos ao juiz competente para o julgamento.

O parágrafo único do referido artigo dispõe que, remetido o processo ao juiz tido como competente, à sua disposição ficará o acusado preso. É de bom tom que o juiz, ao desclassificar o delito, analise e se manifeste, fundamentadamente, acerca da necessidade de continuidade da segregação cautelar do acusado. Caso decida pela manutenção, deve comunicar ao juiz competente, nos termos do art. 5º, LXII, da CF.

O juiz não deve tipificar a infração penal (uma vez que incompetente para tanto), mas tão somente declarar que os fatos narrados na inicial acusatória não se enquadram como crime(s) doloso(s) contra a vida.

Embora divergente, é majoritária a doutrina que afirma ser cabível ao juiz, que recebeu o processo contendo a imputação do crime desclassificado[73] e não concorda com esta, suscitar conflito de competência[74] ao tribunal competente.[75]

Em se tratando de desclassificação de um crime doloso contra a vida para outro também doloso contra a vida (por exemplo, de homicídio para infanticídio), a competência do Tribunal do Júri se mantém.

É cabível **recurso em sentido estrito**, tanto pela acusação quanto pela defesa, contra a decisão de desclassificação (art. 581, II, do CPP).

Embora termos semelhantes, não se deve confundir desclassificação com **desqualificação**. Esta, nas palavras de Lima (2020a, p. 1458), "ocorre quando o juiz sumariamente (ou juízo *ad quem*), ao pronunciar o acusado, afasta uma qualificadora".

---

[72] Há divergência doutrinária sobre a possibilidade de recurso de ofício (art. 574, II, do CPP). Parte considerável da doutrina considera que o referido dispositivo foi revogado tacitamente já que ele menciona o art. 411 do CPP que, por sua vez, desde a Lei nº 11.689/2008 não trata mais de absolvição sumária.

[73] Vale dizer: juiz do juízo comum.

[74] *Ratione materiae*, razão pela qual intangível pela preclusão supostamente gerada pelo trânsito em julgado da decisão de desclassificação.

[75] A outra corrente doutrinária afirma que não cabe conflito de competência, uma vez que haveria preclusão da matéria em virtude do trânsito em julgado da decisão de desclassificação.

13.5.3 Segunda fase do processamento dos crimes do Tribunal do Júri

13.5.3.1 Aspectos iniciais, preparação do processo para julgamento em plenário, jurados e suas funções

A segunda fase do procedimento dos crimes do Tribunal do Júri (leia-se: dos crimes dolosos contra a vida) é denominada **fase do julgamento**.

A referida fase dá-se com vistas às partes[76] para que, no prazo de **cinco dias**, arrolem até **cinco testemunhas**[77] que desejam ser ouvidas no plenário do júri. Na oportunidade, as partes poderão juntar documentos e requerer diligências (art. 422 do CPP).

Na sequência, conforme o art. 423 do CPP, deliberando sobre os requerimentos de provas a serem produzidas ou exibidas em plenário, o magistrado **determinará as diligências** necessárias para sanar eventual nulidade ou esclarecer fato que interesse ao julgamento da causa (inciso I) e elaborará **sucinto relatório do processo**, determinando sua inclusão em pauta da reunião do Tribunal do Júri (inciso II), conforme a lei de organização judiciária local.[78]

Esta parte inicial refere-se à preparação do processo para o julgamento em plenário, razão pela qual Nucci (2020, p. 1444) **sustenta ser o procedimento do júri trifásico e não bifásico** como a maioria da doutrina.

O art. 424 reza que, quando a lei de organização judiciária não atribuir ao presidente do tribunal do júri o preparo para o julgamento, o juiz competente deve remeter-lhe os autos do processo preparado até cinco dias antes do sorteio previsto no art. 433 do CPP. Os processos preparados até o encerramento da reunião também deverão ser remetidos para a realização do julgamento (art. 424, parágrafo único, do CPP).

Os arts. 425 e 426 tratam do alistamento dos jurados. Em suma, o juiz presidente requisitará às autoridades locais, associações de classe e de bairro, entidades associativas e culturais, instituições de ensino em geral, universidades, sindicatos, repartições públicas e outros núcleos comunitários a indicação de pessoas que reúnam as condições para exercer a função de jurado (art. 425, § 2º, do CPP), dentre as quais possuir mais de 18 anos e notória idoneidade (art. 436, *caput*, do CPP).

Todos os anos serão alistados de 800 a 1.500 jurados nas comarcas com mais de 1 milhão de habitantes, de 300 a 700 nas comarcas de mais de 100 mil habitantes e de 80 a 400 nas comarcas de menor população (art. 425, *caput*, do CPP). Este número poderá ser aumentado nas comarcas onde for necessário e, ainda, organizada lista de suplente (art. 425, § 1º, do CPP).

A lista geral dos jurados, indicando as respectivas profissões, será publicada pela imprensa até o dia 10 de outubro de cada ano, sendo divulgada em editais afixados na porta

---

[76] Após o advento da Lei nº 11.689/2008, a segunda fase não se inicia com a apresentação do libelo acusatório.
[77] Não confundir com a primeira fase, em que é de oito o número máximo das testemunhas.
[78] No que se refere ao período que ocorrem as reuniões.

do Tribunal do Júri (art. 426, *caput*, do CPP). Essa lista pode ser alterada de ofício ou por reclamação de qualquer pessoa do povo ao juiz presidente até o dia 10 de novembro, quando ocorrerá sua publicação definitiva (art. 426, § 1º, do CPP). Com a referida lista serão transcritos os arts. 426 a 446 do CPP, que tratam da função do jurado.[79]

A referida **função é obrigatória** (sendo a recusa injustificada punida com multa no valor de 1 a 10 salários mínimos[80] – art. 436, § 2º, do CPP[81]) e **inclusiva,** visto que nenhum cidadão pode ser excluído dos trabalhos do júri ou deixar de ser alistado em razão de cor ou etnia, raça, credo, sexo, profissão, classe social ou econômica, origem ou grau de instrução (art. 436, § 1º, do CPP). O exercício da função será considerado **serviço público relevante e estabelecerá presunção de idoneidade moral** (art. 439 do CPP), além de **preferência, em igualdade de condições, nas licitações públicas e no provimento, mediante concurso, de cargo ou função pública, bem como nos casos de promoção funcional ou remoção voluntária** (art. 440 do CPP).[82] O jurado possui ainda **direito à prisão especial** quando sujeitos ao cárcere antes de condenação definitiva (art. 295, X, do CPP).[83]

No exercício da função ou a pretexto de exercê-la, o jurado será responsável criminalmente nos mesmos termos em que são os juízes togados (art. 445 do CPP).

Aos suplentes, quando convocados, serão igualmente aplicáveis os dispositivos relativos à dispensa, ausências, escusas e equiparação de responsabilidade penal descrita previamente (art. 446 do CPP).

Os jurados, que serão os juízes de fato, têm o dever de **imparcialidade**, devendo ser aplicada a eles as regras referentes a impedimento e suspeição do magistrado (arts. 252 e 254 do CPP).[84]

Caso a parte deseje alegar impedimento ou suspeição do jurado, deve apresentar prova sobre a situação, sendo esta uma **recusa justificada**. Não há limites para essa espécie de recusa. Caso o juiz aceite as recusas e não haja número suficiente de jurados para formar o conselho de sentença, ocorrerá o **estouro de urna**,[85] devendo o magistrado designar nova data para julgamento e convocar suplentes (art. 471 do CPP). Caso haja mais de um acusado,

---

[79] Recomendamos uma breve leitura dos dispositivos, que são autoexplicativos (afinal, direcionados a pessoas leigas juridicamente).

[80] A critério do juiz e de acordo com as condições econômicas do jurado.

[81] A mesma multa será aplicada ao jurado que, sem causa legítima, deixar de comparecer na data marcada para a sessão ou retirar-se antes de ser dispensado pelo juiz presidente (art. 442 do CPP).

[82] Nos termos do art. 441 do CPP, nenhum desconto pode ser realizado nos vencimentos ou salário do jurado sorteado que comparecer à sessão do júri.

[83] Embora a Lei nº 12.403/2011 tenha retirado do art. 439 a prisão especial.

[84] O art. 448, incisos I a IV e § 1º, traz o rol de pessoas que estão impedidas de servir como jurados no mesmo Conselho. Dentre os impedidos entre si por razão de parentesco ou relação de convivência, servirá o que primeiro for sorteado (art. 450 do CPP).

[85] A fim de evitar o estouro de urna, a Lei nº 11.689/2008 ampliou o número de jurados de 21 (vinte e um) para 25 (vinte e cinco). O estouro de urna, além da situação das recusas, pode ocorrer ainda em razão da ausência de jurados convocados.

o juiz poderá determinar a separação dos processos, sendo inicialmente julgado o acusado a quem foi imputada a autoria do fato.[86]

Há ainda a possibilidade **de recusa imotivada ou peremptória** no momento do sorteio dos jurados em plenário. Cada parte (primeiro a defesa[87] e depois o Ministério Público) pode dispensar até três jurados sem necessidade de apontar qualquer justificativa (art. 468, *caput*, do CPP). Saliente-se que, segundo o STJ,[88] há direito da defesa de recusar, injustificadamente, três jurados por acusado.[89]

Estão **isentos**, no entanto, do serviço do júri, segundo o art. 437 do CPP:

I – o Presidente da República e os Ministros de Estado;

II – os Governadores e seus respectivos Secretários;

III – os membros do Congresso Nacional, das Assembleias Legislativas e das Câmaras Distrital e Municipais;

IV – os Prefeitos Municipais;

V – os Magistrados e membros do Ministério Público e da Defensoria Pública;

VI – os servidores do Poder Judiciário, do Ministério Público e da Defensoria Pública;

VII – as autoridades e os servidores da polícia e da segurança pública;

VIII – os militares em serviço ativo;

IX – os cidadãos maiores de 70 (setenta) anos que requeiram sua dispensa;

X – aqueles que o requererem, demonstrando justo impedimento.

Também não pode servir como jurados os listados no art. 449 do CPP. Vejamos:

Art. 449. Não poderá servir o jurado que:

I – tiver funcionado em julgamento anterior do mesmo processo, independentemente da causa determinante do julgamento posterior;

II – no caso do concurso de pessoas, houver integrado o Conselho de Sentença que julgou o outro acusado;

III – tiver manifestado prévia disposição para condenar ou absolver o acusado.

No caso do inciso I do artigo então citado, o STF elaborou a Súmula nº 206. Vejamos: "É nulo o julgamento ulterior pelo júri com a participação de jurado que funcionou em julgamento anterior do mesmo processo".

---

[86] No caso de coautoria, começa-se pelo réu preso. No caso de haver mais de um, o encarcerado por mais tempo e, por fim, se persistir a condição de igualdade, os precedentemente pronunciados (art. 429 do CPP).
[87] Caso haja dois ou mais acusados, a recusa pode ser realizada por apenas um defensor (art. 469, *caput*, do CPP).
[88] *Informativo* nº 570.
[89] Ainda que realizada por apenas um defensor, nos termos do art. 469, *caput*, do CPP.

Segundo o art. 451, os jurados excluídos por impedimento, suspeição ou incompatibilidade serão contabilizados para a constituição do número legal exigível para a realização da sessão do júri.

Fica excluído o jurado que tiver integrado o Conselho de Sentença nos 12 meses que antecedem à publicação da lista geral (art. 426, § 4º, do CPP).

No caso de **recusa ao serviço do júri** em virtude de convicção religiosa, filosófica ou política deverá haver a prestação de **serviço alternativo**[90] (atividades de caráter administrativo, assistencial, filantrópico ou mesmo produtivo, no Poder Judiciário, na Defensoria Pública, no Ministério Público ou em entidade conveniada para esses fins) sob pena de suspensão dos direitos políticos do indivíduo enquanto não prestado o serviço imposto (art. 438 do CPP).

Por questão de sigilo, os nomes e endereços dos alistados após verificação na presença do Ministério Público, de advogado indicado pela Seção local da Ordem dos Advogados do Brasil e de defensor indicado pelas Defensorias Públicas competentes, permanecerão guardados em urna fechada a chave, sob a responsabilidade do juiz presidente (art. 426, § 3º, do CPP).

O Conselho de Sentença será formado por 7 jurados sorteados dentre os 25 que compõem o Tribunal do Júri. Para a instalação da sessão é necessária a presença de ao menos 15 jurados dentre os 25. Nos termos do art. 452 do CPP, os 7 jurados que compõem o Conselho de Sentença poderão, se as partes aceitarem, conhecer de mais de um processo, no mesmo dia, ocasião em que seus integrantes deverão prestar novo compromisso.

Por fim, importante pontuar que, além da parte referente ao alistamento dos jurados (arts. 425 e 426) e da função dos jurados (arts. 436 a 446), o CPP trata do sorteio e convocação dos jurados nos arts. 432 a 435.

O sorteio, realizado às portas abertas por questão de transparência, será presidido pelo juiz, com intimação do Ministério Público, da Ordem dos Advogados do Brasil e da Defensoria Pública para acompanhamento.[91] Caberá ao presidente retirar as cédulas até completar o número de 25 jurados. O referido sorteio será realizado entre o 15º e o 10º dia útil antecedente à instalação da reunião.

Os jurados sorteados serão convocados pelo correio ou outro meio idôneo para comparecer no dia e hora designados para a reunião, sob as penas da lei (art. 434, *caput*, do CPP). O jurado não sorteado na ocasião poderá ter seu nome incluído para as reuniões futuras, nos termos do § 3º do art. 433 do CPP.

Por fim, dispõe o art. 435 do CPP que, para fins de publicidade, serão afixados na porta do edifício do Tribunal do Júri a relação dos jurados convocados, os nomes do acusado e dos procuradores das partes, bem como o dia, hora e local das sessões de instrução e julgamento.

---

[90] Serviço proporcional e razoável.
[91] A audiência do sorteio não será adiada por ausência do comparecimento das partes (art. 433, § 2º, do CPP).

13.5.3.2 Desaforamento

O desaforamento está previsto nos arts. 427 e 428 do CPP. Trata-se do deslocamento do julgamento da causa para comarca diversa da que originou a primeira fase do processo do júri (sumário da culpa) e ocorre nas hipóteses previstas nos arts. 427, *caput*, e 428, *caput*, do CPP. Vejamos as primeiras situações:

> Art. 427. Se o **interesse da ordem pública** o reclamar ou houver **dúvida sobre a imparcialidade do júri** ou a **segurança pessoal do acusado**, o Tribunal, a requerimento do Ministério Público, do assistente, do querelante ou do acusado ou mediante representação do juiz competente, poderá determinar o desaforamento do julgamento para outra comarca da mesma região, onde não existam aqueles motivos, preferindo-se as mais próximas.
>
> § 1º O pedido de desaforamento será distribuído imediatamente e terá preferência de julgamento na Câmara ou Turma competente. (Grifos nossos)

Conforme se depreende da leitura, o desaforamento pode ser requerido pelo Ministério Público, eventual assistente da acusação,[92] querelante ou do acusado ou mediante representação do juiz competente. No caso de não ser solicitada pelo juiz presidente, este será ouvido (art. 427, § 3º, do CPP). A defesa sempre deve ser ouvida, sob pena de nulidade da decisão de desaforamento de processo da competência do júri (Súmula nº 712 do STF).

O artigo reza que o desaforamento será realizado para outra comarca da mesma região, onde não existam aqueles motivos, preferindo-se as mais próximas. Não necessariamente será, portanto, a capital do Estado. O STJ já decidiu que é necessária a justificativa plausível para a escolha da comarca.[93]

Uma vez desaforado, mesmo que não mais existam os motivos que impuseram o desaforamento, este será mantido, não se admitindo, pois, o **reaforamento**, em razão da preclusão. Entretanto, uma vez surgindo motivos para o desaforamento na segunda comarca e desaparecendo os motivos da primeira, será possível, excepcionalmente, o retorno dos autos à comarca de origem (reaforamento).

É importante salientar que, segundo já decidiu o STJ, a mera presunção de parcialidade dos jurados em razão de exposição midiática do caso não é motivo suficiente para o desaforamento.[94]

O pedido de desaforamento será distribuído imediatamente e terá preferência de julgamento na Câmara ou Turma competente (art. 427, § 1º, do CPP). O relator poderá determinar, de forma fundamentada, a suspensão do julgamento pelo júri, se os motivos alegados forem relevantes (art. 427, § 2º, do CPP).

---

[92] O art. 430 do CPP prevê que o assistente da acusação será admitido se tiver requerido sua habilitação até 5 (cinco) dias antes da data aprazada para a sessão na qual pretenda atuar. Trata-se de uma exceção aos arts. 268 e 269 do CPP.
[93] *Informativo* nº 432.
[94] *Informativo* nº 668.

Se houver recurso pendente contra a decisão de pronúncia ou, ainda, quando efetivado o julgamento, não se admitirá o pedido de desaforamento, salvo, nesta última hipótese, quanto a fato ocorrido durante ou após a realização de julgamento anulado.

A outra situação de desaforamento está prevista no art. 428 do CPP. Vejamos:

> **Art. 428.** O desaforamento também poderá ser determinado, em razão do **comprovado excesso de serviço**, ouvidos o juiz presidente e a parte contrária, se o julgamento não puder ser realizado no prazo de 6 (seis) meses, contado do trânsito em julgado da decisão de pronúncia. (Grifo nosso)

Neste caso, o magistrado presidente não pode representar pelo desaforamento, embora seja necessária a sua oitiva.

Para a contagem do prazo de seis meses a que faz referência o artigo supracitado, não se computará o tempo de adiamentos, diligências ou incidentes de interesse da defesa (art. 428, § 1º, do CPP).

Entretanto, se não houver excesso de serviço ou existência de processos aguardando julgamento em quantidade que ultrapasse a possibilidade de apreciação pelo Tribunal do Júri, nas reuniões periódicas previstas para o exercício, o acusado poderá requerer ao Tribunal que determine a imediata realização do julgamento (art. 428, § 2º, do CPP).

Consoante entendimento do STJ,[95] o desaforamento termina com o veredicto do júri popular. Destarte, no caso de execução provisória da pena privativa de liberdade, esta não deve ser determinada pelo juiz presidente do Tribunal do Júri, mas sim pelo juízo originário da causa.

Não há recurso previsto contra a decisão que determina ou não o desaforamento, sendo possível, no entanto, a impetração de *habeas corpus*.

13.5.3.3 Julgamento

A Lei nº 11.689/2008 promoveu profundas alterações no procedimento de julgamento do júri. A primeira delas é **a possibilidade da realização da sessão de julgamento do réu independente da sua presença (art. 457 do CPP).** Anteriormente o julgamento sem a presença do réu seria possível apenas quando afiançável o delito doloso contra a vida. Se inafiançável, com a ausência do réu, o processo restava suspenso (crise de instância), embora a prescrição fluísse normalmente – o que gerava, por vezes, situações de impunidade.

Se a falta injustificada for do advogado do acusado, caso este não constitua outro, o fato será imediatamente comunicado ao Presidente da seccional da Ordem dos Advogados do Brasil com a data designada para a nova sessão (art. 456, *caput*, do CPP). Esse julgamento será adiado somente uma vez, não havendo escusa legítima (art. 456, § 1º, do CPP). Caso haja mais de uma ausência injustificada do advogado do acusado, o juiz intimará a Defen-

---

[95] HC nº 374.713/RS.

soria Pública para o novo julgamento, que será adiado para o primeiro dia desimpedido, observado o prazo mínimo de 10 dias (art. 456, § 2º, do CPP).

Se quem não comparecer for o membro do Ministério Público, o juiz presidente adiará o julgamento para o primeiro dia desimpedido da mesma reunião, cientificadas as partes e as testemunhas (art. 455, *caput,* do CPP). Caso a ausência seja injustificada, o fato será comunicado ao Procurador-Geral de Justiça com a data designada para a nova sessão (art. 455, parágrafo único, do CPP).

O procedimento em relação às testemunhas faltosas também sofreu modificações. A falta da testemunha constitui crime de desobediência e implica o pagamento de multa. Conforme dispõe o art. 461 do CPP, "o julgamento não será adiado se a testemunha deixar de comparecer, salvo se uma das partes tiver requerido a sua intimação por mandado, na oportunidade de que trata o art. 422 deste Código, declarando não prescindir do depoimento e indicando a sua localização". Sendo assim, se intimada e for imprescindível a testemunha[96], o juiz suspenderá a sessão e mandará conduzi-la por atuação dos oficiais de justiça designados para auxiliar o magistrado durante o júri. Caso os oficiais de justiça não localizem a testemunha no endereço indicado, o julgamento prosseguirá, uma vez que é obrigação das partes indicar o endereço correto da testemunha. Caso a testemunha resida em outra comarca, não está obrigada a comparecer. Nesse caso também não será possível sua oitiva mediante carta precatória.

Conforme já abordado em linhas anteriores, será declarada aberta a sessão de julgamento com a presença de 15 jurados (art. 463, *caput,* do CPP), devendo haver o sorteio de suplentes caso esse número não seja atingido (art. 464, *caput,* do CPP).

Com o anúncio do julgamento e apregoadas as partes, estas podem alegar eventuais nulidades relativas ocorridas após a decisão de pronúncia sob pena de preclusão, nos termos do art. 571, V, c/c art. 572, I, do CPP. Consoante o art. 593, III, *a,* do CPP, contra essas nulidades ocorridas após a decisão de pronúncia caberá o recurso de apelação.

Na sequência, deve ocorrer o sorteio dos jurados conforme procedimento já abordado no tópico 13.5.3.1, sendo o momento para as recusas (motivadas ou imotivadas).

Passada essa etapa e formado o Conselho de Sentença, os jurados selecionados prestarão o compromisso a que se refere o art. 472, *caput,* do CPP. Vejamos:

> **Art. 472.** (...)
>
> Em nome da lei, concito-vos a examinar esta causa com imparcialidade e a proferir a vossa decisão de acordo com a vossa consciência e os ditames da justiça.
>
> Os jurados, nominalmente chamados pelo presidente, responderão:
>
> Assim o prometo.

Após, receberão cópias da pronúncia ou, se for o caso, das decisões posteriores que julgaram admissível a acusação e do relatório do processo (art. 472, parágrafo único, do CPP).

---

[96] Cláusula de imprescindibilidade no momento que a testemunha foi arrolada.

> ### Decifrando a prova
>
> **(2021 – VUNESP – TJ/SP – Juiz Substituto)** Em julgamento realizado pelo Tribunal do Júri, é correto afirmar que:
>
> A) A entrega, aos jurados, de cópia da pronúncia é feita após a formação do Conselho de Sentença e dispensa comunicação ou aviso prévio ao defensor ou ao representante do Ministério Público.
>
> B) O julgamento será nulo se disponibilizadas aos jurados cópias da decisão de pronúncia e do acórdão que negou provimento ao recurso.
>
> C) É válida utilização de decisão processual confirmada pelo Tribunal de Justiça em grau de recurso.
>
> D) O julgamento será nulo caso o representante do Ministério Público não comunique, com antecedência mínima de 3 (três) dias, a apresentação da decisão de pronúncia aos jurados.
>
> **Gabarito comentado:** de acordo com o art. 472, parágrafo único, a letra A é o gabarito.

Uma vez prestado o compromisso pelos jurados, dar-se-á início à instrução plenária, quando, nos termos do art. 473 do CPP, o juiz presidente, o Ministério Público, o assistente, o querelante e o defensor do acusado tomarão, sucessiva e diretamente,[97] as declarações do ofendido, se possível, e inquirirão as testemunhas arroladas pela acusação e pela defesa. Em relação às testemunhas da defesa, o defensor do acusado iniciará as perguntas antes do Ministério Público e do assistente da acusação (art. 473, § 1º, do CPP).

As partes e os jurados poderão, ainda, requerer acareações, reconhecimento de pessoas e coisas e esclarecimento dos peritos, bem como a leitura de peças que se refiram, exclusivamente, às provas colhidas por carta precatória e às provas cautelares, antecipadas ou não repetíveis[98] (art. 473, § 3º, do CPP).

Admite-se aos jurados solicitarem a oitiva de pessoa citada durante o julgamento, mas não arrolada como testemunha. Nessa situação, é possível a suspensão do julgamento para que seja diligenciado o paradeiro da pessoa. Se não localizada a pessoa e persistindo o interesse do jurado em ouvi-la, o Conselho de Sentença será dissolvido (art. 481, *caput*, do CPP).

O acusado será interrogado na sequência caso esteja presente. Nessa ocasião, o Ministério Público, o assistente, o querelante e o defensor, nessa ordem, poderão formular, diretamente, perguntas ao acusado.

Já decidiu o STJ[99] que a firmeza do juiz na condução do interrogatório não importa, necessariamente, na quebra de sua imparcialidade.

Segundo o § 3º do art. 474 do CPP, é vedado o uso de algemas no acusado durante o período em que permanecer no Plenário do Júri, salvo se absolutamente necessário à ordem

---

[97] As perguntas dos jurados devem passar pelo juiz presidente (arts. 473, § 2º, e 474, § 2º, do CPP).
[98] E não mais quaisquer peças do processo, o que implicava o desnecessário cansaço dos jurados.
[99] *Informativo* nº 625.

dos trabalhos, à segurança das testemunhas ou à garantia da integridade física dos presentes. Nesse mesmo sentido a Súmula Vinculante nº 11. Vejamos:

> Só é lícito o uso de algemas em casos de resistência e de fundado receio de fuga ou de perigo à integridade física própria ou alheia, por parte do preso ou de terceiros, justificada a excepcionalidade por escrito, sob pena de responsabilidade disciplinar, civil e penal do agente ou da autoridade e de nulidade da prisão ou do ato processual a que se refere, sem prejuízo da responsabilidade civil do Estado.

Segundo o art. 474-A do CPP, introduzido pela Lei nº 14.245/2021 (conhecida como Lei Mariana Ferrer), a fim de se evitar a chamada vitimização secundária,[100] durante a instrução em plenário é dever das partes e demais sujeitos processuais o respeito à dignidade da vítima, sob pena de responsabilização civil, penal e administrativa, cabendo ao juiz presidente garantir o cumprimento do disposto neste artigo. Neste sentido são vedadas:

> **Art. 474-A.** (...)
> I – a manifestação sobre circunstâncias ou elementos alheios aos fatos objeto de apuração nos autos;
> II – a utilização de linguagem, de informações ou de material que ofendam a dignidade da vítima ou de testemunhas.

Por fim, dispõe o art. 475 do CPP que o registro dos depoimentos e do interrogatório será realizado através dos meios ou recursos de gravação magnética, eletrônica, estenotipia ou técnica similar, destinados a obter maior fidelidade e celeridade na colheita da prova, e que a transcrição do registro, após realizada a degravação, constará nos autos.

Uma vez finalizada a instrução, passa-se aos debates orais. Segundo o art. 476, *caput*, do CPP, será concedida a palavra primeiramente ao Ministério Público, que realizará a acusação, guardados os limites da pronúncia (ou decisões posteriores que julgaram admissível a acusação). Nessa oportunidade, se for o caso, o Ministério Público sustentará a existência de circunstância agravante.

O eventual assistente da acusação[101] terá a palavra logo após o Ministério Público (art. 476, § 1º, do CPP).

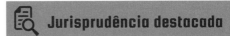

Jurisprudência destacada

Considerado o rigor formal do procedimento do júri, não é possível que o juiz, unilateralmente, estabeleça prazos diversos daqueles definidos pelo legislador (art. 477 do CPP) para os debates orais, seja para mais ou para menos, sob pena de chancelar uma decisão *contra legem*.

---

[100] Entendida, neste contexto, como a revitimização provocada por agentes do Estado.
[101] Lembrando que ele apenas será admitido se habilitado até 5 (cinco) dias antes da sessão (art. 430 do CPP).

> Por outro lado, é possível que, no início da sessão de julgamento, mediante acordo entre as partes, seja estabelecida uma divisão de tempo que melhor se ajuste às peculiaridades do caso concreto (STJ, 6ª Turma, HC nº 703.912/RS, Rel. Min. Rogerio Schietti Cruz, j. 23.11.2021, *Info.* nº 719).

No caso de se tratar de ação penal privada subsidiária, a palavra será dada primeiro ao querelante e, em seguida, ao Ministério Público, exceto se este houver retomado a titularidade da ação penal nos termos do art. 29 do CPP (art. 476, § 2º, do CPP).

Finalizada a acusação, falará a defesa (art. 476, § 3º, do CPP).

Na sequência, a acusação poderá exercer réplica[102] e, neste caso, a defesa, em seguida, a tréplica. Testemunhas já ouvidas em plenário poderão ser reinquiridas (art. 476, § 4º, do CPP).

Segundo a doutrina majoritária, é possível à defesa alegar nova tese (novos argumentos) na tréplica, em virtude do princípio da plenitude da defesa, mas não é possível a apresentação de fato ou provas não existentes nos autos, em respeito ao art. 479, *caput*, do CPP. Vejamos:

> **Art. 479.** Durante o julgamento não será permitida a leitura de documento ou a exibição de objeto que não tiver sido juntado aos autos com a antecedência mínima de 3 (três) dias úteis, dando-se ciência à outra parte.

Em sentido contrário, porém, o STJ[103] aponta a impossibilidade de inovação de tese defensiva na tréplica em razão de violação do princípio do contraditório ante a impossibilidade de a acusação refutar os novos argumentos.[104]

Segundo reza o art. 477 do CPP, a acusação e defesa terão uma hora e meia para cada em suas falas.[105] A réplica e tréplica serão de uma hora cada uma. Se houver mais de um acusador ou mais de um defensor, estes combinarão entre si como será distribuído o tempo. Na ausência de acordo, será o tempo dividido pelo juiz presidente, não sendo possível exceder ao tempo previsto (art. 477, § 1º, do CPP).

Caso se trate de situação com mais de um acusado, o tempo para a acusação e defesa será acrescido de uma hora e será o dobro para a réplica e tréplica, observado o disposto anteriormente (art. 477, § 2º, do CPP).

---

[102] Segundo o STJ, o assistente da acusação tem direito à réplica mesmo que o Ministério Público a tenha dispensado ou, ainda, aquiescido à tese da defesa (*Informativo* nº 546).

[103] REsp nº 145138/DF.

[104] O raciocínio não se aplica à tese de clemência, uma vez que deverá ser enfrentada pelo júri nos termos do art. 483, III, do CPP.

[105] Já decidiu o STJ que a quantidade de tempo utilizada pela defesa não implica, necessariamente, sua deficiência (*Informativo* nº 627). No mesmo sentido o STF (*Informativo* nº 970), que aduziu que, uma vez realizada a defesa técnica, não há falar-se em nulidade, mas, se essa existisse, seria nulidade relativa, a qual depende da demonstração de prejuízo.

Consoante disposto no art. 478 do CPP, durante os debates orais, as partes não poderão, sob pena de nulidade, fazer referências:

Art. 478. (...)

I – à decisão de pronúncia, às decisões posteriores que julgaram admissível a acusação ou à determinação do uso de algemas como argumento de autoridade que beneficiem ou prejudiquem o acusado;[106]

II – ao silêncio do acusado ou à ausência de interrogatório por falta de requerimento, em seu prejuízo.

Desde que autorizado pelo juiz presidente, é possível a realização de apartes por três minutos, tempo que será acrescido ao tempo do orador (art. 497, XII, do CPP). Essa possibilidade trata-se do **aparte judicial**. É possível, ainda, o **aparte livre**, ou seja, aquele concedido livremente pela parte que está com a palavra.[107]

Com fins do exercício efetivo do contraditório, o art. 479, *caput*, do CPP disciplina que não será permitida a leitura de documento ou exibição de objeto que não tiver sido juntado aos autos com antecedência mínima de três dias,[108] dando-se ciência à parte contrária. Compreende-se nesta proibição a leitura de jornais ou qualquer outro escrito, bem como a exibição de vídeos, gravações, fotografias, laudos, quadros, croqui ou qualquer outro meio assemelhado, cujo conteúdo versar sobre a matéria de fato submetida à apreciação e julgamento dos jurados (art. 479, parágrafo único, do CPP).

As partes e os jurados poderão, a qualquer tempo, por meio do juiz presidente, solicitar ao orador que indique a folha dos autos onde se encontra a peça lida ou citada, sendo possível ainda aos jurados solicitar o esclarecimento de fato alegado (art. 480, *caput*, do CPP).

Finalizados os debates, o juiz presidente perguntará aos jurados se necessitam de mais esclarecimentos ou se estão habilitados para julgar (art. 480, § 1º, do CPP). Caso persista dúvida sobre questão de fato, o juiz prestará esclarecimentos às vistas dos autos (art. 480, § 2º, do CPP). Caso desejem, nesta fase, os jurados poderão solicitar ao juiz presidente o acesso aos autos e aos instrumentos do crime (art. 480, § 3º, do CPP).

Caso haja a necessidade de verificação de fato considerado essencial para o julgamento e esta não puder ser realizada imediatamente, o juiz presidente dissolverá o Conselho de Sentença e determinará a realização das diligências necessárias (art. 481, *caput*, do CPP). Se tal diligência se constituir em produção de prova pericial, o presidente, desde já, nomeará perito e formulará os quesitos que entenda necessários, oportunizando às partes a também

---

[106] Segundo o STF, a leitura em julgamento pelo Ministério Público da sentença condenatória do corréu proferida em julgamento anterior não gera nulidade da sessão de julgamento, quando não empregado como meio de autoridade (*Informativo* nº 774). O mesmo se aplica à leitura em plenário da pronúncia (*Informativo* nº 774 do STF).

[107] O juiz deve zelar, no entanto, pelo andamento dos trabalhos de forma que o aparte livre não se transforme em uma discussão paralela.

[108] Segundo o STJ, o prazo de 3 (três) dias deve ser aplicado tanto para a juntada do documento quanto para a ciência da parte contrária de que será utilizado em Plenário do Júri.

formulá-los e indicar assistente técnico, caso queiram, no prazo de cinco dias (art. 481, parágrafo único, do CPP).

Após esta parte, não sendo o caso de diligências, o juiz lerá os quesitos aos jurados e promoverá esclarecimentos necessários (art. 484 do CPP).

Consoante o art. 482 do CPP, o Conselho de Sentença será questionado sobre a matéria de fato e se o acusado deve ser absolvido.

Os quesitos devem ser redigidos em proposições afirmativas, simples e distintas, de modo que cada um deles possa ser respondido com suficiente clareza e necessária precisão. Na sua elaboração, o presidente levará em conta os termos da pronúncia ou das decisões posteriores que julgaram admissível a acusação, do interrogatório e das alegações das partes (art. 482, parágrafo único, do CPP).

Os quesitos serão formulados de acordo com o art. 483 do CPP. Vejamos:

> **Art. 483.** Os quesitos serão formulados na seguinte ordem, indagando sobre:
> I – a materialidade do fato;
> II – a autoria ou participação;
> III – se o acusado deve ser absolvido;
> IV – se existe causa de diminuição de pena alegada pela defesa;
> V – se existe circunstância qualificadora ou causa de aumento de pena reconhecidas na pronúncia ou em decisões posteriores que julgaram admissível a acusação.

Somados a esses quesitos, devem ser formulados quesitos referentes às teses da defesa.

Se houver resposta negativa de mais de três jurados aos quesitos formulados sobre os temas previstos nos incisos I e II **previamente** transcritos, o juiz encerrará a votação e o acusado será absolvido (art. 483, § 1º, do CPP). Caso respondidos afirmativamente por mais de três jurados os quesitos formulados com base nos citados incisos, será formulado quesito genérico com a seguinte redação: "**O jurado absolve o acusado?**" (art. 483, § 2º, do CPP).[109]

Quanto a esse quesito genérico, parcela significativa da doutrina afirma que a resposta positiva é totalmente livre aos jurados, podendo ser levados em consideração quaisquer argumentos (relacionados ao fato ou não, jurídicos ou não) utilizados pela defesa (incluindo alegação de clemência, dúvidas geradas pela síndrome do Piu-Piu em processo penal etc.). Esse quesito, portanto, acaba por condensar todas as teses defensivas.

Ao adotar a forma de quesitação indicada, o legislador brasileiro optou por um **sistema misto** entre o **sistema inglês** (em que os jurados respondem se o acusado é culpado ou inocente – *guilty or not guilt*) e o **sistema francês** (no qual os jurados decidem sobre o fato criminoso e suas circunstâncias por meio da resposta de quesitos).

---

[109] Segundo decisão do STJ, quando há a legítima defesa como única tese defensiva e, ao responder ao quesito "O jurado absolve o acusado?", mais de 3 (três) jurados responderem positivamente, deve o juiz presidente encerrar o julgamento e concluir pela absolvição do acusado, não sendo possível formulação de quesito acerca de eventual excesso doloso alegado pela acusação como tese subsidiária (*Informativo* nº 545).

> **Jurisprudência destacada**
>
> Em recente julgado, o STJ decidiu que o art. 155 do CPP, ao proibir que a condenação se fundamente apenas em elementos colhidos durante a fase inquisitorial, tem aplicação também para as sentenças proferidas no Júri. As qualificadoras de homicídio fundadas exclusivamente em depoimento indireto (*Hearsay Testimony*) e na fase inquisitorial violam o art. 155 do CPP, que deve ser aplicado aos veredictos condenatórios do Tribunal do Júri (STJ, 5ª Turma, REsp nº 1.916.733/MG, Rel. Min. Ribeiro Dantas, j. 23.11.2021, *Info.* nº 719).

Consoante o § 3º do art. 483 do CPP, se decidirem os jurados pela condenação, o julgamento prossegue, devendo ser formulados os demais quesitos relativos a:

Art. 483, § 3º (...)
I – causa de diminuição de pena alegada pela defesa;
II – circunstância qualificadora ou causa de aumento de pena, reconhecidas na pronúncia ou em decisões posteriores que julgaram admissível a acusação.

Ressalte-se que não há quesitos referentes às circunstâncias agravantes.

Segundo o § 6º do art. 483 do CPP, "Havendo mais de um crime ou mais de um acusado, os quesitos serão formulados em séries distintas". No último caso (mais de um acusado), a votação será iniciada por aquele cuja imputação descreveu maior importância na prática do fato.

Segundo entendimento do STF,[110] caso haja dois acusados, um pronunciado como autor e outro como partícipe, a absolvição daquele implica a absolvição deste em razão da teoria monista (que sustenta crime único a autor e partícipe) a acessoriedade limitada (só se admite a participação se o fato praticado pelo autor for típico e ilícito). Com efeito, não faria sentido lógico-jurídico situação em que o autor fosse absolvido e que o partícipe fosse condenado. *Mutatis mutandis*, aplica-se o raciocínio de que o "acessório segue o principal".[111]

A falta de quesito obrigatório gera nulidade absoluta, nos termos da Súmula nº 156 do STF. Vejamos: "É absoluta a nulidade do julgamento, pelo júri, por falta de quesito obrigatório".

Se for sustentada a desclassificação do crime para outro de competência do juiz singular, deve ser formulado quesito nesse sentido a ser respondido entre o 2º (segundo) e 3º (terceiro) quesitos anteriormente citados (art. 483, § 4º, do CPP).

Caso seja alegada a tese de crime tentado ou havendo divergência sobre a tipificação do delito, sendo este também de competência do Tribunal do Júri, o magistrado formulará

---

[110] HC nº 69.741-1/DF.
[111] A 1ª Turma do STF já decidiu que, ocorrendo a absolvição de autor material e partícipe, mesmo que haja trânsito em julgado das decisões, é possível ao Ministério Público oferecer nova ação penal, imputando, desta feita, a condição de partícipe ao antigo imputado como autor e vice-versa.

quesitos sobre estas questões, que devem ser respondidos após o segundo quesito (art. 483, § 5º, do CPP).

O juiz realizará a leitura dos quesitos, indagando às partes se têm requerimentos ou reclamações a fazer, devendo estes bem como a decisão constar da ata (art. 484, *caput*, do CPP).[112] O juiz deve explicar aos jurados o significado de cada quesito (art. 484, parágrafo único, do CPP). É importante ressaltar que o magistrado deve expor os quesitos em linguagem simples e de fácil compreensão aos jurados, evitando o uso de teorias e expressões jurídicas.

Não havendo dúvidas, o juiz, os jurados, o Ministério Público, o assistente, o querelante, o defensor do acusado, o escrivão e o oficial de justiça dirigir-se-ão à sala especial a fim de ser procedida a votação (art. 485, *caput*, do CPP).

Se não houver no recinto sala especial, o magistrado determinará que o público se retire, permanecendo tão somente as pessoas mencionadas anteriormente (art. 485, § 1º, do CPP). Nenhuma intervenção que possa perturbar a livre manifestação do Conselho de Sentença será permitida, devendo o juiz advertir às partes neste sentido, determinando que seja retirado da sala quem se portar de maneira inconveniente (art. 485, § 2º, do CPP).

Antes do início da votação, o juiz mandará aos oficiais de justiça que distribuam aos jurados pequenas cédulas, feitas de papel opaco e facilmente dobráveis, contendo sete delas a palavra SIM e sete a palavra NÃO (art. 486 do CPP).

O Oficial de Justiça, a fim de assegurar o sigilo dos votos, recolherá em urnas separadas as cédulas correspondentes aos votos e as cédulas não utilizadas (art. 487 do CPP).

Após a conferência dos votos e das cédulas não utilizadas, o juiz determinará que o escrivão registre no termo a votação de cada quesito bem como o resultado do julgamento (art. 488 do CPP). Neste termo também devem constar a conferência das cédulas não utilizadas (art. 488, parágrafo único, do CPP), como espécie de duplo *check*.

Se o juiz verificar contradições entre as respostas dos quesitos, este explicará aos jurados no que consiste tal contradição e submeterá novamente à votação dos quesitos a que se referirem tais respostas (art. 490, *caput*, do CPP). Se eventualmente, em razão da resposta dada a um dos quesitos, o juiz verificar que ficam prejudicados os seguintes, assim o declarará, dando por finda a votação (art. 490, parágrafo único, do CPP).

Conforme salientado, diferente do sistema norte-americano (que exige consenso), as decisões do Tribunal do Júri são tomadas por maioria simples dos votos (art. 489 do CPP).

Uma vez encerrada a votação, o termo elaborado pelo escrivão contendo o resultado da votação e do julgamento será assinado pelo juiz presidente, pelos jurados e pelas partes.

Ato contínuo, o juiz proferirá a sentença que, nos termos do art. 492 do CPP, deve observar o inciso I em caso de condenação e o inciso II no caso de absolvição.

---

[112] Caso não sejam as reclamações realizadas neste momento, operar-se-á a preclusão, não podendo ser alegada em futura apelação, sobretudo quando se tratar de nulidade relativa.

Jurisprudência destacada

Ao apreciar medida cautelar em ADPF, o STF decidiu que:

a) a tese da legítima defesa da honra é inconstitucional, por contrariar os princípios constitucionais da dignidade da pessoa humana (art. 1º, III, da CF/1988), da proteção à vida e da igualdade de gênero (art. 5º da CF/1988);

b) deve ser conferida interpretação conforme à Constituição ao art. 23, II, e art. 25 do CP e ao art. 65 do CPP, de modo a excluir a legítima defesa da honra do âmbito do instituto da legítima defesa; e

c) a defesa, a acusação, a autoridade policial e o juízo são proibidos de utilizar, direta ou indiretamente, a tese de legítima defesa da honra (ou qualquer argumento que induza à tese) nas fases pré-processual ou processual penais, bem como durante julgamento perante o Tribunal do Júri, sob pena de nulidade do ato e do julgamento (STF, Plenário, ADPF nº 779-MC-Ref/DF, Rel. Min. Dias Toffoli, j. 13.03.2021, *Info.* nº 1.009).

Quesitos complexos, com má redação ou com formulação deficiente, geram a nulidade do julgamento do Tribunal do Júri, por violação ao art. 482, parágrafo único, do CPP. A intenção do legislador ao prever o parágrafo único do art. 482 do CPP é prevenir os chamados "vícios de complexidade". Assim, os quesitos devem ser redigidos em fórmula "simples", não compostas, não complexas, sem conotações, sobretudo, porque as respostas serão binárias, na base do "sim" ou "não". Ademais, em atenção ao direito penal do fato, o juiz presidente do Tribunal do Júri, ao formular quesitos relativos à autoria delitiva, deve evitar inferências, pressuposições, adjetivações e estereotipagem, concentrando-se apenas nos fatos concretos em julgamento.

O caráter do agente e motivos do crime não devem ser considerados para fins de formulação de quesitos do júri, sob pena de ofensa aos princípios da presunção de inocência e do devido processo legal (STJ, 5ª Turma, AREsp nº 1.883.043/DF, Rel. Min. Joel Ilan Paciornik, Rel. Acd. Min. João Otávio de Noronha, j. 15.03.2022, *Info.* nº 730).

Importante destacar que, em caso de condenação, a Lei nº 13.964/2019 (Pacote Anticrime) adicionou ao inciso I anteriormente citado a alínea *e*, que faz referência à regra de execução provisória da pena privativa de liberdade em condenações proferidas pelo Tribunal do Júri.[113] Vejamos:

> *e)* mandará o acusado recolher-se ou recomendá-lo-á à prisão em que se encontra, se presentes os requisitos da prisão preventiva, **ou, no caso de condenação a uma pena igual ou superior a 15 (quinze) anos de reclusão, determinará a execução provisória das penas, com expedição do mandado de prisão, se for o caso, sem prejuízo do conhecimento de recursos que vierem a ser interpostos;**[114] (Grifos nossos)

---

[113] Sobre este tema, antes do advento da Lei nº 13.694/2019, havia severa divergência entre os Tribunais Superiores.
[114] A parte em negrito foi adicionada pela Lei nº 13.964/2019.

O § 3º do art. 492 (também introduzido pela Lei nº 13.964/2019) reza que o juiz presidente pode, excepcionalmente, deixar de autorizar a execução provisória da pena se houver alguma questão substancial cuja resolução pelo tribunal ao qual competir o julgamento possa plausivelmente levar à revisão da condenação.

Embora os termos "questão substancial", "plausivelmente" e "revisão de condenação" utilizados pelo legislador sejam abertos e careçam de interpretação pelo juiz, Alves (2021, p. 348) sustenta que, por "questão substancial" pode-se entender "questão séria, fundada, que apresente reais chances de beneficiar o réu" e "plausível" pode ser definido como "situação cujo raciocínio lógico permita concluir com segurança pela possibilidade de melhoria a ser concedida ao acusado pelo órgão *ad quem*". Já por "revisão de condenação" pode-se entender "qualquer benefício que possa ser obtido pelo réu (reconhecimento de nulidade processual após a pronúncia, extinção da punibilidade, afastamento de qualificadora, majorante etc.), salvo a absolvição (que não pode ser efetivada pelo tribunal *ad quem* em respeito à soberania dos veredictos".

A sentença será lida em plenário, conforme disposto no art. 493 do CPP, saindo da sessão as partes intimadas.

Segundo o art. 492, § 4º, do CPP, a apelação interposta contra a decisão condenatória do Tribunal do Júri a uma pena igual ou superior a 15 anos de reclusão não terá efeito suspensivo, viabilizando, neste caso, a execução provisória da pena nos termos anteriormente expostos.

De forma excepcional, o tribunal *ad quem* poderá atribuir efeito suspensivo à apelação interposta na situação citada, quando verificar, cumulativamente, que o recurso: a) não tem propósito meramente protelatório; b) levanta questão substancial e que pode resultar em absolvição, anulação da sentença, novo julgamento ou redução da pena para patamar inferior a 15 anos de reclusão (art. 492, § 5º, do CPP).

O pedido de concessão do efeito suspensivo abordado poderá ser realizado incidentemente na apelação ou por meio de petição em separado dirigida diretamente ao relator, instruída com cópias da sentença condenatória, das razões da apelação e de prova da tempestividade, das contrarrazões e das demais peças necessárias à compreensão da controvérsia (art. 492, § 6º, do CPP).

Jurisprudência destacada

Sobre o cabimento de apelação contra decisão do Tribunal do Júri, o STF entende que em face da reforma introduzida no procedimento do Tribunal do Júri (Lei nº 11.689/2008), é incongruente o controle judicial, em sede recursal (art. 593, III, *d*, do CPP), das decisões absolutórias proferidas com fundamento no art. 483, III e § 2º, do CPP (STF, 2ª Turma, RHC nº 192.431 Segundo AgR/SP, e RHC nº 192.432 Segundo AgR/SP, Rel. Min. Ricardo Lewandowski, j. 23.02.2021, *Info*. nº 1.007).

Na reforma legislativa de 2008, alterou-se substancialmente o procedimento do júri, inclusive a sistemática de quesitação aos jurados. Inseriu-se um quesito genérico e obrigatório, em que se pergunta ao julgador leigo: "O jurado absolve o acusado?" (art. 483, III e § 2º, do CPP). Ou seja, o Júri pode absolver o réu sem qualquer especificação e sem necessidade de motivação.

> Considerando o quesito genérico e a desnecessidade de motivação na decisão dos jurados, configura-se a possibilidade de absolvição por clemência, ou seja, mesmo em contrariedade manifesta à prova dos autos. Se ao responder o quesito genérico o jurado pode absolver o réu sem especificar os motivos, e, assim, por qualquer fundamento, não há absolvição com tal embasamento que possa ser considerada "manifestamente contrária à prova dos autos".
>
> Limitação ao recurso da acusação com base no art. 593, III, *d*, do CPP, se a absolvição tiver como fundamento o quesito genérico (art. 483, III e § 2º, do CPP). Inexistência de violação à paridade de armas. Presunção de inocência como orientação da estrutura do processo penal. Inexistência de violação ao direito ao recurso (art. 8.2.h, CADH). Possibilidade de restrição do recurso acusatório (STF, 2ª Turma, HC nº 185.068, Rel. Celso de Mello, Rel. p/ Acórdão Gilmar Mendes, j. 20.10.2020).
>
> Observação: legítima defesa da honra.
>
> Caso a defesa lance mão, direta ou indiretamente, da tese inconstitucional de legítima defesa da honra (ou qualquer argumento que induza à tese), seja na fase pré-processual, processual ou no julgamento perante o Tribunal do Júri, estará caracterizada a nulidade da prova, do ato processual ou até mesmo dos debates por ocasião da sessão do júri (caso não obstada pelo Presidente do Júri), facultando-se ao titular da acusação recorrer de apelação na forma do art. 593, III, *a*, do CPP (STF, Plenário, ADPF nº 779, Rel. Min. Dias Toffoli, j. 15.03.2021).
>
> Apesar da alteração promovida pela Lei nº 13.964/2019 no art. 492 do CPP, é ilegal a execução provisória da pena como decorrência automática da condenação proferida pelo Tribunal do Júri. Pendente de julgamento no STF o Tema nº 1.068, em que se discute a constitucionalidade do art. 492, I, do CPP, deve ser reafirmado o entendimento do STJ de impossibilidade de execução provisória da pena mesmo em caso de condenação pelo Tribunal do Júri com reprimenda igual ou superior a 15 anos de reclusão (STJ, 5ª Turma, AgRg no HC nº 714.884/SP, Rel. Min. Jesuíno Rissato (Desembargador convocado do TJDFT), Rel. Acd. Min. João Otávio de Noronha, j. 15.03.2022, *Info.* nº 730).

13.6 PROCEDIMENTO ESPECIAL DOS CRIMES DE RESPONSABILIDADE DOS FUNCIONÁRIOS PÚBLICOS (ARTS. 513 A 518 DO CPP)

O referido procedimento é a via adequada para o processamento dos crimes funcionais afiançáveis, ou seja, aqueles previstos entre os arts. 312 a 326 do CP.[115]

Segundo o art. 513 do CPP, a queixa ou a denúncia serão instruídas com documentos ou justificação que façam presumir a existência do delito ou com declaração fundamentada da impossibilidade de apresentação dessas provas.

Se a denúncia ou queixa estiver conforme, o juiz determinará a sua autuação e ordenará a notificação do acusado, para, no prazo de 15 dias,[116] responder por escrito (art. 514 do CPP).[117] A referida resposta pode ser oferecida pelo próprio acusado e, segundo a doutrina

---

[115] Com o advento da Lei nº 12.403/2011 todos os crimes funcionais são afiançáveis.

[116] Durante este prazo os autos permanecerão em cartório, onde poderão ser examinados pelo acusado e/ou por seu defensor (art. 515, *caput*, do CPP).

[117] Dispõe a Súmula nº 330 do STJ que a defesa preliminar será dispensada se a inicial acusatória se basear no inquérito policial. No entanto, em decisão mais recente, o STF afirmou que a defesa preliminar é obrigatória mesmo neste caso (HC nº 93.444/SP).

majoritária, é **peça meramente facultativa**, não havendo falar-se em nulidade em caso de não apresentação.[118]

Se a residência do acusado não for conhecida ou este estiver fora da jurisdição do magistrado lhe será nomeado defensor, a quem caberá a apresentação da citada resposta preliminar (art. 514, parágrafo único, do CPP),[119] que poderá ser instruída com documentos e justificações (art. 515, parágrafo único, do CPP).

Caso a resposta preliminar do acusado convença o magistrado acerca da inexistência do crime ou da improcedência da ação, este rejeitará a denúncia ou queixa, em despacho fundamentado. A doutrina aponta que a rejeição da inicial acusatória seria ainda possível com fulcro nas hipóteses do art. 395 do CPP.

Se, no entanto, não for o caso, o juiz receberá a denúncia ou queixa e determinará a citação do acusado e o procedimento a ser adotado será o comum ordinário, independentemente da pena máxima cominada (art. 518 do CPP).[120]

A defesa preliminar abordada não se estende ao eventual particular que comete crime em concurso com o servidor público. Nem terá direito a tal defesa aquele indivíduo que, embora na data do fato fosse servidor público, *a posteriori* é exonerado, demitido ou aposentado.

Segundo entendimento do STF,[121] em se tratando de crimes funcionais (ou não) praticados por funcionários públicos que gozem de prerrogativa de função, o presente procedimento não será utilizado, sendo aplicado o procedimento da Lei nº 8.038/1990, que prevê em seu art. 4º defesa preliminar específica deste procedimento.

13.7 PROCEDIMENTO ESPECIAL DOS CRIMES CONTRA A HONRA (ARTS. 519 A 523 DO CPP)

É o procedimento aplicável aos crimes contra a honra, ou seja, calúnia (art. 138 do CP), injúria (art. 140 do CP) e difamação (art. 139 do CP), embora este não seja mencionado pelo art. 519 do CPP.

O procedimento em análise restou bastante esvaziado em razão de serem os delitos julgados, em regra, pelo procedimento dos Juizados Especiais Criminais.[122] A exceção a que

---

[118] Caso o juiz não abra prazo para o acusado, haverá nulidade relativa, que depende da demonstração de prejuízo.

[119] Segundo entendimento do STJ e do STF, a resposta preliminar pode ser apresentada tão somente em relação ao crime funcional e não ao eventual crime comum cometido em concurso.

[120] Ou seja, apresentação de resposta à acusação (arts. 396 e 396-A), análise da possibilidade de absolvição sumária (art. 397), não sendo o caso, realização de audiência de instrução e julgamento, devendo nesta serem produzidas todas as provas, requeridas diligências e oferecidas alegações finais orais e prolatada a sentença.

[121] *Informativo* nº 856.

[122] É possível ainda, a depender da situação, ser aplicado ao crime contra a honra: 1) a lei eleitoral; 2) Código Penal Militar; 3) Lei nº 8.038/1990; 4) procedimento sumário (arts. 77, §§ 2º e 3º, e 66, parágrafo único, da Lei nº 9.099/1995, por força do art. 538 do CPP).

se aplica o procedimento trabalhado neste tópico é o caso de pena máxima de crime que supera dois anos de pena privativa de liberdade, o que ocorre, especialmente, quando forem aplicadas as coisas de aumento de pena previstas no art. 141 do CP.

Em crimes dessa natureza, segundo o art. 520 do CPP, o juiz, antes de receber a queixa, oferecerá às partes oportunidade para se reconciliarem, fazendo-as comparecer em juízo e ouvindo-as, separadamente, sem a presença dos seus advogados, não se lavrando termo.

Caso o juiz perceba que há possibilidade de reconciliação, este promoverá o entendimento entre elas, em sua presença (art. 521 do CPP).[123] Se houver reconciliação, a queixa será arquivada após assinado o termo de desistência pelo querelante.

Segundo o STJ[124] o não comparecimento do querelante à audiência de conciliação gera apenas a impossibilidade de conciliação.[125] Segundo a doutrina minoritária, não há possibilidade de determinação de condução coercitiva do querelante em caso de não comparecimento.

Não sendo possível a reconciliação, o magistrado receberá a queixa e, a partir deste momento, será seguido o procedimento sumário.

Durante o curso da ação penal, no prazo da resposta escrita do querelado (art. 396 do CPP), será possível, no caso dos crimes de calúnia e difamação, o oferecimento da exceção da verdade ou notoriedade do fato imputado,[126] ocasião em que, nos termos do art. 523 do CPP, o querelante poderá contestar a exceção no prazo de dois dias, podendo ser inquiridas as testemunhas arroladas na queixa, ou outras indicadas naquele prazo, em substituição às primeiras, ou para completar o máximo legal. Caso o querelado tenha foro por prerrogativa de função, a exceção da verdade será julgada neste foro.

Por fim, mesmo que o feito não tramite sob o regramento da Lei nº 9.099/1995, é possível a aplicação dos institutos da composição civil dos danos e da transação penal.

13.8 PROCEDIMENTO ESPECIAL DOS CRIMES CONTRA A PROPRIEDADE IMATERIAL (ARTS. 524 A 530-I DO CPP)

O referido procedimento é aplicável tanto à ação penal pública quanto, em razão do disposto no art. 530-A,[127] à ação penal privada. Também é permitido, nos termos do art.

---

[123] Essa audiência só pode ser realizada nas ações exclusivamente privadas, não sendo possível na ação penal subsidiária da pública ou na ação penal oferecida pelo Ministério Público por crime contra a honra de servidor público no exercício de suas funções.

[124] REsp nº 605.871/SP.

[125] Embora decisão de 1994 do STJ tenha decidido pela perempção (REsp nº 45.743/RJ).

[126] Trata-se de uma questão prejudicial homogênea. Se julgada procedente, o réu deve ser absolvido por atipicidade da conduta.

[127] Introduzido pela Lei nº 10.695/2003, que modificou estruturalmente o procedimento abordado neste tópico.

530-H do CPP, às associações de titulares de direitos de autor e os que lhes são conexos, em seu próprio nome, funcionar como assistente da acusação no crime de violação de direito autoral (art. 184 do CP), quando praticado em detrimento de qualquer de seus associados.

Caso o delito tenha deixado vestígios, a queixa ou a denúncia não serão recebidas se não forem instruídas com o exame pericial[128] dos objetos que constituam o corpo de delito (art. 525 do CPP).[129] Trata-se de condição de procedibilidade. Se o delito, no entanto, não deixar vestígios, o exame pericial é dispensável.

O prazo decadencial para o oferecimento da queixa-crime de crimes contra a propriedade imaterial é de 30 dias após o a homologação do laudo pericial (art. 529 do CPP), prazo este, no entanto, que deve ser conjugado ao prazo do art. 38 do CPP (seis meses). Sendo assim, inicialmente o prazo decadencial é o mais longo (seis meses – art. 38), uma vez homologado o laudo do exame pericial, passa a valer o prazo mais curto, que pode ser a data final do prazo de seis meses ou os 30 dias a que se refere o art. 529 do CPP.[130]

Segundo o art. 529, parágrafo único, do CPP se o ofendido requerer a busca e apreensão e da efetivação desta se verificar que o crime é de ação penal pública incondicionada, será dada vista ao Ministério Público para que sejam adotadas providências.

Dispõe o art. 524 do CPP que, para os demais pontos, são aplicados os termos do procedimento comum ordinário previstos nos arts. 394 a 405 do CPP.

13.9 PROCEDIMENTO PARA RESTAURAÇÃO DE AUTOS EXTRAVIADOS (ARTS. 541 A 548 DO CPP)

O procedimento, disciplinado pelos arts. 541 a 548 do CPP, dispõe sobre a restauração de autos extraviados ou destruídos, em primeira e segunda instância (art. 541, *caput*, do CPP). Neste último caso (autos extraviados em segunda instância), quando em grau de recurso, o procedimento será realizado também na primeira instância (art. 541, § 3º, do CPP).[131]

---

[128] O laudo deste exame deve, nos termos do art. 527, parágrafo único, do CPP ser elaborado por dois peritos. A doutrina aponta, no entanto, a necessidade de apenas um perito após a alteração do art. 159 promovida pela Lei nº 11.690/2008.

[129] Segundo a Súmula nº 574 do STJ, "Para a configuração do delito de violação de direito autoral e a comprovação de sua materialidade, é suficiente a perícia realizada por amostragem do produto apreendido, nos aspectos externos do material, e é desnecessária a identificação dos titulares dos direitos autorais violados ou daqueles que os representem".

[130] Exemplificando, do conhecimento da autoria passa-se a contar o prazo de seis meses (art. 38 do CPP). Cinquenta dias antes de escoado este prazo, o laudo pericial é homologado. Nesse caso, o novo prazo decadencial passa a ser de 30 dias da data da homologação do laudo. Se, no entanto, restarem apenas 20 dias para o término do prazo de 6 meses, estes 20 dias serão o prazo para a contagem da decadência.

[131] A competência, portanto, é do órgão jurisdicional competente originariamente para processar e julgar a causa que consta no processo extraviado.

O § 1º do art. 541 do CPP reza que se existir cópia autêntica ou certidão do processo, uma delas será considerada como se original fosse. Na falta de tal cópia, o juiz determinará, de ofício, ou a requerimento das partes as seguintes providências (art. 541, § 2º, do CPP):

Art. 541, § 2º (...)

a) o escrivão certifique o estado do processo, segundo a sua lembrança, e reproduza o que houver a respeito em seus protocolos e registros;

b) sejam requisitadas cópias do que constar a respeito no Instituto Médico-Legal, no Instituto de Identificação e Estatística ou em estabelecimentos congêneres, repartições públicas, penitenciárias ou cadeias;

c) as partes sejam citadas pessoalmente, ou, se não forem encontradas, por edital, com o prazo de dez dias, para o processo de restauração dos autos.

Após, o juiz designará data para a oitiva das partes, quando serão mencionados em termo circunstanciado os pontos em que estiverem acordes e a exibição e a conferência das certidões e mais reproduções do processo apresentadas e conferidas (art. 542 do CPP).

O art. 543 do CPP aponta observações às diligências necessárias para a restauração ordenadas pelo juiz. Vejamos:

Art. 543. O juiz determinará as diligências necessárias para a restauração, observando--se o seguinte:

I – caso ainda não tenha sido proferida a sentença, reinquirir-se-ão as testemunhas podendo ser substituídas as que tiverem falecido ou se encontrarem em lugar não sabido;

II – os exames periciais, quando possível, serão repetidos, e de preferência pelos mesmos peritos;

III – a prova documental será reproduzida por meio de cópia autêntica ou, quando impossível, por meio de testemunhas;

IV – poderão também ser inquiridas sobre os atos do processo, que deverá ser restaurado, as autoridades, os serventuários, os peritos e mais pessoas que tenham nele funcionado;

V – o Ministério Público e as partes poderão oferecer testemunhas e produzir documentos, para provar o teor do processo extraviado ou destruído.

O prazo para finalização das diligências, salvo motivo de força maior, é de 20 dias. Ato contínuo, os autos serão conclusos para sentença (art. 544, *caput*, do CPP).

Durante o curso do processo ou, ainda, depois de estarem os autos conclusos para a sentença, o magistrado poderá, no prazo de cinco dias, requisitar às autoridades ou repartições todos os esclarecimentos necessários para a restauração (art. 544, parágrafo único, do CPP).

Uma vez julgada a restauração, esses autos valerão como originais (art. 547, *caput*, do CPP).

Contra a sentença proferida no processo de restauração cabe recurso de apelação, nos termos do art. 593, II, do CPP, podendo apenas, segundo o STF,[132] impugnar a restauração em si, jamais a sentença de mérito.

---

[132] HC nº 74.240/SP.

Caso, no entanto, no curso do procedimento, os autos originários forem localizados, neste o juiz continuará o processo, apensos a eles os autos da restauração (art. 547, parágrafo único, do CPP).

Os responsáveis pelo extravio responderão pelas custas, em dobro, sem prejuízo da responsabilidade criminal (art. 546 do CPP).

Por fim, dispõe o art. 548 que, até à decisão que julgue restaurados os autos, a sentença condenatória em execução continuará a produzir efeito, desde que conste da respectiva guia arquivada na cadeia ou na penitenciária, onde o réu estiver cumprindo a pena, ou de registro que torne a sua existência inequívoca.

13.10 PROCEDIMENTO ESPECIAL DOS CRIMES FALIMENTARES (LEI Nº 11.101/2005 – ARTS. 183 A 188)

O referido procedimento antes do advento da Lei nº 11.101/2005 era previsto pelos arts. 503 a 512 do CPP.[133] Atualmente é previsto nos arts. 183 a 188 da nova lei, aplicáveis aos crimes tipificados nos arts. 168 a 178 da mesma lei. As normas do CPP são aplicadas subsidiariamente, segundo o disposto no art. 188 da Lei de Falências.

O art. 183 da lei em comento define a competência para julgamento: será a do juiz criminal da jurisdição onde tenha sido decretada a falência, concedida a recuperação judicial ou homologado o plano de recuperação extrajudicial.

Os crimes falimentares são de ação penal pública incondicionada (art. 184 da Lei nº 11.101/2005), sem prejuízo da possibilidade de oferecimento de ação penal privada subsidiária da pública pelo credor habilitado ou administrador judicial (art. 184, parágrafo único, da Lei nº 11.101/2005).

O Ministério Público, após ser intimado da sentença que decreta a falência ou concede a recuperação judicial, se verificar a ocorrência de qualquer crime previsto na Lei nº 11.101/2005, promoverá imediatamente a competente ação penal ou, se entender necessário, requisitará a abertura de inquérito policial.[134] Trata-se da materialização do **princípio da obrigatoriedade da ação penal.**

O prazo para o oferecimento da denúncia também é de 5 dias para investigado preso e 15 dias para investigado solto (art. 187, § 1º). Estando o investigado solto ou afiançado, o Ministério Público pode decidir aguardar a apresentação de relatório circunstanciado pelo administrador judicial mencionado no art. 186 da Lei nº 11.101/2005[135] para, então, com o

---

[133] Apesar da revogação, estes dispositivos podem ser aplicados a crimes praticados à época da antiga Lei de Falências (Decreto-lei nº 7.661/1945) em razão do disposto no art. 192 da nova Lei de Falências (Lei nº 11.101/2005).

[134] Não existe mais a figura do inquérito judicial, que servia à investigação de crime falimentar presidida pelo juiz de direito.

[135] Trata-se de "exposição circunstanciada, considerando as causas da falência, o procedimento do devedor, antes e depois da sentença, e outras informações detalhadas a respeito da conduta do

embasamento necessário, oferecer denúncia no prazo de 15 dias contados da apresentação do citado relatório (art. 187, § 1º, da Lei).

A partir do recebimento da inicial acusatória, seguir-se-á o procedimento comum sumário em razão do exposto no art. 185, *caput*, da Lei nº 11.101/2005, independentemente da pena máxima privativa de liberdade prevista em abstrato para o tipo penal.[136] Em se tratando do delito previsto no art. 178 da Lei, por possuir, em abstrato, pena máxima cominada de dois anos de detenção, seguirá o procedimento sumaríssimo, sendo julgado pelo Juizado Especial Criminal (por se tratar de infração de menor potencial ofensivo).

Importante pontuar que está superada a Súmula nº 564 do STF, que exigia fundamentação expressa para o recebimento da denúncia sob pena de nulidade. Com efeito, a partir do advento da Lei nº 11.101/2005, não há mais essa necessidade, bastando fundamentação implícita.

Em qualquer fase processual, caso surjam indícios da prática dos crimes previstos na Lei nº 11.101/2005, o juiz da falência ou da recuperação judicial ou da recuperação extrajudicial cientificará o Ministério Público a fim de que tome as providências necessárias.

13.11 PROCEDIMENTO DOS CRIMES PRATICADOS COM VIOLÊNCIA DOMÉSTICA E FAMILIAR CONTRA A MULHER (LEI Nº 11.340/2006)

Advertimos ao nosso leitor que o objetivo deste tópico não é tratar acerca de todo o regramento e arcabouço teórico que envolve o estudo da Lei nº 11.340/2006, conhecida como Lei Maria da Penha, mas sim os pontos mais relevantes que guardam relação com o procedimento.

Na verdade, não se trata de um rito próprio, especial, para crimes praticados no contexto de violência doméstica e familiar contra a mulher. A reforço desse raciocínio o art. 13 da citada Lei determina a aplicação do CPP, do ECA[137] e do Estatuto da Pessoa Idosa,[138] conforme a situação fática apresentada. Entretanto existem algumas regras a serem vistas neste tópico que excepcionam a total aplicação dos institutos vistos anteriormente.

A primeira dessas exceções se refere à impossibilidade de aplicação da Lei nº 9.099/1995 a crimes ocorridos mediante a prática de violência doméstica e familiar contra a mulher (art. 41 da Lei nº 11.340/2006).[139]

Destarte, como consequência jurídica, não se aplicam os institutos despenalizadores da Lei nº 9.099/1995, tais como suspensão condicional do processo e transação penal. Nesses

---

devedor e de outros responsáveis, se houver, por atos que possam constituir crime relacionado com a recuperação judicial ou com a falência, ou outro delito conexo a estes" (art. 186 da Lei nº 11.101/2005).

[136] A adoção de procedimento ordinário, no entanto, não enseja nulidade do feito.
[137] Lei nº 8.069/1990.
[138] Lei nº 10.741/2003.
[139] Este dispositivo foi declarado constitucional pelo STF (ADC nº 19/2012).

termos, inclusive a Súmula nº 536 do STJ: "A suspensão condicional do processo e a transação penal não se aplicam na hipótese de delitos sujeitos ao rito da Lei Maria da Penha".

No mesmo sentido do desencorajamento de medidas mais brandas aos agressores que praticam crimes no contexto estudado, a Súmula nº 589 do STJ: "É inaplicável o princípio da insignificância nos crimes ou contravenções penais praticados contra a mulher no âmbito das relações domésticas".

Relevante observar que, por não ser possível a aplicação da Lei nº 9.099/1995 a crimes cometidos no âmbito de violência doméstica e familiar contra a mulher, também não se aplica o art. 88 da referida lei, que reza que dependerá de representação a ação penal relativa aos crimes de lesões corporais leves e lesões culposas. Dessa forma, a ação penal pública seria, nesse caso, pública incondicionada. O STF reafirmou esse entendimento, aduzindo que não importa a extensão da lesão. No mesmo sentido o STJ editou a Súmula nº 542: "A ação penal relativa ao crime de lesão corporal resultante de violência doméstica contra a mulher é pública incondicionada".

Não é possível ainda a aplicação de penas de cesta básica ou outras de prestação pecuniária, nem substituição da pena que implique em pagamento isolado de multa (art. 17 da Lei nº 11.340/2006. O STJ ampliando a possibilidade de aplicação deste dispositivo, editou a Súmula nº 588: "A prática de crime ou contravenção penal contra a mulher com violência ou grave ameaça no ambiente doméstico impossibilita a substituição da pena privativa de liberdade por restritiva de direitos".

Outro importante ponto refere-se à retratação da representação da ofendida, prevista no art. 16 da Lei nº 11.340/2006, que deve ser realizada, até o **recebimento da denúncia**,[140] em audiência específica na presença do magistrado e do Ministério Público. Segundo o STJ,[141] essa audiência apenas pode ser designada se houver manifestação anterior da vítima no sentido de que tem interesse de se retratar da representação.

Quanto às medidas protetivas de urgência, importante salientar a previsão do art. 12-C da Lei nº 11.340/2006. Vejamos:

> Art. 12-C. Verificada a existência de risco atual ou iminente à vida ou à integridade física ou psicológica da mulher em situação de violência doméstica e familiar, ou de seus dependentes, o agressor será imediatamente afastado do lar, domicílio ou local de convivência com a ofendida:
>
> I – pela autoridade judicial;
>
> II – pelo delegado de polícia, quando o Município não for sede de comarca; ou
>
> III – pelo policial, quando o Município não for sede de comarca e não houver delegado disponível no momento da denúncia.

Como se percebe, existe a possibilidade de o Delegado de Polícia aplicar a medida de afastamento do lar, domicílio ou local de convivência, diante da existência de risco atual ou iminente à vida ou à integridade física ou psicológica da mulher em situação de violência

---

[140] E não oferecimento da denúncia, tal qual previsto no art. 25 do CPP.
[141] RMS nº 35.566/MS.

doméstica e familiar, ou de seus dependentes. Saliente-se que esta é uma situação excepcional, que só pode ocorrer se o município não for sede de comarca. Se não houver autoridade policial no município, a medida pode ser decretada por policial.[142]

O art. 12-C, § 2º, da lei em comento afirma que nos casos de risco à integridade física da ofendida ou à efetividade da medida protetiva de urgência, não será concedida liberdade provisória ao preso. O dispositivo é questionável ante o posicionamento pacificado do STF de que a proibição legal (em abstrato) de liberdade provisória viola os princípios da individualização da pena, proporcionalidade, devido processo legal, presunção de inocência, contraditório, ampla defesa, separação dos poderes e dignidade da pessoa humana, sendo, pois, inconstitucional.

Ainda sobre medidas protetivas, dispõe o art. 38-A da Lei Maria da Penha que o juiz competente providenciará seu registro. Esse registro é realizado em banco de dados mantido e regulamentado pelo Conselho Nacional de Justiça,[143] do qual tem acesso o Ministério Público, a Defensoria Pública, os órgãos se segurança pública e a assistência social, para fins de fiscalização e efetividade da medida (art. 38-A, parágrafo único).

O descumprimento da medida configura a prática do delito previsto no art. 24-A da Lei nº 11.340/2006,[144] sem prejuízo da aplicação de outras sanções (art. 24-A, § 3º, da Lei nº 11.340/2006).

13.12 PROCEDIMENTO ESPECIAL DA AÇÃO PENAL ORIGINÁRIA DOS TRIBUNAIS (LEI Nº 8.038/1990)

Trata-se do procedimento aplicável a ações penais que se iniciam nos tribunais, sejam de segunda instância ou Tribunais Superiores.

Nesses casos, sendo crime de ação penal pública com investigado solto, o Ministério Público terá 15 dias para oferecer denúncia ou pedir arquivamento do inquérito ou de outras peças informativas (art. 1º, *caput*, da Lei nº 8.038/1990). No caso de necessidade de diligências complementares devidamente deferidas pelo relator, este prazo será interrompido (art. 1º, § 1º, da Lei).

Caso o investigado esteja preso, será de cinco dias o prazo para o oferecimento da denúncia, e as diligências complementares não interromperão o prazo, exceto se o relator, ao deferi-las, determinar o relaxamento da prisão (art. 1º, § 2º, da Lei).

---

[142] Em quaisquer dessas hipóteses o juiz será comunicado no prazo máximo de 24 horas, devendo decidir, em igual prazo, sob a manutenção ou revogação da medida, devendo dar ciência ao Ministério Público concomitantemente (art. 12-C, § 1º, da Lei nº 11.340/2006).

[143] Banco Nacional de Medidas Protetivas de Urgência (BNMPU).

[144] Em caso de flagrante pela prática deste delito, apenas a autoridade judicial poderá arbitrar fiança (art. 24-A, § 2º, da Lei nº 11.340/2006). Esse crime, embora possua pena máxima inferior a dois anos de pena privativa de liberdade, não será processado pelo rito da Lei nº 9.099/1995, conforme o art. 41 da Lei Maria da Penha.

Nesse tipo de procedimento também cabe o acordo de não persecução penal, segundo dispõe o art. 1º, § 3º, da Lei em comento. Vejamos:

> **Art. 1º** (...)
>
> § 3º Não sendo o caso de arquivamento e tendo o investigado confessado formal e circunstanciadamente a prática de infração penal sem violência ou grave ameaça e com pena mínima inferior a 4 (quatro) anos, o Ministério Público poderá propor acordo de não persecução penal, desde que necessário e suficiente para a reprovação e prevenção do crime, nos termos do art. 28-A do Decreto-lei nº 3.689, de 3 de outubro de 1941 (Código de Processo Penal).

O relator (juiz da instrução) do processo será escolhido de acordo com o regimento interno do Tribunal (art. 2º, *caput*, da Lei) e terá as atribuições que a legislação processual confere aos juízes singulares (art. 2º, parágrafo único, da Lei), competindo-lhe (art. 3º da Lei):

> **Art. 3º** (...)
>
> I – determinar o arquivamento do inquérito ou de peças informativas, quando o requerer o Ministério Público, ou submeter o requerimento à decisão competente do Tribunal;
>
> II – decretar a extinção da punibilidade, nos casos previstos em lei.
>
> III – convocar desembargadores de Turmas Criminais dos Tribunais de Justiça ou dos Tribunais Regionais Federais, bem como juízes de varas criminais da Justiça dos Estados e da Justiça Federal, pelo prazo de 6 (seis) meses, prorrogável por igual período, até o máximo de 2 (dois) anos, para a realização do interrogatório e de outros atos da instrução, na sede do tribunal ou no local onde se deva produzir o ato.

Mesmo se tratando de norma especial, a determinação de arquivamento do inquérito ou peças informativas (inciso I) pelo juiz não se coaduna com o sistema, que, após o Pacote Anticrime, não prevê mais a atuação judicial para homologação de arquivamento de investigação.

Quanto ao inciso III supracitado, já decidiu o STF[145] que a convocação de juízes de primeira instância para integrarem as câmaras julgadoras não ofende o princípio do juiz natural.

Após apresentada a inicial acusatória ao Tribunal, o acusado será notificado para oferecer resposta no prazo de 15 dias (art. 4º, *caput*, da Lei). Anexo à notificação serão entregues desde já ao acusado cópias da denúncia ou queixa, despacho do relator e documentos, por este indicados (art. 4º, § 1º, da Lei).

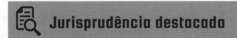

Jurisprudência destacada

Ainda que o recebimento da denúncia ocorra antes de 2008 e antes de o réu ser diplomado como Deputado Estadual, o Tribunal deve apreciar a possibilidade de rejeitar a denúncia ou

---

[145] HC nº 101.473.

> de julgar improcedente a acusação, conforme o art. 6º da Lei nº 8.038/1990. Mesmo no caso de recebimento da denúncia antes das reformas ocorridas no ano de 2008 e antes de o réu ser diplomado como deputado estadual, apresentada a defesa escrita, caberá ao Tribunal de origem apreciar a possibilidade de absolvição sumária ou reconsideração da decisão do juiz de primeiro grau que recebeu a denúncia, na forma do art. 6º da Lei nº 8.038/1990 (STJ, 5ª Turma, AREsp nº 1.492.099/PA, Rel. Min. Ribeiro Dantas, j. 15.06.2021, *Info.* nº 701).

Caso o acusado esteja em local incerto e não sabido ou se, eventualmente, criar dificuldades para sua notificação pelo oficial de justiça, será notificado por edital para que compareça ao Tribunal, em cinco dias, onde lhe será facultado o acesso aos autos pelo período de 15 dias para fins de apresentação da resposta (art. 4º, § 2º, da Lei).

A fim de reforçar o contraditório, se com a resposta preliminar foram apresentados novos documentos, a parte contrária será intimada para sobre eles se manifestar, no prazo de cinco dias (art. 5º da Lei). Caso se trate de ação penal privada, o Ministério Público também será ouvido no prazo de cinco dias.

Na sequência, o relator solicitará dia para que o Tribunal decida sobre o recebimento ou rejeição da peça acusatória, ou a improcedência da acusação, se a decisão não depender de outras provas. Na sessão de julgamento citada, será facultada às partes (primeiro à acusação e depois à defesa) sustentação oral pelo prazo de 15 minutos (art. 6º da Lei).

Decidiu o STJ[146] que, nesse procedimento, em razão de ser oferecida resposta anterior à denúncia, não se aplicam os arts. 396 e 396-A do CPP.[147]

Uma vez recebida a denúncia ou queixa, o relator designará dia e hora para o interrogatório, determinando a citação do acusado e a intimação do Ministério Público, bem como querelante ou assistente, de acordo com o caso (art. 7º da Lei).

A contar do interrogatório ou da intimação do defensor dativo, o acusado terá prazo de cinco dias para defesa prévia (art. 8º da Lei).

A instrução do processo continuará de acordo com o procedimento comum do CPP (art. 9º da Lei), embora o relator possa delegar a realização de interrogatório ou outro ato de instrução ao juiz ou membro de tribunal, através de carta de ordem (art. 9º da Lei).

Finalizada a inquirição de testemunhas, as partes serão intimadas para, no prazo de cinco dias, requererem diligências (art. 10 da Lei). Após o cumprimento dessa fase (realizadas as diligências ou não sendo essas requeridas ou determinadas pelo relator), as partes serão intimadas para, no prazo de 15 dias,[148] apresentarem alegações escritas (art. 11 da Lei).

Na ação penal de iniciativa privada, após a alegação das partes, o Ministério Público terá vista dos autos pelo prazo de 15 dias. Após as alegações escritas, o relator poderá determinar de ofício provas reputadas imprescindíveis para o julgamento da causa (art. 11 da Lei).

---

[146] Ação Penal Originária nº 697.

[147] Que disciplinam a resposta escrita à acusação após o recebimento da inicial acusatória.

[148] O prazo será comum para acusador e assistente, bem como dos corréus (art. 11, § 1º, da Lei).

Por fim, dispõe o art. 12 da Lei nº 8.038/1990 que, finalizada a instrução, o Tribunal julgará a causa na forma de seu regimento interno, devendo observar o seguinte:

> Art. 12. (...)
>
> I – a acusação e a defesa terão, sucessivamente, nessa ordem, prazo de uma hora para sustentação oral, assegurado ao assistente um quarto do tempo da acusação;
>
> II – encerrados os debates, o Tribunal passará a proferir o julgamento, podendo o Presidente limitar a presença no recinto às partes e seus advogados, ou somente a estes, se o interesse público exigir.

13.13 PROCEDIMENTO ESPECIAL DOS CRIMES DA LEI DE DROGAS (LEI Nº 11.343/2006)

A Lei nº 11.343/2006, conhecida como Lei de Drogas, divide o procedimento penal (excetuando as condutas previstas no crime do art. 28 – porte de droga para consumo pessoal,[149] salvo concurso com os crimes previstos nos arts. 33 a 37[150]) em duas etapas: a) da investigação e b) da instrução criminal.

Na etapa concernente à investigação, no caso de prisão em flagrante, o Delegado de Polícia fará, imediatamente, a comunicação à autoridade judiciária, remetendo-lhe cópia do APF[151], do qual será dado vista ao Ministério Público no prazo de 24 horas (art. 50, *caput*, da Lei).

Segundo a lei, para a verificação de materialidade necessária à lavratura do APF é suficiente o laudo de constatação preliminar da natureza e quantidade da droga apreendida, firmado por um perito oficial[152] ou, na ausência deste, pessoa idônea (art. 50, § 1º, da Lei).

Em verdade, tanto para o laudo preliminar quanto para o definitivo, a doutrina alega a revogação tácita desse dispositivo pela Lei nº 11.690/2008 – portanto posterior à Lei nº 11.343/2006 – mesmo diante da especialidade desta última. Seguindo esse entendimento, deverão ser aplicadas as regras previstas no CPP. Aponta Alves (2021, p. 367) que a sequência deveria ser a seguinte:

> via de regra, exige-se um perito oficial ou, na falta, dois peritos não oficiais (art. 159, *caput*, do CPP); excepcionalmente, nas situações de o perito já ter subscrito o laudo provisório, são exigidos dois peritos, oficiais ou não oficiais, para fins de elaboração do laudo definitivo que aquele primeiro participar.

---

[149] No qual será processado e julgado segundo o rito sumaríssimo no Juizado Especial Criminal (Lei nº 9.099/1995).

[150] Neste caso, mesmo sendo processado crime do art. 28 por Vara Especializada de Tóxicos (ou Vara Comum, na ausência desta), serão aplicados os institutos da Lei nº 9.099/1995.

[151] Auto de Prisão em Flagrante.

[152] Este perito não fica impedido para a confecção de laudo definitivo (art. 50, § 2º, da Lei nº 11.343/2006).

Uma vez recebidas as cópias do APF, o magistrado, no prazo de dez dias, deve certificar a regularidade formal do laudo preliminar e determinar a destruição da substância apreendida, guardando-se, no entanto, amostra necessária à realização do laudo definitivo (art. 50, § 3º, da Lei).

A referida destruição da droga será operacionalizada pela autoridade policial competente, no prazo de 15 dias, na presença da autoridade sanitária e do Ministério Público (art. 50, § 4º, da Lei). No caso de drogas apreendidas sem prisão em flagrante, o prazo máximo para a destruição da substância será de 30 dias a contar da apreensão (art. 50-A da Lei).

O local designado para a destruição das drogas será vistoriado antes e depois da ação, sendo lavrado auto circunstanciado pelo Delegado de Polícia, no qual se apontará a efetiva destruição das substâncias (art. 50, § 5º, da Lei).

Ressalte-se que, no caso de plantações ilícitas, estas serão imediatamente destruídas pelo Delegado de Polícia,[153] que deverá recolher quantidade suficiente para o exame pericial, de tudo se lavrando auto específico do qual deverá conter a delimitação do local.

O inquérito policial instaurado para apuração dos delitos previstos na Lei de Drogas[154] terá prazo de 30 dias se o investigado estiver preso e de 90 dias, se estiver solto, podendo ser esses prazos duplicados pelo juiz, ouvido o MP, mediante pedido justificado do Delegado de Polícia (art. 51 da Lei).

Após findo o prazo citado, a autoridade policial, remetendo os autos do inquérito ao juízo, deverá relatar sumariamente as circunstâncias do fato, justificando as razões que a levaram à classificação do delito, indicando a quantidade e a natureza da substância ou do produto apreendido, os locais e as condições em que se desenvolveu a ação criminosa, as circunstâncias da prisão, a conduta, a qualificação e os antecedentes do agente (art. 52, I, da Lei) ou requerer a devolução dos autos para a realização de diligências consideradas necessárias (art. 52, II, da Lei).

A citada remessa dos autos ao juízo será efetuada sem prejuízo das diligências complementares necessárias ou úteis à plena elucidação do fato ou à indicação de bens, direitos e valores de que seja titular o autor, ou que figurem em seu nome. Em qualquer dos casos, o resultado das diligências deve ser remetido ao juízo até três dias antes da audiência de instrução e julgamento (art. 52, parágrafo único, da Lei).

Ainda em relação à parte referente à investigação, a Lei nº 11.343/2006 prevê a possibilidade de Técnicas Especiais de Investigação (TEIs), desde que autorizadas judicialmente após ouvido o Ministério Público (art. 53, *caput*, da Lei):

Art. 53. (...)

I – **a infiltração por agentes de polícia**, em tarefas de investigação, constituída pelos órgãos especializados pertinentes;

---

[153] Observadas as cautelas necessárias ao meio ambiente, dispensada autorização prévia do Sistema Nacional do Meio Ambiente – SISNAMA (art. 32, § 3º, da Lei nº 11.343/2006).

[154] Como visto, excetuado o crime do art. 28, exceto se em concurso com os crimes previstos nos arts. 33 a 37.

II – a não atuação policial sobre os portadores de drogas, seus precursores químicos ou outros produtos utilizados em sua produção, que se encontrem no território brasileiro, com a finalidade de identificar e responsabilizar maior número de integrantes de operações de tráfico e distribuição, sem prejuízo da ação penal cabível. (Grifos nossos)

No último caso conhecido como ação controlada,[155] a autorização judicial será concedida se forem conhecidos o itinerário provável e a identificação dos agentes e colaboradores do delito (art. 53, parágrafo único, da Lei).

Em relação à fase de instrução criminal, insta salientar que a denúncia pode se basear no laudo de constatação preliminar da substância entorpecente, sendo o referido documento verdadeira condição de procedibilidade da ação penal, não sendo, no entanto, elemento hábil para a condenação, que só pode ocorrer com fulcro no laudo definitivo de constatação.

No que se refere à instrução criminal, prevê o art. 54 da Lei que o Ministério Público, uma vez recebendo as informações advindas do trabalho investigativo desenvolvido no inquérito policial, de Comissão Parlamentar de Inquérito ou demais peças informativas, tem o prazo de dez dias para: a) requerer o arquivamento; b) requisitar diligências ou c) oferecer denúncia, devendo neste ato arrolar até cinco testemunhas e requerer as demais provas que entender pertinentes.

Uma vez oferecida a denúncia, o magistrado determinará a notificação do acusado para oferecer defesa prévia escrita no prazo de dez dias (art. 55, *caput*, da Lei). Nesta resposta, o acusado poderá arguir preliminares e oferecer todas as razões de sua defesa, bem como exibir documentos e justificações, além de especificar as provas que deseja produzir e arrolar até cinco testemunhas (art. 55, § 1º, da Lei). Se o acusado não for localizado, cabe sua notificação por meio de edital. Caso a resposta à acusação não seja apresentada no prazo legal (incluindo a situação do acusado notificado por edital), o magistrado nomeará defensor para oferecê-la (art. 55, § 3º, da Lei).

Nesse mesmo prazo (10 dias), ao acusado será facultado oferecer exceções, que serão processadas em autos apartados (art. 55, § 2º, da Lei).

Diante da resposta oferecida, o juiz decidirá pelo recebimento ou rejeição da denúncia[156], no prazo de cinco dias (art. 55, § 4º, da Lei), podendo, se entender imprescindível, no prazo máximo de dez dias, determinar a apresentação do preso, realizações de diligências, exames e perícias (art. 55, § 5º, da Lei).

Caso o magistrado decida pelo recebimento da denúncia, há divergência doutrinária acerca da aplicação dos arts. 395 a 397 do CPP, ou seja, citação do réu para apresentação de defesa preliminar, cuja análise pelo magistrado pode resultar em absolvição sumária. Pate da doutrina alega que se aplicam os dispositivos em razão no disposto no art. 394, § 4º, do CPP. Na visão dessa corrente, devem coexistir, portanto, dois momentos de defesa: um antes e outro após o recebimento da denúncia. Essa não é a posição jurisprudencial, que sustenta

---

[155] Da qual consequentemente pode decorrer flagrante postergado ou diferido.
[156] Entende a doutrina que, em que pese a decisão de rejeição da denúncia necessite de motivação, a decisão de recebimento da denúncia carece da explicitação dos motivos.

que, além da especialidade da Lei nº 11.343/2006, por serem idênticas as respostas, não seria necessário que fossem apresentadas em duplicidade – isto em observância ao princípio da economia processual. Seguindo essa linha de raciocínio, o magistrado deverá, uma vez recebida a denúncia, analisar a possibilidade de absolvição sumária com base nos argumentos apresentados na defesa preliminar anterior ao recebimento da denúncia.

Superado o momento descrito anteriormente, o magistrado irá designar data e hora para a realização da audiência de instrução e julgamento, ordenando a citação pessoal do acusado, intimação do Ministério Público, do eventual assistente e, se for o caso, requisitará laudos periciais (art. 56, *caput*, da Lei), dentre os quais o laudo definitivo de constatação de substância entorpecente se, até o momento, não tenha sido juntado aos autos.

Em se tratando de acusado funcionário público acusado de cometer alguma(s) das condutas tipificadas nos arts. 33, *caput* e § 1º, e 34 a 37 da Lei nº 11.343/2006, o juiz poderá decretar o afastamento cautelar de suas atividades, comunicando ao órgão a que se vincula o servidor (art. 56, § 1º, da Lei).

A audiência de instrução e julgamento deverá ser realizada no prazo máximo de 30 dias subsequentes ao recebimento da denúncia, salvo se determinada a realização de avaliação para atestar a dependência de drogas, ocasião em que será realizada no prazo máximo de 90 dias (art. 56, § 2º, da Lei).

O art. 57, *caput*, da Lei nº 11.343/2006 prevê que a inquirição das testemunhas ocorrerá após o interrogatório do acusado, em sistemática diversa da prevista no art. 400 do CPP. Sustentava a doutrina que seria recomendável, no entanto, que o interrogatório ocorresse em momento posterior, para que, em observância ao princípio da ampla defesa, fosse possível ao réu manifestar-se sobre toda a prova produzida.

Sobre esse ponto os Tribunais Superiores se posicionavam em sentido contrário, ou seja, pela aplicação integral do art. 57 da Lei de Drogas, em razão do princípio da especialidade. Ocorre que o Plenário do STF[157] decidiu que, em virtude do sistema constitucional acusatório e dos princípios do contraditório e da ampla defesa, o interrogatório do réu deve ocorrer após a produção da prova testemunhal. Concluiu o STF que a Lei nº 11.719/2008, que alterou o CPP, tem prevalência sobre as disposições em contrário, inclusive em leis especiais. Por questão de segurança jurídica, neste julgado, o STF modulou os efeitos da decisão, considerando válida interpretação em sentido contrário anterior à data do referido julgamento pela Suprema Corte.[158]

Após a inquirição das testemunhas e o interrogatório do acusado,[159] será dada a palavra ao Ministério Público e, na sequência, ao defensor do réu para sustentação oral pelo prazo de 20 minutos, prorrogável por mais 10, a critério do magistrado (art. 57, *caput*, da Lei). Não há nulidade se forem aceitas pelo magistrado alegações finais escritas.

---

[157] HC nº 127.900/AM, *DJe* 03.08.2016.

[158] O STJ seguiu o posicionamento do STF (*Informativo* nº 609).

[159] Após o interrogatório do acusado, o magistrado indagará às partes se restou algum fato para ser esclarecido, formulando as perguntas que entender necessárias (art. 57, parágrafo único, da Lei).

Encerrados os debates, o juiz prolatará a sentença de imediato ou no prazo de até dez dias (art. 58 da Lei).

O art. 59 da Lei nº 11.343/2006 reza que, nos crimes previstos nos arts. 33, *caput* e § 1º, e 34 a 37 desta Lei, o réu não poderá apelar sem recolher-se à prisão, salvo se for primário e de bons antecedentes, assim reconhecido na sentença condenatória. O STF decidiu[160] que o referido dispositivo é virtualmente idêntico ao art. 594 do CPP – ora derrogado, mas anteriormente considerado incompatível com a Constituição Federal em virtude do princípio da presunção de inocência, razão pela qual não deve ser aplicado.

Uma vez encerrado o processo criminal ou arquivado o inquérito policial, o juiz, de ofício ou mediante representação do Delegado de Polícia ou a requerimento do Ministério Público, determinará a destruição das amostras de substância entorpecente guardadas para contraprova, certificando nos autos.

Decifrando a prova

(2020 – FCC – TJ/MS – Juiz Substituto) Quanto aos aspectos processuais da Lei de Drogas, correto afirmar que

A) O agente surpreendido na posse de droga para consumo pessoal será processado e julgado perante o Juizado Especial Criminal, permitida a transação penal, ainda que haja concurso com o delito de tráfico de entorpecentes, a ser apurado no juízo comum.

B) O inquérito policial será concluído no prazo de 30 (trinta) dias, se o indiciado estiver preso, e de 90 (noventa) dias, quando solto, podendo haver duplicação de tais prazos pelo juiz, ouvido o Ministério Público, mediante pedido justificado da autoridade de polícia judiciária.

C) O juiz, oferecida a denúncia, ordenará a notificação do acusado para oferecer defesa prévia, por escrito, no prazo de 10 (dez) dias, decidindo a seguir em 5 (cinco) dias, apresentada ou não a resposta.

D) Suficiente o laudo de constatação da natureza e quantidade da droga, firmado por perito oficial ou, na falta deste, por pessoa idônea, para efeito da lavratura do auto de prisão em flagrante e estabelecimento da materialidade do delito, ficando impedido, porém, o perito que o subscrever de participar do laudo definitivo.

E) O Ministério Público, recebidos os autos do inquérito policial, poderá, no prazo de 10 (dez) dias, requerer o arquivamento, requisitar diligências que entender necessárias ou oferecer denúncia arrolando até 8 (oito) testemunhas.

Gabarito comentado: de acordo com o art. 51 da Lei nº 11.343/2006, a letra B é o gabarito.

---

[160] HC nº 103.529-MC/SP, *DJe* 23.04.2010.

14 Nulidades (atos nulos, inexistentes e irregulares)

É uma concepção geral a definição de que nulidades são **vícios** dos atos processuais. Vícios esses decorrentes da produção de atos processuais **sem as formas exigidas por lei ou em confronto com a Constituição**.

Como já mencionamos em capítulo próprio, o instituto das nulidades só se aplica aos atos processuais propriamente ditos. **Não há de se falar em nulidade dos atos praticados durante o inquérito policial.** Os atos realizados durante o inquérito policial possuem natureza inquisitiva, não podendo ser aproveitados em juízo sem serem repetidos no processo sob o crivo do contraditório dentro do processo penal. Desse modo, se alguma prova do inquérito desatende a algum requisito exigido por lei, o que teremos é a **mera desconsideração** dessa prova, mas jamais a nulidade dela. O termo nulidade em processo penal vai muito além do que o significado da palavra permite concluir, ele denota todo um sistema jurídico de invalidação de atos processuais, para permitir o regular fluxo do devido processo legal, livre de vícios e atendendo às determinações legais e constitucionais.

Todavia, sobre a não validade dos atos processuais, temos, ao lado do instituto das nulidades, os atos inexistentes e os atos irregulares, todos voltados para os atos realizados no processo penal.

A doutrina costuma diferenciar, em uma definição clássica, a diferença desses atos em termos de **gradação do vício que os contamina** (ALVES, 2021, p. 382). Nesse sentido, o vício do ato inexistente seria muito mais grave que o vício do ato nulo, que, por sua vez, seria mais grave que o vício do ato irregular.

Assim, os **atos inexistentes** são aqueles que não possuem todos os elementos que a lei exige para a formação do ato. É um ato que não chegou a ser formado, logo, sequer existe. Não se trata de um ato processual, senão da mera aparência de um ato processual. São considerados pela doutrina **não atos**.

Os atos inexistentes apresentam um vício anterior a qualquer consideração de invalidade, pois não chegaram a ser formados um ato, logo não se pode cogitar em invalidação desses atos. Esses atos não chegaram sequer a ingressar no ordenamento jurídico. Eles não podem ser convalidados e não precisam de decisão judicial para invalidá-los. A decisão judicial acerca deles, caso necessária, é de natureza meramente declaratória.

São exemplos de atos inexistentes uma sentença feita por um advogado, já que esse agente não possui jurisdição, ou uma audiência presidida por Promotor de Justiça.

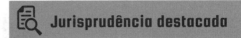

O STF decidiu que os atos processuais praticados por pessoa sem habilitação para o exercício da advocacia ou por advogado suspenso são inexistentes (STF, *RT* nº 843/499 e *RT* nº 853/495).

Já os **atos irregulares** apresentam o menor vício de todos os atos processuais. É um vício tão pequeno que não chega a descaracterizar o ato, devendo o vício ser mesmo ignorado e o ato aceito. Trata-se de "situações em que o desacordo legal é mínimo, ou se trata de formalismo inútil, residual de outras fases do direito processual, não chegando a descaracterizar o ato" (GRINOVER; GOMES, FERNANDES, 2009, p. 18). Os atos irregulares são convalidados diante do mero prosseguimento do processo, sendo desnecessário qualquer manifestação judicial a respeito.

É exemplo de ato irregular o oferecimento da denúncia pelo MP fora do prazo legal, pois trata-se de prazo impróprio.

Por fim, temos **os atos nulos**, objeto principal deste capítulo. Os atos nulos possuem um vício intermediário que decorre da falta de adequação do ato processual ao tipo legal para ele previsto. Para gerar a invalidade do ato, esse vício **deve ser sempre reconhecido pelo juiz**, e só então será considerado inapto para produzir efeitos jurídicos. **A nulidade do ato tem a natureza de sanção processual**. Essa sanção processual também varia em gravidade, conforme o ato seja de nulidade relativa ou nulidade absoluta, como passamos a ver.

A importância de saber a exata diferenciação dos atos inexistentes para os atos irregulares e os atos nulos se dá em razão de que apenas esse último está dentro do complexo sistema de nulidades dos atos processuais regulados pelo CPP. Os atos inexistentes e irregulares como vimos, em regra, sequer exigem um ato judicial para invalidá-los ou reconhecê-los, diferentemente dos atos nulos.

14.1 ESPÉCIES DE NULIDADES

Dentro do sistema das nulidades no nosso processo penal, têm-se duas espécies: a **nulidade relativa** e a **nulidade absoluta**.

As **nulidades absolutas**, conforme é assente na doutrina majoritária (GRINOVER; GOMES; FERNANDES, 2009, p. 21), são aquelas que contêm um vício mais grave, pois violam diretamente **normas constitucionais**, ocasionando o fenômeno denominado **atipicidade constitucional**.

Diante da gravidade do vício das nulidades absolutas, são aplicadas para elas as seguintes regras:

- podem ser decretadas de **ofício pelo juiz**, mas também podem ser impugnadas por requerimento das partes;
- podem ser decretadas em qualquer tempo e em qualquer grau de jurisdição;
- **não** estão sujeitas à **preclusão**;
- **não** podem ser convalidadas;
- há **presunção absoluta do prejuízo**, embora **para o STF, ao contrário do defendido pela doutrina, o prejuízo deve ser demonstrado**.

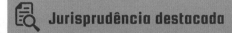

O STF tem o entendimento de que sempre o prejuízo deve ser demonstrado para permitir o reconhecimento das nulidades, **inclusive das nulidades absolutas** (STF, HC nº 81.510, 1ª Turma, *DJU* 12.04.2002).

As **nulidades relativas** contêm um vício menos grave. Consoante a doutrina majoritária, elas violam **normas infraconstitucionais**, ou seja, regras meramente processuais.

Importante atentar que nem sempre se pode verificar com clareza se a nulidade está afrontando apenas as normas infraconstitucionais. Isto porque muitas das normas processuais visam instrumentalizar garantias fundamentais constitucionais. Daí a importância do capítulo seguinte, no qual se diferenciam, como já assente na lei, na doutrina e na jurisprudência, os atos processuais em específico que se acham dentro das nulidades relativas e absolutas.

Diante da natureza do vício que contamina as nulidades relativas, estas estão sujeitas a regras diferentes das nulidades absolutas, sendo que elas:

- devem ser arguidas no momento oportuno, sob pena de **preclusão**;
- permitem a **convalidação** (o que veremos abaixo);
- exigem tanto para a doutrina quanto para a jurisprudência a **demonstração de prejuízo**;
- podem ser **arguidas de ofício pelo juiz ou por requerimento das partes**[1].

Como se pode observar, **o STF diferencia, de forma pragmática, a nulidade absoluta da nulidade relativa apenas no que tange** à **preclusão** e à **possibilidade de convalidação**. Pois, no que toca aos pontos sensíveis de diferença etimológica entre essas nulidades, a demonstração de prejuízo e a iniciativa das partes, o STF iguala as duas nulidades diante de princípios do processo penal, como a verdade real, a presunção de inocência e o interesse do Estado em não gerar condenações injustas.

---

[1] Para a doutrina minoritária, o reconhecimento da nulidade relativa nunca poderia ser reconhecido de ofício pelo juiz. Ela dependeria sempre de requerimento das partes a exemplo do que ocorre no processo civil.

Como veremos no tópico a seguir, as nulidades absolutas e relativas têm previsão expressa no art. 564 do CPP, em um **rol não taxativo**. Daí a diferenciação feita pela doutrina entre nulidades processuais típicas e nulidades processuais atípicas (nulidades construídas pela doutrina e jurisprudência, sem previsão legal expressa).

14.2 PRINCÍPIOS REGENTES DAS NULIDADES

14.2.1 *Pas de nullité sans grief*

Também conhecido como o princípio de que **não há nulidade sem prejuízo**. Está expresso no art. 563 do CPP, segundo o qual nenhum ato será declarado nulo, se da nulidade não resultar prejuízo para a acusação ou para a defesa.

É princípio que atende a economia processual, a celeridade e o próprio **princípio da instrumentalidade das formas**. Com efeito, a forma prevista em lei processual não pode ser considerada um fim em si mesmo, ela visa a uma finalidade. Essa finalidade, se alcançada, deve se sobrepor a forma preconizada na legislação, superando-se eventual nulidade decorrente do descompasso do ato processual com a forma prevista pela lei.

Segundo a doutrina, na nulidade absoluta haveria uma presunção absoluta de prejuízo. Contudo, diante das decisões do STF no sentido de que a nulidade, ainda que absoluta, deve ter seu prejuízo demonstrado pela parte interessada, compreende-se que o princípio do *pas de nullité sans grief* se aplica inclusive à nulidade absoluta. Como se observa, o STF afasta essa presunção absoluta de prejuízo que advém da nulidade absoluta.

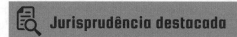

Decidiu o STF que apesar de imprópria a designação de interrogatório no mesmo dia da citação (antes da Lei nº 11.719/2008), a ausência de prejuízo inviabilizaria a declaração de nulidade do feito, em obediência ao princípio *pas de nullité sans grief* (*Informativo* nº 747).

14.2.2 Não há nulidade provocada pela parte

É princípio segundo o qual ninguém pode se locupletar da própria torpeza. É corolário dos princípios da **boa-fé objetiva** (*standard* de conduta) aplicada ao processo penal e do princípio do interesse, segundo o qual a nulidade só pode ser arguida por quem tenha interesse no seu reconhecimento.

Tem previsão no art. 565 do CPP, que preconiza que nenhuma das partes poder arguir nulidade a que haja dado causa, ou para que tenha concorrido. É também a consagração da ética no processo penal (o que se inclui na boa-fé objetiva).

Ainda vinculando o princípio de não haver nulidade provocada pela parte ao princípio da boa-fé objetiva, o STJ já teve a oportunidade de se manifestar que o princípio consagra o *tu quoque*[2] no processo penal. O *tu quoque* é uma das manifestações da boa-fé objetiva, segundo a qual se veda a surpresa no processo.

14.2.3 Não há nulidade por omissão de formalidade que só interessa à parte contrária

Com previsão no art. 565 do CPP, trata-se de princípio segundo o qual nenhuma das partes pode arguir nulidade cuja formalidade só interessa à parte contrária. Trata-se de princípio corolário do princípio do interesse, devendo-se demonstrar a prova do interesse na alegação de nulidade.

É exemplo do referido princípio a arguição de nulidade por promotor de justiça em razão de não ter sido intimada a defesa da expedição de carta precatória para ouvir testemunha em outra comarca, embora afirme o defensor que nenhum prejuízo sofreu a defesa do réu (NUCCI, 2008, p. 827).

Observa-se que o referido princípio só tem aplicação para as nulidades relativas.

14.2.4 Não há nulidade de ato irrelevante para o deslinde da causa

Com previsão expressa no art. 566 do CPP, refere-se ao fato de que não poderá ser declarada nulidade de ato processual que não houver influído na apuração da verdade substancial ou na decisão da causa. Relaciona-se ao princípio do *pas nullité sans grief* e à exigência de demonstração de prejuízo.

14.2.5 Princípio da causalidade

Estampado no art. 573, § 1º, do CPP, é princípio segundo o qual a nulidade de um ato, uma vez declarada, causará também a nulidade dos atos que dele diretamente dependem ou sejam consequência. Trata-se da demonstração do nexo causal entre os atos processuais.

Com efeito, a invalidade de determinado ato pode muitas vezes atingir outros que dele dependam e a ele estão ligados. É a chamada nulidade originária e derivada. Assim, cabe ao juiz, sempre com fulcro no princípio da causalidade, declarar os demais atos a que se estende a nulidade, bem como os que devem ser renovados ou retificados (art. 573, § 2º, do CPP).

Por exemplo, se a denúncia for declarada nula, necessariamente contaminará todos os atos posteriores.

---

[2] A expressão surge da história da morte de Júlio César ao ser apunhalado pelo seu filho Brutus, que houvera se juntado de forma surpresa com outros desafetos do imperador romano para matá-lo. Vem da expressão utilizada por ele antes de sua morte: "até tu Brutus, meu filho?", "Tu quoque, Brute, fili mi?".

14.3 MOMENTO DE ARGUIÇÃO DAS NULIDADES

O momento de arguição das nulidades é indiferente para as nulidades absolutas. Pois só importa para as nulidades relativas, haja vista apenas estas estarem sujeitas à reclusão.

O art. 571 do CPP, que merece ser lido na íntegra, elenca os momentos exatos de arguição das nulidades relativas. Referido dispositivo, não obstante, encontra-se desatualizado, posto não ter acompanhado as reformas legislativas das Leis ns. 11.689/2008 e 11.719/2008. Com efeito, a nulidade relativa deve ser arguida no primeiro momento em que a parte a quem aproveita couber falar aos autos. Pressuposto este que deve ser aplicado ao art. 571 do CPP para fins de sua adequação às novidades legislativas relativas aos procedimentos processuais penais.

> **Art. 571.** As nulidades deverão ser arguidas:
>
> I – as da instrução criminal dos processos da competência do júri, nos prazos a que se refere o art. 406;
>
> II – as da instrução criminal dos processos de competência do juiz singular e dos processos especiais, salvo os dos Capítulos V e VII do Título II do Livro II, nos prazos a que se refere o art. 500;
>
> III – as do processo sumário, no prazo a que se refere o art. 537, ou, se verificadas depois desse prazo, logo depois de aberta a audiência e apregoadas as partes;
>
> IV – as do processo regulado no Capítulo VII do Título II do Livro II, logo depois de aberta a audiência;
>
> V – as ocorridas posteriormente à pronúncia, logo depois de anunciado o julgamento e apregoadas as partes (art. 447);
>
> VI – as de instrução criminal dos processos de competência do Supremo Tribunal Federal e dos Tribunais de Apelação, nos prazos a que se refere o art. 500;
>
> VII – se verificadas após a decisão da primeira instância, nas razões de recurso ou logo depois de anunciado o julgamento do recurso e apregoadas as partes;
>
> VIII – as do julgamento em plenário, em audiência ou em sessão do tribunal, logo depois de ocorrerem.

Analisando a literalidade do dispositivo, observa-se que o Código indicou dois critérios para a indicação do momento para se alegar as nulidades relativas:

- **Natureza do procedimento**.
- **Fase do processo em que o vício ocorreu**.

Ao menos em regra, as nulidades relativas devem ser alegadas, sob pena de convalidação, na primeira oportunidade em que a parte a quem ela se aproveita manifesta-se nos autos. Ocorre que, nem sempre, será assim. Diante das severas mudanças procedimentais operacionalizadas no âmbito do CPP, analisaremos separadamente cada um dos momentos processuais acima indicados.

Ainda a esse respeito, Norberto Avena (2010, p. 960) relata que

> Cabe ressaltar, entretanto, que, com as modificações introduzidas pelas Leis 11.689/2008 e 11.719/2008 ao procedimento comum e ao rito do júri, vários regramentos do art. 571 tornaram-se inócuos, dado que relativos a fases procedimentais que não mais existem. É o caso, por exemplo, da referência ao art. 406 do CPP (art. 571, I), que correspondia às alegações escritas no procedimento do júri, hoje substituídas por alegações orais (atual redação do art. 411); e, também, da menção ao art. 500 do CPP (art. 571, II), pertinente às alegações finais no procedimento ordinário, transformadas, na atual concepção desse rito, em alegações finais orais (atual redação do art. 403). Em suma, em vista da nova legislação, passou a ser necessária outra interpretação dos incisos que compõem o art. 571 do CPP, redefinindo-se o momento oportuno em que deva a parte interessada realizar a arguição das nulidades relativas.

É preciso cuidar para não gerar situações de perplexidade a afirmação – simples e genérica – de que nulidades havidas e não alegadas oportunamente restarão preclusas. Como regra, é assim mesmo, não há a nulidade. Insistimos que é preciso sempre ver o caso concreto. Dessa forma, não deverá ser declarada a nulidade do ato (ou então do processo) se: a) não houver prejuízo efetivo para as partes; b) o ato, malgrado nulo, tiver atingido a finalidade por outra forma; c) não influenciar na apuração da verdade ou decisão da causa.

Jurisprudência destacada

Súmula nº 160 do STF: "É nula a decisão do Tribunal que acolhe, contra o réu, nulidade não arguida no recurso da acusação, ressalvados os casos de recurso de ofício". Observa-se que a referida súmula também é válida para as nulidades absolutas, haja vista que, a despeito de essas poderem ser arguidas a qualquer tempo e grau de jurisdição, não cabe ao tribunal apreciar matéria, em desfavor da defesa, não levada ao grau recursal pela acusação, estando esta acampada pela coisa julgada.

Decifrando a prova

(2021 – CESPE/CEBRASPE – PGE-CE – Procurador do Estado) As eventuais nulidades relativas ocorridas na instrução criminal do processo ordinário

A) podem ser arguidas a qualquer tempo, caso sejam a favor do acusado, em razão do princípio da ampla defesa.
B) devem ser arguidas até as alegações finais.
C) devem ser arguidas até o recurso de apelação.
D) devem ser arguidas até o momento em que se dá ciência da sentença.
Gabarito comentado: de acordo com o art. 571, II, do CPP, a letra B é o gabarito.

14.4 CONVALIDAÇÃO DAS NULIDADES

Trata-se de possibilidade aplicada apenas às nulidades relativas, mas jamais às nulidades absolutas, dado a sua ofensa a questões constitucionais e de ordem pública. Convalidar significa restabelecer a validade de um ato originariamente nulo relativamente.

Consoante o art. 572 do CPP, a convalidação pode se dar em **três hipóteses:**

- se houver ocorrido a preclusão em relação a elas, pela sua não arguição no momento oportuno;
- se o ato processual praticado de outra forma atingir seu objetivo (dado o princípio da instrumentalidade das formas);
- se a parte, mesmo que tacitamente, aceitar seus efeitos.

Caso não haja a convalidação do ato relativamente nulo, o que deverá ocorrer é a renovação do ato, devendo ser o ato novamente praticado, ou a retificação do ato, devendo o ato ser corrigido apenas no que estava errado. Observa-se que a renovação também ocorrerá nos atos nulos absolutamente.

Decifrando a prova

(2019 – MPE-SP – Promotor de Justiça Substituto) Em relação às causas de convalidação do ato processual, assinale a alternativa correta.

A) A nulidade por ilegitimidade do representante da parte não poderá ser sanada, ainda que haja ratificação dos atos processuais.

B) A falta ou a nulidade da intimação ou notificação não poderá ser sanada se o interessado comparecer em juízo, antes de o ato consumar-se e declarar que o faz para o único fim de argui-la.

C) Quando puder decidir o mérito a favor da parte a quem aproveite a decretação da nulidade, o juiz não a pronunciará.

D) A incompetência territorial ou relativa do juízo anula todos os atos instrutórios, devendo o processo, quando for declarada a nulidade, ser remetido ao juiz competente.

E) As omissões da denúncia ou da queixa poderão ser supridas a todo o tempo, até antes do encerramento da instrução criminal.

Gabarito comentado: em razão da aplicação do princípio *pas nullité sans grief*, a letra C é o gabarito.

14.5 HIPÓTESES DE NULIDADE ABSOLUTA

A grande pergunta a ser respondida é a seguinte: seria possível definir um rol taxativo de hipóteses de nulidades absolutas?

A resposta, evidentemente, é negativa, pois há grande divergência tanto no âmbito da doutrina como da jurisprudência a respeito dos efeitos das diversas modalidades de nulidade. Assim, somente diante da situação fática, na grande maioria dos casos, seria possível aferir a gravidade do vício e consequentemente os seus efeitos.

Por outro lado, seria possível apontar uma série de nulidades que, geralmente, ocasionaria nulidade de natureza absoluta. Esse raciocínio é obtido por meio da leitura *a contrario sensu* do art. 572 do Código de Processo Penal: "As nulidades previstas no art. 564, III, *d* e *e*, segunda parte, *g* e *h*, e IV, considerar-se-ão sanadas:".

Renato Brasileiro de Lima (2020a, p. 1.964) relata que

> Ora, se o art. 572 do CPP está dizendo que tais nulidades considerar-se-ão sanadas se não forem arguidas em tempo oportuno, isso significa dizer que as nulidades aí mencionadas estão sujeitas à preclusão, característica básica de toda e qualquer nulidade relativa. Portanto, por meio de interpretação *a contrario sensu* do referido dispositivo, conclui-se que as nulidades cominadas do art. 564 do CPP não ressalvadas pelo art. 572 do CPP têm natureza absoluta.

Desse modo, ainda considerando as valiosas lições apresentadas pelo nobre Professor Renato Brasileiro, existiriam, ao menos em regra, três situações que ensejariam nulidade de natureza absoluta:

- Hipóteses descritas no art. 564 do CPP que não estejam sujeitas a saneamento ou convalidação (art. 572 do CPP). Trata-se da situação supradescrita.
- Quando houver violação de normas constantes da Constituição Federal ou de Tratados Internacionais sobre Direitos Humanos (*v.g.*, Pacto de São José da Costa Rica), ainda que essa nulidade não esteja expressamente prevista no art. 564 do CPP (nulidade não cominada).
- Quando, a despeito da ausência de previsão legal expressa de nulidade (nulidades não cominadas), verificar-se que houve a violação de forma prescrita em lei que visa à proteção de interesse de natureza pública.

14.6 HIPÓTESES DE NULIDADE RELATIVA

Da mesma forma que nos referimos às nulidades absolutas, não seria possível fixar um rol taxativo e fechado de nulidades relativas. A situação fática e os efeitos gerados pela nulidade irão determinar a gravidade do vício e, portanto, a nulidade ou não do ato.

Renato Brasileiro de Lima (2020a, p. 1.964) também aponta um rol de situações que, em regra, serão passíveis de convalidação e, portanto, gerarão a nulidade relativa do ato praticado:

- Hipóteses fixadas no âmbito do art. 572 do CPP.
- Quando, a despeito da ausência de previsão legal expressa de nulidade (nulidades não cominadas), verificar-se que houve a violação de forma prescrita em lei que visa à proteção de interesse preponderante das partes.

14.6.1 Nulidades na fase de instrução processual

Estar-se-á a tratar das três primeiras hipóteses descritas no art. 571 do CPP:

Art. 571. As nulidades deverão ser arguidas:

I – as da instrução criminal dos processos da competência do júri, nos prazos a que se refere o art. 406;

II – as da instrução criminal dos processos de competência do juiz singular e dos processos especiais, salvo os dos Capítulos V e VII do Título II do Livro II, nos prazos a que se refere o art. 500;

III – as do processo sumário, no prazo a que se refere o **art. 537**, ou, se verificadas depois desse prazo, logo depois de aberta a audiência e apregoadas as partes; (...). (Grifos nossos)

Há de se ter bastante cuidado na leitura dos dispositivos legais, pois tanto o art. 406 (referido no inc. I) quanto o art. 500 (mencionado no inc. II) foram revogados; quando ainda vigoravam, os referidos dispositivos falavam das alegações finais. No mesmo sentido, o processo sumário (indicado no inc. III) também foi revogado. Atualmente, o CPP fala em procedimento sumário, o qual não guarda correlação com o processo sumário.

Sintetizando as lições até agora tratadas, em relação aos vícios originários da fase instrutória, devem ser alegados até os debates orais ou memoriais no procedimento comum ordinário, sumário e sumaríssimo e, regra geral, também nos especiais e processos de competência originária dos tribunais.

Renato Brasileiro de Lima (2020a, p. 1.696) faz a seguinte ressalva: caso o vício relativo ocorra antes da resposta à acusação, esse é o momento para alegá-lo, vejamos as valorosas lições:

> Apesar de o art. 571, II, do CPP, sugerir que toda e qualquer nulidade relativa ocorrida durante a instrução criminal dos processos de competência do juiz singular deve ser arguida por ocasião da apresentação das alegações orais (ou memoriais), não se pode perder de vista que a Lei n° 11.719/2008 introduziu importante manifestação da defesa anterior a esse momento, qual seja, a resposta à acusação, que é apresentada imediatamente após o recebimento da peça acusatória e da citação do acusado. Segundo o art. 396-A, na resposta à acusação, a defesa poderá arguir preliminares e alegar tudo o que interesse à sua defesa, oferecer documentos e justificações, especificar as provas pretendidas e arrolar testemunhas, qualificando-as e requerendo sua intimação, quando necessário. Ora, considerando que as nulidades relativas devem ser arguidas na primeira oportunidade que a parte tiver para se manifestar no processo, se a Lei n° 11.719/2008 introduziu a resposta à acusação no momento limiar do processo, parece-nos que eventuais nulidades relativas ocorridas entre o oferecimento da peça acusatória e a citação do acusado devem ser arguidas pela defesa por ocasião da apresentação dessa peça, sob pena de preclusão. Sem dúvida alguma, o melhor exemplo de nulidade relativa que pode vir a ocorrer entre o oferecimento da peça acusatória e a citação do acusado diz respeito à inobservância do procedimento referente à defesa preliminar.

14.6.2 Nulidades no procedimento de aplicação de medida de segurança por fato não criminoso

Trata-se da hipótese prevista no art. 571 do CPP:

> **Art. 571.** As nulidades deverão ser arguidas:
> (...)
> IV – as do processo regulado no Capítulo VII do Título II do Livro II, logo depois de aberta a audiência;

Esse procedimento fazia referência à aplicação de medida de segurança por fato não criminoso, o qual não possui mais correspondência no sistema processual atual, portanto, deve ser desconsiderado.

14.6.3 Nulidades posteriores à pronúncia

Vejamos o dispositivo legal:

> **Art. 571.** As nulidades deverão ser arguidas:
> (...)
> V – as ocorridas posteriormente à pronúncia, logo depois de anunciado o julgamento e apregoadas as partes (art. 447);

Apesar de o art. 447 atualmente estar revogado, pode-se afirmar, na linha do STJ, que, tratando-se de processo de competência do Tribunal do Júri, as nulidades posteriores à pronúncia devem ser arguidas depois de anunciado o julgamento e apregoadas as partes, e as do julgamento em plenário, em audiência, ou sessão do Tribunal, logo após sua ocorrência, sob pena de preclusão (HC 149.007/MT, Rel. Min. Gurgel de Faria, *DJe* 21.05.2015).

14.6.4 Nulidades nos processos de competência dos tribunais

Vejamos a redação legal:

> **Art. 571.** As nulidades deverão ser arguidas:
> (...)
> VI – as de instrução criminal dos processos de competência do Supremo Tribunal Federal e dos Tribunais de Apelação, nos prazos a que se refere o art. 500;

Atualmente, existe legislação específica que rege o procedimento perante os Tribunais. Desde a edição da Lei nº 8.038/1990, há regramento específico para o processo de competência originária não só do Supremo Tribunal Federal, como também do Superior Tribunal de Justiça.

Sintetizando o raciocínio da doutrina, no âmbito dos processos de competências originárias dos tribunais, o momento oportuno para se alegar as nulidades é o das alegações finais.

A esse respeito, Renato Brasileiro de Lima (2020a, p. 1.698) nos ensina:

> Com todas essas mudanças, o ideal é sustentar que as nulidades relativas da instrução criminal dos processos de competência originária dos Tribunais devem ser arguidas na apresentação das alegações escritas (Lei n° 8.038/1990, art. 11, *caput*), ou no momento da sustentação oral (Lei n° 8.038/1990, art. 12, I), sob pena de preclusão.

14.6.5 Nulidades após decisão de primeira instância

O dispositivo legal contém a seguinte redação:

> **CPP, art. 571.** As nulidades deverão ser arguidas:
>
> (...)
>
> VII – se verificadas após a decisão da primeira instância, nas razões de recurso ou logo depois de anunciado o julgamento do recurso e apregoadas as partes;

Na verdade, o momento da arguição dependerá diretamente do momento em que for constatada a nulidade. Se o vício ocorrer até o manejo do recurso, a alegação deverá ocorrer nas próprias razões do recurso; caso ocorra posteriormente ao ajuizamento, deverá ocorrer após anunciado o julgamento do recurso e apregoadas as partes.

O momento para a arguição dependerá do momento em que se verificar a nulidade. Se foi na interposição do recurso, deverá ser feita nas razões que serão encaminhadas ao tribunal. Se depois, a arguição deverá ser imediatamente após anunciado o julgamento do recurso e apregoadas as partes.

Renato Brasileiro de Lima (2020a, p. 1.698) faz importante ressalva:

> Conquanto o art. 571, VII, do CPP, refira-se às nulidades relativas verificadas após a decisão de primeira instância, é de todo evidente que aquelas anteriores a essa decisão também poderão ser impugnadas novamente como preliminares do recurso interposto, desde que, obviamente, já tenham sido arguidas no momento oportuno, inviabilizando, assim, o reconhecimento da preclusão. A título de exemplo, suponha-se que o juiz tenha deixado de observar a regra constante do art. 212 do CPP, por meio da qual as partes, inicialmente, formulam suas perguntas diretamente às testemunhas, passando o juiz, na sequência, a complementar a inquirição. Face a utilização do sistema presidencialista, o advogado de defesa insurge-se contra a colheita da prova testemunhal de imediato, voltando a impugnar a matéria por ocasião da apresentação de suas alegações orais. Nesse caso, por mais que o juiz rejeite a nulidade relativa arguida pelo defensor no curso da audiência una de instrução e julgamento, nada impede que a matéria seja trazida à apreciação do Tribunal por meio de preliminar de apelação interposta contra eventual sentença condenatória.

14.6.6 Nulidades na sessão de julgamento

Em relação às nulidades ocorridas na sessão de julgamento, temos o seguinte:

Art. 571. As nulidades deverão ser arguidas: (...)

VIII – as do julgamento em plenário, em audiência ou em sessão do tribunal, logo depois de ocorrerem.

Trata-se de dispositivo que permanece integralmente válido. As nulidades ocorridas em plenário, audiências ou em sessões de julgamento nos tribunais devem ser alegadas logo após ocorrerem.

14.7 NULIDADES EM ESPÉCIE

No âmbito deste tópico, analisar-se-ão as nulidades em espécie, também chamadas de nulidades cominadas. Elas estão descritas no bojo do art. 564 do CPP. É importante ressaltar que o rol constante do referido dispositivo legal é meramente exemplificativo e não exaure todas as possibilidades reais de nulidades.

A esse respeito, Gomes Filho (2018, p. 870) relata que

> o *caput* do art. 564, apesar de listar uma série de atos processuais suscetíveis de serem anulados, **não consiste em um rol taxativo**. A série de reformas introduzidas desde a redação original do Código de 1941 introduz diversas incongruências, que acabam por tornar prejudicados alguns desses dispositivos. Demais disso, as reformas que atingiram o CPP, além das leis especiais que disciplinam procedimentos especiais, tornam a perspectiva de um sistema fechado completamente inadequada. Por fim, a extensa lista de direitos fundamentais e garantias constitucionais torna impraticável um sistema fechado de nulidades. A jurisprudência é farta no sentido de problematizar os mais distintos casos de nulidades que não se encontram circunspectos ao rol do art. 564 do CPP. (Grifo nosso)

Apesar de não se tratar de rol taxativo, analisaremos separadamente cada uma das hipóteses legais previstas no âmbito do art. 564 do CPP.

14.7.1 Incompetência, suspeição ou suborno do juiz

Trata-se da primeira situação descrita no art. 564 do CPP, observe:

Art. 564. A nulidade ocorrerá nos seguintes casos:

I – por incompetência, suspeição ou suborno do juiz;

14.7.2 Incompetência

Conforme se analisou no âmbito deste estudo, a incompetência pode ser absoluta ou relativa, prevalece no âmbito da doutrina que a incompetência relativa gera nulidade relativa, ao passo que a incompetência absoluta ocasiona nulidade absoluta. A nulidade relativa ocorre quando da incompetência em razão do lugar. Por sua vez, a nulidade absoluta ocorre nas hipóteses de incompetência em razão da matéria (*ratione materiae*) e em razão da prerrogativa de foro (*ratione personae*).

Norberto Avena (2010, p. 931) aponta, de modo bastante didático, as diferenças entre incompetência absoluta e relativa:

> Esta diferença que se estabelece quanto à natureza jurídica das incompetências *ratione materiae, ratione personae* e *ratione loci* leva em conta a existência ou não de embasamento constitucional das normas que as regulamentam. Analisando-se o texto da Constituição Federal, verifica-se que esse diploma, embora de forma não exaustiva, incorporou normas de competência em razão da matéria e da pessoa. Não obstante, não contemplou qualquer dispositivo tratando de competência territorial. Sendo assim, vale dizer, se as duas primeiras formas mereceram previsão constitucional, é porque as regras que as disciplinam são de ordem pública, acarretando a sua violação nulidade absoluta. Já quanto à última delas, considerando que foi abstraída completamente da Carta Republicana e considerando que se trata de competência disponível (o art. 73 do CPP, por exemplo, preceitua que "nos casos de exclusiva ação privada, o querelante poderá preferir o foro de domicílio ou da residência do réu, ainda quando conhecido o lugar da infração"), deduz-se que é regida por normas de ordem privada, cujo afrontamento produz nulidade meramente relativa.

Ainda a respeito do tema incompetência, deve-se ressaltar que o juiz pode declarar de ofício a incompetência absoluta ou relativa, diferentemente do que ocorre no âmbito do processo civil, vejamos dispositivo legal nesse sentido presente no CPP:

> **Art. 109**. Se em qualquer fase do processo o juiz reconhecer motivo que o torne incompetente, declará-lo-á nos autos, haja ou não alegação da parte, prosseguindo-se na forma do artigo anterior.

Em sentido contrário, Norberto Avena (2010, p. 932) entende que o juiz somente poderia declarar-se incompetente diante de casos de incompetência absoluta.

Declarada a incompetência, surge a seguinte questão a respeito da validade dos atos processuais já praticados. A esse respeito, é elucidativa a redação do art. 567 do CPP:

> **Art. 567**. A incompetência do juízo anula somente os atos decisórios, devendo o processo, quando for declarada a nulidade, ser remetido ao juiz competente.

A parte final do art. 109 do CPP determina que o juiz que receber o processo deverá lhe dar prosseguimento aplicando as regras do art. 108 do mesmo diploma. Reconhecendo-se competente, o juiz deverá ratificar os atos do processo (CPP, art. 108, § 1º, parte final). Tal regra, contudo, vale apenas para os atos não decisórios, pois, diante do disposto no art. 567 do CPP, os atos decisórios, inclusive o recebimento da denúncia, praticados por juiz incompetente, serão nulos.

Em se tratando de nulidade decorrente de incompetência absoluta, não se poderá aplicar o disposto no art. 567, CPP, incidente unicamente às nulidades decorrentes da incompetência relativa.

A tendência dos Tribunais Superiores vem sendo a de aplicar o art. 567 do CPP às três formas de incompetência – *ratione materiae, ratione personae* e *ratione loci* –, daí pode-se extrair que o vício de competência importará em nulidade obrigatória apenas dos atos decisórios, sem prejuízo da possibilidade de ratificação dos atos instrutórios no juízo competente.

Vejamos elucidativo julgado no âmbito do STJ:

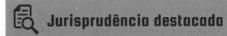

Processual penal. Incompetência absoluta. Remessa ao juízo competente. Atos judiciais e provas. Possibilidade de ratificação. Denúncia. Inépcia. Não ocorrência. Prisão preventiva. Excesso de prazo não verificado. 1. Segundos variados julgados desta Corte, mesmo em caso de incompetência absoluta, é possível ao juízo que recebe os autos do processo ratificar ou não os atos decisórios e provas colhidas. 2. Constatado que o ínfimo trecho da denúncia apontado pela defesa não está ilegível, a alegação de inépcia é descabida. 3. Se a marcha processual segue normalmente, sem detecção de demora desarrazoada ou de desídia do aparato estatal, não há falar em constrangimento por excesso de prazo na prisão cautelar. 4. Recurso não provido (RHC nº 76.745/RJ, Rel. Min. Maria Thereza de Assis Moura, 6ª Turma, j. 28.03.2017, *DJe* 04.04.2017).

14.7.3 Suspeição

Apesar de o dispositivo legal falar apenas em suspeição, a doutrina pacificamente tem aplicado as regras de nulidades aos casos de impedimento (art. 252 do CPP) e incompatibilidades (art. 253 do CPP).

Vejamos o texto legal a respeito das hipóteses de suspeição, impedimentos e incompatibilidades:

Art. 252. O juiz não poderá exercer jurisdição no processo em que: [**impedimentos**]

I – tiver funcionado seu cônjuge ou parente, consanguíneo ou afim, em linha reta ou colateral até o terceiro grau, inclusive, como defensor ou advogado, órgão do Ministério Público, autoridade policial, auxiliar da justiça ou perito;

II – ele próprio houver desempenhado qualquer dessas funções ou servido como testemunha;

III – tiver funcionado como juiz de outra instância, pronunciando-se, de fato ou de direito, sobre a questão;

IV – ele próprio ou seu cônjuge ou parente, consanguíneo ou afim em linha reta ou colateral até o terceiro grau, inclusive, for parte ou diretamente interessado no feito.

Art. 253. Nos juízos coletivos, não poderão servir no mesmo processo os juízes que forem entre si parentes, consanguíneos ou afins, em linha reta ou colateral até o terceiro grau, inclusive. [**incompatibilidades**]

Art. 254. O juiz dar-se-á por suspeito, e, se não o fizer, poderá ser recusado por qualquer das partes: [**suspeições**]

I – se for amigo íntimo ou inimigo capital de qualquer deles;

II – se ele, seu cônjuge, ascendente ou descendente, estiver respondendo a processo por fato análogo, sobre cujo caráter criminoso haja controvérsia;

III – se ele, seu cônjuge, ou parente, consanguíneo, ou afim, até o terceiro grau, inclusive, sustentar demanda ou responder a processo que tenha de ser julgado por qualquer das partes;

Norberto Avena (2015, p. 1.252) ressalta que

> a suspeição (art. 254 do CPP) não se confunde com impedimento (art. 252 do CPP). A primeira subtrai a capacidade subjetiva (parcialidade) do magistrado, caracterizando, como dissemos, hipótese de nulidade absoluta. Já a segunda priva o juiz de capacidade objetiva (jurisdição), conforme refere, expressamente, o caput do art. 252 do CPP. Sendo assim, os atos praticados pelo juiz impedido são inexistentes. Não obstante essa diferenciação, o procedimento para o reconhecimento do impedimento é idêntico ao previsto para a suspeição, conforme reza o art. 112 do CPP.

14.7.4 Suborno

O termo suborno não encontra correspondência técnica no âmbito jurídico, acredita-se que o legislador quis fazer referência aos crimes contra a Administração Pública.

Nesse sentido, Gomes Filho (2018, p. 879) relata que

> o que a legislação processual define como "suborno" deve ser interpretado como prática de crime contra a administração pública. Em regra, nesse item se trataria de juiz que pratica o crime de corrupção passiva (art. 317 do CP), concussão (art. 316 do CP) ou, ainda, de juiz que pratica o crime de prevaricação (por exemplo, condenando o acusado por algum motivo pessoal). Trata-se de evento gravíssimo, que compromete todo o processo, atingindo todos os atos processuais. Por se cuidar de uma causa de nulidade absoluta, nada impediria o manejo da revisão criminal para que o processo fosse integralmente anulado.

14.7.5 Ilegitimidade da parte

Vejamos o texto legal (art. 564 do CPP):

> Art. 564. A nulidade ocorrerá nos seguintes casos: (...)
> II – por ilegitimidade de parte;

Inicialmente, é interessante diferenciar os dois tipos de ilegitimidade: *ad causam* e *ad processum*. A ilegitimidade *ad processum* diz respeito a impossibilidade de aquela pessoa figurar como parte na relação processual penal. A doutrina majoritária entende que se trata de hipótese de nulidade absoluta.

A título de exemplo, pode citar as hipóteses em que ocorrem o oferecimento de denúncia pelo Ministério Público em crime de ação penal privada (*ilegitimatio ad causam* ativa); o ingresso, pelo ofendido, de queixa-crime em delito de ação penal pública quando ainda não escoado o prazo do Ministério Público (*ilegitimatio ad causam* ativa) ou mesmo a denúncia oferecida pelo Ministério Público contra indivíduo que, à época do fato, não havia alcançado a maioridade penal (*ilegitimatio ad causam* passiva).

Considerando que se trata de hipótese de nulidade absoluta, não se aplicam as disposições contidas no art. 568 do CPP, as quais estariam restritas aos casos de nulidade relativa, ilegitimidade *ad causam*. Note o texto legal contido no referido dispositivo:

> **Art. 568.** A nulidade por ilegitimidade do representante da parte poderá ser a todo tempo sanada, mediante ratificação dos atos processuais.

É importante observar que existe robusto entendimento doutrinário que tanto as hipóteses de nulidade absoluta quanto as hipóteses de nulidades relativas seriam passíveis, ao menos em tese, de saneamento. O que definirá a possibilidade ou não de o vício ser sanado é a situação concreta.

Já a ilegitimidade *ad processum* não se refere efetivamente à capacidade de ser parte naquela relação processual, mas à impossibilidade de estar alguém agindo em juízo em nome próprio ou de outrem. São, por exemplo, casos citados por Norberto Avena (2015, p. 1.253):

> O ingresso de queixa-crime, em delito de ação penal privada, sem a juntada de instrumento de mandato confeccionado na forma do art. 44 do CPP, não legitima o advogado a manifestar-se em nome do querelante;

> Deve ser rejeitada pelo juiz a queixa-crime intentada por pessoa menor de 18 anos, sem estar devidamente representada por quem de direito (pai, mãe, tutor), pois não possui capacidade para agir em nome próprio;

> Inválida a representação oferecida em processo por crime de ação penal pública condicionada por quem não seja o legítimo representante legal da vítima menor, visto que não detém o subscritor legitimidade *ad processum* para falar em nome da vítima incapaz.

As hipóteses acima elencadas são apontadas pela doutrina majoritária como situações de nulidades relativas e, portanto, passíveis de saneamento nos termos do art. 568 do CPP.

Desse modo, poderíamos concluir que, conforme posicionamento majoritário, as hipóteses de *ilegitimidade ad causam* geram nulidade absoluta e as hipóteses de *ilegitimidade ad processum* ensejariam nulidade relativa e, portanto, seriam passíveis de convalidação nos termos do art. 568 do CPP.

Deve-se ressaltar que existem posicionamentos doutrinários no sentido de admitir o saneamento tanto de nulidade absoluta quanto de nulidade relativa, assim como existem doutrinadores que apontam hipóteses de ilegitimidade *ad processum* que não seriam passíveis de convalidação, a título de exemplo, vejamos as lições do Professor Norberto Avena (2015, p. 1.253):

> Quanto à natureza da nulidade por ilegitimidade *ad processum*, muitos consideram que se trata de nulidade relativa, reputando que este vício enquadra-se na disciplina do art. 568 do CPP, o qual possibilita o saneamento mediante ratificação dos atos processuais. Outra posição, à qual nos filiamos, orienta-se no sentido de que a nulidade decorrente da ilegitimidade *ad processum* deve ser considerada absoluta, facultando-se a respectiva arguição a qualquer tempo, não somente em grau recursal, como também depois de transitada em julgado a decisão condenatória, em sede de revisão criminal.

14.7.6 Falta de denúncia, queixa ou representação

Inicialmente, vejamos o texto legal do CPP:

> **Art. 564.** A nulidade ocorrerá nos seguintes casos: (...)
>
> III – por falta das fórmulas ou dos termos seguintes:
>
> *a*) a denúncia ou a queixa e a representação **e, nos processos de contravenções penais, a portaria ou o auto de prisão em flagrante;** (...). (Grifos nossos)

É importante ressaltar que a parte final do dispositivo não foi recepcionada pelo texto constitucional. O final do texto legal fazia referência ao denominado **processo judicialiforme,** ocasião em que seria possível o início do processo, em relação às contravenções penais, mediante auto de prisão em flagrante ou portaria expedida pela autoridade policial ou judiciária independentemente do oferecimento de denúncia ou queixa-crime.

Nesse sentido, vejamos as lições do Professor Norberto Avena (2015, p. 1.259):

> Quanto à segunda parte (falta de portaria ou de auto de prisão em flagrante), encontra-se prejudicada em face da não recepção, pela Constituição Federal de 1988, do procedimento judicialiforme, que era previsto na antiga redação do art. 531 do CPP e que permitia, em relação às contravenções penais, o início do processo criminal mediante auto de prisão em flagrante ou portaria expedida pela autoridade policial ou judiciária independentemente do oferecimento de denúncia ou queixa-crime. Por outro lado, deve-se acrescentar ao inciso em análise a nulidade pela falta de requisição do Ministro da Justiça, visto que esta também pode ser uma condição para o ingresso da ação penal pública, quando a lei assim o exigir.

Atualmente, as disposições contidas no art. 564, III, *a*, do CPP possui pouca aplicabilidade prática, pois, considerando a realidade atual, seria pouco provável que um processo fosse iniciado sem denúncia ou queixa.

O dispositivo em análise refere-se à falta da peça processual, pois, caso elas existam, mas tenham algum vício quanto à formalidade, dever-se-á aplicar a hipótese presente no art. 564, IV, do CPP: **por omissão de formalidade que constitua elemento essencial do ato.**

Renato Brasileiro de Lima (2020a, p. 1.698) confirma esse raciocínio:

> A nulidade absoluta a que se refere o art. 564, III, *a*, do CPP, ocorrerá apenas na hipótese de ausência das peças processuais aí elencadas. Quando tais peças, embora presentes, não preencherem os requisitos legais, deve ser aplicado o disposto no art. 564, IV, do CPP, que se refere à omissão de formalidade que constitua elemento essencial do ato. Assim, enquanto a ausência de denúncia é causa de nulidade absoluta, a inépcia da peça acusatória, em virtude da deficiência da narrativa do fato delituoso, por exemplo, é causa de mera nulidade relativa, daí por que deve ser arguida oportunamente, sob pena de preclusão.

Por outro lado, a ausência de representação mostra-se mais comum. A representação ou mesmo a requisição do Ministro da Justiça são condições de procedibilidade indispensáveis ao início da persecução penal nos crimes que as exigem. Desse modo, a ausência dessas peças processuais causa a nulidade absoluta de todos os atos processuais.

Há de ressaltar que a representação não exige formalidades legais de modo que basta que fique evidenciado o interesse da vítima na persecução penal do autor do delito (*v.g.*, boletim de ocorrência, comparecimento da vítima à Delegacia de Polícia etc.), conforme já analisado no âmbito desta obra.

14.7.7 Falta de exame de corpo de delito

O texto legal do CPP dispõe no seguinte sentido:

> **Art. 564.** A nulidade ocorrerá nos seguintes casos: (...)
> III – por falta das fórmulas ou dos termos seguintes: (...)
> *b*) o exame do corpo de delito nos crimes que deixam vestígios, ressalvado o disposto no art. 167;

A análise do dispositivo requer uma leitura conjunta dos dispositivos do CPP.

Antes de adentrarmos efetivamente no tema nulidades, é importante ressaltar que, conforme o art. 158 do CPP, "quando a infração deixar vestígios, será indispensável o exame de corpo de delito, direto ou indireto, não podendo supri-lo a confissão do acusado". O art. 167 do CPP prevê que, "não sendo possível o exame de corpo de delito, por haverem desaparecido os vestígios, a prova testemunhal poderá suprir-lhe a falta".

A partir da leitura dos dispositivos legais, observa-se que se deve perquirir por quais razões não fora realizado o exame de corpo de delito, vejamos as situações que podem ocorrer:

- **Não realização do exame de corpo de delito em razão do desaparecimento dos vestígios e prova testemunhal.**

Caso não tenha sido possível a realização do exame pericial em razão do desaparecimento dos vestígios, a prova testemunhal pode tranquilamente suprir-lhe a falta. Nessa hipótese, não há dúvidas de que não haverá nulidade.

- **Não realização do exame de corpo de delito mesmo sendo possível a sua realização e prova testemunhal.**

Nessa situação específica, deve-se diferenciar duas situações distintas:

  ◊ **1ª hipótese**: processo em 1º grau – Nesses casos, caso o feito ainda não tenha sido sentenciado, o juiz deverá determinar a produção do exame pericial, considerando o seu poder instrutório.

Renato Brasileiro de Lima (2020a, p. 1.698) trata a esse respeito e ressalta que

> se ainda for possível a realização do exame direto, e desde que a ausência do exame direto não tenha sido suprida pelo exame de corpo de delito indireto, nos casos em que houve o desaparecimento dos vestígios, o processo deverá ser anulado, a partir do mo-

mento em que o laudo deveria ter sido juntado ao processo. Afinal de contas, é a própria lei que estabelece a indispensabilidade do exame de corpo de delito, direto ou indireto.

◊ **2ª hipótese**: processo em grau de recurso – Haverá a nulidade caso o feito esteja em segundo grau e o Tribunal entenda que seja caso de fazer a perícia, deverá anular o processo e determinar a realização da perícia.

A esse respeito, vejamos as valorosas lições apresentadas pelo Professor Madeira (2018, p. 568):

> Em primeiro lugar, caso seja possível realizar o exame de corpo de delito, então não será hipótese de nulidade, mas sim de situação em que o juiz determinará a sua realização. Haverá a nulidade caso o feito esteja em segundo grau e o Tribunal entenda que seja caso de fazer a perícia, deverá anular o processo e determinar a realização da perícia. A nulidade não será *ab initio*, pois é possível oferecer a denúncia sem exame de corpo de delito. A nulidade ocorrerá a partir da sentença e, se for o caso, o juiz deverá renovar a instrução probatória toda. Isto porque pode ser necessário confrontar as testemunhas com o quanto apurado em sede de perícia.

A jurisprudência do STJ tem caminhado no sentido de não admitir a substituição indiscriminada do exame de corpo de delito pela prova testemunhal, essencialmente quando ainda existentes vestígios para a realização do exame. Vejamos:

> *Habeas corpus*. Substitutivo de recurso próprio. Não cabimento. Furto qualificado pelo rompimento de obstáculo. Ação capturada por câmeras de vigilância. Autenticidade das imagens não impugnada. Prescindibilidade de produção de laudo pericial para comprovação da materialidade. Prova inútil. Ausência de constrangimento ilegal. *Habeas corpus* não conhecido. [...] 2. É fato que a jurisprudência desta Corte Superior, interpretando os arts. 158 e 159 do Código de Processo Penal – CPP, consolidou entendimento no sentido de ser necessário o exame de corpo de delito nas infrações que deixam vestígios, indicando, ainda, que não supre sua ausência a prova testemunhal ou a confissão do acusado, quando possível a realização da perícia, nos termos dos arts. 158 e 159 do CPP. O caso vertente, todavia, apresenta a peculiaridade de que a ação do paciente foi capturada pelas câmeras do sistema interno de vigilância do edifício, e confirmada pelo relato das vítimas e testemunhas em juízo, o que levou o Magistrado a considerar prescindível a confecção de laudo pericial para comprovar a materialidade do furto qualificado pelo rompimento de obstáculo. Com efeito, a interpretação sistêmica do ordenamento jurídico processual penal autoriza que se dispense a confecção da prova inútil, aqui entendida tanto como aquela que, produzida, viria a provar algo irrelevante ou que não seja objeto de controvérsia. Assinale-se, ainda, que o art. 167 do CPP traz autorização legal para que a prova pericial seja suprida pela testemunhal. *In casu*, ressalte-se, não há notícia de que a defesa haja impugnado a autenticidade das imagens usadas para demonstrar a ocorrência da qualificadora, limitando-se, nesta etapa processual, a arguir a necessidade de exame de corpo de delito em razão da literalidade dos dispositivos legais. *Habeas corpus* não conhecido (HC nº 362.890/SC, Rel. Min. Joel Ilan Paciornik, 5ª Turma, j. 27.09.2016, *DJe* 10.10.2016).

♦ **Não realização do exame de corpo de delito e inexistência ou impossibilidade de prova testemunhal ou exame indireto.**

Nessas situações, como não há comprovação da materialidade do delito, seja pelo exame pericial direto ou indireto, seja pela prova testemunhal ou mesmo por qualquer outro meio idôneo a comprovar a materialidade do delito, não resta outra alternativa a não ser a prolação de sentença absolutória.

Renato Brasileiro de Lima (2020a, p. 736), com maestria, refere-se a essa hipótese nos seguintes termos:

> Situação distinta diz respeito à falta de comprovação do corpo de delito, direto ou indireto, quando essa ausência não puder ser suprida pela determinação de realização do exame pericial. A título de exemplo, suponha-se que, ao final de um processo por tráfico de drogas, verifique o juiz a ausência de exame pericial atestando a natureza da droga. Em situação como essa, caso ainda seja possível a realização do exame pericial, nada impede que o magistrado, anulando o processo criminal (CPP, art. 564, III, *b*), determine a produção da prova pericial, valendo-se de seus poderes instrutórios (CPP, art. 156, II). Porém, se acaso não houver sido guardada uma pequena quantidade da droga para uma contraprova, sendo inviável a realização do exame pericial, o magistrado jamais poderá condenar o acusado pelo delito de tráfico e/ou porte de drogas para consumo pessoal, na medida em que não haverá comprovação da materialidade da infração, sendo inviável que a prova testemunhal supra a ausência do exame pericial. Nesse caso, inevitavelmente, deve o magistrado prolatar uma sentença absolutória, por ausência de prova da materialidade da infração penal, nos termos do art. 386, II, do CPP.

14.7.8 Falta de nomeação de defensor

Inicialmente, vejamos as disposições contidas no âmbito do CPP:

> **Art. 564.** A nulidade ocorrerá nos seguintes casos: (...)
>
> III – por falta das fórmulas ou dos termos seguintes: (...)
>
> *c*) a nomeação de defensor ao réu presente, que o não tiver, ou ao ausente, **e de curador ao menor de 21 anos**; (...). (Grifo nosso)

A parte final do dispositivo não encontra mais respaldo diante do ordenamento jurídico brasileiro, considerando que, atualmente, a maioridade civil é equivalente à maioridade penal.

O dispositivo refere-se à ausência de defesa técnica, a qual, conforme já analisado no âmbito desta obra, é absolutamente irrenunciável.

A aplicação do princípio da ampla defesa em sua dúplice vertente (defesa técnica e autodefesa) até admite mitigação voluntária, contudo, unicamente no que concerne à autodefesa. A defesa técnica é absolutamente indispensável, ao passo que a sua ausência ocasiona a nulidade absoluta do feito, desde o momento em que o réu se mostrou desassistido por advogado.

Ainda a esse respeito, o STF diferencia a ausência de defesa da defesa prestada de forma deficiente. A esse respeito foi editada a Súmula nº 523 do STF: "No processo penal, a falta da defesa constitui nulidade absoluta, mas a sua deficiência só o anulará se houver prova de prejuízo para o réu".

Gustavo Badaró (2017, p. 830) alerta que "não só a falta de defesa ocasiona a nulidade processual, mas também aquela que é exercida de maneira meramente decorativa". Também haverá nulidade se, embora havendo a nomeação do defensor, o advogado exercer um papel meramente decorativo, mostrando desinteresse e descaso com a defesa do acusado. Nesse caso, terá havido nomeação de defensor, mas a norma não atingirá a sua finalidade, porque não houve defesa técnica efetiva. Tal posição torna-se mais evidente ainda diante no parágrafo único do art. 261 do CPP, acrescentado pela Lei nº 10.792/2003, que estabelece:

> A defesa técnica, quando realizada por defensor público ou dativo, será sempre exercida através de manifestação fundamentada.

O processo será nulo desde o momento em que deveria ter se iniciado a defesa técnica, isto é, desde a resposta escrita (art. 396-A do CPP).

O Professor Madeira Dezem (2018, p. 568) apresenta interessante julgado a respeito do tema:

> O STF analisou questão muito interessante: o advogado teve sua inscrição nos quadros da OAB que havia sido cancelada. Porém, embora cancelada, continuou a atuar no feito com atuação eficiente. Entendeu o STF que não haveria nulidade e, novamente, invoca também a questão do prejuízo e sua ausência: "*Habeas corpus* – Réu pronunciado – Defesa técnica patrocinada por advogado cuja inscrição nos quadros da OAB foi cancelada posteriormente aos atos por ele praticados relativamente à fase do *judicium accusationis* – Atuação desse profissional da advocacia, enquanto tal, reputada eficiente – inexistência de limitação indevida ao exercício do direito de defesa – Ausência de comprovação de prejuízo para o acusado – *Pas de nullité sans grief* – Inocorrência de nulidade processual – Pedido indeferido" (STF, HC nº 104.963/PR, rel. Min. Celso de Mello, *DJe* 22.04.2014).

14.7.9 Falta de intervenção do Ministério Público

O Código de Processo Penal assim dispõe a esse respeito:

Art. 564. A nulidade ocorrerá nos seguintes casos: (...)

III – por falta das fórmulas ou dos termos seguintes: (...)

d) a intervenção do Ministério Público em todos os termos da ação por ele intentada e nos da intentada pela parte ofendida, quando se tratar de crime de ação pública; (...)

Analisaremos separadamente os efeitos da ausência do Ministério Público no âmbito das ações penais públicas e das ações penais privadas subsidiárias da pública.

14.7.9.1 Falta de intervenção do Ministério Público nas ações penais públicas

A ausência do Ministério Público no âmbito das ações penais públicas mostra-se bastante lesiva para a dialética processual, contudo a doutrina diferencia duas situações:

Ausência de intimação/notificação do órgão ministerial para intervir no feito.

Intimação do órgão ministerial/notificação com ausência de comparecimento, ainda que por peticionamento, do membro do Ministério Público.

Em relação à primeira situação (**ausência de intimação/notificação para intervir no feito**), não há dúvida que é causa de nulidade absoluta. Esse efeito é impositivo em razão de, na ação penal pública, o MP ser o titular da demanda criminal, importando a falta de sua intervenção, quando não instado para tanto, na quebra da isonomia entre as partes e no consequente cerceamento da acusação.

Por outro lado, caso o MP tenha sido notificado e deixe de intervir no feito, em regra, tal situação gera mera nulidade relativa, a qual depende da demonstração de efetivo prejuízo para que haja a decretação da nulidade do ato processual.

Renato Brasileiro de Lima (2020a, p. 1.715) também caminha nesse sentido quando relata que,

> na hipótese de o órgão do Ministério Público ter sido regularmente notificado para a prática de determinado ato e, mesmo assim, deixar de intervir, tratando-se de atos instrutórios, pensamos que se trata de mera nulidade relativa, cujo reconhecimento, condicionado à comprovação do prejuízo, só poderá ocorrer se a arguição for feita pela parte interessada, *in casu*, o órgão ministerial (princípio do interesse).

Renato Brasileiro de Lima (2020a, p. 1.715) ainda trata de peculiar diferenciação no que diz respeito à ausência do MP e de atos instrutórios e atos postulatórios. Quanto aos primeiros, a nulidade seria relativa, já em relação aos segundos a nulidade seria absoluta. Vejamos a íntegra de suas lições:

> A não intervenção do Ministério Público dará ensejo à nulidade relativa apenas em relação aos atos instrutórios. Em se tratando de atos postulatórios, tais como alegações orais, memoriais, debates no plenário do Júri, pensamos ser obrigatória a intervenção do Ministério Público, sob pena de nulidade absoluta. Por isso, a ausência do órgão ministerial à audiência una de instrução e julgamento, a não apresentação de memoriais ou o não comparecimento à sessão de julgamento do Tribunal do Júri devem ser tratadas pelo magistrado como tentativa de desistência do processo, o que se apresenta incompatível com o princípio da indisponibilidade da ação penal pública (CP, art. 42).

14.7.9.2 Falta de intervenção do Ministério Público nas ações penais privadas subsidiárias da pública

A doutrina majoritária, a exemplo de Norberto Avena, relata que a ausência do Ministério Público na prática de atos processuais realizados no âmbito de ações penais privadas subsidiárias da pública geram "nulidade relativa", sujeita à arguição em tempo oportuno e à efetiva comprovação de prejuízo para que seja reconhecida. É que nesse tipo de ação penal titular é o particular que a intentou, não implicando a falta de intervenção do promotor, necessariamente, em cerceamento de acusação.

Avena (2015, p. 1.253) apresenta o seguinte exemplo:

> Considere-se que, por não ter sido intimado, o Ministério Público deixa de comparecer à audiência de oitiva das testemunhas de acusação. Ao ato, também não se faz presente o querelante, apesar de cientificado. Se assim mesmo a audiência for realizada, será evidente o prejuízo causado pelo não chamamento do *Parquet*, visto que, se estivesse presente, teria reassumido a titularidade da ação penal em razão da negligência do particular que a deduziu. Em consequência, a audiência deverá ser anulada, renovando-se os testemunhos colhidos. Agora, se, no mesmo caso, o particular autor da ação penal tivesse comparecido à solenidade, não haveria, em tese, prejuízo à acusação capaz de conduzir à anulação da audiência em face da ausência do promotor.

14.7.10 Falta de citação, interrogatório ou prazos

O Código de Processo Penal assim dispõe a esse respeito:

> Art. 564. A nulidade ocorrerá nos seguintes casos: (...)
>
> III – por falta das fórmulas ou dos termos seguintes: (...)
>
> e) a citação do réu para ver-se processar, o seu interrogatório, quando presente, e os prazos concedidos à acusação e à defesa;

Serão analisadas separadamente cada uma das hipóteses previstas na alínea *e* do citado dispositivo legal.

14.7.10.1 Falta de citação

A falta de citação talvez seja o maior vício que pode ocorrer em um processo, considerando que possibilitaria o processamento do agente sem que ele ao menos soubesse que contra ele pesa determinada imputação.

Por essa razão, a ausência de citação ocasiona **nulidade de natureza absoluta**. Vejamos dispositivo contido no Código de Processo Penal a esse respeito:

> Art. 570. A falta ou a nulidade da citação, da intimação ou notificação estará sanada, desde que o interessado compareça, antes de o ato consumar-se, embora declare que o faz para o único fim de argui-la. O juiz ordenará, todavia, a suspensão ou o adiamento do ato, quando reconhecer que a irregularidade poderá prejudicar direito da parte.

Apesar de a nulidade ser de natureza absoluta, o disposto no art. 570 do CPP autoriza que o réu comparecendo e tomando ciência da imputação que lhe é feita o vício estaria sanado. Apesar da incongruência do dispositivo, considerando a natureza da nulidade, os tribunais continuam mantendo a orientação clássica no sentido de que, se mesmo depois de infrutífera a citação do agente, comparecer ele em juízo e tomar ciência dos termos da acusação contra si formulada, fica superada a nulidade da citação. A esse respeito, vejamos interessante precedente no âmbito do STJ:

> (...) 1. A orientação jurisprudencial do Superior Tribunal de Justiça, com base no princípio do *pas de nullité sans grief*, previsto no art. 563 do Código de Processo Penal, é no sentido de que eventual nulidade decorrente da falta de citação pessoal do réu é sanada quando ocorre o comparecimento do réu aos autos. 2. Na hipótese, inexiste nulidade por ausência de intimação pessoal do réu que, não encontrado pelo Oficial de Justiça em duas oportunidades, posteriormente comparece à Secretaria do Juízo de primeiro grau, tomando ciência da ação penal em seu desfavor e requerendo a nomeação de advogado dativo. 3. Não resta caracterizada nulidade por deficiência e tampouco por inexistência de defesa quando a impetração não logrou demonstrar prejuízo concreto ao paciente, o qual foi assistido por defensor nomeado, com a sua anuência, sendo apresentadas tempestivamente as peças de resposta à acusação e de alegações finais, garantindo o direito ao contraditório e à ampla defesa. 4. Agravo regimental improvido (STJ, 5ª Turma, AgRg no HC nº 565.856/MG, 2020/0061785-7, Rel. Min. Reynaldo Soares da Fonseca, j. 23.06.2020).

Quando a citação é realizada, contudo desrespeitando formalidades legais, também deverá ser considerada nula. No entanto, caso o réu compareça constituindo advogado e apresentando a resposta a que aludem os arts. 396 e 396-A do CPP, não será declarada a nulidade, pois não ocorrente prejuízo.

O STF possui interessante precedente no sentido de que, aditada a inicial acusatória para simples inclusão de corréu sem alteração da imputação, não se faz necessária nova citação:

> (...) Oferecido aditamento para inclusão de corréu, sem alterar a imputação, é desnecessária nova citação. Nulidade – Prejuízo – Demonstração – Necessidade. Ausente demonstração de prejuízo, descabe declarar nulo ato processual – artigo 563 do Código de Processo Penal (STF, RHC nº 118.486/DF, Rel. Min. Marco Aurélio, j. 08.02.2021).

14.7.10.2 Falta de interrogatório

A doutrina majoritária vê o interrogatório não só como meio de prova, mas também como clara expressão do direito à ampla defesa, essencialmente sob a perspectiva da autodefesa. A esse respeito, Renato Brasileiro de Lima (2020a, p. 1.717) relata que o interrogatório "é a concretização do direito de audiência, desdobramento da autodefesa, é óbvio que o juiz deve assegurar ao acusado a possibilidade de ser ouvido". Porém, como o acusado pode se valer do direito ao silêncio, dúvida não há quanto à possibilidade de o acusado renunciar ao seu direito de tentar formar a convicção do magistrado. Afinal de contas, diversamente da defesa técnica, que é irrenunciável (art. 261 do CPP), a autodefesa é plenamente renunciável.

Dessa forma, se intimado para prestar o depoimento, o réu não comparecer voluntariamente, não há que se falar em qualquer espécie de nulidade. A esse respeito vejamos interessante precedente do STF:

> Interrogatório – Ausência voluntária – Nulidade – Inexistência. Intimado acusado, em liberdade e representado por advogado credenciado, o não comparecimento voluntário a ato processual voltado ao interrogatório não constitui nulidade (STF, HC nº 185.848/SP, Rel. Min. Marco Aurélio, j. 07.12.2020).

De outra forma, se não há intimação para a prática do ato ou, mesmo quando da audiência, o juiz não permite que o réu seja interrogado, inegável que há nulidade de natureza absoluta, considerando o evidente cerceamento de defesa.

14.7.10.3 Falta de prazo para as partes

Conforme já analisado no âmbito deste estudo, o processo é constituído por uma série de atos processuais concatenados que devem ser praticados dentro dos prazos legalmente estabelecidos. Dessa forma, o descumprimento dos prazos processuais estabelecidos pode ocasionar nulidade de natureza absoluta ou relativa, a depender da gravidade concreta do fato.

Renato Brasileiro de Lima (2020a, p. 1719 esclarece que a nulidade pode ser de natureza absoluta ou relativa, a depender da situação:

Exemplo 1: A não concessão à defesa do prazo de dez dias previsto no art. 406 do CPP para oferecimento de resposta à denúncia imputativa de crime doloso contra a vida constitui nulidade absoluta, uma vez que se trata do momento previsto em lei para que possa o réu arguir preliminares e alegar tudo o que interesse à sua defesa, oferecer documentos e justificações, especificar as provas pretendidas e arrolar testemunhas.

Exemplo 2: A falta de notificação do Ministério Público para, em cinco dias, apresentar réplica a essa resposta, nos termos previstos no art. 409 do CPP, parece-nos importar em nulidade relativa, condicionada a arguição no tempo oportuno pelo promotor de justiça, sob pena de preclusão. Isso porque ainda será facultado ao Ministério Público manifestar-se quanto aos termos da resposta ofertada pela defesa por ocasião dos debates orais que antecedem a decisão de pronúncia (art. 411).

Exemplo 3: A ausência de notificação das partes para, querendo, apresentarem quesitos e indicarem assistente técnico à perícia judicialmente determinada (art. 159, § 3º, do CPP) afigura-se, igualmente, nulidade relativa, devendo ser suscitada *oportuno tempore* para evitar a convalidação.

14.7.11 Falta de decisão de pronúncia no procedimento afeto ao Tribunal do Júri

Trata-se da hipótese legal prevista no art. 564, III, *f*, do CPP, vejamos a liberalidade do dispositivo:

Art. 564. A nulidade ocorrerá nos seguintes casos: (...)

III – por falta das fórmulas ou dos termos seguintes: (...)

f) a sentença de pronúncia, ~~o libelo e a entrega da respectiva cópia, com o rol de testemunhas~~, nos processos perante o Tribunal do Júri; (...)

Não há mais que se falar em libelo no âmbito do Tribunal do Júri, Norberto Avena (2015, p. 1.267) aponta que antes da

> entrada em vigor da Lei nº 11.689/2008, que alterou o procedimento de apuração dos crimes dolosos contra a vida (arts. 406 a 497 do CPP), o libelo traduzia-se como peça processual obrigatória. Era por meio dele que o Ministério Público antecipava à defesa os quesitos pertinentes à tese acusatória, os quais, posteriormente, seriam submetidos à votação pelos jurados.

Atualmente, considerando a alteração do procedimento referente ao Tribunal do Júri, não há mais sentido na manutenção do estudo referente ao libelo. Dessa maneira, o dispositivo merece análise no que diz respeito à pronúncia.

Trata-se de uma das quatro decisões possíveis na primeira fase do procedimento do júri. A pronúncia possibilita a submissão do réu ao plenário do Tribunal do Júri.

A respeito dos possíveis vícios da decisão de pronúncia, podemos demonstrar ao menos três situações que merecem análise:

- ausência de decisão de pronúncia;
- excesso de linguagem na decisão de pronúncia;
- leitura da decisão de pronúncia no plenário.

Passemos à análise de cada uma delas.

14.7.11.1 Ausência de decisão de pronúncia

Considerando que a primeira fase do procedimento do Tribunal do Júri constitui-se em garantia ao réu, a submissão dele à fase plenária sem decisão de pronúncia mostra-se vício de natureza grave apto a ensejar a nulidade absoluta do feito até aquele momento processual.

14.7.11.2 Excesso de linguagem na decisão de pronúncia

O excesso de linguagem na decisão de pronúncia constitui-se naquelas hipóteses em que o juiz excede os limites da decisão e acaba manifestando-se, ainda que de forma incidental, a respeito do mérito da imputação.

Também se mostra como grave vício, considerando que essa decisão poderia influenciar os jurados e retirar-lhe a capacidade de valor de forma livre os fatos que lhe são postos.

A utilização de expressões como "estaria provado ter havido crime de homicídio por motivo fútil" (Recurso Ordinário em HC nº 103.078, de 2012), "não há dúvidas da autoria do crime pelo acusado" etc. violam a imparcialidade dos jurados.

Gomes Filho (2018) relata que

> não sendo a pronúncia uma decisão de mérito, mas que apenas encerra uma fase processual (decisão interlocutória mista), o magistrado deve ter muito cuidado na redação da peça. Sendo reconhecido o excesso de linguagem, trata-se de caso de nulidade absoluta, como entendeu o STF no julgamento do Recurso Ordinário em HC n° 127.522/BA (2015).

14.7.11.3 Leitura da pronúncia em plenário

O Código de Processo Penal contém previsão a respeito da leitura da decisão de pronúncia em plenário, vejamos:

> **Art. 478.** Durante os debates as partes não poderão, sob pena de nulidade, fazer referências:
>
> I – à decisão de pronúncia, às decisões posteriores que julgaram admissível a acusação ou à determinação do uso de algemas como argumento de autoridade que beneficiem ou prejudiquem o acusado; (...)

É importante observar que não se trata de vedar totalmente a leitura da decisão, mas, na verdade, o que se proíbe é a utilização da leitura como argumento de autoridade.

O STF reinterpretou o artigo ao afirmar válida a leitura da peça processual, desde que tal procedimento não tenha por escopo se valer do argumento de autoridade. Esse é o enunciado do Recurso Ordinário em HC n° 120.958/DF (2015).

Caso seja feita referência à decisão de pronúncia como argumento de autoridade, essa conduta poderia ensejar em nulidade.

14.7.12 Falta de intimação do réu para a sessão de julgamento

Inicialmente, vejamos o dispositivo legal contido no Código de Processo Penal:

> **Art. 564.** A nulidade ocorrerá nos seguintes casos: (...)
>
> III – por falta das fórmulas ou dos termos seguintes: (...)
>
> g) a intimação do réu para a sessão de julgamento, pelo Tribunal do Júri, quando a lei não permitir o julgamento à revelia;

Esse dispositivo deve ser interpretado conjuntamente com as disposições contidas no art. 457 do CPP, observe:

> **Art. 457.** O julgamento não será adiado pelo não comparecimento do acusado solto, do assistente ou do advogado do querelante, que tiver sido regularmente intimado.

Alinhando a leitura dos dois dispositivos legais, temos que a intimação válida para a sessão de julgamento constitui elemento essencial para que a solenidade não seja adiada.

Desse modo, caso não seja realizada a intimação para a sessão de julgamento ou mesmo que ela tenha sido realizada com algum vício que impossibilite a plena ciência do ato processual haverá nulidade de natureza absoluta na prática do ato sem a presença do réu.

Por outro lado, em relação ao réu solto, caso tenha sido regularmente intimado, o seu não comparecimento não gera qualquer vício processual, considerando que pode até se tratar de meio para o exercício de sua defesa.

Com efeito, a situação do réu solto é diversa, pois, se o acusado preso não for conduzido, aí o julgamento deverá ser adiado para o primeiro dia desimpedido da mesma reunião, com uma exceção: se o réu solicitar expresso requerimento de dispensa de presença em plenário (que, repise-se, não é obrigatório), assinado por ele e por seu advogado (por ambos, portanto). É o que está no § 1º do art. 457 do CPP.

Fernando Capez (2020, p. 1.134), no âmbito de seu trabalho, resume com maestria o assunto:

> Preceitua o art. 457, *caput*, que o julgamento não será adiado pelo não comparecimento do acusado solto, do assistente ou do advogado do querelante, que tiver sido regularmente intimado. A Lei, dessa forma, com a intimação, propicia a faculdade ao acusado solto de comparecer ou não ao julgamento, porém este será concretizado ainda que sem a sua presença. Desse modo, nulo será o julgamento realizado sem que o acusado tenha sido intimado para tanto. A intimação, aliás, assume ainda maior dimensão quando se constata que o § 1º do art. 457 permite que os pedidos de adiamento e as justificações de não comparecimento sejam, salvo comprovado motivo de força maior, previamente submetidos à apreciação do juiz-presidente do Tribunal do Júri (CPP, art. 457, § 1º). Se o acusado não for intimado do julgamento, não poderá sequer formular tal pedido. Quanto ao acusado preso, o § 2º do art. 457 prevê que, se ele não for conduzido, o julgamento será adiado para o primeiro dia desimpedido da mesma reunião, salvo se houver pedido de dispensa de comparecimento subscrito por ele e seu defensor (CPP, art. 457, § 2º). Nessa hipótese, o Júri só poderá ser realizado na sua presença, de forma que, sem a sua requisição, não há comparecimento, e, consequentemente, não há julgamento para ser anulado.

14.7.13 Falta de intimação das testemunhas arroladas

O Código de Processo Penal a respeito do tema contém a seguinte previsão:

> **Art. 564.** A nulidade ocorrerá nos seguintes casos: (...)
>
> III – por falta das fórmulas ou dos termos seguintes: (...)
>
> *h*) a intimação das testemunhas arroladas ~~no libelo e na contrariedade~~, nos termos estabelecidos pela lei; (...)

Conforme analisamos, não existe mais a previsão legal do libelo no rito do Tribunal do Júri. Por outro lado, logicamente, há a possibilidade de se arrolar testemunhas, vejamos o dispositivo legal do CPP:

Art. 422. Ao receber os autos, o presidente do Tribunal do Júri determinará a intimação do órgão do Ministério Público ou do querelante, no caso de queixa, e do defensor, para, no prazo de 5 (cinco) dias, apresentarem rol de testemunhas que irão depor em plenário, até o máximo de 5 (cinco), oportunidade em que poderão juntar documentos e requerer diligência.

A partir da leitura do dispositivo legal, pode-se analisar duas espécies de vícios relativos à intimação das testemunhas:

* **Não intimação ou vício na intimação referente às testemunhas.**

Norberto Avena (2015, p. 1.269) esclarece que a

> ausência das medidas necessárias a essa intimação (*v.g.*, por falha do cartório ou por lapso do juiz em determiná-las) importará, caso seja realizado o julgamento, em nulidade processual, tipificada no art. 564, III, *h*, do CPP. Quanto à natureza desse vício, compreendemos tratar-se de nulidade absoluta, não se aplicando a regra de convalidação instituída no art. 572, I, do CPP, em face do evidente prejuízo causado à parte que, embora tenha arrolado suas testemunhas no tempo certo, viu-se privada da respectiva oitiva em face de vício ocorrido na preparação do julgamento em plenário.

* **Intimação regular sem o comparecimento da testemunha.**

Nessa situação específica, deve-se analisar se a testemunha foi arrolada ou não com cláusula de imprescindibilidade. Vejamos:

  ◊ Intimação com cláusula de imprescindibilidade: nessa situação, uma das partes arrola a testemunha com a declaração de que é imprescindível a sua oitiva. Nesse caso, requererá a intimação dessas testemunhas por mandado, a ser cumprido por oficial de justiça nos endereços que indicar. Se regularmente intimadas, essas testemunhas não comparecerem, caberá ao juiz-presidente adotar uma das seguintes providências (art. 461, *caput*, 2ª parte, e § 1º, do CPP):

    1ª) suspender os trabalhos e mandar conduzir imediatamente as testemunhas faltosas;

    2ª) adiar o julgamento para o primeiro dia desimpedido, ordenando, igualmente, a condução coercitiva das testemunhas que, injustificadamente, não se fizeram presentes.

  ◊ Intimação sem cláusula de imprescindibilidade: nessas situações, como não há a declaração de imprescindibilidade da oitiva da testemunha, caso ela seja regularmente intimada e não compareça, cabe ao juiz ordenar ou não a condução coercitiva, mas não haverá a suspensão da audiência.

Norberto Avena (2015, p. 1.268) ainda realiza dois questionamentos relevantes: e se a testemunha, apesar de não intimada, comparecer espontaneamente à sessão de julgamento? Ausente prejuízo, não será declarada a nulidade decorrente da falta de intimação.

E se a testemunha, arrolada em caráter imprescindível, não for localizada pelo oficial de justiça no endereço informado pela parte?

Caberá ao juiz determinar a intimação de quem a arrolou para que decline o paradeiro da testemunha em prazo hábil. Omitindo-se a parte, ou então fornecendo, novamente, endereço no qual resulte inexitosa a tentativa de intimação, o julgamento poderá ser realizado normalmente na data aprazada (art. 461, § 2º, do CPP).

14.7.14 Falta do número mínimo de jurados

A hipótese legal encontra-se descrita no art. 564, III, *i*, CPP, vejamos:

> **Art. 564**. A nulidade ocorrerá nos seguintes casos: (...)
>
> III – por falta das fórmulas ou dos termos seguintes: (...)
>
> *i*) a presença pelo menos de 15 jurados para a constituição do júri;

O número mínimo para ser dar início à sessão de julgamento no âmbito do Tribunal do Júri é de quinze jurados. O referido quantitativo garante certa margem de segurança quanto às recusas injustificadas e eventuais arguições de suspeição ou impedimento, fenômeno que poderia impedir a instalação do conselho de sentença.

Renato Brasileiro de Lima (2020a, p. 1.671) explica essa hipótese de nulidade esclarecendo que

> para que o juiz-presidente possa declarar instalados os trabalhos no Tribunal do Júri, anunciando o processo que será submetido a julgamento, há necessidade da presença de pelo menos 15 (quinze) dos 25 (vinte e cinco) jurados convocados, valendo ressaltar que aqueles excluídos por impedimento, suspeição ou incompatibilidade são considerados para a constituição do número legal exigível para a realização da sessão.

O mencionado mestre (LIMA, 2020a) continua suas lições e esclarece que

> comparecendo, pelo menos, 15 (quinze) jurados, o juiz-presidente declarará instalados os trabalhos, anunciando o processo que será submetido a julgamento (CPP, art. 463, *caput*). Se, não obstante a ausência de pelo menos 15 (quinze) jurados, deliberar o juiz-presidente pela realização da sessão de julgamento, este ato processual estará contaminado por nulidade absoluta, nos termos do art. 564, III, *i*, do CP.

14.7.15 Falta de sorteio de jurados e de sua incomunicabilidade

Assim dispõe o Código de Processo Penal:

> **Art. 564**. A nulidade ocorrerá nos seguintes casos: (...)
>
> III – por falta das fórmulas ou dos termos seguintes: (...)

j) o sorteio dos jurados do conselho de sentença em número legal e sua incomunicabilidade;

A primeira hipótese apontada de nulidade é a **ausência de sorteio dos jurados**. Observa-se que essa medida busca garantir a imparcialidade do Conselho de Sentença. Dessa forma, caso não haja a realização do referido sorteio com a consequente inclusão de jurado que não fora sorteado, esse fenômeno gera a nulidade absoluta do julgado.

A segunda situação trata do dever de incomunicabilidade dos jurados. Essa medida busca que os jurados não se comuniquem sobre as questões fáticas e processuais sob análise, pois essa conduta poderia macular a imparcialidade de cada um dos jurados presentes. A obrigação de sigilo encontra-se no art. 466, § 1º, CPP, vejamos:

> **Art. 466.** Antes do sorteio dos membros do Conselho de Sentença, o juiz-presidente esclarecerá sobre os impedimentos, a suspeição e as incompatibilidades constantes dos arts. 448 e 449 deste Código.
>
> § 1º O juiz-presidente também advertirá os jurados de que, uma vez sorteados, não poderão comunicar-se entre si e com outrem, nem manifestar sua opinião sobre o processo, sob pena de exclusão do Conselho e multa, na forma do § 2º do art. 436 deste Código.

O STJ, no julgamento do HC nº 163.197/MS (2011), entendeu como violadora da regra de incomunicabilidade a conduta do jurado que, ao requerer esclarecimento ao juiz (algo por decerto legítimo), o fez de tal maneira que os demais pudessem saber o seu veredicto.

O STF possui decisões no sentido de não haver quebra da incomunicabilidade o uso, por jurado, de celular, na presença dos demais, para comunicar o resultado do sorteio, de acordo com a Ação Penal Originária nº 1.047-1/RR (2007).

Evidenciada a violação à cláusula de incomunicabilidade, o efeito será a nulidade absoluta do feito, considerando que não há que falar em convalidação. Trata-se de violação frontal ao dispositivo constitucional, não sujeito a saneamento.

Ainda é possível se analisar a nulidade quando há a participação de jurado que funcionou em julgamento anterior do mesmo processo. A **Súmula nº 206 do STF** trata a respeito dessa hipótese e impõe causa de nulidade absoluta, pois diz respeito à própria condição de validade do julgamento, *in verbis*: "É nulo o julgamento ulterior pelo júri com a participação de jurado que funcionou em julgamento anterior do mesmo processo".

Fernando Capez (2020, p. 1.135) sintetiza as lições a respeito do referido dispositivo legal alegando que se refere a lei tanto ao sorteio dos 25 jurados, que deverá obedecer às formalidades dos arts. 447 e seguintes do CPP, quanto ao sorteio dos 7 jurados, dentre os 25 que comparecerem no dia da sessão de julgamento. Os impedimentos dos jurados estão previstos nos arts. 448 e 449 do CPP. Também não pode servir no mesmo conselho de sentença jurado que participou do primeiro julgamento, não importa qual a causa geradora da nulidade (Súmula nº 206 do STF). Nesse sentido, inclusive, dispõe a atual redação do art. 449, I, do CPP:

Art. 449. Não poderá servir o jurado que:

I – tiver funcionado em julgamento anterior do mesmo processo, independentemente da causa determinante do julgamento posterior.

14.7.16 Ausência ou vício na formulação de quesitos

Assim dispõe o Código de Processo Penal:

> Art. 564. A nulidade ocorrerá nos seguintes casos: (...)
>
> III – por falta das fórmulas ou dos termos seguintes: (...)
>
> *k*) os quesitos e as respectivas respostas; (...)
>
> **Parágrafo único.** Ocorrerá ainda a nulidade, por deficiência dos quesitos ou das suas respostas, e contradição entre estas.

No âmbito do procedimento do Tribunal do Júri, encerrados os debates, passa-se à fase da formulação dos quesitos aos jurados.

Os quesitos referentes à tese acusatória encontram limites na decisão de pronúncia. Desse modo, se na decisão de pronúncia foi afastada determinada qualificadora do delito, essa não poderia ser quesitada aos jurados sob pena de nulidade.

Já os quesitos da defesa podem abordar qualquer tese apresentada no processo, permitindo-se ainda que o jurado o absolva com base em outras convicções considerando o sistema da íntima convicção existente no âmbito do Tribunal do Júri.

Norberto Avena (2017, p. 1.268) relata que

> é discutível a natureza da nulidade decorrente de vício na quesitação. Isso porque, se por um lado a Súmula nº 156 do STF dispõe ser absoluta a nulidade pela ausência de quesito obrigatório, por outro o próprio Excelso Pretório, às vezes, tem considerado que é indispensável a arguição *oportuno tempore* da mácula sob pena de preclusão – lembre-se que a preclusão é atributo das nulidades relativas.

No âmbito do STJ, também nos parece que prepondera a orientação no sentido de serem convalidáveis os vícios relacionados aos quesitos. O referido tribunal já se posicionou no sentido de que as possíveis irregularidades na quesitação devem ser arguidas no momento oportuno, devendo constar em ata de julgamento, sob pena de preclusão, nos termos do art. 571, VIII, do Código de Processo Penal.

No âmbito da doutrina, prepondera o entendimento de que, em regra, os vícios resultantes da quesitação são convalidáveis, contudo se deve analisar a situação concreta, pois, por vezes, seria possível o questionamento posterior, por exemplo, em sede de apelação.

Valemo-nos do exemplo utilizado por Norberto Avena (2015, p. 1.268): "por ocasião do julgamento pelo Júri, formula o magistrado apenas um quesito em relação à autoria de dois crimes, afrontando o disposto no art. 483, § 6º, do CPP. O prejuízo, neste caso, é evidente e produz nulidade absoluta, pois obriga os jurados a condenar ou absolver o réu por ambos os delitos, subtraindo-lhes a possibilidade de o condenarem em relação a um deles e o absolverem pelo crime remanescente."

14.7.17 Falta de acusação ou defesa na sessão de julgamento

Assim dispõe o Código de Processo Penal:

> **Art. 564.** A nulidade ocorrerá nos seguintes casos: (...)
> III – por falta das fórmulas ou dos termos seguintes: (...)
> *l*) a acusação e a defesa, na sessão de julgamento;

Trata-se de um dos mais evidentes vícios na seara processual, pois não se pode conceber um processo em sua vertente dialética sem a clara e perfeita formação do *actum trium personarum* – juiz, acusação e defesa.

Desse modo, é evidentemente nulo o processo que se desenvolve sem acusador ou defensor. No mesmo sentido, é nulo o processo que, apesar da presença física da acusação ou da defesa, a atividade acusatória ou defensiva não é de fato desenvolvida.

Nas situações de vício na defesa incidirá o art. 497, V, do CPP. Verificando a ausência real de defesa, deverá o juiz-presidente dissolver o Conselho de Sentença, oportunizando ao réu que constitua novo advogado, imediatamente designando nova data. Se não constituir, o juiz nomeará um para realizar sua defesa, quando não integrante dos quadros da Defensoria Pública.

Especificamente em relação à falta da acusação, deve-se diferenciar o efeito da ausência do acusador nas diferentes espécies de ações penais possíveis.

Nas ações penais exclusivamente privadas ou privadas personalíssimas, a função acusatória deve ser desenvolvida exclusivamente pelo advogado do querelante.

Assim, caso a ausência do advogado à sessão de julgamento não for justificada, significa dizer que, em relação à infração de ação penal privada exclusiva ou personalíssima, não haverá pedido de condenação, o que dará ensejo à perempção.

Já nas ações penais privadas subsidiárias da pública, o efeito é a retomada da titularidade da ação por parte do Ministério Público, denominada **ação penal indireta**.

No âmbito das ações penais públicas incondicionadas, vigora o princípio da obrigatoriedade ao MP. Desse modo, é obrigatória a participação da acusação, que é livre conforme a sua independência funcional, mas não para decidir participar ou não da dialética processual.

Renato Brasileiro de Lima (2020a, p. 1.515) sintetiza esse argumento, ocasião em que relata que

> se é verdade que o Ministério Público é dotado de independência funcional (CF, art. 127, § 1º), razão pela qual é livre para firmar sua convicção, pleiteando o resultado que, na sua visão, representa a justa e correta aplicação da lei, também não é menos verdade que o Promotor de Justiça não pode deixar de exercer sua função a contento, em verdadeiro abandono do processo, sob pena de evidente prejuízo à sociedade, por ele representada na persecução penal. Por isso, diante da ausência do Ministério Público, o julgamento não pode ser realizado, sob pena de nulidade absoluta.

14.7.18 Falta de sentença

Assim dispõe o Código de Processo Penal:

Art. 564. A nulidade ocorrerá nos seguintes casos: (...)

III – por falta das fórmulas ou dos termos seguintes: (...)

m) a sentença;

Trata-se de vício de natureza grave, a ponto de a doutrina majoritária apontar que, na verdade, trata-se de situação de **inexistência** do ato.

Para parte da doutrina, o dispositivo legal não se refere propriamente à falta de sentença, mas, na verdade, à falta de formalidades essenciais à sentença. Com todo o respeito, não nos parece ser a hipótese mais acertada, considerando que a falta de formalidades essenciais à sentença já estaria abrangida pelo disposto no art. 564, IV, do CPP, vejamos:

Art. 564. A nulidade ocorrerá nos seguintes casos: (...)

IV – por omissão de formalidade que constitua elemento essencial do ato.

Norberto Avena (2017, p. 1.270) também se posiciona no sentido acima, ocasião em que relata que "não se trata, ao contrário do que muitos sustentam, da sentença sem os requisitos essenciais, pois esta é nulificada a partir do art. 564, IV, do CPP. Por estranho que pareça, a nulidade, aqui, refere-se ao processo criminal **pela falta da sentença enquanto fórmula processual**" (grifo nosso).

O citado professor menciona ao menos duas situações passíveis de um processo sem sentença, apesar de alertar a respeito da improbabilidade desses fenômenos:

- Juiz que ordene o arquivamento de um processo que estava concluso para sentença por acreditar que se tratava de outro feito já analisado e sentenciado. Nessa situação, acreditando tratar-se de litispendência, ocasião em que um dos processos já estaria sentenciado, arquiva erroneamente o segundo sem decisão a respeito do mérito.

- Juiz impedido que profere sentença. Nessa situação, Norberto Avena entende que a sentença será inexistente.

14.7.19 Falta de recurso de ofício

Assim dispõe o Código de Processo Penal:

Art. 564. A nulidade ocorrerá nos seguintes casos: (...)

III – por falta das fórmulas ou dos termos seguintes: (...)

n) o recurso de ofício, nos casos em que a lei o tenha estabelecido;

Estar-se-á a tratar das hipóteses de recurso de ofício, também denominadas de reexame necessário. Não se trata propriamente de recurso, considerando que lhe falta o requisito básico da voluntariedade. Trata-se de condição de eficácia de decisões judiciais ou mesmo requisito de eficácia integral de decisões monocráticas.

Renato Brasileiro de Lima (2020a, p. 1.743) fala a respeito da natureza jurídica do recurso de ofício:

o reexame necessário só pode ser conceituado como recurso de forma imprópria, porquanto falta a ele o pressuposto básico da voluntariedade. Por isso, o recurso de ofício é tratado por grande parte da doutrina como condição necessária à preclusão ou trânsito em julgado de uma decisão ou sentença. Assim, enquanto o Tribunal não reexaminar e confirmar a decisão, não ocorrerá sua preclusão ou trânsito em julgado.

Apesar de críticas doutrinárias a esse respeito, no sentido de que as hipóteses de recurso de ofício não teriam sido recepcionadas pelo texto constitucional, prevalece o entendimento de que as previsões legais de recurso *ex officio*, como requisito de eficácia para decisões judiciais, ainda permanece em nosso ordenamento jurídico.

Nesse sentido a **Súmula nº 423** do STF: "Não transita em julgado a sentença por haver omitido o recurso *ex officio*, que se considera interposto *ex lege*".

Na legislação processual penal, são previstos os seguintes casos de reexame necessário:

* decisão concessiva de *habeas corpus* em 1º Grau (art. 571, I, do CPP);
* decisão concessiva da reabilitação criminal (art. 746 do CPP);
* sentença absolutória e decisão de arquivamento de inquérito policial, no caso de crimes contra economia popular e saúde pública (art. 7º da Lei nº 1.521/1951); e
* sentença concessiva em mandado de segurança (art. 14, § 1º, da Lei nº 12.016/2009).

Dessa forma, prevalece o entendimento de que, quando a lei prever a necessidade de reexame obrigatório de determinada decisão, a não submissão ao duplo grau de jurisdição obrigatório ensejará a nulidade dos atos ulteriores praticados com fundamento no aparente trânsito em julgado da sentença.

14.7.20 Falta de intimação da sentença e de decisões recorríveis

Assim dispõe o Código de Processo Penal:

Art. 564. A nulidade ocorrerá nos seguintes casos: (...)

III – por falta das fórmulas ou dos termos seguintes: (...)

o) a intimação, nas condições estabelecidas pela lei, para ciência de sentenças e despachos de que caiba recurso;

Norberto Avena (2017, p. 1.271) de forma brilhante introduz o tema, ao relatar que

qualquer decisão que acarrete sucumbência e que seja passível de recurso deve ser cientificada às partes, aqui se abrangendo, inclusive, a figura do assistente de acusação, quando habilitado. A ausência dessa intimação importará em nulidade da certidão de trânsito em julgado e reabertura do prazo para que o prejudicado, agora intimado, possa insurgir-se contra a respectiva decisão.

Trata-se de decorrência lógica do próprio mandamento constitucional previsto no art. 5º, LV, o qual dispõe que "aos litigantes, em processo judicial ou administrativo, e aos acusados em geral são assegurados o contraditório e ampla defesa, com os meios e recursos a ela inerentes".

Renato Brasileiro de Lima (2020a, p. 1.722) apresenta alguns exemplos:

> a) considerando que, por força do art. 370, § 4º, do CPP, a intimação do defensor nomeado, aí incluído o dativo, deve ser feita pessoalmente, reputa-se nula certidão de trânsito em julgado de sentença penal condenatória se o advogado dativo for intimado por meio de publicação no Diário de Justiça;
>
> b) a intimação do defensor constituído, dos advogados do querelante e do assistente far-se-á por publicação no órgão incumbido da publicidade dos atos judiciais da comarca, incluindo, sob pena de nulidade, o nome do acusado (CPP, art. 370, § 1º). Portanto, independentemente da finalidade da comunicação, que pode variar desde a intimação para audiências até a ciência de decisões judiciais, é indispensável que conste da publicação no órgão próprio o nome do acusado, sob pena de nulidade;
>
> c) caso a intimação mediante publicação seja feita em nome de advogado falecido, o ato deve ser considerado ineficaz, porquanto não é idôneo a produzir o efeito pretendido. Se este advogado for o defensor do acusado, há de se concluir pela ausência de defesa, com a consequente nulidade absoluta do feito, nos termos da Súmula nº 523 do Supremo. No entanto, tendo o acusado diversos advogados, constituídos em conjunto, basta que conste o nome de apenas um deles na publicação da pauta de julgamento da apelação. O falecimento de um dos defensores, justamente aquele em cujo nome ocorrer a publicação, não é capaz de anular o julgamento do apelo;

14.7.21 Falta de quórum para julgamento em tribunais

Assim dispõe o Código de Processo Penal:

> **Art. 564.** A nulidade ocorrerá nos seguintes casos: (...)
>
> III – por falta das fórmulas ou dos termos seguintes: (...)
>
> p) no Supremo Tribunal Federal e nos Tribunais de Apelação, o *quorum* legal para o julgamento;

O dispositivo legal trata de requisito básico de validade dos julgados efetivados por órgãos colegiados.

Normalmente, o quórum legal para o julgamento no âmbito dos diferentes Tribunais é definido pelo regimento interno de cada um deles. Note que, apesar de o dispositivo tratar apenas dos julgados operacionalizados no âmbito do STF, essa disposição (**quórum mínimo**) dever ser aplicada a todos os tribunais.

Renato Brasileiro de Lima (2020a, p. 1.724) confirma esse posicionamento ao lembrar que

> o dispositivo se refere apenas ao Supremo Tribunal Federal e aos "Tribunais de Apelação" por razões óbvias: o Superior Tribunal de Justiça, o Tribunal Superior Eleitoral,

os Tribunais Regionais Federais e os Tribunais Regionais Eleitorais foram instituídos após a vigência do Código de Processo Penal. Portanto, interpretando-se a alínea *p* do inciso III do art. 564 do CPP à luz da Constituição Federal, conclui-se que a falta de quórum legal para o julgamento nos referidos Tribunais também dará ensejo ao reconhecimento de nulidade.

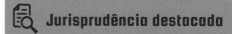

(...) De acordo com a fundamentação constante no acórdão dos embargos de declaração na origem, para que fosse possível a instalação da sessão de julgamento destinada à deliberação de matéria atinente a ações penais originárias, seria necessária a presença mínima de 2/3 (dois terços) dos membros do Tribunal. Contudo, este quórum não foi alcançado. 4. De fato, o Plenário do Tribunal de Justiça do Estado da Paraíba é composto por 19 (dezenove) Desembargadores, sendo que, excluídos os impedidos e os suspeitos, estavam presentes na Sessão de Julgamento destinada a examinar o recebimento da denúncia apenas 10 (dez) Desembargadores, ou seja, número inferior ao quórum mínimo necessário para a análise da matéria – 13 (treze) Desembargadores. 5. Uma vez reconhecida a inexistência do quórum mínimo de Desembargadores na sessão de julgamento destinada a examinar o recebimento da denúncia, a consequência jurídica é a nulidade dessa sessão de julgamento, o que implica a necessária renovação do julgamento nulo, com observância das formalidades legais, nos termos do art. 573 do Código de Processo Penal. 6. No caso concreto, verificada a efetiva nulidade da sessão de julgamento de recebimento da denúncia, por ausência do quórum mínimo de Desembargadores para a sua instauração, constata-se que a pretensão punitiva estatal foi fulminada pela prescrição em abstrato, o que inviabiliza a determinação de repetição do ato. 7. Recurso especial parcialmente provido para sanar a contradição presente no julgamento dos embargos de declaração defensivos, declarando a nulidade da sessão de julgamento em que foi recebida a denúncia e, portanto, afastando a rejeição da inicial acusatória. Contudo, deixo de determinar novo exame da denúncia pela Corte estadual, em razão da PRESCRIÇÃO DA PRETENSÃO PUNITIVA que ora se declara, nos termos do art. 107, inciso IV, c/c o art. 109, inciso III, ambos do Código Penal (STJ, 6ª Turma, REsp nº 1.799.108/PB, 2019/0045136-1, Rel. Min. Laurita Vaz, j. 17.12.2019, *DJe* 18.03.2021).

14.7.22 Omissão de formalidade essencial

Assim dispõe o Código de Processo Penal:

Art. 564. A nulidade ocorrerá nos seguintes casos: (...)

IV – por omissão de formalidade que constitua elemento essencial do ato.

Trata-se de cláusula aberta que mitiga a taxatividade prevista no âmbito do art. 564 do CP. Por esse motivo, o sistema brasileiro de nulidades é o de uma taxatividade temperada, apresentando um rol taxativo com abertura interpretativa no âmbito do art. 564, IV, do CPP.

As formalidades essenciais são todas aquelas sem as quais o ato processual não pode ser considerado válido e eficaz.

A partir da leitura do dispositivo legal, uma pergunta se faz necessária: a nulidade oriunda do descumprimento de formalidade é absoluta ou relativa?

Parece-nos, ao menos do ponto de vista legal, tratar-se de nulidade relativa, considerando a literalidade do art. 572, I, do CPP, vejamos o texto legal:

> **Art. 572.** As nulidades previstas no art. 564, III, *d* e *e*, segunda parte, *g* e *h*, e IV, considerar-se-ão sanadas:
>
> I – se não forem arguidas, em tempo oportuno, de acordo com o disposto no artigo anterior;

Por outro lado, não é raro encontrar decisões judiciais que consideram esse tipo de vício como de natureza absoluta ou mesmo como ato inexistente. Norberto Avena (2010, p. 1.272) trata a esse respeito nos seguintes termos:

> Em verdade, na análise dessa polêmica, é preciso considerar que o art. 572 remonta à época em que editado o Código de Processo Penal, o que se deu sob a égide da Constituição de 1937, uma Carta outorgada, de cunho ditatorial. Assim, na atualidade, referido artigo não pode ser interpretado literalmente, impondo-se a sua exegese à luz das garantias consagradas na Constituição Federal de 1988, muito especialmente aquelas relacionadas à ampla defesa, contraditório e devido processo legal.
>
> Com isso, deve-se entender que, independentemente do que dispõe o art. 572, o ato praticado com inobservância de suas formalidades essenciais tanto poderá ser absolutamente nulo como relativamente nulo e, até mesmo, inexistente, tudo dependendo do caso concreto e, sobretudo, do maior ou menor interesse público integrado à norma processual violada.

Renato Brasileiro de Lima (2020a, p. 1.725) detalha ainda mais o raciocínio acima e esclarece que

> sempre que houver violação à formalidade essencial assegurada pela Constituição Federal ou pelo Pacto de São José da Costa Rica, notadamente aquelas relacionadas ao devido processo legal, ao contraditório e à ampla defesa, não há falar em simples nulidade relativa. Na verdade, a depender do grau de interesse público inerente à norma processual violada, este vício pode ser tratado como causa de nulidade relativa, de nulidade absoluta ou até mesmo de inexistência do ato.

Vejamos alguns vícios arrolados pela doutrina e seus efeitos práticos:

- Sentença sem a subscrição do juiz → Ato inexistente.
- Denúncia com descrição do fato incompleta ou imprecisa, violando os requisitos essenciais dispostos no art. 41 do CPP → Nulidade absoluta, contudo deve ser arguida até a sentença penal condenatória. Após este momento, tal alegação estará coberta pela preclusão.
- Audiência realizada no juízo deprecado sem que as partes tenham sido intimadas da expedição da carta precatória → Nulidade relativa (Súmula nº 155 do STF), sujeita à demonstração do prejuízo e à arguição em tempo oportuno para que seja declarada.

* Ausência de intimação do recorrido para apresentar resposta ao recurso interposto pela parte contrária → nulidade absoluta. Caso não tenha ocorrido a intimação, mas, forem as contrarrazões apresentadas, a nulidade, apesar de ser de natureza absoluta, não restará declarada em razão da ausência de prejuízo (art. 563 do CPP).
* A nomeação de defensor *ad hoc*, pelo Juízo, antes que seja facultado ao réu o direito de constituir um novo advogado → Nulidade absoluta.

Por fim, não se deve confundir as duas espécies de nulidades existentes nos incisos IV e III do art. 564. Este diz respeito à ausência total da prática do ato, já aquele se refere às hipóteses em que o ato foi praticado, contudo despido das formalidades essenciais.

14.7.23 Carência de fundamentação

Assim dispõe o Código de Processo Penal:

> Art. 564. A nulidade ocorrerá nos seguintes casos: (...)
> V – em decorrência de decisão carente de fundamentação.

Trata-se de novidade introduzida de modo expresso pelo Código de Processo Penal, apesar de anterior mandamento constitucional nesse sentido e pacífico posicionamento da doutrina e da jurisprudência a esse respeito.

A Constituição já permitia essa leitura em virtude do disposto no art. 93, IX, Constituição Federal:

> Art. 93. (...)
> IX – todos os julgamentos dos órgãos do Poder Judiciário serão públicos, e fundamentadas todas as decisões, sob pena de nulidade, (...)

O dispositivo em análise ganha aplicação tanto nas hipóteses de ausência de motivação quanto naquelas situações em que as razões, apesar de existentes, são insuficientes para fundamentar de forma idônea a decisão judicial.

A leitura do dispositivo deve ser realizada em consonância com o art. 315, § 2º, do CPP:

> Art. 315. (...)
> § 2º Não se considera fundamentada qualquer decisão judicial, seja ela interlocutória, sentença ou acórdão, que:
> I – limitar-se à indicação, à reprodução ou à paráfrase de ato normativo, sem explicar sua relação com a causa ou a questão decidida;
> II – empregar conceitos jurídicos indeterminados, sem explicar o motivo concreto de sua incidência no caso;
> III – invocar motivos que se prestariam a justificar qualquer outra decisão;
> IV – não enfrentar todos os argumentos deduzidos no processo capazes de, em tese, infirmar a conclusão adotada pelo julgador;
> V – limitar-se a invocar precedente ou enunciado de súmula, sem identificar seus fundamentos determinantes nem demonstrar que o caso sob julgamento se ajusta àqueles fundamentos;

VI – deixar de seguir enunciado de súmula, jurisprudência ou precedente invocado pela parte, sem demonstrar a existência de distinção no caso em julgamento ou a superação do entendimento.

14.7.24 Nulidades no inquérito policial

Doutrina e jurisprudência são pacíficas no sentido de que eventuais nulidades ocorridas no âmbito do inquérito policial não possuem o condão de macular ou ofender o processo penal. Contudo, naquelas hipóteses em que são produzidas efetivamente provas no âmbito do inquérito (**provas cautelares, antecipadas e irrepetíveis**), constatado o vício, essas provas devem ser retiradas do processo sob pena de violação ao princípio da vedação de provas ilícitas.

Renato Brasileiro de Lima (2020a, p. 1.725) milita nesse sentido:

> Como o inquérito policial é mera peça informativa, eventuais vícios dele constantes não têm o condão de contaminar o processo penal a que der origem. Havendo, assim, eventual irregularidade em ato praticado no curso do inquérito, mostra-se inviável a anulação do processo penal subsequente. Afinal, as nulidades processuais concernem, tão somente, aos defeitos de ordem jurídica que afetam os atos praticados ao longo do processo penal condenatório.

O grande mestre (LIMA, 2020a, p. 1.725) conclui então o seu raciocínio:

> Na mesma linha, na eventualidade de uma prova antecipada, cautelar ou não repetível, ser produzida no curso do inquérito policial em desacordo com o modelo típico, também é possível o reconhecimento de nulidade. É o que ocorre, por exemplo, na hipótese de uma prova cautelar de interceptação telefônica judicialmente autorizada ser levada adiante por prazo superior ao de 15 (quinze) dias, sem qualquer prorrogação judicial. Nesse caso, especificamente em relação ao período para o qual não foi deferida a prorrogação do prazo de 15 (quinze) dias, há de ser reconhecida a nulidade dos elementos probatórios obtidos. Nesse contexto, como já se pronunciou o STJ, eventual nulidade da interceptação telefônica por breve período (7 dias) em virtude de falta de autorização judicial, não há de macular todo o conjunto probatório colhido anteriormente ou posteriormente de forma absolutamente legal; todavia, a prova obtida nesse período deve ser desentranhada dos autos e desconsiderada pelo Juízo.

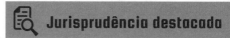
Jurisprudência destacada

Súmula nº 155 do STF: "É relativa a nulidade do processo criminal por falta de intimação da expedição de precatória para inquirição de testemunha".

Súmula nº 160 do STF: "É nula a decisão do Tribunal que acolhe, contra o réu, nulidade não arguida no recurso da acusação, ressalvados os casos de recurso de ofício".

Súmula nº 162 do STF: "É absoluta a nulidade do julgamento pelo júri, quando os quesitos da defesa não precedem aos das circunstâncias agravantes".

Súmula nº 206 do STF: "É nulo o julgamento ulterior pelo júri com a participação de jurado que funcionou em julgamento anterior do mesmo processo".

Súmula nº 361 do STF: "No processo penal, é nulo o exame realizado por um só perito, considerando-se impedido o que tiver funcionado, anteriormente, na diligência de apreensão".

Súmula nº 431 do STF: "É nulo o julgamento de recurso criminal, na segunda instância, sem prévia intimação, ou publicação da pauta, salvo em *habeas corpus*".

Súmula nº 706 do STF: "É relativa a nulidade decorrente da inobservância da competência penal por prevenção".

Súmula nº 707 do STF: "Constitui nulidade a falta de intimação do denunciado para oferecer contrarrazões ao recurso interposto da rejeição da denúncia, não a suprindo a nomeação de defensor dativo".

Súmula nº 708 do STF: "É nulo o julgamento da apelação se, após a manifestação nos autos da renúncia do único defensor, o réu não foi previamente intimado para constituir outro".

Súmula nº 712 do STF: "É nula a decisão que determina o desaforamento de processo da competência do júri sem audiência da defesa".

Decifrando a prova

(2022 – CESPE/CEBRASPE – DPE-PI – Defensor Público) O tema das nulidades no processo penal é especialmente caro à atuação da Defensoria Pública, em razão da incumbência de velar pelo devido processo legal, pela validade dos atos processuais e pelo seu hígido desenvolvimento, até o final trânsito em julgado. A respeito desse assunto, com base na posição majoritária do STF, julgue os itens a seguir.

I. Será válido o julgamento da apelação se, após a manifestação nos autos da renúncia do único defensor, houver nomeação de defensor público e este aceitar o encargo, sem necessidade da prévia intimação do acusado.

II. É incabível a suspensão condicional do processo na sentença de desclassificação do crime e procedência parcial da pretensão punitiva.

III. A falta de defesa no processo penal e sua deficiência implicam nulidade absoluta do processo, uma vez que o prejuízo está implícito na vulnerabilidade do *status libertatis* do acusado.

Assinale a opção correta.

A) Nenhum item está certo.
B) Apenas o item I está certo.
C) Apenas o item II está certo.
D) Apenas os itens I e III estão certos.
E) Apenas os itens II e III estão certos.

Gabarito comentado: impõe-se a necessidade de intimação do réu diante da nomeação de defensor dativo, haja vista que é direito do réu ter a possibilidade de escolher e nomear defensor de sua preferência. Quanto ao item II, se da desclassificação do crime e procedência parcial couber em cima da nova pena suspensão condicional do processo, esta deve ser oferecida. Por fim, apenas a falta de defesa é nulidade absoluta, a deficiência é nulidade meramente relativa. Portanto, a letra A é o gabarito.

15 Recursos

15.1 TEORIA GERAL DOS RECURSOS

15.1.1 Conceito e características

De forma sintética, pode-se conceituar recurso como "O direito que possui a parte, na relação processual, de se insurgir contra as decisões judiciais, requerendo a sua revisão, total ou parcial, em instância superior" (NUCCI, 2020, p. 1.373).

Assim, é possível apreender desse conceito, realizando-se o devido destaque, que o recurso é um ato praticado pela parte, não devendo ser considerado como recurso a atividade de ofício do juiz. Parte essa que deve ter sofrido um prejuízo com o resultado da decisão atacada, exercendo esse direito no mesmo processo em que o sofreu, não sendo criada nova situação jurídico-processual, apenas uma nova fase do mesmo processo que gerou a decisão impugnada.

Ainda nas palavras de Renato Brasileiro de Lima (2020a, p. 1.727), que destaca as principais características do instituto:

> Recurso é o instrumento processual voluntário de impugnação de decisões judiciais, previsto em lei federal, utilizado antes da preclusão e na mesma relação jurídica processual, objetivando a reforma, a invalidação, a integração ou o esclarecimento da decisão judicial impugnada.

Ao iniciar o estudo da teoria geral dos recursos, é indispensável o entendimento de que estes se fundamentam nos princípios constitucionais do duplo grau de jurisdição e da ampla defesa, sendo considerado quanto a sua natureza jurídica, por boa parte da doutrina, como desdobramento do direito de ação, posto que uma vez insatisfeito com o resultado do processo, pode a parte afetada se insurgir contra a decisão judicial, na mesma relação jurídico-processual, reclamando que esta seja revisada.

Minoritariamente, parte da doutrina entende a natureza jurídica do recurso como nova ação dentro do mesmo processo; ou ainda como um meio destinado a obter a reforma da decisão, não importando se provocado pelas partes ou se determinado *ex officio* pelo juiz nas hipóteses em que a lei o obriga a adotar esta medida (LIMA, 2020a, p. 1.728).

A fim de tornar ainda mais clara a sua importância no processo penal, Nucci (2020, p. 1.373) destaca o disposto no art. 5º, LV, da Constituição, no sentido de que "aos litigantes, em processo judicial ou administrativo, e aos acusados em geral são assegurados o contraditório e ampla defesa, com os meios e recursos a ela inerentes". Mais uma vez, em sede constitucional é patente a importância dos recursos para o livre e pleno exercício da defesa de réus em processos em geral, sobretudo os criminais.

Os recursos possuem as seguintes **características (também chamados de princípios)**:

a. **Voluntariedade:** para que o recurso seja interposto, é preciso que a parte voluntariamente disponha de seu direito, conforme disposição expressa no art. 574, *caput*, do CPP. Isto é, como regra, "os recursos são voluntários, a depender da manifestação de vontade dos interessados na reforma ou na anulação do julgado" (PACELLI, 2021, p. 1.179).

São exceções os recursos de ofício, também conhecidos como duplo grau de jurisdição obrigatório ou reexame necessário, que serão objeto de estudo em ponto específico a seguir, que, dentre outras, encontram previsão no Código Processual nos incisos do referido artigo ("I – da sentença que conceder *habeas corpus*; II – da que absolver desde logo o réu com fundamento na existência de circunstância que exclua o crime ou isente o réu de pena, nos termos do art. 411").

Também é exceção o efeito extensivo dos recursos, que ocorre quando há recurso por um dos corréus em caso de concurso de agentes com o fito de beneficiar os demais. Não havendo a extensão em caso de benefício de caráter pessoal. ("Art. 580. No caso de concurso de agentes (Código Penal, art. 25), a decisão do recurso interposto por um dos réus, se fundado em motivos que não sejam de caráter exclusivamente pessoal, aproveitará aos outros").

b. **Tempestividade:** há prazo para que a parte exerça seu inconformismo, sendo pressuposto de admissibilidade do recurso que este seja manejado tempestivamente, diferentemente do que ocorre com as ações autônomas de impugnação. Nestas há possibilidade de apresentação sem sujeição a prazos exíguos (NUCCI, 2020, p. 1.376).

c. **Taxatividade:** o recurso faz com que o *jus puniendi* estatal aguarde mais tempo para ser efetivado, motivo pelo qual, em respeito à segurança jurídica, não se permite recursos que não sejam previstos em lei, a fim de não prestigiar comportamento protelatório. Na lição esclarecedora de Nucci (2020, p. 1.376):

> Não fosse assim inexistiria segurança jurídica, visto que toda e qualquer decisão, sob qualquer circunstância, desagradando uma das partes, permitiria ser questionada em instância superior. A ampla possibilidade recursal certamente terminaria por fomentar atitudes protelatórias, impedindo o equilibrado andamento do processo.

Desse modo, para que a decisão seja atacada judicialmente, é necessário que a ferramenta, isto é, o recurso, seja prevista por lei, não havendo possibilidade de recurso inominado ou de improviso.

Cabe lembrar que o art. 22 da Constituição Federal prevê a competência privativa da União para legislar sobre direito processual, não sendo impedida a interpretação extensiva ou analógica da lei processual.

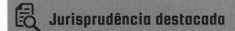

> Os pedidos de reconsideração carecem de qualquer respaldo no regramento processual vigente. Eles não constituem recursos, em sentido estrito, nem mesmo meios de impugnação atípicos. Por isso, não suspendem prazos e tampouco impedem a preclusão (STF, 2ª Turma, Rcl nº 43.007-AgR/DF, Rel. Min. Ricardo Lewandowski, j. 09.02.2021, *Info*. nº 1.005).

d. **Unirrecorribilidade das decisões:** em regra, há um só tipo de recurso cabível para cada tipo de decisão. Exceto quando ocorra ofensa à Constituição e à legislação infraconstitucional, hipótese em que será possível interpor, ao mesmo tempo, Recurso Especial e Extraordinário. Desse modo dispõe, exemplificativamente, o art. 593, § 4º, do CPP que "quando cabível a apelação, não poderá ser usado o recurso em sentido estrito, ainda que somente de parte da decisão se recorra".

Quanto à unirrecorribilidade é importante destacar:

> Parece-nos que o que deve ser decisivo na questão da unirrecorribilidade é a identificação da presença dos motivos de justificação da existência do princípio. E nesse ponto (da simplificação e operacionalização do sistema recursal), o que não constituiria exceção ao princípio, rigorosamente falando, seria apenas a hipótese de interposição de recursos distintos por partes também distintas, sobre o mesmo julgado (PACELLI, 2021, p. 1.179).

Vê-se como também possível a interposição de embargos infringentes e de nulidade contra a parte não unânime de decisão proferida pelos Tribunais de Justiça (ou Tribunais Regionais Federais) no julgamento de apelações, recursos em sentido estrito e agravos em execução, conforme disposição do Código de Processo Penal, art. 609, parágrafo único, bem como de recurso extraordinário e/ou especial se houver fundamentos constitucionais e legais que autorizem tais impugnações.

e. **Vedação da *reformatio in pejus*:** havendo recurso apenas da defesa, não poderá a situação do réu ser piorada na decisão recursal. É também entendida como *ne reformatio in pejus* direta, conforme redação da Súmula nº 160 do STF: "É nula a decisão do Tribunal que acolhe, contra o réu, nulidade não arguida no recurso da acusação, ressalvados os casos de recurso de ofício". Vez que para que se prejudique o réu em sede recursal é necessária a arguição pela acusação. Há também a *ne reformatio in pejus* indireta, que é a proibição de decisão que piora a situação do réu quando em sede recursal a decisão primeira tiver sido anulada. Assim, a nova decisão não pode ser mais grave.

Não se aplica tal entendimento aos jurados no Tribunal do Júri, que em virtude do princípio da soberania dos veredictos, em caso de anulação de condenação, não vinculará os jurados, que poderão decidir de forma mais gravosa. No entanto, o juiz-presidente não poderá aplicar pena superior a aplicada anteriormente, pois este está submetido a esta restrição.

É necessário observar que não há vedação do inverso, isto é, não se proíbe a *reformatio in mellius* quando o recurso tenha sido interposto pela acusação, podendo o juiz julgar, inclusive, *extra petita*.

Na jurisprudência, há entendimento no sentido de que não é apenas a pena que não pode ser piorada. Qualquer circunstância como a *emendatio libelli* ou outra que repercuta negativamente ao réu, piorando as condições, por exemplo, de progressão de regime, deve ser afastada.

A doutrina costuma se referir ao princípio da *non reformatio in pejus* como efeito prodrômico da sentença penal, sendo que:

> Para muitos, para além de consectário da ampla defesa (CF, art. 5º, LV), porquanto serve de estímulo à utilização da via recursal, a vedação à *reformatio in pejus* em detrimento do acusado representa uma decorrência lógica do próprio sistema acusatório, cujo princípio máximo vem expresso na fórmula *ne procedat judex ex officio*, ou *nemo judex sine actore* (LIMA, 2020a, p. 1.746).

Sobre o tema, cabe destacar decisão trazida no Informativo nº 797 do STF, que exemplifica uma hipótese de reforma em prejuízo do réu, apesar do reconhecimento de ausência de requisitos de uma qualificadora, houve o reconhecimento de outra não prevista anteriormente, o que, ainda assim, trouxe malefícios ao réu, sendo o seguinte o seu teor:

> João foi condenado em 1ª instância a uma pena de 2 anos pela prática do crime de furto qualificado pela escalada (art. 155, § 4º, II, do CP). O Ministério Público não recorreu, transitando em julgado a sentença para a acusação. A defesa do réu interpôs apelação. O Tribunal de Justiça entendeu que não estavam presentes os requisitos necessários para a configuração da qualificadora da escalada (art. 155, § 4º, II) e, por isso, a retirou, transformando em furto simples. Até aí, tudo bem. Esse era um dos pedidos do recurso. Ocorre que os Desembargadores foram além e decidiram reconhecer a presença da causa de aumento prevista no § 1º do art. 155 do CP, em virtude de estar provado nos autos que o furto ocorreu durante o repouso noturno. Assim, o TJ afastou a condenação pelo art. 155, § 4º, II, do CP e condenou o réu pelo art. 155, § 1º, do CP. Com base nessa nova capitulação, o TJ fixou a pena do réu em 1 ano e 4 meses. Agiu corretamente o TJ? NÃO. O STF entendeu que a decisão do TJ violou o princípio do *non reformatio in pejus*, devendo ser refeita a dosimetria. O TJ acrescentou uma causa de aumento de pena (art. 155, § 1º) que não havia sido reconhecida na sentença em 1ª instância. Como o recurso era exclusivo da defesa, o TJ não poderia ter inserido na condenação uma circunstância contrária ao réu e que não estava presente anteriormente. Assim, mesmo aparentemente a decisão do TJ tendo sido benéfica ao réu (por ter reduzido a pena), na verdade, houve, na parte referente à causa de aumento, uma reforma para pior (STF, 2ª Turma, RHC nº 126.763/MS, Rel. orig. Min. Dias Toffoli, red. p/ o acórdão Min. Gilmar Mendes, j. 1º.09.2015, *Info.* nº 797).

> **Jurisprudência destacada**
>
> Tribunal não pode aumentar a pena de multa em recurso exclusivo da defesa, ainda que, no mesmo julgamento, reduza a pena privativa de liberdade.
>
> Caracteriza manifesta ilegalidade, por violação ao princípio da *non reformatio in pejus*, a majoração da pena de multa por tribunal, na hipótese de recurso exclusivo da defesa. Isso porque, na apreciação de recurso exclusivo da defesa, o tribunal não pode inovar na fundamentação da dosimetria da pena, contra o condenado, ainda que a inovação não resulte em aumento da pena final (STF, 2ª Turma, RHC nº 194.952-AgR/SP, Rel. Min. Ricardo Lewandowski, j. 13.04.2021, *Info.* nº 1.013).

f. **Complementariedade:** é possível, de forma excepcional, que se complemente um recurso já interposto, isto é, as razões já apresentadas, quando há alteração da decisão em virtude de acolhimento de recurso interposto simultaneamente, ou quando cabível retratação. Ocorre, por exemplo, quando se interpõe apelação e a outra parte apresenta embargos de declaração. Modificada a decisão pelos embargos, aquele que apelou pode complementar seu recurso.

Frise-se, no entanto, que essa complementação se limitará à nova sucumbência, sendo que o recorrente não poderá aproveitar-se para impugnar parte da decisão que já deveria ter sido impugnada anteriormente.

g. **Suplementariedade:** há preclusão consumativa das vias recursais após oferecido o recurso próprio contra a decisão. No entanto, há exceção quando cabível mais de uma espécie de recurso para certa decisão.

h. **Fungibilidade:** é possível o conhecimento dos recursos pelo órgão de revisão ainda que haja engano quanto à modalidade recursal prevista na lei. Não se deve rejeitar o recurso quando houver dificuldade de se identificar qual o cabível para o caso, afinal, o processo é meio e não fim em si mesmo.

Dispõe o art. 579 do CPP que "salvo a hipótese de má-fé, a parte não será prejudicada pela interposição de um recurso por outro", e mais, "se o juiz, desde logo, reconhecer a impropriedade do recurso interposto pela parte, mandará processá-lo de acordo com o rito do recurso cabível".

Ademais, só será aceito o recurso se estiver no prazo do recurso legalmente cabível. Assim, "quando o erro resultar de equívoco mesmo, isto é, de boa-fé, o recorrente estará na dependência de que o prazo do recurso legalmente cabível, a juízo dos tribunais, seja o mesmo daquele por ele manejado. Do contrário, não se aplicará a fungibilidade (PACCELI, 2021, p. 1.181).

Em conclusão, só será possível a fungibilidade se não houver má-fé, que, segundo entendimento do STF, seria presumida quando o recurso apresentado gozasse de mais prazo do que o recurso correto, e o recorrente se beneficiasse do excesso, bem como se inexistente erro grosseiro, o que, segundo entendimento do STJ, seria afastado caso haja dúvida objetiva quanto ao recurso cabível naquela hipótese, isto é, quando não houver nenhuma divergência doutrinária ou jurisprudencial, haverá erro grosseiro.

Cabe destacar, por fim, ser necessário o entendimento de que fungibilidade é diferente de convolação, este último sendo a possibilidade de uma impugnação adequada (recurso cabível correto conforme legislação) ser recebida e conhecida como se fosse outra, o que se daria com o fito de evitar prejuízo ao recorrente, na hipótese de adequação da via impugnativa, mas ausência de outros pressupostos recursais, tais como a tempestividade, a forma, o preparo, o interesse e a legitimidade.

Decifrando a prova

(2014 – FUNCAB – PC-RO – Delegado de Polícia Civil) Com base nas ponderações doutrinárias acerca da teoria geral dos recursos, aponte a alternativa que prevê as características fundamentais dos recursos.

A) Alguns recursos criam uma nova relação processual, outros não, mas sempre têm por objeto a impugnação de um ato judicial.

B) Todo recurso é voluntário, prolonga a mesma relação processual e impugna decisão judicial.

C) O recurso pode ser voluntário ou obrigatório, prolonga a mesma relação processual e impugna decisão judicial.

D) O recurso pode ser voluntário ou obrigatório, cria uma nova relação processual e impugna decisão judicial.

E) Todo recurso é obrigatório, cria uma nova relação processual e impugna decisão judicial.

Gabarito comentado: com efeito, é característica dos recursos a voluntariedade. Portanto, a letra B é o gabarito.

(2014 – VUNESP – PC-SP – Delegado de Polícia) Cabe recurso de ofício da sentença

A) que conceder *habeas corpus*.

B) que absolver o réu por inexistência do crime.

C) de pronúncia.

D) de absolvição sumária.

E) que denegar *habeas corpus*.

Gabarito comentado: de acordo com o art. 411 do CPP, a letra A é o gabarito.

(2008 – FGV – PC-RJ – Oficial de Cartório) A respeito do sistema de recursos em geral, previsto no Código de Processo Penal, analise as afirmativas a seguir:

I. O Ministério Público não poderá desistir de recurso que haja interposto.

II. No caso de concurso de agentes, a decisão do recurso interposto por um dos réus, se fundado em motivos que não sejam de caráter exclusivamente pessoal, aproveitará aos outros.

III. Os recursos serão sempre voluntários, não se admitindo recursos interpostos, de ofício, pelo juiz.

Assinale:

A) se nenhuma afirmativa estiver correta.
B) se somente as afirmativas I e II estiverem corretas.
C) se somente as afirmativas I e III estiverem corretas.
D) se somente as afirmativas II e III estiverem corretas.
E) se todas as afirmativas estiverem corretas.

Gabarito comentado: existe a possibilidade de recursos de ofício em nosso ordenamento diante da imposição excepcional do duplo grau de jurisdição, o que constitui uma exceção ao princípio da voluntariedade. Portanto, a letra B é o gabarito.

(2009 – FUNIVERSA – PC-DF – Agente de Polícia) Assinale a alternativa correta.

A) Diferentemente da ação penal, que obriga o Ministério Público a provocar a jurisdição, o Promotor de Justiça poderá desistir do recurso interposto na hipótese de, melhor examinando as provas dos autos, convencer-se da inocência do recorrido.

B) Está legitimado para interpor recurso o ofendido, ainda que não esteja habilitado nos autos, pretendendo a majoração da pena do condenado.

C) Os recursos serão sempre voluntários, devendo a parte, caso não esteja explícito, demonstrar seu interesse em recorrer.

D) O processo penal não admite o princípio da fungibilidade recursal, salvo quando houver má-fé ou erro grosseiro.

E) A interposição do recurso pode ser efetivada pelo próprio réu, por termo nos autos, independentemente da intervenção de advogado ou defensor, que apresentaram as razões posteriormente.

Gabarito comentado: em razão do princípio da ampla defesa aplicado ao processo penal, o CPP admite o recurso interposto exclusivamente pelo réu sem a participação do advogado. Portanto, a letra E é o gabarito.

(2019 – CESPE/CEBRASPE – TJ-BA – Juiz de Direito Substituto) Assinale a opção correta, acerca de recursos no processo penal.

A) Em razão do princípio da voluntariedade, havendo conflito entre a manifestação do acusado e a de seu defensor a respeito da interposição de recurso, deverá prevalecer a vontade do réu.

B) Em caso de inércia do MP, o assistente de acusação não terá legitimidade para interpor recurso de apelação.

C) Em razão do princípio da voluntariedade dos recursos, o defensor dativo regularmente intimado não estará obrigado a recorrer.

D) O termo inicial para a interposição de recurso pelo MP é a data de prolação da sentença em audiência em que haja promotor de justiça presente.

E) Determinado órgão do MP não terá interesse na interposição de apelação contra sentença absolutória quando outro órgão, em alegações finais, tiver se manifestado pela absolvição do réu.

Gabarito comentado: aplica-se ao MP o princípio da independência funcional. Portanto, a letra C é o gabarito.

15.1.2 Efeitos

Em regra, a doutrina e a jurisprudência reconhecem quatro efeitos básicos advindos dos recursos, sendo eles o **efeito devolutivo, suspensivo, regressivo e extensivo**. No entanto, além destes, ainda alguns autores discutem os **efeitos obstativo, substitutivo** e **translativo**:

a. **Devolutivo:** possibilita ao Tribunal a revisão integral da matéria controvertida, contra a qual insurge o recorrente. Deve o Tribunal, além destas, analisar matérias que podem ser arguidas de ofício. Nas palavras de Eugênio Pacelli (2021, p. 1.189):

> Como os recursos são voluntários, dependentes, então, do inconformismo do interessado, caberá a ele delimitar a matéria a ser objeto de reapreciação e de nova decisão pelo órgão jurisdicional competente.
>
> Com efeito, ele poderá se satisfazer com parte do julgado e não concordar com o restante. Daí o *tantum devolutum quantum appellatum*, ou seja, a matéria a ser conhecida (*devolutum*) em segunda instância dependerá da impugnação (*appellatum*).

É importante destacar que há variação não apenas quanto à extensão da devolução, mas também quanto a sua profundidade, "por isso, aliás, é que a doutrina costuma dizer que todo recurso é dotado de efeito devolutivo, que varia apenas em sua extensão e profundidade" (LIMA, 2020a, p. 1.746).

Nesse sentido, Pacelli (2021, p. 1.190) entende que no exame em profundidade, na seara penal, estão incluídas, inclusive, a repetição de provas já realizadas e até mesmo a possibilidade de novo interrogatório do réu (art. 616 do CPP, aplicável não só às apelações). Entende ainda que a devolução da matéria somente encontraria limites quanto à sua extensão, e não em relação à profundidade.

Há certa mitigação do efeito devolutivo dos recursos no processo penal devido ao reconhecimento do princípio da *reformatio in mellius*. Dessa forma, é possível que o juízo *ad quem* melhore a situação da defesa, ainda que a apreciação de tal questão não tenha sido expressamente devolvida ao Tribunal pelo recorrente.

O chamado efeito devolutivo inverso, na verdade, se trata do próprio efeito regressivo, uma vez que ocorre quando o conhecimento do recurso, isto é, da matéria impugnada, é devolvido ao próprio órgão que prolatou a decisão recorrida.

Por fim, não se pode tratar desse efeito sem realizar o destaque seguinte: não havendo delimitação, pelo recorrente, em sua petição de interposição, quanto à matéria impugnada em sua petição de interposição, deve-se distinguir os recursos de fundamentação livre dos recursos de fundamentação vinculada.

Em se tratando de recursos de fundamentação livre, quando o recorrente não delimita a matéria que se está impugnando em sua petição de interposição, há entendimento de que ocorre a devolução, ao juízo *ad quem*, do conhecimento integral da matéria que gerou a sucumbência, sendo vedado à parte querer reduzi-la por ocasião da apresentação das razões recursais.

Já se for o caso de recurso de fundamentação vinculada, a parte é obrigada a informar, no ato da interposição da petição ou nas razões recursais, um dos fundamentos previstos na lei, de modo que o conhecimento do Tribunal ficará adstrito aos motivos invocados pelo recorrente quando da interposição ou da apresentação das razões.

b. **Suspensivo:** excepcionalmente, o recurso impedirá que a decisão produza, desde já, seus efeitos. Em regra, não suspende o andamento processual, a menos que haja previsão legal em sentido contrário. Exemplo: art. 584, § 2º, do CPP, em que o recurso estrito que ataca decisão de pronúncia suspende o julgamento.

Com técnica ainda mais aprimorada, destaca-se a lição de Renato Brasileiro de Lima (2020a, p. 1.786):

> O que realmente suspende a eficácia da decisão não é a interposição do recurso, mas sim sua recorribilidade, ou seja, a mera previsão de que um recurso cabível contra aquela decisão é dotado de efeito suspensivo. Afinal, mesmo antes da interposição do recurso, e pela simples possibilidade de sua interposição, a decisão já se mostra ineficaz. Em outras palavras, havendo previsão legal de recurso dotado de efeito suspensivo, a decisão sujeita a tal recurso já surge ineficaz no mundo jurídico. Não é a interposição do recurso que irá suspender seus efeitos, mas sim a mera previsão legal de impugnação dotada de efeito suspensivo.

Interessante questão é o fato de que os recursos manejados pelo Ministério Público não gozam de efeito suspensivo. Assim, caso o juiz revogue a prisão preventiva de um acusado, aplicar-se-á o disposto no art. 581, V, do CPP:

> **Art. 581.** Caberá recurso, no sentido estrito, da decisão, despacho ou sentença: (...)
>
> V – que conceder, negar, arbitrar, cassar ou julgar inidônea a fiança, indeferir requerimento de prisão preventiva ou revogá-la, conceder liberdade provisória ou relaxar a prisão em flagrante;

A essa hipótese de cabimento de recurso em sentido estrito não se concederá efeito suspensivo. O que leva à discussão doutrinária quanto ao cabimento do mandado de segurança.

Na Lei nº 12.016/2009 há previsão de que não será concedido mandado de segurança quando se tratar de decisão judicial da qual caiba recurso com efeito suspensivo (art. 5º, II), o que *a contrario sensu* faz supor que quando não caiba recurso com efeito suspensivo seria possível o mandado de segurança.

Seguindo essa linha de entendimento, Renato Brasileiro de Lima (2020a, p. 1.788):

> A nosso juízo, em situações teratológicas, abusivas, que possam gerar dano irreparável devido ao fato de o recurso adequado não ser dotado de efeito suspensivo, há de se admitir que a parte se utilize do *mandamus*, levando-se em conta que a Constituição Federal, em seu art. 5º, LXIX, não faz restrição quanto a seu uso, desde que evidenciada a plausibilidade de provimento do recurso e o perigo de dano irreversível. Ora, se o acusado tem a sua disposição o *habeas corpus*, que pode ser impetrado com pedido de medida liminar, e ser manejado a qualquer momento da persecução penal para pôr fim a eventual constrangimento ilegal à liberdade de locomoção, não se pode negar à acusação, ainda que somente em casos excepcionais, instrumento de natureza semelhante,

a ser utilizado para conferir eficácia, em última análise, aos próprios recursos criminais interpostos pelo órgão ministerial.

No entanto, este não é o posicionamento dos Tribunais Superiores, tendo o STJ editado a Súmula nº 604, que dispõe: "o mandado de segurança não se presta para atribuir efeito suspensivo a recurso criminal interposto pelo Ministério Público".

Em decisão das Ações Declaratórias de Constitucionalidade nos 43/DF, 44/DF e 54/DF, o STF, após reiteradas mudanças de entendimento, julgou constitucional o art. 283 do CPP, a exigir o trânsito em julgado para o início de cumprimento de pena, sendo proibida a execução provisória. Posição vinculante e prevalecente neste momento. Sendo o seguinte o teor do *Informativo* nº 958 do STF:

> O art. 283 do CPP, que exige o trânsito em julgado da condenação para que se inicie o cumprimento da pena, é constitucional, sendo compatível com o princípio da presunção de inocência, previsto no art. 5º, LVII, da CF/1988. Assim, é proibida a chamada "execução provisória da pena". Vale ressaltar que é possível que o réu seja preso antes do trânsito em julgado (antes do esgotamento de todos os recursos), no entanto, para isso, é necessário que seja proferida uma decisão judicial individualmente fundamentada, na qual o magistrado demonstre que estão presentes os requisitos para a prisão preventiva previstos no art. 312 do CPP. Dessa forma, o réu até pode ficar preso antes do trânsito em julgado, mas cautelarmente (preventivamente), e não como execução provisória da pena (STF, Plenário, ADC nº 43/DF, ADC nº 44/DF e ADC nº 54/DF, Rel. Min. Marco Aurélio, j. 07.11.2019, *Info.* nº 958).

c. **Regressivo/iterativo/reiterativo/diferido:** a possibilidade de o juiz prolator da decisão atacada efetivar o juízo de confirmação ou retratação, ao devolver o feito para reexame.

Renato Brasileiro de Lima (2020a, p. 1.787) traz interessante classificação:

> Da presença (ou não) do efeito iterativo (regressivo ou diferido) sobressai a classificação dos recursos em iterativos, reiterativos e mistos. Os primeiros são aqueles em que se permite ao próprio órgão prolator da decisão reexaminá-la (*v.g.*, embargos de declaração). Nos recursos reiterativos, o reexame compete, exclusivamente, ao órgão *ad quem* (*v.g.*, apelação). Por fim, nos recursos mistos, admite-se o reexame da decisão tanto pelo juízo *a quo* quanto, eventualmente – leia-se, no caso de confirmação da decisão –, pelo juízo *ad quem* (*v.g.*, recurso em sentido estrito).

d. **Extensivo:** o recurso é, em regra, interposto apenas com a finalidade de beneficiar quem o interpôs. No entanto, há situações em que o recurso por um dos corréus em caso de concurso de agentes vem a beneficiar os demais, havendo, então, efeito extensivo. Não se aplica em relação aos benefícios pessoais. Nesse caso há, especificamente, a extensão subjetiva do efeito devolutivo do recurso. Para Pacelli (2021, p. 1.191), não se pode dizer que há de fato um efeito extensivo, sendo o mesmo efeito devolutivo. Diz ele: "De fato, o que ocorre, na extensão do julgado, é mera aplicação da devolução do recurso, para abranger terceiros não interessados (ou seja, aqueles que não se interessaram em recorrer)".

e. **Efeito obstativo:** este efeito, também conhecido como extrínseco ou dilatório-pro-cedimental, é aquele que ocorre quando a interposição de um recurso impede a preclusão temporal, obstando o trânsito em julgado da decisão. Em tal caso, ocorre o prolongamento da litispendência, ou seja, a existência do processo, evitando-se a coisa julgada.
f. **Efeito substitutivo:** este efeito nada mais é do que o proferimento, pelo Tribunal ao apreciar o mérito do recurso, de um acórdão substituindo a decisão impugnada, ainda que seja negado provimento.
g. **Efeito translativo:** neste caso, o órgão *ad quem* conhece matéria que não foi objeto da pretensão recursal, por exemplo, do conhecimento, pelo Tribunal, das nulidades absolutas não suscitadas.

Esse efeito, de fato, é o aspecto vertical do efeito devolutivo, que não sofre limitação. Pois, se o Tribunal está adstrito a apreciar as questões que se relacionarem àquilo que foi impugnado, não estará limitado quanto à profundidade da sua análise.

Decifrando a prova

(2018 – VUNESP – PC-SP – Delegado de Polícia) Na teoria geral dos recursos fala-se em efeito iterativo ou diferido.
Assinale a alternativa que contempla recurso ou ação autônoma em que referido efeito está presente.
A) Apelação.
B) Revisão criminal.
C) Recurso extraordinário.
D) Mandado de segurança.
E) Recurso em sentido estrito.
Gabarito comentado: o recurso em sentido estrito se submete ao efeito reiterativo e iterativo, classificando-se como recurso misto. Portanto, a letra E é o gabarito.

(2018 – VUNESP – TJ-SP – Juiz Substituto) Quanto aos recursos, assinale a alternativa correta.
A) A renúncia do réu ao direito de Apelação, manifestada em termo próprio na presença de duas testemunhas, sem assistência do defensor, impede o conhecimento do recurso por este interposto.
B) No caso de concurso de pessoas, a decisão do recurso interposto por um dos réus, se fundado em motivos que não sejam de caráter exclusivamente pessoal, aproveitará aos outros, em extensão subjetiva do efeito devolutivo do recurso.
C) Não gera nulidade a decisão do tribunal que acolhe, contra o réu, nulidade não arguida no recurso da acusação, salvo os casos de recurso de ofício.
D) O acórdão que provê o recurso contra a rejeição da denúncia vale, desde logo, pelo seu recebimento, ainda que nula a decisão de primeiro grau.
Gabarito comentado: é o denominado efeito extensivo dos recursos. Portanto, a letra B é o gabarito.

(2018 – VUNESP – MPE-SP – Analista Jurídico do Ministério Público) A respeito dos efeitos dos recursos, assinale a alternativa correta.

A) Não é dado ao Tribunal a possibilidade de conversão do julgamento em diligência para determinação de novas provas, por expressar referido entendimento violação do princípio *in dubio pro reo*.

B) O efeito extensivo, previsto no art. 580 do CPP, tem aplicação irrestrita em caso de corréus condenados por roubo majorado por concurso de pessoas quando um deles recorre e o outro não recorre, dando-se por satisfeito em relação ao teor da sentença recorrida.

C) Admite-se o efeito iterativo quando da remessa dos autos de inquérito policial ao Procurador-Geral de Justiça, nos casos de aplicação do art. 28 do CPP, por força da aplicação do princípio *in dubio pro societate*.

D) Entende-se por efeito devolutivo a possibilidade do recurso devolver ao juiz prolator da decisão da qual se recorre a análise daquela mesma decisão.

E) Todo recurso possui efeito devolutivo, mas nem todos os recursos são dotados de efeito suspensivo.

Gabarito comentado: todo recurso é dotado de efeito devolutivo, que varia apenas em sua extensão e profundidade, por sua vez o efeito suspensivo dos recursos é previsto em lei de forma excepcional. Portanto, a letra E é o gabarito.

(2016 – MPE-PR – MPE-PR – Promotor Substituto) Assinale a alternativa incorreta:

A) É consolidado o entendimento dos Tribunais admitindo a possibilidade de *reformatio in mellius* no recurso impetrado exclusivamente pela acusação.

B) É vedada a *reformatio in pejus* direta em recurso exclusivo da defesa.

C) O recurso em sentido estrito e a carta testemunhável possuem o efeito regressivo.

D) Nas hipóteses de recurso *ex officio* (remessa obrigatória) opera o efeito translativo, devolvendo-se à instância superior o conhecimento integral da causa, vedada apenas ao órgão *ad quem* proceder à *reformatio in pejus*.

E) O efeito extensivo dos recursos se verifica nas hipóteses de concurso de agentes, quando a decisão do recurso interposto por um dos réus, se fundado em motivos que não sejam de caráter exclusivamente pessoal, aproveitará aos corréus.

Gabarito comentado: não existe vedação à *reformatio in pejus* nos recursos de ofício, haja vista que o duplo grau de jurisdição obrigatório vislumbra a proteção dos interesses do Estado e não do particular. Portanto, a letra D é o gabarito.

(2014 – VUNESP – PC-SP – Delegado de Polícia) Dentre os recursos a seguir, aquele em que não é possível a desistência é:

A) apelação;

B) em qualquer recurso interposto pelo Defensor Público;

C) protesto por novo júri;

D) em qualquer recurso interposto pelo Ministério Público;

E) recurso em sentido estrito.

Gabarito comentado: o MP não defende interesses próprios, senão interesses do Estado, diante do que não cabe sua desistência dos recursos, o que não se aplica, contudo, à renúncia dos recursos pelo MP. Portanto, a letra D é o gabarito.

> Observação: no concurso para Defensor Público de Minas Gerais de 2014, Banca FUNDEP, foi considerada INCORRETA a seguinte proposição:
> Em razão do efeito iterativo, no caso de concurso de agentes, a decisão do recurso interposto por um dos réus, se fundado em motivos que não sejam de caráter exclusivamente pessoal, aproveitará aos outros.
> Na mesma questão a seguinte proposição foi considerada CORRETA:
> De acordo com a jurisprudência predominante do Supremo Tribunal Federal, o efeito devolutivo da apelação contra decisões do júri é adstrito aos fundamentos da sua interposição.

15.1.3 Recurso de ofício

É dever do magistrado, em algumas matérias, submeter, de ofício, a sua decisão a reapreciação do Tribunal, independentemente de recurso das partes. Trata-se de terminologia equivocada do Código de Processo Penal, uma vez que recurso é demonstração de inconformismo, visando à reforma do julgado, motivo pelo qual não tem cabimento sustentar que o juiz, ao decidir qualquer questão, "recorre" de ofício de seu próprio julgado. Dessa forma, o correto é visualizar na hipótese do art. 574, I, do CPP o **duplo grau de jurisdição obrigatório ou reexame necessário** (NUCCI, 2020, p. 1.377).

Há na doutrina quem defenda a inconstitucionalidade deste reexame necessário por violação ao sistema acusatório (art. 129, I, da Constituição). No entanto, essa posição não prevalece.

Sendo caso de reexame necessário, são dispensadas a fundamentação para a remessa e as intimações das partes para contrarrazoar, não transitando em julgado a sentença por haver omitido o recurso *ex officio*, que se considera interposto *ex lege*, conforme a Súmula nº 423 do STF.

É cabível nas seguintes hipóteses:

a. quando houver absolvição de acusados ou quando determinarem o arquivamento dos autos do respectivo inquérito policial em processo por crime contra a economia popular (Lei nº 1.521/1951);
b. quando houver absolvição de acusados quando determinarem o arquivamento dos autos do respectivo inquérito policial em processo por crime contra a saúde pública – exceto envolvendo entorpecentes, que é caso regido por lei específica, como a Lei de Drogas (Lei nº 11.343/2006);
c. quando da sentença que conceder *habeas corpus* (art. 574 do CPP);
d. quando da decisão que absolver desde logo o réu com fundamento na existência de circunstância que exclua o crime ou isente o réu de pena (art. 574 do CPP);
e. se o relator julgar insuficientemente instruído o pedido de revisão criminal, e indeferi-lo (art. 625 do CPP);
f. quando presidente do Tribunal indeferir liminarmente *habeas corpus* (art. 663 do CPP);
g. quando da decisão concessiva de reabilitação criminal (art. 756 do CPP).

Quanto às hipóteses previstas nos itens c e d, a doutrina majoritária entende que "No Código de Processo Penal, antes do advento da Lei nº 11.689/2008, eram hipóteses de duplo grau de jurisdição obrigatório, conforme o art. 574: sentença concessiva de *habeas corpus* e decisão de absolvição sumária pelo juiz togado no procedimento do júri" (NUCCI, 2020, p. 1.378), isto é, por haver, atualmente, previsão de recurso à disposição do Ministério Público, que na época não havia, bem como as modificações trazidas pelo art. 415 do CPP pela referida lei.

15.1.4 Desistência do recurso pelo Ministério Público e defesa

É característica da ação penal, cujo titular é o Ministério Público, a indisponibilidade, ou seja, havendo crime de ação penal pública, sobretudo incondicionada, deve o membro oferecer a denúncia e dela não poderá desistir. Visto que o recurso é um desdobramento do direito de ação, o *Parquet* não poderá, uma vez interposto o recurso, dele desistir.

O Professor Eugênio Pacelli (2021, p. 1.186) salienta: "Para o Ministério Público, vinculado ao princípio da obrigatoriedade da ação penal, existe norma específica vedando a possibilidade de desistência do recurso interposto (art. 576 do CPP)". O texto do art. 576 do CPP não deixa quaisquer dúvidas: "O Ministério Público não poderá desistir de recurso que haja interposto".

Interpor o recurso, por decorrência lógica da independência funcional de que dispõe, não será imposto ao promotor que não estiver convencido do seu cabimento diante da justiça da decisão.

Dito isso, a independência funcional produz interessante situação, que decorre da apresentação da petição de interposição de apelação por um promotor, abrindo-se, depois, vista a outro representante do Ministério Público para oferecer as razões.

No entendimento doutrinário, "este último, não concordando com o recurso em andamento, dele não pode desistir, mas suas razões podem espelhar entendimento diverso do que seria compatível com o desejo de recorrer" (NUCCI, 2020, p. 1.380).

Nesse sentido, Renato Brasileiro de Lima (2020a, p. 1.770) esclarece ponto importante quanto ao resultado:

> De todo modo, ainda que as razões recursais sejam apresentadas nesse sentido, é bom lembrar que o Tribunal terá liberdade para condenar o acusado, reformando a sentença absolutória proferida pelo juiz de 1ª instância. Isso porque, nos recursos em que se admite a interposição num momento procedimental com posterior apresentação das razões recursais (*v.g.*, RESE, apelação etc.), o efeito devolutivo é delimitado na petição de interposição do recurso. Logo, se o Promotor de Justiça interpôs a apelação postulando a condenação do acusado, o juízo *ad quem* será livre para reformar o decreto absolutório, ainda que as razões recursais sejam apresentadas pelo segundo órgão ministerial no sentido da manutenção da sentença absolutória.

Ressalve-se que a impossibilidade de desistência imputada ao Ministério Público não atinge o acusado e seu defensor. Sendo necessário que o Magistrado, quando da manifestação de desistência do recurso pelo defensor, determine a intimação pessoal do acusado para que este se manifeste, no caso do inverso, havendo desistência por parte do réu, o defensor deve ser intimado. Em caso de divergência entre acusado e defensor, prevalecerá a vontade daquele que tem interesse no julgamento do recurso, mormente se considerarmos que, em face do princípio da *ne reformatio in pejus*, o acusado não pode ser prejudicado em virtude de recurso exclusivo da defesa (LIMA, 2020a, p. 1.771).

Com o mesmo entendimento, de modo benéfico ao réu, a Súmula nº 705 do Supremo diz que "a renúncia do réu ao direito de apelação, manifestada sem a assistência do defensor, não impede o conhecimento da apelação por este interposta", posição que deve ser aplicada no caso de desistência.

No entanto, para Eugênio Pacelli (2021, p. 1.187) somente da análise do caso concreto será possível verificar qual posicionamento prevalecerá, pois, em se tratando de réu já preso, é possível que o início do efetivo cumprimento da pena em regime penitenciário se revele mais vantajoso para o acusado. Desse modo, a desistência do recurso possibilitaria o início da execução da pena, no curso da qual ele poderia fazer uso de alguns benefícios ali previstos.

Deve-se por fim analisar a possibilidade de o defensor público e o defensor dativo desistirem do recurso, ou mesmo a este renunciarem. Há na doutrina quem entenda pela sua impossibilidade, visto que o defensor dativo exerceria um múnus público, e quanto ao defensor público, este teria o dever de interpor os recursos cabíveis para qualquer instância ou Tribunal e promover revisão criminal, sempre que encontrar fundamentos na lei, jurisprudência ou prova dos autos (LC nº 80/1994, art. 45, VII).

No entanto, parece-nos mais acertado o posicionamento de Renato Brasileiro de Lima (2020a, p. 1.771) ao afirmar:

> Sem embargo de opiniões em sentido contrário, pensamos que a renúncia e a desistência podem ser feitas inclusive por defensores dativos e defensores públicos. Afinal, vigora, quanto aos recursos, o princípio da voluntariedade, do qual decorre a conclusão de que todo recurso é voluntário. Ora, não fosse possível a desistência e/ou renúncia por parte de tais profissionais, ter-se-ia que concluir que defensores públicos e dativos estão sempre obrigados a recorrer, o que não é verdade. Nessa linha, como já se pronunciou o STJ, "se a defensora dativa e o réu foram intimados pessoalmente da sentença condenatória e não manifestaram a pretensão de recorrer, aplicável, à espécie, a regra processual da voluntariedade dos recursos, insculpida no art. 574, *caput*, do Código de Processo Penal, segundo a qual não está obrigado o defensor público ou dativo, devidamente intimado, a recorrer".

15.1.5 Desvio da Administração Pública no processamento do recurso

A Súmula nº 320 do STF traz o seguinte entendimento: "A apelação despachada pelo juiz no prazo legal não fica prejudicada pela demora da juntada, por culpa do cartório". Assim, em que pese se dirigir especificamente ao recurso de apelação, indica o caminho a ser seguido caso haja falha de servidor público que implique impossibilidade de apresentação ou processamento de recurso no prazo legal.

Dessa forma, "descoberta a falha, é natural que o recurso deva ser recebido e processado, verificando-se, administrativamente, a responsabilidade do servidor" (NUCCI, 2020, p. 1.379).

Interessante observar semelhante conteúdo da Súmula nº 320 em outras súmulas do STF, reforçando o entendimento jurisprudencial: Súmula nº 425: "O agravo despachado no prazo legal não fica prejudicado pela demora da juntada, por culpa do cartório; nem o agravo entregue em cartório no prazo legal, embora despachado tardiamente" e Súmula nº 428: "Não fica prejudicada a apelação entregue em cartório no prazo legal, embora despachada tardiamente".

15.1.6 Múltipla legitimidade recursal

Dispõe o art. 577 do CPP que "O recurso poderá ser interposto pelo Ministério Público, ou pelo querelante, ou pelo réu, seu procurador ou seu defensor". Mas não são apenas esses. É possível por parte do ofendido e das pessoas que o sucederem na ação penal (cônjuge, ascendente, descendente ou irmão), ainda que não estejam habilitados nos autos como assistentes de acusação, nas hipóteses de o juiz julgar extinta a punibilidade do réu, impronunciá-lo ou absolvê-lo, respeitadas as regras estabelecidas nos arts. 584, § 1º, e 598 do CPP (NUCCI, 2008, p. 1.381).

Lembra ainda Nucci (2008, p. 1.381) que:

> Outras pessoas ou entes, previamente admitidos como assistentes de acusação, também podem apresentar recurso. Não se olvide, também, a excepcional participação do terceiro de boa-fé, cujo bem foi apreendido ou sequestrado, e que, apesar de apresentados os embargos, teve sua pretensão rejeitada pelo juiz (art. 130, II, CPP). Pode ele apresentar apelação.

15.1.7 Pressupostos de admissibilidade dos recursos

Como se verifica em diversos pontos do ordenamento jurídico, o processo deve ser célere e sempre permeado de boa-fé. Assim, para que os recursos não se tornem instrumentos de abuso de direito ou de mera satisfação de curiosidade acadêmica, a lei estabelece alguns requisitos mínimos para que o órgão revisor conheça do recurso (PACELLI, 2021, p. 1.193).

Em regra, o órgão prolator da decisão recorrida analisará os pressupostos de admissibilidade do recurso. Somente excepcionalmente serão analisados pelo órgão superior, isto é, pelo mesmo órgão ao qual se destina o recurso. Guilherme Nucci (2020, p. 1.385) aponta duas situações: "a) quando o órgão *a quo* deixa, indevidamente, de dar seguimento ao recurso e a parte reclama, pelos instrumentos próprios (também recursos) diretamente ao tribunal superior; b) por ocasião do julgamento de mérito do recurso".

Didaticamente se divide em duas espécies, pressupostos objetivos e subjetivos. São **objetivos**:

a. **Cabimento:** quando se fala em cabimento, deve-se entender que se trata da previsão legal de existência, dessa forma, deve haver previsão legal para a interposição do recurso. Nucci (2020, p. 1.385), sendo certo de que algumas decisões judiciais não se sujeitam a recurso criminal. Nas palavras de Eugênio Pacelli (2021, p. 1.196):

> Há decisões, como a maioria das interlocutórias simples, para as quais não é previsto qualquer recurso, nem aquele previsto para situações semelhantes, como é o caso do recurso em sentido estrito (cabível para algumas interlocutórias simples e para as demais, mistas), já que a matéria poderá ser reexaminada na hipótese de apelação.

b. **Adequação:** não considerado como pressuposto por alguns, tal como Pacelli (2021, p. 1.196), devido ao princípio da fungibilidade, a adequação implica que a parte respeite o recurso exato indicado na lei para cada tipo de decisão impugnada, não lhe sendo permitido escolher o recurso que bem entenda (NUCCI, 2020, p. 1.385).

Assim, na lição de Renato Brasileiro de Lima (2020a, p. 1.759): "Se a doutrina aponta a adequação como pressuposto objetivo de admissibilidade recursal, também costuma dizer que referido pressuposto não tem caráter absoluto, sendo mitigado pelo princípio da fungibilidade, nos exatos termos do art. 579 do CPP".

c. **Tempestividade:** este nada mais é do que o atendimento ao prazo previsto legalmente para que a parte manifeste formalmente seu inconformismo, isto é, para que protocole o seu recurso.

Para Guilherme Nucci (2020, p. 1.386), "qualquer dúvida em relação à tempestividade deve ser resolvida em prol do processamento do recurso". Visto que não é lógico cercear o desenvolvimento do duplo grau de jurisdição, devendo, sempre que seja possível, respeitá-lo.

Apresentado antes do fim do prazo, haverá preclusão consumativa impedindo aquele que já exerceu a prerrogativa recursal complemente as razões. Apresentado após o fim do prazo, há preclusão temporal (LIMA, 2020a, p. 1.759).

d. **Inexistência de fatos impeditivos ou extintivos:** basicamente, os fatos impeditivos são a renúncia e a preclusão, e os fatos extintivos são a desistência e a deserção.

- **Renúncia:** ocorre em momento anterior à apresentação do recurso, quando o sucumbente manifesta seu desejo de não recorrer da decisão. Como já tratado, tal fato, assim como a desistência, não é permitido ao representante do Ministério Público.
- **Preclusão:** do ponto de vista objetivo, é entendida como um fato impeditivo destinado a garantir o avanço da relação processual. Do ponto de vista subjetivo, a preclusão representa a perda de uma faculdade ou direito processual (LIMA, 2020a, p. 1.769).

O Professor Renato Brasileiro de Lima (2020a, p. 1.769) realiza didática distinção das modalidades de preclusão:

preclusão temporal: decorre do não exercício da faculdade, poder ou direito processual no prazo determinado. Em sede de recursos, a preclusão temporal ocorre quando transcorre *in albis* o prazo para recorrer, ou quando a impugnação apresentada pela parte é intempestiva;

preclusão lógica: decorre da incompatibilidade da prática de um ato processual com relação a outro já praticado. Com relação aos recursos, a preclusão lógica ocorre, por exemplo, com a renúncia, que se apresenta incompatível com a interposição do recurso do qual a parte abriu mão;

preclusão consumativa: ocorre quando a faculdade já foi validamente exercida. Em relação aos recursos, a preclusão consumativa está relacionada aos princípios da unirrecorribilidade e da variabilidade dos recursos, anteriormente estudados.

- **Desistência:** ocorre quando o réu, juntamente ao seu defensor, solicita que o recurso cesse seu trâmite, como decorrência do princípio da voluntariedade.
- **Deserção:** ocorre em duas situações previstas no Código de Processo Penal, quando o réu deixa de pagar as custas devidas (art. 806, § 2º, parte final) e quando deixa de promover o traslado de peças dos autos (art. 601, § 1º), não mais sendo possível falar em deserção quando da fuga do réu, pois o art. 595 foi revogado pela Lei nº 12.403/2011 (NUCCI, 2020, p. 1.387).

São os requisitos **subjetivos**:

a. **Interesse da parte:** sem sucumbência, não há interesse. Só será possível recorrer se o resultado do recurso tenha potencialidade de trazer benefícios ao recorrente. Assim, caso a parte seja vencedora em todos os pontos sustentados, inexistindo qualquer tipo de sucumbência, não haverá motivo para provocar outra instância a reavaliar a matéria (NUCCI, 2020, p. 1.386).

Na maior parte dos casos, não haverá interesse em recorrer contra os fundamentos da sentença, no entanto Renato Brasileiro de Lima (2020a, p. 1.780) aponta situação excepcional:

> Supondo que o acusado tenha sido absolvido com base na insuficiência de provas (CPP, art. 386, VII), na medida em que tal decisão não faz coisa julgada no cível, caso a defesa demonstre que se insurge contra o decreto absolutório porque pretende modificar seu fundamento, a fim de que seja reconhecida a existência de legítima defesa real, que teria o condão de repercutir no cível, há de se reconhecer a presença de interesse recursal, autorizando o conhecimento do recurso por ela interposto.

b. **Legitimidade:** o recurso deve ser oferecido por quem é parte na relação processual ou terceiro legalmente autorizado (NUCCI, 2020, p. 1.386).

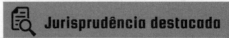

O art. 46 da LC nº 75/1993 atribui competência exclusiva à Procuradoria-Geral da República para oficiar nos processos em curso perante o STF.

No caso concreto, o Min. Ricardo Lewandowski proferiu decisão monocrática determinando ao Juízo da 13ª Vara Federal de Curitiba/PR que liberasse à defesa do ex-Presidente Lula acesso às provas colhidas na "Operação Spoofing". O Ministro autorizou que a defesa tivesse acesso, inclusive, às mensagens que foram supostamente trocadas entre o então Juiz Sergio Moro com integrantes da força-tarefa da "Lava Jato" e que estavam com *hackers* suspeitos de invadir celulares.

Os Procuradores da República que integram a força-tarefa da "Operação Lava Jato" ingressaram com petição, em nome próprio e de terceiros, pedindo a reconsideração da decisão do Ministro.

O pedido não foi conhecido. O colegiado entendeu que os membros do Ministério Público de primeiro grau não possuem legitimidade para postular na causa.

O art. 46 da LC nº 75/1993 (Lei Orgânica do Ministério Público da União) atribui competência exclusiva à Procuradoria-Geral da República para oficiar nos processos em curso perante o STF (STF, 2ª Turma, Rcl nº 43.007-AgR/DF, Rel. Min. Ricardo Lewandowski, j. 09.02.2021, *Info.* nº 1.005).

Decifrando a prova

(2012 – FMP Concursos – TJ-AC – Titular de Serviços de Notas e de Registros – Remoção) Caberá recurso de ofício ou reexame necessário, entre outras hipóteses, da decisão:

A) que concede *habeas corpus*, que defere a reabilitação criminal, que arquiva inquérito policial em crimes contra a economia popular e contra a sentença absolutória em processo criminal por crimes contra a economia popular.

B) que concede *habeas corpus*, que julga improcedente a reabilitação criminal, que arquiva inquérito policial em crimes contra a economia popular e contra a sentença absolutória em processo criminal por crimes contra a economia popular.

C) que concede *habeas corpus*, que indefere a reabilitação criminal, que arquiva inquérito policial em crimes contra a economia popular e contra a sentença condenatória em processo criminal por crimes contra a economia popular.

D) que concede *habeas corpus*, que defere a reabilitação criminal, que arquiva inquérito policial em crimes contra a economia popular e contra a sentença absolutória em processo criminal por crimes contra o meio ambiente.

Gabarito comentado: de acordo com o art. 746 do CPP, a letra A é o gabarito.

(2007 – FCC – MPU – Analista – Processual) A respeito dos recursos em geral no processo penal é correto afirmar:

A) O Ministério Público pode desistir de recurso que haja interposto, desde que o faça de forma fundamentada.

B) O recurso não pode ser interposto pelo réu pessoalmente, por falta de capacidade postulatória.

C) Pode interpor recurso a parte que não tiver interesse na reforma ou modificação da decisão.

D) A parte, salvo hipótese de má-fé, não será prejudicada pela interposição de um recurso por outro.

> E) No caso de concurso de agentes, em nenhuma hipótese, o recurso interposto por um dos réus pode aproveitar aos outros.
> **Gabarito comentado:** o efeito extensivo só se aplica para beneficiar o outro réu. Portanto, a letra D é o gabarito.
>
> **(2009 – FUNIVERSA – PC-DF – Delegado de Polícia – Objetiva)** No processo penal, os recursos regem-se, quanto à admissibilidade, pela lei vigente ao tempo em que a decisão é proferida, a não ser que a lei disponha de modo diverso. A respeito dos recursos, assinale a alternativa incorreta.
> A) Não transita em julgado a sentença por haver omitido o recurso *ex officio*, que se considera interposto *ex lege*.
> B) A renúncia do réu ao direito de apelação, manifestada sem a assistência do defensor, não impede o conhecimento da apelação por este interposta.
> C) Por meio da revisão criminal, que poderá ser requerida em qualquer tempo, inclusive após a extinção da pena, o condenado poderá recorrer quando descobrir novas provas de inocência.
> D) A decisão que decretar a prescrição comporta recurso em sentido estrito.
> E) Caberá recurso de apelação da decisão que pronunciar ou impronunciar o réu.
> **Gabarito comentado:** da decisão de pronúncia cabe RESE. Portanto, a letra E é o gabarito.

15.2 DOS RECURSOS EM ESPÉCIE

15.2.1 Recurso em sentido estrito

Semelhante ao recurso de agravo do Processo Civil, **trata-se do recurso cabível para impugnar as decisões interlocutórias do magistrado, cujas hipóteses estão expressamente previstas em lei (hipóteses casuísticas rigorosas)**. Para Nucci (2020, p. 1.391), seria ideal que se considerasse o recurso em sentido estrito como agravo, servindo contra todas as decisões interlocutórias.

Pensa assim o ilustre professor, uma vez que, embora a regra seja o ataque a decisões interlocutórias, o diploma processual acabou por criar exceções: a) decisão que concede ou nega *habeas corpus*, considerando-se este uma autêntica ação constitucional; b) decisão que julga extinta a punibilidade do agente, pertinente ao mérito, uma vez que afasta o direito de punir do Estado e faz terminar o processo.

O Professor Renato Brasileiro de Lima (2020a, p. 1.797) alerta para que não haja confusão entre o recurso em sentido estrito do Processo Penal e o agravo do Processo Civil:

> Apesar de o recurso em sentido estrito visar à impugnação de decisões interlocutórias, seu cabimento é restrito às hipóteses expressamente previstas em lei (CPP, art. 581). Por isso, afigura-se descabida sua equiparação ao agravo de instrumento do processo civil para que se queira concluir que o RESE pode ser interposto contra toda e qualquer decisão incidental no processo.

A previsão processual é a do art. 581 do CPP que dispõe: "Art. 581. Caberá recurso, no sentido estrito, da decisão, despacho ou sentença", sendo uma impropriedade técnica na redação legislativa, visto que o RESE só é cabível contra as decisões interlocutórias (LIMA, 2020a, p. 1.797).

Ademais, embora parte da doutrina entenda que somente será cabível nas hipóteses estritamente previstas em lei, a doutrina majoritária entende passível a sua interpretação extensiva, para casos semelhantes, onde houve omissão legislativa não intencional. Como exemplo no caso de rejeição de aditamento de denúncia ou queixa, da mesma forma que há para o indeferimento da peça acusatória (LIMA, 2020a, p. 1.798).

15.2.1.1 Cabimento

Dentro do **prazo de cinco dias**, poderá ser interposto por petição ou termo nos autos. **Há a possibilidade de primeiro interpor o recurso e em dois dias apresentar a razão.** A primeira hipótese, prevista no inciso I do **art. 581 do CPP:**

    a. que não receber a denúncia ou a queixa: muito embora haja discussão doutrinária quanto a diferenças entre rejeição e não recebimento da peça acusatória, a posição majoritária entende se tratar do mesmo fato (LIMA, 2020a, p. 1.403).

Nesse mesmo sentido, tratando rejeição e não recebimento como mesmo fato, observa Pacelli (2020a, p. 1.226):

> Havia quem sustentasse, antes da Lei nº 11.719/2008, eventual distinção entre uma decisão que seria denominada não recebimento e outra, essa legalmente nominada, de rejeição da denúncia, propugnando pelo manejo de diferentes recursos (recurso em sentido estrito para o não recebimento e apelação para a rejeição) segundo o conteúdo da matéria decidida. O Tribunal Regional Federal da 4ª Região, acertadamente, e na vigência do já revogado art. 43 do CPP, chegou a sumular entendimento recusando semelhante ponto de vista (Súmula nº 60: "da decisão que não recebe ou rejeita a denúncia cabe recurso em sentido estrito").

Apesar de ser possível contra o indeferimento ou rejeição, não se admite a interpretação extensiva para que seja cabível contra a decisão que a recebe. Havendo a possibilidade de utilização, por exemplo, do *habeas corpus* (NUCCI, 2020, p. 1.392).

Muito embora não haja a formação de relação processual quando da rejeição da denúncia, interposto o recurso, faz-se necessária a intimação do denunciado para apresentação de contrarrazões. Esse é o entendimento jurisprudencial, inclusive objeto da Súmula nº 707 do STF: "Constitui nulidade a falta de intimação do denunciado para oferecer contrarrazões ao recurso interposto da rejeição da denúncia, não a suprindo a nomeação de defensor dativo".

Há outra súmula do Supremo sobre o assunto em análise que deve ser destacada: Súmula nº 709: "Salvo quando nula a decisão de primeiro grau, o acórdão que provê o recurso contra a rejeição da denúncia vale, desde logo, pelo recebimento dela", dessa forma, o acordo que dá provimento ao recurso se equipara ao seu recebimento, sendo, portanto, o marco interruptivo da prescrição (LIMA, 2020a, p. 1.405).

    b. que concluir pela incompetência do juízo: a decisão que conclui pela incompetência é autêntica decisão interlocutória, visto que não coloca fim ao processo, aplicável apenas no caso de reconhecimento de ofício pelo juiz, pois quando acolhe exceção de incompetência aplica-se o disposto no inciso III, como se verá (NUCCI, 2020, p. 1.394).

Enquadra-se nesse inciso a hipótese de desclassificação do crime na primeira fase do procedimento do Júri, por exemplo, de homicídio para lesão corporal, pois nesse caso o Júri não será mais competente (LIMA, 2020a, p. 1.798).

c. que julgar procedentes as exceções, salvo a de suspeição: são possíveis, no processo penal, as exceções de suspeição, incompetência de juízo, litispendência, ilegitimidade de parte e coisa julgada (CPP, art. 95). Todas elas podendo ser atacadas, quando do seu deferimento, por meio do RESE, sendo excluída apenas a exceção de suspeição (LIMA, 2020a, p. 1.798).

Interessante observar que essa vedação do RESE se destina ao impedimento do órgão ministerial ou de outro terceiro, não se incluindo o magistrado, haja vista seu julgamento ocorrer pelo Tribunal, não sendo cabível, dali, por óbvio, recurso em sentido estrito (PACELLI, 2021, p. 1.228).

Mais uma vez se faz impossível a interpretação extensiva para alcançar as decisões que julguem improcedentes as ditas exceções, por omissão intencional do legislador, havendo a possibilidade de, na lição de Guilherme Nucci (2020, p. 1.394), impetrar *habeas corpus*, em caso de flagrante ilegalidade, ou aguardar futura e eventual apelação, para reiterar a impugnação, haja vista a ausência de recurso cabível.

d. que pronunciar o réu: a decisão que pronuncia o réu é atacada via RESE. Quanto à impronúncia e absolvição sumária, a edição da Lei nº 11.689/2008 substituiu o cabimento de RESE por apelação.

Nesse caso, o RESE poderia ser interposto tanto pela defesa quando o acusado for pronunciado pelo crime capitulado na denúncia, bem como pela acusação quando o denunciado por homicídio qualificado é pronunciado por homicídio simples, não se desconsiderando que o Ministério Público também poderá interpor RESE para benefício do réu, desde que, nas alegações finais, tenha se posicionado dessa maneira (LIMA, 2020a, p. 1.799).

O assistente da acusação também poderá interpor RESE, tendo em vista que o interesse do ofendido não se limita à reparação civil do dano, buscando que se produza a exata aplicação da justiça penal (LIMA, 2020a, p. 1.800).

e. que conceder, negar, arbitrar, cassar ou julgar inidônea a fiança, indeferir requerimento de prisão preventiva ou revogá-la, conceder liberdade provisória ou relaxar a prisão em flagrante: quanto a esta hipótese de cabimento, o posicionamento de Guilherme Nucci (2020, p. 1.228) é preciso ao afirmar que a referência apenas a fiança se explica pelo momento da elaboração do inciso, quando ainda não previstas as medidas cautelares diversas da prisão, sendo plenamente possível sua interpretação extensiva a fim de atacar decisão acerca do deferimento, do indeferimento ou da substituição de qualquer uma das medidas cautelares pessoais trazidas pela Lei nº 12.403/2011.

Nesse sentido, apesar da taxatividade das hipóteses de cabimento previstas no art. 581 do CPP e apesar de não haver previsão expressa, o Superior Tribunal de Justiça já admitiu o cabimento de RESE contra decisão que revoga medida cautelar diversa da prisão, realizando interpretação extensiva do inciso V art. 581 do CPP. Assim o enunciado no *Informativo* nº 596 do STJ:

> As hipóteses de cabimento de recurso em sentido estrito trazidas pelo art. 581 do CPP são:
> - exaustivas (taxativas);
> - admitem interpretação extensiva;
> - não admitem interpretação analógica.
>
> A decisão do juiz que revoga a medida cautelar diversa da prisão de comparecimento periódico em juízo (art. 319, I, do CPP) pode ser impugnada por meio de RESE? SIM, com base na interpretação extensiva do art. 581, V. O inciso V expressamente permite RESE contra a decisão do juiz que revogar prisão preventiva. Esta decisão é similar ao ato de revogar medida cautelar diversa da prisão. Logo, permite-se a interpretação extensiva neste caso. Em suma: é cabível recurso em sentido estrito contra decisão que revoga medida cautelar diversa da prisão (STJ, 6ª Turma, REsp nº 1.628.262/RS, Rel. Min. Sebastião Reis Júnior, j. 13.12.2016, *Info.* nº 596).

Ademais, cabe ainda registrar que tal hipótese não se aplica em relação a decisões do Delegado de Polícia.

    f. decisão que julgar quebrada a fiança ou perdido o seu valor: importante esclarecer que é possível a quebra da fiança nas hipóteses do art. 341 do CPP:

> (...) quando o acusado: I – regularmente intimado para ato do processo, deixar de comparecer, sem motivo justo; II – deliberadamente praticar ato de obstrução ao andamento do processo; III – descumprir medida cautelar imposta cumulativamente com a fiança; IV – resistir injustificadamente a ordem judicial; V – praticar nova infração penal dolosa.

Bem como quando ocorre o descumprimento dos deveres processuais previstos nos arts. 327 e 328 do diploma processual, isto é, não comparecimento perante a autoridade todas as vezes que for intimado para atos do inquérito e da instrução criminal e para o julgamento, e mudança de residência, sem prévia permissão da autoridade processante, ou ausência, por mais de oito dias, de sua residência, sem comunicação àquela autoridade o lugar onde será encontrado (LIMA, 2020a, p. 1.802).

    g. decisão que decretar a prescrição ou julgar, por outro modo, extinta a punibilidade: a doutrina aponta redundância na redação do artigo, haja vista que a prescrição julga extinta a punibilidade, não sendo necessária a previsão expressa desta (NUCCI, 2020, p. 1.398). Faz-se preciso destacar que o rol previsto no art. 107 do Código Penal é exemplificativo, sendo preciso observar outras causas previstas na lei penal comum ou especial. Exemplo: decurso do prazo do *sursis*, da suspensão condicional do processo e do livramento condicional (LIMA, 2020a, p. 1.803).

h. decisão que indeferir o pedido de reconhecimento da prescrição ou de outra causa extintiva da punibilidade: esta previsão não afasta a utilização pela defesa, contra a mesma decisão, de *habeas corpus*, conforme dispõe o art. 648, VII, do CPP: "Art. 648. A coação considerar-se-á ilegal: (...) VII – quando extinta a punibilidade". Não se duvida que o *habeas corpus* é mais rápido em fazer cessar a ilegalidade, sendo útil para fazer cessar eventual constrangimento à liberdade de locomoção do acusado. Destaque-se a diferença para o RESE por não permitir o exame aprofundado da prova dos autos (LIMA, 2020a, p. 1.803).

Esse inciso tem aplicação residual, sendo utilizável apenas na hipótese em que a extinção da punibilidade não tenha ocorrido na sentença condenatória ou no âmbito da Vara de Execuções Criminais.

i. decisão que concede ou nega a ordem de *habeas corpus*: não é demais lembrar que, em havendo decisão concessiva do *habeas corpus*, por mais que seja hipótese de recurso voluntário, é cabível recurso de ofício, obrigando o reexame da decisão por instância superior, conforme o art. 574, I, do CPP (NUCCI, 2020, p. 1.400).

j. decisão que anular o processo da instrução criminal, no todo ou em parte: nesta hipótese, tem-se que a utilização do RESE é residual, visto que só será possível caso a anulação não ocorra em sede de sentença condenatória ou absolutória. A previsão de audiência una de instrução e julgamento torna possível o reconhecimento dessa nulidade quando da prolação de sentença condenatória ou absolutória, sendo cabível o recurso de apelação (LIMA, 2020a, p. 1.803).

k. decisão que incluir jurado na lista geral ou desta o excluir: o processo de escolha dos jurados é imparcial, devendo ser de conhecimento geral, com publicação do resultado na imprensa e no fórum. Sendo possível o questionamento da idoneidade do jurado por qualquer pessoa, conforme o art. 426, § 1º, do CPP, o juiz poderá acolher o pedido da parte interessada e excluí-lo da lista (NUCCI, 2020, p. 1.401).

Vale a pena ainda destacar que é cabível RESE, em interpretação extensiva ao inciso XIII do art. 581 do CPP, da decisão que declarar a inadmissibilidade de prova juntada aos autos. O art. 157 do CPP dispõe que as provas ilícitas deverão ser desentranhadas dos autos e, se for o caso, inutilizadas. Desse modo, o reconhecimento da ilicitude é decisão que produz a mesma consequência processual da anulação, qual seja, a vedação ao uso da prova como elemento de convicção.

l. decisão que denegar a apelação ou a julgar deserta: em regra, conforme dispõe o art. 639 do CPP, contra decisão que denega recurso ou obsta sua expedição cabe carta testemunhável. No entanto, há esta previsão específica de cabimento do recurso estrito.

O RESE, então, será cabível contra a denegação do recurso de apelação, isto é, quando ausente os pressupostos objetivos e subjetivos de admissibilidade recursal, ou por falta de preparo do recurso do querelante em crimes de ação penal exclusivamente privada, em outras palavras, com a deserção do recurso. Não se olvide que a deserção por fuga do acusado nas hipóteses em que a lei impõe seu recolhimento à prisão para apelar foi expressamente revogada pela Lei nº 12.403/2011 (LIMA, 2020a, p. 1.807).

m. decisão que ordenar a suspensão do processo, em virtude de questão prejudicial: a previsão legal é apenas para a decisão que ordena a suspensão, e não contra a que indefere, havendo previsão expressa nesse sentido no art. 93, § 2º, do CPP: "Do despacho que denegar a suspensão não caberá recurso".

A jurisprudência tem realizado interpretação extensiva para o cabimento do RESE contra decisão que determina a suspensão do processo e da prescrição pelo fato de o acusado, citado por edital, não ter comparecido nem constituído defensor (LIMA, 2020a, p. 1.807).

Há também interpretação extensiva, realizada pelo STJ, quanto a esta hipótese, para impugnar decisão que indefere produção antecipada de prova, nas hipóteses do art. 366 do CPP. Nesse sentido, decisão veiculada no *Informativo* nº 640 do STJ:

> É cabível recurso em sentido estrito para impugnar decisão que indefere produção antecipada de prova, nas hipóteses do art. 366 do CPP. As hipóteses de cabimento de recurso em sentido estrito estão previstas no art. 581 do CPP, sendo esse um rol taxativo (exaustivo). No entanto, apesar disso, é admitida a interpretação extensiva dessas hipóteses legais de cabimento. Se você observar as situações ali elencadas, verá que não existe a previsão de recurso em sentido estrito contra a decisão que indefere o pedido de produção antecipada de provas. Apesar disso, será possível a interposição de RESE contra essa decisão com base no inciso XVI do art. 581: "Caberá recurso, no sentido estrito, da decisão, despacho ou sentença: XVI – que ordenar a suspensão do processo, em virtude de questão prejudicial;". A decisão que indefere a produção antecipada de provas com base no art. 366 deve ser encarada, para fins de recurso, como sendo uma decisão que "ordena a suspensão do processo" e, além disso, determina se haverá ou não a produção das provas. Logo, enquadra-se no inciso XVI do art. 581 do CPP (STJ, 3ª Seção, EREsp nº 1.630.121/RN, Rel. Min. Reynaldo Soares da Fonseca, j. 28.11.2018, *Info*. nº 640).

n. decisão que decidir o incidente de falsidade: oportunidade em que o juiz verifica ser ou não falso determinado documento – material ou ideologicamente. Renato Brasileiro de Lima (2020a, p. 1.808) faz excelente observação a artigo do diploma processual que trata do referido incidente que merece integral transcrição:

> Nesse ponto, há de se dispensar especial atenção ao art. 145, inciso IV, do CPP, segundo o qual "se reconhecida a falsidade por decisão irrecorrível, (o juiz) mandará desentranhar o documento e remetê-lo, com os autos do processo incidente, ao Ministério Público". Leitura precipitada desse dispositivo pode levar à conclusão (equivocada) de que o reconhecimento da falsidade, ou seja, a procedência do incidente, seria irrecorrível. No entanto, quando o dispositivo refere-se ao reconhecimento da falsidade por decisão irrecorrível, não está assegurando sua irrecorribilidade. Na verdade, o dispositivo condiciona o desentranhamento do documento à preclusão da decisão judicial. Tecnicamente, portanto, o dispositivo deve ser lido no seguinte sentido: "preclusa a decisão que reconhecer a falsidade do documento, este será desentranhado dos autos e remetido, com os autos do processo incidente, ao Ministério Público".

o. decisão que recusar homologação à proposta de acordo de não persecução penal, previsto no art. 28-A do CPP: recente previsão, com a criação do referido instituto pelo famigerado Pacote Anticrime (Lei nº 13.964/2019). Ao magistrado, quando da realização do ANPP, caberá a análise de legalidade. Em havendo erro ou abuso, determinará a volta dos autos ao Ministério Público para a devida retificação. Em não sendo retificado, indeferirá a homologação.

Até a edição da Lei nº 7.210/1984, isto é, Lei de Execução Penal havia diversas outras hipóteses de cabimento de RESE, no entanto, essa norma instituiu o agravo de execução para decisões proferidas no curso da execução penal (incisos XII, XVII, XIX, XX, XXI, XXII, XXIII do art. 581 do CPP).

15.2.1.2 Processamento

Em regra, o recurso em sentido estrito é interposto em primeiro grau, devendo suas razões e contrarrazões ser apresentadas no Tribunal, sendo processado por instrumento. Deve, assim, o recorrente, indicar as peças dos autos de que pretenda traslado. Isso é o que prevê o art. 587 do CPP:

> **Art. 587.** Quando o recurso houver de subir por instrumento, a parte indicará, no respectivo termo, ou em requerimento avulso, as peças dos autos de que pretenda traslado.
>
> **Parágrafo único.** O traslado será extraído, conferido e concertado no prazo de cinco dias, e dele constarão sempre a decisão recorrida, a certidão de sua intimação, se por outra forma não for possível verificar-se a oportunidade do recurso, e o termo de interposição.

Em relação ao prazo, como regra, o RESE deverá ser interposto no prazo de cinco dias (art. 586 do CPP). No entanto, há duas exceções:

- Art. 581, XIV: quando se trata de recurso contra a lista geral de jurados, que deverá ser protocolado no prazo de 20 dias, contados da publicação da lista definitiva (art. 586, parágrafo único).
- Recurso do assistente de acusação não previamente habilitado em relação à extinção da punibilidade do réu: deverá ser interposto no prazo de 15 dias, contados a partir do final do prazo do Ministério Público (art. 584, § 1º c/c art. 598, parágrafo único).

Conforme entendimento sumulado do Superior Tribunal de Justiça, é necessário que se junte a procuração dos advogados constituídos na interposição do recurso, para que este não seja havido por inexistente. Súmula nº 115 do STJ: "Na instância especial é inexistente recurso interposto por advogado sem procuração nos autos".

Como preleciona Renato Brasileiro de Lima (2020a, p. 1.810), esse preceito sumular não é aplicável apenas em matéria cível. No entanto, deve-se observar o que dispõe o art. 266 do CPP, que define que a constituição de defensor no processo penal independe de instrumento de mandato, se o acusado o indicar por ocasião do interrogatório, flexibilizando a exigência da formalização do instrumento em matéria penal. Possibilita, desse modo, que o advogado junte cópia do termo de interrogatório ou uma certidão da secretaria da vara informando que sua nomeação se deu no ato de interrogatório.

Nem sempre será formado o instrumento. Nucci (2020, p. 1.405) aponta as seguintes hipóteses em que o recurso sobe com os autos:

a) recursos de ofício, como ocorre na concessão de *habeas corpus*;

b) não recebimento da denúncia ou queixa;

c) procedência das exceções (salvo a de suspeição);

d) pronúncia. Nesse caso, é incompreensível que o recurso contra a pronúncia suba nos próprios autos, o que prejudica o prosseguimento da instrução, ao mesmo tempo em que o art. 584, § 2º, do CPP, preceitua que "o recurso da pronúncia suspenderá tão somente o julgamento". Não se pode instruir o feito, deixando-o pronto para o Plenário, sem os autos principais. Ademais, o dispositivo entra em conflito com a exigência de preclusão da pronúncia para que se possa inaugurar a segunda fase do procedimento do júri (fase de preparação do plenário), conforme preveem os arts. 421 e 422 do CPP. Em suma, o correto é que o recurso contra a pronúncia suba nos próprios autos e que se aguarde o seu retorno para dar continuidade às demais fases do processo;

e) decretação da extinção da punibilidade;

f) julgamento de *habeas corpus*;

g) toda vez que não houver prejuízo para o prosseguimento da instrução.

E mais, informa que na maioria destas situações há a paralisação do andamento do processo principal, motivo pelo qual não há empecilho para o recurso em sentido estrito ser processado nos autos, sem a formação do instrumento.

Com a interposição do RESE, em dois dias a partir da apresentação ou do dia em que o escrivão, providenciado o traslado (quando for o caso), o fizer com vista ao recorrente, deverá este oferecer as razões. *In continenti,* por igual prazo, abre-se vista ao recorrido. Quando este for o acusado, será intimado na pessoa de seu defensor (art. 588 do CPP).
A observação feita por Nucci (2020, p. 1.407) chama atenção para a correta interpretação do art. 588, afastando o entendimento de que o prazo de dois dias correria da data da interposição do recurso, sem qualquer intimação. Aplica-se a regra geral prevista no art. 798, § 5º, *a*, do CPP: "Todos os prazos correrão em cartório e serão contínuos e peremptórios, não se interrompendo por férias, domingo ou dia feriado. (...) § 5º Salvo os casos expressos, os prazos correrão: *a)* da intimação". Esse posicionamento é justificado pela necessidade de aguardar o recebimento pelo juiz, do recurso, e o seu devido processamento, para, enfim, apresentar suas razões.

Tendo sido apresentadas, ou não, as razões, os autos retomarão ao juízo *a quo*, a fim de que esse analise possível retratação da decisão impugnada (art. 589, *caput*, do CPP). Caso haja confirmação pelo magistrado da sua decisão, este determinará a remessa do recurso ao juízo *ad quem*. No entanto, se houver retratação, a parte prejudicada poderá, por simples petição, recorrer contra a nova decisão, mas desde que também seja cabível RESE contra ela, hipótese em que não se admitirá nova modificação do teor do *decisum*. Sendo assim, o recurso será remetido ao Tribunal competente, independentemente da apresentação de novas razões recursais (art. 589, parágrafo único, do CPP).

15.2.1.3 Efeitos

Inerente a sua natureza jurídica, ocorre o efeito devolutivo como em todo recurso, devolvendo a matéria impugnada ao Poder Judiciário, com fito de obtenção de reforma, invalidação, integração ou esclarecimento da decisão impugnada (LIMA, 2020a, p. 1.812).

Há também efeito extensivo no caso de decisão do recurso interposto por um dos acusados no caso de concurso de agentes, desde que fundada em motivos que não sejam de caráter exclusivamente pessoal, aproveitará aos demais (art. 580 do CPP).

Pela própria natureza do RESE, que tem como finalidade atacar decisões interlocutórias, só haverá efeito suspensivo quando a lei expressamente realizar a previsão. Contudo, faz-se mister destacar que, em relação ao recurso interposto contra a decisão que denega a apelação, tal efeito apenas viria a impedir a execução provisória do julgado, o que não era possível também pela Lei de Execuções Penais (art. 105 da Lei nº 7.210/1984), e, depois, pela Constituição de 1988 (PACELLI, 2021, p. 1.231).

Ademais, como em decorrência lógica da possibilidade de retratação do juiz prolator da decisão atacada, ocorre o efeito regressivo (iterativo ou diferido). Assim é a redação do art. 589 do CPP:

> **Art. 589.** Com a resposta do recorrido ou sem ela, será o recurso concluso ao juiz, que, dentro de dois dias, reformará ou sustentará o seu despacho, mandando instruir o recurso com os traslados que lhe parecerem necessários.
>
> **Parágrafo único.** Se o juiz reformar o despacho recorrido, a parte contrária, por simples petição, poderá recorrer da nova decisão, se couber recurso, não sendo mais lícito ao juiz modificá-la. Neste caso, independentemente de novos arrazoados, subirá o recurso nos próprios autos ou em traslado.

Decifrando a prova

(2018 – CESPE/CEBRASPE – TJ-CE – Juiz Substituto) A interposição de recurso em sentido estrito é cabível

A) contra decisão que receber a denúncia ou a queixa ou afirmar a incompetência do juízo;
B) contra decisão do tribunal do júri quando ocorrer nulidade posterior à pronúncia;
C) apenas nas hipóteses taxativamente enunciadas na lei processual penal e, excepcionalmente, em leis especiais;
D) nas hipóteses de absolvição sumária do réu;
E) contra decisão que julgar procedentes as exceções, salvo a de litispendência.

Gabarito comentado: de acordo com o art. 581 do CPP, a letra C é o gabarito.

(2018 – NUCEPE – PC-PI – Delegado de Polícia Civil) De acordo com a legislação processual penal caberá recurso, no sentido estrito da decisão, despacho ou sentença

A) quando o juiz de primeira instância concluir pela competência do juízo;
B) que julgar procedentes as exceções, salvo a de impedimento;

C) que conceder, negar, arbitrar, cassar ou julgar inidônea a fiança, indeferir requerimento de prisão preventiva ou revogá-la, não conceder liberdade provisória ou não relaxar a prisão em flagrante;
D) que não receber a denúncia ou a queixa;
E) quando o magistrado em sua sentença tenha decidido pela quebra da metade do valor da fiança prestada.
Gabarito comentado: de acordo com o art. 581, I, do CPP, a letra D é o gabarito.

(2018 – CESPE/CEBRASPE – DPE-PE – Defensor Público) Assinale a opção que apresenta a medida judicial cabível contra a decisão que, reconhecendo a ilegitimidade do Ministério Público para ajuizar a ação penal, deixa de receber a denúncia e extingue a punibilidade em face da decadência.
A) correição parcial;
B) apelação;
C) carta testemunhável;
D) recurso em sentido estrito;
E) recurso de ofício;
Gabarito comentado: de acordo com o art. 581 do CPP, a letra D é o gabarito.

(2017 – VUNESP – DPE-RO – Defensor Público Substituto) Assinale a alternativa correta.
A) Os recursos não terão efeito suspensivo nos casos de perda da fiança.
B) O Ministério Público não poderá desistir de recurso que haja interposto.
C) Caberá recurso em sentido estrito da decisão que receber a denúncia.
D) Por conta da última reforma do Código de Processo Penal, não há mais previsão legal do recurso de carta testemunhável.
E) Sempre será admissível a reiteração do pedido de revisão criminal.
Gabarito comentado: de acordo com o art. 581 do CPP, a letra D é o gabarito.

(2017 – FCC – DPE-PR – Defensor Público) Da decisão que indeferir prisão preventiva caberá
A) correição parcial;
B) carta testemunhável;
C) agravo em execução;
D) *habeas corpus*;
E) recurso em sentido estrito.
Gabarito comentado: de acordo com o art. 581 do CPP, a letra E é o gabarito.

15.2.2 Apelação

A apelação é o recurso adequado para impugnação das **decisões definitivas que julgam extinto o processo, com apreciação ou não do mérito e devolução ampla do conhecimento da matéria ao tribunal**, conforme conceituação de Guilherme Nucci (2020, p. 1.418).

É considerada pela doutrina como recurso ordinário por excelência, justamente por essa característica de devolução ampla, havendo o reexame integral das questões suscitadas no primeiro grau de jurisdição, salvo as que tenham sido fulminadas pela preclusão (LIMA, 2020a, p. 1.814).

Há crítica da doutrina quanto a aplicação ambígua deste recurso, uma vez que em certas situações seu cabimento se confunde com o do recurso em sentido estrito, havendo a possibilidade de interposição da apelação contra decisões interlocutórias. Nucci (2020, p. 1.418) sugere que: "O ideal seria reservar o agravo para as decisões interlocutórias, não terminativas, e a apelação para as decisões terminativas, com ou sem julgamento de mérito".

15.2.2.1 Cabimento

O Código de Processo Penal, em seu art. 593, prevê prazo de cinco dias para interposição de apelação e estabelece o rol de situações em que este recurso é cabível:

I) Das sentenças definitivas de condenação ou absolvição proferidas por juiz singular: hipótese prevista no inciso I, indica ser cabível contra as típicas decisões terminativas de mérito em que haja tanto o acolhimento da denúncia ou queixa quanto a sua rejeição. Guilherme Nucci (2020, p. 1.418) observa que, de forma ampla, é possível considerar que a decisão de extinção da punibilidade do réu também decide o mérito, posto que impede a pretensão punitiva do Estado.

Assim, entendam-se as sentenças absolutórias como aquelas em que, ocorrendo uma das causas previstas no art. 386 do CPP, o juiz julga improcedente a imputação realizada na peça acusatória. Ademais, a apelação é devida contra a absolvição sumária do art. 397 do CPP, visto que se trata de sentença de absolvição (LIMA, 2020a, p. 1.818).

Não é apenas o titular da ação penal que pretende a responsabilização criminal que poderá se insurgir contra a sentença absolutória. Nucci (2020, p. 1.418) salienta que o réu poderá apelar contra a decisão absolutória buscando a alteração do dispositivo da sentença, e assim exemplifica:

> Ilustrando, se o juiz absolve o acusado, por insuficiência de provas, nada impede que a vítima ingresse com ação civil, pleiteando indenização pelo cometimento do pretenso crime e reinaugurando a fase probatória. Entretanto, se o juiz absolve o acusado por ter agido em legítima defesa, a vítima nada mais pode requerer na esfera civil. Ou seja, a troca de inciso do art. 386, relacionada à absolvição, tem repercussão direta na ação civil para reparar o dano causado pela conduta penal.
>
> Por outro lado, para constar da sua folha de antecedentes – e lembremos que muitos juízes consideram como antecedentes decisões absolutórias, por falta de provas, ainda que não seja o ideal –, é efetivamente mais favorável que figure uma absolvição por exclusão da ilicitude do que uma absolvição por insuficiência probatória. A primeira afirma ser o réu autor de conduta lícita e correta, enquanto a segunda deixa em aberto a questão, não considerando o acusado culpado, mas também não aprovando, expressamente, o que fez. O reflexo social da decisão é diverso, o que torna justificável a pretensão daquele que deseja alterar o seu fundamento.

II) Das decisões definitivas, ou com força de definitivas, proferidas por juiz singular nos casos não abrangidos pelo recurso em sentido estrito: hipótese prevista no inciso II, indica ser cabível contra decisões em que não há julgamento de mérito, mas põe fim a uma controvérsia surgida no processo principal ou em processo incidental, podendo ou não o extinguir. São também chamadas de decisões interlocutórias mistas (NUCCI, 2020, p. 1.420).

A jurisprudência do Superior Tribunal de Justiça tem entendido como possível a interposição de apelação, com fundamento no art. 593, II, do CPP, contra decisão que tenha determinado medida assecuratória prevista no art. 4º, *caput*, da Lei nº 9.613/1998. Esse foi o enunciado trazido no *Informativo* nº 587 do STJ:

> É possível a interposição de apelação, com fundamento no art. 593, II, do CPP, contra decisão que tenha determinado medida assecuratória prevista no art. 4º, *caput*, da Lei nº 9.613/1998 (Lei de Lavagem de Dinheiro), a despeito da possibilidade de postulação direta ao juiz constritor objetivando a liberação total ou parcial dos bens, direitos ou valores constritos (art. 4º, §§ 2º e 3º, da mesma Lei). O indivíduo que sofreu os efeitos da medida assecuratória prevista no art. 4º da Lei nº 9.613/1998 tem a possibilidade de postular diretamente ao juiz a liberação total ou parcial dos bens, direitos ou valores constritos. No entanto, isso não proíbe que ele decida não ingressar com esse pedido perante o juízo de 1ª instância e queira, desde logo, interpor apelação contra a decisão proferida, na forma do art. 593, II, do CPP (STJ, 5ª Turma, REsp nº 1.585.781/RS, Rel. Min. Felix Fischer, j. 28.06.2016, *Info*. nº 587).

As decisões previstas nesse inciso, apesar de encerrarem a relação processual e julgarem o mérito, não são sentenças absolutórias ou condenatórias nos termos dos arts. 386 e 387 do CPP. Desta feita, quando não seja previsto o RESE contra tais decisões, a apelação será o recurso adequado. Nesse inciso também são contempladas as decisões interlocutórias mistas, isto é, as decisões com força de definitivas que não decidem o mérito, mas põem fim à relação processual a uma etapa do procedimento (LIMA, 2020a, p. 1.818).

III) Das decisões do Tribunal do Júri em três hipóteses: quando ocorrer nulidade posterior à pronúncia; for a sentença do juiz-presidente contrária à lei expressa ou à decisão dos jurados; houver erro ou injustiça no tocante à aplicação da pena ou da medida de segurança; ou for a decisão dos jurados manifestamente contrária à prova dos autos (inciso III).

Dois destaques são importantes. Primeiro, as hipóteses previstas nesse inciso seriam abarcadas pelo inciso I, porém o legislador optou por realizar o destaque com a intenção de que o recurso, nessa hipótese, ficasse vinculada a uma motivação. Assim, entende-se que a decisão do Tribunal do Júri não é atacável em qualquer situação, mas apenas naquelas previstas nas alíneas desse inciso. Conforme preleciona Guilherme Nucci (2020, p. 1.421) é garantido o duplo grau de jurisdição enquanto se preserva a soberania dos veredictos.

Nesse sentido segue a jurisprudência, inclusive com a edição da Súmula nº 713 do STF que prevê: "O efeito devolutivo da apelação contra decisões do júri é adstrito aos fundamentos da sua interposição".

Dessa forma, no caso da alínea *a*, quando ocorrer nulidade posterior à pronúncia, é possível a impugnação via apelação quando, na segunda fase do procedimento do júri, após a decisão de pronúncia, algum vício insanável contamine gravemente o procedimento, afetando o julgamento do júri (PACELLI, 2021, p. 1.208).

Na hipótese da alínea *b*, "for a sentença do juiz-presidente contrária à lei expressa ou à decisão dos jurados", há erro na prolação da sentença pelo juiz-presidente. Isso porque, após as respostas dos jurados aos quesitos, o juiz deverá lavrar a sentença, conforme o disposto no art. 492 do CPP. E, nesse momento, caso ocorra erro na aplicação da pena, o tribunal poderá realizar a correção a fim de adequar a decisão aos termos da lei ou do pronunciamento do Conselho de Sentença (PACELLI, 2021, p. 1209).

Já na hipótese da alínea *c*, "houver erro ou injustiça no tocante à aplicação da pena ou da medida de segurança", deve-se cindir o enunciado para compreender que se tratam de duas situações semelhantes, porém distintas. No caso de erro, não houve por parte do julgador a observância dos critérios legais de dosimetria. Já quando se refere a injustiça, não se fala mais de critérios objetivos, e sim de subjetividade presente na valoração das circunstâncias judiciais previstas no art. 59 do CP. Nessas hipóteses, o tribunal também poderá também corrigir o erro, aplicando a pena cabível.

Por fim, hipótese que causa certa polêmica, quando "for a decisão dos jurados manifestamente contrária à prova dos autos". Isso porque se questionará, quando da impugnação, a própria decisão do júri, configurando singular exceção à regra da soberania dos veredictos, diferentemente das hipóteses anteriores. Eugênio Pacelli realiza relevante reflexão (2021, p. 1.211):

> Na realidade, ao que parece, o aludido dispositivo deve ser interpretado como regra excepcionalíssima, cabível somente quando não houver, ao senso comum, material probatório suficiente para sustentar a decisão dos jurados. Nesse passo, é importante lembrar que, na jurisdição popular do júri, exatamente em razão de se tratar de julgamento de crimes dolosos contra a vida, não serão raros os votos movidos pela mais eloquente e convincente participação dos oradores. A passionalidade, de fato, ocupa espaço de destaque no aludido tribunal, dali emergindo velhos e novos preconceitos, rancores, frustrações, além das inevitáveis boas, más e melhores intenções, é claro.
>
> Por isso, e sobretudo pelo fato, relevantíssimo, da inexistência do dever de motivação pelos jurados, não nos parece descabida a possibilidade de anulação do júri realizado em tais circunstâncias.

15.2.2.2 Processamento

É possível a interposição de apelação tanto por petição quanto por termo nos autos, sendo encaminhada à instância superior com os autos do processo, diferentemente do recurso em sentido estrito, que é geralmente processado por instrumento. Por esse motivo vale a transcrição do art. 603 do CPP: "A apelação subirá nos autos originais e, a não ser no Distrito Federal e nas comarcas que forem sede de Tribunal de Apelação, ficará em cartório traslado dos termos essenciais do processo referidos no art. 564, nº III". Isto é, pela natureza da interposição e possibilidade de extravio dos autos originais, quando interposta no interior, há necessidade desse procedimento adicional (LIMA, 2020a, p. 1.826).

Com relação ao prazo, conforme já dito, o referido recurso deve ser interposto em cinco dias, não restando prejudicado quando entregue em cartório no prazo legal, embora seja despachado tardiamente, entendimento esse sumulado sob o nº 428 pelo STF. Havendo as seguintes exceções:

a. Apelação do assistente de acusação, quando não previamente habilitado, em relação à sentença condenatória ou absolutória: prazo de 15 dias, contados a partir do final do prazo do Ministério Público, nos termos do art. 598, parágrafo único, do CPP.
b. Apelação cabível no âmbito da Lei nº 9.099/1995: deve ser interposta já com as razões no prazo de 10 dias (art. 82).

Uma vez interpostos, os autos serão conclusos ao magistrado para o juízo de admissibilidade que, em caso de denegação, será atacável por recurso em sentido estrito (art. 581, XV, do CPP), em caso de recebimento, o juízo *a quo* deve notificar as partes – primeiro o recorrente, depois o recorrido – para apresentação das razões e contrarrazões recursais, cada qual no prazo de oito dias (LIMA, 2020a, p. 1.826).

O prazo é diferente no procedimento dos Juizados, sendo de 10 dias, por petição escrita, da qual constarão as razões e o pedido do recorrente (Lei nº 9.099/1995, art. 82, § 1º).

Destaque para o entendimento no qual a fluência do prazo para apresentar as razões só começará a correr após a notificação do recorrente para essa finalidade.

A doutrina apresenta entendimento pela não recepção do § 3º do art. 600 do CPP, conforme explica Renato Brasileiro de Lima (2020a, p. 1.827):

> Para fins de apresentação de suas razões e contrarrazões, acusação e defesa devem poder retirar os autos do cartório. Por isso, reputamos que o dispositivo do art. 600, § 3º, do CPP, não foi recepcionado pela Constituição Federal. Segundo tal dispositivo, quando forem dois ou mais os apelantes ou apelados, os prazos serão comuns. Ao dizer que os prazos serão comuns, o dispositivo em questão afirma, implicitamente, que os autos deverão permanecer em cartório.
>
> A nosso juízo, a concessão de prazo comum aos defensores dos acusados para apresentação de razões ou contrarrazões viola a ampla defesa e o contraditório, porquanto deixa de lado a regra da paridade de armas. De fato, se o Ministério Público tem 8 (oito) dias para apresentar suas razões, igual prazo há de ser assegurado à defesa, independentemente do número de apelantes ou apelados. Ademais, a impossibilidade de se retirar os autos do cartório dificultaria a atuação da defesa, que teria que elaborar suas razões mediante consulta dos autos na secretaria do juízo.

O apelante poderá declarar, ao interpor o recurso, que deseja arrazoar na instância superior, conforme o art. 600, § 4º, do CPP. Nesse caso, os autos serão enviados ao tribunal *ad quem* onde será aberta vista às partes, observados os prazos legais, notificadas as partes pela publicação oficial. Sobre o assunto, Renato Brasileiro de Lima faz o seguinte destaque (2020a, p. 1.827):

> Há quem entenda que essa faculdade pode ser exercida por qualquer parte. A nosso ver, se a apelação for interposta pelo Promotor de Justiça, as razões devem ser apresentadas obrigatoriamente na 1ª instância, já que tal órgão ministerial não atua junto aos Tribunais. Portanto, o permissivo do art. 600, § 4º, do CPP, não pode ser utilizado pelo Minis-

tério Público. De todo modo, na hipótese de as razões serem apresentadas pela Defesa na 2ª instância, os autos devem retornar à comarca de origem, para que o Promotor Natural do caso ofereça contrarrazões.

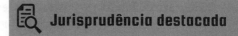
Jurisprudência destacada

Há nulidade no acórdão que julga apelação sem a observância da formalidade de colher os votos em separado sobre questão preliminar e de mérito, em razão da diminuição do espectro da matéria possível de impugnação na via dos infringentes.
Aplica-se o art. 939 do CPC para o julgamento de apelação criminal (STJ, 5ª Turma, REsp nº 1.843.523/CE, Rel. Min. Ribeiro Dantas, j. 09.03.2021, *Info.* nº 688).

15.2.2.3 Efeitos

Como já afirmado, **a apelação é o recurso que possui o efeito devolutivo mais amplo**, o que decorre de sua própria natureza jurídica. Nas palavras de Pacelli (2021, p. 1.211):

> Vimos que o efeito devolutivo da apelação é, como regra, o mais amplo possível, desde que assim demarcado no recurso: *tantum devolutum quantum appellatum*. No entanto, como a apelação pode ser interposta até mesmo por termo nos autos, bastará a manifestação da vontade de recorrer para que a devolução da matéria seja completa.

Por essa mesma natureza é que se afasta o efeito regressivo (possibilidade de retratação do juiz), posto que a competência do magistrado se esgota no momento em que profere sua decisão, não lhe sendo lícito modificar sua decisão posteriormente.

Em alguns casos, a apelação **poderá ter efeito extensivo**, clássico exemplo ao qual incide o art. 580 do CPP, quando a decisão do **recurso interposto por um dos acusados no caso de concurso de agentes, desde que fundada em motivos que não sejam de caráter exclusivamente pessoal, aproveitará aos demais** (LIMA, 2020a, p. 1.828).

Necessário se deter de maneira mais acurada quanto à incidência do efeito suspensivo. Neste, o princípio da inocência é de grande ingerência. O art. 283, *caput*, do CPP, após alteração realizada pela Lei nº 12.403/2011, o acolhe de modo expresso (PACELLI, 2021, p. 1.211).

Conforme as espécies de decisão, **haverá ou não a incidência do efeito suspensivo**, sendo didaticamente melhor analisar cada situação isoladamente:

a. Sentença absolutória própria: esse tipo de sentença determinará imediata soltura do acusado, independentemente de trânsito em julgado ou interposição de apelação pela acusação, motivo pelo qual se conclui que contra sentença absolutória própria não há efeito suspensivo (LIMA, 2020a, p. 1.828).
b. Sentença absolutória imprópria: no caso desse tipo de sentença, o juiz aplicará medida de segurança, se cabível. No entanto, somente se executará caso haja o trân-

sito em julgado da sentença. Considerando, assim, que a interposição de apelação obsta o trânsito em julgado, conclui-se que neste caso incidirá o efeito suspensivo indireto. Indireto porque não há previsão legal atribuindo efeito suspensivo, e sim o retardamento da ocorrência de coisa julgada, impedindo-se, em consequência, a execução da medida de segurança (LIMA, 2020a, p. 1.828).

c. Sentença condenatória: diversos dispositivos legais e o entendimento jurisprudencial caminhavam no sentido de impossibilitar o efeito suspensivo quando da ocorrência de sentença condenatória, com diversas exigências tais como bons antecedentes, primariedade e, inclusive, recolhimento à prisão. No entanto, os dispositivos que indicavam essa posição foram revogados e a jurisprudência acompanhou, de modo que atualmente, após importante decisão do STF, a jurisprudência segue a Súmula nº 347 do STJ, "o conhecimento de recurso de apelação do réu independe de sua prisão". Conclui-se, portanto, pela existência do efeito suspensivo nesses casos.

Por fim, registre-se interessante observação de Eugênio Pacelli, que entende inconstitucional previsão do famigerado Pacote Anticrime (2021, p. 1.213):

> A Lei 13.964/2019, porém, alterou o Código de Processo Penal e passou a prever que na hipótese de condenação, pelo Tribunal do Júri, a pena igual ou superior a 15 (quinze) anos, haverá execução imediata da pena, devendo o acusado ser recolhido à prisão independentemente da interposição de recursos (art. 492, I, *e*). Assim, a apelação nesta hipótese não teria efeito suspensivo (art. 495, § 5º).
>
> Diante de todo o exposto, reputamos manifestamente inconstitucional a regra, uma vez que contradiz diametralmente o princípio da inocência, situado em âmbito constitucional.
>
> Ainda que o legislador tenha previsto a possibilidade excepcional de se conceder efeito suspensivo à apelação (quando não houver propósito meramente protelatório e, como requisito cumulativo, o recurso levantar "questão substancial" que possa reduzir a pena para um patamar inferior a 15 anos – § 5º, II), o descompasso com a Constituição é patente.

15.2.3 Protesto por novo júri

Após a edição da Lei nº 11.689/2008, o protesto por novo júri foi revogado do Código de Processo Penal. No entanto, aguarda-se decisão do STF quanto a sua aplicação aos processos cujos crimes ocorreram em momento anterior à edição da lei.

Trata-se de recurso que só poderia ser manejado pela defesa, conforme dispunha o art. 607 do CPP: "O protesto por novo júri é privativo da defesa, e somente se admitirá quando a sentença condenatória for de reclusão por tempo igual ou superior a 20 (vinte) anos, não podendo em caso algum ser feito mais de uma vez".

Nos dispositivos legais revogados não se realizava distinção quanto à pena superior a 20 anos ser decorrente a crimes dolosos contra a vida ou aqueles que eram julgados pelo júri por serem conexos (LIMA, 2020a, p. 1.830).

O mesmo não pode se dizer quando da ocorrência de concurso material ou formal impróprio de crimes em que nenhum deles, isoladamente, ultrapassasse o limite de 20 anos. Nesse caso, diferentemente dos crimes conexos, não seria cabível o recurso.

Quanto aos crimes formais próprios e continuidade delitiva, haja vista o tratamento como único crime, por ficção jurídica, e a aplicação do sistema de exasperação, neste, superando o patamar de 20 anos, se possibilitava a interposição do recurso (LIMA, 2020a, p. 1.830).

A revogação do recurso, para muitos doutrinadores, ocorreu de forma acertada, como o caso de Pacelli (2021, p. 1.441) por diversas situações esdrúxulas que causava:

> Levava-se em consideração, na realidade, a associação de dois pontos: pena severa + decisão proferida por leigos. A desconfiança estabelecida pelo legislador sobre o Tribunal do Júri era nítida e não devia mais prevalecer. Acrescentamos, ainda, pela análise das decisões concretas proferidas no Tribunal Popular, que inúmeros magistrados, para fugirem ao protesto por novo júri, terminavam por condenar determinados réus, merecedores de penas superiores a vinte anos, a um montante abaixo desse, evitando-se novo julgamento, que poderia até redundar em absolvição.

Ademais, o protesto por novo júri só podia ser utilizado uma única vez, não sendo admitida a participação do jurado que atuou no anterior. Vedação que não atingia o juiz-presidente vez que não realizava a apreciação do mérito da imputação (LIMA, 2020a, p. 1.832).

Por fim, registre-se que, desconstituído o julgamento anterior em virtude da interposição do protesto por novo júri pela defesa, os jurados que atuavam no segundo julgamento eram soberanos, mas o juiz-presidente estava adstrito ao princípio da *ne reformatio in pejus*. A aplicação do princípio se dava, sobretudo, no momento do cálculo da pena (LIMA, 2020a, p. 1.833).

15.2.4 Embargos de declaração

Sendo cabível por qualquer das partes, tem como finalidade esclarecer dúvidas sempre que se verificar a ocorrência de ambiguidade, obscuridade, contradição ou omissão, no teor do julgado, de modo a facilitar a sua aplicação e proporcionar a interposição de recurso especial ou extraordinário (NUCCI, 2020, p. 1.444).

Assim define o Professor Renato Brasileiro de Lima (2020a, p. 1.838):

> De acordo com o art. 382 do CPP, qualquer das partes poderá, no prazo de 2 (dois) dias, pedir ao juiz que declare a sentença, sempre que nela houver obscuridade, ambiguidade, contradição ou omissão. Por sua vez, segundo o art. 619 do CPP, aos acórdãos proferidos pelos Tribunais de Apelação, câmaras ou turmas, poderão ser opostos embargos de declaração, no prazo de 2 (dois) dias contado da sua publicação, quando houver na sentença ambiguidade, obscuridade, contradição ou omissão.

15.2.4.1 Cabimento

Os embargos declaratórios atingem as decisões interlocutórias, sentenças ou acórdãos que contenham:

a. **ambiguidade:** permitindo duas ou mais interpretações;
b. **obscuridade:** não há clareza redacional, impedindo a apreensão do entendimento adotado na decisão;
c. **contradição:** há afirmações que se contradizem, quando deveriam seguir um mesmo fluxo de entendimento;
d. **omissão:** a decisão não aprecia importante ponto controvertido.

Poderá também ser interposto a fim de realizar prequestionamento, afinal, para que haja admissibilidade do recurso extraordinário e do recurso especial, é indispensável que a matéria tenha sido discutida nas instâncias inferiores, nesse sentido a Súmula nº 356 do STF, "o ponto omisso da decisão, sobre o qual não foram opostos embargos declaratórios, não pode ser objeto de recurso extraordinário, por faltar o requisito do prequestionamento" (LIMA, 2020a, p. 1.838).

15.2.4.2 Processamento

No **prazo de dois dias**, a contar da ciência da sentença ou do acórdão, deve ser interposto, **por petição já acompanhada das respectivas razões, não sendo admitida por termo nos autos.** (NUCCI, 2020, p. 1.445).

Antes do Novo Código de Processo Civil, havia diferença entre o regramento dos juizados e do CPC. Com a alteração trazida, **o prazo é interrompido** em ambos os casos. **Sendo possível a oposição oral nos Juizados Especiais.**

A petição será endereçada ao magistrado prolator da decisão, seja o juiz singular no caso da sentença ou desembargador-relator, no caso dos embargos.

Em regra, não se intimará a parte contrária para apresentar contrarrazões, exceto no caso de embargos de declaração com efeitos infringentes, posto que diante da apreciação de ponto omisso da decisão poderá ocorrer a modificação do sentido da decisão (LIMA, 2020a, p. 1.839).

O Professor Guilherme Nucci (2020, p. 1.446) ainda realiza importante observação quanto à possibilidade de embargar a decisão de embargos:

> Existe, ainda, a possibilidade de apresentação de embargos dos embargos, pois nada impede que o acórdão proferido no julgamento dos embargos de declaração propostos também padeça de algum vício autorizador de novo pedido de esclarecimento. A doutrina chega a admitir, ainda, que os segundos embargos possam questionar vícios decorrentes da decisão que originou os primeiros, desde que o assunto não tenha, ainda, sido ventilado.

15.2.4.3 Efeitos

Considerando a omissão do CPP sobre o assunto e a possibilidade de aplicação subsidiária do CPC, entende-se que a interposição dos embargos interrompe o prazo para um segundo recurso que seja cabível (ex.: apelação), que recomeçará a ser contado do início após a decisão dos embargos, mesmo que estes não sejam acolhidos, com exceção do não conhecimento por intempestividade (LIMA, 2020a, p. 1.839).

15.2.5 Embargos infringentes e de nulidade

Embargos infringentes e de nulidade não são dois recursos diferentes, mas de um único recurso que, a depender da matéria em discussão, pode-se dizer: infringentes, questão de direito material ou de nulidade, quando vinculado a tema processual. De manejo privativo da defesa, pretende uma segunda análise da matéria decidida pela turma julgadora, quando não unânime a fim de ampliar o quórum do julgamento (NUCCI, 2020, p. 1.450).

Com brilhante poder de síntese, assim dispõe Renato Brasileiro de Lima (2020a, p. 1.833):

> No âmbito do CPP, os embargos infringentes e de nulidade funcionam como a impugnação destinada ao reexame de decisões não unânimes dos Tribunais de 2ª instância no julgamento de apelações, recursos em sentido estrito e agravos em execução, desde que desfavoráveis ao acusado. Portanto, à semelhança do revogado protesto por novo júri, trata-se de recurso exclusivo da defesa.

No entanto, diverge Brasileiro (2020a, p. 1.833) do entendimento do Professor Guilherme Nucci:

> Apesar de muitos pensarem que se trata de um único recurso – embargos infringentes e de nulidade –, na verdade, o que se tem são dois recursos autônomos. Com efeito, embargos infringentes são cabíveis quando o acórdão impugnado possuir divergência em matéria de mérito; embargos de nulidade são a impugnação adequada contra acórdãos divergentes em matéria de nulidade processual.

É possível observar que, apesar do entendimento divergente quando se trata de dois ou um único recurso, os dois doutrinadores preveem as duas modalidades ou possibilidades de manejo.

15.2.5.1 Cabimento

A previsão legal deste (ou destes) recurso encontra-se no art. 609, parágrafo único, do CPP, localizado no Capítulo V do Título II ("Dos recursos em geral"), que trata do processo e julgamento dos recursos em sentido estrito e das apelações nos Tribunais de Apelação, Tribunais de Justiça e Tribunais Regionais Federais. Sua localização no texto legal nos leva a concluir que só são cabíveis contra decisões não unânimes proferidas pelos tribunais nos julgamentos de recursos em sentido estrito e apelações, aos quais também se acrescenta o agravo em execução, que está submetido ao mesmo procedimento do RESE (LIMA, 2020a, p. 1.835).

A jurisprudência do Supremo Tribunal Federal entende cabível embargos infringentes para o plenário do STF contra decisão proferida pelas turmas, conforme enunciado no *Informativo* nº 920 do Supremo Tribunal:

> Em regra, cabem embargos infringentes para o Plenário do STF contra decisão condenatória proferida pelas Turmas do STF, desde que 2 Ministros tenham votado pela absolvição. Neste caso, o placar terá sido 3 x 2, ou seja, 3 Ministros votaram para condenar

e 2 votaram para absolver. Excepcionalmente, se a Turma, ao condenar o réu, estiver com quórum incompleto, será possível aceitar o cabimento dos embargos infringentes mesmo que tenha havido apenas 1 voto absolutório. Isso porque o réu não pode ser prejudicado pela ausência do quórum completo (STF, Plenário, AP nº 929-ED-2º julg-EI/AL, Rel. Min. Luiz Fux, j. 17.10.2018, *Info.* nº 920).

15.2.5.2 Processamento

O prazo para interposição é de dez dias contados da publicação do acórdão, a ser realizada apenas por meio de petição, tendo em vista que as razões devem estar presentes quando da apresentação da impugnação (LIMA, 2020a, p. 1.835).

Só se exigirá a intimação pessoal do defensor do réu quando se tratar de Defensoria Pública, o mesmo ocorrerá com o Ministério Público.

Ademais, todo processamento previsto no art. 613 do CPP se aplicará aos embargos, sem que haja manifestação do embargado, em que pese a existência de Regimentos Internos de Tribunais que contenham tal possibilidade, voltando-se particularmente ao assistente de acusação e ao querelante (NUCCI, 2020, p. 1.451).

Assim, os embargos poderão ser opostos apenas por petição, não se admitindo termo, já que as razões devem estar presentes no momento em que protocolado o recurso. A petição deverá ser dirigida ao Desembargador-Relator do acórdão embargado, enquanto as razões serão endereçadas ao órgão julgador.

15.2.5.3 Efeitos

Haverá efeito devolutivo, posto que se transferirá ao Tribunal o reexame da matéria impugnada, podendo ser parcial, caso o desacordo seja parcial, situação na qual os embargos se restringirão à matéria objeto de divergência. Na hipótese de desacordo parcial, a defesa não poderá interpor recursos extraordinários contra a integralidade do julgado sem primeiro interpor os embargos. Caso não o faça, os recursos especial e extraordinário somente serão julgados no tocante à parte unânime do acórdão impugnado. Nesse sentido, a Súmula nº 207 do STJ em que é dito que "é inadmissível recurso especial quando cabíveis embargos infringentes contra o acórdão proferido no tribunal de origem" (LIMA, 2020a, p. 1.836).

Na doutrina há quem sustente a existência do efeito regressivo e há quem discorde. Aqueles que sustentam a existência se baseiam na possibilidade de, em algumas situações, os desembargadores que prolataram a decisão estarem aptos e participar do julgamento dos embargos. No entanto, os que discordam se baseiam no conceito de efeito regressivo, haja vista que só seria efeito regressivo quando o prolator da decisão tem a oportunidade de se retratar antes do envio para os julgadores dos embargos (LIMA, 2020a, p. 1.836).

Já quanto ao efeito suspensivo, apesar do silêncio legal, tendo em conta que se trata de um recurso privativo da defesa e que não é admitida a execução provisória da pena, o Professor Renato Brasileiro de Lima (2020a, p. 1.837) conclui que:

> se opostos contra acórdão condenatório, os embargos serão dotados de efeito suspensivo indireto, já que a execução da pena somente poderá ocorrer quando se operar o trânsito em julgado do decreto condenatório.

E isso, é bom que se diga, independentemente do objeto da impugnação. De fato, até bem pouco tempo atrás, entendia-se que os embargos infringentes somente teriam o condão de impedir a execução da pena se opostos pela defesa com o objetivo de se conseguir um decreto absolutório. Assim, se a divergência que deu ensejo aos embargos não se referisse à condenação (ou absolvição) do acusado, mas sim a aspectos relativos à quantidade de pena ou quanto ao regime de seu cumprimento, entendia-se que a oposição dos embargos não impedia que o acusado fosse recolhido à prisão, mesmo na pendência dos embargos infringentes.

15.2.6 Agravo em execução

15.2.6.1 Conceito e cabimento

O agravo em execução tem previsão no art. 197 da Lei nº 7.210/1984 (Lei de Execuções Penais): "Das decisões proferidas pelo Juiz caberá recurso de agravo, sem efeito suspensivo". Assim, será cabível em todas as decisões proferidas pelo juiz da execução, que possui sua competência prevista no art. 66 da referida Lei:

Art. 66. Compete ao Juiz da execução:

I – aplicar aos casos julgados lei posterior que de qualquer modo favorecer o condenado;

II – declarar extinta a punibilidade;

III – decidir sobre:

a) soma ou unificação de penas;

b) progressão ou regressão nos regimes;

c) detração e remição da pena;

d) suspensão condicional da pena;

e) livramento condicional;

f) incidentes da execução;

IV – autorizar saídas temporárias;

V – determinar:

a) a forma de cumprimento da pena restritiva de direitos e fiscalizar sua execução;

b) a conversão da pena restritiva de direitos e de multa em privativa de liberdade;

c) a conversão da pena privativa de liberdade em restritiva de direitos;

d) a aplicação da medida de segurança, bem como a substituição da pena por medida de segurança;

e) a revogação da medida de segurança;

f) a desinternação e o restabelecimento da situação anterior;

g) o cumprimento de pena ou medida de segurança em outra comarca;

h) a remoção do condenado na hipótese prevista no § 1º, do artigo 86, desta Lei;

i) (VETADO);

VI – zelar pelo correto cumprimento da pena e da medida de segurança;

VII – inspecionar, mensalmente, os estabelecimentos penais, tomando providências para o adequado funcionamento e promovendo, quando for o caso, a apuração de responsabilidade;

VIII – interditar, no todo ou em parte, estabelecimento penal que estiver funcionando em condições inadequadas ou com infringência aos dispositivos desta Lei;

IX – compor e instalar o Conselho da Comunidade;

X – emitir anualmente atestado de pena a cumprir.

O Professor Renato Brasileiro de Lima (2020a, p. 1.841), além de apontar a possibilidade de agravos nas citadas decisões, alerta que a jurisprudência tem permitido que o juiz de execução conceda antecipadamente benefícios prisionais ao preso cautelar na pendência de julgamento de recurso interposto pela defesa, mas desde que tenha se operado o trânsito em julgado da sentença condenatória para o Ministério Público, pelo menos em relação à pena. Nesse sentido a Súmula nº 716 do STF: "Admite-se a progressão de regime de cumprimento da pena ou a aplicação imediata de regime menos severo nela determinada, antes do trânsito em julgado da sentença condenatória". Dessa forma, para o citado professor, em caso de decisão referente a essa concessão, o recurso devido será o agravo em execução.

15.2.6.2 Processamento

No que tange ao procedimento aplicável ao agravo de instrumento, não há previsão legal, nenhuma norma específica que indique o seu processamento. Daí a divergência doutrinária quanto à aplicação do Código de Processo Civil ou de dispositivos do próprio diploma processual penal para uso análogo. Entre aqueles que adotam a segunda opção, há os que sustentem ser aplicável o rito do agravo de instrumento e outros o do recurso em sentido estrito.

O Professor Pacelli (2021, p. 1.242), assim como a doutrina majoritária, entende da seguinte forma:

> Por isso, pensamos que deve ser adotado, para o agravo em execução penal, o procedimento do recurso em sentido estrito, perfeitamente adaptado à teoria dos recursos em matéria processual penal, e em que se permite, com maior celeridade, o juízo de retratação do órgão jurisdicional *a quo*. O prazo de interposição, assim, seria de cinco dias, aplicando-se a ele as disposições dos arts. 586 e seguintes do CPP, além das normas gerais previstas nos arts. 574 e seguintes do mesmo Código.

Parece ser esse também o entendimento da jurisprudência com a edição da Súmula nº 700 do STF que assim dispõe: "É de cinco dias o prazo para interposição de agravo contra decisão do juiz da execução penal".

15.2.6.3 Efeitos

Quanto aos efeitos do agravo em execução, estes só possuem efeito apenas devolutivo, não havendo efeito suspensivo. No entanto, Guilherme Nucci (2020, p. 1.417) aponta a seguinte exceção: "quando o juiz expedir ordem para desinternar ou liberar o indivíduo sujeito a medida de segurança (art. 179, LEP)". Posto que a mera interposição tem a capacidade de impedir o trânsito em julgado, ao qual está condicionada a produção dos efeitos da referida decisão.

15.2.7 Correição parcial

O Professor Guilherme Nucci (2020, p. 1.409) conceitua assim a correição parcial: "Trata-se de recurso, à disposição das partes, voltado à correção dos erros de procedimento adotados pelo juiz de primeira instância, na condução do processo, quando provocam inversão tumultuária dos atos e fórmulas legais".

Exsurge assim o caráter subsidiário da correição, sendo um recurso de natureza residual, somente sendo cabível utilizá-lo se não houver outro recurso especificamente previsto em lei.

Importante ter em conta que é recurso adotado por quase todos os Estados, ou pelas leis de organização judiciária ou nos regimentos internos dos Tribunais, sendo que em alguns dispositivos é tratado como reclamação. Por esse motivo, não se pode confundi-lo com a reclamação destinada à preservação da competência e da autoridade dos julgados do Supremo Tribunal Federal e do Superior Tribunal de Justiça (LIMA, 2020a, p. 1.844).

15.2.7.1 Cabimento

É cabível apenas contra ato do juiz, praticado com *error in procedendo*, isto é, erro de procedimento, podendo ser endereçado tanto contra ato específico praticado em determinado processo bem como, uma vez que se mostre fundada a possibilidade de repetição da ilegalidade, contra atos futuros (PACELLI, 2021, p. 1.243).

Portanto, não cabe falar em correição parcial para impugnar atos praticados pelas partes, serventuários da justiça, dos tribunais ou de seus membros. Tem como finalidade unicamente a correção de atos tumultuários dos juízes, sejam eles comissivos ou omissivos (LIMA, 2020a, p. 1.845).

Tendo em vista a natureza abstrata, a ampla gama de possibilidades de cabimento, o Professor Renato Brasileiro de Lima (2020a, p. 1.845) indica alguns exemplos:

> a) decisão judicial negando a devolução dos autos de inquérito à Polícia para fins de realização de diligências complementares requisitadas pelo Ministério Público, tidas como imprescindíveis à formação da *opinio delicti*;
>
> b) decisão judicial indeferindo o pedido formulado pelo Ministério Público de dilação do prazo para diligências necessárias à formação da convicção do titular da ação penal pública;
>
> c) negativa de apreciação da promoção de arquivamento formulada pelo Ministério Público, determinando o juiz o encaminhamento dos autos à Polícia para realização de novas diligências;

d) decisão que determinou o prosseguimento do feito, ao invés de determinar a suspensão do processo e do prazo prescricional na hipótese de acusado que, citado por edital, não compareceu, nem constituiu advogado, tal qual determina o art. 366 do CPP.

15.2.7.2 Processamento

A doutrina majoritária entende que o processamento da correição parcial deve seguir o rito do processamento do recurso em sentido estrito. E assim entende com o fundamento de que a previsão feita para a existência da correição parcial contar com meras menções na Lei nº 5.010/1966, sem qualquer especificação de rito a seguir. Conclui-se, portanto, que cabe ao Estado, autorizado pela Constituição Federal (art. 24, XI), legislar concorrentemente sobre procedimento em matéria processual. Por isso, ainda que o recurso tenha sido inaugurado por lei federal, uma vez que esta não disciplinou o seu processamento, coube à lei estadual fazê-lo (NUCCI, 2020, p. 1.412).

O Professor Guilherme Nucci (2020, p. 1.413), apesar de reconhecer o entendimento majoritário já exposto, sugere outra maneira de processamento do recurso:

> Atualmente, deveria a correição parcial obedecer ao mesmo trâmite, nos termos do agravo de instrumento do CPC de 2015, dirigindo-se a petição diretamente ao tribunal competente e podendo ser pedido ao relator o efeito suspensivo ativo à correição. Requisitar-se-ia informação ao juiz da causa, intimando-se a parte contrária para responder ao recurso, ouvindo-se o Ministério Público. Seria possível haver a retratação do magistrado e o relator também estaria autorizado a indeferir a correição liminarmente. Não é porque o rito do agravo foi alterado que, por conveniência, o rito da correição deveria transfigurar-se para o do recurso em sentido estrito.

15.2.8 Carta testemunhável

O art. 639 do CPP termina por conceituar indiretamente a Carta Testemunhável ao indicar o seu cabimento: da leitura do dispositivo, verifica-se que a Carta Testemunhável será cabível contra a **decisão que denegar o recurso ou contra a decisão que, embora admitindo o recurso, obste à sua expedição e seguimento para o juízo *ad quem***. Assim, trata-se de instrumento criado para obstar os problemas decorrentes de os juízes se ocultarem para não receber os recursos ou de determinarem aos escrivães que não lhes deem andamento (LIMA, 2020a, p. 1.842).

Apesar de sua pouca utilização e criação muito antiga, sua natureza jurídica é de recurso, conforme indica Nucci (2020, p. 1.447):

> Como já afirmamos, trata-se de autêntico recurso, pois é dirigido ao tribunal *ad quem* para contestar decisão do juiz *a quo*, que indeferiu o processamento de recurso legalmente previsto. Há um juízo de reavaliação de decisão tomada, conforme provocação da parte interessada, por órgão jurisdicional superior, o que é típica característica do recurso.

15.2.8.1 Cabimento

Assim dispõe o art. 639 do CPP:

> **Art. 639.** Dar-se-á carta testemunhável:
> I – da decisão que denegar o recurso;
> II – da que, admitindo embora o recurso, obstar à sua expedição e seguimento para o juízo *ad quem*.

Sem um estudo sistemático, lendo isoladamente o referido artigo, poderia se chegar à errônea conclusão de que este recurso seria adequado contra toda e qualquer decisão que não recebesse um recurso interposto ou que negasse seu seguimento. No entanto, esta deve ser utilizada apenas de maneira residual, subsidiária, uma vez que a lei prevê situações específicas de cabimento de outros recursos que, se não existissem, seriam atacáveis pela carta testemunhável.

15.2.8.2 Processamento

O recurso deve ser apresentado diretamente ao escrivão do cartório ou secretário do tribunal, **nas 48 horas** ou 2 dias, conforme a melhor interpretação, após a ciência do despacho que denegou o recurso. Deverá indicar as peças do processo que devem ser trasladadas para a formação do instrumento.

> **CPP, art. 640.** A carta testemunhável será requerida ao escrivão, ou ao secretário do tribunal, conforme o caso, nas 48 horas seguintes ao despacho que denegar o recurso, indicando o requerente as peças do processo que deverão ser trasladadas.

Pela própria natureza do instituto, tendo em vista que apresentada ao juiz que negou a interposição do primeiro recurso, este poderia reiterar, é que se encontra justificação para apresentação ao servidor da justiça, motivo pelo qual se tem como um recurso anômalo.

Após o recebimento, com a expedição do devido recibo, e, no prazo de cinco dias, será feita a sua entrega, devidamente conferida e concertada (art. 641 do CPP). Não se aplicando a referência ao recurso extraordinário, uma vez que existe o agravo, dirigido diretamente ao Supremo Tribunal Federal, que tem a mesma finalidade. O mesmo se aplica ao recurso especial denegado, quando se pode dirigir agravo ao Superior Tribunal de Justiça (NUCCI, 2020, p. 1.448).

O Professor Renato Brasileiro de Lima (2020a, p. 1.844) leciona que, após a cópia das peças indicadas pelo recorrente, a carta testemunhável seguirá o mesmo procedimento do recurso que foi denegado ou não teve andamento, sendo esta a indicação do art. 645 do CPP. Assim, seguido o procedimento, os autos serão conclusos ao juízo *a quo* para fins de retratação, caso entenda assim o juízo.

Didática é a colocação de Guilherme Nucci (2020, p. 1.449), que indica as opções disponíveis ao tribunal, ao julgar a carta testemunhável:

a) não conhecer a carta testemunhável, por não ser cabível, em face da intempestividade na sua interposição ou por ilegitimidade de parte;

b) conhecê-la e dar-lhe provimento, determinando que o recurso obstado suba para seu conhecimento;

c) conhecê-la e, em lugar de simplesmente dar-lhe provimento, julgar, desde logo, o mérito do recurso obstado, caso existam peças e argumentos suficientes, no instrumento, para essa avaliação;

d) conhecer a carta testemunhável e negar-lhe provimento. Tal situação pode ocorrer caso o juiz tenha, corretamente, negado seguimento ao recurso contra o qual se interpôs a carta.

15.2.8.3 Efeitos

Tendo em vista que a carta objetiva dar conhecimento do recurso que o juízo *a quo* não admitiu, é dotado de efeito devolutivo. Em decorrência desse efeito, o art. 644 do CPP dispõe que, uma vez suficientemente instruída, o Tribunal tem autorização para, de imediato, decidir a seu respeito (art. 644 do CPP).

Já o art. 646 do CPP prevê expressamente que a carta não terá efeito suspensivo. Ademais, tendo em vista que o procedimento da carta testemunhável segue o mesmo processamento do recurso que foi denegado ou não teve andamento, conforme expressa previsão do art. 645 CPP, conclui-se que a referida impugnação terá efeito regressivo caso o recurso obstado também o possua (LIMA, 2020a, p. 1.844).

Decifrando a prova

(2018 – VUNESP – PC-SP – Delegado de Polícia) Tício foi absolvido da acusação de prática do crime de homicídio qualificado. Inconformado com a decisão, o Ministério Público interpõe recurso de apelação por entender ser a decisão manifestamente contrária à prova dos autos. Dado provimento ao recurso e submetido a novo julgamento pelo Tribunal do Júri, Tício é agora condenado pela prática do crime de homicídio qualificado à pena de 12 anos de reclusão.

Com base em tais informações, afirma-se corretamente:

A) O efeito devolutivo da apelação contra decisões do Júri não é adstrito aos fundamentos da sua interposição.

B) Não se cogita a possibilidade de interposição de recurso de apelação quando houver injustiça no tocante à aplicação da pena.

C) No caso das sentenças do Júri, a apelação é recurso vinculado e não de fundamentação livre.

D) Com base no princípio da ampla defesa, é possível que a defesa interponha recurso de apelação contra a sentença condenatória pelo mesmo fundamento (decisão contrária à prova dos autos).

E) Não era dado ao Tribunal de Justiça prover o recurso interposto pelo Ministério Público, violando assim o direito fundamental da soberania dos veredictos do Tribunal do Júri.

Gabarito comentado: em razão da soberania dos vereditos, as decisões do Tribunal do Júri são sujeitas à apelação apenas nas seguintes hipóteses: a sentença do juiz-presidente contrária à lei expressa ou à decisão dos jurados; houver erro ou injustiça no tocante à aplicação da pena ou da medida de segurança; ou for a decisão dos jurados manifestamente contrária à prova dos autos. Portanto, a letra C é o gabarito.

(2018 – VUNESP – PC-SP – Delegado de Polícia) Na teoria geral dos recursos fala-se em efeito iterativo ou diferido.
Assinale a alternativa que contempla recurso ou ação autônoma em que referido efeito está presente.
A) apelação;
B) revisão criminal;
C) recurso extraordinário;
D) mandado de segurança;
E) recurso em sentido estrito.
Gabarito comentado: com efeito o RESE está sujeito ao efeito reiterativo e iterativo. Portanto, a letra E é o gabarito.

(2018 – NUCEPE – PC-PI – Delegado de Polícia Civil) Em relação aos recursos e aos temas relativos ao processo penal, é INCORRETO afirmar:
A) Segundo entendimento jurisprudencial, a renúncia do réu ao direito de apelação, manifestada sem a assistência do defensor, não impede o conhecimento da apelação por este interposta.
B) Segundo o STF, a apelação despachada pelo juiz no prazo legal não fica prejudicada pela demora da juntada, por culpa do cartório.
C) Há jurisprudência do STF, no sentido de que o prazo do recurso ordinário, para o Supremo Tribunal Federal, em *habeas corpus* ou mandado de segurança, é de oito dias.
D) Há entendimento jurisprudencial de que não fica prejudicada a apelação entregue em cartório no prazo legal, embora despachada tardiamente.
E) De acordo como o STF é nulo o julgamento da apelação se, após a manifestação nos autos da renúncia do único defensor, o réu não foi previamente intimado para constituir outro.
Gabarito comentado: o prazo é de cinco dias conforme o art. 30 da Lei n° 8.038/1990. Portanto, a letra C é o gabarito.

(2018 – CESPE/CEBRASPE – PC-MA – Delegado de Polícia Civil) Uma autoridade policial determinou a instauração de inquérito policial para apurar a prática de suposto crime de homicídio. Entretanto, realizadas as necessárias diligências, constatou-se que a punibilidade estava extinta em razão da prescrição.
Nessa situação,
A) é cabível recurso em sentido estrito com o objetivo de trancar o inquérito policial, mas somente após a decisão que recebe a denúncia.
B) não há instrumento processual capaz de trancar o inquérito policial.
C) poderá ser impetrado *habeas corpus* com o objetivo de trancar o inquérito policial.
D) poderá ser impetrado mandado de segurança contra o ato da autoridade policial para trancar o inquérito policial.

E) é cabível recurso de apelação com o objetivo de trancar o inquérito policial, mas somente em caso de sentença penal condenatória.

Gabarito comentado: as hipóteses de trancamento de inquérito policial se dão por HC e são excepcionais, pontualmente colmatadas pela jurisprudência. Portanto, a letra C é o gabarito.

(2017 – FCC – PC-AP – Delegado de Polícia) Sobre os recursos no processo penal, é correto afirmar:

A) Por falta de capacidade postulatória, é vedada a interposição de recurso pelo réu.

B) Em caso de indeferimento de representação por prisão preventiva feita por autoridade policial, o Delegado de Polícia poderá interpor recurso em sentido estrito.

C) É cabível protesto por novo júri em caso de condenação superior a 20 anos.

D) Os embargos infringentes e de nulidade são exclusivos da defesa.

E) O regime de celeridade e informalidade do Juizado Especial Criminal é compatível com a impossibilidade de embargos de declaração nos casos submetidos à sua jurisdição.

Gabarito comentado: de acordo com o art. 609, parágrafo único, do CPP, a letra D é o gabarito.

(2015 – VUNESP – PC-CE – Delegado de Polícia Civil de 1ª Classe) Qual o recurso cabível e em qual prazo deve ser manejado contra decisão denegatória de *habeas corpus* proferida por uma vara criminal em primeiro grau de jurisdição?

A) Apelação; 5 dias.

B) Recurso em sentido estrito; 2 dias.

C) Recurso em sentido estrito; 5 dias.

D) Apelação; 2 dias.

E) Recurso em sentido estrito; 10 dias.

Gabarito comentado: de acordo com o art. 581, X, do CPP, a letra C é o gabarito.

16 Ações autônomas de impugnação

16.1 INTRODUÇÃO

Os recursos manejáveis no processo penal foram previstos pelo Código processual no Livro III, Título II, destinando capítulos específicos para a revisão criminal (Capítulo VII) e para o *habeas corpus* (Capítulo X), ainda que estes não tratem, de fato, de recursos. Na verdade, estes, junto ao mandado de segurança (Lei nº 12.016/2009), funcionam no processo penal como ações autônomas de impugnação, isto é, instrumentos para assegurar direitos e garantias fundamentais, como a liberdade e a realização de justiça (NUCCI, 2020, p. 1.477).

16.2 *HABEAS CORPUS*

A doutrina ensina que a expressão latina *habeas corpus* significa exiba o corpo, isto é, nos apresente a pessoa (corpo) que está sofrendo quaisquer ilegalidades que interfiram na sua liberdade de locomoção. Dessa forma, a expressão é *writ of habeas corpus*: ordem para apresentar a pessoa que está sofrendo o constrangimento (LIMA, 2020a, p. 1.847).

Historicamente, há menção ou tratamento do *habeas corpus* desde a Magna Carta de 1215, imposta a João Sem Terra, na Inglaterra, bem como pela *petition of rights* e o *habeas corpus act*, nos séculos XVII e XVIII (PACELLI, 2021, p. 1.274).

Alguns autores afirmam que este tem suas bases no Direito Romano, pelo qual todo cidadão podia postular, exigir a exibição do homem livre que havia sido detido ilegalmente.

No Brasil, o *habeas corpus* foi introduzido no sistema jurídico brasileiro a partir do modelo inglês, em 1832, no **Código de Processo Criminal**. Primeiramente apenas com *habeas corpus* **liberatório** para proteger a liberdade de locomoção, e a partir de 1871 (Lei nº 2.033/1871) foi introduzido o *habeas corpus* **preventivo** para os casos em que o cidadão estivesse na iminência de sofrer uma restrição ilegal em sua liberdade.

Até que se chegasse à atual configuração dada pela Constituição de 1988, houve imensa discussão doutrinária culminando naquilo que se convencionou chamar Doutrina Brasileira do *Habeas Corpus*, com entusiastas de um instrumento contra toda e qualquer ilegalidade e abuso cometido pelo poder estatal, e em lado diverso, resistentes que preservavam a natureza primitiva do instrumento.

Tratando da origem do instituto no ordenamento jurídico brasileiro, o Professor Guilherme Nucci (2020, p. 1.509) assim ensina:

> A Constituição do Império não o consagrou. Somente em 1832, o *habeas corpus* foi previsto no Código de Processo Criminal. Entretanto, no texto constitucional do Império, consignou-se que "ninguém poderá ser preso sem culpa formada, exceto nos casos declarados na lei; e nestes dentro de 24 horas contadas da entrada na prisão, sendo em cidades, vilas ou outras povoações próximas aos lugares da residência do juiz; e nos lugares remotos dentro de um prazo razoável, que a lei marcará, atenta a extensão do território, o juiz por uma nota por ele assinada, fará constar ao réu o motivo da prisão, os nomes do seu acusador, e os das testemunhas, havendo-as" (art. 179, VIII). O direito de evitar a prisão ilegal já se encontrava previsto, mas o remédio foi instituído em 1832. Foi estendido aos estrangeiros pela Lei nº 2.033, de 1871.

Atualmente, não há discussão doutrinária relevante sobre a natureza do instituto. É cediço que se traduz em uma garantia fundamental, cuja previsão se encontra no art. 5º, LXVIII, da Carta, com a seguinte redação: "conceder-se-á *habeas corpus* sempre que alguém sofrer ou se achar ameaçado de sofrer violência ou coação em sua liberdade de locomoção, por ilegalidade ou abuso de poder", bem como no art. 647 do CPP em que é consignado: "dar-se-á *habeas corpus* sempre que alguém sofrer ou se achar na iminência de sofrer violência ou coação ilegal na sua liberdade de ir e vir, salvo nos casos de punição disciplinar".

É relevante a conceituação de *habeas corpus* apresentada pelo Professor e doutrinador Renato Brasileiro de Lima (2020a, p. 1.847):

> Como se percebe, trata-se, o *habeas corpus*, de ação autônoma de impugnação, de natureza constitucional, vocacionada à tutela da liberdade de locomoção. Logo, desde que a violência ou coação ao direito subjetivo de ir, vir e ficar decorra de ilegalidade ou abuso de poder, *o writ of habeas corpus* servirá como o instrumento constitucional idôneo a proteger o *ius libertatis* do agente. Conquanto sua utilização seja muito mais comum no âmbito criminal, o remédio heroico visa prevenir e remediar toda e qualquer restrição ilegal ou abusiva à liberdade de locomoção, daí por que pode ser utilizado para impugnação de quaisquer atos judiciais, administrativos e até mesmo de particulares.

16.2.1 Natureza jurídica

Sinteticamente, pode-se afirmar que o *habeas corpus* é uma ação autônoma de impugnação, de natureza mandamental e com *status* constitucional. Ainda se pode dizer que é uma ação de cognição sumária, pois, como se verá detidamente, não é permitida ampla discussão probatória.

Como dito, o Código de Processo Penal, ao inserir o *habeas corpus* no Título II do Livro III que trata dos recursos em geral, o considera como recurso, no entanto essa posição não deve prosperar. Como se vê, um recurso pressupõe a existência de um processo, o que não ocorre com o *habeas corpus*. O recurso tem como pressuposto de admissibilidade a tempestividade bem como a legitimidade, diferentemente do que ocorre com o *habeas corpus* que pode ser interposto a qualquer momento, mesmo após o trânsito em julgado, e até mesmo contra decisões administrativas (LIMA, 2020a, p. 1.848).

O Professor Guilherme Nucci (2020, p. 1.512) ainda observa que a própria Constituição se refere ao *habeas corpus* utilizando-se do vocábulo ação, e não como recurso.

Desse modo, têm-se a doutrina e a jurisprudência de forma massiva a defender que o *habeas corpus* funciona como ação autônoma de impugnação, a fim de tutelar a liberdade de locomoção, podendo ser ajuizada por qualquer pessoa (LIMA, 2020a, p. 1.848).

16.2.2 Espécies de *habeas corpus*

Basicamente, são duas as espécies de *habeas corpus*. Há o *habeas corpus* liberatório, isto é, aquele em que se busca a cessação de determinada ilegalidade já praticada, e o preventivo, cuja finalidade é assegurar que a ilegalidade ameaçada não chegue a se consumar (NUCCI, 2020, p. 1.512).

Não se pode esquecer que o *habeas corpus* é o remédio adequado que se pretende a tutela de direito fundamental do réu, cuja violação conduzirá à restrição ilegal da liberdade de uma pessoa. Caso a pretensão seja apenas de fazer valer alguma prerrogativa funcional do advogado (ex.: ter acesso aos autos), assegurada na Lei nº 8.906/1994, é cediço na doutrina e jurisprudência que se deve impetrar mandado de segurança.

Há ainda na doutrina quem se refira a *habeas corpus* profilático e *habeas corpus* trancativo. No primeiro, a finalidade seria suspender atos processuais ou impugnar medidas que possam resultar em uma futura prisão aparentemente legal, porém intimamente contaminada por ilegalidade anterior. Assim, a impugnação destina-se a potencialidade de que este constrangimento venha a ocorrer. No segundo, a finalidade é o trancamento de inquérito policial ou de processo penal. Assim, chega-se a sua definição por meio de uma interpretação *a contrario sensu* do art. 651 do CPP, que prevê que "a concessão do *habeas corpus* não obstará, nem porá termo ao processo, desde que este não esteja em conflito com os fundamentos daquela" (LIMA, 2020a, p. 1.865).

O Professor Renato Brasileiro de Lima (2020a, p. 1.866) é categórico ao afastar essas nomenclaturas, entendendo pela existência de apenas dois tipos de *habeas corpus*:

> A nosso juízo, há apenas duas espécies de *habeas corpus*: liberatório e preventivo. Não há falar, pois, em *habeas corpus* profilático e trancativo, porquanto o que se tem, nesse caso, não é uma espécie autônoma de *habeas corpus*, mas sim um mero efeito do *writ* liberatório ou preventivo. Esse efeito – trancamento do inquérito ou do processo – funciona apenas como o objeto do remédio heroico.

Por fim, há ainda quem sustente a existência de *habeas corpus* suspensivo, sendo ele cabível quando o mandado prisional já foi expedido, mas ainda não foi cumprido. Neste caso, a procedência do HC importa na expedição de uma contraordem ou de um contramandado de prisão.

16.2.3 Cabimento

O manejo do *habeas corpus* visará ao combate de ato atentatório da liberdade de locomoção e este restará configurado com a ordem de prisão determinada por autoridade judiciária ou que o titular do direito esteja preso. Tanto a ameaça real à liberdade de locomoção como a ameaça potencial serão objeto de questionamento.

Importante destacar o que seria essa ameaça, sendo elucidadora a lição de Nucci (2020, p. 1.275):

> Por ameaça potencial estamos nos referindo ao simples início de qualquer atividade persecutória que tenha por objeto a apuração de fato imputado ou imputável à pessoa individualizada. Nesse sentido, a simples instauração de inquérito policial ou de procedimento investigatório será suficiente para configurar situação de ameaça potencial à liberdade de locomoção, quando dirigida a fato certo e a pessoa previamente determinada, e desde que, para a conduta, seja prevista imposição de pena privativa da liberdade.

Por visar resguardar um dos bens da vida mais valiosos, tanto que deu azo a tal instituto, é que se deve tomar cautela quanto ao seu cabimento, não permitindo o alargamento do seu uso. Nesse sentido têm decidido os tribunais, tendo sido editadas três importantes súmulas pelo Supremo Tribunal Federal:

> **Súmula nº 693:** "Não cabe *habeas corpus* contra decisão condenatória a pena de multa, ou relativo a processo em curso por infração penal a que a pena pecuniária seja a única cominada".
>
> **Súmula nº 694:** "Não cabe *habeas corpus* contra a imposição da pena de exclusão de militar ou de perda de patente ou de função pública".
>
> **Súmula nº 695:** "Não cabe *habeas corpus* quando já extinta a pena privativa da liberdade".

As consequências jurídicas resultantes do conhecimento da ameaça ou coação potencial (e, também, da ameaça real, concreta) são relevantíssimas. Conhecido e provido o *habeas corpus*, dependendo da matéria examinada, e decidida, poderá ocorrer o trancamento, ou seja, o encerramento do procedimento (inquérito) ou processo (ação penal). É o que acontecerá quando, por exemplo, o *habeas corpus* fundar-se em atipicidade manifesta do fato ou da presença de qualquer causa extintiva da punibilidade, como, por exemplo, a prescrição.

Sendo assim, replicam-se os arts. 647 e 648 do CPP, em que se encontram as hipóteses de cabimento do *habeas corpus*:

> **Art. 647.** Dar-se-á *habeas corpus* sempre que alguém sofrer ou se achar na iminência de sofrer violência ou coação ilegal na sua liberdade de ir e vir, salvo nos casos de punição disciplinar.
>
> **Art. 648.** A coação considerar-se-á ilegal:
>
> I – quando não houver justa causa;
>
> II – quando alguém estiver preso por mais tempo do que determina a lei;
>
> III – quando quem ordenar a coação não tiver competência para fazê-lo;

IV – quando houver cessado o motivo que autorizou a coação;

V – quando não for alguém admitido a prestar fiança, nos casos em que a lei a autoriza;

VI – quando o processo for manifestamente nulo;

VII – quando extinta a punibilidade.

É salutar o destaque de cada uma das hipóteses previstas no art. 648 do Código de Processo Penal.

I – quando não houver justa causa: expressão de sentido amplo, abrangendo a falta de suporte fático e de direito para a prisão ou para a deflagração de persecução penal contra alguém. Poderá, assim, faltar justa causa para a prisão. É cediço que ninguém poderá ser preso, a não ser em flagrante delito ou mediante ordem escrita e fundamentada da autoridade judiciária competente, salvo nos casos de transgressão militar ou crime propriamente militar. Assim, a princípio, se não há situação de flagrância, não há justa causa para a prisão.

Também se não houver justa causa para investigações preliminares. Por óbvio, a instauração de um inquérito policial causa constrangimento à pessoa e, em sendo manifestamente abusiva, o constrangimento causado pelas investigações deve ser tido como ilegal, autorizando o trancamento do inquérito. Tendo em vista sua natureza excepcional, **só haverá o trancamento do inquérito**:

a. manifesta atipicidade formal ou material da conduta delituosa;
b. presença de causa extintiva da punibilidade;
c. instauração de inquérito policial em crime de ação penal de iniciativa privada ou de ação penal pública condicionada à representação, sem prévio requerimento do ofendido ou de seu representante legal.

II – quando alguém estiver preso por mais tempo do que determina a lei: seja por excesso de prazo da prisão penal, excesso de prazo da prisão temporária ou excesso de prazo da prisão preventiva.

III – quando quem ordenar a coação não tiver competência para fazê-lo: nesse caso, tem-se que a prisão cautelar deve ser decretada por ordem judicial emanada de um juiz natural e competente, sob pena de ser considerada manifestamente ilegal, autorizando-se a impetração do *habeas corpus*.

É muito importante pontuar apenas a autoridade judiciária possui competência, a Polícia possui atribuições e neste caso não haverá ilegalidade, por exemplo, na prisão em flagrante realizada pela Polícia Federal em crime de competência da justiça estadual e vice-versa.

IV – quando houver cessado o motivo que autorizou a coação: nesse caso, nada mais é do que a coação que era válida, mas em razão da mudança do suporte fático e jurídico que deu ensejo à decretação daquela medida, a qual passou a ser desnecessária, a prisão tornou-se ilegal.

V – quando não for alguém admitido a prestar fiança, nos casos em que a lei a autoriza: em sendo a prisão por crime afiançável, não sendo, porém, arbitrada fiança em favor do paciente, será cabível o *habeas corpus*, não para sua liberação, mas para o arbitramento da fiança.

VI – quando o processo for manifestamente nulo: a nulidade processual pode surgir no curso do processo e ser imediatamente impugnada por *habeas corpus*, ou mesmo após o trânsito em julgado, na medida em que sendo o defeito insanável, isto é, nulidade absoluta, não há que falar em preclusão ou convalidação, podendo ser interposto o *habeas corpus* a qualquer tempo.

VII – quando extinta a punibilidade: havendo extinta a punibilidade, o *habeas corpus* visa unicamente o reconhecimento de que a punibilidade está extinta com o consequente arquivamento do inquérito policial ou processo.

Na doutrina, discute-se a possibilidade de impetração de *habeas corpus* contra punições disciplinares em decorrência de transgressões disciplinares (detenção ou prisão de militares).

Há previsão constitucional expressa, contida no art. 142, § 2º, de que "não caberá *habeas corpus* em relação a punições disciplinares militares", entendendo-se militares tanto as Forças Armadas quanto as Polícias Militares (NUCCI, 2020, p. 1.512). Contudo, é assente na jurisprudência que é cabível *habeas corpus* contra prisão disciplinar militar diante de vício de legalidade, sendo a vedação aplicável apenas no que se refere ao aspecto discricionário das referidas punições.

Outra impossibilidade constitucional de cabimento de *habeas corpus* é destacada por Nucci (2020, p. 1.512):

> Além disso, é preciso anotar que, durante o estado de defesa (art. 136, CF) e ao longo do estado de sítio (art. 137, CF), muitos direitos e garantias individuais são suspensos, razão pela qual várias ordens e medidas podem resultar em constrições à liberdade, que terminam por afastar, na prática, a utilização do *habeas corpus*, por serem consideradas, durante a vigência da época excepcional, legítimas.

16.2.4 Processamento

Antes que se trate dos procedimentos específicos de processamento do *habeas corpus*, é necessário explicar nomenclaturas próprias aplicáveis ao caso. Assim, paciente é aquele que sofre ou está ameaçado de sofrer o constrangimento à sua liberdade de locomoção. E, destaque-se, apenas pessoas físicas podem ser pacientes no *habeas corpus*, **não sendo admitida a impetração do *habeas corpus* em favor de pessoas jurídicas.**

A **autoridade coatora** é aquela que exerce ou determina o constrangimento ilegal. Deve-se então destacar que o coator pode ser tanto uma autoridade quanto o particular, pois a Constituição, ao tratar desta ação, dispõe sobre a possibilidade de seu cabimento.

Por fim, tem-se o **impetrante**, que é justamente aquele que impetra o *habeas corpus*, podendo ser **qualquer pessoa do povo em favor de terceiro e, inclusive, o próprio paciente em seu favor, não sendo necessário que seja um advogado.**

Ademais, não é exigida capacidade civil, podendo, em tese, a petição ser subscrita por pessoa com deficiência mental e até por indivíduo menor, ainda que não assistidos.

Não se pode deixar de destacar dois dos artigos mais importantes do diploma processual quando se trata de *habeas corpus*, sendo eles os arts. 654 e 660, posto que tratam do processamento deste.

Assim, no art. 654 do CPP há previsão de possibilidade de impetração por qualquer pessoa, que será, então, detentora de capacidade postulatória, a ser designada como impetrante, em seu favor ou de terceira pessoa, bem como pelo Ministério Público. Não sendo vedada, ao contrário, expressamente permitida, a expedição de ordem de *habeas corpus* de ofício.

> **Art. 654.** O *habeas corpus* poderá ser impetrado por qualquer pessoa, em seu favor ou de outrem, bem como pelo Ministério Público.
>
> § 1º A petição de *habeas corpus* conterá:
>
> *a*) o nome da pessoa que sofre ou está ameaçada de sofrer violência ou coação e o de quem exercer a violência, coação ou ameaça;
>
> *b*) a declaração da espécie de constrangimento ou, em caso de simples ameaça de coação, as razões em que funda o seu temor;
>
> *c*) a assinatura do impetrante, ou de alguém a seu rogo, quando não souber ou não puder escrever, e a designação das respectivas residências.
>
> § 2º Os juízes e os tribunais têm competência para expedir de ofício ordem de *habeas corpus*, quando no curso de processo verificarem que alguém sofre ou está na iminência de sofrer coação ilegal.

Frise-se a ausência de requisitos formais os quais exigidos aos profissionais de direito, apenas sendo necessário que se conste o nome da pessoa cuja liberdade está ameaçada, bem como da autoridade responsável por esta, a exposição dos fatos e a assinatura do impetrante (ou a rogo).

Há divergência jurisprudencial quanto à possibilidade de o impetrante, sem capacidade postulatória, interpor recurso contra decisão que denegou *habeas corpus*. Para a 1ª Turma do Supremo Tribunal Federal é possível, estendendo, assim, a capacidade do impetrante para o recurso. Em sentido contrário entendem a 2ª Turma do STF e o Superior Tribunal de Justiça.

No art. 660 do CPP são previstas a possibilidade preventiva do *habeas corpus*, bem como aspectos procedimentais que revelam a sua importância para a efetivação da celeridade, inclusive com a omissão intencional de previsão de oitiva do Ministério Público na primeira instância (PACELLI, 2021, p. 1.298).

Apesar do fato de que qualquer pessoa possa impetrar o *habeas corpus*, seja ela nacional ou estrangeira, com residência ou em trânsito no país, independentemente de sua capacidade de civil ou mental, em benefício próprio ou de terceiro, **não se admite o HC apócrifo**, sem assinatura, nesse sentido é a jurisprudência do STJ.

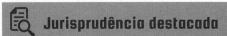

O *habeas corpus* não constitui via própria para impugnar Decreto de governador de Estado sobre adoção de medidas acerca da apresentação do comprovante de vacinação contra a COVID-19 para que as pessoas possam circular e permanecer em locais públicos e privados (STJ, 2ª Turma, RDC no HC nº 700.487/RS, Rel. Min. Francisco Falcão, j. 22.02.2022, *Info*. nº 726).

16.3 REVISÃO CRIMINAL

Para o devido funcionamento do ordenamento jurídico, não se pode abrir mão da segurança jurídica, que, para a sua garantia, conta com a previsão da coisa julgada, instituto processual que impede novo julgamento do mesmo fato ao tornar imutável a decisão. No entanto, sendo a segurança jurídica uma norma-princípio, deve ser ponderada com a justiça, devendo ser excepcionalmente afastada a coisa julgada a fim de que não se admita hipotética decisão condenatória contaminada por grave erro judiciário, apesar da ocorrência do transitado em julgado (LIMA, 2020a, p. 1.895).

Nesse sentido, não se deve deixar de ter em conta a excepcionalidade do afastamento da coisa julgada, que somente ocorrerá por meio da revisão criminal em hipóteses taxativamente arroladas pelo CPP (art. 621, I, II e III), devido à ocorrência de vícios extremamente graves (LIMA, 2020a, p. 1.895).

De maneira sintética, o Professor Eugênio Pacelli (2021, p. 1.265) aduz:

> A ação de revisão criminal tem precisamente este destino: permitir que a decisão condenatória passada em julgado possa ser novamente questionada, seja a partir de novas provas, seja a partir da atualização da interpretação do direito pelos tribunais, seja, por fim, pela possibilidade de não ter sido prestada, no julgamento anterior, a melhor jurisdição.

Dessa forma, pode-se dizer que a revisão criminal é uma ação penal de natureza constitutiva e *sui generis*, de competência originária dos tribunais, cuja finalidade seria rever a decisão condenatória com trânsito em julgado nas hipóteses em que tenha ocorrido erro judiciário. E mais, é verdadeira ação rescisória na esfera criminal considerada *sui generis* por não possuir polo passivo, mas unicamente o autor que visa combater um erro judiciário que o vitimou (NUCCI, 2020, p. 1.478).

Não se pode olvidar que esta ação é proibida à acusação, visto que o princípio da vedação da revisão *pro societate* a impediria. Sendo assim, absolvido o réu por sentença passada em julgado, deve a acusação se conformar com o resultado (PACELLI, 2021, p. 1.265).

A fim de adoção de um conceito, pode-se dizer que a revisão criminal é ação autônoma de impugnação, da competência originária dos tribunais (ou das Turmas Recursais, em relação aos Juizados), a ser ajuizada após o trânsito em julgado de sentença condenatória ou absolutória imprópria, exclusivamente em favor do acusado, visando à desconstituição da coisa julgada, sempre que a decisão questionada estiver contaminada por erro judiciário.

16.3.1 Natureza jurídica

Quanto à natureza jurídica da revisão criminal, verifica-se que a sua situação se assemelha à do *habeas corpus*, tendo em vista que é prevista topograficamente, no Código de Processo Penal, no qual deveria constar apenas espécies de recursos. Não obstante, verificam-se várias diferenças entre os recursos e ações autônomas de impugnação, tal qual é a revisão. Assim, a revisão se aplica apenas a decisões transitadas em julgado, origina nova relação processual, não incide o pressuposto da tempestividade, entre outras características que lhe distingue dos recursos (LIMA, 2020a, p. 1.896).

O Professor Renato Brasileiro de Lima (2020a, p. 1.897), a fim de melhor explicar a finalidade do instituto, faz uma diferenciação entre juízo rescindente (revidente) e juízo rescisório (revisório), sendo o primeiro aquele em que nova decisão é proferida em substituição àquela que foi rescindida, havendo, portanto, um juízo de reforma, e o segundo aquele em que a decisão impugnada é desconstituída, ocorrendo juízo de cassação. E assim conclui:

> De acordo com o art. 626, *caput*, do CPP, julgado procedente o pedido revisional, é possível que o Tribunal altere a classificação do fato delituoso, absolva o acusado, modifique a pena ou anule o processo. Como se percebe, por meio da revisão criminal, o autor objetiva a desconstituição de sentença condenatória ou absolutória imprópria passada em julgado (juízo rescindente ou revidente), com sua consequente substituição por outra (juízo rescisório ou revisório), o que só não irá ocorrer quando o Tribunal anular a sentença (CPP, art. 626, *caput*, *in fine*), já que, nesse caso, o processo será devolvido à origem para que retome seu curso a partir da nulidade, salvo se já extinta a punibilidade.

16.3.2 Condições da ação

A melhor forma de analisar a revisão criminal, enquanto ação autônoma de impugnação, nos parece ser a do Professor Renato Brasileiro de Lima (2020a, p. 1.898) que analisa as condições impostas pelo ordenamento jurídico para o exercício regular desse direito.

Nesse sentido, dispõe o art. 623 do CPP quais são os legitimados ativos da revisão: "A revisão poderá ser pedida pelo próprio réu ou por procurador legalmente habilitado ou, no caso de morte do réu, pelo cônjuge, ascendente, descendente ou irmão". No entanto, apesar de não estar legalmente expresso, a doutrina majoritária entende que o Ministério Público também tem legitimidade para ingressar com pedido de revisão criminal, apenas em favor do acusado (LIMA, 2020a, p. 1.899).

Assim, considerando a possibilidade de o membro do Ministério Público opinar no sentido da absolvição do acusado, conforme o art. 385 do CPP, bem como impetrar *habeas corpus* em seu favor, os defensores dessa linha entendem que nada lhe impede, também, o ingresso de revisão criminal visando aos fins previstos no art. 626 do CPP (absolver o réu, anular o processo, desclassificar a infração ou reduzir a pena).

Defensor desse posicionamento, quanto ao cabimento da legitimidade do Ministério Público, informa Pacelli (2021, p. 1.270):

> Aliás, não vemos razão alguma para não se admitir a legitimidade do próprio Ministério Público para a ação de revisão. Dizer que falta previsão no Código de Processo Penal não resolve a questão, porquanto, conforme já tivemos oportunidade de salientar tantas vezes, a Constituição da República promoveu verdadeira revolução copérnica no processo penal brasileiro, sobretudo em relação às garantias individuais e ao papel do Ministério Público, órgão inteiramente imparcial em relação às questões penais.

Em sentido diverso, entendendo que o Ministério Público não pode ajuizar revisão criminal porque a sentença penal condenatória somente se produziu devido a uma acusação levada a cabo pelo mesmo Ministério Público, uno e indivisível, sendo posição minoritária, há defesa de Guilherme Nucci (2020, p. 1.481) afastando a legitimidade ativa do Ministério Público, com os seguintes dizeres:

> Não nos afigura razoável, como entendem alguns, que o Ministério Público possa constituir parte ativa nessa modalidade de ação. A lei não o autoriza a agir, diferentemente do que ocorre no processo, quando atua como parte, podendo recorrer, inclusive, em favor do acusado. Finda a relação processual, transitada em julgado a sentença, não há mais cabimento em se admitir ação proposta por representante do Ministério Público. Perdeu o interesse, visto inexistir direito de punir do Estado nessa ação. Pudesse ele "recorrer" (como sustentam alguns, somente porque a revisão está prevista no contexto dos recursos no Código de Processo Penal), então deveria também ser ouvido, quando a revisão criminal fosse proposta pelo condenado, o que não ocorre. Colhe-se o parecer da Procuradoria-Geral de Justiça, mas não se busca a contestação ao pedido, feita pelo promotor. Logo, inexiste razão para que este ingresse com ação desse porte. Aliás, para quem concebe que, no polo passivo está Ministério Público, como admitir a mesma instituição ingressando com a ação? Estaria ela nos dois polos ao mesmo tempo, o que não nos afigura correto.

Quanto à legitimidade passiva, será o estado a União, conforme tenha sido a Justiça responsável pelo decreto condenatório, devendo ser citada a Fazenda Pública, a fim de se defender, sobretudo com vistas à devida indenização constitucionalmente prevista na hipótese de reconhecimento do erro judiciário. O Ministério Público atuará apenas como *custos legis*, conforme dispõe o art. 625, § 5º, do CPP (LIMA, 2020a, p. 1.899).

Em relação ao interesse de agir, este só estará presente com o trânsito em julgado de sentença condenatória ou absolutória imprópria. Por isso, inclusive, a exigência do § 1º do art. 625 do CPP: "O requerimento será instruído com a certidão de haver passado em julgado a sentença condenatória e com as peças necessárias à comprovação dos fatos arguidos".

Nesse mesmo sentido a lição de Nucci (2020, p. 1.487):

> Lembremos que a concretização do trânsito em julgado da sentença condenatória é requisito indispensável e fundamental para o ajuizamento de revisão criminal. Pendendo qualquer recurso contra a decisão condenatória, não cabe a admissão de revisão. Esse é o único sentido lógico que se deve dar à expressão "processo findo", constante do *caput* do art. 621 do CPP, não sendo possível considerar a decisão que julga extinto o processo, sem julgamento de mérito.

No que tange à possibilidade jurídica do pedido, esta estará configurada com a presença de uma sentença condenatória ou absolutória imprópria. Essa é a previsão dos incisos I e II do art. 621 do CPP, enquanto o inciso III faz referência à descoberta de novas provas de inocência do condenado (LIMA, 2020a, p. 1.900).

Interessante observar o *caput* do art. 622 do CPP, no qual se dispõe a possibilidade de proposição da revisão em qualquer tempo, antes ou depois da extinção da pena. Estará presente o interesse de agir mesmo que tenha havido o cumprimento da pena, com fito de restaurar o *status dignitatis* do condenado, no sentido do reconhecimento do erro judiciário em sua injusta condenação (LIMA, 2020a, p. 1.900).

Dito isso, convém lembrar que **é vedada a revisão criminal *pro societate***, não só como supedâneo da segurança jurídica, mas também em decorrência do princípio do *ne bis in idem* processual. Admitida a revisão nesse caso, se falaria em duas ações penais idênticas, com o mesmo acusado no polo passivo, e mesmo fato delituoso atribuído aos dois, vedação prevista expressamente na Convenção Americana sobre Direitos Humanos (LIMA, 2020a, p. 1.901).

Vedada também a proposição de revisão para a modificação do fundamento de sentença absolutória própria, mesmo que haja possibilidade de repercussão favorável no cível, situação que já teria sido oportunizada quando da interposição de recursos (LIMA, 2020a, p. 1.902).

16.3.3 Cabimento

São **hipóteses de cabimento da revisão criminal**:

a. violação ao **texto expresso da lei penal**: a doutrina entende que, em que pese a referência à lei penal, está abrangida a lei processual penal e a própria Constituição Federal. A jurisprudência segue no mesmo sentido. Ademais, quando da interpretação da expressão "sentença condenatória contrária ao texto expresso da lei penal" é preciso entendê-la como contrariedade frontal, inequívoca, da qual não haja dúvidas, não sendo possível desconstituir a coisa julgada por uma interpretação razoável de determinado dispositivo legal, ainda que controvertida (LIMA, 2020a, p. 1.907).

No entendimento do Professor Renato Brasileiro de Lima (2020a, p. 1.907), assim como é possível a aplicação retroativa da lei benigna, é preciso admitir, por analogia, a revisão criminal com fundamento na mudança de jurisprudência que seja mais favorável ao condenado, e apresenta importante exemplificação:

> Como se sabe, até bem pouco tempo atrás, era firme o entendimento jurisprudencial no sentido da possibilidade de se condicionar o conhecimento do recurso ao recolhimento do acusado à prisão, desde que não fosse ele primário ou não tivesse bons antecedentes. Era nesse sentido, aliás, a antiga redação dos arts. 594 e 595, constando da Súmula nº 09 do STJ que "a exigência da prisão provisória, para apelar, não ofende a garantia constitucional da presunção de inocência".
>
> Hoje, todavia, tal entendimento encontra-se absolutamente ultrapassado, seja por conta da Convenção Americana sobre Direitos Humanos, que assegura expressamente o direito ao duplo grau de jurisdição (Dec. nº 678/1992, art. 8º, § 2º, *h*), seja por força das próprias mudanças produzidas na legislação processual penal – além da revogação dos arts. 594 e 595 do CPP, também passou a constar do art. 387, § 1º, do CPP, que "o juiz decidirá, fundamentadamente, sobre a manutenção ou, se for o caso, imposição de prisão preventiva ou de outra medida cautelar sem prejuízo do conhecimento da apelação que vier a ser interposta". Na mesma linha, a Súmula nº 347 do STJ preconiza que "o conhecimento do recurso de apelação do réu independe de sua prisão".

Perceba-se que, nesse caso, o ajuizamento da revisão criminal visará à desconstituição da sentença condenatória ou absolutória imprópria transitada em julgado apenas para que se possa assegurar ao acusado o direito ao duplo grau de jurisdição. Em outras palavras, o trânsito em julgado decorrente do não conhecimento de apelação interposta pela defesa em virtude do não recolhimento do acusado à prisão será desconstituído tão somente para permitir que o apelo da defesa seja apreciado pelo Tribunal, que poderá, então, confirmar o decreto condenatório de 1ª instância ou reformá-lo, com a consequente absolvição do acusado.

Outra importante observação quanto ao inciso I do art. 621 do CPP é feita por Pacelli (2021, p. 1.267). O professor informa que sob esse fundamento caberá a revisão do julgado condenatório se fundada em prova indiciária, em que a conclusão é obtida por meio de processo dedutivo.

Quanto a essa hipótese de cabimento, há interessante julgado do Superior Tribunal de Justiça conforme *Informativo* nº 656, no qual se destaca a desnecessidade de indicar o dispositivo da lei penal violado:

> O art. 621, I, do CPP prevê que cabe revisão criminal "quando a sentença condenatória for contrária ao texto expresso da lei penal". É admissível a revisão criminal fundada no art. 621, I, do CPP ainda que, sem indicar nenhum dispositivo de lei penal violado, suas razões apontem tanto a supressão de instância quanto a ausência de esgotamento da prestação jurisdicional. Isso porque a expressão "texto expresso da lei penal" prevista no art. 621, I, do CPP é ampla e abrange também as normas processuais não estão escritas (STJ, 3ª Seção, RvCr nº 4.944/MG, Rel. Min. Reynaldo Soares da Fonseca, j. 11.09.2019, *Info*. nº 656).

b. contrariedade à **evidência dos autos**: a doutrina entende que a melhor interpretação da expressão **evidência** deve ser entendida como a verdade manifesta. Desse modo, a sentença só será contrária à prova dos autos quando não se fundamentar em nenhuma prova produzida no curso do processo, ou, de forma subsidiária, em elementos produzidos na fase investigatória. Sendo assim, conjunto probatório precário ou frágil não dá azo ao ajuizamento de revisão criminal (LIMA, 2020a, p. 1.907).

c. sentença fundada em **depoimentos, exames ou documentos comprovadamente falsos**: não é o caso de haver uma ou outra prova falsa nos autos, mas que a prova falsa tenha influenciado fortemente a decisão. Desse modo, deve ser exposta a falsidade da prova, e que esta seja o único ou o principal fundamento da sentença condenatória ou absolutória imprópria passada em julgado (LIMA, 2020a, p. 1.909).

Em mais um importante julgado, o Superior Tribunal de Justiça indica o instrumento necessário para a formalização da retratação da vítima, para justificar a revisão criminal, conforme *Informativo* nº 569:

> A via adequada para nova tomada de declarações da vítima com vistas à possibilidade de sua retratação é o pedido de justificação (art. 861 do CPC/1973 / art. 381, § 5º, do

CPC/2015), ainda que ela já tenha se retratado por escritura pública. Ex.: depois de o réu ter sido condenado com trânsito em julgado, a vítima volta atrás e afirma, em escritura pública lavrada no cartório, que a pessoa condenada não foi a autora do crime. Será possível neste caso, a propositura de revisão criminal (art. 621, III, do CPP). No entanto, a revisão criminal não pode ser instruída com a escritura pública. Antes de ajuizar a revisão, o réu deverá propor uma ação de justificação na qual a vítima será ouvida. Só após esse processo de justificação será possível o manejo da revisão criminal (STJ, 6ª Turma, RHC nº 58.442/SP, Rel. Min. Sebastião Reis Júnior, j. 25.08.2015, *Info*. nº 569).

d. descoberta de **novas provas** de inocência do condenado ou de circunstância que determine ou autorize diminuição da pena: são novas provas aquelas que não foram analisadas judicialmente, mesmo que já existissem ao tempo do processo, desde que só tenham sido obtidas depois da sentença. Nesse sentido há jurisprudência do Superior Tribunal de Justiça entendendo que a retratação da vítima ou das testemunhas constituem provas novas aptas a embasar pedido de revisão criminal (LIMA, 2020a, p. 1.910).

Ademais, esta hipótese positivada no inciso III do art. 621 do CPP apresenta diferença importante entre a revisão criminal e a ação rescisória do Código de Processo Civil que não pode ser confundida. No processo civil, só pode ser utilizada prova nova caso essa se refira a fato já alegado no processo e apenas a documental, já no processo penal pode ser qualquer prova nova, independentemente de alegação preexistente e qualquer meio de prova (LIMA, 2020a, p. 1.911).

A jurisprudência aponta o laudo pericial juntado em autos de ação penal quando ainda pendente de julgamento agravo interposto contra decisão de inadmissão de recurso especial como prova nova, este o entendimento do STJ exposto pelo *Informativo* nº 606:

O laudo pericial juntado em autos de ação penal quando ainda pendente de julgamento agravo interposto contra decisão de inadmissão de recurso especial enquadra-se no conceito de prova nova, para fins de revisão criminal (art. 621, III, do CPP) (STJ, 6ª Turma, REsp nº 1.660.333/MG, Rel. Min. Sebastião Reis Júnior, j. 06.06.2017, *Info*. nº 606).

e. configuração de **nulidade do processo**: essa hipótese é aceita pela doutrina e jurisprudência, embora não conste no rol taxativo do art. 621 do CPP. E somente se aplica quanto à nulidade absoluta, vez que não arguida em momento oportuno, a nulidade relativa preclui, conforme dispõe o art. 571 do CPP.

Para essa hipótese, em tese, seria cabível o *habeas corpus*. No entanto, somente se por decisão condenatória transitada em julgado eivada de nulidade absoluta haja constrangimento ilegal à liberdade de locomoção, como a expedição de mandado de prisão. Ausente o constrangimento, deve ser manejada a revisão criminal.

Ademais, no *habeas corpus* não é possível dilação probatória, devendo a nulidade, para cabimento de remédio constitucional, ser manifesta.

Discute-se na doutrina sobre o cabimento de **revisão criminal contra as decisões do Tribunal do Júri**. Não há um consenso, existindo, basicamente, **três orientações**:

a. Pelo não cabimento da revisão criminal: entendimento minoritário, a soberania das decisões do júri impede o ingresso de ação desconstitutiva contra suas deliberações.
b. Pelo cabimento da revisão criminal, devendo o colegiado do tribunal competente para seu julgamento, na hipótese de procedência, absolver o réu: a hipótese não requer novo julgamento pelo júri, bastando ao julgador da ação revisional desconstituir a condenação injusta, absolvendo o réu. Essa é a posição do Superior Tribunal de Justiça, entendendo que o tribunal competente para julgar a revisão criminal, ainda que contra decisões do Tribunal do Júri, pode, analisando o feito, confirmar a condenação ou, no juízo revisional, alterar a classificação do crime, reduzir a pena, anular o processo ou mesmo absolver o condenado, nos termos do art. 626 do CPP.
c. Pelo cabimento da revisão criminal, devendo o colegiado competente para seu julgamento, na hipótese de procedência, submeter o acusado a novo júri popular: esse posicionamento não entende pela legitimidade aos tribunais (Tribunais de Justiça e Tribunais Regionais Federais) para, julgando procedente revisão contra decisão condenatória do júri popular, absolver o réu, pois isso implica evidente violação à soberania constitucionalmente estabelecida ao Tribunal do Júri. Nesse sentido, o reconhecimento pelo Tribunal *a quo*, em sede revisional, resulta, tão somente, na determinação de que o réu seja submetido a novo julgamento.

16.3.4 Processamento

O entendimento jurisprudencial e doutrinário é no sentido de admitir a revisão criminal proposta pelo próprio acusado, independentemente da representação por profissional da advocacia. Nesse sentido, já decidiu o STF, informando que o art. 623 do CPP, que permite que o **próprio acusado requeira a revisão criminal**, não foi derrogado pelo art. 1º, I, da Lei nº 8.906/1994. No entanto, **caso o acusado ajuíze a revisão, o tribunal nomeará advogado** para assistir tecnicamente o postulante durante todo o trâmite do procedimento (LIMA, 2020a, p. 1.912).

Importante mencionar que a prisão do condenado jamais foi considerada como necessária para o ajuizamento da revisão. Entendimento da Súmula nº 393 do Supremo: "Para requerer a revisão criminal, o condenado não é obrigado a recolher-se à prisão".

Quanto a requisito temporal, mais uma diferença para a ação rescisória se apresenta, posto que, para esta, o direito se extingue em dois anos, contados do trânsito em julgado da decisão, conforme o art. 975 do CPC. Já a revisão criminal pode ser ajuizada a qualquer momento, até mesmo após o cumprimento da pena ou após a morte do acusado (art. 622, *caput*, do CPP) (LIMA, 2020a, p. 1.913).

Como característica peculiar do procedimento, a petição inicial deve ser instruída com a certidão de haver passado em julgado a sentença condenatória além das peças necessárias à comprovação dos fatos arguidos. Isso porque, no âmbito da revisão criminal, não há a garantia do contraditório e nem dilação probatória.

Na hipótese de as provas novas dependerem de produção judicial, como oitiva de testemunhas, ofendidos, peritos etc., deve o acusado, por meio de seu advogado, requerer ao juízo de 1º grau a realização de audiência de justificação prévia, que consiste em espécie de ação cautelar de natureza preparatória realizada no Juízo de 1º Grau, para que sejam colhidas tais provas, fundamentando esse pedido na circunstância de que pretende ingressar com revisão criminal e embasando-o, por analogia, no art. 381, § 5º, do CPC/2015.

Há a possibilidade de indeferimento liminar da revisão criminal, dando recurso para as câmaras reunidas ou para o tribunal, conforme o caso (art. 625, § 3º, do CPP). Acerca do indeferimento liminar da revisão criminal, entende o Professor Renato Brasileiro de Lima (2020a, p. 1.914):

> Esse indeferimento liminar da revisão criminal pelo relator pode ser compreendido como uma sentença de carência da ação, extinguindo o processo sem apreciação do mérito. Logo, se a inicial não visar à impugnação de sentença condenatória ou absolutória imprópria com trânsito em julgado, e não tiver como causa de pedir qualquer dos fundamentos do art. 621 do CPP, ser cabível o indeferimento liminar da inicial pelo próprio relator.

16.3.5 Efeitos

Não há efeito suspensivo na revisão criminal. Dessa forma, é possível a execução da sentença penal, ainda que haja o ajuizamento da revisão. No entanto, Renato Brasileiro de Lima (2020a, p. 1.915) faz importante destaque:

> Não obstante a ausência de previsão legal de efeito suspensivo, a doutrina sugere que,
>
> em situações excepcionalíssimas, e desde que caracterizada manifesta ilegalidade (leia-se, erro judiciário teratológico), é possível a utilização do poder geral de cautela do magistrado (CPC, art. 798 – art. 297 do novo CPC), assim como a antecipação dos efeitos da tutela pretendida (CPC, art. 273 – art. 300 do novo CPC), aplicáveis subsidiariamente ao processo penal com fundamento no art. 3º do CPP. Na mesma linha, consoante disposto no art. 969 do novo CPC, a propositura da ação rescisória (leia-se, revisão criminal) não impede o cumprimento da decisão rescindenda, ressalvada a concessão de tutela provisória.

Ademais, o art. 626 do CPP indica: "Julgando procedente a revisão, o tribunal poderá alterar a classificação da infração, absolver o réu, modificar a pena ou anular o processo", e no parágrafo único: "De qualquer maneira, não poderá ser agravada a pena imposta pela decisão revista". Dessa forma, consagra-se o princípio da *non reformatio in pejus*. A jurisprudência segue nesse sentido, assim dispõe a Súmula nº 160 do Supremo, informando que é nula a decisão do Tribunal que acolhe, contra o réu, nulidade não arguida no recurso da acusação, ressalvados os casos de recurso de ofício (LIMA, 2020a, p. 1.917).

Deve ser destacado que, sendo realizado pedido expresso na revisão criminal, o tribunal, em caso de procedência, poderá reconhecer o direito a uma indenização pelos prejuízos sofridos nos termos do art. 630 do CPP.

Assim dispõe o artigo:

Art. 630. O tribunal, se o interessado o requerer, poderá reconhecer o direito a uma justa indenização pelos prejuízos sofridos.

§ 1º Por essa indenização, que será liquidada no juízo cível, responderá a União, se a condenação tiver sido proferida pela justiça do Distrito Federal ou de Território, ou o Estado, se o tiver sido pela respectiva justiça.

§ 2º A indenização não será devida:

a) se o erro ou a injustiça da condenação proceder de ato ou falta imputável ao próprio impetrante, como a confissão ou a ocultação de prova em seu poder;

b) se a acusação houver sido meramente privada.

Nesse sentido, o art. 5º, LXXV, da CF, preceitua que "o Estado indenizará o condenado por erro judiciário, assim como o que ficar preso além do tempo fixado na sentença".

A natureza da responsabilidade do Estado é objetiva, conforme o art. 37, § 6º, da Constituição Federal, sendo indenizável o erro Judiciário, como estabelece o dispositivo supracitado. Para tanto, se exige a existência de três requisitos para sua configuração:

a. ação atribuível ao Estado;
b. dano causado a terceiro;
c. nexo de causalidade entre eles.

16.4 MANDADO DE SEGURANÇA

O mandado de segurança tem previsão Constitucional, sendo uma garantia fundamental, estando prevista no **art. 5º, LXIX**, nos seguintes termos:

> LXIX – conceder-se-á mandado de segurança para proteger direito líquido e certo, não amparado por *"habeas corpus"* ou *"habeas data"*, quando o responsável pela ilegalidade ou abuso de poder for autoridade pública ou agente de pessoa jurídica no exercício de atribuições do Poder Público.

Tendo sido regulamentado pela Lei nº 12.016/2009, o mandado de segurança é ação mandamental destinada à obtenção de ordem judicial dirigida à autoridade apontada como coatora, por meio do qual se exige dessa autoridade determinado comportamento, comissivo ou omissivo, suficiente a fazer cessar a ilegalidade.

Assim resta evidente a natureza residual deste em relação ao *habeas corpus* e ao *habeas data*: de modo que, caso haja violência ou coação ilegal à liberdade de locomoção, não é cabível o mandado de segurança, e sim o *habeas corpus*; bem como se o direito líquido e certo for pertinente à informação, a ação será o *habeas data*. Para as demais hipóteses, não cabíveis de *habeas corpus* e *habeas data*, utilizar-se-á mandado de segurança (LIMA, 2020a, p. 1.920).

O Professor Renato Brasileiro de Lima (2020a, p. 1.920) apresenta excelente conceituação:

> Trata-se, o mandado de segurança, de ação autônoma de impugnação de natureza cível, com *status* constitucional. Em sede processual penal, o *writ of mandamus* é utilizado de maneira residual, sobretudo nas hipóteses em que não for possível a impetração do

habeas corpus (*v.g.*, infração penal à qual seja cominada exclusivamente pena de multa) ou quando não houver previsão legal de recurso para impugnar determinada decisão judicial.

Complementar é a lição de Pacelli (2021, p. 1.261), que leciona:

> Trata-se de ação, e não de recurso. E de ação mandamental, no sentido de ser destinada à obtenção de ordem judicial dirigida à autoridade apontada como coatora (ou violadora do alegado direito), por meio da qual se exige dessa autoridade determinado comportamento, comissivo ou omissivo, suficiente a fazer cessar a ilegalidade.

Muito embora a sua natureza mandamental, frise-se a sua eficácia cautelar, quando fundada no *periculum in mora* e no *fumus boni iuris*, como, por exemplo, para atribuir efeito suspensivo a recurso que não o possua e sua eficácia constitutiva, visando à criação, modificação ou extinção de determinada situação jurídica, quando da invalidação de decisão que determina o sequestro de bem imóvel de acusado sem a presença de indícios veementes de sua aquisição com recursos oriundos do delito, por fim, eficácia declaratória, na hipótese em que visar à declaração da existência ou inexistência de uma relação jurídica (LIMA, 2020a, p. 1.921).

Desde a previsão constitucional até a previsão da Lei nº 12.016/2009, verifica-se que o objeto da tutela do mandado de segurança é a proteção de direito líquido e certo, não amparado por *habeas corpus* ou *habeas data*, sempre que, ilegalmente ou com abuso de poder, qualquer pessoa física ou jurídica sofrer violação ou houver justo receio de sofrê-la por parte de autoridade, seja de que categoria for e sejam quais forem as funções que exerça.

Desta feita, em posição doutrinária defendida por Pacelli (2021, p. 1.262), é direito líquido e certo o que pode ser exercido imediatamente pelo seu titular, independentemente da definição da norma legal aplicável ao caso concreto. Sendo assim, a liquidez e a certeza dizem respeito à situação de fato, a não demandar instrução probatória, e à autorização do direito quanto ao seu imediato exercício.

Apesar de posições em contrário, prevalece o entendimento de que direito líquido e certo é aquele que permite ao impetrante exibir desde logo os elementos de prova que conduzam à certeza e à liquidez dos fatos que amparam o direito, haverá, portanto, prova pré--constituída (LIMA, 2020a, p. 1.921).

Em feliz síntese, Guilherme Nucci (2020, p. 1.543) trata do assunto:

> Impetra-se mandado de segurança para assegurar o respeito a direito líquido e certo, aquele que pode ser comprovado, de plano, pela apresentação de documentos não comportando valoração subjetiva de provas. Aliás, é inadmissível a dilação probatória, ouvindo-se, por exemplo, testemunhas.
>
> Nada impede, no entanto, a requisição de algum documento importante (art. 6º, § 1º, da Lei nº 12.016/2009) ou a juntada, pelo próprio impetrante, após o oferecimento da inicial.

Reforçando o posicionamento doutrinário, a jurisprudência, por meio da Súmula nº 625 do STF, entende da seguinte maneira: "Controvérsia sobre matéria de direito não impede concessão de mandado de segurança".

Em que pese não se tratar de recurso, e sim ação autônoma, a Lei nº 12.016/2009 prevê prazo de 120 dias a partir da data em que o interessado tomou ciência do ato impugnado para sua proposição, e tendo em vista sua natureza decadencial, não se sujeita a causas suspensivas e/ou interruptivas. O STF já se manifestou pela constitucionalidade desse prazo decadencial conforme Súmula n° 632 do STF: "É constitucional lei que fixa o prazo de decadência para a impetração de mandado de segurança".

Quanto às legitimidades ativa e passiva, cabe a propositura tanto da pessoa física quanto da pessoa jurídica, seja nacional, seja estrangeira, que for vítima de constrangimento ilegal em seu direito líquido e certo, não amparado por *habeas corpus* ou *habeas data*. Pode, inclusive, no campo processual penal, o Ministério Público ser legitimado, bem como o querelante, e o assistente da acusação ser legitimado ativo (LIMA, 2020a, p. 1.921).

Em que pese certa controvérsia em relação à legitimação passiva e sobre quem seria a autoridade coatora, prevalece o entendimento de que é legitimado passivo a autoridade que praticou o ato ilegal. Nas palavras de Pacelli (2021, p. 1.262):

> A autoridade coatora, que deverá responder como sujeito passivo na ação de mandado de segurança, é exatamente aquela responsável pela prática do ato, ainda que futuro (se iminente), violador do alegado direito individual, com poderes, então, para a sua revisão.

Já **em caso de mandado de segurança impetrado pela acusação contra decisão favorável à sentença, o acusado será litisconsorte passivo e não mero assistente litisconsorcial**, razão pela qual deve ser obrigatoriamente citado, sob pena de nulidade absoluta do feito, por violação à ampla defesa. Esse é o entendimento jurisprudencial contido na **Súmula nº 701 do STF** que preconiza que "no mandado de segurança impetrado pelo Ministério Público contra decisão proferida em processo penal, é obrigatória a citação do réu como litisconsorte passivo" (LIMA, 2020a, p. 1.922).

16.4.1 Cabimento

Para que seja admissível o mandado de segurança, faz-se necessário que tenha havido **ilegalidade ou abuso de poder** praticados por autoridade, e que esta seja **comprovada de plano**, bem como que se demonstre o **direito líquido e certo**, não amparado por *habeas corpus* ou *habeas data* no momento da impetração. Não sendo, no entanto, concedido, contra ato do qual caiba recurso administrativo com efeito suspensivo, independentemente de caução, contra decisão judicial da qual caiba recurso com efeito suspensivo, bem como contra decisão judicial transitada em julgado (LIMA, 2020a, p. 1.925).

A fim de melhor situar o mandado de segurança no âmbito criminal, interessantes os exemplos levantados por Nucci (2020, p. 1.539):

> Exemplos de utilização de mandado de segurança pelo acusado ou seu defensor, em lugar do *habeas corpus*: a) para impedir a injustificada quebra do sigilo fiscal, bancário ou de outros dados (impetração contra o magistrado que deu a ordem); b) para permitir o acesso do advogado aos autos, ainda que o inquérito ou processo tramite em segredo

de justiça (impetração contra o juiz, se este deu a ordem, ou contra o delegado, se partiu deste a medida de exclusão do advogado); c) para garantir a presença do advogado durante a produção de alguma prova na fase policial (não significando que o defensor possa manifestar-se, mas somente estar presente), pois se discute prerrogativa do advogado.

É importante destacar o que dispõe o art. 5º da Lei nº 12.016/2009, que prevê hipóteses de vedação ao mandado de segurança nos seguintes termos:

Art. 5º Não se concederá mandado de segurança quando se tratar:

I – de ato do qual caiba recurso administrativo com efeito suspensivo, independentemente de caução;

II – de decisão judicial da qual caiba recurso com efeito suspensivo;

III – de decisão judicial transitada em julgado.

Em relação a ato do qual caiba recurso administrativo com efeito suspensivo, independentemente de caução, tem-se que esta se encontra em conformidade com a Súmula nº 429 do STF: "A existência de recurso administrativo com efeito suspensivo não impede o uso do mandado de segurança contra omissão da autoridade".

A respeito do inciso II, decisão judicial da qual caiba recurso com efeito suspensivo se fundamenta no fato de o mandado de segurança ser utilizado de maneira subsidiária.

Por fim, quanto à decisão judicial transitada em julgado, tem-se que esta se encontra em conformidade com a **Súmula nº 268 do STF**: "Não cabe mandado de segurança contra decisão judicial com trânsito em julgado".

16.4.2 Processamento

Possuem legitimação ativa as pessoas física ou jurídica, nacional ou estrangeira, que vierem a sofrer constrangimento ilegal em seu direito líquido e certo, não amparado por *habeas corpus* ou *habeas data*. O Ministério Público poderá impetrá-lo, bem como o querelante, o assistente da acusação, o acusado ou o seu defensor e, ainda, terceiros interessados.

Será o legitimado passivo, isto é, autoridade coatora, a autoridade pública que praticou o ato impugnado ou a que ordenou essa prática.

Serão equiparados a autoridades, quanto aos atos que praticarem em razão da função delegada, os representantes ou os órgãos de partidos políticos e os administradores de entidades autárquicas bem como os dirigentes de pessoas jurídicas ou as pessoas naturais no exercício de atribuições do poder público.

Algumas das particularidades mais importantes do procedimento aplicável ao mandado de segurança devem ser destacadas, uma delas é a apresentação em duas vias, com os documentos que instruírem a primeira reproduzidas na segunda, devendo indicar a autoridade coatora e a pessoa jurídica que esta integra, à qual se acha vinculada ou da qual exerce atribuições, conforme o art. 6º da lei específica (LIMA, 2020a, p. 1.926).

Ademais, não haverá, nesse procedimento, a condenação em honorários advocatícios (Súmula nº 512 do STF; Súmula nº 105 do STJ), como consagrado pela Lei nº 12.016/2009 (art. 25). Ao final, a parte perdedora arcará com as custas e despesas processuais (NUCCI, 2020, p. 1.544).

A prova documental deve ser totalmente juntada de imediato, sendo impossível posterior juntada de documentos, haja vista a proibição de dilação probatória, exceto quando o documento necessário à prova do alegado se encontre em repartição ou estabelecimento público ou em poder de autoridade que se recuse a fornecê-lo. Nessa hipótese, o juiz ordenará, preliminarmente, por ofício, a exibição desse documento em original ou em cópia autêntica e marcará, para o cumprimento da ordem, o prazo de 10 dias (LIMA, 2020a, p. 1.926).

O art. 7º da Lei nº 12.016/2009 estabelece que, não sendo o caso de indeferimento liminar, ao despachar a inicial, deve o juiz ordenar que se notifique o coator do conteúdo da petição inicial, enviando-lhe a segunda via apresentada com as cópias dos documentos, a fim de que, no prazo de 10 dias, preste as informações, bem como que se dê ciência do feito ao órgão de representação judicial da pessoa jurídica interessada, enviando-lhe cópia da inicial sem documentos, para que, querendo, ingresse no feito.

Caso seja o delegado a autoridade coatora, entende Guilherme Nucci (2020, p. 1.545):

> Se o réu impetrar mandado de segurança contra ato do delegado, por exemplo, caberá o julgamento ao juiz e será ouvido, como litisconsorte necessário, o órgão acusatório. Sendo este o Ministério Público, não tem sentido ser ele ouvido, novamente, como *custos legis*. Se a acusação for promovida pelo ofendido, no entanto, ouve-se este, como litisconsorte necessário, e o representante do Ministério Público, como *custos legis*.

Consequentemente, quando houver fundamento relevante e do ato impugnado puder resultar a ineficácia da medida, caso seja finalmente deferida, determinará o juiz que se suspenda o ato que deu motivo ao pedido, sendo facultado exigir do impetrante caução, fiança ou depósito, com o objetivo de assegurar o ressarcimento à pessoa jurídica (LIMA, 2020a, p. 1.927).

Por fim, cabe ainda destacar que, concedido o mandado, o juiz transmitirá em ofício, por intermédio do oficial do juízo, ou pelo correio, mediante correspondência com aviso de recebimento, o inteiro teor da sentença à autoridade coatora e à pessoa jurídica interessada (LIMA, 2020a, p. 1.927).

Decifrando a prova

(2010 – CESPE/CEBRASPE – PC-ES) Considerando as disposições constitucionais e legais aplicáveis ao processo penal e, quando for o caso, a doutrina e a jurisprudência correlatas, julgue o item que se segue.

Embora, como regra geral, não se admita dilação probatória em sede de *habeas corpus*, é possível a concessão da ordem para o reconhecimento de excesso de prazo no processo penal, em especial para aquelas hipóteses excepcionais nas quais a mora processual não seja atribuível à defesa, bem como se trate de causa dotada de menor complexidade probatória.

( ) Certo ( ) Errado

Gabarito comentado: conforme jurisprudência pacífica, a assertiva está certa.

(2017 – IBADE – PC-AC – Delegado de Polícia Civil) Sobre *habeas corpus* assinale a alternativa correta.

A) Não cabe *habeas corpus* contra ato de Delegado de Polícia.
B) O delegado de polícia não pode impetrar *habeas corpus*.
C) Para a doutrina, o *habeas corpus*, a revisão criminal e o mandado de segurança não são recursos e sim ações autônomas de impugnação.
D) O *habeas corpus* não pode ser concedido de ofício pelo juiz ou Tribunal.
E) O *habeas corpus* contra ato de Delegado de Polícia deve ser julgado pelo Tribunal de Justiça.

Gabarito comentado: com efeito não são recursos, senão ações autônomas. Portanto, a letra C é o gabarito.

(2009 – MOVENS – PC-PA – Delegado de Polícia) Em relação ao *habeas corpus*, assinale a opção correta.

A) Será concedido sempre que alguém sofrer ou se achar ameaçado de sofrer violência ou coação em sua liberdade de locomoção, por ilegalidade ou abuso de poder.
B) Não será concedido em favor de quem já se encontra preso.
C) Não será concedido em favor de quem já foi condenado por sentença transitada em julgado.
D) Não será concedido a pessoa estrangeira em passagem pelo Brasil.

Gabarito comentado: de acordo com o art. 647 do CPP, a letra A é o gabarito.

(2011 – CESPE/CEBRASPE – PC-ES – Delegado de Polícia – Específicos) Texto associado: Considerando as disposições constitucionais e legais aplicáveis ao processo penal e, quando for o caso, a doutrina e a jurisprudência correlatas, julgue os itens que se seguem.

Embora, como regra geral, não se admita dilação probatória em sede de *habeas corpus*, é possível a concessão da ordem para o reconhecimento de excesso de prazo no processo penal, em especial para aquelas hipóteses excepcionais nas quais a mora processual não seja atribuível à defesa, bem como se trate de causa dotada de menor complexidade probatória.
( ) Certo ( ) Errado

Gabarito comentado: conforme jurisprudência, a assertiva está certa.

(2021 – FGV – PC-RN – Delegado de Polícia Civil Substituto) No curso de inquérito policial, a autoridade policial indiciou Napoleão pela prática do crime de homicídio qualificado, em que pese os elementos de informação colhidos demonstrassem de maneira clara que o investigado agiu em legítima defesa. Visando combater tal decisão e buscar o "trancamento" do inquérito policial, o advogado de Napoleão poderá:

A) interpor recurso para o chefe de polícia;
B) impetrar *habeas corpus*, sendo competente para julgamento um juiz de 1º grau;
C) impetrar *habeas corpus*, sendo competente para julgamento o Tribunal de Justiça respectivo;
D) interpor recurso em sentido estrito, sendo competente para julgamento um juiz de 1º grau;
E) impetrar *habeas corpus* para análise pelo chefe de polícia.

Gabarito comentado: excepcionalmente a jurisprudência admite *habeas corpus* para trancar inquérito policial. Portanto, a letra B é o gabarito.

(2004 – CESPE/CEBRASPE – Polícia Federal – Delegado de Polícia – Regional) Com base no entendimento do STF, julgue os itens a seguir.
É incabível *habeas corpus* em relação a decisão condenatória a pena exclusivamente de multa.
( ) Certo ( ) Errado
Gabarito comentado: de acordo com a Súmula n° 693 do STF, a assertiva está certa.

(2008 – CESPE/CEBRASPE – PC-TO – Delegado de Polícia) No que tange a *habeas corpus*, jurisdição e competência, julgue os itens a seguir.
Na apreciação do *habeas corpus*, o órgão jurisdicional não está vinculado à causa de pedir e ao pedido, podendo, assim, ser a ordem concedida, em sentido diverso ou mais amplo do que foi pleiteado ou mencionado pelo impetrante.
( ) Certo ( ) Errado
Gabarito comentado: em razão do direito fundamental da liberdade de locomoção o *habeas corpus* possui cognição ampla. Portanto, a assertiva está certa.

Referências

ALMEIDA, Joaquin Canuto Mendes de. *Princípios fundamentais do processo penal*. São Paulo: Revista dos Tribunais, 1973.

ALVES, Leonardo Barreto Moreira. *Processo penal parte especial:* procedimentos, nulidades e recursos. 11. ed. Salvador: JusPodivm, 2021.

ALVES, Leonardo Barreto Moreira. *Sinopse de direito processual penal para concursos*. 8. ed. Salvador: JusPodivm, 2018.

ALVES, Leonardo Barreto Moreira. *Sinopse de direito processual penal para concursos*. 10. ed. Salvador: JusPodivm, 2020.

ARAS, Vladimir. *Técnicas especiais de investigação. Lavagem de dinheiro*: prevenção e controle penal. Porto Alegre: Editora Verbo Jurídico, 2011.

AVENA, Norberto. *Manual de processo penal*. 3. ed. Rio de Janeiro: Forense, 2015.

AVENA, Norberto. *Manual de processo penal*. 9. ed. São Paulo: Método, 2017.

AVENA, Norberto. *Processo Penal esquematizado*. São Paulo: Método, 2009.

AVENA, Norberto. *Processo penal esquematizado*. 2. ed. São Paulo: Método, 2010.

AVENA, Norberto. *Processo penal esquematizado*. 9. ed. São Paulo: Método, 2018.

AVENA, Norberto. *Processo penal*. 12. ed. São Paulo: Método, 2020.

BADARÓ, Gustavo Henrique; LOPEZ, Junior Aury. *Direito ao processo penal no prazo razoável*. Rio de Janeiro: Lumen Juris, 2006.

BADARÓ, Gustavo Henrique. *Processo penal*. 5. ed. São Paulo: Revista dos Tribunais, 2017.

BARBOSA, Rui. *Oração aos moços*, 1921.

BECCARIA, Cesare Bonesana, Marchesi de. *Dos delitos e das penas*. São Paulo: Martins Fontes, 1997.

BONAVIDES, Paulo. *Curso de direito constitucional*. 23. ed. São Paulo: Malheiros, 2008.

BRANDALISE, Rodrigo da Silva; ANDRADE, Mauro Fonseca. *Investigação criminal pelo Ministério Público*. Porto Alegre: Livraria do advogado, 2018.

BULOS, Uadi Lammêgo. *Curso de direito constitucional*. São Paulo: Saraiva, 2010.

BÜLOW, Oskar Von. *La teoria das excepciones procesales y presupuestos procesales*. Buenos Aires: EJEA, 1964.

CANOTILHO, J. J. Gomes. *Direito constitucional e teoria da Constituição*. 7. ed. Coimbra: Almedina, 2003.

CAPEZ, Fernando. *Curso de processo penal*. 14. ed. São Paulo: Saraiva, 2007.

CAPEZ, Fernando. *Curso de direito penal*: legislação penal especial. 5. ed. São Paulo: Saraiva, 2010. v. 4.

CAPEZ, Fernando. *Curso de processo penal*. 27. ed. São Paulo: Saraiva Educação, 2020.

CAPEZ, Fernando. *Processo penal*. 16. ed. São Paulo: Damásio de Jesus, 2006.

CARNELUTTI, Francesco. *Como se faz um processo*. Belo Horizonte: Líder Cultura Jurídica, 2001.

CASTRO, Henrique Hoffmann Monteiro de. Delegado de polícia pode acessar dados sem autorização judicial. *Conjur*, 13 jun. 2017. Disponível em: www.conjur.com.br/2017-jun-13/academia-policia-delegado-policia-acessar-dados-autorizacao-judicial. Acesso em: 22 set. 2020.

CAVALCANTE, Márcio André Lopes. *Súmulas do STF e do STJ anotadas e organizadas por assunto*. 5. ed. rev., atual. e ampl. Salvador: JusPodivm, 2019.

CAVALCANTE, Márcio André Lopes. *É possível a citação, no processo penal, via WhatsApp?* Buscador Dizer o Direito: Manaus. Disponível em: https://www.buscadordizerodireito.com.br/jurisprudencia/detalhes/f2501c71a070a8bb42e898a80baee401. Acesso em: 2 mar. 2022.

CINTRA, Antonio Carlos de Araújo; GRINOVER, Ada Pellegrini; DINAMARCO, Cândido Rangel. *Teoria geral do processo*. 18. ed. São Paulo: Malheiros, 2002.

CUNHA JÚNIOR, Dirley da. *Curso de direito constitucional*. 4. ed. Salvador: JusPodivm, 2010.

CUNHA, Rogerio Sanches. *Pacote Anticrime*: Lei nº 13.964/2019 – comentários às alterações no CP, CPP e LEP. Salvador: JusPodivm, 2020.

DEZEM, Guilherme Madeira. *Curso de processo penal*. 4. ed. São Paulo: Revista dos Tribunais, 2018.

EMERICH, Amanda Patussi. Provas no processo civil – de prostituta à rainha. *JusBrasil*, 2013. Disponível em: https://amandapatussi.jusbrasil.com.br/artigos/113237911/provas-no-processo-civil-de-prostituta-a-rainha. Acesso em: 20 set. 2021.

FEITOSA, Denilson. *Direito processual penal*: teoria, crítica e práxis. 7. ed. Niterói/RJ: Impetus, 2010.

FERNANDES, Antonio Scarance. *A reação defensiva à imputação*. São Paulo: Revista dos Tribunais, 2002.

FERRIGO, Rogério. A competência residual da Polícia Militar na Constituição Federal de 1988. 2011. Disponível em: http://www.egov.ufsc.br. Acesso em: 22.08.2018.

FISCHER, Douglas. Garantismo penal integral (e não o garantismo hiperbólico monocular) e o princípio da proporcionalidade: breves anotações de compreensão e aproximação dos seus ideais. *Revista de Doutrina da 4ª Região*. Porto Alegre, n. 28, mar. 2009. Disponível em: https://www.revistadoutrina.trf4.jus.br/index.htm?https://www.revistadoutrina.trf4.jus.br/artigos/edicao028/douglas_fischer.html. Acesso em: 19 out. 2022.

FISCHER, Douglas. Lei nº 14.197/2021 (crimes contra o Estado Democrático de Direito) e competência processual penal. *GENJurídico*. 2021. Disponível em: http://genjuridico.com.br/2021/09/15/crimes-contra-o-estado-democratico/. Acesso em: 1º ago. 2022.

GOMES, Luiz Flávio. *Prisão e medidas cautelares*: comentários à Lei nº 12.403/2011. São Paulo: Revista dos Tribunais, 2011.

GOMES FILHO, Antonio Magalhães. *Revista dos advogados da AASP*, nº 2, abr. 1994.

GOMES FILHO, Antonio Magalhães; TORON, Alberto Zacharias; BADARÓ, Gustavo Henrique. *Código de Processo Penal comentado*. São Paulo: Revista dos Tribunais, 2018.

GONÇALVES, Victor Eduardo Rios; REIS, Alexandre Cebrian Araújo. *Direito processual penal*. 10. ed. São Paulo: Saraiva, 2021.

GRINOVER, Ada Pellegrini; GOMES FILHO, Antônio Magalhães; FERNANDES, Antônio Scarance. *As nulidades no processo penal*. 11. ed. São Paulo: Revista dos Tribunais, 2009.

GUIMARÃES, Rodrigo Régnier Chemim. *Curso de processo penal*. 4. ed. São Paulo: Saraiva, 2009.

JARDIM, Afrânio Silva. *Direito processual penal*. 11. ed. Rio de Janeiro: Forense, 2002.

LIMA, Renato Brasileiro de. *Manual de processo penal*. 5. ed. Salvador: JusPodium, 2017. v. único.

LIMA, Renato Brasileiro de. *Processo penal*. 6. ed. Salvador: JusPodivm, 2018. v. único

LIMA, Renato Brasileiro de. *Manual de processo penal*. 7. ed. Salvador: JusPodivm, 2019. v. único.

LIMA, Renato Brasileiro de. *Manual de processo penal*. 8. ed. Salvador: JusPodivm, 2020a.

LIMA, Renato Brasileiro de. *Pacote Anticrime*: comentários à Lei nº 13.964/2019 – Artigo por Artigo. Salvador: JusPodivm, 2020b.

LOPES JR., Aury. *Direito processual penal e sua conformidade constitucional*. Rio de Janeiro: Lumen Juris, 2010. v. I.

MARCÃO, Renato. *Código de processo penal comentado*. São Paulo: Saraiva, 2016.

MIRABETE, Júlio Fabrini. *Processo penal*. 16. ed. São Paulo: Atlas, 2004.

MELLO, Celso Antônio Bandeira de. *Curso de direito administrativo*. 27. ed. São Paulo: Malheiros, 2010.

MELO E SILVA, Philipe Benoni. Fishing Expedition: a pesca predatória por provas por parte dos órgãos de investigação. *JOTA*. 2017. Disponível em: http://jota.info/artigos/fishing--expedition-21012017. Acesso em: 28 set. 2022.

MESQUITA, Márcio. *História das prisões*. 2012. Disponível em: https://administradores.com.br/artigos/historia-das-prisoes. Acesso em: 13 out. 2021.

MONOGRAFIAS BRASIL ESCOLA. *A história da pena de prisão*: aspectos históricos do surgimento da pena de prisão, através da análise da causa determinante para ter se tornado a principal sanção penal. Disponível em: https://monografias.brasilescola.uol.com.br/direito/a-historia-pena-prisao.htm. Acesso em: 13 out. 2021.

MOREIRA, Rômulo de Andrade. *Curso temático de direito processual penal*. 2. ed. Salvador: JusPodivm, 2010.

NUCCI, Guilherme de Souza. *Manual de processo penal e execução penal*. 5. ed. São Paulo: Revista dos Tribunais, 2008.

NUCCI, Guilherme de Souza. *Manual de processo penal e execução penal*. 13. ed. rev., atual. e ampl. Rio de Janeiro: Forense, 2016.

NUCCI, Guilherme de Souza. *Código de Processo Penal comentado*. 19. ed. Rio de Janeiro: Forense, 2020.

PACELLI, Eugênio. *Curso de processo penal*. 10. ed. Rio de Janeiro: Lumen Juris, 2008.

PACELLI, Eugênio. *Curso de processo penal*. 25. ed. São Paulo: Atlas, 2021.

PINTO, Ronaldo Batista. *Processo penal V*: nulidades, sentença, recursos, revisão criminal e habeas corpus. São Paulo: Saraiva, 2013.

PRADO, Luiz Regis. *Curso de direito penal brasileiro*. 16. ed. São Paulo: Revista dos Tribunais, 2018. v. I.

QUEIJO, Maria Elzabeth. *O direito de não produzir prova contra si mesmo*. São Paulo: Saraiva, 2003.

RIBEIRO, Paulo Silvino. "Soberania Nacional e Ordem Mundial". *Brasil Escola*. (s.d.). Disponível em: https://brasilescola.uol.com.br/sociologia/soberania-nacional-ordem-mundial.htm. Acesso em: 23 jan. 2021.

ROLIM, Flávio; ZAGO, Marcelo. *Peça prática decifrada – Para delegado de polícia*. Cascavel-PR: AlfaCon, 2021.

ROSA, Alexandre Morais da; MENDES, Tiago Bunning. Limites para evitar o "fishing expedition": análise da decisão do Min. Celso de Mello no Inq. nº 4.831/DF. *Canal Ciências Criminais* (s.d.). Disponível em: https://canalcienciascriminais.com.br/limites-para-evitar-o-fishing-expedition-analise-da-decisao/. Acesso em: 28 set. 2022.

SARLET, Ingo Wolfgang. *A eficácia dos direitos fundamentais*: uma teoria geral dos direitos fundamentais na perspectiva constitucional. Porto Alegre: Livraria do Advogado, 2009.

SCHÜNEMANN, Bernd. *La reforma del proceso penal*. Madrid: Dykinson, 2005.

SWEENEY, Jillian C.; HAUSKNECHT, Douglas; SOUTAR, Geoffrey N. Cognitive dissonance after purchase: a multidimensional scale. *Psychology and Marketing*, v. 17, n. 5, p. 369-385, May 2000.

TÁVORA, Nestor; ALENCAR, Rosmar Rodrigues. *Curso de direito processual penal.* 3. ed. Salvador: JusPodivm, 2009.

TÁVORA, Nestor; ALENCAR, Rosmar Rodrigues. *Curso de direito processual penal.* 4. ed. Salvador: JusPodivm, 2010.

TÁVORA, Nestor; ALENCAR, Rosmar Rodrigues. *Curso de direito processual penal.* 12. ed. Salvador: JusPodivm, 2017.

TOURINHO FILHO, Fernando da Costa. *Processo penal.* 12. ed. São Paulo: Saraiva, 2009. v. 1.